lonely planet

USA Westen

D1731041

Anthony Ham, Amy C Balfour, Becky Ohlsen, Robert Balkovich, Greg Benchwick, Andrew Bender, Alison Bing, Celeste Brash, Stephanie d'Arc Taylor, Michael Grosberg, Ashley Harrell, John Hecht, Adam Karlin, MaSovaida Morgan, Christopher Pitts, Andrea Schulte-Peevers

REISEPLANUNG

BURGER BEI FARMSTEAD, ST. HELENA S. 366

ANDREW MONTGOMERY/LONELY PLANET ©

MOTORRADFAHRER AUF DER ROUTE 66 S. 37

SKY NOIR PHOTOGRAPHY BY BILL DICKINSON/ GETTY IMAGES ©

REISEZIELE IM WESTEN DER USA

Inhalt

DEN WESTEN VERSTEHEN

PRAKTISCHE INFORMATIONEN

COVID-19

Wir haben alle in diesem Buch aufgeführten Unternehmen vor der Veröffentlichung überprüft, um sicherzustellen, dass sie trotz COVID-19 noch geöffnet haben. Die wirtschaftlichen und sozialen Auswirkungen der Pandemie werden jedoch noch lange nach deren Eindämmung zu spüren sein, und viele der in diesem Reiseführer erwähnten Geschäfte, Dienstleister und Veranstaltungen können weiterhin Einschränkungen unterliegen. Einige Geschäfte sind vielleicht vorübergehend geschlossen, haben ihre Öffnungszeiten und Dienstleistungen geändert oder verlangen Reservierungen; andere könnten leider auch dauerhaft geschlossen sein. Wir empfehlen daher allen Lesern, sich vor dem Besuch bei den jeweiligen Attraktionen und Unternehmen aktuelle Informationen einzuholen.

SONDER-SEITEN

Rechts: Cliff Palace, Mesa Verde National Park (S. 117)

BRYAN MULLENNIX/GETTY IMAGES ©

WILLKOMMEN IM

Westen der USA

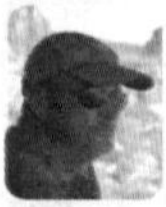

Ich liebe den Westen, und die Liebesbeziehung begann in den Great Plains. Die Mischung aus Wildtieren, weiten Landschaften und Geschichten der amerikanischen Ureinwohner hat mich gleich begeistert. Aber der Geist des Westens hat genauso viel mit der Kultiviertheit des Nordwestens zu tun wie mit den Canyons aus rotem Fels und den alten Überlieferungen aus Utah, New Mexico und Arizona. Und egal auf welcher Seite der Rockies ich mich befinde, sei es Kalifornien sei es Colorado, eines gilt immer: der Westen ist wunderschön und absolut außergewöhnlich!

Von Anthony Ham, Autor

@AnthonyHamWrite

Mehr Infos zu unseren Autoren gibt's ab S. 534

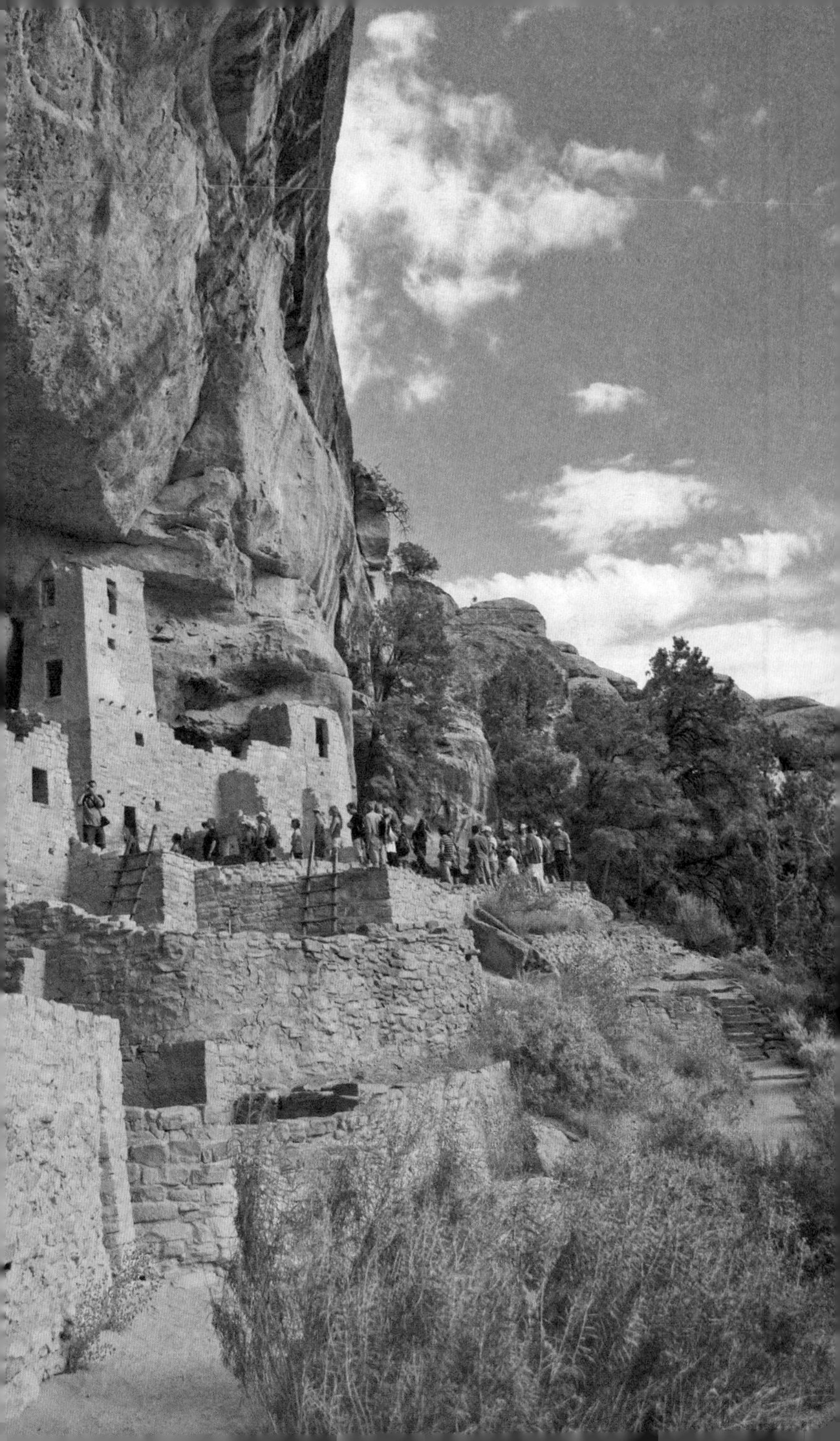

Der Westen der USA

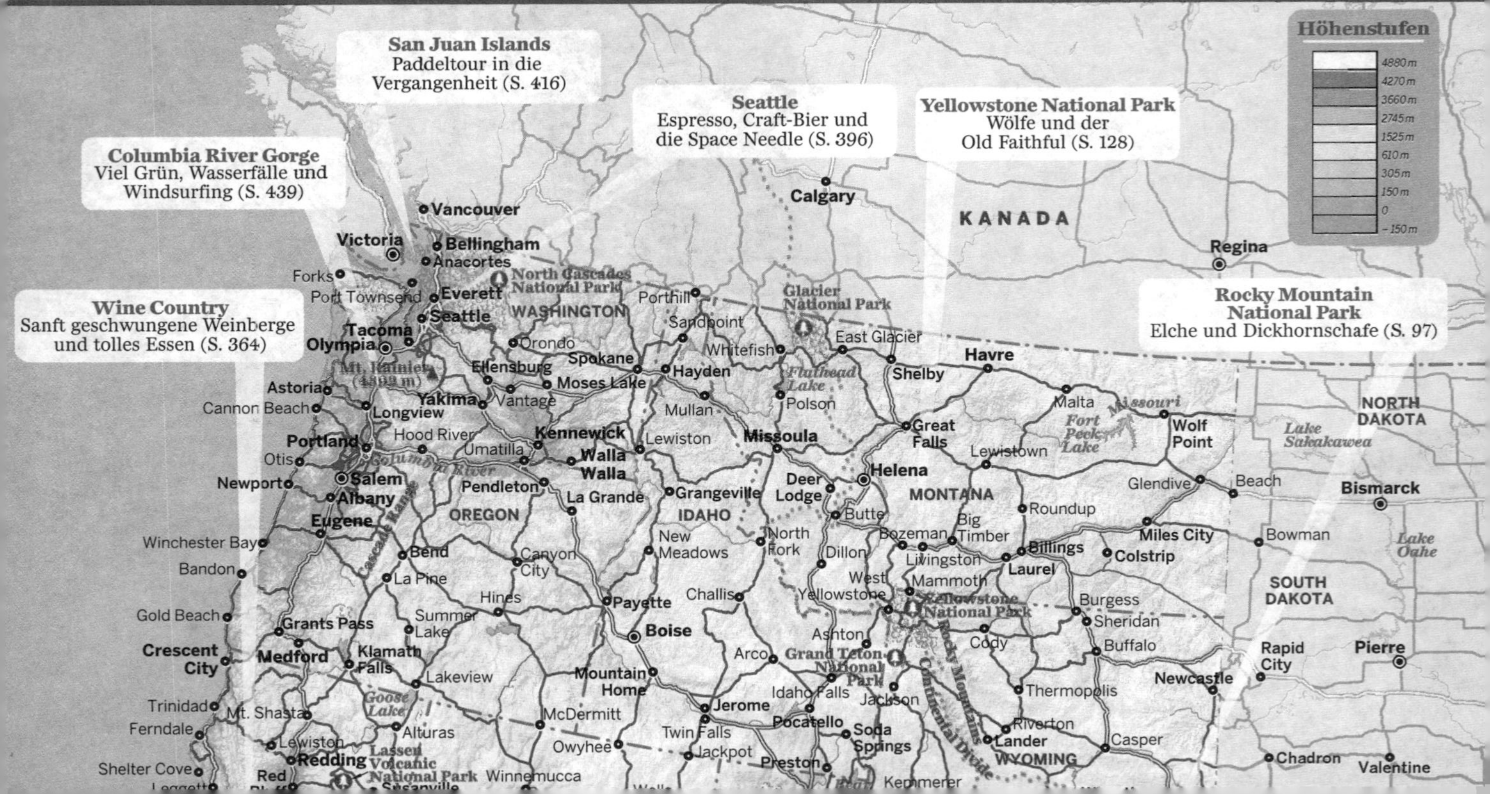

San Francisco
Alcatraz, Leckereien und die Golden Gate Bridge (S. 334)
Yosemite National Park
Vergletscherte Gipfel und surreale Landschaften (S. 380)
Los Angeles
Erst geht's an den Strand, dann nach Hollywood (S. 266)
Las Vegas
Megaresorts und Glücksspiel locken die Massen (S. 158)
Zion National Park
Wandern in den Narrows und zu Angels Landing (S. 234)
Saguaro National Park
Unter Kakteen wandeln (S. 209)
Grand Canyon National Park
Ein geologisches Wunder (S. 192)
Mesa Verde National Park
Uralte Felsbehausungen (S. 117)
Santa Fe
Kunst, wohin man nur schaut (S. 241)
KALIFORNIEN
NEVADA
UTAH
ARIZONA
COLORADO
NEW MEXICO
TEXAS
KANSAS
MEXIKO

Der Westen der USA – Top 8

1 DIE ROCKIES

Es gibt keinen schöneren Gebirgszug als die Rocky Mountains. Sie trennt die atemberaubende Kuste von den Great Plains und bietet so viele wunderbare Orte, dass man ein Leben damit verbringen könnte, sie zu erkunden. Ein Teil der Rockies liegt sogar in den Grenzen eines Nationalparks – und sie sind so gewaltig, dass sie die Kulisse für viele unvergessliche Erlebnisse im amerikanischen Westen bilden.

LAURA HEDIEN/SHUTTERSTOCK ©

Yellowstone National Park

Der erste Nationalpark der Welt bietet zahllose geologische Wunder und eine grandiose Tierwelt. Auf fast 9100 km² Wildnis gibt es alles – von Geysiren, farbigen, heißen Quellen, bis hin zu Grizzlys, Wölfen, Elchen, Büffeln und Hirschen. S. 128

Rechts: Winter in Yellowstone
Links: Chautauqua Park, Boulder (S. 90)

MARGARETWIKTOR/SHUTTERSTOCK ©

ISTOCKPHOTO/GETTY IMAGES

Rocky Mountain National Park

Mit festgeschnürten Wandschuhen an den Beinen lässt sich die majestätische, ungezähmte Pracht dieses Parks am besten erleben. Von epischen Aufstiegen auf dem Longs Peak Trail und an der kontinentalen Wasserscheide bis zu den familienfreundlichen Calypso Falls ist für jeden ein Panoramablick dabei. S. 97

Glacier National Park

Der riesige Nationalpark in Montana ist unbedingt einen längeren Besuch wert. Wer gern Auto fährt, kann sich auf die 50 Meilen (80 km) lange Going-to-the-Sun Road wagen, Wildtierbeobachter können nach Elchen, Wölfen und Grizzlys Ausschau halten und Wanderern stehen über 1100 km Wege zur Verfügung. S. 145

Oben: Going-to-the-Sun Road (S. 146)

2 PARK-IKONEN

Nationalparks werden oft als Amerikas beste Idee bezeichnet, und für diese Behauptung gibt es keine besseren Beweise als Yosemite, den Grand Canyon sowie den Zion und den Bryce Canyon. Diese Parks sind fast zu schön um wahr zu sein – epische Landschaften, die zum Entdecken einladen, und alle mit faszinierenden Entstehungs- und menschlichen Geschichten aufwarten. Im Westen kann man seine Zeit kaum besser verbringen, als diese wunderbaren Orte kennenzulernen.

Yosemite National Park

Hier kann man sich auf mit Wildblumen bedeckten Wiesen in von Flüssen und Gletschern geschaffenenen Tälern verlieren. Gewaltige Wasserfälle stürzen tosend in die Tiefe. Bergsteiger wagen sich an die Granitwände des El Capitan und des Half Dome und Wanderer werden zu Zwergen neben den uralten Riesenmammutbäumen (Sequoias), den größten Bäumen unserer Welt. S. 380

Grand Canyon National Park

Die gewaltige Größe packt einen sofort. Um den Canyon zu entdecken, kann man wandern, radfahren, raften oder auf einem Esel reiten. Man kann sich aber auch am Rim Trail hinsetzen und zusehen, wie der Canyon im Lauf des Tages seine Farbe ändert. S. 192

Zion National Park & Bryce Canyon National Park

Hohe rote Felswände, schöne Wasserfälle und Slot Canyons dominieren den Zion National Park. Im Bryce Canyon National Park, einer hypnotischen Traumlandschaft, bilden Felsnadeln ein grandioses natürliches Amphitheater. S. 234, S. 232

Links oben: Rafting im Grand Canyon National Park (S. 192)
Rechts oben: Queens Garden Trail, Bryce Canyon National Park (S. 232)

3 COOLE STÄDTE

San Francisco, Seattle und Portland – alle an der Pazifikküste der USA gelegen – gehören zu den lebenswertesten Städten der Welt. Sie verbinden eine lockere, progressive Einstellung mit der Absicht, die schönen Dinge im Leben zu genießen. Ob in den Cafés oder am Strand, hier hat man die Kunst zu leben perfektioniert. Hier muss man unbedingt herkommen! Aber vorsicht – wie alle anderen auch, könnte man für immer hier bleiben wollen.

F11PHOTO/SHUTTERSTOCK ©

GOLDILOCK PROJECT/SHUTTERSTOCK ©

HRACH HOVHANNISYAN/SHUTTERSTOCK ©

San Francisco

Inmitten des Ratterns der Cable Cars laden die vielfältigen Viertel von San Francisco mit Indie-Shops, tollen Restaurants und einem illustren Nachtleben zu Spaziergängen ein. Spätestens wenn man um die Ecke biegt und sich ein Blick aufs Wasser öffnet, wird man süchtig nach der Stadt. S. 334

Links oben: Lombard Street (S. 339)

Seattle

Seattle ist eine hochmoderne Stadt am Pazifik mit einer großartigen Musikszene, einer herausragenden Kaffeekultur und viel Lust auf Neues. Aber auch Traditionelles wird bewahrt, darunter der vielleicht schönste öffentliche Markt des Landes, Pike Place. S. 396

Rechts oben: Pike Place Market (S. 396)

Portland

Jeder liebt Portland. Die Stadt ist so freundlich wie ein kleiner Ort und die Heimat für eine Mischung aus Studenten, Künstler, Hipster, junge Familien, alte Hippies und Öko-Freaks. Hier gibt es großartiges Essen, Musik und Kultur in Hülle und Fülle, und es ist so nachhaltig wie nur möglich. S. 425

Rechts unten: Food Carts (S. 433)

4 STADTKULTUR

Die Städte des amerikanischen Westens bieten in ihrer Gesamtheit einen Mikrokosmos der Nation – von allem, was schrill und glitzernd ist, bis hin zu ruhigen Stadtzentren mit Schwerpunkt auf der kreativen Seite des Lebens. Essen und Trinken sind überall ein wesentlicher Teil des Erlebnisses, seien es kalifornische Weine, scharfe regionale Spezialitäten oder die allgegenwärtigen Kleinbrauerereien, in denen die Begeisterung für die regionalen Biere groß ist.

Santa Fe

Santa Fe ist eine alte Stadt mit einer jungen Seele. Kunst und Geschichte verbinden sich hier mit Stil und dank des türkisfarbenen Himmels als Hintergrund ist all dies ein fast schon erhabenes Erlebnis. S. 241

Links unten: New Mexico Museum of Art (S. 246)

LIZCOUGHLAN/SHUTTERSTOCK ©

Las Vegas

Auftritt Las Vegas – wie ein Showgirl auf der Suche nach Ärger! Unter den Neonlichtern des Strip bietet es eine schillernde Show. S. 158

Rechts oben: Neonlichter, Fremont Street

Kleinbrauerereien

Kleinbrauerereien sind eine Spezialität des Westens und in jeder Stadt von Missula bis Moab findet man mindestens eine hervorragende. S. 65

Rechtes unten: Craft-Bier aus dem Westen (S. 65)

5 DIE SCHÖNHEIT DER WÜSTE

SASHA BUZKO/SHUTTERSTOCK ©

Die grünen Landschaften Kaliforniens und des Nordwestens prägen die Westküste der USA, doch das Binnenland südwestlich der Rockies wird vor allem von roten und gelben Farben dominiert. Fünf Wüsten – Sonora, Mojave, Chihuahuan, Great Basin und das Colorado Plateau – erstrecken sich über den Südwesten und Kalifornien. Vor allem in Utah, New Mexico, Nevada und Arizona ist die Wüstenlandschaft schlicht überwältigend.

Cactus Land

Der Saguaro-Kaktus der Sonora-Wüste ist eines der bekanntesten Symbole für eine zugleich unerbittliche und seltsam schöne Landschaft. Jede der Wüsten im Westen beheimatet auch eine große Vielfalt gut angepasster Reptilien, Säugetiere und Pflanzen, was einen Besuch dieser Wüsten zu einem wunderbaren, einmaligen Erlebnis macht – z.B. im Saguaro National Park. S. 209

Oben: Saguaro National Park

Monument Valley & Canyon de Chelly

„Möge ich in Schönheit wandeln" lautet die letzte Zeile eines berühmten Navajo-Gebets. Am berühmtesten ist vielleicht die Schönheit des Monument Valley, einerer unwirklichen Ansammlung gigantischer roter Felskolosse und -türme. Die Schönheit des Canyon de Chelly offenbart sich beim Blick vom Canyonrand hinunter ins Tal, wo Farmer neben uralten Felsbehausungen ihre Felder bestellen. S. 204

6 ON THE ROAD

Es gibt kaum etwas, das typischer für die USA ist, als ein Road Trip – und im Westen gibt es einige der besten des Landes. Reisen kann sich hier wie eine Mischung aus *Thelma und Louise* und Jack Kerouacs Klassiker *Unterwegs* anfühlen. Ein langer Road Trip durch die Landschaften und Städtchen entlang der Pazifikküste oder auf der Route 66 ist wie eine Reise durch die amerikanische Seele in all ihrer großartigen Vielfalt.

CASEYMARTIN/SHUTTERSTOCK ©

BILL DICKINSON/GETTY IMAGES ©

Route 66

Es sind die kitschigen, bodenständigen Details, die die Route 66 – die durch Kalifornien, Arizona and New Mexico verläuft – so unvergesslich machen. Z.B. das Wigwam Motel, die Neonschilder von Tucumcari und all die verrückten Diner entlang der Straße. S. 37

Links oben: Hackberry General Store, Route 66

Links unten: Wigwam Motel (S. 206), Route 66

Küsten-Highways

Die Fahrt entlang der Westküste der USA ist ein Road Trip vom Feinsten. Auf dem Weg durch Kalifornien, Oregon und Washington begegnet einem alles Großartige dieser Küste, darunter schwindelerregende Steilküsten, eigenwillige Stranddörfer, Städte, Mammutbäume und schöne windumtoste Kaps. S. 37

Rechts oben: Bixby Creek Bridge (S. 328), Hwy 1

7 SPASS À LA KALIFORNIEN

DAVID GREITZER/SHUTTERSTOCK ©

IAN DAGNALL/ALAMY STOCK PHOTO ©

Die Menschen in Kalifornien sind für ihren entspannten Blick auf das Leben bekannt. Das könnte zwar auch ein realitätsfernes Vorurteil sein, aber mit Sicherheit gibt es ein Thema, das sich durch das Leben in Kalifornien zieht: Kalifornier verstehen es, Spaß zu haben. Für Erwachsene gibt es das Wine Country und dessen Begeisterung für den Geschmack des guten Lebens. Und für kleine und (ganz) große Kinder gibt es Disneyland – und noch so viel anderes.

California Wine Country

Im Golden State gibt es über 100 Weingebiete. Die Weinberge des Napa Valley, des Sonoma Valley und des Russian River Valley locken Reisende in die Region nördlich von San Francisco. Weiter im Süden führen Tagestouren in die hübschen Weinberge östlich von Santa Barbara. S. 364

Disney pur

In Disneyland spazieren beliebte Disney-Figuren die Main Street USA entlang, jagen die Raketen des Space Mountain durch die Dunkelheit, und explodieren Feuerwerkskörper über dem Sleeping Beauty Castle. Gleich daneben, im Disney California Adventure, findet man den Nachbau eines Studiogeländes aus Hollywood, eine Küstenpromenade und eine perfekte Terrasse für ein Gläschen kalifornischen Weins. S. 294

Links oben: Francis Ford Coppola Winery (S. 368)
Links unten: Disney California Adventure® (S. 294)

8 AKTIVURLAUB

Vielleicht liegt es daran, dass die Szenerie immer spektakulär ist – aber warum auch immer, der Westen der USA scheint perfekt für Outdoor-Abenteuer zu sein. Es gibt unendlich viele Möglichkeiten zum Wandern, Surfen, Raften, Klettern, Tiere beobachten usw. Weltklasse ist hier aber Skifahren (vor allem in Aspen, Colorado, und Jackson Hole, Wyoming) sowie Mountainbiken in Moab, Utah.

Oben: Mountainbiken, Moab (S. 225)

SAROI7/GETTY IMAGES ©

RCB HAMMER/GETTY IMAGES ©

PATRICK ORTON/GETTY IMAGES ©

Wintersport

Die Skigebiete im Westen gehören zu den besten der Welt. Aspen, Vail, Park City und Jackson Hole klingen zwar nach Spielplätzen für die Reichen und Berühmten, aber Snowboarder und Skifahrer – sowie Massen an Pulverschnee – haben immer einen Weg gefunden, die Realität zu erhalten. S. 55

Rechts oben: Langlaufen, Jackson Hole (S. 125)
Rechts unten: Snowboarden, Vail (S. 103)

Moab

Moab ist die Mountainbike-Hauptstadt der Welt – hier bietet der Slickrock in der Wüste die perfekte griffige Grundlage für Noppenreifen liefert. Anspruchsvolle Trails führen steile Hänge hinauf, schlängeln sich durch Wälder und führen über Geländewagenstrecken hinein in die Wildnis der Canyons. Eine Tour und man kann nicht mehr aufhören… S. 225

Gut zu wissen

Weitere Infos gibt's im Abschnitt „Praktische Informationen" (S. 492)

Währung

US-Dollar (US$)

Sprachen

Englisch, Spanisch

Visa

Besucher aus Deutschland, Österreich und der Schweiz benötigen für Besuche unter 90 Tagen kein Visum. Die vorherige ESTA-Registrierung online ist obligatorisch.

Geld

Geldautomaten gibt es überall. Für Hotelreservierungen und die Mietwagenbuchung braucht man normalerweise eine Kreditkarte.

Handys

Nur GSM-Multiband-Modell funktionieren in den USA. Prepaid-SIM-Karten für SIM-Lock-freie Handys kriegt man problemlos vor Ort.

Zeit

Die elf US-Staaten folgen entweder der Mountain Standard Time (MEZ –8 Std.) oder der Pacific Standard Time (MEZ –9 Std.).

Reisezeit

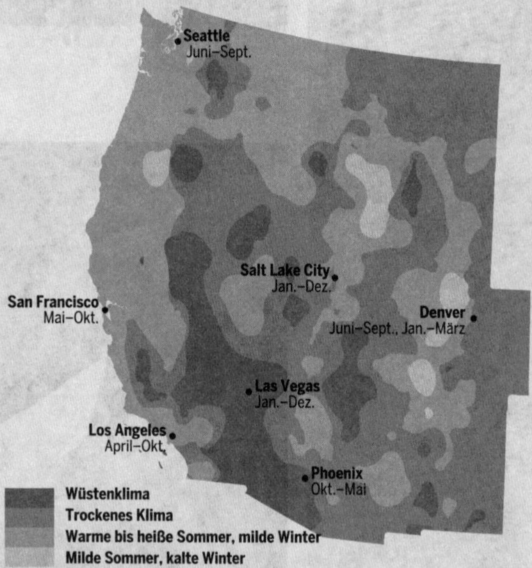

Hauptsaison (Juni–Aug.)

➡ Die Temperaturen steigen im Sommer auf über 38 °C an und die Nationalparks sind völlig ausgelastet.

➡ Im Winter (Dez.–März) fährt man die Abhänge in den Bergen hinunter; im südlichen Arizona verbringt man seine Zeit auf einer Ranch.

Zwischensaison (April & Mai; Sept. & Okt.)

➡ Wolken an der Südküste (Mai & Juni).

➡ Im Frühling wird es in den Städten in den Bergen ruhig.

➡ Toll für Besuche in den Nationalparks; mild, Sperrungen wegen Schnee möglich.

➡ Frühlingsblumen, bunte Herbstfarben.

Nebensaison (Nov.–März)

➡ An der Küste sinken die Preise für Unterkünfte.

➡ Dunkle, winterliche Tage mit Schneefällen in den Bergen und stärkerem Regen.

Infos im Internet

Visit the USA (www.visittheusa.com) Offizielle Tourismus-Website der USA.

National Park Service (www.nps.gov) Informationen zu Nationalparks und Denkmälern.

Recreation.gov (www.recreation.gov) Stellplatzreservierungen auf staatlichem Gelände.

Lonely Planet (www.lonelyplanet.com/usa) Infos, Hotelbewertungen, Reiseforum und mehr.

Roadside America (www.roadsideamerica.com) Sehenswertes abseits der üblichen Pfade.

Wichtige Telefonnummern

Um reguläre Anschlüsse zu erreichen, wählt man die Ortsvorwahl gefolgt von der siebenstelligen Telefonnummer.

Landesvorwahl USA	✆1
Internationale Vorwahl	✆011
Notfall	✆911
Hotline für Opfer von Sexualdelikten	✆800-656-4673
Telefonauskunft	✆411
Straßenbedingungen	✆511

Wechselkurse

Eurozone	1 €	1,07 US$
	1 US$	0,94 €
Schweiz	1 SFr	1,04 US$
	1 US$	0,96 SFr

Aktuelle Wechselkurse sind unter www.xe.com abrufbar.

Tagesbudget

Günstig – weniger als 150 US$

➡ Stellplätze und B im Schlafsaal eines Hotels: 10–50 US$

➡ Kostenlose Aktivitäten (Strand, Konzerte im Park): 0 US$

➡ Essen auf Farmers Markets und in Taquerias: 6–15 US$

➡ Bus, U-Bahn: 0–5 US$

Mittelteuer – 150–250 US$

➡ Kleine, familiäre Motels, günstige Ketten: 50–150 US$

➡ Museen, National- und State Parks: 5–25 US$

➡ Diners, lokale Restaurants: 10–35 US$

➡ Günstiger Mietwagen: ab 20 US$/Tag

Teuer – mehr als 250 US$

➡ B&Bs, Boutiquehotels, Resorts: ab 175 US$

➡ Mahlzeit im Spitzenklasserestaurant, ohne Getränke: 30–100 US$

➡ Guide anheuern; Shows besuchen: ab 100 US$

➡ Miet-SUV oder -Cabrio: ab 70 US$/Tag

Öffnungszeiten

Banken Mo–Do 8.30–16.30, Fr bis 17.30 Uhr (evtl. Sa 9–12 Uhr)

Bars So–Do 17–24, Fr & Sa bis 2 Uhr

Geschäfte Mo–Sa 10–18, So 12–17 Uhr

Nachtclubs Do–Sa 22–2 Uhr

Malls 9–21 Uhr

Post Mo–Fr 9–17 Uhr

Supermärkte 8–20 Uhr; manche sind rund um die Uhr geöffnet

Ankunft am ...

Denver International Airport Am einfachsten kommt man mit dem Zug nach Downtown (10,50 US$, 35 Min., alle 15 Min.). Der AB-Bus fährt nach Boulder (10,50 US$, 82 Min., stündl.). Shuttles verkehren zu allen größeren Skigebieten.

Los Angeles International Airport Eine Taxifahrt nach Downtown kostet ca. 47 US$, für ein Tür-zu-Tür-Sammel-Shuttle zahlt man ab 17 US$ pro Nase. Das kostenlose Shuttle G fährt zur Metro Green Line Aviation Station, das Gratis-Shuttle C zum Metro Bus Center. Der FlyAway-Bus steuert Downtown L.A. für 9,75 US$ an.

Seattle-Tacoma International Airport Light-Rail-Züge fahren regelmäßig von der 4. Ebene des Parkhauses nach Downtown (3,25 US$, 30 Min., häufig); Shuttle-Busse halten in Ebene 3 und kosten ab 20 US$ für die einfache Strecke; für eine Taxifahrt muss man mindestens 55 US$ einplanen (25 Min.).

Unterwegs vor Ort

Auto Die beste Option für Traveller, die raus aus der Stadt und in Nationalparks und aufs Land möchten.

Bus Günstiger und langsamer als Züge; können eine gute Optionfür Ziele sein, die nicht von Amtrak bedient werden.

Flugzeug Die Städte im Westen sind ganz gut per Flieger zu erreichen, das spart Zeit.

Zug Amtrak-Züge haben oft Verspätung, sind aber eine bequeme Option, um an der bezaubernden Pazifikküste entlangzufahren. Von San Francisco und Los Angeles verlaufen Bahnstrecken quer durchs Land nach Chicago.

Mehr Infos zum Thema **Unterwegs vor Ort** s. S. 506

Was gibt's Neues?

Im Westen Amerikas waren die letzten paar Jahre nicht leicht: die Pandemie, eine rekordverdächtige Dürre und eine sich vertiefende politische Spaltung. Langsam keimt aber wieder vorsichtiger Optimismus auf, denn die Amerikaner ziehen los, um einige der schönsten Naturlandschaften und aufregendsten Städte des Landes zu erkunden!

Bears Ears National Monument

Das neueste – und umstrittenste – Nationaldenkmal des Landes wurde Ende 2016 im Südosten Utahs ausgewiesen. Es schützt das Land, das den Pueblo-Indianern, den Navajo und den Ute heilig ist. Ein Jahr später schrumpfte Präsident Trump das Gebiet um satte 85%, bis Präsident Biden im Oktober 2021 die Grenzen von 2016 wiederherstellte. Es ist ein atemberaubender Ort!

Skigebiet: Arapahoe Basin

Hoch hinaus geht's von der Talstation aus. Diese liegt bereits auf 3285 m Höhe! Spannende Neuerungen wie ein Naturslalom durch enge Baumpassagen sind nahezu noch unberührt, da auch dieses Skigebiet in den Pandemie-Jahren nicht viel Zulauf bekam. Jetzt kann man sich aber wieder in die luftigen Höhen schwingen und hinunterjagen. Und nicht zu vergessen: Hier gibt es immer noch die besten Bloody Marys des Landes!

Seattles Auferstehung

Seattle erfindet sich ständig neu, und es vergeht kein Jahr, auch nicht während der Pandemie, in dem die Stadt nicht mit einer großartigen Neueröffnung oder einem kulturellen Trend Schlagzeilen macht! So wurde auch die ikonische Space Needle (S. 397) restauriert, und die Autobahn Alaskan Way Viaduct zurückgebaut, was sich wunderbar auf das Hafenviertel ausgewirkt hat.

Lodge Revolution

In ganz Oregon und Washington wachsen neue, auf Outdoor-Aktivitäten ausgerichtete Unterkünfte aus dem Boden, die klassische Hotelzimmer mit Schlafsälen und Annehmlichkeiten wie Gemeinschaftsräumen, Küchen und Whirlpools kombinieren. Sie sollen die Gäste zusam-

INSIDERWISSEN

AKTUELLE EREIGNISSE IM WESTEN

Anthony Ham, Autor von Lonely Planet

Die COVID-19-Pandemie hat die Welt hart getroffen und weder Amerika noch den Westen der USA ausgelassen. Einen Vorteil zogen die Amerikaner dennoch daraus: Sie haben ihren eigenen Hinterhof wiederentdeckt, und das ohne die großen Menschenmassen. Die zwei Jahre langen Einschränkungen haben in den Menschen Sehnsüchte nach endlosen Horizonten und magischer Natur geweckt, und der Westen bietet beides in Hülle und Fülle! Auch die westlichen Städte wie San Francisco, Seattle, Denver und Las Vegas erwachen zu neuem Leben. Die alten politischen Gräben sind zwar nach wie vor vorhanden, und so gut wie jeder im Westen macht sich Sorgen darüber, wohin das alles führen wird. Aber zumindest genießen viele die Wiedererlangung einiger ihrer alten, vor der Pandemie bestehenden Reisefreiheiten.

menbringen und bieten gleichzeitig eine ganz neue Möglichkeit, die Attraktionen des Westens in der freien Natur zu erleben. Außerdem bieten sie den Beweis dafür, dass die Begeisterung für die Natur schon vor dem Erreichen des Ausgangspunkts beginnt! Die **Loge** (✆ 541-382-4080; www.logecamps.com/bend-or; 19221 SW Century Dr; B 50 US$, Zi. 125–155 US$) in Bend ist ein aktuelles Beispiel.

San Francisco's Großer Highway

Der 6 km lange Betonstreifen, der die Westgrenze von San Francisco entlang des Ocean Beach (www.parksconservancy.org) bildet, wurde während der Pandemie für den Verkehr gesperrt und verwandelte sich in die neueste Promenade der Stadt. Radfahrer, Rollschuhfahrer und Familien freuten und erholten sich. Verkehrsaktivisten setzten sich jetzt für noch mehr autofreie Straßen ein. Eines Tages, so hoffen sie, wird diese Durchgangsstraße dauerhaft zum Great Walkway!

Crosstown Trail

Vom puren Grün ins pure Glück: Über den neuen, 27 km langen Weg verbindet San Francisco den Südosten mit dem Nordwesten. Durch öffentliche Parks, schnucklige Gemeinschaftsgärten, und über geflieste Treppen schlängelt sich dieser Trail. Er kann in beide Richtungen gegangen, gelaufen oder geradelt werden und wurde von einer kleinen, engagierten Gruppe von Freiwilligen gebaut. Unter den Parks, die durch diesen Weg miteinander verbunden sind, befinden sich der John McLaren Park (www.sfrecpark.org/destination/john-mclaren-park; Mansell St & John F Shelley Dr), das Presidio (S. 349) und Lands End (www.nps.gov; 680 Point Lobos Ave).

Legalize It

Es liegt etwas in der Luft: Jetzt, wo Marihuana in mehreren Staaten für den medizinischen und Freizeitgebrauch für Erwachsene ab 18 Jahren legal ist, schnuppert man hier und da einen Hauch davon. Auch wenn der Konsum offiziell auf den privaten Gebrauch in geschlossenen Räumen beschränkt ist, sollte man zumindest auf die Nachbarn Rücksicht nehmen. Zur eigenen Sicherheit sollte das Gras nur bei lizenzierten Apotheken oder legalen Lieferdiensten wie HelloMD (www.hellomd.com) und Eaze (www.eaze.com) gekauft werden. Übrigens die Legalisierung von Marihuana ist nicht nur auf linksgerichtete Staaten wie Colorado, Washington, Oregon, Nevada, New Mexico und Kalifornien beschränkt, sondern der Freizeitkonsum ist auch in Montana legal. Aber Achtung: Es ist illegal, Marihuana über die Staatsgrenzen zu bringen, selbst wenn der andere Staat den Konsum auch legalisiert hat.

AUF DEM NEUSTEN STAND

Aktuelle Nachrichten gibt's unter www.lonelyplanet.com/usa/western-usa/articles.

Visit the USA (www.visittheusa.com) Neuigkeiten zum Tourismus in den USA.

SFGATE (www.sfgate.com) SF News und Kultur.

Visit California (www.visitcalifornia.com/podcasts/) Kalifornische Reisethemen.

The Modern West (https://www.npr.org/podcasts/423908746/the-modern-west) Wyoming podcast on Western identity.

KURZINFOS

Essenstrend Ausgehen!

Latino-Bevölkerung 30 %

US/Kalifornien Bevölkerungsdichte (Menschen pro km²) 33/98

Bevölkerung 78 Mio.

Schlafen

Weitere Bewertungen zu Unterkünften gibt's in den Kapiteln zu den Reisezielen im Westen der USA (ab S. 76).

Übernachtungsoptionen

Hotels Die Zimmer der meisten Hotelkategorien sind in der Regel mit Kabel-TV und Bad ausgestattet, viele Hotels verfügen zudem über Restaurants, Bars, Swimmingpools und Fitnesscenter.

Motels Motels gibt's in fast allen Städten in ganz Amerika. In der Regel sind sie schlichter als Hotels, und die Zimmer, von denen manche über eine Küchenzeile verfügen, sind meist vom Parkplatz aus direkt zugänglich.

B&Bs Meist einladende Unterkünfte im mittleren Preissegment, oft mit höherem Maß an Interaktion mit den Betreibern und persönlicherem Service.

Camping Campen ist sehr beliebt bei Amerikanern. Das Angebot reicht von kostenpflichtigen Campingplätzen mit Zelt- und Wohnmobilstellplätzen und einer Reihe von Annehmlichkeiten bis hin zu solchen gänzlich ohne Einrichtungen.

Dude Ranches (Ferien-Ranches) Umgebaute Farmen und Ranches mit Unterkünften und Aktivitäten wie Reiten, Angeln, Mountainbiken und ähnlichem. Das Angebot reicht von rustikal bis luxuriös.

Hostels In der Regel in Innenstadtlage, insbesondere in Kalifornien, im Nordwesten und im Südwesten. Einige gehören zu Hostelling International und haben nach Geschlechtern getrennte Schlafsäle.

Lodges Meist in Nationalparks gelegen, teils rustikal, teils mit allem Komfort, teils beides.

Resorts Ideal vor allem für mehrtägige Aufenthalte. Oft Teil einer größeren Anlage mit Pools, Golf- und Tennisplätzen usw.

PREISKATEGORIEN: SCHLAFEN

In den folgenden Preisen sind keine Steuern enthalten. Durchschnittlich betragen diese mehr als 10 % (sofern nicht anders angegeben).

**$** unter 150 US$ (unter 200 US$ in San Francisco)

**$$** 150–250 US$ (200–350 US$ in San Francisco)

**$$$** über 250 US$ (über 350 US$ in San Francisco)

Top-Unterkünfte

Für Sparfüchse

Von Budgethotels bis hin zu angesagten Hostels bietet der Westen eine gute Auswahl von Unterkünften für Traveller mit schmalem Geldbeutel. Neben Hostels und Hotels fallen manchmal auch Hütten auf Campingplätzen, Berghütten und preisgünstige B&Bs in diese Kategorie.

- Yotel San Francisco (S. 348), San Francisco, CA
- Hotel Mayflower (S. 348), San Francisco, CA
- Hostel Fish (S. 85), Denver, CO
- Shady Spruce Hostel (S. 143), Missoula, MT

Für Familien

Familienfreundliche Unterkünfte findet man im gesamten Westen problemlos, von Resorts und Ranches mit diversen Aktivitäten bis hin zu Orten, die ihr Angebot explizit an Familien mit Kindern ausrichten. Viele Standardzimmer in US-Hotels verfügen über zwei Doppelbetten.

- Vista Verde Guest Ranch (S. 100), Steamboat Springs, CO
- Disney's Grand Californian Hotel & Spa (S. 295), Anaheim, CA
- Devil's Thumb Ranch (S. 102), Winter Park, CO
- Cody Cowboy Village (S. 128), Cody, WY

B&Bs

Viele der B&Bs im Westen der USA sind romantische Rückzugsorte mit allem Komfort in restaurierten historischen Häusern, geführt von freundlichen Inhabern. Letztere kümmern sich oft persönlich um ihre Gäste (und servieren zudem tolles Frühstück). Diese B&Bs sind oft in einem bestimmten Stil gestaltet – viktorianisch, rustikal, à la Cape Cod –, und der Standard reicht von komfortabel-schlicht bis sehr luxuriös. Die Preise liegen normalerweise über 120 US$, bei den Top-Häusern zwischen 200 und 350 US$. Einige B&Bs haben einen Mindestaufenthalt, einige nehmen keine Kinder auf, und viele erlauben keine Haustiere.

➡ Valley of the Gods B&B (S. 230), Mexican Hat, UT

➡ Queen Anne Bed & Breakfast Inn (S. 85), Denver, CO

➡ Briar Rose B&B (S. 85), Boulder, CO

➡ Inn at Halona (S. 241), Zuni Pueblo, NM

OLSWORD/GETTY IMAGES ©

Timberline Lodge (S. 441), Oregon

Lodges

In den Nationalparks im Westen gibt es einige fabelhafte Lodges. Standardzimmer kosten ab etwa 120 US$, können aber in der Hauptsaison leicht doppelt so teuer (oder gar noch teurer) sein. Da sie die einzige Option sind, wenn man im Park übernachten, aber nicht campen will, sind viele zeitig ausgebucht. Wer kurzfristig ein Zimmer braucht, kann aber einfach mal anrufen. Mit etwas Glück hat ein anderer Gast seine Buchung storniert. Neben Restaurants bieten Lodges häufig Touren durch den jeweiligen Park an.

➡ Timberline Lodge (S. 441), Mt. Hood, OR

➡ Vista Verde Guest Ranch (S. 100), Steamboat Springs, CO

➡ Sun Mountain Lodge (S. 420), Winthrop, WA

➡ El Tovar (S. 199), Grand Canyon, AZ

Buchung

Eine rechtzeitige Buchung ist ratsam, vor allem, wenn man während der Sommermonate, während Schulferienwochen und in Skigebiete reisen will. Bei beliebten Nationalparks ist es nicht ungewöhnlich, ein Jahr im Voraus buchen zu müssen. Einige lokale und staatliche Tourismusbüros bieten Hotelreservierungsdienste an.

Airbnb (www.airbnb.com) Hier kann man online nach Häusern, Apartments und anderen privaten Unterkünften suchen; die Verfügbarkeit wird in Echtzeit angezeigt.

Booking.com (www.booking.com) Bietet eine große Auswahl von Hotels und anderen Unterkünften.

Hotwire (www.hotwire.com) In den USA eine der beliebtesten Online-Plattformen für die Buchung von Hotels im Land.

Lonely Planet (lonelyplanet.com/hotels) Bietet unabhängige Bewertungen sowie Empfehlungen zu den besten Übernachtungsmöglichkeiten.

National Park Service (www.nps.gov) Informationen zu Nationalparks und Denkmälern, auch Campingreservierungen sind möglich.

Recreation.gov (www.recreation.gov) Buchungsmöglichkeiten für Camps in diversen State und National Parks.

Monat für Monat

TOP-EVENTS

Sundance Film Festival, Jan.

Telluride Bluegrass Festival, Juni

Burning Man, Aug.

Great American Beer Festival, Sept.

Halloween, Okt.

Januar

Zwar sind einige Straßen durch die Berge unpassierbar, aber auf den übrigen strömen Ski- und Snowboard-Fahrer in die Skiorte der Region. Palm Springs und die südlichen Wüsten empfangen Reisende, die wärmere Gegenden und Landschaften voller Saguaro-Kakteen suchen.

Rose Parade

Am Neujahrstag findet ein Umzug mit blumengeschmückten Wagen, Blaskapellen und tänzelnden Pferden statt. Das Spektakel lockt kurz vor dem College-Footballspiel im Rose Bowl etwa 700 000 Zuschauer nach Pasadena.

☆ Sundance Film Festival

Ende Januar rollt Park City in Utah den roten Teppich für Indie-Filmemacher, Schauspieler und Cineasten aus. Eine Woche lang laufen bei dem Filmfestival die allerneusten Streifen. (S. 221)

National Cowboy Poetry Gathering

In Elko, Nevada, treffen sich eine Woche lang die Cowboys, um Gedichte vorzutragen und Folklorevorführungen zu geben. Das Event wurde 1985 ins Leben gerufen und hat zu Poesielesungen in der gesamten Region angeregt.

Chinesisches Neujahrsfest

Ende Januar oder Anfang Februar finden in den Chinatowns farbenfrohe Feste statt. NYC veranstaltet eine festliche Parade, aber die in San Francisco mit Festwagen, Feuerwerk, Musik und jeder Menge Spaß bleibt unschlagbar.

Februar

Die Skisaison erreicht ihren Höhepunkt. Aber auch wer nicht die Abhänge hinunterrauschen möchte, findet in der Region viel Zerstreuung: Wüstenwildblumen blühen, Wale ziehen vor der kalifornischen Küste vorbei, und auf den Ferienranches im südlichen Arizona werden die Pferde gesattelt.

Karneval in Colorado

Mardi Gras trifft die Berge in Breckenridge. Hier feiern die Leute mit einem Straßenumzug, Livejazz und Feuertänzern.

☆ Oregon Shakespeare Festival

Tausende Theaterfans feiern die neunmonatige Saison in Ashland, die im Februar beginnt und in der erstklassige Dramen gezeigt werden (S. 453).

März

Bier! Jetskis! Partys! Im März ist Spring Break angesagt und die Studenten strömen in Scharen zu den Seen in Arizona. Familien gehen Skifahren oder besuchen die Parks in den wärmeren Gegenden.

Spring Whale-Watching Week

An der Pazifikküste ziehen Grauwale vorbei. Rund um Depoe Bay in Oregon gibt es an speziellen Aussichtspunkten teilweise organisierte, von Fachleuten begleitete Treffen zur Walbeobachtung. Die Wanderung der Wale gen Norden lässt sich im Juni beobachten.

Frozen Dead Guy Days

Nederland, CO, feiert sein kryokonserviertes Stadtmaskottchen „Grandpa Bredo" u.a. mit einem Sargrennen, „Ice Turkey Bowling", einem Schwimmwettbewerb in eiskaltem Wasser und Unmengen Bier.

M3F

Das gemeinnützige Phoenix Music Festival zieht große Stars an – solche wie Beck, die Avett Brothers und Trombone Shorty. Aber auch aufstrebende Bands aus der Region lassen sich hier entdecken. Der Erlös des Festivals geht als Spende an lokale Wohltätigkeitsorganisationen.

April

In den hoch gelegenen Wüsten Kaliforniens blühen die Wildblumen, Zugvögel bevölkern die Naturschutzgebiete im südlichen Arizona. In den Skiorten bricht das Ende der Saison an; die Zimmerpreise sind nun etwas niedriger.

Coachella Music & Arts Festival

Bei diesem Musikfest, das an zwei aufeinanderfolgenden Wochenenden Mitte April stattfindet, geben sich Indie-Rockbands, kultige DJs, Rap-Superstars und Popdiven außerhalb von Palm Springs ein Stelldichein.

Gathering of Nations Powwow

Mehr als 3000 Tänzer und Sänger von US-amerikanischen und kanadischen Indianerstämmen treten Ende April in Albuquerque bei diesem riesigen Powwow gegeneinander an. Und an einem Markt beteiligen sich mehr als 800 Künstler und Kunsthandwerker. (S. 238)

Mai

Eine prima Zeit, um die meisten Nationalparks zu besuchen: Die Massen rücken erst ab dem Memorial-Day-Wochenende (letztes im Mai) an, da noch keine Ferien sind.

Cinco de Mayo

Der Sieg der mexikanischen Streitkräfte über die französische Armee in der Schlacht von Puebla am 5. Mai 1862 wird ausgelassen mit Margaritas und Musik gefeiert. Sehr stilvoll geht's in Denver, Los Angeles und San Diego zu.

Bay to Breakers

Zehntausende rennen am dritten Sonntag im Mai in San Francisco kostümiert, nackt und/oder mit einem Bier vom Embarcadero zum Ocean Beach. Das Rennen gibt's seit 1912.

Boulder Creek Festival

Der Sommer beginnt am Memorial-Day-Wochenende in den Rockys mit Essen, Trinken, Musik, einem Gummientenrennen und herrlichem Sonnenschein. Es endet mit Bolder Boulder, einem schrulligen, 10 km langen, enthusiastisch gefeierten Wettrennen (S. 91).

Sasquatch! Music Festival

Fans von Indie-Musik kommen am Memorial-Day-Wochenende nahe der Columbia River Gorge im Gorge Amphitheater von George, Washington, zusammen, um kostenlos Musik zu hören (www.sasquatchfestival.com).

Juni

Für den Großteil des Westens beginnt jetzt die Hauptsaison. Die schroffen Bergpässe sind freigegeben, die Flüsse schwellen aufgrund der Schneeschmelze an und in den Bergen blühen die Wildblumen. Manchmal wabert über den Stränden in Süd-Kalifornien der June Gloom (ein grauer Nebel).

Pride Month

Den ganzen Juni über finden in Kalifornien LGBTIQ+-Feiern mit Kostümumzügen, Coming-out-Partys, Livemusik u.v.m. statt. Die größten und ausgelassensten Veranstaltungen gibt es in Los Angeles (http://lapride.org) und San Francisco. (S. 357)

Telluride Bluegrass Festival

Mitte Juni mischt man sich am besten für vier Tage unter die Festivalbesucher, zeltet im wunderschönen, von Bergen umringten Telluride in Colorado und genießt erstklassigen Bluegrass. (S. 112)

Electric Daisy Carnival

Der Electric Daisy Carnival, das größte EDM-Festival (Electronic Dance Music) der Welt, ist eine Nonstop-Party mit drei DJs, Fahrgeschäften, Kunstinstallationen und Künstlern auf dem Las Vegas Motor Speedway.

Custers letzte Schlacht

Am letzten Wochenende im Juni wird südöstlich von Billings die Schlacht von Little Bighorn im Little Bighorn Battlefield National Monument in Montana teils unterhaltsam, teils ergreifend nachgestellt. (S. 141)

Plains Indians Powwow

Gegen Mitte Juni versammeln sich die Shoshoni und Vertreter anderer Stämme der Northern Plains in Cody, WY, zu einem der wichtigsten Treffen amerikanischer Ureinwohner des Westens der USA.

Juli

Urlauber strömen zu den Stränden sowie in die Themenparks, Gebirgsresorts und State- und National Parks. Wer zu dieser Zeit einen Besuch plant, sollte deutlich im Voraus buchen und sich auf reichlich Andrang einstellen. Die glühend heißen Wüstenparks meidet man am besten.

Independence Day

Überall im Westen wird der Unabhängigkeitstag am 4. Juli mit Rodeos, Musikfesten, Barbecues, Paraden und Feuerwerken gefeiert.

Aspen Music Festival

Von Anfang Juli bis Mitte August präsentieren hochrangige Interpreten klassischer Musik spektakuläre Shows, während kleinere studentische Orchester unter der Leitung renommierter Dirigenten Leben auf die Straßen bringen.

Oregon Brewers Festival

Bei diesem lustigen Bierfest, das in Portland am letzten vollen Juliwochenende stattfindet, versammeln sich rund 85 000 Kleinbrauereifans an den Ufern des Willamette River, um zu essen, zu trinken, zu fachsimpeln und auf die Pauke zu hauen. (S. 425)

Cheyenne Frontier Days

Mit Lassowerfen, Reiten und einem Umzug werden bei diesem Rodeo in Wyoming seit 115 Jahren der amerikanische Cowboy und die Legenden des Wilden Westens gefeiert. (S. 121)

World Series of Poker (WSOP)

Von Juni an kämpfen Hollywood-Stars, europäische Top-Fußballspieler und Pokerprofis (und womöglich sogar der eigene Nachbar) um Millionen. Den Höhepunkt erreicht der Wettbewerb schließlich Mitte Juli.

Grand Teton Music Festival

Es gibt viele Gründe, Jackson, WY, im Sommer zu besuchen, doch dieses großartige Festival für klassische Musik steht ganz oben auf der Liste. Es beginnt im Juli und findet bis in den August hinein statt. (S. 125)

August

Überall im Südwesten kann man auf den Kunstausstellungen, Märkten und zeremoniellen Treffen mehr über die Kultur der amerikanischen Ureinwohner erfahren. Im Westen sind Rodeos sehr beliebt. Die Nationalparks ziehen weiterhin Besuchermassen an.

Santa Fe Indian Market

Das berühmteste Festival von Santa Fe wird in der dritten Augustwoche auf der historischen Plaza der Stadt durchgeführt. Mehr als 1100 Künstler aus über 220 Stämmen und Pueblos stellen hier ihre Werke zur Schau. (S. 244)

Perseiden

Mitte August erreichen die jährlichen Meteoritenschauer den Höhepunkt – die beste Zeit, um mit bloßem Auge oder auch mithilfe einer Kamera Sternschnuppen zu beobachten. Infos gibt's unter darksky.org. Den besten Blick hat man ohne Lichtverschmutzung in den Wüsten im Süden.

Old Spanish Days Fiesta

Anfang August steigt in Santa Barbara das Fest der frühen Rancho-Kultur mit Paraden, einem Rodeo, Kunsthandwerksausstellungen und Shows.

Burning Man (S. 173)

September

Der letzte Jubel des Sommers kommt am Labor-Day-Wochenende auf. Besonders schön ist es im Nordwesten, wo die Nächte kühl, die Tage aber sonnig sind. In den Rockys breiten sich die Herbstfarben aus.

Burning Man

Das Open-Air-Festival in der Wüste ist nicht nur eine Kunstausstellung, sondern gleichzeitig auch ein Ort intensiver Selbstdarstellung und eine Tauschbörse. Den krönenden Abschluss bildet das Verbrennen der Figur des Burning Man. Während des Festivals in der Woche vor dem Labor Day entsteht mitten in der Wüste Nevadas eine vergängliche Zeltstadt. (S. 173)

Great American Beer Festival

Das dreitägige Bierfestival in Denver (Ende Sept. od. Anfang Okt.) ist so beliebt, dass es schnell ausverkauft ist. 700 US-amerikanische Brauereien bieten ca. 3500 Biersorten an. (S. 85)

Bumbershoot

Die größte Kunst- und Kulturveranstaltung in Seattle präsentiert Anfang September Hunderte Musiker, Künstler, Komiker, Autoren und Theaterensembles auf verschiedenen Bühnen. (S. 402)

Santa Fe Fiesta & Burning of Zozobra

Der original Burning Man (Old Man Gloom), der seit 1924 jeden September verbrannt wird, ist das Highlight dieser zehntägigen Fiesta in Santa Fe. (S. 244)

Oktober

Schillernde Espen in all ihrer Herbstpracht locken Jahr für Jahr zahlreiche Traveller nach Colorado und in den Norden von New Mexico. Dämonen, Geister und Feierwütige freuen sich auf Halloween am 31. Oktober.

Halloween

Hunderttausende kostümierter Nachtschwärmer treffen sich im Stadtteil West Hollywood von Los Angeles (und anderswo), um den ganzen Tag über bei Musik zu feiern, zu tanzen und Schabernack zu treiben.

Litquake

Lesungen, Diskussionen und Literaturevents wie der legendäre Pub Crawl bereichern Mitte Oktober während dieses Festivals die Kulturszene San Franciscos.

Sedona Arts Festival

Bei dieser faszinierenden Kunstshow Anfang Oktober werden Gemälde, Schmuck, Keramik, Glas und Skulpturen gezeigt. 125 Künstler stellen ihre Werke in der Red Rock High School in Sedona aus.

November

Im ganzen Westen sinken langsam die Temperaturen. In den meisten Küstengebieten, Wüsten und Naturparks ist jetzt deutlich weniger los – außer an Thanksgiving. Und genauso grandios: Die Skisaison fängt nun an.

Día de los Muertos

Die mexikanischen Gemeinden ehren am 1. und 2. November ihre Verstorbenen mit Kostümparaden, Totenschädeln aus Zucker, Picknicks auf Friedhöfen, Kerzenprozessionen und prächtig geschmückten Altären.

Thanksgiving

Am vierten Donnerstag im November treffen sich die Amerikaner mit ihrer Familie und ihren Freunden zu einem ganztägigen Festessen mit Truthahn, Süßkartoffeln, Preiselbeersauce, Wein, Kürbiskuchen und vielen anderen Gerichten. In NYC findet eine große Parade statt und im Fernsehen läuft Profi-Football.

Wine Country Thanksgiving

Mehr als 160 Weingüter im Willamette Valley öffnen Ende November für drei Tage ihre Tore.

Yellowstone Ski Festival

Die Woche der Thanksgiving-Feiern in West Yellowstone (www.skirunbikemt.com/yellowstone-ski-festival.html) ist eine tolle Zeit für Ski-Cracks und -Newbies. Zu den Highlights gehören Ski-Kliniken und Rennen. Auch die nordische Skisaison startet in dieser Zeit.

Dezember

Dies ist die Zeit für Krippenspiele, festliche Beleuchtung und alles andere, was irgendwie mit Weih-

nachten zusammenhängt. Die Feierlichkeiten dauern bis Silvester an. In den Skiresorts muss man mit einem großen Ansturm und höheren Preisen rechnen.

Snow Daze

Vail in Colorado eröffnet die Wintersportsaison mit einem einwöchigen Fest mit einem Expo-Dorf, Partys und einer Menge Liveauftritten bekannter Künstler.

Silvester

Amerikaner sind sich uneins, wenn es darum geht, das neue Jahr einzuläuten. Einige feiern mit vielen Menschen bei pompösen Straßenfesten, andere fliehen vor dem Trubel in einen Kurzurlaub. So oder so… rechtzeitige Planung und Buchung sind dringend empfehlenswert. Man darf sich auf hohe Preise einstellen.

Reiserouten

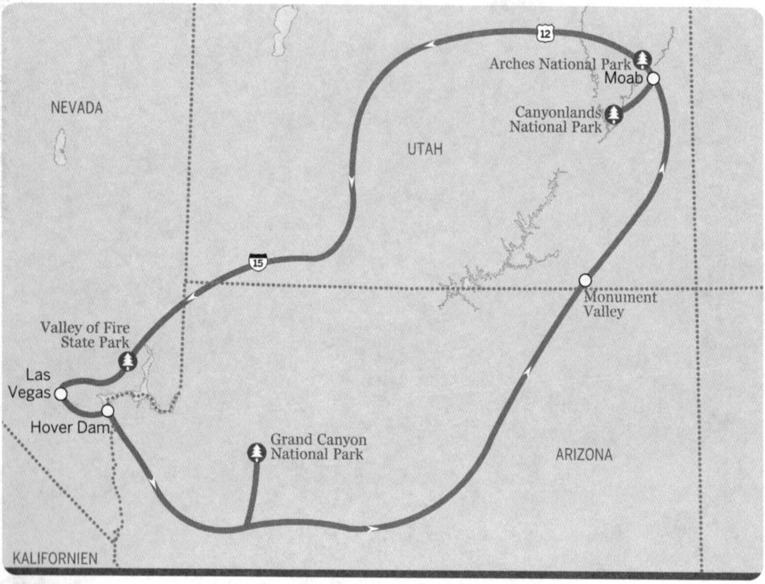

2 WOCHEN Highlights des Südwestens

Hobbyfotografen haben auf dieser Tour jede Menge zu tun: Hier stehen die größten Wahrzeichen des Südwestens im Mittelpunkt. Man sieht die berühmteste Stadt der Region, den größten Canyon und eine atemberaubende Landschaft mit roten Felsen.

Los geht's in **Las Vegas**, wo man ein paar Tage lang den Strip erkundet. Hat man genug von der Party, geht's Richtung Osten, vorbei am **Hoover Dam**, zum **Grand Canyon**. Für Amerikas berühmtesten Park sollte man zwei Tage einplanen. Ein einmaliges Erlebnis sind der Abstieg vom South Rim auf dem Rücken eines Maultiers und die anschließende Übernachtung auf der Phantom Ranch am Grund der Schlucht. Vom Grand Canyon fährt man nach Nordosten zum **Monument Valley**, dessen Landschaft direkt aus einem Hollywood-Western zu stammen scheint, und weiter zu den Nationalparks in der Südostecke Utahs – sie gehören zu den eindrucksvollsten im Land. Man wandert durch die vielfältigen Canyons im **Canyonlands National Park**, fährt mit dem Mountainbike außerhalb von **Moab** auf dem Slickrock Trail oder macht ein Foto vom Balanced Rock im **Arches National Park**. Auf dem spektakulären Hwy 12 geht's nach Westen, bis er auf die I-15 führt. Weiter im Süden kann man im **Valley of Fire State Park** bei Sonnenuntergang meditieren, ehe man schließlich wieder Las Vegas erreicht.

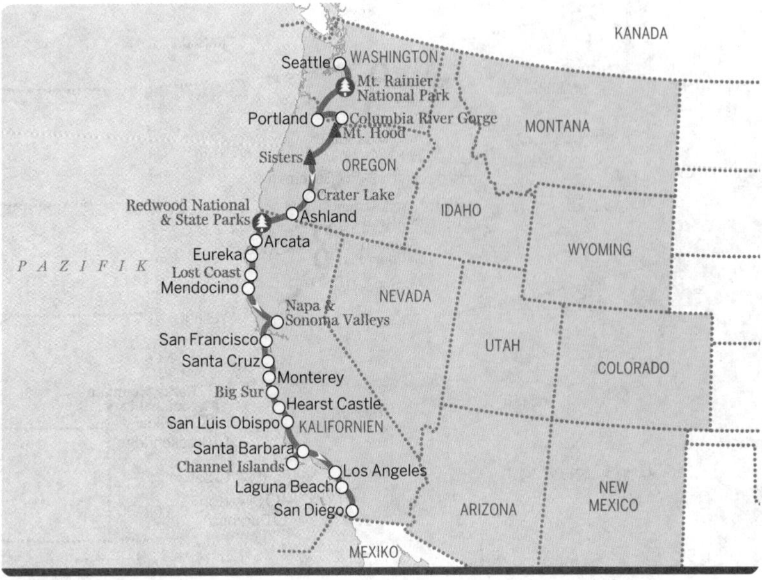

4 WOCHEN

Die Westküste hinunter

Einen Baum umarmen, wellenreiten und die Köstlichkeiten der West-Coast-Küche genießen – diese Freuden erwarten Naturbegeisterte bei einer Fahrt von Seattle nach San Diego.

Mit einem frisch gerösteten Kaffee beginnt der Tag im koffeinverrückten **Seattle**, bevor die großen Märkte, kleinen Brauereien und langen Ufer der Stadt erkundet werden. Die Fahrt führt südwärts zum **Mt. Rainier National Park**, wo unterhalb des schneebedeckten Gipfels tolle Wanderwege verlaufen. Im modernen **Portland** findet man große Parks, umweltbewusste Einwohner und eine progressive Haltung, Food-Carts, viele Cafés und ein tolles Nachtleben vor. Bei der Fahrt ostwärts entlang der **Columbia River Gorge** bestaunt man Wasserfälle und genießt regionale Produkte. Weiter im Süden lädt **Mt. Hood** im Winter zum Skifahren und im Sommer zum Wandern ein. Weitere Abenteuer warten bei den über 3000 m hohen **Sisters** und dem kristallblauen **Crater Lake**. Im sonnigen **Ashland** schaut man sich ein Shakespeare-Stück an, bevor es über die Berge zur nebligen Küste geht. Über den Hwy 199 geht's hinüber nach Kalifornien, wo man in den **Redwood National and State Parks** durch majestätische, uralte Wälder wandert.

Die Küste entlang führt die Fahrt südwärts durchs schrille **Arcata** und das am Ozean gelegene **Eureka**, man verliert sich an der **Lost Coast** und fährt auf dem Hwy 1 durchs idyllische **Mendocino** mit seiner zerklüfteten Küste, die zum Wandern einlädt. Eine Weinprobe vor herrlicher Kulisse lockt ins **Napa** und ins **Sonoma Valley**. Von dort geht's, angemessen ausgestattet, südwärts ins hügelige und freigeistige **San Francisco**. Auf dem malerischen Hwy 1 passiert man das Surfer-Mekka **Santa Cruz**, das stattliche **Monterey** an der gleichnamigen Bucht und das von Hippies geprägte **Big Sur**. Im Nu sind das surreal anmutende **Hearst Castle** und die College-Stadt **San Luis Obispo** erreicht. Im mediterranen **Santa Barbara** kann man shoppen und Weine verkosten und ab Ventura mit der Fähre auf die **Channel Islands** mit ihrer reichen Tierwelt übersetzen. In **Los Angeles** überlässt man sich seinen Hollywood-Fantasien, wandert durch den Griffith Park und lässt sich durch die palmengesäumten Viertel treiben. Dann zieht man weiter gen Süden, wandert auf den Klippen von **Laguna Beach** und erreicht das zauberhafte **San Diego**.

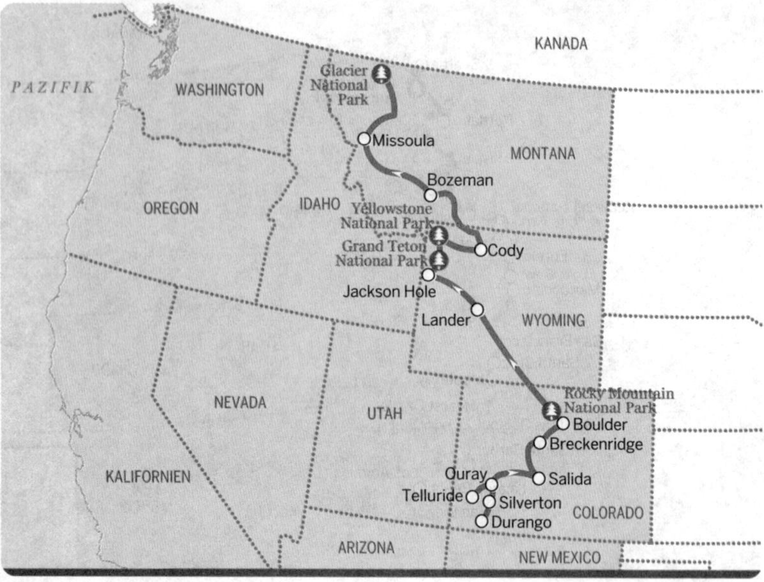

3 WOCHEN Rocky Mountain High

Badesachen, Mountainbike und Wanderstiefel einpacken! Es geht zur kontinentalen Wasserscheide mit ihrem weiten Himmel, den hohen Gipfeln und der reichen Tierwelt.

Die ersten zwei Tage locken die Kleinbrauereien und die Mountainbike-Pfade in **Durango**. Von hier fährt man auf dem Million Dollar Hwy (Hwy 550) nach Norden durch die San Juan Mountain Range, besucht **Silverton** und badet in **Ouray**. Ein Abstecher nach **Telluride** lohnt sich, falls gefeiert wird – im Sommer fast jedes Wochenende. Von Montrose fährt man auf dem Hwy 50 gen Osten ins Arkansas River Valley und zum Raften durch das Brown's Canyon National Monument in **Salida**. Der Hwy 24 verläuft entlang der höchsten Gipfel Colorados. In **Breckenridge** wird übernachtet.

Kajakfahren, Klettern und Leutebeobachten sind in **Boulder** angesagt. Dann geht's zum Wandern und Reiten in den **Rocky Mountain National Park**. Wer schon mal hier ist, sollte auch die Fahrt über die Trail Ridge Rd wagen, die oberhalb der Baumgrenze Ausblick in die Bergwelt bietet. Weiter geht's auf der I-25 nach Norden. In Wyoming nimmt man die I-80 nach Westen zum Hwy 287. Ihm folgt man bis **Lander** und klettert auf den Felsen herum.

Weiter geht's gen Norden nach **Jackson Hole**. Um dessen Park im Zentrum liegen Läden und Cowboy-Bars – perfekt zum Relaxen bei gutem Essen. Vielleicht verbringt man hier die Nacht, bevor man sich zum Raften auf dem Snake River aufmacht. Auch ist es von hier nicht weit zum **Grand Teton National Park**, wo man an einem See entspannen und nach Bisons Ausschau halten kann. Als Nächstes ist der gewaltige **Yellowstone National Park** dran, dessen Highlights Geysire, Bären und tolle Wanderungen sind.

Die letzte Woche beginnt mit einer Fahrt nach **Cody** im Westen, um einen Vorgeschmack auf das Cowboy-Leben von Buffalo Bill und Wyoming zu erhalten. Dann fährt man auf dem Beartooth Hwy weiter nach Montana. Dort wechselt man auf die I-90 gen Westen nach **Bozeman** und **Missoula**. Beide Orte sind ideal, um sich mit allem Nötigen einzudecken. Der **Glacier National Park** verdient einen Besuch, denn noch sind die 26 Gletscher nicht verschwunden. Beim Wandern kann man Tiere beobachten. Zum Schluss cruist man noch auf der tollen Going-to-the-Sun-Road.

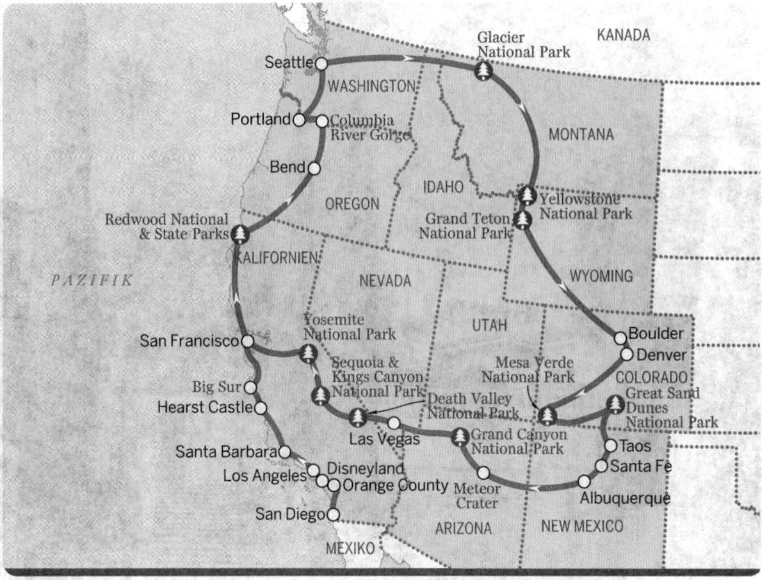

4 WOCHEN

Große Rundtour durch den Westen

Diese Tour deckt die Highlights im Westen ab: entlang der kalifornischen Küste, vorbei an den üppigen Landschaften des Nordwestens, den Skistädten in den Rockies, dem glühenden Red Rock im Südwesten und zum Schluss zurück nach Kalifornien.

Von **San Diego** folgt man dem Hwy 1 gen Norden durch die Surf-Dörfer des **Orange County** über **Disneyland** bis nach **L. A.** Auf dem Hwy 1 geht es weiter die Küste hinauf. Erster Halt ist **Santa Barbara**. Nachdem man das **Hearst Castle** bestaunt hat, geht's weiter nordwärts durch **Big Sur**. In der Künstlerhochburg **San Francisco** kann man schlemmen, shoppen und Alcatraz besichtigen, bevor man auf dem Hwy 1 weiterfährt.

Nachdem man die Bäume in den **Redwood National and State Parks** bewundert hat, fährt man weiter nach Oregon und nimmt sich Zeit für etwas Outdoor-Spaß in **Bend**. Die Landschaft auf dem Weg nach Westen an der **Columbia River Gorge** entlang ist einfach prächtig. Danach sind ein paar Tage **Portland** angesagt, wo man das Bier und die tolle Aussicht genießt. In **Seattle** geht's erst mal die Space Needle hinauf. Dann führt die Fahrt weiter gen Osten ins weit offene Montana mit den Naturwundern des **Glacier National Park**. Von dort geht es nach Süden zum **Yellowstone National Park**, wo Old Faightful regelmäßig ausbricht und Touristen anhalten, um Bisons, Bären und – wenn sie Glück haben – Wölfe zu sehen. Vor majestätischer Bergkulisse rauscht man weiter in den **Grand Teton National Park**, bevor ein Schlenker nach Südosten durch die weiten Prärien Wyomings folgt.

In Colorado holt man erst im Outdoor-Zentrum **Boulder** tief Luft und lässt sich dann vom Großstadtleben in **Denver** verführen. Auf dem Programm stehen jetzt die Bergwerksorte im zentralen Colorado, gefolgt vom **Great Sand Dunes National Park** und dem **Mesa Verde National Park**. Südlich davon, in New Mexico, eignen sich die Künstlerzentren **Taos** und **Santa Fe** perfekt zum Souvenirshoppen. In **Albuquerque** gibt's zur Stärkung einen Chili-Eintopf, anschließend geht's über die Route 66 Richtung Westen nach Arizona, mit Stopp am **Meteor Crater** und am **Grand Canyon National Park**. Die Fahrt geht weiter gen Westen nach **Las Vegas**. Schließlich führt der Weg nach Zentralkalifornien in die Nationalparks **Death Valley, Sequoia & Kings Canyon** sowie **Yosemite**. Die Tour endet mit einem Glas kalifornischen Weines in **San Francisco**.

BLAZG/SHUTTERSTOCK ©

Oben: Hearst Castle (S. 326), Central Coast

Unten: Alcatraz (S. 349), San Francisco

Reiseplanung

Route 66 & Panoramastraßen

Im 19. und 20. Jh. lockten Bodenschätze Abenteurer in den Westen. Heute liegt der Reiz hingegen über der Erde – etwa in den herrlichen Ausblicken, die sich beim Fahren bieten. Von Nebenstraßen in der Wüste und Küsten-Highways über abenteuerliche, schwindelerregende Gebirgsstraßen bis hin zur legendären Mother Road – der Westen hat jede Menge malerischer Straßentouren auf Lager.

Route 66

Ein Wigwam-Motel, ein Meteoritenkrater, bettelnde *burros* (Packesel) und ein mit Solarenergie betriebenes Riesenrad mit Blick auf den Pazifik. *Get your kitsch on Route 66*, wäre wahrscheinlich ein passender Slogan für den Abschnitt der Mother Road durch Kalifornien, Arizona und New Mexico. Die Straße liegt etwas abseits, doch die Leute dort freuen sich, wenn man vorbeikommt.

Auf zur Route 66!

Geschichte, Landschaften und die lange, offene Straße – diese spannende Kombination macht eine Tour auf der Route 66 absolut einzigartig. Bei der Reiseplanung sollte man übrigens beachten, dass die I-40 und die Route 66 sich in Großteilen von New Mexico und Arizona überschneiden.

In New Mexico sorgen die die Neonschilder von Tucumcari für ein fröhliches Willkommen im Westen und lassen obendrein echtes Abenteuerfeeling aufkommen – und das ist genau die richtige Einstimmung, bevor man ins **Blue Hole** (☎Tauchzentrum 575-472-3370, Besucherzentrum 575-472-3763; http://santarosabluehole.com; 1085 Blue Hole Rd; Parken 5 US$; ⏲Schwimmen 10–19 Uhr, Tauchen 8–20.30 Uhr)

Alles dabei?

Top-Tipps

➡ Vorbereitung ist das A und O bei einem Roadtrip, besonders hier draußen, wo die Straßen einsam sind und das Wetter launisch ist.

➡ Im Fahrzeug sollten ein Ersatzreifen, ein Werkzeugkasten (mit Wagenheber, Starthilfekabel etc.) und ein Verbandskasten vorhanden sein – Mietwagen sollte man ggf. damit nachrüsten.

➡ Gute Karten sind unabdingbar, vor allem wenn man abseits der Highways unterwegs ist: In abgelegenen Regionen ist auf GPS und Mobiltelefone kein hundertprozentiger Verlass!

➡ Extra Wasser mitnehmen – denn das braucht man, falls das Auto in der Wüste eine Panne hat.

➡ Regelmäßig tanken: Die nächste Tankstelle kann lange auf sich warten lassen.

➡ Führerschein und Versicherungsnachweis sollte man stets griffbereit haben.

Scenic Drives

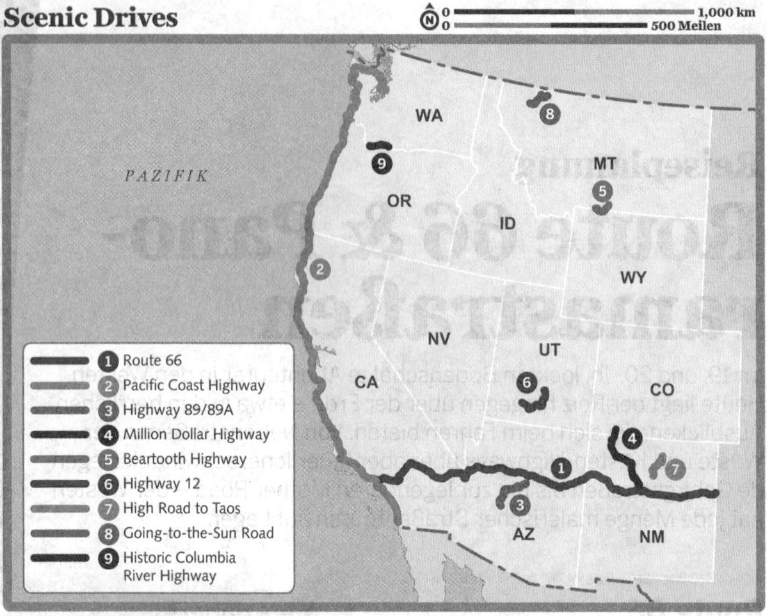

in Santa Rosa eintaucht. Zunächst gibt's einen Chilieintopf im Frontier (S. 239) in Albuquerque, dann geht's ins 1937 erbaute **El Rancho Motel** (☎505-863-9311; www.elranchohotel.com; 1000 E Hwy 66; Zi./Suite ab 102/174 US$, Motel Zi. 88 US$; P) in Gallup, in dem bereits John Wayne übernachtet hat!

In Arizona lockt ein Abstecher vom Highway für eine großartige Fahrt durch den Petrified Forest National Park (S. 204). Man wird dabei mit wundervollen Ausblicken auf die Painted Desert belohnt. Näher hinsehen lohnt sich auch im südlichen Teil des Parks, wo unweit der Hauptstraße 225 Mio. Jahre alte Baumstämme liegen. Übernachten kann man in einem Beton-Tipi in Holbrook, westlich des Parks. Der nächste Halt ist die von den Eagles besungene *Take It Easy*-Stadt Winslow, *where there's a girl, my Lord, in a flatbed Ford*... Nach dem obligatorischen Fotostopp gibt's ein tolles Abendessen im **Turquoise Room** (☎928-289-2888; www.theturquoiseroom.net; 305 E 2nd St, La Posada; Frühstück & Mittagessen 10–14 US$, Abendessen 22–34 US$; ⏲7–16 & 17–21 Uhr) des La Posada Hotel. Der Meteor Crater (S. 206) östlich von Flagstaff ist ein riesiges Loch im Boden – und ein guter Ort, um durchzuatmen. Von hier verläuft die Route 66 parallel zu den Eisenbahnschienen ins lebhafte Flagstaff. Unterwegs kommt man am wundervollen **Museum Club** (S. 191) vorbei, einem hüttenartigen Gebäude, in dem einfach jeder Spaß hat. Dann folgt Williams, eine Stadt an der Bahnlinie mit Motels, Innenhöfen und viel Kleinstadtcharme.

Das schrullige kleine Dorf Seligman begrüßt Reisende mit Retro-Motels, einem kleinen Spritzer unechtem Senf im Snow-Cap Drive In und dem Roadkill Cafe. Alte Burma-Shave-Werbeschilder locken einen mit lustigen Botschaften zu den Grand Canyon Caverns, wo man 21 Stockwerke unter der Erde eine Höhlenwanderung unternehmen und auch übernachten kann. Die nun folgenden Highlights an der Strecke sind ein verrückter, bunter Laden in Hackberry, das **Route 66 Museum** (☎928-753-9889; www.gokingman.com; 120 W Andy Devine Ave; Erw./Sen./Kind 4/3/frei US$; ⏲9–17; letzter Einlass 16 Uhr) in Kingman und die heuliebenden Esel im sonnengebackenen Oatman.

Die gleißende Sonne begleitet einen auch in Kalifornien, wo die „Mother Road" in die Mojave-Wüste eintaucht, vorbei an Geisterstädten, auf die einsame Bahnschilder hinweisen. In Victorville gibt's in Emma Jeans Holland Burger Café (www.hollandburger.com) den scharf gewürzten „Brian Burger“. Im schicken Pasadena steigt die Stimmung, bevor die Straße den Pazifik erreicht. Am Santa Monica Pier (S. 276) dreht man eine Runde auf dem mit Solarstrom betriebenen Riesenrad und zum Abschluss der ganzen Fahrt genießt man dann den Anblick des Sonnenuntergangs in vollen Zügen.

Reisezeit

Eine Tour auf der Route 66 bietet sich besonders zwischen Mai und September an, wenn es warm ist und diverse verlockende Outdoor-Aktivitäten zur Auswahl stehen.

Die Route

Die Fahrt beginnt in Tucumcari, NM, und führt westwärts durch Arizona und Kalifornien bis nach Barstow in Kalifornien – quasi parallel zur I-40. Nach Barstow führt die Route 66 südwärts durch San Bernardino auf der I-15 und knickt dann westwärts nach Pasadena ab, von wo aus man der I-110 zum Santa Monica Blvd westwärts in die Küstenstadt Santa Monica folgt.

Dauer & Strecke

Dauer: Wer es eilig hat, kann die Tour durchaus in zwei oder drei Tagen bewältigen. Mehr Spaß macht es allerdings, wenn man dafür sechs Tage einplant.

Strecke: Rund 1250 Meilen (2010 km), je nach gewählter Route.

Pacific Coast Highway

Die Sonnenbrille aufsetzen, das Fenster herunterkurbeln und den Lieblingssong aus dem Autoradio schallen lassen: Denn die Highways, die Kanada und Mexiko an der Westküste verbinden, wurden ja schließlich geradezu zum Cruisen geschaffen. Und der beinahe schon unwirklich malerische Pacific Coast Hwy (PCH) ist und bleibt einfach der schönste von allen.

Auf zum Pacific Coast Highway!

Auf der dramatisch schönen Strecke an der Westküste, die durch Kalifornien, Oregon und Washington führt, besucht man kosmopolitische Städte, Surferparadiese und charmante Küstenenklaven, die es wert sind entdeckt zu werden. Für viele Traveller ist aber die großartige Landschaft das eigentliche Highlight: wilde, einsame Strände, raue Klippen und brechende Wellen, sanfte Hügel und Wälder voller Redwood- und Eukalyptusbäume. Aber die Strecke sieht nicht einfach nur wunderbar aus, sie hat auch eine ganze Menge Persönlichkeit – und abseits vom Highway gibt's jede Menge Abenteuer für Surfer, Kajakfahrer, Gerätetaucher und Wanderer.

Die besonderen Leckerbissen? Da wären zunächst einmal die Städte. Die Küsten-

DIE GESCHICHTE DER ROUTE 66

Die 1926 geschaffene Route 66 erstreckte sich von Chicago nach Los Angeles und verband auf ihrem Verlauf durch acht US-Staaten unzählige Kleinstädte und Landstraßen miteinander. Sie erlangte traurige Berühmtheit während der Weltwirtschaftskrise, als auf ihr ruinierte Farmer aus der Dust Bowl über die Great Plains gen Westen zogen. Der Spitzname „Mother Road“ fand sich erstmals in dem Roman *Die Früchte des Zorns*, mit dem John Steinbeck dieser Ära ein Denkmal setzte. Nach dem Zweiten Weltkrieg ging es zunächst etwas vergnügter zu, als sich die US-Amerikaner, beflügelt von neuem Wohlstand, hinter das Lenkrad setzten, um ihr Land zu erkunden. Nat King Cole nahm 1946 den Song *Get Your Kicks on Route 66* auf und machte die Straße damit noch bekannter. Aber just als alles in Schwung gekommen war, begann die Bundesregierung mit der Einrichtung der Interstates, die schließlich den Niedergang für die Mother Road bedeuteten. Als letzte Stadt an der Route 66 erhielt 1984 auch Williams in Arizona eine Interstate-Umgehung.

highways verbinden einige der hinreißendsten Metropolen an der Westküste miteinander, angefangen vom surfverrückten San Diego in Südkalifornien über das schillernde Los Angeles bis zum gänzlich unkonventionellen San Francisco. Weiter im Norden lohnt sich auch ein Abstecher ins politisch progressive Seattle.

Wer urbane Gebiete lieber meiden will, hält sich einfach an die Orte dazwischen. In Südkalifornien passiert der PCH die Bilderbuchstrände des Orange County („OC") und von Santa Barbara (der „Amerikanischen Riviera"). Weiter im Norden führt der Hwy 1 durchs verrückte Santa Cruz, zugleich Universitätsstadt und Surferparadies, und dann an der Küste von Big Sur und nördlich von Mendocino durch Redwoodwälder. Weiter im Norden folgen im Küstenstaat Oregon Sanddünen, Erholungsorte am Meer und Fischerdörfer und schließlich in Washington die unberührte Natur der Olympic Peninsula mit gemäßigten Regenwäldern und die idyllisch ländlichen, mit Fähren erreichbaren San Juan Islands.

Reisezeit

Die Strecke kann man zu jeder Jahreszeit gut fahren, im Norden muss man aber im Winter mit Regen und Schnee rechnen. Die Hauptsaison ist in der Regel von Juni bis Ende August – das ist allerdings nicht unbedingt die beste Zeit für eine Reise, da gerade im Frühsommer viele Abschnitte der Küste im Nebel, dem „June Gloom", liegen können. Bessere Bedingungen können die Zwischensaisons bieten: Die Zeiträume vor dem Memorial Day (April & Mai) sowie nach dem Labor Day (Sept. & Okt.) zeichnen sich durch viel Sonnenschein, knackig kühle Nächte und weniger Andrang als in der Hauptsaison aus.

Die Route

Die Highways haben eine Gesamtlänge von fast 1500 Meilen (2400 km) von Grenze zu Grenze, also von Tijuana in Mexiko bis hinauf zur kanadischen Provinz British Columbia. In Kalifornien wechselt die Küstenstrecke zwischen der I-5, dem Hwy 101 und dem Hwy 1 (einfach immer an der Küste bleiben!), in Oregon und Washington verläuft sie durchgängig auf dem Hwy 101.

Dauer & Strecke

Dauer: Auch wenn kein längerer Aufenthalt vorgesehen ist, braucht man wenigstens vier Tage, weil der Verkehr und zweispurige Straßen das Tempo drosseln. Um alles zu sehen und zu genießen, sollte man aber am besten zehn bis 14 Tage Zeit einplanen.

Strecke: Rund 1500 Meilen (2400 km).

Highway 89/89A: von Wickenburg zum Oak Creek Canyon

Der Hwy 89 und seine Nebenstrecke, der Hwy 89A, führen durch einige der malerischsten und interessantesten Regionen in Arizona. Die hier beschriebene Strecke führt von Norden über die Weaver und Mingus Mountains hinunter nach Sedona und zum Oak Creek Canyon.

Auf zum Highway 89/89A!

Diese Strecke ist unsere Lieblingstour in Arizona. Sie mag nicht unbedingt die schönste oder wildeste Strecke sein, doch vermittelt sie einen prägnanten Einblick vom Wilden Westen – fast so, als ob man mit der Zeitmaschine in die Vergangenheit reisen würde. Aber die Route bleibt nicht im 19. Jh. stecken – nein, weit gefehlt: Hier findet man Kunstwege, einen Weinpfad, stilvolle Geschäfte und tolle Restaurants, die der Region einen modernen Touch geben.

Wer sich für Cowboy-Geschichte interessiert, sollte etwas Zeit in Wickenburg und auf dessen Ferienranches verbringen. Der Hwy 89 führt über den Hwy 93 aus der Stadt heraus und nach kurzer Zeit zu den Weaver Mountains, wo er auf einer Strecke von gut 6 km um 762 m ansteigt. In Yarnell auf der Spitze des Berges wird die Straße wieder ebener – hier kam es im Sommer 2013 zu einem verheerenden Brand. Weiter geht's an Viehherden und Felstürmen vorbei ins Peeples Valley. Von hier aus erreicht man die berüchtigte Whiskey Row von Prescot mit dem historischen Palace Saloon (S. 184). Thumb Butte ist ein kaum zu verfehlendes Wahrzeichen westlich des Zentrums; und auf dem Weg aus der Stadt passiert man die ungewöhnlichen Felsen von Granite Dells.

LISAY/GETTY IMAGES ©

Palace Saloon (S. 184), Zentral-Arizona

Nun folgt man dem Hwy 89A nach Jerome. Höchste Konzentration ist angesagt! Die eng am Mingus Mountain verlaufenden Serpentinen dulden keine Ablenkungen. Wer sich traut, schaut nach Osten, um einen faszinierenden Ausblick auf das Verde Valley zu erhaschen. Ihren kurvigen Höhepunkt erreicht die Zick-Zack-Route in Jerome, einer früheren Bergbaustadt, die am Hang des Cleopatra Hill förmlich zu kleben scheint. Hier warten Kunstgalerien, Verkaufs- und Verkostungsräume, skurrile Pensionen und eine hohe Zahl von Geistern. Im Audrey Headframe Park (S. 185) kann man in einen 582 m tiefen Schacht blicken und dann das Bergbaumuseum im Jerome State Historic Park (S. 185) besuchen.

Auf dem Weg nach Old Town Cottonwood führt der Hwy 89A durch Clarkdale, ein weiteres Bergbaustädtchen. In Richtung Sedona lohnen sich Abstecher zu Weingütern an der Page Springs Rd oder eine Rundfahrt durch die Stadt über den Cathedral Rock (S. 185) und die Red Rock Loop Rd. Sedona ist ein Erholungsort, ein hübsches Städtchen für einen Restaurantbesuch und Einkaufen von Kunst und Navajo-Teppichen. Die Tour endet mit einem Paukenschalg am Oak Creek Canyon, dessen namensgebendes Flüsschen im Schatten von hoch aufragendem, rotem Gestein durch üppiges Grün plätschert.

Reisezeit

Diese Tour ist im Frühjahr, Sommer und Herbst am angenehmsten; den winterlichen Schneefällen geht man besser aus dem Weg – allerdings verirren sich auch noch im April oder sogar im Mai Schneeflocken in die Berge. Im Hochsommer ist der Aufenthalt im glühend heißen Wickenburg nicht gerade ein Vergnügen.

Die Route

Von Wickenburg aus folgt man dem Hwy 93 zum Hwy 89 und fährt weiter nordwärts nach Prescott. Nördlich der Stadt wechselt man auf den Hwy 89A bis Sedona.

Dauer & Strecke

Dauer: Die Strecke lässt sich an einem halben Tag bewältigen. Um sie richtig zu genießen, sollten zwei bis drei Tage eingeplant werden.

Strecke: 134 Meilen (216 km).

Million Dollar Highway

Die Strecke zwischen Ouray und Silverton im südlichen Colorado ist eine der schönsten Gebirgsstraßen der USA. Dieser Teil des 236 Meilen (380 km) langen San Juan Skyway und Abschnitt der US 550 ist als Million Dollar Hwy bekannt: Das Straßenbett soll mit goldhaltigem Erz ausgefüllt sein.

Auf zum Million Dollar Highway!

Auf 25 Meilen (40 km) schlängelt sich die Fahrbahn über drei Pässe, bietet einen Blick auf viktorianische Wohnhäuser, schneebedeckte Berggipfel, die Eingänge von Minenschächten und eine von Felsen gesäumte Schlucht. Der Reiz aber liegt nicht nur in der Aussicht, sondern auch im Nervenkitzel, den die Strecke verheißt. Haarnadelkurven und die schmale, sich an die Hänge schmiegende Strecke sorgen dafür, dass die Fahrt weniger an eine

Going-to-the-Sun Road (S. 146), Glacier National Park

Kaffeefahrt als vielmehr an ein Rallye-Abenteuer erinnert.

Das charmante, von hoch aufragendenen Gipfeln umgebene Ouray liegt auf fast 2375 m Höhe. Die nahe Uncompahgre Gorge ist ein steiler Canyon, der für seine guten Möglichkeiten zum Eisklettern bekannt ist. Wer länger in dem Ort verweilt, kann zu einer Wanderung aufbrechen oder ein Bad in den Thermalquellen nehmen. Hinter Ouray schmiegt sich der 1884 nach dreijähriger Bauzeit fertiggestellte Million Dollar Hwy an den Rand der Schlucht und windet sich an alten, in die Hänge geschlagenen Bergwerken vorbei. Aufpassen muss man auf die masochistischen Radler, die über die schmalen Gebirgspässe preschen. In Silverton sollte man Halt machen und die mit Espen bewachsenen Berge auf sich wirken lassen. Und wenn möglich, sollte man zusehen, wie der Dampfzug der Durango & Silverton Narrow Gauge Railroad (S. 118) in die Stadt getuckert kommt.

Reisezeit

Der Sommer ist die beste Reisezeit. Im Winter sind die höheren Pässe manchmal gesperrt; und wenn nicht, braucht man für die Fahrt Schneeketten. Auch im Sommer kann noch Schnee liegen, aber dieser ist dann glücklicherweise eher nicht auf der Straße zu finden.

Die Route

Von Ouray folgt man dem Hwy 550 südwärts nach Silverton.

Dauer & Strecke

Dauer: Die Strecke kann man binnen Stunden bewältigen, aber mit einem Tag Zeit macht es mehr Spaß.

Strecke: 25 Meilen (40 km).

Beartooth Highway

Je nachdem, wen man fragt, ist der himmelhohe Beartooth Hwy entweder die beste Zufahrt zum Yellowstone, die aufregendste Motorradtour im Westen oder der malerischste Highway der USA. Und eigentlich treffen all diese Ansichten zu.

Auf zum Beartooth Highway!

Manchmal möchte man einfach einen Ort finden, der so schön ist, dass man anhalten, aussteigen, sich kneifen oder einfach „Yeah" brüllen muss. Im Westen der USA ist der Beartooth Hwy einer dieser Orte.

Von Red Lodge, MT, führt die abenteuerliche Strecke in das Gletschertal des Rock Creek Canyon über eine Reihe von Haarnadelkurven hinauf und gewinnt dabei in wenigen Kilometern erstaunliche 1500 m an Höhe. Am Rock Creek Vista Point Overlook sollte man Halt machen, um die wunderbare Aussicht zu genießen – der kurze Spazierweg zum Aussichtspunkt ist auch für Rollstuhlfahrer geeignet. Die Straße setzt sich auf dem Hochplateau an der „Mae West Curve" vorbei bis Wyoming fort.

In Twin Lakes hat man einen Blick auf das kesselförmige Tal; bis ins Frühjahr hinein befördert zudem ein Skilift Wagemutige zu einer extremen Skipiste. Nach einer Reihe von Serpentinen kommen im Nordwesten das Hellroaring Plateau und der schroffe Bears Tooth (3539 m) in Sicht. Die Strecke, die durch alpine Tundra führt, erreicht am Beartooth Pass West Summit mit 3345 m ihren höchsten Punkt. Hier oben findet man selbst im Juni oder Juli mitunter noch über 4 m hohe Schneewehen vor.

Vorbei an weiteren Seen führt die Strecke hinter dem Beartooth Butte, einem großen Brocken des Sedimentgesteins, das früher die Beartooths bedeckte, wieder ins Tiefland hinunter. Am Clark's Fork finden sich mehrere ausgezeichnete Stellen zum Angeln, ehe die Straße nach Montana zurückführt und über den 2486 m hohen Colter Pass Cooke City erreicht. Der nordöstliche Zugang zum Yellowstone Park ist 4 Meilen (6,4 km) von Cooke City entfernt.

Reisezeit

Wer nicht nur im Auto sitzen, sondern auch wandern möchte, sollte den Ausflug möglichst im August unternehmen. Dann ist das Wetter nämlich üblicherweise ideal für Outdoor-Unternehmungen. Die Straße ist in der Regel nur von Ende Mai (um den Memorial Day) bis in den September schneefrei und befahrbar.

ABSTECHER VOM MILLION DOLLAR HIGHWAY

Die Strecke zwischen Ouray und Telluride misst 50 Meilen (80 km) – zumindest, wenn man sich an die befestigte Straße hält. Abenteuerlustige, die über einen Geländewagen verfügen, können stattdessen die unbefestigte, 16 Meilen (25,7 km) lange Straße über den Imogene Pass nehmen. Auf dieser alten Bergwerksstraße überquert man Wildbäche und holpert über Bergwiesen und einen der höchsten Pässe im Bundesstaat; zudem passiert man auch eine alte Mine. Wer meint, durch diese „Abkürzung" Zeit zu sparen, ist allerdings auf dem Holzweg: Die Fahrt dauert drei Stunden.

Die Route

Von Red Lodge folgt man Hwy 212 westwärts – durch Wyoming hindurch – nach Cooke City in Montana.

Dauer & Strecke

Dauer: Auf dem kurvenreichen Beartooth Hwy ist gemächliches Fahren Pflicht, man sollte also schon einen ganzen Vor- oder Nachmittag einplanen.

Strecke: 68 Meilen (109 km).

Highway 12

Utahs wohl vielfältigste und schönste Straße führt durch abgelegene, zerklüftete Canyon-Landschaften und verbindet mehrere Nationalparks und State Parks im US-Staat der roten Felsen. An der Strecke gibt's übrigens auch einige fantastische Restaurants.

Auf zum Highway 12!

Mit seinen purpurnen Canyons, weitläufigen Wüsten, dichten Wäldern und luftigen Gipfeln eignet sich der Hwy 12 im Süden Utahs hervorragend für abenteuerlustige Entdecker. Der Trip beginnt am Bryce Canyon National Park, dessen rotgoldene Felstürme den passenden Startpunkt für die farbenprächtige Reise setzen.

In Richtung Osten fahrend, erwartet einen das erste Highlight in Form des **Kodachrome Basin State Park** (☎435-679-8562; www.stateparks.utah.gov/parks/kodachrome-basin; 2905 S Kodachrome State Park Rd, bei Cottonwood Canyon Rd, Cannonville; Tageskarte pro Fahrzeug/Fußgänger 8/4 US$; Tageskarte ⊙6–22 Uhr), in dem versteinerte Geysire und Dutzende roter, rosafarbener und weißer Sandsteinkamine aufragen – einige sind über 50 m hoch. Nun fährt man durch das winzige Escalante und erreicht nach 13 km den Aussichtspunkt Head of the Rocks Overlook auf dem Aquarius Plateau. Von hier blickt man auf riesige Tafelberge, hohe Bergkuppen, tiefe Schluchten und wogende, glattgeschliffene Felsrücken, die in den verschiedensten Rottönen schimmern.

Das nahe Grand Staircase-Escalante National Monument (S. 232) ist mit fast 7689 km² der größte Park im Südwesten. Die Lower Calf Creek Recreation Area, abseits von Hwy 12 im Park gelegen, bietet einen Picknickbereich und einen hübschen Campingplatz. Hier beginnt auch die 9,6 km lange Rundwanderung zu den beeindruckenden, 38 m hohen Wasserfällen der Lower Calf Creek Falls. Auch die schmale Hogback Ridge zwischen Escalante und Boulder ist sehr beeindruckend.

Als interessantester Abschnitt der Route gelten die Serpentinen und versteinerten Sanddünen zwischen Boulder und Torrey. Dabei hat diese Region nicht nur tolle Ausblicke zu bieten. In Boulder lohnt sich z. B. ein Zwischenstopp, um im Hell's Backbone Grill (S. 232) eine herrliche, aus regionalen Zutaten zubereitete Mahlzeit zu genießen; danach locken noch hausgemachte Kuchen ins Burr Trail Outpost (S. 232).

Reisezeit

Das beste Wetter und die besten Streckenbedingungen – vor allem bei der Fahrt über den 3353 m hohen Boulder Mountain – bietet der Hwy 12 zwischen Mai und Oktober.

Die Route

Vom US Hwy 89 in Utah geht es auf dem Hwy 12 ostwärts zum Bryce Canyon National Park. Die Straße wendet sich am Kodachrome Basin State Park nach Norden und führt weiter nach Torrey.

Dauer & Strecke

Dauer: Die Strecke lässt sich problemlos in wenigen Stunden abfahren. Wer die Region besser kennenlernen will, sollte aber zwei oder drei Tage einplanen.

Strecke: 124 Meilen (200 km).

High Road to Taos

Die malerische Nebenstraße im Norden von New Mexico verbindet Santa Fe mit Taos. Sie führt durch Dörfer mit Lehmziegelhäusern und vorbei an von Bergen flankierten Aussichtspunkten in und bei den Truchas Peaks.

Auf zur High Road to Taos!

Santa Fe und Taos sind bekannte Künstlergemeinden. Und zwei solch zauberhafte Orte voller Galerien, Studios und Museen sollten auch durch eine nicht minder schöne Strecke verbunden sein – und tatsächlich erfüllt die bergige High Road to Taos diesen Wunsch.

Von Santa Fe folgt man dem Hwy 84/285 nach Norden. Dann fährt man auf den Hwy 503 in Richtung Nambe, wo man zu Wasserfällen wandern oder am gleichnamigen See meditieren kann. Von hier führt die Straße nach Norden ins malerische Chimayo. Die Mauern im El Santuario de Chimayó (S. 251), das auch „Lourdes von Amerika" genannt wird, sind von herrenlosen Krücken gesäumt. 1816 wurde diese Lehmkapelle mit zwei Türmen über einem Ort erbaut, der wundersame heilende Kräfte haben soll. Man sollte sich Zeit nehmen, um die Gemeinde zu erkunden und die edlen Web- und Schnitzarbeiten in den familiengeführten Galerien zu bewundern.

Unweit von Truchas, einem Dorf mit Galerien und jahrhundertealten Lehmziegelhäusern, befindet sich die **High Road Art Gallery** (☎505-689-2689; www.facebook.com/highroadartgallery; 1642 Hwy 76; ⊙10–17, im Winter bis 16 Uhr); die Kooperative am SR 676 verkauft eine Vielzahl an Kunstwerken lokaler Künstler. Wer den Hwy 76 zur **Kirche von San José de Gracia** (☎505-351-4360; Hwy 76, Las Tampas; ⊙nach Vereinbarung, vorher anrufen) hinauffährt – eine der wohl schönsten Kirchen der USA aus dem

18. Jh. –, kann hier gut erhaltene Originalgemälde und -schnitzereien bewundern. Als nächstes erreicht man Picuris Pueblo, das einst zu den mächtigsten Pueblos der Region gehörte. Die Route endet in Penasco, einem der Tore zur Pecos Wilderness und Heimat des experimentellen **Peñasco Theatre** (☎575-770-7597; www.penascotheatre.org; 15046 Hwy 75). Von hier aus folgt man den Hwys 75 und 518 bis nach Taos.

Reisezeit

Hauptsaison ist der Sommer – aber auch im Frühling ist die Fahrt dank der Blütenpracht bezaubernd, während sich im Herbst die Landschaft als eine Show aus buntem Laub präsentiert. Da die Strecke durch die Berge führt, ist nur der Winter für eine Fahrt nicht wirklich ideal.

Die Route

Von Santa Fe aus nimmt man den Hwy 84/285 westwärts nach Pojoaque und biegt dann rechts auf den Hwy 503 Richtung Nambe ab. Vom Hwy 503 geht es auf den Hwy 76 und dann auf den Hwy 75, bevor schließlich der Hwy 518 nach Taos führt.

Dauer & Strecke

Dauer: Ohne Pause sollte diese Fahrt einen halben Tag dauern, mit ein wenig Sightseeing und einem kleinen Einkaufsbummel wird daraus aber gut und gerne auch ein ganzer Tag.

Strecke: 85 Meilen (137 km).

Going-to-the-Sun Road

Die 53 Meilen (85 km) lange Going-to-the-Sun Road ist ein weiterer heißer Anwärter auf den Titel der spektakulärsten Straße Amerikas. Als einzige befestigte Straße führt sie durch den Glacier National Park in Montana.

Auf zur Going-to-the-Sun Road

Gletscher! Grizzlybären! Ein die Berge umarmendes Prachtstück moderner Ingenieurskunst! Ja, die Going-to-the-Sun Road scheint die Verwendung von Ausrufezeichen geradezu zu provozieren. Die im Jahr 1933 fertiggestellte Straße durchquert eine raue, aber wunderschöne Berglandschaft und führt in zahlreichen Kurven über die hoch gelegene kontinentale Wasserscheide, die üblicherweise schneebedeckt ist. Die Aussicht auf die Great Plains dahinter ist auch nicht gerade zu verachten.

Vom Westeingang des Parks aus schmiegt sich die Straße an den schimmernden Lake McDonald. Vor einem liegt nun die hochragende Garden Wall, der 2700 m hohe Grat der Kontinentalscheide, die die östliche Flanke des Parks von dessen westlicher trennt. Die Straße überquert die Kontinentalscheide über den Logan Pass (2097 m). Von hier aus folgt der gut 12 km lange Highline Trail (einfache Strecke) dem Felsrückgrat des Parks und bietet eine großartige Aussicht auf tiefe Gletschertäler, schroffe Gipfel, bunte Wildblumen und Tiere in freier Wildbahn. Und Letztere sind absolut sehenswert: Schneeziegen, Dickhornschafe und Elche kann man erspähen, vielleicht sogar einen Grizzlybären oder einen der scheuen Vielfraße. Hinter dem Logan Pass kommt die Straße dann am Jackson Glacier Overlook vorbei, wo man die schmelzenden Monolithe des Parks bestaunen kann. Nach Ansicht von Experten dürften angesichts der globalen Erwärmung die letzten Gletscher des Parks bis zum Jahr 2030 verschwunden sein. Es ist also höchste Zeit, sie zu ssbesichtigen!

GOING-TO-THE-SUN ROAD: WAHRZEICHEN & LEGENDE

Die Going-to-the-Sun Road wurde nach dem Going-to-the-Sun Mountain benannt. Nach einer Legende – oder einer Geschichte, die in den 1880er-Jahren zusammenfabuliert wurde – soll ein Gott den Stammesmitgliedern der Blackfeet einst das Jagen beigebracht haben. Nach der Lehrstunde hinterließ er ein Abbild von sich auf dem Berg, um den Stamm zu inspirieren, und stieg dann wieder zur Sonne hinauf. Heute ist die Straße ein National Historic Landmark und zugleich ein National Civil Engineering Landmark – und damit die einzige Strecke im Land, die beide Titel auf sich vereint.

Reisezeit

Die schneereiche Straße wird erst spät im Jahr freigegeben und früh wieder gesperrt; sie ist in der Regel zwischen Mitte Juni und Mitte September befahrbar. Aber Achtung: 2011 wurde die Strecke aufgrund ungewöhnlich starker Schneefälle erst am 13. Juli geöffnet.

Die Route

Vom Westeingang des Glacier National Park folgt man der Going-to-the-Sun Road östlich nach St. Mary.

Dauer & Strecke

Dauer: Die hängt von den Straßenbedingungen ab, aber einen halben Tag muss man einplanen.

Strecke: 53 Meilen (85,3 km).

Historic Columbia River Highway

Üppiges Grün und die Geschichte der Erschließung des Westens sind die Highlights auf dem US 30, einer sorgsam geplanten Nebenstraße, die östlich von Portland der Columbia River Gorge folgt.

Auf zum Historic Columbia River Highway!

Hey, da ist ja ein Wasserfall! Und noch ein Wasserfall! Und noch einer ...! Am Historic Columbia River Hwy reiht sich ein Wasserfall an den anderen. Die ursprüngliche, 1922 fertiggestellte Straße verband Portland mit The Dalles. Als erste befestigte Straße im Nordwesten wurde sie genau geplant: Aussichtspunkte wurden sorgfältig gewählt, Steinwände und Brücken geschmackvoll in die Landschaft eingefügt.

Bemerkenswert ist auch die Geschichte der Route: Lewis und Clark zogen hier 1805 auf ihrem Weg zum Pazifik vorbei. 50 Jahre später endete der Treck der Pioniere auf dem Oregon Trail mit der Überwindung der tückischen Gewässer. Heute sind zwar Teile der ursprünglichen Straße geschlossen oder von der US 84 ersetzt worden, aber viele Abschnitte der US 30 können noch befahren und einige geschlossene Sektionen *per pedes* oder mit dem Rad erkundet werden.

Ein Highlight an der Strecke ist der Portland Women's Forum Park, von wo aus man einen der schönsten Ausblicke in die Schlucht hat. Östlich davon liegt das 1916 errichtete Vista House, das zu Ehren der Pioniere des Oregon Trail gebaut wurde.

NOCH MEHR PANORAMASTRASSEN

Lust auf weitere Straßentouren? Hier noch einige empfehlenswerte Routen:

Turquoise Trail, NM Diese Nebenstraße von Tijeras (bei Albuquerque) nach Santa Fe war jahrtausendelang ein wichtiger Handelsweg. Heute kommt man unterwegs an Kunstgalerien, Läden (mit Türkisschmuck) und einem Bergbaumuseum vorbei. Von der I-40 folgt man dem Hwy 14 nordwärts zur I-25 (s. www.turquoisetrail.org).

Apache Trail, AZ Dies ist nicht gerade eine sonntägliche Spazierfahrt, sondern vielmehr ein 45 Meilen (72,4 km) langer, wilder Ritt. Von Apache Junction östlich von Phoenix führt der Hwy 88 an einer Geisterstadt, an den Wildblumen im Lost Dutchman State Park und an drei Seen(Salt River) vorbei. Mitten auf der Strecke passiert man einen nervenaufreibenden, unbefestigten Abschnitt, auf dem es auf weniger als 5 km mehr als 300 Höhenmeter bergab geht. Also gut aufpassen!

The Loneliest Road Der Hwy 50 schneidet mitten durch Nevada, er erstreckt sich von Fallon ostwärts zum Great Basin National Park und der Staatsgrenze von Utah. Der einsame Highway führt vorbei an einer singenden Sanddüne, Pony-Express-Stationen und Bergwerksstädtchen. Die Middlegate Station bietet sich mit ihren schmackhaften Burgern als Boxenstopp an.

Eastern Sierra Scenic Byway, CA Vom Topaz Lake führt der Hwy 395 Richtung Süden an der Ostflanke der mächtigen Sierra Nevada entlang zum Little Lake. In der Region gibt es einige 14000er-Gipfel (14000 Fuß = 4267 m), eisblaue Seen, Kiefernwälder, Wüstenbecken und Thermalquellen zu bewundern.

Das Haus thront auf dem Crown Point, einem Aussichtspunkt, der außerdem das westliche Ende der Schlucht markiert. Und haben wir eigentlich diese sprudelnden Kaskaden erwähnt? Keinesfalls sollte man die erstaunten *Ohs* und *Ahs* angesichts der Multnomah Falls auslassen, dem mit 196 m höchsten Wasserfall Oregons.

Reisezeit

Die Wasserfälle führen in aller Regel zwischen Februar und Mai das meiste Wasser. Für Wanderungen bietet sich vor allem der Sommer an.

Die Route

Um den historischen Highway zu erreichen, muss man auf der I-84 östlich von Portland Exit 17, 28 oder 35 nehmen. Der westliche Abschnitt der ursprünglichen Fernstraße endet bei Multnomah Falls. Dort wechselt man auf die I-84 und fährt ostwärts bis zum Exit 69 bei Mosier, wo man auf den US 30 zurückkehrt.

Dauer & Strecke

Dauer: Ein Tag.

Strecke: 100 Meilen (161 km).

Reiseplanung

Outdoor-Aktivitäten

Ob Stubenhocker, Wochenendtarzan oder Ironman bzw. -maiden – der Westen bietet Outdoor-Spaß für alle vor einer hinreißenden Kulisse. Man kann nach Kolibris Ausschau halten, durch Stromschnellen paddeln, über Pulverschneehänge wedeln, Wellen reiten oder sich zu Fuß in den mächtigsten Canyon der Erde wagen.

Beste Outdoor-Aktivitäten

Top-Outdoor-Erlebnisse

Rafting auf dem Colorado River – und zwar mitten durch den Grand Canyon, AZ

Wanderung zum Gipfel des Half Dome im Yosemite National Park, CA

Radtour in den Maroon Bells, Aspen, CO

Klettern im Joshua Tree National Park, CA

Nervenkitzel am Angels Landing, Zion National Park, UT

Skifahren in Vail, CO

Mountainbiken in Moab, UT

Kajakfahren vor den San Juan Islands, WA

Thermalwasser genießen in Ojo Caliente, NM

Gletscher bestaunen im Glacier National Park, MT

Top-Tierbeobachtungen

Bären im Glacier National Park, MT

Bisons, Grizzlys und Wölfe im Yellowstone National Park, WY

Elche und Dickhornschafe im Rocky Mountain National Park, CO

Vögel im Patagonia-Sonoita Creek Preserve, AZ

Wale und Delfine in Monterey Bay, CA

Camping

Camper haben die Qual der Wahl. In Colorado können sie ihre Zelte an Bergseen und Bächen aufstellen, im südlichen Arizona unter Saguaro-Kakteen und in Kalifornien an prächtigen Sandstränden.

Campingplätze: Service & Standards

Einfache Campingplätze Verfügen manchmal über Feuerstellen, sonst darf man eher keine Annehmlichkeiten oder gar offiziell ausgewiesene Stellplätze erwarten. Solche Campingplätze sind grundsätzlich kostenlos und liegen in National Forests (USFS) oder in vom Bureau of Land Management (BLM) verwalteten Gebieten.

Campingplätze in abgelegenen Gebieten Ruhig, friedlich, auf öffentlich verwaltetem Land und nur für Backpacker. Möglicherweise sind entsprechende Genehmigungen sowie Reservierungen erforderlich.

Campingplätze mit Einrichtungen Liegen in der Regel in State und National Parks und bieten Annehmlichkeiten wie (manchmal) Trinkwasser, Toiletten, Picknicktische, Grills und gelegentlich auch warme Duschen und Münzwaschmaschinen.

Stromanschluss für Wohnmobile und Müllsammelstellen Gibt es auf vielen privaten Campingplätzen, aber nur auf wenigen Campingplätzen auf öffentlichem Land.

Private Campingplätze Sie sind in den meisten Fällen für Wohnmobile gedacht. Sie verfügen über Warmwasserduschen, Swimmingpools, WLAN und Hütten für Familien. Zeltstellplätze sind hier eher rar und wenig einladend.

Preise & Reservierungen

Viele öffentliche und private Campingplätze nehmen Reservierungen für einige oder alle ihrer Stellplätze an, auf manchen werden die Stellplätze nach dem Prinzip „Wer zuerst kommt, mahlt zuerst" vergeben. Die einfachsten Campingplätze sind kostenlos, bei gut zugänglichen Wohnmobilparks zahlt man für einen Platz mit Stromanschluss bis zu 50 US$ oder mehr; der Rest liegt preislich irgendwo dazwischen.

Folgende Adressen helfen bei der Suche nach Campingplätzen und geben Auskunft über ihre Ausstattung. Online erfährt man, ob etwas frei ist und kann reservieren:

Kampgrounds of America (http://koa.com) Nationale Kette zuverlässiger, aber teurer privater Campingplätze mit kompletter Ausstattung, besonders für Wohnmobile.

Recreation.gov (www.recreation.gov) Reservierung von Stellplätzen und Hütten in Nationalparks, National Forests und auf BLM-Land.

ReserveAmerica (www.reserveamerica.com) Nimmt Reservierung von Stellplätzen in State Parks, Regional Parks und auf einigen privaten Campingplätzen vor. Die Telefonnummern für die einzelnen Bundesstaaten sind auf der Website zu finden.

Wandern & Trekken

An tollen Wanderwegen herrscht im Westen kein Mangel. Fitness wird überall großgeschrieben, und rund um die meisten Metropolen gibt es zumindest einen großen Park mit Wanderwegen. Nationalparks und National Monuments sind ideal für kürzere oder längere Wanderungen. Wer bei einer Tour unterm Sternenzelt übernachten will, muss sich dafür rechtzeitig eine Genehmigung *(backcountry permit)* beschaffen – ganz besonders für Orte wie den Grand Canyon, wo im Sommer die Kontingente früh erschöpft sein können. Wer Interesse an einer längeren Wanderung hat, sollte den Pacific Crest Trail (S. 54) oder den Continental Divide Trail (https://continentaldividetrail.org) in Betracht ziehen.

Infos im Internet

Das Buch *Wilderness Survival* (1998) von Gregory Davenport ist der wahrscheinlich beste Ratgeber zum Überleben in fast jeder erdenklichen Notlage.

American Hiking Society (https://americanhiking.org) Links zu örtlichen Wanderclubs und zu Ferienjobs, bei denen man beim Anlegen neuer Wege helfen kann.

Backpacker (www.backpacker.com) Erstklassiges landesweites Magazin für Fernwanderer, egal ob Anfänger oder alte Hasen.

SummitPost (www.summitpost.org) Routen, Foren und Routenbeschreibungen für Gipfelstürmer und Felskletterer.

Gebühren & Genehmigungen

➡ State Parks erheben in der Regel eine Tagesgebühr von 5 bis 15 US$; oft gibt es Ermäßigungen von bis zu 100 %, wenn man zu Fuß oder mit dem Fahrrad unterwegs ist.

➡ Die Eintrittsgebühr für Nationalparks beträgt durchschnittlich 10 bis 35 US$ pro Fahrzeug und gilt für sieben aufeinanderfolgende Tage; in einigen Nationalparks ist der Eintritt auch frei. „Tage der offenen Tür" werden normalerweise auf der Website des National Park Service (www.nps.gov/planyourvisit/fee-free-parks.htm) angekündigt.

➡ Mit dem Pass „America the Beautiful" (80 US$) hat man ein Jahr lang unbegrenzten Zutritt zu Nationalparks, National Forests und Erholungsgebieten unter Bundesverwaltung.

➡ Für längere eintägige, vor allem aber für mehrtägige Wanderungen sind häufig Genehmigungen *(wilderness permits)* erforderlich, die in den Ranger Stations und Besucherzentren der Parks ausgestellt werden. In Spitzenzeiten – meist zwischen Spätfrühjahr und dem Frühherbst – kann der Zugang mittels Tagesquoten reguliert sein.

➡ Manche dieser Genehmigungen können vorab reserviert werden, weshalb die Kontingente für sehr beliebte Wanderstrecken (z. B. Half Dome, Mt. Whitney) schon mehrere Monate im Voraus erschöpft sein können.

➡ Wer im Wald rund um Sedona, AZ, wandern will, braucht einen Red Rock Pass (5/15 US$ pro Tag/Woche). Anstatt des Red Rock Pass wird auch der National Park Interagency Pass akzeptiert.

NATIONALPARKS IM WESTEN DER USA

PARK	HIGHLIGHTS	AKTIVITÄTEN	BESTE ZEIT
Arches (S. 228)	mehr als 2000 Sandsteinbogen	Panoramafahrten, Tageswanderungen	Frühjahr–Herbst
Bryce Canyon (S. 232)	leuchtend bunte, erodierte Felsnadeln (Hoodoos)	Tages- & Backcountry-Wanderungen, Ausritte	Frühjahr–Herbst
Canyonlands (S. 228)	klassische Südwest-Landschaft der Canyons, Mesas & Buttes	malerische Panoramen, Backcountry-Wanderungen, Raftings	Frühjahr–Herbst
Carlsbad Caverns (S. 262)	weitläufige Höhlensysteme; Kolonie von Bulldoggfledermäusen	Höhlentouren, Backcountry-Wanderungen	Frühjahr–Herbst
Death Valley (S. 317)	heiße, spektakuläre Wüste & einmalige Ökologie	Panoramafahrten, Tageswanderungen	Frühjahr
Glacier (S. 145)	eindrucksvolle Gletscherlandschaft, Schneeziegen	Tages- & Backcountry-Wanderungen, Panoramafahrten	Sommer
Grand Canyon (S. 192)	spektakulärer, 446 km langer und 1600 m tiefer Canyon	Tages- & Backcountry-Wanderungen, Touren mit Mulis, Flussfahrten	Frühjahr–Herbst
Grand Teton (S. 133)	hochragende Granitgipfel; Elche, Bisons, Wölfe	Tages- & Backcountry-Wanderungen, Klettern, Angeln	Sommer–Herbst
Great Basin (S. 173)	Wüstengebirge, Höhlen und Wälder	Tages- & Backcountry-Wanderungen, Panoramafahrten	Sommer–Herbst
Mesa Verde (S. 117)	uralte Felsbehausungen, historische Stätten, Mesas & Canyons	kurze Wanderungen	Frühjahr–Herbst
Olympic (S. 411)	gemäßigte Regenwälder, Bergwiesen, Mt. Olympus	Tages- & Backcountry-Wanderungen	Frühjahr–Herbst
Petrified Forest (S. 204)	versteinerte Bäume, Petroglyphen, Painted-Desert-Landschaft	Tageswanderungen	ganzjährig
Redwood (S. 373)	unberührter Wald aus Küstenmammutbäumen, den höchsten Bäumen der Erde; Wapitis	Tages- & Backcountry-Wanderungen	Frühjahr–Herbst
Rocky Mountain (S. 97)	Gipfel, Gebirgstundra, kontinentale Wasserscheide; Wildtiere (Wapitis, Dickhornschafe, Elche, Biber)	Tages- & Backcountry-Wanderungen, Skilanglauf	Sommer–Winter
Saguaro (S. 209)	Wüstenlandschaft mit riesigen Saguaro-Kakteen	Tages- & Backcountry-Wanderungen	Herbst–Frühjahr
Sequoia & Kings Canyon (S. 384)	Riesenmammutbaum-Haine, Granitcanyon	Tages- & Naturwanderungen, Skilanglauf	Sommer–Herbst
Yellowstone (S. 128)	Geysire & Thermalbecken, eindrucksvolle Canyons; viele Wildtiere	Tages- & Backcountry-Wanderungen, Radfahren, Skilanglauf	ganzjährig
Yosemite (S. 382)	Tal mit nackten Granitwänden, Wasserfälle, Bergwiesen	Tages- & Backcountry-Wanderungen, Klettern, Skifahren	ganzjährig
Zion (S. 234)	gewaltiger Canyon mit roten Felsen, Virgin River	Tages- & Backcountry-Wanderungen, Canyoning	Herbst–Frühjahr

Radfahren

Radfahren wird in den USA immer beliebter, einzelne Städte legen immer neue Radwege an und versuchen, sich ein fahrradfreundlicheres Image zu erarbeiten. Eine wachsende Zahl grüner Bänder durchzieht urbane Flächen und ihr Umland. Radbegeisterte gibt's überall, und zahlreiche Veranstalter bieten mittlerweile geführte Touren in verschiedenen Längen und in den unterschiedlichsten Schwierigkeitsgraden an.

In vielen Bundesstaaten gibt es mehrtägige, gesellige Fahrradveranstaltungen, beispielsweise **Ride the Rockies** (www.ridetherockies.com) in Colorado. Gegen eine Teilnahmegebühr kann man sich hier dem Pulk auf der malerischen, gut ausgebauten Strecke anschließen. Praktisch: Währenddessen wird das Gepäck zu dem für die Übernachtung vorgesehenen Campingplatz transportiert.

Ein erstklassiges Radelrevier ist Aspen, Colorado; eine weitere wundervolle Fahrt führt hinauf zum **Mt. Lemmon** in Arizona (www.fs.usda.gov/main/coronado) – der kräftezehrende, 45 km lange Anstieg beginnt im Talgrund der Sonora-Wüste und endet am 2791 m hohen Gipfel. Fahrräder kann man auch am Südrand des Grand Canyon im Grand Canyon National Park (S. 192) ausleihen. Weitere hübsche Radelrouten sind die Hermit Rd nach Hermit's Rest oder der **Greenway Trail**, der ständig verlängert wird (www.nps.gov/grca/planyourvisit/bicycling.htm).

Radfahrerfreundlichste Städte

San Francisco, CA Bei einer Radtour über die Golden Gate Bridge landet man in den wunderschönen, wenn auch erstaunlich hügeligen Marin Headlands.

Boulder, CO Das Mekka für Frischluft-Enthusiasten bietet viele tolle Radwege, darunter auch den Boulder Creek Trail und Marshall Mesa Mountain Biking.

MOUNTAINBIKE-FREAKS AUFGEPASST

Mountainbiker finden ihr Paradies in Crested Butte und Salida, CO, Moab, UT, Bend, OR, Ketchum, IN, Helena und dem Big Sky Resort, MT, sowie in Marin, CA – Letzteres ist der Ort, wo Gary Fisher und Co. den Sport einst begründeten, indem sie auf selbst gebastelten Rädern die felsigen Flanken des Mt. Tamapais hinunterbrausten. Allein in Montana gibt es mehr als 60 Mountainbike-Routen mit einer Länge von fast 2900 km. Infos zu Strecken und Ausflügen gibt's beim MTB Project (www.mtbproject.com) und über BikePacking (www.bikepacking.com). Letztere Website ist besonders interessant für Mountainbiker, die längere Strecken wie den Colorado Trail und den Arizona Trail im Auge haben. Zu den besten Zielen gehören:

Kokopelli Trail, UT Eine der besten Mountainbikerouten im gesamten Südwesten verläuft über 228 km auf unterschiedlichstem Terrain zwischen Fruita, CO, und Moab Moab, UT.

Monarch Crest, CO (S. 107) Extremes 40-bis-50-km-Abenteuer entlang der Wasserscheide mit fantastischer Aussicht. In der Nähe von Salida.

Sun Top Loop, WA Die rund 35 km lange Strecke im Bundesstaat Washington wartet mit ziemlich anstrengenden Steigungen und einem fantastischen Blick auf den Mt. Rainier und die umliegenden Gipfel an den Westhängen der Cascade Mountains auf.

Downieville Downhill, CA (www.downievilleclassic.com) Dieser Weg in der Nähe der gleichnamigen Ortschaft in den Ausläufern der Sierra im Tahoe National Forest ist nichts für Mountainbiker mit schwachen Nerven: Die Abfahrt verläuft an Klippen oberhalb des Flusses und durch alte Wälder – und beinhaltet auf einer Strecke von weniger als 22,5 km einen Höhenunterschied von 1280 m.

McKenzie River Trail, Willamette National Forest, OR Der 40 km lange Singletrail windet sich durch dichte Wälder und vulkanische Formationen. Der Ort McKenzie liegt rund 50 Meilen (80 km) östlich von Eugene.

Whole Enchilada, UT (☎435-259-2444; www.utah.com/mountain-biking/the-whole-enchilada; Sand Flats Rd, La Sal Mountains) Verbindet vier tolle Moab-Trails zu insgesamt knapp 42 km Strecke – inklusive 2 km, bei denen es von den Bergwäldern bis hinunter zum legendären Slickrock geht.

Angel Fire Bike Park, NM (www.angelfireresort.com; 10 Miller Lane; Ganztagespass & Liftnutzung Erw./Kind 7–12 Jahre 49/39 US$; ⌚Mitte Mai–Mitte Okt.) Einer der besten Mountainbike-Parks im Südwesten mit rund 97 km Strecke.

GLADASSFANNY/GETTY IMAGES ©

Oben: Wanderer auf dem Bright Angel Trail (S. 197), Grand Canyon National Park, Nevada

Unten: Skifahren in Aspen (S. 105)

Portland, OR Eine Schatztruhe voller toller Radtouren für jeden Geschmack – auf Straßen und querfeldein.

Surfen

Die besten Wellen Nordamerikas brechen sich an der Küste Kaliforniens. Es gibt viele Surfspots – vom schrägen und entspannten **Santa Cruz** bis zum nicht gerade für Newbies geeigneten San Franciscos **Ocean Beach** oder dem unkonventionellen **Bolinas**, 48 km weiter nördlich. Im Süden warten in **San Diego**, **La Jolla**, **Malibu** und **Santa Barbara** starke Wellen und Santa-Ana-Winde; außerdem gibt es dort wärmeres Wasser, weniger Weiße Haie und eine hippe, für Süd-Kalifornien recht typische Strandszene. Die besten Bedingungen findet man zwischen September und November vor. An der Küste von Oregon und Washington gibt es endlos lange und einsame Strände und überall kleinere Surfergemeinden.

Top-Surf-Spots in Kalifornien

Huntington Beach, Orange County (www.huntingtonbeachca.gov; ⏲5–22 Uhr; 🅿) Dies ist so etwas wie die Surferhauptstadt Kaliforniens: Pausenloser Sonnenschein und perfekte Breaks, besonders im Winter bei wenig Wind, locken die Surfgemeinde an.

Oceanside Beach, Oceanside Im Sommer verheißt der familienfreundliche Strand, der zu den schönsten Süd-Kaliforniens zählt, eine der beständigsten Brandungen weltweit.

Rincon, Santa Barbara Einer der besten Surfspots des Planeten: Praktisch jeder Champion in dieser Sportart hat sich hier bereits blicken lassen.

Steamer Lane und Pleasure Point, Santa Cruz An diesen beiden netten Spots gibt es elf Weltklasse-Breaks, darunter den Pointbreak über felsigem Untergrund.

Swami's, Encinitas Der beliebte Surfstrand unter dem Seacliff Roadside Park bietet vielseitige Breaks, sodass man immer mit fantastischen Wellen rechnen kann.

Infos im Internet

Surfer (www.surfer.com) Das Internetmagazin aus Orange County wartet mit diversen Reisberichten, Equipment-Bewertungen, Blogs und Videos auf.

Surfline (www.surfline.com) Hier finden sich ein umfassender Atlas, Live-Webcams und Surfberichte über das Gebiet von San Diego bis Mavericks.

Surfrider (www.surfrider.org) Surfer mit grünem Gewissen können sich dieser gemeinnützigen Organisation anschließen, die sich dem Schutz der Küsten verschrieben hat.

SPORTSTOCK/GETTY IMAGES ©

Wildwasser-Rafting auf dem Arkansas River (S. 108) in Colorado

Rafting

Optionen für malerische und spektakuläre Wildwasserfahrten gibt's im Westen der USA jede Menge. In Kalifornien locken der **Tuolumne River** und der **American River** mit mittelschweren bis sehr schweren Stromschnellen, während in Idaho der Middle Fork des Salmon River (S. 153) alles bietet, was das Rafter-Herz begehrt: Fauna, prickelnde Stromschnellen, Wasserfälle, Thermalquellen und die Geschichte der Siedler obendrein. Der **North Fork des Owyhee River**, der sich aus dem Hochplateau im Südwesten von Oregon bis in die Prärien Idahos schlängelt, ist zu Recht populär und entzückt mit hohen Hoodoos. Das **Brown's Canyon National Monument** in Salida, Colorado, gilt als eines der beliebtesten Wildwassergebiete des Landes. In Utah kann man nördlich von Moab bei einer leichten Fahrt auf dem **Colorado River** nach Wildtieren Ausschau halten oder sich im Canyonlands National Park (S. 228) an eine Wildwasserfahrt durch Kategorie-V-Stromschnellen inmitten roter Felsen heranwagen. Auch gut sind der Snake River nahe Jackson, WY (S. 124), und Montanas Gallatin Valley (S. 138).

Wer einen Platz für eine Fahrt auf dem Colorado durch den Grand Canyon ergattern will – und das ist das Rafting-Abenteuer schlechthin! –, muss mindestens ein Jahr im Voraus reservieren. Auch wer sich nicht auf nervenaufreibende Stromschnellen einlassen will, kann Spaß

TOP-WANDERSTRECKEN IM WESTEN DER USA

Fragt man zehn Wanderer nach ihrer Lieblingsroute im Westen, wird man zehn verschiedene Antworten erhalten. Angesichts der Weite des Landes und der riesigen Entfernungen überrascht das auch nicht sonderlich. Bei den folgenden Empfehlungen darf man trotzdem sicher sein, nicht daneben zu liegen.

South Kaibab/North Kaibab Trail, Grand Canyon, AZ (S. 197 & 200) Eine mehrtägige Wanderung durch den Canyon am Colorado entlang und zurück, hinauf bis zu seinem Rand.

Chasm Lake, Rocky Mountain National Park, CO (S. 97) Der freie Aufstieg zum Gipfel des Longs Peak (4346 m) ist für Gelegenheitswanderer nicht zu empfehlen, wer aber in guter Verfassung ist, der wird beim 13,5 km langen Rundweg zum Chasm Lake gleichermaßen in Glückshormonen baden.

Angels Landing, Zion National Park, UT (S. 234) Nach einer waghalsigen Kletterei über einen schmalen Grat mit steilem Abgrund auf beiden Seiten werden Wanderer mit einem weiten Blick über den Zion Canyon belohnt. Der Rundweg hat eine Länge von 8,7 km.

Mt. Washburn Trail, Yellowstone National Park, WY (S. 131) Vom Dunraven Pass aus führt der von Wildblumen gesäumte Weg knapp 5 km hinauf zum Gipfel des 3122 m hohen Mt. Washburn, von dem man eine schöne Aussicht genießt. Unterwegs sollte man nach Dickhornschafen Ausschau halten.

Pacific Crest Trail (PCT; ☎916-285-1846; www.pcta.org) Der Weg verläuft über 4264 km von Kanada bis nach Mexiko, folgt dabei dem Kamm der Cascades und der Sierra Nevada und durchquert sechs der sieben Ökosysteme Nordamerikas.

Half Dome, Yosemite National Park, CA (S. 380) Der Weg ist anstrengend und beängstigend, offenbart dafür aber wunderbare Blicke ins Yosemite Valley… Und am Ende betrachtet man zufrieden, was man vollbracht hat. Man braucht eine Wandergenehmigung.

Enchanted Valley Trail, Olympic National Park, WA (S. 412) Traumhafter Blick auf die Berge, umherziehende Wildtiere und üppiger Regenwald erwarten einen auf dem 21 km langen Rundweg.

Great Northern Traverse, Glacier National Park, MT (S. 145) Der 93 km lange Weg führt mitten durchs Grizzlyland und überquert die kontinentale Wasserscheide.

The Big Loop, Chiricahua National Monument, AZ (S. 212) Die 15 km lange Wanderung im Südosten von Arizona führt auf verschiedenen Wegen an einer „Armee" wundersamer Felspfeiler vorbei, die Apachenkrieger einst als Versteck benutzten.

Tahoe Rim Trail, Lake Tahoe, CA (S. 388) Der 265 km lange Allzweckweg umrandet hoch oben den See und bietet einen tollen Ausblick in die Sierra.

Ruby Crest Trail, NV 58 ruhige Kilometer über die Ruby Mountains in Nevada.

haben: Viele Flüsse haben Abschnitte, auf denen man sich gemächlich auf einem Floß oder in einem Reifen *(tube)* treiben lassen kann.

Kanu- & Kajakfahren

Zur Erkundung ruhiger Gewässer ganz ohne Stromschnellen und Wellenbrecher sind Kajaks oder Kanus ideal. Für große Seen oder das offene Meer sollte es ein seetüchtiges Kajak sein. Zum Transport von sperrigem Gepäck sind diese Wasserfahrzeuge jedoch nicht immer geeignet.

Will man eine malerische Tour mit einem Kajak unternehmen, kann man praktisch überall an der kalifornischen Küste sein Boot in die Wellen schieben. Beliebte Stellen sind u. a. **La Jolla** und die State Parks an der Küste, unmittelbar nördlich von **Santa Barbara**. Im Nordwesten garantieren die Gewässer rund um die **San Juan Islands** und die **Olympic Peninsula** sowie der **Puget Sound** Kajakspaß von Weltklasse. Mondschein-Paddeltouren sind in der **Richardson Bay** bei Sausolito in Kalifornien möglich. Durchschnittlich 32 US$ kostet es, ein seetüchtiges Kajak für zwei Stunden auszuleihen. Anbieter mit guter Reputation werden einen über die Gezeiten und die Windbedingungen auf der vorgesehenen Route informieren.

Überall, wo es Rafting gibt, sind auch Wildwasser-Kajakfahrten beliebt. Im Nordwesten, wo das Wasser von eisbedeckten Vulkanen herabströmt, kann man dabei auf dem **Upper Sgakit River** nach Weißkopfseeadlern spähen, während es auf dem **Klickitat River** durch raue, abgelegene Schluchten geht. In der Nähe von Portland sind der **Clackamas River** und der **North Santiam River** lohnende Ziele. Was Wildwasserfahrten in städtischer Umgebung angeht, sind Colorados Wildwasserparks nicht zu toppen; nicht verpassen sollte man die Wildwasserparks in **Salida** und **Boulder**.

Infos im Internet

American Canoe Association (www.americancanoe.org) Infos über Kajak- und Kanufahrten.

American Whitewater (www.americanwhitewater.org) Die Gruppe setzt sich für nachhaltigen Freizeitspaß und den Schutz naturbelassener Flüsse ein.

Canoe & Kayak (www.adventuresportsnetwork.com/sport/paddle-sports/canoe-kayak/) Fachzeitschrift für Paddelsportler.

Kayak Online (www.kayakonline.com) Tipps zum Kauf von Ausrüstung und hilfreiche Links zu Kajakherstellern, Schulen und Verbänden.

Skifahren & Wintersport

Skifahren, Snowboarden, Schneeschuhwandern, Hüttentouren für Langläufer, mit der Pistenraupe durch abgelegene Gebiete cruisen, Weltcuprennen, tolle Superpipes und Skitourwettkämpfe: Der Westen ist schneesicher – und man hat garantiert Spaß. Die Skisaison dauert in der Regel von Mitte Dezember bis April, in manchen Resorts aber auch länger. Im Sommer verwandeln sich viele Resorts dank ihrer Sessellifte in Tummelplätze für Mountainbiker und Wanderer. Pauschalangebote (mit Anreise, Hotelunterkunft und Lifttickets) können problemlos direkt über die Resorts oder über Reisebüros und Online-Webportale gebucht werden und sind vor allem dann eine gute Wahl, wenn man in erster Linie Ski fahren möchte.

Wo auch immer man auf die Bretter steigt – billig ist der Spaß nicht. Wer sich für Mehrtagestickets (oder, besser, Saisontickets) oder weniger bekannte Ableger von Resorts wie **Alpine Meadows** (https://squawalpine.com) in der Nähe von Lake Tahoe entscheidet, kann die Reisekasse schonen. Günstiger sind auch Skigebiete, die überwiegend von Einheimischen frequentiert werden, z. B. Ski Santa Fe (S. 243) oder **Wolf Creek**, CO (www.wolfcreekski.com).

Top 10: Ski Resorts

Vail, CO (S. 103) Das größte (und teuerste) Resort in Colorado mit legendären Back Bowls, die man einfach erlebt haben muss!

Aspen, CO (S. 105) Egal, ob man als Star anreist oder als lebenslanger Ski-Fan – Aspens vier Berge werden dem Hype gerecht.

Sun Valley, ID (S. 150) Berühmtes, vor allem auch bei Stars und Sternchen seit Langem beliebtes Resort in Idaho.

Jackson Hole, WY (S. 124) Dies ist die erste Wahl aller Profis mit einigen der steilsten Abfahrten in den USA.

UND WAS NOCH?

AKTIVITÄT	WO?	WAS GENAU?	INFOS IM INTERNET
Reiten	Freizeit-Ranches im südlichen Arizona	Wildwest-Landschaft (die meisten Ranches bleiben im Sommer wegen der Hitze geschlossen)	
	Südrand des Grand Canyon, AZ	einfache Ausritte durch den Kaibab National Forest; auch in der Abenddämmerung	www.apachestables.com
	Yosemite National Park, CA	Ausritte im Yosemite Valley, den Tuolumne Meadows & in der Nähe von Wawona	www.travelyosemite.com
	Telluride, CO	Ganzjährig Ausritte in die hügelige Landschaft	www.ridewithroudy.com
	Durango, CO	Tagesausritte und Ausritte mit Camping in der Weminiuche Wilderness	www.vallecitolakeoutfitter.com
	Livingston, MT	Ausritte im Yellowstone NP und der Absaroka-Beartooth Wilderness	www.bearpawoutfittersmt.com
	Florence, OR	Romantische Ausritte am Strand	www.oregonhorsebackriding.com
	Jackson, WY	Ausritte mit Blick auf die Grand Tetons	www.millironranch.net
Tauchen	Blue Hole in der Nähe von Santa Rosa, NM	24,7 m tiefer artesischer Brunnen; das blaue Wasser mündet in eine fast 40 m lange Höhle	https://visitsantarosanm.com
	La Jolla Underwater Park, CA	gut geeignet für Anfänger; Schnorchler tummeln sich in der nahen La Jolla Cove	www.sandiego.gov/lifeguards/beaches
	Channel Islands National Park, CA	Kelpwälder und Meereshöhlen vor den Kdisteninseln	www.nps.gov/chis
	Point Lobos State Reserve, CA	fantastische Tauchmöglichkeiten vor der Küste; flache Riffe, Höhlen, Seelöwen, Seehunde, Otter	www.pointlobos.org
	Puget Sound, WA	klares Wasser, vielfältiges Meeresleben (Riesenkraken!)	www.underwatersports.com
Ballonfahren	Sedona, AZ	im Heißluftballon übers Red-Rock-County schweben, danach Picknick mit Sekt	www.northernlightballoon.com
	Napa Wine Country, CA	mit bunten Ballons über die Weinbergen aufsteigen	https://balloonrides.com; https://napavalleyballoons.com

Salt Lake City, UT (S. 220) Ist Utah das Paradies für Skifahrer? Brighton, Alta, Solitude, Snowbird und 12,5 m Pulverschnee pro Jahr können nur eines bedeuten: ja.

Telluride, CO (S. 112) Hier stehen Skifahrern und Snowboardern mehr als 8 km² Fläche, 1340 m Höhenunterschied und 7,5 m Schnee pro Jahr zur Verfügung – und das alles vor atemberaubender Kulisse.

Lake Tahoe, CA (S. 389) Diese Region bietet ein Dutzend Resorts, darunter Heavenly und Squaw Valley.

Taos, NM (S. 251) Neue Besitzverhältnisse und Erweiterungen auf den und abseits der Berge halten Taos mit an der Spitze.

Silverton, CO (S. 116) Die beste Wahl für Hardcore-Fans – hier gibt's keine Resorts für Leute, die in ihren schicken Outfits Selfies machen, sondern lediglich eine Jurte und ein unfassbar tolles Gelände.

Big Sky, MT (S. 138) Keinerlei Posing, keine Schlangen an den Liften, sondern Top-Skiabfahrten vom Gipfel des Lone Peaks über 23,5 km² Gelände.

Skilanglauf & Schneeschuhwandern

In den meisten Skiresorts gibt's auch Loipen. Im Winter finden sich in den Arealen von vielen Nationalparks, National Forests und städtischen Parks präparierte Langlauf- und Schneeschuhwege und auch Schlittschuhbahnen.

Ein erstklassiges Netz von Routen für Langläufer und Schneeschuhwanderer breitet sich in der kalifornischen **Royal Gorge**, Nordamerikas größtem nordischen Skigebiet, und im herrlichen, vom Massenandrang verschonten **Methow Valley** in Washington aus. Wer abseits gespurter Wege auf Ski- oder Schneeschuhwanderungen gehen will, kommt überall in der **Sierra Nevada** mit ihren vielen Skihütten auf seine Kosten. In den **San Juan Mountains** (www.sanjuanhuts.com) in Colorado verteilen sich auf die insgesamt 100 km Wege fünf Skihütten; ferner verwaltet die 10th Mountain Division Association (www.huts.org) mehr als 30 entlegene Hütten in den zentralen Rocky Mountains. Hübsche Gegenden für winterliche Erkundungstouren sind der **South Rim des Grand Canyon** und der umliegende **Kaibab National Forest**.

Die Mitarbeiter der Ranger-Stationen im Great Basin National Park in Nevada (S. 174) verleihen kostenlos Schneeschuhen an Wanderer – Schnee liegt hier bis weit in den Juni hinein.

Infos im Internet

Cross-Country Ski Areas Association (https://xcski.org) Umfassende Infos und Hinweise zur Ausrüstung für Langläufer und Schneeschuhwanderer in ganz Nordamerika.

Cross Country Skier (www.crosscountryskier.com) Magazin zum nordischen Skisport mit Reportagen und der Vorstellung von Reisezielen.

Liftopia (www.liftopia.com) Bietet reduzierte Liftpässe.

Open Snow (https://opensnow.com) Täglich aktuelle Infos zu Schneeverhältnissen und Wetter.

Powder (www.powder.com) Online-Ableger des Skisportmagazins Powder.

Ski (www.skimag.com) Online-Portal der Zeitschrift Ski.

SnoCountry Mountain Reports (www.snocountry.com) Schneebericht für Nordamerika, Veranstaltungskalender, News und Links zu Resorts.

Klettern & Canyoning

In Kalifornien können Kletterfans im Yosemite National Park (S. 380) ihren Mut an erstklassigen Felswänden, Granitkuppeln

WALBEOBACHTUNG

Unter allen Säugetieren legen Grau- und Buckelwale bei ihren Wanderungen die längsten Strecken zurück – mehr als 8000 km von der Arktis nach Mexiko und wieder zurück. Die meisten Tiere passieren die Küste der beiden Nordweststaaten Washington und Oregon zwischen November und Februar (südwärts) sowie März und Juni (nordwärts). Grauwale kann man vor der kalifornischen Küste von Dezember bis April erspähen, während Blau-, Buckel- und Pottwale im Sommer und Herbst vorbeiziehen. Fernglas nicht vergessen! Zu den besten Stellen zählen:

Depoe Bay & Newport, OR (S. 448) Gute Stelle für Walbeobachtungen; Tourboote vorhanden.

Puget Sound & San Juan Islands, WA (S. 416) Mit ortsansässiger Schwertwal-Population.

Point Reyes Lighthouse, CA (S. 362) Grauwale ziehen im Dezember und Januar vorbei.

Monterey, CA (S. 330) Walsichtungen sind ganzjährig möglich.

Channel Islands National Park, CA (S. 323) Man kann Wale bei einer Tour oder durch das Teleskop im Turm des Visitor Centers beobachten.

Cabrillo National Monument, CA (S. 303) Die beste Stelle in San Diego, um zwischen Januar und März die Wanderung der Grauwale zu beobachten.

und Findlingen beweisen; die Saison dauert dort von April bis Oktober. Kletterer strömen auch in den Joshua Tree National Park (S. 313), eine extraterrestrisch wirkende Landschaft in der sonnenversengten Wüste Süd-Kaliforniens. Zwischen den schroffen Monolithen und den ältesten Bäumen des Landes finden sich hier 8000 Routen über Steilwände, steile Kanten und unzählige Spalten. Für Anfänger bieten Veranstalter in beiden Parks geführte Klettertouren und -unterricht an.

Beim Zion National Park (S. 234) in Utah lernt man bei Canyoning-Kursen die hohe Kunst des Abstiegs: das Abseilen an nackten Sandsteinklippen in prächtige Slot Canyons. Für manche der anspruchsvolleren Stellen braucht man einen Neoprenanzug, denn es geht an den Flanken tosender Wasserfälle hinab in eiskalte Nass.

Zum Eisklettern empfiehlt sich der Ouray Ice Park (S. 111), abseits des Million Dollar Highway im Südwesten von Colorado. In dem schmalen Slot Canyon befinden sich mit dickem Eis gepanzerte, bis zu 60 m hohe Wände und Wasserfälle.

Weitere tolle Kletterspots:

Grand Teton National Park, WY (S. 133) Super für Kletterer aller Leistungsklassen: Für Anfänger gibt's Einführungskurse, erfahrenere Bergsteiger können sich zweitägigen Expeditionen zum Gipfel des Grand Teton anschließen – der 4197 m hohe Berg bietet eine majestätische Aussicht.

Sinks Canyon & Wild Iris, WY Eines der besten Klettergebiete östlich der Rocky Mountains; in der Nähe des Städtchens Lander.

Smith Rock, OR Mekka für Sportkletterer in Zentral-Oregon mit der ersten Route mit Schwierigkeitsstufe 5.14 der USA.

City of Rocks National Reserve, ID Hier führen mehr als 500 Routen auf windgepeitschte Granitfelsen und spektakuläre Felsspitzen, die wie ein 60-stöckiges Gebäude aufragen.

Bishop, CA Die verschlafene Stadt in der Eastern Sierra ist die Basis für tolle Klettertouren in der Owens River Gorge und den Buttermilk Hills.

Red Rock Canyon, NV 16 km westlich von Las Vegas liegt eines der weltweit schönsten Sandstein-Kletterparadiese.

Indian Creek, UT Perfektes Sandsteinklettern in der Nähe von Moab.

Devil's Tower, WY (www.nps.gov/deto; WY-110; 7-Tage-Pass 25 US$/Auto; ⌚24 Std., Visitor Center 8–19 Uhr) Der 265 m hohe Härtling (bekannt aus Spielbergs *Unheimliche Begegnung der dritten Art*) steht auf der Wunschliste eines jeden ernsthaften Kletterers.

Eldorado Canyon, CO Direkt vor Boulder warten mehr als 1000 Gelegenheiten, Granitwände zu erklimmen.

Flatirons, CO Nicht die beste Klettergelegenheit in Boulder, aber die 300 m hohe Felsformation aus Sandstein ist sicher nicht ganz ohne Reiz.

Infos im Internet

American Canyoneering Association (www.canyoneering.net) Canyon-Datenbank mit Links zu Kletterkursen, Klettervereinen vor Ort und mehr.

Climbing (www.climbing.com) Bietet seit 1970 topaktuelle News und Infos zum Klettern.

CUSA (www.canyoneeringusa.com) Großartiger Online-Guide zu Utahs Canyoning-Routen.

SuperTopo (www.supertopo.com) Kletterführer, topografische Karten und Routenbeschreibungen zum Download.

Reiseplanung

Essen & trinken wie die Einheimischen

Die Küche im Westen der USA lässt sich nicht leicht in eine Schublade packen, gibt es doch Unmengen an sehr unterschiedlichen regionalen Spezialitäten. So garantiert es viel Spaß, Gerichte aus lokalen Zutaten und mit spezifisch kulturellem Hintergrund zu probieren – von Grünen-Chili-Enchiladas in New Mexico und gegrilltem Lachs im Nordwesten bis hin zu Fischtacos in San Diego und Steaks in Arizona.

Klassiker & Spezialitäten

Frühstück

Wie im Rest des Landes fällt das Frühstück auch im Westen üppig aus und wird sehr ernst genommen. Es besteht oft aus einer Portion herzhaften Biscuits and Gravy in einem Cowboy-Diner, einem schnellen Egg McMuffin beim Drive-in oder einem ausgiebigen Sonntags-Brunch – viele Amerikaner lieben Eier mit Speck, Waffeln, Hash Browns und ein großes Glas Orangensaft. Und vor allem bestehen sie auf ihr „Grundrecht" auf dampfenden Kaffee – nachgeschenkt, so oft wie nötig.

Mittagessen

Nach der Kaffeepause am Vormittag reicht es für die meisten Angestellten in der (heute meist nur halbstündigen) Mittagspause gerade mal für ein Sandwich, einen schnellen Burger oder einen Salat. Der formelle „Business Lunch" ist in Großstädten wie Los Angeles stärker verbreitet, wobei die Gespräche oft wichtiger sind als das Essen.

Abendessen

Die Amerikaner nehmen – auch werktags – ein reichhaltiges Abendessen zu sich, meist vergleichsweise früh am Abend. Angesichts

Gut zu wissen

Etikette

Bei durchschnittlicher Bedienung sind 10 % bis 15 % der Rechnungssumme als Trinkgeld angebracht; ist man sehr zufrieden, gibt man 20 % (oder mehr).

Die Serviette breitet man während des Essens in der Regel auf seinem Schoß aus.

Man stützt sich nicht mit den Ellbogen auf den Tisch.

Erst essen, wenn allen anderen am Tisch ebenfalls das Essen serviert wurde.

Bei formellen Einladungen ist es üblich zu warten, bis der Gastgeber/die Gastgeberin die Gabel ansetzt.

Regionale Spezialitäten

Fischtacos (San Diego, Kalifornien)

Frito-Pie (New Mexico)

Cheeseburger mit grünen Chilis (New Mexico)

Navajo-Tacos (Nordost-Arizona)

Sonoran Dogs (Tucson, Arizona)

Rocky Mountain Oysters (Kalbshoden; Colorado)

Bison-Burger (Montana)

der Arbeitslast in so vielen Familien, bei denen beide Partner einem Fulltime-Job nachgehen, wird es oft entweder geliefert (z. B. Pizza oder chinesisches Essen) oder besteht aus Fertiggerichten für die Mikrowelle. Zum Dessert gibt's meist Eiscreme, Pies und Kuchen. Einige Familien kochen traditionell am Sonntagabend ein Dinner, wenn Verwandte und Freunde sich zu einem Fest treffen, und am Wochenende wird viel gegrillt oder gepicknickt.

Auf die Schnelle

Ein Hotdog von einem Imbisskarren oder ein Taco von einem Food Truck am Straßenrand sind praktische und oft auch schmackhafte Snacks in den Geschäftsvierteln der Innenstädte. Bedenken hinsichtlich mangelnder Hygiene sind unbegründet, werden doch diese Anbieter in der Regel von den Gesundheitsbehörden kontrolliert. Fast-Food-Restaurants mit Drive-in sind überall im Land vertreten; an größeren Highway-Ausfahrten findet man meist mindestens eines. Auf Festen und ländlichen Jahrmärkten bekommt man Zuckerwatte, Corn Dogs, Liebesäpfel, Funnel Cakes (Strauben), gefrorene Bananen mit Schoko-Glasur und regionale Spezialitäten. Auf Bauern- und Biomärkten erhält man oft gesünderes Essen.

Kalifornien

Aufgrund der Größe und der diversen Mikroklimata gedeihen in Kalifornien Obst und Gemüse gut, zudem gibt's viele Asia-Märkte. Das kulinarische Angebot beeindruckt mit Wildlachs, Taschenkrebsen und Austern aus dem Pazifik, ganzjährig frisch Geerntetem und handgemachten Leckereien wie Käse, Brot, Olivenöl, Wein und Schokolade.

In den 1970er- und 1980er-Jahren prägten Spitzenköche wie Alice Waters und Wolfgang Puck den Begriff der „California Cuisine", indem sie beste regionale Zutaten zu einfachen, aber köstlichen Kreationen verarbeiteten. Der Zustrom asiatischer Einwanderer, insbesondere nach dem Vietnamkrieg, bereicherte die urbane Esskultur durch Chinatowns, Koreatowns und Japantowns. Daneben pflegen riesige Enklaven von aus Mexiko stammenden Amerikanern ihre kulinarischen Traditionen. Internationale Fusion-Restaurants sind ein weiteres Merkmal der kalifornischen Gastronomie.

Nordküste & die Sierras

In den 1970er-Jahren traten San Franciscos Hippies für einen autarkeren Lebensstil ein. Sie belebten die Tradition der eigenen Brot- und Käseherstellung wieder und bauten ihre Lebensmittel selbst an (Tipp: Farmer von Mendocino bis Humboldt meinen es ernst mit ihren *„No Trespassing"*-Schildern!). Diese alternativen Landwirte praktizierten bereits damals pestizidfreien Anbau und schufen eine bodenständige Bio-Küche, die gesund und lecker zugleich ist.

An der Nordküste trifft man auf Einflüsse der naturverbundenen Ohlone- und Miwok-Küche. Die in Nordkalifornien beheimateten Stämme angelten, jagten, stellten Brot aus Eichelmehl her, legten Obstgärten an und widmeten sich entlang der Küste dem nachhaltigen Anbau. Unter solch verantwortungsvollen Verwaltern konnte die Natur ungestört gedeihen und so gibt es hier jede Menge Wildhonig und Brombeeren. An der Küste werden Meeresfrüchte traditionell von Hand gesammelt und gefangen, daneben sind nachhaltige Kaviar- und Austernfarmen entstanden. Furchtlose Forscher haben jede essbare Pflanze identifiziert, vom Sauerklee der Sierras bis hin zu Seetang aus Mendocino; die besten Plätze zur Pilzsuche hingegen bleiben das Geheimnis der Einheimischen.

San Francisco Bay Area

Im Jahr 2017 kamen in San Francisco fast 457 Restaurants auf 100 000 Haushalte –

FRÜHSTÜCKS-BURRITOS

Es gibt ein mexikanisch inspiriertes Gericht, bei dessen Zubereitung man es im Westen zur Meisterschaft gebracht hat: den Frühstücks-Burrito. Er wird in Diners und Delis in Colorado, in Coffeeshops in Arizona oder Strandcafés in Kalifornien serviert. In vielerlei Hinsicht ist er das ideale Frühstück – billig (meist unter 6 US$), proteinreich (Eier, Käse, Bohnen), mit frischem Gemüse (oder zählt Avocado als Obst?), heißer Salsa und zusammengerollt in Papier oder Folie zum Mitnehmen bereit. Man schält ihn wie eine Banane und lässt sich vom herzhaften Duft berauschen.

ACKERLAND, NATURPRODUKTE & FISCH

Die verschiedenen geografischen und klimatischen Bedingungen – eine milde, dunstige Küstenregion mit sonnigem Sommer sowie dürres Ackerland im Osten – eignen sich für den Anbau von Obst und Gemüse, u. a. Melonen, Trauben, Äpfel, Birnen, Erdbeeren, Kirschen und Heidelbeeren. Auch Kartoffeln, Linsen, Mais, Spargel und süße Walla-Walla-Zwiebeln gedeihen bestens und werden für den lokalen Verzehr und den Export gezogen.

Vieles wächst hier auch wild, besonders in feuchten Regionen wie der Coast Range. Naturverbundene Gourmets sammeln die gleichen Nahrungsmittel wie einst die hiesigen Ureinwohner: das ganze Jahr über Pilze sowie im Sommer Früchte und Beeren.

Mit seiner lang gezogenen Küste und einem eindrucksvollen Flusssystem hat der Nordwesten jede Menge frische Fische und Meeresfrüchte zu bieten. Zu den saisonalen Spezialitäten zählen Scheidenmuscheln, Miesmuscheln, Garnelen, Weißer Thun, Taschenkrebse und Stör. Lachs – geräuchert oder gegrillt, im Salat, in einer Quiche oder als Sushi – bleibt eines der Lieblingsgerichte der Region.

eine größere Dichte als irgendwo sonst in den USA. Hunderte von lizenzierten Food Trucks fahren kreuz und quer in der Stadt herum.

Einigen kulinarischen Neukreationen der Stadt gelang es, sich zu Dauerbrennern zu entwickeln, darunter der stets beliebte *cioppino* (Taschenkrebseintopf), der von der Familie Ghirardelli erfundene Schokoriegel oder das Sauerteigbrot mit Teig, der wie in der Goldgräberzeit zubereitet wird und bis heute die Gaumen erfreut. Dim Sum ist Kantonesisch für die als *xiao che* (kleine Snacks) bekannten Köstlichkeiten. Sie werden als *yum cha* (Servierwagen-Gerichte) angeboten; es gibt Dutzende Lokale in San Francisco, in denen diese als Mittagessen gereicht werden.

Mexikanisches, französisches und italienisches Essen zählt zu den ganzjährigen Favoriten in der Region; daneben gibt's viele neuere ethnische Verrücktheiten: *izakaya* (japanische Bars, die Snacks servieren), koreanische Tacos, *banh mi* (vietnamesische Sandwiches mit mariniertem Fleisch und eingelegtem Gemüse auf Baguettes) und *alfajores* (arabisch-argentinische Shortbread-Kekse, gefüllt mit Creme).

Süd-Kalifornien

Los Angeles ist schon seit Langem für Starköche und berühmte Restaurantbetreiber bekannt. Nach Robert H. Cobb, Besitzer des Brown Derby Restaurant in Hollywood, ist der Cobb-Salat (Blattsalat, Tomaten, Eier, Hühnchen, Speck und Roquefort) benannt. Wolfgang Puck läutete den Promiköche-Trend 1982 mit der Eröffnung des bei Stars beliebten Spago auf dem Sunset Strip ein.

Wer in Los Angeles authentische multikulturelle Küche sucht, findet in Koreatown würzige *kalbi* (marinierte gegrillte Rippchen vom Rind), in East L.A. Tacos *al pastor* (mariniertes, geröstetes Schweinefleisch) und in Little Tokyo täglich frisch zubereitete Ramen-Nudeln.

Weiter südlich locken die Strandorte am Hwy 1 wie Laguna Beach oder La Jolla mit tollen Surfwellen und kleinen, herzhaften Snacks wie Frühstücks-Burritos und Fischtacos. Nicht entgehen lassen sollte man sich zudem einen Shake bei Ruby's Crystal Cove Shake Shack südlich von Newport Beach.

Der Nordwesten

James Beard (1903–1985), ein aus Oregon stammender Koch und Kochbuchautor, propagierte die Meinung, dass Gerichte einfach – also ohne zu viele Zutaten und komplizierte Kochtechniken – zubereitet werden müssen, um ihre Aromen zu entfalten. Diese Philosophie prägte die moderne Nordwest-Küche. In Washington und Oregon mag man keine Show-Küche, viel Wert wird aber auf Innovation gelegt, besonders wenn es um nachhaltiges, bewusstes Essen geht.

Der Südwesten

In puncto Essen ist Maßhalten in Arizona, New Mexico, Utah, im Süden von Colorado

Sonora-Hotdogs, ein Klassiker des Südwestens

und in Las Vegas keine Tugend. Diese Schlaraffenländer sind nichts für Zimperliche: Sonora-Hotdogs, Grüne-Chili-Cheeseburger, *huevos rancheros*, saftige Steaks und endlose Büffets – man schießt sein Instagram-Foto und schlägt zu.

Zwei ethnische Gruppen bestimmen die kulinarische Kultur des Südwestens: die Spanier und die Mexikaner, die bis weit ins 19. Jh. Gebiete von Texas bis Kalifornien beherrschten. Wirklich spanische Gerichte gibt es kaum, doch brachten die Spanier das Rind nach Mexiko, das die Mexikaner in ihre eigene, auf Mais und Chili beruhende Küche aufnahmen, um Tacos, Tortillas, Enchiladas, Burritos, *chimichangas* (frittierte Burritos) und andere Gerichte aus Mais- oder Weizenmehlpfannkuchen zu erfinden, die mit allem Möglichen, von Hackfleisch und Geflügel bis hin zu Bohnen, gefüllt werden. In Arizona und New Mexico kann man überdies in Reservaten und während Stammesfesten Gerichte amerikanischer Ureinwohner probieren. Steaks und Gegrilltes sind auf den Speisekarten im Südwesten immer zu finden. Und Bier ist das Getränk der Wahl zum Abendessen und auf Partys.

Kosmopolitisch geht's in Las Vegas zu: Spitzenköche aus New York, L.A. und Paris eröffneten hier Ableger ihrer Restaurants.

Mexikanisch

Die mexikanische Küche ist meist scharf und würzig. Wer diesbezüglich empfindlich ist, sollte daher vorsichtig den Schärfegrad der Salsa testen, bevor es ans Essen geht. In Arizona wird die Sonora-Variante zubereitet, beispielsweise *carne seca* (getrocknetes Rind). Die Gerichte werden meist mit Bohnenmus, Reis sowie Weizen- oder Mais-Tortillas serviert, die Chilis sind relativ mild. Die Einwohner von Tucson bezeichnen ihre Stadt gern als Welthauptstadt der mexikanischen Küche, und da ist durchaus was dran. Auch Restaurants in Colorado servieren mexikanische Gerichte, halten sich bei deren Bewerbung jedoch bedeckter.

Die Küche New Mexicos unterscheidet sich von der mexikanischen, gleichwohl gibt es Ähnlichkeiten. Pintobohnen werden im Ganzen serviert, *posole* (Maiseintopf) ersetzt oft den Reis. Chilis werden nicht nur als Gewürz (wie in Salsa) eingesetzt, sondern sind tonangebend in fast jedem Gericht. Zu den Spezialitäten gehört *carne adobada* (mariniertes Schweinefleisch).

Finden sich auf einer Speisekarte Gerichte und Saucen mit grünem oder rotem Chili, handelt es sich oft um Speisen nach New-Mexico-Art. Der Bundesstaat ist für seine mit Chili verfeinerten mexikanischen Klassiker bekannt. Besonders berühmt für grüne Chilis ist die Hatch, NM. Um ein Gericht mit roten und grünen Chilis zu bekommen, bestellt man es im *Christmas-Style*.

Indigene Küche

Die heutige Küche der Ureinwohner hat nur wenig Ähnlichkeit mit den Essgewohnheiten der Indianer vor der spanischen Eroberung, unterscheidet sich jedoch von der Küche des Südwestens. Navajo und Indian Tacos – Brotfladen mit Bohnen, Fleisch, Tomaten, Chili und Salat – sind am weitesten verbreitet. Das zähe *horno*-Brot wird in Lehmöfen in Bienenkorbform gebacken.

Die meisten anderen Gerichte indigenen Ursprungs bestehen aus Wildfleisch, Kürbis und lokalen Zutaten wie Beeren und Pinienkernen. Wenngleich ihr Bekanntheitsgrad steigt, sind sie recht schwer aufzutreiben. Gute Chancen hat man an Imbissständen auf Festen, bei Powwows, Rodeos, an Pueblo-Feiertagen und in Kasino-Restaurants.

Immer mehr Spitzenrestaurants im Südwesten servieren moderne indigene Gourmetküche aus traditionellen Zutaten (z. B. blauer Mais, Wildpilze, Wildbret).

Die Rockies

Idaho, Montana und Wyoming tragen wenig zum kulinarischen Mix des Westens bei. Hier findet man eher ein bisschen was von allem. Da die Rinderzucht einen erheblichen Teil der lokalen Wirtschaft ausmacht, insbesondere in Wyoming und Montana, sind Steaks, Burger und Rippchen beständige Menü-Highlights. Aber da sich die Wildtierpopulationen der Great Plains inzwischen wieder erholt haben, kommt auch häufig Elch oder Bison auf den Tisch. Boise, ID, und Jackson, WY, können mit einer kosmopolitischen Restaurantszene aufwarten, mit Spezialitäten aus den USA sowie aus aller Welt. In den meisten mittelgroßen Städten gibt es mindestens ein chinesisches Restaurant mit Büffet, obwohl Frische und Qualität nicht überall das gleiche Niveau haben – im Gegenteil.

TOP-VEGGIE-RESTAURANTS

Green New American Vegetarian (S. 181), Phoenix, AZ

Lovin' Spoonfuls (☎ 520-325-7766; www.lovinspoonfuls.com; 2990 N Campbell Ave; Frühstück & Mittagessen 7–10 US$, Abendessen 9–14,25 US$; ⏲ Mo–Fr 11–21, Sa 9.30–21, So 10–15 Uhr; ✎), Tucson, AZ

Macy's (S. 190), Flagstaff, AZ

Greens (S. 353), San Francisco, CA

City O' City (☎ 303-831-6443; www.cityocitydenver.com; 206 E 13th Ave; Hauptgerichte 9–14 US$; ⏲ 7–14 Uhr; ✎; 🚌 0, 6, 10, 16) 🍃, Denver, CO

Leaf (☎ 303-442-1485; www.leafvegetarianrestaurant.com; 2010 16th St; Hauptgerichte 13–18 US$; ⏲ Mo–Do 11.30–21, Fr 11.30–22, Sa 10–22, So 10–21 Uhr; ✎; 🚌 204) 🍃, Boulder, CO

Sweet Melissa's (S. 123), Laramie, WY

Vegetarisch & Vegan

Restaurants in US-Metropolen servieren zumeist mindestens ein fleischfreies Gericht, sind aber nur selten komplett vegetarisch bzw. vegan. Alternativ gibt's in fast allen größeren Städten Naturkostläden. Draußen in der ländlichen Wildnis sieht es damit aber vielerorts mau aus – die beste Wahl ist dann Picknick-Proviant von lokalen Lebensmittelgeschäften.

Die traditionelle Regionalküche des Südwestens verwendet oft Schweineschmalz. Dies gilt z. B. auch für Bohnengerichte, Tamales, *sopaipillas* (frittierte Blätterteigtaschen) und Tortillas aus Weizenmehl (aber nicht aus Maismehl). Im Zweifelsfall einfach fragen: Selbst sehr authentische Restaurants haben für Vegetarier oft einen Topf mit Pintobohnen auf dem Herd stehen.

Getränke

Hart arbeiten, kräftig feiern: Die US-Amerikaner sind keine Abstinenzler. Ungefähr 56 % trinken zumindest einmal im Monat Alkohol.

Oben: Frische kalifornische Austern

Unten: Margarita

Bier

Bier ist ungefähr so amerikanisch wie Chevrolet, Football und Apple Pie. Laut einer Gallup-Umfrage aus dem Jahr 2016 trinken etwa 43% jener Amerikaner, die Alkohol konsumieren, Bier, während 32% regelmäßig Wein trinken. Hochprozentiges steht in der Beliebtheit an dritter Stelle, wobei allerdings nur 20% der Amerikaner Spirituosen konsumieren.

Kleinbrauereibier

Craft-Bier und Kleinbrauereien liegen in den USA seit rund zehn Jahren im Trend. Der Verkauf von Craft-Bier machte im Jahr 2018 13,2% des Umsatzes auf dem heimischen Biermarkt aus – ein Anteil, der Jahr für Jahr zulegt. Der Begriff *microbrew* wird jedoch unscharf gebraucht und umfasst auch Biere von großen, etablierten Brauereien wie Sam Adams oder Sierra Nevada. Laut der Brewers Association darf aber eine *craft brewery* nicht mehr als 6 Mio. Barrels (ca. 715 Mio. l) pro Jahr produzieren. Ferner dürfen die Brauereien keinem Konzern angehören und müssen Bier aus traditionellen Zutaten brauen.

In den letzten Jahren sind Kleinbrauereien wie Pilze aus dem Boden geschossen, praktisch überall im Westen kann man lokal gebraute Biere trinken – ob nun in Metropolen, Kleinstädten oder an Orten, wo man es nicht für möglich gehalten hätte. Sehr beliebt sind solche Brauereien in Gemeinden wie Moab, Flagstaff und Durango, die als Zugang zu den Nationalparks fungieren. Die Brauereien, die als *brewpubs* or *taprooms* (Braukneipen bzw. Schankstuben) bezeichnet werden, servieren normalerweise Speisen und haben oft mehr als ein Dutzend Biere im Angebot.

BIER VON HIER

In vielen Outdoor-Hochburgen des Westens fungieren Kleinbrauereien als inoffizielle Gemeindezentren: Bei saisonalen Craft-Bieren wird dort in entspannter Atmosphäre mit Freunden geplauscht, werden Geschichten ausgetauscht und neue Bier-Kreationen genoßen. Allein in Montana – sicher keiner der bevölkerungsreichsten Bundesstaaten des Landes – gibt es mehr als 70 Mikrobrauereien. Beispiele für Top-Adressen im Westen:

Beaver Street Brewery (☎ 928-779-0079; www.beaverstreetbrewery.com; 11 S Beaver St; ⊙ So–Do 11–22, Fr & Sa bis 24 Uhr) Flagstaff, AZ

OHSO Brewery & Distillery (☎ 602-955-0358; www.ohsobrewery.com; 4900 E Indian School Rd; ⊙ Mo–Fr 13 Uhr–open end, Sa & So ab 9 Uhr; 📶) Phoenix, AZ

Black Shirt Brewing Co (S. 87) Denver, CO

Mountain Sun (S. 93) Boulder, CO

Steamworks Brewing (☎ 970-259-9200; www.steamworksbrewing.com; 801 E 2nd Ave; ⊙ Mo–Do 11–24, Fr–So bis 2 Uhr) Durango, CO

Squatters Pub Brewery (www.squatters.com; 147 W Broadway; Gerichte 10–24 US$; ⊙ Mo–Do 11–24, Fr bis 1, Sa 10–1, So bis 24 Uhr) Salt Lake City, UT

Snake River Brewing Co (S. 127) Jackson, WY

North Coast Brewing Company (☎ 707-964-2739; www.northcoastbrewing.com; 455 N Main St; Hauptgerichte 17–25 US$; ⊙ Restaurant So–Do 16–22, Fr & Sa bis 23 Uhr, Schankraum tgl. ab 14 Uhr; 📶) Fort Bragg, CA

Ecliptic Brewing (S. 435) Portland, OR

Fremont Brewing Company (S. 405) Seattle, WA

White Dog Brewing (☎ 208-906-0609; www.whitedogbrewing.com; 705 W Fulton St; ⊙ So–Do 11–22, Fr & Sa bis 23 Uhr), Boise, ID

Ten Mile Creek Brewery (☎ 406-502-1382; 48 N Last Chance Gulch; ⊙ 12–20 Uhr), Helena, MT

Katabatic Brewing (☎ 406-333-2855; www.katabaticbrewing.com; 117 W Park St; ⊙ 12–20 Uhr), Livingston, MT

Wein

Fast 9000 Weingüter gibt es in den USA, in denen 2010 erstmals mehr Wein konsumiert wurde als in Frankreich. Zum Missfallen europäischer Winzer, die die kalifornischen Weine lange als zweitklassig betrachteten, gewinnen amerikanische Weine heute sogar internationale Preise. Hinter Italien, Frankreich und Spanien sind die USA der viertgrößte Weinproduzent der Welt.

Wein ist in den USA nicht billig, etwa 12 US$ wird man in den Spirituosen- und Weingeschäften für einen sehr guten amerikanischen Tropfen ausgeben müssen.

Weinregionen

Heute stammen fast 90% der US-Weine aus Kalifornien, aber auch jene aus Oregon und Washington werden international geschätzt.

Das Zentrum des amerikanischen Weintourismus ist zweifellos Nord-Kalifornien mit dem Napa Valley und dem Sonoma Valley unweit der Bay Area. Auch andere Anbaugebiete wie das Willamette Valley in Oregon, Kaliforniens Central Coast und Arizonas Patagonia-Region haben sich zu beliebten Zielen für Traveller auf der Pirsch nach dem besten Pinot Noir entwickelt und eine Fremdenverkehrsindustrie mit B&B-Unterkünften aufgebaut.

Auf dem fruchtbaren amerikanischen Boden gedeihen exzellente Weine. Die beliebtesten Weißweine sind Chardonnay und Sauvignon Blanc; bei den Rotweinen kommt diese Ehre u.a. dem Cabernet Sauvignon, Merlot, Pinot Noir und Zinfandel zu.

Margaritas

Tequila ist ein Synonym für den Südwesten. Vor allem in stark hispanisch geprägten Regionen (New Mexico, Arizona, südwestliches Colorado) wird diese Spirituose bevorzugt in Form von Margaritas genossen. Deren Geschmack hängt von der Qualität der verwendeten Zutaten ab. Die Grundbestandteile sind jedoch stets Tequila, ein Zitruslikör (Grand Marnier, Triple Sec oder Cointreau) und Limettensaft (frisch gepresst oder als „Sweet & Sour"-Mix).

Margaritas werden entweder *frozen* (mit zerstoßenem Eis), *on the rocks* (mit Eiswürfeln) oder *straight up* (ohne Eis) serviert. Die meisten Leute bestellen sie mit Salz. Traditionelle Varianten haben ein Limettenaroma. Die beliebten Drinks gibt's aber auch in vielerlei anderen Geschmacksrichtungen (am besten *frozen* ordern).

VINTAGE-COCKTAILS

Überall in den USA ist es richtig cool geworden, zu feiern, als lebte man im Jahr 1929 – nämlich mit Cocktails aus den Tagen der Prohibition, als der Konsum von Alkohol gegen das Gesetz verstieß. Während das Alkoholverbot wohl nicht so schnell zurückkehren dürfte, finden sich viele Bars, in denen der Geist der Goldenen Zwanziger und der 1930-Jahre weiterlebt, sei es bei der Wahl der Deko, sei es, welche Zutaten verwendet werden. Die von alten Rezepten inspirierten Cocktails aus z. B. in kleinen Chargen produzierten Likören, geschlagenem Eiweiß, von Hand gehacktem Eis und frischen Früchten werden liebevoll von smart gekleideten Barkeepern komponiert, die ihren Beruf als ein Zwischending aus Kunst und Handwerk ansehen.

Kaffee

Die US-Amerikaner sind wahre Koffeinjunkies. Und ihre Sucht wird immer schlimmer: In den letzten 25 Jahren hat sich der Kaffeekult noch intensiviert, woran Starbucks wohl nicht unschuldig ist. Die weltgrößte Kaffeekette entwickelte sich aus der progressiven Kaffeekultur des Nordwestens; die erste Filiale öffnete 1971 gegenüber dem Pike Place Market in Seattle.

Die Idee, Kaffee von verschiedenen gerösteten Bohnen aus der ganzen Welt in einem gemütlichen Café zu servieren, verhalf der amerikanischen Kaffeetasse zu einem raffinierteren, komplexeren (und kostspieligeren) Inhalt, als ihn die allgegenwärtige Marke Folgers und der herkömmliche Filterkaffee bieten konnten. Anfang der 1990er-Jahre entstanden im ganzen Land Shops, die den Erfolg von Starbucks nachahmten.

Unabhängige Läden bieten gemütliche Cafékultur, etwa mit Gratis-WLAN und bequemen Sitzbereichen. Dazu noch ein Tipp: Wer in einem Café kostenlos das Internet nutzt, sollte jede Stunde etwas bestellen, seinen Laptop nicht unbeaufsichtigt lassen und über Störungen hinwegsehen!

Reiseplanung

Mit Kindern reisen

Der Westen der USA ist ein tolles Reiseziel für Familien, das Attraktionen für alle Altersstufen bereithält: Themenparks, Zoos, Wissenschaftsmuseen, tolle Campingplätze, Wanderwege in Naturschutzgebieten, Bodyboard-Surfen und Radtouren in Wäldern. Selbst die meisten National und State Parks haben kindgerechte Programme.

Highlights für Kinder

Outdoor-Abenteuer

Yellowstone National Park, WY (S. 128) Hier kann man mächtige Geysire bewundern, Tiere beobachten und herrlich wandern.

Grand Canyon National Park, AZ (S. 192) Das riesige Naturwunder ist auch für Kids ein fesselnder Anblick. Kinder können den Rangern Löcher in den Bauch fragen, wandern oder Rad fahren.

Olympic National Park, WA (S. 411) In einem der wenigen gemäßigten Regenwälder des Planeten lässt sich ungezähmte Wildnis erkunden.

Zion National Park, UT (S. 234) Hier gibt's was für jedes Alter: Kostenloser Shuttleservice, Zugang zum Fluss, Klettern und Wanderungen jeden Schwierigkeitsgrades.

Oak Creek Canyon, AZ (S. 185) Im Slide Rock State Park (Arizona) macht es besonders viel Spaß, über die roten Felsen zu flitzen.

Moab, UT (S. 225) Mountainbiken, Raften, Petroglyphen und Klettern machen Moab zu einem großartigen Ziel für Jugendliche.

San Diego, CA (S. 298) Boogie-Boarden und Gezeitenpools an herrlichen, stressfreien Stränden.

Great Sand Dunes National Park, CO (S. 119) Ein knöcheltiefer Bach fließt durch riesige Sanddünen – kleinere Kinder kriegt man hier kaum wieder weg.

Themenparks

Disneyland, CA (S. 294) Im bezaubernd gestalteten Disneyland, der Heimat von Mickey Mouse im

Günstig reisen

Essen

Die Restaurantbranche setzt auf Familienservice, Kinder sind fast überall willkommen. Der Nachwuchs bekommt oft spezielle Kindermenüs (kleinere Portionen zu niedrigeren Preisen), mitunter isst er bis zu einer gewissen Altersgrenze sogar gratis.

Schlafen

Motels und Hotels haben meist Zimmer mit zwei Betten, die ideal für Familien sind. In vielen Hotels gibt es Verbindungstüren zwischen den Zimmern. Einige lassen Kinder bis zwölf oder gar 18 Jahren kostenlos übernachten.

Aktivitäten

Rabatte werden normalerweise für Kinder bis zwölf oder 16 Jahren gewährt und betragen bis zu 50 % des vollen Preises; es gibt sie oft bei geführten Touren, Eintrittsgeldern und der Nutzung öffentlicher Verkehrsmittel. Bei einigen Sehenswürdigkeiten werden auch Familienrabatte angeboten. Für Kids unter zwei Jahren ist der Eintritt oft frei.

Transport

Bei Inlandsflügen verlangen viele Airlines keine Gebühren für Kinder unter zwei Jahren. Selten bieten einige Resorts (wie Disneyland) Aktionen an, bei denen Kinder umsonst mitfliegen. Kinder zwischen zwei und zwölf Jahren erhalten derzeit 50 % Rabatt auf den niedrigsten Amtrak-Bahntarif, sofern sie mit einem vollzahlenden Erwachsenen reisen.

Herzen des Orange County, verblüfft vor allem die Liebe zum Detail.

Legoland, CA (☎760-918-5346; www.legoland.com/california; 1 Legoland Dr; Erw./Kind 3–12 Jahre ab 95/89 US$; ⌚Öffnungszeiten wechseln; ganzjährig mind. von 10–17 Uhr; P ♿) Kleine Kinder begeistern sich an den aus Legoklötzen gebauten Figuren und den harmlosen Rides, die über den Vergnügungspark in Carlsbad verstreut sind.

Universal Studios, CA (S. 290) Im Epizentrum der US-Filmindustrie warten Action-Rides zu Hollywood-Filmen, Shows mit Spezialeffekten und eine Minibahntour hinter die Kulissen in L.A.

Epic Discovery, CO (☎970-496-4910; www.epicdiscovery.com; Tagespass Ultimate/Little Explorer 94/54 US$; ⌚Juni–Aug. 10–18 Uhr, Sept. nur Fr–So; ♿) Diesen Öko-Themen-Abenteuerpark in Vail und Breckenridge kann man erforschen.

Aquarien & Zoos

Arizona-Sonora Desert Museum, AZ (S. 206) Kojoten, Kakteen und Shows sind Highlights dieses Naturkundemuseums mit Innen- und Außenbereichen in Tucson – genau das Richtige für kleine Naturforscher.

Monterey Bay Aquarium, CA (S. 329) Mitten im größten Meeresschutzgebiet an Kaliforniens Zentralküste können die Bewohner der Tiefe beobachtet werden.

Aquarium of the Pacific, CA (S. 278) Das Hightech-Aquarium in Long Beach deckt ein Artenspektrum von der Baja California bis zum kühlen Nordpazifik ab; ein Haibecken gibt's auch.

San Diego Zoo, CA (S. 301) Der weitläufige Zoo beherbergt mehr als 3700 große und kleine Tiere und unterstützt einige hervorragende Naturschutzinitiativen.

Und wenn's regnet ...

Museen in Los Angeles, CA Im Griffith Observatory (S. 273) können Kids (echte) Sterne ansehen, im Natural History Museum of Los Angeles (S. 272) und im Page Museum bei den La Brea Tar Pits Dino-Knochen bestaunen und dann im coolen California Science Center (S. 271) selber aktiv werden.

Museen in San Francisco, CA Die San Francisco Bay Area ist ein riesiges Klassenzimmer für Kinder – vor allem dank des interaktiven Exploratorium (S. 337) und der umweltfreundlichen California Academy of Sciences (S. 347).

Pacific Science Center, WA (S. 402) Das Center in Seattle hat faszinierende, interaktive Ausstellungen, ein IMAX-Kino, ein Planetarium und Lasershows.

New Mexico Museum of Natural History & Science, NM (S. 237) In Albuquerque lohnt eine Begegnung mit dem Zeitalter der Giganten.

Denver Museum of Nature & Science, CO (S. 84) Vom Weltraum bis zu lokalen Fossilien aus der Eiszeit; zusätzlich gibt's ein IMAX-Kino und ein Planetarium.

Mini Time Machine Museum of Miniatures, AZ (S. 207) In Tucson mag es zwar nur wenige Regentage geben, aber wenn der Monsun doch zuschlägt, ist dieses Museum mit seinen winzigen, aber komplexen Häusern und Szenen ein faszinierender Ort für Erkundungen.

Museum of the Rockies, MT (S. 138) In dem Museum in Bozeman lassen sich das größte jemals ausgegrabene T-rex-Skelett und andere Dinosaurierfossilien bestaunen (ein Planetarium gibt's auch).

Top-Regionen für Kinder

Rocky Mountains

Die Staaten der Rockies (Colorado, Idaho, Montana und Wyoming) haben Familien viel zu bieten, auch wenn die Entfernungen zwischen den einzelnen Zielen durchaus erheblich sein können. Aber mit sorgfältiger Planung lassen sich lange Wege vermeiden.

Colorado ist wie ein riesiger Spielplatz: Museen und Wasserparks in Denver (S. 81), Seilrutschen und Ausritte in den Rocky Mountains, Rafting in der Nähe von Buena Vista (S. 108) und Salida (S. 108), Felsbehausungen der Pueblo-Indianer in Mesa Verde (S. 117) und überall Skigebiete. In Idaho geht's im Sun Valley (S. 150) auf Brettern durch den Schnee, Raftingmöglichkeiten gibt's nahe Stanley (S. 153), und Kinder, die sich für Vulkane begeistern, werden das Craters of the Moon National Monument & Preserve (S. 152) lieben.

In Wyoming kann man sich im Yellowstone National Park (S. 128) auf die Suche nach Grizzlys, Wölfen, Bisons und Elchen machen, Aktivitäten wie familiengerechtes Wildwasser-Rafting u. ä. sind ebenfalls möglich. Auch in Jackson (S. 124) gibt's viel für Familien zu erleben.

Der Südwesten

Was am Südwesten für Familien besonders sein mag, ist vielleicht zunächst weniger offensichtlich, zudem mögen die großen Entfernungen manche Eltern abschrecken, insbesondere solche mit jüngeren Kindern. Familien, die das Abenteuer lieben, werden allerdings schnell feststellen, dass diese Region anscheinend für ältere Kinder, die Spaß an der Natur haben, geradezu erfunden wurde: Mountainbiken, Canyon-Herausforderungen und unzählige unfassbare Landschaften, direkt wie aus einem Fantasyfilm, sind hier zu erwarten.

Man kann durch den Grand Canyon (S. 192) wandern, im Oak Creek (S. 184) planschen und außerhalb von Tuscon Saguaro-Kakteen (S. 209) bestaunen. Auch Wasserparks, Familien-Ranches und Geisterstädte werden die Kids begeistern. Utahs Nationalparks bieten einige seltsame und wundervolle Landschaftsformationen, während Las Vegas (S. 158) eine überraschende Auswahl an kindgerechten Aktivitäten und Unterhaltungsmöglichkeiten bereithält.

Kalifornien

Kalifornien scheint geradezu maßgeschneidert für Kinder zu sein. Ob Promi-Handabdrücke in Hollywood (S. 272), die Teergruben von La Brea (S. 273) oder die Strände von Santa Monica (S. 276) oder San Diego (S. 298) … es gibt viel zu erleben. Filme nehmen einen besonderen Platz im Herzen der meisten Kinder ein und es gibt einige fantastische Studiotouren, um ihnen einen Blick hinter die Kulissen zu ermöglichen. Die Warner Bros Studio Tour (S. 277) wird Fans von Harry Potter bis Batman ansprechen, während die Universal Studios Hollywood (S. 290) wie ein Spaziergang durch nahezu jeden Lieblingsfilm der eigenen Kindheit sind. Und dann wären da noch die vielen Freizeit- und Themenparks – inklusive des Urvaters derselben: Disneyland (S. 294).

Der Nordwesten

Der Nordwesten – von Sonne, Sand und Brandung entlang der Pazifkküste bis zu den schneebedeckten Hängen weiter im Landesinneren – bietet Familien jede Menge Unterhaltung und Abenteuer. Die vielen Museen speziell für Kids, die Vergnügungsparks, Zoos und Tiersafaris werden die Kleinen jeden Alters begeistern. National und State Parks organisieren oft familienfreundliche Ausstellungen oder Aktivitäten, auch eine Walbeobachtung kann ein großartiges Erlebnis sein. Es gibt viele Hotels, Restaurants und Geschäfte, die sich

Kinderecke

Was heißt …?

Stoked	Richtig begeistert sein („I'm stoked" – „Bin voll begeistert!"
Danger dog	Beliebter Snack in L.A.
Pop	Alkoholfreie Getränke (Limo, Cola, etc.)
Jojos	Kartoffelspalten (wie Pommes) im Nordwesten

Schon gewusst?

- Neugeborene Grizzlybären wiegen nur 500 g.
- In Bozeman, MN, befindet sich der weltweit größte T-rex-Schädel.

Schon probiert?

Fisch-Taco
Kalifornien trifft Mexiko

SONIA TAPIA/GETTY IMAGES ©

Wandern im Yellowstone National Park (S. 128), Wyomin

auf ihre kleinen Gäste besonders eingerichtet haben, zudem warten Spielplätze und sogar Skateboardparks. Es wird kein Problem sein, Dinge zu finden, die man mit Kindern unternehmen kann. Schwieriger dürfte es werden, sie wieder von all dem Spaß loszureißen, wenn die Reise weitergeht.

Portland, OR, ist perfekt für Familien. Die Stadt bietet interaktive, kindergerechte Museen, weitläufige Parklandschaften, den Oregon Zoo (S. 427), den Oaks Amusement Park (S. 431) und eine Vielzahl anderer Aktivitäten und Attraktionen. Seattle ist mit seinen Zoos und Aquarien, seinen großartigen Museen und dem epischen Seattle Center (S. 397) ähnlich ideal. Wer sich zudem für Wintersport, Walbeobachtung und alle Arten von Themen- und Wasserparks begeistern kann, wird schnell nachvollziehen können, weswegen der Nordwesten als eine der familienfreundlichsten Ecken der USA gilt.

Gut zu wissen

➡ Familienfreundliche Infos und Tipps sind in diesem Reseführer mit 👪 gekennzeichnet.

➡ Spielplätze gibt's in den meisten Städten – einfach an der Rezeption nachfragen.

➡ Die meisten Resorts sind kinderfreundlich und viele bieten jede Menge Aktivitäten für Kids an – manche hingegen nehmen keine Kinder auf.

➡ Einige Hotels und Motels bieten gegen einen geringen Aufpreis Zustellbetten oder tragbare Kinderbetten an.

➡ Viele B & Bs nehmen keine Kinder auf. Bei der Reservierung nachfragen.

➡ Restaurants haben normalerweise Kinderstühle oder Sitzerhöhungen. Einige halten auch Buntstifte und Rätselbögen bereit.

➡ In Restaurants kann man fragen, ob in der Küche ein Gericht als Kinderteller bestellt (auf den Preis achten) oder ob ein normales Hauptgericht für die Kinder auf zwei Teller aufgeteilt werden kann.

➡ Resorts bieten möglicherweise einen Babysitter-Service auf Abruf an. Andernfalls kann man das Personal an der Rezeption oder den Concierge darum bitten, einen zu organisieren. Immer überprüfen, ob der Babysitter lizenziert und versichert ist, und fragen, was pro Stunde und Kind berechnet wird, ob eine Mindestgebühr anfällt und ob für Transport oder Mahlzeiten zusätzliche Gebühren anfallen!

➡ Die meisten Tourismusbüros bieten Infos zur Kinderbetreuung sowie zu Freizeiteinrichtungen, medizinischen Dienstleistungen usw.

➡ Viele öffentliche Toiletten haben einen Wickeltisch (manchmal auch in den Herrentoiletten), und auf Flughäfen gibt's geschlechtsneutrale Einrichtungen für Familien.

➡ Autovermietungen sollten in der Lage sein, einen geeigneten Kindersitz zur Verfügung zu stellen, da dieser in jedem Bundesstaat erforderlich ist. Man muss ihn jedoch bei der Buchung anfordern und sollte damit rechnen, ungefähr 12 US$ pro Tag zusätzlich bezahlen zu müssen.

➡ Bei Inlandsflügen müssen Kinder ab zwei Jahren einen Sitzplatz haben, zudem sind Ermäßigungen eher unwahrscheinlich.

Hilfreiche Informationsquellen

Lonely Planet Kids (www.lonelyplanetkids.com) Jede Menge Tipps für Aktivitäten und großartige Reiseblog-Inhalte.

My Family Travel Map: North America (shop.lonelyplanet.com) Entfaltet wird die Karte zu einem bunten und detaillierten Poster, das Kinder mit Aufklebern gestalten können, um die Reisen ihrer Familie zu markieren. Für Kids von fünf bis acht Jahren.

Buch: First Words Spanish (shop.lonelyplanet.com) Eine wunderschön illustrierte Einführung in die spanische Sprache für Kinder zwischen fünf und acht Jahren.

Der Westen im Überblick

Welche Assoziationen weckt es, wenn jemand„den Westen" erwähnt? Saguaro-Kakteen! Der Grand Canyon! Und das trifft natürlich auch zu – jedenfalls auf Arizona. Doch der Westen der USA hat noch viel mehr zu bieten: Kaliforniens sonnenverwöhnte Strände, üppige Wälder im Nordwesten, die Nationalparks Yellowstone und Grand Teton, die Weite der Great Plains in Wyoming, atemberaubende Wanderwege durchs Grüne in den Rockies sowie Utahs purpurrote Buttes und zerklüftete Hoodoos – Landschaften für alle Stimmungen und Abenteuergelüste.

Kulturinteressierte können Stätten indigener Völker in Arizona und New Mexico erkunden. L. A., Phoenix, San Francisco, Denver und Seattle stehen für Luxusshopping, Spitzenrestaurants und Großstadttrubel. Auf Geschichtsfans warten Mesa Verde in Colorado, Kaliforniens spanische Missionen und Wildwest-Städte allenthalben. Und was, wenn die Post abgehen soll? Nur zwei Wörter: Las Vegas!

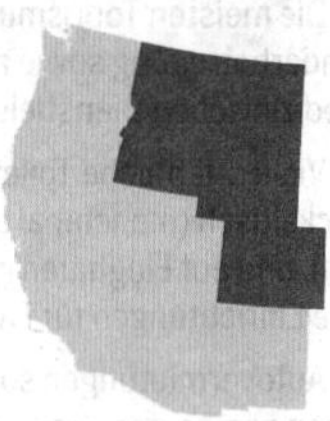

Rocky Mountains

Outdoor-Abenteuer
Die Kultur des Wilden Westens
Landschaften

Spaß in rauer Natur

Adrenalinjunkies sind hier goldrichtig: Die Berge bieten Top-Bedingungen zum Skifahren, Wandern, Klettern und Mountainbiken. Im Angebot sind u. a. Hunderte von Abfahrten, Gruppenausfahrten und eine prima Infrastruktur mit Parks, Trails und Hütten.

Moderne Cowboys

Die freiheitsliebenden Bewohner der Rockies von Montana und Wyoming, die einst Stetsons und Prärieklamotten trugen, sind heute meist in Lycra zu sehen, wenn sie sich aufs Bike schwingen oder in einem Café ein Craft-Bier trinken. Das Leben hier macht Freude und folgt einem gemächlichen Rhythmus.

Alpines Wunderland

Die schneebedeckten Rockies mit ihren schroffen Gipfeln, klaren Flüssen und den Berglöwen, Bären, Bisons und Wölfen sind äußerst majestätisch. Sie empfangen Besucher mit Bergluft und einigen der berühmtesten Parks des Planeten – Yellowstone, Grand Teton und Glacier.

S. 76

Der Südwesten

Naturlandschaften
Einheimische Kultur
Essen

Das Land der roten Felsen

Der Südwesten ist berühmt für den Grand Canyon, die Steintürme des Monument Valley, die roten Buttes von Moab und die feuerroten Monolithen von Sedona – und das sind nur einige der vielen geologischen Wunder, die in großartigen Nationalparks, Landschaften und Wäldern warten.

Pueblos & Reservate

Wer die Hopi und Navajo oder eines der 19 Pueblo-Völker New Mexicos besucht, bekommt einen guten Einblick in das Leben der Native Americans. Hier kann man prima Kunsthandwerk bestaunen und kaufen.

Gutes Essen

Wie wär's mit Chili-Hühnchen-Enchilada in New Mexico? Sonoran Hotdog in Tucson? Gegrillter Forelle in Utah? Und in Vegas kann man sich auch ohne großen finanziellen Einsatz ein extravagantes Büfett gönnen. Für Gourmets empfehlen sich Lokale abseits des Strips mit tollen kulinarischen Erlebnissen.

S. 154

Kalifornien

Strände
Natur pur
Essen & Wein

Traumstrände

Kalifornien protzt mit Stränden – im Norden schroff und unberührt, im Süden wunderschön und voller Menschen. Entlang der ganzen Küstenlinie (über 1770 km) kann man überall prima surfen, Seekajak fahren oder einfach nur wandern.

Wilde Outdoor-Aktivitäten

Verschneite Hänge hinunterjagen, raften, im Kajak um Küsteninseln paddeln, zu Wasserfällen wandern, an Felsbrocken in der Wüste klettern ... in Kalifornien besteht kein Mangel an Optionen, sondern vielmehr an Zeit, um sie alle unterzubekommen.

Spitzenküche

Fruchtbare Felder, talentierte Köche und unersättlicher Hunger nach Neuem machen Kalifornien zum Top-Gastroziel. Also worauf noch warten: Farmers Markets wollen durchforstet, Pinots oder Chardonnays auf tollen Weingütern verkostet und Essen aus frischesten Zutaten genossen werden!

S. 263

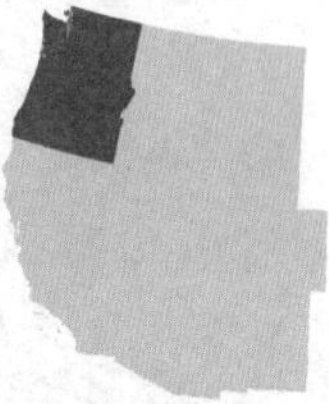

Der Nordwesten

Radfahren
Essen & Wein
Nationalparks

Power in die Pedale

Man kann auf den Sträßchen der friedlichen San Juan Islands radeln, auf dem Hwy 101 die klippengesäumte Küste von Oregon erkunden oder per Drahtesel die Straßen des sehr fahrradfreundlichen Portland „er-fahren", das unzählige Radwege, Themenrouten und Fahrradshows zu bieten hat.

Regionale Produkte & Spitzenweine

Die kulinarische Szene im Nordwesten ist nicht mehr „im Kommen", sondern schon längst in voller Pracht erblüht. In Portland und Seattle kombinieren Chefköche Fisch aus heimischen Gewässern mit Gemüse aus den paradiesischen Tälern um den Columbia River. Washingtons Weine werden nur von den kalifornischen übertroffen.

Klassische Parks

Von den vier hiesigen Nationalparks gehören drei zu den US-amerikanischen Klassikern: Olympic, Mt. Rainier und Crater Lake. Jünger ist der 1968 geschaffene North Cascades National Park.

S. 391

Reiseziele im Westen der USA

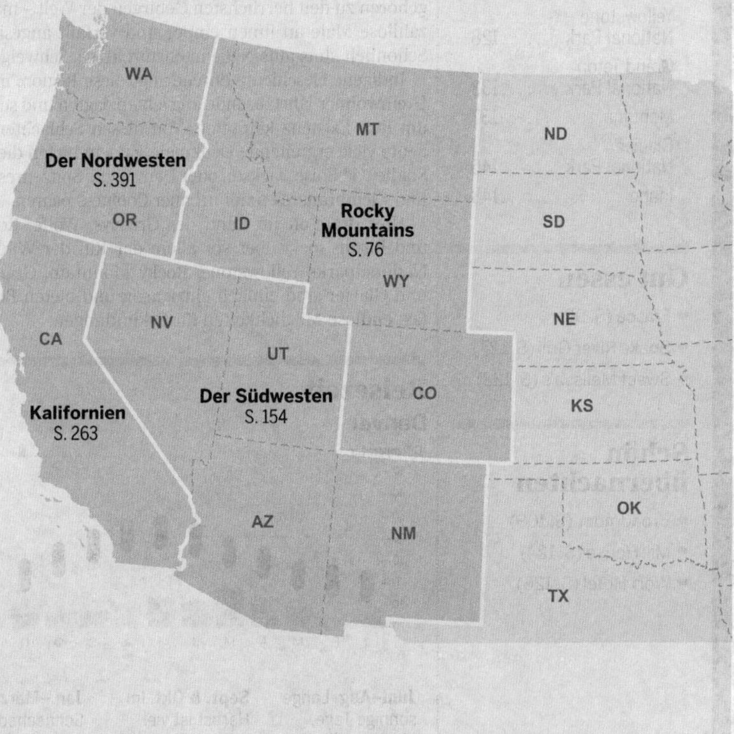

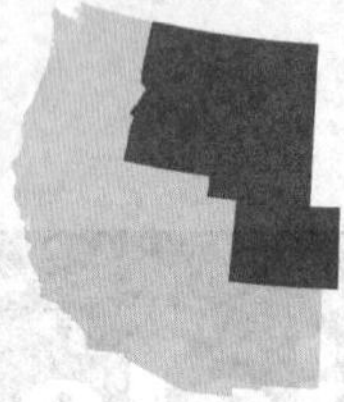

Rocky Mountains

Inhalt ➡

Gut essen

- ➡ Frasca (S. 93)
- ➡ Snake River Grill (S. 127)
- ➡ Sweet Melissa's (S. 123)

Schön übernachten

- ➡ Broadmoor (S. 109)
- ➡ Mill House (S. 124)
- ➡ Wort Hotel (S. 126)

Auf in die Rocky Mountains!

Willkommen im epischen Teil der USA: In Colorado, Wyoming, Montana und Idaho treffen die Großen Ebenen des amerikanischen Westens auf die Rocky Mountains. Diese gehören zu den herrlichsten Gebirgen der Welt – man blickt zahllose Male an ihnen empor und verfällt angesichts der Schönheit stets aufs Neue in ehrfürchtiges Schweigen.

Indigene Geschichte durchdringt diese Region, in der die Ureinwohner jahrtausendelang lebten, jagten und schließlich um ihre Existenz kämpften. Von diesen Schlachten zeugen heute viele ergreifende Denkmale. Zudem bieten die Rockies Städte wie Boise, Jackson oder Denver, die Spitzenrestaurants und Kleinbrauereien mit urbaner Coolness paaren.

Hier draußen im Land der Grizzlys, Wölfe, Rothirsche und Bisons lockt aber vor allem der Ruf der Wildnis: Die Nationalparks Yellowstone, Rocky Mountain, Grand Teton und Glacier sind einfach einzigartig und bieten Besuchern fast endlose Möglichkeiten für Erkundungen.

Reisezeit

Denver

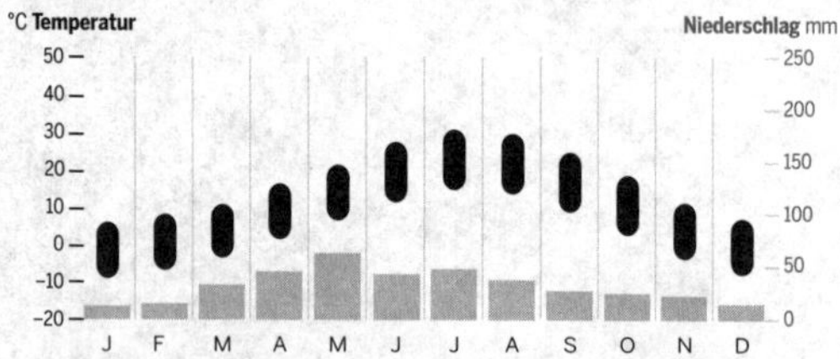

Juni–Aug. Lange sonnige Tage, ideal zum Radfahren, Wandern und Märkte und Festivals besuchen.

Sept. & Okt. Im Herbst ist viel weniger los und daher gibt es tolle Sonderangebote bei Unterkünften.

Jan.–März Schneebedeckte Gipfel, Pulverschneehänge und Après-Ski-Partys vom Feinsten.

Geschichte

Als französische Fallensteller und die Spanier im späten 18. Jh. die Rocky Mountains „entdeckten", lebten hier schon mehrere indianische Stammesverbände, die den Völkern der Nez Percé, der Shoshone, der Crow, der Lakota und der Ute angehörten. Diese Tatsache hielt die Eroberung durch die Europäer kaum auf, und verschiedene Staaten wetteiferten darum, sogenanntes „herrenloses" Land für sich zu beanspruchen, es zu verteidigen, zu verkaufen und zu kaufen.

Beim Louisiana Purchase kauften die jungen USA Frankreich den Anspruch auf das gesamte Land östlich der Kontinentalen Wasserscheide ab. Kurz darauf wurden Meriwether Lewis und William Clark losgeschickt, um das Land zu vermessen und darüber zu berichten, was man hier eigentlich erworben hatte. Bei ihrer 2½-jährigen Forschungsreise bewältigten sie nahezu 13 000 km; die Berichte von ihren Entdeckungen lockten andere Abenteurer an, so dass die Besiedlung langsam in Gang kam.

DIE ROCKY MOUNTAINS IN…

…zwei Wochen

Am besten beginnt man das Abenteuer Rocky Mountains in der Gegend von Denver. Dort kann man ein Tubing-Abenteuer starten, Vintage-Klamotten kaufen oder im outdoorverrückten, unkonventionellen Boulder (S. 90) Radtouren machen und dann in einem Straßencafé die liberale Atmosphäre in sich aufsaugen. Danach genießt man die Aussicht im Rocky Mountain National Park (S. 97), bevor man sich auf der I-70 gen Westen aufmacht, um sich in den Bergen rund um Breckenridge auszutoben; hier finden sich auch einige der besten Anfängerpisten Colorados. Unbedingt aufsuchen sollte man den Ski- und Mountainbike-Hotspot von Steamboat Springs (S. 100), bevor man die Grenze nach Wyoming überquert.

Einen Eindruck vom Leben in einer Präriestadt gewinnt man in Cheyenne (S. 121). Danach sollte man in Lander (S. 123), dem Eldorado für Bergsteiger, stoppen. Von hier geht's weiter Richtung Nordwesten ins schicke Jackson (S. 124) und in den majestätischen Grand Teton National Park (S. 133), bevor man den einzigartigen Yellowstone National Park (S. 128) erreicht. Für die Erkundung dieses natürlichen Wunderlandes voller Geysire sollte man mindestens drei Tage einplanen.

Dann überquert man die Staatsgrenze zum „Big Sky Country" und setzt gemächlich den Weg Richtung Nordwesten durch Montana fort. Man hält im flippigen Bozeman (S. 138) und dem lebhaften Missoula (S. 142) an. Die Tour sollte in Idaho enden, wo die Einwohner des aufstrebenden Boise (S. 148) ihre baskischen Wurzeln pflegen.

…einem Monat

Wer einen Monat zur Verfügung hat, kann tief in die Region eintauchen und die abseits der ausgetretenen Pfade gelegenen Schätze erleben. Man folgt zunächst dem Fahrplan für die Rockies in zwei Wochen, biegt aber im Südwesten nach Colorado ab und erreicht eine aufstrebende Weinbauregion, bevor man Wyoming besucht. Dann geht's auf die nur für Autos mit Allradanrieb geeigneten Pfade um Ouray (S. 111). Unser Tipp: unbedingt einen Besuch im Mesa Verde National Park (S. 117) mit seinen alten Felsbehausungen einplanen!

In Montana sollte man den Glacier National Park (S. 145) besuchen, so lange man noch Gletscher bewundern kann. In Idaho kann man dann länger in Sun Valley (S. 150) umherstreifen und im entzückenden kleinen Ketchum die Läden, Pubs und köstlichen Bio-Restaurants erkunden (S. 143). Es ist genug Zeit, einige der phantastisch abgelegenen und malerischen Nebenstrecken entlangzufahren. Auf jeden Fall sollte man dem Hwy 75 von Sun Valley nordwärts nach Stanley (S. 153) folgen. Dieses atemberaubende Bergdörfchen an den weiten Ufern des Salmon River ist rundum vom Gebiet eines National Forest umgeben. Stanley bietet zudem großartige Möglichkeiten zum Forellenfischen und ist Ausgangspunkt für gemächliche oder auch rasante Rafting-Touren.

Auf dem Hwy 21 (dem Ponderosa Pine Scenic Byway) von Stanley nach Boise fährt man lang durch dichte Ponderosa-Wälder und an einigen ausgezeichneten, einsamen Campingplätzen am Fluss vorbei – von denen manche Thermalquellen mit Becken haben.

Highlights

1 Yellowstone National Park (S. 128) Zwischen Thermalquellen und Geysiren Bären, Wölfe und Bisons entdecken

2 Aspen (S. 105) In Colorados wichtigstem Partyresort in die Hollywood-Cowboy-Atmosphäre eintauchen

3 Grand Teton National Park (S. 133) Inmitten zerklüfteter Berge wandern und klettern

4 Boulder (S. 90) Sich in dem hochgelegenen städtischen Outdoor-Paradies austoben

5 Southwest Colorado (S. 109) Die lebendigen Wildweststädte in den San Juan Mountains erkunden

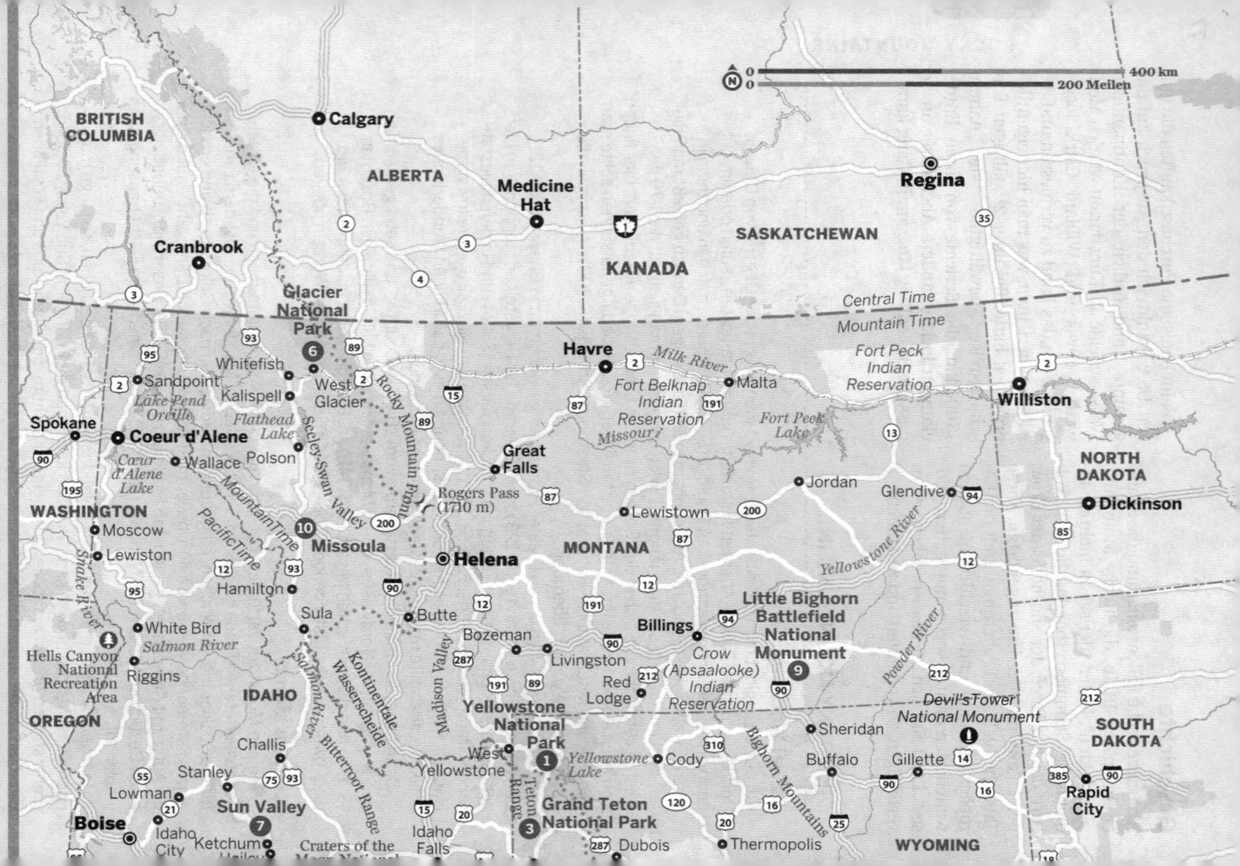

6 Glacier National Park (S. 145) An der Going-to-the-Sun Road Naturwunder in ihrer ganzen Pracht fotografieren

7 Sun Valley (S. 150) In Idahos Winter-Spielwiese mit Promis durch den Pulverschnee wedeln

8 Rocky Mountain National Park (S. 97) Mit dem Auto oder dem Zug majestätische Höhen erklimmen

9 Little Bighorn Battlefield National Monument (S. 141) Den Schauplatz einer legendären Schlacht um den Westen der USA besuchen

10 Missoula (S. 142) Coolen, urbanen Kleinstadt-Vibe à la Montana beim Bummeln am Flussufer aufsaugen

Bis ins 20. Jh. zogen Wagentrecks in die Rockies und noch weiter. Der Prozess wurde durch die Fertigstellung der transkontinentalen Eisenbahn durch das südliche Wyoming in den späten 1860er-Jahren beschleunigt.

Um die Siedler unterzubringen, vertrieben die Vereinigten Staaten die Spanier und die Briten aus dem Grenzland im Westen sowie – in einer höchst unrühmlichen Zeit – den größten Teil der hier lebenden Indianer. Die US-Regierung unterzeichnete zahllose Verträge, um die Einwände der indigenen Völker gegen die Ausweitung der Siedlungen zu entschärfen. Stets brach sie diese und drängte die Indianerstämme in immer kleinere Reservate. Als Goldsucher in das Indianerterritorium von Montana vordrangen und die US-Armee Forts entlang des Bozeman Trail errichtete, löste dies mehrere Kriege mit den Lakota, Cheyenne, Arapaho und anderen Stämmen aus.

Ein Gold- und Silberrausch ging der Aufnahme Colorados als Bundesstaat in die USA (1876) voraus. Bald folgten auch Montana (1889), Wyoming (1890) und Idaho (1890). Bergbau, Viehzucht und Holzgewinnung spielten eine wichtige Rolle bei der regionalen wirtschaftlichen Entwicklung, die zu einer Zunahme von Investitionen seitens der Finanzwirtschaft und der Industrie sorgten. Bergwerksbesitzer, weiße Farmer und Rancher besaßen im späten 19. Jh. die Macht, aber die Zyklen des Aufschwungs und Niedergangs in diesen Industriezweigen und ein Ressourcenmanagement, das keinen Wert auf Nachhaltigkeit legte, forderten ihren Tribut von der Landschaft.

Als die Wirtschaft nach dem Zweiten Weltkrieg aufblühte, begannen die Nationalparks Urlauber anzulocken, und das Bewusstsein für die Notwendigkeit des Umweltschutzes wuchs. Der Tourismus wurde in allen vier Bundesstaaten zum führenden Wirtschaftszweig, dicht gefolgt (vor allem in Colorado) vom Militärwesen.

Die politischen Veränderungen der letzten Jahre setzen viele Schutzgebiete in der Rocky-Mountain-Region aufs Spiel. Bestimmte Interessengruppen drängen ständig auf eine verstärkte Ausbeutung der Ressourcen und die Erschließung von Bundesland, das damit der Allgemeinheit entzogen werden könnte.

Land & Klima

Die Rocky Mountains erstrecken sich von der kanadischen Provinz British Columbia bis ins nördliche Mexiko und sind damit Nordamerikas längste Gebirgskette. Insgesamt bestehen sie aus über 100 separaten Gebirgszügen, die größtenteils vor ca. 80 Mio. Jahren während der Laramischen Faltungsphase entstanden. Damals schob sich eine ozeanische Platte flach unter die Nordamerikanische Platte und bewegte sich direkt unter der Erdoberfläche vorwärts. Dies drängte die Rockies nach oben, zur Seite und manchmal auch übereinander – wie im Fall der Lewis-Überschiebung (Lewis Overthrust Fault) im Glacier National Park, wo kilometerdicke ältere Felsen rund 80 km weit über jüngerer Felsen hinweggeschoben wurden. Im Lauf der Zeit schliff (Gletscher-) Erosion die Gipfel dann zu ihrer heutigen Form ab. Dabei wurden Felsschichten freigelegt, die von der langen und chaotischen Vergangenheit zeugen.

Mit dem Rückzug der Gletscher am Ende der letzten Eiszeit wurden die Rockies lebensfreundlicher. Bis heute sind sie jedoch von Wetterextremen geprägt und sind im Winter weitflächig von einer mächtigen Schneeschicht bedeckt. Dies zwingt große Säugetiere zur Futtersuche in tiefer gelegenen Gefilden – sofern sie nicht wie die Bären Winterschlaf halten. Der weiche und trockene Pulverschnee ist wiederum ein Segen für Wintersportler, die sich hier fröhlich austoben: Begriffe wie *champagne powder* (Champagner-Puder) und *cold smoke* (kalter Rauch) erwecken bei Skifahrern von der Pazifikküste großen Neid.

Frühjahr ist eine schlammige Zeit; der Schnee schmilzt, und die Laubbäume knospen. In vielen Bergregionen setzt wärmeres Wetter erst Ende Juni ein. In den kurzen Sommermonaten (Juli–Ende Sept.) müssen alle Pflanzen ihren Reproduktionszyklus absolvieren, sodass die Hochgebirgswiesen dann in allen Farben des Regenbogens schimmern. Menschen nutzen diese Monate für ihre Erholung und Radfahrer und Rucksackwanderer überschwemmen die Trails – vor allem in großen Teilen Colorados.

In den Rockies kann es das ganze Jahr über Schneefälle geben, obwohl die ersten Schneegestöber in der Regel erst Anfang Oktober auftreten, während das Laub der Amerikanischen Zitterpappeln die Hänge in schimmerndes Gold taucht. Die Tage sind noch warm, aber die Nächte kühl, und die Besuchermassen sind weitgehend verschwunden. So ist das wahrscheinlich die beste Jahreszeit für einen Besuch der Region.

Anreise & Unterwegs vor Ort

Denver besitzt den einzigen großen internationalen Flughafen (S. 90) im Bereich der Rocky Mountains. Von Denver und Colorado Springs aus gibt's Flüge mit kleineren Maschinen nach Jackson/Wyoming, Boise/Idaho, Bozeman/Montana und Aspen/Colorado sowie zu weiteren Zielen. Für Ziele im Westen und Norden der Region kann Salt Lake City in Utah das bequemere Luftkreuz sein.

Amtrak (www.amtrak.com) betreibt zwei Zuglinien durch die Region. Der *California Zephyr* verkehrt täglich zwischen Emeryville in Kalifornien und Chicago in Illinois und hat sechs Haltepunkte in Colorado, darunter Denver, Fraser-Winter Park, Glenwood Springs und Grand Junction. Der *Empire Builder* fährt täglich von Seattle in Washington oder von Portland in Oregon, nach Chicago und hat 12 Haltepunkte in Montana (darunter Whitefish, East Glacier und West Glacier) sowie einen in Idaho (Sandpoint).

Greyhound-Busse (☎214-849-8100; www.greyhound.com) bedienen manche Gebiete in den Rocky Mountains, für eine gründliche Erkundung ist man aber auf das Auto angewiesen.

COLORADO

Colorado wirkt bemerkenswert vielfältig, schön und erhaben. Neben endlosen Pulverschnee-Pisten locken hier Outdoor-Abenteuer, 300 Sonnentage pro Jahr sowie überraschend kosmopolitische Kunst- und Restaurantszenen.

Praktische Informationen

Bureau of Land Management Colorado (BLM; ☎303-239-3600, 800-877-8339; www.co.blm.gov; 2850 Youngfield St, Lakewood; ⌚Mo–Fr 8.30–16 Uhr; 🚌28) Infos u. a. zu historischen Stätten und Wanderwegen.

Camping USA (www.camping-usa.com) Eine gute Adresse, die mehr als 12 000 Campingplätze in ihrer Datenbank hat.

Colorado Parks & Wildlife (CPW; Karte S. 82; ☎303-297-1192; https://cpw.state.co.us; 1313 Sherman St, Denver; ⌚Mo–Fr 8–17 Uhr) Verwaltet mehr als 40 State Parks und 300 Naturschutzgebiete; nimmt Reservierungen für Campingplätze vor.

Colorado Road & Traffic Conditions (☎511; www.codot.gov; ⌚24 Std.) Liefert aktuelle Infos zur Verkehrslage auf den Highways in Colorado und hat auch Radwegekarten.

Colorado Travel & Tourism Authority (☎800-265-6723; www.colorado.com) Liefert detaillierte Infos u. a. zu den Sehenswürdigkeiten und Aktivitäten im ganzen Bundesstaat.

KURZINFOS COLORADO

Spitzname Centennial State

Bevölkerung 5,7 Mio. Ew.

Fläche 269 601 km²

Hauptstadt Denver (693 100 Ew.)

Weitere Städte Boulder (97 385 Ew.), Colorado Springs (445 830 Ew.)

Verkaufssteuer 2,9 % (bundesstaatlich) plus diverse kommunale Steuern

Geburtsort von Ute-Stammesführer Ouray (1833–1880); South-Park-Schöpfer Trey Parker (geb. 1969); Schauspielerin Amy Adams (geb. 1974); Bergsteiger Tommy Caldwell (geb. 1978)

Gipfel über 14 000 Fuß (4267 m) 53, 54 oder 58 (je nach Zählung)

Politische Ausrichtung Swing State

Berühmt für Sonnentage (300/Jahr), die höchstgelegenen Weinberge und die längste Skiabfahrt der „Lower 48"

Kitschigstes Souvenir Hirschhuf-Flaschenöffner

Entfernungen Denver–Vail 100 Meilen (160 km), Boulder–Rocky Mountain National Park 38 Meilen (61 km)

Denver

Denver hat eine der schnellsten Wachstumsraten aller amerikanischen Großstädte und ist auch sonst auf dem Weg nach „oben" Hierfür sorgen schönes Wetter, schöne Menschen, gute Restaurants, noch bessere Bars und eine recht belebte Kunst- bzw. Musikszene.

Wie in allen alten US-Metropolen hat auch hier jedes Stadtviertel sein eigenes Gesicht: In River North (RiNo) findet man (Straßen-)Kunst und Lagerhäuser. Highlands und Lower Highlands (LoHi) haben konventionellere Restaurant- und Einkaufsmeilen. In South Broadway dreht sich alles um Leder und Provokation. Das Stadtzentrum besteht aus Lower Downtown (LoDo) mit spaßigen Bars, dem historischen Five Points, dem Santa Fe Arts District und dem Nobelviertel Cherry Creek. Und durch ganz Denver zieht sich ein großartiges Netz aus Radwegen und Parks.

Zudem locken nur ein paar Fahrtstunden entfernt riesige Wildnisgebiete, erstklassige Ski- und Wandermöglichkeiten und noch vieles mehr.

Denver

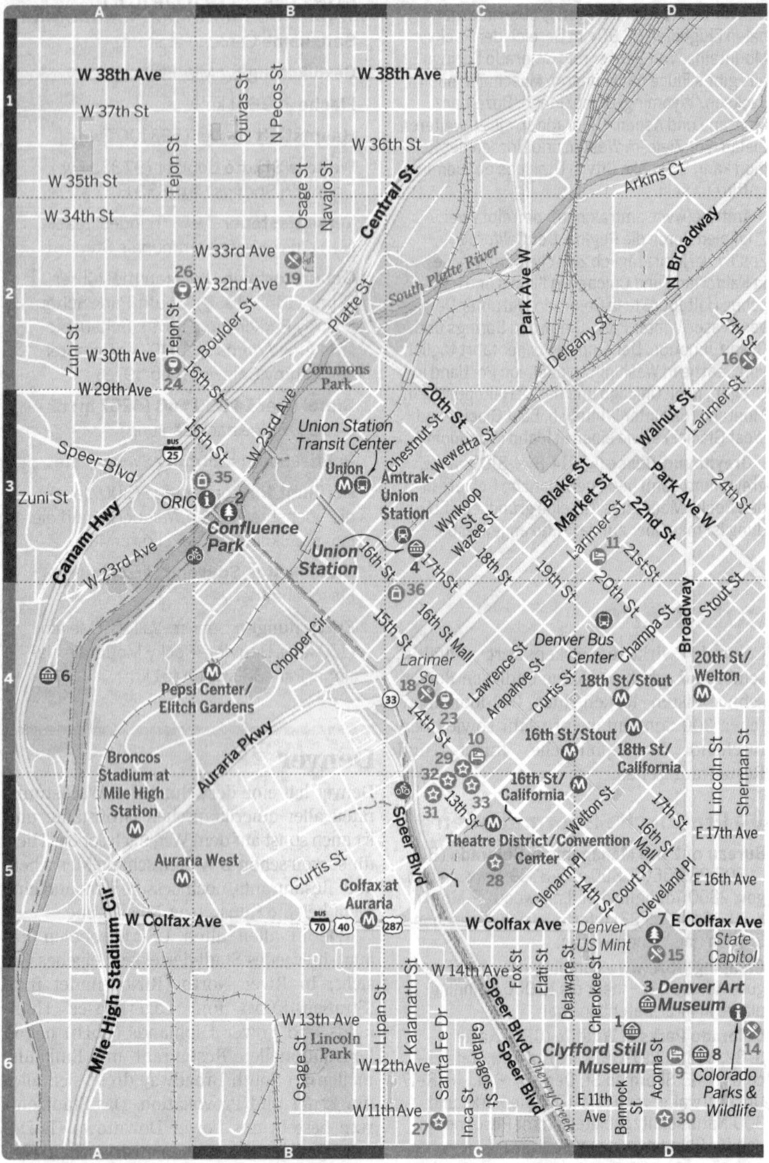

Sehenswertes & Aktivitäten

★ **Denver Art Museum** MUSEUM

(DAM; Karte S. 82; ☎ Tickets 720-865-5000; www.denverartmuseum.org; 100 W 14th Ave; Erw./Kind 13 US$/frei, 1. Sa im Monat frei; ⌚ Di–Do, Sa & So 10–17, Fr bis 20 Uhr; P; 0, 52) Das Denver Art Museum (DAM) hat eine der größten Sammlungen von Kunst der amerikanischen Ureinwohner in den USA und veranstaltet multimediale Sonderausstellungen, die beispielsweise den Schätzen der britischen Kunst oder den Kostümen von *Star Wars* gewidmet sind. Die Abteilung der

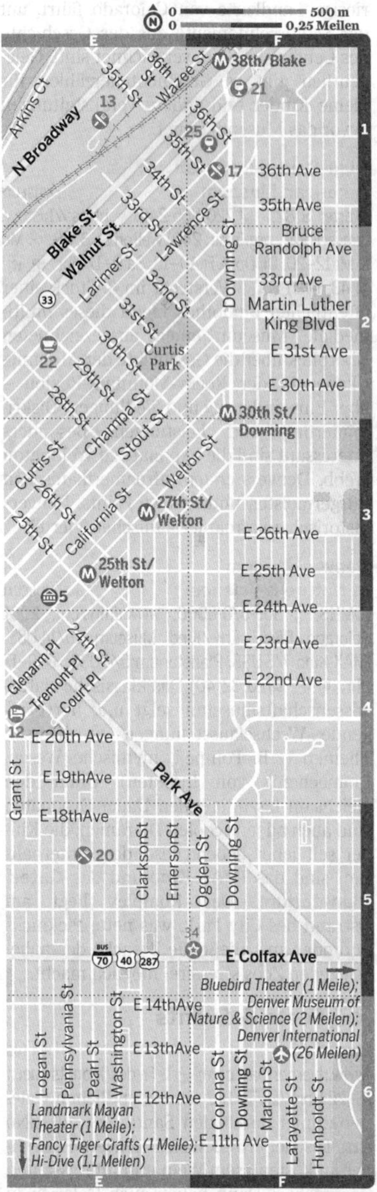

Dauerausstellung, die sich der Kunst aus dem Westen der USA widmet, ist zu Recht berühmt. Das Denver Art Museum ist keinesfalls ein altmodisches, verstaubtes Kunstmuseum; Kinder lieben es besonders, sich mit den interaktiven Exponaten zu befassen.

Denver

Highlights
1 Clyfford Still Museum D6
2 Confluence Park B3
3 Denver Art Museum D6
4 Union Station C3

Sehenswertes
5 Blair-Caldwell African American Museum E3
6 Children's Museum Denver Marisco Campus A4
7 Civic Center Park D5
8 History Colorado Center D6

Schlafen
9 Art – a Hotel D6
Crawford Hotel .... (siehe 4)
10 Curtis C4
11 Hostel Fish D3
12 Queen Anne Bed & Breakfast Inn E4

Essen
13 Acorn E1
14 City O' City D6
15 Civic Center Eats D5
16 Denver Central Market D2
17 Hop Alley F1
18 Rioja C4
19 Root Down B2
20 Steuben's Food Service E5

Ausgehen & Nachtleben
21 Black Shirt Brewing Co F1
22 Crema Coffee House E2
23 Crú C4
24 Linger A2
25 Tracks F1
26 Williams & Graham A2

Unterhaltung
27 Colorado Ballet C6
28 Colorado Convention Center C5
29 Colorado Symphony Orchestra C4
30 Curious Theatre D6
31 Denver Center for the Performing Arts C5
32 Denver Performing Arts Complex C5
33 Ellie Caulkins Opera House C5
34 Ogden Theatre F5
Opera Colorado .... (siehe 33)

Shoppen
35 REI B3
36 Tattered Cover Bookstore C4

★Confluence Park PARK
(Karte S. 82; 2200 15th St; ; 10, 28, 32, 44) Dort, wo der Cherry Creek in den South Platte River mündet, liegt das Zentrum von Denvers sonnenverliebter Freizeitkultur. Hier kann man gut ein Nachmittagspicknick veranstalten, und es gibt auch einen Wildwasserpark für Kajaks und Reifenschläuche. Familien tummeln sich am kleinen Strand, wo seichtes Wasser zum Spielen einlädt.

Children's Museum Denver Marisco Campus MUSEUM
(Karte S. 82; 303-433-7444; www.mychildsmuseum.org; 2121 Children's Museum Dr; Eintritt 14 US$; Mo, Di, Do & Fr 9–16, Mi bis 19.30, Sa & So 10–17 Uhr; ; 10) Das Museum gehört zu den angesagtesten Attraktionen der Stadt – zumindest für Kids: Unter den Highlights sind ein verglastes Klettergerüst mit drei Ebenen (Schutzhelme werden gestellt), eine Kinderküche mit Kochkursen zum Mitmachen, ein Kunstatelier (214 m²), eine Werkstatt und eine lebensgroße Murmelbahn. Zudem gibt's hier einen riesigen Freiluft-Spielplatz mit vielen Möglichkeiten zum Klettern, Buddeln und Planschen. Ganz kleine Besucher freuen sich über die speziellen Spielbereiche mit Spaß für Kinder, die noch krabbeln oder gerade das Laufen lernen.

★Clyfford Still Museum MUSEUM
(Karte S. 82; 720-354-4880; www.clyffordstillmuseum.org; 1250 Bannock St; Erw./Kind 10 US$/frei; Di–Do, Sa & So 10–17, Fr bis 20 Uhr; ; 0, 52) Das faszinierende Museum ist ausschließlich dem Werk und dem Erbe Clyfford Stills gewidmet. Die Sammlung umfasst über 2400 Werke – 95% des gesamten Oeuvres dieses kühnen und narzisstischen Vertreters des Abstrakten Expressionismus. In seinem Testament verfügte Still, dass seine Werke nur an einem einzigen Ort im Zusammenhang gezeigt werden dürfen, daher baute Denver dieses Museum. In der Woche werden kostenlose Führungen angeboten, deren Zeiten und Termine auf der Website stehen.

History Colorado Center MUSEUM
(Karte S. 82; 303-447-8679; www.historycoloradocenter.org; 1200 Broadway; Erw./Kind 14/8 US$; 10–17 Uhr; P ; 0, 10) Colorados Wurzeln als Grenzland und seine modernen High-Tech-Triumphe lassen sich in diesem pointierten, smarten und charmanten Museum erkunden. Es gibt viele interaktive Exponate, darunter eine an Jules Verne erinnernde „Zeitmaschine", die über eine riesige Landkarte von Colorado fährt, auf der Schlüsselmomente aus der Geschichte des Centennial State verzeichnet sind. Gelegentlich gibt es Geschichtenerzählen für kleine Kinder und andere Veranstaltungen bevor das Museum öffnet.

Blair-Caldwell African American Museum MUSEUM
(Karte S. 82; 720-865-2401; https://history.denverlibrary.org/blair; 2401 Welton St, 3. OG; Mo & Mi 12–20, Di, Do & Fr 10–18, Sa 9–17 Uhr; P ; 43, D) GRATIS Versteckt im 3. Stock einer öffentlichen Bibliothek bietet dieses multimediale Museum einen ausgezeichneten Überblick über die Geschichte der Afroamerikaner in der Rocky-Mountain-Region – über Einwanderung und Siedlungen, Diskriminierung und Leistungen. Besonders interessant sind die Exponate zu Wellington Webb, Denvers erstem afroamerikanischen Bürgermeister, und zu Five Points, Denvers historischem afroamerikanischen Viertel.

Denver Museum of Nature & Science MUSEUM
(DMNS; 303-370-6000; www.dmns.org; 2001 Colorado Blvd; Erw./Kind Museum 19/14 US$, IMAX-Kino 7/6 US$, Planetarium 5/4 US$; 9–17 Uhr; P ; 20, 32, 40) Das klassische Naturwissenschaftsmuseum zeigt u. a. hervorragende Wechselausstellungen zu diversen Themen (z. B. Pompeji, mythische Wesen, Biomechanik von Insekten). Unter den gleichsam faszinierenden Dauer-Exponaten sind auch all jene coolen Dioramen, die Kinder seit jeher lieben. Besonders unterhaltsam sind das **IMAX-Kino** und das **Gates-Planetarium**. Der Komplex liegt am Ostrand des City Park, was nette Picknicks und/oder anschließende Besuche des nahegelegenen Zoos stressfrei möglich macht.

Feste & Events

First Friday KULTUR
(www.rivernorthart.com; 1. Fr des Monats meist 18–22 Uhr) GRATIS Bei dem abendlichen Galeriebummel durch den Santa Fe und RiNo Arts District erfreuen sich Denvers Einwohner an kostenlosem Wein und interessanten Gesprächen. Dann haben auch Galerien in kleineren Stadtvierteln (z. B. Berkeley, South Pearl) geöffnet.

Five Points Jazz Festival MUSIK
(www.artsandvenuesdenver.com; Welton St; Mai; ; 12, 28, 43, D) GRATIS Das eintägige Jazzfest am dritten Samstag im Mai feiert das

ABSTECHER

BESTE TAGESWANDERUNGEN & RADTOUREN AB DENVER

Maximal eine Fahrtstunde von Denver entfernt beginnen zahllose Tageswanderungen und Radrouten. Beispiele:

Golden Gate Canyon State Park (☎303-582-3707; www.cpw.state.co.us; 92 Crawford Gulch Rd; Zugang 7 US$, Camping 20–26 US$; ⏱5–22 Uhr;) Ein riesiger Park (4856 ha) zwischen Golden und Nederland; bietet viele Möglichkeiten zum Wandern und Klettern.

Staunton State Park (☎303-816-0912; www.parks.state.co.us/parks; 12102 S Elk Creek Rd; Zugang pro Pers./Kfz 4/8 US$; ⏱7–21 Uhr;) Colorados neuester State Park auf dem Gelände einer historischen Ranch (40 Meilen/64,4 km westlich von Denver); zwischen 2469 und 3048 m Höhe wartet hier eine sehr abwechslungsreiche Landschaft (z. B. grüne Wiesen, spektakuläre Granitfelsen).

Waterton Canyon (☎303-634-3745; www.denverwater.org/recreation/waterton-canyon-strontia-springs-resevoir; 11300 Waterton Rd; ⏱30 Min. vor Sonnenaufgang–30 Min. nach Sonnenuntergang;) Hübscher Canyon südlich von Denver; gleich westlich vom Chatfield Reservoir führt hier ein leichter Wanderweg (10,5 km) zum Strontia Springs Dam.

Buffalo Creek Mountain Bike Area (www.frmbp.org; 18268 S Buffalo Creek Rd, Pine; ⏱7–19 Uhr;) Prima für Mountainbiker, die Singletrails mögen; das Routennetz (64 km) umfasst auch die Abschnitte des Colorado Trail, auf denen Fahrräder erlaubt sind.

historische afroamerikanische Viertel Five Points, in dem es früher mehrere Jazzclubs gab. Mehr als 50 Bands spielen auf Bühnen, die in der Welton St aufgebaut werden. Diverse kinderfreundliche Aktivitäten – Instrumentenbau, Trommelkreise, Gesichtsbemalung – werden angeboten, sodass dies ein Event ist, das allen Spaß macht.

Great American Beer Festival BIER
(☎303-447-0816; www.greatamericanbeerfestival.com; 700 14th St; Eintritt 85 US$; ⏱Sept. oder Okt.; 🚌1, 8, 19, 48, Ⓡ D, F, H) Von allen US-Bundesstaaten hat Colorado die meisten Craft-Bier-Produzenten pro Einwohner. So präsentiert dieses ungemein beliebte Event über 500 Brauereien von „Big Players" bis zu passionierten Heim-Brauern. Aufgrund seiner Größe steigt es im **Colorado Convention Center** (Karte S. 82; ☎303-228-8000; www.denverconvention.com; 700 14th St; 📶; 🚌1, 8, 19, 48, Ⓡ D, F, H). Die Tickets sind meist schon im Voraus ausverkauft.

Schlafen

★Hostel Fish HOSTEL $
(Karte S. 82; ☎303-954-0962; www.hostelfish.com; 1217 20th St; B/Zi. ab 40/190 US$; ❄📶; 🚌38) Das schicke Hostel ist eine Oase für Budgettraveller. Die stilvollen, modernen und sauberen Schlafsäle mit Stockbetten für 5 bis 10 Personen sind nach Themen gestaltet – Aspen, Graffiti, Vintage Biker. Die Matratzen sind dick, die Decken weich, und für jeden Gast gibt's ein Schließfach und eine Ladestation. Die Gemeinschaftsküche und regelmäßige Kneipenbummel sorgen dafür, dass man leicht neue Bekanntschaften schließt.

★Queen Anne Bed & Breakfast Inn B&B $$
(Karte S. 82; ☎303-296-6666; www.queenannebnb.com; 2147 Tremont Pl; Zi./Suite ab 165/230 US$; P❄📶; 🚌28, 32) Sanfte Kammermusikklänge rieseln in den Gemeinschaftsbereichen, frische Blumen, gepflegte Gärten und Weinproben am Abend schaffen ein romantisches Ambiente in diesem umweltbewusst geführten B&B, das in zwei viktorianischen Wohnhäusern der späten 1880er-Jahre untergebracht ist. Dank der viktorianischen Antiquitäten, eigenen Whirlpools und exquisiten Wandbildern hat jedes Zimmer seinen individuellen Charakter.

★Crawford Hotel HOTEL $$$
(Karte S. 82; ☎855-362-5098; www.thecrawfordhotel.com; 1701 Wynkoop St, Union Station; Zi. ab 290 US$, Suite ab 529 US$; ❄📶; 🚌55L, 72L, 120L, FF2, Ⓡ A, B, C, E, W) Das Hotel in der historischen Union Station (S. 90) ist ein Beispiel für Denvers erstaunliche Verwandlung. Die Zimmer sind luxuriös und stilvoll, sie haben hohe Decken und altmodische Details wie Art-déco-Kopfteile an den Betten und Badewannen mit Klauenfüßen. Der Service ist makellos, und die Bahnhofsbar Terminal ist ein netter Treff. Nur ein paar Schritte entfernt hält die Stadtbahn zum Denver International Airport (S. 90).

MILE-HIGH-PINTS

Wer sich als Bier-Snob ansieht, könnte Denver für eine schaumige, malzige Ecke des Himmels halten. Vergessen ist das wässrige Zeug aus Golden: Die Braukultur in dieser Gegend ist wahrhaftig Weltklasse, mit handwerklich gebrauten und saisonalen Bieren, Restaurants, die sich als Kleinbrauereien betätigen, und Fässern, die aus Bierregionen von nah (wie Boulder) und fern (z. B. München) kommen. Kurz gesagt: Denver liebt Bier.

Curtis HOTEL **$$$**
(Karte S. 82; 303-571-0300; www.thecurtis.com; 1405 Curtis St; Zi. 309–449 US$; 9, 10, 15, 20, 28, 32, 38, 43, 44) Im Curtis betritt man eine Wunderwelt à la Warhol: die 13 Etagen sind jeweils einem anderen Genre der amerikanischen Popkultur gewidmet. Die Zimmer sind geräumig und sehr modern. Die Achtsamkeit auf Details – sowohl im Dekor als auch im Service zeichnet dieses einzigartige Hotel aus. Obwohl es vom Doubletree verwaltet wird, ist es ein einzigartiges Hotel im Herzen der Downtown.

★ **Art – a Hotel** BOUTIQUEHOTEL **$$$**
(Karte S. 82; 303-572-8000; www.thearthotel.com; 1201 Broadway; Zi. ab 400 US$; 0, 6, 10, 52) Wie der Name vermuten lässt, sind die Gästezimmer und Gemeinschaftsbereiche mit großartiger Kunst geschmückt – passend zur Lage gleich um die Ecke vom Denver Art Museum (S. 82). Die Zimmer sind recht groß und modern, und die weite Terrasse (geöffnet für die Öffentlichkeit) mit Feuergruben und tollem Ausblick ist ideal für einen Cocktail zur Happy Hour.

Essen

Denvers Gastro-Szene boomt: Scheinbar jeden Monat eröffnen hier neue Restaurants, Cafés und Food Trucks (aktuelle Übersicht unter www.5280.com). Downtown bietet die größte kulinarische Vielfalt. Ein paar der besten örtlichen Lokale liegen aber auch in leicht zu Fuß erkundbaren Vierteln wie LoHi, RiNo, South Broadway, Uptown oder Five Points. Draußen im Vorort Aurora lockt Denvers leckerste Ethno-Küche.

★ **Denver Central Market** FOOD-COURT **$**
(Karte S. 82; www.denvercentralmarket.com; 2669 Larimer St; So–Do 8–21, Fr & Sa bis 22 Uhr; 44, 48) Der Gourmetmarkt in einem umgebauten Lagerhaus überzeugt mit Stil und einem vielseitigen Angebot. Hier findet man hausgemachte Pasta, Feinschmecker-Sandwiches, Holzofenpizzas und Straßen-Tacos. Man kann sich auch nur einen Cocktail an der Bar holen und dann vom Obststand zum Chocolatier schlendern. Man isst an Gemeinschaftstischen oder auf der Terrasse an der Straße.

Civic Center Eats FOOD TRUCK **$**
(Karte S. 82; 303-861-4633; www.civiccenterconservancy.org; Ecke Broadway & Colfax Ave, Civic Center Park; Hauptgerichte 5–10 US$; Mai–Okt. Di–Do 11–14 Uhr; 0, 9, 10, 52) Wenn es warm wird, kann man im **Civic Center Park** gut zu Mittag essen. Unzählige Food Trucks – das Angebot reicht von Grillspeisen und Pizzas bis zu Sushi und indischen Gerichten – fahren in den Park und servieren herzhafte Mahlzeiten. Tische werden aufgestellt, Livebands spielen, und Büroangestellte picknicken auf dem Gras. Hier zeigt sich Denver von seiner besten Seite.

★ **Hop Alley** CHINESISCH **$$**
(Karte S. 82; 720-379-8340; www.hopalleydenver.com; 3500 Larimer St; Hauptgerichte 10–25 US$; Mo–Sa 17.30–22.30 Uhr; 12, 44) Hop Alley war eine abschätzige Bezeichnung für Denvers ärmliche Chinatown. Sie existierte in den 1880er-Jahren, bis rassistische Unruhen und rassistische Gesetze die Gemeinde zerstreuten. Das kleine, muntere Restaurant in einer ehemaligen Sojasaucenfabrik greift den Spitznamen auf und bietet authentische, aber einfallsreiche chinesische Gerichte sowie kreative Cocktails, die nach den chinesischen Tierkreiszeichen benannt sind.

★ **Acorn** AMERIKANISCH **$$$**
(Karte S. 82; 720-542-3721; www.denveracorn.com; 3350 Brighton Blvd, Source; Gerichte 14–30 US$; Mo–Sa 11.30–22, So ab 17.30 Uhr; 12, 20, 48) Der mit Eichenholz befeuerte Ofen und der Grill sind die Stars in diesem hervorragenden Restaurant, in dem die Mahlzeiten aus kleinen Platten mit innovativen Gerichten bestehen, die man gut teilen kann. Die Karte wechselt saisonal, aber Gerichte wie knusprig gebratenes eingelegtes Gemüse, über Eichenfeuer gegrillte Spargelbrokkoli und Pozole mit geräuchertem Schweinefleisch sind die Hits. Wem das Abendessen zu teuer ist, kann nachmittags (14.30–17.30 Uhr) kommen – die Auswahl ist zwar kleiner, aber die Preise sind günstiger.

Rioja MODERN-AMERIKANISCH $$$
(Karte S. 82; ☎303-820-2282; www.riojadenver.com; 1431 Larimer St; Hauptgerichte 20–40 US$; ⏲Mi–Fr 11.30–14.30, Sa & So ab 10, tgl. 17–22 Uhr; ✎; 🚌10, 28, 32, 38, 44) Eines von Denvers innovativsten Restaurant ist wie Colorado: fesch, nobel und geschäftig, zugleich aber entspannt und zwanglos. Die Küche mit traditionell italienischen und spanischen Einflüssen wird durch moderne kulinarische Ansätze verfeinert.

★**Root Down** MODERN-AMERIKANISCH $$$
(Karte S. 82; ☎303-993-4200; www.rootdowndenver.com; 1600 W 33rd Ave; kleine Platten 8–19 US$, Hauptgerichte 14–35 US$; ⏲So–Do 17–22, Fr & Sa 17–23, Fr 11–14, Sa & So 10–14.30 Uhr; ✎; 🚌19, 52) In einer umgebauten Tankstelle, ist dies eines der ehrgeizigsten gastronomischen Konzepte in der Stadt, das nachhaltige, farmfrische Zutaten, raffinierte Kombinationen und den Einsatz für umweltschonende Energieeffizienz vereint. Die Karte wechselt saisonal, sehr zu empfehlen sind das Süßkartoffel-Falafel und die kleinen Colorado-Lamm-Sandwiches. Es gibt viele vegetarische, vegane, rohe und glutenfreie Gerichte.

Ausgehen & Nachtleben

Zu Denvers wichtigsten Vierteln in Sachen Nachtleben zählen Uptown mit Schwulenbars und einem Publikum aus jungen Berufstätigen, LoDo mit rauen Sportbars und harten Kneipen, RiNo mit Hipster-Treffs, LoHi mit einem bunten Mix verschiedener Bars und South Broadway und Colfax, wo sich Möchtegerns alter Schule vergnügen.

★**Black Shirt Brewing Co** BRAUEREI
(Karte S. 82; ☎303-993-2799; www.blackshirtbrewingco.com; 3719 Walnut St; ⏲So–Do 11–22, Fr & Sa bis 24 Uhr; 👪; 🚌12, 44, 🚆A) Die Kleinbrauerei braut ausschließlich Red Ales, deren Herstellung zwei Monate bis drei Jahre dauert. Die Braumeister schätzen ihre Produkte so sehr, dass sie eigens schiefe Gläser entwickelten, in denen sich das Aroma besser entfalten soll. In der beliebten Braustube gehören gutes Essen und Livemusik mit dazu. Die Küche liefert Pizzas aus dem Backsteinofen und Gourmet-Salate.

★**Crema Coffee House** CAFÉ
(Karte S. 82; ☎720-284-9648; www.cremacoffeehouse.net; 2862 Larimer St; ⏲7–17 Uhr; 📶; 🚌44) Noah Price, ein Modedesigner, der auf Kaffee umgesattelt hat, nimmt seinen Job ernst und wählt, braut und serviert Denvers absolut besten Kaffee. Der Espresso und der Kaffee aus der Presskanne sind perfekt, aber seine Spitzenstellung verdankt das Café dem hellen Latte, fein gewürzten Eistees und spektakulären Gerichten – von marokkanischen Fleischbällchen bis hin zu Erdnussbutter- und Marmeladensandwiches mit Ziegenkäse.

Williams & Graham COCKTAILBAR
(Karte S. 82; ☎303-997-8886; www.williamsandgraham.com; 3160 Tejon St; ⏲17–1 Uhr; 🚌32, 44) Denvers beste Flüsterkneipe sieht aus wie ein Buchladen aus dem Wilden Westen, aber wenn man nach einem Platz verlangt, schiebt der Kassierer eine Bücherwand beiseite und geleitet einen tiefer hinein in die Ära. Hier erwarten einen poliertes Holz, glänzende Messingarmaturen, alte Lampen, verzierte Zinndecken und Barkeeper mit Schürzen. Die kreativen Cocktails werden so kunstvoll gemixt, dass sie fast zu schade zum Trinken sind. Fast!

Linger LOUNGE
(Karte S. 82; ☎303-993-3120; www.lingerdenver.com; 2030 W 30th Ave; ⏲Di–Do 11.30–14.30 & 16–22, Fr bis 23, Sa 10–14.30 & 16–23, So 10–14.30 Uhr; 🚌28, 32, 44) Der weitläufige Komplex in LoHi befindet sich in der früheren Leichenhalle des Olinger-Bestattungsinstituts. Abends ist das „O" nicht beleuchtet, und das Linger bleibt übrig. Es gibt eine interessante internationale Speisekarte, aber die meisten Leute kommen wegen der eleganten Atmosphäre und der strahlenden Dachterrassenbar. Es gibt sogar eine Replik des Wohnwagens, der durch die Klamotte *Ich glaub', mich knutscht ein Elch!* mit Bill Murray berühmt wurde.

Tracks SCHWULENDISCO
(Karte S. 82; ☎303-863-7326; www.tracksdenver.com; 3500 Walnut St; Eintritt bis 22 Uhr frei, danach 10 US$ ⏲Fr & Sa 21–2 Uhr, So–Do wechselnde Öffnungszeiten; 🚌44, 🚆A) Denvers beste Schwulendisco bietet einen prima Szene-Mix aus ausgesprochen hübschen Jungs und ebenso ansprechender Musik. Das Programm beinhaltet u. a. Partys für Gäste ab 18 Jahren (Do) und Travestieshows (Fr). Samstags ist immer am meisten los.

Crú WEINBAR
(Karte S. 82; ☎303-893-9463; www.cruawinebar.com; 1442 Larimer St; ⏲Mo–Do 14–24, Fr & Sa 12–2, So 10.30–15 Uhr; 🚌10, 28, 32, 38, 44) Weinetiketten und Gläser, Stimmungsbeleuch-

tung und sanfte Musik bestimmen die elegante Weinbar am Larimer Sq. Das Lokal wirkt so maßgefertigt, dass man sich wundert, wenn man erfährt, dass es zu einer Kette (Dallas, Austin) gehört. Zur Happy Hour (Mo–Fr 16–18.30 Uhr) gibt's kleine Gerichte wie Muscheln und Ziegenkäse-Beignets, und eine Probepalette Wein kostet dann 3 US$ weniger.

☆ Unterhaltung

Denvers riesiges Unterhaltungsangebot reicht von lauschigen Jazzclubs bis zum großartigen Denver Center for the Performing Arts (S. 88). Dabei ist für jeden Geschmack etwas am Start: Fast an jeder Ecke gibt's hier Theater und Livemusik – ergänzt durch Comedy, Kino, Tanz, jährliche Festivals und angesagte Shows für alle Altersstufen. Zudem gehört Denver landesweit zu den wenigen Städten, die Teams in allen vier großen US-Sportarten haben. Hinzu kommen noch ein Profi-Fußballclub und eine Lacrosse-Mannschaft.

★ Denver Performing Arts Complex DARSTELLENDE KUNST
(Karte S. 82; ☎720-865-4220; www.artscomplex.com; Ecke 14th St & Champa St; 🚌9, 15, 28, 32, 38, 43, 44) Der riesige Komplex – einer der größten seiner Art – nimmt vier Straßenblocks ein und beherbergt 10 wichtige Spielstätten, darunter das historische **Ellie Caulkins Opera House** und die Boettcher Concert Hall. Der Komplex ist Sitz des **Colorado Ballet** (Karte S. 82; ☎303-837-8888; www.coloradoballet.org; 1075 Santa Fe Dr; ⌚Theaterkasse Mo–Fr 9–17 Uhr; 🚻; 🚌1, 9), des **Denver Center for the Performing Arts** (Karte S. 82; ☎303-893-4100; www.denvercenter.org; 1101 13th St; ⌚Theaterkasse Mo–Sa 10–18 Uhr & 1 Std. vor Vorstellungsbeginn; 🚻; 🚌9, 15, 28, 32, 38, 43, 44), der **Opera Colorado** (Karte S. 82; ☎303-468-2030; www.operacolorado.org; ⌚Theaterkasse Mo–Fr 10–17 Uhr; 🚻; 🚌9, 15, 28, 32, 38, 43, 44) und des Colorado Symphony Orchestra (S. 88). Wer nicht weiß, was er mit dem Abend anfangen soll, wird einen Besuch hier nicht bereuen.

★ Curious Theatre THEATER
(Karte S. 82; ☎303-623-0524; www.curioustheatre.org; 1080 Acoma St; ⌚Theaterkasse Di–Sa 14–18 Uhr; 🚌0, 6, 52) „Kein Mut, keine Geschichte" lautet das Motto dieser preisgekrönten Theatertruppe, die in einer umgebauten Kirche spielt. Die Stücke präsentieren zum Nachdenken anregende Geschichten, die Fragen wie soziale Gerechtigkeit, Rassismus, Einwanderung oder den Umgang mit Sexualität aufgreifen. Nach jeder Vorstellung diskutieren die Schauspieler mit dem Publikum über alles von der Handlung des Stücks bis zum Bühnenbild. Tickets ab 18 US$.

Hi-Dive LIVEMUSIK
(☎303-733-0230; www.hi-dive.com; 7 S Broadway; 🚌0) Lokale Rockgrößen und tourende Indie-Bands treten auf der Bühne des Hi-Dive im Herzen von Denvers Livemusikszene auf. Bei großen Shows wird es ohrenbetäubend laut, es herrscht drangvolle Enge und der Schweiß rinnt in Strömen. Mit einem Wort: perfekt!

Ogden Theatre LIVEMUSIK
(Karte S. 82; ☎303-832-1874; www.ogdentheatre.com; 935 E Colfax Ave; ⌚Ticketschalter Sa 10–14 Uhr, an Vorstellungstagen 1 Std. vor Einlass; 🚌15) Einer von Denvers besten Livemusik-Clubs. Das Ogden Theatre hat eine wechselvolle Geschichte: 1917 erbaut, stand es viele Jahre verlassen da und wäre in den frühen 1990er-Jahren fast abgerissen worden. Inzwischen steht es aber auf der Liste des National Register of Historic Places. Hier sind schon Acts wie Edward Sharpe & the Magnetic Zeros und Lady Gaga aufgetreten.

Colorado Symphony Orchestra KLASSISCHE MUSIK
(CSO; Karte S. 82; ☎303-623-7876; www.coloradosymphony.org; 1000 14th St, Boettcher Concert Hall; ⌚Theaterkasse Mo–Fr 10–18, Sa ab 12 Uhr; 🚻; 🚌9, 15, 28, 32, 38, 43, 44) Die Boettcher Concert Hall im Denver Performing Arts Complex (S. 88) ist Sitz dieses renommierten Sinfonieorchesters. Die Konzerte der „Masterworks"-Saison füllen jährlich 21 Wochen, hinzu kommen Konzerte für ein breiteres Publikum – z. B. als Begleitorchester bei Filmvorführungen wie *La La Land* oder *Harry Potter und der Gefangene von Azkaban*.

Bluebird Theater LIVEMUSIK
(☎303-377-1666; www.bluebirdtheater.net; 3317 E Colfax Ave; 🚻; 🚌15) Das mittelgroße Theater verlangt für die Stehplätze einen allgemeinen Eintrittspreis und bietet eine tolle Akustik sowie gute Sicht vom Rang. Hier hat man oft die letzte Gelegenheit Bands zu erleben, bevor sie richtig berühmt werden: Die Denver-Favoriten Lumineers und DeVotchKa machten hier erste Schlagzeilen.

Landmark Mayan Theatre KINO
(☎303-744-6799; www.landmarktheatres.com; 110 Broadway; 🚻; 🚌0) Auch ohne die schicke

Tonanlage und die riesige Leinwand ist dies der beste Ort, um in Denver einen Film anzusehen. Der Filmpalast aus den 1930er-Jahren ist ein romantisches, historisches Schmuckstück – und Bier gibt's auch.

Shoppen

★**Tattered Cover Bookstore** BÜCHER
(Karte S. 82; ☎303-436-1070; www.tatteredcover.com; 1628 16th St; ⊙Mo–Fr 6.30–21, Sa 9–21, So 10–18 Uhr; 📶👪; 🚌10, 19, 28, 32, 44, MallRide) In Denvers beliebtem unabhängigen Buchladen gibt's viele Ecken, in die man sich mit einem Buch zurückziehen kann. Der Laden birst fast von neuen und gebrauchten Büchern und hat auch ein gutes Sortiment an regionalen Reiseführern und Sachbüchern zu den westlichen Staaten der USA und zur Folklore des Westens. Es gibt noch eine zweite, kleinere Filiale an der Colfax nahe dem City Park.

REI SPORT & OUTDOOR
(Recreational Equipment Incorporated; Karte S. 82; ☎303-756-3100; www.rei.com; 1416 Platte St; ⊙Mo–Sa 9–21, So bis 19 Uhr; 👪; 🚌10, 28, 32, 44) Dies ist das Flaggschiff dieses Outdoor-Händlers und unverzichtbare Station für alle, die in die Berge aufbrechen oder einfach nur durch Confluence schlendern wollen. Der Laden hat das notwendige Equipment und Karten zum Campen, Radfahren, Klettern und Skifahren. Er verleiht auch Ausrüstung. An der Pinnacle, einer 14 m hohen roten Indoor-Kletterwand, kann man sich einklettern.

Fancy Tiger Crafts KUNSTHANDWERK
(☎303-733-3855; www.fancytigercrafts.com; 59 Broadway; ⊙Mo & Mi–Sa 10–19, Di bis 21, So 11–18 Uhr; 👪; 🚌0) Wer aufs Häkeln und Wattieren steht, Pullover strickt und zu viele Tattoos hat, ist in dieser raffinierten Neuauflage von Omas Garnladen, der die Anlaufstelle für Denvers auf Handarbeiten stehende Hipster ist, gerade richtig. Es gibt eine irre Auswahl an Stoffen, Garnen und Büchern und hinten Kurse (teilweise veranstaltet von Jessica, der „Mistress of Patchwork").

Praktische Informationen

Die Website des Tourist Information Center (www.denver.org) liefert hervorragende Infos zu Events in Denver.

ORIC (Outdoor Recreation Information Center; Karte S. 82; ☎REI-Zentrale 303-756-3100; www.oriconline.org; 1416 Platte St; ⊙verschiedene Öffnungszeiten; 📶; 🚌10, 28, 32, 44) Der Infoschalter im REI ist ein Muss für alle, die außerhalb der Stadt Outdoor-Abenteuer erleben wollen. Hier bekommt man Landkarten und kompetente Informationen zu Reiseplanung und Reisesicherheit. Der Schalter ist mit Freiwilligen besetzt, daher variieren die Öffnungszeiten erheblich, aber an Wochenendnachmittagen dürfte immer geöffnet sein.

ABSEITS DER ÜBLICHEN PFADE

LIVE IM RED ROCKS!

Das **Red Rocks Park & Amphitheatre** (☎720-865-2494; www.redrocksonline.com; 18300 W Alameda Pkwy; Morrison ⊙5–23 Uhr; 👪) liegt 15 Meilen (24,1 km) südwestlich von Denver zwischen 122 m hohen Felswänden aus rotem Sandstein. Die Akustik ist so gut, dass schon viele Künstler hier Alben aufgenommen haben. Die 9000 Plätze fassende Arena mit herrlichem Ausblick zieht den ganzen Sommer über bekannte Bands an. Dass man hier seine Lieblingsband in einer der außergewöhnlichsten Musikstätten der Welt live bei einem Konzert erleben kann, ist für viele allein schon ein Grund, nach Colorado zu reisen.

An- & Weiterreise

BUS

Denver Bus Center (Karte S. 82; ☎303-293-6555; 1055 19th St; ⊙6–24 Uhr; 📶; 🚌8, 48) Wird u. a. von allen Greyhound-Bussen benutzt, die regelmäßig entlang der Front Range und auf Transkontinentalstrecken verkehren.

Epic Mountain Express (☎800-525-6363; www.epicmountainexpress.com; 8500 Peña Blvd, Denver International Airport; 📶👪; 🚌A) Schickt Shuttles ab dem Denver International Airport (DIA), Downtown und Morrison zu Zielen im Summit County. Darunter sind z. B. Breckenridge und Keystone (Erw./Kind 66/35 US$, 2½ Std.) oder Vail (Erw./Kind 84/44 US$, 3 Std.).

Colorado Springs Shuttle (☎877-587-3456; www.coloradoshuttle.com; 8500 Peña Blvd, Denver International Airport; 📶👪; 🚌A) Fährt vom DIA nach Colorado Springs (Erw./Kind 50/25 US$, 2 Std.).

Regional Transportation District (RTD; Karte S. 82; ☎303-299-6000; www.rtd-denver.com; 1600 Blake St; 🚌10, 19, 28, 32, 44, MallRide) Ab der Union Station (S. 90) rollen RTD-Linienbusse nach Boulder (Rte FF1, 4,50 US$) und nehmen dabei Fahrräder im Gepäckraum mit. Ab der Ecke Colfax and Broadway fährt Linie 16L nach Golden (4,50 US$).

FLUGZEUG

Denver International Airport (DIA; ☎303-342-2000; www.flydenver.com; 8500 Peña Blvd; ⏲24 Std.; 📶🍴; 🚆A) Gehört zu den betriebsamsten US-Großflughäfen und hat eine fahrerlose U-Bahn, die das Terminal mit den drei Gate-Hallen (*concourses*) verbindet. Concourse C liegt fast 1,6 km vom Terminal entfernt.

Die Distanz zum Zentrum beträgt 24 Meilen (38,6 km). Wer von dort aus zum DIA will, folgt der I-70 und nimmt Exit 238 (Peña Blvd). Dann sind's noch einmal 12 Meilen (19,3 km) bis zum Hauptterminal, dessen Fiberglasdach mit Teflon-Bezug vom Spiegelbild der fernen Berge geziert wird. Alternativ fahren RTD-Züge (S. 89) ab der Union Station zum Flughafen.

ZUG

Amtrak (☎800-872-7245; www.amtrak.com) Zwischen Chicago (121–325 US$, 19 Std.) und San Francisco (144–446 US$, 33 Std.) hält der Zug *California Zephyr* täglich an Denvers schmucker **Union Station** (Karte S. 82; ☎303-592-6712; www.unionstationindenver.com; 1701 Wynkoop St; 🅿; 🚌55L, 72L,120L, FF2, 🚆A, B, C, E, W).

ℹ Unterwegs vor Ort

FAHRRAD

Viele örtliche Straßen haben spezielle Fahrradspuren. Hinzu kommt ein sehr gutes Radwegnetz, das auch aus der Stadt hinausführt. Unter diesen Routen sind z. B. der Platte River Pkwy, der Cherry Creek Bike Path und eine Strecke bis hinaus nach Golden (einfache Strecke ca. 2 Std.). Die hervorragenden Websites von Bike Denver (www.bikedenver.org) und City of Denver (www.denvergov.org) liefern jeweils erschöpfende Infos für Radler (u. a. in Form von herunterladbaren Stadtplänen mit einzeichneten Radwegen). Zudem ist in Denver auch App-basiertes Bikesharing mit Lyft und Jump möglich.

VOM/ZUM FLUGHAFEN

Das Ground Transportation Center im zentralen Terminal-Bereich des DIA (Level 5) beherbergt Vertretungen von allen örtlichen Transportfirmen. Zudem lassen sich hier kostenlose Hotelshuttles (günstigste Option vom/zum Flughafen) über spezielle Gratis-Telefone bestellen.

Draußen vor dem Eingang halten Vans, Shuttlebusse, Limousinen-Services und Taxis (nach Downtown ca. 60 US$ zzgl. Trinkgeld). Auch Fahrten mit Uber und Lyft sind sehr beliebt.

Viele Firmen wie **SuperShuttle** (☎800-258-3826; www.supershuttle.com; ⏲24 Std.; 🚆A) fahren vom DIA auch zur Front Range und zu verschiedenen Berg- bzw. Skigebieten im Umland.

Die RTD-Stadtbahnlinie A (S. 89; 10,50, 45 Min.) bringt Passagiere vom Flughafen nach Downtown und hält unterwegs in diversen Vororten.

ÖFFENTLICHER NAHVERKEHR

Regional Transportation District (RTD) betreibt Nahverkehrsmittel im Bereich von Denver und Boulder (Stadt-/Regionalfahrten 3/5,25 US$). Auf der Website gibt's Fahrplaninfos (inkl. Strecken, Preise) und einen Routenplaner.

TAXI

In Denver operieren zwei große Taxifirmen mit Door-to-Door-Service. App-basierte Mitfahrdienste sind hier sehr beliebt.

Metro Taxi (☎303-333-3333; www.metrotaxidenver.com; ⏲24 Std.)

Yellow Cab (☎303-777-7777; www.denveryellowcab.com; ⏲24 Std.)

Boulder

Hippie-Stadt, Yuppie-Tummelplatz, Angeber-Pflaster, schönster Ort der Welt: Boulder steht für allerlei Klischees (die wie so oft auch ein Fünkchen Wahrheit enthalten). Jenseits davon ist sein wahrer Charakter aber einfach wunderbar.

Herz der Stadt ist die University of Colorado mit mächtigen Steingebäuden auf gepflegtem Gelände. Die akademische Atmosphäre beschert Boulder auch jede Menge Kunst, Kultur und Livemusik – ebenso Hippie-Trommel-Treffen und komplexe intellektuelle Debatten.

Rund um den Campus erstreckt sich ein attraktiver Mix aus kleinen Einkaufsstraßen (darunter die verkehrsberuhigte Pearl Street Mall), Spazierwegen, Parks und 100 Jahre alten Häusern im viktorianischen Stil.

Direkt am Stadtrand lockt eines von Amerikas besten Freizeitpark-Systemen mit großartigen Outdoor-Abenteuern.

👁 Sehenswertes & Aktivitäten

★Chautauqua Park PARK

(☎303-442-3282; www.chautauqua.com; 900 Baseline Rd; 🚌HOP 2) Der historische Park ist ein lokales Wahrzeichen und das Tor zu Boulders schönsten Freiflächen unterhalb der markanten Flatirons. Auf dem weitläufigen, üppig grünen Rasengelände tummeln sich picknickende Familien, Sonnenanbeter, Frisbee-Werfer, CU-Studenten, Wanderer, Kletterer und Querfeldeinläufer. Aufgrund der großen Beliebtheit sind die örtlichen Parkplätze häufig komplett belegt. An Sommerwochenenden fahren daher kommunale Gratis-Shuttles von Parkplätzen inner- und außerhalb der Stadt hierher (detaillierte Infos findet man unter http://parktopark.org).

Dairy Arts Center KUNSTZENTRUM
(☎303-440-7826; www.thedairy.org; 2590 Walnut St; unterschiedliche Preise; P 👪; 🚌HOP) Die zu einem Kunstzentrum umgewandelte historische Meierei ist eine der wichtigsten Kulturstätten in Boulder. Die topmoderne Einrichtung umfasst drei Bühnen, vier Ausstellungssäle und ein Kino mit 60 Plätzen. Irgendetwas ist hier immer los – von Vorträgen und Theatervorstellungen bis zu modernem Tanz und Kunstausstellungen. Auf dem Gelände gibt's auch ein kleines Café und eine Bar.

★**Boulder Creek** WASSERSPORT
(👪) Ein immer beliebtes Sommerritual in Boulder besteht darin, in einem Reifenschlauch den Boulder Creek hinunter zu fahren. Die meisten Leute lassen ihren Reifen im **Eben G. Fine Park** (Boulder Canyon Dr; P 👪 🐾; 🚌205, N) zu Wasser und lassen sich dann bis zur 30th St oder sogar bis zur 55th St treiben. Unbedingt die Wassermenge prüfen, insbesondere früh in der Saison, denn bei mehr als 5,7 m^3/Sek. kann das Treibenlassen zu einem echten Rodeo werden.

Eldorado Canyon State Park OUTDOOR-AKTIVITÄTEN
(☎303-494-3943; https://cpw.state.co.us/placestogo/parks/EldoradoCanyon; 9 Kneale Rd, Eldorado Springs; Zugang 9 US$; ⏲Sonnenaufgang–Sonnenuntergang, Visitor Center 9–17 Uhr) Ca. 5 Meilen (8 km) südwestlich von Boulder machen Routen mit Schwierigkeitsgrad 5,5 bis 5,14 diesen Park zu einem der besten Kletterreviere der USA. Der Schwerpunkt liegt dabei auf traditionellem Rissklettern. Das ca. 20 km lange Wanderwegnetz mit Verbindung zum Chautauqua Park eignet sich für alle Besucher. Zudem gibt's hier ein öffentliches Schwimmbecken, das mit dem berühmten kalten Quellwasser des Canyons gefüllt ist.

Local Table Tours GASTRO-TOUREN
(☎303-909-5747; www.localtabletours.com; Touren 49–79 US$; ⏲wechselnde Termine; 🐾) 🌿 Die spaßigen Gastro-Spaziergänge durch das Stadtzentrum geben Einblicke in die Lokalküche (inkl. Insider-Infos zu Essen und Wein). Darunter sind auch Themen-Touren zu Bier, Cocktails, Kaffee oder Schokolade. Besucht werden vor allem Betriebe, die Einheimischen gehören und regionale bzw. nachhaltig hergestellte Produkte verwenden.

Feste & Events

Bolder Boulder SPORT
(☎303-444-7223; www.bolderboulder.com; Erw./Kind ab 73/58 US$; ⏲Memorial Day; 👪; 🚌209, STAMPEDE) Der vielleicht spaßigste 10-km-Lauf der USA führt quer durch Boulder zum Folsom Field (Football-Stadion der CU). Unter den über 50 000 Teilnehmern sind auch Profis und kostümierte Läufer. Livebands und Feiervolk säumen die Strecke.

Boulder Creek Festival MUSIK, ESSEN
(☎303-777-6887; www.bouldercreekfest.com; Canyon Blvd, Central Park; ⏲Mai; 👪; 🚌203, 204, 225, AB, B, DASH, DD, DM, GS, SKIP) GRATIS Das riesige Fest wird als Auftakt des Sommers vermarktet und erlebt seinen Höhepunkt und Abschluss mit dem Bolder Boulder (S. 91). In mindestens zehn Event-Bereichen treten mehr als 30 Live-Unterhalter auf. Es gibt Jahrmarktsattraktionen und 500 Verkaufsstände, Essen und Trinken, Unterhaltung und Sonnenschein. Wer mag das nicht?

Schlafen

★**Chautauqua Lodge & Cottages** HISTORISCHES HOTEL $$
(☎303-952-1611; www.chautauqua.com; 900 Baseline Rd; Zi. ab 129 US$, Cottages ab 200 US$; P ⊖ ❄ 📶 🐾; 🚌HOP 2) Unsere erste Wahl unter den Unterkünften vor Ort ist diese Lodge gleich neben den schönen Wanderwegen zu den Flatirons in einem grünen Viertel innerhalb des Chautauqua Park. Es gibt moderne Zimmer und Cottages mit ein bis drei Schlafzimmern, Veranden und Patchwork-Bettdecken. Die Anlage ist ideal für Familien und Leute mit Haustieren. Alle Unterkünfte haben komplett ausgestattete Küchen; die Einheimischen frühstücken gern auf der umlaufenden Veranda der Chautauqua Dining Hall.

Boulder Adventure Lodge HOTEL $$
(A-Lodge; ☎303-444-0882; www.a-lodge.com; 91 Fourmile Canyon Dr; Zeltplatz/B/Zi. 45/65/189 US$; P ⊖ ❄ 📶 🏊; 🚌N) Besucher kommen nach Boulder, um etwas in der Natur zu unternehmen – warum also nicht gleich näher beim Geschehen wohnen? Von dieser etwas außerhalb liegenden Lodge aus kann man wandern, radfahren, klettern und angeln. Die Zimmer – von Schlafsälen bis zu Suiten – sind schlicht, aber gut ausgestattet. Es gibt u.a. einen Swimmingpool und eine Feuergrube. Das freundliche Gemeinschaftsgefühl zwischen Gästen und Personal ist sehr angenehm.

Briar Rose B&B B&B $$ (☎303-442-3007; www.briarrosebb.com; 2151 Arapahoe Ave; Zi. ab 184 US$; ❄📶; 🚌JUMP) Das tolle B&B liegt nur einen Steinwurf von der Naropa University entfernt. Ein Landschaftsgarten mit hohem Zaun schirmt das ruhige Wohnhaus von der betriebsamen Arapahoe Ave ab. Einer der Inhaber ist praktizierender Zen-Mönch – daher die buddhistischen Einflüsse in den gemütlichen Zimmern. Beim vegetarischen Bio-Frühstück stehen viele verschiedene Teesorten zur Auswahl. Zudem gibt's hier ein Leihfahrrad für Gäste.

★**St. Julien Hotel & Spa** HOTEL $$$ (☎720-406-9696, Reservierungen 877-303-0900; www.stjulien.com; 900 Walnut St; Zi./Suite ab 400/495 US$; P❄@📶🏊; 🚌205, HOP, SKIP) Boulders beste Vier-Sterne-Unterkunft liegt im Herzen der Downtown und ist modern und elegant. Fotos der umliegenden Landschaft zieren die Korkwände, die für ein warmes Ambiente sorgen. Auf der Terrasse blickt man auf die Flatirons, und gelegentlich gibt's live Weltmusik, Jazzkonzerte und beliebte lateinamerikanische Dance-Partys. Die Zimmer sind großzügig und schick. Das Spa gilt als eines der besten in der Gegend.

Essen

★**Rayback Collective** FOOD TRUCK $ (☎303-214-2127; www.therayback.com; 2775 Valmont Rd; Hauptgerichte 6–12 US$; ⏲Mo–Fr 11–22, Sa bis 23, So bis 21 Uhr; 🚌205, BOLT) Das einstige Lagerhaus für Sanitärbedarf ist zu einer städtischen Oase geworden, in der man das Gemeinschaftsgefühl der Stadt erlebt. Es gibt eine große Außenfläche mit Feuergrube und Rasenspielen, eine Lounge mit bequemen Stühlen und Livemusik, eine Bar, die Biere aus Colorado und Kombucha ausschenkt, und einen Food-Truck-Park mit vielen guten Gerichten. Auf dem Gelände sind Jung, Alt und auch Haustiere willkommen.

Rincón Argentino ARGENTINISCH $ (☎303-442-4133; www.rinconargentinoboulder.com; 2525 Arapahoe Ave; Hauptgerichte 4–13 US$; ⏲Mo–Do 11–20, Fr & Sa bis 21 Uhr; 🚌JUMP) Das Shopping-Plaza-Ambiente sollte einen nicht abschrecken, denn das Rincón Argentino bietet authentische argentinische Aromen. Es backt frische Empanadas – kleine pikante, mit Hackfleisch oder Mozzarella und Basilikum gefüllte Teigtaschen –, zu denen ein Glas Malbec prima schmeckt. Es gibt auch *milanesas* (Sandwiches mit panierten Rinderkoteletts) und Krüge mit Mate-Tee, einer belebenden Alternative zum Kaffee.

Oak at Fourteenth MODERN-AMERIKANISCH $$ (☎303-444-3622; www.oakatfourteenth.com; 1400 Pearl St; Hauptgerichte 13–30 US$; ⏲Mo–Sa 11.30–22, So ab 17.30 Uhr; 🚌205, 206) Das innovative, Einheimischen gehörende Lokal ser-

DIE TAUSENDJÄHRIGE FLUT

Sie kam nach einer Dürre, die auf den schlimmsten Flächenbrand in der Geschichte Colorados folgte. Am 12. September 2013 wachten die Bewohner der Front Range auf und sahen sich einem Niederschlag von ca. 23 cm und weiterem Regen gegenüber. Die Kinder mussten zu Hause bleiben, weil es einen noch nie dagewesenen „Regentag" gab. War das die 100-jährliche Flut, auf die Boulder seit Langem gewartet hatte? Es war viel mehr!

Die Fließgeschwindigkeit des Boulder Creek stieg von 1,5 m³ pro Sekunde auf 141,6. Zuerst wurden die Canyons überflutet und die Häuser auf dem Weg zerstört. Überschwemmungen schnitten Berggemeinden wie Jamestown und die Stadt Lyons in den Vorbergen ab. Acht Menschen starben und Tausende verloren ihr Zuhause.

Die Niederschlagsmenge von 43 cm in diesem Monat übertraf den für September üblichen Durchschnitt von 4 cm. Das Ereignis gilt als tausendjährige Flut, da die Wahrscheinlichkeit, dass sich eine Katastrophe dieses Ausmaßes in einem bestimmten Jahr ereignet, nur bei 0,1 % liegt. Nach dem Hurrikan Katrina gilt sie als die zweitgrößte Naturkatastrophe in der Geschichte der USA. Das betroffene Gebiet war ungefähr so groß wie Connecticut. Die Schäden wurden auf 2 Mrd. Dollar geschätzt.

Veränderte Wettermuster bedeuten, dass ein zuvor seltenes Ereignis – tropische Feuchtigkeit über den normalerweise trockenen Rocky Mountains – die große Flut auslöste. Forscher vermuten, dass dies Teil eines größeren, langfristigen Umschwungs in den Wettermustern ist, welches möglicherweise zu extremeren Dürre- und Überschwemmungszyklen führt und die Aufmerksamkeit für den Klimawandel deutlich erhöht.

viert erstklassige Cocktails und schmackhafte kleine Teller für ein stilvolles Abendessen. Zu den herausragenden Gerichten aus farmfrischen Zutaten gehören die gegrillte Schweinelende im Schinkenmantel und Gurken-Sashimi mit Passionsfrucht. Die Portionen sind klein, was auffällt, weil die Speisen eben so lecker sind. Die Kellner beraten einen gut. Der einzige Nachteil: Es ist in der Regel recht laut, also nicht der Ort für intime Geständnisse.

Salt MODERN-AMERIKANISCH **$$**
(☎303-444-7258; www.saltthebistro.com; 1047 Pearl St; Hauptgerichte 15–30 US$; ⏲Mo–Do 11–21, Fr & Sa 11–23, So 10–21 Uhr; 👪; 🚌208, HOP, SKIP) Farmfrische Küche wird in Boulder zwar überall versprochen, aber dieses Restaurant bietet sie tatsächlich und übertrifft die Erwartungen. Die hausgemachten Fettuccine mit Schoten, Radicchio und Kräutersahne sind ein echtes Vergnügen. Aber auch mit Fleisch kennt sich das Salt aus: Es stammt von mit Gras gefütterten Tieren aus der Region und wird hervorragend zubereitet: mit Fett begossen, geschmort und langsam gegart. Wer nicht weiß, wofür er sich entscheiden soll, wird von den kompetenten Kellnern bestens beraten.

★**Frasca** ITALIENISCH **$$$**
(☎303-442-6966; www.frascafoodandwine.com; 1738 Pearl St; Hauptgerichte 35 US$, Verkostungsmenü 65–130 US$; ⏲Mo–Do 17.30–21.30, Fr bis 22.30, Sa 17–22.30 Uhr; 🖉; 🚌HOP, 204) Viele in Boulder halten das Frasca für das beste Restaurant: Das Weinangebot wurde mit dem James Beard Award ausgezeichnet, die Küche ist makellos und verwendet nur die frischesten Zutaten direkt von der Farm. Zu den wechselnden Gerichten gehören geschmorter Schweinebraten, hausgemachte Gnocchi und gegrillte Wachteln mit Lauch und Erbsensprossen. Es empfiehlt sich Tage oder besser Wochen im Voraus zu reservieren. Montags gibt's ein „günstiges" Verkostungsmenü (65 US$) mit passenden Weinen.

🍷 Ausgehen & Unterhaltung

★**Mountain Sun** BRAUEREI
(☎303-546-0886; www.mountainsunpub.com; 1535 Pearl St; ⏲11–1 Uhr; 👪; 🚌HOP, 205, 206) Boulders beliebteste Brauerei ist typisch für die Stadt und punktet vor allem mit ihrem Gemeinschafts-Vibe: Vom Yuppie bis zum Hippie labt sich hier jedermann fröhlich an den vielen leckeren Biersorten. Zum Gerstensaft gibt's zudem noch köstliches Kneipenessen (Tipp: die Burger und das Chili con Carne). Dank Brettspielen und Kindergerichten fühlen sich hier auch Familien rundum wohl.

BOULDER COUNTY FARMERS MARKET

Boulder County Farmers Market (☎303-910-2236; www.boulderfarmers.org; 13th St, zw. Canyon Blvd & Arapahoe Ave; ⏲April–Nov. Sa 8–14 Uhr, Mai–Okt. Mi 16–20 Uhr; 🖉👪🐾; 🚌203, 204, 205, 206, 208, 225, DASH, JUMP, SKIP) bietet im Frühjahr und Sommer ein buntes Durcheinander von Bio-Lebensmitteln aus der Region. Man findet Blumen und Kräuter, kopfgroße Pilze, feine Kürbisblüten, knusprige Brezeln, vegane Dips, Rindfleisch von mit Gras gefütterten Tieren, Rohkost-Müsli und Joghurt. Die Imbissbuden präsentieren alle möglichen internationalen Gerichte. Livemusik gehört genauso dazu wie ein Familienpicknick im Park am Boulder Creek.

Avery Brewing Company BRAUEREI
(☎303-440-4324; www.averybrewing.com; 4910 Nautilus Ct; ⏲Di–So 11–23, Mo ab 15 Uhr; 🚌205) Wie groß darf eine Kleinbrauerei sein? Mit einem imposanten zweistöckigen Gebäude geht das Avery an die Grenze. Aber die Terrasse im 1. Stock und die Schankstube sind munter und lustig; oben herrscht eher ruhige Restaurant-Atmosphäre. Eines ist sicher: Das Bier ist hervorragend, vom Apricot Sour bis zum teuflischen Mephistopheles Stout.

Bitter Bar COCKTAILBAR
(☎303-442-3050; www.thebitterbar.com; 835 Walnut St; ⏲Mo–Do 17–24, Fr & Sa bis 2 Uhr; 🚌HOP) Im schicken Bitter versumpft es sich gediegen bei grandiosen Cocktails (z. B. Kiss the Sky mit Lavendel oder Guns n' Roses mit Holunderblütensirup). Dazu trägt auch die Happy Hour bis 20 Uhr bei. Auf der Terrasse kann man bestens plaudern.

Boulder Dushanbe Teahouse TEEHAUS
(☎303-442-4993; www.boulderteahouse.com; 1770 13th St; Hauptgerichte 8–24 US$; ⏲8–21 Uhr; 👪; 🚌203, 204, 205, 206, 208, 225, DASH, JUMP, SKIP) Nichts hat ein schöneres Ambiente zu bieten als dieses tadschikische Teehaus, ein Geschenk von Boulders Partnerstadt Duschanbe. Die aufwendigen Schnitzereien

Nationalparks im Westen der USA

Die Nationalparks sind Amerikas große Gärten. Kein Roadtrip quer durchs Land wäre vollständig ohne einen Besuch in einem dieser außergewöhnlichen naturbelassenen Schätze. Sie sind reich an unberührter Wildnis, seltenen Tieren und Geschichte. Die fünf Dutzend Nationalparks und über 350 geschützten Gebiete werden vom National Park Service (NPS) verwaltet, der 2016 sein hundertjähriges Jubiläum feierte.

1. Gewaltige Redwoods
Die Erhabenheit der weltweit höchsten Bäume im Redwood National Park (S. 374) entdecken.

2. Mesa Arch
Die surreal wirkende Geologie im Canyonlands National Park (S. 228) bewundern.

3. Old-Faithful-Geysir
Der Yellowstone National Park (S. 128) ist der älteste Nationalpark der Welt und einer der spektakulärsten.

4. Vernal Fall
Der Yosemite National Park (S. 380) gehört aus gutem Grund zu den beliebtesten Parks auf dem Planeten.

und Malereien wurden in acht Jahren am Rand des **Central Park** (Canyon Blvd; P 🚻; 🚌 206, JUMP) zusammengesetzt.

eTown Hall LIVEMUSIK
(☎303-443-8696; www.etown.org; 1535 Spruce St; ab 25 US$; ⏲unterschiedliche Öffnungszeiten; 🚌HOP) Die schöne, brandneue und mit Solarstrom betriebene Stätte in einer umgewandelten Kirche ist der Sitz der Radio-Show *eTown* (die auf National Public Radio zu hören ist). Bei der Show treten aufstrebende und bekannte Künstler auf, und man kann bei den Aufnahmen in dem 200 Plätze fassenden Theater live dabei sein. Die Aufnahmen werden meist abends an Werktagen gemacht und dauern von 19 bis 21 Uhr.

Shoppen

★**Pearl Street Mall** EINKAUFSMEILE
(www.boulderdowntown.com; Pearl St zw. 9th & 15th St; 🚻🐾; 🚌205, 206, 208, HOP, SKIP) Die Hauptattraktion im Zentrum ist diese belebte Fußgängerzone mit Bars, Galerien und Restaurants. Kinder erklimmen hier Felsbrocken und planschen in Springbrunnen, während am Wochenende oft auch viele Straßenkünstler zugange sind. Ganzjährig (vor allem im Sommer) gibt's außerdem organisierte Livekonzerte und diverse andere Events.

★**Boulder Book Store** BÜCHER
(☎303-447-2074; www.boulderbookstore.net; 1107 Pearl St; ⏲Mo–Sa 10–22, So bis 21 Uhr; 📶🚻; 🚌208, HOP, SKIP) Boulders beliebtester Indie-Buchladen hat eine riesige Abteilung mit Reiseliteratur (Erdgeschoss). Zudem gibt's hier alle angesagten Neuerscheinungen (Belletristik wie Sachbücher). Die Website und der Aushang am Eingang informieren über örtliche Autorenbesuche. Besucher können sich auch einfach in eine Ecke verziehen und eine Weile schmökern.

★**Common Threads** KLEIDUNG
(☎303-449-5431; www.shopcommonthreads.com; 2707 Spruce St; ⏲Mo, Di & Do–Sa 10–18, Mi bis 19 Uhr; 🚌205, BOLT, HOP) Secondhand-Shopping auf Haute-Couture-Niveau bietet dieser großartige Laden, in dem man sogar Taschen von Choos und Prada findet. Die Preise sind höher als in einem normalen Secondhand-Laden, aber Kleidung, Schuhe und Taschen sind stets in gutem Zustand, und die Designer-Ware ist garantiert echt. Es gibt auch lustige Kurse, in denen man erfährt, wie man Kleidungsstücke ändern und kreieren kann.

ℹ Praktische Informationen

Boulder Visitor Center (☎303-442-2911; www.bouldercoloradousa.com; 2440 Pearl St; ⏲Mo–Fr 8.30–17 Uhr; 🚌HOP) Das Visitor Center in der Boulder Chamber of Commerce bietet grundlegende Infos, Karten und Tipps zu nahegelegenen Wanderwegen und anderen Aktivitäten. Ein leichter zugänglicher **Touristeninformationskiosk** (☎303-417-1365; Ecke Pearl St & 13th St; ⏲10–20 Uhr; 🚌208, HOP, SKIP) befindet sich an der Pearl Street Mall vor dem Gerichtsgebäude.

Downtown Boulder (www.boulderdowntown.com) Ein Verband von einigen innerstädtischen Geschäftsleuten, der umfassende Restaurant- und Veranstaltungsverzeichnisse zu Downtown Boulder (inkl. der Pearl Street Mall) herausgibt.

Get Boulder (www.getboulder.com) Lokales Online- und Printmagazin mit nützlichen Infos zu Aktivitäten in Boulder.

ℹ Anreise & Unterwegs vor Ort

AUTO & MOTORRAD

Boulders Besucher brauchen eigentlich kein eigenes Kraftfahrzeug: Spezielle Fahrradspuren und Radwege machen die Stadt ideal für Erkundungen per Pedal-Power. Im Zentrum geht's auch leicht zu Fuß voran. Zudem bedienen RTD-Busse (S. 89) neben dem ganzen Stadtgebiet auch Denver (inkl. DIA) und Nederland.

FAHRRAD

In Boulder ist ein eigener Drahtesel schon fast ein Muss: Die meisten Straßen haben spezielle Fahrradspuren. Viele Berufspendler nutzen den großartigen Boulder Creek Bike Path. Daher gibt's hier auch viele Verleiher:

Boulder B-Cycle (☎303-532-4412; https://boulder.bcycle.com; Leihfahrrad 8 US$/24 Std.; ⏲Büro Mo–Fr 9–17, Sa 10–15 Uhr) Beliebtes Bikesharing-Programm (Online-Anmeldung erforderlich) mit Verleihstationen in der ganzen Stadt; die Räder lassen sich stunden- oder tageweise mieten.

Full Cycle (☎303-440-7771; www.fullcyclebikes.com; 1211 13th St; Leihfahrrad 25–95 US$/Tag; ⏲Mo–Fr 10–19, Sa bis 18, So bis 17 Uhr; 🚻; 🚌203, 204, 225, AB, B, DASH, DD, GS, SKIP) Toller Fahrradladen, der neben günstigen Stadträdern auch höherwertige Rennräder und MTB-Fullys verleiht. Das Personal liefert Infos zu den besten örtlichen Radrouten, bei denen das Spektrum vom leichten Boulder Creek Trail bis zur strapaziösen Bergfahrt hinauf nach Flagstaff (6,4 km) reicht. An der E Pearl gibt's eine Filiale.

University Bicycles (☎303-444-4196; www.ubikes.com; 839 Pearl St; Leihfahrrad ab 25 US$/Tag; ⏲Mo–Fr 10–19, Sa bis 18, So bis 17 Uhr; 👪; 🚌 HOP) Von Boulders vielen Fahrradverleihern hat dieser riesige Laden das größte Bike-Sortiment und das hilfsbereiteste Personal.

FLUGZEUG

Der Denver International Airport (S. 90) liegt nur 45 Meilen (72 km) von Boulder entfernt und ist die am häufigsten genutzte Option bei Anreise per Flugzeug.

Green Ride (☎303-997-0238; www.greenrideboulder.com; 4800 Baseline Rd, D110; einfache Strecke 30–40 US$) Günstiger und praktischer Shuttleservice, der den Denver International Airport mit Boulder und dessen Vororten verbindet (3.25–23.25 Uhr stündlich). Die billigsten Fahrten starten am Depot. Bei Reisegruppen gibt's Rabatt für weitere Passagiere.

SuperShuttle (☎303-444-0808; www.supershuttle.com; einfache Strecke ab 84 US$) Privater Kleinbus-Service zum Flughafen; der Grundpreis gilt für maximal drei Personen. Gruppen ab vier Personen sind mit einem Taxi günstiger dran, sofern sich die Gepäckmenge in Grenzen hält.

Northern Mountains

Auf beiden Seiten der kontinentalen Wasserscheide erstrecken sich die Granit-Giganten von Colorados Northern Mountains in alle Richtungen. Sie ermöglichen Alpin-Abenteuer, entspannte Skifahrten und tolle Wander- oder Radtouren. Zudem laden viele Flüsse zum Raften, Angeln und Bootfahren ein.

Rocky Mountain National Park

Der **Rocky Mountain National Park** (www.nps.gov/romo; Zugang 1/7 Tage Auto 25/35 US$, Motorrad 25/30 US$, Fußgänger, Buspassagier & Radfahrer 15/20 US$, Jahrespass 80 US$) ist das Prunkstück unter Colorados Nationalparks. Auf 1075 km² warten hier Granitgipfel, Bergseen, Wildblumen-Wiesen, Wanderwege, Nächte unterm Sternenzelt und große wie kleine Abenteuer für jeden Geschmack.

In der Hauptsaison im Sommer geht's hier wie in vielen US-Nationalparks zu wie in einem Zoo. Abseits der Hauptwege herrschen aber herrliche Ruhe und Einsamkeit in der geschützten Heimat von vielen Wildtieren (z.B. Elche, Rothirsche, Dickhornschafe, Schwarzbären). Die hohen Berge der Region sind eine Herausforderung für Kletterer. Sightseeing-Touristen folgen dagegen gern der Trail Ridge Road über das Dach der Rockies, nehmen an Aktivitäten unter Ranger-Leitung teil oder machen Kurzwanderungen durch die Wildnis.

Der Winter im Park ist ganz anders: Dann liegt überall Stille über der zauberhaft verschneiten Landschaft.

Sehenswertes & Aktivitäten

Der Park eignet sich für Wanderer aller Leistungsstufen. Hierfür sorgt ein mehr als 480 km langes Wegenetz, das alle Facetten des vielfältigen Terrains zeigt. Für Besucher mit Kindern empfehlen sich die leichten Routen im **Wild Basin** zu den Calypso Falls oder zum Gem Lake im Bereich der **Lumpy Ridge**. Extrem Ehrgeizige mit starken Beinen und ausreichend Erfahrung werden dagegen den anspruchsvollen Aufstieg zum Gipfel des **Longs Peak** meistern wollen. Doch egal bei welcher Route: Vor dem Start ist es immer ratsam, zur Akklimatisierung mindestens einmal in ca. 2100–2400 m Höhe zu übernachten. Bis Anfang Juli können viele Pfade noch verschneit sein und starker (Schmelz-)Wasserablauf kann das Vorankommen erschweren. Achtung: Im Winter besteht Lawinengefahr! Zu dieser Jahreszeit sollten Parkbesucher unbedingt angemessen ausgerüstet sein und genau wissen, was sie tun. Hunde und andere Haustiere sind auf den Wanderpfaden ganzjährig nicht gestattet. Camping in der Wildnis erfordert grundsätzlich eine **Genehmigung** (☎970-586-1242; www.nps.gov/romo; 1000 W Hwy 36, Estes Park, CO 80517).

Ganz wichtig beim Bergsteigen und -wandern in Colorado: Wer den jeweiligen Gipfel bis etwa 12 Uhr nicht erreicht hat, sollte auf jeden Fall umkehren – unabhängig davon, wie nah das Ziel eventuell schon ist. So senkt man am besten das Risiko, von einem Blitz erschlagen zu werden!

★ **Moraine Park Discovery Center** MUSEUM
(☎970-586-1206; Bear Lake Rd; ⏰Juni–Okt. 9–16.30 Uhr; 👪) GRATIS Das Gebäude wurde 1923 vom Civilian Conservation Corps als Visitor Center des Parks erbaut und vor kurzem renoviert. Heute beherbergt es Ausstellungen zur Geologie, zu den Gletschern und zu Pflanzen und Tieren. Kinder lieben die interaktiven Exponate und den 800 m langen Naturpfad vor der Tür.

Schlafen

Glacier Basin Campground CAMPING $
(☎877-444-6777; www.recreation.gov; abseits der Bear Lake Rd; Stellplatz Zelt & Wohnmobil im Som-

mer 26 US$) Immergrüne Vegetation umgibt diesen erschlossenen Campingplatz, der mit viel Sonne und Schatten aufwartet. Neben einem großen Bereich für Gästegruppen mit Zelten gibt's auf dem Gelände auch Stellplätze für Wohnmobile (ohne Stromanschlüsse!). Den ganzen Sommer über halten hier die Shuttlebusse, die auf der Bear Lake Rd unterwegs sind. Über die Website reservieren.

Aspenglen Campground CAMPING $
(☎877-444-6777; www.recreation.gov; State Hwy 34; Stellplatz Zelt & Wohnmobil 26 US$; ⏲nur im Sommer) Mit nur 54 Stellplätzen der kleinste Campingplatz mit Reservierungsmöglichkeit. Die meisten sind ausschließlich für Zelte gedacht, einige davon nur zu Fuß erreichbar. Die Zahl der Wohnwagen ist begrenzt. Das ist der ruhigste Platz, obwohl er sehr leicht zugänglich ist (5 Meilen/8 km westlich von Estes Park auf der US 34). Die Reservierung erfolgt über die Website.

Moraine Park Campground CAMPING $
(☎877-444-6777; www.recreation.gov; abseits der Bear Lake Rd; Stellplatz Zelt & Wohnmobil Sommer 26 US$, Winter 18 US$) Der größte Campingplatz des Parks liegt abseits der Bear Lake Rd in einem Gelbkiefernwald rund 2,5 Meilen (4 km) südlich des Beaver Meadows Visitor Center (S. 98) und bietet 244 Stellplätze. Die nur zu Fuß erreichbaren Stellplätze für Zelter im D Loop sind für all jene zu empfehlen, die ein bisschen Ruhe haben wollen. Stellplätze reserviert man auf der Website.

Olive Ridge Campground CAMPING $
(☎303-541-2500; www.recreation.gov; State Hwy 7; Stellplatz Zelt/Wohnmobil 15,75/31,50 US$; ⏲Mitte Mai–Nov.) Der gepflegte USFS-Campingplatz bietet Zugang zu den Anfängen von vier Wanderrouten: St. Vrain Mountain, Wild Basin, Longs Peak und Twin Sisters. Die größtenteils reservierungsfreien Stellplätze sind im Sommer mitunter komplett belegt.

ℹ Praktische Informationen

Zur Zugangsgebühr für den Park (S. 97) kommen noch die separaten Kosten für die obligatorische Camping-Genehmigung (S. 97; 30 US$/7 Tage, max. 7 Pers.) hinzu, wenn man die insgesamt 260 ausgewiesenen Zeltplätze in der Wildnis nutzen will. Von Mai bis Oktober ist dabei Lebensmittelaufbewahrung in einem bärensicheren Behälter vorgeschrieben. Die erschlossenen Campingplätze stellen Gästen solche Container zur Verfügung.

Alpine Visitor Center (www.nps.gov/romo; Fall River Pass; ⏲Ende Mai–Mitte Juni & Anfang Sept.–Mitte Okt. 10.30–16.30 Uhr, Ende Juni–Anfang Sept. 9–17 Uhr; 👪)

Beaver Meadows Visitor Center (☎970-586-1206; www.nps.gov/romo; US Hwy 36; ⏲Ende Juni–Ende Aug. 8–21 Uhr, übriges Jahr bis 16.30 od. 17 Uhr; 👪)

Kawuneeche Visitor Center (☎970-627-3471; 16018 US Hwy 34; ⏲letzte Maiwoche–Labor Day 8–18 Uhr, Labor Day–Sept. bis 17 Uhr, Okt.–Mai bis 16.30 Uhr; 👪)

ℹ An- & Weiterreise

Die Trail Ridge Rd (US 34) ist die einzige Ost-West-Straßenverbindung durch den Park; der östliche Zugang von der I-25 und Loveland über die US 34 folgt dem Big Thompson River Canyon. Die direkteste Verbindung von Boulder aus folgt der US 36 durch Lyons bis zu den östlichen Eingängen. Ein weiterer Zugang aus Süden über den gebirgigen Hwy 7 führt an **Enos Mills Cabin** (☎970-586-4706; www.enosmills.com; 6760 Hwy 7; Erw./Kind 20/10 US$; ⏲Sommer Di & Mi 11–16 Uhr, nur nach Vereinbarung; 👪) vorbei und bietet Verbindungen zu den Campingplätzen und den Startpunkten der Wege auf der Ostseite der Kontinentalen Wasserscheide. Da im Winter die US 34 durch den Park gesperrt ist, kann man dann die Westseite des Parks nur über die US 40 bei Granby erreichen.

Auf der Ostseite gibt es zwei Zufahrten: **Fall River** (US 34) und **Beaver Meadows** (US 36). Die **Grand Lake Entrance Station** (US 34) ist der einzige Zugang auf der Westseite. Durch das Kawuneeche Valley entlang der Oberläufe des Colorado kommt man das ganze Jahr über zum **Timber Creek Campground** (Trail Ridge Rd, US Hwy 34, Stellplatz Zelt & Wohnmobil 26 US$). Die wichtigsten Zentren für die Ostseite des Parks sind das Alpine Visitor Center (S. 98), das hoch an der Trail Ridge Rd und der Bear Lake Rd liegt; diese führen zu den Campingplätzen, Wanderwegen und zum Moraine Park Museum (S. 97).

Nördlich von Estes Park führt die Devils Gulch Rd zu mehreren Wanderwegen. Weiter auf der Devils Gulch Rd kommt man durch das Dorf Glen Haven. Von hier aus erreicht man den Startpunkt der Wanderwege und den Eingang zum Park entlang des North Folk Big Thompson River.

ℹ Unterwegs vor Ort

Die meisten Besucher kommen im eigenen Auto über die lange und kurvenreiche Trail Ridge Rd (US 34) und überqueren auf ihr die Kontinentale Wasserscheide. Es ist aber auch möglich, ohne eigenes Auto in den Park zu gelangen. Im Sommer fährt mehrmals täglich ein kostenloser Shuttlebus vom **Estes Park Visitor Center** (☎970-577-9900; www.visitestespark.com; 500 Big Thompson Ave; ⌚Juni–Aug. 9–20 Uhr, Sept.–Mai Mo–Fr 8–17, Sa 9–17, So 10–16 Uhr), der Wanderer zu einem Park-and-Ride-Platz mit Anschluss zu weiteren Shuttles bringt. Ganzjährig fährt ein Shuttle vom Glacier-Basin-Parkplatz zum Bear Lake im tiefer gelegenen Bereich des Parks. Während der Spitzenzeit im Sommer fährt ein zweiter Shuttle zwischen dem Campingplatz Moraine Park und dem Glacier-Basin-Parkplatz (Mitte Aug.–Ende Sept. nur Wochenende).

Mit öffentlichen Verkehrsmitteln oder per Fahrrad geht's zweifellos am leichtesten in den stark überlaufenen Park hinein.

Estes Park

Estes Park liegt direkt am Rand des Rocky Mountain National Park. Der Ort selbst ist ein Durcheinander aus T-Shirt-Läden, Eisdielen, Bürgersteigen voller Touristen und verstopften Straßen voller Wohnmobile. Doch wenn der Lake Estes in der Sonne glitzert oder man einen Nachmittagskaffee auf der Flusspromenade trinkt, lässt sich hier durchaus auch etwas Zen-Atmosphäre finden.

Aktivitäten

★Colorado Mountain School KLETTERN

(☎720-387-8944; https://coloradomountainschool.com; 341 Moraine Ave; geführte Halbtages-Klettertouren ab 300 US$/Pers.) Kurz gesagt: Es gibt keine bessere Anlaufstelle in Colorado für Kletterer – diese Einrichtung ist der größte Anbieter der Region. Die CMS hat die erfahrensten Guides und ist die einzige Organisation, die im Rocky Mountain National Park tätig sein darf. Es werden die unterschiedlichsten Kurse unter Anleitung von hervorragenden Lehrern angeboten.

Schlafen

Estes Park KOA CAMPING $

(☎800-562-1887, 970-586-2888; www.estesparkkoa.com; 2051 Big Thompson Ave; Stellplatz Zelt 52–58 US$, Wohnmobil 52–85 US$, Hütten ab 87 US$; 📶) Angesichts vieler ausgezeichneter Campingoptionen gleich die Straße hinauf im Rocky Mountain National Park wirkt dieser auf Wohnmobile ausgerichtete Platz an der Straße nicht sonderlich reizvoll. Wer aber vor dem Start ins Abenteuer einen Tag ausruhen will, freut sich über die Nähe zur Stadt.

★YMCA of the Rockies – Estes Park Center RESORT $$

(☎888-613-9622; www.ymcarockies.org; 2515 Tunnel Rd; Zi. ab 145 US$, Hütte ab 160 US$; P 🚭 ❄ 📶 🐾) Das Estes Park Center ist keine dieser typischen YMCA-Herbergen, sondern ein beliebtes Feriendomizil für Familien. Auf einem riesigen alpinen Gelände bietet es noble Einzel- oder Doppelzimmer im Motelstil sowie geräumige Hütten, in denen bis zu zehn Personen übernachten können. Die Einrichtung ist einfach und zweckdienlich.

Stanley Hotel HOTEL $$

(☎970-577-4000; www.stanleyhotel.com; 333 Wonderview Ave; Zi. ab 150 US$; P 📶 🏊 🐾) Das weiße Hotel im Stil des Georgian Colonial Revival steht in herrlichem Kontrast zu den hoch aufragenden Gipfeln des Rocky Mountain National Park am Horizont. Es ist ein beliebtes Luxusrefugium der Einheimischen und inspirierte einst sogar Stephen King zu seinem Kultroman *Shining*. Die Zimmereinrichtung sorgt für etwas altmodisches Wildwest-Flair, aber ansonsten sind alle modernen Annehmlichkeiten vorhanden.

Black Canyon LODGE $$

(☎800-897-3730; www.blackcanyoninn.com; 800 MacGregor Ave; EZ/2BZ/3BZ ab 150/200/400 US$; P 🚭 ❄ 📶) Super zum Schwelgen: Auf attraktivem, ruhigem Gelände (5,6 ha) warten hier luxuriöse Suiten und eine „rustikale" Blockhütte mit Whirlpool. Die Zimmer haben eine dunkle Holzeinrichtung, offene Kamine aus Stein und gewebte Wandtteppiche in dunklen, intensiven Farben.

Essen

Ed's Cantina & Grill MEXIKANISCH $

(☎970-586-2919; www.edscantina.com; 390 E Elkhorn Ave; Hauptgerichte 9–12 US$; ⌚Mo–Fr 11–open end, Sa & So 8–22 Uhr; 👪) Mit einer Terrasse am Fluss ist das Ed's ein toller Ort, um bei einer Margarita zu entspannen. Das Restaurant, das mexikanische und US-Klassiker serviert, setzt mit Ledersitzecken und Primärfarben auf Retro-Flair.

Smokin' Dave's BBQ & Tap House BARBECUE $$

(☎866-674-2793; www.smokindavesbbq.com; 820 Moraine Ave; Hauptgerichte 8–20 US$; ⌚So–Do 11–21, Fr & Sa bis 22 Uhr; 👪) In Colorados Bergstädtchen gibt's allerlei miese Grillrestaurants. Doch das Dave's gehört definitiv nicht dazu: Buffalo Ribs und Pulled Pork werden hier mit würziger Sauce (leicht süßlich-rauchig) und knusprig frittierten Süßkartoffel-Pommes serviert. Die große Bierauswahl ist ebenso hervorragend. Am örtlichen Golfplatz hat das Lokal einen Ableger.

An- & Weiterreise

Estes Park Shuttle (☎970-586-5151; www.estesparkshuttle.com; einfache Strecke/hin & zurück 45/85 US$) Verbindet den Flughafen Denver mit Estes Park (2 Std., ca. 4-mal tgl.).

Steamboat Springs

Steamboat steht für pure Magie à la Colorado: Im Umkreis warten jede Menge Outdoor-Abenteuer und Familienspaß, während die Skimöglichkeiten im Champagne-Powder-Pulverschnee zu den besten der Welt gehören. Gleichzeitig geben sich die Einheimischen angenehm direkt und zugleich bescheiden.

Am Rand des Western Slope wurde Steamboat vor 100 Jahren als Eisenbahn-Knotenpunkt gegründet. In seiner gut erhaltenen Old Town mit Nobelbistros und historischen Bars tummeln sich heute u.a. echte Cowboys, feierwütige Skifahrer und Millionäre. Im Sommer empfehlen sich auch Uferspaziergänge am Yampa River.

Aktivitäten

Steamboat Mountain Resort WINTERSPORT
(☎Ticketbüro 970-871-5252; www.steamboat.com; 2305 Mt Werner Circle; Liftpass Erw./Kind 175/110 US$; ⏲Ticketbüro 8–17 Uhr) Die nackten Fakten zum Wintersportgebiet Steamboat untermauern den lokalen Anspruch auf den Namen Ski Town, USA: 165 Pisten, 1118 m Höhenunterschied und fast 1214 ha Fläche. Erstklassiger Pulverschnee, höchst abwechslungsreiche Abfahrten zwischen Bäumen und Pisten aller Schwierigkeitsgrade machen das Ganze zur hiesigen Hauptattraktion – und zu einem der familienfreundlichsten Skiorte der USA.

★**Strawberry Park Hot Springs** THERMALQUELLEN
(☎970-879-0342; www.strawberryhotsprings.com; 44200 County Rd; pro Tag Erw./Kind 15/8 US$; ⏲So–Do 10–22.30, Fr & Sa bis 24 Uhr; 👪) Steamboats beliebtestes Thermalbad liegt außerhalb der Stadtgrenzen. Es bietet wunderbar naturnahe Entspannung, die natürlichen Teiche liegen hübsch neben einem Fluss. Nach Einbruch der Dunkelheit ist die Anlage Erwachsenen vorbehalten und Bekleidung optional (heute tragen aber die meisten Badeanzüge) – bei einem Besuch zu dieser Zeit sollte man eine Stirnlampe dabei haben. An den Wochenenden muss man damit rechnen, 15 bis 45 Minuten auf einen Parkplatz zu warten.

Orange Peel Bikes FAHRRADVERLEIH
(☎970-879-2957; www.orangepeelbikes.com; 1136 Yampa St; Leihfahrrad 45–75 US$/Tag; ⏲Mo–Fr 10–18, Sa bis 17 Uhr; 👪) Am Ende der Yampa St liegt Steamboats coolster Fahrradverleih in einem kegelförmigen Gebäude, das optisch an eine Marsstation erinnert. Der Laden liegt perfekt, wenn man einen Drahtesel mieten und damit gleich im Anschluss die Wege am Howelsen Hill in Angriff nehmen will. Das Team aus kompetenten Bike-Experten und -Mechanikern liefert zahllose Infos (inkl. Karten) zu lokalen Routen.

Bucking Rainbow Outfitters RAFTING
(☎970-879-8747; www.buckingrainbow.com; 730 Lincoln Ave; Tubing inkl. Shuttles 20 US$, Rafting 50–100 US$, Fliegenfischen 150–500 US$) Der hervorragende Ausrüster führt alles Nötige für diverse Outdoor-Aktivitäten (u.a. Fliegenfischen, Rafting) und hat auch das beste Fliegen-Sortiment der ganzen Gegend. Bekannt ist er aber vor allem für seine halb- oder ganztägigen Rafting-Trips auf dem Yampa und anderen Flüssen. Geführtes Fliegenfischen innerhalb des Stadtgebiets (2 Std. ab 155 US$/Pers.) ist hier ebenfalls im Angebot. Die Tubing-Touren starten vor dem Sunpies Bistro an der Yampa St und sind eine großartige Option für einen netten Nachmittag.

Old Town Hot Springs THERMALQUELLEN
(☎970-879-1828; www.oldtownhotsprings.org; 136 Lincoln Ave; Erw./Kind 18/12 US$, Wasserrutsche 2–7 US$; ⏲Mo–Fr 5.30–22, Sa 7–21, So 8–21 Uhr; 👪) Hier, mitten im Ortszentrum, ist das Wasser wärmer als bei den meisten anderen Thermalquellen in der Gegend. Die Ute kannten diese Quellen als „Medizin-Quellen"; dem mineralhaltigen Wasser werden Heilkräfte nachgesagt. Da es hier eine 70 m lange Wasserrutsche, eine Kletterwand und viele seichte Stellen gibt, ist dieses Thermalbad das am besten für Familien geeignete vor Ort.

Schlafen & Essen

★**Vista Verde Guest Ranch** RANCH $$$
(☎800-526-7433; www.vistaverde.com; 31100 Seedhouse Rd; pro Woche & Pers. Sommer/Winter ab 5125/3195 US$; ❄📶) Die Gäste von Colorados luxuriösester Spitzenklasse-Ferienranch unternehmen tagsüber Ausritte mit dem kompetenten Personal. Abends sitzen

sie dann in einer eleganten Lodge am offenen Kamin und schlummern schließlich in hochwertiger Bettwäsche. Das nötige Kleingeld vorausgesetzt.

Rex's American Bar & Grill AMERIKANISCH $
(☎970-870-0438; www.rexsgrill.com; 3190 S Lincoln Ave; Hauptgerichte 11–15 US$; ⊙7–23 Uhr; P ♿) Das Rex's serviert Leckeres aus Fleisch (z. B. Bison-Burger, Wapiti-Wurst, Steaks vom Freilandrind) – so köstlich, dass die Lage als Anhängsel des Holiday Inn irrelevant wird. Es zählt auch zu Steamboats familienfreundlichsten Lokalen und hat als einziges Restaurant der Stadt bis 23 Uhr geöffnet.

★ **Laundry** AMERIKANISCH $$
(☎970-870-0681; www.thelaundryrestaurant.com; 127 11th St; kleine Teller 10–16 US$, große Teller 35–38 US$; ⊙16.30–2 Uhr) Dieses Lokal der neuen Generation hat mit das beste Essen vor Ort. Hier gibt's kreative, schön angerichtete Versionen von beliebten einfachen Gerichten und Wurstplatten sowie große Steaks, Grillspeisen und Eingemachtes. Sparfüchse lieben die kleinen Teller, die man teilen kann und die eine reiche Auswahl bieten.

ℹ Praktische Informationen

Steamboat Springs Visitor Center (☎970-879-0880; www.steamboat-chamber.com; 125 Anglers Dr; ⊙Mo–Fr 8–17, Sa 10–15 Uhr) Gegenüber der Sundance Plaza gibt's hier viele Lokalinfos. Die Website ist eine tolle Planungshilfe.

USFS Hahns Peak Ranger Office (☎970-879-1870; www.fs.usda.gov; 925 Weiss Dr; ⊙Mo–Sa 8–17 Uhr) Die Ranger des Büros liefern Infos zu umliegenden National Forests (z. B. Mount Zirkel Wilderness) und zu Aktivitäten in der Region (u. a. Wandern, Mountainbiken, Angeln). Zudem gibt's hier Outdoor-Genehmigungen.

ℹ An- & Weiterreise

Die meisten Besucher fahren ab Denver über den Hwy 40 und den Rabbit Ears Pass nach Steamboat.

Yampa Valley Regional Airport (YVRA; ☎970-276-5000; 11005 RCR 51A, Hayden) Liegt 22 Meilen (35,4 km) westlich von Steamboat und wird im Winter direkt ab vielen US-Großstädten angeflogen.

Go Alpine (☎970-879-2800; www.goalpine.com; 1755 Lincoln Ave) Taxi- und Shuttle-Service, der mehrmals täglich zwischen Steamboat und dem Denver International Airport (DIA; 93 US$, einfache Strecke 4 Std.) verkehrt. Die Firma fährt auch zum Yampa Valley Regional Airport (einfache Strecke 39 US$) und betreibt zudem ein Stadttaxi innerhalb von Steamboat.

Greyhound-Busbahnhof (☎800-231-2222; www.greyhound.com; 1505 Lincoln Ave) Auf der Route Denver–Salt Lake City (US 40) halten Greyhound-Busse hier ca. 0,5 Meilen (800 m) westlich der Stadt. Die einfache Strecke nach Denver (4 Std.) Denver kostet 35 bis 43 US.

Storm Mountain Express (☎877-844-8787; www.stormmountainexpress.com) Shuttle-Service zum Yampa Valley Regional Airport (einfache Strecke 39 US$) und zu anderen Zielen; Fahrten zum DIA und nach Vail sind aber sehr teuer.

Zentrales Colorado

Im zentralen Colorado warten die himmelhohen Rocky Mountains mit zahllosen Attraktionen auf. Ein Großteil der regionalen Abenteuer konzentriert sich auf legendäre Skiorte wie Aspen, Vail und Breckenridge. Diese sind auch im Sommer super für allerlei Outdoor-Aktivitäten (z. B. Wandern, Mountainbiken) in der weiten Bergwildnis.

Die unbekannteren Gebiete rund um South Park und Leadville kombinieren erstklassige Möglichkeiten zum Raften und Bergsteigen mit kilometerweiter Aussicht. Ansonsten kann man hier z. B. Bergseen besuchen, Wildtiere beobachten, mit Dampfzügen fahren und Landstraßen zu verlassenen Bergbaustädten folgen.

Die Region steht zudem für scherzhafte Pietätlosigkeit, wilde Partys und jede Menge Streiche im typischen Alpin-Stil. Ein Teil des Spaßes ist bereits der Kontakt mit den sonnenverwöhnten und breit lächelnden Einheimischen.

Winter Park

Das bodenständige Winter Park Resort liegt weniger als zwei Fahrtstunden von Denver entfernt und ist bei Skifahrern aus dem Bereich der Front Range sehr beliebt: Diese kommen jedes Wochenende hierher, um auf frisch präparierten Pisten talwärts zu wedeln. Unter den Abfahrten sind gewalzte und proppevolle Anfänger-Hänge genauso wie die extrem anspruchsvollen Weltklasse-Buckelpisten von Mary Jane. Das Resort betreibt auch eines der landesweit besten Spezialprogramme für Wintersportler mit Handicap.

Der sympathische Ort mit gewissen Anleihen an die 1970er-Jahre ist ganzjährig eine hervorragende Ausgangsbasis für Unternehmungen. Die meisten Einrichtungen konzentrieren sich auf das Skidorf (südlich des eigentlichen Winter Park) und die Hauptstraße (US 40), an der auch das Visitor Center liegt. Von hier aus führt der Hwy 40 zum nahtlos angrenzenden Fraser, dann nach Tabernash und schließlich zur Rückseite des Rocky Mountain National Park.

Aktivitäten

Neben Abfahrtspisten und Langlaufloipen bietet Winter Park Mountainbike-Trails aller Schwierigkeitsgrade in einer Gesamtlänge von fast 1000 km. Der asphaltierte, 5,5 Meilen (8,9 km) lange **Fraser River Trail** führt vom Skiresort durch das Tal nach Fraser und verbindet die verschiedenen Radwege. Karten des Wegenetzes erhält man im **Visitor Center** (☎970-726-4118; www.winterpark-info.com; 78841 Hwy 40; ⊙9–17 Uhr). Mit Fatbikes kann man hier sogar im Winter radeln.

Schlafen & Essen

Richtung Winter Park liegen zwei reservierungsfreie USFS-Campingplätze abseits des Hwy 40: Ca. 5 Meilen (8 km) außerhalb der Stadt befindet sich **Robber's Roost** (Hwy 40; Stellplatz Zelt & Wohnmobil 20 US$; ⊙Mitte Juni–Aug.; 🐾) ohne Trinkwasser. Ungefähr 1 Meile (1,6 km) vor dem Resort erreicht man **Idlewild** (Hwy 40; Stellplatz Zelt & Wohnmobil 20 US$; ⊙Ende Mai–Sept.; 🐾). Von den vielen kostenlosen Campingmöglichkeiten im umliegenden National Forest empfiehlt sich die hochgelegene Option **Rollins Pass** (USFS Rd 149; ⊙Mitte Juni–Mitte Nov.). Im Ort selbst gibt's vor allem Ferienwohnungen, aber auch ein paar interessante Hotels und Lodges.

★**Devil's Thumb Ranch** LODGE $$$
(☎970-726-7000; www.devilsthumbranch.com; 3530 County Rd 83; Lodge Zi. ab 350 US$, Hütte ab 450 US$; ❄📶🏊🐾) 🍃 Die hochgelegene Ranch ist die nobelste Bleibe im Umkreis von Winter Park und eine gute Ausgangsbasis für ganzjährige **Aktivitäten** (Wandern 10 US$, Reiten 85–175 US$, Seilrutschen 55–110 US$; 👪). Ihre Zimmer wirken elegant, aber nicht übertrieben vornehm. Die Lodge im schicken Cowboy-Stil ist ideal für ein romantisches Wochenende. Die Hütten empfehlen sich für Gruppen oder Gäste, die mehr Privatsphäre wollen. Man sollte sehr früh reservieren.

★**Pepe Osaka's Fish Taco** JAPANISCH $
(☎970-726-7159; https://pepeosakasfishtacos.com; 78707 US Hwy 40; 2 Tacos 13–15 US$; ⊙tgl. 16–21 & Sa–So 12–15 Uhr) Wer Sushi und Fisch-Tacos mag, wird gegen Sushi-Tacos nichts haben. In diesem Lokal, das Gerichte anbietet, die sich der Nikkei-Cuisine zuordnen lassen (für alle, die nicht auf dem neusten Stand sind: der japanisch-peruanischen Fusion-Küche), gibt's ausgezeichnet gewürzte Thunfisch-Tacos, Ahi-*poke*-Ceviche-Tacos und Tacos mit schwarz gebratenem Mahi-Mahi *al pastor*. Dazu gibt's leckere gebratene Kochbananen und Margaritas.

Breckenridge & Umgebung

Einzigartig im Summit County: Breckenridge wurde nicht als Skiort gegründet. Vielmehr entstand es vor über 100 Jahren mit viel Anstrengung als hoffnungsvolle Bergbaustadt. Das malerische historische Zentrum beherbergt heute T-Shirt-Läden, Nobelrestaurants und umgebaute Gasthöfe im viktorianischen Stil.

Sehenswertes & Aktivitäten

★**Barney Ford Museum** MUSEUM
(www.breckheritage.com; 111 E Washington Ave; Eintritt gegen Spende 5 US$; ⊙Di–So 11–15 Uhr, saisonal unterschiedliche Öffnungszeiten) GRATIS Barney Ford war ein entflohener Sklave, der zu einem wohlhabenden Unternehmer und zu einem Bürgerrechtspionier in Colorado wurde. Im Verlauf seines an Wechselfällen reichen, tragischen und triumphierenden Lebens verbrachte er zweimal längere Zeit in Breckenridge (wo er einen rund um die Uhr geöffneten Imbissstand betrieb, der Delikatessen wie z. B. Austern servierte). Ford besaß auch ein Restaurant und ein Hotel in Denver. Das Museum residiert in dem Haus, in dem er von 1882 bis 1890 wohnte.

Breckenridge Ski Area WINTERSPORT
(☎800-789-7669; www.breckenridge.com; Skipass Erw./Kind 189/123 US$; ⊙Nov.–Mitte April 8.30–16 Uhr; 👪) Das Skigebiet umfasst fünf Berge (Bergspitzen 6 bis 10) auf einer Fläche von 11,74 km^2 und hat einige der besten Pisten für Anfänger und fortgeschrittenere Anfänger in Colorado, aber auch viele aufregende hochalpine Pisten. Vier Funparks und eine Superpipe komplettieren das Angebot.

Schlafen

Bivvi Hostel HOSTEL $
(☎970-423-6553; www.thebivvi.com; 9511 Hwy 9; B Winter/Sommer ab 85/29 US$; 🅿📶) Das moderne Hostel mit der Anmutung einer Blockhütte punktet mit Stil, Freundlichkeit und günstigen Preisen. Die Schlafsäle für vier bis sechs Personen haben private Schließfächer und angeschlossene Bäder. Das Frühstück

ist kostenlos; chillen kann man im schrillen Gemeinschaftsraum oder draußen auf der prächtigen Terrasse, die mit Gasgrill und Whirlpool ausgestattet ist. Privatzimmer sind ebenfalls im Angebot.

Essen & Ausgehen

★Breckenridge Distillery AMERIKANISCH $$
(☎970-547-9759; www.breckenridgedistillery.com; 1925 Airport Rd; kleine Gerichte 10–18 US$; ⊙Di–Sa 16–21 Uhr) Im cool-urbanen Ambiente serviert diese **Brennerei** (☎970-547-9759; www.breckenridgedistillery.com; 1925 Airport Rd; ⊙Di–Sa 11–21, So & Mo bis 18 Uhr) eine vielfältige Auswahl an Speisen. Basis hierfür sind die appetitlichen Einfälle der hochkarätigen Küchenchefs, die z.B. mühelos zwischen göttlichen *cacio e pepe* (Käse-Spaghetti à la Rom), Hähnchenleber im Blätterteig oder Datteln mit Mascarpone wechseln. Die meist kleinen Gerichte eignen sich hervorragend für Gemeinschafts-Genuss mit erstklassigen Cocktails.

Crown CAFÉ
(☎970-453-6022; www.thecrownbreckenridge.com; 215 S Main St; ⊙7.30–20 Uhr; 📶) Das brummende Café ist der gesellige Mittelpunkt und gewissermaßen das Wohnzimmer der Stadt. Bei einem Becher Silver-Canyon-Kaffee und einem Sandwich oder Salat hört man den neuesten Klatsch der Stadt.

Broken Compass Brewing BRAUEREI
(☎970-368-2772; www.brokencompassbrewing.com; 68 Continental Ct; ⊙11.30–23 Uhr) Das Broken Compass in einem Industriekomplex am Nordende der Airport Road gilt allgemein als die beste Brauerei in Breck. Beim hauseigenen Coconut Porter oder Chili Pepper Pale lässt man sich mit Freunden in den alten Sessellift sinken. Alle zwei Stunden fährt ein Shuttle zwischen der Brauerei und der Stadt.

Praktische Informationen

Visitor Center (☎877-864-0868; www.gobreck.com; 203 S Main St; ⊙9–18 Uhr; 📶) Neben jeder Menge Landkarten und Broschüren hat das Visitor Center auch ein hübsches Museum am Fluss, das sich der Goldgräbervergangenheit der Stadt widmet.

An- & Weiterreise

Breckenridge liegt 80 Meilen (ca. 129 km) westlich von Denver und ist über die I-70 bis zur Ausfahrt 203 und dann den Hwy 9 in südlicher Richtung zu erreichen.

DEN ERSTEN 4000ER ERKLETTERN

Der als „Colorados leichtester Viertausender" bekannte **Quandary Peak** (www.14ers.com; County Rd 851) nimmt mit 4348 m den 15. Platz der höchsten Gipfel im Bundesstaat ein. Obwohl man auf der Strecke viele Hunde und Kinder sieht, darf man sich von „leichtest" nicht irreführen lassen: Der Gipfel ist immer noch 4,8 strapaziöse Kilometer vom Startpunkt des Weges entfernt.

Für die Wanderung eignen sich die Monate zwischen Juni und September.

Vail

Vail liegt unterhalb der Gore Range an der I-70 und bietet alles, was man sich von einem Urlaubsort im Gebirge wünscht. Die Siedlungsbereiche am unteren Ende des Skigebiets haben die Optik und Atmosphäre eines Tiroler Bergdorfs. An gepflasterten Bürgersteigen findet man hier ein paar von Colorados besten Restaurants. Und die großartige, gut betuchte Gästeschar macht beim Aprés-Ski die Nacht zum Tag.

Sehenswertes & Aktivitäten

Der Reiz von Vail ist kein Geheimnis: Die zahllosen Outdoor-Aktivitäten im Winter und Sommer machen den Ort so attraktiv. In der „Schlammsaison" (Mitte April–Ende Mai & Nov.) gibt's aber kaum Optionen für Besucher: Dann sind hier weder Skifahren noch Hochgebirgswandern möglich.

★Vail Mountain WINTERSPORT
(☎970-754-8245; www.vail.com; Liftpass Erw./Kind 189/130 US$; ⊙Nov.–Mitte April 9–16 Uhr; 👪) Mit 195 Abfahrten und drei Hindernisparks auf 2140 ha Wintersport-Terrain zählt Vail Mountain zu den besten Skigebieten der Welt – aber (ähem) mit den höchsten Liftpass-Preise Nordamerikas. Eine eventuelle Pisten-Premiere in Colorado feiert man am besten hier – idealerweise an einem heiteren Tag mit frischem Pulverschnee. Ab drei Nutzungstagen lohnt sich der Epic Pass.

Vail to Breckenridge Bike Path RADFAHREN
(www.summitbiking.org) Über 14 km erstreckt sich dieser befestigte, autofreie Radweg von East Vail zum höchsten Punkt des Vail Pass (Höhenunterschied 558 m). Von dort aus führt er über 22,5 km hinunter nach Frisco.

Nach Breckenridge sind es dann weitere 14,5 km. Wer nur bergab rollen möchte, nimmt den Shuttle-Bus von **Bike Valet** (☎970-476-7770; www.bikevalet.net; 616 W Lionshead Cir; Leihfahrrad ab 51 US$/Tag; ⏰9–18 Uhr; 👪) und genießt die Rückfahrt nach Vail per Fahrrad.

Schlafen

Gore Creek Campground CAMPING $
(☎877-444-6777; www.recreation.gov; Bighorn Rd; Stellplatz Zelt 22–24 US$; ⏰Mitte Mai–Sept.; 🐾) Dieser Campingplatz am Ende der Bighorn Rd hat 19 Zeltstellplätze mit Picknicktischen und Feuerrosten, die versteckt zwischen Bäumen am Gore Creek liegen. In der Nähe gibt es ausgezeichnete Angelplätze – es lohnt sich, auf dem Slate Creek Trail oder dem Deluge Lake Trail zu wandern. Der Campingplatz liegt 6 Meilen (9,6 km) östlich von Vail Village und ist über die I-70 (Exit 180, Richtung East Vail) zu erreichen.

★**Sebastian Hotel** HOTEL $$$
(☎800-354-6908; www.thesebastianvail.com; 16 Vail Rd; Zi. Winter/Sommer ab 800/300 US$; P ❄ 📶 🏊 🐾) Luxuriös und modern, punktet dieses raffinierte Hotel mit geschmackvoller zeitgenössischer Kunst und einer eindrucksvollen Liste von Annehmlichkeiten, darunter einem Skiservice, einem Luxus-Spa und einem „Adventure Concierge". Im Sommer fallen die Zimmerpreise auf normales Niveau – die perfekte Zeit, um in der Tapas-Bar zu verweilen und die spektakuläre Poollandschaft mit Whirlpools zu genießen, die überschäumen.

Austria Haus HOTEL $$$
(☎866-921-4050; www.austriahaushotel.com; 242 E Meadow Dr; Zi. Winter/Sommer ab 500/290 US$; P ❄ 📶 🏊) Das Austria Haus ist eines der ältesten Unternehmen vor Ort und bietet sowohl Hotelzimmer als auch Ferienwohnungen (mehr Infos unter www.austriahaus club.com), man sollte sich also darüber im Klaren sein, was man bucht. Im Hotel sorgen charmante Details wie holzgetäfelte Türdurchgänge, Berberteppiche und Marmorbäder für einen angenehmen Aufenthalt. Beim großzügigen Frühstücksbüffet tankt man auf.

Essen & Ausgehen

★**Westside Cafe** DINER $
(☎970-476-7890; www.westsidecafe.net; 2211 N Frontage Rd; Hauptgerichte 9–16 US$; ⏰Mo–Mi 7–15, Do–So bis 22 Uhr; 📶 👪) Das in einer Einkaufszeile in West Vail zu findende Westside ist eine örtliche Institution. Den ganzen Tag über gibt's tolle Frühstückspfannen – z. B. „My Big Fat Greek Skillet" mit Rührei, Gyros, roten Zwiebeln, Tomaten, Feta und warmem Pita –, und daneben die üblichen kalorienreichen Sachen, die man vor oder nach einem Tag auf den Pisten so dringend braucht.

★**Game Creek Restaurant** AMERIKANISCH $$$
(☎970-754-4275; www.gamecreekvail.com; Game Creek Bowl; 4-/5-Gänge-Menü 115/135 US$; ⏰Dez.–April Di–Sa 17.30–21 Uhr, Ende Juni–Aug. Do–Sa 17.30–20.30 & So 11–14 Uhr; 🍷 👪) Dieses Gourmetrestaurant liegt hoch oben in der spektakulären Game Creek Bowl. Mit der Eagle Bahn Gondola fährt man hinauf zum Eagle's Nest, von wo einen ein Shuttle (im Winter eine Pistenraupe) zu dem Restaurant im Stil einer Lodge bringt. Auf der Karte stehen amerikanisch-französische Gerichte; Highlights sind Wildschweinbraten, Hirschlende und saftige Lammkeulen. Reservieren erforderlich!

Sweet Basil AMERIKANISCH $$$
(☎970-476-0125; www.sweetbasilvail.com; 193 Gore Creek Dr; Hauptgerichte mittags 18–22 US$, abends 27–48 US$; ⏰11.30–14.30 & 18 Uhr–open end) 🌿 Das Sweet Basil (eröffnet 1977) zählt bis heute zu Vails besten Restaurants: Die vielfältige US-Küche auf der saisonal wechselnden Karte ist stets ausgezeichnet und einfallsreich. In großartigem Ambiente gibt's hier meist auch Klassiker wie Colorado-Lamm oder scharf angebratene Rocky-Mountain-Forelle. Vor allem in der Hauptsaison ist Reservierung im Voraus Pflicht.

Praktische Informationen

Vail Visitor Center (☎970-477-3522; www.vailgov.com; 241 S Frontage Rd; ⏰Winter 8.30–17.30 Uhr, Sommer bis 20 Uhr; 📶) Direkt neben dem Transportation Center gibt's hier Infos zu Vail (inkl. Aktivitäten), Karten und Last-Minute-Hotelangebote. Am Parkhauseingang befindet sich das größere Lionshead Welcome Center.

Anreise & Unterwegs vor Ort

Eagle County Regional Airport (EGE; ☎970-328-2680; www.flyvail.com; 217 Eldon Wilson Dr, Gypsum) Liegt 35 Meilen (56 km) westlich von Vail und bietet Flugverbindung zu Zielen in den ganzen USA (oft über Denver). Vor Ort sind auch Autovermieter vertreten.

Aspen

Das traumhafte Aspen gehört zu den berühmtesten Bergorten der Welt:

An den vier Skihängen warten ein paar von Colorados besten Champagne-Powder-Pisten. Im historischen Ortskern finden sich Spitzenrestaurants an fast jeder Ecke. Zudem durchdringt schickes Understatement hier beinahe alles – ob Aktivitäten, Sehenswürdigkeiten, Küche oder Atmosphäre. Das Gesamtpaket verspricht einen unvergesslichen Urlaub in den Bergen.

Aspen bietet zu jeder Jahreszeit ein anderes Gesicht: Im Herbst erstrahlt auf den umliegenden Hügeln ein wogendes Meer aus goldfarbenem Espenlaub. Der Winter steht im Zeichen von belebten Pisten und maximaler Feierwut. Zu Frühjahrsbeginn erblühen die ersten Blumen rund um die spiegelblanken Bergseen. Und der grandiose Sommer kombiniert Musikfestivals, Kunst und das Erkunden endlos langer Wanderwege an perfekten Tagen unter Colorados hellblauem Himmel.

Sehenswertes & Aktivitäten

Aspen Art Museum MUSEUM
(☎970-925-8050; www.aspenartmuseum.org; 637 E Hyman Ave; ⏲Di–So 10–18 Uhr) GRATIS Das großartige Gebäude dieses Museums hat eine organisch wirkende Gitterfassade aus Holz (entworfen von Pritzker-Preisträger Shigeru Ban). Die drei Ausstellungsebenen beherbergen keine ständige Sammlung: Zu sehen gibt's hier nur Wechselausstellungen mit kühner, innovativer Kunst der modernen Art (Gemälde, Skulpturen, Fotografien, Video-Installationen; auch in gemischten Medienformen). Die Werke stammen z.B. von Mamma Andersson, Mark Manders und Susan Philipsz. Im coolen Dachcafé kann man bei schöner Aussicht speisen. Kunstfans werden nicht enttäuscht sein.

★**Aspen Center for Environmental Studies** NATUR
(ACES; ☎970-925-5756; www.aspennature.org; 100 Puppy Smith St, Hallam Lake; ⏲Mo–Fr 9–17 Uhr; 👪) Das Aspen Center for Environmental Studies verwaltet das 10 ha große Hallam Lake Naturschutzgebiet, das sich an den Roaring Fork River schmiegt und kilometerlange Wanderwege im Hunter Creek Valley umfasst. Die Wissenschaftler des Zentrums, die es als ihre Aufgabe sehen, den Naturschutz voranzubringen, veranstalten kostenlose geführte Wanderungen und Schneeschuh-Touren, Raubvogelschauen (Adler und Eulen gehören zu den Bewohnern des Gebiets) und Programme für die Jüngsten.

★**Snowmass Ski Resort** WINTERSPORT
(☎800-525-6200; www.aspensnowmass.com; Liftpass für 4 Berge Erw./Kind 174/116 US$; ⏲Dez.–Mitte April 9–16 Uhr; 👪) Die Hauptattraktion von Snowmass ist ziemlich klar: Wintersport auf jeder Menge Pulverschnee. Extrem-Skifreaks finden hier ein paar ziemlich steile Hänge. Der allgemeine Schwerpunkt liegt aber auf den vielen Pisten für Anfänger, Fortgeschrittene und Erfahrene. Zur sehr hohen Familienfreundlichkeit des Ganzen trägt auch das Snowmass Village mit Hotels und Restaurants bei.

Maroon Bells WANDERN, SKIFAHREN
Wer nur einen Tag zur Verfügung hat, um sich hier an der unberührten Natur zu erfreuen, sollte diesen im Schatten von Colorados kultigsten Bergen verbringen: den pyramidenförmigen Zwillingsgipfeln des **North Maroon Peak** (4271 m) und des **South Maroon Peak** (4315 m). 11 Meilen (17,7 km) südwestlich von Aspen sind die Ufer des **Maroon Lake** ein hinreißendes Gelände vor der Kulisse der hohen, geriffelten Gipfel.

Schlafen

★**Difficult Campground** CAMPING $
(☎877-444-6777; www.recreation.gov; Hwy 82; Stellplatz Zelt & Wohnmobil 24–26 US$; ⏲Mitte Mai–Sept.; 🐾) Der größte Campingplatz im Gebiet von Aspen ist einer von vier Plätzen am Fuß des Independence Pass und der einzige, der Reservierungen annimmt. Er befindet sich ca. 5 Meilen (8 km) westlich der Stadt und liegt am niedrigsten (2438 m). Weiter oben liegen die drei kleineren Campingplätze **Weller**, **Lincoln Gulch** und **Lost Man**. Wasser ist vorhanden, es gibt aber keine Elektroanschlüsse für Wohnmobile.

Annabelle Inn HOTEL $$
(☎877-266-2466; www.annabelleinn.com; 232 W Main St; Zi. Winter/Sommer ab 250/200 US$; P❄@📶) Das reizende Annabelle Inn in zentraler Lage ist sympathisch, bodenständig und etwas schräg. Sein Ambiente erinnert an eine altmodische europäische Skihütte. Die Zimmer mit Flachbild-TVs und warmen Federbetten wirken gemütlich, aber nicht verkitscht. Vor einem langen Ski- oder Wandertag gibt's hier ein großartiges Früh-

stück. Danach warten ein Whirlpool und ein offener Kamin.

Limelight Hotel HOTEL $$$
(☎855-925-3025; www.limelighthotel.com; 355 S Monarch St; Zi. Winter/Sommer ab 500/250 US$; P❄📶🏊🐾) Mit elegantem Modernismus aus Backstein und Glas steht das trendige Limelight für Aspens neue Hotelgeneration. Die geräumigen Zimmer haben stilvolle Einrichtungselemente (z. B. Granitwaschbecken, Kopfbretter mit Lederbezug) und Balkone bzw. Dachterrassen mit Bergblick. Weitere Annehmlichkeiten wie ein großartiges Frühstück und Shuttles zu allen umliegenden Skigebieten runden das wunderbare Gesamtpaket ab. Nahe der Seilbahn von Snowmass (S. 105) gibt's einen gleichnamigen Ableger.

Essen & Ausgehen

★ **Pyramid Bistro** CAFÉ $$
(☎970-925-5338; www.pyramidbistro.com; 221 E Main St; Hauptgerichte mittags 12–18 US$, abends 19–29 US$; ⊙11.30–21.30 Uhr; ✎) Das vegetarische Feinschmeckercafé im obersten Stock von **Explore Booksellers** (☎970-925-5336; www.explorebooksellers.com; 221 E Main St; ⊙10–21 Uhr; 📶) serviert köstliche Kreationen, z. B. Süßkartoffel-Gnocchi mit Ziegenkäse, kleine Sandwiches mit roten Linsen und Quinoa-Salat mit Avocado, Gojibeeren und Sesam-Vinaigrette. Das Restaurant ist beim Thema „Essen für Gesundheitsbewusste" in Aspen mit Abstand die beste Wahl.

Matsuhisa JAPANISCH $$$
(☎970-544-6628; www.matsuhisarestaurants.com; 303 E Main St; Hauptgerichte 29–42 US$, Sushi 8–12 US$/2 Stücke; ⊙17.30 Uhr–open end) Das umgebaute Haus, die erste Filiale von Nobu Matsuhisas bekannter globaler Kette in Colorado, ist anheimelnder als der Ableger in Vail und liefert immer noch spektakuläre Gerichte wie Schwarzer Zackenbarsch mit Miso, Schwarzer Seehecht mit Trüffeln oder aromatische Seeigeleier.

Aspen Brewing Co BRAUEREI
(☎970-920-2739; www.aspenbrewingcompany.com; 304 E Hopkins Ave; ⊙12 Uhr–open end; 📶) Fünf eigene Biersorten und ein sonniger Balkon mit Bergblick machen den Laden zur besten Entspannungsadresse nach einem langen Tag an der frischen Luft. Die Biere reichen vom aromatischen This Year's Blonde über das starke Independence Pass Ale (IPA) und das lieblichere Conundrum Red Ale bis zum schokoladigen Pyramid Peak Porter.

Woody Creek Tavern PUB
(☎970-923-4585; www.woodycreektavern.com; 2 Woody Creek Plaza, 2858 Upper River Rd; ⊙11–22 Uhr) Der hundertprozentige Agaven-Tequila und die Margaritas mit frischem Limonen rechtfertigen die 8 Meilen (12,9 km) lange Anfahrt aus Aspen mit dem Auto – oder mit dem Fahrrad über den **Rio Grande Trail** (www.riograndetrail.com; Puppy Smith St). Die Wände der abgefahren-rustikalen Taverne, die seit 1980 bei Einheimischen beliebt ist und die Lieblingskneipe des verstorbenen, berühmten Gonzo-Journalisten Hunter S. Thompson war, sind mit Zeitungsausschnitten, Fotos von Gästen und allerlei Krimskrams dekoriert.

Praktische Informationen

Aspen-Sopris Ranger District (☎970-925-3445; www.fs.usda.gov/whiteriver; 806 W Hallam St; ⊙Mo–Fr 8–16.30 Uhr) Zum Aspen-Sopris Ranger District (vom USFS verwaltet) gehören das Roaring Fork Valley sowie das Gebiet zwischen Independence Pass und Glenwood Springs (inkl. der Maroon Bells Wilderness). In diesem Büro gibt's Karten, Wandertipps und Informationen zu den rund 20 Campingplätzen.

Aspen Visitor Center (☎970-925-1940; www.aspenchamber.org; 425 Rio Grande Pl; ⊙Mo–Fr 8.30–17 Uhr) Kleines Büro gegenüber vom Rio Grande Park, das Besucher u. a. in puncto Wanderrouten, Restaurants und Outdoor-Abenteuer berät.

Cooper Street Kiosk (Ecke E Cooper Ave & S Galena St; ⊙10–18 Uhr) Karten, Broschüren und Zeitschriften.

Anreise & Unterwegs vor Ort

Aspen-Pitkin County Airport (ASE; ☎970-920-5380; www.aspenairport.com; 233 E Airport Rd; 📶) Ein geschäftiger Flughafen, der etwa 4 Meilen (6,4 km) nordwestlich von Aspen am Hwy 82 liegt. Ganzjährig gibt's hier Direktflüge nach/ab Denver sowie saisonale Nonstop-Verbindungen zu/ab acht anderen US-Großstädten (z. B. L. A., Chicago). Vor Ort sind diverse Autovermieter vertreten. Gratis-Busse pendeln zwischen Flughafen und Stadt (alle 10–15 Min.).

Roaring Fork Transportation Authority (RFTA; ☎970-925-8484; www.rfta.com; 430 E Durant Ave; ⊙6.15–2.15 Uhr; 📶) Betreibt u. a. kostenlose Shuttlebusse, die Aspen mit den Skigebieten Highlands, Snowmass und Buttermilk verbinden. Der VelociRFTA bedient Basalt (4 US$, 25 Min.), Carbondale (6 US$, 45 Min.)

und Glenwood Springs (7 US$, 1 Std.) weiter unten im Tal.

Salida

Unter Colorados Sonne lebt es sich in Salida nochmal eine Runde besser: Der lokale Mix aus fröhlicher Bergatmosphäre, historischem Charme und leichtem Zugang zu grandioser Wildnis ist fast unschlagbar. Im weitläufigen, alten Ortskern (makellos erhalten) gibt's erstklassige Kunsthandwerks- und Antiquitätenläden.

Zudem ist dies eines von Amerikas besten Rafting-Revieren: Mitten durch Salida strömt der Arkansas River, der von familienfreundlichen Strecken der Kategorie II bis hin zu heftigen Stromschnellen der Kategorie V alle möglichen Optionen bietet. Dank der Tallage unterhalb eines Gebirgsmassivs sind auch die Möglichkeiten für Wanderer, Mountainbiker und Skifahrer ganz hervorragend. Da hat man die Qual der Wahl – Abenteuer warten hier an jeder Ecke.

Abends heißt's dann den nächsten Outdoor-Tag in einer von Salidas vielen gemütlichen Kleinbrauereien planen. Im Sommer sind die Besucherzahlen hier am höchsten.

Aktivitäten

Mountainbiker und Wanderer finden in unmittelbarer Nähe der Stadt einige tolle Routen: den **Continental Divide Trail** (www.continentaldividetrail.org), den **Colorado Trail** (www.coloradotrail.org) und den **Rainbow Trail**. Wer sich nicht abmühen will, nimmt die **Gondelbahn** (719-539-4091; www.monarchcrest.net; Erw./Kind 10/5 US$; Mitte Mai–Mitte Sept. 8.30–17.30 Uhr), die vom Monarch Pass fast 300 m aufwärts auf den Gipfel der Monarch Ridge führt. Auch die **Monarch Ski Area** (719-530-5000; www.skimonarch.com; 23715 Hwy 50; Liftpass Erw./Kind 84/40 US$; Dez.–Mitte April) punktet mit überraschend attraktivem Terrain und erschwinglichen Preisen. Regionale Hauptattraktion sind aber natürlich die tollen Rafting-Touren auf dem Arkansas River (S. 108). Hierbei reicht das Spektrum von familienfreundlichen Trips und Optionen mit Angeln bis hin zu heftigeren Herausforderungen auf Strecken wie Numbers, Royal Gorge oder Brown's Canyon.

★ Absolute Bikes RADFAHREN
(719-539-9295; www.absolutebikes.com; 330 W Sackett Ave; Fahrrad 25–105 US$/Tag, Touren ab 175 US$; 9–18 Uhr) Die erste Anlaufstelle für Radler bietet Karten, Ausrüstung und Ratschläge. Der Laden vermietet Straßenräder und Mountainbikes und unterhält – sehr wichtig – auch Shuttles zu den Tour-Startpunkten. Es gibt auch eine tolle Auswahl geführter Radtouren, z.B. zur Geisterstadt St. Elmo oder zum Monarch Crest Trail.

★ Monarch Crest Trail MOUNTAINBIKEN
Diese Route ist einer der berühmtesten Trails in Colorado, ein extremes 32 bis 56 km langes Abenteuer. Vom Monarch Pass (3448 m) folgt die Strecke dem offenen Bergkamm 19 km bis zum Marshall Pass. Von dort fährt man entweder auf einer alten Bahntrasse hinunter nach Poncha Springs oder weiter auf dem Rainbow Trail. Die klassische Tour bietet fabelhafte Ausblicke aus großer Höhe.

Schlafen

In Salida gibt's ein gutes Hostel und Hotel im Zentrum sowie eine große Menge typischer Motels am Rand des Ortes. Die **Arkansas Headwaters Recreation Area** (719-539-7289; http://cpw.state.co.us; 307 W Sackett Ave; 8–17 Uhr, Sa & So 12–13 Uhr geschl.) betreibt sechs Campingplätze (Wasser selber mitbringen!) am Fluss, darunter **Hecla Junction** (719-539-7289; http://coloradostateparks.reserveamerica.com; Hwy 285, Meile 135; Stellplatz Zelt & Wohnmobil 18 US$, zzgl. Tagesgebühr 7 US$). Ein weiterer toller Campingplatz ist **Monarch Park** (877-444-6777; www.recreation.gov; abseits des Hwy 50; Stellplatz Zelt & Wohnmobil 18 US$; Juni–Sept.) oben am Pass nahe den Wander- und Radwegen des Monarch Crest und des Rainbow Trail.

★ Simple Lodge & Hostel HOSTEL $
(719-650-7381; www.simplelodge.com; 224 E 1st St; B/DZ/4BZ 24/65/84 US$; P@) Hätte Colorado doch nur mehr Unterkünfte dieser Art! Das von den superfreundlichen Mel und Justin geführte Hostel ist einfach, aber stilvoll und hat eine komplett ausgestattete Küche und einen gemütlichen Gemeinschaftsbereich, in dem man sich wie zu Hause fühlt. Das Hostel ist bei Radfahrern beliebt, die hier auf der Rte 50 von Küste zu Küste unterwegs sind. Sehr gut möglich also, dass man hier interessanten Typen begegnet.

Essen

The Fritz TAPAS $
(719-539-0364; https://thefritzsalida.com; 113 E Sackett St; Tapas 6–10 US$, Hauptgerichte 11–16 US$; 11–21 Uhr) Diese lustige Kneipe am Fluss serviert prima Tapas amerikani-

ABSTECHER

RAFTING AUF DEM ARKANSAS RIVER

Der Arkansas River entspringt bei Leadville, fließt an der Ostflanke von Buena Vista hinunter und weiter durch das Browns Canyon National Monument, bis er mit Klasse-V-Fließgeschwindigkeit durch die spektakuläre Royal Gorge schießt. Der Fluss ist der vielfältigste, längste und wildeste im Bundesstaat. Eisige Wasserspritzer durchnässen einen, während sich das Boot in die tosenden Wellen stürzt; die durchnässte Crew gibt der Strömung nach, und setzt rückwärts um einen großen Felsbrocken. Für erfahrene Sportler ein Riesenspaß!

scher Art, z.B. Makkaroni mit drei Käsesorten, Schinken, Fritten und Trüffel-Aioli, gebratene Gelbflossenthun-Wantans oder Brie-Ciabatta mit Dattel-Konfitüre. Es gibt auch tolle Burger mit Rindfleisch von mit Gras gefütterten Tieren sowie Salate und Sandwiches. Dazu findet man ein gutes Sortiment örtlicher Fassbiere.

★Amícas PIZZERIA **$$**
(☎719-539-5219; www.amicassalida.com; 127 F St; Pizzas & Panini 6,90–13 US$; ⌚Mo–Mi 11–21, Do–So 7–21 Uhr; 📶👪) Holzofenpizzas mit dünnem Boden, Panini, Lasagne plus selbst gebraute Fassbiersorten gefällig? Der entspannte Treff mit hoher Decke ist ein echter Volltreffer – perfekt, um die leeren Akkus wieder aufzufüllen! Am besten genießt man eine Pizza Michelangelo (Pesto, Wurst, Ziegenkäse) oder eine Vesuvio (Artischockenherzen, sonnengetrocknete Tomaten, geröstete Paprika) zu einem kühlen Glas Headwaters India Pale Ale.

ℹ Praktische Informationen

Salida Chamber of Commerce (☎719-539-2068; www.nowthisiscolorado.com; 406 W Rainbow Blvd; ⌚Mo–Fr 9–17 Uhr) Allgemeine Infos für Reisende.

USFS Ranger Office (☎719-539-3591; www.fs.usda.gov; 5575 Cleora Rd; ⌚Mo–Fr 8–16.30 Uhr) Östlich der Stadt, abseits vom Hwy 50, gibt's Infos zu Campingplätzen und Wanderwegen in der Sawatch Range und der nördlichen Sangre de Cristo Range.

ℹ An- & Weiterreise

Am Ausgang des Arkansas River Valley liegt Salida erstklassig an der Kreuzung von Hwy 285 und Hwy 50. Die Stadt war früher ein Bahnknoten, weshalb man bei der Erkundung der Gegend auf die eine oder andere stillgelegte Bahntrasse stößt. Gunnison, Colorado Springs, die Great Sand Dunes und Summit County sind alle innerhalb von ein oder zwei Fahrtstunden erreichbar – wenn man über ein eigenes Auto verfügt.

Colorado Springs

Das interessante Colorado Springs ist in den letzten Jahren rasant gewachsen, hat sich aber dennoch einen Teil seines provinziellen Flairs bewahrt. Und liegt grandios: Über der Stadt thront der Pikes Peak, während in der Nähe die senkrechten Sandsteintürme des Garden of the Gods aufragen. Die Atmosphäre in den reizenden kleinen Vierteln erinnert an ein beschauliches Bergdorf. Gleichzeitig sind hier rechtsextreme US-Evangelikale und eine große Militärbasis zu Hause. Doch jenseits politischer Aspekte ist das Erkunden von Stadt und Umgebung ein Highlight jedes Trips durch Colorado. Alle örtlichen Attraktionen lassen sich in maximal zwei Tagen abklappern.

Im Westen von Colorado Springs liegen Manitou Springs und Old Colorado City mit zauberhaften Läden und Bistros. Draußen im Vorgebirge warten herrliche Outdoor-Abenteuer (z.B. Wandern, Mountainbiken), Felssiedlungen, Höhlentouren und Autotouren zur Spitze des Pikes Peak.

👁 Sehenswertes & Aktivitäten

★Pikes Peak BERG
(☎719-385-7325; www.springsgov.com; Maut Erw./Kind 15/5 US$; ⌚Juni–Aug. 7.30–20 Uhr, Sept. bis 17 Uhr, Okt.–Mai 9–15 Uhr; 🅿) Der Pikes Peak gehört mit seinen 4300 m nur haarscharf zu Colorados 54 über 14000 Fuß hohen Bergen, ist aber sicher der berühmteste davon. Die Ute-Indianer nannten ihn „Sonnenberg", eine treffende Bezeichnung für diesen majestätischen Gipfel, der die südliche Front Range überragt. Er erhebt sich fast senkrecht 2255 m aus der Ebene empor und wird jährlich von über 500000 Besuchern erklommen.

★Garden of the Gods PARK
(www.gardenofgods.com; 1805 N 30th St; ⌚5–21 Uhr; 🅿) GRATIS Diese herrliche Ader aus rotem, ca. 290 Mio. Jahre altem Sandstein tritt auch anderswo entlang von Colorados Front Range zutage. Die hiesige Hintergrundkulisse aus wunderschön schlanken Felsnadeln ist aber besonders herrlich. Parkbesucher können auf befestigten oder unbefestigten

Wegen wandeln, ein Picknick genießen und Kletterer beobachten, die ihre Fähigkeiten am teilweise bröckeligen Fels testen.

Schlafen

Mining Exchange HOTEL $$
(☎719-323-2000; www.wyndhamhotels.com; 8 S Nevada Ave; Zi. ab 225 US$; P❄📶) Das stilvollste Hotel vor Ort (eröffnet 2012) befindet sich in der ehemaligen historischen Bank, in der Cripple-Creek-Goldsucher ihre Funde um die vorletzte Jahrhundertwende herum zu Bargeld machten. Hiervon zeugt bis heute die Tresorraumtür in der Lobby. Rund 3,65 m hohe Decken, freiliegende Backsteinwände und lederbezogenes Mobiliar sorgen für einladendes, modernes Flair.

★ **Broadmoor** RESORT $$$
(☎866-620-7083; www.broadmoor.com; 1 Lake Ave; Zi. ab 335 US$; P❄📶🏊🐾) Das Broadmoor zählt zu den führenden Fünfsterne-Resorts der USA. Sein weitläufiges grünes Gelände mit eigenem See liegt vor den blau-grünen Hängen des Cheyenne Mountain. Die 784 Zimmer sind ultimativ komfortabel. Auch alles andere ist hier vom Feinsten – darunter ein Pool, ein erstklassiger Golfplatz, ein grandioses Spa und viele Restaurants bzw. Bars. Für Naturfreunde empfehlen sich die „Luxus-Zeltlager" (Wilderness Camps).

★ **Garden of the Gods Resort** RESORT $$$
(☎719-632-5541; www.gardenofthegodsclub.com; 3320 Mesa Rd; DZ/Suite ab 380/465 US$; P❄📶🏊) Das elegante Resort mit nur ganz wenigen Stil-Anleihen an den US-Südwesten bietet die beste Aussicht der Stadt. Genauer: auf den Garden of the Gods. Zur Auswahl stehen hier Zimmer, Suiten, Bungalows und Hütten. Von allen Quartieren gelangen Gäste leicht zum Spa-Bereich mit Infinity Pool. Golfer freuen sich über die Pauschalangebote mit Unterkunft und Platznutzung.

Essen & Ausgehen

Shuga's CAFE $
(☎719-328-1412; www.facebook.com/shugasbar; 702 S Cascade Ave; Gerichte 8–9 US$; ⏲11–24 Uhr; 📶) Wer dachte, dass Colorado Springs nicht hip sein kann, der wird hier eines Besseren belehrt. Das Personal des Cafés im Südstaaten-Stil hat ein Händchen für leckere Espressogetränke und Cocktails. Das kleine weiße Haus mit Papierkranichen und roten Vinylstühlen ist unglaublich niedlich ausgestattet; man kann auch auf der Terrasse sitzen. Das Essen – BLT-Sandwich (Schinken, Salat, Tomate) mit Brie auf Rosmarintoast oder brasilianische Kokos-Shrimps-Suppe – ist klasse.

★ **Uchenna** ÄTHIOPISCH $$
(☎719-634-5070; www.uchennaalive.com; 2501 W Colorado Ave, Suite 105; Hauptgerichte 12–22 US$; ⏲Di–So 12–14 & 17–20 Uhr; P🌿👪) Chefköchin Maya lernte die Rezepte von ihrer Mutter, ehe sie nach Amerika kam. Die Hausmannskost und die familienfreundliche Atmosphäre in diesem authentisch-äthiopischen Restaurant überzeugen. Es gibt würzige Fleischgerichte und vegetarische Angebote und dazu *injera* (gesäuertes Fladenbrot).

★ **Marigold** FRANZÖSISCH $$
(☎719-599-4776; www.marigoldcafeandbakery.com; 4605 Centennial Blvd; Hauptgerichte mittags 8–13 US$, abends 11–24 US$; ⏲Bistro 11–14.30 & 17–21 Uhr, Bäckerei Mo–Sa 8–21 Uhr) Der brummende Mix aus Bäckerei und Bistro liegt draußen beim Garden of the Gods. Das Essen schmeichelt zugleich dem Gaumen und dem Geldbeutel. Serviert werden neben Salaten und Pizzas z. B. auch Marseillaise mit Schnapper oder Knoblauch-Brathähnchen mit Rosmarin. Unbedingt Platz im Magen für die Zitronentörtchen oder den Schokoladenkuchen mit Doppel- oder Dreifach-Mousse (!) lassen!

An- & Weiterreise

Colorado Springs Airport (COS; ☎719-550-1900; www.flycos.com; 7770 Milton E Proby Pkwy; 📶) Attraktive Anreise-Alternative zum Flughafen Denver; vor allem United und Delta bieten hier Verbindung zu/ab diversen US-Großstädten. Mangels öffentlicher Verkehrsmittel bleibt für den Weg zur/ab der Stadt nur ein Taxi oder Mietwagen.

Greyhound (☎800-231-2222; www.greyhound.com) Bedient die Route Colorado Springs–Denver (ab 13 US$, 1½ Std., bis zu 6-mal tgl.) ab dem **Colorado Springs Downtown Transit Terminal** (☎719-385-7433; 127 E Kiowa St; ⏲Mo–Fr 8–17 Uhr). Dort gibt's Infos zu allen örtlichen Busverbindungen (inkl. Fahr- und Streckenpläne).

Südliches Colorado

Colorados Süden ist genauso schön wie sein Norden: Hier erheben sich die mächtigen Gebirgsketten San Juan und Sangre de Cristo.

Crested Butte

Crested Butte zählt zu den besten Bergorten der Welt. Durch sein tolles Skigebiet ziehen sich ein paar von Colorados steilsten Abfahrten. Dies war auch einer der Geburtsorte des Mountainbikens. In der umliegenden Wildnis lädt ein gigantisches Netz aus Wegen zu Erkundungen per pedes oder Fahrrad ein. Idyllische Bergseen, Gipfel mit Schneekappe, Hänge voller Amerikanischer Espen und andere Naturattraktionen machen die Landschaft äußerst malerisch.

Sehenswertes & Aktivitäten

★Crested Butte Center for the Arts KUNSTZENTRUM
(☎970-349-7487; www.crestedbuttearts.org; 606 6th St; wechselnde Ticketpreise; ⏰10–18 Uhr; P 👪) Hier sorgt immer etwas Interessantes für Betrieb: Das tolle Programm beinhaltet u. a. Livekonzerte, Theatervorstellungen und Wechselausstellungen mit Werken einheimischer Künstler. Besonders attraktiv sind die Kurse, Workshops und Vortragsreihen.

★Crested Butte Mountain Resort WINTERSPORT
(☎970-349-2222; www.skicb.com; 12 Snowmass Rd; Liftpass Erw./Kind 125/70 US$; 👪) Eines von Colorados besten Skigebieten – bekannt für extrem steile Abfahrten, tiefen Pulverschnee, fröhliche Einwohner und bodenständigen Skiort-Spaß. Und auch eines von Amerikas letzten Wintersport-Revieren der alten wilden Art: Skifahren steht hier immer noch für Rebellentum (die Einheimischen wedeln mitunter sogar nackt zu Tal). Sowie für Authentizität in Form echter Freiheit, offenen Worten und schlichter Freude an frischem Pulverschnee unter blauem Himmel.

Alpineer MOUNTAINBIKEN
(☎970-349-5210; www.alpineer.com; 419 6th St; Leihfahrrad 29–75 US$/Tag) Der tolle Laden unter einheimischer Leitung versorgt dieses MTB-Mekka mit Karten, Infos und Leihfahrrädern (Tipp: der Aufpreis für ein sehr komfortables Fully lohnt sich!). Zudem gibt's hier ein gutes Kleider-Sortiment für Damen und Herren. Alternativ können Kunden auch Ski-, Wander- und Campingausrüstung mieten.

Schlafen

Inn at Crested Butte BOUTIQUEHOTEL $$
(☎970-349-2111, gebührenfrei 877-343-211; www.innatcrestedbutte.com; 510 Whiterock Ave; DZ 110–250 US$; P ❄ 📶 🐾) Das renovierte Boutiquehotel bietet nette Unterkunft in einem stilvollen und luxuriösen Ambiente. Das Haus ist eine der sympathischsten Feriendomizile in Crested Butte: Es gibt nur eine Handvoll Zimmer, von denen manche sich zu einem Balkon mit Blick auf den Mt. Crested Butte öffnen. Alle Zimmer sind mit Antiquitäten, Flachbild-TVs, Kaffeemaschinen und Minibars ausgestattet.

Essen & Ausgehen

★Secret Stash PIZZA $$
(☎970-349-6245; www.secretstash.com; 303 Elk Ave; Hauptgerichte 12–18 US$; ⏰8 Uhr–open end; 🍸 👪) Das große, schrill-lässige Lokal wird von den Einheimischen wegen seiner phänomenalen Küche und der originellen Cocktails geliebt. Der frühere Gemischtwarenladen ist jetzt mit Wandteppichen dekoriert und hat die Bestuhlung eines Teehauses. Pizza ist die hiesige Spezialität: Die „Notorious Fig"-Version (mit Prosciutto, frischen Feigen und Trüffelöl) gewann die World Pizza Championship. Zuvor kann man gesalzene und gepfefferte Fritten knabbern.

Soupçon FRANZÖSISCH $$$
(☎970-349-5448; www.soupconcb.com; 127 Elk Ave; Hauptgerichte 39–47 US$; ⏰18–22.30 Uhr) 🌿 Das charaktervolle Winz-Bistro in einer alten Bergmannshütte verführt seine Gäste mit einfallsreicher französischer Küche. Die wechselnden Gerichte enthalten Fleisch und Bio-Produkte aus der Region. Hier gibt's nur wenige Tische – d. h. rechtzeitig reservieren!

★Montanya BRENNEREI
(www.montanyarum.com; 212 Elk Ave; Snacks 3–12 US$; ⏰11–21 Uhr; 👪) Die hochwertigen Rumsorten dieser Brennerei ernten viele begeisterte Kritiken. Die hauseigene Bar kreiert aus der Variante mit Basilikum-Aroma einen himmlischen Basiltini, der auch noch frisch gepressten Grapefruit- und Limettensaft enthält. Zudem warten hier leckere Mocktails (alkoholfreie Cocktails), Betriebsführungen, Gratis-Verkostungen, recht gutes Essen im Street-Food-Stil und gelegentliche Livemusik. Der Laden ist abends oft rappelvoll, eignet sich nachmittags aber prima für Familien.

Praktische Informationen

Crested Butte Visitor Center (☎970-349-6438; www.crestedbuttechamber.com; 601 Elk Ave; ⏰9–17 Uhr) Gleich hinter dem Ortseingang gibt's hier an der Hauptstraße viele Karten und Broschüren.

An- & Weiterreise

Crested Butte liegt ca. vier Autostunden von Denver und rund dreieinhalb Autostunden von Colorado Springs entfernt. Selbstfahrer nehmen die US 50 bis Gunnison und folgen von dort aus dem Hwy 135 noch ca. 30 Minuten gen Norden.

Gunnison Airport (GUC; ☎ 970-641-2304; www.gunnisoncounty.org/airport; 519 Rio Grande Ave) Wird im Winter von Linienflügen bedient.

Ouray

Mit prächtigen, die Kesselschlucht umrahmenden Eisfällen und erholsamen Thermalquellen auf dem Talboden ist Ouray (ausgesprochen: Ju-ray) selbst für die Verhältnisse in Colorado privilegiert. Der Ort ist ein Spitzenziel für Eiskletterer, aber auch Wanderer und Fans von Geländewagentouren gewinnen dem rauen und gelegentlich hinreißenden Charme der Gegend viel ab. Die Stadt präsentiert sich als ein gut erhaltenes, 400 m langes Bergarbeiterdorf zwischen imposanten Gipfeln. Die Sonne scheint hier aber nur selten, weshalb die Atmosphäre etwas an *Twin Peaks* erinnert.

Aktivitäten

★ Million Dollar Highway PANORAMASTRASSE

Der gesamte US Hwy 550 wird als Million Dollar Hwy bezeichnet, aber genauer gilt das für den hinreißenden Abschnitt, der südlich von Ouray durch die Uncompahgre Gorge hinauf zum Red Mountain Pass (3358 m) führt. Die Hochgebirgslandschaft ist wahrlich ehrfurchtgebietend; bei der Fahrt nach Süden Richtung Silverton fährt man am Außenrand der schmalen, kurvenreichen Straße, nur einen Herzschlag entfernt vom Sturz in die Tiefe.

Ouray Hot Springs THERMALQUELLEN

(☎ 970-325-7073; www.ourayhotsprings.com; 1200 Main St; Erw./Kind 18/12 US$; ⊙ Juni–Aug. 10–22 Uhr, Sept.–Mai Mo–Fr 12–21, Sa & So 11–21 Uhr; 👪) Das historische Ouray Hot Springs verspricht ein heilsames Bad oder kindischen Spaß. Das natürliche Quellwasser ist kristallklar und frei von dem Schwefelgeruch, der manch andere Thermalquellen prägt. Es gibt ein Langschwimmbecken, Wasserrutschen, eine Kletterwand über einem Plansch-Pool und erstklassige Bäderbereiche (38–41 °C). Zum Komplex gehören auch eine Fitnesshalle und ein Massagedienst.

Ouray Ice Park KLETTERN

(☎ 970-325-4061; www.ourayicepark.com; County Rd 361; Mitgliedschaft 40–150 US$; ⊙ Mitte Dez.–März 7–17 Uhr; 👪) Fans aus aller Welt kommen zum Eisklettern in den weltweit ersten öffentlichen Eispark, der einen 3 km langen Abschnitt der Uncompahgre Gorge umfasst. Der aufregende (wenn auch frostige) Park bietet Schwierigkeitsgrade für unterschiedlichstes Können. Beratung erhält man bei einem lokalen Guide-Service.

Feste & Events

Ouray Ice Festival KULTUR

(☎ 970-325-4288; www.ourayicefestival.com; Abendevents Eintritt gegen Spende; ⊙ Jan.; 👪) Das Ouray Ice Festival bietet vier Tage lang Kletterwettbewerbe, Abendessen, Diavorträge und Beratung. Kinder können an einer Kletterwand erste Griffe üben. Das Zuschauen bei den Wettbewerben ist kostenlos, wer aber an den diversen Abendveranstaltungen teilnehmen möchte, muss eine Spende für den Eispark leisten. Wenn man einmal dabei ist, bekommt man Freibier von der beliebten Colorado-Mikrobrauerei New Belgium.

Schlafen & Essen

Amphitheater Forest Service Campground CAMPING $

(☎ 877-444-6777; www.recreation.gov; US Hwy 550; Stellplatz Zelt 24 US$; ⊙ Juni–Aug.) Auf dem tollen hochgelegenen Campingplatz kann man wunderbar unter Bäumen zelten. Da diese aber teilweise umfallen bzw. zusammenbrechen, hat der USFS nun dadurch eventuell gefährdete Stellplätze gesperrt. In der Urlaubszeit gelten am Wochenende drei Mindestübernachtungen. Südlich der Stadt führt eine beschilderte Abzweigung (links) vom Hwy 550 zum Gelände.

★ Wiesbaden HOTEL $$

(☎ 970-325-4347; www.wiesbadenhotsprings.com; 625 5th St; Zi. 133–350 US$;) Das schräge, eigenartige New-Age-Hotel Wiesbaden punktet mit einer eigenen natürlichen Dampfgrotte, die einst auch von Häuptling Ouray benutzt wurde. Die Zimmer mit gesteppten Tagesdecken sind romantisch und gemütlich, das Highlight ist aber die sonnendurchflutete Suite mit einer Natursteinwand. Morgens schlendern die Gäste in dicken Morgenröcken herum, schlürfen den kostenlosen Biokaffee oder -tee, entspannen sich oder warten einfach nur auf die Massagen.

Box Canyon Lodge & Hot Springs LODGE $$

(☎ 970-325-4981, 800-327-5080; www.boxcanyonouray.com; 45 3rd Ave; Zi. ab 200 US$;) Nicht jedes Hotel hat eine Heizung mit Erdwärme, geräumige und frische, mit Kiefernholz getäfelte Zimmer und von Quellwasser gespeiste Whirlpools im Freien – ideal für ein romantisches Bad mit Blick in die Sterne. Die gute Gastlichkeit verrät sich in kostenlosen Äpfeln und Wasser in Flaschen. Das Haus ist beliebt, daher vorab reservieren!

Bon Ton Restaurant FRANZÖSISCH, ITALIENISCH **$$$**
(☎970-325-4419; www.bontonrestaurant.com; 426 Main St; Hauptgerichte 16–40 US$; ⏰Do–Mo 17.30–23, Sa & So 9.30–12.30 Uhr; ✎) Im Erdgeschoss des historischen St. Elmo Hotel serviert das schöne Bon Ton seit 100 Jahren Abendessen. Unter seinen französisch-italienischen Gerichten sind z.B. Entenbraten mit gepfefferter Kirschsauce oder Tortellini mit Bauchspeck und Schalotten. Dazu gibt's eine große Weinauswahl. Auch der Wochenend-Brunch mit Champagner ist empfehlenswert.

ℹ Praktische Informationen

Ouray Visitor Center (☎970-325-4746, 800-228-1876; www.ouraycolorado.com; 1230 Main St; ⏰Mo–Sa 9–18, So 10–16 Uhr; 📶) Hinter dem Thermalbad.

ℹ An- & Weiterreise

Ouray liegt am Hwy 550, ca. 70 Meilen (113 km) nördlich von Durango, 24 Meilen (39 km) nördlich von Silverton und 37 Meilen (60 km) südlich von Montrose. Mangels Regionalbussen brauchen Besucher ein eigenes Fahrzeug.

Telluride

Hohe Gipfel auf drei Seiten schotten Telluride vom Großteil des Umlands ab. Die alte Bergbaustadt ist einzigartig: In ganz Colorado erinnert die lokale Atmosphäre am stärksten an ein Schweizer Bergdorf. Von der Hauptstraße im Ortskern schaut man aus unmittelbarer Nähe direkt auf die mächtigen Gebirgszüge.

Neben einem recht guten Skigebiet bietet Telluride auch viele Möglichkeiten zum Wandern und Radfahren. Zudem steigt hier eines von Colorados besten Sommer-Festivals. Die wenigen Restaurants und Bars der Stadt sind alle sehr empfehlenswert.

Aktivitäten

Telluride Ski Resort WINTERSPORT
(☎970-728-7533, 888-288-7360; www.tellurideskiresort.com; 565 Mountain Village Blvd; Erw./Kind ganztägiges Liftticket 139/83 US$) Telluride als Paradies für echte Skifahrer ist bekannt für sein steiles und tiefes Terrain mit steilen Pisten und tiefem Pulverschnee, während alle anderen den prächtigen Ausblick in die San Juan Mountains und die gesellige Atmosphäre des Ortes lieben. Das Resort umfasst drei unterschiedliche Skigebiete, die mit 16 Skiliften erschlossen werden. Ein großer Teil des Geländes besteht aus mittelschweren und schweren Pisten, aber auch Anfänger finden genügend Auswahl.

Im Sommer öffnet hier ein **Mountainbike-Park** (Liftpass 36 US$/Tag).

★ **Ashley Boling** GESCHICHTE
(☎970-728-6639; 20 US$/Pers.; ⏰nach Vereinbarung) Der Einheimische Ashley Boling veranstaltet seit mehr als 20 Jahren faszinierende historische Stadtspaziergänge durch Telluride. Sie dauern über eine Stunde und werden ganzjährig angeboten. Die Preise gelten für mindestens drei Teilnehmer, aber auch ab zwei Teilnehmern wird nicht übermäßig viel verlangt. Reservierung erforderlich!

Feste & Events

Telluride Bluegrass Festival MUSIK
(☎800-624-2422; www.planetbluegrass.com; Ticket für 1/4 Tage 90/255 US$; ⏰Ende Juni) Vier Tage lang (inkl. Wochenende) lockt dieses fröhliche Open-Air-Festival zahllose Besucher mit erstklassiger Bluegrass-Musik. Die Konzerte dauern bis spät in die Nacht, während Verkaufsstände mit vielfältiger Küche und regionalen Craft-Bieren fürs leibliche Wohl sorgen. Camping während des Events ist sehr beliebt. Von der guten Organisation des Ganzen zeugt auch die Website mit Infos zu Stellplätzen, Shuttle-Services und Pauschalangeboten (Konzerttickets inkl. Camping).

Schlafen

★ **Telluride Town Park Campground** CAMPING **$**
(☎970-728-2173; www.telluride-co.gov/181/campground; 500 E Colorado Ave; Stellplatz mit/ohne Autoparkplatz 33/19 US$; ⏰Mitte Mai–Mitte Okt.; 📶) Der Platz mit 43 Stellplätzen liegt praktisch am Bach und direkt im Ortszentrum. Es gibt Duschen, Badestellen und Tennis. Die Plätze werden nach dem Prinzip: Wer zuerst kommt, mahlt zuerst vergeben – aber nicht in der Festivalzeit (da wendet man sich im Voraus an die Festival-Organisatoren). Etwas Nachtleben wird auch geboten.

New Sheridan Hotel HOTEL **$$**
(☎970-728-4351, 800-200-1891; www.newsheridan.com; 231 W Colorado Ave; DZ ab 220 US$; 🚭📶) Das elegante und dezente historische Hotel wurde 1895 aus Backstein errichtet und ist ein hübsches Basislager zur Erkun-

dung von Telluride. Die Zimmer haben hohe Decken, frische Bettwäsche und kuschelige Flanelldecken. Auf der Terrasse gibt's einen Whirlpool mit Blick in die Berge. Die Downtown-Lage ist perfekt, aber einige Zimmer sind für den Preis wirklich klein.

Inn at Lost Creek BOUTIQUEHOTEL **$$$**
(☎970-728-5678; www.innatlostcreek.com; 119 Lost Creek Lane, Mountain Village; Zi. 275–500 US$;) Das üppige Boutiquehotel in Mountain Village ist behaglich und liegt praktisch am Fuß des Hauptlifts von Telluride. Der Service ist persönlich, und die makellosen Zimmer sind im Southwestern-Design mit alpinem Hartholz und Zinnverzierungen ausgestaltet. Auf dem Dach gibt's zwei Spas. Pauschalangebote stehen auf der Website.

Essen & Ausgehen

In Telluride kann man besser Party machen als sonstwo im südlichen Colorado. Das hat aber seinen Preis: Generell sind Drinks hier nicht mal ansatzweise günstig. Vielerorts sorgen Livebands für Unterhaltung.

Tacos del Gnar MEXIKANISCH **$**
(☎970-728-7938; www.gnarlytacos.com; 123 S Oak St; Hauptgerichte 7–14 US$; ⏱Di–Sa 12–21 Uhr;) Das ist die zweite Filiale eines schlichten Taco-Ladens, der ohne Stilambitionen einzig auf Geschmack setzt. Die Tacos sorgen mit Anleihen bei koreanischen Grillspeisen und asiatischen Aromen für zufriedene Kunden.

Oak BARBECUE **$$**
(New Fat Alley; ☎970-728-3985; www.oakstelluride.com; 250 San Juan Ave, Talstation von Sessellift 8; Hauptgerichte 11–23 US$; ⏱11–22 Uhr;) Direkt neben der kostenlosen Seilbahn gibt's hier günstige, leckere Kalorienbomben mit hohem Klecker-Faktor. Das Angebot steht auf einer Kreidetafel; ansonsten lässt man sich einfach von anderen Gästen inspirieren. Im Zweifelsfall empfiehlt sich das Pulled-Pork-Sandwich mit Krautsalat – dazu unbedingt auch die knusprigen Süßkartoffel-Pommes bestellen! Die Sonderangebote mit Bier sind unschlagbar.

★**Chop House** MODERN-AMERIKANISCH **$$$**
(☎970-728-4531; www.newsheridan.com; 231 W Colorado Ave, New Sheridan Hotel; Hauptgerichte 26–65 US$; ⏱17–2 Uhr) Mit hervorragendem Service und einem schicken Dekor aus Bänken, die mit besticktem Samt bezogen sind, ist dieses Restaurant eine gute Wahl für ein intimes Dinner. Nach der Käseplatte stehen Gerichte aus dem Westen Amerikas auf der Karte, z. B. exquisite Spannrippe vom Wapiti und Ravioli mit Tomaten-Relish und Ricotta aus der Milch örtlicher Schafe. Zum Schluss gibt's ein Stück glutenfreien dunklen Schokoladenkuchen in frischer Karamellsauce.

New Sheridan Bar BAR
(☎970-728-3911; www.newsheridan.com; 231 W Colorado Ave, New Sheridan Hotel; ⏱17–2 Uhr) In dieser Bar drängen sich die Reichen und Schönen, aber in der Nebensaison entdeckt man authentisches Lokalkolorit. Im Sommer eilt man am besten schnurstracks auf die luftige Dachterrasse. Die alten Einschusslöcher in der Wand zeugen vom tapferen Überleben der Bar, während das angrenzende Hotel in der Zeit, als der Bergbau seinen Niedergang erlebte, seine Kronleuchter und Antiquitäten zur Begleichung der Heizkosten verscherbeln musste.

Unterhaltung

Fly Me to the Moon Saloon LIVEMUSIK
(☎970-728-6666; www.facebook.com/flymetothemoonsaloon; 132 E Colorado Ave; ⏱15–2 Uhr) In Tellurides feierwütigstem Party-Schuppen heißt's entfesselt zu Livemusik schwofen.

Sheridan Opera House THEATER
(☎970-728-4539; www.sheridanoperahouse.com; 110 N Oak St;) Dieses historische Theater mit burleskem Charme ist der Fixstern in Tellurides kulturellem Leben. Es beherbergt das Telluride Repertory Theater und bietet häufig spezielle Veranstaltungen für Kinder.

Praktische Informationen

Telluride Central Reservations (☎888-355-8743; 700 W Colorado Ave; ⏱Mo–Sa 9–17, So 10–13 Uhr) Bucht Unterkünfte und verkauft Festival-Tickets.

Telluride Visitor Center (☎888-353-5473, 970-728-3041; www.telluride.com; 230 W Colorado Ave; ⏱Winter 10–17 Uhr, Sommer bis 19 Uhr) Gute Infos und großes Sortiment an Printmaterial.

Wilkinson Public Library (☎970-728-4519; www.telluridelibrary.org; 100 W Pacific Ave; ⏱Mo–Do 10–20, Fr & Sa bis 18, So12–17 Uhr;) Gute Quelle für Karten und Lokalinfos; veranstaltet auch ein paar öffentliche Events mit freiem Eintritt.

Anreise & Unterwegs vor Ort

Montrose Regional Airport (MTJ; ☎970-249-3203; www.montroseairport.com; 2100 Airport Rd) Rund 65 Meilen (105 km) nördlich von Telluride besteht hier während der Skisaison

Strände an der Westküste

Von den wilden, windgepeitschten Stränden in Oregon bis zur prachtvollen, sonnengeküssten Küste in Kalifornien: Die Westküste der USA umfasst einige der beliebtesten und kultigsten Strände der Welt. Egal, ob man lieber am Huntington Beach in Orange County den ganzen Tag in der Sonne liegt oder auf den unglaublichen Wellen in Rincon, Santa Barbara, surft – an dieser Küste findet jeder seinen perfekten Strand.

1

2

4

1. Santa Monica Beach
Kein Ort verkörpert das kalifornische Strandleben besser als Santa Monica (S. 276).

2. La Jolla
Egal, ob Surfer oder Schnorchler: La Jolla gehört zu den beliebtesten Stränden in San Diego (S. 304).

3. Huntington Beach
Dieser Stadtstrand (S. 297) südöstlich von L. A. ist der Inbegriff des Surfer-Lifestyles von SoCal.

4. Steamer Lane
Eine Welle am berühmtesten Surfort in Santa Cruz (S. 331) erwischen.

3

Direktverbindung nach/ab Denver (mit United), Houston und Phoenix – ebenso zu/ab wenigen Großstädten an der US-Ostküste.

Telluride Airport (TEX; ☎970-778-5051; www.tellurideairport.com; 1500 Last Dollar Rd) Auf dem lokalen Hochplateau landen und starten hier Pendlermaschinen, sofern das Wetter mitspielt. Andernfalls erfolgt die Flugabwicklung über Montrose.

Telluride Express (☎970-728-6000; www.tellurideexpress.com) Günstige Shuttles zwischen Telluride und dem Montrose bzw. Telluride Airport.

Silverton

Mit einer Umgebung aus verschneiten Gipfeln und der rußgeschwärzten Geschichte einer schäbigen Bergbaustadt scheint Silverton eher nach Alaska als in die „Lower 48" zu passen. Doch es liegt nun mal in Colorado – und bietet diverse Möglichkeiten für Besucher, die auf Schneemobilfahren, Radeln, Fliegenfischen oder schlichtes Sonnenbaden im Hochgebirge stehen. Zudem erhebt sich hier einer von Amerikas einzigartigen Skibergen: der grandiose, aber äußerst anspruchsvolle Silverton Mountain mit dem einzigen Einsessel-Skilift der USA.

Der Ort hat zwei Straßen, aber nur eine ist geteert. In der Greene St liegen die meisten Geschäfte, die z. B. hausgemachtes Dörrfleisch, Karamellen und Federschmuck verkaufen. Die immer noch unbefestigte berüchtigte Blair St – die in Empire St umgetauft wurde– verläuft parallel zur Greene St. Zur Zeit des Silberrauschs florierten hier die Bordelle und Zechbuden.

Aktivitäten

★Silverton Railroad Depot ZUGTOUR
(☎970-387-5416, gebührenfrei 877-872-4607; www.durangotrain.com; 12th St; hin & zurück Erw./Kind 4–11 Jahre ab 114/80 US$; ⌚Fahrten 13.45, 14.30 & 15 Uhr; 👪) Das Silverton Railroad Depot ist einer der beiden Endbahnhöfe der Durango & Silverton Narrow Gauge Railroad (S. 118). Fahrkarten für diesen großartigen Schmalspur-Dampfzug (hin & zurück oder nur einfache Strecke) sind direkt beim Depot sowie online über die Website erhältlich. Der Ticketpreis beinhaltet stets Zugang zum örtlichen Silverton Freight Yard Museum; dessen Besuch ist jeweils innerhalb von zwei Tagen vor und nach dem Zugtrip möglich. Die Betreiberfirma offeriert optional auch Hinfahrt per Zug plus Rückfahrt per Bus (deutlich schneller).

★Silverton Mountain Ski Area WINTERSPORT
(☎970-387-5706; www.silvertonmountain.com; State Hwy 110; Skifahren mit/ohne Guide 179/79 US$; ⌚Skifahren mit Guide Dez.–März Do–So, ohne Guide Ende März–April) Dieses Skigebiet ist definitiv nichts für Anfänger. Vielmehr eignet es sich ideal für erfahrene Extrem-Wintersportler, die nach neuen Adrenalinkicks suchen. Ein Einsessel-Lift fährt ganz nach oben. Von dort aus geht's dann per pedes zu vielen herrlichen Abfahrten, unter denen auch ein paar von Colorados besten unpräparierten Pulverschnee-Pisten sind. Je nach Jahreszeit ist die Begleitung durch einen Guide vorgeschrieben.

San Juan Backcountry OFFROAD-TOUR
(☎970-387-5565; www.sanjuanbackcountry.com; 1119 Greene St; Touren 40–140 US$; ⌚Mai–Okt.; 👪) 🍃 Diese Firma veranstaltet Offroad-Touren durch die herrliche Wildnis der San Juan Mountains rund um Silverton. Als Fahrzeuge kommen dabei entweder umgebaute, offene Chevy Suburbans oder Quads zum Einsatz. Diese können jeweils auch von Selbstfahrern für eigene Erkundungen gemietet werden. Das Team leitet zudem Rafting-Trips auf dem Lower Animas River im Gebiet von Durango.

Schlafen & Essen

Inn of the Rockies at the Historic Alma House B&B $$
(☎970-387-5336; www.innoftherockies.com; 220 E 10th St; Zi. 125–200 US$; P 🚭 ❄) Eine Einheimische namens Alma eröffnete 1898 diesen Gasthof, der heute ein B&B mit zehn einzigartigen Zimmern voller viktorianischer Antiquitäten ist. Gastfreundlichkeit wird hier ganz groß geschrieben. Besondere Erwähnung verdient das Frühstück im Speiseraum mit Kronleuchtern. Im Garten lädt ein Whirlpool zum Entspannen nach einem langen Tag ein.

Wyman Hotel B&B $$
(☎877-504-5272; www.thewyman.com; 1371 Greene St; DZ ab 250–375 US$; ⌚Nov. geschl.; 🚭 📶) Das Wyman befindet sich in einem schmucken, umgebauten Sandsteinhaus von 1902 (steht heute unter Denkmalschutz). Seine schicken Zimmer punkten mit einem Mix aus skandinavischer Subtilität und geschmackvollem Minimalismus – eine stilvolle Alternative zum üblichen Kitsch. Eine historische Freiluftküche säumt die geschotterte Terrasse hinten.

Grand Restaurant & Saloon AMERIKANISCH $$

(☎970-387-5527; www.grandimperialhotel.com; 1219 Greene St; Hauptgerichte 8–26 US$; ⊙Mai–Okt. 11–15 Uhr, mitunter auch 17–21 Uhr;) In dem stimmungsvollen Lokal empfehlen sich vor allem die Burger und Club-Sandwiches. Die Hauptattraktionen sind das automatische Klavier und das historische Dekor. Die Bar mit Ausschanklizenz für Spirituosen ist bei Einheimischen wie Reisenden sehr beliebt.

An- & Weiterreise

Am Hwy 550 liegt Silverton etwa auf halber Strecke zwischen Montrose (ca. 60 Meilen/96,5 km Richtung Norden) und Durango (ca. 48 Meilen/77 km Richtung Süden).

Wer kein Selbstfahrer ist, erreicht die Stadt nur mit der Durango & Silverton Narrow Gauge Railroad (S. 118) oder den Privatbussen, die die Zugpassagiere optional zurückbringen.

Mesa Verde National Park

Über 700 Jahre nach dem Verschwinden seiner Bewohner ist Mesa Verde immer noch von Geheimnissen umwittert: Niemand weiß genau, warum die frühen Pueblo-Indianer (Ancestral Puebloans) in den 1300er-Jahren ihre komplexen Felssiedlungen aufgaben. Heute ist die Stätte ein Wunderland für Abenteurer jeden Alters: Besucher können hier über Leitern zu den alten Gruben- und Lehmhäusern hinaufsteigen, Felskunst bewundern und in die Rätsel des präkolumbischen Amerikas eintauchen.

Der **Mesa Verde National Park** (☎970-529-4465; www.nps.gov/meve; Zugang für 7 Tage mit Auto/Motorrad Mai–Okt. 25/20 US$, Nov.–April 15/10 US$;) schützt 210 km² des nördlichsten Mesa-Teils, der sich südlich von Cortez und Mancos erstreckt. Auf dem Hochplateau verteilen sich hier überall Canyons und kleinere Tafelberge mit Stätten der frühen Pueblo-Indianer.

Sehenswertes & Aktivitäten

Besucher mit wenig Zeit besichtigen am besten das Chapin Mesa Museum und nehmen dann an einer Ranger-Führung durch eine der Felssiedlungen teil. Hinweis: Diese Touren erfordern jeweils persönliche Reservierung (max. 2 Tage im Voraus möglich).

Es lohnt sich aber, ein, zwei Tage zu bleiben, um sich einer von Rangern geleiteten Führung zum Cliff Palace und zum Balcony House anzuschließen, die Wetherill Mesa (die ruhigere Seite des Canyons) zu erkunden, sich das Museum genau anzuschauen oder an einem der Lagerfeuer-Programme teilzunehmen, die auf dem Morefield Campground veranstaltet werden.

Achtung: Zum Zeitpunkt der Recherche war das Museum geschlossen und einige Aktivitäten waren vorübergehend eingestellt. Auf der Website ist der aktuelle Stand zu erfahren.

Chapin Mesa Museum MUSEUM

(☎970-529-4475; www.nps.gov/meve; Chapin Mesa Rd; Zugang inkl. Zutritt in den Park; ⊙April–Mitte Okt. 8–18.30, Mitte Okt.–April bis 17 Uhr;) Das Chapin Mesa Museum zeigt Ausstellungen zum Park und ist ein guter erster Stopp. Das Museumspersonal hilft am Wochenende mit Infos weiter, wenn die Parkverwaltung geschlossen ist.

Chapin Mesa ARCHÄOLOGISCHE STÄTTE

(Ranger-Führung 5 US$; ⊙Stätte ganzjährig, Ranger-Führungen April–Okt.) Die größte Ansammlung früher Pueblo-Behausungen befindet sich auf der Chapin Mesa. Ein befestigter Rundweg (ca. 800 m) verbindet hier die am besten zugänglichen Stätten des Parks miteinander: die dicht gedrängte **Far View Site** und das große **Spruce Tree House** (Chapin Mesa Rd; Zugang im Parkeintritt enthalten;) . Letzteres ist gerade für Besucher gesperrt, von der Aussichtsplattform des Museums aus ist es aber gut zu sehen.

Wetherill Mesa ARCHÄOLOGISCHE STÄTTE

(Führung 5 US$/Pers.) Besucher der zweitgrößten Siedlungsgruppe können zwei gesicherte Wohnplattformen und zwei Felsbehausungen besichtigen. Zu den letzteren gehört das Long House (geöffnet Ende Mai–Aug.; Zugang nur mit Führung).

Aramark Mesa Verde WANDERN & TREKKEN

(☎970-529-4421; www.visitmesaverde.com; Mile 15, Far View Lodge; Erw. 70–75 US$) Der Park-Konzessionär veranstaltet diverse Privat- und Gruppentouren durch den ganzen Park (Mai–Mitte Okt. tgl.; Preise jeweils inkl. Führungen & Busshuttles). Gebucht werden kann online oder beim Firmenbüro in der Far View Lodge.

Schlafen & Essen

Morefield Campground CAMPING $

(☎970-529-4465; www.visitmesaverde.com; Mile 4; Stellplatz Zelt 33 US$, Stellplatz Wohnmobil ohne/mit Wasser- & Stromanschluss 33/45 US$; ⊙Mai–Anfang Okt.;) Rund 4 Meilen

(6,4 km) hinter dem Eingangstor betreibt Aramark auch den Campingplatz des Parks. Die 445 regulären Rasenstellplätze für Zelte liegen günstig in der Nähe des Morefield Village. Dort gibt's einen Gemischtwarenladen, eine Tankstelle, ein Restaurant, Duschen und eine Wäscherei.

Far View Lodge LODGE $$

(☎ gebührenfrei 800-449-2288; www.visitmesaverde.com; Mile 15; Zi. 165–230 US$, Hund zzgl. 10 US$/Übern.; ⊙ Mitte April–Okt.; P ⊜ ❄ ☎ 🐾) 15 Meilen (24 km) hinter dem Parkeingang thront die geschmackvolle Lodge im Pueblo-Stil auf einem Tafelberg. Die 150 Zimmer im Stil des Südwestens verfügen teils über offene *kiva*-Kamine und/oder Privatbalkone mit tollem Blick auf den Sonnenuntergang über der Mesa. In den Standard-Quartieren ohne TV und Klimaanlage kann's jedoch im Sommer tagsüber ziemlich heiß werden.

Metate Room MODERN-AMERIKANISCH $$$

(☎ 800-449-2288; www.visitmesaverde.com; Meile 15, Far View Lodge; Hauptgerichte 20–36 US$; ⊙ April–Mitte Okt. 7–10 & 17.30–21.30 Uhr, Mitte Okt.–März 17–19.30 Uhr; ✎ 👪) 🌿 Das mit einem Preis für kulinarische Exzellenz ausgezeichnete gehobene Restaurant in der Far View Lodge bietet innovative Gerichte, die von den Nahrungsmitteln und Aromen der amerikanischen Ureinwohner inspiriert sind, z. B. gefüllte Poblano-Chilis, Schweinebauch mit Kaktusfeige und kalte Räucherforelle. Kein übliches Nationalparklokal und zudem mit grandioser Aussicht gesegnet.

ℹ Praktische Informationen

Mesa Verde Visitor & Research Center

(☎ 970-529-4465; www.nps.gov/meve; ⊙ Juni–Anfang Sept. 7.30–19 Uhr, Anfang Sept.–Mitte Okt. & Mitte April–Mai 8–17 Uhr, Mitte Okt.–Mitte April geschl.; ☎ 👪) Riesiges Zentrum mit Trinkwasser, WLAN, öffentlichen Toiletten und Artefakten von Museums-Qualität. Die örtlichen Infoschalter verkaufen auch Tickets für Ranger-Führungen (Cliff Palace, Balcony House, Long House).

Durango

Diese historische Bergbaustadt gleicht einem Paradies. Hierfür sorgen u. a. äußerst coole Einheimische, leichter Zugang zu Outdoor-Abenteuern (Rafting, Radeln, Skifahren) und spaßiges Nachtleben (befeuert von den örtlichen College-Studenten). Viele tolle Restaurants, Bars und Boutiquen runden das perfekte Gesamtpaket ab.

Aktivitäten

★ Durango & Silverton Narrow Gauge Railroad ZUGTOUR

(☎ 970-247-2733; www.durangotrain.com; 479 Main Ave; hin & zurück Erw./Kind 4–11 Jahre ab 114/80 US$; 👪) In Durango ist eine Fahrt mit der Durango & Silverton Narrow Gauge Railroad einfach Pflicht. Seit 125 Jahren folgen die Oldtimer-Dampfzüge der malerischen Schmalspur-Trasse nordwärts nach Silverton (einfache Strecke 72 km, 3½ Std.). Dort bleiben zwei Stunden für Erkundungen, bis es per Zug oder Bus wieder zurückgeht (Skyway Tour mit Rückfahrt per Bus nur Mai–Okt.).

Mild to Wild Rafting RAFTEN

(☎ 970-247-4789, gebührenfrei 800-567-6745; www.mild2wildrafting.com; 50 Animas View Dr; Touren ab 55 US$; ⊙ 9–17 Uhr; 👪) Im Frühjahr und Sommer gehört Wildwasser-Rafting zu den beliebtesten Sportarten in Durango. Mild to Wild Rafting ist eines von zahlreichen Unternehmen in der Stadt, die Rafting-Ausflüge auf dem Animas River anbieten. Anfänger sollten die einstündige Rafting-Einführung buchen, während Abenteuerlustige (und Erfahrene) sich für Touren auf dem Oberlauf des Animas (mit Stromschnellen der Klassen III bis V) entscheiden.

Purgatory WINTERSPORT

(☎ 970-247-9000; www.purgatoryresort.com; 1 Skier Pl; Liftpass Erw./Kind ab 89/60 US$; ⊙ Mitte Nov.–März; 👪) Durangos Wintersport-Highlight liegt 25 Meilen (40,2 km) weiter nördlich am Hwy 550. Das Resort (Schneefall 6,6 m/Jahr) bietet 486 ha Nutzfläche mit unterschiedlich schweren Pisten. Darunter sind neben ein paar steileren Abfahrten auch viele präparierte Strecken mit guter Eignung für Familien. Zudem gibt's hier zwei Terrain-Parks mit zahlreichen Möglichkeiten für experimentierfreudige Snowboarder. Das Publikum besteht meist aus Einheimischen.

Schlafen

★ Rochester House HOTEL $$

(☎ 970-385-1920, gebührenfrei 800-664-1920; www.rochesterhotel.com; 721 E 2nd Ave; DZ 190–300 US$; ⊜ ❄ ☎ 🐾) Inspiriert von alten Western – in den Gängen hängen Filmposter und Schirmdachlampen – wirkt das Rochester ein wenig wie altes Hollywood im modernen Westen. Die Zimmer sind geräumig und haben hohe Decken. Zwei konventionelle Gemeinschaftsräume, in denen Gebäck serviert wird, sowie ein Frühstücksraum in einem alten Bahnwaggon sind weitere Pluspunkte hier. Haustiere sind willkommen.

Antlers on the Creek B&B $$

(☎970-259-1565; www.antlersonthecreek.com; 999 Lightner Creek Rd; Zi. ab 180 US$; P 🛜) Die Unterkunft liegt auf einem zum Verweilen einladenden friedlichen Gelände am Bach, umgeben von Pappeln und ausgedehnten Rasenflächen. Zwischen dem geräumigen Haupthaus und der Remise befinden sich sieben geschmackvolle Zimmer, die mit Whirlpools, üppiger Bettwäsche und Gaskaminen ausgestattet sind. Es gibt ein hervorragendes Drei-Gänge-Frühstück und einen großen Whirlpool in der offenen Gartenlaube. Das B&B ist ganzjährig geöffnet.

General Palmer Hotel HOTEL $$

(☎970-247-4747, gebührenfrei 800-523-3358; www.generalpalmer.com; 567 Main Ave; Zi. ab 160 US$; P ❄ @ 🛜) Das elegante Hotel aus viktorianischer Zeit (1898) präsentiert sich altjüngferlich mit Blümchentapeten, Teddys auf jedem Bett und Betten mit vier Zinnpfosten. Die Zimmer sind klein, aber schön, und wer nicht fernsehen will, holt sich einfach ein Brettspiel an der Rezeption. Highlights sind die Bibliothek und das Solarium.

Essen & Ausgehen

★ James Ranch MARKT $

(☎970-385-9143; www.jamesranch.net; 33800 US Hwy 550; Hauptgerichte 5–18 US$; ⏲Mo–Sa 11–19 Uhr) Wer eine Straßentour auf dem San Juan Skyway macht, sollte bei der von einer Familie geführten James Ranch 10 Meilen (16 km) außerhalb von Durango vorbeischauen. Dort gibt es einen Markt und einen sehr guten Grillstand, der das auf der Farm produzierte Bio-Rindfleisch und Bio-Gemüse verwendet. Die Steak-Sandwiches und die Sandwiches mit frischem Schmelzkäse und karamellisierten Zwiebeln sind prima. Die Kinder freuen sich über die Ziegen.

El Moro GASTROPUB $$

(☎970-259-5555; www.elmorotavern.com; 945 Main Ave; Hauptgerichte 12–30 US$; ⏲Mo–Fr 11–24, Sa & So 9–24 Uhr) Es gibt zwei Gründe zum Herkommen: die guten, nach Gästewunsch gemixten Cocktails an der Bar und die innovativen kleinen Teller auf denen z.B. gebratener Blumenkohl auf koreanische Art, verschiedene Käsesorten, hausgemachte Wurst und frische Salate serviert werden. Das Lokal ist zwar die wichtigste Hipster-Spielwiese in Durango, aber alle fühlen sich hier wohl.

★ Bookcase & the Barber COCKTAILBAR

(☎970-764-4123; www.bookcaseandbarber.com; 601 E 2nd Ave, Suite B; ⏲14–24 Uhr) Die moderne Flüsterkneipe ist vielleicht Durangos ansprechendstes Nachtlokal: Hinter einer Bücherwand liegt ein Raum mit Stimmungsbeleuchtung, und die exquisiten Cocktails sind ihre 12 US$ tatsächlich wert. Man betritt den Laden durch den Friseursalon, braucht aber das Passwort (es steht auf der Facebook-Seite). Zu empfehlen ist die *paloma celosa* („eifersüchtige Taube"), eine Kombi aus Tequila, Grapefruitsaft und Ancho-Chili.

Ska Brewing Company BRAUEREI

(☎970-247-5792; www.skabrewing.com; 225 Girard St; Hauptgerichte 9–15 US$; ⏲Mo–Fr 9–21, Sa 11–21, So bis 19 Uhr) Die aromatischen und vielseitigen Biere sind die besten selbstgemachten der Stadt. Die kleine, freundliche Probierstube war einst vor allem eine Produktionsstätte, ist im Verlauf der Jahre aber immer beliebter geworden. Heute drängen sich hier die Leute, um nach der Arbeit ein Bier unter Freunden zu trinken.

Praktische Informationen

Durango Public Library (☎970-375-3380; www.durangopubliclibrary.org; 1900 E 3rd Ave; ⏲Mo–Mi 9–20, Do 10–17.30, Fr & Sa ab 9 Uhr; 🛜) Praktische Quelle für Regionalinfos.

Durango Welcome Center (☎970-247-3500, www.durango.org; 802 Main Ave; ⏲So–Do 9–19, Fr & Sa bis 21 Uhr; 🛜) Sehr gutes Infozentrum im Zentrum. Südlich von Durango liegt ein zweites **Visitor Center** (111 S Camino del Rio) an der Ausfahrt Santa Rita vom US Hwy 550.

San Juan-Rio Grande National Forest HQ (☎970-247-4874; www.fs.fed.us/r2/sanjuan; 15 Burnett Ct; ⏲Mo–Sa 9–17 Uhr) Liegt ca. 0,5 Meilen (800 m) westlich von Durango abseits des US Hwy 160. Hier gibt's Infos (inkl. Karten) für Camper und Wanderer.

Anreise & Unterwegs vor Ort

Durango-La Plata County Airport (DRO; ☎970-247-8143; www.flydurango.com; 1000 Airport Rd) Rund 18 Meilen (29 km) südwestlich von Durango (über US Hwy 160 und Hwy 172) bieten United und American Airlines hier jeweils Direktflüge nach Denver an. American startet zusätzlich nach Dallas–Fort Worth und Phoenix. United bedient saisonal (Sommer) auch Chicago, Houston und L. A.

Great Sand Dunes National Park

Der surreale **Great Sand Dunes National Park** (☎719-378-6399; www.nps.gov/grsa; 11999

Hwy 150; ⌚Juni–Aug. 8.30–17 Uhr, Sept.–Mai 9–16.30 Uhr; 👪) gehört zu Colorados eindrucksvollsten Naturwundern. Inmitten von schroffen Gipfeln und Ebenen voller Gestrüpp beschert dieses wahrhaftige Sandmeer seinen Besuchern verwirrende optische Illusionen – hier entfaltet die Natur ihre ganze Magie.

Bei der Anfahrt über den Hwy 150 kann man beobachten, wie die Schatten auf den Dünen durch die wechselnden Einfallswinkel des Sonnenlichts wandern. Am spektakulärsten ist der Abend, wenn die Hügel einen scharfen Kontrast im Schein der tief stehenden Sonne bilden. Bei Wanderungen durch das Dünenareal offenbart sich dessen Veränderlichkeit aus der Nähe: Wie ein unzufriedener Bildhauer formt der stets blasende Wind die Sandlandschaft ständig neu.

Die meisten Besucher begrenzen ihre Aktivitäten auf den Bereich, in dem der Medano Creek den Hauptteil der Dünen von den Sangre de Cristo Mountains trennt. Die übrigen 85 % des Parks sind als natürliche Wildnis geschützt und nur etwas für trainierte, erfahrene Outdoor-Freaks mit viel Mut.

Wandern & Trekken

Das weite Sandmeer ist die Hauptattraktion für Wanderer, obwohl es hier keine ausgewiesenen Wege gibt. Zwei inoffizielle Routen bieten tolle Panoramablicke auf die Dünen. Die erste davon führt von einem Parkplatz hinter dem Visitor Center zur Spitze der High Dune (hin & zurück ca. 4 km), die trotz ihres Namens nicht die höchste örtliche Düne ist. Achtung: Dieser Weg ist sehr anstrengend – beim Erklimmen der Sandhänge rutscht man nach jedem Schritt scheinbar gleich wieder um einen halben zurück! Wer genug Kondition hat, kann von der High Dune aus gleich noch das zweite lohnenswerte Ziel in Anriff nehmen: Etwas weiter westlich erhebt sich mit der Star Dune (229 m) der höchste Sandberg des Parks.

Vom Great Sand Dunes National Park Visitor Center (S. 119) führt ein kurzer Weg zur Mosca Picnic Area neben dem knöcheltiefen Medano Creek, den man durchwaten muss (wenn der Bach Wasser führt), um die Dünen zu erreichen. Vom Visitor Center aus jenseits der Straße führt der Mosca Pass Trail hinauf in die Sangre de Cristo Wilderness.

Schlafen & Essen

★ Zapata Falls Campground CAMPING $
(☎719-852-7074; www.fs.usda.gov; BLM Rd 5415; Stellplatz Zelt & Wohnmobil 11 US$; 🐾) Rund 7 Meilen (11,2 km) südlich des Nationalparks bietet dieser Campingplatz dank seiner Höhenlage (2743 m) in der Sangre de Cristo Range einen grandiosen Blick auf das San Luis Valley. Hier gibt's 23 reservierungsfreie Stellplätze, aber kein Trinkwasser. Zudem ist die 3,6 Meilen (5,8 km) lange Zufahrtsstraße steil, unbefestigt und in recht schlechtem Zustand – unbedingt angepasst fahren! Die Mühen lohnen sich aber vor allem für Einsamkeits-Fans vollauf.

Zapata Ranch RANCH $$$
(☎719-378-2356; www.zranch.org; 5303 Hwy 150; 2 Übern. inkl. VP 875 US$/Pers.) Nature Conservancy ist Eigentümer und Betreiber dieser exklusiven Ranch, die sich ideal für passionierte Reiter eignet. Inmitten von Pappelhainen werden hier Rinder und Bisons gezüchtet. Vom Hauptgebäude (ein restauriertes Blockhaus aus dem 19. Jh.) schaut man auf die fernen Dünen. Der Preis beinhaltet neben Vollpension auch geführte Ausritte. Andere Abenteuer-Aktivitäten wie Klettern oder Rafting sind ebenfalls möglich, kosten aber jeweils extra.

ℹ An- & Weiterreise

Der Great Sand Dunes National Park liegt 33 Meilen (53 km) nordöstlich von Alamosa und ist nicht mit öffentlichen Verkehrsmitteln erreichbar.

WYOMING

Der Großteil Wyomings ist typisch für die Großen Plains: weites, menschenleeres und windiges Tiefland mit Hügeln voller Wüstenbeifuß, die unter blauem Himmel von der Sonne versengt werden. Die wenigen Siedlungen sind sehr geschichtsträchtig und zeugen vom Mut der alten Pioniere: Einst verlief hier der Oregon Trail, während Banditen die Region unsicher machten. Auch die heutigen Einwohner sind sich offenbar einig, dass dieser Teil des US-Westens weiterhin wild bleiben soll. Cody und Laramie stehen jeweils für ein Stück lebendige Geschichte, während Jackson und Lander die modernen Außenposten der Revolution im „Neuen Westen" sind.

Zugleich hat Amerikas bevölkerungsärmster Bundesstaat auch spektakuläre Berge, eine vielfältige Natur und eine einmalige Geologie. Während man sich der grandiosen und wahrhaft ursprünglichen Teton Range nähert, werden die Gipfel zwischen der Snowy Range bei Laramie und der Granitwildnis der Wind River Range hinter Lander immer imposanter. Ganz zu schweigen vom Yellowstone National Park, der zu den schönsten Orten in den „Lower 48" zählt.

Praktische Informationen

Travel Wyoming (☎ 800-225-5996, 307-777-7777; www.travelwyoming.com) Wyomings hervorragende Tourismus-Website.

Wapiti Ranger Station (☎ 307-587-3925) Älteste Ranger-Station der USA.

Wyoming State Parks & Historic Sites (☎ 307-777-6323; http://wyoparks.state.wy.us) Informiert über die 13 State Parks und 26 historischen Stätten in Wyoming; Camping-Reservierungen sind online oder telefonisch möglich.

Cheyenne

Das windige Cheyenne war einst als Magic City (Zauberstadt) bekannt, da es scheinbar über Nacht am Rand der Ebenen entstand und dann sehr schnell wuchs. Heute begeistert Wyomings Hauptstadt nicht unbedingt mit ihrem Erscheinungsbild. Doch unter der rauen Schale verbirgt sich freundlicher Charme – so wie bei den abgehärteten Cowboys, die man hier trifft. Bei einem Bummel zum Eisenbahnmuseum (Union Pacific Railway Depot) und zu den anderen örtlichen Museen wird schnell klar: Cheyenne ist weitaus mehr als nur eine praktische Zwischenstation an der I-80.

Sehenswertes

Frontier Days Old West Museum MUSEUM
(☎ 307-778-7290; www.oldwestmuseum.org; 4610 Carey Ave; Erw./Kind 10 US$/frei; ⌚ 9–17 Uhr; 👪) Für ein tieferes Verständnis der Pionier-Vergangenheit und Rodeo-Gegenwart von Cheyenne sollte man das ganzjährig geöffnete Museum auf dem Frontier-Days-Rodeogelände besuchen. Hier gibt's jede Menge Rodeotrophäen, von Sätteln bis zu Siegerpokalen, zudem Cowboy-Kunst und Cowboy-Fotografie, eine Sammlung von Pferdekutschen und jede Menge Geschichte und Geschichten, wie z.B. von Steamboat, dem unbezähmbaren Wildpferd, das aber wohl nicht das Pferd ist, das auf den Nummernschildern in Wyoming abgebildet ist (was jedoch viele glauben).

Feste & Events

Cheyenne Frontier Days RODEO
(☎ 307-778-7222; www.cfdrodeo.com; 4610 Carey Ave; Rodeo 17–55 US$/Tag, Konzerte 20–75 US$; ⌚ letzte 2 Wochen im Juli; 👪) In der letzten kompletten Juliwoche stehen beim größten Freiluft-Rodeo der Welt 10 Tage lang alles Landestypische, Lassowerfen, Bullenreiten, Zureiten, Singen und Tanzen auf dem Programm. Es gibt Flugschauen, Umzüge, Melodramen, Jahrmarktsattraktionen und Chili-Kochwettbewerbe, eine muntere Frontier Town, ein indianisches Dorf und morgens kostenlose Rodeo-Proben.

KURZINFOS WYOMING

Spitzname Equality State

Bevölkerung 577 740 Ew.

Fläche 253 596 km²

Hauptstadt Cheyenne (63 600 Ew.)

Weitere Städte Laramie (32 300 Ew.), Jackson (10 500 Ew.), Cody (9890 Ew.)

Verkaufssteuer 4 % (bundesstaatlich)

Geburtsort des Künstlers Jackson Pollock (1912–1956)

Heimat des Frauenwahlrechts, Kohlebergbaus; von Geysiren, Wölfen, Yellowstone

Politische Ausrichtung Erzkonservativ (außer Teton County)

Berühmt für Rodeo, Ranches, den früheren US-Vizepräsidenten Dick Cheney

Interessante Tatsache Flächenmäßig zehntgrößter, aber bevölkerungsärmster aller US-Bundesstaaten

Höchster Berg Gannett Peak (4209 m)

Entfernungen Cheyenne–Jackson 432 Meilen (695 km)

Schlafen & Essen

★ **Historic Plains Hotel** HISTORISCHES HOTEL $
(☎ 307-638-3311; 1600 Central Ave; Zi. ab 140 US$; 📶) Dieser schmucke Oldtimer von 1911 hat Gemeinschaftsbereiche, die nur so vor historischem Charme strotzen. Der alte Aufzug des Hotels wurde einst gezielt so klein konstruiert, dass Cowboys ihre Pferde nicht heimlich in ihre Obergeschosszimmer mitnehmen konnten. Am besten ein Zimmer auf der Straßenseite wählen: Die Quartiere am internen Lichtschacht sind etwas düster.

★ **Bunkhouse Bar & Grill** STEAKS $$
(☎ 307-632-6184; www.bunkhousebar.com; 1064 Happy Jack Rd; Hauptgerichte 10–28 US$; ⌚ So–Do 11–21, Fr & Sa bis 23.30 Uhr) Das legendäre

Bunkhouse liegt westlich von Cheyenne an der W-210, ist aber die Anfahrt wert: Etwa seit 1898 gibt's hier anständige Regionalküche auf Fleischbasis – vor allem Klassiker wie Steaks und Burger. Spezialität des Hauses ist das bemerkenswerte Bunk-Nut Sandwich: *Rocky Mountain oysters* (frittierte Stierhoden) mit Schmelzkäse auf angeröstetem Knoblauchbrot. Der Laden bietet sogar Livemusik (Fr & Sa abends).

★**Restaurant at the Plains** AMERIKANISCH $$
(☎307-638-3311; www.theplainshotel.com; 1600 Central Ave; Hauptgerichte mittags 8–13 US$, abends 15–24 US$; ⊙Di–So 12–15 & 18–22 Uhr) Das Hausrestaurant des Historic Plains Hotel ist angeblich das beste Lokal der Stadt. Abends gibt's hier ein paar großartige Gerichte wie Lachs mit Krabben-Füllung oder Tenderloin-Steak mit Bourbon-Glasur. Mit Burgern, Sandwiches und einer Suppen- bzw. Salatbar ist das Mittagsangebot leichter.

Ausgehen & Nachtleben

Accomplice Brewing Company CRAFT-BIER
(☎307-632-2337; www.accomplicebeer.com; 115 W 15th, Depot; ⊙So–Do 11–22, Fr & Sa bis 24 Uhr;) Cheyennes neueste Kleinbrauerei im historischen Union Pacific Railway Depot ermöglicht Fassbier-Verkosten per SB-Ausschank. Von den leckeren Gerstensaftsorten empfehlen sich vor allem das Nue Dogma Pale Ale und das Lincoln Squared IPA. Das Essen ist genauso lecker. Dementsprechend ist hier immer viel los.

Praktische Informationen

Cheyenne Visitor Center (☎800-426-5009, 307-778-3133; www.cheyenne.org; 1 Depot Sq/121 W 15th St; ⊙Mo–Fr 9–17, Sa bis 15, So 11–15 Uhr;) Hat eine Website mit umfangreichen Lokalinfos und ist auch Startpunkt von **Trolley-Touren** (☎307-778-3133; www.cheyennetrolley.com; 121 W 15th St, Depot Plaza; Erw./Kind 12/6 US$; ⊙Mai–Sept. 10, 11.30, 13, 14.30 & 16 Uhr) durch das Stadtzentrum.

Wyoming Travel & Tourism (☎800-225-5996; www.wyomingtourism.org; 5611 High Plains Rd; ⊙Mo–Fr 9–17 Uhr) Einen Zwischenstopp wert: Gleich südlich von Cheyenne gibt's hier neben einem Rastplatz an der I-25 jede Menge Infos. Auf Besucher warten auch kinderfreundliche Ausstellungen zu regionalen Tieren, Pflanzen, Aktivitäten und Umweltaspekten.

Anreise & Unterwegs vor Ort

Für die Hauptstadt eines US-Bundesstaats ist Cheyenne nur recht schwer erreichbar.

Busbahnhof (☎307-635-1327; www.greyhound.com; 5401 Walker Rd, Rodeway Inn) Am nördlichen Stadtende startet hier Greyhound zu diversen Zielen. Alternativ bedient Black Hills Stage Lines/Express Arrow dieselben Routen und bietet dabei z. B. Direktverbindung nach Denver (40 US$, 2¼ Std.) oder Salt Lake City (133 US$, 8½ Std.).

Cheyenne Airport (CYS; ☎307-634-7071; www.cheyenneairport.com; 200 E 8th Ave) Wenig betriebsamer Flughafen mit Flügen nach Denver (jeden Do).

Laramie

Auf dem Weg durch Wyoming lohnt Laramie einen Zwischenstopp mit Übernachtung: Die University of Wyoming (einzige Vier-Jahres-Universität des Bundesstaats) belebt die sonst recht verschlafene Präriestadt mit einem steten Zustrom von hippen Studenten. Im kleinen historischen Zentrum drängen sich im Rastermaß ausgerichtete Blocks aus Backstein-Bauten zwischen Bahngleisen – interessant genug für einen einstündigen Schaufensterbummel. Auf dem Uni-Campus animieren Museen zu einem informativen Spaziergang. Laramies Hauptattraktion ist aber das Wyoming Territorial Prison: In diesem gut erhaltenen Stück Wild-West-Geschichte saß einst Butch Cassidy ein.

Sehenswertes

★**Wyoming Territorial Prison** MUSEUM
(☎307-745-3733; www.wyomingterritorialprison.com; 975 Snowy Range Rd; Erw./Kind 7/3,50 US$; ⊙Mai–Sept. 8–19 Uhr, Okt.–April Mi–Sa 10–15 Uhr;) Dieses Gefängnis war das einzige in dem Butch Cassidy – 1894 bis 1896 wegen schweren Diebstahls – jemals einsaß; als er freikam, war er ein gut vernetzter Krimineller, der schnell zu einem der berühmtesten Räuber in der Geschichte wurde. In einem hinteren Raum wird seine spannende Lebensgeschichte ausgebreitet, während einem die Fotografien von anderen Desperados und Outlaws bei einem Rundgang durch den Hauptzellentrakt über die Schulter schauen. Draußen kann man die Fabrik besichtigen, in der die Gefangenen im Rahmen einer Maßnahme zur Erzielung von Einkünften über 700 Besen pro Tag produzierten.

Geological Museum MUSEUM
(☎307-766-2646; www.uwyo.edu/geomuseum; S. H. Knight Geology Bldg, University of Wyoming; ⊙Mo–Sa 10–16 Uhr) GRATIS Die Morrison-Formation, eine Abfolge von Sedimentgestein

aus der Jurazeit, erstreckt sich von New Mexico bis Montana und hat ihr Zentrum in Wyoming. Die Schicht ist eine ergiebige Quelle von Dinosaurierfossilien, von denen eine Auswahl in dem winzigen Universitätsmuseum ausgestellt ist, darunter ein 22,9 m großer *Apatosaurus excelsus* (früher Brontosaurus genannt)und ein *Diatryma gigantea* (ein 2,13 m hoher, vielleicht fleischfressender Vogel, der in Wyoming entdeckt wurde). Im neuen „Prep Lab" kann man zusehen, wie die Forscher brüchige Fossilien aus solidem Fels befreien – faszinierend!

Schlafen

Gas Lite Motel MOTEL $

(☎307-399-6176; 960 N 3rd St; EZ/DZ 55/65 US$;) Das Gas Lite Motel fällt auf – aber vor allem durch das Plastikpferd und den Hahn auf dem Dach sowie die verwitterten Sperrholz-Cowboys, die am Geländer lümmeln, und nicht durch die Modernität seiner Einrichtungen. Die Zimmer sind zwar betagt, aber sauber, die Betreiber recht freundlich, und der geforderte Preis (der variiert) ist o.k.

★ **Mad Carpenter Inn** B&B $$

(☎307-742-0870; www.madcarpenterinn.net; 353 N 8th St; Zi. 95–125 US$;) Mit Gartenanlagen, warmem Frühstück und komfortablen Zimmern verbindet das Mad Carpenter Inn Wärme mit Klasse. Im Spielzimmer gibt's Billard und Tischtennis, und das freistehende „Doll House" mit Einbauküche und Whirlpool ist ein echtes Schnäppchen für ein Paar, das ein ruhiges Refugium sucht.

Essen & Ausgehen

★ **Sweet Melissa's** VEGETARISCH $

(☎307-742-9607; www.facebook.com/sweetmelissacafe; 213 S 1st St; Hauptgerichte 8,50–14 US$; ⏲Mo–Do 11–21, Fr & Sa bis 22 Uhr;) Das Sweet Melissa's mit hervorragendem Service serviert zweifellos das gesündeste Essen in der Region. Unter den vegetarischen und glutenfreien Köstlichkeiten sind z.B. Käsemakkaroni mit Gorgonzola und Lauch. Besonders lecker sind die frittierten Blumenkohlröschen.

Wyoming's Rib & Chop House AMERIKANISCH $$

(☎307-460-9090; www.ribandchophouse.com; 2415 Grand Ave; Hauptgerichte 11–24 US$; ⏲11–22 Uhr) Uramerikanische Atmosphäre der modernen Art prägt dieses ungemein beliebte Lokal. Nach dem Anstehen kann man hier aus vielerlei Gerichten (z.B. langsam gegarte Rippchen, Steak vom schwarzen Angusrind, Pilze mit Krabben-Füllung, Blätterteigpastete mit Hummer) auswählen. Beim Vertilgen sorgen dann Sportübertragungen auf fast einem Dutzend TVs für Unterhaltung.

Coal Creek Coffee Co KAFFEE

(☎307-745-7737; www.coalcreekcoffee.com; 110 E Grand Ave; Hauptgerichte 5–11 US$; ⏲6–23 Uhr;) Das Coal Creek Coffee hat erstklassigen Kaffee und ist, wie man sich ein Café wünscht: modern und stilvoll, sogar hipp, aber nicht auf unangenehme Art. Wenn die Fair-Trade-Bohnen und der kundig zubereitete Latte zu sehr nach Vormittag schmecken, geht's einfach hinüber ins **Coal Creek Tap** im Westflügel, wo einen mehr als ein Dutzend Fassbiere erwarten.

An- & Weiterreise

Laramie Regional Airport (☎307-742-4164; www.laramieairport.com; 555 General Brees Rd/Hwy 130) Rund 5 Meilen (8 km) westlich der Stadt besteht hier Verbindung nach Denver (2-mal tgl.) und zu kleineren Regionalflughäfen.

Greyhound (☎307-745-7394; www.greyhound.com; 1952 N Banner Rd) Fährt ab der Tankstelle „Diamond Shamrock" (lokale Bezeichnung; die aktuelle Betreiberfirma ist unbekannt) u.a. nach Denver (40 US$, 3 Std.).

Lander

Lander liegt nahe den Ausläufern der Wind River Range und war schon immer eine Grenzstadt. Gegründet wurde es als Fort an einer Abzweigung des Oregon Trail. Später trieben sich hier oft Gesetzlose und Pferdediebe am Endpunkt einer Bahnlinie herum. Lander ist auch das Tor zur Wind River Indian Reservation (9000 km²), wo indigene Eastern Shoshone und hierher vertriebene Northern Arapaho gemeinsam am Fuß von Wyomings höchstem Berg leben.

Der Ort ist bei Kletterern, Wanderern und anderen Aktiv-Abenteurern sehr beliebt. Wegen seiner abgeschiedenen Lage animiert er aber nur wenige Besucher zu längeren Aufenthalten. So ist die lokale Atmosphäre mit ihrem entspannten Mix aus altem und neuem Westen nach wie vor recht ruhig.

Sehenswertes & Aktivitäten

Sinks Canyon State Park PARK

(☎307-332-3077; www.sinkscanyonstatepark.org; 3079 Sinks Canyon Rd; Stellplatz Zelt & Wohnmobil 11–16 US$; ⏲Visitor Center Juni–Sept. 9–18 Uhr)

Im Mittelpunkt des schönen Sinks Canyon State Park 6 Meilen (9,7 km) südwestlich von Lander am Hwy 131 steht ein seltsames Naturschauspiel: Die mittlere Gabelung des Popo Agie River verschwindet plötzlich gurgelnd in einer kleinen Höhle im porösen Madison-Kalkstein. Das Wasser tritt 400 m weiter (wärmer und mit größerer Schüttung) wieder zutage, braucht für die unterirdische Reise aber, wie Wissenschaftler ermittelt haben, annähernd zwei Stunden.

Schlafen

Outlaw Cabins B&B $$
(307-332-9655; www.outlawcabins.com; 2411 Squaw Creek Rd; Hütten 125 US$) Auf der bewirtschafteten Ranch stehen zwei wirklich schöne Hütten. Die „Lawman" wurde von einem County-Sheriff vor 120 Jahren gebaut, ist aber gepflegt und für moderne Bedürfnisse renoviert. Uns gefällt aber besonders „Outlaw", weil sich diese Hütte durch Wildwest-Flair auszeichnet. Beide Hütten sind schön eingerichtet und haben ruhige Veranden, auf denen man abhängen kann.

★ **Mill House** BOUTIQUEHOTEL $$
(307-349-9254; http://millhouselander.com/; 125 Main St; Suite ab 190 US$;) Eine von Wyomings besten Unterkünften: Landers stilvollste Bleibe ist in der alten Mühle der Stadt. Das kunstvoll umgebaute Haus empfängt Gäste mit freiliegendem Backstein, Holzfußböden und Pastelltönen, die von einem Bewusstsein für modernes Design zeugen. Die Suiten sind individuell eingerichtet. Optional kann man auch das ganze Gebäude mieten.

Essen

Middle Fork FRÜHSTÜCK $
(307-335-5035; www.themiddleforklander.com; 351 Main St; Hauptgerichte 6–11 US$; Mo–Sa 7–14, So 9–14 Uhr;) In dem großen, spartanisch eingerichteten Raum kann man sich ganz auf das ausgezeichnete Essen konzentrieren. Zu den hausgemachten Backwaren gibt's Eggs Benedict und Corned-Beef-Haschees, die man mit Mimosas herunterspülen kann.

★ **Cowfish** GRILL $$
(307-332-8227; www.cowfishlander.com; 148 Main St; Brunch 9–16 US$, Abendessen 17–35 US$; Mo–Fr 17–22, Sa & So 9–14 & 17–22 Uhr;) Landers gehobenes Restaurant bietet sich für ein romantisches Dinner im Kerzenschein mit Rosenkohl-Carbonara oder einem mit Kaffee eingeriebenen Rib-Eye-Steak an. In der angeschlossenen Braustube gibt's das gleiche Essen in zwangloserer Atmosphäre zwischen den Maischkesseln, aus denen wechselnde Bierkreationen kommen – viele sind ausgezeichnet.

Praktische Informationen

Lander Visitor Center (307-332-3892; www.landerchamber.org; 160 N 1st St; Mo–Fr 9–17 Uhr)

An- & Weiterreise

Wind River Transportation Authority (307-856-7118; www.wrtabuslines.com; Ecke West Main St & Baldwin Creek Rd, Shopko; einfache Strecke 1 US$) Betreibt neben normalen Linienbussen zwischen Riverton und Lander (Mo–Fr) auch reservierungspflichtige Shuttlebusse nach Casper und Jackson (Preise variieren jeweils je nach Passagierzahl). Selbstfahrer erreichen die regionalen Wanderwege und Kletterfelsen jedoch definitiv am leichtesten.

Jackson

In einem grünen Tal liegt Jackson zwischen ein paar von Amerikas schroffsten und wildesten Bergen. Auf den ersten Blick sieht's hier aus wie anderswo im ländlichen Wyoming: vorgeblendete Fassaden, hölzerne Bürgersteige mit Überdachung, Saloons an jeder Ecke. Der Ort ist aber definitiv anders – vielmehr gehört er zu den interessantesten seiner Art im Bundesstaat:

Hier trifft man weitaus mehr eingefleischte Kletterer, Radler und Skifahrer (bei ihren Barista-Jobs an ihrer tiefen Bräune zu erkennen) als Cowboys. Zudem verirren sich Promis und Elche gleich oft auf die örtlichen Straßen. Jacksons Vornehmheit und Popularität bedeuten durchaus gewisse (preisliche) Nachteile für Traveller. Dafür entschädigen das muntere urbane Flair, die erfrischende kulinarische Vielfalt sowie die zahlreichen Aktivitäten inner- und außerhalb der Stadt.

Sehenswertes & Aktivitäten

★ **National Museum of Wildlife Art** MUSEUM
(Karte S. 134; 307-733-5771; www.wildlifeart.org; 2820 Rungius Rd; Erw./Kind 15/6 US$; Mai–Okt. 9–17 Uhr, Nov.–April Di–Sa 9–17, So 11–17 Uhr;) Die hier ausgestellten Hauptwerke von Bierstadt, Rungius, Remington und Russell hauchen den dargestellten Tieren auf eindrucksvolle Weise Leben ein. Die im Freien aufgestellten Skulpturen und das seltsame von einer schottischen Burgruine inspirierte

Gebäude lohnen einen Halt, selbst wenn das Museum geschlossen ist.

National Elk Refuge NATURSCHUTZGEBIET
(Karte S. 134; ☎307-733-9212; www.fws.gov/refuge/national_elk_refuge; Hwy 89; Schlittenfahrt Erw./Kind 25/15 US$; ⊙Mitte Dez.–Mitte April 10–16 Uhr) GRATIS Dieses Refugium schützt Jacksons Herden von mehreren Tausenden Wapitihirschen, denen hier im Winter zwischen November und Mai ein sicherer Lebensraum geboten wird. Im Sommer kann man sich beim Visitor Center (S. 127) von Jackson nach den besten Plätzen zur Beobachtung der Wapitis erkundigen. Die einstündigen Pferdeschlittenfahrten sind das Highlight im Winter; Karten gibt's im Visitor Center.

★Jackson Hole Mountain Resort WINTERSPORT
(Karte S. 134; ☎307-733-2292; www.jacksonhole.com; Erw./Kind Skipass 155/94 US$, Grand Adventure Pass 75 US$; ⊙Nov.–April & Juni–Sept.) Dieser Berg ist monumental: Ob man sich auf Skiern, mit Snowboard, Wanderstiefeln oder einem Mountainbike an ihn wagt, der Jackson Hole Mountain macht demütig. Mit einem Höhenunterschied von über 1200 m, einigen der schwierigsten Pisten weltweit und durchschnittlich 1000 cm Schnee steht das 1012 ha große Skigebiet ganz oben auf der Wunschliste der Wintersportler.

★Continental Divide Dogsled Adventures HUNDESCHLITTENFAHRT
(Karte S. 134; ☎307-455-3052; www.dogsledadventures.com; halbtägige Tour inkl. Shuttles & Mittagessen 305 US$; ⊙Dez.–April) Billy Snodgrass (fünfmaliger Teilnehmer am Iditarod-Rennen) organisiert halbtägige Hundeschlitten-Touren durch Wyomings winterliche Wildnis. Seine Kunden werden zuerst von ihrer Unterkunft in Jackson zum Togwotee Pass gebracht. Dort besteigen sie Gespanne, die rasant von acht bis 14 Alaskan Huskys gezogen und von Guides gesteuert werden. Bei der lautlosen Gleitfahrt gibt's auch geschichtliche Infos und Legenden aus der Welt dieses Sports zu hören.

Jackson Hole Paragliding GLEITSCHIRMFLIEGEN
(Karte S. 134; ☎307-739-2626; www.jhparagliding.com; Tandemflüge 345 US$; ⊙Mai–Okt.) Schöner als ein Aufenthalt in der Teton Range ist nur ein Flug über deren Berge: Diese Tandemflüge mit erfahrenen Piloten starten morgens vom Jackson Hole Mountain Resort (S. 125) und nachmittags vom Skigebiet **Snow King** (Karte S. 134; ☎307-201-5464; https://snowkingmountain.com; 400 E Snow King Ave; Liftpass Erw./Kind 58/48 US$). Interessenten brauchen keine Paragliding-Erfahrung; es gelten aber Alters- und Gewichtsgrenzen.

RAFTING AUF DEM SNAKE RIVER

Man kann in Jackson kein Ruder schwingen, ohne auf ein Rafting-Unternehmen zu stoßen, das einen mit den Snake River hinunternehmen will. Die meisten bieten eine sanfte 8- bis 13-Meilen-Fahrt (13–21 km) durch Feuchtgebiete voller Wildtiere von der Stadt Wilson bis zur Hoback Junction an oder den etwas rasanteren Snake River Canyon mit seinen Stromschnellen der Klasse III.

Eine spritzige Paddeltour durch den Snake River Canyon (Klasse III), südlich von Jackson entlang der US 89/26 zwischen Hoback Junction und Alpine, ist ein beliebter Zeitvertreib im Sommer. Halbtagestouren starten am West Table Creek und enden am Sheep Gulch (8 Meilen/13 km). Ganztagestouren starten am Pritchard Creek, flussaufwärts vom West Table Creek, und enden auch am Sheep Gulch (16 Meilen/26 km). Die beste Zeit fürs Rafting ist im Juni.

Feste & Events

Grand Teton Music Festival MUSIK
(GTMF; ☎307-733-1128; www.gtmf.org; Walk Festival Hall, Teton Village; ⊙Juli & Aug.) Beim sommerlichen GTMF handelt es sich um eine fast durchgängige Klassik-Konzertreihe in großartiger Umgebung. Dabei tritt u. a. das Festival Orchestra mit bekannten Musikern und Dirigenten aus aller Welt auf (Fr 20, Sa 18 Uhr). Das Programm GTMF Presents rückt bemerkenswerte Talente ins Rampenlicht (meist Mi). Bei den kostenlosen Familienkonzerten geht's zwangloser zu.

Schlafen

Jacksons Unterkünfte verteilen sich auf die eigentliche Stadt und das Jackson Hole Mountain Resort (S. 125). Generell sind Qualität und Preis hier hoch. Trotz der großen Anzahl von örtlichen Unterkünften ist Reservierung für die Hauptsaison im Sommer und Winter unerlässlich. Im nahen Wald gibt's ein paar wenige Campingplätze. Die meisten davon erfordern aber eine lange Anfahrt über oft schlechte Straßen.

The Hostel HOSTEL $
(Karte S. 134; ☎ 307-733-3415; www.thehostel.us; 3315 Village Dr, Teton Village; B 32–55 US$, Zi. 50–170 US$;) Die bei Skifahrern sehr beliebte Unterkunft besteht schon so lange, dass sie keinen besonderen Namen braucht: alle kennen das „Hostel". Die günstigen Privatzimmer und engen Schlafsäle mit Stockbetten für vier Personen liegen mitten im Geschehen (man hält sich im Haus also nur zum Schlafen auf). Die geräumige Lounge mit Kamin, Tischtennis- und Tischfußballtisch sowie Skiwachs-Station ist ideal, um andere Leute kennenzulernen.

Antler Inn HOTEL $$
(Karte S. 134; ☎ 307-733-2535; www.townsquareinns.com/antler-inn; 43 W Pearl Ave; Zi. 85–220 US$, Hütte 115–290 US$;) Mitten im Getümmel von Jackson bietet dieser ausgedehnte Komplex saubere und komfortable Zimmer, die teilweise Kamine und Badewannen haben. In den preiswerteren „Cedar Log Rooms" fühlt man sich wie in einer behaglichen Blockhütte – was kein Wunder ist, da es sich tatsächlich um echte Blockhütten handelt, die anderswo in Wyoming abgebaut und hinten an das Hotel angebaut wurden.

Modern Mountain Motel MOTEL $$$
(Karte S. 134; ☎ 307-733-4340; https://mountainmodernmotel.com; 380 W Broadway; Zi. 125–330 US$;) Das Modern Mountain hebt das gute alte Motelkonzept auf ein modernes Level: Hier wartet ein Mix aus Funktionalität und Stil. Dies äußert sich z. B. in einem Lagerraum für Wintersport-Ausrüstung und wandgroßen Schwarzweißfotos bzw. Karten. So sind die 135 Zimmer oft verdientermaßen komplett ausgebucht.

★ **Wort Hotel** HISTORISCHES HOTEL $$$
(Karte S. 134; ☎ 307-733-2190; www.worthotel.com; 50 N Glenwood St; Zi. ab 450 US$;) In dem luxuriösen historischen Hotel, das mit den Jahren nur besser geworden ist, herrscht ein für Wyoming typisches Flair. Knorrige Kiefernmöbel und handgearbeitete Tagesdecken bestimmen die Zimmer mit großem Bad und Whirlpool. Der beste Portier-Service der Stadt hilft, den Reiseplan mit Outdoor-Abenteuern auszufüllen. Selbst wer sich das Wohnen hier nicht leisten kann oder will, sollte in der alten **Silver Dollar Bar** im Erdgeschoss vorbeischauen.

★ **Rusty Parrot Lodge & Spa** LODGE $$$
(Karte S. 134; ☎ 888-739-1749; www.rustyparrot.com; 175 N Jackson St; Zi. ab 475 US$;) Mit ihrer wunderbaren Wild-West-Kunstsammlung (u. a. Skulturen von Remington) wirkt diese Lodge ungemein elegant und luxuriös. Der erstklassige Service verwöhnt die Gäste genauso wie die Zimmer, die mit gepflegten offenen Kaminen und vornehmen Teddybären auf den Betten punkten. Wer nicht Ski fährt, kann im hauseigenen Spa höchst hedonistische Arnika-Sportmassagen und Lavendel-Kräuterwickel genießen. Das Hotelrestaurant serviert internationale Spitzenküche der einfallsreichen Art.

Derzeit wird die Lodge renoviert, sie soll aber Ende 2022 wiedereröffnet werden.

Essen

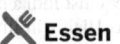

Persephone BÄCKEREI $
(Karte S. 134; ☎ 307-200-6708; www.persephonebakery.com; 145 E Broadway; Hauptgerichte 8–13 US$; ⌚ Mo–Sa 7–18, So bis 17 Uhr;) Rustikale Brotsorten, riesige Plunderteilchen, tolles Frühstück: Bei der französischen Winz-Bäckerei mit weiß verputzten Wänden nimmt man die Wartezeit gern in Kauf. Im Sommer bietet die große Terrasse zusätzlichen Platz fürs längere Verweilen bei Kaffee oder einem Bloody-Mary-Krug.

★ **Gun Barrel** STEAKS $$
(Karte S. 134; ☎ 307-733-3287; http://jackson.gunbarrel.com; 852 W Broadway; Hauptgerichte 16–56 US$; ⌚ 17.30 Uhr–open end) In Jacksons bestem Steakhaus, in dem die Bison-Hochrippe und das Wapiti-Kotelett mit dem gegrillten Ribeye-Steak mit Knochen um den Titel des „besten Stücks" wetteifert, bilden sich Schlangen bis vor die Tür. Man kann sich den Spaß machen, das Fleisch der Tierart zu wählen, die einen gerade anstiert: Das Haus war früher das Natur- und Taxidermie-Museum, und viele der einstigen „Mieter" sind immer noch da.

Mangy Moose Saloon KNEIPENESSEN $$
(Karte S. 134; ☎ 307-733-4913; www.mangymoose.com; 3295 Village Dr, Teton Village; Hauptgerichte mittags 8–23 US$, abends 18–48 US$; ⌚ 7–21 Uhr, Saloon 11–2 Uhr;) Im Jackson Hole Mountain Resort (S. 125) ist das Mangy Moose seit über 50 Jahren das lärmige Epizentrum für Après-Ski, bekannte Bands, Essen am Pistenrand und diversen Bergurlaubs-Unfug. Die riesige Kneipe mit anständiger Salatbar serviert Fleisch aus regionaler Produktion in Form von Chili, Bison-Burgern und Steaks. Das zugehörige Rocky Mountain Oyster Cafe stillt den Frühstückshunger.

Snake River Grill AMERIKANISCH $$$
(Karte S. 134; ☎307-733-0557; www.snakerivergrill.com; 84 E Broadway; Hauptgerichte 22–62 US$; ⏲17.30–21 Uhr) Dieses Grillrestaurant paart einen offenen Kamin mit eleganten weißen Tischtüchern und einer langen Weinkarte. Serviert wird hier bemerkenswert gute Spitzenküche im US-Stil. Probierenswert sind u.a. der pfannengebratene Alaska-Heilbutt oder die Wagyu-Rippchen. Dazu empfehlen sich die Trüffel-Pommes in gusseisernen Schüsseln. Für den Nachtisch ist das Sorbet mit angerösteten Erdbeeren eine gute Wahl.

Ausgehen & Nachtleben

Von Brauereien und Bars bis zu Konzerten und Theatervorstellung gibt's in Jackson keinen Mangel an Möglichkeiten, einen unterhaltsamen Abend zu erleben, besonders während der Hauptsaison im Sommer und im Winter. Infos zu den aktuellen Events findet man im *Jackson Hole News & Guide* (www.jhnewsandguide.com); man kann sich aber auch einfach in Downtown umschauen und selbst herausfinden, wo gerade die beste Stimmung herrscht.

★ **Snake River Brewing Co** KLEINBRAUEREI
(Karte S. 134; ☎307-739-2337; www.snakeriverbrewing.com; 265 S Millward St; ⏲Küche 11–23 Uhr, Ausschank open end; 📶) Angesichts des Aufgebots von Craft-Bieren (von denen manche Preise gewonnen haben) ist es kein Wunder, dass dieses Lokal – ein modern-industrielles Lagerhaus mit zwei Etagen und vielen, aber nicht zu vielen TVs, in denen Sport-Events laufen – bei den jungen, aktiven Outdoor-Abenteurern besonders beliebt ist. Auf der Speisekarte stehen Holzofenpizzas, Bison-Burger und Pasta (Hauptgerichte 12–21 US$).

The Rose COCKTAILBAR
(Karte S. 134; ☎307-733-1500; www.therosejh.com; 50 W Broadway; ⏲Do–Sa 17.30–2, So, Di & Mi 20–1.30 Uhr) Die schicke kleine Lounge im Obergeschoss des Pink Garter Theatre serviert Jacksons beste Cocktails und hat Separees mit rotem Lederbezug.

Praktische Informationen

Beim örtlichen Visitor Center gibt's den *Jackson Hole Traveler Visitor Guide* mit sehr guten Infos.

Jackson Hole & Greater Yellowstone Visitor Center (Karte S. 134; ☎307-733-3316; www.jacksonholechamber.com; 532 N Cache St; ⏲Juni–Sept. 8–19 Uhr; 📶) Hier gibt's alle erdenklichen Infos zu Jackson, zu den umliegenden Nationalparks, zur regionalen Natur und zu vielen weiteren Aspekten. Besucher können zudem ein paar nette Ausstellungen besichtigen, Nationalpark-Pässe kaufen und Angel- bzw. Jagdlizenzen erwerben. Zudem leistet das Personal höchst kompetente Planungshilfe.

Anreise & Unterwegs vor Ort

Jackson Hole Airport (JAC; Karte S. 134; ☎307-733-7682; www.jacksonholeairport.com; 1250 E Airport Rd) Liegt 7 Meilen (11,3 km) nördlich von Jackson im Grand Teton National Park. Täglich gibt's hier Direktflüge nach Chicago, Dallas, Denver, Los Angeles, Minneapolis, Phoenix, Salt Lake City und San Francisco – ergänzt durch viele saisonale Verbindungen.

Alltrans (Mountain States Express; ☎800-652-9510, 307-733-1719; www.jacksonholealltrans.com) Schickt Shuttlebusse nach Salt Lake City (82 US$, 5¼ Std.) und im Winter auch zum Skigebiet Grand Targhee (Erw./Kind inkl. Liftpass 128/97 US$).

Greyhound (www.greyhound.com) Bietet Fernbus-Verbindung nach Denver (ab 90 US$, 23½ Std.).

Cody

Man hat einige Optionen, um in den Yellowstone National Park zu gelangen, und der Weg über Cody sollte ganz oben auf der Liste stehen. Und zwar nicht nur wegen der hinreißenden Fahrt längs der nördlichen Gabelung des Shoshone River – die Theodore Roosevelt einst die „50 schönsten Meilen Amerikas" nannte, sondern auch wegen der Stadt.

Cody pflegt sein Wildwest-Image, ein Erbe, das bis zu seinem Gründer William Frederick Cody, genannt Buffalo Bill, zurückreicht. Der arbeitete als Kundschafter für die Armee, war ein berüchtigter Büffeljäger und schließlich ein Showman, der jahrelang mit seinen Wildwest-Shows um die Welt zog. Und so dreht sich die Stadt um allnächtliche Rodeos im Sommer, laute Saloons und ein erstklassiges Museum, das von Buffalo Bills Nachlass ausgeht und an sich schon ein lohnendes Ziel darstellt.

Sehenswertes

★ **Buffalo Bill Center of the West** MUSEUM
(☎307-587-4771; www.centerofthewest.org; 720 Sheridan Ave; Erw./Kind 19,50/13 US$; ⏲Mai–Mitte Sept. 8–18 Uhr, Mitte Sept.–Okt. bis 17 Uhr, Nov., März & April 10–17 Uhr, Dez.–Feb. Do–So 10–17 Uhr) Wyomings eindrucksvollste Attraktion aus Menschenhand ist Pflicht: Die sechs Museen

des weitläufigen Komplexes beleuchten alles, was mit dem Wilden Westen zu tun hat. Gezeigt werden hier z.B. Ausstellungen zu Buffalo Bills spektakulären, weltberühmten Wild-West-Shows oder ausdrucksstarke Kunst, die vom Leben in der Grenzregion inspiriert ist. Unter den Highlights sind Teddy Roosevelts Sattel, ein sogenannter Busy Beaver Ball und einer der weltgrößten Wigwams aus Büffelhaut. Ebenso faszinierend sind die Exponate im **Plains Indian Museum**. Das **Draper Museum of Natural History** portraitiert auf großartige Weise das Ökosystem der Yellowstone-Region. Die Tickets gelten jeweils für zwei aufeinanderfolgende Tage (die man auch braucht!) und sind bei Online-Buchung etwas günstiger.

Schlafen

Irma Hotel HISTORISCHES HOTEL **$$**

(☎307-587-4221; www.irmahotel.com; 1192 Sheridan Ave; Zi. 155–175 US$, Suite 230 US$; ❄📶) Das 1902 von Buffalo Bill als Eckpfeiler seiner geplanten Stadt errichtete knarrende Hotel hat altmodischen Charme mit ein paar modernen Details. Die originalen historischen Suiten haben hohe Decken und sind nach früheren Gästen (Annie Oakley, Calamity Jane) benannt; die etwas moderneren Zimmer im Anbau sind sehr ähnlich, kosten aber weniger (haben aber immer noch Toiletten mit klassischer Spülkette).

The Cody HOTEL **$$$**

(☎307-587-5915; www.thecody.com; 232 W Yellowstone Ave; DZ 260–290 US$; Preise jeweils inkl. Frühstück; ❄📶🏊) 🍃 Das Cody im schicken Stil des Neuen Westens zählt zu den luxuriösesten Hotels der Stadt. Sein Ökobewusstsein zeigt sich u.a. an den kostenlosen Leihfahrrädern für Gäste oder an den Wandvertäfelungen aus Holz von recycelten Parkbänken. Zur Wahl stehen hier auch Balkonzimmer abseits der Straße (zzgl. 10 US$) und King-Suiten mit Whirlpool (zzgl. 30 US$).

Cody Cowboy Village HÜTTEN **$$**

(☎307-587-7555; www.thecodycowboyvillage.com; 203 W Yellowstone Ave; Zi. & Hütte 100–230 US$; jeweils inkl. Frühstück; ⏲Mai–Mitte Okt.; 📶🏊🐾) Die beliebte und gut geführte Anlage vermietet moderne, stilvolle Hütten mit kleinen Veranden. Darunter sind Doppel-Varianten genauso wie einzeln stehende Quartiere im Suiten-Stil. Auf dem Gelände gibt's auch ein großes Tauchbecken unter freiem Himmel.

Essen

Cassie's Western Saloon STEAK **$$**

(☎307-527-5500; https://cassies.com; 214 Yellowstone Ave; Gerichte mittags 12–29 US$, Steaks 22–50 US$; ⏲Restaurantbetrieb 11–22 Uhr, Barbetrieb bis 2 Uhr) Das klassische Rasthaus hatte früher einen recht schlechten Ruf. Auch heute gibt's hier gelegentlich noch Kneipenschlägereien. Das Barpublikum bechert kräftig zu fetziger Country- und Westernmusik. Futtern kann man im angeschlossenen Supper Club, der zarte Steaks (270–1020 g) serviert.

Unterhaltung

Cody Nite Rodeo RODEO

(☎307-587-5155; www.codystampederodeo.com; 519 W Yellowstone Ave; Erw./Kind 21/10,50 US$; ⏲Juni–Aug. ab 20 Uhr) Das typische Kleinstadt-Rodeo ist eine lokale Tradition. Manchen Tierschützern sind derlei Veranstaltungen ein Dorn im Auge.

An- & Weiterreise

Der spektakuläre Buffalo Bill Cody Scenic Byway (dem edlen Namensgeber sei Dank!) führt von Cody aus zum Yellowstone National Park.

Yellowstone Regional Airport (COD; ☎307-587-5096; www.flyyra.com; 2101 Roger Sedam Dr) Kleiner Flughafen östlich der Stadt, der das ansonsten abgeschiedene Cody im Sommer mit Salt Lake City und Denver verbindet.

Yellowstone National Park

Der älteste **Nationalpark** (Karte S.130; ☎307-344-7381; www.nps.gov/yell; Grand Loop Rd, Mammoth; Kfz 35 US$; ⏲Nordeingang ganzjährig, Südeingang Mai–Okt.) der USA wird von zahllosen Elchen, Wapitis, Bisons, Grizzlys und Wölfen bevölkert. Ein paar der unberührtesten Landschaften Amerikas laden hier zu Erkundungen ein.

Yellowstone beheimatet auch über 60% aller Geysire der Welt. In diesen natürlichen Thermalquellen mit unterirdischem Reservoir staut sich Dampf, der bei Überdruck schließlich zusammen mit kochendem Wasser durch den sogenannten Eruptionskanal an die Erdoberfläche geschleudert wird. Das erstaunliche Ergebnis ist eine hohe Fontäne, die regelmäßig auftritt. Die genaue Frequenz wird dabei jeweils von der Zeit bestimmt, die bis zum Erreichen der Überdruckgrenze verstreicht. Rund um Yellowstones Geysire finden sich noch viele weitere geologische Phänomene wie kunterbunte Mineralquellen und blubbernde

Schlammtöpfe. All dies lockt jedes Jahr mehr als 4 Mio. Besucher hierher. Genauso eindrucksvoll sind die Canyons, Berge und Wälder des Parks.

Sehenswertes

Geyser Country

Das Geyser Country macht das Yellowstone-Plateau absolut einzigartig auf der Welt: Hier befinden sich die spektakulärsten geothermalen Phänomene des Parks (gleichzeitig über 50 % des globalen Bestands). Darunter ist auch die weltweit höchste Konzentration von Geysiren (mehr als 200 auf 3,9 km^2).

Zu den Highlights gehören der **Old Faithful** (Karte S. 130), das **Upper Geyser Basin** (Karte S. 130) und die Grand Prismatic Spring (S. 129). Die meisten Geysire säumen die nasse Lebensader des Beckens: den Firehole River, dessen Zuflüsse insgesamt 21 der 110 Wasserfälle im Park speisen. Der Firehole und der Madison River bieten auch hervorragende Möglichkeiten zum Fliegenfischen. Auf den Wiesen an ihren Ufern tummeln sich viele Wildtiere.

Old Faithful Visitor Education Center VISITOR CENTER
(Karte S. 130; ☎ 307-545-2751; Old Faithful; ⏲ Juni–Sept. 8–20 Uhr, Dez.–März 9–17 Uhr, Frühjahr & Herbst wechselnde Öffnungszeiten; 👪) 🍃 In dem umweltfreundlich gestalteten Zentrum dreht sich alles um Yellowstones geothermale Phänomene: Hier werden die Unterschiede zwischen Geysiren, heißen Quellen, Fumarolen und Schlammtöpfen erklärt. Besucher erfahren zudem, warum es im Mammoth Country keine Geysire gibt. Kinder freuen sich über die interaktiven Young Scientist Displays, unter denen auch eine funktionierende Geysir-Simulation ist. Vor Ort hängen auch die voraussichtlichen Eruptionszeiten von ein paar der bekanntesten Yellowstone-Geysire aus.

★ **Grand Prismatic Spring** HEISSE QUELLE
(Karte S. 130; Midway Geyser Basin) Mit 113 m Umfang und 37 m Tiefe ist die Grand Prismatic Spring die größte und tiefste heiße Quelle und nach der Ansicht von vielen auch die schönste thermale Erscheinung im Park. Plankenwege führen rund um den dampfenden, in vielen Farben schillernden Teich und seinen in allen Regenbogenfarben prunkenden Algenring. Von oben betrachtet, sieht die Quelle aus wie ein riesiges blaues Auge, das wundervolle, vielfarbige Tränen weint.

ABSTECHER

PANORAMAFAHRT: DAS DACH DER ROCKIES

Je nach persönlicher Ansicht ist der **Beartooth Highway** (www.beartoothhighway.com; Hwy 212; ⏲ Ende Mai–Mitte Okt.) entweder die schönste Anfahrtsoption nach Yellowstone, die aufregendste Motorradroute der USA oder Amerikas malerischste Panoramastraße. Die schwindelerregende, kurvige Asphaltstrecke ist aber wohl all dies auf einmal. Hangaufwärts führt sie zu einer anderen Welt hoch oberhalb der Baumgrenze: einem hügeligen Plateau mit Bergtundra, Bergseen und Schneeziegen. Bei grandioser Aussicht kann man dort oben sehr gut angeln und buchstäblich atemberaubend wandern.

Mammoth Country

Das Mammoth Country ist bekannt für seine majestätischen geothermalen Terrassen und die mächtige Gallatin Range im Nordwesten.

Hauptanlaufpunkt für Besucher (und Wapitis) ist hier die Mammoth Junction (1902 m), die 5 Meilen (8 km) südlich vom North Entrance auf einem Plateau über dem Mammoth Campground liegt. Gleich südlich der Kreuzung findet man mit den Mammoth Hot Springs das geothermale Highlight dieses Parkbereichs. Von dort aus führen Straßen südwärts zum Norris Geyser Basin (21 Meilen/34 km) und nach Osten zur Tower-Roosevelt Junction (18 Meilen/29 km).

Tower-Roosevelt Country

In diesem abgeschiedenen, malerischen und unerschlossenen Parkbereich warten u. a. versteinerte Wälder. Durch das artenreiche **Lamar Valley** (Karte S. 130) fließen hier der Slough und der Pebble Creek mit Forellenbeständen. Ein weiteres Highlight ist die spektakuläre, schroffe Absaroka Range.

Canyon Country

Wanderwege führen zu einigen malerischen Aussichtspunkten an bzw. auf den Felsen, Steilhängen und Wasserfällen des Grand Canyon of the Yellowstone. Hier gräbt der

Yellowstone National Park

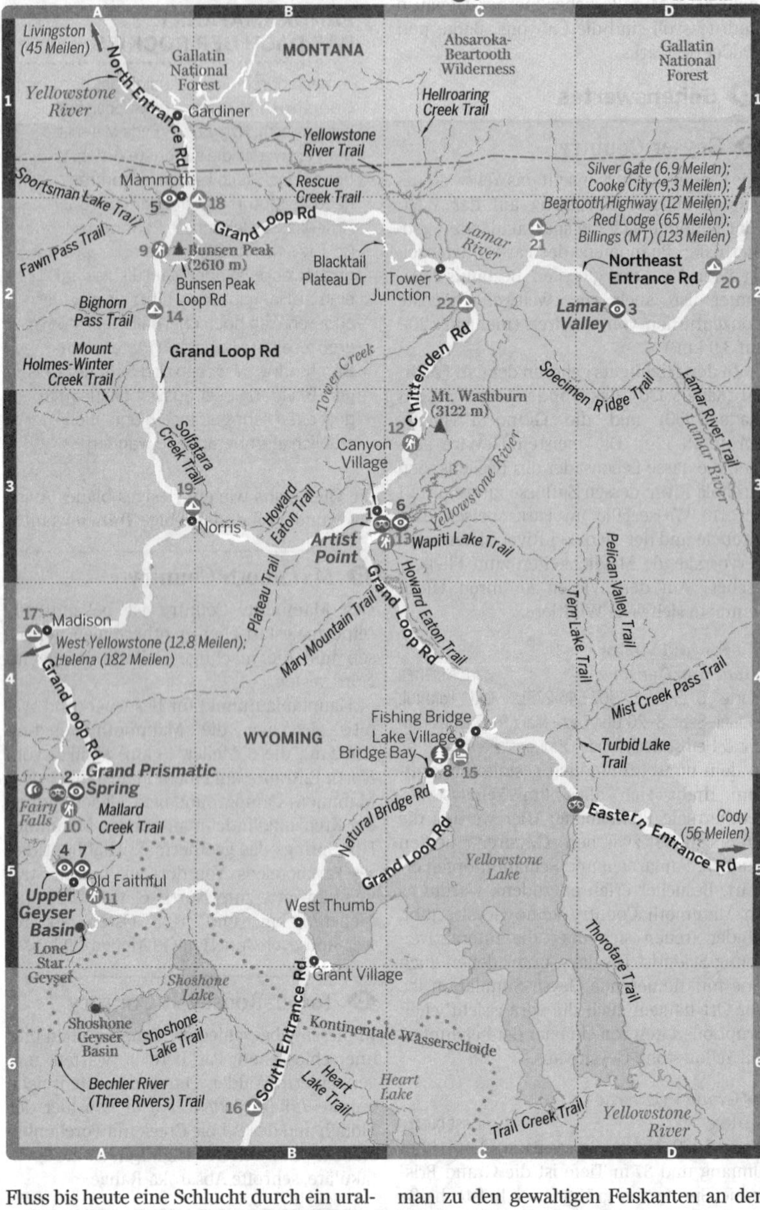

Fluss bis heute eine Schlucht durch ein uraltes, goldfarbenes Geysir-Becken – am eindrucksvollsten bei den **Lower Falls**. Entlang des South Rim Drive geht's zum **Artist Point** (Karte S. 130; South Rim Dr, Canyon), dem spektakulärsten Aussichtspunkt am Canyon. Über den **North Rim Drive** gelangt man zu den gewaltigen Felskanten an den Upper und Lower Falls.

Grand Canyon of the Yellowstone CANYON
(Karte S. 130) Ein absolutes Highlight des Parks lockt hier nahe des Canyon Village: Nach seinem ruhigen, schleifenförmigen-

Yellowstone National Park

Highlights
1 Artist Point ... B3
2 Grand Prismatic Spring ... A5
3 Lamar Valley ... D2
4 Upper Geyser Basin ... A5

Sehenswertes
5 Albright Visitor Center ... A2
6 Grand Canyon of the Yellowstone ... C3
7 Old Faithful ... A5
Old Faithful Visitor Education Center ... (siehe 7)
8 Yellowstone National Park ... C4

Aktivitäten, Kurse & Touren
9 Bunsen Peak & Osprey Falls ... A2
10 Fairy Falls Trail & Twin Buttes ... A5
11 Lone Star Geyser Trail ... A5
12 Mt. Washburn ... C3
13 South Rim Trail & Ribbon Lake ... C3

Schlafen
14 Indian Creek Campground ... A2
15 Lake Yellowstone Hotel ... C4
16 Lewis Lake Campground ... B6
17 Madison Campground ... A4
18 Mammoth Campground ... B2
19 Norris Campground ... A3
Old Faithful Inn ... (siehe 7)
20 Pebble Creek Campground ... D2
21 Slough Creek Campground ... C2
22 Tower Fall Campground ... C2

Essen
Lake Yellowstone Hotel Dining Room ... (siehe 15)
Mammoth Hot Springs Dining Room ... (siehe 5)

Laufs nördlich des Yellowstone Lake stürzt der Yellowstone River plötzlich über die Upper Falls. Dann donnert er über die deutlich höheren Lower Falls und tobt schließlich durch die 300 m tiefe Schlucht. An deren Rand bieten malerische Aussichtspunkte und Wanderwege vielerlei tolle Perspektiven auf das farbenfrohe Naturschauspiel.

Lake Country

Der Yellowstone Lake (2357 m) ist das Herz des Lake Country. Er gehört zu den weltgrößten Bergseen und beheimatet Amerikas größten Inlandsbestand von Cutthroat-Forellen. Von seinem Nordende fließt der Yellowstone River durch das Hayden Valley in den Grand Canyon of the Yellowstone. Das Süd- bzw. Ostufer säumen die steile Absaroka Range und die unberührte Region Thorofare, die zu den wildesten und abgeschiedensten Landstrichen der „Lower 48" gehören. Diese Wasser-Wildnis mit Vulkanstränden erkundet man am besten per **Bootstour** (Karte S. 134; ☎307-734-9227; www.jennylakeboating.com; hin & zurück Erw./Kind 2–11 Jahre Shuttlefahrt 15/8 US$, Panoramafahrt 19/11 US$; ⊙Juni–Ende Sept. 7–19 Uhr) oder Seekajak.

Aktivitäten

★Bunsen Peak & Osprey Falls WANDERN & TREKKEN, MOUNTAINBIKEN
(Karte S. 130) Zu Saisonbeginn ist der Bunsen Peak (2610 m) mit Traumaussicht in alle Himmelsrichtungen ein beliebtes Ziel für halbtägige Wanderungen. Die Route lässt sich optional zum anspruchsvolleren Tages-Trek erweitern. Hierzu steigt man an der flacheren Ostflanke des Bergs zur Bunsen Peak Rd hinab und klettert von dort aus den *tiiiieeeefen* (244 m) Abhang zum Fuß der wenig besuchten Osprey Falls hinunter.

Lone Star Geyser Trail WANDERN & TREKKEN, RADFAHREN
(Karte S. 130) Dieser leichte, befestigte Spazier- und Radweg entlang einer früheren Anliegerstraße eignet sich gut für Familien. Vorbei an Kiefern führt er zu einem der größten Geysire abseits von Yellowstones touristischen Hauptpfaden: Der abgeschiedene Lone Star bricht alle drei Stunden für zwei bis 30 Minuten aus. Seine Fontäne erreicht eine Höhe von 9 bis 14 m – ein Anblick, den man sich möglichst nicht entgehen lassen sollte.

Mt. Washburn WANDERN & TREKKEN, MOUNTAINBIKEN
(Karte S. 130; Tower-Roosevelt) Yellowstones beliebteste Wanderung (hin & zurück 10,3 km, 4 Std.) ist anstrengend: Vom Dunraven Pass führt sie hinauf zum Feuerwachturm auf dem Gipfel des Mt. Washburn. Dieser bietet einen Rundumblick auf den Park und die Dickhornschafe in der Umgebung. Alternativ lässt sich der Berg von Norden her per Fahrrad über die unbefestigte Chittenden Rd bezwingen. Achtung: Beide Routen sind oft bis Ende Juni wegen Schnees gesperrt.

Fairy Falls Trail & Twin Buttes WANDERN
(Karte S. 130) Ein beliebtes Wanderziel sind die Fairy Falls (60 m), die sich in der nordwestlichen Ecke des Midway Geyser Basin

verstecken. Hinter den Fairy Falls führt der Weg weiter zu einem versteckten Areal mit thermaler Aktivität zu Füßen der Twin Buttes. Die hiesigen Geysire sind nicht erschlossen, sodass man sie wahrscheinlich für sich allein hat – ganz anders als bei der von Besuchermassen umlagerten Grand Prismatic Spring (S. 129).

Schlafen

Im Park gibt's NPS- und private Campingplätze, Hütten, Lodges und Hotels. Reservierungen sind im Sommer unbedingt nötig, wo sie möglich sind. Viele Unterkünfte finden sich auch in den Zugangsorten Cody, Gardiner und West Yellowstone.

Die besten Budgetoptionen sind die sieben lokalen NPS-Campingplätze (jeweils reservierungsfrei): **Mammoth** (Karte S. 130; Mammoth; Stellplatz 20 US$; ganzjährig), **Tower Fall** (Karte S. 130; Tower-Roosevelt; Stellplatz 15 US$; Mitte Mai–Ende Sept.), **Indian Creek** (Karte S. 130; Mammoth; Stellplatz 15 US$; Anfang Juni–Mitte Sept.), **Pebble Creek** (Karte S.130; Stellplatz 15 US$; Mitte Juni–Ende Sept.), **Slough Creek** (Karte S. 130; Tower-Roosevelt; Stellplatz 15 US$; Mitte Juni–Anfang Okt.), **Lewis Lake** (Karte S. 130; Südeingang; Stellplatz 15 US$; Mitte Juni–Okt.) und der Norris Campground (S. 132). Einige der Plätze wurden während der Covid-19-Pandemie geschlossen. Online ist der aktuelle Stand abrufbar.

Xanterra (307-344-7311; www.yellowstonenationalparklodges.com) betreibt fünf weitere Campingplätze, die jeweils mit Reservierungsmöglichkeit, Kaltwasserbädern, Trinkwasser und WCs aufwarten. Der Platz Fishing Bridge bietet zusätzlich Wohnmobilstellplätze mit allen erforderlichen Anschlüssen.

DER SOUTH RIM TRAIL

Südöstlich vom South Rim des Yellowstone Canyon winden sich **Wanderwege** (Karte S. 130) durch Wiesen und Wälder. Die Pfade passieren auch ein paar kleine Seen wie den **Ribbon Lake**. Der South Rim Trail (9,7 km, 4 Std.) verbindet einige dieser Routen per Rundkurs miteinander und bietet dabei einen Traumblick auf den Grand Canyon of the Yellowstone (S. 130). Zudem führt er an mehreren Seen und sogar einem Thermalgebiet in der Wildnis vorbei.

Norris Campground CAMPING $

(Karte S. 130; Norris; Zeltplätze 20 US$; Mitte Mai–Sept.) In einem malerischen offenen Wäldchen aus Amerikanischen Strandkiefern liegt dieser Campingplatz, einer der schönsten im Park, auf einem sonnigen Hügel mit Blick auf den Gibbon River und die umliegenden Wiesen. Die Stellplätze werden nach dem Prinzip „Wer zuerst kommt, mahlt zuerst" vergeben, und die besten am Fluss sind schnell besetzt. Um 19.30 Uhr gibt's Gespräche am Lagerfeuer; Brennholz wird zwischen 19 und 20.30 Uhr verkauft. Die Stromgeneratoren dürfen von 8 bis 20 Uhr laufen.

Madison Campground CAMPING $

(Karte S. 130; 307-344-7311; www.yellowstonenationalparklodges.com; W Entrance Rd, Madison; Zeltplätze 26 US$; Mai–Okt.) Der Old Faithful und dem Westeingang am nächsten gelegene Campingplatz liegt über dem Madison River auf einer weiten Wiese in einem sonnigen, offenen Wald. Bisons und die größte Wapitiherde des Parks grasen oft auf den Wiesen weiter im Westen, sodass man prima Tiere beobachten kann. Der Platz ist auch ideal, wenn man im Madison River fliegenfischen will. Seinen Stellplatz sollte man vorab reservieren.

★ **Old Faithful Inn** HOTEL $$

(Karte S. 130; 307-344-7311; www.yellowstonenationalparklodges.com; Old Faithful; DZ mit Gemeinschaftsbad/eigenem Bad ab 167/288 US$, Zi. 368–437 US$; Anfang Mai–Anfang Okt.) Ein urtypisches Yellowstone-Erlebnis ist eine Übernachtung in diesem historischen Blockhaus mit meisterhafter Architektur. Allein die Lobby lohnt einen Besuch – und sei es nur, um am gigantischen Rhyolith-Kamin zu sitzen und dem Pianisten im Obergeschoss zu lauschen. Die günstigsten Old-House-Zimmer mit Holzwänden und originalen Waschbecken sind am stimmungsvollsten. Ihre Bäder liegen aber draußen am Korridor.

Lake Yellowstone Hotel HOTEL $$$

(Karte S. 130; 866-439-7375; www.yellowstonenationalparklodges.com; Hütte 209 US$, Sandpiper Lodge Zi. 305–341 US$, Hotel Zi. 277–632 US$; Mitte Mai–Anfang Okt.; @) Strahlend gelb dominiert dieses riesige Hotel aus der Kolonialzeit das Nordufer des Lake Yellowstone. Hoher Romantikfaktor trifft hier auf historisches Ambiente. Seit 1895 sind die Zimmer (damals 4 US$/Übernachtung) aber etwas teurer geworden. Die Quartiere am See kos-

DEN MASSEN ENTKOMMEN

Das Yellowstone-Wunderland zieht im Juli und August täglich bis zu 30 000 und im ganzen Jahr mehr als 4 Mio. Besucher an. Wenn man die folgenden Ratschläge beachtet, kann man dem schlimmsten Massenandrang entgehen:

Im Mai oder Oktober kommen! Dann stehen zwar weniger Service-Einrichtungen zur Verfügung, es sind aber auch viel weniger Besucher im Park unterwegs.

Eine Wanderung machen! 95 % aller Besucher setzen keinen Fuß auf einen Trail im Hinterland, und nur 1 % campen (Genehmigung erforderlich) auf einem Platz im Gelände.

Den Park per Rad erkunden! Auf den meisten Campingplätzen gibt es unausgelastete Stellplätze für Wanderer oder Radler, und mit dem Rad fährt man an jedem Stau vorbei.

Dem Beispiel der Wildtiere folgen! Die goldenen Stunden nach Sonnenaufgang und vor Sonnenuntergang ausnutzen!

Ein Lunchpaket einpacken! Einfach auf einem der vielen schönen, malerischen Picknickplätze im Park, die oft übersehen werden, essen.

Sich warm einpacken! In den Wintermonaten hat man einen Ausbruch des Old Faithful praktisch ganz für sich allein.

ten einen Aufpreis und sind am schnellsten ausgebucht, garantieren aber keine Aussicht aufs Wasser. Die kleinen Hütten verfügen jeweils über zwei Doppelbetten. Internetanschluss (nur LAN) gibt's ausschließlich in den Zimmern im Hauptgebäude.

Essen

★ Mammoth Hot Springs Dining Room AMERIKANISCH $$
(Karte S. 130; Mammoth; Hauptgerichte abends 12–26 US$; ⏲ Mai–Mitte Sept. 6.30–10, 11.30–14.30 & 17–22 Uhr, Mitte Sept.–Ende Okt. bis 21 Uhr; 📶) Das elegante Lokal bietet ein paar Überraschungen: Beim vornehmen Abendessen gibt's hier beispielsweise leckeren Thai-Curry mit Miesmuscheln als Vorspeise. Darauf folgen vielleicht Hackbraten à la Montana oder Forelle mit Pistazien-Parmesan-Kruste. Zum Nachtisch empfiehlt sich die Yellowstone Caldera: eine warme Schokoladentorte mit Trüffeln und namensgemäß geschmolzener Mitte. Reservierung ist nur im Winter erforderlich.

Lake Yellowstone Hotel Dining Room AMERIKANISCH $$$
(Karte S. 130; ☎ 307-344-7311; www.yellowstonenationalparklodges.com; Lake Village; Hauptgerichte abends 16–37 US$; ⏲ Mitte Mai–Anfang Okt. 6.30–10, 11.30–14.30 & 17–22 Uhr; ✎) Wer stilvoll im Hausrestaurant des Lake Yellowstone Hotel speisen will, sollte sich unbedingt schick in Schale werfen. Mittags gibt's hier z. B. Forelle, Sandwiches und Salat mit pochierten Birnen. Abends (Reservierung erforderlich) wird dann mit Vorspeisen wie Hummer-Ravioli und Hauptgerichten wie Rinderlende, Wapiti-Kotelett, Wachteln oder Lammkarree auf Montana-Art noch etwas draufgelegt.

Praktische Informationen

Obwohl Yellowstone ganzjährig geöffnet ist, sind die meisten Parkstraßen im Winter gesperrt. Der Zugang (Wanderer/Kfz 15/30 US$; inkl. Grand Teton 50 US$) gilt jeweils für sieben Tage.

Albright Visitor Center (Karte S. 130; ☎ 307-344-2263; www.nps.gov/yell/planyourvisit/mammothvc.htm; Mammoth; ⏲ Mitte Juni–Aug. 8–18 Uhr, Sept.–Mitte Juni 9–17 Uhr) Hier gibt es den einzigen WLAN-Zugang im Park; in ganz Yellowstone ist der Handy-Empfang eingeschränkt.

An- & Weiterreise

Die meisten Yellowstone-Besucher fliegen nach Jackson (WY) oder Bozeman (MT). Über Billings (MT) ist die Anreise aber oft günstiger. Besucher brauchen ein eigenes Fahrzeug: Zum und im Nationalpark fahren keinerlei öffentliche Verkehrsmittel.

Grand Teton National Park

Die grandiose Teton Range fasziniert und inspiriert ihre Betrachter bzw. Besucher schon immer. Viele Bären, Elche und Wapitis bevölkern den hiesigen **Nationalpark** (Karte S. 134; ☎ 307-739-3300; www.nps.gov/grte; Zugang pro Auto/Motorrad 35/30 US$, Fuß-

Grand Teton National Park

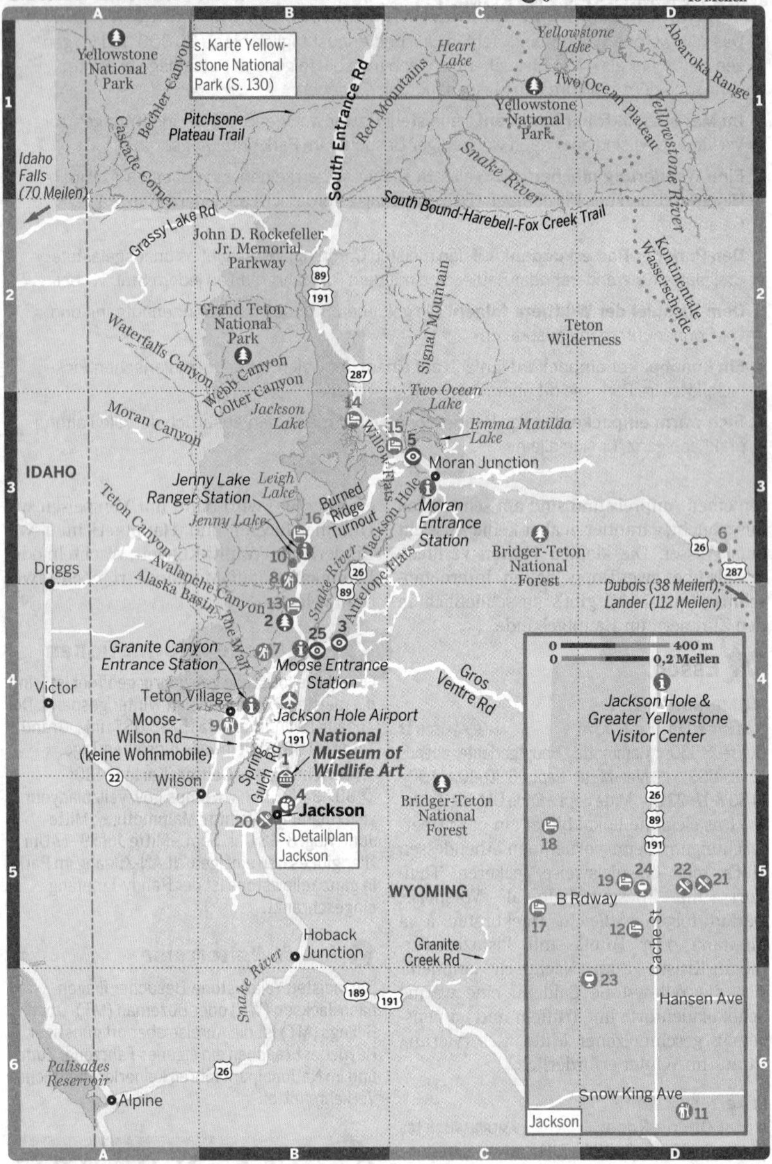

gänger & Radfahrer 20 US$), der auch eine zentrale Rolle in der Geschichte des amerikanischen Bergsteigens spielt.

Gletscher formten einst die etwa zwölf imposanten Gipfel rund um den einmaligen Grand Teton (4199 m). Das Massiv wirkt bereits von unten betrachtet einfach atemberaubend und zeigt sich beim Wandern umso herrlicher – dies gilt vor allem für die Sommermonate: Dann kann man im Grand-Teton National Park durch spektakuläre Schluchten mit duftenden Wäldern hinauf zu idyllischen Bergeseen inmitten von Wildblumen trekken.

Grand Teton National Park

Highlights
1 National Museum of Wildlife Art B5

Sehenswertes
2 Grand Teton National Park B4
3 Mormon Row B4
4 National Elk Refuge B5
5 Oxbow Bend C3

Aktivitäten, Kurse & Touren
Adventure Sports .... (siehe 25)
6 Continental Divide Dogsled Adventures D3
7 Death Canyon Trail B4
8 Garnet Canyon B3
9 Jackson Hole Mountain Resort B4
Jackson Hole Paragliding .... (siehe 9)
10 Jenny Lake Boating B3
11 Snow King Resort D6

Schlafen
12 Antler Inn D5
13 Climbers' Ranch B4
14 Colter Bay Village B3
15 Jackson Lake Lodge C3
16 Jenny Lake Lodge B3
17 Modern Mountain Motel C5
18 Rusty Parrot Lodge & Spa C5
The Hostel .... (siehe 9)
19 Wort Hotel D5

Essen
Blue Heron Lounge .... (siehe 15)
Dornan's Chuckwagon .... (siehe 25)
Dornan's Trading Post .... (siehe 25)
20 Gun Barrel B5
Jenny Lake Lodge Dining Room .... (siehe 16)
Mangy Moose Saloon .... (siehe 9)
21 Persephone D5
Pizza & Pasta Company .... (siehe 25)
22 Snake River Grill D5

Ausgehen & Nachtleben
23 Snake River Brewing Co D6
24 The Rose D5

Praktisches
25 Craig Thomas Discovery & Visitor Center B4

Sehenswertes & Aktivitäten

Das fast 400 km lange **Wanderwegnetz** bietet Outdoor-Fans viel Auswahl. **Klettern** und **Angeln** sind hier ebenfalls möglich. Übernachtungen in der Wildnis erfordern aber eine Genehmigung (Backcountry Permit).

Skilanglauf und **Schneeschuhlaufen** sind die besten Optionen für winterliche Parkerkundungen. Broschüren mit detaillierten Routenvorschlägen gibt's beim Craig Thomas Discovery & Visitor Center.

Craig Thomas Discovery & Visitor Center TOURISTENINFORMATION

(Karte S. 134; ☎ 307-739-3399; www.nps.gov/grte/planyourvisit/ctdvc.htm; Teton Park Rd, Moose; ⌚ Juni–Aug. 8–19 Uhr, März–Mai, Sept. & Okt. wechselnde Öffnungszeiten;) Das vorbildlich organisierte und gestaltete Visitor Center sollte bei einem Besuch hier immer die erste Anlaufstelle sein: Die Ranger helfen bei der Planung des Aufenthalts und stellen Campinggenehmigungen aus. Eine topografische Reliefkarte erleichtert einem die Orientierung vor Ort noch weiter. Zudem erläutern informative, interaktive und kindgerechte Ausstellungen alles Interessante am jeweiligen Ziel.

Mormon Row GEISTERSTADT

(Karte S. 134; Antelope Flats Rd; P) Die Geisterstadt ist das wohl beliebteste Fotomotiv im Park – aus gutem Grund: Die alten Holzscheunen, Häuser und Lattenzäune vor perfekt imposanter Teton-Kulisse sind der Inbegriff einer ländlichen Idylle. Errichtet wurden sie in den 1890er-Jahren von mormonischen Siedlern, die das fruchtbare Schwemmland bestellten und es mittels kilometerlanger, von Hand angelegter Gräben bewässerten.

Oxbow Bend FLUSS

(Karte S. 134; N Park Rd; P) Eine der malerischsten Stellen für Wildtierbeobachtungen im Grand Teton National Park ist der Oxbow Bend vor der hinreißenden Kulisse des sich im Wasser spiegelnden Mt. Moran. In der Morgen- und Abenddämmerung lassen sich die Elche, Wapitis, Kanadakraniche, Fischadler, Weißkopfseeadler, Trompeterschwäne, Kanadagänse, Kanadareiher und Nashornpelikane am besten beobachten. Der Flussarm entstand, als das schneller fließende Wasser des Flusses das Außenufer erodierte, während sich an der langsamer fließenden Innenseite Sedimente ablagerten.

Death Canyon Trail WANDERN & TREKKEN

(Karte S. 134) Eine der besten Wanderungen im Park – sowohl in puncto Herausforderung als auch bezüglich der Schönheit der Landschaft. Die Route führt zunächst hinauf zum Aussichtspunkt am Phelps Lake

(1,6 km) und dann hinab zum Talboden, wo sie dem Death Canyon folgt.

Garnet Canyon WANDERN & TREKKEN, KLETTERN
(Karte S. 134) Hier beginnen die beliebtesten Klettertouren zum Middle, South und Grand Teton. Vor allem letzterer erfordert vorherige Routenkenntnis und solide Fähigkeiten im technischen Klettern. Die 6,4 km lange Wanderung zum Startpunkt des Aufstiegs begeistert aber selbst Nicht-Kletterer.

Grand Teton Multiuse Bike Path RADFAHREN
(www.nps.gov/grte/planyourvisit/bike.htm; ⌚ Mai–Okt. Sonnenaufgang–Sonnenuntergang) Dieser Rad- und Multifunktionsweg eignet sich bestens für beschaulichere bzw. gemächlichere Touren durch den Park. Vom Jackson Visitor Center (S. 127) führt er über 32,2 km zur **Jenny Lake Ranger Station** (Karte S. 134; ☎ 307-739-3343; 407 Jenny Lake Campground Road, Moose, WY; ⌚ Juni–Aug. 8–17 Uhr). Wer eine kürzere Distanz bevorzugt, mietet bei **Dornan's** (Karte S. 134; ☎ 307-733-3307; www.dornans.com; ⌚ 9–18 Uhr) in Moose einen Drahtesel und fährt damit zum Jenny Lake (13 km).

Schlafen

★ **Climbers' Ranch** HÜTTEN $
(☎ 307-733-7271; www.americanalpineclub.org/grand-teton-climbers-ranch; End Highlands Rd; B 27 US$; ⌚ Juni–Sept.; P) Diese rustikalen Blockhütten des American Alpine Club dienten ursprünglich als Refugium für ernsthafte Kletterer. Heute stehen sie auch Wanderern offen, die genauso von der spektakulären Lage im Park profitieren. Vorhanden sind ein Sanitärhäuschen mit Duschen und ein geschützter Kochbereich mit abschließbaren Kühlfächern. Schlafsack und Kopfkissen müssen selbst mitgebracht werden (die Stockbetten sind ohne Bettzeug, dafür aber spottbillig).

Colter Bay Village HÜTTEN $$
(Karte S. 134; ☎ 307-543-3100; www.gtlc.com/lodges/colter-bay-village; Colter Bay; Zelthütte 76 US$, Hütte mit Bad 189–267 US$; ⌚ Zelthütten Juni–Anfang Sept., Hütten Ende Mai–Ende Sept.; P) Diese belebte Anlage ähnelt einem Dorf. Die komfortablen Blockhütten (teils historisch) sind hier die beste Wahl. Denn die spartanischen Zelthütten aus Holz und Leinwand versprühen den Charme eines sibirischen Gulags: Die Ausstattung besteht in diesem Fall jeweils nur aus kahlen Stockbetten, einem Holzofen, einem Picknicktisch, einem Freiluftgrill und einem externen Bad. Schlafsäcke können vor Ort ausgeliehen werden.

★ **Jackson Lake Lodge** LODGE $$$
(Karte S. 134; ☎ 307-543-3100; www.gtlc.com/lodges/jackson-lake-lodge; Jackson Lake Lodge Rd; Zi. & Hütte 339–459 US$, Suite 850 US$; ⌚ Mitte Mai–Anfang Okt.; P 📶 🏊 🐾) Weiche Bettwäsche, riesige Panoramafenster mit Bergblick und lange, verschlungene Wanderwege machen die teuerste Lodge der Teton Range ideal für Romantiker. Am besten sind die Zimmer im Hauptgebäude und die abgeschiedenen Moose Pond View Cottages, die Veranden mit toller Aussicht haben. Die 348 normalen Hütten aus Betonziegeln wirken zumindest äußerlich überteuert: Sie bieten keine Aussicht und erinnern optisch an eine Barackensiedlung. Dank Renovierung ist ihr Inneres aber nun ganz nett.

★ **Jenny Lake Lodge** LODGE $$$
(Karte S. 134; ☎ 307-543-3100; www.gtlc.com/lodges/jenny-lake-lodge; Jenny Lake Scenic Dr; Hütte All-inclusive ab 542 US$; ⌚ Juni–Anfang Okt.; P) Gealtertes Holz, Daunendecken und bunte Steppdecken geben den eleganten Hütten dieser Lodge eine behagliche Atmosphäre. Darin wohnt es sich nicht gerade günstig. Das Signature-Stay-Pauschalangebot beinhaltet jedoch Frühstück, fünfgängiges Abendessen, Fahrradbenutzung und geführtes Reiten. An Regentagen können es sich Gäste im Hauptgebäude am offenen Kamin gemütlich machen, wobei Regale voller Gesellschaftsspiele und Bücher für Unterhaltung sorgen.

Essen

Pizza & Pasta Company PIZZA $
(Karte S. 134; ☎ 307-733-2415; www.dornans.com; Moose; Hauptgerichte 10–13 US$, Pizzas 9–17 US$; ⌚ ganzjährig 11.30–21.30 Uhr; 📶) Das Dachrestaurant des Resorts **Dornan's** (Karte S. 134; ☎ 307-733-2415; www.dornans.com; Moose; ⌚ 8–20 Uhr) gehört zu den wenigen eigenständigen Lokalen im Park und ist ideal für eine Pizza nebst Bier: Über den Snake River und den Menor's Ferry Historic District hinweg schaut man hier auf die mächtigen Tetons. Die Aussicht ist jedoch besser als das Essen und der mitunter lahme Service.

Blue Heron Lounge BAR, BARBECUE $$
(Karte S. 134; ☎ 307-543-2811; www.gtlc.com/dining/blue-heron-lounge-jackson-lake-lodge; Jack-

son Lake Lodge; Hauptgerichte 11–23 US$; ⌚Mitte Mai–Sept. 11–24 Uhr) Die hübsche Eckbar des Blue Heron hat deckenhohe Fenster (beginnen auf Kniehöhe) und ist perfekt für Sundowner. Neben Drinks gibt's hier kleine Teller mit leckeren Wurstwaren und Salaten aus lokaler Produktion. Bei Schönwetter brutzelt zusätzlich Köstliches auf dem Freiluftgrill. Ab und zu ist auch Livemusik geboten.

Dornan's Chuckwagon BARBECUE **$$**
(Karte S. 134; ☎307-733-2415; www.dornans.com; Moose; Hauptgerichte morgens & mittags 8–20 US$, abends 9–35 US$; ⌚Juni–Aug. 7–11, 12–15 & 17–21 Uhr) Dieses Freiluft-Lokal ist bei Familien sehr beliebt (u.a. wegen der Rabatte für Kinder). Morgens gibt's hier Sauerteig-Pfannkuchen und Eier aus der Grillpfanne, mittags kleine Gerichte und Sandwiches. Abends garen dann Rindfleisch, Rippchen und Forelle in dampfenden Schmortöpfen; ergänzend eröffnet noch eine gewaltige Salattheke. Die Picknicktische bieten einen unvergleichlichen Blick auf den Grant Teton. Regelmäßige Livemusik (Di–Do 17.30–20.30 Uhr).

★ **Jenny Lake Lodge Dining Room** AMERIKANISCH **$$$**
(Karte S. 134; ☎307-543-3351; www.gtlc.com/dining/the-dining-room-at-jenny-lake-lodge; Jenny Lake Lodge; Gerichte mittags 12–18 US$, 5-gängiges Festpreismenü abends 98 US$; ⌚7.30–10, 11.30–13.30 & 18–21 Uhr) Mitten in der Teton Range lockt hier im herrlich behaglichen Ambiente ein möglicherweise einmaliges Erlebnis: der Genuss eines fünfgängigen Abendmenüs in der Wildnis (Reservierung erforderlich; schick anziehen!) – das ist zwar nicht gerade günstig, aber sein Geld vollauf wert. Morgens serviert das Lokal u.a. perfekte Eier Benedict mit Krabbenfleisch. Mittags können sich hungrige Wanderer z.B. Wapiti-Lende und Daikon-Salat mit Wassermelone schmecken lassen.

Praktische Informationen

Die Zugangsgenehmigungen für den Park (Fußgänger/Radfahrer/Kfz 20/30/35 US$) gelten jeweils sieben Tage.

An- & Weiterreise

Der Grand Teton National Park beginnt 4,5 Meilen (7,2 km) nördlich von Jackson und hat drei Eingänge: Am nächsten zur Stadt liegt der **Südeingang** (South Entrance; Karte S. 134; Teton Park Rd, Moose Village; ⌚wechselnde Öffnungszeiten) westlich der Moose Junction. Ab dem Teton Village führt die Moose-Wilson Rd (ca. 1 Meile/1,6 km) nordwärts zum **südwestlichen Eingang** (Southwest Entrance; Karte S. 134; Moose-Wilson Rd; ⌚wechselnde Öffnungszeiten). Und wer von Yellowstone aus Richtung Süden fährt, nimmt den **Nordeingang** (North Entrance; Karte S. 134; Hwy 287; ⌚wechselnde Öffnungszeiten), der 3 Meilen (4,8 km) innerhalb des Parks und gleich nördlich der Moran Junction an der US 89/191/287zu finden ist. Im Park selbst gibt's aktuell keine regelmäßigen Shuttle-Services. Diverse Privatfirmen in Jackson bieten aber geführte Touren an.

Der Jackson Hole Airport (S. 127) liegt innerhalb des Parks und bietet regelmäßige Flugverbindungen.

MONTANA

Willkommen im „Land des weiten Himmels", wo die Great Plains auf die Rocky Mountains treffen und fast alles möglich erscheint. Wildnis prägt ganz Montana. Dies gilt beispielsweise für die südlichen Täler, die sich vor Yellowstone bis zur Absaroka-Beartooth Wilderness erstrecken. Ebenso für die Bob Marshall Wilderness und die American Prairie Reserve. Und auch für das Herz des Bundesstaats, wo der Horizont oft endlos wirkt. In geringer Distanz zueinander warten die hippen Städte Missoula und Bozeman jeweils mit urbaner Atmosphäre, vielen Brauereikneipen, sehr guten Restaurants und immer mehr Spitzenküche auf. Montana beheimatet zudem das Little Bighorn Battlefield und als seine Hauptattraktion den Glacier National Park. Dessen glazial geformte Berglandschaft gehört zu Nordamerikas grandiosesten Gegenden.

Praktische Informationen

In ganz Montana gibt's kommunale Touristeninformationen. Die besseren davon befinden sich in **Bozeman** (☎406-586-5421; www.bozemancvb.com; 2000 Commerce Way; ⌚Mo–Fr 8–17 Uhr), **Billings** (☎800-735-2635, 406-252-4016; www.visitbillings.com; 815 S 27th St; ⌚Mo–Fr 8.30–17 Uhr), Helena (S. 141), **West Yellowstone** (☎406-646-7701; www.destinationyellowstone.com; 30 Yellowstone Ave; ⌚Mitte Mai–Aug. tgl. 8–20 Uhr, Sept.–Mitte Mai Mo–Fr 8–16 Uhr; 📶) und Missoula (S. 142).

Visit Montana (☎800-847-4868; www.visitmt.com) Montanas informative Tourismus-Website mit Karten, Online-Reiseführern und Routenvorschlägen.

KURZINFOS MONTANA

Spitzname Treasure State, Big Sky Country

Bevölkerung 1062000 Ew.

Fläche 380838 km²

Hauptstadt Helena (31400 Ew.)

Weitere Städte Billings (109600 Ew.), Missoula (73300 Ew.), Bozeman (46600 Ew.)

Verkaufssteuer Es gibt keine staatliche Verkaufssteuer.

Geburtsort von Filmstar Gary Cooper (1901–1961), dem Motorrad-Teufelskerl Evel Knievel (1938–2007), der Schauspielerin Michelle Williams (geb. 1980)

Heimat der Crow-, Blackfeet-, Chippewa-, Gros Ventre- und Salish-Indianer

Politische Ausrichtung Republikanische Rancher und Ölbarone übertreffen meist zahlenmäßig die demokratischen Studenten und progressiven Wähler in den linksgerichteten Städten Bozeman und Missoula.

Berühmt für Fliegenfischen, Cowboys und Grizzly-Bären

Interessante Tatsache Auf einigen Highways von Montana gab es bis in die 1990er-Jahre kein Tempolimit!

Entfernungen Bozeman–Denver 695 Meilen (1118 km), Missoula–Whitefish 133 Meilen (214 km)

Bozeman & Gallatin Valley

Bozeman ist so, wie all die früher hippen, heute überlaufenen Bergstädte in Colorado einst waren. Das lässige Rancher-Erbe alter Schule steht gegenüber den neuen West-Pionieren mit ihren Mountainbikes, Skiern und Klettergerätschaften noch im Vordergrund, aber das ändert sich schnell, denn Bozeman ist heute eine der am schnellsten wachsenden Städte Amerikas. Die historischen Innenstadtgebäude beherbergen nun viele Brauereikneipen und Boutiquen, haben aber ihren staubigen Charme behalten. In den umliegenden Bridger und Gallatin Mountains trifft man teils tagelang keine Menschen an.

Das bewaldete Gallatin Valley hinauf stehen zahllose Apartment- und Privatwohnhäuser unter dem weiten Himmel. Bridger Bowl wirkt dagegen so rückständig, dass man sich fragt, ob dort überhaupt noch jemand lebt. Kurz gesagt: Bozeman sollte man möglichst schnell besuchen, solange dies noch eine der coolsten unbekannten Städte in den Rockies ist.

Sehenswertes & Aktivitäten

★ Museum of the Rockies MUSEUM

(☎ 406-994-2251; www.museumoftherockies.org; 600 W Kagy Blvd; Erw./Kind 14,50/9,50 US$; ⏲ Juni–Aug. 8–18 Uhr, Sept.–Mai 9–17 Uhr) Unbedingt Montanas unterhaltsamstes Museum besuchen: Die hervorragenden Ausstellungen erklären u. a. die geologische Geschichte der Rockies. Unter den Dinosaurier-Exponaten sind der unglaublich stark bezahnte Kiefer eines Edmontosaurus, der größte T-Rex-Schädel der Welt und ein komplettes T-Rex-Skelett (mit nur wenig kleinerem Schädel). Interessant sind auch die Lasershows im Planetarium und der Living-History-Freiluftbereich (im Winter geschl.).

★ Bridger Bowl Ski Area WINTERSPORT

(☎ 406-587-2111; www.bridgerbowl.com; 15795 Bridger Canyon Rd; Liftpass Erw./Kind 64/25 US$; ⏲ Mitte Dez.–April) Im führenden gemeinnützigen Skigebiet der USA dreht sich alles nur um Wintersport und nicht um Gewinnmaximierung: Der kleine Hügel (810 ha) in Gemeindebesitz ist geprägt von passionierten Skifahrern, erschwinglichen Preisen und überraschend guten Pisten. Das Ganze liegt 16 Meilen (25,7 km) nördlich von Bozeman.

Big Sky Resort WINTERSPORT

(☎ 800-548-4486; www.bigskyresort.com; 50 Big Sky Resort Rd; Liftpass für Wintersportler/Radfahrer 142/46 US$) Nordamerikas viertgrößtes Skigebiet steht für Wintersport im ganz großen Stil: Vier Berge bieten hier eine befahrbare Gesamtfläche von 23,5 km² (60 % davon für Fortgeschrittene bzw. Erfahrene), auf die pro Jahr über 10 m Pulverschnee fallen. Und wenn diese geschmolzen sind, fahren die Lifte hinauf zu einem mehr als 64 km langen Netz aus MTB-Trails und Wanderwegen. So lohnt sich ein Besuch auch im Sommer.

Explore Rentals OUTDOOR

(Phasmid; ☎ 406-922-0179; www.explore-rentals.com; 32 Dollar Dr; ⏲ Mo–Sa 9–17, So 10–16 Uhr) Man steigt aus dem Flugzeug, und ein Auto mit Gepäckträger, Wohnwagen, Koch-Set, Schlafsack, Rucksack, Zelt, Bärenspray und Angelausrüstung steht schon bereit für das geplante Outdoor-Abenteuer. Nur ein Traum? Vielleicht hat man aber auch nur einen Kocher vergessen. Explore hilft auch dann weiter, denn der Laden vermietet nahezu alles. Reservierungen sind unbedingt notwendig.

Schlafen

Die meisten großen Kettenmotels finden sich nördlich von Downtown Bozeman an der 7th Ave nahe der I-90, ein paar Budgetoptionen auch östlich der Downtown. Im Gallatin Valley in Richtung Big Sky gibt's viele Campingmöglichkeiten.

★Howlers Inn B&B $$
(406-587-2050; www.howlersinn.com; 3185 Jackson Creek Rd; Zi. 135–180 US$, Hütte 225 US$;) Wolfsfans aufgepasst: Rund 15 Minuten außerhalb von Bozeman schafft dieses B&B die finanzielle Basis für ein schönes Reservat (1,6 ha) mit geretteten Wölfen (in Gefangenschaft geboren). Am Rand des umzäunten, naturbelassenen Areals stehen ein Haupthaus mit drei großen Quartieren im Western-Stil und eine separate Remise mit zwei Schlafzimmern. Zwei Mindestübernachtungen von Mai bis Mitte Oktober.

The Lark MOTEL $$
(406-624-3070; www.larkbozeman.com; 122 W Main St; Zi. 130–270 US$;) Mit fröhlichen Gelbtönen, flotten Zimmern und moderner grafischer Gestaltung lässt das hippe Lark seine frühere Existenz als schäbiges Motel weit hinter sich. Prima ist auch die Lage: Gäste erreichen die Bars und Restaurants im Stadtzentrum leicht zu Fuß.

★Rainbow Ranch Lodge RESORT $$
(406-995-4132; www.rainbowranchbigsky.com; Hwy 191; Zi. 180–420 US$;) Das rustikale, aber ultraschicke Resort vermietet diverse exklusive Zimmer am Teich- und Flussufer. Die meisten Quartiere punkten mit Balkonen, offenen Kaminen aus Stein und Zugang zum romantischen Whirlpool im Freien. Bei weitem am stilvollsten sind die Varianten namens Pondside Luxury. Das Anwesen liegt 5 Meilen (8 km) südlich der Abzweigung zum Skigebiet Big Sky und 12 Meilen (19,3 km) nördlich vom Yellowstone National Park.

Essen & Ausgehen

Mit vielen Brauereien und einer munteren Livemusik-Szene bietet Bozeman jede Menge Spaß. Einen guten Konzert-Kalender gibt's auf der Website von Bozone (www.bozone.com).

★Nova Cafe CAFÉ $
(406-587-3973; www.thenovacafe.com; 312 E Main St; Frühstück 7,50–13 US$, Hauptgerichte 10–14 US$; 7–14 Uhr;) Das Nova mit seiner modernen Retro-Atmosphäre ist bei Einheimischen sehr beliebt. Unter den hiesigen Highlights ist leckerer Reissalat mit Ingwer und Zitronengras. Die Sauce hollandaise schmeckt zwar etwas süßlich, aber ansonsten genauso hervorragend wie das restliche Angebot. Zudem bietet das Lokal eine spezielle Auswahl für Veganer. Am Eingang informiert eine interessante Landkarte über die Herkunft der einzelnen Zutaten.

★Follow Yer' Nose BBQ BARBECUE $
(406-599-7302; www.followyernosebbq.com; 504 N Broadway; Hauptgerichte 10–20 US$; So–Di 14–20, Mi–Sa ab 12 Uhr) Das Follow Yer' Nose serviert ein paar von Montanas besten Grillgerichten – genauer: alle stark durchgegarten Klassiker aus dem Smoker (jeweils perfekt zubereitet). Deren Fans mussten sich jahrelang hinaus ins ländliche Paradise Valley begeben. Doch das ist vorbei: Der Laden betreibt nun diesen ganzjährig geöffneten Ableger direkt neben der **Bozeman Brewing Company** (406-585-9142; www.bozemanbrewing.com; 504 N Broadway; Mo–Do, Sa & So 14–20, Fr ab 12 Uhr).

★Montana Ale Works KNEIPE
(406-587-7700; www.montanaaleworks.com; 611 E Main St; 16 Uhr–open end) Die verlässlich gute Restaurantkneipe befindet sich in einem früheren Frachtlager der Northern Pacific Railway. In dessen schickem Industrie-Ambiente gibt's hier äußerst leckeres Essen (Hauptgerichte 11–26) zu 30 Craft-Bier-Sorten vom Fass (darunter das einheimische Bozones). Das Personal serviert Gästen auch gern Kostproben von allen angebotenen Gerstensäften. Für Unterhaltung sorgen Pooltische und Gelegenheiten zum Leutebeobachten.

★Rockford Coffee Roasters CAFÉ
(406-556-1053; www.rockfordcoffee.com; 18 E Main St; Mo–Fr 6.30–19, Sa & So ab 7.30 Uhr) In Bozemans bestem und coolstem Café hängen Künstler und andere Kreative ab. Im noblen, aber zwanglosen Ambiete mit hohen Decken und freiliegendem Backstein gibt's hier hervorragende Koffeingetränke.

Bozeman Taproom & Fill Station BIERGARTEN
(☎406-577-2337; www.bozemantaproom.com; 101 N Rouse Ave; ⌚So–Do 11–24, Fr & Sa bis 1 Uhr) Das Lokal mit Freiluft-Biergarten auf dem Dach gehört zu Bozemans coolsten Gerstensaftquellen: Aus 75 Zapfhähnen laufen hier 44 Sorten vom Fass. Diese lassen sich beliebig zu individuellen Probiergedecken kombinieren und auch in mitnehmbare Krüge abfüllen. Hungrige Gäste können sich nebenbei an Hotdogs und Sandwiches laben.

An- & Weiterreise

Bozeman Yellowstone International Airport (BZN; ☎406-388-8321; www.bozemanairport.com; 850 Gallatin Field Rd) Rund 8 Meilen (13 km) nordwestlich vom Zentrum besteht hier Verbindung zu den meisten US-Großflughäfen (u.a. Atlanta, NYC, Chicago, Denver, Seattle, Dallas, Salt Lake City, San Francisco, Minneapolis).

Jefferson Lines (☎612-499-3468; www.jeffersonlines.com; 1500 North 7th Ave; ⌚12–17 Uhr) Benutzt eine unbeschilderte Bushaltestelle, die nahe dem Gartencenter auf der Südseite des Super Walmart liegt und auch Anschluss zu Greyhound-Linien bietet. Von 12 bis 17 Uhr parkt in der Nähe ein auffälliges Firmenauto von Jefferson, bei dem man Tickets kaufen und Gepäck einchecken kann. Das Unternehmen bedient u.a. Missoula (ab 55 US$, 3½ Std.), Billings (ab 42 US$, 2¼ Std.) und Denver (ab 149 US$, 14¾ Std.).

Billings

Es ist kaum zu glauben, dass das ruhige Billings die größte Stadt Montanas ist. Das freundliche Öl- und Viehzuchtzentrum ist mit Sicherheit keine Pflichtattraktion, eignet sich aber sehr gut für einen Zwischenstopp mit ordentlicher Übernachtung oder als Anreisepunkt zum Yellowstone National Park über den atemberaubenden Beartooth Hwy.

Für Geschichtsfans lohnen sich Abstecher zum Pompey's Pillar National Monument und zum weiter entfernten Little Bighorn Battlefield National Monument. Wer den modernen Westen bevorzugt, wird wahrscheinlich den etwas rauen Charme des Stadtzentrums mögen.

Schlafen

Die meisten örtlichen Kettenmotels konzentrieren sich außerhalb von Billings auf die Ausfahrt 446 der I-90. Alternativ gibt's im Zentrum ein paar eigenständige Unterkünfte (teils hervorragend, teils mittelmäßig).

Dude Rancher Lodge MOTEL $
(☎406-545-6331; www.duderancherlodge.com; 415 N 29th St; DZ ab 75 US$; ❄@📶🐾) Das historische Motel wirkt im Zentrum etwas deplatziert, ist aber ganz gut in Schuss: Etwa 50% der Zimmer wurden anständig renoviert. Westernmäßige Stilelemente wie Nut-Feder-Holzwände und Teppiche mit Viehbrandzeichen geben dem Ganzen eine einladende Rustikalität. Einheimische frühstücken gern im angeschlossenen Diner.

Northern Hotel HOTEL $$
(☎406-867-6767; www.northernhotel.com; 19 N Broadway; Zi./Suite 165/215 US$; ❄📶) Das Northern kombiniert historische Eleganz mit flotten und modernen Einrichtungen, die deutlich über normalem Business-Hotelniveau rangieren. Das dazugehörige Diner aus den 1950er-Jahren serviert Frühstück und Mittagessen.

Essen & Ausgehen

McCormick Cafe FRÜHSTÜCK $
(☎406-255-9555; www.mccormickcafe.com; 2419 Montana Ave; Frühstück 6–10 US$, Gerichte 9–12 US$; ⌚Mo–Fr 7–14, Sa & So ab 8 Uhr; 📶) Das beliebte und belebte McCormick im Zentrum war ursprünglich ein Internetcafé. Serviert werden hier Espresso, Frühstücksmüsli, gute Sandwiches und Crêpes im französischen Stil.

★**Walkers Grill** AMERIKANISCH $$
(☎406-245-9291; www.walkersgrill.com; 2700 1st Ave N; Tapas 8–14 US$, Hauptgerichte 16–34 US$; ⌚Mo–Do 16–22, Fr bis 22.30, Sa 17–22.30, So bis 22 Uhr) Das elegante Nobelrestaurant mit großen Fenstern und Livejazz (für Details s. Website) würde auch gut nach Manhattan passen – wo die Lampen aus Stacheldraht aber wahrscheinlich wegfallen würden, oder vielleicht auch nicht. Zu stets aromatischen, saisonal wechselnden Speisen (gute Grillgerichte, leckere Tapas am Tresen) gibt's hier Cocktails, die von kompetenten Barkeepern gemixt werden.

Überbrew KLEINBRAUEREI
(☎406-534-6960; www.facebook.com/uberbrew; 2305 Montana Ave; ⌚11–21 Uhr, Bier bis 20 Uhr) Die gepflegteste unter dem halben Dutzend Kleinbrauereien in Billings produziert preisgekrönte Biere, die deutlich besser sind als die der Konkurrenz. Auch das Essen ist nicht schlecht: Zur in Bier marinierten

Bockwurst trinkt man am besten ein White-Noise-Hefeweizen, das sich dreimal so gut verkauft wie die anderen Fassbiere.

An- & Weiterreise

Gleich abseits der I-90 liegt das Zentrum von Billings in einem breiten Tal, durch das der Yellowstone River strömt.

Helena

Beim Vorbeifahren auf der Interstate kann man das winzige Helena leicht übersehen – was allerdings sehr schade wäre: Jenseits des tristen, zweckgeprägten Geschäfts- bzw. Gewerbebezirks liegen Last Chance Gulch und Old Helena. Dort strahlen imposante (Back-)Steingebäude mit vielen Bogen und Winkeln eine entschlossene Dauerhaftigkeit aus. Der historische Kern macht den wahren Charme der Stadt aus, während der verstreute moderne Teil recht langweilig wirkt.

Aktivitäten

★**The Trail Rider** OUTDOOR
(☎406-449-2107; www.bikehelena.com/trail-rider; Ecke Broadway & Last Chance Gulch; ⏲Ende Mai–Sept. Mi–So) In den Sommermonaten bringt ein eigens eingerichteter Stadtbus mit Fahrradanhänger Mountainbiker und Radfahrer zu einem von drei Startpunkten, von denen aus man auf einem langen Single Trail zurück in die Stadt radeln kann. Zu den Zielen gehören der Mt. Helena Ridge Trail, die Mt. Ascension Trails und der Continental Divide Trail am MacDonald Pass.

Schlafen

Sanders B&B $$
(☎406-442-3309; www.sandersbb.com; 328 N Ewing St; Zi. 150–175 US$; ❄📶) Das im alten Villenviertel gelegene historische B&B gehörte einst Wilbur Sanders, einem Rechtsanwalt in der Grenzregion und der erste Senator von Montana. Heute gibt es hier sieben elegante Gästezimmer, einen wun-

ABSTECHER

CUSTERS LETZTES GEFECHT

Der interessanteste Abstecher von Billings aus führt zum **Little Bighorn Battlefield National Monument** (☎406-638-2621; www.nps.gov/libi; 756 Battlefield Tour Rd; 25 US$/Auto; ⏲Juni–Sept. 8–20, Okt.–Mai bis 16.30 Uhr), das 65 Meilen (105 km) außerhalb der Stadt im trockenen Tiefland der Crow (Apsaalooke) Indian Reservation liegt. Die Stätte markiert den Schauplatz einer der bekanntesten Schlachten der US-Ureinwohner: Hier erlebte General George Custer sein berühmtes „letztes Gefecht" (Custer's Last Stand), bei dem er von den vereinten Cheyenne und Lakota-Sioux bezwungen wurde. Gleichzeitig war dies aber auch der letzte militärische Sieg der indigenen Amerikaner: Die US-Regierung übte schon bald darauf Vergeltung und brachte die Gegend innerhalb von zehn Jahren unter ihre Kontrolle.

Custer und seine 272 Soldaten hatten sich einmal zu viel mit den regionalen Stämmen angelegt. Daraufhin wurden sie bei Little Bighorn von einer indigenen Übermacht unter den Lakota-Sioux-Häuptlingen Crazy Horse und Sitting Bull umzingelt. Beim folgenden Massaker am 25. und 26. Juni 1876 erlitten die US-Truppen vernichtende Verluste. Das örtliche Visitor Center dokumentiert dieses oft dargestellte Ereignis u. a. mit einem hervorragenden Video.

Durch die Stätte führt eine 5 Meilen (8 km) lange Straße mit vielen Haltebuchten. An diesen erwecken Infotafeln die Schlacht zum Leben (u. a. mit Originalzitaten aus Regierungs- und indigenen Quellen). In Sichtweite zur Straße kennzeichnen überall weiße Grabsteine die Todesorte von gefallenen Soldaten auf den Feldern und in den Tälern. Nahe dem Last Stand Hill (höchster Punkt des Schlachtfelds) ehrt das faszinierende Indian Memorial die lokale Geschichte der Sioux und Cheyenne. Im Sommer veranstaltet **Apsaalooke Tours** (☎406-679-2790; www.crow-nsn.gov/apsaalooke-tours.html; Erw./Kind 10/5 US$; ⏲Führungen Memorial Day–Labor Day 10, 11, 12, 14 & 15 Uhr) vor Ort Führungen unter der Leitung von Stammesangehörigen der Crow bzw. Apsaalooke.

Der Eingang zur Stätte liegt 1 Meile (1,6 km) östlich der I-90 an der US 212. In der Nähe (ca. 6 Meilen/9,7 km westlich von Hardin) stellt das **Custer's Last Stand Reenactment** (www.littlebighornreenactment.com; Little Bighorn National Monument; Erw./Kind 20/10 US$; ⏲letztes Wochenende im Juni) die Schlacht jedes Jahr lautstark nach.

derbaren alten Salon und eine luftige Veranda vorne. Die Zimmer sind jeweils verschieden und durchdacht dekoriert. Geführt wird das Haus von einem Verwandten der Artistenfamilie Ringling; es ist mit entsprechenden Andenken ausstaffiert.

Essen & Ausgehen

★General Mercantile KAFFEE
(☎406-442-6028; www.generalmerc.com; 413 N Last Chance Gulch; ⌚Mo–Fr 8–17.30, Sa 9–17, So 11–16 Uhr; 📶) Man muss sich durch alle mögliche, hier zum Kauf angebotene Montana-Ware – Kolibri-Futterhäuschen, Postkarten und hausgemachte Marmelade – hindurchwinden, um zum vielleicht besten Kaffee im Universum vorzudringen. Mit seinem Espresso kann man sich in eine ruhige Nische setzen und darüber nachdenken, wie man wohl mit einem Meerjungfrau-Schwanz oder einem Kraken-Schnurrbart aussehen würde – beides wird hier auch zum Kauf angeboten.

Praktische Informationen

Helena Visitor Center (☎406-442-4120; www.helenamt.com; 225 Cruse Ave; ⌚Mo–Fr 8–17 Uhr) Lokalinfos.

Montana Fish, Wildlife & Parks (☎406-444-2535; http://fwp.mt.gov; 1420 E 6th Ave)

Montana Outfitters & Guides Association (☎406-449-3578; www.montanaoutfitters.org; 5 Microwave Hill Rd, Montana City) Dachverband der regionalen Outdoor-Anbieter bzw. -ausrüster und Tourguides; informiert u. a. über Angel- und Jagdmöglichkeiten oder Ferien-Ranches in der Umgebung.

An- & Weiterreise

Helena Regional Airport (HNL; ☎406-442-2821; www.helenaairport.com; 2850 Mercer Loop) Liegt 2 Meilen (3,2 km) nördlich von Helenas Zentrum und bietet Verbindung zu diversen regionalen Großstädten (u. a. Salt Lake City, Seattle, Denver, Minneapolis). Die 12 Mio. US$ teure Erweiterung des Flughafens sollte inzwischen abgeschlossen sein.

Salt Lake Express (www.saltlakeexpress.com; 1415 N Montana Ave) Schickt Busse südwärts nach Butte (29,25 US$, 1¼ Std.), wo Anschluss zum Greyhound-Routennetz besteht.

Missoula

Auf Reiseplänen von Travellern gehört Missoula regelmäßig zu den beliebtesten US-Kleinstädten. Kein Wunder: Das Zentrum mit niedrigen Gebäuden lässt sich leicht zu Fuß erkunden; am Fluss führen viele Spazierwege am Fluss entlang. Die Studenten der örtlichen University of Montana sorgen für eine sehr muntere Atmosphäre auf den Straßen. Zudem sind die Einheimischen spürbar stolz auf ihre Stadt und halten sich gern an der frischen Luft auf. So sitzen sie im Sommer lieber draußen als drinnen und nutzen für Nachmittagsausflüge oft das lange Wegenetz, das sich durch Missoula und Umgebung zieht. Außerdem gibt's hier dann auch fast andauernd Bauernmärkte, Konzerte im Park, Freiluftkino und ähnliche gesellige Events. Der kurvige Clark Fork River ist im Stadtbereich bei Stehpaddlern beliebt und weiter flussabwärts bei Fliegenfischern. Kurz: Insgesamt ist dies eine der sympathischsten Städte im Westen der USA.

Sehenswertes & Aktivitäten

★Garnet Ghost Town GEISTERSTADT
(☎406-329-3914; www.garnetghosttown.org; Bear Gulch Rd; Erw./Kind 3 US$/frei; ⌚Juni–Sept. 9.30–16.30 Uhr; 🐾) Das stimmungsvolle Garnet wurde im späten 19. Jh. gegründet und bereits in den 1930er-Jahren wieder komplett aufgegeben. Über ein Dutzend Gebäude im Zustand des „angehaltenen Verfalls" versetzen einen hier zurück in die Zeit des Goldrauschs, während der noch weitere Siedlungen in Amerika fast über Nacht entstanden und genauso schnell wieder verschwanden. Rund 40 Meilen (64,4 km) östlich von Missoula führen unbefestigte Waldstraßen von der Missoula-Butte Road (90) zur Stätte. Die Abzweigung ist beschildert; auf der Website gibt's eine detaillierte Wegbeschreibung. Führungen lassen sich vorab per Telefon arrangieren.

Smokejumper Visitor Center MUSEUM
(☎406-329-4934; www.fs.fed.us/science-technology/fire/smokejumpers/missoula/center; 5765 West Broadway; ⌚Juni–Aug. 8.30–17 Uhr, Führungen 10, 11, 13, 14, 15 & 16 Uhr) GRATIS Dieses Visitor Center befindet sich auf einer aktiven Basis für Feuerwehr-Fallschirmspringer. Es würdigt die immer gefährlicher werdende Arbeit der heroischen Waldbrand-Bekämpfer(innen) mit nachdenklich stimmenden Ausstellungen. Hauptattraktion sind aber die Führungen (45–60 Min.) durch die Einrichtung, in der die Feuerwehrleute leben, trainieren und ihre eigenen Fallschirme nähen. Für einen literarischen Eindruck von ihrem riskanten Job empfiehlt sich der Ro-

man *Junge Männer im Feuer* (1993; Norman MacLean).

A Carousel for Missoula KARUSSELL, SPIELPLATZ
(☎406-549-8382; www.carouselformissoula.com; 101 Carousel Dr, Caras Park; Erw./Kind 2,25/0,75 US$; ⏲Sept.–Mai 11–17.30 Uhr, Juni–Aug. bis 19 Uhr; 🚸) Die Holzpferde des klassischen Karussells im Caras Park wurden von einheimischen Künstlern von Hand geschnitzt und individuell bemalt. So haben sie jeweils eine eigene Geschichte zu erzählen. Das wahre Highlight ist aber die Story im Hintergrund – genauer: wie der Traum eines Mannes eine ganze Gemeinde vereint hat, um ein nostalgisches Stück Innenstadt zu restaurieren. Das Karussell teilt sich ein Gelände mit dem fantasievollen Märchen-Spielplatz Dragon Hollow.

Mount Sentinel WANDERN
(Campus Dr) Ein steiler Serpentinenweg führt hinter dem Football-Stadion der University of Montana hinauf zu einem weißgetünchten, kilometerweit sichtbaren „M" aus Beton auf dem Gipfel des 1572 m hohen Mt. Sentinel. Es lohnt sich, an einem warmen Sommerabend hinaufzuklettern und den herrlichen Blick auf die von vielen geliebte Stadt und ihre spektakuläre Umgebung zu werfen.

Der Startpunkt befindet sich im Phyllis Washington Park am Ostrand des Campus.

Schlafen & Essen

★**Shady Spruce Hostel** HOSTEL $
(☎406-285-1197; www.shadysprucehostel.com; 204 E Spruce St; B 35–40 US$, EZ/Suite 55/85 US$; ❄📶) Die Hostel-Renaissance in den USA ist eine tolle Sache. Und das große, saubere und helle Shady Spruce ist wiederum ein würdiger Vertreter dieses Trends. Das umgebaute Haus wurde vor ein paar Jahren eröffnet und hält seinen Standard bis heute. Wer nicht zur einen Block entfernten Innenstadt laufen will, kann hier auch Fahrräder ausleihen.

Goldsmith's B&B B&B $$
(☎406-728-1585; www.missoulabedandbreakfast.com; 809 E Front St; Zi. 160–210 US$; ❄📶🐾) Bevor dieses einladende Gebäude in zwei riesigen Stücken ans Flussufer versetzt und zu einem einladenden B&B wurde, befand sich hier eine Studentenverbindung und zuvor diente es als Sitz des Präsidenten der University of Montana. Die modern-viktorianischen Zimmer sind alle komfortabel, aber besonders gut gefällt uns die Greenough Suite mit Schreibtisch und einer privaten Terrasse mit Blick auf den Fluss.

★**Market on Front** CAFÉ $
(☎406-541-0246; www.marketonfront.com; 201 E Front St; Hauptgerichte 5–10 US$; ⏲Mo–Fr & So 8–19, Sa bis 20 Uhr; 📶) 🌿 Das zwanglose, coole Café ist rundum reizvoll: Hier gibt's Gratis-WLAN, freundliches Personal und viele Fenster, dank derer man sich drinnen fast im Freien wähnt. Neben köstlichen Sandwiches (frisch belegt) und üppigen Frühstücksschalen umfasst das Essensangebot auch leckeren Picknick-Proviant (u.a. Bio-Schokolade) zum Mitnehmen – am besten kombiniert mit den regionalen Tees und Biersorten.

★**Pearl Cafe** FRANZÖSISCH $$$
(☎406-541-0231; http://pearlcafe.us; 231 E Front St; Hauptgerichte 23–38 US$; ⏲Mo–Sa 17–21 Uhr) Unser kulinarisches Highlight in Missoula kombiniert französische Landküche mit Elementen im Stil des US-Westens. Von den Ergebnissen empfehlen sich beispielsweise die Garnelen mit Walnüssen und Kräutern oder der gegrillte Lachs mit Senfbutter. Wer's traditionell mag, kann hier aber auch klassisches Filet mignon bestellen. Der Service ist kompetent; die Atmosphäre wirkt nobel, aber nicht zu formell. Trotzdem: Schick anziehen!

Ausgehen & Nachtleben

Für seine Größe hat Missoula eine überraschend hochkarätige Livemusik-Szene. Im Zentrum findet man zwanglose Brauereikneipen und Brennereien genauso wie traditionelle Bars mit Profi-Personal.

★**Top Hat Lounge** LOUNGE
(☎406-830-4640; www.tophatlounge.com; 134 W Front St; ⏲Mo–Do 11–22, Fr & Sa bis 2 Uhr) Einer von Montanas besten Livemusik-Läden: In der schummrigen Lounge legt Missoula richtig los. An den meisten Wochenenden finden hier Konzerte statt. Der Bühnenraum bietet genug Platz zum Tanzen. Gleichzeitig ist er so klein, dass man meint, die Band spiele nur für einen allein.

★**Liquid Planet** CAFÉ
(☎406-541-4541; www.liquidplanet.com; 223 N Higgins; ⏲7.30–21 Uhr; 📶) 🌿 Missoula liebt gute Getränke schon immer. So überraschte es kaum, dass ein Uni-Professor hier im Jahr 2003 diesen nachhaltig ausgerichteten Mix

aus Café, Rösterei und Getränkeladen eröffnete. Das Angebot umfasst neben erlesenen Weinen und Craft-Bieren auch Sportdrinks, offenen Tee und Kaffeebohnen zum Selbermahlen (mit handgeschriebenen Herkunftsnachweisen).

Praktische Informationen

Missoula Visitor Center (☎800-526-3465; www.destinationmissoula.org; 101 E Main St; ⏲Mo–Fr 8–17 Uhr) Destination Missoula betreibt im Stadtzentrum dieses kleine Büro (keine Anmeldung erforderl.) mit nützlicher Website.

An- & Weiterreise

Missoula International Airport (MSO; ☎406-728-4381; www.flymissoula.com; 5225 Hwy 10 W) Rund 5 Meilen (8 km) westlich von Missoula gibt's hier u. a. Linienflüge nach Salt Lake City, Denver, Phoenix, L. A., San Francisco, Portland, Seattle und Minneapolis – ergänzt durch saisonale Verbindungen nach Atlanta und Chicago.

Greyhound (☎406-549-2339; www.greyhound.com; 1660 W Broadway) Bedient den Großteil des Bundesstaats und hält 1 Meile (1,6 km) westlich der Stadt an einem firmeneigenen Busbahnhof. Von dort aus geht's z. B. nach Bozeman (ab 52 US$, 3½ Std.), Denver (ab 164 US$, 17¼ Std.), Portland (ab 78 US$, 9½ Std.) und Seattle (ab 83 US$, ca. 10 Std.)

Whitefish

Das winzige Whitefisch scheint sich momentan vom entspannten, outdoor-orientierten Bergstädtchen zur pelzgefütterten Schickeria-Spielwiese zu entwickeln. Ganz so weit ist es zum Glück aber noch nicht. Dennoch wirkt diese charismatische, koffeingetränkte New-West-Stadt bereits verdächtig vornehm. Hier gibt's hübsche Restaurants, einen historischen Bahnhof und ein unterschätztes Skigebiet. Hinzu kommt ein schnell wachsendes Wegenetz mit sehr guten Möglichkeiten zum Wandern und Radeln. Die Einheimischen sind nach wie vor entschieden bodenständig: Sie messen ihren Reichtum nicht in Geld, sondern in der Zahl verbrachter Ski- und Outdoor-Tage. Ein Besuch von Whitefish lohnt sich – am besten, solange ein Besuch noch erschwinglich ist.

Aktivitäten

Whitefish Legacy Partners WANDERN & TREKKEN
(☎406-862-3880; www.whitefishlegacy.org; 525 Railway St; ⏲wechselnde Öffnungszeiten) Das wachsende Wegenetz rund um Whitefish ist ideal zum Wandern und Mountainbiken. Die treibende Kraft hinter dem Ausbau ist die Organisation Whitefish Legacy Partners, die u. a. mit geführten Themenwanderungen zu Wildblumen, Bären und giftigen Pflanzen für das Projekt wirbt. Dieses zielt primär auf Einheimische ab, heißt aber jedermann willkommen.

Whitefish Mountain Resort WINTERSPORT, MOUNTAINBIKEN
(☎406-862-2900; www.skiwhitefish.com; Big Mountain Rd; Liftpass für Skifahrer/Radfahrer 81/41 US$) Das große Whitefish Mountain Resort (früher Big Mountain) ist ein traditionelles Skigebiet mit entspannter Atmosphäre. Familien fühlen sich hier genauso pudelwohl wie erfahrene Skiläufer und Snowboarder: Abseits der normalen Pisten locken extrem anspruchsvolle Baumhänge der Kategorie Double Black Diamond (teilweise nur zu Fuß erreichbar). Der Berg ist für Nebelwetter bekannt; an klaren Tagen bietet sein Gipfel aber eine unvergleichliche Aussicht. Wenn frischer Pulverschnee fällt, lassen Einheimische ihre normalen Alltagsjobs links liegen und präparieren die örtlichen Abfahrten.

Schlafen

★ **Whitefish Bike Retreat** HOSTEL $
(☎406-260-0274; www.whitefishbikeretreat.com; 855 Beaver Lake Rd; Stellplatz Zelt/B/Zi. 40/50/110 US$; ❄📶) Pflicht für Zweirad-Enthusiasten: Der passionierte Outdoor-Fan Cricket Butler leitet diesen bewaldeten Komplex, der eine Ode an das Radfahren ist. Das große Haus mit poliertem Holz beherbergt neben Schlafsälen mit Stockbetten auch Privatzimmer und einen Gemeinschaftsbereich. In letzterem lässt es sich prima abhängen, wenn man nicht gerade über die Wege auf dem Gelände flitzt oder den großartigen Whitefish Trail in der Nähe erkundet. Hardcore-Radler können von der Stadt aus hierher strampeln.

Firebrand BOUTIQUEHOTEL $$
(☎406-863-1900; www.firebrandhotel.com; 650 E 3rd St; Zi. ab 140 US$; ❄@📶) Der schmucke Backsteinbau ist das bei weitem attraktivste Hotel im Zentrum und hat definitiv Klasse. Die großen Zimmer sind ungemein komfortabel. Zudem gibt's hier ein Spa, ein Fitnessstudio, ein Hausrestaurant mit Bar und einen Whirlpool auf dem Dach.

Lodge at Whitefish Lake RESORT $$$

(☎406-863-4000; www.lodgeatwhitefishlake.com; 1380 Wisconsin Ave; Zi. ab 285 US$;) Die rundum elegante und kultivierte Lodge wird immer wieder unter Montanas beste Luxushotels gewählt. Die Unterkunftspalette auf dem weitläufigen Gelände reicht von Standardzimmern bis hin zu Apartments mit allem Drum und Dran. Alle Quartiere punkten jedoch mit klassischem Nobel-Dekor und sehr viel Komfort. Das Hausrestaurant am Seeufer und die Tiki-Bar am Pool sind jeweils hervorragend zum Genießen des Sonnenuntergangs geeignet.

Essen & Ausgehen

Loula's CAFÉ $

(☎406-862-5614; www.whitefishrestaurant.com; 300 E 2nd St; Frühstück 7–12 US$, Hauptgerichte mittags 8–13 US$, abends 10–20 US$; Mo–So 7–14, Do–So auch 17–21.30 Uhr;) Das Untergeschoss eines 100 Jahre alten Freimaurertempels beherbergt dieses belebte Café mit einheimischer Kunst an den Wänden und kulinarischen Meistern in der Küche. Zum Frühstück empfehlen sich hier die Eier Benedict mit Trüffeln und vor allem die köstlichen Armen Ritter, die mit Zitronencreme gefüllt und üppig mit Himbeersauce begossen sind. Später serviert das Lokal u. a. Burger, Salate, schwarz angebratenen Wildlachs und Blätterteigpastete mit Hühnerfleisch.

★ **Spotted Bear Spirits** BRENNEREI

(☎406-730-2436; www.spottedbearspirits.com; 503 Railway St, Suite A; 12–20 Uhr;) Diese Brennerei kombiniert ihre preisgekrönten Spirituosen (Wodka, Gin, Agavenschnaps) mit geheimen Mischungen aus Kräutern und Gewürzen. Das Ergebnis sind absolut einzigartige Cocktails (ebenfalls preisgekrönt), die man bei Bedarf auch entspannt auf einem Sofa im Obergeschoss genießen kann. Die Inhaber entwickeln gerade einen Spotted Bear Whisky, der das Sortiment in ein bis zwei Jahren ergänzen soll.

Montana Coffee Traders KAFFEE

(☎406-862-7667; www.coffeetraders.com; 110 Central Ave; Mo–Sa 7–18, So 8–16 Uhr;) Whitefishs Kleinrösterei betreibt dieses stets gut besuchte Café mit Geschenkeladen im alten Skyles-Gebäude im Stadtzentrum. Die Fair-Trade-Bio-Bohnen werden in einem alten Farmhaus am Hwy 93 geröstet, das man besichtigen kann (Fr 10 Uhr mit Reservierung).

Praktische Informationen

Whitefish Visitor Center (☎877-862-3548; www.explorewhitefish.com; 307 Spokane Ave; Mo–Fr 9–17 Uhr) Hilfreich und professionell geführt; die hervorragende Website liefert viele aktuelle Infos (z. B. zu Events, Aktivitäten, Unterkünften, Restaurants).

An- & Weiterreise

Glacier Park International Airport (S. 147) Rund 11 Meilen (18 km) südlich von Whitefish gibt's hier täglich Flüge nach Denver, Minneapolis, Salt Lake City und Seattle – im Sommer ergänzt durch diverse saisonale Verbindungen (z. B. nach Chicago, Dallas oder L. A.).

Amtrak (☎406-862-2268; www.amtrak.com/empire-builder-train; 500 Depot St; 6–13.30 & 16.30–24 Uhr) Die malerischste Anreise-Option nach Whitefish ist der Zug *Empire Builder*, der auch über West Glacier (7,50 US$, 30 Min.) und East Glacier (16 US$, 2 Std.) zum Glacier National Park fährt.

Glacier National Park

Nur wenige Gebiete auf Erden sind derart grandios und ursprünglich wie der **Glacier National Park** (www.nps.gov/glac; 7 Tage Zugang per Auto/Motorrad 35/30 US$, Fußgänger & Radfahrer 20 US$). Dieser wurde 1910 beim ersten Aufblühen der US-Naturschutzbewegung ausgewiesen und gehört in den USA zu den eindrucksvollsten seiner Art – zusammen mit Yellowstone, Yosemite und dem Grand Canyon.

Die von Gletschern abgeschliffenen Überreste einer uralten Überschiebung ergeben eine herrliche Landschaft aus hohen, schneebedeckten Gipfeln mit mächtigen Wasserfällen und türkisfarbenen Seen. Die

ABSTECHER

NATIONAL BISON RANGE

Die **National Bison Range** (☎406-644-2211; www.fws.gov/refuge/national_bison_range; 58355 Bison Range Rd, Moiese; Sonnenaufgang–Sonnenuntergang, Visitor Center 9–17 Uhr) in Montanas Nordwesten eignet sich hervorragend zum Beobachten von Tieren, die man anderswo eventuell kaum zu Gesicht bekommt: Hier tummeln sich Bisons, Schwarzbären, ein paar Raubtiere, über 200 verschiedene Vögel und einige Hirsch- bzw. Antilopenarten.

Berge sind von dichten Wäldern mit einem praktisch intakten präkolumbischen Ökosystem umgeben. Hier streifen noch immer viele Grizzlybären umher, und der Parkverwaltung gelingt es, das Gelände zugänglich und zugleich authentisch wild zu halten.

Der Park ist berühmt für seine historischen „Parkitecture"-Lodges, die spektakuläre Going-to-the-Sun Rd und Wanderwege in einer Gesamtlänge von 1190 km. Diese Infrastruktur sorgt dafür, dass Besucher viele der wilden, hinreißenden, ca. 3856 km² umfassenden Landschaften in den Hochlagen des nordamerikanischen Kontinents leicht erreichen können.

Sehenswertes & Aktivitäten

Die Visitor Centers und Rangerstationen im Glacier National Park verkaufen Führer und stellen Wanderkarten zur Verfügung. Die Visitor Centers in Apgar und St Mary sind von Mai bis Oktober täglich geöffnet, das Logan Pass Visitor Center dann, wenn die Going-to-the-Sun Rd nicht gesperrt ist. Die Rangerstationen Many Glacier, Two Medicine und Polebridge schließen Ende September.

Logan Pass Visitor Center VISITOR CENTER
(☎ 406-888-7800; Going-to-the-Sun Rd; ⏲ Ende Juni–Ende Aug. 9–19 Uhr, Sept. 9.30–16 Uhr) Von allen Visitor Centers im Park liegt dieses hier definitiv am schönsten. In dem Gebäude gibt's Informationen, interaktive Ausstellungen und einen guten Souvenirshop. Vor Ort beginnen zudem der **Hidden Lake Overlook Trail** und der Highline Trail.

Bird Woman Falls WASSERFALL
(Going-to-the-Sun Rd) Von der künstlichen Weeping Wall blickt man über das Tal hinweg auf dieses nasse Naturwunder in der Ferne: die spektakulären Bird Woman Falls (152 m), die aus einem der vielen Hängetäler des Parks herabstürzen. Aussicht auf die Fälle bieten auch mehrere Haltbuchten am Westrand der Going-to-the Sun Rd.

Sunrift Gorge CANYON
(Going-to-the-Sun Rd) Gleich abseits der Going-to-the-Sun Rd liegt an einer Shuttle-Haltestelle diese schmale Schlucht, die im Lauf der Jahrtausende vom glazialen Schmelzwasser des rauschenden Baring Creek gegraben wurde. Mit der **Baring Bridge** kann man hier ein klassisches Beispiel für die rustikale Architektur an der Going-to-the-Sun Rd bewundern. Ein kurzer Pfad führt hinunter zu den dunstigen **Baring Falls**. Das Reynolds Creek Fire vernichtete 2015 den Großteil des Baumbestands in der Umgebung.

Jackson Glacier Overlook AUSSICHTSPUNKT
In kurzer Laufentfernung zum Startpunkt des Gunsight Pass Trail liegt diese beliebte Haltebucht mit Panoramablick auf den fünftgrößten Gletscher des Parks. Dessen Eis erstreckt sich nahe dem Gipfel des Mt. Jackson (3064 m), der zu den höchsten Bergen der Region gehört.

★ **Going-to-the-Sun Road** PANORAMASTRASSE
(www.nps.gov/glac/planyourvisit/goingtothesunroad.htm; ⏲ Ende Juni–Ende Sept.) Die 50 Meilen (80,5 km) lange Straße gehört zu den spektakulärsten Panoramastrecken Amerikas. Dieses nun denkmalgeschützte Wunder des Bauingenieurswesens wurde einst eigens angelegt, um Erkundungen des Parkinneren ohne Wanderzwang zu ermöglichen. Die Route führt auch über den Logan Pass (2026 m); unterwegs wird sie von Wanderwegen, Wasserfällen und vielen Stellen mit endlos weiter Aussicht gesäumt. Mit ihrer Eröffnung beginnt jedes Jahr offiziell die höchst betriebsame Sommersaison im Glacier National Park.

★ **Highline Trail** WANDERN
(Logan Pass) Der Highline Trail führt quer über die berühmte Garden Wall zum **Granite Park Chalet**, einer von zwei historischen Lodges, die nur für Wanderer erreichbar sind. Im Sommer sind die Hänge mit alpinen Pflanzen und Wildblumen bedeckt, und die Aussicht ist fabelhaft. Da der Weg auf 12,2 km lediglich 244 m ansteigt, gerät man beim Wandern auch nicht außer Atem.

Avalanche Lake Trail WANDERN
(nördlich des Lake McDonald) Diese leichte Einführung in das Wandern im Glacier National Park lohnt mit unberührten Bergseen, Wasserfällen und Kaskaden. Der 3,7 km lange Weg ist vergleichsweise einfach und gut mit einem Shuttle erreichbar. Daher ist er in der Spitzensaison unweigerlich überlaufen: Alle, von Familien in Badelatschen bis zu Senioren mit Gehhilfen machen sich daran, die Baumgrenze zu überwinden.

Glacier Park Boat Co. BOOTSFAHRT
(☎ 406-257-2426; www.glacierparkboats.com; Erw./Kind 18,25/9,25 US$) Auf fünf der schönen Bergseen im Park betreibt Glacier Boat Co. insgesamt sechs historische Boote (teilweise aus den 1920er-Jahren). In einigen Fällen beinhaltet der Fahrtpreis dabei eine

geführte Kurzwanderung unter der kompetenten Leitung von oft humorvollen Rangern. Die Firmen-Filialen am Lake McDonald, Mary, Many Glacier und Two Medicine vermieten auch Wasserfahrzeuge für sportlich Motivierte (Ruderboot/Kajak/Paddelbrett pro Std. 18/18/10 US$).

Schlafen

Im Park gibt's insgesamt 13 NPS-Campingplätze (Details unter see www.nps.gov).

★ **Izaak Walton Inn** HISTORISCHES HOTEL $$
(☎406-888-5700; www.izaakwaltoninn.com; 290 Izaak Walton Inn Rd, Essex; Zi. 109–179 US$, Hütten & Begleitwagen 199–249 US$; ⊙das ganze Jahr über; 📶) Das historische Gasthaus im Tudor-Stil liegt nah an der Südgrenze des Glacier National Park und wurde 1939 erbaut, um örtliches Bahnpersonal zu beherbergen. Es ist auch heute noch ein Bedarfshaltepunkt (Aussteigewunsch anmelden!) an der *Empire Builder* Route der Amtrak – eine romantische Form der Anreise. Man kann hier auch in Zug-Begleitwagen mit Einbauküchen übernachten – oder in einer historischen GN441-Lokomotive, die zur Luxussuite für vier Personen umgebaut wurde (329 US$).

★ **Many Glacier Hotel** HISTORISCHES HOTEL $$
(☎303-265-7010; www.glaciernationalparklodges.com; 1 Many Glacier Rd; Zi. 207–322 US$, Suite 476 US$; ⊙Mitte Juni–Mitte Sept.; 📶) In herrlicher Lage dominiert diese riesige Lodge das Nordostufer des Swiftcurrent Lake. Sie wurde 1915 von der Great Northern Railway errichtet und erinnert an eine Schweizer Berghütte (ein Teil des männlichen Personal trägt sogar Lederhosen). Die rustikalen, aber komfortablen Zimmer werden seit 15 Jahren fortlaufend renoviert. Die Deluxe-Varianten punkten mit boutiquemäßigen Elementen wie modern gefliesten Nobelbädern.

Essen

In Sommer gibt's im Glacier National Park Lebensmittelläden mit Camping-Vorräten in Apgar, in der Lake McDonald Lodge, in Rising Sun und im Swiftcurrent Motor Inn. Die meisten Lodges haben eigene Restaurants. Die Restaurants in West Glacier und St. Mary servieren hauptsächlich herzhafte Kost für Wanderer.

Wenn man auf einem Campingplatz oder in einem Picknickbereich kocht, muss man angemessene Schutzmaßnahmen gegen Bären treffen und darf seine Nahrungsmittel nicht unbeaufsichtigt lassen.

KOSTENLOSER PARKSHUTTLE

Das Auto stehen lassen und mit weniger Stress mehr sehen: Zwischen dem Apgar Visitor Center und dem St. Mary Visitor Center steuert der kostenlose **Shuttleservice** (www.nps.gov/glac; ⊙Juli & Aug. 7–19 Uhr) des Parks alle wichtigen Punkte entlang der Going-to-the-Sun Rd an (beliebiges Aus- und Zusteigen möglich). Abhängig von der jeweiligen Verkehrslage brechen die Busse alle 15 bis 30 Minuten in Apgar und alle 40 Minuten in St. Mary (Ostseite) auf. Die letzte Talfahrten ab dem Logan Pass starten um 19 Uhr.

★ **Serrano's Mexican Restaurant** MEXIKANISCH $
(☎406-226-9392; www.serranosmexican.com; 29 Dawson Ave, East Glacier; Hauptgerichte 14–21 US$; ⊙Mai–Sept. 17–22 Uhr; 📶) Das Restaurant, das in East Glacier Park am meisten von sich reden macht, serviert ein tolles *chile relleno* und ist für seine ausgezeichneten, eiskalten Margaritas, günstigen Burritos, Enchiladas und Quesadillas bekannt. Es residiert in der 1909 erbauten Dawson-Blockhütte. Auf Warten einstellen!

Belton Chalet Grill & Taproom AMERIKANISCH $$$
(☎406-888-5000; www.beltonchalet.com; 12575 Hwy 2, West Yellowstone; Hauptgerichte 24–35 US$; ⊙Restaurant 17–21 Uhr, Schankraum ab 15 Uhr) West Glaciers bestes Restaurant befindet sich in einem der ältesten Gebäude des Orts. Abgesehen von den Kellnerinnen in nachgemachter Schweizer Milchmädchen-Tracht hat sich hier im Lauf der Zeit einiges verändert. Die Küche des Lokals leitet seit zwei Saisons ein Einheimischer aus Whitefish, der Raffiniertes aus regionalen Zutaten kreiert. Unter den Hauptgerichten ist z. B. Bison-Hackbraten mit Spargelbrokkoli und fettreichen Schweinespeck-Streifen.

Praktische Informationen

Glacier National Park Headquarters (☎406-888-7800; www.nps.gov/glac; West Glacier; ⊙Mo–Fr 8–16.30 Uhr)

Anreise & Unterwegs vor Ort

Glacier Park International Airport (FCA; ☎406-257-5994; www.iflyglacier.com; 4170

Hwy 2 East, Kalispell; ☎) Bietet ganzjährig Verbindung nach Salt Lake City, Minneapolis, Denver, Seattle und Las Vegas – ergänzt durch saisonale Flüge nach Atlanta, Oakland, L.A., Chicago und Portland. Der Flughafen wird von Alaska, Allegiant, American Airlines, Delta und United bedient.

Great Falls International Airport (GTF; www.flygtf.com) Liegt 140 Meilen (225 km)südlich von East Glacier.

Amtrak (www.amtrak.com) Der Zug *Empire Builder* hält täglich in **West Glacier** (⏲ ganzjährig) und **East Glacier Park** (⏲ April–Okt.) sowie bei Bedarf auch in Browning.

Xanterra schickt Shuttles (Erw. 6–10 US$, Kind 3–5 US$, 10–20 Min.) ab West Glacier zu den firmeneigenen Lodges am westlichen Parkrand.

Glacier Park Collection by Pursuit bietet Shuttles (ab 15 US$, 1 Std.) ab East Glacier Park nach St. Mary und Whitefish.

Apgar Transit Center Kostenlose Shuttlebusse des Glacier National Park (S. 145; beliebiges Aus- und Zusteigen möglich) fahren von hier aus über die Going-to-the-Sun Rd nach St. Mary; dabei werden alle wichtigen Wanderweg-Startpunkte bedient. Am Transit Center starten auch die klassischen geführten **Red Bus Tours** (☎ 855-733-4522; www.glaciernationalparklodges.com/red-bus-tours; Erw. 46–100 US$, Kind 23–50 US$; ⏲ Mitte Mai–Ende Okt.) der lizenzierten Privatfirma Xanterra.

Selbstfahrer sollten sich auf schmale Serpentinenstraßen, Staus und häufigen Parkplatzmangel entlang der Going-to-the-Sun Rd einstellen.

IDAHO

Infolge seiner Lage zwischen Montana und Oregon wird Idaho oft zugunsten seiner beiden bekannteren Nachbarn ignoriert. Dieser ziemlich große Landstreifen gehört aber definitiv zu den unterschätztesten Reisezielen im amerikanischen Westen: Hier erheben sich 114 Gebirgszüge mit ein paar der schroffsten Gipfel in den „Lower 48". Über 60 % der Staatsfläche sind öffentliches Land – mit 15 783 km² an Wildnisgebieten rangiert Idaho unter den US-Bundesstaaten in dieser Kategorie auf dem dritten Platz.

Die Hauptstadt Boise verspricht einen angenehmen Aufenthalt; Sun Valley ist einer von Amerikas klassischen Skiorten. Unter den regionalen Naturschätzen sind der Craters of the Moon National Park, die National Bison Range und das Teton Valley – ebenso die spektakuläre Sawtooth National Recreation Area, die im Westen zu den besten Revieren für Aktiv-Abenteuer zählt.

Boise

Boise gehört zu den unbekanntesten Bundesstaats-Hauptstädten der USA, hält aber einige Überraschungen parat: Idahos größte Stadt wirkt erfrischend modern, urban und trendig. Das belebte Zentrum mit Fußgängerzonen, Bistros und noblen Weinbars würde auch an der US-Ostküste eine gute Figur machen. Hinauf in die umliegenden Hügel führt ein Netz von Wanderwegen, die es mit ihren besten Pendants in Colorado aufnehmen können. Rafting und Tubing durch den Boise River Greenbelt macht genauso viel Spaß wie auf den beliebten Flüssen rund um Austin in Texas. Und eine dampfende Paella-Pfanne im Viertel Basque Block versetzt einen gefühlsmäßig nach Bilbao. Angesichts der vielen Möglichkeiten fällt Erstbesuchern eine gezielte Orientierung eventuell schwer. Doch Boise ist auf jeden Fall einen Abstecher wert – zumindest, wenn man bereits in der Nähe unterwegs ist.

Sehenswertes & Aktivitäten

★ **Basque Block** STADTVIERTEL

(www.thebasqueblock.com; Grove St zw. 6th St & Capitol Blvd) Boises Basque Block ist die Heimat einer der größten baskischstämmigen Gemeinden außerhalb Spaniens. Die Vorfahren der ca. 15 000 Gemeindemitglieder wanderten zwischen 1910 und 1920 ein, um als Schafhirten zu arbeiten – damals lebten hier noch siebenmal mehr Schafe als Menschen. Nur wenige Nachkommen dieser Basken haben heute noch denselben Beruf. Viele der alten Großfamilien wohnen aber immer noch im Viertel und beleben es deutlich sicht- bzw. spürbar mit ihrer vielfältigen, einzigartigen Kultur.

Boise River Greenbelt PARK

(http://parks.cityofboise.org) Das leuchtend grüne Treasure Valley verdankt seine Existenz einem ehrgeizigen Plan aus den 1960er-Jahren. Dieser sollte die Auen des Boise River vor der Erschließung bewahren und so Freiflächen in der schnell wachsenden Stadt erhalten. Heute entstehen hier immer mehr Parks und Museen am von Bäumen gesäumten Fluss. Dazwischen verläuft ein Netz von Mehrzweckwegen (über 48 km). Im Sommer ist der Greenbelt auch ein Tummelplatz von zahllosen Rafting- bzw. Tubing-Fans. Hierfür sorgt u.a. der örtliche Wildwasserpark mit per Hydraulik gesteuerten Wellen (landesweit einer größten seiner Art).

World Center for Birds of Prey VOGELSCHUTZGEBIET

(Peregrine Fund; ☎ 208-362-8687; www.peregrinefund.org/visit; 5668 W Flying Hawk Lane; Erw./Kind 10/5 US$; ⊙ März–Nov. Di–So 10–17 Uhr, Dez.–Feb. 10–16 Uhr) Die weltweiten Raubvogelschutzprogramme des Peregrine Fund haben zur Erholung der Bestände vieler Arten geführt, die kurz vor dem Aussterben standen. Zu ihnen gehört auch der berühmte Kalifornische Kondor, der hier erfolgreich in Gefangenschaft brütet, sodass die Jungvögel in Kalifornien und im Grand Canyon freigesetzt werden können. Ein Kondor-Paar lebt in diesem Zentrum zusammen mit anderen eindrucksvollen Vögeln, darunter der nördliche Aplomadofalke, bei dessen Brutpaaren Männchen und Weibchen gemeinsam auf die Jagd nach Wachtelammern gehen. Die Greifvögel-Vorstellungen sind großartig.

Idaho State Museum MUSEUM

(☎ 208-334-2120; https://history.idaho.gov/location/museum; 610 N Julia Davis Dr; Erw./Kind 10/5 US$; ⊙ Mo–Sa 10–17, So ab 12 Uhr) Eine mehrjährige Renovierung hat dieses Museum neu belebt. Neben traditionellen Ausstellungen faszinieren hier nun auch multimediale Installationen mit Infos zu Idahos Staatsgeschichte. Besonders interessant ist die Origins Gallery mit Tonaufnahmen von indigenen Stimmen.

Ridge to Rivers Trail System WANDERN

(☎ 208-493-2531; www.ridgetorivers.org; 🐾) Rund 306 km Wander- und Mountainbike-Wege ziehen sich durch die Gebirgsausläufer nordöstlich der Stadt und führen durch Wiesen, an mit Sträuchern bewachsenen Hängen und von Bäumen gesäumten Bächen entlang bis in den Boise National Forest. Die Möglichkeiten für Touren sind schier endlos. Die besten Startpunkte sind der Cottonwood Creek Trailhead östlich des Kapitols und der **Camel's Back Park** im Norden.

Boise River Float PARK, BOOTSFAHRT

(www.boiseriverraftandtube.com; 4049 S Eckert Rd, Barber Park; Leihgebühr Schlauch/Kajak/Gummifloß für 4 Pers. 12/35/45 US$, Parken Mo–Do 5 US$, Fr–So 6 US$; ⊙ Juni–Aug. je nach Wasserstand Mo–Do 12–17, Fr bis 18, Sa & So 10–18 Uhr; 👪) An sonnigen Sommertagen gibt's in Boise nichts Besseres, als sich den Fluss hinuntertreiben zu lassen. Zu diesem Zweck lassen sich im Barber Park diverse Wasserfahrzeuge von Einzelschläuchen bis hin zu Gummiflößen für sechs Personen mieten. Damit geht's dann auf eigene Faust stromabwärts bis zum Ann Morrison Park (ca. 10 km, 1½–3 Std.).

KURZINFOS IDAHO

Spitzname Gem State

Bevölkerung 1,75 Mio. Ew.

Fläche 216 445 km²

Hauptstadt Boise (226 600 Ew.)

Weitere Städte Idaho Falls (61 100 Ew.)

Verkaufssteuer 6 %

Geburtsort der Führerin der Lewis-und-Clark-Expedition, Sacagawea (1788–1812); der Politikerin Sarah Palin (geb. 1964); des Dichters Ezra Pound (1885–1972)

Heimat von Sterngranaten (Edelsteinen), Sun Valley (Skiort)

Politische Ausrichtung verlässlich republikanisch mit kleinen demokratischen Enklaven (z. B. Sun Valley)

Berühmt für Kartoffeln, Wildnis, den ersten Sessellift der Welt

Nordamerikas tiefste Flussschlucht Idahos Hells Canyon (2,4 km)

Entfernungen Boise–Idaho Falls 280 Meilen (450 km), Lewiston–Coeur d'Alene 116 Meilen (187 km)

Schlafen

★ **Boise Guest House** PENSION $$

(☎ 208-761-6798; www.boiseguesthouse.com; 614 N 5th St; Suite 180–230 US$; 📶🐾) Das attraktive alte Haus ist ein echtes Heim auf Reisen. Es beherbergt eine Handvoll moderner Suiten, die außer mit Kochnischen auch mit komfortabel und geschmackvoll gestalteten Wohnbereichen ausgestattet sind. Alle Quartiere bieten Zugang zum ruhigen Hinterhof mit großem Grill. Weitere Pluspunkte sind die Waschküche und die rot-weißen Cruiser-Leihfahrräder.

Inn at 500 HOTEL $$

(☎ 208-227-0500; www.innat500.com; 500 S Capitol Blvd; Zi. 215–280 US$, Suite 290–325 US$; ❄📶🐾) Endlich ein Luxus-Boutiquehotel, das sich nicht mit dem Herausputzen des Foyers begnügt. Kunstwerke, einmalige Dioramen und geblasene Glaswaren – alles von örtlichen Künstlern – schmücken die Korridore und Zimmer und sorgen für eine freundliche Atmosphäre, die sich deutlich gegenüber der Übernachtung in einem guten Standardhotel auszeichnet. Das Haus liegt in Gehweite zu Downtown Boise.

Essen

Die Restaurantpalette in Boises belebtem Zentrum reicht von zwanglos bis förmlich. Ein spezielles Highlight hier sind die zahlreichen baskischen Spezialitäten. Auf die 8th St konzentrieren sich besonders viele Lokale. Noch lässiger ist das Viertel Hyde Park an der 13th St, das sich für Snacks nach dem Wandern empfiehlt.

★Goldy's Breakfast Bistro FRÜHSTÜCK $

(☎208-345-4100; www.goldysbreakfastbistro.com; 108 S Capitol Blvd; Hauptgerichte 6–20 US$; ⏲Mo–Fr 6.30–14, Sa & So ab 7.30 Uhr) Ein Ei ist nur ein Ei? Das ist vielleicht nicht ganz richtig: Im Goldy's kann man sich theoretisch 866320 verschiedene Frühstücksoptionen auf Eierbasis selbst zusammenstellen. Für diese Zahl gibt's unsererseits aber keine Garantie – beim Nachrechnen waren wir schon zu sehr mit Sauce hollandaise abgefüllt. Wer weniger denken will, bestellt einfach die Eier Benedict, ein Frittata-Omelett oder einen der mächtigen Frühstücks-Burritos. Durch einen Samtvorhang geht's hinein ins Lokal; besonders zu empfehlen sind die Tische auf der Empore.

Fork MODERN-AMERIKANISCH $$

(☎207-287-1700; https://boisefork.com; 199 N 8th St; Hauptgerichte 10–34 US$; ⏲Mo–Do 11.30–22, Fr bis 23, Sa 9.30–23, So 9.30–21 Uhr; 🖉) 🌿 Das große Restaurant in dem alten Bankgebäude an einer Ecke in Downtown ist immer eine gute Wahl, ganz besonders aber beim Wochenend-Brunch. Die Pazifischen Taschenkrebse mit Rührei passen hervorragend zur Hausspezialität Spargel-„Fritten". An sonnigen Sommertagen sorgt eine Fork Lemonade für Erfrischung.

Ausgehen & Nachtleben

★Bodovino WEINBAR

(☎208-336-8466; www.bodovino.com; 404 S 8th St; ⏲Mo–Do 11–23, Fr & Sa bis 1, So bis 21 Uhr; 📶) Für Sommeliers und Kampftrinker ist die hiesige Auswahl an offenen Weinen gleichermaßen höchst gefährlich. Vor allem, weil die 144 verschiedenen Weine von SB-Wandautomaten ausgeschenkt werden (optional auch in Form von Kostproben).

Bardenay BRENNEREI

(☎208-426-0538; www.bardenay.com; 610 Grove St; Cocktails ab 8 US$; ⏲Mo–Fr 11 Uhr–open end, Sa & So ab 10 Uhr) Das Bardenay im Basque Block war einst die erste „Brennereikneipe" der USA. Bis heute ist dies eine einzigartige Schänke, die vor Ort eigenen Rum herstellt und Whiskey bis zur (baldigen) Verkaufsreife lagert. Die riesige Cocktail-Auswahl basiert auf Spirituosen aus allen drei Bardenay-Produktionsstätten in Idaho. Zu empfehlen ist z. B. der starke Sunday Morning Paper (eine Art Bloody Mary mit Wodka und Zitronensaft).

Praktische Informationen

Visitor Center (☎208-810-7324; www.boise.org; 8th St & Grove St, Grove Plaza; ⏲Mo–Sa 9–18 Uhr) Bietet viel Printmaterial zu Boise und Umgebung; auf der Website gibt's einen nützlichen Veranstaltungskalender.

Anreise & Unterwegs vor Ort

Boise Municipal Airport (BOI; ☎208-383-3110; www.iflyboise.com; 3201 Airport Way, I-84, Ausfahrt 53) Kleiner, aber betriebsamer und gut erreichbarer Flughafen mit Direktverbindungen zu diversen US-Großstädten (u. a. Denver, Las Vegas, Phoenix, Portland, Salt Lake City, Seattle, San Francisco, L. A., Dallas, Chicago).

Busbahnhof (www.greyhound.com; 1212 W Bannock St; ⏲6–11 & 16–24 Uhr) Greyhound fährt von hier aus nach Spokane (ab 45 US$, 8½–10 Std.), Missoula (ab 78 US$, 15 Std.), Pendleton (ab 37 US$, 5 Std.), Portland (ab 74 US$, 9½ Std.), Twin Falls (ab 32 US$, 2¼ Std.) und Salt Lake City (ab 64 US$, 7 Std.).

Green Bike (☎208-345-7433; https://boise.greenbike.com; pro Std./Monat 5/15 US$) Das Bikesharing-Programm mit über 100 Fahrrädern an mehr als 20 Verleihstationen ist definitiv die coolste Option, um Boise emissionsfrei zu erkunden. Die Drahtesel lassen sich per Online-Reservierung oder App-Nutzung entsperren. Die Stationen im Stadtzentrum wurden inzwischen um Pendants im Boise River Greenbelt (S. 148) und in anderen örtlichen Parks ergänzt.

Ketchum & Sun Valley

Sun Valley liegt in einer der schönsten Naturlandschaften Idahos und ist ein Stück Ski-Geschichte: Der Ort ist das erste eigens angelegte Skiresort in den USA. Es wurde von der Union Pacific Railroad eingerichtet, die damit die Auslastung ihrer Züge steigern wollte. Eröffnet wurde es 1936 mit viel Tamtam, einer luxuriösen Muster-Lodge und dem ersten Sessellift der Welt.

Das Skigebiet und die Stadt Ketchum wurden schon bald durch Prominente wie Ernest Hemingway, Clark Gable oder Gary Cooper bekannt. Deren kostenlose Aufenthalte finanzierte Averell Harriman (Politiker, Eisenbahnerbe und Gründer von Sun Valley) als Werbetrick. Seitdem zieht es immer wieder glamouröse Gäste aus Hollywood hierher.

Dennoch ist Sun Valley bis heute schön und erschwinglich. Auf seine Besucher warten auch diverse Thermalquellen sowie viele Outdoor-Optionen, die nichts mit Wintersport zu tun haben (Wandern, Angeln, Jagen, Mountainbiken). Ab dem Galena Pass erstreckt sich das Gebiet bis hinunter in die Gebirgsausläufer bei Hailey.

Aktivitäten

★Galena Lodge OUTDOOR
(☎208-726-4010; www.galenalodge.com; 15187 Hwy 75; Skilanglaufpass Erw./Kind 17 US$/kostenlos; ⏰Lodge 9–16 Uhr, Küche 11–15.30 Uhr) Kilometerlange Mountainbike-Trails und präparierte Langlaufloipen gehen von dieser coolen Lodge aus, die Ausrüstung vermietet und Mittagessen serviert, damit man während der sportlichen Betätigung bei Kräften bleibt. Die Lodge befindet sich 23 Meilen (37 km) nördlich von Ketchum.

Sun Valley Resort WINTERSPORT
(☎888-490-5950; www.sunvalley.com; Ketchum; Winter Skiticket 90–145 US$) Sun Valley ist ein Inbegriff für luxuriöses Skifahren, seit hier 1936 der weltweit erste Sessellift installiert wurde. Heute kann man zwar überall bequem sitzend zu den Pisten gelangen, aber die Menschen kommen immer noch wegen des lockeren Pulverschnees und der Gelegenheit, Promis zu sichten, hierher. Die beiden Berge – der **Dollar Mountain** mit leichten Pisten und großen Geländeparks östlich und der **Bald Mountain** mit seinen schwarzen und blauen Pisten westlich der Stadt – sorgen für eine große Auswahl.

Wood River Trail System OUTDOOR
(www.bcrd.org/wood-river-trail-summer.php) Wenn sich eine Gemeinde für Outdoor-Aktivitäten engagiert, kommt oft etwas Gutes dabei heraus. So auch hier: Dieses asphaltierte Wegenetz (51,5 km) entlang der alten Union-Pacific-Bahntrasse verbindet die wichtigsten Punkte von Sun Valley mit den Ortschaften Ketchum, Hailey und Bellevue (20 Meilen/32,2 km weiter südlich). Im Tal gibt's mehrere Fahrradverleiher.

Schlafen

Ketchum hat nur ein paar Hotels, wobei es aber in allen Preiskategorien zumindest eine anständige Option gibt. Die Tarife variieren saisonal und sind im Winter am höchsten. Budgetreisende finden ein Hostel in der eigentlichen Stadt. Zudem können sie im nahen Umkreis gratis auf Arealen des Bureau of Land Management (BLM) und des Forest Service campen.

Tamarack Lodge HOTEL $$
(☎208-726-3344; www.tamaracksunvalley.com; 291 Walnut Ave; Zi./Suite ab 165/215 US$; ❄📶🏊🐾) Das betagte, aber saubere Tamarack im Stadtzentrum versprüht den netten Charme eines Skihotels aus den 1970er-Jahren. Die geschmackvollen Zimmer sind teilweise etwas düster, besitzen aber jeweils einen Balkon und oft auch einen offenen Kamin. Alle Gäste haben Zugang zum Whirlpool und zum Hallenbad.

★Limelight Hotel HOTEL $$$
(☎208-726-0888; www.limelighthotels.com/ketchum; 151 Main St; Zi. 260–545 US$; 📶🏊) Das coolste Hotel in Ketchums Zentrum hat eine attraktive Steinfassade, hinter der sich semiluxuriöse Zimmer in dezenten Erdtönen verbergen. Die Quartiere in den oberen Stockwerken bieten teils eine schöne Aussicht durch deckenhohe Fenster. Mit einer Bar, mehreren Restaurants und diversen Dienstleistungen (u.a. Ausrüstungsverleih) ist hier für fast alles gesorgt.

Sun Valley Lodge HOTEL $$$
(☎208-622-2001; www.sunvalley.com; 1 Sun Valley Rd; Gasthof/Lodge Zi. ab 355/445 US$; ❄@📶🏊) Die schicke Lodge aus den 1930er-Jahren ist das älteste und beste Hotel in Sun Valley. Schon vor der aufhübschenden Renovierung im Jahr 2015 sind hier viele Promis abgestiegen. Die Standardzimmer sind kleiner als die teureren Varianten, bieten aber ansonsten genau dieselben Annehmlichkeiten (u.a. haben alle ein großes Bad mit Wanne). Im dazugehörigen Gasthof wohnt man günstiger.

Essen & Ausgehen

Bevor man sich die (regelmäßige) Livemusikszene im Valley anschaut, geht's zum Après-ski ins **Apple's** (☎208-726-7067; www.facebook.com/applesbarandgrill; 205 Picabo St;

ABSTECHER

MONDKRATER

In Idahos äußerstem Süden erstreckt sich zwischen Sun Valley und Idaho Falls eines der ungewöhnlichsten Gebiete des Westens: die **Craters of the Moon National Monument & Preserve** (☎208-527-1300; www.nps.gov/crmo; 1266 Craters Loop Rd; ⌚Visitor Center Ende Mai–Mitte Sept. 8–18 Uhr, Mitte Sept.–Ende Mai bis 16.30 Uhr). Dieses beschrieb Präsident Calvin Coolidge einst anlässlich der Parkgründung (1924) als „bizarre und malerische Landschaft mit einzigartigem Charakter". Und tatsächlich erinnert das Ganze stark an eine Mondlandschaft:

Vor ca. 15 000 Jahren begann eine Reihe von verheerenden Vulkanausbrüchen in der Snake River Plain – die letzte örtliche Eruption ereignete sich vor nur 2000 Jahren. Dies resultierte in einer heute 3035 km² großen Ödnis mit außerirdisch anmutenden Kratern, Klüften und Lavatunneln bzw. -höhlen.

Zwischen Arco and Carey führt die US 93/26/20 zum National Monument. Hinter dem **Visitor Center** am Eingang schlängeln sich Wanderwege und befahrbare Straßen durch den Park. Die Highlights für Wanderer sind dabei der **North Crater Trail** (ganzjährig geöffnet) und der **Tree Molds Trail** (nur im Sommer geöffnet). Die **Loop Road** (geöffnet Mai–Sept.) passiert ein paar der spektakulärsten Geländeformationen. Zu diesen gehören z. B. die **Cave Area**, der **Inferno Cone** mit grandiosem Gipfelblick oder der **Devil's Orchard**, dessen inselartige Lavablöcke von Schlackenkegeln umgeben werden.

⌚11–18 Uhr). In den schickeren Bars sperrt man den „Pöbel" gern aus. Wenn man Pech hat und zu dieser Kategorie gezählt wird, bleibt einem immer noch ein Hocker an der Bar des **Casino Club** (The Casbah; ☎208-726-9901; www.facebook.com/thecasbah36; 220 N Main St; ⌚11–2 Uhr).

The Kneadery FRÜHSTÜCK $
(☎208-726-9462; www.kneadery.com; 260 N Leadville Ave; Hauptgerichte 10–15 US$; ⌚8–14 Uhr) Das Lokal abseits der Hauptstraße in einer alten Blockhütte mit Kamin, Kunst des amerikanischen Westens und einem von der Decke hängenden Kanu aus Birkenrinde ist eine solide Wahl für Frühstück und Mittagessen. Das Ambiente ist fast genauso toll wie die Pfannkuchen.

★**Enoteca** INTERNATIONAL $$
(☎208-928-6280; www.ketchum-enoteca.com; 300 N Main St; Hauptgerichte 8–16 US$; ⌚17–21 Uhr) Die früheren Inhaber des Ketchum Grill betreiben nun das elegante, sanft beleuchtete Enoteca. Neben kleinen Gerichten im Tapas-Stil locken hier auch üppigere und genauso leckere Speisen. Das Angebot umfasst beispielsweise Holzofenpizzas, Käsemakkaroni, Forelle à la Idaho, Rauchfleisch, Käsevarianten und Entenconfit. Dazu gibt's großartige Weine.

★**Pioneer Saloon** STEAKS $$$
(☎208-726-3139; www.pioneersaloon.com; 320 N Main St; Hauptgerichte 15–36 US$; ⌚17–22 Uhr, Bar 16 Uhr–open end) Die besten Steaks in Ketchum (manche meinen, in ganz Idaho) gibt's in dieser ehemaligen illegalen Spielhalle, die heute ganz ungeniert im Western-Stil mit Hirschköpfen, alten Gewehren (eines gehörte Ernest Hemingway) und Munitions-Reklamebrettern ausstaffiert ist. Wer keine Vorliebe für rotes Fleisch hat, hält sich an die Fischgerichte, das Mango-Chutney oder das Kebab mit gegrilltem Hühnchen und Gemüse.

ℹ Praktische Informationen

Sun Valley/Ketchum Visitor Center (☎208-726-3423; www.visitsunvalley.com; 491 Sun Valley Rd; ⌚6–19 Uhr; 📶) Von 9 bis 18 Uhr besetzen Freiwillige das Büro und liefern zahlreiche Infos. Während der übrigen Öffnungszeit kann man sich hier selbst an Karten und Broschüren bedienen.

ℹ Anreise & Unterwegs vor Ort

Friedman Memorial Airport (SUN; ☎208-788-4956; www.iflysun.com; 1616 Airport Circle, Hailey) Liegt 12 Meilen (19 km) südlich von Ketchum und bietet Verbindung zu den meisten Großstädten im Westen der USA (tgl. nach L. A., San Francisco, Seattle, Salt Lake City, Denver; 2-mal wöchentlich nach Portland). Die Anreise ist aber mitunter günstiger, wenn man nach Boise fliegt und von dort den **Sun Valley Express** (Caldwell Transportation; ☎208-576-7381; www.sunvalleyexpress.com; einfache Strecke Erw./Kind 90/80 US$, 3 Std.) nimmt.

Mountain Rides (☎208-788-7433; www.mountainrides.org) Gratisshuttles innerhalb von Ketchum plus kostenpflichtige Fahrten nach/ab Hailey (Erw./Kind 3/2 US$).

Stanley

Das vielleicht malerischste Nest in ganz Idaho ist nicht viel mehr als eine Gruppe von rustikalen Blockhütten am Fuß der schroffen Sawtooth Range. Den Großteil des Jahres über ist Stanely eingeschneit und sehr ruhig. Doch das ändert sich im kurzen Sommer, wenn hier die Abenteurer einfallen. Darunter sind Wildwasser-Paddler, die den erstklassigen Middle Fork befahren wollen, und Angler, die es auf die vielen Lachse und Forellen in den blauen Flüssen der Umgebung abgesehen haben. Hinzu kommen noch andere Outdoor-Fans, die vor dem Aufbruch zu den imposanten Gipfeln und versteckten Tälern der Sawtooth Range noch ein paar Vorräte brauchen.

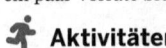

Aktivitäten

★Sawtooth National Recreation Area NATUR

(☎208-423-7500; www.fs.usda.gov/sawtooth) In der spektakulären Sawtooth National Recreation Area gibt's Flüsse für Bootsfahrer, Berge für Kletterer, mehr als 300 Seen für Angler und über 1127 km an Trails für Wanderer und Mountainbiker. Das Erholungsgebiet umfasst 3030 km² öffentliches Land zwischen Stanley und Ketchum und bietet unvergleichliche Erkundungs- und Freizeitmöglichkeiten.

Solitude River Trips RAFTING

(☎208-806-1218, 800-396-1776; www.rivertrips.com; 6-tägige Rafting-Touren 2690 US$/Pers.; ⏲Juni–Aug.) Veranstaltet mehrtägige Rafting-Touren auf dem berühmten Middle Fork des Salmon River. Bei den hervorragenden Trips zeltet man am Flussufer und genießt köstliches Essen (von den Guides selbst zubereitet).

White Otter RAFTING

(☎208-788-5005; www.whiteotter.com; 100 Yankee Fork Rd & Hwy 75, Sunbeam; Tagestouren mit Gummi-Kajaks 160 US$/Pers., halbtägige Rafting-Touren Erw./Kind 80/65 US$) Die empfehlenswerte Firma gehört zu den wenigen lokalen Rafting-Anbietern unter einheimischer Leitung. Neben spaßigen Tagestrips durch Stromschnellen der Kategorie III organisiert sie Touren mit aufblasbaren Gummi-Kajaks.

Schlafen & Essen

Sawtooth Hotel HOTEL $

(☎208-721-2459; www.sawtoothhotel.com; 755 Ace of Diamonds St; DZ mit/ohne Bad 115/80 US$; ⏲Mitte Mai–Mitte Okt.; 📶) Das Hotel in einem nostalgischen Blockhaus-Motel von 1931 wurde zwar komfortabel renoviert, hat sich aber dennoch seine für den Ort typische Gastlichkeit bewahrt. Die sechs Zimmer sind im altmodischen Landhausstil möbliert, zwei verfügen über ein eigenes Bad. Zwar gibt es weder TVs noch schnelles WLAN, aber ausgezeichnetes Essen (Hauptgerichte 14–23 US$) mit vegetarischen und glutenfreien Optionen und eine kleinen Auswahl ordentlicher Weine.

★Stanley Baking Company BÄCKEREI $

(www.stanleybakingco.com; 250 Wall St; Hauptgerichte 9–13 US$; ⏲Mitte Mai–Okt. 7–14 Uhr) Die legendäre Bäckerei, in der man auch brunchen kann, liegt mitten im Nirgendwo und ist ein Muss. Die kleine Blockhütte ist fünf Monate im Jahr geöffnet und der einzige Ort im Dorf, wo man wahrscheinlich anstehen muss. Der Grund sind die hervorragenden hausgemachten Backwaren, die Hafer-Pfannkuchen und das fabelhafte Sandwich mit Bratenfleisch.

Bridge Street Grill BARBECUE $$

(☎208-774-2208; www.bridgestgrill.com; Hwy 75, Lower Stanley; Hauptgerichte 11–23 US$; ⏲11–22 Uhr) Stanleys Umgebung ist buchstäblich bildschön. Der Blick darauf ist aber irgendwie noch berauschender, wenn er von der belebten Terrasse des Bridge Street Grill am Flussufer ausgeht. Vor allem, wenn man dabei ein kaltes Bier in der Hand hält – und gleichzeitig etwas hausgeräucherte Rinderbrust oder einen Border Burger mit Käse und grüner Chili-Sauce vertilgt.

Der Südwesten

Inhalt ➡

Gut essen

- ➡ Kai Restaurant (S. 182)
- ➡ Cafe Pasqual's (S. 245)
- ➡ Red Iguana (S. 217)
- ➡ Kerouac's (S. 174)

Schön übernachten

- ➡ Washington School House (S. 221)
- ➡ NoMad (S. 161)
- ➡ La Fonda (S. 245)
- ➡ Arizona Biltmore Resort & Spa (S. 179)
- ➡ Hotel Luna Mystica (S. 251)

Auf in den Südwesten!

Zerklüftet. Schön. Unterhaltsam. Der Südwesten ist das raue Hinterland der USA, das Abenteuerlustige mit spektakulären Landschaften aus roten Felsen, den Legenden um schießwütige Cowboys und dem scharfen Gaumenkitzel des grünen Chili-Eintopfs lockt. Die Region zeugt mit rätselhaften Piktogrammen und verlassenen Felsbehausungen, zerfallenden spanischen Missionen und Bergbaustädten von indigenem Erbe und der beschwerlichen Blütezeit des Wilden Westens. Und auch heute wird Geschichte geschrieben: Astronomen und Raketenbauer greifen nach den Sternen, und urbane Zentren und skurrile Bergorte locken Künstler und Unternehmen an. Ein Highlight für Reisende? Das malerische Straßennetz, das die schönsten und bedeutendsten Attraktionen verbindet. Es sind nicht nur die Landschaften, die eine Reise durch den Südwesten unvergesslich machen, sondern vor allem der Anblick eines Saguaro-Kaktus, ein Gespräch mit einem Hopi-Künstler oder das Aroma des Chili-Eintopfs.

Reisezeit

Las Vegas

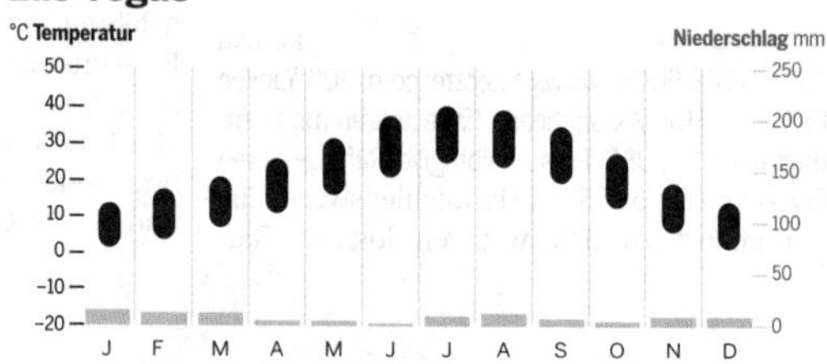

Jan. Skifahren bei Taos und Flagstaff. In Park City locken Pisten und das Sundance Film Festival.

Juni–Aug. Die beste Zeit für einen Besuch der Nationalparks in New Mexico, Utah und Nord-Arizona.

Sept.–Nov. In den Grand Canyon klettern oder die bunten Blätter im Norden von New Mexico bestaunen.

Geschichte

Um 100 n. Chr. hatten sich im Südwesten drei vorherrschende Kulturen herausgebildet: die Hohokam der Wüste, die Mogollon der zentralen Berge und Täler und die *Ancestral Puebloans* (frühe Pueblo-Indianer). Die Archäologen bezeichneten Letztere früher als Anasazi, was in der Navajo-Sprache „Alte Feinde" bedeutet; dieser Begriff wird heute allerdings nicht mehr verwendet.

Francisco Vásquez de Coronado führte 1540 die erste große Expedition nach Nordamerika an (mit 300 Soldaten, Hunderten indigenen Führern sowie Viehherden). Diese Expedition markierte auch den ersten großen blutigen Zusammenstoß zwischen spanischen Entdeckern und Ureinwohnern.

Neben dem bewaffneten Konflikt schleppten die Europäer auch Pocken, Masern und Typhus ein, gegen die die indigenen Einwohner keine Abwehrkräfte hatten. Die Pueblo-Bevölkerung wurde durch diese Krankheiten dezimiert, was Kulturen und Handelswege zerrüttete und sich als zerstörerische Kraft erwies, die den bewaffneten Kampf weit in den Schatten stellte.

Im 19. Jh. schritt die Erschließung des Südwestens rasch voran. Das war in erster Linie der Eisenbahn und der geologischen Kartierung zu verdanken. Als die USA nach Westen expandierten, vertrieb die Armee gewaltsam ganze Völker amerikanischer Ureinwohner in den grausamen Indianerkriegen. Gold- und Silberminen zogen Glücksritter an, und praktisch über Nacht schossen die gesetzlosen Goldgräberstädte des Wilden Westens aus dem Boden. Bald brachte die Santa Fe Railroad Scharen von Touristen in den Westen.

Die moderne Besiedlung hängt eng mit der Nutzung des Wassers zusammen. Nach dem Reclamation Act von 1902 finanzierte die Bundesregierung die Errichtung von Staudämmen, um die Flüsse zu regulieren und die Wüste zu bewässern. Erbitterte Streitigkeiten über Wasserrechte dauern bis heute an, gerade angesichts des gewaltigen Booms im Wohnungsbau und der dramatischen Dürre in jüngster Zeit. Das zweite heiß diskutierte Thema der letzten Jahre waren, insbesondere im Süden Arizonas, illegale Einwanderer aus Mexiko.

Einheimische Kultur

Robuste Individualität ist der kulturelle Ausdruck des Südwestens. Aber die Realität

DER SÜDWESTEN IN ...

... einer Woche

Museen und eine aufkeimende Kunstszene geben **Phoenix** ein inspirierendes Flair – der optimale Ausgangspunkt für die Tour. Morgens folgt man der Camelback Rd nach **Scottsdale**, um in der Old Town zu shoppen und sich die Galerien anzusehen. In **Sedona** weiter nördlich kann man seine spirituellen Batterien aufladen, bevor man sich von den Dimensionen des **Grand Canyon** den Atem rauben lässt. Danach hat man die Wahl zwischen Glitzern und Natur: Wer das Glitzern vorzieht, nimmt die **Route 66**, überquert die Brücke neben dem **Hoover Dam** und taucht dann in die Traumwelt von **Las Vegas** ein. Wer sich für die Natur entscheidet, fährt vom Grand Canyon aus nach Osten ins Navajo-Gebiet, lässt sich von den gewaltigen Steinformationen im **Monument Valley Navajo Tribal Park** ins Staunen versetzen und tritt dann im **Canyon de Chelly National Monument** eine Reise in die Vergangenheit an.

... zwei Wochen

Los geht's im schillernden **Las Vegas**, bevor man sich in **Flagstaff** entspannt und anschließend in die gähnenden Abgründe im **Grand Canyon National Park** blickt. Man könnte sich das studentische **Tucson** anschauen oder im **Saguaro National Park** zwischen riesigen Kakteen wandeln. Dann heißt es die Revolverhelden in **Tombstone** bestaunen, bevor man sich das ausgefallene viktorianische **Bisbee** anschaut.

Nun bitte die Sonnenbrille aufsetzen: Die Dünen im **White Sands National Monument**, New Mexico, sind strahlend weiß. **Santa Fe** lockt alle Arten von Kunstliebhabern. Man könnte ein Pueblo in **Taos** besuchen und den Sonnenaufgang im traumhaften **Monument Valley Navajo Tribal Park** beobachten. Dann geht's nach Utah, in die Nationalparks **Canyonlands** und **Arches** mit ihren roten Felsformationen. Der **Bryce Canyon** ist die richtige Kulisse für Hoodoo-„Rituale", bevor man den **Zion National Park** besucht.

Highlights

1 Grand Canyon National Park (S. 192) Den Sonnenuntergang vom South Rim aus beobachten

2 Santa Fe (S. 241) Die kulturelle Vielfalt von Meow Wolf bis internationalerVolkskunst entdecken

3 Angels Landing (Zion) (S. 234) Durch den majestätischen Canyon im Zion National Park in Utah wandern

4 Las Vegas (S. 158) Herausfinden, dass es noch knalliger, künstlicher und verantwortungsloser ist als erwartet

5 Sedona (S. 185) Sich freuen, dass auch die kommerzialisierte Hippie-Kultur der einzigartigen Stadt inmitten roter Sandsteinklippen nichts anhaben kann

6 Route 66 (S. 206) Auf der „Mother Road" durch einsame Landschaften und nostalgische Kleinstädte fahren

7 Moab (S. 225) Sich in der überwältigenden Landschaft so richtig austoben, mit Mountainbiken, Wandern, Raften und Camping

8 Monument Valley (S. 204) Die fotogenen Stars zahlloser Western aus der Nähe sehen

9 Acoma Pueblo (S. 240) Eine der ältesten Gemeinschaften des Landes auf ihrem himmelhohen Tafelberg kennenlernen

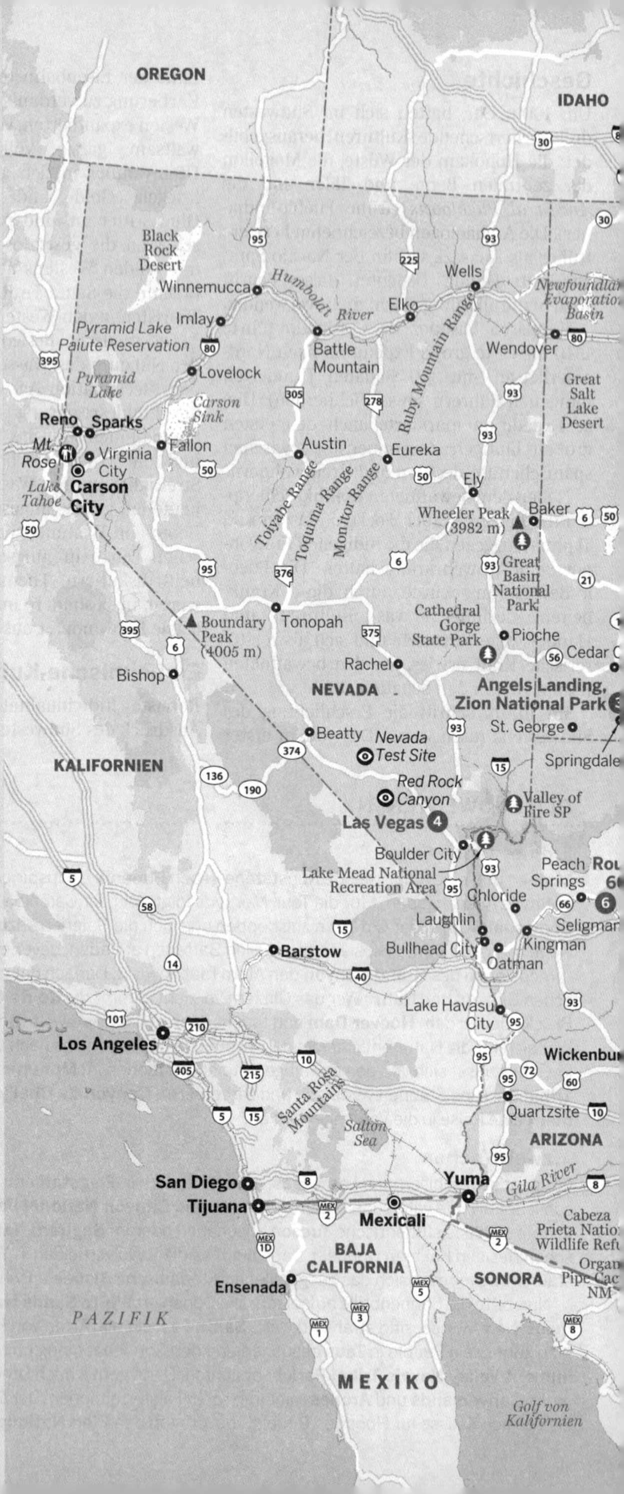

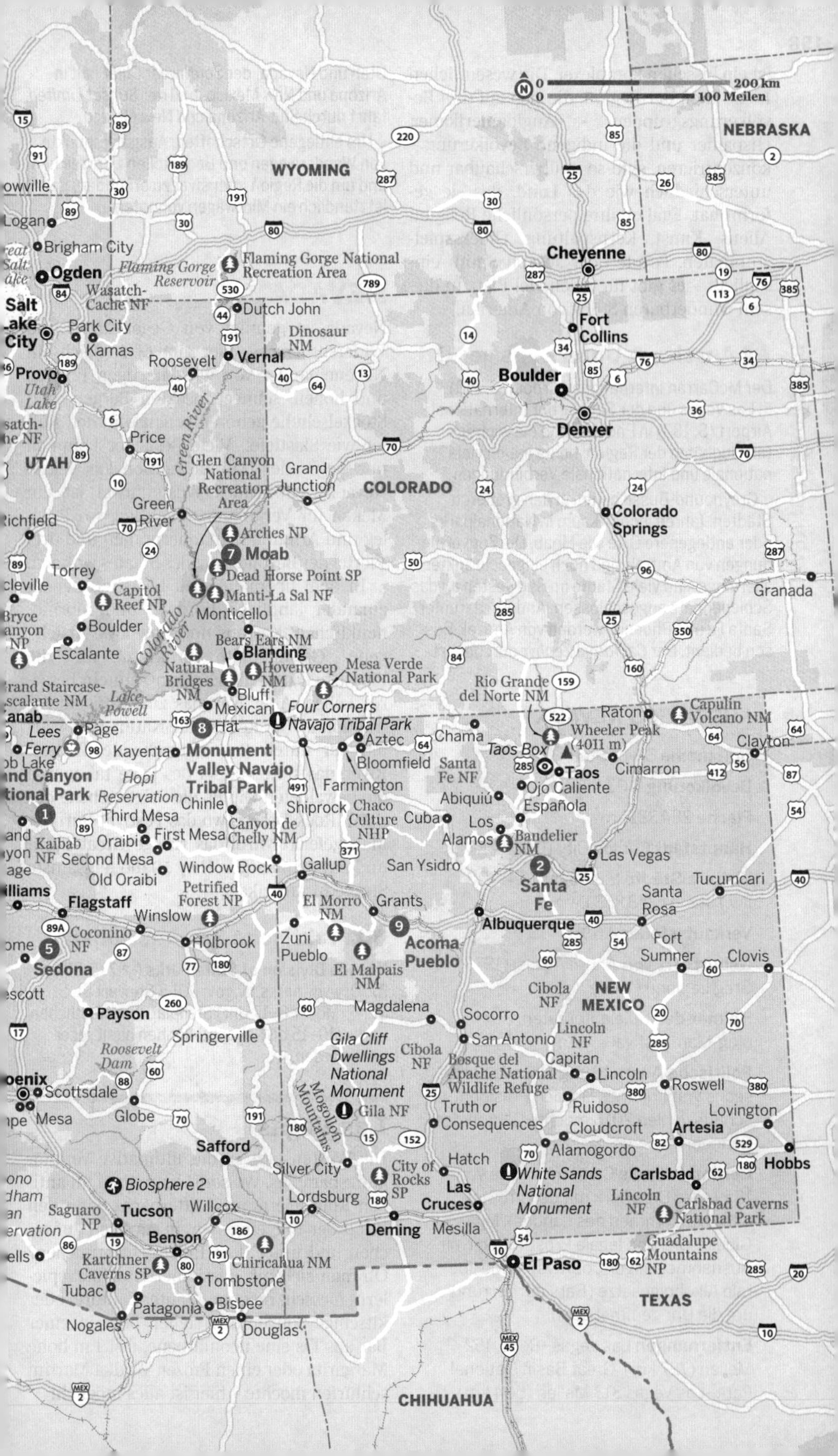
200 km
100 Meilen
WYOMING
NEBRASKA
Cheyenne
Fort Collins
Boulder
Denver
COLORADO
Colorado Springs
Granada
UTAH
Logan
Brigham City
Ogden
Salt Lake City
Park City
Kamas
Provo
Utah Lake
Wasatch-Cache NF
Flaming Gorge Reservoir
Flaming Gorge National Recreation Area
Dutch John
Dinosaur NM
Roosevelt
Vernal
Green River
Price
Glen Canyon National Recreation Area
Grand Junction
Green River
Richfield
Arches NP
Moab
Dead Horse Point SP
Manti-La Sal NF
Torrey
Capitol Reef NP
Monticello
Boulder
Escalante
Colorado River
Bears Ears NM
Blanding
Natural Bridges NM
Hovenweep NM
Mesa Verde National Park
Bluff
Mexican Hat
Lake Powell
Grand Staircase-Escalante NM
Kanab
Lees Ferry
Page
Kayenta
Monument Valley Navajo Tribal Park
Four Corners Navajo Tribal Park
Aztec
Bloomfield
Farmington
Shiprock
Chama
Rio Grande del Norte NM
Wheeler Peak (4011 m)
Taos Box
Taos
Raton
Capulin Volcano NM
Clayton
Cimarron
Santa Fe NF
Ojo Caliente
Abiquiú
Española
Los Alamos
Bandelier NM
Las Vegas
Santa Fe
Hopi Reservation
Chinle
Canyon de Chelly NM
Chaco Culture NHP
Cuba
Third Mesa
First Mesa
Second Mesa
Oraibi
Old Oraibi
Kaibab NF
Window Rock
Gallup
San Ysidro
Tucumcari
Flagstaff
Williams
Petrified Forest NP
Winslow
Holbrook
El Morro NM
Grants
Acoma Pueblo
Albuquerque
Santa Rosa
Coconino NF
Sedona
Zuni Pueblo
El Malpais NM
Fort Sumner
Clovis
Prescott
Payson
Springerville
Magdalena
Socorro
Cibola NF
NEW MEXICO
San Antonio
Lincoln NF
Roosevelt Dam
Gila Cliff Dwellings National Monument
Mogollon Mountains
Cibola NF
Bosque del Apache National Wildlife Refuge
Capitan
Lincoln
Roswell
Phoenix
Scottsdale
Mesa
Globe
Gila NF
Truth or Consequences
Ruidoso
Cloudcroft
Lovington
Artesia
Safford
Alamogordo
Hobbs
Silver City
City of Rocks SP
Hatch
White Sands National Monument
Carlsbad
Biosphere 2
Lordsburg
Las Cruces
Lincoln NF
Carlsbad Caverns National Park
Tucson
Saguaro NP
Willcox
Deming
Mesilla
Benson
Chiricahua NM
Kartchner Caverns SP
Tombstone
Tubac
Patagonia
Bisbee
Nogales
Douglas
El Paso
Guadalupe Mountains NP
TEXAS
CHIHUAHUA

ist ein bisschen komplexer. Die wesentlichen Identitäten der Region, die sich auf drei Bevölkerungsgruppen – Angloamerikaner, Hispanier und die indigene Bevölkerung – konzentrieren, sind so unüberschaubar und unterschiedlich wie das Land, das sie geformt hat. Egal ob ihre persönliche Religion Aliens, Kunst, Kernspaltung, Glücksspielautomaten, Peyote oder Joseph Smith einschließt – es gibt für jeden viel Platz in diesem wunderbaren Stück von Amerika.

ℹ Anreise & Unterwegs vor Ort

Der McCarran International Airport (S. 170) in Las Vegas und der Sky Harbor International Airport (S. 183) in Phoenix sind die wichtigsten Flughäfen der Region; beide haben viele nationale und internationale Verbindungen.

Greyhound-Busse halten in den größeren Städten, fahren jedoch kaum in Nationalparks oder entlegenere Orte wie Moab. Die Zugverbindungen von Amtrak sind noch eingeschränkter, allerdings sind viele Städte im Südwesten an das Schienennetz angeschlossen. Andere, darunter Santa Fe und Phoenix, werden von Amtrak-Bussen bedient. Der *California Zephyr* durchquert Utah und Nevada, der *Southwest Chief* hält in Arizona und New Mexico, und der *Sunset Limited* fährt durch Süd-Arizona und New Mexico.

Um entlegene Ortschaften, Ausgangspunkte von Wanderwegen und Badestellen zu erreichen, und um die Region intensiver zu erkunden, ist letztendlich ein Mietwagen vonnöten.

KURZINFOS NEVADA

Spitzname Silver State

Bevölkerung 3,03 Mio.

Fläche 284 381 km²

Hauptstadt Carson City (54 439 Ew.)

Weitere Städte Las Vegas (641 700 Ew.), Reno (248 853 Ew.)

Verkaufssteuer 4,6 %

Geburtsort von Andre Agassi (1970), Greg LeMond (1961)

Heimat des Spielautomaten, Burning-Man-Festival

Politische Ausrichtung Nevada hat sechs Wahlmänner. Bei den Präsidentschaftswahlen 2016 machte Clinton das Rennen.

Berühmt für die Comstock Lode von 1859 (das Bergwerk mit den größten Silbervorkommen des Landes), legales Glücksspiel und legale Prostitution (mit Ausnahme einiger Countys) sowie liberale Alkoholgesetze (Bars dürfen rund um die Uhr geöffnet sein)

Entfernungen Las Vegas–Reno 452 Meilen (727 km), Great Basin National Park–Las Vegas 313 Meilen (504 km)

NEVADA

Nevada ist geprägt von Gegensätzen und Widersprüchen – hier gibt es zugleich ein Nebeneinander von wüstenartigen Ebenen und hohen, schneebedeckten Bergen, und Stöckelschuhe gehören genauso in den Koffer wie Skistiefel. Viele Besucher kommen nur wegen der Hauptattraktion Las Vegas: Nevadas glitzerndes Wüstenjuwel ist ein Mekka für Vergnügungssüchtige, wo Privileg und Armut aufeinanderprallen und drei Viertel der Bevölkerung des Staates wohnen.

In dem liberalen Staat bestehen nebeneinander ländliche Bordelle und Mormonenkirchen, Kasinos und Cowboys. Abgelegene Geisterstädte erinnern an die Pionierzeit und die Hoffnung auf ein besseres Leben. Aber Nevadas zugkräftigste Attraktion ist (zu Recht!) die Natur: Hier warten der durch Reno rauschende Truckee River, das klare Wasser des Lake Tahoe und die bewaldeten Gipfel, die Salztonebene der Black Rock Desert, wo das Festival Burning Man gefeiert wird, das riesige Great Basin und mit dem kargen Hwy 50 die „einsamste Straße in Amerika".

ℹ Praktische Informationen

Nevada Division of State Parks (☎775-684-2770; www.parks.nv.gov; 901 S Stewart St, 5. St.; ⏲Mo–Fr 8–17 Uhr) Stellplätze in staatlichen Parks (10–15 US$/Nacht) können nicht reserviert werden.

Las Vegas

Die Wüstenstadt ist das ultimative Vergnügungsparadies. Wo sonst kann man im antiken Rom feiern, um Mitternacht dann den Bund der Ehe eingehen, in Ägypten aufwachen und unter dem Eiffelturm brunchen? Ob man sich mit passionierten Glücksspielern messen möchte, Haute Couture oder kitschige Souvenirs erstehen oder in einer Bar aus Eis eine neonfarbene, fast 1 m hohe Margarita oder einen Frozen Wodka Martini schlürfen möchte – hier ist alles möglich!

Rätsel Nummer zwei:
Ja das ist aber eine
Sauerrei!

Nun geht es weiter.
Wo sollen wir nach dieser
Show nür nächtigen?
Sicher nicht bei Ha Ha
Oh nein, Oh nein
Das lassen wir sein.

Doch in der surrealen Wüstenlandschaft der Euphorie und des tiefen Falls sammelt sich auch Staub auf den Neonreklamen ehemals klangvoller Namen des Strip, während ein paar Meter weiter der Baustellenlärm widerhallt. Mit mehr als 40 Mio. Besuchern im Jahr ist Las Vegas heute so attraktiv wie nie. Hotels und Bars schließen und öffnen in schnellem Wechsel, und ständig lassen sich neue Pop-Diven fest engagieren.

Die größten Kasinos der Stadt, gigantische unergründliche Mischformen aus Themenpark, Spielhölle, Shopping- und Restaurantmeile sowie Hotel- und Theaterdistrikt, säumen den legendären Strip. Nach deren Erkundung lockt das kompakte Zentrum mit Vegas' nostalgischen Wurzeln, Indie-Shops und Cocktailbars, in denen die hiesige Kultur floriert. Jenseits davon beschäftigen sich faszinierende Museen mit der atomaren und der Gangstervergangenheit der Stadt.

Sehenswertes

Die Sehenswürdigkeiten von Las Vegas finden sich vor allem an dem 4,2 Meilen (6,7 km) langen Abschnitt des Las Vegas Blvd zwischen dem Mandalay Bay im Süden (Russell Rd) und dem Stratosphere im Norden (Sahara Ave) sowie in der Innenstadt rund um die Kreuzung von Las Vegas Blvd (hier N Las Vegas Blvd) und Fremont St. Man beachte, dass die Straße unter demselben Namen über 2 Meilen zwischen der Innenstadt und dem nördlichen Ende des Strip weiter verläuft, ohne viel Interessantes zu bieten. Wer beschließt, das Verbindungsstück zwischen den beiden zu Fuß zu gehen, wird schnell die Wüstenhitze verfluchen. Mitfahrgelegenheiten, die Monorail und Deuce-Busse sind wesentlich bessere Möglichkeiten der Fortbewegung in dieser unwirklichen (und unwirtlichen) Stadt.

The Strip

★Aria WAHRZEICHEN

(CityCenter; Karte S. 160; www.aria.com; 3780 S Las Vegas Blvd; P) Die Symbiose von riesigem Hotel und „Einkaufszentrum" ist wahrlich nichts Neues, dieser futuristische Komplex aus einer kleinen Galaxie supermoderner, extravaganter Hotels rund um die glitzernden **Shops at Crystals** (Karte S. 160; www.simon.com/mall/the-shops-at-crystals; Mo–Do 10–23, Fr–So 10–24 Uhr) jedoch schon. Zu den Nobelhotels gehören das zurückhaltend stylische **Vdara** (Karte S. 160; 702-590-2111; www.vdara.com; 2600 W Harmon Ave, Aria; Suite ab 103/189 US$ pro Werktag/Wochenende; P), das opulente **Waldorf Astoria** (Karte S. 160; www.waldorfastorialasvegas.com; 3752 S Las Vegas Blvd; Zi. ab 200 US$; P) und das architektonisch einzigartige **Aria**, dessen elegantes Kasino die passende Kulisse für die vielen schlichtweg umwerfenden Restaurants bildet. Die Hotels im CityCenter haben zusammen über 6700 Zimmer!

★Bellagio KASINO

(Karte S. 160; 702-693-7111; www.bellagio.com; 3600 S Las Vegas Blvd; 24 Std.; P) Das Bellagio-Erlebnis geht über seine dekadente Kasinoebene mit Spieltischen für hohe Einsätze und über 2300 Spielautomaten hinaus. Einheimische sagen, dass die Chancen hier alles andere als gut sind. Als ein Austragungsort der World Poker Tour werden im für Turniere geeigneten Pokerraum des Bellagio rund um die Uhr Speisen direkt aus der Küche zum Spieltisch gebracht. Die meisten Gäste kommen jedoch wegen der überwältigenden Architektur der Anlage, der Innenräume und Einrichtungen, darunter die **Conservatory & Botanical Gardens** (Karte S. 160; 24 Std.; P) GRATIS, die **Gallery of Fine Art** (Karte S. 160; 702-693-7871; Erw./Kind unter 12 Jahren 18 US$/frei; 10–20 Uhr, letzter Eintritt 19.30 Uhr; P), die unübersehbaren **Fountains of Bellagio** (Karte S. 160; Shows Mo–Fr 15–20, Sa 12–20, So 11–19 Uhr, alle 30 Min., Mo–Sa 20–24, So ab 19 Uhr alle 15 Min.; P) GRATIS und die über 2000 mundgeblasenen Glasblumen, die die Lobby des Hotels (S. 165) schmücken.

★Caesars Palace KASINO

(Karte S. 160; 866-227-5938; www.caesars.com/caesars-palace; 3570 S Las Vegas Blvd; 24 Std.; P) Caesars Palace behauptet, dass sein elegant renovierter Kasinobereich mehr 1-Mio.-Dollar-Spielautomaten hat als jedes andere Kasino auf der Welt, aber er kann sich auch vieler anderer Dinge rühmen. Die Schwergewichte der Unterhaltungsbranche, Celine Dion und Elton John, „besitzen" das eigens für sie gebaute **Colosseum** (Karte S. 160; 866-227-5938; www.thecolosseum.com; Tickets 55–500 US$), Modefreaks tummeln sich in **The Forum Shops** (Karte S. 160; 702-893-4800; www.simon.com/mall/the-forum-shops-at-caesars-palace; So–Do 10–23, Fr & Sa 10–24 Uhr), während die Hotelgäste in der Garden of the Gods Pool Oasis Cocktails schlürfen. Nachts ist der Megaclub **Omnia** (Karte S. 160; 702-785-6200; www.omnia

Las Vegas

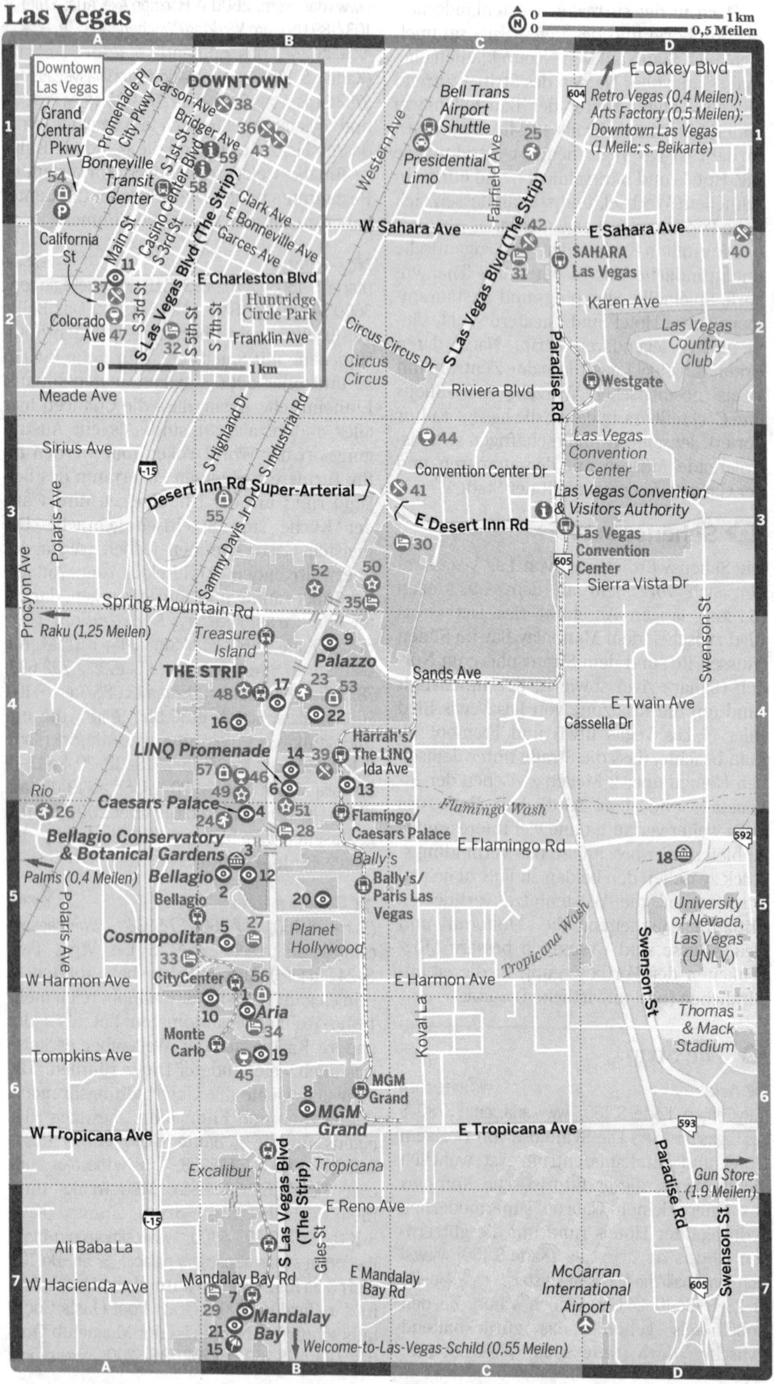
0 1 km
0 0,5 Meilen
Downtown Las Vegas
DOWNTOWN
Grand Central Pkwy
Promenade Pl
City Pkwy
Carson Ave
Bridger Ave
S 1st St
Casino Center Blvd
Bonneville Transit Center
S Las Vegas Blvd (The Strip)
Clark Ave
E Bonneville Ave
Garces Ave
California St
Main St
S 3rd St
E Charleston Blvd
Huntridge Circle Park
Colorado Ave
S 5th St
S 7th St
Franklin Ave
E Oakey Blvd
Retro Vegas (0,4 Meilen); Arts Factory (0,5 Meilen); Downtown Las Vegas (1 Meile; s. Beikarte)
Bell Trans Airport Shuttle
Presidential Limo
Western Ave
Fairfield Ave
W Sahara Ave
E Sahara Ave
SAHARA Las Vegas
Karen Ave
Las Vegas Country Club
Circus Circus Dr
Circus Circus
Riviera Blvd
Paradise Rd
Westgate
Meade Ave
Sirius Ave
S Highland Dr
S Industrial Rd
Las Vegas Convention Center
Convention Center Dr
Desert Inn Rd Super-Arterial
Las Vegas Convention & Visitors Authority
E Desert Inn Rd
Sammy Davis Jr Dr
Polaris Ave
Procyon Ave
Sierra Vista Dr
Spring Mountain Rd
Raku (1,25 Meilen)
Treasure Island
Palazzo
THE STRIP
Sands Ave
Swenson St
E Twain Ave
Cassella Dr
Harrah's/ The LINQ
Ida Ave
LINQ Promenade
Rio
Caesars Palace
Flamingo Wash
Flamingo/ Caesars Palace
Bellagio Conservatory & Botanical Gardens
E Flamingo Rd
Bally's
Palms (0,4 Meilen)
Bellagio
Bally's/ Paris Las Vegas
University of Nevada, Las Vegas (UNLV)
Planet Hollywood
Cosmopolitan
Tropicana Wash
W Harmon Ave
CityCenter
E Harmon Ave
Aria
Monte Carlo
Koval La
Thomas & Mack Stadium
Tompkins Ave
MGM Grand
W Tropicana Ave
E Tropicana Ave
Excalibur
Tropicana
Gun Store (1,9 Meilen)
E Reno Ave
Giles St
Ali Baba La
Mandalay Bay Rd
E Mandalay Bay Rd
W Hacienda Ave
McCarran International Airport
Mandalay Bay
Welcome-to-Las-Vegas-Schild (0,55 Meilen)

Las Vegas

Highlights
1 Aria B6
2 Bellagio B5
3 Bellagio Conservatory & Botanical Gardens B5
4 Caesars Palace B5
5 Cosmopolitan B5
6 LINQ Promenade B4
7 Mandalay Bay B7
8 MGM Grand B6
9 Palazzo B4

Sehenswertes
10 Aria B6
11 Arts Factory A2
Bellagio Gallery of Fine Art .... (siehe 2)
12 Fountains of Bellagio B5
13 High Roller B4
14 LINQ Casino B4
15 Mandalay Bay Beach B7
16 Mirage B4
17 Mirage Volcano B4
18 National Atomic Testing Museum D5
19 NoMad B6
20 Paris Las Vegas B5
21 Shark Reef Aquarium B7
22 Venetian B4

Aktivitäten, Kurse & Touren
23 Gondola Ride B4
24 Qua Baths & Spa B5
25 Stratosphere Thrill Rides C1
26 VooDoo ZipLine A5

Schlafen
Aria Las Vegas Resort .... (siehe 10)
Aria Sky Suites & Villas .... (siehe 10)
Bellagio .... (siehe 2)
27 Cosmopolitan B5
28 Cromwell Las Vegas B5
29 Delano B7
30 Encore C3
Four Seasons Hotel .... (siehe 7)
LINQ Hotel .... (siehe 14)
Mandalay Bay .... (siehe 7)
NoMad .... (siehe 19)
31 Sahara Las Vegas C2
32 Thunderbird Hotel A2
33 Vdara A5
34 Waldorf Astoria B6
35 Wynn B3

Essen
36 Carson Kitchen B1
Catch .... (siehe 10)
37 Esther's Kitchen A2
Giada .... (siehe 28)
38 Hugo's Cellar B1
39 Jaburrito B4
Joël Robuchon .... (siehe 8)
40 Lotus of Siam D2
Milk Bar .... (siehe 27)
Morimoto .... (siehe 8)
Peppermill .... (siehe 44)
41 Tacos El Gordo C3
42 Umami Burger C2
43 VegeNation B1

Ausgehen & Nachtleben
Drai's Beachclub & Nightclub .... (siehe 28)
44 Fireside Lounge C3
Hakkasan .... (siehe 8)
45 NoMad Bar B6
46 Omnia B4
47 ReBAR A2
Skyfall Lounge .... (siehe 29)
XS .... (siehe 30)

Unterhaltung
48 Aces of Comedy B4
49 Colosseum B4
House of Blues Gospel Brunch .... (siehe 7)
50 Le Rêve the Dream B3
51 Legends in Concert B5
O .... (siehe 3)
52 Tix 4 Tonight B3

Shoppen
53 Grand Canal Shoppes at the Venetian B4
54 Las Vegas Premium Outlets North A1
55 Planet 13 .... B3
Retro Vegas .... (siehe 37)
56 Läden im Crystals B5
57 The Forum Shops B4

Praktisches
58 Clark County Marriage License Bureau B1
59 Office of Civil Marriages B1

clubs.com/las-vegas; Eintritt Frauen/Männer ab 20/40 US$; ⌚Di & Do–So 22.30–4 Uhr) der einzige Ort diesseits von Ibiza, wo man sich richtig berauschen kann.

NoMad KASINO
(Karte S. 160; ☎702-730-7000; www.thenomadhotel.com; 3772 S Las Vegas Blvd; ⌚24 Std.)
Wenn es in Las Vegas überhaupt ein elegantes Kasino gibt, dann am ehesten dieses. Hochkarätiges Roulette, Blackjack und Baccara werden hier unter einer Tiffany-Glasdecke gespielt. Der Pool ist den Majorelle-Gärten in Marokko nachempfunden und werktags relativ entspannend (am Wochenende steigen jedoch laute Jemaa-Partys).

#VEGASSTRONG

Ein düsterer Tag für Las Vegas: Am 1. Oktober 2017 eröffnete ein Schütze von seiner Suite im 32. Stock des Mandalay Bay Casino Hotels auf ein Country-Musikfestival auf dem Strip das Feuer, tötete 58 Menschen und verletzte 867. Es war die tödlichste Massenschießerei in der Geschichte der USA. Die Tragödie heizte die landesweite Debatte über den Waffenbesitz an und führte zu einem nationalen Gesetz zum Verbot von Schnellfeuerkolben in halbautomatischen Waffen. Der Zusammenhalt nach der Schießerei war überwältigend: Am Tag nach dem Anschlag warteten Tausende von Einwohnern sechs Stunden lang, um Blut zu spenden; eine Woche später nahmen Tausende an einem Marsch zu Ehren der Opfer teil. Auch heute noch ist der Hashtag #vegas strong überall in der Stadt zu sehen.

LINQ Casino KASINO

(Karte S. 160; ☎800-634-6441; www.caesars.com/linq; 3535 S Las Vegas Blvd; ⌚24 Std.; P) Mit seiner frischen, jungen, flippigen Atmosphäre profitiert eines der neuesten Kasinos in Vegas auch davon, dass es eines der kleinsten ist – es hat etwas mehr als 60 Tische und gut 750 Spielautomaten. Der Laden vermittelt ein luftiges Gefühl von Weite, und es gibt an den Tischen Stühle mit hohen Lehnen und weinrotem Kunstleder. Und wenn man genug hat, findet man direkt vor der Tür das frivole Unterhaltungsangebot der **LINQ Promenade** (Karte S. 160; ☎800-634-6441; www.caesars.com/linq; ⌚24 Std.; P 👪).

Venetian KASINO

(Karte S. 160; ☎702-414-1000; www.venetian.com; 3355 S Las Vegas Blvd; ⌚24 Std.; P) Dieses königliche Kasino ist knapp 11 150 m² groß, hat Marmorfußböden und von Hand gemalte Deckenfresken, 120 Spieltische, eine erstklassige Lounge und ein elegantes Nichtraucher-Pokerzimmer, in dem auch Damen willkommen sind (anders als in den Pokerzimmern der meisten anderen Kasinos). Zusammen mit seinem jüngeren Ableger **Palazzo** (Karte S. 160; ☎702-607-7777; www.palazzo.com; 3325 S Las Vegas Blvd; ⌚24 Std.; P) nebenan ist es das flächenmäßig größte Kasino in Las Vegas. Ein weiteres Highlight dieses Mini-Nachbaus von Venedig ist die Fahrt mit der Gondel (S. 164) auf dem Grand Canal.

★ **Cosmopolitan** KASINO

(Karte S. 160; ☎702-698-7000; www.cosmopolitanlasvegas.com; 3708 S Las Vegas Blvd; ⌚24 Std.; P) Für Hipster, die bisher zu cool für Las Vegas waren, gibt es nun endlich einen Ort, an dem sie ganz ohne Ironie die Ästhetik des Strips aushalten oder sogar genießen können. Wie das neueste It-Girl von Hollywood sieht das Cosmopolitan-Kasino zu jeder Zeit umwerfend aus. Durch die Lobby mit tollen Elementen schiebt sich ein unablässiger Strom unbefangener Besuchergruppen.

★ **Mandalay Bay** KASINO

(Karte S. 160; ☎702-632-7700; www.mandalaybay.com; 3950 S Las Vegas Blvd; ⌚24 Std.; P 👪) Seit seiner Eröffnung 1999 an der Stelle der früheren Hacienda aus den 1950er-Jahren beherrscht das Mandalay den südlichen Strip. Sein Thema mag tropisch sein, aber es ist ganz sicher nicht schäbig, auch nicht sein 12 500 m² großes Kasino. Gut gekleidete Sportfans finden den Weg in das vornehme Wettbüro nahe dem High-Stake-Pokerraum. Das Mandalay Bay verfügt über viele Topattraktionen, die sich einer Rangordnung verweigern, darunter das mehrstöckige **Shark Reef Aquarium** (Karte S. 160; ; ☎702-632-4555; www.sharkreef.com; Erw./Kind 25/19 US$; ⌚So–Do 10–20, Fr & Sa 10–22 Uhr; P 👪), dekadente Schönheitsfarmen, jede Menge unverwechselbarer Restaurants und der unübertroffene **Mandalay Bay Beach** (Karte S. 160; ☎702-632-4760; www.mandalaybay.com/en/amenities/beach.html; ⌚Pool 8–19 Uhr, Moorea Beach Club ab 10 Uhr; 👪).

Paris Las Vegas KASINO

(Karte S. 160; ☎877-796-2096; www.caesars.com/paris-las-vegas; 3655 S Las Vegas Blvd; ⌚24 Std.; P) Diese Miniaturversion der französischen Hauptstadt mag nicht den wahren Charme der Stadt der Lichter versprühen, doch die Nachbildungen ihrer Wahrzeichen, darunter das 34-stöckige Hotel de Ville sowie die Fassaden des Pariser Opernhauses und des Louvre bescheren Familien und allen, die das Original noch nicht gesehen haben, einen vergnüglichen Besuch. Seine gewölbten Kasinodecken spiegeln einen sonnigen Himmel über unzähligen Tischen und Automaten vor, und die hochpreisigen französischen Rouletteräder – ohne 0 und 00 – erhöhen die Chancen minimal.

High Roller RIESENRAD

(Karte S. 160; ☎702-777-2782; www.caesars.com/linq/high-roller; LINQ Promenade; Erw./Kind ab 22/9 US$, nach 17 Uhr 32/19 US$; ⌚11.30–1.30 Uhr; P ; Flamingo oder Harrah's/Linq) Das größte Riesenrad der Welt erhebt sich 167 m hoch über der LINQ Promenade (S. 162). Die 28 klimatisierten Gondeln bestehen aus handgefertigtem italienischem Glas. Nachts wird das Rad von 2000 farbigen LED-Lichtern beleuchtet. Eine Umdrehung dauert etwa 30 Minuten, jede Gondel bietet Platz für 40 Personen. Von 16 bis 19 Uhr steht in ausgewählten Gondeln eine *All-you-can-drink*-Bar (35 US$ bzw. 47 US$ ab 17 Uhr) für Erwachsene (ab 21 Jahre) zur Verfügung. Das kann auch schnell ausarten!

Mirage Volcano AREAL
(Karte S. 160; 702-791-7111; www.mirage.com; Mirage; ⌚Shows 21 & 22 Uhr;) GRATIS Wenn der künstliche Vulkan des Mirage mit viel Getöse aus einer über 1 ha großen Lagune ausbricht, kommt der Verkehr auf dem Strip zum Erliegen. Rauchschwaden, die aus der Spitze dringen, deuten darauf hin, dass das feurige Inferno nach polynesischer Art bald beginnt. Für die musikalische Untermalung sorgen ein Drummer von Grateful Dead und ein indianischer Tabla-Musiker.

Downtown & abseits des Strip

Die fünf Häuserblocks lange Fußgängerzone **Fremont Street Experience** (702-678-5600; www.vegasexperience.com; Fremont St Mall; ⌚Shows stündl. Sonnenuntergang–24 oder 1 Uhr; Deuce, SDX) GRATIS ist der Mittelpunkt von Downtown. Wo das heutige Las Vegas entstand, befinden sich eine Menge traditioneller Kasinos – und keine Angst, sie überzeugen immer noch! Weiter nach Süden dreht sich im **Arts District** (www.18b.org) alles um die **Arts Factory** (Karte S. 160; 702-383-9907; www.theartsfactory.com; 107 E Charleston Blvd; ⌚9–18 Uhr; Deuce, SDX), und weiter östlich auf der Fremont St findet man ein bezauberndes, kleines Sammelsurium von hippen Bars und angesagten Restaurants.

★**Mob Museum** MUSEUM
(702-229-2734; www.themobmuseum.org; 300 Stewart Ave; Erw./Kind 27/17 US$; ⌚9–21 Uhr; P; Deuce) Schwer zu sagen, was eindrucksvoller ist: Das historische Bundesgerichtsgebäude, in dem das Museum untergebracht ist, und in dem 1950/51 noch Gangster verhört wurden, oder die sorgfältig zusammengestellte Ausstellung über die Geschichte des organisierten Verbrechens in Amerika. Interessant ist auch, dass das Museum von einem früheren Spezialagenten des FBI geleitet wird. Neben interaktiver FBI-Ausrüstung und Ausstellungsstücken zur Gangsterwelt präsentiert das Museum auch Verhöre der Gangster.

National Atomic Testing Museum MUSEUM
(Karte S. 160; 702-794-5151; www.nationalatomictestingmuseum.org; 755 Flamingo Rd E, Desert Research Institute; Erw./Kind 22/16 US$; ⌚Mo–Sa 10–17, So 12–17 Uhr; 202) Die faszinierende Multimedia-Ausstellung dokumentiert die Wissenschaft, Technologie und Sozialgeschichte des „Atomzeitalters" vom Zweiten Weltkrieg bis zum weltweiten Verbot von Atomtests 1992. Die Besucher können an der (ganz legalen, aber trotzdem schrecklichen) Simulation eines Atomtests teilnehmen und alles über die nukleare Vergangenheit, Gegenwart und Zukunft des südlichen Nevada und die ökologischen Auswirkungen der Atomtests erfahren sowie die Lebensweise der Ureinwohner Amerikas kennenlernen. Unbedingt beachten sollte man auch das Kassenhäuschen: es ist ein Nachbau des Wachpostens auf dem Testgelände in der Wüste von Nevada.

Aktivitäten

★**Qua Baths & Spa** SPA
(Karte S. 160; 866-782-0655; www.caesars.com/caesars-palace; Caesars Palace; Tageskarte Fitnesscenter 25 US$, inkl. Spa-Einrichtungen 50 US$; ⌚6–20 Uhr) Das Qua versprüht das Flair antiker römischer Badekultur. Beliebt ist das „Bath Liqueur", bei dem eine individuell abgestimmte Mischung aus Kräutern und Ölen das Bade-Erlebnis in der eigenen Wanne verschönert. Der Frauenbereich umfasst einen Teesalon, einen Kräuterschwitzraum und einen arktischen Eisraum mit künstlichem Schnee, der Männerbereich einen Herrenfriseur und große TVs mit Sportprogramm.

★**Desert Adventures** KAJAKFAHREN
(702-293-5026; www.kayaklasvegas.com; 1647 Nevada Hwy; Tagestour mit dem Kajak auf dem Colorado 195 US$; ⌚April–Okt. 9–18 Uhr, Nov.–März 10–16 Uhr) Der Veranstalter bietet Kajaktouren und Stehpaddeln auf dem Lake Mead und dem Colorado an. Erfahrene Paddler können sich auch einfach ein Kanu oder Kajak ausleihen und die Wasserwelt auf eigene Faust erkunden. Desert Adventures hat auch Angeltouren, geführte Wanderungen und

NERVENKITZEL IN LAS VEGAS

Stratosphere (Karte S. 160; ☎702-380-7777; www.stratospherehotel.com/ThrillRides; Stratosphere; Aufzug Erw. 20 US$, inkl. 3 Fahrten 35 US$, Tageskarte 40 US$; ⏲So–Do 10–1, Fr & Sa 10–2 Uhr; Sahara) Die Achterbahn 110 Stockwerke über dem Strip ist das höchste Fahrgeschäft der Welt.

Sky Combat Ace (☎888-494-5850; www.skycombatace.com; 1420 Jet Stream Dr #100; ab 299 US$) Ein Kampfflieger fliegt mit seinen Passagieren simulierte Kampfeinsätze und extreme Flugschauübungen.

VooDoo ZipLine (Karte S. 160; ☎702-388-0477; www.voodoozipline.com; Rio; ab 25 US$; ⏲11–24 Uhr) Die einmalige Gelegenheit, an einer Seilrutsche zwischen zwei Wolkenkratzern zu schweben.

Gravady (☎702-843-0395; www.gravady.com; 7350 Prairie Falcon Rd #120; 1-stündiger Flug Erw./Kind 15/12 US$; ⏲Mo–Mi 9–21, Do ab 15.30, Fr & Sa 9–11, So 11–19 Uhr;) In dem Trampolin-Park in Summerlin kann man sich mit den Kindern so richtig austoben.

Speedvegas (☎702-874-8888; www.speedvegas.com; 14200 S Las Vegas Blvd; Runden 39–99 US$, Experiences 395–1800 US$; ⏲10–16.30 Uhr) Auf der einzigen speziell angefertigten Rennstrecke von Las Vegas kann man die Reifen eines Sportwagens zum Rauchen bringen.

Richard Petty Driving Experience (☎800-237-3889; www.drivepetty.com; 7000 N Las Vegas Blvd, Las Vegas Motor Speedway; Ride-alongs ab 136 US$, Rundenfahrten ab 199 US$; ⏲unregelmäßige Zeiten) Hier hat man die Chance, als Beifahrer bei einem Qualifikationsrennen das Nascar-Feeling zu erleben.

Bootstouren, darunter eine ruhige Bootsfahrt auf dem Colorado durch den Black Canyon (199 US$), im Programm.

Gondola Ride BOOTSFAHRT
(Karte S. 160; ☎877-691-1997; www.venetian.com/resort/attractions/gondola-rides.html; Venetian; Gruppenfahrt 29 US$/Pers., Kind unter 3 Jahren frei, Fahrt für 2 Pers. 116 US$; ⏲drinnen So–Do 10–23, Fr & Sa 10–2 Uhr, draußen 11–22 Uhr je nach Wetter;) Wie in Venedig kann man auch mitten in Las Vegas mit der Gondel fahren. Die Gäste können dabei zwischen einer Fahrt im Mondschein auf dem winzigen See des Venetian am Strip oder auf den Kanälen im Inneren entlang von Geschäften und Restaurants wählen. Die Tickets für diese Touren werden im **Grand Canal Shoppes at the Venetian** (Karte S. 160; ☎702-414-4525; www.grandcanalshoppes.com; 3377 S Las Vegas Blvd, Venetian; ⏲So–Do 10–23, Fr & Sa 10–24 Uhr) verkauft.

Schlafen

Die Übernachtungspreise in Las Vegas schwanken von Tag zu Tag. An Werktagen zahlt man im Allgemeinen aber weniger als am Wochenende. Fast jedes Hotel am Strip verlangt eine zusätzliche „Resortgebühr" *(resort fee)* von 30 bis 45 US$ pro Übernachtung.

The Strip

★**Cosmopolitan** KASINOHOTEL $$$
(Karte S. 160; ☎702-698-7575, 702-698-7000; www.cosmopolitanlasvegas.com; 3708 S Las Vegas Blvd; Zi. ab 140 US$; ; Deuce) Mit einigen ganz unterschiedlichen und stilvollen Zimmertypen zur Auswahl bietet Cosmo die hippsten Zimmer am Strip an. Ihre Größe rangiert von überdimensional bis dekadent. Außerdem sind ca. 2200 von den rund 2900 Zimmern mit einem Balkon ausgestattet (bis auf die im Erdgeschoss), viele sogar mit einer japanischen Badewanne. Alle haben elegante Möblierung und Designeigenarten – es macht Spaß, sie zu entdecken.

★**Mandalay Bay** KASINOHOTEL $$
(Karte S. 160; ☎702-632-7700; www.mandalaybay.com; 3950 S Las Vegas Blvd; Zi. werktags/Wochenende ab 79/388 US$;) Das luxuriöse Kasinohotel Mandalay Bay (S. 162) ist der Blickfang des südlichen Strips. Es verfügt über stilvolle Zimmer, deren Klasse für sich spricht. Und dann sind da natürlich noch das exklusive **Four Seasons Hotel** (Karte S. 160; ☎702-632-5000; www.fourseasons.com/lasvegas; Zi. werktags/Wochenende ab 305/440 US$;) und das Boutiquehotel **Delano** (Karte S. 160; ☎702-632-7888; www.delanolasvegas.

com; Zi. werktags/Wochenende ab 143/369 US$; P ❄@📶🏊🐾) auf dem Gelände. Hinzu kommt ein vielfältiges Angebot bemerkenswerter Attraktionen und Annehmlichkeiten, darunter auch der Mandalay Bay Beach (S. 162).

★ Bellagio KASINOHOTEL **$$**
(Karte S. 160; ☎702-693-7111; www.bellagio.com; 3600 S Las Vegas Blvd; Zi. werktags/Wochenende ab 169/399 US$; P❄@📶🏊🐾) Bei seiner Eröffnung 1998 war das Bellagio das teuerste Hotel der Welt. Bis heute gehört das in Würde gealterte Hotel zu den besten der USA. Die riesigen Zimmer verbinden klassischen Stil mit modernen Annehmlichkeiten und sind farblich in Platin, Indigoblau, mattem Weißgold oder herbstlichem Orange mit grünen Tupfern gehalten. Tagesdecken aus Kaschmir, gedämpfte Beleuchtung und elektrische Vorhänge komplettieren die Ausstattung.

Aria Las Vegas Resort KASINOHOTEL **$$**
(Karte S. 160; ☎702-590-7111; www.aria.com; 3730 S Las Vegas Blvd, CityCenter; Zi. werktags/Wochenende ab 119/169 US$; P❄@📶🏊) Im Gegensatz zu den meisten anderen Megahotels am Strip ist dieses schicke Resorthotel (S. 159) nach keinem bestimmten Thema gestaltet. Stattdessen sind die mehr als 4000 Luxuszimmer mit 48 m² und die 560 Turmsuiten mit mehr als 85 m² sehr geräumig, sehr luxuriös und wohltuend gestaltet. Jedes Zimmer bietet zudem Ausblick nach zwei Seiten. Den ultimativen Luxus (und Preis) bieten jedoch die **Aria Sky Suites & Villas** (Karte S. 160; ☎702-590-7111; www.aria.com; 3730 S Las Vegas Blvd, Aria; Suite 400 US$), ein eigenes Hotel im Hotel.

LINQ Hotel KASINOHOTEL **$$**
(Karte S. 160; ☎800-634-6441; www.caesars.com/linq; 3535 S Las Vegas Blvd; Zi. ab 99 US$; P❄📶🏊🐾) Das Hotel wurde erst Ende 2014 eröffnet und hieß ursprünglich Quad. Mittlerweile hat es sich als solide Mittelklasseoption etabliert. Die frischen weißen Zimmer mit bunten Farbtupfern sind mit schicken Möbeln eingerichtet, und die Gäste kommen in den Genuss der zahlreichen Annehmlichkeiten (das Haus ist Teil der Caesars-Gruppe). Zudem hat das Hotel eine gute Lage an der LINQ Promenade (S. 162).

Sahara Las Vegas HOTEL **$$**
(Karte S. 160; ☎888-696-2121; www.saharalasvegas.com; 2535 S Las Vegas Blvd; DZ ab 90 US$; P❄📶🏊) Das SLS nahm 2011 die Stelle des Saharas ein und nun, nach einer 100 Mio. US$ teuren, im Jahr 2020 abgeschlossenen Renovierung, hat das Sahara wieder das SLS ersetzt. Der Preise sind in Ordnung und der skurrile Stil des Hotels ist ansteckend.

★ Cromwell Las Vegas BOUTIQUEHOTEL **$$$**
(Karte S. 160; ☎702-777-3777; www.caesars.com/cromwell; 3595 S Las Vegas Blvd; Zi. ab 288 US$; P❄📶🏊🐾) Wenn man zwischen 20 und 30 Jahre alt ist, mit den coolen Kids mithalten kann oder einfach so stylisch ist – unabhängig vom Alter –, ist man im Cromwell genau richtig. Die Lage könnte nicht besser sein, und es gibt oft supergünstige Preise für die schicken Zimmer im Erdgeschoss. Sonst noch was? Wer Lust auf Party hat, geht ins **Drai's** (Karte S. 160; ☎702-777-3800; www.draisgroup.com/las-vegas/; Eintritt Nachtclub 20–50 US$; ⊙Nachtclub Do–So 22.30–4 Uhr, Strandclub Fr–So 11–18 Uhr) oder ins feine Restaurant **Giada** (Karte S. 160; ☎855-442-3271; www.caesars.com/cromwell; Hauptgerichte 24–60 US$; ⊙17–22.30 Uhr, Brunch Fr–So 9–15 Uhr).

NoMad KASINOHOTEL **$$$**
(Karte S. 160; www.thenomadhotel.com/las-vegas; 3772 S Las Vegas Blvd, Park MGM; Zi. ab 249 US$; P❄📶🏊) Das NoMad ist in Wirklichkeit ziemlich verrückt und übertreibt es ganz schön: Es ist ein Hotel im Hotel im Hotel. Das Gute daran sind die exquisit eingerichteten Zimmer, zumeist mit frei stehender Badewanne und maßgefertigten Möbeln. Im Restaurant mit Bar herrscht ausgelassene Partystimmung. Das Kasino ist auch nobler als die meisten anderen.

Downtown & abseits des Strip

★ Thunderbird Hotel BOUTIQUEHOTEL **$**
(Karte S. 160; ☎702-489-7500; www.thunderbirdhotellasvegas.com; 1215 S Las Vegas Blvd; DZ ab 39 US$; P❄📶🏊) Das auf alt getrimmte Ho-

ENTLANG DES STRIPS

Der Strip erstreckt sich über 4 Meilen (6,4 km): Klingt zwar erstmal leicht zu schaffen, der Weg ist aber vor allem bei Sommerhitze nicht zu unterschätzen und auch nicht ganz einfach zu finden. Eine Karte ist hilfreich. Die Fußgängerbrücken haben alle Rolltreppen und Aufzüge, um die Treppen barrierefrei zu überwinden. Die kostenlosen Bahnen, die zwischen den Casinos verkehren, können ebenfalls genutzt werden.

tel liegt versteckt zwischen dem nördlichen Strip und der Fremont St. Es bietet großartige Preise, frische, abgefahrene Zimmer mit Altholzmöbeln und eine fröhliche, junge Atmosphäre. Boutiquehotel? Hostel? Weder noch – es ist irgendetwas dazwischen.

Das Viertel ist nicht das allerbeste, vor allem nachts kann es gefährlich werden. Deshalb sollte man hier möglichst nicht zu Fuß unterwegs sein.

Golden Nugget KASINOHOTEL $

(702-385-7111; www.goldennugget.com; 129 Fremont St E; DZ ab 49 US$;) In diesem schicken Haus in der Fremont St fühlt man sich wie in der glamourösen Blütezeit von Las Vegas in den 1950er-Jahren. Die Zimmer im Rush Tower sind die besten im Haus.

Essen

Der Strip hatte über Jahre eine große Dichte an prominenten Köchen. *All-you-can-eat*-Büfetts und 10-US$-Steaks gibt es immer noch, aber die wohlhabenden Besucher von heute verlangen raffiniertere kulinarische Erlebnisse. Sie wollen Menüs, die von berühmten Trendsettern entworfen wurden – selbst wen jene sie nicht persönlich zubereitet haben.

The Strip

★Umami Burger BURGER $

(Karte S. 160; 702-761-7614; www.umamiburger.com; 2535 S Las Vegas Blvd, SLS; Burger 12–15 US$; 11–22 Uhr;) Der Burger-Laden im SLS (S. 165) ist einer der besten am Strip. Die saftigen Burger wurden vom Magazin *GQ* zu den „Burgern des Jahres" gekürt. Es gibt auch einen Biergarten und eine große Auswahl Craft-Biere. Den neuen veganen „Impossible"-Burger, um den gerade so viel Aufhebens gemacht wird, bekommen Gäste hier ebenfalls.

★Tacos El Gordo MEXIKANISCH $

(Karte S. 160; 702-982-5420; www.tacoselgordobc.com; 3049 S Las Vegas Blvd; kleine Gerichte 3–12 US$; 10–2, Fr & Sa bis 4 Uhr; ; Deuce, SDX) Der Taco-Laden nach Tijuana-Art aus Südkalifornien ist die richtige Adresse am späten Abend, wenn man fast pleite ist und Gelüste nach Tacos mit *carne asada* (Rindfleisch) oder *adobada* (in Chili eingelegtem Schweinefleisch) in heißen, von Hand hergestellten Tortillas hat. Für experimentierfreudige Gäste gibt's die typischen Varianten mit *sesos* (Rinderhirn), *cabeza* (gebratenem Rinderkopf) und verschiedenen Innereien.

★Milk Bar DESSERTS $

(Karte S. 160; 7020-698-7000; www.cosmopolitanlasvegas.com; Cosmopolitan; Softeis ab 6 US$; 9–1, Fr & Sa 9–2 Uhr) Das für die Desserts bei Momofuku verantwortliche Wunderkind Christina Tosi löst mit ihrer Milchbar wahre Begeisterungsstürme in Las Vegas aus. Ihr Softeis mit Müsli, die Maiskekse und der Trüffelkuchen sind aber auch wirklich himmlisch!

Jaburrito SUSHI $

(Karte S. 160; 702-901-7375; www.jaburritos.com; LINQ Promenade; Speisen/Getränke 10–13 US$; So–Do 11–23, Fr & Sa 11–24 Uhr) Es ist so einfach: Man kombiniere Nori- (Algen-) Sushi mit einem Burrito. Dabei kann man nichts falsch machen, oder? Eigentlich nicht… und es ist superlecker! Und als Nachtisch gibt's witzige Mochi-Eisbällchen.

Peppermill DINER $$

(Karte S. 160; 702-735-4177; www.peppermilllasvegas.com; 2985 S Las Vegas Blvd; Hauptgerichte 13–31 US$; 24 Std.) In dem altmodischen Diner mit halbrunden Sitznischen fühlt man sich wie im alten Vegas. Hier treffen sich Cowboys aus Nevada und Politiker aus der Innenstadt spätabends zum deftigen Essen oder frühmorgens zum Frühstück. In der sexy **Fireside Lounge** (Karte S. 160; 702-735-7635) gibt's tropische Cocktails.

★Joël Robuchon FRANZÖSISCH $$$

(Karte S. 160; 702-891-7925; www.mgmgrand.com; MGM Grand; Probiermenüs 120–425 US$; 17.30–22 Uhr) Der umjubelte „Koch des Jahrhunderts" führt die kulinarische Invasion der Franzosen auf dem Strip an. Die edlen Speiseräume mit Leder und Samt in direkter Nachbarschaft zu den Spieltischen des **MGM Grand's** (Karte S. 160; 877-880-0880; www.mgmgrand.com; 3799 S Las Vegas Blvd; 24 Std.;) versprühen das Flair einer Dinnerparty in einer Pariser Villa in den 1930er-Jahren. Aufwendige Probiermenüs mit saisonalen Zutaten versprechen ein unvergessliches Erlebnis für die Geschmacksknospen – meist zu Recht!

★Morimoto FUSION $$$

(Karte S. 160; 702-891-3001; www.mgmgrand.com; MGM Grand; Hauptgerichte 24–75 US$; 17–22, Fr & Sa bis 22.30 Uhr) Die neueste Inkarnation des Fernsehkochs Masaharu Morimoto in Las Vegas ist sein gleichnamiges Vorzeigerestaurant, das seinen japanischen Wurzeln und der Küche dieser Stadt huldigt, die ihm weltweit den Rang einer Legende verschafft hat. Hier zu essen, ist in jeder denkbaren Weise ein Erlebnis, das unserer Meinung nach jeden Cent wert ist.

★Catch SEAFOOD $$$
(Karte S. 160; ☎702-590-5757; https://aria.mgmresorts.com; Aria; Hauptgerichte ab 40 US$; ⏲17.30–23.30 Uhr; P ❄) Nach der 7 Mio. US$ teuren Renovierung konnte das Restaurant nur schöner werden. Die umfangreiche Speisekarte wird von Meeresfrüchten dominiert, die hier auf asiatische Art zubereitet werden. Das Ergebnis sind beispielsweise Sashimi mit Trüffeln, ganze Fische und Krustentiere (wer so richtig Eindruck schinden will, bestellt einen ganzen, in Sake gedämpften Hummer).

Downtown & abseits des Strip

★VegeNation VEGAN $
(Karte S. 160; ☎702-366-8515; https://vegenationlv.com; 616 E Carson Ave; Hauptgerichte 13 US$; ⏲So–Do 8–21, Fr & Sa 8–22 Uhr;) Aufgrund einer schweren Erkrankung musste Küchenchef Donald Lemperle zum Vegetarier werden. Nach dieser Erfahrung eröffnete er sein veganes Café in der Innenstadt. Für seine pflanzlichen Tacos, Sandwiches, Pizzas und Desserts verwendet er nur Erzeugnisse aus Gemeinschaftsgärten der Region. Das wissen nicht nur die Einheimischen zu schätzen. Und es gibt sogar CBD-Kombucha. Willkommen im Vegas des 21. Jhs.!

★Esther's Kitchen ITALIENISCH $$
(Karte S. 160; ☎702-570-7864; www.estherslv.com; 1130 S Casino Center Blvd; Pasta ab 15 US$; ⏲Mo–Fr 11–15 & 17–22, Sa & So 10–15 & 17–22 Uhr; ❄) Die Einheimischen sind zu Recht verrückt nach der hausgemachten Pasta mit Saucen der Saison und dem traditionellen Sauerteigbrot des kleinen Bistros im Künstlerviertel. Hier ist alles superlecker, aber echt unschlagbar sind die Anchovis-Knoblauchbutter, die es zum Sauerteigbrot gibt, und der Grünkohl-Blumenkohl-Salat.

★Carson Kitchen AMERIKANISCH $$
(Karte S. 160; ☎702-473-9523; www.carsonkitchen.com; 124 S 6th St; Tapas & Hauptgerichte 8–22 US$; ⏲Do–Sa 11.30–3, So–Mi bis 22 Uhr; Deuce) Dieses kleine Restaurant im industriellen Design mit freigelegten Balken, nackten Glühbirnen und klobigen Gemeinschaftstischen ist bei Kennern von Downtown angesagt, wenn diese dem Getümmel der Fremont St oder den hohen Preisen am Strip entkommen wollen. Auf den Tellern zum Teilen werden bunter Blumenkohl, Wassermelone und Fetasalat sowie dekadente Käsemakkaroni serviert. Es gibt außerdem auch noch eine recht kreative Getränkekarte.

ÜBERALL BÜFETTS

Extravagante *All-you-can-eat*-Büfetts haben eine lange Tradition in Sin City. Zu den besten gehören:

Bacchanal Buffet (3570 Las Vegas Blvd S, Caesars Palace; 40–65 US$/Erw., Mo–Fr 7.30–22, Sa & So 8–22 Uhr)

Wicked Spoon Buffet (3708 Las Vegas Blvd S, Cosmopolitan; 28–49 US$/Erw., So–Do 8–21, Fr & Sa 8–22 Uhr)

Buffet at Wynn (3131 Las Vegas Blvd S; Wynn; 32–60 US$/Pers., 7.30–21.30 Uhr)

★Lotus of Siam THAILÄNDISCH $$
(Karte S. 160; ☎702-735-3033; www.lotusofsiamlv.com; 953 E Sahara Ave; Hauptgerichte 9–30 US$; ⏲tgl. 17.30–22, Mo–Fr auch 11–14.30 Uhr; ; SDX) Saipin Chutimas echte nordthailändische Küche wurde mit fast ebenso vielen Preisen ausgezeichnet wie ihr geografisch breit gefächerter Weinkeller. Einige Kritiker halten das Lotus of Siam für das beste thailändische Restaurant der USA, und sie könnten durchaus recht haben. Um das winzige, unscheinbare Lokal in einem Einkaufszentrum am Strip zu finden, folgt man einfach den Menschenmassen. Unbedingt reservieren!

Hugo's Cellar AMERIKANISCH $$$
(Karte S. 160; ☎702-385-4011; www.hugoscellar.com; Fremont St Mall, Fremont Street Experience, Four Queens Casino; Hauptgerichte 34–62 US$; ⏲17–22 Uhr) Dies ist das alte Vegas in seiner besten Form! In dem dunklen, clubähnlichen Keller unter dem Four-Queens-Kasino ist der Kunde noch König. Jede Frau erhält eine Rose, der Salat wird am Tisch angemacht, und das Personal ist aufmerksam, aber nicht aufdringlich. Mit Veal Oscar, Beef Wellington und Kirsch-Jubilee fühlt man sich zurück ins Jahr 1959 versetzt. Unbedingt reservieren!

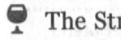

Ausgehen & Nachtleben

The Strip

★Hakkasan CLUB

(Karte S. 160; ☎702-891-3838; http://hakkasannightclub.com; MGM Grand; Eintritt 20–75 US$; ⌚Do–So 22.30–4 Uhr) In dem asiatisch inspirierten Luxus-Club legen international bekannte DJs wie Tiësto und Steve Aoki auf. Die Haupttanzfläche ist von VIP-Lounges und deckenhohen LED-Bildschirmen umgeben. Etwas ausgefallenere Musik gibt's im traulichen Ling Ling Club mit Ledersofas und von hinten beleuchtetem Bernsteinglas.

Türsteher achten auf die korrekte Kleidung (Abendkleidung, keine Sportkleidung, Männer nur in Oberhemden).

NoMad Bar COCKTAILBAR

(Karte S. 160; ☎702-730-6785; www.mgmresorts.com; NoMad Hotel; Cocktails 17 US$; ⌚Mo–Do 17–23, Fr & Sa 17–1, So 11–17 Uhr) Der letzte Neuzugang der Cocktailszene in Vegas ist durch das prachtvolle Restaurant zu erreichen. Die Bar ist sehr schön, und die Cocktails sind nicht von dieser Welt und ihren deftigen Preis durchaus wert.

Skyfall Lounge BAR

(Karte S. 160; ☎702-632-7575; www.delanolasvegas.com; Delano; ⌚So–Do 17–24, Fr & Sa 17–1 Uhr) Von der Bar auf dem Dach des Hotels Delano im Mandalay Bay (S. 162) hat man einen unglaublichen Blick auf den südlichen Strip. Bei leckeren Cocktails kann man den Sonnenuntergang über den Spring Mountains im Westen beobachten und danach zu sanfter DJ-Musik (ab 21 Uhr) die Nacht durchtanzen.

XS CLUB

(Karte S. 160; ☎702-770-0097; www.xslasvegas.com; Encore; Eintritt 20–30 US$; ⌚Fr–So 22.30–4 Uhr) Innerhalb von wenigen Jahren ist das XS zu einem der angesagtesten Clubs geworden. Sein Markenzeichen ist extravagantes goldenes Dekor und pompöses Design. Über der Theke, wo die Gäste Schlange stehen, schweben überlebensgroße weibliche Torsos mit üppigen Kurven. Berühmte Elektronik-DJs bringen die Tanzfläche zum Beben, während sich der Jetset mit Flaschen und Gläsern in die VIP-Hütten beim Pool zurückzieht.

Downtown & abseits des Strip

Einheimische und Traveller, die sich gut in Vegas auskennen, gehen lieber in den **Fremont East Entertainment District** (www.fremonteast.com), um das beste (bodenständige) Nachtleben der Stadt zu genießen. Das Viertel erstreckt sich über vier Blocks östlich des Las Vegas Blvd und entlang der Fremont St.

★ReBAR BAR

(Karte S. 160; ☎702-349-2283; www.rebarlv.com; 1225 S Main St; ⌚So–Mi 13–24, Do 13–1, Fr & Sa 13–2 Uhr) Las Vegas ist die Heimat des Kitsch und liebt ordentliche Bars. Die ReBAR kann mit beidem aufwarten. Die Bar im Künstlerviertel ist vollgestopft mit seltsamen Gerätschaften, alten Kneipenschildern, ultrahässlichen Bierkrügen und unglaublichem Krimskrams. Während man die uralten Souvenirs an den Wänden studiert, kann man eines der recht ordentlichen Biere oder etwas Hochprozentiges auf die gute, alte Zeit trinken.

☆ Unterhaltung

In Las Vegas wird immer viel geboten. Ticketmaster (www.ticketmaster.com) verkauft Tickets für fast alle Veranstaltungen. **Tix 4 Tonight** (Karte S. 160; ☎877-849-4868; www.tix4tonight.com; 3200 S Las Vegas Blvd, Fashion Show Mall; ⌚10–20 Uhr) bietet Karten zum halben Preis für eine begrenzte Auswahl von Vorstellungen am selben Tag sowie kleine Rabatte auf Shows, die „ständig ausverkauft" sind.

Nachtclubs & Livemusik

Nachtclubs sind ernstzunehmende Unternehmen in Las Vegas. Die Eintrittspreise schwanken stark; sie hängen immer wieder von der Laune des Personals am Eingang ab, vom Verhältnis zwischen Frauen und Männern und davon, wie voll es ist. Wer im Voraus beim VIP Host des jeweiligen Clubs reserviert, erspart sich die Warteschlange. Die meisten größeren Läden beschäftigen am späten Nachmittag und frühen Abend Türpersonal. Oft haben Hotel-Concierges kostenlose Eintrittskarten für die Clubs oder nehmen Reservierungen vor. Beim „Bottle Service" erspart man sich in der Regel Eintrittsgelder und Wartezeiten, allerdings ist dieser sehr teuer.

★House of Blues Gospel Brunch LIVEMUSIK

(Karte S. 160; ☎702-632-7600; www.houseofblues.com/lasvegas; Mandalay Bay; Erw./Kind unter 11 Jahren 54/27 US$; ⌚Einlass So 10 & 13 Uhr; 👪) Wer am Samstagabend so richtig gesündigt hat, kann bei dem Gospel-Brunch am Sonntag Vergebung erlangen. Im Eintritt enthalten sind unbegrenzt viele Bloody Marys und wohltuende Klassiker der Südstaatenküche wie Jambalaya, Hühnchen und Waffeln, Maisbrot mit Jalapeños und warmer Bananenbrotpudding. Die Tickets kauft man am besten im Voraus, da sie schnell ausverkauft sind.

Legends in Concert LIVEMUSIK

(Karte S. 160; 702-777-2782; www.legendsinconcert.com; Tropicana; Tickets ab 50 US$; Shows 16, 19.30 & 21.30 Uhr) Die Top-Showproduktion von Las Vegas zeigt wirklich talentierte singende und tanzende Künstler, die berühmte Stars imitieren, denen sie zum Verwechseln ähneln, z. B. die Beatles, Elvis, Madonna, James Brown, Britney Spears, Shania Twain und viele mehr.

Shows

Bei Hunderten Shows hat man in Vegas die Qual der Wahl. Die Vorführungen des Cirque du Soleil sind aber allesamt absolut unvergesslich.

★ Le Rêve the Dream THEATER

(Karte S. 160; 702-770-9966; http://boxoffice.wynnlasvegas.com; Wynn; Tickets 115–175 US$; Shows Fr–Di 19 & 21.30 Uhr) Unterwasserakrobatik von erfahrenen Tauchern sind das Herzstücke dieser Show in einem runden Wassertheater, das aus einem 3 800 000 l Wasser fassenden Becken besteht. Kritiker bezeichnen es als eine wenig inspirierte Version von *O*, der Wassershow des Cirque du Soleil, während begeisterte Fans vom romantischen Unterwassertango, den spektakulären Sprüngen und den visuellen Abenteuern begeistert sind.

Die günstigsten Plätze befinden sich in der „Splash Zone".

O THEATER

(Karte S. 160; 702-693-8866; www.cirquedusoleil.com/o; Bellagio; Tickets 99–212 US$; Mi–So 19 & 21.30 Uhr) Phonetisch steht das O für das französische Wort für Wasser *(eau)*. Mit einer geschmeidigen internationalen Besetzung, die in, auf und über dem Wasser agiert, erzählt das Programm *O* des Cirque du Soleil die Geschichte des Theaters durch die Zeiten hinweg. Es ist ein spektakuläres Meisterstück der Imagination und Technik, und man zahlt viel dafür, um das Spektakel zu sehen – dies ist eine der wenigen Shows am Strip, die selten ermäßigte Tickets verkauft.

★ Aces of Comedy COMEDY

(Karte S. 160; 702-792-7777; www.mirage.com; 3004 S Las Vegas Blvd, Mirage; Tickets 40–100 US$; wechselnde Zeiten, Ticketschalter Do–Mo 10–22, Di & Mi bis 20 Uhr) Man wird kaum eine bessere Zusammenstellung unter der Crème de la Crème der Stand-up-Comedians finden als jene, die ganzjährig im **Mirage** (Karte S. 160; 702-791-7111; 24 Std.; P) auftritt: Hier kommen Stars wie Jay Leno, Joe Rogan und George Lopez auf die Bühne. Tickets kann man im Voraus online oder telefonisch kaufen. Alternativ geht man zum Ticketschalter des **Cirque du Soleil** (877-924-7783; www.cirquedusoleil.com/las-vegas; reduzierte Tickets ab 49 US$, Normalpreis ab 69 US$) im Mirage.

Shoppen

★ Las Vegas Premium Outlets North EINKAUFSZENTRUM

(Karte S. 160; 702-474-7500; www.premiumoutlets.com/vegasnorth; 875 S Grand Central Pkwy; Mo–Sa 9–21, So 9–20 Uhr; SDX) Im größten Outlet-Center von Vegas sind 120 Marken vertreten, darunter Nobelmarken wie Armani, Brooks Brothers, Diane von Furstenberg, Kate Spade, Michael Kors und Theory, aber auch lässigere Lieblingsmarken wie Banana Republic, Diesel, Nike und Adidas.

Planet 13 APOTHEKE

(Karte S. 160; 702-815-1313; www.planet13lasvegas.com; 2548 W Desert Inn Rd; 24 Std.;) Das gibt es auch nur in Las Vegas: Der „Cannabis-Supermarkt und Unterhaltungskomplex", wie es sich selbst bezeichnet, ist ein Imperium aus mehreren Häuserblocks, das alles rund um das magische Kraut verkauft. Persönliche Berater führen die Kunden durch das Produktlabyrinth aus Blüten, Samen, Lebensmitteln, Ölen und Accessoires. Selbst wer kein Fan von Cannabis ist, sollte sich dieses einmalige Shopping-Erlebnis nicht entgehen lassen.

Retro Vegas VINTAGE

(Karte S. 160; 702-384-2700; www.retro-vegas.com; 1131 S Main St; Mo–Sa 11–18, So 12–17 Uhr; 108, Deuce) Der leuchtend pinkfarbene Antiquitätenladen befindet sich ganz in der Nähe des Künstlerviertels in der Innenstadt. Hier findet man tolle Schätze aus den 1950er-, 1960er- und 1970er-Jahren: Kunstwerke und Heimdeko, alte Souvenirs aus Vegas wie Aschenbecher der Kasinohotels. Im Angebot sind auch Secondhand-Kleidung, Handtaschen und Accessoires von Red Kat.

Praktische Informationen

NOTFALL & MEDIZINISCHE VERSORGUNG

Polizei (☎ 911 (im Notfall) oder 702-828-3111)

Sunrise Hospital & Medical Center (☎ 702-731-8000; www.sunrisehospital.com; 3186 S Maryland Pkwy; 24 Std.) Spezielle Traumaabteilung für Kinder und eine rund um die Uhr besetzte Notfallaufnahme.

University Medical Center (UMC; ☎ 702-383-2000; www.umcsn.com; 1800 W Charleston Blvd; 24 Std.) Süd-Nevadas bestes Traumazentrum; die Notfallaufnahme ist rund um die Uhr besetzt.

TOURISTENINFORMATION

Las Vegas Convention & Visitors Authority (LVCVA; Karte S. 160; ☎ 702-892-7575; www.lasvegas.com; 3150 Paradise Rd; Mo–Fr 8–17 Uhr; im Las Vegas Convention Center)

Anreise & Unterwegs vor Ort

Las Vegas ist über den **McCarran International Airport** (LAS; Karte S. 160; ☎ 702-261-5211; www.mccarran.com; 5757 Wayne Newton Blvd;) zu erreichen. Er liegt am südlichen Ende des Strip. Zu den weiter außerhalb liegenden Gates fährt eine kostenlose, barrierefreie Straßenbahn, zwischen den Terminals 1 und 3 verkehren kostenlose Shuttle-Busse, ebenso zum **McCarran Rent-a-Car Center** (☎ 702-261-6001; www.mccarran.com/Transportation/RentalCars; 7135 Gillespie St; 24 Std.).

VALLEY OF FIRE STATE PARK

Das **Besucherzentrum** (8.30–16.30 Uhr) des **Valley of Fire State Park** (Karte S. 194; ☎ 702-397-2088; www.parks.nv.gov/parks/valley-of-fire; Valley of Fire Hwy, Overton; 10 US$/Fahrzeug; 7–19 Uhr) ist rund 50 Meilen (80 km) von der Innenstadt von Las Vegas entfernt. Hier sollte man unbedingt kurz vorbeischauen, um sich einen Überblick über die grandiose, mehr als 161 km² große Wüstenlandschaft aus rotem Sandstein, versteinerten Bäumen und uralten Felsenmalereien der amerikanischen Ureinwohner (am Atlatl Rock) zu verschaffen. Der Park wurde 1935 als erster Nationalpark Nevadas ausgewiesen. Die psychedelische Landschaft wurde in Tausenden Jahren von Wind und Wasser geschaffen.

Shuttle-Busse fahren auch zu den Hotels am Strip (einfache Strecke 6 US$) bzw. in der Innenstadt und abseits des Strip (ab 8US$). Ein Taxi zum Strip kostet mindestens 15 US$ plus Trinkgeld. Der Fahrer sollte unbedingt die oberirdischen Straßen und nicht den Tunnel der I-15 *(long-hauling)* zum Flughafen benutzen. Eine Mitfahrgelegenheit kostet ab 13 US$.

Greyhound betriebt Fernbusse von Las Vegas nach Reno (81 US$, 9½ Std.) und Salt Lake City (ab 40 US$, 8 Std.) sowie mit Ermäßigung regelmäßig von und nach Los Angeles (ab 20 US$, 5–8 Std.). Aus- und Einsteigen kann man an einer Haltestelle in der Innenstadt, ganz in der Nähe der Fremont Street Experience. Zum Strip verkehren Busse von **SDX** in Richtung Süden (Ticket für 2 Std. 6 US$). **Megabus** (www.megabus.com) fährt täglich vom **South Strip Transfer Terminal** (SSTT; ☎ 702-228-7433; www.rtcsnv.com; 6675 Gillespie St; 24 Std.) direkt in drei Städte im südlichen Kalifornien: Los Angeles (ab 19 US$, 6 Std.), Anaheim (ab 15 US$, 6½ Std.) und Riverside (ab 10 US$, 4¼ Std.). Bei Buchung im Voraus sind die Preise niedriger.

Ein gutes Angebot ist die Tageskarte für die Busse von Deuce und die schnelleren Busse von SDX (die jedoch nicht immer rund um die Uhr verkehren und auch nicht alle Kasinos anfahren).

Rund um Las Vegas

Der **Lake Mead** und der **Hoover Dam** sind die meistbesuchten Attraktionen der **Lake Mead National Recreation Area** (☎ Infoschalter 702-293-8906, Visitor Center 702-293-8990; www.nps.gov/lake; Lakeshore Scenic Dr; Auto 10 US$/7 Tage; 24 Std.;). Zu dem Erholungsgebiet gehören neben dem 110 Meilen (177 km) langen Lake Mead der 67 Meilen (108 km) lange Lake Mohave sowie die riesigen Wüstengebiete rund um die Seen. Das exzellente **Visitor Center** (Alan Bible Visitor Center; ☎ 702-293-8990; www.nps.gov/lake; Lakeshore Scenic Dr, beim US Hwy 93; 25 US$/Fahrzeug; 9–16.30 Uhr) am Hwy 93 auf halber Strecke zwischen Boulder City und dem Hoover Dam hat Informationen zu Freizeitaktivitäten und der Wüste. Von hier schlängelt sich die North Shore Rd um den See – eine wirklich malerische Route.

Der in einem weichen Bogen verlaufende, 220 m hohe **Hoover Dam** (☎ 866-730-9097, 702-494-2517; www.usbr.gov/lc/hooverdam; beim Hwy 93; inkl. Parkgebühr 10 US$; 9–17 Uhr;), ein Bauwerk im Art-déco-Stil, überspannt die Grenze zwischen Arizona und Nevada und schafft einen großartigen Kontrast zur kargen Landschaft. Sehr lohnend ist ein Abstecher zur **Mike O'Callaghan-Pat Tillman**

Memorial Bridge (Hwy 93). Der Fußgängerweg der Brücke gewährt wunderschöne Blicke stromabwärts auf den Hoover Dam.

In der Innenstadt im nahen Boulder City lädt das **Milo's** (☎702-293-9540; www.milosbouldercity.com; 534 Nevada Hwy; Hauptgerichte 9–14 US$; ⏲ 11–21 Uhr) zu einem entspannten Mittag- oder Abendessen ein. Die frischen Sandwiches, Salate und Gourmet-Käseplatten werden an Tischen draußen vor der Weinbar serviert.

Red Rock Canyon National Conservation Area NATURSCHUTZGEBIET
(☎702-515-5350; www.redrockcanyonlv.org; 1000 Scenic Loop Dr; Auto/Fahrrad 15/5 US$; ⏲ Panoramastraße April–Sept. 6–20 Uhr, März & Okt 6–19 Uhr, Nov.–Feb. 6–17 Uhr; 👪) Die spektakulären Ausblicke in diesem Naturschutzgebiet begeistern Einheimische und Besucher aus der ganzen Welt gleichermaßen. Der Canyon, dessen rote Steilwände gut 900 m hoch sind, entstand vermutlich vor rund 65 Mio. Jahren durch starke tektonische Verschiebungen. Eine 13 Meilen (20,8 km) lange Rundstraße führt am Canyon entlang und bietet faszinierende Ausblicke. Auf den Parkplätzen entlang der Straße beginnen immer wieder Wanderwege und Klettersteige.

Der Canyon ist 13 Meilen (20,8 km) vom Strip und 3 Meilen (4,8 km) von Summerlin entfernt.

Westliches Nevada

Der Westen des Staates, geprägt von der Sierra Nevada mit ihren Koniferen, fällt bei Genoa steil ab. Er ist eine weitläufige, baumlose Steppe, bewachsen von Beifuß, der einen üppigen grüngrauen Teppich über den hügeligen Ebenen des Great Basin bildet. Vom Sandstrand des Lake Tahoe bis zum historischen Dörfchen Virginia City, dem kleinen Reno, Burning Man, Black Rock und mehr bietet der Westen Nevadas jede Menge Abwechslung.

Reno

In Renos Downtown können Besucher morgens in einem der zwei Dutzend Kasinos spielen, dann die Straße hinunterlaufen und die Stromschnellen im Truckee River Whitewater Park in Angriff nehmen. Genau diese Kontraste machen den Reiz der „größten Kleinstadt der Welt" aus, die sowohl ihre Glücksspielwurzeln hochhält als auch als erstklassige Basis für Outdoor-Abenteuer bekannt ist. Um sich ein Stück vom Hightech-Kuchen Kaliforniens zu sichern, baute Tesla 2016 hier eine Megafabrik, die seitdem wohlhabende junge Leute in die Stadt zieht. Die Sierra Nevada und der Lake Tahoe sind jeweils nur eine Autostunde entfernt, und die Region lockt mit weiteren Seen, Skigebieten und Wanderwegen. Die N Virginia St in der Innenstadt zwischen I-80 und dem Truckee River ist die Kasinomeile. Südlich des Flusses wird sie zur S Virginia St.

> **ℹ WANDERWEGE RUND UM RENO**
>
> Infos über Wanderwege und Mountainbike-Strecken in der Region, etwa den Mt. Rose Summit Trail und den Tahoe-Pyramid Bikeway, können bei *Truckee Meadows Trails Guide* (https://www.washoecounty.us/parks/files/TrailsGuideFinal.pdf) heruntergeladen werden.

Sehenswertes

★ **National Automobile Museum** MUSEUM
(☎775-333-9300; www.automuseum.org; 10 S Lake St; Erw./Kind 12/6 US$; ⏲ Mo–Sa 9.30–17.30, So 10–16 Uhr) In diesem fesselnden Museum illustrieren stilisierte Straßenszenen ein Jahrhundert Automobilgeschichte. Die riesige, eindrucksvolle Sammlung umfasst einzigartige Fahrzeuge wie James Deans Mercury von 1949 aus dem Film *...denn sie wissen nicht, was sie tun*, einen Phantom Corsair aus dem Jahr 1938 und einen DeLorean mit einem Überzug aus 24-karätigem Gold. Zudem zeigen Wechselausstellungen alle möglichen frisierten und wunderbar altmodischen Gefährte.

Nevada Museum of Art MUSEUM
(☎775-329-3333; www.nevadaart.org; 160 W Liberty St; Erw./Kind 10/1 US$; ⏲Mi & Fr–So 10–17, Do bis 20 Uhr) In einem funkelnden Bau, inspiriert von den geologischen Formationen der Black Rock Desert nördlich der Stadt, führt eine freitragende Treppe zu den Galerien, die Wechselausstellungen und abwechslungsreiche Sammlungen zum Westen der USA, zum Alltag und zu moderner Landschaftsfotografie präsentieren. 2016 eröffnete das Museum seinen 6,2 Mio. Dollar teuren Funktionsbereich Sky Room. Besuchern steht es frei, den Sky Room – im Grunde ein sagenhaftes Penthouse mit Patio auf dem Dach mit super Aussicht – zu erkunden und

zu genießen (vorausgesetzt, er wird nicht gerade genutzt).

Galena Creek Recreation Area NATURSCHUTZGEBIET
(☎775-849-4948; www.galenacreekvisitorcenter.org/trail-map.html; 18250 Mt. Rose Hwy; ⏲24 Std.) GRATIS 19 Meilen (30 km) von Reno entfernt führt ein komplexes Netz aus reizvollen Wanderwegen, das an diesem Erholungsgebiet im Humboldt-Toiyabe National Forest beginnt, mitten in die Wildnis. Im **Galena Creek Visitor Center** (⏲Di–So 9–16 Uhr) bekommt man Infos über die aktuellen Bedingungen und wird gut und freundlich beraten.

Aktivitäten

Von Reno aus fährt man 30 bis 60 Minuten bis zu den Skigebieten beim Lake Tahoe. In vielen Hotels und Kasinos gibt's Pauschalen für Übernachtungen und Skifahren.

Im städtisch verwalteten Truckee River Whitewater Park (www.reno.gov), wenige Schritte von den Kasinos entfernt, sind die Stromschnellen der Kategorien II und III sowohl für Kinder zur Fahrt mit einem Gummischlauch (Tubing) als auch für professionelle Kajakfahrer geeignet. Zwei Parcours führen um Wingfield Park herum, eine kleine Flussinsel, auf der im Sommer kostenlose Konzerte stattfinden. **Tahoe Whitewater Tours** (☎775-787-5000; www.gowhitewater.com; 400 Island Ave; Kajakverleih ab 48 US$) und **Sierra Adventures** (☎775-323-8928, 866-323-8928; www.wildsierra.com; Truckee River Lane; Kajakverleih ab 22 US$) bieten Kajakausflüge und -kurse an.

Schlafen

Die Übernachtungspreise schwanken sehr stark. Am günstigsten kommt man meist sonntags bis donnerstags davon, die Freitage sind teurer, und an Samstagen zahlt man manchmal dreimal so viel wie werktags.

Im Sommer lädt der **Mt. Rose** (☎877-444-6777; www.recreation.gov; Mt Rose Hwy/Hwy 431; Stellplatz Wohnmobil & Zelt 20–50 US$; ⏲Mitte Juni–Sept.; P) zum Zelten in luftigen Höhen ein. Traumhaft!

Sands Regency HOTEL $
(☎775-348-2200; www.sandsregency.com; 345 N Arlington Ave; Zi. ab 35 US$; P) Das Hotel hat die größten Standardzimmer der Stadt, die in fröhlichen tropischen Farben gehalten sind. Die besten Zimmer befinden sich im Empress Tower. Freitag und Samstag steigen die Preise auf das Dreifache, doch an Werktagen sind sie recht moderat (angesichts des Fitnessraums und des Swimmingpools im 17. Stock).

★ **Whitney Peak** DESIGNHOTEL $$
(☎775-398-5400; www.whitneypeakhotel.com; 255 N Virginia St; DZ ab 129 US$; P) Dieses unabhängige, innovative, abgefahrene, freundliche Nichtraucherhotel ohne Kasino in der Innenstadt muss man einfach mögen. Die großen Zimmer sind peppig und witzig im Stil der großartigen Landschaft gestaltet und sparen nicht an angenehmen Designerdetails. Es gibt einen eigenen Hausmeisterservice, eine Kletterwand im Freien und ein gutes Restaurant. Das Personal ist freundlich und professionell.

Renaissance Reno Downtown HOTEL $$
(☎775-682-3900; www.marriott.com/hotels/travel/rnobr-renaissance-reno-downtown-hotel; 1 Lake St; Zi. ab 135 US$; P) Es gehört zwar zu einer Hotelkette, wirkt aber wie ein Boutiquehotel (was es früher auch war). Die frisch renovierten, übergroßen Zimmer sind modern gestaltet und erinnern an stylische, aber gemütliche Wohnzimmer. Mit dem schönsten Swimmingpool der Stadt auf dem Dach ist es eine tolle Alternative zu den Kasinohotels.

Essen

★ **Great Full Gardens** GESUNDES $
(☎775-324-2013; 555 S Virginia St; Bowls ab 10 US$; ⏲8–21, So 8–14 Uhr; P) Die umfangreiche Speisekarte ist voller Salate, Smoothies und Sandwiches, die so gesund sind, dass man sich danach ruhig noch einen Cocktail oder zwei gönnen kann. Die leckeren Getreide-Bowls sind nach Lifestyle-Kategorien unterteilt: vegan, paläo und makrobiotisch. Wer scharf auf Chili ist, muss unbedingt die hausgemachte Würzsauce probieren.

Gold 'n Silver Inn DINER $
(☎775-323-2696; www.goldnsilverreno.com; 790 W 4th St; Hauptgerichte 6–20 US$; ⏲24 Std.) Seit über 50 Jahren aus Reno nicht wegzudenken, bietet dieser etwas heruntergekommene, aber superfreundliche und rund um die Uhr geöffnete Diner eine umfangreiche Speisekarte, auf der typisch amerikanische Gerichte wie Hackbraten, Tellergerichte, ganztägiges Frühstück und Burger stehen – von den wirklich unglaublichen Kara-

mell-Milchshakes wollen wir an dieser Stelle gar nicht erst anfangen.

Louis' Basque Corner BASKISCH **$$**
(☎775-323-7203; www.louisbasquecorner.com; 301 E 4th St; Abendessen 12–29 US$; ⊙Di–Sa 11–21.30, So & Mo 16–21.30 Uhr) An großen Tischen werden Lammfleisch, Kaninchen, Bries und noch mehr Lamm für mehrere Personen serviert. Dabei werden aus Wildfremden ganz schnell *vieux amis*.

Wild River Grille GRILL **$$**
(☎775-847-455; www.wildrivergrille.com; 17 S Virginia St; Hauptgerichte 21–37 US$; ⊙11–21 Uhr;) Im Wild River Grille lieben die Gästen die raffiniert-lässigen Speisen und das vielfältige Angebot einer kreativen Küche, von Gruyère-Kroketten bis zu Hummer-Ravioli, aber vor allem die wunderbare Terrasse mit Blick auf den Truckee River. Dies ist auch der beste Ort in der Stadt für einen Drink an einem lauen Sommerabend.

☆ Unterhaltung

Die beste Informationsquelle für Veranstaltungen ist das kostenlose Wochenmagazin *Reno News & Review* (www.newsreview.com).

Praktische Informationen

Reno-Sparks Convention & Visitors Authority Visitor Center (☎775-682-3800; www.visitrenotahoe.com; 135 N Sierra St; ⊙9–18 Uhr)

Anreise & Unterwegs vor Ort

Der **Reno-Tahoe International Airport** (RNO; www.renoairport.com;) liegt rund 5 Meilen (8 km) südöstlich der Innenstadt. Er wird von den meisten großen Fluggesellschaften angeflogen und bietet Verbindungen in die gesamte USA und die ganze Welt.

Der **North Lake Tahoe Express** (☎866-216-5222; www.northlaketahoeexpress.com; einfache Strecke 49 US$) betreibt einen Shuttle-Service zwischen dem Flughafen und mehreren Orten am Nordufer des Lake Tahoe (6- bis 8-mal tgl., 3.30–24 Uhr). Der **South Tahoe Airporter** (☎866-898-2463; www.southtahoeairporter.com; einfache Strecke Erw./Kind 33/20 US$) fährt mit mehreren Shuttle-Bussen täglich vom Flughafen zu den Stateline-Kasinos.

Greyhound (☎800-231-2222; www.greyhound.com) verkehrt mehrmals täglich von San Francisco nach Reno (ab 18 US$, min. 5 Std.). Bei Buchung im Voraus wird's billiger.

Mit dem *California Zephyr* von **Amtrak** (☎800-872-7245; www.amtrak.com) kommt man einmal pro Tag von Emeryville/San Francisco (55 US$, 7½ Std.) nach Reno.

Die mit WLAN ausgestatteten Fernbusse von **RTC Washoe** (☎775-348-0400; www.rtcwashoe.com) fahren sechsmal täglich nach Carson City (5 US$, 1 Std.). Von dort tuckern die BlueGo-Busse des **Tahoe Transportation District** (☎775-589-5500; www.tahoetransportation.org) unregelmäßig weiter zum Stateline Transit Center in South Lake Tahoe (Erw./Kind 4/2 US$ inkl. RTC Fernbus-Transfer, 1 Std.).

ABSTECHER

BURNING MAN

Burning Man (www.burningman.com; Eintritt 425 US$; ⊙Aug.) Für eine Woche im August kommen die Festivalbesucher („Burners") aus der ganzen Welt in die Black Rock Desert und bauen die temporäre Black Rock City, nur um alles wieder abzureißen und die überdimensionale Figur eines Mannes zu verbrennen. Dazwischen gibt es Frieden, Liebe, Musik, Kunst, Nacktheit, Drogen, Sex und Ausgelassenheit in einem sicheren Raum, wo die Teilnehmer die Prinzipien des Festivals hochhalten.

Great Basin

Eine Tour durch das Great Basin ist ein tolles Erlebnis, das einen nicht mehr loslassen wird. All jene, die von einem echten Roadtrip träumen, werden die faszinierenden alten Städte und die ungewöhnlichen Sehenswürdigkeiten an den einsamen Wüsten-Highways lieben.

Am Highway 50

Der transkontinentale Hwy 50 führt mitten durch Nevada und verbindet Carson City im Westen mit dem Great Basin National Park im Osten. Er ist besser unter seinem Spitznamen „Loneliest Road in America" (Einsamste Straße Amerikas) bekannt, gehörte früher zum Lincoln Hwy und folgt der Route des Overland Stagecoach, des Pony Express und der ersten transkontinentalen Telegrafenlinie. Man trifft nur auf wenige Orte, und die Geräuschkulisse beschränkt sich auf das Brummen des Motors und das Rauschen des Windes.

Etwa 25 Meilen (40 km) südöstlich von Fallon lohnt die **Sand Mountain Recreation Area** (☎775-885-6000; www.blm.gov/nv; Eintritt für 7 Tage 40 US$, Di–Mi frei; ⊙24 Std.; P) mit ihrer über 180 m langen Sanddüne und den Ruinen einer Station des Pony Express einen Besuch. Unmittelbar östlich davon kann man sich in der **Middlegate Station** (☎775-423-7134; www.facebook.com/middlegate.station; 42500 Austin Hwy, Ecke Hwys 50 & 361; Hauptgerichte 6–17 US$; ⏲6–2 Uhr), einer alten Postkutschenstation, mit einem saftigen Burger stärken und dann den kurz danach folgenden **Shoe Tree** an der Nordseite des Hwy 50 mit alten Turnschuhen schmücken.

Wer den Hwy 50 hinter sich gebracht hat, wird mit dem atemberaubenden und fast menschenleeren **Great Basin National Park** (☎775-234-7331; www.nps.gov/grba; 100 Great Basin; ⏲24 Std.) GRATIS belohnt. In dem Park nahe der Grenze zwischen Nevada und Utah ragt der knapp 4000 m hohe Wheeler Peak einsam aus der Wüste auf. Auf den fantastischen Wanderwegen unterhalb des Gipfels kommt man an Gletscherseen, uralten Kiefern und sogar einem Eisfeld vorbei. Der Eintritt ist frei. Im Sommer kann man sich im **Lehman Caves Visitor Center** (www.nps.gov/grba; 5500 W Hwy 488, Baker; ⏲8–16.30 Uhr) nördlich von Baker über den Park informieren. Auf den Campingplätzen kann man den Sternenhimmel beobachten.

Wer lieber ein Dach über dem Kopf möchte, kann es im **Stargazer Inn** (☎775-234-7323; stay@stargazernevada.com; 115 S Baker Ave, Baker, Hwy 50; Zi. ab 78 US$; P ⊖ ❄ ᯤ 🐾) versuchen. Das umgebaute Motel befindet sich in Baker. Das hauseigene Restaurant **Kerouac's** (☎775-234-7323; 115 S Baker Rd, Baker; Pizza ab 12 US$; ⏲April–Okt. 7–10 & 17–20.30 Uhr; P ❄) ist bekannt für seine Holzofenpizzas und die kreativen Cocktails.

An den Highways 375 & 93

Der Hwy 375 wird auch der „extraterrestrische Highway" genannt, einerseits wegen der vielen Ufos, die an der Strecke gesichtet wurden, andererseits weil er den Hwy 93 in der Nähe der streng geheimen **Area 51**, eines Teils des Luftwaffenstützpunkts Nellis, kreuzt. Angeblich werden hier erbeutete Ufos versteckt. Manche halten den Hwy 375 für noch nervtötender als die Loneliest Road; auf dem einsamen asphaltierten Straßenabschnitt kommen einem kaum Autos entgegen. In dem winzigen Ort Rachel am Hwy 375 heißt das **Little A'Le'Inn** (☎775-729-2515; www.littlealeinn.com; 9631 Old Mill St, Rachel; Wohnmobilstellplatz 20 US$, Zi. 45–190 US$; ⏲Restaurant 8–22 Uhr; ❄ ᯤ 🐾) Erdlinge und Aliens gleichermaßen willkommen und verkauft außerirdische Souvenirs; Reisen ins Weltall sind im Preis aber nicht enthalten.

ARIZONA

Arizona ist ideal für Roadtrips. Gewiss, der Staat hat atemberaubende Landschaften – Monument Valley, den Grand Canyon, Cathedral Rock –, aber in Erinnerung bleiben die langen, romantischen Meilen unter dem grenzenlosen Himmel, während man die Juwelen dazwischen besucht. Jede Fahrt offenbart mehr von der Seele des Staates: Eine Dosis familiärer Freundlichkeit findet man auf der Route 66 nach Flagstaff; um den schieren Willen von Arizonas Grubenbaronen zu verstehen, fährt man auf der gewundenen Straße durch das wilde Jerome, und die Geschichte der indigenen Bevölkerung wird einem nahegebracht, wenn man auf der Hochebene an 1000 Jahre alten Hopi-Dörfern vorbeifährt.

Geschichte

Indianische Stämme lebten schon seit Jahrtausenden in Arizona, als Francisco Vásquez de Coronado 1540 mit seiner Expedition in Mexico City aufbrach und als erster Europäer den Grand Canyon und den Colorado River erreichte. Es folgten Scharen von Siedlern und Missionaren, sodass die USA Arizona nach dem mexikanisch-amerikanischen Krieg Mitte des 19. Jhs. annektierte. Die Indianerkriege, in denen die US-Armee die Indianer unterwarf, um die weißen Siedler zu schützen und Land in Besitz zu nehmen, endeten offiziell 1886 mit der Kapitulation des Apachen-Häuptlings Geronimo.

Die Ankunft der Eisenbahn und der expandierende Bergbau lockten noch mehr Siedler in das Gebiet. Nachdem Präsident Theodore Roosevelt Arizona 1903 besucht hatte, förderte er den Bau von Flussdämmen, um das ganze Jahr über Ackerland und Menschen mit Wasser versorgen zu können. Das ebnete den Weg zu einem weiteren Schritt: 1912 wurde Arizona als letzter der 48 Kernstaaten der USA in die Union aufgenommen.

Aufgrund der 400 km langen Grenze zu Mexiko steht der Staat immer wieder an vorderster Front der Einwanderungsproblematik. Derzeit sind viele Grenzübergänge, z. B. der in Yuma, hoffnungslos überlastet, da die Zahl der Asylbewerber aus Mittelamerika steil ansteigt. Die Auffanglager sind randvoll, sodass viele Einwanderer in provisorischen Zeltlagern auf ihre Anhörung warten müssen.

Praktische Informationen

In Arizona gilt die Mountain Standard Time (MST). Es ist der einzige Staat im Westen ohne Sommerzeit; die Ausnahme von der Ausnahme bildet das Navajo-Reservat.

Im Allgemeinen sind die Unterkunftspreise im Süden von Arizona (inkl. Phoenix, Tucson und Yuma) im Winter und Frühling – der Hauptsaison – sehr viel höher als im übrigen Jahr. In den heißeren Gegenden locken im Sommer tolle Schnäppchen.

Arizona Office of Tourism (602-364-3700; www.tourism.az.gov) Kostenlose Infos über den Bundesstaat.

Arizona State Parks (877-697-2757; www.azstateparks.com) 16 der State Parks verfügen über Campingplätze; eine Online-Reservierung ist möglich.

Die **Public Lands Interpretative Association** informiert über den USFS, den NPS, das Bureau of Land Management (BLM) sowie staatliche Gebiete und Parks.

KURZINFOS ARIZONA

Spitzname Grand Canyon State

Bevölkerung 7,17 Mio.

Fläche 295,25 km^2

Hauptstadt Phoenix (1,66 Mio. Ew.)

Weitere Städte Tucson (535 677 Ew.), Flagstaff (71 975 Ew.), Sedona (10 336 Ew.)

Verkaufssteuer 5,6 %

Geburtsort von Cesar Chavez (1927–1993), Sängerin Linda Ronstadt (1946)

Heimat des O.K. Corral, von in Künstlerkolonien verwandelten Bergbaustädten

Politische Ausrichtung Die Mehrheit wählt die Republikaner.

Berühmt für Grand Canyon, Saguaro-Kakteen

Bestes Souvenir Rosa Neonlampe in Form eines Kaktus von einem Stand an der Straße

Entfernungen Phoenix–Grand Canyon Village 235 Meilen (376 km), Tucson–Sedona 230 Meilen (368 km)

Phoenix

Phoenix ist Arizonas unbestreitbares kulturelles und wirtschaftliches Zentrum, eine florierende Wüstenmetropole, die sich mit der besten südwestlichen und mexikanischen Küche überhaupt rühmt. Und mit mehr als 300 Sonnentagen im Jahr ist es ein ansprechendes Vorhaben, das Valley of the Sun („Tal der Sonne") zu erkunden – außer natürlich in der mörderischen Hitze von Juni bis August.

Das kulturelle Angebot von Phoenix umfasst eine Oper, eine Sinfonie, mehrere Theater und drei der schönsten Museen des Staates – Heard Museum, Phoenix Art Museum und Musical Instrument Museum –, während der Desert Botanical Garden eine fantastische Einführung in die Flora und Fauna der Region bietet. Für Sportfans gibt es Profiteams für Baseball, Football, Basketball und Eishockey sowie über 200 Golfplätze.

Sehenswertes

Greater Phoenix besteht aus mehreren eigenständigen Städten. Phoenix selbst ist die größte davon und kombiniert businesshaftes Auftreten mit erstklassigen Museen, einer blühenden Kulturszene und tollen Sportanlagen. Südöstlich davon schmiegt sich die lebendige Studentenstadt Tempe (sprich: *tem*-pie) an den 2 Meilen (3 km) langen Tempe Town Lake, während das vorstädtische Mesa weiter östlich einige interessante Museen bereithält. Nordöstlich von Phoenix erstrecken sich zwei schicke Enklaven: Scottsdale, bekannt für seine kitschig-niedliche Altstadt, Galerien und Luxusresorts, sowie Paradise Valley, das vor allem als Wohngebiet dient.

Phoenix

★ Heard Museum MUSEUM

(Karte S. 178; 602-252-8848; https://heard.org; 2301 N Central Ave; Erw./Senior/Kind 18/13,50/7,50 US$; Mo–Sa 9.30–17, So ab 11 Uhr; P) Das außergewöhnliche Museum widmet sich der Geschichte, dem Alltag, der Kunst und der Kultur von Indianerstämmen im Südwesten. Besucher erwarten Kunstgalerien, ethnografische Exponate, Filme, eine Ausstellung, die die Fantasie von Kindern anregt, und eine beispiellose Sammlung von Hopi-*kachinas* (kunstvolle Geisterpuppen viele davon sind Spenden des Präsidentschaftskandidaten Barry Goldwater). Das Heard Museum stellt Qualität über Quantität und ist eines der besten Museen seiner Art in den USA.

★Musical Instrument Museum MUSEUM
(☎480-478-6000; www.themim.org; 4725 E Mayo Blvd; Erw./Jugendl./Kind 20/15/10 US$; ⌚9–17 Uhr; P) Vom Daumenklavier aus Uganda bis zu den Ukulelen aus Hawaii und den Bootslauten aus Indonesien: In diesem lebendigen Museum der Musikinstrumente aus der ganzen Welt kommen die Ohren auf ihre Kosten. Über 200 Länder und Territorien sind in fünf regionalen Galerien vertreten, von denen viele mit Tonaufnahmen aufwarten, wenn man in „Hörweite“ kommt (Kopfhörer sind vorhanden). Man kann auch in der Experiences Gallery die Trommel schlagen und mit Taylor Swift oder Elvis Presley in der Artist Gallery abrocken.

★Desert Botanical Garden GÄRTEN
(Karte S. 178; ☎480-941-1225; www.dbg.org; 1201 N Galvin Pkwy; Erw./Kind 25/13 US$; ⌚Okt.–April 8–20 Uhr, Mai–Sept. 7–20 Uhr) Glockenblumen und mexikanischer Goldmohn sind nur zwei der farbenfrohen Attraktionen, die von März bis Mai entlang dem Desert Wildflower Loop Trail in diesem sehr gepflegten botanischen Garten blühen. Hier kann man wunderbar in die Natur eintauchen und dabei etwas über die Pflanzenwelt der Wüste erfahren. Rundwege führen an einer eindrucksvollen Vielfalt pflanzlicher Wüstenbewohner vorbei, die thematisch angeordnet sind (z. B. gibt es den Sonoran-Desert-Naturpfad und einen Wüstengarten mit essbaren Pflanzen). Die Anlage ist das ganze Jahr hindurch überwältigend, aber während der Frühlingsblüte ist sie am buntesten.

Phoenix Art Museum MUSEUM
(Karte S. 178; ☎602-257-1880; www.phxart.org; 1625 N Central Ave; Erw./Senior/Kind 23/20/14 US$; ⌚Di & Do–Sa 10–17, Mi bis 21, So 12–17 Uhr; P 🚻) Arizonas erste Adresse für die schönen Künste zeigt u. a. Werke von Claude Monet, Diego Rivera und Georgia O'Keeffe. In der Western Gallery entdeckt man, wie die erstaunliche Landschaft Arizonas alle inspiriert hat, von den frühen Pionieren bis zu den Vertretern der Moderne. Wer mit Kindern unterwegs ist, holt sich bei der Besucherinformation ein Kidpack, erkundet die kunstvoll gefertigten Miniaturmodelle der Thorne Rooms oder besichtigt die PhxArt-Kids Gallery.

◉ Scottsdale

Eine Liste der permanenten und wechselnden Kunstausstellungen, die zumeist sehr interessant sind, findet sich auf www.scottsdalepublicart.org.

Old Town Scottsdale STADTVIERTEL
(Karte S. 178; www.oldtownscottsdaleaz.com) Versteckt zwischen Einkaufszentren und Bistros liegt die Old Town, eine Westernstadt voller kitschiger Gebäude, überdachter Bürgersteige und Läden, die „indianische“ Massenware verkaufen. Es gibt auch ein Museum, Skulpturen, Saloons, ein paar Galerien mit echter indianischer Kunst und im Winter sogar Pferdekutschen und singende Cowboys.

Taliesin West ARCHITEKTUR
(☎888-516-0811; www.franklloydwright.org; 12621 N Frank Lloyd Wright Blvd; Führungen 35–75 US$; ⌚Okt.–Mai 8.30–18 Uhr, Juni–Sept. kürzere Öffnungszeiten, Juni–Aug. Di & Mi geschl.) Taliesin West war das Wüstenhaus und Atelier von Frank Lloyd Wright, einem der bedeutendsten US-amerikanischen Architekten des 20. Jhs. Es wurde zwischen 1938 und 1940 gebaut und ist ein erstklassiges Beispiel der organischen Architektur, die Elemente und Strukturen der umliegenden Natur aufgreift. Heute beherbergt es eine Architekturschule und ist ein National Historical Monument, das im Rahmen von Führungen besichtigt werden kann. Eine Reservierung ist erforderlich.

◉ Tempe

Die **Arizona State University** (ASU; Karte S. 178; ☎480-965-2100; www.asu.edu) wurde im Jahr 1885 gegründet, hat rund 50 000 Studenten und ist das Herz und die Seele von Tempe. Das **Gammage Auditorium** (Karte S. 178; ☎Ticketschalter 480-965-3434, Führungen 480-965-6912; www.asugammage.com; 1200 S Forest Ave, Ecke Mill Ave & Apache Blvd; Eintritt frei, Performances ab 50 US$; ⌚Ticketschalter Sommer Mo–Do 10–17, restliches Jahr Mo–Fr bis 18 Uhr) war Frank Lloyd Wrights letztes großes Werk. Tempes wichtigste Straße, die **Mill Avenue**, ist von Downtown Phoenix aus problemlos mit der Straßenbahn zu erreichen. Sie wird von Restaurantketten, Mottobars und Studentenkneipen gesäumt. Es lohnt sich auch, einen Abstecher zum künstlichen **Tempe Town Lake** (Karte S. 178; www.tempe.gov/lake) zu unternehmen, auf

PHOENIX MIT KINDERN

Wet 'n' Wild Phoenix (623-201-2000; www.wetnwildphoenix.com; 4243 W Pinnacle Peak Rd, Glendale; Größe über/unter 1,20 m 44/34 US$, Senior 33 US$; Juni–Juli So–Do 10.30–20, Fr & Sa bis 22 Uhr, März–Mai & Aug.–Okt. kürzere Öffnungszeiten) Der Wasserpark bietet all das, was Wasserratten lieben: diverse Swimmingpools, Wasserrutschen, Wellenbecken, Wasserfälle und Raftinganlagen. Er liegt in Glendale, 2 Meilen (3 km) westlich der I-17 an Exit 217.

Children's Museum of Phoenix (Karte S. 178; 602-253-0501; www.childrensmuseumofphoenix.org; 215 N 7th St; 15 US$; Di–So 9–16 Uhr;) Ein Wunderland interaktiver (und insgeheim pädagogischer) Exponate zum Anfassen, Erklettern und Bemalen.

Arizona Science Center (Karte S. 178; 602-716-2000; www.azscience.org; 600 E Washington St; Erw./Kind 18/13 US$; 10–17 Uhr) In dem Hightech-Tempel für Entdecker gibt es über 300 Ausstellungsstücke zum Anfassen und ein Planetarium.

dem man Boot fahren und um den man herumwandern kann.

Mesa

★Arizona Museum of Natural History MUSEUM
(480-644-2230; www.arizonamuseumofnaturalhistory.org; 53 N MacDonald St, Mesa; Erw./Senior/Kind 12/10/7 US$; Di–Fr 10–17, Sa ab 11, So ab 13 Uhr) Auch wenn man nicht in Mesa übernachtet, lohnt dieses Museum einen Besuch, insbesondere wenn man mit Kindern reist, die Dinosaurier cool finden (und tun das nicht alle?). Neben dem mehrstöckigen Dinosaur Mountain gibt es hier viele lebensgroße Gipsfiguren der gigantischen Tiere sowie den Oberschenkelknochen eines Apatosaurus, den man auch anfassen darf. Andere Ausstellungsstücke sind der Vergangenheit des Südwestens vor der europäischen Eroberung und der allgemeineren Geschichte Nord- und Südamerikas gewidmet, von einem prähistorischen Dorf der Hohokam bis hin zu einem ganzen Saal, der sich mit den alten mittelamerikanischen Kulturen beschäftigt.

Aktivitäten

★Camelback Mountain WANDERN & TREKKEN
(Karte S. 178; 602-261-8318; www.phoenix.gov; Sonnenaufgang–Sonnenuntergang) Der 822 m hohe Zwillingsberg liegt mitten in Phoenix. Die Wanderwege Cholla Trail (6131 E Cholla Lane) und Echo Canyon Trail (4925 E McDonald Dr) sind zwar nur kurz, aber steil. Immerhin sind auf knapp 2 km 384 Höhenmeter zu bewältigen. Dazwischen sind immer wieder größere Felsen zu überwinden. Die immense Anstrengung wird mit einem atemberaubenden Ausblick belohnt. Man sollte aber früh kommen, denn vor allem der Echo Canyon Trail ist äußerst beliebt.

Salt River Recreation WASSERSPORT
(480-984-3305; www.saltrivertubing.com; 9200 N Bush Hwy; Schlauchboot & Shuttle 17 US$; Mai–Ende Sept. 9–18.30 Uhr) Bei Salt River Recreation kann man sich im Schlauchboot auf dem Lower Salt River durch den urwüchsigen Tonto National Forest treiben lassen. Start ist im nordöstlichen Mesa, rund 15 Meilen (24 km) nördlich vom Highway 60 an der Power Rd. Die Fahrten dauern zwei, drei oder fünf Stunden einschließlich der Rückfahrt im Shuttle-Bus. Nur Barzahlung möglich.

Cactus Adventures MOUNTAINBIKEN
(480-688-4743; www.cactusadventures.com; Leihrad halber Tag ab 45 US$; 8–20 Uhr) Der Veranstalter verleiht nicht nur Fahrräder aller Art, sondern bietet auch Wander- und Radtouren (ab 250 US$) in die Parks der Umgebung an. Die Leihräder werden zum Startpunkt des Radwegs gebracht. Es gibt keine Filiale vor Ort. Alles muss im Voraus gebucht werden.

Ponderosa Stables REITEN
(602-268-1261; www.arizona-horses.com; 10215 S Central Ave; 1/2/3 Std. Reiten 40/60/80 US$; 9–20 Uhr) Man kann morgens, mittags, abends oder zum Sonnenuntergang durch den schönen weitläufigen South Mountain Park reiten. Unbedingt vorher reservieren! Der Reitstall ist 7 Meilen (11 km) südlich der Innenstadt von Phoenix, direkt an der Central Ave. Die dreistündigen Ausritte werden nur mit mindestens zwei Teilnehmern durchgeführt.

Phoenix

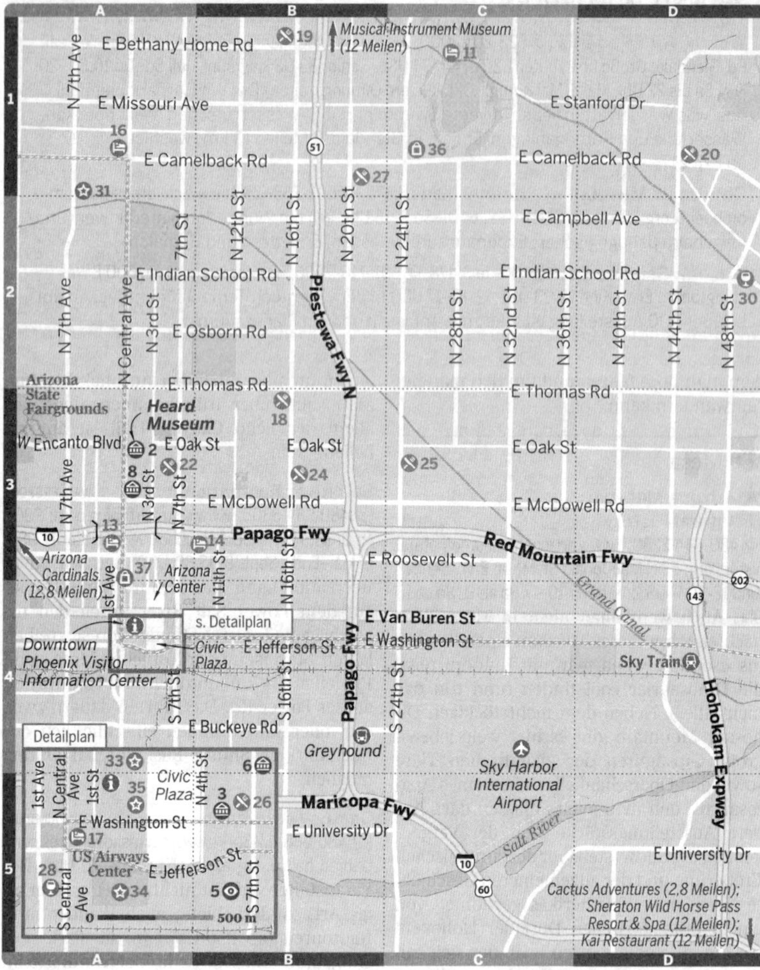

Feste & Events

First Fridays KUNST

(www.artlinkphoenix.com; ⌚1. & 3. Fr im Monat 18–22 Uhr) Jeden 1. und 3. Freitag im Monat drängen sich bis zu 20 000 Menschen in den Straßen der Innenstadt, um die mehr als 70 Galerien und Veranstaltungsorte zu besuchen. Wer nicht von Institution zu Institution laufen möchte, kann mit einer der drei Straßenbahnen fahren.

Arizona State Fair VOLKSFEST

(☎602-252-6771; www.azstatefair.com; 1826 W McDowell Rd, Phoenix; ⌚Okt.) Diese Messe lockt jeden Oktober über 1 Mio. Menschen auf die Arizona State Fairgrounds, wo ein Rodeo, Fahrbetriebe, Unterhaltung, Vorführungen von Nutztieren, ein Tortenwettessen und jede Menge Aufführungen geboten werden.

Schlafen

Phoenix

HI Phoenix Hostel HOSTEL $

(Karte S. 178; ☎602-254-9803; www.phxhostel.org; 1026 N 9th St; B/EZ/DZ 30/45/65 US$; ❄@📶) In diesem kleinen Hostel wird man gern wieder zum Backpacker. Die witzigen Inhaber kennen sich gut in Phoenix aus und zeigen es ihren Gästen mit Freude. Das Haus

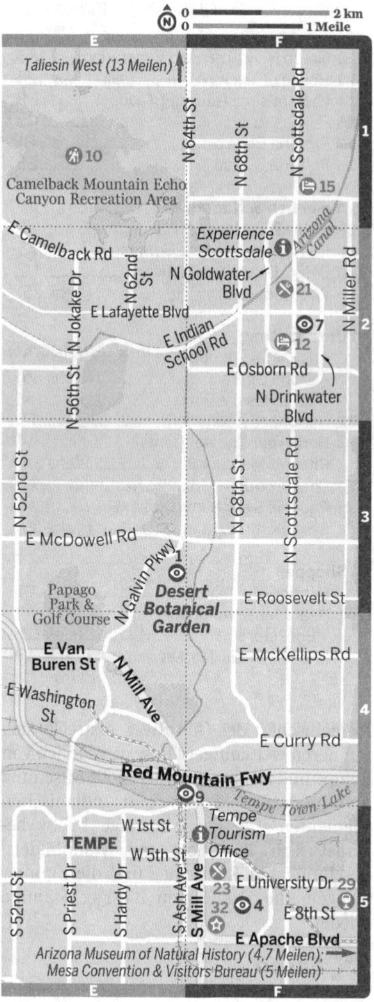

mit 22 Betten steht in einem Wohnviertel und hat einen schönen Garten mit lauschigen Plätzchen. Der „Sprechtisch", an dem Laptops und andere elektronische Geräte täglich von 8 bis 10 und von 17 bis 22 Uhr verboten sind, ist eine sehr gesellige Einrichtung.

Maricopa Manor B&B $$
(Karte S. 178; ☎800-292-6403, 602-264-9200; www.maricopamanor.com; 15 W Pasadena Ave; Suite 190–240 US$;) Dieses kleine Haus im spanischen Ranch-Stil nahe der belebten Central Ave hat sechs individuell gestaltete Suiten, viele mit Glastüren zur Terrasse. Von dieser schaut man auf den Bereich mit Pool, Garten und Brunnen. Obwohl das Maricopa Manor zentral gelegen ist, hat es genügend Winkel im Garten, in die man sich zurückziehen kann.

★ Arizona Biltmore Resort & Spa RESORT $$$
(Karte S. 178; ☎800-950-0086, 602-955-6600; www.arizonabiltmore.com; 2400 E Missouri Ave; DZ ab 400 US$;) Mit der von Frank Lloyd Wright inspirierten Architektur und einem Gästebuch, in das sich Irving Berlin, Marilyn Monroe und viele Präsidenten eingetragen haben, eignet sich das Biltmore perfekt, um in den Zauber des Gestern einzutauchen. Das Resort nimmt ein weitläufiges Gelände ein und verfügt über mehr als 700 Zimmer, zwei Golfplätze, mehrere Pools und jede Menge luxuriöser Details.

Palomar Phoenix HOTEL $$$
(Karte S. 178; ☎602-253-6633, Reservierung 877-488-1908; www.hotelpalomar-phoenix.com; 2 E Jefferson St; Zi./Suite ab 350/360 US$;) Zottelige Kissen, Lampen in Geweihform und Porträts blauer Kühe: Uns gefallen die Eigenarten des 242 Zimmer umfassenden Palomar. Die Unterkünfte sind überdurchschnittlich groß, außerdem frisch, modern und mit Yogamatten, Bademänteln mit Tiermotiven sowie italienischer Frette-Bettwäsche ausgestattet. Die großen Baseball- und Basketballstadien von Phoenix liegen um die Ecke.

Found:Re DESIGNHOTEL $$$
(Karte S. 178; ☎602-875-8000; www.foundrehotels.com; 1100 N Central Ave; Zi. 280–360 US$;) Das Hotel voller Kunst ist wirklich cool und ziemlich frech (es fällt schwer, den Blick von Burt Reynolds' nacktem Körper am Eingang abzuwenden). Die 104 Zimmer sind sehr gemütlich und haben ebenerdige Duschen, hochwertige Bettwäsche, deckenhohe Fenster und glänzende Betonböden. Haustiere dürfen kostenlos mit.

Scottsdale

Hotel Adeline MOTEL $$
(Karte S. 178; ☎480-284-7700; www.hoteladeline.com; 5101 N Scottsdale Rd; DZ ab 213 US$;) Mit Möbeln aus den 1950er-Jahren ist das frisch renovierte Motel eine trendige Alternative zu den nüchternen Nobelherbergen in Scottsdale. Der von Palmen gesäumte Pool begeistert vor allem die jüngeren Gäste.

Phoenix

Highlights
1 Desert Botanical Garden E3
2 Heard Museum A3

Sehenswertes
3 Arizona Science Center B5
4 Arizona State University F5
5 Chase Field B5
6 Children's Museum of Phoenix B4
7 Old Town Scottsdale F2
8 Phoenix Art Museum A3
9 Tempe Town Lake F4

Aktivitäten, Kurse & Touren
10 Camelback Mountain E1

Schlafen
11 Arizona Biltmore Resort & Spa C1
12 Bespoke Inn, Cafe & Bicycles F2
13 Found:Re A3
14 HI Phoenix Hostel B3
15 Hotel Adeline F1
16 Maricopa Manor A1
17 Palomar Phoenix A5

Essen
18 Barrio Café B3
19 Dick's Hideaway B1
20 Flower Child D1
21 FnB F2
22 Green New American Vegetarian A3
23 House of Tricks F5
24 La Santisima Gourmet Tacos B3
25 Pa'la C3
27 Pizzeria Bianco B1
26 Pizzeria Bianco B5

Ausgehen & Nachtleben
28 Bitter & Twisted A5
29 Four Peaks Brewing Company F5
30 OHSO Brewery & Distillery D2
Wren House Brewing .... (siehe 25)

Unterhaltung
Arizona Diamondbacks .... (siehe 5)
Arizona Opera .... (siehe 35)
31 Char's Has the Blues A1
32 Gammage Auditorium F5
33 Herberger Theater Center A4
Phoenix Mercury .... (siehe 34)
34 Phoenix Suns A5
35 Phoenix Symphony A5
Symphony Hall .... (siehe 35)

Shoppen
36 Biltmore Fashion Park C1
Heard Museum Shop & Bookstore .... (siehe 2)
37 Phoenix Public Market A3

★ Bespoke Inn, Cafe & Bicycles BOUTIQUEHOTEL **$$$**
(Karte S. 178; ☎844-861-6715; www.bespokeinn.com; 3701 N Marshall Way; DZ ab 450 US$; P ❄ 📶 ≋ 🐾) Ein Stück „europäische" Gastlichkeit mitten in Scottsdale: Neben acht Zimmern bietet das luftige Hotel Schokoladenscones im hauseigenen Café, einen Infinity-Pool und City-Bikes von Pashley zur Erkundung der Umgebung. Die luxuriösen Zimmer sind mit sympathischen Details wie handgefertigten Möbeln und Nickelarmaturen ausgestattet. Im hoteleigenen Restaurant Virtu werden Feinschmecker-Menüs serviert. Hier sollte man lange im Voraus buchen.

Tempe

Sheraton Wild Horse Pass Resort & Spa RESORT **$$$**
(☎602-225-0100; www.mariott.com; 5594 W Wild Horse Pass Blvd, Chandler; Zi. ab 360 US$; P ❄ 📶 ≋) Bei Sonnenuntergang lassen sich am einsamen Horizont manchmal die namensgebenden Wildpferde vor der Silhouette der South Mountains blicken. Das 500 Zimmer umfassende Resort gehört der indigenen Gemeinschaft des Gila River, erstreckt sich auf deren weitläufigem Reservat südlich von Tempe und ist eine eindrucksvolle Mischung aus modernem Luxus und indianischen Elementen. Die kuppelförmige Lobby befindet sich in einem mit Wandbildern geschmückten Rundhaus, und die Zimmer spiegeln die Traditionen hiesiger Stämme wieder.

Essen

Phoenix

La Santisima Gourmet Tacos MEXIKANISCH **$**
(Karte S. 178; ☎602-254-6330; www.lasantisimagourmet.com; 1919 N 16th St; Tacos 2,50–10 US$; ⏰Mo–Sa 11–22, So 11–21 Uhr) Trotz des „Gourmets" im Namen ist das Restaurant eher das Gegenteil – das Besteck ist aus Plastik, und im Hintergrund läuft Hard Rock. Die Tacos im mexikanischen Stil sind das Aushängeschild, der absolute Hit aber ist die Salsa-Bar, die eine große Auswahl fantastischer Kreationen mit Pekan- und Erdnüssen, Yambohnen und aztekischem Chipotle bietet. Sagenhafte Horchatas gibt's auch.

★ Pizzeria Bianco PIZZA $$
(Karte S. 178; ☎602-258-8300; www.pizzeriabianco.com; 623 E Adams St, Heritage Sq; Pizzas 14–19 US$; ⏲Mo–Mi 11–21, Do–Sa 11–22, So 12–20 Uhr) Trotz Auszeichnung mit dem James-Beard-Preis kehrte Küchenchef Chris Bianco zu seinem Holzofen zurück und backt wieder knusprige Pizza, die so heiß begehrt ist wie nie. Das winzige Restaurant am Heritage Sq hat eine **Filiale** (Karte S. 178; ☎602-368-3273; www.pizzeriabianco.com; 4743 N 20th St; Pizzas 14–19 US$; ⏲So–Do 11–21, Fr & Sa 11–22 Uhr; 📶) im Town & Country Shopping Center in der Nähe des Biltmore Fashion Park.

Flower Child AMERIKANISCH $
(Karte S. 178; ☎602-429-6222; www.iamaflowerchild.com; 5013 N 44th St; Hauptgerichte 8,25–12 US$; ⏲11–21 Uhr) Es gehört zwar zu einer Kette, doch das Essen hier ist gesund, preiswert und sooooo gut. Im Angebot sind Salate, Bowls mit alten Getreidesorten, Pho-Suppe und kleine Gerichte sowie Kombucha und Bier vom Fass. Das Restaurant liegt direkt beim Camelback Mountain.

Green New American Vegetarian VEGAN $
(Karte S. 178; ☎602-258-1870; www.greenvegetarian.com; 2022 N 7th St; Hauptgerichte 7,25–9,75 US$; ⏲Mo–Sa 11–21 Uhr; 🌶) Die Ansprüche an veganes Essen werden für immer hoch bleiben, nachdem man in diesem hippen Café gespeist hat, wo Küchenchef Damon Brasch leckere vegane und vegetarische Gerichte kocht. Mit Fleischersatz zubereitet, schmecken die Burger, Po'boys und asiatischen Gerichte so gut wie – wenn nicht sogar besser als – ihre fleischhaltigen Pendants. Man bestellt an der Theke und sucht sich dann einen Platz in dem nüchtern eingerichteten Lokal.

★ Barrio Café MEXIKANISCH $$
(Karte S. 178; ☎602-636-0240; www.barriocafe.com; 2814 N 16th St; Hauptgerichte 14–34 US$; ⏲Di–Sa 11–22, So bis 21 Uhr; 🌶) Das Personal des Barrio trägt T-Shirts, die mit *comida chingona* („Verdammt gutes Essen") beschriftet sind – und diese lügen nicht. Das ist mexikanische Küche, wie sie kreativer nicht sein könnte: Auf wie vielen Karten findet man schon Guacamole mit Granatapfelkernen, gebutterten Maiskolben mit Chipotle, gereiftem Käse, Koriander und Limette oder mit Ziegenmilchkaramell gefüllte Churros? Täglich von 14 bis 17 Uhr gibt's die Getränke zum halben Preis. Keine Reservierungen.

★ Pa'la MEDITERRAN $$
(Karte S. 178; ☎602-795-9500; www.palakitchen.com; 2107 N 24th St; Hauptgerichte 12–22 US$; ⏲Mi–Sa 11–21, Di 11–3 Uhr) Es ist klein, einfach, und man bestellt direkt an der Theke. Die lässige, umweltfreundliche Ausstattung sollte aber nicht darüber hinwegtäuschen, dass dieses Restaurant wirklich außergewöhnlich ist. Küchenchef Claudio Urciuoli legt den Schwerpunkt auf Gemüse der Saison und gegrillte Meeresfrüchte aus nachhaltiger Fischerei und sorgt damit für kulinarische Glanzlichter zu vernünftigen Preisen.

★ Dick's Hideaway NEW-MEXICO-KÜCHE $$
(Karte S. 178; ☎602-241-1881; www.richardsonsnm.com; 6008 N 16th St; Brunch 14–21 US$, Hauptgerichte 16–32 US$; ⏲So–Mi 8–23, Do–Sa bis 24 Uhr) In diesem kleinen Lokal kommt Küche aus New Mexico auf den Tisch. An kleinen Tischen neben der Bar oder am Gemeinschaftstisch im Nebenraum können sich Gäste herzhafte, leckere, mit Merkén (ein Chiligewürz) verfeinerte Gerichte schmecken lassen, von Enchiladas über Tamales bis hin zu *rellenos*. Unser Favorit ist das „Hideaway" zum Frühstück, zu dem die Bloody Marys mit einem Schuss Bier verfeinert werden.

House of Tricks AMERIKANISCH $$$
(Karte S. 178; ☎480-968-1114; www.houseoftricks.com; 114 E 7th St; Mittagessen 13–15 US$, Abendessen 25–33 US$; ⏲Mo–Sa 11–22 Uhr) Nein, sie sind keine Magier, aber dennoch begeistern Robin und Robert Trick mit einer vielseitigen modernen amerikanischen Karte, die Einflüsse aus dem Südwesten, dem Mittelmeerraum und Asien aufgreift. Die holzüberdachte Gartenterrasse ist meist mit Stammgästen und Laufkundschaft gefüllt, aber die Tische in den zwei traditionellen Cottages sind genauso gemütlich.

Scottsdale

Andreoli ITALIENISCH $$
(☎480-614-1980; www.andreoli-grocer.com; 8880 E Vía Linda; Sandwich ab 9,25 US$, Hauptgerichte 20–34 US$; ⏲Mo–Sa 10–21 Uhr) Inhaber Giovanni Scorzo stammt aus Kalabrien. Deshalb bilden sich vor seinem Feinschmeckerlokal auch immer Schlangen. Egal, ob ein Panino zum Mitnehmen oder eines der täglich wechselnden hausgemachten Pastagerichte, alles ist erstklassig. Keine Reservierungen.

★ **FnB** GOURMET $$$
(Karte S. 178; ☎ 480-284-4777; www.fnbrestaurant.com; 7125 E 5th Ave; Hauptgerichte 26–36 US$; ⏲ Di–Sa 17–22, So 17–21 Uhr) Eine romantische Atmosphäre und kulinarische Meisterwerke sorgen für ein unvergessliches Abendessen in Scottsdale. Charleen Badman, die 2019 als beste Küchenchefin des Südwestens ausgezeichnet wurde, verarbeitet Erzeugnisse und Wein aus der Region zu modernen Kreationen: zu kleinen vegetarischen Leckereien mit gegrilltem Spargel und Polenta, Eiern und Tepin oder geröstetem Brokkoli mit Joghurt, Grapefruit und Dukkah – einfach göttlich. Unbedingt reservieren!

Tempe

★ **Kai Restaurant** AMERIKANISCH-INDIANISCH $$$
(☎ 602-225-0100; 5594 W Wild Horse Pass Blvd, Chandler; Hauptgerichte 46–62 US$, Probiermenüs 145–245 US$; ⏲ Di–Sa 5.30–21 Uhr) Das Kai („Saat") ist auf veredelte indianische Küche spezialisiert, bei der traditionelle Kulturpflanzen vom Ufer des Gila River zum Einsatz kommen. Angeboten werden Kreationen wie Bisonfilet mit Räuchermais-Püree und Chollakaktusknospen oder Muscheln mit über Mesquitenholz geräuchertem Kaviar und Tepary-Bohnen-Kruste. Das unaufdringliche Personal ist top, die Weinkarte ist fachmännisch zusammengestellt, und der Raum ist mit indianischer Kunst dekoriert.

Das Kai liegt nahe dem Sheraton Wild Horse Pass Resort & Spa bei der Gila River Indian Reservation. Buchung im Voraus und gepflegte Kleidung werden erwartet (keine kurzen Hosen oder Hüte).

Ausgehen & Nachtleben

★ **Wren House Brewing** BRAUEREI
(Karte S. 178; ☎ 602-244-9184; www.wrenhousebrewing.com; 2125 N 24th St; ⏲ So–Do 12–22, Fr & Sa 11–24 Uhr; 📶) In dem umgebauten Wohnhaus trinkt man das Bier aus der besten kleinen Brauerei in Phoenix direkt an der Theke. Das *Sin cuidados* ist ein herbes Land-Ale mit Aprikosennote und sündhaft lecker. Mehr Alkohol haben die beiden Triple IPAs.

Bitter & Twisted COCKTAILBAR
(Karte S. 178; ☎ 602-340-1924; www.bitterandtwistedaz.com; 1 W Jefferson St; ⏲ Di–Sa 16–2 Uhr) Diese elegante Bar in den ehemaligen Arizona Prohibition Headquarters, in der Gäste platziert werden, hat ein Riesenangebot toller Cocktails und einige tolle Gerichte als solide Unterlage. Insbesondere der Dragon Dumpling Burger lässt einem das Wasser im Mund zusammenlaufen – ein Burger mit Schweine- und Rindfleisch, Sichuan-Essiggemüse und Dumpling-Sauce.

Four Peaks Brewing Company BRAUEREI
(Karte S. 178; ☎ 480-303-9967; www.fourpeaks.com; 1340 E 8th St; ⏲ Mo–Mi 11–24, Fr & Sa 11–2, So 9–24 Uhr; 📶) Hipster, Familien, Anhänger von Craft-Bier und sonstige Durstige finden sich fröhlich in diesem Backstein-Brauhaus aus den 1890er-Jahren ein, lassen sich ihre Krüge mit Kilt Lifter oder Pitchfork Pale vom Fass füllen oder quatschen bei einem oder zwei Bier. Es gibt auch einen schmackhaften Imbiss (Sa; online reservieren), einen Souvenirshop und weitere Standorte in Tempe, Scottsdale und Phoenix Sky Harbor.

☆ Unterhaltung

Veranstaltungshinweise gibt's im *Arizona Republic Calendar* (www.azcentral.com/thingstodo/events) sowie in der *Phoenix New Times* (www.phoenixnewtimes.com).

In der **Symphony Hall** (Karte S. 178; ☎ 602-262-6225; www.phoenixconventioncenter.com; 75 N 2nd St) befinden sich die **Arizona Opera** (Karte S. 178; ☎ 602-266-7464; www.azopera.com) und die **Phoenix Symphony** (Karte S. 178; ☎ Tickets 602-495-1999; www.phoenixsymphony.org). Das Sinfonieorchester tritt auch auf anderen Bühnen in der Region auf. Die **Arizona Diamondbacks** (Karte S. 178; ☎ 602-462-6500; http://arizona.diamondbacks.mlb.com) spielen Baseball im klimatisierten **Chase-Field**-Stadion in der Innenstadt (Karte S. 178; ☎ Führungen 602-462-6799; www.mlb.com/dbacks; 401 E Jefferson St; Erw./Senior/Kind 7/5/3 US$; ⏲ Führungen Mo–Sa 9.30, 11 & 12.30 Uhr sowie an Spieltagen). Das Männer-Basketball-Team der **Phoenix Suns** (Karte S. 178; ☎ 602-379-7867; www.nba.com/suns) und die Basketball-Frauen von **Phoenix Mercury** (Karte S. 178; ☎ 602-252-9622; www.wnba.com/mercury) spielen in der **Talking Stick Resort Arena** in der Innenstadt (201 E Jefferson St). Die **Arizona Cardinals** (☎ 623-433-7101; www.azcardinals.com; 1 Cardinals Dr, Glendale) treten im **State Farm Stadium** in Glendale zum Football an. In dem früheren Stadion der University of Phoenix fand 2015 der Super Bowl statt.

Herberger Theater Center THEATER
(Karte S. 178; ☎ 602-252-8497; www.herbergertheater.org; 222 E Monroe St; ⏲ Ticketschalter Mo–

Fr 10–17, Sa & So ab 12 Uhr & 1 Std. vor Vorstellungsbeginn) Das Theater Center beherbergt mehrere Theaterkompanien und drei Bühnen; es bietet außerdem Tourneetheatern eine Bühne. Der Schwerpunkt liegt auf Schauspiel und Musical, aber ab und zu gibt es hier auch Ballette, Opern und Ausstellungen regionaler Kunst.

Char's Has the Blues BLUES
(Karte S. 178; ☎602-230-0205; www.charshastheblues.com; 4631 N 7th Ave; ⊙20–1 Uhr) Hinter der schäbigen Fassade verbirgt sich ein dunkler, intimer und sehr einladender Blues- und R&B-Schuppen, in dem zwar fast jeden Abend gute Livebands auftreten, der aber irgendwie immer noch als Geheimtipp gilt. Der Eintritt ist manchmal frei, kann aber auch bis zu 7 US$ kosten.

Shoppen

Phoenix Public Market MARKT
(Karte S. 178; ☎602-625-6736; www.phxpublicmarket.com; 721 N Central Ave; ⊙Okt.–April Sa 8–13 Uhr, Mai–Sept. Sa 8–12 Uhr) Auf dem größten Bauernmarkt in Arizona werden die besten Erzeugnisse des Staates angeboten. Neben frischem Obst und Gemüse gibt es hier auch indigene Lebensmittel, wunderbares Brot, Gewürze, Pasten und Salsas, Bio-Fleisch, Grill-Trucks und jede Menge mehr Vor-Ort-Snacks. Schmuck, Textilien und Pflegeprodukte gehören ebenfalls zum Angebot.

Heard Museum Shop & Bookstore KUNSTHANDWERK
(Karte S. 178; ☎602-346-8190; www.heardmuseumshop.com; 2301 N Central Ave; ⊙Mo–Sa 9.30–17, So ab 11 Uhr; 📶) Dieser Museumsladen hat eine erstklassige Kollektion von indianischem Kunsthandwerk. Allein die Vielfalt und Qualität der Kachina-Puppen ist beeindruckend. Schmuck, Keramik, Bücher amerikanischer Ureinwohner und eine große Auswahl an Kunst sind ebenfalls zu finden, während der Buchladen ein breites Spektrum von Büchern über die indianischen Kulturen im Südwesten anbietet.

Biltmore Fashion Park EINKAUFSZENTRUM
(Karte S. 178; ☎602-955-8400; www.shopbiltmore.com; 2502 E Camelback Rd; ⊙Mo–Sa 10–20, So 12–18 Uhr) Gut aufgestellt an ihrem Standort an der Camelback Rd südlich des Arizona Biltmore Resort punktet diese exklusive Mall mit einer Fülle hochwertiger Modegeschäfte.

Praktische Informationen

NOTFALL & MEDIZINISCHE VERSORGUNG

Polizei (Notfälle ☎911, Dienststelle 602-262-6151; www.phoenix.gov/police; 620 W Washington St)

Die Notaufnahmen im **Banner – University Medical Center Phoenix** (☎602-839-2000; www.bannerhealth.com; 1111 E McDowell Rd) und im **St. Joseph's Hospital & Medical Center** (☎602-406-3000; www.dignityhealth.org; 350 W Thomas Rd) sind rund um die Uhr besetzt.

TOURISTENINFORMATION

Downtown Phoenix Visitor Information Center (Karte S. 178; ☎877-225-5749; www.visitphoenix.com; 125 N 2nd St, Suite 120; ⊙Mo–Fr 8–17 Uhr) Die Touristeninformation ist eine unerschöpfliche Quelle für Infos über das Tal. Das Büro befindet sich gegenüber vom Hotel Hyatt Regency.

Experience Scottsdale (Karte S. 178; ☎800-782-1117, 480-421-1004; www.experiencescottsdale.com; 7014 E Camelback Rd; ⊙Mo–Sa 9–18, So 10–17 Uhr) im Food Court des Scottsdale Fashion Square.

Mesa Convention & Visitors Bureau (☎800-283-6372, 480-827-4700; www.visitmesa.com; 120 N Center St; ⊙Mo–Fr 8–17 Uhr)

Tempe Tourism Office (Karte S. 178; ☎866-914-1052; www.tempetourism.com; 222 S Mill Ave, Suite 120; ⊙Mo–Fr 8.30–17 Uhr)

An- & Weiterreise

Der **Sky Harbor International Airport** (PHX; Karte S. 178; ☎602-273-3300; www.skyharbor.com; 3400 E Sky Harbor Blvd; 📶) befindet sich 3 Meilen (4,8 km) südöstlich der Innenstadt. Hier starten und landen Flieger der US-Gesellschaften United, American und Delta sowie von British Airways. Zwischen den drei Terminals (2, 3 und 4; Terminal 1 wurde 1990 abgerissen) und den Parkplätzen fahren kostenlose Shuttle-Busse und der **Phoenix Sky Train** (www.skyharbor.com/phxskytrain; ⊙24 Std.).

Greyhound (Karte S. 178; ☎602-389-4200; www.greyhound.com; 2115 E Buckeye Rd) fährt nach Tucson (14 US$, 2 Std., 9-mal tgl.), Flagstaff (25 US$, 3 Std., 6-mal tgl.), Albuquerque (ab 68 US$, 9½ Std., 3-mal tgl.) und Los Angeles (ab 31 US$, 7½ Std., 10-mal tgl.). Die Busse der Linie 13 von Valley Metro verkehren zwischen dem Flughafen und dem Busbahnhof von Greyhound. Allerdings muss man dem Fahrer sagen, dass man bei Greyhound aussteigen will.

Eine Mitfahrgelegenheit beim Tür-zu-Tür-Shuttle-Service vom Flughafen in die Stadt bietet **Super Shuttle** (☎800-258-3826; www.supershuttle.com). Die Fahrt vom Flughafen in die Innenstadt von Phoenix oder Tempe kostet

SCENIC DRIVES: PANORAMA-STRECKEN IN ARIZONA

Oak Creek Canyon Auf dem Hwy 89A zwischen Flagstaff und Sedona geht's an Badelöchern, Felsstürzen und purpurfarbenen Steinwänden vorbei.

Hwy 89/89A Wickenburg-Sedona Der „Alte Westen" trifft den „Neuen" – eine entspannte Tour, vorbei an Viehfarmen, Minenstädten, Kunstgalerien und schicken Weingütern.

Patagonia–Sonoita Scenic Road Die richtige Route für Vogelfans führt durch die Weinregion im südlichen Arizona (Hwy 82 & Hwy 83).

Kayenta–Monument Valley Man fühlt sich wie der Hauptdarsteller in seinem eigenen Western, wenn man an den filmreifen roten Felsen im Navajo-Land gleich neben dem Hwy 163 vorbeifährt.

Vermilion Cliffs Scenic Road Der Hwy 89A ist eine einsame Straße, die „Condor Country", den North Rim des Grand Canyon und Mormonensiedlungen miteinander verbindet.

rund 14 US$, nach Old Town Scottsdale und nach Mesa 19 US$. Ein Taxi oder eine private Mitfahrgelegenheit vom Flughafen in die Innenstadt kostet dagegen zwischen 16 und 20 US$.

Der Phoenix Sky Train (S. 183) fährt durch die Terminals 3 und 4 zur Station der Metro Light Rail an der Ecke 44th St und E Washington St. Dabei passiert er auch den östlichen Economy-Parkplatz des Flughafens. Stadtbus 13 fährt ebenfalls vom Flughafen in die Stadt (2 US$/Fahrt).

Valley Metro (☎602-253-5000; www.valleymetro.org) betreibt Busverbindungen im gesamten Valley und eine Straßenbahn mit einem 32 km langen Schienennetz zwischen dem Norden und Downtown Phoenix, Tempe/ASU und Downtown Mesa. Der Preis für die Straßenbahn und die Busse beträgt 2 US$ pro Fahrt (ohne Umsteigen), für ein Tagesticket muss man 4 US$ bezahlen. Die Busse fahren täglich zu unregelmäßigen Zeiten.

Zentrales Arizona

Nördlich von Phoenix lockt das waldreiche, bergige und sehr viel kühlere Colorado Plateau mit malerischen Stätten und vielen Sehenswürdigkeiten. Hier können Besucher auf spirituelle Reisen gehen, durch nach Gelb-Kiefer duftende Canyons wandern, alte indianische Behausungen bewundern und in die Geschichte des Wilden Westens eintauchen.

Der wichtigste Ort, Flagstaff, ist eine lebendige, charmante Studentenstadt, über die man zum South Rim des Grand Canyon gelangt. Sommer, Frühling und Herbst sind die beste Zeit für einen Besuch. Auf der I-17 bewältigt man die 145 Meilen (233 km) von Phoenix nach Flagstaff in etwas mehr als zwei Stunden. Wer sich für den Hwy 89 entscheidet, benötigt mehr Zeit, wird jedoch mit wunderschönen Landschaften und toller Abwechslung belohnt.

Prescott

Ein historisches viktorianisches Zentrum und eine faszinierende Wild-West-Vergangenheit: In Prescott trifft der Mittlere Westen auf das Land der Cowboys. Über 500 Gebäude sind in das National Register of Historic Places aufgenommen, gelten also als schützenswert. Hier findet auch das älteste Rodeo der Welt statt, während die berüchtigte Reihe alter Saloons, bekannt als Whiskey Row, ihre Stammgäste immer noch mit jeder Menge Alkohol versorgt. Wer seine Kenntnisse der örtlichen Geschichte vervollständigen möchte, sollte das faszinierende **Sharlot Hall Museum** (☎928-445-3122; www.sharlot.org; 415 W Gurley St; Erw./Senior/Kind 9/8/5 US$; ⏲Mai–Sept. Mo–Sa 10–17, So 12–16 Uhr, Okt.–April bis 16 Uhr) in der Innenstadt besuchen.

Gleich südlich des Zentrums bietet die fröhliche **Motor Lodge** (☎928-717-0157; www.themotorlodge.com; 503 S Montezuma St; Zi./Suite ab 140/160 US$; ❄📶) ihren Gästen zwölf schicke Bungalows, die die zentrale Auffahrt säumen, und Indie-Flair im besten Sinne. Zum Frühstück schlendert man in das freundliche **Local** (☎928-237-4724; 520 W Sheldon St; Hauptgerichte 9,50–16 US$; ⏲7–14.30 Uhr; 📶), in dem Selbstgebackenes und ein klassisches Südwest-Frühstück auf den Tisch kommen. Cajun- und Südwest-Spezialitäten bringen die nötige Würze ins einladende **Iron Springs Cafe** (☎928-443-8848; www.ironspringscafe.com; 1501 Iron Springs Rd; Brunch & Mittagessen 9–12,50 US$, Dinner 9–25,50 US$; ⏲Mi–Sa 11–20, So 9–14 Uhr), das in einem alten Bahnhof, 3 Meilen (5 km) nordwestlich der Innenstadt, untergebracht ist.

Das **Palace** (☎928-541-1996; www.historicpalace.com; 120 S Montezuma St; ⏲So–Do 11–22, Fr & Sa bis 23 Uhr) gehört zur Whiskey Row und ist ein stimmungsvoller Ort für einen Drink. Hinter der Schwingtür verbirgt sich ein großer Raum mit einer Brunswick-Bar. Das **Visitor Center** (☎928-445-2000; www.prescott.org; 117 W Goodwin St; ⌚Mo–Fr 9–17, Sa & So 10–14 Uhr) hält Informationen für Besucher bereit.

Jerome

Die wiederbelebte Geisterstadt war während des Bergbau-Booms im späten 19. Jh. als „Wickedest Town in the West" (etwa: gefährlichste Stadt im Westen) bekannt, heute beherbergen die sorgfältig restaurierten Gebäude jedoch Galerien, Restaurants, B&Bs und Weinprobierstuben.

Lust auf eine Mutprobe? Dann schnell hinauf auf die gläserne Plattform in 581 m Höhe über dem Bergbauschacht im **Audrey Headframe Park** (Karte S. 188; www.jeromehistoricalsociety.com; 55 Douglas Rd; ⌚8–17 Uhr) GRATIS! Der Schacht ist rund 198 m tiefer als das Empire State Building hoch ist! Im ausgezeichneten **Jerome State Historic Park** (Karte S. 188; ☎928-634-5381; www.azstateparks.com/jerome; 100 Douglas Rd; Erw./Kind 7/4 US$; ⌚8.30–17 Uhr) direkt daneben befindet sich das gut erhaltene Herrenhaus des Bergbaumagnats Jimmy „Rawhide" Douglas von 1916.

Das **Jerome Grand Hotel** (Karte S. 188; ☎928-634-8200; www.jeromegrandhotel.com; 200 Hill St; Zi. 165–300 US$, Suite 400–525 US$; ❄📶) erinnert an seine Vergangenheit als Krankenhaus des Bergwerks mit alten medizinischen Instrumenten in den Korridoren und einer unterhaltsamen Geisterführung für Kinder. Im benachbarten **Asylum Restaurant** (Karte S. 188; ☎928-639-3197; www.asylumrestaurant.com; 200 Hill St; Mittagessen 14–23,50 US$, Abendessen 23,50–40 US$; ⌚11–15.30 & 17–21 Uhr; 📶) kann man bei einem guten Essen und einem Glas Wein die atemberaubende Aussicht genießen.

Danach empfiehlt sich die lebhafte **Spirit Room Bar** (Karte S. 188; ☎928-634-8809; www.spiritroom.com; 166 Main St; ⌚11–24 Uhr) in der Innenstadt. Im **Flatiron Café** (Karte S. 188; ☎928-634-2733; www.theflatironjerome.com; 416 Main St; Hauptgerichte 8–13,50 US$; ⌚Do–Mo 8.30–15.30 Uhr) an der Y-Kreuzung gibt's hervorragendes Frühstück und Mittagessen sowie köstliche Kaffeespezialitäten. Weitere Infos erteilt die **Chamber of Commerce** (Karte S. 188; ☎928-634-2900; www.jeromechamber.com; 310 Hull Ave; ⌚meist tgl. 11–15 Uhr).

Sedona

Zwischen majestätischen Felsformationen aus rotem Sandstein am südlichen Ende des 16 Meilen (26 km) langen Oak Creek Canyon gelegen, zieht Sedona Künstler und spirituelle Menschen an, aber auch Tagesausflügler aus Phoenix, die der drückenden Hitze entfliehen wollen. Viele New-Age-Anhänger glauben, dass es in der Gegend zahlreiche Vortexe – Sammelpunkte für elektromagnetische Energie – gibt, und bieten alle möglichen alternativen Heilmittel und Praktiken an. Mit Handfesterem warten die umliegenden Canyons auf: mit ausgezeichneten Wander-, Mountainbike-, Bade- und Campingmöglichkeiten.

Sehenswertes & Aktivitäten

New-Age-Anhänger sind davon überzeugt, dass die Felsen, Klippen und Flüsse in Sedona die Glückseligkeit von Mutter Erde bündeln. Die bekanntesten Vortexe sind **Bell Rock** (Karte S. 188; Hwy 179) beim Dorf Oak Creek östlich des Hwy 179, **Cathedral Rock** (Karte S. 188; Back O Beyond Rd) bei Red Rock Crossing, **Airport Mesa** (Karte S. 188; Airport Rd) und **Boynton Canyon** (Karte S. 188; Dry Creek Rd, Coconino NF). Die Airport Rd ist auch ideal, um den in allen Farben glühenden Sonnenuntergang zu beobachten.

Red Rock State Park PARK

(Karte S. 188; ☎928-282-6907; www.azstateparks.com/red-rock; 4050 Red Rock Loop Rd; Erw./Kind 7/4 US$; ⌚8–17 Uhr) Der 115 ha große Park, den man nicht mit dem Slide Rock State Park (S. 185) verwechseln sollte, umfasst ein Zentrum mit Infos zur Umwelt, Picknickplätze und ein 8 km langes Netz gut markierter, miteinander verbundener Wanderwege inmitten einer tollen Kulisse aus roten Felsen. Die Wege reichen von bequemen Spazierwegen am Fluss entlang bis zu mäßigen Anstiegen hinauf zu dramatischen Bergrücken. Ranger führen Naturspaziergänge und Vogelbeobachtungstouren an. Baden im Fluss ist verboten. Der Park liegt 14 km westlich von Downtown Sedona abseits vom Highway 89A, östlich vom Ende des 24 km langen Lime Kiln Trail.

Slide Rock State Park SCHWIMMEN

(Karte S. 188; ☎928-282-3034; www.azstateparks.com/slide-rock; 6871 N Hwy 89A; mit Auto März–Sept. Mo–Do 20 US$, Fr–So 30 US$, Okt.–Feb. 10 US$; ⌚Mai–Aug. 8–19 Uhr, restliches Jahr kürzere Öffnungszeiten) Eine der beliebtesten und am

WEINPROBE IM VERDE VALLEY

Es gibt immer mehr Weinberge, Weingüter und Probierstuben im gut bewässerten Tal des Verde River. Starglanz bringt Maynard James Keenan, Frontsänger der Band Tool und Besitzer von Caduceus Cellars und Merkin Vineyards. Sein Dokumentarfilm von 2010 *Blood into Vine* wirft einen kompromisslosen Blick auf die Weinbranche.

In Cottonwood kann man mit dem Auto oder auf dem Verde River zu den **Alcantara Vineyards** (Karte S. 188; ☎928-649-8463; www.alcantaravineyard.com; 3445 S Grapevine Way; Weinverkostung 10–15 US$; ⊙11–17 Uhr) fahren. Doch auch in der Altstadt laden folgende Weingüter zu Verkostungen ein: **Arizona Stronghold** (Karte S. 188; ☎928-639-2789; www.azstronghold.com; 1023 N Main St; Weinverkostung 9 US$; ⊙So–Do 12–19, Fr & Sa 12–21 Uhr), **Merkin Vineyards Osteria** (Karte S. 188; ☎928-639-1001; www.merkinvineyardsosteria.com; 1001 N Main St; ⊙11–21 Uhr; 📶) und **Pillsbury Wine Company** (Karte S. 188; ☎928-639-0646; www.pillsburywine.com; 1012 N Main St; Weinverkostung 8–12 US$; ⊙So–Do 11–18, Fr & Sa 11–21 Uhr).

In Jerome geht man hinauf zu Keenan's **Caduceus Cellars** (Karte S. 188; ☎928-639-9463; www.caduceus.org; 158 Main St; Weinverkostung 15 US$; ⊙So–Do 11–18, Fr & Sa 11–20 Uhr) beim Connor Hotel.

Drei Weingüter haben ihre Verkostungsräume in der Page Springs Rd östlich von Cornville: **Page Springs Cellars** (Karte S. 188; ☎928-639-3004; www.pagespringscellars.com; 1500 Page Springs Rd, Cornville; Weinverkostung 11 US$; ⊙So–Mi 11–19, Do–Sa 11–21 Uhr) mit eigenem Bistro, das freundliche **Oak Creek Vineyards** (Karte S. 188; ☎928-649-0290; www.oakcreekvineyards.net; 1555 N Page Springs Rd, Cornville; Weinverkostung 10 US$; ⊙So–Do 10–18, Fr & Sa 10–20 Uhr) und das **Javelina Leap Vineyard** (Karte S. 188; ☎928-649-2681; www.javelinaleapwinery.com; 1565 Page Springs Rd, Cornville; Weinverkostung 12 US$; ⊙11–18 Uhr) mit sanfter Rockmusik als Hintergrundbeschallung.

stärksten überlaufenen Attraktionen Sedonas ist der Park 7 Meilen (11,2 km) nördlich der Stadt. Auf einer 24 m hohen Sandsteinrutsche rauschen die Schwimmer in den Oak Creek. Kurze Wanderwege führen vorbei an alten Hütten, landwirtschaftlichen Geräten und einem Apfelgarten. Die größte Attraktion sind jedoch die Felsenrutschen.

West Fork Trail WANDERN & TREKKEN
(Karte S. 188; Hwy 89A; Tageskarte 10/2 US$ pro Fahrzeug/Fahrrad; ⊙8–19 Uhr) Der zu Recht beliebte Wanderweg schlängelt sich durch einen Canyon, dessen Felswände teilweise mehr als 60 m hoch sind, und überquert dabei gut ein Dutzend Mal den Oak Creek. Auf den ersten 4,8 km ist der Weg noch markiert. Danach läuft man einfach 22,4 km weiter flussaufwärts. Es gibt kaum Parkplätze. Deshalb sollte man spätestens um 8.30 Uhr hier sein.

Pink Jeep Tours JEEPTOUR
(Karte S. 188; ☎800-873-3662; www.pinkadventuretours.com; 204 N Hwy 89A; ⊙6–22 Uhr) Die Jeeps dieses Oldies der Tourismusindustrie in Sedona scheinen allgegenwärtig zu sein. Wer eine der holprigen, witzigen Touren mitgemacht hat, weiß, warum sie so beliebt sind. Im Angebot sind 15 spannende Abenteuertouren auf halsbrecherischen Rüttelpisten, die zwei (Erw. ab 65 US$, Kind ab 60 US$) bis vier Stunden (Erw. ab 155 US$, Kind ab 140 US$) dauern.

Schlafen

In Sedona und benachbarten Oak Creek Canyon gibt's viele hübsche B&Bs, Hütten am Creek, Motels und große Resorts. Im Red Rock Canyon ist Wildcamping verboten. Die Forstverwaltung betreibt drei Campingplätze, zumeist mit Anschlüssen fürs Wohnmobil, im Wald von Oak Creek Canyon, direkt am Hwy Alt 89. Ein Stellplatz kostet 22 US$; man braucht dafür keinen Red Rock Pass. Auf allen Campingplätzen können einige der Stellplätze reserviert werden. Der ganzjährig geöffnete Manzanita 6 Meilen (9,6 km) nördlich der Stadt hat 18 Stellplätze und Duschen. 11,5 Meilen (18,4 km) nördlich liegt Cave Springs (84 Plätze & Duschen). Pine Flat 12,5 Meilen (20 km) nördlich hat 56 Plätze.

Cozy Cactus B&B $$
(Karte S. 188; ☎928-284-0082; www.cozycactus.com; 80 Canyon Circle Dr, Village of Oak Creek; DZ 275-345US$; ❄📶) Das Sieben-Zimmer-B&B, geführt von Carrie und Mark, eignet sich gut für Outdoor-Freunde. Das Haus im Stil des Südwestens stößt an den Agave Trail und

liegt gleich um die Ecke des radfahrerfreundlichen Bell Rock Pathway. Nach dem Abenteuer macht man es sich an der Feuerstelle auf der rückwärtigen Terrasse gemütlich, beobachtet Wildtiere oder guckt in die Sterne und freut sich auf das Drei-Gänge-Frühstück am nächsten Morgen.

★ **El Portal** INN $$$

(Karte S. 188; ☎ 928-203-9405; www.elportalsedona.com; 95 Portal Lane; Zi. 300–500 US$; ❄ 📶 🐾) Dieses trauliche, kleine Gasthaus ist eine schöne Mischung aus Südwest- und Craftsman-Stil. Es ist ein Fleck entspannter Luxus, der sich gegenüber den Galerien und Restaurants von Tlaquepaque versteckt und abseits des von Touristen überlaufenen Zentrums von Sedona liegt. Das El Portal wirkt rustikal, aber durchdacht und wartet mit wiederverwendetem Holz, Navajo-Läufern, Flusssteinen und dicken Lehmwänden auf.

Essen & Ausgehen

Sedona Memories FEINKOST $

(Karte S. 188; ☎ 928-282-0032; 321 Jordan Rd; Sandwiches 8,50 US$; ⏲ Mo–Fr 10–14 Uhr) In diesem winzigen Laden kommen riesige Sandwiches aus hausgemachtem Brot auf den Tisch. Es gibt sie auch praktisch verpackt zum Mitnehmen – perfekt für ein Picknick. Alternativ kann man sie auf der ruhigen Veranda futtern. Nach der Bestellung gibt's einen Gratiskeks.

Black Cow Café EIS $

(☎ 928-203-9868; 229 N Hwy 89A; Kugel Eis 3,75 US$; ⏲ 10.30–21 Uhr) Die „Schwarze Kuh" soll das beste Eis der Stadt haben. Sehr empfehlenswert ist die Sorte „Feigenkaktus".

★ **Elote Cafe** MEXIKANISCH $$$

(Karte S. 188; ☎ 928-203-0105; www.elotecafe.com; Arabella Hotel, 771 Hwy 179; Hauptgerichte 23–29 US$; ⏲ Di–Sa 17–22 Uhr) Hier gibt's das beste authentische mexikanische Essen der Region, und einige der traditionellen Gerichte sind so selten, dass man sie auch nirgendwo sonst findet. So etwa das namensgebende *elote* (gegrillter Mais mit scharfer Mayonnaise, Limette und Cotija-Käse) oder geräuchertes Hühnchen mit Guajillo-Chili. Reservierungen sind nicht möglich. Man kommt einfach so früh wie möglich, bestellt einen Margarita und lernt neue Leute kennen.

Hudson AMERIKANISCH $$$

(Karte S. 188; ☎ 928-862-4099; www.thehudsonsedona.com; Hillside Shopping Center, 671 Hwy 179; Hauptgerichte 15–43 US$; ⏲ 11.30–21 Uhr) Rippchen mit Feigenkaktus, Ravioli mit Butternusskürbis-Füllung, Fireball-Chicken-Wings mit Whiskey und eine gute Salatauswahl sorgen für städtisches Flair in Sedona. Doch nicht nur das Essen lohnt sich hier. Die halbrunden Sitzbänke und die Terrasse bieten einen spektakulären Ausblick. Außerdem gibt's eine hervorragende Bar.

Praktische Informationen

Viele sogenannte „Touristeninformationen" verkaufen nur Anteile an Ferienwohnungen. Bei den folgenden sind tatsächlich der Red Rock Pass und kostenlose Wanderführer und -karten erhältlich.

Red Rock Country Visitor Center (Karte S. 188; ☎ 928-203-2900; www.fs.usda.gov/coconino; 8375 Hwy 179; ⏲ 9–16.30 Uhr) Südlich des Dorfes Oak Creek.

Sedona Chamber of Commerce Visitor Center (Karte S. 188; ☎ 928-282-7722; www.visitsedona.com; 331 Forest Rd; ⏲ 8.30–17 Uhr) In der Fußgängerzone der Oberstadt von Sedona.

Anreise & Unterwegs vor Ort

Ace Xpress (☎ 928-649-2720; www.acexshuttle.com; einfache Strecke /hin & zurück Erw. 68/109 US$, Kind 35/55 US$) und **Groome Transportation** (☎ 928-350-8466; www.groometransportation.com; einfache Strecke Erw./Kind 55/28 US$) betreiben einen Shuttle-Dienst zwischen Sedona und dem Sky Harbor International Airport in Phoenix.

Amtrak und Greyhound halten jeweils im nahen Flagstaff.

Mit einem Jeep von **Barlow Jeep Rentals** (☎ 928-282-8700; www.barlows.us; 3009 W Hwy 89A; halber/ganzer Tag/3 Tage 295/

RED ROCK PASS

Wer die Parkplätze im National Forest rund um Sedona und den Oak Creek Canyon nutzen möchte, braucht einen Red Rock Pass. Dieser ist bei Ranger-Stationen, Visitor Centers und Automaten an den meisten Startpunkten von Wegen und auf Picknickplätzen erhältlich. Der Pass kostet 5 US$ pro Tag bzw. 15 US$ pro Woche und muss von außen sichtbar im Auto angebracht werden. Wer nur kurz anhält, um Fotos zu machen oder die Aussicht zu genießen, benötigt ihn nicht, dasselbe gilt für Inhaber des Federal Interagency Pass.

Von Flagstaff nach Sedona

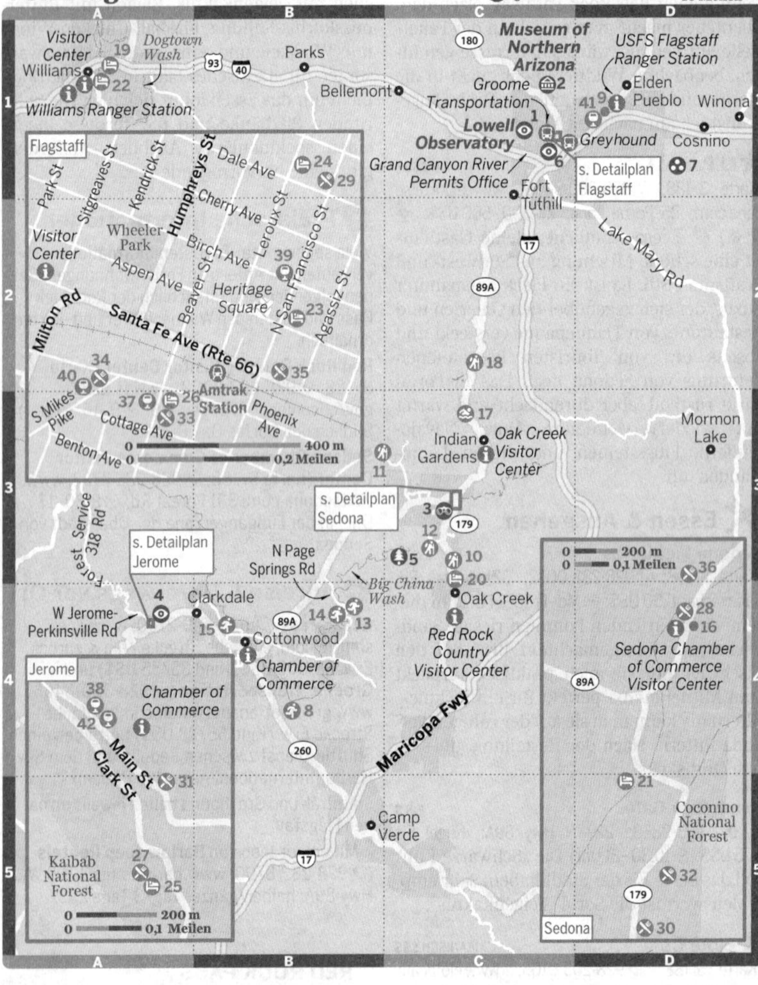

395/585 US$; ⌚8–21 Uhr) kann man das Gelände am besten erkunden. Straßenkarten und Routeninfos gibt's kostenlos dazu. **Bob's Taxi** (☎982-282-1234) eignet sich gut für die Stadt, Leihwagen gibt es bei **Enterprise** (☎928-282-2052; www.enterprise.com; 2090 W Hwy 89A; ab 50 US$/Tag; ⌚Mo–Fr 8–17.30, Sa 9–14 Uhr).

Flagstaff

Flagstaffs entspannter Charme basiert auf mehreren Komponenten: auf der fußgängerfreundlichen historischen Innenstadt voller Bauwerke im lokaltypischen Stil und auf Wander- und Skifahroptionen im größten Gelbkiefernwald des Landes. Die Einwohner Flagstaffs sind glücklich, sportlich und knabbern eher an einem Müsliriegel, als dass sie sich mit Cowboys duellieren; Straßenmusiker spielen Bluegrass, und Radeln wird hier großgeschrieben.

Die Northern Arizona University (NAU) sorgt für eine studentische Atmosphäre, und auch die Eisenbahngeschichte spielt unverändert eine wichtige Rolle für die Identität der Stadt. Außerdem schätzt man gutes Bier, frisch geröstete Kaffeebohnen und überhaupt viel Spaß. Das alles macht Arizonas Norden zu einem perfekten Feriengebiet.

Von Flagstaff nach Sedona

Highlights
1 Lowell Observatory ... C1
2 Museum of Northern Arizona ... C1

Sehenswertes
3 Airport Mesa ... C3
4 Audrey Headframe Park ... A4
Jerome State Historic Park ... (siehe 4)
5 Red Rock State Park ... C3
6 Riordan Mansion State Historic Park ... C1
7 Walnut Canyon ... D1

Aktivitäten, Kurse & Touren
8 Alcantara Vineyards ... B4
9 Arizona Raft Adventures ... D1
Arizona Stronghold ... (siehe 15)
10 Bell Rock ... C3
11 Boynton Canyon ... B3
12 Cathedral Rock ... C3
Flagstaff Bicycle Revolution ... (siehe 34)
Grand Canyon Railway ... (siehe 22)
Javelina Leap Vineyard ... (siehe 13)
13 Oak Creek Vineyards ... B4
14 Page Springs Cellars ... B4
15 Pillsbury Wine Company ... B4
16 Pink Jeep Tours ... D4
17 Slide Rock State Park ... C3
18 West Fork Trail ... C2

Schlafen
19 Canyon Motel & RV Park ... A1
20 Cozy Cactus ... C3
21 El Portal ... D5
22 Grand Canyon Hotel ... A1
23 Hotel Monte Vista ... B2
24 Inn at 410 ... B1
25 Jerome Grand Hotel ... A5
26 Motel DuBeau ... A3
Red Garter Inn ... (siehe 22)

Essen
27 Asylum Restaurant ... A5
28 Black Cow Café ... D4
29 Brix Restaurant & Wine Bar ... B1
30 Elote Cafe ... D5
31 Flatiron Café ... A5
32 Hudson ... D5
33 Macy's ... A3
34 Pizzicletta ... A2
35 Proper Meats + Provisions ... B2
36 Sedona Memories ... D3

Ausgehen & Nachtleben
37 Beaver Street Brewery ... A3
38 Caduceus Cellars ... A4
39 Hops on Birch ... B2
Merkin Vineyards Osteria ... (siehe 15)
40 Mother Road Brewing Company ... A2
41 Museum Club ... D1
42 Spirit Room ... A4

Sehenswertes

★ Lowell Observatory OBSERVATORIUM
(Karte S. 188; ☎928-774-3358; www.lowell.edu; 1400 W Mars Hill Rd; Erw./Senior/Kind 17/16/10 US$; ⏲Mo–Sa 10–22, So 10–17 Uhr) Astronomen aufgepasst! Das nationale Wahrzeichen auf einem Hügel westlich der Innenstadt wurde 1894 von Percival Lowell erbaut. 1930 wurde hier Pluto erstmals gesichtet. Tagsüber kann man einen Blick durchs Sonnenteleskop werfen oder eine Führung machen. Abends können Besucher den Sternenhimmel durch die vielen Teleskope beobachten, sofern es das Wetter zulässt. Im Oktober 2019 wurde das Giovale Open Deck Observatory (GODO) mit sechs Teleskopen und interaktiven Ausstellungsstücken eröffnet.

★ Museum of Northern Arizona MUSEUM
(Karte S. 188; ☎928-774-5213; www.musnaz.org; 3101 N Fort Valley Rd; Erw./Senior/Kind 12/10/8 US$; ⏲Mo–Sa 10–17, So 12–17 Uhr) Ein ansprechendes Haus im Craftsman-Stil mitten in einem Kiefernwäldchen beherbergt dieses kleine, aber hervorragende Museum. Seine Schwerpunkte sind Archäologie, Geschichte und Kultur der indigenen Bevölkerung, außerdem Geologie, Biologie und Kunst. Die faszinierenden ständigen Sammlungen werden ergänzt durch Ausstellungen zu Themen wie John James Audubons Gemälde von nordamerikanischen Säugetieren. Auf dem Weg zum Grand Canyon ist es eine wunderbare Einführung in die Kultur- und Naturgeschichte der Region.

Riordan Mansion State Historic Park HISTORISCHE STÄTTE
(Karte S. 188; ☎928-779-4395; www.azstateparks.com/riordan-mansion; 409 W Riordan Rd; Führung Erw./Kind 10/5 US$; ⏲Mai–Okt. 9.30–17, Nov.–April Do–Mo 10.30–17 Uhr) Nachdem sie mit ihrer Arizona Lumber Company im Holzgeschäft ein Vermögen gemacht hatten, ließen die Brüder Michael und Timothy Riordan 1904 dieses Doppelhaus bauen. Der Entwurf im Craftsman-Stil war die Idee des Architekten Charles Whittlesey, der auch El Tovar in

Grand Canyon Village entwarf. Außen weist es handgearbeitete Schindeln, Holzplatten als Wandverkleidung und rustikalen Stein auf. Die Inneneinrichtung mit Edison- und Stickley-Möbeln, Tiffany-Lampen und Steinway-Flügel huldigt dem Arts-and-Crafts-Stil.

Aktivitäten

Flagstaff Bicycle Revolution MOUNTAINBIKEN
(Karte S. 188; ☎928-774-3042; www.flagbikerev.com; 3 S Mikes Pike; 24 Std. Hardtail/Full Suspension 45/70 US$; ⊙Mo–Fr 8–18, Sa & So 9–17 Uhr) Der beste Mountainbike-Laden in Flagstaff verleiht Hardtails (ohne Rear-Suspension) und Full-Suspension-Bikes. Damit kann man von dem Laden (zwischen einer tollen Pizzeria und einer Bierbar) direkt losfahren.

Arizona Snowbowl SKIFAHREN
(Karte S. 194; ☎928-779-1951; www.snowbowl.ski; 9300 N Snowbowl Rd; Skipass Erw./Kind 89/59 US$; ⊙Nov.–April 9–16 Uhr) Rund 14 Meilen (22 km) nördlich der Innenstadt von Flagstaff befindet sich dieses kleine, feine Skigebiet mit acht Liften und 55 Pisten in 2800 bis 3500 m Höhe.

Von Juni bis Mitte Oktober kann man mit dem Sessellift auf 3500 m hinauffahren und dort wandern, Vorträge der Ranger hören, in einem Mini-Seilgarten klettern oder den Blick auf die Wüste und die Berge genießen.

Schlafen

Anders als im Süden Arizonas ist hier im Sommer die Hauptsaison.

★**Motel DuBeau** MOTEL $
(Karte S. 188; ☎928-774-6731; www.modubeau.com; 19 W Phoenix Ave; B/Zi. ab 29/87 US$; P @ WLAN) Das 1929 als erstes Motel in Flagstaff gebaute Haus hat saubere, gepflegte Zimmer. Neben den Gästezimmern mit Kühlschrank und Kabel-TV gibt's auch einen Schlafsaal mit sieben Betten, eine Küche und einen Waschsalon. Allerdings sind die Zimmer im Sommer nicht klimatisiert. Das hauseigene Nomads serviert Bier, Wein und warmes Essen.

CAMPINGPLÄTZE RUND UM FLAGSTAFF

Im Coconino National Forest rund um Flagstaff ist Wildcamping erlaubt. Weitere Campingplätze gibt's im Oak Creek Canyon südlich der Stadt und im Sunset Crater im Norden.

★**Inn at 410** B&B $$
(Karte S. 188; ☎928-774-0088; www.inn410.com; 410 N Leroux St; Zi. 210–325 US$; P ❄ WLAN) Das umfassend renovierte Haus von 1894 beherbergt zehn geräumige, wunderschön eingerichtete thematisch gestaltete Gästezimmer, alle mit Kühlschrank und Bad. Viele bieten Himmelbetten und herrliche Ausblicke. Zu dem nur einen kurzen Fußweg vom Zentrum entfernten Haus gehören ein schattiger Garten mit Obstbäumen und ein gemütlicher Speiseraum, in dem das umfangreiche Gourmetfrühstück und Nachmittagssnacks serviert werden.

Hotel Monte Vista HISTORISCHES HOTEL $$
(Karte S. 188; ☎928-779-6971; www.hotelmontevista.com; 100 N San Francisco St; Zi. 130–190 US$; ❄ WLAN) Eine riesige, altmodische Neonreklame prangt über dem Hotel aus dem Jahr 1926. Drinnen ist es auch nicht viel moderner: verschiedene Lampenschirme mit Federn, alte Möbel, grelle Farben und in Sachen Ausstattung ein wildes Sammelsurium. Die Zimmer sind nach Filmstars benannt, die hier einst übernachteten, und auch Hausgeister treten regelmäßig in Erscheinung. Die Nachteile: Es ist laut, das WLAN funktioniert in vielen Zimmern nicht, und parken muss man an der Straße.

Essen

Der hohe Studentenanteil und die generelle Liebe zum guten Leben sorgen dafür, dass es in Flagstaff weit bessere Restaurants gibt als anderswo im nördlichen Arizona. Es gibt aber auch zahlreiche Lebensmittelläden, in denen man sich mit Proviant für die Fahrt zum Grand Canyon eindecken kann.

★**Macy's** CAFÉ $
(Karte S. 188; ☎928-774-2243; www.macyscoffee.net; 14 S Beaver St; Hauptgerichte 6–9,50 US$; ⊙6–18 Uhr; WLAN ✓) Der köstliche Kaffee dieser Institution in Flagstaff wird seit den 1980er-Jahren in dem alten, knallroten Röstautomaten in der Ecke geröstet. Das wissen die örtlichen Studenten und Koffeinsüchtigen zu schätzen. Auf der vegetarischen Speisekarte stehen auch viele vegane Gerichte sowie traditionelle Café-Speisen wie Gebäck, gedämpfte Eier, Waffeln, Joghurt mit Müsli, Salate und vegetarische Sandwiches.

Pizzicletta PIZZA $
(Karte S. 188; ☎928-774-3242; www.pizzicletta.com; 203 W Phoenix Ave; Pizza 12–16 US$; ⊙So–Do 17–21, Fr & Sa 17–22 Uhr) Die winzige Pizzeria

befindet sich in einem schmalen, weißen Backsteinhaus. Die ausgezeichnete Pizza aus dem Holzofen wird üppig mit feinen Zutaten wie Rucola und lange gereiftem Schinken belegt. Der Innenraum ist im Industriedesign gehalten. Vor der offenen Küche steht ein langer Tisch mit schmiedeeisernen Stühlen und nackten Glühbirnen. Während man aufs Essen wartet, kann man in der **Mother Road Brewing Company** (Karte S. 188; ☎928-774-9139; www.motherroadbeer.com; 7 S Mikes Pike; ⏲Di & Mi 14–21, Do 14–22, Fr & Sa 12–22, So 12–21 Uhr; 🐾) nebenan ein Bier trinken.

Brix Restaurant & Wine Bar INTERNATIONAL **$$$**
(Karte S. 188; ☎928-213-1021; www.brixflagstaff.com; 413 N San Francisco St; Hauptgerichte 23–40 US$; ⏲Di–So 17–21 Uhr) Das hübsche Restaurant mit Backsteinmauern und einer urigen Kupfertheke serviert saisonales Essen aus der Region in bester Qualität. Das Schwesterunternehmen **Proper Meats + Provisions** (Karte S. 188; ☎928-774-9001; www.propermeats.com; 110 E Rte 66; Sandwiches 12–14 US$ ⏲10–21 Uhr) liefert Wurst und Fleisch von freilaufenden Schweinen und Zutaten wie Nudeln mit Wurst aus Kalabrien, Grünkohl und eingelegte Zitronen. Die Weinkarte ist ebenfalls gut. Reservierung empfohlen!

Ausgehen & Unterhaltung

Auskünfte über Feste und Musikveranstaltungen erteilt das **Visitor Center** (Karte S. 188; ☎928-213-2951; www.flagstaffarizona.org; 1 E Rte 66; ⏲Mo–Sa 8–17, So 9–16 Uhr). Eine gute Quelle ist auch www.flagstaff365.com. Im Sommer kommen die Leute jeden Freitag- und Samstagabend mit Decken zum Heritage Square, um dort kostenlos Musik zu hören und Filme für die ganze Familie anzuschauen. Los geht es jeweils um 17 Uhr.

Donnerstags erscheint das kostenlose *Flagstaff Live!* (www.azdailysun.com/flaglive_new) mit Infos zu aktuellen Shows und Veranstaltungen in der Stadt.

★ **Hops on Birch** PUB
(Karte S. 188; ☎928-440-5380; www.hopsonbirch.com; 22 E Birch Ave; ⏲12–1.30 Uhr; 🐾) Der schöne, einfache Pub hat 34 ständig wechselnde Biere vom Fass, an fünf Abenden der Woche Livemusik und freundliche einheimische Gäste. Wie für Flagstaff typisch, sind auch Hunde willkommen.

Museum Club BAR
(Karte S. 188; ☎928-440-5214; www.museumclub.net; 3404 E Rte 66; ⏲11–2 Uhr) Das Rasthaus mit Countrymusik an der Route 66 gibt es schon seit 1936. Im Inneren der riesigen Blockhütte befinden sich eine Tanzfläche aus Holz, ausgestopfte Tiere an den Wänden und eine üppig bestückte Mahagoni-Bar. Aber wieso der Name? Ganz einfach: 1931 befand sich hier ein Museum für Tierpräparate.

Praktische Informationen

USFS Flagstaff Ranger Station (Karte S. 188; ☎928-526-0866; www.fs.usda.gov/coconino; 5075 N Hwy 89; ⏲Mo–Fr 8–16 Uhr) Bietet Infos zum Campen und Wandern am Mt. Elden, Humphreys Peak und O'Leary Peak nördlich von Flagstaff. Sollte das Büro nach der Covid-bedingten Schließung noch nicht wieder geöffnet sein, erhält man telefonisch Informationen.

Visitor Center (S. 191) Im Besucherzentrum im Amtrak-Bahnhof hängt eine große Karte von Flagstaff. Dazu gibt's Infos zu Sehenswürdigkeiten und möglichen Unternehmungen.

An- & Weiterreise

Greyhound (Karte S. 188; ☎928-774-4573; www.greyhound.com; 880 E Butler Ave; ⏲10–17.30 Uhr) Auf ihrem Weg nach Albuquerque, Las Vegas, Los Angeles und Phoenix halten die Busse auch in Flagstaff. Die Shuttle-Busse von **Groome Transportation** (Karte S. 188; ☎928-350-8466; www.groometransportation.com) verkehren zwischen Flagstaff und dem Grand Canyon National Park, Williams, Sedona und dem Sky Harbor International Airport in Phoenix.

Auf seiner täglichen Fahrt von Chicago nach Los Angeles hält der *Southwest Chief* von **Amtrak** (☎928-774-8679; www.amtrak.com; 1 E Rte 66; ⏲24 Std.) auch in Flagstaff.

Die Stadtbusse von **Mountain Line Transit** (☎928-779-6624; www.mountainline.az.gov; einfache Strecke Erw./Kind 1,25/0,60 US$) verkehren täglich auf mehreren Routen. Eine praktische Übersichtskarte ist beim Visitor Center erhältlich. Die Busse verfügen auch über Rollstuhlrampen.

Taxis kann man bei **Action Cab** (☎928-774-4427; www.facebook.com/actioncabtaxiandtours) bestellen. Viele große Autovermietungen haben ein Büro am Flughafen und im Zentrum.

Williams

Das freundliche Williams liegt 60 Meilen (96 km) südlich von Grand Canyon Village und 35 Meilen (56 km) westlich von Flagstaff und ist ein charmantes Tor zum Canyon.

NICHT VERSÄUMEN

WALNUT CANYON

Die Sinagua-Felsbehausungen im **Walnut Canyon** (Karte S. 188; ☎ 928-526-3367; www.nps.gov/waca; I-40, Exit 204; Erw./Kinder 15 US$/frei; ⏲ Juni–Okt. 8–17 Uhr, Nov.–Mai ab 9 Uhr, Trails schließen 1 Std. früher) befinden sich in den fast senkrecht aufragenden Wänden eines kleinen Kalksteinbergs inmitten dieses atemberaubenden bewaldeten Canyons. Der 1,6 km lange Island Trail führt über 56 Höhenmeter (über 200 Stufen) steil bergab, vorbei an 25 Kammern unter den natürlichen Felsüberhängen des kurvenreichen Berges. Der kürzere, rollstuhlgerechte Rim Trail gewährt mehrere Ausblicke auf die Felsbehausungen von der anderen Seite des Canyons.

Klassische Motels und Imbissbuden reihen sich entlang der Route 66 aneinander, und das alte Schulgebäude sowie der ehemalige Bahnhof erinnern an rustikalere Zeiten.

Die meisten Touristen kommen hierher, um eine Fahrt mit der **Grand Canyon Railway** (Karte S. 188; ☎ 800-843-8724; www.thetrain.com; 233 N Grand Canyon Bvd, Railway Depot; hin & zurück Erw./Kind ab 67/32 US$; ⏲ Abfahrt 9.30 Uhr) aus der Zeit um 1900 zum South Rim zu unternehmen. Abfahrt in Williams ist um 9.30 Uhr, die Rückfahrt ist um 17.45 Uhr. Selbst wer kein ausgesprochener Eisenbahnfan ist, wird großen Spaß an dieser stressfreien Fahrt durch die malerische Landschaft zum Grand Canyon haben. Zudem erzählen Schauspieler in historischen Kostümen, wie es früher hier so war, und dazu wird natürlich Folkmusik auf dem Banjo gespielt.

Das **Red Garter Inn** (Karte S. 188; ☎ 800-328-1484; www.redgarter.com; 137 W Railroad Ave; DZ 175–200 US$; ❄📶) ist ein ehemaliges Bordell, in dem die Damen ihren Freiern aus dem Fenster zuwinkten, bis es 1897 in ein B&B umgewandelt wurde. Die vier Zimmer sind mit netten Details aus der damaligen Zeit ausgestattet. In der Bäckerei im Erdgeschoss kriegt man guten Kaffee. Das schräge, kleine **Grand Canyon Hotel** (Karte S. 188; ☎ 928-635-1419; www.thegrandcanyonhotel.com; 145 W Route 66; B 37US$, Zi. 80–150 US$; ⏲ April–Nov.; P❄@📶) hat kleine Mottozimmer, einen Schlafsaal, eine umgebaute Remise und keine TVs. Im **Canyon Motel & RV Park** (Karte S. 188; ☎ 928-635-9371; www.thecanyonmotel.com; 1900 E Rodeo Rd; Stellplatz Zelt/Wohnmobil ab 30/42 US$, Waggon/Dienstwagen ab 110/205 US$; ❄📶🏊) östlich der Innenstadt kann man in einem Dienstwagen der Santa-Fe-Bahn von 1929 oder einem eleganten Eisenbahnwaggon übernachten.

Grand Canyon National Park

Egal wie viel man über den **Grand Canyon** (Karte S. 194; ☎ 928-638-7888; www.nps.gov/grca; 20 South Entrance Rd; 7-Tage-Pass Auto/Pers. 35/20 US$) gelesen und wie viele Fotos man gesehen hat, nichts kann einen auf die Realität vorbereiten. Zunächst ziehen den Beobachter die unglaublichen Ausmaße des Canyons in ihren Bann. Gleichermaßen eindrucksvoll sind die dramatischen Felsschichten, die einen genaueren Blick lohnen, sowie die kunstvollen Details in Form von zerklüfteten Plateaus, bröckeligen Steintürmen und weinroten Felsgraten, die das Spiel von Licht und Schatten angemessen in Szene setzt.

Auf dem Grund der gewaltigen Schlucht windet sich der Colorado (genau genommen 446 km des Flusses). Er hat den Canyon in den letzten 6 Mio. Jahren geformt und Steine freigelegt, die bis zu 2 Mrd. Jahre alt sind – halb so alt wie die Erde! North Rim und South Rim (die Nord- bzw. Südkante der Schlucht) sind für zwei recht unterschiedliche Erfahrungen gut. Sie sind mit dem Auto mehr als 200 Meilen (über 300 km) voneinander entfernt, und nur wenige Reisende besuchen beide Gebiete im Rahmen von ein und derselben Tour. Die meisten Besucher geben dem South Rim den Vorzug, weil er leicht zu erreichen ist und mit vielen Service-Einrichtungen und herrlichen Aussichten aufwartet. Der ruhigere North Rim liegt auf 2500 m (300 m höher als der South Rim). In seinem kühleren Klima wachsen Wildblumen auf den Wiesen und hohe Espen- und Fichtengehölzer.

Der Juni ist der trockenste Monat, im Juli und August regnet es am meisten. Im Januar liegt die durchschnittliche Nachttemperatur bei −11 bis −7 °C und die Tageshöchsttemperatur bei etwa 4 °C. Im Sommer herrschen im Canyon regelmäßig mehr als 38 °C. Der South Rim ist das ganze Jahr über zugänglich, aber die meisten Besucher werden zwischen Ende Mai und Anfang September gezählt. Der North Rim ist von Mitte Mai bis Mitte Oktober erreichbar.

Praktische Informationen

Der Ort mit der besten Infrastruktur im Grand Canyon National Park ist **Grand Canyon Village**, 6 Meilen (10 km) nördlich der South Rim Entrance Station. Der einzige Eingang zum North Rim liegt 30 Meilen (48 km) südlich von Jacob Lake am Hwy 67; der eigentliche North Rim liegt weitere 14 Meilen (23 km) in Richtung Süden. North Rim und South Rim trennen 215 Meilen (346 km) mit dem Wagen, zu Fuß quer durch den Canyon sind es 21 Meilen (34 km), per Luftlinie 10 Meilen (16 km).

Das Parkticket ist sieben Tage lang für North und South Rim gültig. Wer eine Wanderung mit Übernachtung unternehmen und auf dem Parkgelände campen möchte, braucht eine Genehmigung. Das **Backcountry Information Center** (Karte S. 194; 928-638-7875; www.nps.gov/grca/planyourvisit/blackcountry-permit.htm; Grand Canyon Village; 8–12 & 13–17 Uhr, Telefon Mo–Fr 8–17 Uhr; Village) nimmt Anträge für Wandergenehmigungen (10 US$, zzgl. 8 US$/Pers. & Nacht) nur für den laufenden und die darauf folgenden vier Monate an. Die Chancen stehen recht gut, wenn man sich früh darum kümmert und Alternativrouten angibt. Reservierungen können persönlich, per Post oder Fax, nicht aber per Telefon oder E-Mail, vorgenommen werden. Weitere Infos gibt's unter www.nps.gov/grca/planyourvisit/backcountry-permit.htm.

Wer ohne Genehmigung am South Rim ankommt, muss sich erst einmal im zuständigen Büro in der **Maswik Lodge** (Karte S. 194; 928-638-2631, advanced reservations 888-297-2757; www.grandcanyonlodges.com; 202 South Village Loop Dr, Grand Canyon Village; Zi. South/North 215/304 US$; P ❄ @ ; Village) in die Warteschlange stellen. Zum Schutz der Umwelt wird im Park kein Wasser in Flaschen mehr verkauft. Dafür kann man mitgebrachte Wasserflaschen entlang des Rim und im **Canyon Village Market** (Karte S. 194; 928-638-2262; www.visitgrandcanyon.com; Market Plaza, Grand Canyon Village; Sandwiches & Pizzas 6–11 US$; Ende Mai–Sept. 6.30–21 Uhr, Feinkostgeschäft bis 20 Uhr, im übrigen Jahr kürzere Öffnungszeiten; Village) auffüllen.

VISITOR CENTER AM SOUTH RIM

Grand Canyon Visitor Center (Karte S. 194; Hauptquartier 928-638-7888; www.nps.gov/grca/planyourvisit/visitorcenters.htm; Grand Canyon Visitor Center Plaza, Grand Canyon Village; 9–17 Uhr; Village, Kaibab/Rim, Tusayan (1. März–30. Sept.) Das Besucherzentrum und der **Visitor Center Plaza Park Store** (Karte S. 194; Grand Canyon Association 800-858-2808; www.grandcanyon.org; Juni–Aug. 8–20 Uhr, restliches Jahr kürzere Öffnungszeiten) befinden sich auf einem großen Platz, 300 m hinter dem Mather Point. Auf großen Stelltafeln finden sich Infos über Wanderwege, Touren, Angebote der Ranger und das Wetter.

National Geographic Visitor Center (Karte S. 194; 928-638-2468; www.explorethecanyon.com; 450 Hwy 64; IMAX Erw./Kind 14/10 US$; Visitor Center März–Okt. 8–22 Uhr, Nov.–Feb. 9–20 Uhr, Kino März–Okt. 8.30–20.30 Uhr, Nov.–Feb. 9.30–18.30 Uhr; Tusayan) in Tusayan, 7 Meilen (11,2 km) südlich des Grand Canyon Village. Wer bereits hier die 30 US$ Einfahrgebühr bezahlt, erspart sich eine mögliche Warteschlange vor der Parkeinfahrt. Das IMAX-Kino zeigt den spektakulären Film *Grand Canyon – The Hidden Secrets*. Neben den genannten Besucherzentren gibt es auch im Park selbst weitere Infos:

Desert View Watchtower (Karte S. 194; 928-638-8960; www.nps.gov/grca/learn/photosmultimedia/mary-colter---indian-watchtower.htm; Desert View, Desert View Dr; Ap-

ABSTECHER

SUNSET CRATER VOLCANO NATIONAL MONUMENT

Um 1064 brach hier ein **Vulkan** (Karte S. 194; 928-526-0502; www.nps.gov/sucr; Park Loop Rd 545; Auto/Motorrad/Fahrrad & Fußgänger 25/20/15 US$; Visitor Center 9–17 Uhr, Park 24 Std.) aus, der seine Asche über eine Fläche von 2072 km² verteilte. Dabei entstanden ein Aschenkegel und der Kana-A-Lavastrom. Heute ist der 2441 m hohe Sunset Crater ruhig.

Eine kurze Wanderung führt über den Bonito-Lavastrom (entstanden ca. 1180) zum Lenox Crater (2135 m) hoch. Wer mehr will, kann zu Fuß oder mit dem Fahrrad den 2725 m hohen O'Leary Peak erklimmen (hin & zurück 12,8 km). Es gibt auch einen einfachen, 480 m langen, rollstuhlgerechten Rundweg, von dem man einen schönen Blick auf den Lavastrom hat.

Der Sunset Crater befindet sich 19 Meilen (30 km) nordöstlich von Flagstaff. In der Parkgebühr enthalten ist der Eintritt zum nahe gelegenen **Wupatki National Monument** (Karte S. 194; 928-679-2365; www.nps.gov/wupa; Park Loop Rd 545; Auto/Motorrad/Fahrrad/Fußgänger 25/20/15/15 US$; Visitor Center 9–17 Uhr, Park Sonnenaufgang–Sonnenuntergang). Das Ticket gilt sieben Tage lang.

Grand Canyon National Park

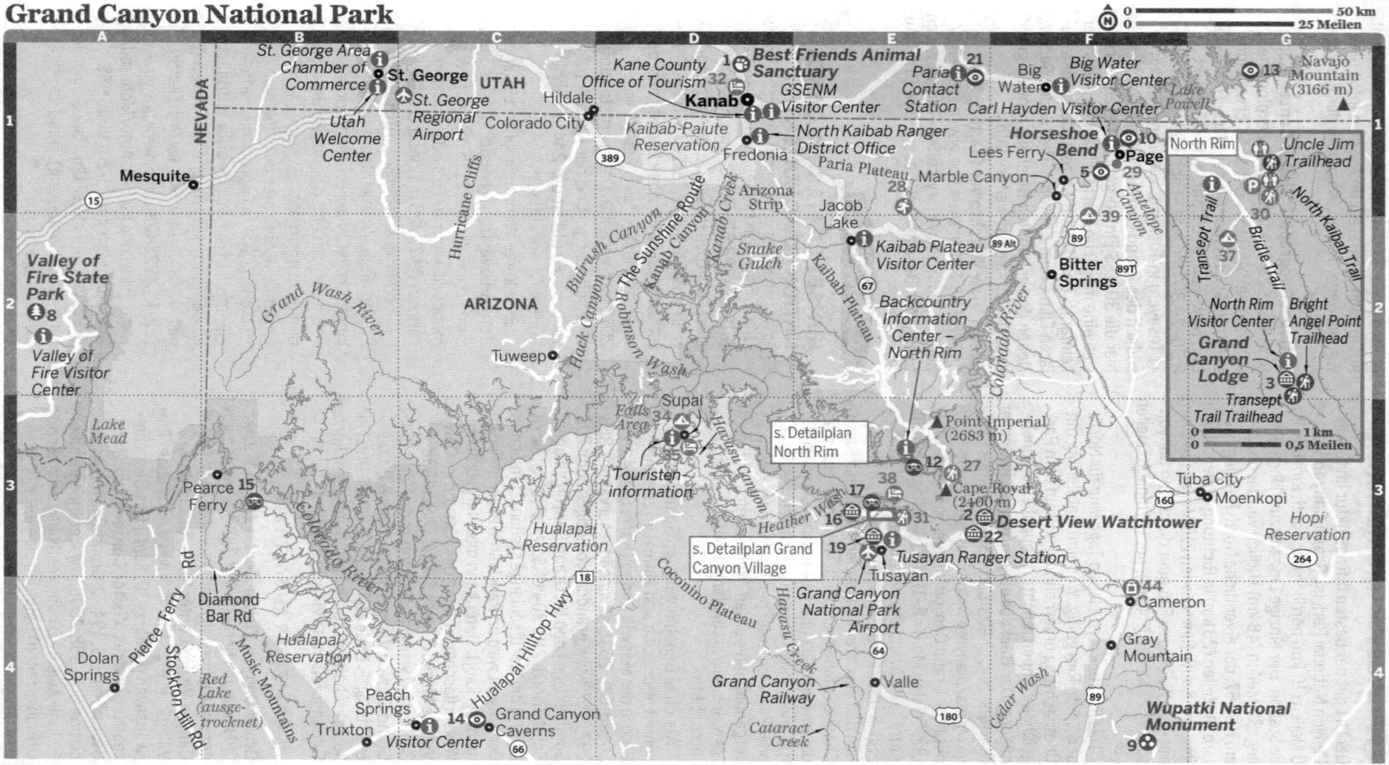

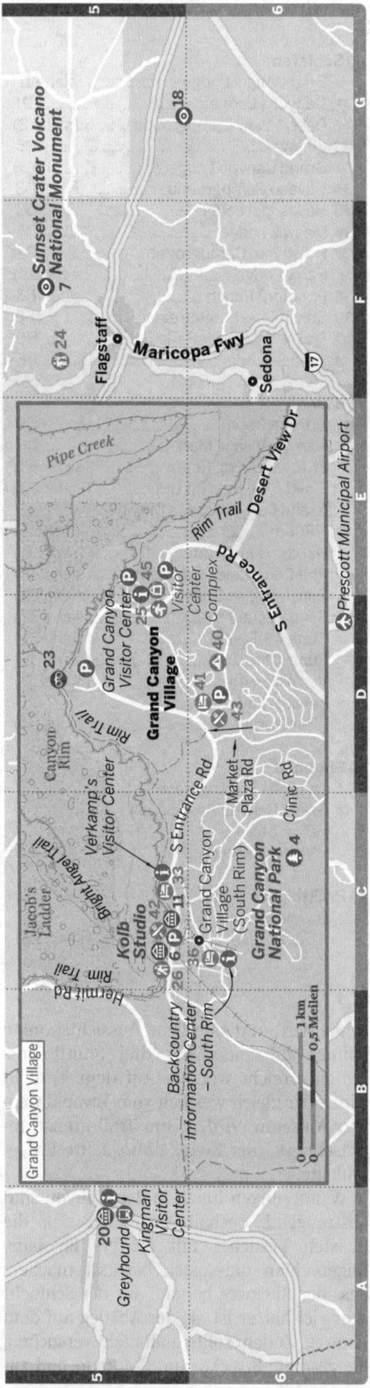

ril–Sept. 8–19 Uhr, Okt.–März 8–18 Uhr; letzter Aufstieg 30 Min. vor Schließung; P)

Kolb Studio (Karte S. 194; 928-638-2771; www.nps.gov/grca/planyourvisit/art-exhibits.htm; Rim Trail, Grand Canyon Village Historic District; März–Mai & Sept.–Nov. 8–19 Uhr, Dez–Feb. 8–18 Uhr, Juni–Aug. 8–20 Uhr; Village (Haltestelle des Hermits Rest Route Transfer), Hermits Rest (1. März–30. Nov.; Village Route Transfer)

Tusayan Museum & Ruins (Karte S. 194; 928-638-7888; www.nps.gov/grca; Desert View Dr; 9–17 Uhr; P)

Verkamp's Visitor Center (Karte S. 194; 928-638-7888; www.nps.gov/grca/planyourvisit/verkamps.htm; Rim Trail, Grand Canyon Village Historic District; März–Ende Mai & Sept.–Nov. 8–19 Uhr, Dez.–Feb. 8–18 Uhr, Ende Mai–Aug. 8–20 Uhr; Village (Haltestelle Train Depot oder Village East)

Yavapai Geology Museum (Karte S. 194; 928-638-7888; www.nps.gov/grca/planyourvisit/yavapai-geo.htm; Rim Trail, Grand Canyon Village Historic District; März–Ende Mai & Sept.–Nov. 8–19 Uhr, Dez.–Feb. 8–18 Uhr, Ende Mai–Aug. 8–20 Uhr; P; Kaibab/Rim)

South Rim

Wer kein Problem mit Menschenmassen hat, wird sich am South Rim wohlfühlen, denn hier gibt's ein komplettes Dorf mit Unterkünften, Restaurants, Buchläden, einem Supermarkt und einem Deli. Museen und historische Steinhäuser erläutern die Geschichte des Parks, während Ranger täglich Programme zu Themen wie Geologie und der wiederauflebenden Kondor-Population anbieten. Auch im Sommer, wenn Tagesausflügler in Massen einfallen, findet man ruhige Plätzchen, beispielsweise bei einer Tageswanderung unterhalb des Rims oder indem man sich ein paar hundert Meter von den malerischen Aussichtspunkten entfernt.

Aktivitäten

Autofahren & Wandern

Eine **malerische Route** führt westlich vom Grand Canyon Village auf der Hermit Rd am Rand der Schlucht entlang. Von März bis November darf die 11 km lange Straße nicht von Privatwagen befahren werden; stattdessen nimmt man einfach den kostenlosen Shuttle-Bus. Die Strecke kann auch gut mit dem Fahrrad bewältigt werden, da relativ wenig Verkehr herrscht. Zu Stopps unterwegs verlocken traumhafte Aussichten, zudem liefern Schilder Infos zum Canyon.

Grand Canyon National Park

Highlights
1 Best Friends Animal Sanctuary D1
2 Desert View Watchtower E3
3 Grand Canyon Lodge G2
4 Grand Canyon National Park C6
5 Horseshoe Bend F1
6 Kolb Studio C5
7 Sunset Crater Volcano National Monument F5
8 Valley of Fire State Park A2
9 Wupatki National Monument F4

Sehenswertes
10 Antelope Point F1
11 Bright Angel Lodge C5
12 Bright Angel Point E3
13 Dangling Rope G1
14 Grand Canyon Caverns & Inn C4
15 Grand Canyon West B3
16 Hermits Rest E3
17 Hopi Point E3
18 Meteor Crater G5
19 National Geographic Visitor Center & IMAX Theater E3
20 Route 66 Museum A5
21 The Toadstools E1
22 Tusayan Museum & Ruin E3
23 Yavapai Point and Geology Museum D5

Aktivitäten, Kurse & Touren
24 Arizona Snowbowl F5
25 Bright Angel Bicycles & Cafe at Mather Point D5
26 Bright Angel Trail C5
Canyon Trail Rides .... (siehe 3)
27 Cape Final Trail E3
28 Condor Release Site at Vermilion Cliffs E1
29 Ekis' Antelope Canyon Tours F1
Grand Canyon Mule Rides .... (siehe 6)
Lake Powell Paddleboards .... (siehe 29)
30 North Kaibab Trail G1
31 South Kaibab Trail E3

Schlafen
Bright Angel Lodge .... (siehe 11)
32 Canyons Lodge D1
Desert View Campground .... (siehe 2)
33 El Tovar C5
Grand Canyon Lodge .... (siehe 3)
34 Havasu Campground D3
35 Havasupai Lodge D3
36 Maswik Lodge C6
37 North Rim Campground G2
Parry Lodge .... (siehe 32)
38 Phantom Ranch E3
39 Shash Diné EcoRetreat F2
40 Trailer Village RV Park D6
41 Yavapai Lodge D6

Essen
42 Arizona Room C5
43 Canyon Village Market D6
El Tovar Dining Room .... (siehe 33)
Floyd & Co Real Pit BBQ .... (siehe 20)
Grand Canyon Lodge Dining Room .... (siehe 3)
Harvey House Cafe .... (siehe 11)
Phantom Ranch Canteen .... (siehe 38)
Ranch House Grille .... (siehe 29)
Sego Restaurant .... (siehe 32)
State 48 Tavern .... (siehe 29)
Supai Cafe .... (siehe 35)
Vermillion 45 .... (siehe 32)
Yavapai Lodge Restaurant .... (siehe 41)

Shoppen
44 Cameron Trading Post F4
45 Grand Canyon Association Park Store am Visitor Center E5

Praktisches
Navajo Parks & Recreation Department .... (siehe 29)

Der **Desert View Drive** beginnt östlich vom Grand Canyon Village und folgt der Schluchtkante 26 Meilen (42 km) bis zum Desert View, dem Osteingang des Parks. Parkbuchten ermöglichen großartige Panoramaaussichten.

Die **Wanderwege** entlang des South Rim bieten etwas für jeden Fitnessgrad. Die beliebteste und einfachste Route im Nationalpark ist der **Rim Trail**. Dieser Weg taucht in die struppigen Kiefernbestände des Kaibab National Forest ein und verbindet auf einer Strecke von ungefähr 21 km einige Aussichtspunkte und historische Stätten miteinander. Manche Abschnitte des Trails sind asphaltiert, und sämtliche Aussichtspunkte können mit einer der drei Shuttle-Bus-Linien erreicht werden. Auf dem **Trail of Time**, der gleich westlich vom Yavapai Geology Museum an den Rim Trail grenzt, repräsentiert jeder Meter 1 Mio. Jahre Erdgeschichte.

Wanderungen hinab in den Canyon sind anstrengend, deshalb begnügen sich die meisten Besucher mit kurzen Tagesausflügen. Man muss sich bewusst machen, dass der Rückweg bergauf aus der Schlucht sehr viel härter ist als der Abstieg auf dem Hinweg. Zudem sollte man nicht versuchen, die gesamte Strecke zum Colorado und zurück an einem einzigen Tag zu bewältigen. Die beliebteste Route ist der wunderschöne **Bright Angel Trail**. Entlang des malerischen, 13 km langen Abstiegs zum Fluss gibt es vier günstige Umkehrpunkte. Im Sommer kann die Hitze mörderisch sein; wer eine Tageswanderung unternimmt, könnte an einem der beiden Rasthäuser umkehren (hin & zurück 5 bzw. 10 km) oder sich bei Sonnenaufgang auf den Weg machen, um die längeren Routen zum **Indian Garden** oder **Plateau Point** (hin & zurück 15 bzw. 20 km) zu bewältigen.

Der steilere und sehr viel ungeschütztere **South Kaibab Trail** gehört zu den schönsten Wegen im Park. Hier gibt es eindrucksvolle Landschaft und unverstellte Rundumblicke. Wanderer, die in der **Phantom Ranch** übernachten wollen, wählen für den Abstieg meist diesen Weg und für den Rückweg am nächsten Tag den Bright Angel Trail. Im Sommer kann der Aufstieg auf dem South Kaibab Trail gefährlich sein, dann raten die Ranger Tagesausflüglern, für den schönsten Kurztrip am Aussichtspunkt **Cedar Ridge** (hin & zurück ca. 5 km) umzukehren.

Radfahren

Bright Angel Bicycles & Cafe at Mather Point FAHRRADVERLEIH

(Karte S. 194; ☎ Fahrradladen 928-638-3055, Reservierungen 928-679-0992; www.bikegrandcanyon.com; Grand Canyon Visitor Center Complex; Rad Erw./Kind bis 16 Jahre 8–19 Uhr 24 Std. 47/31,50 US$, 5 Std. 31,50/20 US$, Rollstuhl 10,50 US$, Einzel-/Zwillingsbuggy bis 8 Std. 18/31 US$; ⏲ Mai–Mitte Sept. 8–18 Uhr, Mitte Sept.–Okt. 9–17 Uhr, März & April 8–17 Uhr; 👪; 🚌 Village, 🚌 Kaibab/Rim) Verleiht Fahrräder und organisiert Touren. Man muss online oder telefonisch reservieren. Nur in der Hauptsaison von Juni bis Mitte August ist auch spontan etwas zu bekommen. Helme sind im Preis inbegriffen. Spezielle Anhänger sind auf Anfrage erhältlich.

Beim empfehlenswerten zweistündigen **Hermit Shuttle Package** (Erw./Kind 36/26 US$) werden die Teilnehmer vom Geschäft zum **Hopi Point** (Karte S. 194; www.nps.gov/grca; Rim Trail, Hermit Rd; 🅿; 🚌 Hermits Rest West- (1. März–30. Nov.) gebracht und nach der Tour in **Hermits Rest** (Karte S. 194; ☎ 928-638-2351; www.nps.gov/grca/learn/photosmultimedia/colter_hermits_photos.htm; Hermit Rd; ⏲ Mai–Sept. 8–20 Uhr, Okt.–März 9–17 Uhr, April 9–18.30 Uhr; 👪; 🚌 Hermits Rest (1. März–30. Nov.) wieder abgeholt.

Geführte Touren

★**Grand Canyon Mule Rides** MULI-TOUREN

(Karte S. 194; ☎ 888-297-2757, Reservierungen für den folgenden Tag 928-638-2631; www.grandcanyonlodges.com/plan/mule-rides; Bright Angel Lodge, Grand Canyon Village Historic District; 2-stündige Muli-Tour 143 US$, Muli-Tour mit 1/2 Übernachtungen inkl. Mahlzeiten & Unterkunft 606/875 US$ bzw. 1057/1440 US$ für 2 Pers.; ⏲ Touren sind zu wechselnden Zeiten ganzjährig möglich; 👪) Die einzige Möglichkeit, in den Canyon hinabzusteigen, ist, wenn man auf der Phantom Ranch (S. 198) übernachtet. Die Touren mit zehn Mulis folgen dem **Bright Angel Trail** (Karte S. 194; www.nps.gov/grca; Rim Trail, Grand Canyon Village Historic District; 👪; 🚌 Village, 🚌 Hermits Rest (1. März–30. Nov.) über 16,8 km hinunter. Dann verbringt man eine oder zwei Nächte auf der Phantom Ranch und steigt über den 12,5 km langen **South Kaibab Trail** (Karte S. 194; www.nps.gov/grca; South Kaibab Trailhead, abseits des Desert View Dr; 🚌 Kaibab/Rim) in fünf Stunden wieder hinauf. Oder man bucht die 6,4 km lange Canyon Vistas-Tour am Rim.

Schlafen

Die sechs Lodges am South Rim gehören alle zu **Xanterra** (Grand Canyon Lodges; ☎ Buchungen im Voraus 888-297-2757, aus dem Ausland 303-297-2757, Buchungen bis zu 48 Std. im Voraus 928-638-2631; www.xanterra.com; 10 Albright St, Grand Canyon). Vor allem im Sommer sollte man vorab reservieren, bei der Phantom Ranch neben dem Colorado ruft man am besten direkt an. Wer für denselben Tag reservieren oder einen Gast erreichen möchte, ruft beim South Rim **Switchboard** (☎ 928-638-2631) an. Sind keine Unterkünfte im Park mehr frei, sollte man es in Tusayan (am Südeingang), Valle (31 Meilen/49,5 km südlich), Cameron (53 Meilen/85 km östlich), Williams (ca. 60 Meilen/100 km südlich) oder Flagstaff (80 Meilen/129 km südöstlich) versuchen. Mit Ausnahme des Desert View sind alle Campingplätze und Lodges ganzjährig geöffnet.

★**Desert View Campground** CAMPING $

(Karte S. 194; www.nps.gov/grca/planyourvisit/cg-sr.htm; Desert View, Desert View Dr; Stellplatz 12 US$; ⏲ Mitte April–Mitte Okt.; 🅿 🐾) 🌿 Der Campingplatz des NPS liegt mitten in einem Wacholderwald, 25 Meilen (40 km) vom zentralen Grand Canyon Village entfernt und dicht am Rim. Er ist relativ ruhig und verfügt über 50 große Stellplätze, die nicht reserviert werden können. Die besten Chancen hat man im Laufe des Vormittags, wenn viele Leute ihre Zelte abbrechen. Um die Mittagszeit ist er dann oft wieder voll.

Es gibt Toiletten und Trinkwasser, aber keine Duschen und keine Anschlüsse fürs Wohnmobil. Direkt daneben ist ein kleiner Gemischtwarenladen für das Nötigste.

★Bright Angel Lodge LODGE $

(Karte S. 194; Reservierung im Voraus 888-297-2757, Reservierung bis zu 48 Std. im Voraus 928-638-2631; www.grandcanyonlodges.com; Rim Trail, Grand Canyon Village Historic District; Zi./Hütte ab 140/243 US$; ; Village) Die **historische Lodge** (Karte S. 194; 928-638-2631; www.nps.gov/grca/learn/photosmultimedia/colter_ba_photos.htm; Rim Trail, Grand Canyon Village Historic District; ; Village) aus Holz und Stein von 1935 auf einem Gesims des Canyon hat einfache Zimmer und einen netten Gemeinschaftsraum. Die einfache Buckey and Powell Lodge ist eine tolle Budget-Unterkunft mit schönen Zimmern (Kühlschrank, aber kein TV) nahe beim Rim. Die rustikalen Rim Cabins und Suites gehören zu den besten Unterkünften am South Rim.

Phantom Ranch HÜTTE & SCHLAFSAAL $

(Karte S. 194; 888-297-2757; www.grandcanyonlodges.com; auf dem Grund des Canyons, 15,8 km am Bright Angel unterhalb des South Rim, 11,8 km am South Kaibab unterhalb des South Rim, 21,8 km am North Kaibab unterhalb des North Rim; B 65 US$, DZ in Hütte 169 US$, jeweils per Losentscheid;) Die lagerähnliche Anlage auf dem Grund des Grand Canyon besteht aus freistehenden Hütten für zwei bis zehn Personen und vier Schlafsälen mit jeweils fünf Stockbetten, die aber nur Wanderern zur Verfügung stehen und nach Geschlechtern getrennt sind. Im Preis enthalten sind Bettwäsche, Seife und Handtücher, nicht jedoch die Mahlzeiten, die aber beim Buchen des Schlafplatzes gleich bestellt werden können. Die Phantom Ranch ist mit Mulis, zu Fuß oder einem Floß auf dem Colorado zu erreichen.

Trailer Village RV Park WOHNWAGENPARK $

(Karte S. 194; 877-404-4611; www.visitgrandcanyon.com; Market Plaza, Grand Canyon Village; Stellplatz mit Anschlüssen für Wohnmobile 49–59 US$; ganzjährig; ; Village Osten) Auf dem Campingplatz inmitten der recht öden Landschaft stehen die Wohnmobile in Reih und Glied auf befestigten Parzellen. Außerdem gibt's Picknicktische, Grillstellen und alle Anschlüsse, dafür aber nur Münzduschen, und der Waschsalon ist im 800 m entfernten **Camper Services** (928-638-6350; www.visitgrandcanyon.com/trailer-village-rv-park/rv-camper-services; Market Plaza, Grand Canyon Village; wechselnde Öffnungszeiten; Village). Zum Rim kann man auf dem 1,6 km langen Greenway Trail zu Fuß laufen oder mit dem Rad fahren.

Yavapai Lodge MOTEL $$

(Karte S. 194; 877-404-4611; www.visitgrandcanyon.com/yavapai-lodge; Market Plaza, Grand Canyon Village; Zi. 168–212 US$; ganzjärig; ; Village) In einem Wacholderwald 1,6 km vom Rim entfernt stehen 16 motelähnliche Häuser. Die hübschen klimatisierten Zimmer im zweistöckigen Yavapai East bieten Platz für bis zu sechs Personen. In den Familienzimmern stehen Gästen Stockbetten zur Verfügung. In die Zimmer für bis zu vier Personen im einstöckigen Yavapai West dürfen auch Haustiere mitgebracht werden. Allerdings sind die Zimmer schon etwas älter und haben keine Klimaanlage.

★El Tovar LODGE $$$

(Karte S. 194; Reservierung im Voraus 888-297-2757, Reservierung bis zu 48 Std. im Voraus 928-638-2631; www.grandcanyonlodges.com; Rim Trail, Grand Canyon Village Historic District; Zi. 263–354 US$; ganzjährig; ; Village West (Haltestelle Eisenbahndepot) Das schöne Holzhaus von 1905 steht direkt am Rim Trail am Rand der Schlucht. Die Gemeinschaftsräume sind voller altmodischer Eleganz und Charme. Leider ist in den 78 Zimmern und Suiten nicht mehr viel von der historischen Schönheit zu spüren. Einige der besseren sind ganz hübsch, mit Himmelbetten oder Balkon mit Aussicht, doch die Standardzimmer sind im nüchternen Stil von einfachen Motels gehalten. Die Lage und der Service sind jedoch einzigartig.

Essen & Ausgehen

Grand Canyon Village bietet alle Arten von kulinarischen Optionen, auch wenn ja niemand wegen des Essens hierher kommt. Das Arizona Room, El Tovar und **Harvey House Cafe** (Karte S. 194; 928-638-2631; www.grandcanyonlodges.com/dine/harvey-house-cafe; Bright Angel Lodge, Grand Canyon Village Historic District; Hauptgerichte 13–21 US$; 6.30–22 Uhr; ; Village West) sind die einzigen richtigen Restaurants am South Rim. Ansonsten bieten ein paar Bars kleine Gerichte und Snacks. Die anderen Restaurants sind im Stil einer Cafeteria gehalten oder servieren Fast Food. Im Arizona Room und El Tovar sind Reservierungen (für abends) möglich.

Die **Phantom Ranch Canteen** (Karte S. 194; ☎US 888-297-2757, aus dem Ausland 303-297-2757; www.grandcanyonlodges.com/dine/phantom-ranch-cafe; Phantom Ranch, Grund des Canyon; Frühstück 23–65 US$, abends vegetarischer Eintopf/Steak 24/48 US$; ⊙April–Okt. Frühstück 5 & 6.30 Uhr, Nov.–März 5.30 & 7 Uhr, Abendessen 17 & 18.30 Uhr, Kantine Nov.–März 8–16 & 20–22 Uhr) am Colorado weit unterhalb des Rim tischt familiäres Frühstück und Abendessen auf. Beides muss im Voraus bestellt werden.

Yavapai Lodge Restaurant CAFETERIA **$**
(Karte S. 194; www.visitgrandcanyon.com; Yavapai Lodge, Grand Canyon Village; Frühstück 7–9 US$, Mittag- & Abendessen 10–16 US$; ⊙7–21 Uhr; P 👪; 🚌Village) Das Frühstück genießt man vom Büfett (15 US$) oder à la carte. Mittags und abends gibt's Grillgerichte, warme und kalte Sandwiches sowie Pizza und dazu Bier und Wein. Die Gäste geben ihre Bestellung auf einem Touchscreen ein, holen sich ihre Getränke und warten, bis ihr Essen fertig ist und ausgerufen wird. Das Ganze ist gut organisiert und praktisch, hat aber den Charme einer Betriebskantine.

★**El Tovar Dining Room** AMERIKANISCH **$$$**
(Karte S. 194; ☎928-638-2631; www.grandcanyonlodges.com/dine/el-tovar-dining-room-and-lounge; El Tovar, Grand Canyon Village Historic District; Hauptgerichte 20–30 US$; ⊙Restaurant 6.30–10.30, 11.15–14 & 16.30–21.30 Uhr, Bar 11.30–23 Uhr; P 👪; 🚌Village) Ein klassischer Diner bester Qualität. Die dunklen Holztische sind mit weißen Tischtüchern und feinem Porzellan gedeckt, die tollen Wandmalereien zeigen Darstellungen der Indianerstämme, und durch die riesigen Fenster blickt man auf den Rim Trail und in den Canyon. Zum Frühstück kommt u. a. das Pfannkuchen-Trio El Tovar (Buttermilch-, Maismehl- und Buchweizenpfannkuchen mit Pinienkernbutter und Kaktusfeigensirup) oder gebratene Forelle mit zwei Eiern auf den Tisch.

Arizona Room AMERIKANISCH **$$$**
(Karte S. 194; ☎ex 6432 928-638-2631; www.grandcanyonlodges.com/dine/arizona-room; Bright Angel Lodge, Grand Canyon Village Historic District; Mittagessen 13–26 US$, Abendessen 27–40 US$; ⊙Feb.–Okt. 11.30–15 & 16.30–21.30 Uhr, Nov.–Jan. nur abends; 👪; 🚌Village) An der Decke hängen Kronleuchter aus Hirschgeweihen, durch die großen Fenster blickt man auf den Rim Trail und den Canyon. Die saisonale Karte ist geprägt von der Küche des Westens. Reservierungen (für abends) sind online oder telefonisch bis zu 30 Tage im Voraus möglich, aber meist genügt eine Woche.

ℹ Anreise & Unterwegs vor Ort

Die meisten Besucher erkunden den Canyon mit einem Mietwagen oder als Mitglied einer Reisegruppe. Einen Parkplatz im Grand Canyon Village zu finden, ist nicht immer einfach. Innerhalb des Parks bedienen kostenlose Shuttles drei Routen (rund um Grand Canyon Village,

RAFTING AUF DEM COLORADO

Eine Bootsfahrt auf dem Colorado River ist ein geradezu episches, adrenalingeladenes Abenteuer, bei dem man über mehrere Tage von jeglicher Zivilisation abgeschnitten ist. An einer Stelle stürzen die Lava Falls auf einer Strecke von nur 275 m rekordverdächtige 11 m hinab. Eigentliches Highlight ist jedoch der Blick auf den Grand Canyon von unten und nicht, wie sonst üblich, von oben – außerdem machen Ruinen, Wracks und Felsmalereien Geschichte lebendig. Die organisierten Touren dauern drei Tage bis drei Wochen, wobei verschiedene Boote zum Einsatz kommen.

Arizona Raft Adventures (Karte S. 188; ☎800-786-7238, 928-526-8200; www.azraft.com; 4050 East Huntington Dr, Flagstaff, AZ 86004; 6–16 Tage Rafting 2305–4675 US$, 8/10 Tage mit dem Motorboot 2945/3455 US$) Bietet mehrtägige Touren mit Motor- und Ruderboot sowie Kajak (oder Kombinationen davon). Außerdem gibt es spezielle Touren zum Fotografieren, mit Musik oder „Yoga und Kajak". Ausführliche Infos auf der Website.

Arizona River Runners (☎800-477-7238, 602-867-4866; www.raftarizona.com; 15211 North Cave Creek Rd, Suite A, Phoenix AZ, 85032; 3-tägige Motorboot-Tour inkl. Ranch-Besuch ab 1475 US$, 13-tägige Ruderboottour durch den Canyon ab 4145 US$) Seit 1970 hat dieser Veranstalter Touren mit Ruder- und Motorbooten im Programm. Daneben gibt es im kühleren April noch „spezielle" Wanderungen, die fünf bis 15 Tage dauern. Das Unternehmen ist auch auf Reisende mit besonderen Bedürfnissen eingerichtet und bietet spezielle Touren für Personen mit Behinderungen.

Richtung Westen auf der Hermits Rest Route und Richtung Osten auf der Kaibab Trail Route). Die Busse fahren etwa alle 15 Minuten (ab einer Stunde vor Sonnenuntergang bis eine Stunde danach). Im Sommer fährt an der Bright Angel Lodge der kostenlose Shuttle Hiker's Express ab. Er passiert frühmorgens das Backcountry Information Center und das Grand Canyon Visitor Center, dann geht's zum Startpunkt des South Kaibab Trail.

North Rim

Der North Rim bietet wohltuende Einsamkeit. Es gibt keine Shuttle-Busse oder Bustouren, keine Museen, keine Einkaufszentren, Schulen oder Tankstellen. Tatsächlich findet man hier lediglich eine klassische Lodge im Nationalpark am Schluchtrand, einen Campingplatz, ein Motel, einen Gemischtwarenladen und ein weitläufiges Wegenetz, das zwischen sonnigen Wildblumenwiesen, schlanken Espen und hohen Ponderosa-Kiefern hindurchführt.

Der Eingang zum North Rim liegt 24 Meilen (39 km) südlich des **Jacob Lake** am Hwy 67. Die Grand Canyon Lodge (S. 200) befindet sich weitere 20 Meilen (32 km) dahinter. Aufgrund der Höhe von über 2400 m ist es hier rund 6 °C kälter als am South Rim – auch im Sommer benötigt man abends einen Pullover. Sämtliche Einrichtungen am North Rim sind von Mitte Oktober bis Mitte Mai geschlossen, man kann jedoch in den Park fahren und auf dem Campingplatz übernachten, bis Schnee die Straße ab Jacob Lake unpassierbar macht.

Aktivitäten

Der kurze, leicht zu bewältigende, befestigte Weg (800 m) zum **Bright Angel Point** (Karte S. 194; www.nps.gov/grca) ist ein Muss. Er beginnt an der Rückseite der Grand Canyon Lodge und führt zu einem schmalen Felsausläufer, der tollen Ausblick gewährt.

Der **North Kaibab Trail** (Karte S. 194; www.nps.gov/grca; Innerer Canyon) ist der einzige Wanderweg vom North Rim zum Fluss, der regelmäßig gewartet wird. Er ist mit Wegen zum South Rim im Gebiet der Phantom Ranch verbunden. Die ersten 8 km sind am steilsten; es geht über 900 m hinab zu den **Roaring Springs**. Die Tageswanderung erfreut sich großer Beliebtheit. Wer eine kürzere Strecke unterhalb der Schluchtkante bevorzugt, kann ca. 1 km bis zum **Coconino Overlook** oder 3 km bis zum **Supai Tunnel** laufen. So erhält man einen Vorgeschmack auf das steile Terrain im Canyon. Für den 45 km langen Rundweg zum Colorado River benötigt man mehrere Tage.

Eine kurze Wanderung am Schluchtrand, die sich gut für Familien eignet, ist der 6 km lange Rundweg **Cape Final** (Karte S. 194; www.nps.gov/grca; Cape Royal Rd) am **Walhalla Plateau** östlich der Grand Canyon Lodge, der durch Gelbkiefernwälder zu beeindruckenden Aussichtspunkten am östlichen Grand Canyon führt.

Canyon Trail Rides MULI-TOUREN
(Karte S. 194; ☎435-679-8665; www.canyonrides.com; North Rim; Muli-Tour 1/3 Std. 45/90 US$; ⏲Mitte Mai–Mitte Okt. 7.30, 8.30, 12.30, 13.30, 14.30 Uhr) Die Muli-Touren kann man bis zu einem Jahr im Voraus buchen, doch anders als am South Rim lässt sich so eine Tour hier manchmal auch spontan am „Mule Desk" in der Grand Canyon Lodge organisieren. Die Touren führen nicht bis zum Colorado hinunter, doch auf dem North Kaibab Trail bekommt man einen guten Eindruck vom Leben unterhalb des Rim.

Für jede der drei Touren gelten bestimmte Alters- und Gewichtsgrenzen. Generell muss man mindestens sieben Jahre alt sein und darf höchstens 100 kg wiegen.

Die Ritte kann man eine Woche im Voraus online oder unter ☎928-638-9875 buchen.

Schlafen & Essen

North Rim Campground CAMPING $
(Karte S. 194; ☎877-444-6777; www.recreation.gov; Stellplatz Zelt 18 US$, Wohnmobil 18–25 US$; ⏲Reservierungen 15. Mai–15. Okt., keine Reservierungen 16.–31. Okt.; 🐾) Der Campingplatz des NPS befindet sich 1,5 Meilen (2,4 km) nördlich der Grand Canyon Lodge und bietet schattige, ebene Stellplätze unter Pinien. Die Parzellen 11, 14, 15, 16 und 18 bieten Blick auf den Canyon (und kosten deshalb 25 US$), doch Parzelle 10 ist auch sehr schön. Man kann – und sollte – seinen Platz bis zu sechs Monate im Voraus online reservieren.

Es gibt auch Zeltplätze für spontan vorbeikommende Wanderer und Radfahrer. Auf dem Platz stehen Wasser, ein Laden, eine Snackbar, Münzduschen und Waschmaschinen zur Verfügung, aber keine Anschlüsse fürs Wohnmobil.

Grand Canyon Lodge HISTORISCHES HOTEL $$
(Karte S. 194; ☎Reservierung im Voraus 877-386-4383, Buchung für den gleichen Tag 928-638-2611; www.grandcanyonforever.com; Zi./Hütte ab 146/161 US$; ⏲15. Mai–15. Okt.) Die Gästezimmer

sind nicht in der **Lodge** (Karte S. 194) selbst, sondern meist in Blockhütten in der Nähe. Nur vier dieser Hütten bieten Blick auf den Canyon und kosten deshalb 22 US$ mehr als die anderen. Trotzdem müssen sie mindestens ein Jahr im Voraus gebucht werden.

Grand Canyon Lodge Dining Room AMERIKANISCH $$
(Karte S. 194; ☎Mai–Okt. 928-638-8560; www.grandcanyonforever.com/dining; Frühstück 8–11 US$, Mittagessen 10–15 US$, Abendessen 18–35 US$; ⌚15. Mai–15. Okt 6.30–10, 11.30–14.30 & 16.30–21.30 Uhr;) Auf der soliden Abendkarte stehen zwar Büffelsteaks, Forelle aus dem Westen und ein paar vegetarische Gerichte, doch die sind alle nichts Besonderes. Hierher kommt man wegen der Aussicht. Das Mittagessen ist ganz in Ordnung, das Frühstücksbüfett aber eine Katastrophe. Deshalb sollte man lieber etwas von der Karte bestellen. Natürlich sind die Tische am Fenster am besten, doch die Fenster sind so groß, dass man auch von den anderen Tischen aus einen tollen Blick auf den Canyon hat.

Wer es versäumt, abends einen Tisch zu reservieren, kann immer noch auf das Büfett am anderen Ende der Eingangshalle ausweichen (33 US$; 16.30–18.15 Uhr). Die von Hand geschnittenen Steaks sind wunderbar, die Beilagen im Stil einer Cafeteria jedoch enttäuschend.

ℹ Praktische Informationen

Backcountry Information Center – North Rim (Karte S. 194; ☎928-638-7875; www.nps.gov/grca; Administrative Bldg; ⌚15. Mai–15. Okt. 8–17 Uhr) Hier bekommt man die Genehmigung fürs Campen am oder unterhalb des Rim und auf dem Tuweep Campground sowie fürs Zelten in der Zeit vom 1. November bis zum 14. Mai.

Kaibab National Forest Visitor Center (Jacob Lake) Bietet recht dürftige Infos über die weit verstreuten Campingplätze und Aussichtspunkte außerhalb des Parks.

North Rim Visitor Center (Karte S. 194; ☎928-638-7888; www.nps.gov/grca; ⌚15. Mai–15. Okt. 8–18 Uhr) Hier, neben der Grand Canyon Lodge, bekommt man die besten Infos über den Park und die Startpunkte der von Rangern geführten Wanderungen in die Natur.

ℹ An- & Weiterreise

Die einzige Zufahrtsstraße zum North Rim des Grand Canyon ist der Highway 67, der beim ersten Schneefall gesperrt und im Frühjahr nach der Schneeschmelze wieder geöffnet wird (die genauen Daten schwanken).

Obwohl der North Rim nur 11 Meilen (18 km) Luftlinie vom South Rim entfernt liegt, ist es eine ermüdende vier bis fünf Stunden und 215 Meilen (346 km) lange Fahrt über kurvenreiche Wüstenstraßen zwischen hier und Grand Canyon Village. Man kann selbst fahren oder mit dem **Trans-Canyon Shuttle** (☎928-638-2820; www.trans-canyonshuttle.com; einfache Strecke 90 US$). Reservierungen mindestens zwei Wochen im Voraus vornehmen!

Obwohl viele Wege die beiden Rims miteinander verbinden, sollte die dreitägige Tour nur von erfahrenen Schluchtenwanderern in bester körperlicher Verfassung gegangen werden.

Rund um den Grand Canyon

Havasupai Canyon

In einem versteckten Neben-Canyon locken hier eindrucksvolle, von Quellen gespeiste Wasserfälle und azurblaue Badestellen. Der wunderschöne Ort ist nicht leicht zu erreichen, doch die Wanderung hin und zurück macht das Erlebnis unvergesslich und zu einem großartigen Abenteuer.

Der Havasu Canyon liegt in der Havasupai Indian Reservation, nur 35 Meilen (56 km) Luftlinie westlich des South Rim. Mit dem Auto sind hingegen 195 Meilen (314 km) zu bewältigen. Die vier Wasserfälle befinden sich auf einem 10 Meilen (16 km) langen Abschnitt unterhalb der Schluchtkante. Zugang hat man über einen mittelschweren Wanderweg, der am Hualapai Hilltop beginnt und über eine 62 Meilen (100 km) lange Straße zu erreichen ist, die 7 Meilen (11 km) östlich von Peach Springs von der Route 66 abzweigt.

Bei den Touren muss man immer einmal übernachten und das im Voraus buchen.

Im Dorf Supai bei Km 12,8 befindet sich die **Supai Lodge** (Karte S. 194; ☎928-448-2111, 928-448-2201; www.theofficialhavasupaitribe.com; Supai; Zi. für max. 4 Pers. 440 US$ zzgl. Parkeintritt 110 US$/Pers., ⌚Feb.–Nov.;). Für die einfachen Motelzimmer spricht nur die Lage. Sie müssen bis zu einem Jahr im Voraus gebucht werden. Das **Supai Cafe** (Karte S. 194; Supai; Hauptgerichte 5,50–13 US$; ⌚wechselnde Öffnungszeiten) serviert Hamburger, Burritos mit Bohnen und gebratene Tacos.

Der **Havasu Campground** (Karte S. 194; ☎928-448-2180; www.havasupaireservations.com; Havasu Canyon; 3 Nächte 300–375 US$/Pers.; ⌚Feb.–Nov.) in 2 Meilen (3,2 km) Entfernung ist ein primitiver Campingplatz an einem

Creek. Es gibt ein paar Komposttoiletten und Trinkwasser. Der Campingplatz bietet zwar Platz für 350 Personen pro Nacht, doch die Stellplätze sind nicht immer gut markiert, und so kann es recht eng und chaotisch werden. Eine Campinggenehmigung zu bekommen, ist praktisch ein Ding der Unmöglichkeit. Wer es trotzdem versuchen will, muss mindestens ein Jahr vor Antritt der Reise tätig werden.

Im Havasu Canyon befinden sich schöne Wasserfälle und türkisgrüne Badebecken.

Ausführliche Infos über Fahrten in den Havasu Canyon findet man auf www.theofficialhavasupaitribe.com.

Hualapai Reservation

Das Gebiet „Grand Canyon West", das sich rund 215 Meilen (344 km) westlich des South Rim und 70 Meilen (112 km) nordöstlich von Kingman erstreckt, gehört *nicht* zum Grand Canyon National Park, sondern ist im Besitz der Hualapai.

Auch wenn es deutlich näher aussieht, dauert die Autofahrt von Peach Springs aus immer noch zwei Stunden. Die genaue Lage sollte man sich zuvor im Internet ansehen, denn in dieser abgelegenen Gegend gibt es keinen Mobilfunkempfang. Die Einfahrt führt durch einen wunderbaren Wald von Joshua Trees.

Grand Canyon West AUSSICHTSPUNKT
(Karte S. 194; ☎928-769-2636, 888-868-9378; www.grandcanyonwest.com; Hualapai Reservation; 47–77 US$; ⊙April–Sept. 7–19 Uhr, Okt.–März 8–17 Uhr) In diese von den Hualapai verwaltete Gegend des Grand Canyon kommt man nur im Rahmen einer besonderen Tour. Dabei fährt man in einem Shuttle-Bus zu den schönsten Aussichtspunkten am westlichen Rand und kann jederzeit aus- und wieder einsteigen. Neben der Fahrt zu zwei Aussichtspunkten umfassen die Touren auch Cowboy-Aktionen in einer künstlichen Wildwest-Stadt und kleinere Vorführungen von Indianern. Der **Skywalk**, eine gläserne Plattform in 1216 m Höhe über dem Canyon-Grund ist hier die Hauptattraktion – für alle, die schwindelfrei sind.

Nördliches & östliches Arizona

Zwischen den imposanten Tafelbergen des Monument Valley, dem blauen Wasser des Lake Powell und den versteinerten Bäumen im Petrified Forest National Park erstrecken sich wunderschöne Landschaften mit einer uralten Geschichte. Dieses Gebiet wird schon seit Jahrhunderten von Indianern bewohnt und wird vom Navajo Reservat dominiert, das auch als Navajo Nation bekannt ist; es erstreckt sich bis in die angrenzenden Staaten. Hier befindet sich zudem ein Hopi-Reservat, das komplett vom Land der Navajo umschlossen ist.

Lake Powell

Der zweitgrößte Stausee des Landes erstreckt sich nördlich von Arizona bis nach Utah hinein. Er liegt inmitten spektakulärer roter Felsformationen, tief eingeschnittener Canyons und einer atemberaubenden Wüstenlandschaft. Er ist auch Teil des Wasser-

HOPI RESERVATION

Die Hopi sind direkte Nachfahren der frühen Pueblo-Indianer und haben sich in den vergangenen 500 Jahren von allen Indianerstämmen der USA am wenigsten verändert. Ihr Dorf Old Oraibi ist möglicherweise die älteste kontinuierlich bewohnte Siedlung in Nordamerika. Das Land der Hopi ist vom Reservat der Navajo Nation von allen Seiten eingeschlossen. Der Hwy 264 führt an den drei Tafelbergen First, Second und Third Mesa vorbei, die das Kernstück des Reservats bilden.

Auf der Second Mesa, 8 Meilen (12,8 km) westlich der First Mesa, befindet sich das **Hopi Cultural Center Restaurant & Inn** (☎928-734-2401; www.hopiculturalcenter.com; Mile 379, Hwy 264; Zi. ab 100 US$; ⊙Restaurant 7–21 Uhr; ❄📶🐾). Es ist praktisch die einzige touristische Einrichtung in der gesamten Hopi Reservation. Neben Essen und Unterkunft bietet es auch ein kleines **Museum** (☎928-734-6650; Mile 379, Hwy 264; Erw./Kind 3/1 US$; ⊙Mo–Fr 8.30–17, Sa 9–15 Uhr). Dieses zeigt jede Menge historischer Fotos und kulturelle Gegenstände der Hopi.

Im gesamten Reservat sind Fotos, Zeichnungen und Videoaufnahmen nicht erlaubt. Alkohol und Drogen sind ebenfalls verboten.

sportparadieses der **Glen Canyon National Recreation Area** (☎ 928-608-6200; www.nps.gov/glca; Wochenkarte pro Fahrzeug/Fußgänger oder Fahrradfahrer 30 US$/15 US$). **Lake Powell Paddleboards** (Karte S. 194; ☎ 928-645-4017; www.lakepowellpaddleboards.com; 836 Vista Ave; Paddelbrett/Kajak/Fahrrad pro Tag 40/30/35 US$; ⏲ April–Sept. 8–18 Uhr, Okt.–März 9–17 Uhr) verleiht SUP-Bretter und Kajaks.

Der See entstand durch den Bau des Glen-Canyon-Staudamms, 2,5 Meilen (4 km) nördlich von Page, das dadurch zu einer Art Hauptstadt der Region wurde. Das Carl Hayden Visitor Center befindet sich direkt beim Staudamm.

Der Besuch des unwirklichen **Antelope Canyon**, eines spektakulären Sandsteinschachts, ist nur im Rahmen einer von den Navajo geführten Tour möglich. Die meisten Veranstalter bieten Touren in den leichter erreichbaren **Upper Antelope Canyon**. Die Fahrt geht über extrem holprige Pisten und ähnelt eher einem Viehtrieb. Empfehlenswert sind **Roger Ekis' Antelope Canyon Tours** (Karte S. 194; ☎ 928-645-9102; www.antelopecanyon.com; 22 S Lake Powell Blvd; Erw./Kind ab 60/50 US$; ⏲ Touren 7–16.30 Uhr). Der schwieriger erreichbare **Lower Antelope Canyon** ist weniger überlaufen.

Ein zu Recht beliebter Wanderweg ist der knapp 2 km lange Rundweg zum **Horseshoe Bend** (Karte S. 194; Hwy 89; Parken 10 US$; ⏲ Sonnenaufgang–Sonnenuntergang), wo sich der Colorado hufeisenförmig um einen dramatisch wirkenden Felsvorsprung windet. Der Startpunkt des Wanderwegs ist südlich von Page am Hwy 89, direkt hinter dem Meilenstein 541.

Der Hwy 89 ist zugleich die Hauptstraße von Page. Hier steht ein Kettenhotel neben dem anderen. Schönere Unterkünfte als diese gibt's in der 8th Ave. Die atemberaubende Schönheit des Navajo-Lands lässt sich besonders gut im **Shash Diné EcoRetreat** (Karte S. 194; ☎ 928-640-3701; www.shashdine.com; unweit des Hwy 89; Zi. 150–200 US$) genießen. Die Gäste der Familien-Ranch werden in traditionellen Indianerhütten, Schäferwagen, Zelten oder Hütten untergebracht. Frühstück ist im Preis inbegriffen. Das selbst mitgebrachte Abendessen kann man am Lagerfeuer zubereiten und genießen.

Gutes Frühstück bietet auch der **Ranch House Grille** (Karte S. 194; ☎ 928-645-1420; www.ranchhousegrille.com/page; 819 N Navajo Dr; Hauptgerichte 9–15 US$; ⏲ 6–15 Uhr) in Page. Die Portionen sind riesig, der Service flink. Zum Abendessen bietet sich dann die **State 48 Tavern** (Karte S. 194; ☎ 928-645-1912; www.state48tavern.com; 614 N Navajo Dr; Sandwiches 12–14 US$, Hauptgerichte 18–27 US$; ⏲ Mi–Fr & Mo 17–22, Sa & So 11–22 Uhr) an. Hier gibt es Burger mit Birne und Gorgonzola und Tacos mit Kokosshrimps sowie eine gute Auswahl von Bieren.

Navajo Nation

Die Navajo Nation ist riesig: Mit knapp 70 000 km² ist sie größer als mancher US-Bundesstaat und umfasst Teile von Arizona, New Mexico, Colorado und Utah. Zu ihr gehören auch Landschaften von überwältigender Schönheit und natürlich die lebendige Kultur, Sprache, Einrichtungen, Bauernhöfe und Häuser der Diné (Navajo), der größten amerikanischen indianischen Nation.

Anders als das restliche Arizona hat die Navajo Nation eine Sommerzeit, im Sommer ist das Reservat dem Staat Arizona also eine Stunde voraus. Unter www.navajonationparks.org findet man Infos zum Wandern, Campen und über die erforderlichen Genehmigungen.

CAMERON

Die historische Siedlung ist das Tor zum Osteingang des Grand Canyon South Rim, der 32 Meilen (51,2 km) entfernt ist. Das winzige, windgepeitschte Dorf ist eine der wenigen Sehenswürdigkeiten am Hwy 89 zwischen Flagstaff und Page. Der **Cameron Trading Post** (Karte S. 194; ☎ 928-679-2231; www.camerontradingpost.com; Hwy 89; ⏲ März–Okt. 6–22 Uhr, Nov.–Feb. verkürzte Öffnungszeiten) gleich nördlich der Abzweigung vom Hwy 64 zum Grand Canyon bietet nicht nur Essen und Unterkunft, sondern ist auch ein Souvenirladen und ein Postamt.

NAVAJO NATIONAL MONUMENT

Die erhabenen, gut erhaltenen alten Felsbehausungen der Pueblo-Indianer von Betatakin und Keet Seel stehen als **Navajo National Monument** (☎ 928-672-2700; www.nps.gov/nava; Hwy 564; ⏲ Visitor Center Juni–Anfang Sept. 8–17.30 Uhr, restliches Jahr 9–17 Uhr) GRATIS unter Schutz und können nur zu Fuß erreicht werden. Die Tour ist nicht gerade ein Spaziergang im Park, aber es hat etwas wahrhaft Magisches, wenn man sich diesen alten Steindörfern unter Pinyon-Kiefern und Wacholder in relativer Einsamkeit nähert. Der National Park Service kontrolliert den Zugang zu dieser Stätte und betreibt das

Visitor Center, das viele Informationen bereithält und ausgezeichnetes Personal hat.

Während der Sommermonate gilt im Monument die Sommerzeit.

CANYON DE CHELLY NATIONAL MONUMENT

Dieser vielfingerige Canyon (sprich: du*schei*) umfasst ein paar wunderschöne Stätten der Pueblo-Indianer, u. a. alte Felsbehausungen. Seit Jahrhunderten sind hier Navajo-Bauern ansässig. Sie überwintern am Rand der Schlucht und verbringen den Frühling und Sommer in Hogans (traditionelle Rundhäuser) auf dem Grund des Canyons. Der Canyon gehört den Navajo und wird vom NPS verwaltet. Hogans dürfen nur mit einem Touristenführer betreten werden, und bevor man Fotos von Menschen macht, bittet man immer erst um Erlaubnis.

Die einzige Unterkunft im Park ist die **Thunderbird Lodge** (928-674-5842, 800-679-2473; www.thunderbirdlodge.com; Rural Rte 7; Zi. 100–130 US$;), die etwas außerhalb des eigentlichen Canyons liegt. Es gibt gemütliche Zimmer und eine preiswerte Cafeteria, die Navajo-Küche und amerikanische Gerichte serviert. Der Campingplatz unter Leitung der Navajo in der Nähe verfügt über rund 90 Stellplätze (14 US$) mit Wasser, aber ohne Duschen, die nach dem Prinzip „Wer zuerst kommt, mahlt zuerst" vergeben werden. Hier kann nur bar bezahlt werden. Der ruhige **Spider Rock Campground** (928-781-2016, 928-781-2014; www.spiderrockcampground.com; Navajo Hwy 7; Stellplatz Zelt/Wohnmobil 11/16 US$, Hütte 31–47 US$;) unter Pinien und Wacholderbäumen am South Rim Drive steht ebenfalls unter Leitung der Navajo.

Das **Visitor Center** (928-674-5500; www.nps.gov/cach; Rte 7; 8–17 Uhr) des Canyon de Chelly liegt 3 Meilen (5 km) von der Rte 191 entfernt beim kleinen Dorf Chinle in der Nähe der Mündung des Canyons. Zwei malerische Straßen verlaufen entlang der Ränder des Canyons, dessen Grund man im Rahmen einer geführten Tour erkunden kann. Eine Liste mit Anbietern gibt es beim Visitor Center und auf der Website des Parks. Die einzige Wanderroute im Park, die auch ohne Guide zugänglich ist, ist der kurze, aber sehr spektakuläre Rundweg, der zur faszinierenden **White House Ruin** hinabführt.

MONUMENT VALLEY NAVAJO TRIBAL PARK

Wenn das Monument Valley über der Wüste ins Blickfeld kommt, erscheint es einem seltsam bekannt. Die ziegelroten Felssäulen, steil aufragenden Tafelberge und Felstürme sind die Stars zahlloser Filme und der Werbung in TV und Zeitschriften. So sind sie längst Teil unseres modernen Bewusstseins. Und die unglaubliche Schönheit des Monument Valley wird durch die öde Landschaft seiner Umgebung noch verstärkt.

Wer sich die Steinformationen genauer ansehen möchte, muss den **Monument Valley Navajo Tribal Park** (435-727-5870; www.navajonationparks.org; Fahrzeug für 4 Pers. 20 US$; Zufahrt April–Sept. 6–19 Uhr, Okt.–März 8–16.30 Uhr, Visitor Center April–Sept. 6–20 Uhr, Okt.–März 8–17 Uhr) besuchen. Dort wartet ein holpriger, unbefestigter 15 Meilen (24 km) langer Scenic Drive mit traumhaften Blicken ins Tal. Man kann ihn selbst abfahren oder eine Tour bei einem der Stände am Parkplatz buchen. Tourgruppen gelangen auch in Bereiche, die für Privatwagen gesperrt sind (1½ Std. 65 US$; 2 Std. 150 US$).

Das sandsteinfarbene **View Hotel** (435-727-5555; www.monumentvalleyview.com; Indian Rte 42, Monument Valley Navajo Tribal Park; Zi./Suite ab 210/349 US$;) mitten im Park fügt sich nahtlos in die Landschaft ein. Die meisten der 95 Zimmer haben einen eigenen Balkon mit Blick auf die Felsen. Das Navajo-Essen im zugehörigen Restaurant (Hauptgerichte 11–15 US$, kein Alkohol) ist lange nicht so sensationell, aber die Aussicht macht das mehr als wett.

Der traumhaft schön gelegene **View Campground** (435-727-5802; www.monumentvalleyview.com/campground; Indian Rte 42, Monument Valley Navajo Tribal Park; Stellplatz Zelt od. Wohnmobil 30 US$; März–Okt.) ist ein recht günstiger Campingplatz; die historische **Goulding's Lodge** (435-727-3231; www.gouldings.com; Monument Valley, Utah; DZ ab 245 US$, Apt. 310–330 US$;) auf der anderen Straßenseite in Utah hat einfache Zimmer, Stellplätze und kleine Hütten. Im Sommer muss man lange im Voraus buchen. Falls im Monument Valley alles ausgebucht sein sollte, gibt es im 20 Meilen (32 km) weiter südlich gelegenen Kayenta eine Handvoll akzeptabler Motels und gerade noch akzeptabler Restaurants, wie das **Wetherill Inn** (928-697-3231; www.wetherill-inn.com; 1000 Main St/Hwy 163; Zi. 155 US$;).

Petrified Forest National Park

Außergewöhnliche versteinerte Holzstücke, die aus einer Zeit vor jener der Dinosaurier stammen, und die farbenfrohe Sandlandschaft der Painted Desert machen den **Nationalpark** (☎928-524-6228; www.nps.gov/pefo; Fahrzeug/Fahrrad 20/10 US$; ⏰Mitte April–Aug. 7–19 Uhr, restliches Jahr kürzere Öffnungszeiten) zu einem einzigartigen Naturspektakel. Der Park grenzt an die I-40 (Exit 311), 25 Meilen (40 km) östlich von **Holbrook**. Im **Visitor Center** (☎928-524-6228; 1 Park Rd, Petrified Forest National Park; ⏰Mitte April–Mitte Okt. 8–18 Uhr, restliches Jahr bis 17 Uhr), nur eine halbe Meile (0,8 km) nördlich der I-40, gibt es Karten und Infos zu geführten Touren. Dahinter bietet eine 28 Meilen (45 km) lange geteerte Parkstraße malerische Ausblicke. Es gibt keine Campingplätze, dafür jedoch mehrere kurze, rund 2 bis 3 km lange Wege, die durch Ansammlungen versteinerter Holzfragmente und vorbei an alten Holzbehausungen der Ureinwohner führen. Wer im wilden Hinterland campen will, muss sich dafür am Visitor Center eine kostenlose Genehmigung besorgen.

Westliches Arizona

Sonnenanbeter zieht es an den Colorado River in Lake Havasu City, Nostalgiker fahren die Route 66 entlang, die bei Kingman über einige der am besten erhaltenen Abschnitte verfügt. Weiter südlich, jenseits der I-10 in Richtung Mexiko, erstreckt sich eine der wildesten und ödesten Landschaften im Westen. Wenn man sowieso in der Gegend ist, kann man ein paar Sehenswürdigkeiten besichtigen, echte Attraktionen fehlen jedoch – es sei denn, man ist ein erklärter Fan der Route 66 oder von Bootsfahrten.

Rund um Kingman

Unter den Liebhabern der Route 66 ist Kingman das Hauptdrehkreuz des längsten ununterbrochenen Abschnitts des historischen Highways, der von Topock nach Seligman führt. Unter den Gebäuden aus dem frühen 20. Jh. befindet sich auch die ehemalige Methodistenkirche an der Ecke 5th und Spring St, in der Clark Gable und Carole Lombard 1939 heimlich heirateten. Lokalmatador Andy Devine hatte seinen Hollywood-Durchbruch als ständig benebelter Kutscher in John Fords Film *Ringo* von 1939, der mit dem Oscar ausgezeichnet wurde.

Das historische **Kingman Visitor Center** (Karte S. 194; ☎928-753-6106, 866-427-7866; www.gokingman.com; 120 W Andy Devine Ave; ⏰8–17 Uhr) befindet sich in einem ehemaligen Elektrizitätswerk. Neben einem kleinen, aber guten Museum zur Geschichte der Route 66 und einer Ausstellung mit Elektroautos gibt's hier auch Karten und Broschüren.

Von Mittwoch bis Sonntag lohnt es sich, zum **Hualapai Mountain Resort** (☎928-757-3545; www.hmresort.net; 4525 Hualapai Mountain Rd; Zi./Suite ab 79/159 US$; ⏰Mi–So; 🐾) hinaufzufahren, denn dann ist das Restaurant unter meterhohen Kiefern geöffnet. Leckeres Rauchfleisch gibt's im **Floyd & Co Real Pit BBQ** (Karte S. 194; ☎928-757-8227; www.floydandcompany.com; 420 E Beale St; Hauptgerichte 8,50–13 US$; ⏰Di–Do 11–20, Fr & Sa 11–21 Uhr).

Südliches Arizona

Dies ist ein Land der Stetsons und Sporen, in dem am Lagerfeuer unter einem sternenklaren, samtschwarzen Himmel Cowboyballaden gesungen werden und Steaks auf dem Grill brutzeln. Die belebte Studentenstadt Tucson ist Mittelpunkt einer weitläufigen Region, in der lange, staubige Highways an hügeligen Ausblicken und steilen, schroffen Bergzügen vorbeiführen. So weit das Auge reicht, sieht man die majestätischen Saguaro-Kakteen, das Wahrzeichen der Region.

Tucson

Tucson (sprich: *tuh*-son) ist eine überraschend unterhaltsame und kulturell höchst interessante Stadt, die zudem jede Menge Outdoor-Aktivitäten bietet. Die zweitgrößte Stadt Arizonas liegt in einer von wild zerklüfteten Bergen umgebenen Ebene und ist geprägt durch ein friedliches Miteinander der Einwohner mit indianischen, spanischen, mexikanischen und englischen Wurzeln. Traditionsbewusste Stadtteile und Gebäude aus dem 19. Jh. zeugen von einem Gemeinschaftssinn und einer langen Geschichte, die man im modernen und zersiedelten Phoenix vergeblich sucht. Die vielen schrägen Secondhand- und Trödelläden, abgefahrenen Restaurants und kultigen Kneipen wiederum zeugen von den 40 000 Studenten, die an der University of Arizona (UA) eingeschrieben sind.

Sehenswertes & Aktivitäten

Downtown Tucson und das historische Viertel liegen östlich der Ausfahrt 258 der I-10. Der Campus der University of Arizona befindet sich 1 Meile (1,6 km) nordöstlich von

Downtown; die Hauptdurchgangsstraße 4th Ave ist gesäumt von vielen Cafés, Bars und interessanten Läden. Viele der sagenhaften Schätze der Stadt liegen am Stadtrand oder sogar jenseits der Stadtgrenzen.

★ Arizona-Sonora Desert Museum — MUSEUM

(☎ 520-883-2702; www.desertmuseum.org; 2021 N Kinney Rd; Erw./Senior/Kind 22/20/9 US$; ⏲ Okt.–Feb. 8.30–17 Uhr, März–Sept. 7.30–17 Uhr, Juni–Aug. Sa bis 22 Uhr) Die 40 ha große Mischung aus Zoo, botanischem Garten und Museum ist eine Hommage an die Sonora-Wüste und beheimatet Kakteen, Kojoten und handtellergroße Kolibris. Erwachsene und Kinder können sich hier gut einen halben Tag lang vergnügen. Wüstenbewohner, darunter gewitzt ausschauende Nasenbären und verspielte Präriehunde, bewohnen die natürlich gestalteten Gehege. Wüstenpflanzen bedecken das Gelände. Fachleute veranstalten Vorführungen. Kinderwagen und Rollstühle sind verfügbar, und es gibt einen Geschenkeladen, eine Kunstgalerie, ein Restaurant und ein Café.

Arizona State Museum — MUSEUM

(☎ 520-621-6302; www.statemuseum.arizona.edu; 1013 E University Blvd; Erw./Senior/Kind 5/6 US$/frei; ⏲ Mo–Sa 10–17 Uhr) Mehr über die Geschichte und Kultur der indigenen Völker dieser Region erfährt man im Arizona State Museum, dem ältesten und größten anthropologischen Museum im Südwesten der USA. Die Ausstellung zur Kulturgeschichte der Indianervölker ist umfangreich, aber übersichtlich und spricht Laien genauso an wie Geschichtskenner. Ebenfalls lohnend sind die vielbewunderte Mineraliensammlung und die herrliche Kollektion von Navajo-Textilien.

Tucson Museum of Art — MUSEUM

(☎ 520-624-2333; www.tucsonmuseumofart.org; 140 N Main Ave; Erw./Senior/Kind 12/10/7 US$; ⏲ Di–So 10–17 Uhr) Für eine relativ kleine Stadt hat Tucson ein eindrucksvolles Kunstmuseum mit einer respektablen Sammlung nordamerikanischer, lateinamerikanischer und moderner Kunst und einer Dauerausstellung präkolumbischer Artefakte, die das Herz von Indiana Jones höher schlagen lassen würde. Hinzu kommen Sonderausstellungen, ein toller Geschenkeladen und ein paar bemerkenswerte historische Wohnhäuser im umliegenden Block. Am ersten Donnerstag im Monat bleibt das Museum bei freiem Eintritt (ab 17 Uhr) bis 20 Uhr geöffnet.

SEHENSWÜRDIGKEITEN DER ROUTE 66

400 Meilen (640 km) des amerikanischen Highways führen durch Arizona. Entlang der Straße finden sich jede Menge besondere Attraktionen. Von West nach Ost sind das.

Wildesel von Oatman Die Wildesel (*burros* genannt)sind Nachkommen der früher in den Bergwerken eingesetzten Tiere. Heute stehen sie mitten auf der Straße und warten darauf, dass sie jemand füttert.

Grand Canyon Caverns & Inn (Karte S. 194; ☎ 928-422-3223; www.gccaverns.com; Mile 115, Rte 66; Führung Erw./Kind ab 16/11 US$; ⏲ Mai–Sept. 9–17 Uhr, Okt.–April 9.30–16 Uhr) Bei der Führung werden die 21 Stockwerke des unterirdischen Labyrinths voller mumifizierter Luchse, Vorräte zur zivilen Verteidigung und einem 900 US$ teuren Motelzimmer (oder eher einer Höhle) besichtigt.

Burma Shave Die rotweißen Reklametafeln aus einer längst vergangenen Zeit stehen vor allem zwischen den Grand Canyon Caverns und Seligman.

Snow Cap Drive-In (☎ 928-422-3291; www.delgadillossnowcap.t2-food.com; 301 East Chino; Hauptgerichte 5–6,50 US$; ⏲ März–Nov. 10–18 Uhr) Die merkwürdige Mischung aus Burger-Lokal und Eisdiele besteht seit 1953 in Seligman.

Meteor Crater (Karte S. 194; ☎ 800-289-5898; www.meteorcrater.com; Meteor Crater Rd; Erw./Senior/Kind 18/16/9 US$; ⏲ Juni–Mitte Sept. 7–19 Uhr, Mitte Sept.–Mai 8–17 Uhr) Der Krater 38 Meilen (61 km) östlich von Flagstaff ist 167 m tief und hat einen Durchmesser von knapp 1,6 km.

Wigwam Motel (☎ 928-524-3048; www.galerie-kokopelli.com/wigwam; 811 W Hopi Dr; Zi.70–76 US$; ❄) Die Wigwams des Motels in Holbrook sind aus Beton und mit Möbeln aus Walnussholz eingerichtet.

Pima Air & Space Museum MUSEUM
(☎520-574-0462; www.pimaair.org; 6000 E Valencia Rd; Erw./Senior/Kind 16,50/13,75/10 US$; ⏲9–17 Uhr, letzter Einlass 15 Uhr) Das Spionageflugzeug SR-71 Blackbird und ein riesiger B-52-Bomber sind die Highlights des außergewöhnlichen privaten Luftfahrtmuseums. Anhand von mehr als 300 Fliegern in Hallen und auf dem Flugfeld wird die Entwicklung der zivilen und militärischen Luftfahrt erzählt. Um sie alle zu sehen, braucht man mindestens zwei Stunden. Für die Besichtigung auf eigene Faust gibt's die Navigations-App des Museums. Oder man bucht eine einstündige Tour mit der Museumsbahn (6 US$). Sie fährt von November bis Mai jeweils um 10, 11.30, 13.30 und 15 Uhr.

★ **Pedego** FAHRRADVERLEIH
(☎520-441-9782; www.pedegoelectricbikes.com; 4340 N Campbell Ave, Suite 107B; Fahrrad halber/ganzer Tag ab 45/65 US$, Mountainbike 80/125 US$; ⏲Mi–So 7–15 Uhr) Wer schon immer mal ein E-Bike ausprobieren wollte, kann das hier tun. Das Geschäft ist nur ein paar Schritte vom Loop entfernt, sodass es eine ganze Menge zu erkunden gibt. Es werden auch Mountainbikes verliehen. Damit werden die steilen Anstiege jedoch zur echten Strapaze.

Feste & Events

Tucson Gem & Mineral Show MINERALIEN
(☎520-332-5773; www.tgms.org; ⏲Feb.) Das Highlight im Veranstaltungskalender der Stadt ist zugleich die größte Edelstein- und Mineralienschau der Welt. Gut 250 Händler präsentieren ihre Schätze im Tucson Convention Center und an weiteren Orten überall in der Stadt.

Schlafen

Die Unterkunftspreise schwanken beträchtlich, am günstigsten sind sie im Sommer und Herbst. Wer unter den Sternen inmitten der Saguaros übernachten will, kann es auf dem **Gilbert Ray Campground** (☎520-883-4200; www.webcms.pima.gov; 8451 W McCain Loop Rd; Stellplatz Zelt/Wohnmobil 10/20 US$; 🐾) nahe dem westlichen Abschnitt des Saguaro National Park versuchen.

★ **Hotel Congress** HISTORISCHES HOTEL $$
(☎520-622-8848; www.hotelcongress.com; 311 E Congress St; DZ ab 120 US$; ❄📶🐾) In Tucsons vielleicht berühmtestem Hotel wurden der berüchtigte Bankräuber John Dillinger und seine Gang 1934 bei einem Feuerausbruch gefangen genommen. Das 1919 erbaute, schön restaurierte, charismatische Hotel wirkt trotz historischer Details wie Wählscheibentelefonen und Radios mit Holzgehäusen sehr modern (kein TV). Zum Haus gehören auch ein beliebtes Café, eine Bar und ein Club.

> **NICHT VERSÄUMEN**
>
> **MINI-ZEITMASCHINE IM MUSEUM OF MINIATURES**
>
> Das in die Bereiche „Enchanted Realm", „Exploring the World" und „History Gallery" unterteilte unterhaltsame **Museum of Miniatures** (☎520-881-0606; www.theminitimemachine.org; 4455 E Camp Lowell Dr, Tucson; Erw./Senior/Kind 10,50/8,50/7 US$; ⏲Di–Sa 9–16, So ab 10 Uhr; 👪) präsentiert fantastische, historische und schlichtweg faszinierende Mini-Dioramen. Besucher können durch ein Weihnachtsdorf mit Schneekugel-Flair spazieren, in winzige Minihäuser aus dem 17. und 18. Jh. spähen und nach den klitzekleinen Bewohnern eines verzauberten Baums suchen. Das Museum entwickelte sich aus einer Privatsammlung der 1930er-Jahre und macht Eltern vielleicht sogar noch mehr Spaß als ihren Kindern.

Under Canvas GLAMPING $$
(☎520-303-9412; www.undercanvas.com; 14301 E Speedway; Zelt ab 149 US$; ⏲Sept.–Mai; 📶🏊) Hier erfüllt sich der Traum, direkt in der Sonora-Wüste übernachten zu können, ohne Angst vor Schlangen haben zu müssen. Der luxuriöse Campingplatz ist nur zehn Minuten Fahrt vom Saguaro National Park entfernt. Es gibt drei Zeltkategorien (Deluxe, Stargazer und Safari), die alle über ein Doppelbett, Bad und Dusche verfügen.

★ **Hacienda del Sol** RANCH $$$
(☎520-299-1501; www.haciendadelsol.com; 5501 N Hacienda del Sol Rd; Zi. ab 300 US$; ❄@📶🏊) Das entspannende Refugium auf einem Hügel wurde in den 1920er-Jahren als vornehme Mädchenschule erbaut. Die Zimmer in einem künstlerisch gestalteten Südwest-Stil weisen viele Details wie geschnitzte Deckenbalken und Jalousietüren auf, die die Brise vom Hof hereinlassen. In der Hacienda del Sol wohnten bereits Legenden wie Spencer Tracy, Katharine Hepburn und John Wayne

– sie bietet also auch viel Geschichte. Das Restaurant Grill im Haus ist fabelhaft.

Essen

★Tumerico VEGETARISCH $
(☎520-240-6947; www.tumerico.com; 2526 E 6th St; Mahlzeit 14 US$; ⏲Mi–Sa 8–20, So 10–19, Di 10–15 Uhr; ✍) Warum dieses Restaurant so beliebt ist? Ganz einfach: wegen der mit Gemüse und Jackfrucht gefüllten Tacos, der Tostadas Frida Kahlo, *sopes* (belegte Tortillas) mit Korianderpesto, Bowls mit Kokoscurry, des Kombuchas vom Fass und der Cannabis-Lattes. Wird eine Bestellung mit *all powers* aufgenommen, beinhaltet diese Suppe, Salsa, Reis, Bohnen, Gemüse und Kaffee, nicht aber den hellorangefarbenen Kurkuma-Schnaps.

Prep & Pastry FRÜHSTÜCK $
(☎520-326-7737; www.prepandpastry.com; 3073 N Campbell Ave; Hauptgerichte 9,50–14 US$; ⏲7–15 Uhr) Im besten Frühstückslokal in Tucson kann man nicht reservieren, sondern muss sich geduldig mit all den anderen in die Warteschlange stellen. Dafür bekommt man dann Entenconfit, gefüllte Croissants (mit Nutella oder grünen Chilis) und Arme Ritter, aber auch Gesünderes wie eine Quinoa-Bowl und Rührei mit Kichererbsen. Wer will, kann dazu auch Mimosas, Bloody Marys oder Sekt trinken.

★Cafe Poca Cosa MEXIKANISCH $$
(☎520-622-6400; www.cafepococosatucson.com; 110 E Pennington St; Hauptgerichte mittags 16–20 US$, abends 22–30 US$; ⏲Di–Do 11–21, Fr & Sa bis 22 Uhr) Chefköchin Suzana Davilas preisgekröntes neumexikanisches Bistro ist ein Muss für die Freunde mexikanischer Küche in Tucson. Die mit Kreide in Englisch und Spanisch auf eine Tafel geschriebene Karte wandert von Tisch zu Tisch, weil die Gerichte zweimal täglich wechseln – alles ist frisch zubereitet, innovativ und schön angerichtet. Unentschlossene bestellen am besten das „Plato Poca Cosa“ und lassen Suzana die Auswahl treffen. Hier kann man auch tolle Margaritas schlürfen.

El Charro Café MEXIKANISCH $$
(☎520-622-1922; www.elcharrocafe.com; 311 N Court Ave; Hauptgerichte mittags 10–15 US$, abends 13–20 US$; ⏲10–21 Uhr; ✍) Die weitläufige, muntere Hazienda liefert schon seit 1922 tolles mexikanisches Essen. Das Restaurant ist besonders bekannt für sein *carne seca*, sonnengedörrtes, mageres Rindfleisch, das gewässert, zerkleinert und mit grünen Chilis und Zwiebeln gegrillt wird. Die sagenhaften Margaritas haben es in sich und helfen, die Zeit zu vertreiben, während man auf seinen Tisch wartet. Es gibt auch vegane Gerichte.

HISPANISCHES TUCSON

Eine Stadt mit einem reichen hispanischen Erbe: Tucson wurde im 18. Jh. als spanischer Militärposten nahe der heutigen Grenze zu Mexiko gegründet. Mehr als 40 % der Bevölkerung sind Hispanoamerikaner, Spanisch gleitet den meisten leicht von der Zunge und hochwertige mexikanische Restaurants gibt es im Überfluss.

Ausgehen & Unterhaltung

Die Congress St in Downtown und die 4th Ave nahe der University of Arizona sind gut besuchte Partyzonen.

★Che's Lounge BAR
(☎520-623-2088; www.cheslounge.com; 350 N 4th Ave; ⏲12–2 Uhr) Die etwas schmuddelige, aber ungeheuer beliebte Bar hat eine riesige, runde Theke. Das Bier ist günstig, und von Donnerstag bis Sonntag gibt's Essen von Geronimo's Revenge Food Truck. Besonders beliebt ist die Bar bei Studenten, die die Livemusik am Samstagabend (und im Sommer auch sonntagnachmittags von 16 bis 19 Uhr) schätzen.

Tap & Bottle BAR
(☎520-344-8999; www.thetapandbottle.com; 403 N 6th Ave; ⏲So–Mi 12–23,Do–Sa 12–24 Uhr) Die Bar in einem Backsteingebäude hat eine fantastische Auswahl von Fassbieren, belgischen Bieren und Cocktails sowie offenen Weinen.

Monsoon Chocolate CAFÉ
(☎520-396-3189; www.monsoonchocolate.com; 234 E 22nd St; ⏲Mo–Fr 10–18, Sa 8–18, So 10–16 Uhr; 📶) In der hervorragenden Konfiserie im Süden von Tucson kann man je nach Wetterlage eine heiße mexikanische Schokolade oder eher einen Frocho (Schokoladen-Granita mit Kokossahne) genießen. Dazu gibt's dekadente (aber leckere) Mezcal-Schokolade, Schoko-Tacos und noch vieles mehr. Aber es werden auch einfaches Café-Essen und ausgezeichneter Kaffee serviert. Außerdem bekommt man vegane und glutenfreie Speisen.

Club Congress LIVEMUSIK
(☎520-622-8848; www.hotelcongress.com; 311 E Congress St; ⏰Livemusik ab 19 Uhr, Clubnächte ab 22 Uhr) Röhrenjeansträger, zersauste Hipster, in die Jahre gekommene Folk-Liebhaber und aufgebrezelte Frauen – die Klientel in Tucsons angesagtestem Club im Hotel Congress, das in Würde altert, ist bunt gemischt. Das gilt auch für die Musik, für die meistens die besten lokalen und regionalen Talente sorgen; an manchen Abenden legen auch DJs auf. Für einen Drink ohne Schnickschnack gibt's die Lobby Bar mit ihren Cocktails und den seit 1919 bestehenden Tap Room.

ℹ Praktische Informationen

Allgemeine Informationen zu Tucson erhält man im **Arizona University Visitor Center** (☎520-624-1817; www.visittucson.org; 811 N Euclid Ave; ⏰Mo–Fr 9–17, Sa & So bis 16 Uhr).

Spezifische Informationen zum Coronado National Forest, beispielsweise über die Anfahrt und die Campingmöglichkeiten, bekommt man im **Coronado National Forest Supervisor's Office** (☎520-388-8300; www.fs.usda.gov/coronado; 300 W Congress St, Federal Bldg; ⏰Mo–Fr 8–16.30 Uhr) in Downtown.

ℹ Anreise & Unterwegs vor Ort

Der **Tucson International Airport** (☎520-573-8100; www.flytucson.com; 7250 S Tucson Blvd; 📶) liegt 8 Meilen (12,8 km) südlich der Innenstadt. Sechs Fluggesellschaften lassen Direktflüge nach Chicago, Houston, Los Angeles und Seattle starten.

Greyhound (☎520-792-3475; www.greyhound.com; 801 E 12th St) fährt zehnmal täglich nach Phoenix (ab 12 US$, 2 Std.) und in andere Städte. **Flixbus** (www.flixbus.com; 1119 E 6th St, University of Arizona, 6th St Garage) bietet etwas bessere Verbindungen nach Phoenix (10 US$).

Der *Sunset Limited* von **Amtrak** (☎520-623-4442; www.amtrak.com; 400 N Toole Ave) fährt auf seinem Weg nach Los Angeles (10 Std., 3-mal/Woche) und New Orleans (36 Std., 3-mal/Woche) auch durch Tucson.

Das **Ronstadt Transit Center** (215 E Congress St, auf Höhe 6th Ave) ist die wichtigste Station für die Stadtbusse von **Sun Tran** (☎520-792-9222; www.suntran.com), die im gesamten Großraum Tucson unterwegs sind. Das Einzel-/Tageticket kostet 1,75 bzw. 4 US$ und muss bar bezahlt oder am Fahrkartenautomaten gezogen werden. Dieselben Preise gelten auch für die Straßenbahnen von **SunLink** (⏰Mo–Mi 7–22, Do & Fr 7–2, Sa 8–2, So 8–20 Uhr).

SCHARFE HOTDOGS

Im **El Guero Canelo** (☎520-295-9005; www.elguerocanelo.com; 5201 S 12th Ave; Hotdogs 3,50–4 US$, Hauptgerichte 7,75–10,50 US$; ⏰So–Do 10–22, Fr & Sa 8.30–24 Uhr) gibt's das für Tucson typische Gericht, den Sonora-Hotdog. Er ist das superleckere Ergebnis der Mischung von mexikanischer Küche mit Amerikas Hang zum Exzess. Ein mit Speck umwickeltes Würstchen im Brötchen wird mit Tomatillo-Salsa, Pintobohnen, geriebenem Käse, Mayonnaise, Ketchup, Senf, gehackten Tomaten und Zwiebeln bedeckt. Der Hotdog ist hier so beliebt, dass er noch von drei weiteren Lokalen in Tucson angeboten wird. Das El Guero Canelo hat jedoch die besten.

Rund um Tucson

Alle im Folgenden genannten Ziele sind weniger als eineinhalb Stunden Fahrt von Tucson entfernt und geben hervorragende Tagesausflüge ab.

Saguaro National Park

Saguaros (sprich: sa-*wah*-ros) stehen wie keine andere Pflanze für den Südwesten der USA, und dieser **National Park** (☎Rincon 520-733-5153, Tucson 520-733-5158, Parkinformation 520-733-5100; www.nps.gov/sagu; 7-Tage-Pass pro Auto/Motorrad/Fahrrad 20/15/10 US$; ⏰Sonnenaufgang–Sonnenuntergang) schützt eine ganze Armee dieser majestätischen, stacheligen Gesellen. Der Wüstenpark besteht aus zwei Abschnitten, die 30 Meilen (48,3 km) voneinander entfernt westlich bzw. östlich von Tucson liegen. In beiden Abschnitten – dem Rincon Mountain District im Osten und dem Tucson Mountain District im Westen – gibt's Wanderwege und Wüstenflora; wer nur Zeit für einen Parkteil hat, sollte sich für den spektakuläreren westlichen Abschnitt entscheiden.

Der größere Abschnitt ist der **Rincon Mountain District** rund 15 Meilen (24,1 km) östlich von Tucsons Downtown. Im **Red Hills Visitor Center** (☎520-733-5158; www.nps.gov/sagu; 2700 N Kinney Rd; ⏰9–17 Uhr) erhält man Infos zu Tageswanderungen, Ausritten und zum Campen im Hinterland. Fürs Campen braucht man eine Genehmigung (Stellplatz 8 US$/Tag), die man bis 12 Uhr am Tag der Wanderung eingeholt haben muss. Über den kurvenreichen **Cactus Forest Scenic Loop Drive**, eine 8 Meilen (12,9 km) lange asphaltierte Straße, auf der Autos und Fahrräder zugelassen sind, erreicht man Picknickbereiche, Startpunkte von Wegen und Aussichtspunkte.

Wanderer, die nicht viel Zeit haben, begnügen sich mit dem 1,6 km langen (hin & zurück) **Freeman Homestead Trail**, der zu einem Hain mit gewaltigen Saguaro-Kakteen führt. Ein echtes Wüstenabenteuer ist der steile und felsige, 32,2 km lange Tanque Verde Ridge Trail, der auf den Gipfel des Mica Mountain (2641 m) und zurück führt (für eine Übernachtung braucht man eine Genehmigung). Wer nicht marschieren will, kann mit dem Familienunternehmen **Houston's Horseback Riding** (☎520-298-7450; www.tucsonhorsebackriding.com; 12801 E Speedway Bvd; 2-stündiger Ausritt 80 US$/Pers.) Ausritte in den östlichen Parkabschnitt machen.

Der **Tucson Mountain District** westlich der Stadt hat eine eigene Filiale des Red Hills Visitor Center. Der **Scenic Bajada Loop Drive**, eine 6 Meilen (9,7 km) lange planierte Rundpiste durch den Kakteenwald, beginnt 1,5 Meilen (2,4 km) nördlich vom Visitor Center. Zwei kurze, leichte und lohnende Wanderungen sind der 1,3 km lange **Valley View Overlook Trail** (vom Aussichtspunkt hat man bei Sonnenuntergang einen herrlichen Ausblick) und der 800 m lange **Signal Hill Trail** mit unzähligen uralten Petroglyphen. Strapaziöser ist der empfehlenswerte 11,3 km lange **King Canyon Trail**, der 3,2 km südlich des Visitor Center nahe dem Arizona-Sonora Desert Museum beginnt. Der 800 m lange **Desert Discovery Trail**, ein Lehrpfad 1,6 km nordwestlich vom Visitor Center, ist auch für Rollstuhlfahrer geeignet. Die angegebenen Längen für alle vier Wege beziehen sich auf die gesamte Distanz hin und zurück.

Bei den mächtigen Saguaro-Kakteen spricht man übrigens von Armen, nicht von Ästen oder Zweigen, wie die Parkführer gern betonen. Angesichts der menschenähnlichen Gestalt der Pflanzen leuchtet das auch unmittelbar ein.

Saguaro-Kakteen wachsen sehr langsam: Sie brauchen fast 15 Jahre, um eine Höhe von 30 cm zu erreichen; nach 50 Jahren sind sie dann 2,13 m hoch. Und erst nach fast einem Jahrhundert entwickeln sie ihr typisches, vielarmiges Erscheinungsbild. Die beste Zeit für einen Besuch ist der April, wenn die Kakteenblüte beginnt – die hübschen, weißen Blüten sind die Staatsblume Arizonas. Im Juni oder Juli sind die Blüten den reifen, roten Früchten gewichen, die die hiesigen Natives essen. Die Fußsoldaten der Pflanzenarmee bilden die Ocotillos mit ihren spinnenartigen Ästen, die flauschigen Chollas, die an grüne Bohnen erinnernden Pencil-Chollas und Hunderte weitere Pflanzenspezies. Es ist verboten, Saguaro-Kakteen zu beschädigen oder zu entfernen!

Wohnwagen mit einer Länge von über 10,5 m und Autos mit einer Breite von mehr als 2,5 m sind auf den engen Panoramastraßen des Parks nicht zugelassen.

Westlich von Tuscon

Wer die Einsamkeit sucht, folgt dem Hwy 86 von Tuscon aus nach Westen in die Teile der Sonora-Wüste, die am dünnsten besiedelt sind. Man wird jedoch allenthalben den grün-weißen Trucks der Grenzpatrouillen begegnen. Das **Kitt Peak National Observatory** (☎520-318-8726; www.noao.edu/kpno; Hwy 86; Touren Erw./Kind 11 /7 US$; ⏲9–15.45 Uhr) etwa 75 Minuten von Tuscon entfernt beherbergt die größte Sammlung optischer Teleskope der Welt. Die Führungen dauern etwa eine Stunde. Die abendlichen Demonstrationen lohnen sich und sollten zwei bis vier Wochen im Voraus gebucht werden (Erw. 50 US$; kein Programm von Mitte Juli–Aug.) – trockene, klare Nächte ermöglichen einen atemberaubenden Blick ins All.

Tipps: warm anziehen, in Tucson volltanken (die dem Observatorium am nächsten gelegene Tankstelle ist 30 Meilen bzw. 48 km entfernt) und Kinder unter acht Jahren zu Hause lassen (sie dürfen bei den abendlichen Führungen nicht mit). Der Picknickplatz ist nachts ein beliebter Treffpunkt von Hobby-Astronomen.

Wer einfach mal alles hinter sich lassen will, sollte das riesige, exotische **Organ Pipe Cactus National Monument** (☎520-387-6849; www.nps.gov/orpi; Hwy 85; pro Auto 25 US$) an der mexikanischen Grenze besuchen. Das traumhaft schöne, unwirtliche Terrain bietet einer erstaunlich großen Zahl von Tieren und Pflanzen einen Lebensraum, darunter 28 Kaktusarten. Am wichtigsten ist natürlich der namensgebende Orgelpfeifenkaktus. Der große Säulenkaktus unterscheidet sich durch die von der Basis ausgehenden Zweige von dem häufigeren Saguaro.

Der 21 Meilen (34 km) lange **Ajo Mountain Drive** führt durch eine spektakuläre

Landschaft aus steilen, zerklüfteten Felswänden und feuerroten Steinen. Der **Twin Peaks Campground** (☎877-444-6777, Vorwahl 7302; www.recreation.gov; 10 Organ Pipe Dr; Stellplatz Zelt & Wohnmobil 20 US$) nahe dem Visitor Center hat 208 Stellplätze (Reservierung ist nicht möglich).

Südlich von Tucson

Die eindrucksvolle **Mission San Xavier del Bac** (☎520-294-2624; www.patronatosanxavier.org; 1950 W San Xavier Rd; Spenden erbeten; ⏲Museum 8.30–16.30 Uhr, Kirche 7–17 Uhr) in der San Xavier Reservation, 8 Meilen (13 km) südlich von Downtown Tucson, ist das älteste Gebäude der hispanischen Ära in Arizona. Die elegante Fassade ist eine Mischung aus maurischer und byzantinischer Architektur und weist Elemente der mexikanischen Spätrenaissance auf; das Innere der Mission ist überraschend kunstvoll geschmückt.

Bei Ausfahrt 69, 16 Meilen (25,7 km) südlich der Mission, befindet sich das **Titan Missile Museum** (☎520-625-7736; www.titanmissilemuseum.org; 1580 Duval Mine Rd, Sahuarita; Erw./Senior/Kind 10,50/9,50/7 US$; ⏲Nov.–April So–Fr 9.45–17, Sa ab 8.45 Uhr, letzte Führung 15.45 Uhr, Mai–Okt. kürzere Öffnungszeiten), eine unterirdische Anlage zum Abschuss von Interkontinentalraketen aus der Zeit des Kalten Krieges. Die informativen Führungen sind schaurig und sollten vorab gebucht werden.

Wer sich für Geschichte interessiert oder Kunsthandwerk kaufen will, sollte ins 48 Meilen (77,2 km) südlich von Tucson gelegene Dorf Tubac (www.tubacaz.com) fahren. Hier verteilen sich mehr als 100 Galerien, Ateliers und Läden um ein Presidio aus der spanischen Kolonialzeit.

Patagonia & Mountain Empire

Das Ufergebiet zwischen der Grenze zu Mexiko, den Santa Rita Mountains und den Patagonia Mountains gehört zu den schönsten Landschaften Arizonas. Die idyllische Gegend lockt Vogelbeobachter und Weinfans gleichermaßen an. Die Pfade des Schutzgebiets **Patagonia-Sonoita Creek Preserve** (☎520-394-2400; www.nature.org/arizona; 150 Blue Heaven Rd, Patagonia; 8 US$; ⏲April–Sept. Mi–So 6.30–16 Uhr, Okt.–März Mi–So 7.30–16 Uhr) sind bei Vogel- und Naturliebhabern beliebt. Die zauberhaften Weiden- und Baumwollwälder an Bächen werden von der Naturschutzorganisation Nature Conservancy verwaltet. Die Hauptzugvogelsaison dauert von April bis Ende Mai bzw. Ende August bis September.

Für einen entspannten Nachmittag mit Weinverkostung bieten sich die Dörfer **Sonoita** und **Elgin** mit ihren Weingütern nördlich von Patagonia an. In Patagonia selbst kann man dann abends eine leckere Feinschmeckerpizza im **Velvet Elvis** (☎520-394-0069; www.facebook.com/velvetelvispizza; 292 Naugle Ave, Patagonia; Pizza 12–26 US$; ⏲Do–So 11.30–20.30 Uhr; 📶) essen.

Im kleinen **Visitor Center** (☎520-394-7750; www.patagoniaaz.com; 299 McKeown Ave, Patagonia; ⏲Okt.–Mai tgl. 10–16 Uhr, Juni–Sept. Fr–So 10–16 Uhr) sind Infos über die Stadt und ihre Umgebung erhältlich.

Südöstliches Arizona

Im südlichöstlichen Arizona gibt's jede Menge Stätten, die in der Folklore des Wilden Westens legendär sind. Dazu gehören die prima erhaltene Bergwerkssiedlung Bisbee, der O. K. Corral in Tombstone und das Chiricahua National Monument mit seiner Traumlandschaft aus bizarren Steinsäulen.

Kartchner Caverns State Park

Das Wunderland aus Spitzen, Sinterwänden, Röhren, Säulen, Sinterröhrchen und anderen filigranen Formationen entwickelt sich seit 5 Mio. Jahren, wurde aber wunderbarerweise erst 1974 entdeckt. Die genaue Lage wurde dann noch weitere 25 Jahre geheim gehalten, um die Eröffnung einiger Bereiche als **Kartchner Caverns State Park** (☎Information 520-586-4100, Reservierung 877-697-2757; www.azstateparks.com/kartchner; 2980 Hwy 90; pro Auto 7 US$, Führungen Erw./Kind 23/13 US$; ⏲Ende Dez.–Mitte Mai Park 7–18 Uhr, Visitor Center 8–18 Uhr, Rest des Jahres kürzere Öffnungszeiten) vorzubereiten. Zwei Touren, die beide eindrucksvoll sind und jeweils rund 90 Minuten dauern, werden angeboten.

Die Führungen durch den Big Room werden ungefähr Mitte April eingestellt, wenn eine Kolonie weiblicher Glattnasenfledermäuse aus Mexiko hier ankommt, um in der Höhle Ende Juni ihre Jungen zu gebären. Die Fledermäuse und ihre Jungen bleiben bis gegen Mitte September hier, ehe sie in ihre Winterquartiere fliegen. Während die Fledermäuse die Höhle bewohnen, bleibt sie für das Publikum geschlossen.

Im Park gibt's einen Campingplatz (mit Hütten); der Eingang befindet sich 9 Meilen

(14,5 km) südlich der I-10 (Ausfahrt 302), abseits des Hwy 90.

Tombstone

Die Stadt, die sich selbst als „zu zäh zum Sterben“ bezeichnet, war im 19. Jh. eine blühende Bergarbeiterstadt. Der Whiskey floss in Strömen, große und kleine Streitereien wurden mit dem Revolver geklärt, vorzugsweise im berühmten O.K. Corral. Heute ist Tombstone ein nationales Wahrzeichen, wo Besucher die alten Westernhäuser bewundern, mit der Kutsche fahren und bei Schießereien zuschauen können.

Und natürlich muss man den legendären **O.K. Corral** (☎520-457-3456; www.ok-corral.com; Allen St, zw. 3rd St & 4th St; mit/ohne Schießerei 10/6 US$; ⏲10–16 Uhr) gesehen haben, wo am 26. Oktober 1881 die Schießerei zwischen den Earp-Brüdern und Doc Holliday auf der einen und den McLaurys mit Billy Clanton auf der anderen Seite stattfand. Die McClaurys, Clanton und vielen anderen Opfer der damaligen schießwütigen Zeit ruhen nun einträchtig auf dem **Boothill Graveyard** (☎520-457-3300; www.tombstoneboothillgiftshop.com; 408 Hwy 80; Erw./Kind 3 US$/frei; ⏲8–18 Uhr) am Hwy 80 nördlich der Stadt.

Unbedingt sehenswert ist auch das verstaubte **Bird Cage Theater** (☎520-457-3421; www.tombstonebirdcage.com; 517 E Allen St; Erw./Senior & Kind 14/12 US$; ⏲9–18 Uhr), das einst Tanzhalle, Saloon und Bordell war und heute voller historischer Kuriositäten ist. Darunter befindet sich auch ein Meermann. Im **Visitor Center** (☎888-457-3929; www.tombstonechamber.com; 395 E Allen St, at 4th St; ⏲Mo–Do 9–16, Fr–So 9–17 Uhr) gibt's Wanderkarten.

Bisbee

Mit ihrem altmodischen, unaufgesetzten Charme präsentiert sich die ehemalige Kupferbergbausiedlung Bisbee heute als hübscher Mix aus alternden Bohemiens, eleganten Gebäuden, opulenten Restaurants und bezaubernden Hotels. Die meisten Geschäfte befinden sich im Historic District (Old Bisbee) längs der Subway und der Main St.

Wer möchte, kann pensionierten Arbeitern, die früher in der Mine tätig waren, bei der **Queen Mine Tour** (☎520-432-2071; www.queenminetour.com; 478 Dart Rd, abseits des Hwy 80; Erw./Kind 13/5,50 US$; ⏲9–17 Uhr) unter die Erde folgen. Das Queen Mine Building gleich südlich der Downtown beherbergt das örtliche **Visitor Center** (☎520-432-3554; www.discoverbisbee.com; 478 Dart Rd; ⏲Mo–Fr 8–17, Sa & So 10–16 Uhr), welches ein geeigneter Ausgangspunkt für eine Erkundung ist. Gleich außerhalb der Stadt ist die **Lavender Pit** ein hässliches, aber eindrucksvolles Zeugnis des Tagebaus.

Übernachten kann man im **Shady Dell RV Park** (☎520-432-3567; www.theshadydell.com; 1 Douglas Rd, Lowell; Wohnwagen 105–145 US$; ⏲Sommer & Winter geschl.; ❄), einem herrlich altmodischen Trailer-Park. Die sorgsam restaurierten Airstream-Wohnwagen sind fein säuberlich abgezäunt und mit lustigen Möbeln ausstaffiert. Verdampfungskühler sorgen für kalte Luft. Im skurrilen, unterhaltsamen **Bisbee Grand Hotel** (☎520-432-5900; www.bisbeegrandhotel.com; 61 Main St; DZ/Suite ab 94/135 US$; ❄📶) kann man in einem drinnen aufgestellten Planwagen übernachten. Im gesamten Hotel wird der alte Westen mit Dekor aus viktorianischer Zeit und einem Western-Saloon wieder lebendig.

Gutes Essen findet man an der Main St; einfach selbst umschauen und im Restaurant der eigenen Wahl einkehren – alle sind gut! Feine amerikanische Kost bietet das stilvolle **Cafe Roka** (☎520-432-5153; www.caferoka.com; 35 Main St; Hauptgerichte abends 18,50–31,50 US$; ⏲Mi–Sa 17–21, So 16–20 Uhr) mit einem Vier-Gänge-Abendmenü aus Salat, Suppe, Sorbet und einer wechselnden Auswahl beliebter Hauptgerichte. Weiter die Main St hinauf lockt das **Screaming Banshee** (☎520-432-1300; www.screamingbansheepizza.net; 200 Tombstone Canyon Rd; Pizzas 14–19 US$; ⏲Mi 16–21, Do–So 11–22, So 11–21 Uhr) mit Holzofenpizza und Punk-Rock-Stil. Bars ballen sich am passend benannten Brewery Gulch am südlichen Ende der Main St.

Chiricahua National Monument

Die hoch aufragenden Felssäulen des abgeschiedenen, aber faszinierenden **Chiricahua National Monument** (☎520-824-3560; www.nps.gov/chir; 12856 E Rhyolite Creek Rd; ⏲Visitor Center 8.30–16.30 Uhr; 🐾) GRATIS in den Chiricahua Mountains sind teilweise Hunderte Fuß hoch und sehen oft aus, als wollten sie jeden Moment umkippen. Der 8 Meilen (13 km) lange **Bonita Canyon Scenic Drive** führt zum Massai Point (fast 2100 m). Dort stehen Tausende Steinsäulen an den Hängen wie eine versteinerte Armee. Es gibt zahlreiche Wanderwege; wer nur wenig Zeit hat, sollte mindestens eine halbe Meile auf dem **Echo Canyon Trail** bleiben, um sich die Grottoes anzusehen, eine umwerfende „Kathedrale" aus gigantischen Felsbrocken. Dort kann man sich eine Weile still hinlegen und dem sachtem Rauschen des Windes lauschen. Das National Monument befindet sich 36 Meilen (58 km) südöstlich von Willcox, abseits des Hwy 186/181.

UTAH

Willkommen auf der prächtigsten Spielwiese der Natur! Von den roten Tafelbergen über enge Schluchten und Pulverschneehänge bis hin zu den abschüssigen Felswegen bietet Utah ein hinreißendes und vielfältiges Terrain mit tollen Möglichkeiten zum Radfahren, Wandern und Skifahren. Das Gelände ist zudem wirklich gut zugänglich: 65 % der Landfläche sind öffentlich, und es gibt 14 Nationalparks bzw. National Monuments.

Rote Klippen, farbenfrohe Felsnadeln und eine schier endlose Sandstein-Wüste prägen den Süden; die Kiefernwälder und schneebedeckten Gipfel der Wasatch Mountains kennzeichnen den Norden Utahs. Dazwischen liegen alte Pioniersiedlungen, Stätten mit uralter Felskunst und Ruinen sowie Spuren von Dinosauriern.

Die von Mormonen geprägten ländlichen Ortschaften sind teilweise sehr ruhig und konservativ, aber die raue Schönheit lockt auch eher fortschrittlich eingestellte Outdoor-Typen an. Insbesondere Salt Lake City (SLC) und Park City besitzen deshalb auch ein munteres Nachtleben und eine ausgeprägte gastronomische Szene. Also heißt es: Wanderstiefel anziehen und reichlich Wasser mitbringen, um Utahs wildes, malerisches Hinterland zu entdecken!

Geschichte

Die frühen Pueblo-Indianer und die Fremont-Indianer waren die ersten Bewohner in der Gegend. Sie haben Spuren in Form von Felsbildern und Ruinen hinterlassen. Als die europäischstämmigen Siedler Utah in großer Zahl erreichten, lebten hier aber bereits moderne Völker: die Ute, Paiute und Navajo. In den späten 1840er-Jahren kamen die ersten Mormonen – religiöse Flüchtlinge – in die Region. Angeführt wurden sie von Brigham Young, dem zweiten Präsidenten der „Kirche Jesu Christi der Heiligen der Letzten Tage". Sie versuchten noch das letzte Fleckchen Erde in ihrem neuen Staat zu besiedeln, wie ungastlich es auch sein mochte, was unweigerlich zu Scharmützeln mit den Ureinwohnern führte – und in mehr als nur einer Geisterstadt resultierte.

Nachdem die USA das Territorium Utah von Mexiko hinzugewonnen hatten, scheiterten fast 50 Jahre lang mehrere Versuche Utahs, als Bundesstaat anerkannt zu werden, weil die Mormonen Polygamie praktizierten (sprich: Männer hatten mehrere Ehefrauen). Die Situation verschärfte sich bis 1890, als der Mormonenanführer Wilford Woodruff eine göttliche Offenbarung hatte, woraufhin die Kirche die „Vielweiberei" offiziell aufgab. 1896 wurde Utah der 45. Staat der USA. Die moderne Mormonenkirche, die Church of Jesus Christ of Latter Day Saints (LDS), hat unverändert großen Einfluss im Staat.

KURZINFOS UTAH

Spitzname Beehive State

Bevölkerung 3,16 Mio.

Fläche 219 890 km²

Hauptstadt Salt Lake City (200 591 Ew.), Großraum (1,15 Mio. Ew.)

Weitere Städte St. George (84 400 Ew.)

Verkaufssteuer 4,85 %

Geburtsort von den Entertainern Donny (1957) und Marie (1959) Osmond und Butch Cassidy (1866–1908)

Heimat der Olympischen Winterspiele 2002

Politische Ausrichtung Überwiegend konservativ

Berühmt für Mormonen, rote Canyons, Polygamie

Bestes Souvenir T-Shirt des Wasatch Brew Pub: „Polygamy Porter – Warum nur eins?"

Praktische Informationen

Utah Office of Tourism (☎ 800-200-1160; www.utah.com) Gibt den kostenlosen *Utah Travel Guide* heraus und hat mehrere Visitor Centers. Sechssprachige Website.

Utah State Parks & Recreation Department (☎ 801-538-7220; www.stateparks.utah.gov) Hat einen Guide zu den mehr als 40 State Parks (online & in Visitor Centers erhältlich).

Anreise & Unterwegs vor Ort

Der nächste Flughafen ist in Salt Lake City (S. 218). Dort landen Flugzeuge aus Mexiko,

Kanada, England, Europa sowie aus den USA. Autovermietungen gibt es in den größeren Städten und Touristenhochburgen. Der Amtrak-Zug (www.amtrak.com), der täglich zwischen Oakland, CA, (19 Std.) und Chicago (34 Std.) verkehrt, hält auch in Salt Lake City. Greyhound (www.greyound.com) fährt von Salt Lake City nach Las Vegas, NV, (8 Std.) und Denver, CO (10½ Std.).

Utah ist kein großer Bundesstaat, aber überwiegend ländlich. Wenn man nicht gerade in Salt Lake City oder Park City unterwegs ist, braucht man ein Auto. Für einen Besuch der Parks im südlichen Utah kann es günstiger sein, nach Las Vegas zu fliegen und dort ein Auto zu mieten.

Salt Lake City

Das funkelnde Salt Lake City (SLC) mit seinem blauen Himmel vor den schneebedeckten Bergen ist Utahs Hauptstadt. Die einzige Stadt Utahs mit einem internationalen Flughafen besitzt trotzdem noch eine kleinstädtische Anmutung. In der Downtown kommt man leicht zurecht; abends ist es hier ziemlich ruhig. Kaum zu glauben, dass immerhin 1,2 Mio. Menschen im Großraum wohnen! Zwar ist Salt Lake City für die Anhänger der Kirche Jesu Christi der Heiligen der Letzten Tage (LDS) so etwas wie der Vatikan – der Glaubensgemeinschaft gehört hier auch viel Land –, aber weniger als die Hälfte der Einwohner sind LDS-Mitglieder. Die Universität und der exzellente Zugang zur Natur locken sehr unterschiedliche Einwohner in die Stadt. Ein liberaler Geist herrscht in den Cafés und Yogakursen, und man sieht auch viele aufwendige Tattoos. Gourmets werden in diversen Restaurants mit internationalen Speisen und Bio-Gerichten fündig. Wen die Natur lockt, der ist gerade einmal 45 Minuten von den wundervollen Wanderwegen und Skipisten der Wasatch Mountains entfernt. Freundliche Leute, tolles Essen und Outdoor-Abenteuer – was will man mehr?

Sehenswertes & Aktivitäten

Die meisten Sehenswürdigkeiten der LDS ballen sich nahe dem Bezugspunkt der Adressen in der Stadt: der Kreuzung der Main mit der South Temple St. Die Straßen haben hier eine Breite von 40,23 m; sie wurden so konzipiert, dass ein von vier Ochsen gezogener Wagen auf ihnen wenden konnte. Mit der Freilegung des City Creek erfuhr die Downtown eine Renaissance. Östlich davon liegt der University-Foothills District mit den meisten Museen und den kinderfreundlichen Attraktionen.

Temple Square Area

Temple Square PLATZ
(www.visittemplesquare.com; Ecke S Temple St & N State St; Gelände 24 Std., Besucherzentrum 9–21 Uhr) GRATIS Die berühmteste Sehenswürdigkeit der Stadt ist ein 4 ha großer Häuserblock, der von einer 4,5 m hohen Mauer umgeben ist. Die von Mormonen geleiteten kostenlosen Führungen dauern 30 Minuten und beginnen beim Visitor Center am Eingang in der North Temple St. Außerdem stehen überall weitere Mormonen bereit, um Fragen der Besucher zu beantworten. (Dabei muss man keine Angst haben, bekehrt zu werden, es sei denn, man wünscht es.) Die Kirche ist wegen Renovierung noch bis 2024 geschlossen, doch die anderen Gebäude können besichtigt werden.

Church History Museum MUSEUM
(801-240-3310; https://history.lds.org/section/museum; 45 N West Temple St; Mo–Fr 9–21, Sa 10–18 Uhr) GRATIS Das interaktive Museum direkt neben dem Temple Sq (S. 214) zeigt eine beeindruckende Ausstellung über die Geschichte des Wilden Westens und schöne Kunstwerke.

Salt Lake Temple RELIGIÖSE STÄTTE
(801-240-2640; https://churchofjesuschristtemples.org/salt-lake-temple; 50 W North Temple St, Temple Sq) Mitten auf dem Temple Sq (S. 214) erhebt sich der knapp 64 m hohe Salt Lake Temple. Auf der höchsten Spitze der Kirche steht eine Statue des Engels Moroni, der dem Gründer der Kirche Jesu Christi der Heiligen der Letzten Tage, Joseph Smith, erschienen sein soll. Gerüchten zufolge sollen bei der Renovierung der Kirche alte Einschusslöcher in der goldenen Oberfläche entdeckt worden sein. Die Kirche und Gottesdienste sind für die Öffentlichkeit nicht zugänglich. Nur Mormonen mit gutem Leumund haben Zutritt. Die Kirche wird noch bis 2024 renoviert, um sie erdbebensicherer zu machen.

Tabernacle CHRISTLICHE STÄTTE
(www.mormontabernaclechoir.org; Temple Sq; 9–21 Uhr) GRATIS Das Auditorium von 1867 mit Kuppeldach und einer massiven Orgel mit 11 000 Pfeifen hat eine unglaubliche Akustik. Lässt man vorn eine Stecknadel fallen, ist dies ganz hinten, rund 60 m entfernt, noch zu hören. Montags bis samstags um 12 Uhr sowie sonntags um 14 Uhr finden frei zugängliche Orgelkonzerte statt.

Beehive House HISTORISCHE STÄTTE
(☎801-240-2681; www.lds.org/visitbeehivehouse; 67 E South Temple St; ⌚Mo–Sa 10–18 Uhr) GRATIS Brigham Young lebte in diesem Haus mit einer seiner vielen Frauen samt Familie während eines großen Teils seiner Amtszeit als Gouverneur des Territoriums Utah und LDS-Präsident. Das Haus kann man nur im Rahmen einer Führung besuchen, die von LSD-Angehörigen durchgeführt werden und inhaltlich verschieden ausfallen: Mal überwiegen historische Informationen, mal der Glaubenseifer.

Rund um die Innenstadt

Utah State Capitol HISTORISCHES GEBÄUDE
(☎801-538-1800; www.utahstatecapitol.utah.gov; 350 N State St; ⌚Mo–Do 7–20, Sa & So 8–18 Uhr; Visitor Center Mo–Fr 9–17 Uhr) GRATIS Das prächtige State Capitol aus dem Jahr 1916 steht zwischen 500 Kirschbäumen auf einem Hügel nördlich des Temple Sq. Im Inneren zieren bunte Wandbilder der Works Progress Administration (WPA) von Pionieren, Trappern und Missionaren einen Teil der Kuppel.

Kostenlose Führungen (Mo–Fr 9–16 Uhr stündl.) beginnen am Visitor Center im 1. Stock; Ausgangspunkt von Touren in Eigenregie ist ebenfalls das Visitor Center.

Clark Planetarium MUSEUM
(☎385-468-7827; www.clarkplanetarium.org; 110 S 400 W; Erw./Kind 9/7 US$; ⌚So–Mi 10.30–19, Do–Sa 10.30–23 Uhr) Das Planetarium präsentiert den Sternenhimmel mit modernster und großartigster 3D-Technik. Es gibt auch eine kostenlose Wissenschaftsausstellung und ein IMAX-Kino. Die Anlage befindet sich am Rand des **Gateway** (☎801-456-0000; www.shopthegateway.com; 400 W 100 S; ⌚Mo–Sa 10–21, So 12–18 Uhr), eines riesigen Einkaufszentrums mit Außengelände rund um das alte Eisenbahndepot.

University-Foothill District & Umgebung

★Natural History Museum of Utah MUSEUM
(☎801-581-6927; www.unhmu.utah.edu; 301 Wakara Way, Rio Tinto Center; Erw./Kind 3–12 J. 15/10 US$; ⌚Do–Di 10–17, Mi bis 21 Uhr; P) Die atemberaubende Architektur des Rio Tinto Centers zeigt sich insbesondere in einem mehrstöckigen „Canyon" im Inneren, in dem die Exponate ihre ganze Wirkung entfalten können. Schicht um Schicht kann man so die geschichtliche Entwicklung der Natur wie auch die der indigenen Völker erkunden. Am eindruckvollsten ist die Ausstellung *The Past Worlds*, die einem unglaubliche –

SALT LAKE CITY MIT KINDERN

Salt Lake City ist überaus kinderfreundlich. Das wunderbar interaktive **Discovery Gateway** (☎801-456-5437; www.discoverygateway.org; 444 W 100 S; 12,50 US$; ⌚Mo–Do 10–18, Fr & Sa 10–19, So 12–18 Uhr; 👪) regt die Fantasie und alle Sinne an.

Auf der **Wheeler Historic Farm** (☎385-468-1755; www.wheelerfarm.com; 6351 S 900 E; Planwagenfahrt 3 US$, Hausbesichtigung Erw./Kind 4/2 US$; ⌚Sonnenaufgang–Sonnenuntergang; 👪) GRATIS von 1898 dürfen die Kids beim Melken helfen. Im Sommer werden auch Planwagenfahrten mit dem Traktor unternommen.

Im knapp 17 ha großen **Hogle Zoo** (☎801-584-1700; www.hoglezoo.org; 2600 Sunnyside Ave; Erw./Kind 17/13 US$; ⌚März–Okt. 9–18 Uhr, Nov.–Feb. 10–17 Uhr; P 👪) leben mehr als 800 Tiere in verschiedenen Lebensräumen. Bei den täglichen Vorführungen erfahren die Kinder mehr über ihre Lieblingstiere.

Im **Tracy Aviary** (☎801-596-8500; www.tracyaviary.org; 589 E 1300 S; Erw./Kind 12/8 US$; ⌚9–17 Uhr; 👪) dürfen die kleinen Besucher den Pelikanen Fische zuwerfen und bei vielen anderen Aktionen und Vorführungen mitmachen. In dem Park leben Vögel aus der ganzen Welt.

Mit verschiedenen Gärten, einer bewirtschafteten Farm mit Streichelzoo, Golfplatz, riesigem Kino, Museum, Restaurants und Geschäften sowie einem **Schmetterlings-Biosphärengebiet** (☎801-768-2300; Erw./Kind 20/15 US$; ⌚Mo–Sa 10–20 Uhr; P 👪) hat der 22,5 ha große Thanksgiving Point in Lehi alles, was Kindern Spaß macht. Außerdem ist das dortige Museum of Ancient Life (S. 217) eines der technisch besten interaktiven Dinosauriermuseen des Staates. Lehi liegt 28 Meilen (45 km) südlich der Innenstadt von Salt Lake City. Zu erreichen ist die Stadt über die I-15 (Exit 287).

und höchst unterschiedliche! – Perspektiven auf die riesige Dinosaurier-Fossilien-Sammlung gestattet.

This is the Place Heritage Park HISTORISCHE STÄTTE
(☎801-582-1847; www.thisistheplace.org; 2601 E Sunnyside Ave; Erw./Kind 14/10 US$; ⊙10–17 Uhr; P) Der 182 ha große Heritage Park ist der Ankunft der Mormonen im Jahr 1847 gewidmet. Das Herzstück ist ein historisches Dorf, in dem kostümierte Schauspieler von Juni bis August das Leben in der Mitte des 19. Jhs. darstellen.

Im Eintrittspreis inbegriffen sind eine Fahrt mit der Touristenbahn und verschiedene Aktivitäten. Im restlichen Jahr sind nur Teile der Anlage (zu unterschiedlichen Preisen) zugänglich, von außen kann man die 50 historischen Heime jedoch jederzeit besichtigen. Teils handelt es sich um Nachbauten, teils um Originale wie beim Farmhaus von Brigham Young.

Red Butte Garden GARTEN
(www.redbuttegarden.org; 300 Wakara Way; Erw./Kind 14/7 US$; ⊙Okt.–März 9–17 Uhr, April & Sept. 9–19.30 Uhr, Mai–Aug. 9–21 Uhr; P) Das 400 ha große Gelände besteht aus Landschaftsgärten und naturbelassenen Gärten. Schöne Wanderwege in einer Gesamtlänge von 8 km ziehen sich durch das Gelände am Fuß der Wasatch-Kette. Im Sommer finden hier auch Open-Air-Konzerte statt. Genaue Infos hält die Homepage bereit. In der Nebensaison und bei Konzerten ist der Park nur bis Sonnenuntergang geöffnet.

Schlafen

Die Kettenhotels ballen sich in Downtown um die S 200 W nahe der 500 S und der 600 S; weitere liegen in Mid-Valley (abseits der I-215) und nahe des Flughafens. In Hotels der Spitzenklasse sind die Preise an den Wochenenden am niedrigsten. Das Parken in Downtown ist häufig nicht im Preis enthalten. Campingplätze und Ausweichquartiere findet man in den Wasatch Mountains.

Kimball Condominiums APARTMETBLOCK $
(☎801-363-4000; www.thekimball.com; 150 N Main St; Apt. ab 95 US$; P ❄) Die komplett ausgestatteten Apartments sind nur einen halben Block vom Temple Sq entfernt. Das Angebot reicht von älteren Studios mit Schrankbetten bis zu frisch renovierten, großen Apartments mit zwei Schlafzimmern für bis zu sechs Personen. Alle haben eine eigene Küche, und die Lage ist erstklassig. Preise auf Anfrage.

★Engen Hus B&B $$
(☎801-450-6703; www.engenhusutah.com; 2275 E 6200 S; Zi. 139–179 US$;) Das hübsche Haus liegt ideal für Ausflüge in die Berge und bietet vier Zimmer mit Flachbild-TVs und handgewebten Decken auf Massivholzbetten. Die Gastgeber kennen sich mit den örtlichen Wandermöglichkeiten aus. Brettspiele, eine Terrasse mit Whirlpool und eine Waschküche sorgen für Behaglichkeit. Auf dem Frühstücksbüfett stehen z. B. Arme Ritter mit Karamell. Ein Zimmer rollstuhlgeeignet.

★Inn on the Hill INN $$
(☎801-328-1466; www.inn-on-the-hill.com; 225 N State St; Zi. 150–260 US$; P @) Kunstvolle Holzarbeiten und Tiffany-Glas mit Maxfield-Parrish-Motiven schmücken diese weitläufige Villa im Neorenaissance-Stil von 1906. Die Gästezimmer sind klassisch und komfortabel, jedoch nicht spießig, und bieten Whirlpoolwannen sowie teilweise Kamine und Balkone. Zu den ansprechenden Aufenthaltsbereichen gehören Terrassen, ein Billardraum, eine Bibliothek und ein Speisesaal, in dem vom Chefkoch zubereitetes Frühstück serviert wird.

DeSoto Tudor HOMESTAY $$
(☎801-503-9810, 801-835-4009; www.desototudoroncapitolhill.com; 545 DeSoto St E; Suite 159 US$; ❄) Bewohner des gemütlichen Zimmers in einem Wohnhaus am Capitol Hill genießen vollen Familienanschluss. Es gibt ein ausgezeichnetes Frühstück, Drinks und Snacks in der Küche, einen eigenen Whirlpool im Freien mit Blick auf die Stadt und jede Menge nette Gespräche.

Essen

Tosh's Ramen RAMEN $
(☎801-466-7000; www.toshsramen.com; 1465 S State St; Hauptgerichte 9–15 US$; ⊙Mo–Sa 11.30–15 & 17–21 Uhr; P) Die japanischen Nudeln werden in riesigen Schüsseln mit feiner Brühe und knackigen Sprossen serviert, auf Wunsch auch mit einem pochierten Ei – wie in Japan! Dennoch sollte man noch etwas Platz für die süßen oder scharfen Chicken Wings lassen. Man muss aber früh da sein, um einen Platz in dem kleinen Lokal in einer unscheinbaren Mall zu bekommen.

Oh Mai VIETNAMESISCH $
(☎801-467-6882; www.ohmaisandwich.com; 3425 State St; Sandwiches 5–7 US$; ⊙Mo–Sa 10–21

Uhr; 🅿 ✎) Für die vietnamesischen Banh-mi-Sandwiches wird knuspriges Baguette mit Süßem und Scharfem belegt, beispielsweise mit geschmortem Schweinebauch und Jalapeños. Es gibt aber auch vegane und vegetarische Sandwiches. Das Oh Mai hat mehrere Filialen in der Stadt, doch das Original im Süden von Salt Lake City ist am authentischsten.

Over the Counter Cafe FRÜHSTÜCK $
(☎801-487-8725; www.overthecountercafe.weebly.com; 2343 E 3300 S; Hauptgerichte 5–10 US$; ⏲6.30–14 Uhr; 🅿) Das schmuddelige, kleine Lokal mit Sitznischen und Theke rund um den offenen Grill ist äußerst beliebt. Hier gibt's Pfannkuchen aus alten Getreidesorten, Arme Ritter mit frischen Heidelbeeren und Zitrone sowie riesige Schweinesteaks.

★Red Iguana MEXIKANISCH $
(☎801-322-1489; www.rediguana.com; 736 W North Temple St; Hauptgerichte 10–18 US$; ⏲Mo–Do 11–22, Fr & Sa bis 23, So 9–21 Uhr) Hier präsentiert sich Mexiko von seiner authentischsten, aromatischsten und leckersten Seite – kein Wunder, dass sich vor dem familienbetriebenen Restaurant oft Schlangen bilden! Wer sich nicht zwischen den sechs Mole-Saucen mit Chili und Schokolade entscheiden kann, fragt nach einer Kostprobe. Das unglaublich zarte *cochinita pibil* (geschmortes gezupftes Schweinefleisch) schmeckt, als wäre es tagelang weichgekocht worden.

White Horse AMERIKANISCH $$
(☎801-363-0137; www.whitehorseslc.com; 325 Main St; Hauptgerichte 10–28 US$; ⏲11–1 Uhr; 📶) Aus den vielen Alkoholika hinter der Theke werden innovative Cocktails gemixt. Dazu gibt's leckere Essen wie Wagyu-Cheeseburger mit geräuchertem Schweinebauch.

Ausgehen & Nachtleben

Das Nachtleben von Salt Lake City wird von Brauereikneipen und Bars geprägt. Hier hat niemand etwas dagegen, wenn man nur trinkt und eine Kleinigkeit dazu isst. Infos zu Livemusik in den Bars gibt's im *City Weekly* (www.cityweekly.net).

★Fisher Brewing Company BRAUEREI
(☎801-487-2337; www.fisherbeer.com; 320 W 800 S; ⏲So–Do 11–22, Fr & Sa 11–1 Uhr) Die kleine Brauerei in einem ehemaligen Autogeschäft im Granary District produziert das beste Bier der Gegend. Tony Fisher und seine Partner setzen die Tradition seines deutschen Urgroßvaters Albert Fisher fort, der die damals noch wesentlich größere A. Fisher Brewing Company von 1884 bis 1967 leitete.

NICHT VERSÄUMEN

MUSEUM OF ANCIENT LIFE

Das familienfreundliche **Museum** (☎801-768-2300; www.thanksgivingpoint.org; 3003 N Thanksgiving Way, Lehi; nur Museum Erw./Kind 20/15 US$; ⏲Mo–Sa 10–20 Uhr; 🅿 👪) verfügt über die größte Ausstellung von Dinosaurierskeletten der Welt. Die zumeist interaktiven Ausstellungen sind chronologisch angeordnet und informieren über die in aller Welt gefundenen Fossilien. Kinder können Knochen ausgraben, in den Ausstellungsstücken nach versteckten Kobolden suchen und sich im Labor als Paläontologen betätigen (Sa, gegen Aufpreis).

Beer Bar KNEIPE
(☎801-355-2287; www.beerbarslc.com; 161 E 200 S; ⏲11–1 Uhr) Mit großen Holztischen sowie über 140 Bier- und 13 Wurstsorten holt die Beer Bar ein Stück Bayern nach Salt Lake City. Die Kundschaft ist gemischt und viel informeller als in der angeschlossenen Bar X nebenan. Ein toller Ort, um sich mit Freunden zu treffen und neue Bekanntschaften zu schließen, auch wenn es hier immer recht laut ist.

Bar X COCKTAILBAR
(☎801-355-2287; www.beerbarslc.com; 155 E 200 S; ⏲Mo–Sa 16–1, So 19–1 Uhr) Diese Bar ist so schummrig beleuchtet und abgefahren, dass man kaum glaubt, dass man nur ein kleines Stück vom Temple Sq (S. 214) entfernt ist. Man macht es sich in der immer gut besuchten Bar mit einem Moscow Mule gemütlich und lauscht der Musik (Motown oder Funk) oder den Gesprächen am Nebentisch.

Jack Mormon Coffee Co KAFFEE
(☎801-359-2979; www.jackmormoncoffee.com; 82 E St; ⏲Mo–Sa 8–18 Uhr; 📶) Die beste Rösterei Utahs serviert ganz gute Espresso-Spezialitäten. Bei steigenden Temperaturen bevorzugen die Gäste aber einen Jack Frost.

☆ Unterhaltung

Die besten Clubs und Livemusik-Locations in Utah hat Salt Lake City. Infos und Tipps sind im *City Weekly* (www.cityweekly.net) zu finden. Außerdem finden das ganze Jahr über Sportveranstaltungen statt. Rund um den Temple Sq (S. 214) ist auch jede Menge klassischer Unterhaltung geboten.

THE BOOK OF MORMON, DAS MUSICAL

Singende und tanzenden Mormonen-Missionare? Am Broadway ist auch das möglich. Im Frühjahr 2011 feierte das Musical *The Book of Mormon* im Eugene O'Neill Theatre in New York City seine von der Kritik gelobte Premiere. Die heitere Satire über LDS-Missionare in Uganda stammt von den Schöpfern des Musicals *Avenue Q* und der TV-Animationsserie *South Park*. Daher ist es kein Wunder, dass das Mormonen-Musical neun Tony Awards einheimste.

Die offizielle, recht maßvolle Antwort der LDS-Kirche verzichtete auf direkte Kritik. Es wurde jedoch betont, dass das Musical vielleicht ganz unterhaltsam sei, die Schriften des Buches Mormon aber das Leben verändern könnten.

Musik

★Mormon Tabernacle Choir LIVEMUSIK
(☎801-570-0080, 801-240-4150; www.tabernaclechoir.org) Eine Vorführung des weltbekannten Mormon Tabernacle Choir gehört zum Pflichtprogramm eines Besuchs in Salt Lake City. Jeden Sonntag um 9.30 Uhr wird eine Liveshow gesendet. Von September bis November und von Januar bis Mai kann man zudem im Tabernacle (S. 214) live dabei sein. Die Proben (Do 19.30–20.30 Uhr) sind öffentlich zugänglich und kostenlos.

Garage on Beck LIVEMUSIK
(☎801-521-3904; www.garageonbeck.com; 1199 Beck St; ⌚11–1 Uhr) In der ehemaligen Autowerkstatt gibt's jedes Wochenende Livemusik im Hinterhof. Trotz Bar und Grillrestaurant sind nur wenige Parkplätze vorhanden.

Theater

Im Sommer finden Konzerte im Temple Sq (S. 214), in der **Bibliothek** (☎891-524-8200; www.slcpl.org; 210 E 400 S; ⌚Mo–Do 9–21, Fr & Sa 9–18, So 13–17 Uhr; 👪) und im Red Butte Garden (S. 216) statt. Der Salt Lake City Arts Council veröffentlicht den Event-Kalender auf seiner Website (www.slcgov.com/calendars). Tickets sind bei **ArtTix** (☎801-355-2787, 385-468-1010; www.artsaltlake.org) erhältlich.

Eccles Theatre THEATER
(☎385-468-1010; www.artsaltlake.org; 131 S Main St) Das 2016 eröffnete prachtvolle Gebäude hat zwei Theatersäle (mit jeweils 2500 Plätzen), in denen Broadway-Shows, Konzerte und andere Veranstaltungen stattfinden.

Sport

Utah Jazz BASKETBALL
(☎801-325-2500; www.nba.com/jazz; 301 S Temple St) Die Profimannschaft der Männer spielt in der **Vivint Smart Home Arena** (☎801-325-2000; www.vivintarena.com; 301 S Temple St), wo auch Konzerte stattfinden.

Real Salt Lake FUSSBALL
(☎844-732-5849; www.rsl.com; 9256 State St, Rio Tinto Stadium; ⌚März–Okt.) Die Fußballmannschaft der ersten Liga hat eine treue Fangemeinde, die ihre Spiele im **Rio Tinto Stadium** (☎801-727-2700; www.riotintostadium.com; 9256 State St, Sandy) verfolgt.

Shoppen

Der Abschnitt der Broadway Ave (300 South) zwischen 100 und 300 East St ist gesäumt von interessanten Boutiquen, Antiquitätenläden und Cafés. Salt Lake City verfügt auch über einige Kunsthandwerkerläden und Galerien, die die Traditionen der Pionierzeit in Utah fortsetzen. Die meisten sind in Block 300 der W Pierpont Ave zu finden. Sie beteiligen sich auch regelmäßig am **Craft Lake City Festival** (www.craftlakecity.com) im August.

Praktische Informationen

NOTFALL & MEDIZINISCHE VERSORGUNG

Polizei (☎801-799-3000; www.slcpd.com; 475 S 300 E; ⌚Stadtwache Mo–Fr 8–17 Uhr)

Salt Lake Regional Medical Center (☎801-350-4111; www.saltlakeregional.org; 1050 E South Temple St; ⌚Notaufnahme 24 Std.)

University of Utah Hospital (☎801-581-2121; www.healthcare.utah.edu; 50 N Medical Dr)

TOURISTENINFORMATION

Das Public Lands Information Center informiert über die öffentlich verwalteten Gebiete in der Gegend (State Parks, BLM, USFS), darunter auch den Wasatch-Cache National Forest.

Visit Salt Lake (☎801-534-4900; www.visitsaltlake.com; 90 S West Temple St, Salt Palace Convention Center; ⌚9–17 Uhr) Das Visitor Center gibt eine kostenlose Broschüre heraus und hat einen großen Souvenirshop.

Anreise & Unterwegs vor Ort

Der **Salt Lake City International Airport** (SLC; ☎801-575-2400; www.slcairport.com; 776 N Terminal Dr; 📶) ist 5 Meilen (8 km) nordwestlich der Innenstadt. Hier starten und landen zumeist Inlandsflüge, aber auch Direktflüge nach Kanada, Mexiko und Europa. **Express Shuttle** (☎801-596-1600; www.expressshuttleutah.com; Sammelbus in die Innenstadt 13–20 US$) verkehrt mit kleinen Sammelbussen zwischen Flughafen und Innenstadt.

Greyhound (☎800-231-2222; www.greyhound.com; 300 S 600 W; 📶) Bietet Busverbindungen in die gesamte USA. Im **Union Pacific Rail Depot** (www.amtrak.com; 340 S 600 W) halten täglich Züge von **Amtrak** (☎800-231-2222; www.amtrak.com; 340 S 600 W), die dann weiter nach Denver und Kalifornien fahren.

Utah Transit Authority (UTA; ☎801-743-3882; www.rideuta.com; 📶) Betreibt die Straßenbahnen zum Flughafen und in der Innenstadt. Bus 550 fährt vom Parkhaus zwischen Terminal 1 und 2 in die Innenstadt.

Park City & Wasatch Mountains

Utah ist das Paradies für Skifahrer und Snowboarder. Hier gibt's einige der besten Pisten Nordamerikas. Jedes Jahr fallen zwischen 0,75 und 1,3 m lockeren, trockenen Schnees, und man hat Tausende Hektar hochalpines Terrain zum Austoben. In den Wasatch Mountains, die hinter SLC aufragen, liegen viele Skiorte, man kann wandern, zelten und mountainbiken. Und dann ist da noch das mondäne Park City mit seiner luxuriösen Infrastruktur und dem berühmten Filmfestival.

Skiresorts bei Salt Lake City

Durch den Einfluss des Great Salt Lake bekommen diese Resorts fast doppelt so viel Schnee ab wie Park City. Die vier Resorts liegen 30 bis 45 Meilen (48–72 km) östlich von SLCs Downtown am Ende zweier Canyons. Im Sommer locken die Wander- und Radwege, die von den Canyons ausgehen.

Aktivitäten

★Alta WINTERSPORT
(☎801-359-1078; www.alta.com; Little Cottonwood Canyon; Tagespass Skilift Erw./Kind 116/60 US$) Eingefleischte Skifahrer pilgern nach Alta am höchsten Punkt des Tals. Hier sind keine Snowboarder zugelassen, deswegen halten sich die Schneedecke und präparierte Pisten länger. Weite Pulverschneehänge, Schluchten, steile Abfahrten und Lichtungen wie **East Greeley**, **Devil's Castle** und **High Rustler** tragen zur Bekanntheit des Resorts bei. Achtung: Es ist möglich, dass man nie wieder woanders Ski fahren möchte!

★Snowbird WINTERSPORT
(☎800-232-9542; www.snowbird.com; Hwy 210, Little Cottonwood Canyon; Tagesticket Skilift Erw./Kind 125/60 US$) Das größte und betriebsamste der Resorts bietet tolle Wintersportbedingungen mit steilen Pisten und tiefem Schnee. Im Sommer gelangt man mit Liften zu zahlreichen Wanderwegen. Die Pendelbahn fährt das ganze Jahr über.

Solitude WINTERSPORT
(☎801-534-1400; www.skisolitude.com; 12000 Big Cottonwood Canyon Rd; Tagesliftkarte Erw./Kind 109/75 US$) Das exklusive Dorf im europäischen Stil liegt mitten in einem ausgezeichneten Skigebiet. Das **Nordic Center** (☎801-536-5774; www.solitudemountain.com/winter-activities/nordic-skiing-nordic-center; Tageskarte Erw./Kind 20/15 US$; ⏱Dez.–Mitte April 8.30–16.30 Uhr) bietet Langlauf im Winter und Bergwandern im Sommer.

Brighton WINTERSPORT
(☎801-532-4731; www.brightonresort.com; 8302 Brighton Loop Rd; Tagespass Skilift Erw./Kind unter 11 Jahren 94 US$/ frei) Brighton ist bei lässigen Herumtreibern und Snowboardern beliebt, davon sollte man sich aber nicht abschrecken lassen. Das kleine Resort, in dem viele Einheimische das Skifahren lernen, ist noch immer eine gute Wahl für Anfänger, vor allem für Snowboarder.

Park City

Bei Schneefall wirkt die Main Street mit ihren 100 Jahre alten Gebäude wie die real gewordene Landschaft einer Schneekugel. Die frühere Silberminenstadt, die Boom und Pleite erlebte, ist heute eine schöne Ortschaft mit Eigentumswohnungen und Villen, die sich über die Täler verteilen. Utahs beste Wintersportadresse hat fabelhafte Restaurants und kulturelle Angebote. Seit kürzlich das angrenzende Canyons Resort angeschlossen wurde, ist Park City der größte Skiort in Nordamerika.

Park City wurde international bekannt, als bei den Olympischen Winterspielen von 2002 die Slalom-, Riesenslalom- und Rodelwettbewerbe hier ausgetragen wurden. Heute befindet sich das permanente Trainingszentrum des US-amerikanischen Skiteams in Park City. Meist schneit es bis Mitte April.

Im Sommer überwiegen die Einheimischen, die sich auf den Wanderwegen und Mountainbike-Trails zwischen den nahen Gipfeln tummeln. Von Juni bis August lie-

GIBT ES IN UTAH IRGENDWO ALKOHOL?

Ja,es gibt durchaus Alkohol in Utah. Obwohl viele der außergewöhnlichen Gesetze immer noch in Kraft sind, werden sie in den letzten Jahren doch etwas lässiger gehandhabt, und die einstigen Privatclubs sind verschwunden. Einige Regeln sind jedoch zu beachten:

➡ Die wenigsten Restaurants haben eine Lizenz für Hochprozentiges. Die meisten schenken nur Bier und Wein aus. Wer etwas trinken möchte, muss auch Essen bestellen.

➡ Minderjährige haben keinen Zutritt in Bars.

➡ Mischgetränke und Wein gibt's erst ab mittags, Bier mit 4% Alkohol schon ab 10 Uhr. Flaschenbier mit mehr Alkohol bekommt man nur in ein paar Bars und Restaurants und in den meisten Brauereien.

➡ Mischgetränke dürfen nur maximal 42,5 g primären Alkohol oder 70,8 g Alkohol insgesamt (mit sekundärem Alkohol) enthalten. Deshalb sind auch kein Long Island Iced Tea und keine doppelten Schnäpse erhältlich.

➡ Alkohol in Flaschen darf nur in den staatlichen Spirituosengeschäften verkauft werden, Bier mit 4% Alkohol und Malzgetränke auch in Lebensmittel- und Gemischtwarenläden. Die staatlichen Geschäfte sind nur von Montag bis Samstag geöffnet.

gen die Temperaturen durchschnittlich bei über 20 °C; die Nächte sind kühl. Im Frühjahr und Herbst ist es oft regnerisch und trist. Die Resort-Einrichtungen, die schon im Sommer gegenüber dem Winter eingeschränkt sind, machen in dieser Zeit komplett dicht.

Sehenswertes

★ Utah Olympic Park FREIZEITPARK

(☎ 435-658-4200; www.utaholympiclegacy.org; 3419 Olympic Pkwy; Museum frei, Erlebnis-Tagespass Erw./Kind 80/55 US$; ⏲ 9–18 Uhr, Touren 11–16 Uhr) Während der Winterolympiade 2002 fanden hier die Wettbewerbe im Skisprung, Bob, Skeleton, in der nordischen Kombination und im Rodeln statt. Bis heute werden im Olympiapark nationale Wettkämpfe ausgetragen. Es gibt Skisprungschanzen von 10, 20, 40, 64, 90 und 120 m Höhe sowie eine Rodel- und Bobbahn. Das US-amerikanische Skiteam trainiert hier das ganze Jahr über. Im Sommer landen Freestyler in einem blubberndem Pool und die Skispringer auf einem mit Plastik überzogenen Abhang. Die Trainingszeiten erfährt man telefonisch; das Zuschauen ist kostenlos.

★ Park City Museum MUSEUM

(☎ 435-649-7457; www.parkcityhistory.org; 528 Main St; Erw./Kind 12/5 US$; ⏲ Mo–Sa 10–19, So 12–18 Uhr) Das gut konzipierte, interaktive Museum widmet sich den geschichtlichen Highlights der Stadt als boomendes Zentrum des Bergbaus, als Hippie-Treff und als erstklassiges Wintersportresort. Es gibt faszinierende Exponate zum ersten unterirdischen Skilift der Welt, einen echten Kerker im Untergeschoss und eine 3D-Karte, die die Minenschächte unter dem Berg zeigt.

Aktivitäten

Natürlich steht Skifahren hier an erster Stelle, doch es sind auch jede Menge anderer Aktivitäten im Winter und Sommer möglich. Die meisten Veranstalter haben ihren Sitz in den Orten Canyons (S. 221), Park City Mountain (S. 220) und Deer Valley.

Deer Valley WINTERSPORT, ABENTEUERSPORT

(☎ 435-649-1000, Schneemobilfahren 435-645-7669; www.deervalley.com; 2250 Deer Valley Dr; Tageskarte Skilift Erw./Kind 169/105 US$, Gondelfahrt hin & zurück 22 US$; ⏲ Schneemobilfahren 9–17 Uhr) In diesem Resort der Superlative wird man richtig verwöhnt, weil an alles gedacht wurde: von Taschentuchspendern am Fuß der Hänge bis zu Personal, das sich um die Skier kümmert. Bei den Olympischen Winterspielen 2002 wurden hier die Slalom- und Freestyle-Wettbewerbe ausgetragen; das Resort ist zudem berühmt für seine erstklassigen Restaurants, den erlesenen Service und die gepflegten, nicht überfüllten Hänge.

Park City Mountain Resort WINTERSPORT, ABENTEUERSPORT

(☎ 435-649-8111; www.parkcitymountain.com; 1345 Lowell Ave; Liftticket Erw./Kind 156/100 US$; 👪) Von Snowboardern bis zu Eltern mit Kleinkindern tummeln sich alle beim Skifahren im Park City Mountain Resort, dem Austragungsort der olympischen Snowboard- und Riesenslalom-Wettbewerbe. Das familienfreundliche Gelände ist gut erreichbar, da es direkt über der Downtown aufragt.

Canyons Village at Park City WINTERSPORT, ABENTEUERSPORT
(☎435-649-5400; www.parkcitymountain.com; 4000 Canyons Resort Dr; Liftticket Erw./Kind 156/100 US$) Mit Verbesserungsmaßnahmen, die einen zweistelligen Millionenbetrag kosteten, strebt das jetzt mit dem Park City Mountain Resort (S. 220) verschmolzene Canyons Village nach Erneuerung. Zu diesen gehören der erste „Bubblelift“ Nordamerikas (ein Sessellift mit umschlossenen Kabinen und Sitzheizung), weitere Serviceleistungen, neue Trails für Fortgeschrittene auf 121 ha Fläche und der Ausbau der Schneekanonen-Kapazitäten. Das Resort erstreckt sich nun über neun mit Espen bewachsene Gipfel 4 Meilen (6,4 km) außerhalb der Stadt nahe dem Freeway.

Feste & Events

Sundance Film Festival FILMFESTIVAL
(☎888-285-7790; www.sundance.org/festival; ⏲Ende Jan.) Independent-Streifen, ihre Macher, Filmstars und Fans lassen die Stadt Ende Januar zehn Tage lang aus allen Nähten platzen. Pässe, Festival-Pauschalangebote und die wenigen Einzeltickets sind schon weit im Voraus ausverkauft. Lange vorher planen!

Schlafen

Von Mitte Dezember bis Mitte April ist hier Hauptsaison. Dann gilt zumeist eine Mindestaufenthaltsdauer. Besonders teuer ist es über Weihnachten, Neujahr und während des Sundance Film Festival. Außerhalb der Saison fallen die Preise dann oft um die Hälfte oder noch weiter. Wer sich ins Nachtleben stürzen will, muss im alten Ort bleiben. Das komplette Verzeichnis der Apartments, Hotels und Resorts in Park City ist unter www.visitparkcity.com zu finden.

Park City Hostel HOSTEL $
(☎435-731-8811; www.parkcityhostel.com; 1781 Sidewinder Dr; B/Zi. mit Gemeinschaftsbad ab 45/90 US$; P ❄ 📶) Das Hostel ist praktisch die einzige Budgetunterkunft der Stadt. Die Gäste treffen sich im holzgetäfelten Gemeinschaftsraum im Erdgeschoss oder bei der wöchentlichen Grillparty auf der Dachterrasse. Es gibt Schlafsäle (gemischt oder nur für Frauen) mit sechs Betten und Gästezimmer mit Gemeinschaftsbad. Außerdem werden Rad- und Kneipentouren organisiert.

Newpark Resort HOTEL $$
(☎435-649-3600; www.newparkresort.com; 1476 Newpark Blvd; Zi. ab 175 US$; P ❄ 📶 🏊) Das schicke Hotel befindet sich in einem großen Einkaufszentrum. Es punktet mit Fußbodenheizung und erhöhten Betten mit Daunendecken. Außerdem verfügen die Zimmer über Holzmöbel, Flachbildfernseher und Kaffeemaschine, teilweise auch Küchen. Es gibt einen Swimmingpool und Whirlpool, aber kein Frühstück.

Peaks Hotel HOTEL $$
(☎435-649-5000; www.parkcitypeaks.com; 2346 Park Ave; DZ/Suite 219–319 US$; P ❄ @ 📶 🏊) Neben komfortablen, modernen Zimmern gehören ein beheiztes Außenbecken, ein Whirlpool, ein Restaurant und eine Bar zum Programm. In der Nebensaison gibt's tolle Angebote. Von Dezember bis April ist Frühstück im Preis inbegriffen.

★**Washington School House** BOUTIQUEHOTEL $$$
(☎435-649-3800; www.washingtonschoolhouse.com; 543 Park Ave; Zi. 1000 US$; ❄ 📶 🏊) Unter der Leitung des Architekten Trip Bennett wurde das Schulhaus aus Kalksandstein von 1898 in ein luxuriöses Boutiquehotel mit zwölf Suiten verwandelt. Man fragt sich allerdings, ob die Kinder sich hier tatsächlich auf den Unterricht konzentrierten oder lieber durch die knapp 3 m hohen Fenster auf die Berge hinausblickten. Von Mai bis November kostet ein Zimmer nur 405 US$.

Essen

Park City ist bekannt für ausgezeichnete gehobene Gastronomie – eine Mahlzeit zu vernünftigen Preisen ist hier viel schwerer zu finden. In den Skiresorts gibt's in der Saison viele Gelegenheiten zum Essen. In den Spitzenrestaurants muss man im Winter fürs Abendessen reservieren. Von April bis Ende November haben die Restaurants verkürzte Öffnungszeiten; viele sind auch für längere Zeit, vor allem im Mai, ganz geschlossen.

Five5eeds FRÜHSTÜCK $
(☎435-901-8242; www.five5eeds.com; 1600 Snow Creek Dr; Hauptgerichte 10–16 US$; ⏲7.30–15 Uhr; P 📶 🖋) In dem australischen Café gibt's das beste Frühstück der Stadt: Eggs Benedict mit scharfem Pulled Pork, gebratene Eier nach marokkanischer Art und hervorragende vegetarische Gerichte. Der Kaffee ist gut und stark.

Vessel Kitchen CAFÉ $
(☎435-200-8864; www.vesselkitchen.com; 1784 Uinta Way; Hauptgerichte 9–15 US$; ⊙11–21 Uhr; 🅿🍃👪) Die Cafeteria im Einkaufszentrum ist bekannt für gute, schnelle Snacks. Bei Kombucha vom Fass, Toast mit Avocado, Wintersalaten und Eintöpfen ist für jeden etwas dabei, auch für Kinder. Auf der Speisekarte stehen aber auch geschmortes Rindfleisch mit Süßkartoffelbrei und Forelle mit Miso und Kürbis-Spaghetti.

Cortona Italian Cafe ITALIENISCH $$
(☎435-608-1373; www.cortonaparkcity.com; 1612 Ute Blvd; Hauptgerichte 19–32 US$; ⊙Di–Sa 17–20.30 Uhr) Das kleine, stimmungsvolle italienische Restaurant liegt weitab der Hauptstraße, lockt aber mit frischen, toskanisch inspirierten Nudelgerichten. Highlights der beeindruckenden Speisekarte sind Lasagne und Fettucine mit Fleischbällen, die aber beide im Voraus bestellt werden müssen. Alles andere wird frisch zubereitet – das kann schon mal bis zu 30 Minuten dauern, doch das Warten lohnt sich. Reservieren!

★ **Riverhorse on Main** AMERIKANISCH $$$
(☎435-649-3536; www.riverhorseparkcity.com; 540 Main St; Hauptgerichte 42–92 US$; ⊙17–21 Uhr; 🍃) Die Küche ist bodenständig und exotisch zugleich und bietet Köstlichkeiten wie Krabbenküchlein, gefüllten Eichelkürbis und Heilbutt mit Macadamia-Kruste. Es gibt auch eine rein vegetarische Speisekarte. Ein deckenhohes Fenster und die schicke, moderne Einrichtung sorgen für eine stilvolle Atmosphäre. Unbedingt im Voraus reservieren!

🍷 Ausgehen & Nachtleben

Das Nachtleben spielt sich vor allem in der Hauptstraße ab. Im Winter ist hier jeden Abend was los, außerhalb der Saison nur am Wochenende. Viele Restaurants haben auch eine gute Bar, z. B. das **Squatters** (☎435-649-9868; www.squatters.com; 1900 Park Ave; Burger 10–16 US$, Hauptgerichte 11–24 US$; ⊙So–Do 8–22, Fr & Sa 8–23 Uhr; 🅿📶🍃) und der **Wasatch Brew Pub** (☎435-649-0900; www.wasatchbeers.com; 250 Main St; Hauptgerichte 10–25 US$; ⊙Mo–Fr 11–22, Sa & So 10–22 Uhr; 📶). Noch mehr los ist in der Altstadt.

★ **High West Distillery** BAR
(☎435-649-8300; www.highwest.com; 703 Park Ave; ⊙11–21 Uhr, Führungen 13 & 14.30, Mo–Do auch 11.30, Fr–So 13 & 14.30 Uhr) Die ehemalige Fahrzeugvermietung und Oldtimer-Werkstatt ist nun der angesagteste Nachtclub von Park City. In die von einem Biochemiker gegründete Brennerei kann man auch auf Skiern einfahren und den legendären Bourbon oder Roggenwhiskey probieren. Die sehr guten Führungen durch die Brennerei sind kostenlos.

Spur BAR
(☎435-615-1618; www.thespurbarandgrill.com; 352 Main St; ⊙10–1 Uhr) Hier gibt's jeden Abend Livemusik (Rock, Folk, Blues und Elektronik). Die Musik spielt im Erdgeschoss im Hinterzimmer, und von der Terrasse im Obergeschoss blickt man direkt auf die Hauptstraße.

ℹ Praktische Informationen

Visitor Information Center (☎435-658-9616; www.visitparkcity.com; 1794 Olympic Pkwy; ⊙9–18 Uhr; 📶) Riesiges Visitor Center mit Kaffeebar, Terrasse und Traumausblick auf die Berge beim **Olympic Park** (S. 220). Online gibt es Guides für Besucher.

ℹ Anreise & Unterwegs vor Ort

Das Zentrum von Park City liegt 5 Meilen (8 km) südlich der Ausfahrt 145 von der I-80, 32 Meilen (51,5 km) östlich von Salt Lake City und 40 Meilen (64,4 km) entfernt vom **Salt Lake City International Airport** (S. 218).

Bus 902 (☎801-743-3882; www.rideuta.com; einfache Strecke 4,50 US$) verkehrt im Winter mehrmals täglich zwischen Salt Lake City und Park City. Die private **Canyon Transportation** (☎801-255-1841; www.canyontransport.com; Sammelbus nach Park City Erw./Kind 41/28 US$) fährt mit kleinen Sammelbussen von den Bergorten zum Flughafen, übernimmt Transfers von Ort zu Ort und verleiht Jeeps.

Der ausgezeichnete und kostenlose **öffentliche Nahverkehr** (☎435-615-5350; www.parkcity.org/departments/transit-bus; 558 Swede Alley; ⊙7–24 Uhr) deckt den größten Teil von Park City und die drei Skiorte ab. So ist hier kein eigenes Fahrzeug erforderlich.

Nordöstliches Utah

Das nordöstliche Utah ist ein wildes Hochland. Große Teile von ihm liegen mehr als 1500 m über dem Meeresspiegel. Die meisten Traveller kommen wegen des Dinosaur National Monument, man findet aber in der Gegend noch weitere Stätten mit Dinofossilien und Museen sowie Ruinen und Felskunst der antiken Fremont-Kultur. In der Nähe der Grenze zu Wyoming locken die

Uinta Mountains und die Flaming Gorge Forellenangler und Naturfreunde an.

Vernal

Als die Stadt, die dem Dinosaur National Monument am nächsten liegt, begrüßt Vernal Besucher standesgemäß mit einem großen rosaroten Dino. Der informative Film, die interaktiven Exponate, die Videos und die riesigen Fossilien im **Utah Field House of Natural History State Park Museum** (☎435-789-3799; www.stateparks.utah.gov/utah-field-house; 496 E Main St; Erw./Kind 7/3,50 US$; ⏲Juni–Aug. 9–19 Uhr, Sept.–Mai bis 17 Uhr; 👪) sind eine wunderbare Einführung in die Dinowelt Utahs.

Don Hatch River Expeditions (☎435-789-4316, 800-342-8243; www.donhatchrivertrips.com; 221 N 400 E; Tagestour Erw./Kind 119/99 US$; ⏲Mai–Sept.), die sich vor Kurzem mit OARS zusammengeschlossen haben, bieten verschiedene Touren in der Stadt und in die Region an, die zwischen einem Tag und fünf Tagen dauern.

Das **Dinosaur Inn** (☎435-315-0123; www.dinoinn.com; 251 E Main St; Zi. ab 80 US$; P❄📶🏊) ist wesentlich gemütlicher und freundlicher als die vielen Kettenhotels, die in der Hauptstraße zu finden sind. Dabei ist das **Holiday Inn Express & Suites** (☎435-789-4654; www.ihg.com; 1515 W Hwy 40; Zi. 121–162 US$; ❄📶🏊) zumindest etwas nobler als seine Konkurrenten. Zum Abendessen empfiehlt sich das ausgezeichnete Pub der **Vernal Brewing Company** (☎435-781-2337; www.vernalbrewingcompany.com; 55 S 500 E; Hauptgerichte 12–28 US$; ⏲Mo–Do 11.30–20, Fr & Sa 11.30–21 Uhr; P📶).

Dinosaur National Monument

Mit dem **Dinosaur National Monument** (☎435-781-7700; www.nps.gov/dino; 11625 E 1500 S, Jensen; 7-Tage-Pass pro Fahrzeug/Motorrad/Fußgänger 25/20/15 US$; ⏲24 Std.) beiderseits der Grenze zwischen Utah und Colorado wurde 1909 ein riesiges Feld mit Dinosaurierfossilien entdeckt. Auch wenn die Abschnitte beider Bundesstaaten wunderschön sind, ist es doch Utah, das mit den Knochen aufwarten kann. Äußerst sehenswert ist das **Quarry Exhibit** (www.nps.gov/dino; Fahrzeug 20 US$; ⏲Memorial Day–Labor Day 8–19 Uhr, restliches Jahr 8–16.30 Uhr), eine eingezäunte, teilweise freigelegte Felswand, in der mehr als 1600 Knochen stecken. Im Sommer fahren Shuttle-Busse zum Steinbruch selbst, der 15 Meilen (24 km) nordöstlich des **Quarry Visitor Center** (☎435-781-7700; www.nps.gov/dino/planyourvisit/quarry-exhibit-hall.htm; 11625 E 1500 S, Jensen; Fahrzeug 25 US$; ⏲Ende Mai–Mitte Sept. 8–17.30 Uhr, Mitte Sept.–Mitte Mai 9–17 Uhr) in Vernal am Hwy 149 liegt. Außerhalb der Saison muss man in einem von einem Ranger geleiteten Konvoi fahren.

Unterhalb des Parkplatzes beginnt der 3,5 km lange Rundweg Fossil Discovery Trail, der zu einer Ansammlung riesiger Oberschenkelknochen im Felsen führt. Wer mehr über diese einzigartigen Fossilien erfahren möchte, kann auch an einer von einem Ranger geführten Wanderung teilnehmen.

Die **Canyon Area** in Colorado, 30 Meilen (48 km) weiter östlich außerhalb von Dinosaur, CO, beherbergt das zentrale **Visitor Center** (☎970-374-3000; 4545 E Hwy 40; ⏲Mai–Sept. 8–17 Uhr, Sept.–Mai 9–17 Uhr) des Monuments und bietet einige eindrucksvolle Aussichtspunkte. Wegen der höheren Lage ist dieser Teil jedoch aufgrund von Schnee bis ins späte Frühjahr nicht zugänglich. In beiden Abschnitten gibt es verschiedene Wanderwege, informative Autorouten, Zugang zum Green und Yampa River sowie Campingplätze (8–15 US$/Stellplatz).

Flaming Gorge National Recreation Area

Der nach seinen feuerroten Sandsteinfelsen benannte Park erstreckt sich über 600 km an der Küste entlang und gehört zum Flusssystem des Green River. Das Resort **Red Canyon Lodge** (☎435-889-3759; www.redcanyonlodge.com; 2450 W Red Canyon Lodge, Dutch John; Hütte für 2/4 Pers. ab 169/179 US$; 📶🐾) ermöglicht Aktivitäten wie Fliegenfischen, Rudern, Rafting und Reiten. Die hübschen rustikalen Hütten haben keinen Fernseher. Dafür gibt's WLAN im Restaurant. Das **Nine Mile Bunk & Breakfast** (☎435-637-2572; www.9mileranch.com; 9 Mile Canyon Rd; Zi. ohne/mit Bad ab 80/90 US$, Hütte mit Gemeinschaftsbad 60–95 US$, Stellplatz 15 US$; ⏲April–Nov.) bietet Themenzimmer, eine Blockhütte und Campingplätze. Außerdem werden Touren in den Canyon organisiert.

Über öffentliche Campingplätze informieren die **USFS Flaming Gorge Headquarters** (☎435-784-3445; www.fs.usda.gov/ashley; 25 W Hwy 43, Manila; Park-Tagesgebühr 5 US$; ⏲Mo–Fr 8–17 Uhr). Das Gebiet liegt auf einer Höhe von 1841 m, sodass die Sommer hier angenehm sind.

Moab & Südöstliches Utah

In dieser felsigen, zerklüfteten und von Wüste geprägten Ecke des Colorado-Plateaus erlebt man die elementare Schönheit der Erde. Abgesehen von wenigen, mit Kiefern bedeckten Bergen gibt es kaum Vegetation, die das eindrucksvolle Wirken von Zeit, Wasser und Wind verdeckt. Hier finden sich die Tausenden roten Felsbogen im Arches National Park, die Flusscanyons mit ihren nackten Felswänden vom Canyonlands National Park bis zum Lake Powell und die hinreißenden Monolithe und Mesas des Monument Valley. Das Städtchen Moab ist der beste Ausgangspunkt für Outdoor-Abenteuer wie Jeeptouren, spannende Wildwasserfahrten und andere geführte Touren aller Art. Die Massen völlig hinter sich lassen kann man bei Touren zu den Stätten antiker Felskunst und zu den Siedlungen der frühen Pueblo-Indianer, die sich kilometerweit über abgelegenes und unerschlossenes Land verteilen.

Green River

Die „Wassermelonenhauptstadt der Welt" ist eine gute Basis für Raftingabenteuer auf dem gleichnamigen Fluss und dem Colorado. Der legendäre einarmige Bürgerkriegsveteran, Geologe und Ethnologe John Wesley Powell nahm die beiden Flüsse 1869 und 1871 als Erster in Augenschein. Im **John Wesley Powell River History Museum** (☎ 435-564-3427; www.johnwesleypowell.com; 1765 E Main St; Erw./Kind 6/2 US$; ⏲ April–Okt. Mo–Sa 9–19, So 12–17 Uhr, Nov.–März 9–17 Uhr) kann man mehr über seine fantastischen Reisen erfahren, zudem beherbergt es das hiesige Visitor Center.

Holiday River Expeditions (☎ 435-564-3273, 800-624-6323; www.bikeraft.com; 10 Holiday River St; Tagestour 210 US$; ⏲ Mai–Sept. 8–17 Uhr)

BEARS EARS NATIONAL MONUMENT

Als Präsident Barack Obama im Dezember 2016 **Bears Ears** (www.fs.fed.us/visit/bears-ears-national-monument) als National Monument auswies, stellte er eine Landschaft von 5470 km² unter staatlichen Schutz. Sie ist voller uralter Felsenwohnungen, Ponderosakiefernwälder, 4000 Jahre alter Felszeichnungen, Mesas, Canyons und grandioser Felsformationen. Doch schon im Dezember 2017 verkleinerte Präsident Donald Trump den Park um satte 85 % auf nur noch 817 km². Gleichzeitig verkleinerte er das Grand Staircase-Escalante National Monument (S. 232) auf knapp die Hälfte, sodass es jetzt nur noch 4062 km² groß ist.

Umweltschützer befürchteten schwere ökologische Schäden durch diese Maßnahmen, da Trump sich auch bemühte, neue Arbeitsplätze in der fossilen Energieindustrie zu schaffen. Durch die Lockerung der Umweltschutzbestimmungen wird die Genehmigung neuer Bergbau- und Erschließungsprojekte deutlich erleichtert. Um dies zu verhindern, wurden mehrere Klagen auf Bundesebene eingereicht.

An seinem ersten Tag im Amt forderte Präsident Joe Biden eine Überprüfung der Verkleinerung des Monuments, und im Oktober 2021 stellte er die Grenzen von 2016 wieder her. Zudem behielt er die von Trump an anderer Stelle hinzugefügten zusätzlichen 44,5 km² bei, wodurch das Schutzgebiet auf über 5500 km² anwuchs. .

Das Bears Ears National Monument wurde ursprünglich auf Antrag von fünf Stämmen der amerikanischen Ureinwohner geschaffen. Die Navajo, Hopi, Zuni, Ute Mountain und Ute Indian erhofften sich dadurch den Erhalt der archäologischen Stätten, die bis zu 8500 Jahre alt sind. Tatsächlich werden die Stätten immer wieder verwüstet und zerstört.

Zu den einzigartigen Wahrzeichen des Nationalparks gehören die **Bears Ears Buttes**, **Cedar Mesa**, **White Canyon**, **San Juan River**, **Indian Creek**, **Comb Ridge**, **Goosenecks State Park** (☎ 435-678-2238; www.stateparks.utah.gov; Rd 316; Fahrzeug 5 US$, Campingplatz 10 US$; ⏲ 24 Std.) und **Valley of the Gods** (www.blm.gov). Wie schon David Roberts in *In Search of the Old Ones* schrieb, handelt es sich dabei um erstklassige Naturschätze.

Das **Bears Ears Education Center** (☎ 435-672-2402; www.friendsofcedarmesa.org/bears-ears-center; 567 W Main St; ⏲ März–Nov. Do–Mo 9–17 Uhr) in Bluff wurde gegründet, um den Besuchern die Bedeutung des Respekts vor der Natur und der Kultur der amerikanischen Ureinwohner nahezubringen. Ausführliche Infos sind auf www.friendsofcedarmesa.org und www.bearsearscoalition.org zu finden.

organisiert eintägige Raftingtouren im Westwater Canyon und mehrtägige Exkursionen. Wanderer sollten mit dem einfachen **Little Wild Horse Canyon** (www.utah.com/little-wild-horse-canyon) beginnen. Die Skyfall Guestrooms sind drei farbenfrohe Zimmer am Fluss, die jeweils nach einer der einzigartigen geologischen Formationen der Gegend gestaltet sind. Das **Robbers Roost Motel** (☎435-564-3452; www.rrmotel.com; 325 W Main St; Zi. ab 53 US$; P❄📶🐾) ist ein günstiger, angenehmer Familienbetrieb. Alternativen sind der **Green River State Park Campground** (☎800-322-3770; www.reserveamerica.com; Green River Blvd; Stellplatz Zelt & Wohnmobil 35 US$, Hütte 75 US$) oder eines der zahllosen Kettenmotels an der Kreuzung von W Main St (Business 70) mit der I-70.

Einheimische und Besucher lassen sich in **Ray's Tavern** (☎435-564-3511; www.facebook.com/raystavern; 25 S Broadway; Gerichte 9–28 US$; ⏲11–21.30 Uhr, 📶), der hiesigen Kneipe, Hamburger und frische Pommes schmecken. Green River liegt 182 Meilen (293 km) südöstlich von Salt Lake City und 52 Meilen (84 km) nordwestlich von Moab. Hier hält der täglich verkehrende *California Zephyr* von **Amtrak** (☎800-872-7245; www.amtrak.com; 250 S Broadway) nach Denver, CO (ab 62US$, 10¾ Std.).

Moab

Nach einem staubigen Tag unterwegs lockt Moab, das Basislager der Abenteuer-Aktivitäten im südlichen Utah, mit Whirlpools im Freien und Kneipenkost. Die Massen strömen herbei, um sich in Utahs Freizeithauptstadt zu vergnügen. Von Wanderern bis zu Geländewagenfahrern geben sich alle dem Erholungskult hin.

Von März bis Oktober ist das Städtchen überlaufen. Die Auswirkungen all der vielen Menschen, Fahrräder und Geländewagen auf die fragile Ökologie der Wüste ist ein ernsthaftes Problem. Die hiesigen Menschen lieben das Land, auch wenn sie sich nicht unbedingt darüber einig sind, wie es geschützt werden sollte. Wem der starke Verkehr auf die Nerven geht, der kann praktisch im Nu in die weite Wüste verschwinden.

Aktivitäten

★Canyonlands Field Institute TOUREN
(☎435-259-7750; www.cfimoab.org; 1320 S Hwy 191; ⏲Mo–Fr 8.30–16.30 Uhr) Die gemeinnützige Organisation verwendet die Einnahmen aus ihren Touren für Outdoor-Trainingsprogramme für Jugendliche und die Ausbildung lokaler Führer. Im Sommer werden auch gelegentlich Workshops und Seminare angeboten. Zu den besten Touren gehören Ausflüge zum Colorado und eine dreitägige Exkursion zu Geologie und Archäologie der Gegend.

Corona Arch Trail WANDERN & TREKKEN
(www.utah.com/hiking/arches-national-park/bowtie-corona-arches) Der recht einfache Wanderweg führt zu Felsenmalereien und zwei spektakulären, aber kaum besuchten Felsenbogen. Der Startpunkt liegt 10 Meilen (16 km) entfernt an der Potash Rd (Hwy 279). Dann folgt man den Steinmännchen über das Geröllfeld zum **Bowtie Arch** und zum **Corona Arch**. Den riesigen Corona Arch sieht man schon von Weitem und erkennt ihn sofort, denn es gibt ein berühmtes Foto, auf dem ein Flugzeug durch ihn hindurchfliegt. Für die 4,8 km lange Wanderung sollte man zwei Stunden einplanen.

Sheri Griffith River Expeditions RAFTING
(☎435-259-8229; www.griffithexp.com; 2231 S Hwy 191; Flussfahrt ab 95 US$; ⏲8–18 Uhr) Seit 1971 bietet der Rafting-Spezialist eine große Auswahl von Touren auf dem Colorado, dem Green River und dem Yampa River an. Sie reichen von familienfreundlichen Floßfahrten bis zu Wildwasserrafting im Cataract Canyon und dauern zwischen einem Tag und zwei Wochen.

★Rim Cyclery MOUNTAINBIKEN
(☎435-259-5333; www.rimcyclery.com; 94 W 100 N; Mountainbike ab 40 US$/Tag; ⏲8–18 Uhr) Das älteste Fahrradgeschäft in Moab verleiht und repariert nicht nur Fahrräder, sondern hat auch ein Mountainbike-Museum. Im Winter werden Langlaufskier verliehen.

Schlafen

Außerhalb der Saison (März–Okt.) fallen die Preise um bis zu 50 %, und viele kleinere Unterkünfte sind von November bis März geschlossen. Die meisten Bleiben bieten Whirlpools und Mini-Kühlschränke und die Motels auch Waschsalons. Radfahrer sollten sich erkundigen, ob die Unterkunft über sichere Abstellplätze für Räder oder nur über eine nicht abschließbare Kammer verfügt.

Es gibt zwar viele Motels, aber die sind oft ausgebucht, deswegen sollte man so weit wie möglich im Voraus reservieren. Eine ausführliche Liste mit Unterkünften findet man unter www.discovermoab.com.

Auf den **BLM-Campingplätzen** (☎435-259-2100; www.discovermoab.com/blm-campgrounds; Hwy 128; Stellplatz Zelt 20 US$; ⊙ganzjährig) am Hwy 128 entlang des Colorado kann man keine Plätze reservieren. In der Hauptsaison informiert man sich beim Moab Information Center (S. 227), welche schon voll sind.

Moab Rustic Inn MOTEL $
(☎435-259-6177; www.moabrusticinn.com; 120 E 100 S; Zi. ab 119 US$;) Geräumige Zimmer mit großen Kühlschränken, ein beheizter Swimmingpool, freundliches Personal, zentrale Lage und ein Waschsalon machen dieses Motel zu einer der besten Budgetunterkünfte der Stadt.

Kokopelli Lodge MOTEL $
(☎435-259-7615; www.kokopellilodge.com; 72 S 100 E; Zi. ab 98 US$;) Das tolle, preiswerte Motel ist eine gelungene Mischung aus Retro-Stil und Wüstenschick. Zu den Annehmlichkeiten gehören ein Whirlpool, ein Grill und ein sicherer Fahrradabstellplatz.

Pack Creek Ranch RANCH $$
(☎435-259-5091, 888-879-6622; www.packcreekranch.com; Abbey Rd, abseits des La Sal Mountain Loop; Hütte 175–265 US$;) Die Blockhütten dieses versteckten Paradieses stehen unter hohen Pappeln und Weiden in den La Sal Mountains 610 m oberhalb von Moab. Die meisten haben Kamine, alle verfügen über Küchen und Gasgrills (Lebensmittel mitbringen!). Es gibt weder TVs noch Telefon. Edward Abbey gehört zu den Künstlern und Autoren, die hierher kamen, um sich inspirieren zu lassen. Zu den Extras zählen ein Whirlpool und eine Sauna im Haus.

★ **Sunflower Hill Inn** INN $$$
(☎435-259-2974; www.sunflowerhill.com; 185 N 300 E; Zi. 246–328 US$;) Wow! Eine der besten Unterkünfte der Stadt ist ein erstklassiges B&B mit zwölf Zimmern in ruhiger, ländlicher Umgebung. Die gemütlichsten Zimmer befinden sich im Wohnhaus aus dem frühen 20. Jh. neben den Zedern und über dem Anbau. Alle Zimmer beinhalten Betten mit Steppdecken und Antiquitäten, einige auch einen Whirlpool. Kinder unter zehn Jahren haben keinen Zutritt.

Sorrel River Ranch LUXUSHOTEL $$$
(☎435-259-4642; www.sorrelriver.com; Mile 17, Hwy 128; Zi. ab 629 US$;) Ein altes Gehöft von 1903 ist heute das einzige Luxusresort und Feinschmeckerrestaurant im südöstlichen Utah. Neben der Lodge und den Blockhütten befinden sich auf dem 971 ha großen Gelände auch Reitbahnen

GESCHWINDKEITSREKORDE – BONNEVILLE SALT FLATS

Vor Jahrtausenden bedeckte der alte Lake Bonneville den Norden Utahs und darüber hinaus. Heute sind nur noch der Great Salt Lake und 121 km² weiß schimmerndes Salz übrig. Die sichtbare Oberfläche besteht größtenteils aus Natriumchlorid (Kochsalz) und ist an manchen Stellen bis zu 4 m tief. Die Bonneville Salt Flats sind inzwischen öffentliches Land, das vom **BLM** (☎801-977-4300; www.blm.gov) verwaltet wird. Vor allem sind sie aber für rasante Rennen bekannt. Das flache, harte Salz ermöglicht hier Geschwindigkeiten, die nirgendwo sonst möglich sind.

Am 15. Oktober 1997 sorgte der Engländer Andy Green für einen Überschallknall auf den Flats, als er mit dem Jet-Car ThrustSSC eine Geschwindigkeit von 1228 km/h erreichte und damit den ersten Überschall-Weltrekord aufstellte. Mehrere Clubs veranstalten das ganze Jahr über Rennen; eine vollständige Liste gibt's auf der Website des BLM. Die Fahrt zu den Flats ist ein einzigartiges optisches Erlebnis: Das riesige Weiß gaukelt dem Auge vor, dass es im August geschneit hat, und die unwirkliche Ebenheit lässt sogar die Erdkrümmung erahnen. Filmszenen aus *Con Air* und *Independence Day* wurden hier gedreht.

Die Flats liegen etwa 100 Meilen (160 km) westlich von Salt Lake City auf der I-80. Dazu nimmt man am besten die Ausfahrt 4, Bonneville Speedway, und folgt der asphaltierten Straße bis zum Parkplatz des Aussichtspunkts (kein Service). Von hier aus kann man im Spätsommer und Herbst auf dem hart gestreuten Salz fahren (sonst ist es zu nass). Hinweisschilder beachten: Die Flächen sind teilweise sehr dünn und können Fahrzeuge einschließen. Salz ist außerdem wahnsinnig korrosiv: Nach der Tour also unbedingt das Auto waschen – vor allem den Unterboden! Im Westen gibt es eine Raststätte. Dort kann man wieder auf Sand spazieren gehen (und die Schuhe auf der Toilette abwaschen). Die nächstgelegene Stadt ist Wendover, an der Grenze zwischen Utah und Nevada.

und Alfalfa-Felder, die sich bis zum Colorado erstrecken. Das Resort ist sehr rustikal, mit offenen Kaminen in den Zimmern, handgefertigten Holzbetten, Tischen mit Kupferplatten und Whirlpools.

Essen

Moab verfügt über eine große Auswahl von Restaurants und Bars, vom Backpacker-Café bis zum noblen Feinschmeckerrestaurant. Der Restaurantführer *Moab Menu Guide* (www.moabmenuguide.com) ist in allen Unterkünften der Stadt erhältlich. Von Dezember bis März schließen viele Restaurants ganz oder für einzelne Tage.

Milt's Stop & Eat BURGER $
(☎435-259-7424; www.miltsstopandeat.com; 356 Mill Creek Dr; Hauptgerichte 4–10 US$; ⌚Di–So 11–20 Uhr) Fettig und sündhaft lecker! Eigentlich ist dies nur ein klassischer Burger-Imbiss, in dem seit 1954 nichts mehr verändert wurde. Die Burger werden mit dem Fleisch von Weiderindern oder Büffelfleisch zubereitet, die Pommes werden von Hand geschnitten, und dazu gibt's sensationelle Shakes. Deshalb sind die Warteschlangen oft ziemlich lang. Zudem liegt der Laden sehr günstig am **Slickrock Trail** (☎435-259-2444; www.utah.com/mountain-biking/slickrock; Sand Flats Recreation Area, Sand Flats Rd; Auto/Radfahrer 5/2 US$).

Thai Bella THAI $$
(☎435-355-0555; www.facebook.com/thaibella2019; 218 N 110 W; Hauptgerichte 15–30 US$; ⌚Mo–Fr 13–21.30, Sa & So 15–21.30 Uhr; 🅿) Unter den sich ständig vermehrenden thailändischen Restaurants in Moab ist dieses mit Abstand das beste. Auf der Speisekarte stehen beliebte Klassiker wie scharfe gebratene Nudeln und Tom-Yum-Suppe, aber auch Muscheln aus Neuseeland mit süßem Basilikum und zahllose vegetarische Gerichte. Das Restaurant liegt in einem zweistöckigen Gebäude von 1896 mit schattigem Garten.

Sabaku Sushi SUSHI $$
(☎435-259-4455; www.sabakusushi.com; 90 E Center St; Rollen 8–16 US$, Hauptgerichte 17–19 US$; ⌚Di–So 17–21 Uhr; 📶) Das Meer ist zwar unendlich weit entfernt, aber dank nächtlicher Anlieferung aus Hawaii bekommt man in diesem kleinen Sushi-Ladenlokal trotzdem eine kreative Auswahl frischer Reisrollen, fangfrischen Fischs und ein paar Spezialitäten aus Utah. Zur Happy Hour (Di–Do 17–18 Uhr) gibt's die Rollen günstiger.

★Desert Bistro SÜDSTAATEN $$$
(☎435-259-0756; www.desertbistro.com; 36 S 100 W; Hauptgerichte 28–45 US$; ⌚17–21 Uhr) Wildfleisch und frisch eingeflogene Meeresfrüchte werden hier stylish zubereitet. Das freundliche Restaurant mit weißen Tischtüchern befindet sich in einem ehemaligen Wohnhaus. Es gibt feine Lendchen vom Bison, gebratene Kammmuscheln in Limetten-Adobo und Wedge Salad mit selbst geräucherter Entenbrust. Alles ist hausgemacht, vom frisch gebackenen Brot bis zu köstlichem Gebäck. Außerdem gibt's hier eine ausgezeichnete Weinkarte.

ABSTECHER

ANTELOPE ISLAND STATE PARK

Antelope Island State Park (☎801-725-9263; https://stateparks.utah.gov/parks/antelope-island; Antelope Dr; Tageskarte 10 US$/Fahrzeug, Stellplatz Zelt & Wohnmobil ohne Anschlüsse 20 US$; ⌚6–22 Uhr, Besucherzentrum 9–18 Uhr) Weiße Sandstrände, Vögel und Büffel sind die Attraktionen des schönen, 24 km langen Antelope Island State Park. Er liegt auf der größten Insel des Great Salt Lake und wird von 600 amerikanischen Bisons (Büffeln) bewohnt. Die Tiere werden jedes Jahr im Oktober zusammengetrieben und von Tierärzten untersucht – ein unglaubliches Spektakel. Außerdem lassen sich im Herbst und Frühjahr hier Hunderttausende Zugvögel nieder.

Praktische Informationen

Das **Moab Information Center** (☎435-259-8825; www.discovermoab.com/visitor-center; 38 E Center St; ⌚Mo–Sa 8–19, So 9–18 Uhr; 📶) bietet ausgezeichnete Infos über Parks, Wanderwege, Aktivitäten, Camping und das Wetter in der Gegend. Es gibt auch einen Buchladen, und das Personal ist sehr hilfsbereit.

Anreise & Unterwegs vor Ort

Moab ist 235 Meilen (376 km) südöstlich von Salt Lake City, 150 Meilen (240 km) nordöstlich des Capitol Reef National Park und 115 Meilen (184 km) südwestlich von Grand Junction in Colorada.

Der **Canyonlands Field Airport** (CNY; ☎435-259-0408; www.moabairport.com; 110

NICHT VERSÄUMEN

ROBERT REDFORDS SUNDANCE RESORT

Robert Redfords **Skiresort** (☎801-223-4849; 8841 N Alpine Loop Rd; Tagesliftpass Erw./Kind 85/58 US$, Leihgebühr Ski & Snowboard ab 35 US$) könnte idyllischer nicht sein. Es gibt vier Sessellifte und einen Anfängerhügel. Das Skigebiet am Nordosthang des Mt. Timpanogos reicht bis auf 654 m hinauf. Die meisten Pisten sind mittelschwer bis anspruchsvoll. Hier findet auch das Sundance Film Festival statt (S. 221), und das gemeinnützige Sundance Institute hat hier seinen Sitz.

W Aviation Way, nahe Hwy 191) liegt 16 Meilen (25,6 km) nördlich der Stadt. Von hier gibt es Flüge von und nach Denver. Große Autovermietungen wie **Enterprise** (☎435-259-8505; www.enterprise.com; 1197 S Hwy 191; ⏲Mo–Fr 8–17 Uhr) und andere haben jeweils eine Vertretung im Flughafen.

SkyWest fliegt täglich mit **United Airlines** (☎800-864-8331; www.united.com) nach Denver.

Um nach Grand Junction, CO, zum Flughafen oder nach Salt Lake City zu gelangen, kann man Shuttle-Busse und -Kleinbusse bestellen, z. B. bei **Porcupine Shuttle** (☎435-260-0896; www.porcupineshuttle.com) und **Roadrunner Shuttle** (☎435-259-9402; www.roadrunnershuttle.com).

Zur Erkundung der Umgebung von Moab und der Nationalparks ist jedoch ein eigenes Fahrzeug erforderlich. Der Hwy 191 führt als Main St durch die Stadt.

In der Hauptsaison herrscht hier sehr viel Verkehr. Es gibt auch zahlreiche Radwege in und um die Stadt. Eine ausführliche Karte ist beim Moab Information Center (S. 227) erhältlich.

Coyote Shuttle (☎435-260-2097; www.coyoteshuttle.com) und Porcupine Shuttle fahren auf Bestellung zum Canyonlands Field Airport. Außerdem bieten sie einen Shuttle-Service für Wanderer und Radfahrer sowie zum Fluss.

Arches National Park

Gigantische Sandsteinbogen, schneebedeckte Gipfel und Wüstenlandschaften prägen den **Arches National Park** (☎435-719-2299; www.nps.gov/arch; Hwy 191; 7-Tage-Pass Fahrzeug/Motorrad/Fußgänger 30/25/15 US$; ⏲24 Std., Visitor Center April–Sept. 7.30–17 Uhr, Okt.–März 9–16 Uhr). Mit mehr als 2000 Exemplaren auf 308 km² ist dies die größte Ansammlung von Felsenbogen der Welt. Knapp 1,5 Mio. Besucher pilgern jedes Jahr hierher. Der Park liegt 5 Meilen (8 km) nördlich von Moab und ist gut an einem Tag zu erkunden. Die spektakulärsten Bogen sind auf befestigten Straßen oder über kurze Wanderwege zu erreichen. Besonders schön ist der Besuch in der Nacht, wenn es kühler ist und die Landschaft im Mondlicht gespenstisch wirkt.

Zu den Highlights am zentralen Scenic Drive gehören der **Balanced Rock**, der neben der Hauptstraße durch den Park aufragt, und für Wanderer der moderate bis anstrengende knapp 5 km lange Rundweg, der über Slickrock-Sandstein hinauf zum inoffiziellen Wahrzeichen des Bundesstaats führt, dem **Delicate Arch** (am späten Nachmittag ist das Licht besonders schön).

Danach passiert die Straße die spektakulär schmalen Canyons und labyrinthartigen Felsformationen des **Fiery Furnace**. Sehr empfehlenswert sind dreistündige, von Rangern geführte Wanderungen, die in der Regel im Voraus gebucht werden müssen. Sie sind nicht einfach, so müssen die Teilnehmer z. B. über Steinbrocken klettern, auf Felsen hinaufsteigen und sich zwischen engen Wänden hindurchquetschen.

Der Scenic Drive endet 19 Meilen (31 km) vom Visitor Center entfernt bei **Devils Garden**. Hier beginnt ein Rundwanderweg (hin & zurück 3,2–12,4 km), der zu mindestens acht Felsbogen führt. Die meisten Besucher laufen aber nur die relativ einfache, 2 km lange Strecke bis zum 88 m langen Landscape Arch, der der Schwerkraft zu trotzen scheint. Von März bis Oktober müssen die Stellplätze auf dem **Devils Garden Campground** (☎877-444-6777; www.recreation.gov; Stellplatz Zelt & Wohnmobil 25 US$) reserviert werden. Duschen und Stromanschlüsse gibt es nicht.

Wegen Wasserknappheit und der Hitze wagen nur wenige Besucher längere Wanderungen im Park, obwohl die entsprechenden Backpacker-Genehmigungen kostenlos sind (beim Visitor Center erhältlich).

Canyonlands National Park

Der **Canyonlands National Park** (☎435-719-2313; www.nps.gov/cany/index.htm; 7-Tage-Pass Fahrzeug/Motorrad/Fußgänger 30/25/15 US$, Stellplatz Zelt & Wohnmobil ohne Anschlüsse 15–20 US$; ⏲24 Std.) ist eine verwitterte Urweltlandschaft aus steinernen Rippen, Brücken, Nadeln, Spitzen, Kratern, Mesas und Tafelbergen. Durch diese 1365 km² große Wüstenwildnis führen nur wenige Straßen und Flüsse. Wer hier wandern, raften oder mit dem Jeep fahren möchte, muss unbedingt genügend Treibstoff, Essen und Wasser mitnehmen.

Die Canyons des Colorados und des Green River unterteilen den Park in vier komplett voneinander getrennte Gebiete. Das passend benannte **Island in the Sky** liegt nur 30 Meilen (48 km) nordwestlich von Moab. Es besteht im wesentlichen aus einer knapp 2000 m hohen abgeflachten Mesa, die einen sagenhaften Ausblick über die endlose Landschaft bietet. Vom **Visitor Center** (☎435-259-4712; www.nps.gov/cany; Hwy 313; ⌚März–Dez. 8–18 Uhr, Jan. & Feb. Fr–Di 8–17 Uhr) führt eine Panoramastraße an mehreren Aussichtspunkten und Startpunkten von Wanderwegen vorbei, bevor sie nach 12 Meilen (19,2 km) am **Grand View Point** endet. Dort beginnt ein gewundener Wanderweg von 1,6 km Länge am Rand der Mesa entlang. Ein äußerst schöner Wanderweg ist auch der 800 m lange Rundweg zum viel fotografierten **Mesa Arch**, einem schmalen Bogen an den Klippen, durch den der wunderbare Washer Woman Arch zu sehen ist. Der **Island in the Sky Campground** (Willow Flat; ☎435-719-2313; www.nps.gov/cany/planyourvisit/camping.htm; Stellplatz Zelt & Wohnmobil 15 US$; ⌚ganzjährig) ist 7 Meilen (11,2 km) vom Besucherzentrum entfernt. Er hat zwölf Stellplätze und Plumpsklos, aber kein Wasser und keine Anschlüsse fürs Wohnmobil. Die Plätze können auch nicht reserviert werden. Hartgesottene Mountainbiker können sich auf die primitive **White Rim Road** (Island in the Sky) wagen, eine 70 Meilen (112 km) lange Runde um den Island-in-the-Sky-Distrikt.

Der wilde, abgeschiedene **Needles District** ist nach den Felsnadeln aus orangefarbenem und weißem Sandstein benannt, die aus dem Wüstenboden herausragen. Er eignet sich ideal für Rucksacktouren und Ausflüge ins Gelände. Zum **Visitor Center** (☎435-259-4711; www.nps.gov/cany; Hwy 211; ⌚8–16.30 Uhr) geht's von Moab aus auf dem Hwy 191 über 40 Meilen (64 km) Richtung Süden und dann über den Hwy 211 nach Westen. Dieses Gebiet lockt mit langen anstrengenden Wanderungen, nicht mit geruhsamen Panoramatouren. Der tolle **Chesler Park/Joint Trail Loop** führt über 18 km durch die struppige Wüste, vorbei an hoch aufragenden, rot-weiß-gestreiften Felstürmen, und durch tiefe, schmale Slot Canyons, die teilweise nur 0,6 m breit sind. Die Höhenunterschiede sind moderat, die Länge macht den Weg jedoch zu einer Tageswanderung für Fortgeschrittene. Der **Needles Campground** (Squaw Flat; ☎435-719-2313; www.nps.gov/cany/planyourvisit/camping.htm; Stellplatz Zelt & Wohnmobil 20 US$; ⌚ganzjährig) mit 27 Stellplätzen 3 Meilen (5 km) westlich des Visitor Centers ist von Frühling bis Herbst immer gut gebucht. Es gibt Spülklos und fließendes Wasser, aber keine Duschen oder Stromanschlüsse. Keine Reservierungen!

Neben der üblichen Eintrittsgebühr werden in dem Park auch Gebühren für Genehmigungen und Reservierungen, Übernachtungen, Mountainbiken, Jeep- und Flussfahrten fällig. Genehmigungen für 14 Tage sind erhältlich beim **Island in the Sky Visitor Center** (☎435-259-4712; www.nps.gov/cany; Hwy 313; ⌚März–Dez. 8–18 Uhr, Jan. & Feb. Fr–Di 8–17 Uhr), **Needles Visitor Center** (☎435-259-4711; www.nps.gov/cany; Hwy 211; ⌚8–16.30 Uhr) und bei der **Hans Flat Ranger Station** (☎435-259-2652; www.nps.gov/cany; Recreation Rd 777, Hans Flat; ⌚8–16.30 Uhr). Reservierungen sind online (https://canypermits.nps.gov/index.cfm) und bei den **Arches & Canyonlands National Park Headquarters** (☎435-719-2100; www.nps.gov/cany; 2282 SW Resource Blvd; ⌚Mo–Fr 8–16.30 Uhr) in Moab möglich. Zu den weiter entfernten Gegenden westlich der Flüsse, die nur südwestlich der Stadt Green River zugänglich sind, gehören der **Horseshoe Canyon** mit seinen wunderbaren Felsenmalereien und das **Maze** am äußersten Rand des Parks.

Dead Horse Point State Park

In dem kleinen, aber feinen **Dead Horse Point State Park** (☎435-259-2614; www.stateparks.utah.gov/parks/dead-horse; Hwy 313; Tagesticket Fahrzeug/Zelt/Wohnmobil 20/35/40 US$, Jurte 140 US$; ⌚Park 6–22 Uhr, Visitor Center 9–17 Uhr) wurden zahllose Filme gedreht, darunter auch die besten Szenen von *Thelma & Louise*. Er eignet sich nicht zum Wandern, doch ein kurzer Abstecher vom Hwy 313 auf dem Weg zum Island in the Sky im Canyonlands National Park wird mit einem atemberaubenden Blick belohnt: über rote Felsencanyons mit weißen Klippen sieht man bis zum Colorado, den Canyonlands und den La Sal Mountains am Horizont. Das ausgezeichnete **Visitor Center** (☎435-259-2614; www.stateparks.utah.gov/parks/dead-horse; ⌚9–17 Uhr) bietet eine Ausstellung, On-demand-Videos, Bücher und Karten sowie im Sommer Wanderungen und Vorträge der Ranger. Südlich davon liegt ein **Campingplatz** (☎800-322-3770; www.reserveamerica.com; Stellplatz/Jurte

40/140 US$) mit 21 Stellplätzen und Wasser, aber ohne Duschen und Anschlüsse fürs Wohnmobil. Unbedingt reservieren!

Bluff

Die kleine Gemeinde (320 Ew.) 100 Meilen (161 km) südlich von Moab ist eine praktische, entspannte Basis für Ausflüge in den einsamen, wunderschönen Südosten Utahs. Bluff wurde 1880 von Mormonen-Pionieren gegründet und liegt zwischen roten Felsen und Nationalparks nahe der Kreuzung von Hwy 191 und Hwy 162 am San Juan River. Abgesehen von einem Handelsposten und ein paar Restaurants und Unterkünften gibt es hier nicht viel.

Far Out Expeditions (435-672-2294; www.faroutexpeditions.com; 690 E Mulberry Ave; Tour halber/ganzer Tag 200/325 US$) bietet ein- und mehrtägige Touren zu Felsenmalereien und Ruinen im abgelegenen Hinterland der Region. Der auf Geschichte und Geologie spezialisierte Veranstalter **Wild Rivers Expeditions** (435-672-2244; www.riversandruins.com; 2625 S Hwy 191, Bluff; Halbtagestour Erw./Kind 200/140 US$) organisiert Rafting-Touren auf dem San Juan River zu historischen Stätten. Die gastfreundliche **Recapture Lodge** (435-672-2281; www.recapturelodge.com; 250 Main St; DZ 98 US$; P) ist eine gemütliche, rustikale Unterkunft. Die Besitzer kennen sich bestens in der Region aus und helfen gern bei der Tourenplanung. Das **Valley of the Gods B&B** (970-749-1164; www.valleyofthegodsbandb.com; nahe Hwy 261; EZ 145 US$, DZ 175–195 US$; P), eine der ältesten Farmen der Gegend, ist immer noch weitab der Zivilisation.

Das künstlerische **Comb Ridge Eat & Drink** (435-485-5555; www.combridgeeatanddrink.com; 680 Main St; Frühstück 5–7 US$, Abendessen 10–17 US$; Mi–Sa 11.30–15 & 17–21, So 9.30–14 &17–21 Uhr) serviert hervorragenden Kaffee und Pfannkuchen aus blauem Mais in einem Holz-Adobe-Gebäude.

REGIONALE EINTRITTSPÄSSE

Southeast Utah Parks Pass (55 US$/Fahrzeug) Der Pass für Nationalparks im Südosten Utahs gilt ein Jahr lang für die Nationalparks Arches (S. 228) und Canyonlands (S. 228), wo der Wochenpass 30 US$/Fahrzeug kostet, sowie für das Natural Bridges National Monument (S. 230).

National Park Service Passes (www.nps.gov/findapark/passes.htm, Fahrzeug mit Erw./Senior 80/20 US$) Die Pässe sind online und in den jeweiligen Parks erhältlich. Sie gewähren ein Jahr lang Eintritt zu allen Erholungsgebieten des Bundes in Utah und anderswo. Damit werden gleichzeitig die großartigen Parks im Südwesten unterstützt.

Hovenweep National Monument

Das wunderbare, aber wenig besuchte **Hovenweep** (970-562-4282; www.nps.gov/hove; McElmo Rte, nahe Hwy 262; Stellplatz Zelt & Wohnmobil 15 US$; Park Sonnenaufgang–Sonnenuntergang, Visitor Center Juni–Sept. 8–18 Uhr, Okt.–Mai 9–17 Uhr) GRATIS, das in der Ute-Sprache „verlassenes Tal" heißt, lockt mit uralten Pueblo-Stätten, deren eindrucksvolle Türme und Kornspeicher inmitten flacher Wüstencanyons stehen. Zur Square Tower Group führt ein kurzer Weg ab der Ranger-Station. Die anderen Stätten sind weiter entfernt. Der **Campingplatz** (970-562-4282; www.nps.gov/hove; McElmo Rte, Hovenweep National Monument; Stellplatz Zelt & Wohnmobil 10–15 US$) hat 31 einfache Stellplätze (ohne Duschen und ohne Anschlüsse fürs Wohnmobil), die nicht reserviert werden können. Die Hauptzufahrt erfolgt östlich des Hwy 191 über den Hwy 262 via Hatch Trading Post, mehr als 40 Meilen (64 km) nordöstlich von Bluff.

Natural Bridges National Monument

55 Meilen (88 km) nordwestlich von Bluff liegt in völliger Abgeschiedenheit das **Natural Bridges National Monument** (www.nps.gov/nabr; Hwy 275; 7-Tages-Pass 20 US$/Auto; Stellplatz Zelt & Wohnmobil 15 US$; 24 Std., Visitor Center April–Mai 9–17 Uhr, Okt.–März Do–Mo 9–17 Uhr) mit seinem Canyon aus weißem Sandstein (jawohl, weiß, nicht rot!), in dem drei imposante und leicht zugängliche natürliche Brücken zu bestaunen sind. Die älteste, die **Owachomo Bridge**, ist 55 m lang, aber nur 3 m breit. Auf einer ebenen, 9 Meilen (14 km) langen Panoramastraße kann man sich einen Überblick verschaffen. Die zwölf einfachen Stellplätze auf dem Campingplatz ohne Duschen und Stromanschlüsse können nicht reserviert werden. Es gibt ein wenig Platz für zusätzliche Zelte, die nächsten Dienstleistungen findet man je-

doch erst in Blanding, etwa 40 Meilen (64 km) weiter östlich.

Zion & Südwestliches Utah

Hier kann man die blutroten Canyons des Zion National Park bestaunen, unter den filigranen rosa- und orangefarbenen Minaretten des Bryce Canyon wandern und an den wirbelförmigen grauweißen und purpurroten Hügeln des Capitol Reef vorbeifahren. Das südwestliche Utah ist derartig spektakulär, dass der größte Teil des Geländes als Nationalpark, National Forest, State Park oder BLM Wilderness unter Schutz steht. Das ganze Gebiet lädt mit engen Schluchten, rosa Sanddünen und wellenartigen Sandsteinformationen zur Erkundung ein.

Capitol Reef National Park

Nicht so überlaufen wie die übrigen Nationalparks und dabei nicht minder schön ist der **Capitol Reef National Park** (☎435-425-3791; www.nps.gov/care/index.htm; Ecke Hwy 24 & Scenic Dr; Scenic Drive; pro Auto/zu Fuß 20/10 US$, Stellplatz Zelt & Wohnmobil 20 US$; ⌚24 Std., Visitor Center 8–16 Uhr). Innerhalb seiner Grenzen verläuft der Großteil des 100 Meilen (161 km) langen Waterpocket Fold, einer Erdfalte, die vor 65 Mio. Jahren entstanden ist. Die freigelegten Gesteinsschichten zeigen eine Art Querschnitt durch die Erdgeschichte und sind von einer geradezu künstlerischen Farbintensität.

Der Hwy 24 führt zwar geradewegs durch den Park, doch wesentlich schöner ist es, wenn man auf dem **Capitol Reef Scenic Drive** (www.nps.gov/care/planyourvisit/scenicdrive.htm; 7-Tage-Karte 20/10 US$ pro Fahrzeug/Person) in Richtung Süden fährt. Die befestigte Sackgasse ist 7,9 Meilen (12,6 km) lang und verläuft durch Obstgärten, die einst zu einer Mormonensiedlung gehörten. In der Erntezeit darf man hier Kirschen, Pfirsiche und Äpfel pflücken und danach in der historischen **Gifford Homestead** (☎435-425-3791; www.nps.gov/care/learn/historyculture/giffordhomestead.htm; Scenic Dr; ⌚März–Okt. 8–17 Uhr) eine Pause einlegen. Die Anlage ist mittlerweile ein Museum, in dem kleine Obsttörtchen verkauft werden. Unterwegs kann man eine tolle Wanderung zum **Grand Wash** und zur **Capitol Gorge** einlegen, die beide am Boden eines schmalen Canyons entlangführen. Der unglaublich grüne und schattige **Campingplatz** (☎435-425-3791; www.recreation.gov; Campground Rd, Fruita; Stellplatz 20 US$) hat keine Duschen und keine Anschlüsse fürs Wohnmobil. Er ist von Frühlingsanfang bis Herbst geöffnet, die Plätze werden nach dem Prinzip „Wer zuerst kommt, mahlt zuerst" vergeben.

Torrey

Die 15 Meilen (24,1 km) westlich vom Capitol Reef National Park gelegene kleine Pionierstadt Torrey dient den meisten Besuchern als Standquartier. Neben ein paar Gebäuden aus der Zeit des Wilden Westens gibt's etwa ein Dutzend Restaurants und Motels.

Das im Cowboy-Stil eingerichtete **Capitol Reef Resort** (☎435-425-3761; www.capitolreefresort.com; 2600 E Hwy 24; Zi. 169–209 US$, Hütten & Tipis ab 269 US$; P❄📶🏊) gehört zu den Unterkünften, die dem gleichnamigen Nationalpark besonders nahe liegen. Ländliche Eleganz prägt das 1914 errichtete **Torrey Schoolhouse B&B** (☎435-491-0230; www.torreyschoolhouse.com; 150 N Center St; Zi. 125–165 US$; ⌚April–Okt.; ❄📶), und jedes der luftigen Zimmer hat eine Geschichte zu erzählen (z. B. soll hier mal Butch Cassidy einer Tanzveranstaltung beigewohnt haben). Nach dem Gourmet-Frühstück entspannt man sich im Garten oder in der großen Lounge im 1. Stock.

Der rustikale **Torrey Grill & BBQ** (☎435-609-6997; www.torreygrillandbbq.com; 1110 W Hwy 24; Hauptgerichte 18–24 US$; ⌚April–Okt Mo–Sa 17–21 Uhr; P) hinter einem Wohnwagenpark serviert fantastische Spare Ribs, geräucherte Rindersteaks und hausgemachten Apfelkuchen mit Eis.

Boulder

Der winzige Außenposten **Boulder** (www.boulderutah.com; 240 Ew.) liegt nur 32 Meilen (51 km) südlich von Torrey am Hwy 12, allerdings muss man den Boulder Mountain überqueren, um dorthin zu gelangen. Hier beginnt die hübsche **Burr Trail Rd**, die ostwärts durch den nordöstlichen Teil des Grand Staircase-Escalante National Monument führt, bis sie schließlich zur Schotterpiste wird und sich hinauf zum Capitol Reef oder hinab zur Bullfrog Marina am Lake Powell schlängelt.

Das kleine **Anasazi State Park Museum** (☎435-335-7308; www.stateparks.utah.gov/parks/anasazi; 460 N Hwy 12; 5 US$; ⌚April–Okt. 8–18

Uhr, Nov.–März 8–16 Uhr) zeigt Artefakte und eine ganze indigene Siedlung, die von 1130 bis 1175 v. Chr. bewohnt war. Die luxuriösen Zimmer der **Boulder Mountain Lodge** (☎435-335-7460; www.boulder-utah.com; 20 N Hwy 12; Zi./Apt./Suite ab 140/230/325 US$;) liegen inmitten eines 60 ha großen Wildschutzgebiets. So kann man im Außen-Whirlpool den Blick auf die Berge genießen und Vögel beobachten. Im hauseigenen **Hell's Backbone Grill** (☎435-335-7464; www.hellsbackbonegrill.com; 20 N Hwy 12, Boulder Mountain Lodge; Frühstück 9–14 US$, Mittagessen 12–18 US$, Abendessen 23–37 US$; ⊙März–Nov. 7–14 & 17–21 Uhr;) gibt's gute, bodenständige Küche aus der Region. Im Voraus reservieren! Der **Burr Trail Outpost** (☎435-335-7565; www.burrtrailoutpost.com; 14 N Hwy 12; ⊙April–Sept. 7.30–19 Uhr, Okt.–März 8–17 Uhr;) ganz in der Nähe bietet Bio-Kaffee und üppige hausgemachte Desserts.

Grand Staircase–Escalante National Monument

Das **Grand Staircase-Escalante National Monument** (GSENM; ☎435-644-1300; www.blm.gov/visit/kanab-visitor-center; 745 Hwy 89, Kanab; ⊙24 Std.) GRATIS liegt in einer ausgedörrten Region, die so unwirtlich ist, dass sie als letzte auf dem US-amerikanischen Festland kartografiert wurde. Mit 6879 km^2 ist es so groß wie Delaware und Rhode Island zusammen. Die nächstgelegenen Einrichtungen für Besucher und die GSENM Visitor Centers befinden sich in Boulder und Escalante am Hwy 12 im Norden bzw. Kanab am US 89 im Süden. Davon abgesehen ist die Infrastruktur minimal. Was bleibt, ist ein riesiges unbewohntes Canyon-Land voller Jeep-Pisten, die abenteuerlustige Reisende mit genug Zeit, der richtigen Ausrüstung und der entsprechenden Vorbereitung begeistern werden.

Die am leichtesten zugängliche und am häufigsten genutzte Strecke im Park ist die 10 km lange Rundroute zu dem wunderschönen mehrfarbigen Wasserfall beim **Lower Calf Creek** (Hwy 12, Mile 75,; Tagespass 5 US$; ⊙Sonnenaufgang–Sonnenuntergang) zwischen Boulder und Escalante. Die 14 meist gefragten Stellplätze am **Calf Creek Campground** (☎435-826-5499; www.blm.gov/visit/half-creek-recreation-area-campground; Hwy 12; Stellplatz Zelt & Wohnwagen 15 US$) abseits des Hwy 12 sind schnell belegt und können nicht reserviert werden. Duschen und Stromanschlüsse gibt es nicht.

Escalante

Über die 800-Seelen-Ortschaft Escalante gelangen Besucher zum National Monument. Sie ist die größte Siedlung im Umkreis von vielen, vielen Kilometern. Boulder ist eine 30 Meilen (48 km) lange, gemächliche, verschlungene Autofahrt entfernt, Torrey 65 Meilen (105 km). Escalante eignet sich gut als Ausgangsbasis für Ausflüge zum angrenzenden Grand Staircase-Escalante National Monument. Das wunderbare **Escalante Interagency Visitor Center** (☎435-826-5499; www.blm.gov/visit/escalante-interagency-visitor-center; 775 W Main St; ⊙8–16.30 Uhr) ist eine großartige Informationsquelle zu geschützten Gebieten und den Wäldern der Gegend.

Escalante Outfitters (☎435-826-4266; www.escalanteoutfitters.com; 310 W Main St; Naturkundetouren 45 US$, Fliegenfischen ab 225 US$; ⊙7–21 Uhr) ist eine Oase für Traveller: Der Buchladen verkauft auch Landkarten, Campingausrüstung und Alkohol (!) und vermittelt Tourführer für die Region. Außerdem gibt's ein nettes Café, in dem man sich mit hausgemachtem Frühstück, Pizza und Salaten stärken kann. Schließlich werden auch noch winzige, rustikale Hütten vermietet (ab 55 US$). Der alteingesessene Veranstalter **Excursions of Escalante** (☎800-839-7567; www.excursionsofescalante.com; 125 E Main St; ganztägige Canyon-Tour 185 US$; ⊙Mitte März–Okt. Mo–Fr 8–17, Sa 8–12 Uhr) bietet Canyon-Touren, Klettern und Fotosafaris an.

Weitere schöne Unterkünfte in der Stadt sind das **Canyons B&B** (☎435-826-4747; www.canyonsbnb.com; 120 E Main St; DZ 160 US$; ⊙März–Nov.;) mit noblen Hütten rund um einen schattigen Hof, und die **Escalante Yurts** (☎435-826-4222; www.escalanteyurts.com; 1605 N Pine Creek Rd; Jurte 235–345 US$;), wo noble Jurten auf einem 80 ha großen Gelände stehen.

Bryce Canyon National Park

Die Grand Staircase, die „große Treppe", ist eine Reihe von stufenähnlich aufgeworfenen Gesteinsschichten, die nördlich des Grand Canyon aufsteigen. Ihren Höhepunkt bilden die Pink Cliffs in diesem verdientermaßen beliebten **Nationalpark** (☎435-834-5322; www.nps.gov/brca; Hwy 63, Bryce; 7-Tages-Pass Auto/Motorrad/Pers. 35/30/20 US$; ⊙24 Std.; Visitor Center Mai–Sept. 8–20 Uhr, Okt. & April bis 18 Uhr, Nov.–März bis 16.30 Uhr). Tatsächlich erwartet Besucher hier kein richtiger Canyon, sondern ein Amphitheater aus erodierten Felsen mit wundersamen pastellfarbenen Nadeln und Zinnen, Türmchen, Säulen und an Totempfahle erinnernden Hoodoos. Der Park liegt 50 Meilen (80 km) südwestlich von Escalante; vom Hwy 12 biegt man auf den Hwy 63 nach Süden ab.

Der **Rim Road Scenic Drive** auf 2400 m ist 18 Meilen (29 km) lang. Er folgt grob der Schluchtkante und passiert das **Visitor Center** (☎435-834-5322; www.nps.gov/brca; Hwy 63; ⊙Mai–Sept. 8–20 Uhr, Okt. & April bis 18 Uhr, Nov.–März bis 16.30 Uhr;), die Lodge, traumhafte Aussichtspunkte – besonders toll ist der **Inspiration Point** – sowie Startpunkte von Wanderwegen, bevor er am **Rainbow Point** (2800 m) endet. Von Anfang Mai bis Anfang Oktober fährt ein kostenloser Shuttle-Bus (8–min. 17.30 Uhr) von einem Sammelpunkt nördlich des Parks bis zum **Bryce Amphitheater** ganz im Süden.

Im Park gibt's zwei Campingplätze. Für beide kann man einen Stellplatz auf der Website des Parks reservieren. Der **Sunset Campground** (☎877-444-6777; www.recreation.gov; Bryce Canyon Rd; Stellplatz Zelt/Wohnmobil 20/30 US$; ⊙April–Sept.) hat zwar mehr Bäume, ist aber nicht das ganze Jahr über geöffnet. Im Laden des benachbarten **North Campground** (☎877-444-6777; www.recreation.gov; Bryce Canyon Rd; Stellplatz Zelt/Wohnmobil 20/30 US$) kann man duschen und Wäsche waschen, beides mit Münzen. Im Sommer sind auch die nicht reservierten Plätze bis zum Mittag vergeben.

Die **Bryce Canyon Lodge** (☎435-834-8700, 877-386-4383; www.brycecanyonforever.com; Hwy 63; Zi. & Hütten 223–270 US$; ⊙April–Okt.) aus den 1920er-Jahren hat den Charme einer rustikalen Berghütte. Es gibt Zimmer mit zeitgenössischem Mobiliar in modernen hotelähnlichen Einheiten und Doppelhütten mit dünnen Wänden, Gasöfen und Veranda. Kein Fernsehen. Das **Restaurant der Lodge** (☎435-834-5361; www.brycecanyonforever.com/dining; Bryce Canyon Rd; Frühstück & Mittagessen 10–20 US$, Abendessen 10–35 US$; ⊙April–Okt. 7–22 Uhr) ist ausgezeichnet, aber teuer. Das **Bryce Canyon Pines Restaurant** (☎435-834-5441; www.brycecanyonrestaurant.com; Hwy 12; Frühstück & Mittagessen 9,50–14 US$, Abendessen 12–24 US$; ⊙7–20 Uhr) ist dagegen ein klassischer Diner.

Unmittelbar nördlich der Parkgrenze befindet sich das **Ruby's Inn** (www.rubysinn.com; 1000 S Hwy 63), ein Resortkomplex mit mehreren Motelunterkünften, einem Campingplatz, verschiedenen Restaurants, Western-Kunst und Wäscheservice. Daneben können Gäste Lebensmittel kaufen, tanken und einen Hubschrauberflug unternehmen.

Essen und Unterkünfte gibt es außerdem 11 Meilen (18 km) weiter östlich über den Hwy 12 in dem kleinen Ort **Tropic** (www.brycecanyoncountry.com).

NICHT VERSÄUMEN

NEWSPAPER ROCK STATE HISTORIC MONUMENT

Das winzige Erholungsgebiet besteht im Wesentlichen aus einer einzigen, großen Sandsteinwand (Hwy 211, Monticello) mit mehr als 300 Petroglyphen, die im Verlauf von 2000 Jahren von den Ute und den frühen Pueblo-Indianern geschaffen wurden. Die vielen roten Figuren heben sich auf dem Felsen von einem Hintergrund aus schwarzem „Wüsten-Firnis" ab und sind ein prima Fotomotiv. Die Stätte liegt 50 Meilen (80,5 km) südlich von Moab, östlich des Canyonlands National Park am Hwy 211.

Kanab

Am Südrand des Grand Staircase-Escalante National Monument liegt das einsame Kanab (4687 Ew.) inmitten einer riesigen, rauen Wüste. Hier wurden von den 1920er- bis in die 1970er-Jahre Dutzende Western gedreht. Und Kanab selbst sieht immer noch wie eine Stadt des Wilden Westens aus.

Tierfreunde können das **Best Friends Animal Sanctuary** (Karte S. 194; ☎435-644-2001; www.bestfriends.org; 5001 Angel Canyon Rd, Hwy 89; ⊙8–17 Uhr;) GRATIS besuchen, den größten Tiergnadenhof des Landes.

In der ziemlich altmodischen **Parry Lodge** (Karte S. 194; ☎435-644-2601; www.parrylodge.com; 89 E Center St; Zi. ab 139–159 US$; ⊙März–Nov.;) nächtigten schon John Wayne, Gregory Peck und andere Filmstars. Die renovierte **Canyons Lodge** (Karte S. 194; ☎435-644-3069; www.canyonslodge.com; 236 N 300 W; Zi. ab 109–199 US$;) ist ein Motel mit künstlerischer Western-Atmosphäre. Immerhin hängen an den Wänden der Zimmer Originale. Wer hier übernachtet, kann zum Essen ins französisch-italienische Bistro **Vermillion 45** (Karte S. 194; ☎435-644-3300; www.vermillion45.com; 210 S 110 E; Hauptgerichte 14–25 US$; ⊙Mi–So 11–23 Uhr) oder das noble **Sego** (Karte S. 194; ☎435-644-5680; www.segokanab.

com; 190 N 300 W; Hauptgerichte 13–30 US$; ⌚April–Okt. Mo–Sa 18–22 Uhr, Nov.–März Mo–Sa 17–21 Uhr; 📶) gehen. In Letzterem kommen grandiose Gerichte wie Wildpilze mit Ziegenkäse oder Nudeln mit rotem Krabbencurry auf den Tisch.

Im **GSENM Visitor Center** (Karte S. 194; ☎435-644-1300; www.blm.gov/visit/kanab-visitor-center; 745 E Hwy 89; ⌚8–16.30 Uhr) können Infos zum Monument erfragt werden, im **Kane County Office of Tourism** (Karte S. 194; ☎435-644-5033; www.visitsouthernutah.com; 78 S 100 E; ⌚8–19 Uhr) spezielle Infos über die Stadt und die Drehorte.

Zion National Park

Bereit für eine Überdosis atemberaubender Landschaften? Im **Zion National Park** (☎435-772-3256; www.nps.gov/zion; Hwy 9; 7-Tages-Pass Auto/Motorrad/Person 35/30/20 US$; ⌚24 Std., Visitor Center Sept.–Mai 8–17 Uhr, Juni–Aug. bis 19 Uhr) warten an jeder Ecke großartige Ausblicke. Besucher können die rot-weißen Felsen des **Zion Canyon** bewundern, die hoch über dem **Virgin River** thronen, nach der Bewältigung von rund 425 Höhenmetern den Blick vom Aussichtspunkt **Angels Landing** genießen oder flussabwärts durch die berüchtigten **Narrows** wandern. Darüber hinaus gibt es auch verstecktere Schönheiten wie hängende Felsen, winzige Grotten und Hochebenen voller Wildblumenwiesen. Aufgrund der üppigen Vegetation und geringen Höhe wirken die wunderschönen Felsformationen um einiges grüner als die in den kargen Parks im Osten.

Der Großteil der Besucher gelangt über den Boden des Zion Canyon in den Park. Sogar die anstrengendsten Wanderwege sind von Mai bis September, wenn nur Shuttles zugelassen sind, stark frequentiert. Wer nur Zeit für eine einzige Aktivität hat, sollte den 6 Meilen (10 km) langen **Scenic Drive** wählen, der ins Herz des Zion Canyon führt. Von Mitte März bis Anfang November ist man auf die kostenlosen Shuttles am **Visitor Center** (☎435-772-3256; www.nps.gov/zion; Kolob Canyons Rd; ⌚Ende Mai–Sept. 8–17, Rest des Jahres bis 16.30 Uhr) angewiesen, man kann jedoch nach Belieben an den Aussichtsplattformen und Startpunkten der Wanderwege aus- und wieder zusteigen.

Von den einfachen bis moderat schwierigen Wegen ist der befestigte, 1,6 km lange **Riverside Walk** am Ende der Straße ein guter Start. Sehr viel anstrengender ist der 9 km lange **Angels Landing Trail**; man überwindet 430 Höhenmeter, und zum Schluss geht es über einen schmalen Grat mit senkrecht abfallenden Wänden – nichts für Leute mit Höhenangst! –, aber der Blick auf den Zion Canyon ist phänomenal. Hin und zurück braucht man etwa vier Stunden.

Die bekannteste Backcountry-Route führt durch die unvergesslichen **Narrows**. Auf der 26 km langen Strecke geht's durch die schmalen Canyons entlang der Nordgabelung des Virgin River (Juni–Okt.). Man muss sich auf nasse Füße einstellen: Mindestens die Hälfte der zwölfstündigen Wanderung führt durch den Fluss. Am besten teilt man die Route auf zwei Tage auf und übernachtet auf einem Campingplatz (vorab reservieren!); alternativ richtet man die Planung nach dem letzten Park-Shuttle. Bei dieser Wanderung ist man auf die Shuttles angewiesen, die zu den Startpunkten der Routen fahren.

Östlich des Parkhaupteingangs führt der Hwy 9 über sechs enge Serpentinen hinauf bis zum 1,1 Meilen (1,7 km) langen Zion-Mt. Carmel Tunnel. Das Wunder der Ingenieurskunst wurde Ende der 1920er-Jahre erbaut. Kurz darauf ändert sich die Landschaft komplett: zu zerfurchtem Slickrock-Sandstein in verschiedenen Farben mit der bergigen **Checkerboard Mesa** als Höhepunkt.

Auf dem schattigen **Watchman Campground** (☎877-444-6777; www.recreation.gov; Hwy 9; Stellplatz Zelt/Wohnmobil ohne Anschlüsse 20/30 US$; 🐾) sollte man sich lange im Voraus einen Platz am Fluss reservieren. Beim benachbarten **South Campground** (☎877-444-6777; www.recreation.gov; Hwy 9; Stellplatz Zelt & Wohnmobil 20 US$; 🐾) ist keine Reservierung möglich. Die rustikale **Zion Lodge**

SCENIC DRIVE: HIGHWAY 12

Der **Hwy 12 Scenic Byway** (www.scenicbyway12.com; Hwy 12), die abwechslungsreichste und eindrucksvollste Straße in Utah, windet sich auf 124 Meilen (200 km) durch das raue Schluchtenland westlich vom Bryce Canyon bis in die Nähe des Capitol Reef. Der Abschnitt zwischen Escalante und Torrey führt durch eine Mondlandschaft aus Slickrock-Sandstein, passiert schmale Grate und überquert den 3350 m hohen Boulder Mountain. Fast alle Attraktionen zwischen Torrey und Panguitch liegen am Hwy 12 oder in dessen Nähe.

(☎888-297-2757, Buchung für den gleichen Tag 435-772-7700; www.zionlodge.com; Zion Canyon Scenic Dr; Zi./Hütte 227/260 US$;) auf halbem Weg der Panoramastraße durch den Canyon hat einfache Motelzimmer und Hütten mit Gasöfen. Zimmer und Hütten verfügen jeweils über eine Holzveranda mit tollem Blick auf die roten Felsen, nicht aber über Fernseher. Auch vom hauseigenen Restaurant **Red Rock Grill** (☎435-772-7760; Zion Canyon Scenic Dr, Zion Lodge; Frühstück & Sandwiches 6–17 US$, Abendessen 16,50–30 US$; März–Okt. 6.30–10 & 11.30–22 Uhr, Nov.–Feb. wechselnde Öffnungszeiten) hat man einen tollen Blick. Außerhalb des Parks finden sich in Springdale weitere Einrichtungen.

Achtung: Auch wer nur auf dem öffentlichen Hwy 9 durch den Park fahren will, muss die Eintrittsgebühr bezahlen.

Springdale

Die kleine Stadt an der südlichen Haupteinfahrt zum Zion National Park ist die perfekte Parkstadt, auch wenn sich auf der Hauptstraße der Verkehr meistens staut. Atemberaubende rote Felsklippen bilden die Kulisse für bunte Cafés und Bio-Restaurants sowie jede Menge Galerien, unabhängiger Motels und B&Bs.

Neben Wanderungen im Nationalpark bieten die Veranstalter hier auch Klettern, Canyon-Touren, Mountainbiken und Jeepfahrten in die Umgebung an. **Zion Adventure Company** (☎435-772-1001; www.zionadventures.com; 36 Lion Blvd; Canyoning-Tagestour ab 189 US$; Ende Mai–Ende Sept. 7–20 Uhr, restliches Jahr verkürzte Öffnungszeiten) bietet ausgezeichnete Touren, Ausrüstung für die Narrows und Shuttles für Wanderer und Radfahrer. **Zion Cycles** (☎435-772-0400; www.zioncycles.com; 868 Zion Park Blvd; Leihfahrrad halber/ganzer Tag ab 30/40 US$, Fahrradträger ab 15 US$; Feb.–Nov. 9–18 Uhr) ist das beste Fahrradgeschäft der Stadt.

Das **Desert Pearl Inn** (☎888-828-0898, 435-772-8888; www.desertpearl.com; 707 Zion Park Blvd; Zi. 269–299 US$;) hat die stylischsten Zimmer in Springdale, das **Red Rock Inn** (☎435-772-3139; www.redrockinn.com; 998 Zion Park Blvd; Zi. 105–309 US$;) acht romantische Hütten im modernen Landhausstil.

Das sehr traditionelle **Zion Canyon B&B** (☎435-772-9466; www.zioncanyonbnb.com; 101 Kokopelli Circle; Zi. 149–215 US$;) bietet Feinschmeckerfrühstück und einen winzigen Wellnessbereich. Der Bungalow des **Under the Eaves Inn** (☎435-772-9466; www.undertheeaves.com; 980 Zion Park Blvd; Zi. 99–189 US$; P) aus den 1930er-Jahren ist voller kreativer Kunstwerke und Artefakte, die der Besitzer gesammelt hat. Fürs Frühstück gibt's einen Gutschein für ein Restaurant der Stadt.

Kaffee und *trés bonnes crepes* – süß und salzig –bekommt man z.B. im **MeMe's Cafe** (☎435-772-0114; www.memescafezion.com; 975 Zion Park Blvd; Hauptgerichte 11–18 US$; 7–21 Uhr). Es gibt aber auch Panini und Waffeln, und zum Abendessen Rinderbrust und Pulled Pork. Eine Option fürs Abendessen sind auch **Oscar's Cafe** (☎435-772-3232; www.cafeoscars.com; 948 Zion Park Blvd; Hauptgerichte 12–20 US$, Frühstück 6–13 US$; 7–21 Uhr) und das rustikale **Bit & Spur Restaurant & Saloon** (☎435-772-3498; www.bitandspur.com; 1212 Zion Park Blvd; Hauptgerichte 14–30 US$; März–Okt. 17–23 Uhr, Nov.–Feb. Fr–So 17–23 Uhr;). Im ausgezeichneten Hotel-Restaurant **King's Landing** (☎435-772-7422; www.klbzion.com; 1515 Zion Park Blvd, Driftwood Lodge; Hauptgerichte 18–38 US$; 17–21 Uhr;) muss man vorher reservieren.

NEW MEXICO

Das „Land of Enchantment" (Land der Verzauberung) übt wirklich einen faszinierenden Zauber aus. Licht und Schatten treiben ihr Spiel auf den mit Wacholder bewachsenen Hügeln, Gipsdünen glühen im Feuerschein der untergehenden Sonne, die Rio Grande Gorge bildet einen tiefen Riss durch das Taos-Plateau. Ja, diese Landschaft ist wirklich zauberhaft und ganz leicht zu Fuß, mit dem Rad oder Boot zu erkunden. Von ihrer ebenso faszinierenden Geschichte künden uralte Pueblos, Häuser und Gefängnisse für Trapper und Gesetzlose sowie die vielen Lehmziegelkirchen voller religiöser Kunstwerke – ganz zu schweigen von den chilischarfen Enchiladas, unzähligen Kleinbrauereien und der Serie *Better Call Saul*. Genau wie Meow Wolf würde man sich am liebsten sofort auf den Weg machen.

Der unglaubliche Zauber von New Mexico kommt vielleicht am besten in den einfachen Gemälden von Georgia O'Keeffe zum Ausdruck. Bei ihrem ersten Besuch rief die Künstlerin aus: „Wow! Meine Güte, ist das wundervoll! Warum hat mir keiner gesagt, dass es so schön ist?"

Aber mal ernsthaft: wie auch?

Geschichte

Die Kultur der frühen Pueblo-Indianer begann im 8. Jh. aufzublühen, und nicht viel später wurde mit der Errichtung der eindrucksvollsten Bauten im Chaco Canyon begonnen. Zu der Zeit, als Francisco Vasquez de Coronado im 16. Jh. hierher kam, waren viele Pueblo-Indianer in das Tal des Rio Grande gezogen und hatten die vorherrschende Stellung inne. Nachdem Santa Fe um 1610 als spanische Kolonialhauptstadt gegründet worden war, schwärmten spanische Kolonisten ins nördliche New Mexico aus, und katholische Missionare begannen mit ihren oft gewaltsamen Versuchen, die Pueblo-Indianer zu bekehren. Nach dem Pueblo-Aufstand von 1680 hielten die amerikanischen Ureinwohner Santa Fe besetzt; erst 1692 konnte Don Diego de Vargas die Stadt zurückerobern.

Die USA besetzten New Mexico 1846 im Verlauf des Mexikanisch-Amerikanischen Krieges; 1850 wurde das Gebiet zu einem US-Territorium. Kriege mit den indigenen Völkern der Navajo, Apache und Comanche veränderten die Region, und mit der Ankunft der Eisenbahn in den 1870er-Jahren setzte ein wirtschaftlicher Aufschwung ein.

Maler und Schriftsteller gründeten im frühen 20. Jh. Künstlerkolonien in Santa Fe und Taos, und im Jahr 1912 wurde New Mexico zum 47. Bundesstaat der USA. Eine Gruppe von Wissenschaftlern kam 1943 nach Los Alamos, wo sie unter strengen Geheimhaltungsbedingungen die Atombombe entwickelten. Vier Jahre später soll, so behaupten jedenfalls Verschwörungstheoretiker, ein UFO außerhalb von Roswell abgestürzt sein.

KURZINFOS NEW MEXICO

Spitzname Land of Enchantment

Bevölkerung 2,1 Mio.

Fläche 314 604 km^2

Hauptstadt Santa Fe (80 880 Ew.)

Weitere Städte Albuquerque (560 200 Ew.), Las Cruces (102 296 Ew.)

Verkaufssteuer 5,1–9,25 %

Geburtsort von John Denver (1943–1997) und Smokey Bear (1950–76)

Heimat des International UFO Museum & Research Center (Roswell)

Politische Ausrichtung Der „violette" Staat ist im Norden eher liberal, im Süden konservativ.

Berühmt für uralte Pueblos, die erste Atombombe (1945), die Stelle, an der Bugs Bunny links abbiegen sollte

Wichtigste Frage „Rot oder grün?" (Farbe der Chilisauce)

Höchster/tiefster Punkt Wheeler Peak (4001 m) / Red Bluff Reservoir (864 m)

Entfernungen Albuquerque–Santa Fe 50 Meilen (80 km), Santa Fe–Taos 70 Meilen (112 km)

Praktische Informationen

Infos zum Abschnitt der Route 66 in New Mexico finden sich unter www.rt66nm.org.

New Mexico State Parks (www.emnrd.state.nm.us) Infos zu State Parks mit einem Link für Campingplatz-Reservierungen.

New Mexico Tourism (www.newmexico.org) Infos zu Reiseplanung, Aktivitäten und Events.

Recreation.gov (www.recreation.gov) Reservierungen für Stellplätze und Touren in Nationalparks und National Forests.

Albuquerque

Der Verkehrsknotenpunkt in der Wüste ist genau die richtige Mischung aus Stadt und Wildnis. Die Sandia Mountains leuchten bei Sonnenuntergang in allen Rottönen, der Rio Grande ist von Pappeln gesäumt wie die Route 66 mit Dinern, und hier lebten Walter White und Saul Goodman. Albuquerque ist zwar die größte Stadt des Staates, doch bei Sonnenuntergang ist immer noch das Heulen der Kojoten zu hören.

Außerhalb der Stadt gibt es jede Menge toller Wander- und Mountainbike-Strecken, während moderne Museen in der Stadt die Kultur der Pueblos, neumexikanische Kunst und das Weltall zum Thema haben. Hier kann man einen Gang zurückschalten, gemütlich zu den Felsenmalereien in der Wüste wandern, Enchiladas mit rotem Chili und lokales Bier genießen. Wenn man sich durch die vielen großartigen Brauereien hier probieren will, dauert das schon eine Weile.

Sehenswertes

Altstadt

Von der Stadtgründung 1706 bis zur Ankunft der Eisenbahn 1880 war die Plaza rund um die winzige Kirche **San Felipe de Neri** (www.sanfelipedeneri.org; 2005 N Plaza NW,

ALBUQUERQUE MIT KINDERN

Albuquerque bietet jede Menge Tolles für Kinder, von interaktiven Museen bis zu fantastischen Wanderungen.

¡Explora! (☎505-224-8300; www.explora.us; 1701 Mountain Rd NW; Erw./Kind 1–11 Jahre 10/6 US$; ⊙Mo–Sa 10–18, So 12–18 Uhr; P 👪) Das fantastische interaktive Museum bietet für jedes Alter etwas, vom Hochseilrad bis zur umwerfenden Licht-Schatten-Farben-Show (unbedingt mit dem Aufzug fahren!).

New Mexico Museum of Natural History & Science (☎505-841-2800; www.nmnaturalhistory.org; 1801 Mountain Rd NW; Erw./Kind 3–12 Jahre 8/5 US$; ⊙9–17 Uhr; P 👪) Dinosaurier begeistern jedes Kind: Dieses riesige, moderne Museum am nordöstlichen Rand der Altstadt ist vom Atrium bis unters Dach vollgestopft mit T-Rex und seinen Artgenossen sowie anderen Urviechern.

Old Town Plaza; ⊙tgl. 7–17.30, Museum Mo–Fr 9.30–16.30, Sa 9.30–17 Uhr) von 1793 der Dreh- und Angelpunkt von Albuquerque. Heute ist die Altstadt die größte Attraktion der Stadt.

★ Albuquerque Museum — MUSEUM

(☎505-243-7255; www.cabq.gov/museum; 2000 Mountain Rd NW; Erw./Jugendl. 13–18 Jahre/Kind 4–12 Jahre 6/6/3 US$; ⊙Di–So 9–17 Uhr; P) Das erstklassige Museum hieß früher „Albuquerque Museum für Kunst & Geschichte" und sollte keinesfalls verpasst werden. Die mitreißende Galerie zur Geschichte der Stadt ist fantastisch, interaktiv und verständlich aufbereitet. Die Dauerausstellung zu New Mexicos Kunst reicht von den Taos bis ins 20. Jh. Sonntagvormittags ist der Eintritt frei. Von April bis November werden sonntags, dienstags, donnerstags und freitags kostenlose Führungen durch die Altstadt angeboten. Sie beginnen jeweils um 11 Uhr.

★ American International Rattlesnake Museum — MUSEUM

(☎505-242-6569; www.rattlesnakes.com; 202 San Felipe St NW; Erw./Kind 6/4 US$; ⊙Juni–Aug. Mo–Sa 10–18, So 13–17 Uhr; Sept.–Mai Mo–Fr 11.30–17.30, Sa 10–18, So 13–17 Uhr) Wer sich für Schlangen und andere schlüpfrige Wesen interessiert, den wird dieses Museum faszinieren. Schlangenphobiker erleben angesichts der weltgrößten Sammlung von Klapperschlangen ihren persönlichen Alptraum. Daneben sind Bierflaschen mit Schlangenmotiven und Briefmarken aller amerikanischen Städte namens „Rattlesnake" ausgestellt.

Rund um die Stadt

★ Indian Pueblo Cultural Center — MUSEUM

(IPCC; ☎505-843-7270; www.indianpueblo.org; 2401 12th St NW; Erw./Kind 5–17 Jahre 8,40/5,40 US$; ⊙9–17 Uhr; P) Das Kulturzentrum, das von den 19 Pueblo-Völkern in New Mexico gemeinsam geleitet wird, ist ein Muss bei jedem Besuch in Albuquerque. Das 2016 umfangreich sanierte Museum hat eine faszinierende Sammlung zur kollektiven Geschichte der Pueblos und einzelnen traditionellen Kunstfertigkeiten. In den Galerien finden zudem ständig wechselnde Ausstellungen statt. Das Museum ist in einem halbrunden Gebäude rund um eine Plaza untergebracht, auf der regelmäßig Tänze und Kunsthandwerk vorgeführt werden. Das **Pueblo Harvest Cafe** (☎505-724-3510; www.puebloharvestcafe.com; 2401 12th St NW; Mittagessen 13–20 SU$, Abendessen 12–40 US$; ⊙Mo–Sa 7–21, So 7–16 Uhr; 🌶👪) ist sehr empfehlenswert. Dazu gehören auch ein großer Souvenirshop und ein kleines Einzelhandelsgeschäft.

Petroglyph National Monument — ARCHÄOLOGISCHE STÄTTE

(☎505-899-0205; www.nps.gov/petr; 6001 Unser Blvd NW; ⊙Besucherzentrum 8–16.30 Uhr; P) GRATIS In den Lavafeldern des großen Wüstenparks westlich des Rio Grande sind mehr als 23 000 uralte Felszeichnungen (1000 v. Chr.–1700 n. Chr.) zu finden. Mehrere Wege führen kreuz und quer durch das Gebiet: **Boca Negra Canyon** ist der am besten zugängliche und am meisten genutzte (8.30–16.30 Uhr; Parken werktags/ Wochenende 1/2 US$), **Piedras Marcadas** führt zu rund 300 Felszeichnungen (Sonnenaufgang–Sonnenuntergang), **Rinconada Canyon** ist ein schöner Weg durch die Wüste (hin & zurück 3,5 km, Sonnenaufgang–Sonnenuntergang), führt aber leider kaum an irgendwelchen Felszeichnungen vorbei.

Sandia Peak Tramway — SEILBAHN

(☎505-856-7325; www.sandiapeak.com; 30 Tramway Rd NE; Erw./Jugendl. 13–20 Jahre/Kind 25/20/15 US$, Parken 2 US$; ⊙Juni–Aug. Mi–So

9–21 Uhr, Sept.–Mai Di 17–21 Uhr; P) Die mit 4,3 km längste Seilbahn der USA führt aus der Wüste im Nordosten der Stadt zum 3155 m hohen Sandia Crest hinauf. Der Ausblick ist zu jeder Zeit spektakulär, besonders atemberaubend aber bei Sonnenuntergang. Auf dem Gipfel gibt's mehrere Souvenirläden. Zum Zeitpunkt der Recherche kamen gerade ein neues Nobelrestaurant und eine Skybar dazu. Schöne Wanderwege führen durch die Wälder. Wer hinunter (oder hinauf) laufen will, bezahlt nur 15 US$ für die einfache Strecke.

Aktivitäten

Die allgegenwärtigen Sandia Mountains und die weniger überlaufenen Manzano Mountains locken Sportbegeisterte mit Outdoor-Aktivitäten, u.a. Wandern, Skifahren (alpin und Langlauf), Mountainbiken, Klettern und Zelten.

Radfahren ist die ideale Möglichkeit, Albuquerque ganz nach Lust und Laune zu erkunden. Neben Radwegen innerhalb der Stadt finden Mountainbiker Trails in den Hügelausläufern östlich der Stadt und den malerischen **Paseo del Bosque** (www.cabq.gov; Sonnenaufgang–Sonnenuntergang) am Rio Grande. Details zum ausgezeichneten Radwegenetz finden sich unter www.bikeabq.org.

Für Fans der Serien *Breaking Bad* und *Better Call Saul* ist Albuquerque ein Paradies, denn hier kann man alle Drehorte besichtigen. Dafür kann man sich bei **Routes Rentals** (505-933-5667; www.routesrentals.com; 404 San Felipe St NW; Leihgebühr 4/24 Std. ab 20/35 US$; März–Nov. 8–18 Uhr, Dez.–Feb. 8–17.30 Uhr) ein Fahrrad ausleihen oder im Wohnmobil mit **Breaking Bad RV Tours** (1919 Old Town Rd; 3-stündige Tour 75 US$/Pers.) eine Stadtrundfahrt machen.

Elena Gallegos Open Space WANDERN & TREKKEN, MOUNTAINBIKEN
(505-452-5200; www.cabq.gov; Simms Park Rd; Parkplatz werktags/Wochenende 1/2 US$; April–Okt. 7–21 Uhr, Nov.–März bis 19 Uhr) Die westlichen Ausläufer der Sandia Mountains sind Albuquerques Outdoor-Spielplatz, und die Hochwüstenlandschaft ist wirklich herrlich. Neben mehreren Picknickbereichen liegen in diesem Abschnitt Ausgangspunkte von Wander-, Lauf- und Mountainbike-Wegen; einige Strecken sind auch für Rollstuhlfahrer geeignet. Man sollte früh kommen, bevor es zu heiß wird, oder aber spät, um bei Sonnenuntergang begleitet vom Geheul einsamer Kojoten die Panoramaaussicht zu genießen. Einfache Wegkarten findet man am Eingang.

Feste & Events

Ein ausführlicher Veranstaltungskalender steht in der Freitagsausgabe des *Albuquerque Journal* (www.abqjournal.com).

Gathering of Nations Powwow KULTUR
(www.gatheringofnations.com; Ende April) Auf dem Programm stehen Tanzwettbewerbe, Kunst und Kunsthandwerk amerikanischer Ureinwohner und die Wahl zur „Miss Indian World". Findet Ende April statt.

★ **International Balloon Fiesta** BALLONFAHREN
(www.balloonfiesta.com; 10 US$ Anfang Okt.) Wer jemals den Tiger aus der Kellogg's-Werbung im Riesenformat im Hof seines Hotels hat landen sehen, wird das nicht so schnell vergessen! Genau solche Dinge passieren während des größten Heißluftballon-Festivals der Welt. Ansonsten stehen an jedem der neun Tage um das erste und zweite Oktoberwochenende Massenstarts auf dem Programm.

Schlafen

★ **El Vado** MOTEL $
(510-361-1667; www.elvadoabq.com; 2500 Central Ave SW; Zi. 137–150 US$, Suite 150–180 US$) Das renovierte Adobe-Gebäude an der Route 66 ist jetzt strahlend weiß. Bei Sonnenaufgang fliegen oft Heißluftballons praktisch direkt übers Haus. Im Innenhof des Motels von 1937 befinden sich ein Swimmingpool, eine Bar und eine Handvoll Restaurants. Das Ganze ist sehr hip, aber gemütlich. Die Ausstattung ist im Stil der 1950er-Jahre gehalten.

Andaluz BOUTIQUEHOTEL $$
(505-388-0088; www.hotelandaluz.com; 125 2nd St NW; Zi./Suite ab 191/206 US$; P @) Das schönste historische Hotel ganz Albuquerques wurde 1939 mitten in der Innenstadt gebaut. Bei der zwischenzeitlich erfolgten Modernisierung wurden alte Details beibehalten, darunter auch der wunderschöne Innenhof, wo gemütliche Nischen mit Tischen und Sofas zum Entspannen einladen. Die Zimmer sind mit allergikerfreundlichem Bettzeug und Teppichen ausgestattet, das Restaurant **Más Tapas Y Vino** (505-923-9080; Tapas 8–22 US$, Hauptgerichte

26–38 US$; ⌚7–14 & 17–21.30 Uhr) ist bemerkenswert, und auf dem Dach befindet sich die **Ibiza Bar & Patio**.

Böttger Mansion B&B $$
(☎505-243-3639; www.bottger.com; 110 San Felipe St NW; Zi. 120–169 US$; Ⓟ❄@📶) Wegen des freundlichen Besitzers hebt sich dieses gut ausgestattete B&B (erb. 1912), das einen einminütigen Fußmarsch von der Plaza entfernt liegt, von der Konkurrenz ab. Drei der sieben mit Antiquitäten ausgestatteten Themenzimmer haben Zierwände, eines verfügt außerdem über einen Whirlpool. Das üppige Frühstück wird in einem von Heckenkirschen gesäumten Hof serviert, der Vogelliebhaber begeistern wird. Zu illustren Gästen in der Vergangenheit gehörten Elvis, Janis Joplin und Machine Gun Kelly.

★**Los Poblanos** B&B $$$
(☎505-344-9297; www.lospoblanos.com; 4803 Rio Grande Blvd NW; Zi./Suite ab 255/340 US$; Ⓟ❄@📶🏊) Das bezaubernde Gästehaus mit 20 Zimmern steht auf einer denkmalgeschützten Ranch aus den 1930er-Jahren eine fünfminütige Autofahrt nördlich der Altstadt. Das 100 ha große Gelände voller Gärten, Lavendelfelder und einer Bio-Farm liegt ganz in der Nähe des Rio Grande. Die prachtvollen Zimmer sind jeweils mit einem *kiva*-Kamin ausgestattet. Im preisgekrönten Restaurant **Campo** werden die Erzeugnisse der Farm im Holzofen verarbeitet.

Frühstück ist im Preis nicht enthalten, kann aber im Campo eingenommen werden, oder man isst etwas im **Farm Store**. In der rustikal-schicken **Bar Campo** gibt's tolle Cocktails. Von Mitte Juni bis Juli blüht hier der Lavendel.

Essen

★**Golden Crown Panaderia** BÄCKEREI $
(☎505-243-2424; www.goldencrown.biz; 1103 Mountain Rd NW; Gebäck 1–3 US$, Hauptgerichte 10–25 US$; ⌚Di–Sa 7–20, So ab 10 Uhr) Alle lieben Nachbarschaftsbäckereien mit Café. In diesem gemütlichen, alten Lehmziegelgebäude erwarten einen aufmerksames Personal, ofenfrisches Brot und Pizza (mit grünem Chili oder blauem Mais im Teig), fruchtige Empanadas, samtiger Espresso und Kekse. Man sollte vorher anrufen, wenn man sich einen Laib Brot mit grünem Chili sichern will – die sind schnell ausverkauft. Am besten isst man das Brot gleich warm draußen auf der Terrasse.

Frontier NEW-MEXICO-KÜCHE $
(☎505-266-0550; www.frontierrestaurant.com; 2400 Central Ave SE; Hauptgerichte 4–14 US$; ⌚5–1 Uhr; 👪) Die riesige Cantina erstreckt sich über mehrere Räume, in denen unglaubliche Köstlichkeiten serviert werden: gigantische Zimtbrötchen, gebratene Enchiladas und tolle *huevos rancheros*. Das Ganze wirkt zwar wie ein Fast-Food-Laden, doch die Atmosphäre und Preise sind unschlagbar.

Level 5 US-AMERIKANISCH $$
(☎505-246-9989; www.hotelchaco.com; 2000 Bellemah Ave; 14–54 US$; ⌚tgl. 7–14, So–Mi auch 16.30–22, Do–Sa 16.30–23 Uhr) Wow, was für ein Ausblick! Das atemberaubende Panorama von Albuquerque, flankiert von den Sandia Mountains, ist von drinnen und draußen zu sehen, denn das schicke Restaurant ist auf dem Dach des Hotel Chaco. Bedient wird man von gut gelauntem Personal, wenn auch mitunter etwas nachlässig. Die kurze, saisonale Karte ist fantastisch. Die meisten Zutaten stammen aus dem Hotelgarten.

★**Artichoke Cafe** MODERN-AMERIKANISCH $$$
(☎505-243-0200; www.artichokecafe.com; 424 Central Ave SE; Hauptgerichte mittags 12–19 US$, abends 24–39 US$; ⌚Mo–Fr 11–14.30 & 17–21, Sa 17–22, So 17–21 Uhr) Elegant und zurückhaltend ist das Bistro, kreativ die Feinschmeckerküche. Deshalb zählt das Artichoke auch zu den besten Restaurants in Albuquerque. Abends ist der schottische Lachs zu empfehlen. Das Lokal liegt am östlichen Rand der Innenstadt, zwischen dem Busbahnhof und der I-40.

Ausgehen & Unterhaltung

In der **Popejoy Hall** (☎505-277-3824; www.popejoypresents.com; 203 Cornell Dr NE) finden Konzerte mit den großen Stars statt. Außerdem sind hier die städtische Oper, das Theater und das Sinfonieorchester zu Hause. Im **Launch Pad** (☎505-764-8887; www.launchpadrocks.com; 618 Central Ave SW) treten vor allem Bands aus der Region auf. Informationen zu allen Veranstaltungen finden sich im kostenlosen Wochenmagazin *Alibi* (www.alibi.com).

★**Marble Brewery** KLEINBRAUEREI
(☎505-243-2739; www.marblebrewery.com; 111 Marble Ave NW; ⌚Mo–Sa 12–24, So 12–22.30 Uhr) Die urige Kneipe der gleichnamigen Brauerei in der Innenstadt hat einen gemütlichen Innenraum für den Winter und im Sommer einen Biergarten, wo abends Bands aus der

Region spielen. Außerdem gibt's eine Dachterrasse. Unbedingt das Red Ale probieren! In der Regel stehen auch ein oder zwei Food-Trucks vor dem Haus.

Java Joe's CAFÉ
(☎505-765-1514; www.downtownjavajoes.com; 906 Park Ave SW; ⏲6.30–15.30 Uhr; 👪🐾) Das Java Joe's ist heute wohl vor allem für den explosiven Kurzauftritt in *Breaking Bad* bekannt. Das gemütliche Café ist aber auch sonst ein guter Ort für einen Kaffee-Stopp oder eine Schüssel vom schärfsten Chili in der Stadt.

Anodyne BAR
(☎505-244-1820; 409 Central Ave NW; ⏲Mo–Sa 16–2, So 19–24 Uhr) Bücherregale an den Wänden, Holzdecken, Stühle mit superdicken Polstern und ein toller Billardtisch sorgen für eine gemütliche Atmosphäre in der riesigen Bar in der Central Ave. Dazu gibt's mehr als 100 Flaschenbiere.

ℹ Praktische Informationen

NOTFALL & MEDIZINISCHE VERSORGUNG

Polizei (☎505-768-2200; www.cabq.gov/police; 400 Roma Ave NW)

Presbyterian Hospital (☎505-841-1234; www.phs.org; 1100 Central Ave SE; ⏲24 Std. Notaufnahme)

UNM Hospital (☎505-272-2111; 2211 Lomas Blvd NE; ⏲24 Std. Notaufnahme) Das Krankenhaus ist auch ein Zentrum für Traumata der Stufe 1.

TOURISTENINFORMATION

Old Town Information Center (☎505-243-3215; www.visitalbuquerque.org; 303 Romero Ave NW; ⏲Nov.–April 10–17 Uhr, Mai–Okt. 10–18 Uhr) Hier sind jede Menge Infos erhältlich. Das Büro liegt an der Plaza Don Luis.

ℹ Anreise & Unterwegs vor Ort

BUS

Das **Alvarado Transportation Center** (☎505-423-7433; www.cabq.gov/transit; Ecke 100 1st St SW & Central Ave) ist der Busbahnhof von **Greyhound** (☎505-243-4435, 800-231-2222; www.greyhound.com; 320 1st St SW). Die Busse fahren in viele Orte des Staates und des Landes, aber nicht nach Santa Fe und Taos.

ABQ Ride (☎505-243-7433; www.cabq.gov/transit; 100 1st St SW; Erw./Kind 1/0,35 US$, Tageskarte 2 US$) Die Stadtbusse fahren an Werktagen zu den meisten Stationen in Albuquerque und täglich zu den großen Sehenswürdigkeiten.

FLUGZEUG

Der **Albuquerque International Sunport** (ABQ; ☎505-244-7700; www.abqsunport.com; 2200 Sunport Blvd SE; 📶) ist der größte Flughafen in New Mexico. Er liegt 5 Meilen (8 km) südöstlich der Innenstadt und wird von vielen Fluggesellschaften angeflogen. Kostenlose Shuttle-Busse verbinden den Terminal mit dem Sunport Car Rental Center in 3400 University Blvd SE, wo sich die Autovermietungen des Flughafens befinden.

Der **Sandia Shuttle** (☎888-775-5696; www.sandiashuttle.com; einfache Strecke nach Santa Fe 33 US$; ⏲8.45–23.45 Uhr) fährt täglich 19-mal nach Santa Fe.

ZUG

Der *Southwest Chief* hält am **Amtrak-Bahnhof** (☎800-872-7245; www.amtrak.com; 320 1st St SW) von Albuquerque, der zum Alvarado Transportation Center gehört. Die Züge fahren in Richtung Osten nach Chicago (ab 149 US$, 26 Std.) und in Richtung Westen nach Los Angeles (ab 67 US$, 16¾ Std.), jeweils einmal pro Tag.

Die Pendlerbahn des **New Mexico Rail Runner Express** (www.riometro.org; Erw./Kind 10/5 US$) nutzt den Bahnhof ebenfalls. Es gibt mehrere Haltestellen im Großraum Albuquerque und, was für Traveller wichtiger ist, sie fährt in Richtung Norden auch bis nach Santa Fe (einfache Strecke 10 US$, 1¾ Std.), und zwar achtmal an Wochentagen, viermal am Samstag und dreimal am Sonntag.

An der I-40

Zwar kann man theoretisch in weniger als fünf Stunden von Albuquerque nach Flagstaff, AZ, fahren, doch die National Monuments und die Pueblos an der Strecke sind einen Besuch wert. Wer eine landschaftlich schöne Tour unternehmen möchte, nimmt ab Grants den Hwy 53 nach Südwesten, der zu allen im Folgenden genannten Sehenswürdigkeiten (außer nach Acoma) führt. Der Hwy 602 verläuft gen Norden nach Gallup.

Acoma Pueblo

Die spektakuläre „Himmelsstadt" thront auf einer Mesa 2130 m über dem Meeresspiegel und 111,6 m über dem umliegenden Plateau. Sie ist eine der ältesten, ununterbrochen bewohnten Siedlungen in Nordamerika. Schon seit dem 11. Jh. leben hier Pueblo-Völker, die die berühmten Töpferwaren herstellen. Stadtführungen beginnen im **Kulturzentrum** (☎800-747-0181; www.acomaskycity.org; Rte

38; Führung Erw./Kind 25/17 US$; ⌚Führungen Mitte März–Okt. 9.30–15.30 Uhr, Nov.–Mitte März 9.30–14.30 Uhr; P) am Fuß der Mesa und dauern 90 Minuten. Am schönsten ist die Anfahrt über die I-40, die man an der Ausfahrt 102, 60 Meilen (96 km) westlich von Albuquerque verlässt. Eine ausführliche Wegbeschreibung findet sich auf der Website des Kulturzentrums. Dort steht auch, wenn die Stadt wegen einer Zeremonie oder aus Covid-19-Gründen geschlossen ist.

El Morro National Monument

Der 61 m hohe Sandsteinvorsprung am **El Morro National Monument** (☎505-783-4226; www.nps.gov/elmo; Hwy 53; ⌚Besucherzentrum Juni–Aug. 9–18 Uhr, Sept.–Mai 9–17 Uhr, Wanderwege werden 1 Std. früher gesperrt; P) GRATIS, auch bekannt als „Felsen der Inschriften", ist schon seit Jahrtausenden eine Oase der Reisenden. Tausende eingeritzter Zeichen – von Felszeichnungen im Pueblo auf dem Gipfel (von ca. 1275) bis zu kunstvollen Inschriften der spanischen Konquistadoren und englischen Pioniere – stellen ein einzigartiges historisches Zeugnis dar. Man sollte sich unbedingt die Zeit nehmen, nach dem kurzen **Inscription Rock Trail** noch den **Mesa Top Trail** hinaufzulaufen und den tollen Panoramablick zu genießen. Der Felsen befindet sich rund 38 Meilen (61 km) südwestlich von Grants und ist über den Hwy 53 erreichbar.

Zuni Pueblo

Die Zuni sind für ihre feinen Silberintarsien bekannt. Sie verkaufen sie in Geschäften am Hwy 53. Im **Zuni Tourism Visitor Center** (☎505-782-7238; www.zunitourism.com; 1239 Hwy 53; 1-stündige Führungen 20 US$; ⌚Mo–Fr 9–17.30 Uhr, Juli–Sept. zusätzl. Sa 9–16 Uhr) erhält man Infos und Fotogenehmigungen und kann Touren durch das Pueblo buchen. Vorbei an den Steinhäusern und wie Bienenkörbe geformten Lehmziegelöfen geht's zur **Our Lady of Guadalupe Mission**. Die Kachina-(Geist-)Wandbilder sind beeindruckend. Im **A:shiwi A:wan Museum & Heritage Center** (☎505-782-4403; www.ashiwi-museum.org; Ojo Caliente Rd; ⌚Mo–Fr 8–17 Uhr) GRATIS sind alte Fotos und Stammesartefakte zu sehen.

Das nette **Inn at Halona** (☎505-782-4547; www.halona.com; 23b Pia Mesa Rd; Zi. ab 85 US$; P 🛜) zieren Zuni-Kunst und -Handwerk. Es hat acht Zimmer und ist die einzige Unterkunft im Pueblo.

Santa Fe

Missionen, Museen und Meow Wolf – diese drei Ms spielen eine große Rolle in der „etwas anderen Stadt", die ihre eigenen Regeln macht, ohne dabei ihre lange, bewegte Geschichte zu vergessen. Bei einem Spaziergang durch die Viertel mit Adobe-Gebäuden und über die geschäftige Plaza, die nach wie vor das Zentrum bildet, offenbart sich die zeitlose, erdverbundene Seele Santa Fes. Eine Hauptattraktion ist die künstlerische Seite der Stadt: Hier gibt es mehr Museen und Galerien, als man bei einem einzigen Besuch erkunden kann.

Santa Fe ist auch die höchstgelegene Landeshauptstadt der USA (2130 m). Der Ort am Fuß der Sangre de Cristo Mountains ist eine fantastische Basis für Wanderungen, Mountainbiketouren und fürs Skifahren. Danach kann man die von Chilis geprägte Küche genießen, auf der Plaza Türkis- und Silberschmuck direkt von den Ureinwohnern kaufen, die bemerkenswerten Kirchen besuchen oder einfach die jahrhundertealten Pappelalleen entlangspazieren und über einen Umzug hierher nachdenken.

Sehenswertes

★Plaza PLATZ

(Karte S. 242) Schon seit mehr als 400 Jahren ist die Plaza das Zentrum von Santa Fe. Zuerst war sie das nördliche Ende des Camino Real aus Mexiko, später dann das Ziel der Pioniere auf dem Santa Fe Trail. Heute ist der grasbewachsene Platz von Touristen bevölkert, die vom Museum zur nächsten Margarita schlendern, vorbei an Imbissständen, Skateboardern und Straßenmusikanten. Im Säulengang des Gouverneurspalastes an der Nordseite verkaufen amerikanische Ureinwohner Schmuck und Töpferwaren.

★Georgia O'Keeffe Museum MUSEUM

(Karte S. 242; ☎505-946-1000; www.okeeffemuseum.org; 217 Johnson St; Erw./Kind 13 US$/frei; ⌚Sa–Do 10–17, Fr bis 19 Uhr) In zehn schön ausgeleuchteten Sälen eines weitläufigen Adobe-Gebäudes aus dem 20. Jh. zeigt dieses Museum die weltweit größte Sammlung der Werke von Georgia O'Keeffe. Die Künstlerin ist vor allem bekannt für ihre leuchtenden New-Mexico-Landschaften, die Wechselausstellungen decken aber ihre gesamte Laufbahn von ihren Anfängen bis zu den Jahren auf der Ghost Ranch ab. Ihre berühmtesten Bilder befinden sich im Besitz größerer Mu-

Santa Fe

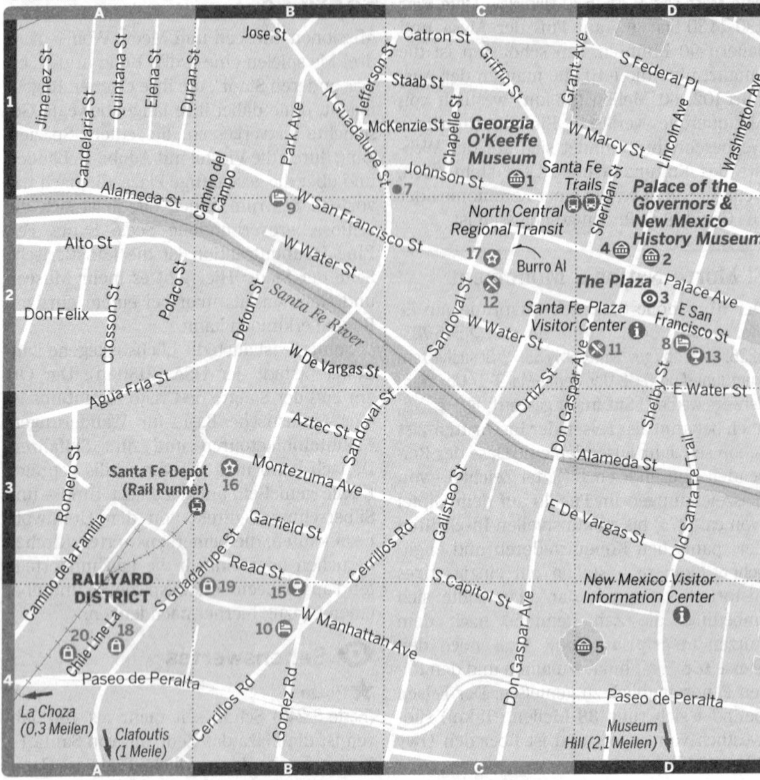

seen in aller Welt, deswegen kann man hier viele weniger bekannte Werke entdecken, die durch den kühnen Pinselstrich und kräftige Farben beeindrucken.

Meow Wolf MUSEUM

(☎505-395-6369; www.meowwolf.com; 1352 Rufina Circle; Erw./Kind 29/21 US$; ⏲So, Mo, Mi & Do 10–20, Fr & Sa bis 22 Uhr, Mitte Juni–Mitte Aug. ab 9 Uhr; P 👪) Wer einen Abstecher in eine andere Dimension unternehmen will, aber keinen Schlüssel dafür hat, ist im House of Eternal Return von Meow Wolf vielleicht richtig. Der Grundgedanke ist einfallsreich: Die Besucher erkunden ein nachgestaltetes viktorianisches Haus nach Beweisen, die mit dem Verschwinden einer kalifornischen Familie zu tun haben. Dabei folgen sie einer Erzählung, die (oft über geheime Verbindungsgänge) immer tiefer in die Fragmente eines Multiversums hineinführt, das aus einmaligen, interaktiven Kunstinstallationen besteht.

Aktivitäten

Die **Pecos Wilderness** und der **Santa Fe National Forest** östlich der Stadt bieten ein über 1600 km langes Netz an Wander- und Radwegen. Manche davon führen auf über 3600 m hohe Gipfel. Karten und Infos gibt's beim Public Lands Information Center, zudem sollte man sich vorab die Wettervorhersage ansehen, da Gewitter im Sommer keine Seltenheit sind.

Mellow Velo (Karte S. 242; ☎505-995-8356; www.mellowvelo.com; 132 E Marcy St; Mountainbike ab 40 US$/Tag; ⏲Mitte Mai–Okt. Mo–Fr 9.30–18, Sa & So 9.30–17 Uhr, Nov.–Mitte Mai verkürzte Öffnungszeiten) verleiht Mountainbikes und gibt Tipps zu Touren. Veranstalter wie **New Wave Rafting Co** (☎800-984-1444; www.newwaverafting.com; Erw./Kind 6–11 Jahre ab 60/49 US$; ⏲Mitte April–Aug.) bieten Wildwasser-Rafting in der Rio Grande Gorge, der wilden Taos Box und der Rio Chama Wilderness.

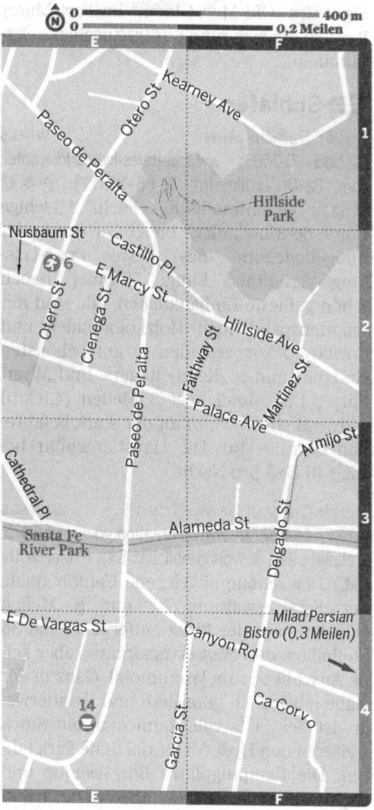

Santa Fe

Highlights
- 1 Georgia O'Keeffe Museum ... C1
- 2 Palace of the Governors & New Mexico History Museum ... D2
- 3 The Plaza ... D2

Sehenswertes
- 4 New Mexico Museum of Art ... D2
- 5 State Capitol ... D4

Aktivitäten, Kurse & Touren
- 6 Mellow Velo ... E2
- 7 Santa Fe School of Cooking ... C1

Schlafen
- 8 La Fonda ... D2
- 9 Las Palomas ... B2
- 10 Santa Fe Motel & Inn ... B4

Essen
- 11 Cafe Pasqual's ... D2
- 12 Tia Sophia's ... C2

Ausgehen & Nachtleben
- 13 Bell Tower Bar ... D2
- 14 Kakawa Chocolate House ... E4
- 15 Santa Fe Spirits ... B4

Unterhaltung
- 16 Jean Cocteau Cinema ... B3
- 17 Lensic Performing Arts Center ... C2

Shoppen
- 18 Blue Rain ... A4
- 19 Kowboyz ... B4
- 20 Santa Fe Farmers Market ... A4

Dale Ball Trails MOUNTAINBIKEN, WANDERN & TREKKEN

(www.santafenm.gov/trails_1; Cerro Gordo Rd, nahe Upper Canyon Rd) Mehr als 32 km Mountainbikestrecken und Wanderwege mit fantastischem Ausblick auf die Wüste und die Berge sind nur eine kurze Fahrt von der Innenstadt entfernt. Der 15,5 km lange Outer Limits Trail ist eine klassische Strecke mit schneller Einzelspur im Norden und einem technischeren Abschnitt in der Mitte. Ein schöner Wanderweg ist der 6,4 km lange Rundweg zum Picacho Peak mit zwar steilen, aber durchaus machbaren 380 Höhenmetern.

Ski Santa Fe SKIFAHREN

(☎505-982-4429; www.skisantafe.com; Hwy 475; Liftticket Erw./13–23 Jahre/Kind 80/62/54 US$; ⌚Dez.–März 9–16 Uhr) Das Skigebiet ist zwar kleiner als das berühmtere außerhalb von Taos und wird deshalb oft übersehen, es bietet aber den gleichen lockeren Pulverschnee (wenn auch etwas weniger), und der Startpunkt ist sogar höher (3155 m) gelegen. Das Gebiet befindet sich nur 16 Meilen (25,7 km) außerhalb der Stadt und eignet sich nicht nur für Familien, sondern auch für Skicracks. Letztere kommen wegen der Waldwiesen, steilen Buckelpisten und langen, präparierten Abfahrten hierher.

Santa Fe School of Cooking KOCHEN

(Karte S. 242; ☎505-983-4511; www.santafeschoolofcooking.com; 125 N Guadalupe St; 2-stündige Kurse 80 US$, 3-stündige Kurse ab 82 US$; ⌚Mo–Fr 9.30–17.30, Sa bis 17, So 10.30–15.30 Uhr) In den Workshops lernt man, die Grundlagen der Südwest-Küche zu meistern und versucht sich an *chile rellenos* (gefüllten Chilis), Tamales oder komplizierteren Würzsaucen wie Senf-Mango-Habanero. Die MItarbeiter veranstalten auch diverse beliebte kulinarische Spaziergänge mit Restaurantbesuchen.

Feste & Events

★ International Folk Art Market KULTUR

(☎505-992-7600; www.folkartalliance.org; ⊙Mitte Juli) Der weltweit größte Markt für Volkskunst lockt 150 Künstler aus 50 Ländern zu einem festlichen Wochenende mit Kunsthandwerksverkauf und Kulturveranstaltungen an.

Santa Fe Indian Market KULTUR

(☎505-983-5220; www.swaia.org; ⊙Aug.) Am Wochenende nach dem dritten Donnerstag im August lassen rund 1000 Künstler von 220 Stämmen und Völkern ihre Arbeiten von einer Jury bewerten. Dazu strömen mehr als 100 000 Besucher auf die Plaza, in die offenen Ateliers und zu Filmvorführungen der Ureinwohner. Am Freitag und Samstag werden die Kunstwerke zur Bewertung vorgestellt und die Preise vergeben, am Sonntag treten dann die Schnäppchenjäger in Aktion.

★ Santa Fe Fiesta & Burning of Zozobra KULTUR

(☎505-913-1517; www.santafefiesta.org; ⊙Anfang Sept.) Die zehntägige Feier der Wiederbesiedlung von Santa Fe 1692 nach dem Pueblo-Aufstand von 1680 umfasst Konzerte, eine Kerzenprozession und die beliebte Haustierparade. Die Party beginnt am Freitag mit der sehenswerten Verbrennung von **Zozobra** (www.burnzozobra.com), einer 15 m hohen Figur des „Old Man Gloom" im Fort Marcy Park, zu der sich rund 60 000 Zuschauer versammeln.

LA VILLA REAL DE LA SANTA FÉ

Als eine winzige Siedlung am Fuße der Sangre de Cristo Mountains 1610 zur Hauptstadt von New Mexico wurde, nannte der neu ernannte spanische Gouverneur sie La Villa Real de Santa Fé – die königliche Stadt des Heiligen Glaubens. Danach war sie viele Jahre lang einfach als „La Villa" bekannt. Man sagt, dass der ursprüngliche Name der Stadt La Villa Real de la Santa Fé de San Francisco de Asís – die königliche Stadt des heiligen Glaubens des heiligen Franz von Assisi – lautete, aber das ausführlich recherchierte Werk *Ortsnamen von New Mexico* widerspricht dem. Der Autor Robert Julyan vermutet, dass der Teil mit dem heiligen Franziskus erst in jüngerer Zeit hinzugefügt wurde, und zwar aufgrund der „Touristenromantik".

Schlafen

Silver Saddle Motel MOTEL $

(☎505-471-7663; www.santafesilversaddlemotel.com; 2810 Cerrillos Rd; Zi. 68–85 US$; P❄@📶🐾) Die altmodische, leicht kitschige Route-66-Motelanlage bietet vor Ort in der Budgetkategorie das beste Preis-Leistungs-Verhältnis. Einige Zimmer haben schön geflieste Einbauküchen, alle sind mit schattenspendenden Holzkolonnaden und Cowboy-Dekor versehen – am schönsten sind die Zimmer „Kenny Rogers" und „Wyatt Earp". Das Motel liegt 3 Meilen (4,8 km) südwestlich der Plaza an der stark befahrenen Cerrillos Rd. Die Haustiergebühr beträgt 10 US$ pro Nacht.

Black Canyon Campground CAMPING $

(☎877-444-6777; www.recreation.gov; Hwy 475; Stellplatz Zelt & Wohnmobil 10 US$; ⊙Mai–Mitte Okt.) Der schöne abgelegene Campingplatz der Forstverwaltung ist nur 8 Meilen (12,8 km) von der Plaza entfernt. Er hat 36 Stellplätze und Wasserversorgung, aber keine Anschlüsse fürs Wohnmobil. Ganz in der Nähe gibt's auch gute Rad- und Wanderwege. Ist der Platz voll, kann man ein Stück weiter in den Hyde Memorial State Park fahren. Die Campingplätze Big Tesuque und Aspen Basin (kostenlos, aber ohne Trinkwasser) sind auch näher am Skigebiet.

★ Santa Fe Motel & Inn HOTEL $$

(Karte S. 242; ☎505-982-1039; www.santafemotel.com; 510 Cerrillos Rd; Zi. ab 159 US$, Casitas ab 239 US$; P❄@📶🐾) Dieses Innenstadthotel nahe dem Railyard ist in der Nebensaison ein echtes Schnäppchen. Dank bunter Fliesen, strahlender Farbtöne und Zinnspiegeln versprühen sogar die Motelzimmer das Flair eines typischen Südweststaaten-B&Bs. Die etwas teureren Casitas im Innenhof verfügen über *kiva*-Öfen und kleine Veranden. Das warme englische Frühstück ist inklusive.

Las Palomas BOUTIQUEHOTEL $$

(Karte S. 242; ☎505-982-5560; www.laspalomas.com; 460 W San Francisco St; Zi. ab 169 US$; P❄📶🐾) Das Hotel befindet sich in der Nähe der Kreuzung von W San Francisco St und Park Ave, 800 m von der Plaza entfernt, und besteht aus mehreren niederen Gebäuden mit rustikal-modernen Zimmern. Allerdings wird es dem hohen Anspruch eines

Top-Hotels nicht ganz gerecht, denn es gibt einige Kuriositäten, z.B. nicht wirklich schließende Rollläden. Die Zimmer haben immerhin einen Gas- oder Holzofen.

★ **La Fonda** HISTORISCHES HOTEL **$$$**
(Karte S. 242; ☎ 505-982-5511; www.lafondasantafe.com; 100 E San Francisco St; Zi. ab 419 US$; P ❄ @ ☜ ≋ 🐾) Das schönste historische Hotel der Stadt ist seit Langem als „Inn am Ende des Santa Fe Trail“ bekannt. Der weitläufige, alte Lehmziegelbau gleich hinter der Plaza hat sich seine gleichermaßen vornehme wie gemütliche Atmosphäre bewahrt. Hierfür sorgen u.a. wunderschöne folkloristische Fenster und Wandbilder. Auf dem Dach über den tollen Luxussuiten befindet sich die **Bell Tower Bar** (Karte S. 242; 100 E San Francisco St; ⊙ Mai–Nov. Mo–Fr 15 Uhr–Sonnenuntergang, Sa & So 12 Uhr–Sonnenuntergang, Dez.–April geschl.) mit Traumausblick auf den Sonnenuntergang.

Essen

★ **La Choza** NEW-MEXICO-KÜCHE **$**
(☎ 505-982-0909; www.lachozasf.com; 905 Alarid St; Hauptgerichte mittags 10–18 US$, abends 12–25 US$; ⊙ Mo–Sa 11.30–14.30 & 17–21 Uhr; P 👪) Blaumais-Burritos, der festliche Innenraum und eine umfangreiche Margarita-Karte machen das La Choza zu einem ewigen (und farbenfrohen) Favoriten bei wählerischen Restaurantbesuchern in Santa Fe. Unter den vielen New-Mexico-Restaurants vor Ort zeichnet sich dieses durch verlässliche Qualität aus. Wie beim Schwesterrestaurant Shed sollte man früh kommen oder vorab reservieren.

Tia Sophia's NEW-MEXICO-KÜCHE **$**
(Karte S. 242; ☎ 505-983-9880; www.tiasophias.com; 210 W San Francisco St; Frühstück 8–11 US$, Mittagessen 9–12 US$; ⊙ Mo–Sa 7–14, So 8–13 Uhr; 🌶 👪) Dieser alteingesessene Santa-Fe-Klassiker ist immer rappelvoll, wobei unter den Gästen fast mehr einheimische Künstler und Promis als Traveller sind. Besonders empfehlenswert ist das Frühstück mit tollen Burritos und anderen Southwestern-Klassikern. Aber auch das Mittagessen ist verdammt lecker. Unser Tipp: die perfekt zubereiteten *chile rellenos* (gefüllte Chili-Paprika) oder eines der wechselnden Tagesgerichte. Ein Regal voller Bücher unterhält die kleinen Gäste.

Clafoutis FRANZÖSISCH **$**
(☎ 505-988-1809; 333 Cordova Rd; Gebäck 2–6 US$, Hauptgerichte 5–13 US$; ⊙ Mo–Sa 7–16 Uhr) Schon Oscar Wilde bemerkte: „Die einzige Möglichkeit, einer Versuchung zu widerstehen, ist, ihr nachzugeben.“ Genau mit dieser Einstellung sollte man diese *super bon* französische Konditorei besuchen. Egal, ob verführerisches Gebäck (wie *beignets* am Samstag) zum Mitnehmen oder köstliche Crêpes, Omeletts, Quiches und Käse-Sandwiches zum Frühstück oder Mittagessen – alles ist eine Versuchung!

★ **Jambo Cafe** AFRIKANISCH **$$**
(☎ 505-473-1269; www.jambocafe.net; 2010 Cerrillos Rd; Hauptgerichte 10–17 US$; ⊙ Mo–Sa 11–21 Uhr) Das afrikanisch angehauchte Café ist von der Straße aus kaum zu finden, weil es sich in einem Einkaufszentrum versteckt. Drinnen ist es nett – hier sind stets viele Einheimische, die bei Reggae aus den Boxen Ziegen-, Hühnchen- und Linsencurrys, vegetarische Sandwiches und Roti-Fladenbrot genießen.

Milad Persian Bistro NAHÖSTLICH **$$**
(☎ 505-303-3581; www.miladbistro.com; 802 Canyon Rd; kleine Gerichte 3–16 US$, Hauptgerichte 14–22 US$; ⊙ Di–Do 17–22, Fr–So 11–22 Uhr) Das nette Bistro in der Canyon Rd bietet raffiniert gewürzte Fleischspieße und üppige Salate. Im gemütlichen Hof kann man toll sitzen und bei einem Glas Wein die Leute beobachten – oder auch noch ein zweites Glas trinken.

Harry's Roadhouse US-AMERIKANISCH, NEW-MEXICO-KÜCHE **$$**
(☎ 505-989-4629; www.harrysroadhousesantafe.com; 96 Old Las Vegas Hwy; Mittagessen 10–16 US$, Abendessen 10–30 US$; ⊙ 7–21.30 Uhr; 👪) Das alteingesessene Lokal am südlichen Stadtrand ist ein verwinkeltes Cottage mit vielen Räumen und einem Garten. Es hat auch eine gute Bar. Und auch sonst ist *alles* hier gut, insbesondere die Desserts.

★ **Cafe Pasqual's** NEW-MEXICO-KÜCHE **$$$**
(Karte S. 242; ☎ 505-983-9340; www.pasquals.com; 121 Don Gaspar Ave; Frühstück & Mittagessen 11–18 US$, Abendessen 15–39 US$; ⊙ 8–15 & 17.30–22 Uhr; 🌶 👪) 🌿 Wann auch immer man das farbenfrohe und bodenständige Lokal besucht: Die Küche mit stark mexikanischem Einschlag ist jeden Cent wert. Auf der berühmten Frühstückskarte stehen *huevos motuleños* mit sautierten Bananen, Feta-Käse und weiteren Zutaten. Später am Tag kommen dann hervorragende Hauptgerichte mit Fleisch oder Fisch auf den Tisch. Reservierungen sind nur fürs Abendessen möglich.

NICHT VERSÄUMEN

DAS MUSEUM OF NEW MEXICO

Zum Museum of New Mexico gehören vier ausgezeichnete Museen in Santa Fe. Zwei sind an der Plaza, die anderen beiden in Museum Hill, 2 Meilen (3,2 km) weiter südwestlich.

Palace of the Governors & New Mexico History Museum (Karte S. 242; 505-476-5100; www.palaceofthegovernors.org; 105 W Palace Ave; Erw./Kind 12 US$/frei; 10–17 Uhr, Nov.–April Mo geschl.) Das älteste öffentliche Gebäude der USA von 1610 war einst das Wohnhaus des ersten spanischen Gouverneurs von New Mexico. Nach der Revolution von 1680 wurde es von Pueblo-Indianern besetzt, bevor es 1846 der Sitz der ersten US-amerikanischen Gouverneure wurde. Zum Zeitpunkt der Recherche wurde das Gebäude gerade renoviert – man darf also einen neuen „Look" erwarten. Das benachbarte New Mexico History Museum erzählt sehr anschaulich die Geschichte des Staates seit der Ankunft der Spanier um 1500. Der Eingang zum Palace befindet sich im Museum.

New Mexico Museum of Art (Karte S. 242; 505-476-5072; www.nmartmuseum.org; 107 W Palace Ave; Erw./Kind 12 US$/frei; Di–So 10–17 Uhr, Führungen 13.30 Uhr) Das Museumsgebäude wurde 1917 errichtet und ist ein erstklassiges frühes Beispiel für Santa Fes Pueblo-Revival-Architektur. Seit knapp 100 Jahren sammelt und zeigt es Werke regionaler Künstler. Es ist eine wahre Schatztruhe großer Namen, die New Mexico in der Kulturlandschaft etabliert haben – von Taos Society of Artists bis zu Georgia O'Keeffe. Darüber hinaus lädt der hübsche Bau mit kühlem, kleinem Garten zu einem Spaziergang ein. Ständig wechselnde Ausstellungen sorgen für aktuelle Relevanz.

Museum of International Folk Art (505-476-1200; www.internationalfolkart.org; 706 Camino Lejo; Erw./Kind 12 US$/frei; 10–17 Uhr, Nov.–April Mo geschl.; P) Santa Fes ungewöhnlichstes und unterhaltsamstes Museum legt den Schwerpunkt auf die weltweit größte Sammlung von Volkskunst. Die riesige Hauptgalerie zeigt skurrile und faszinierende Objekte aus über 100 Ländern. Winzige Figuren scheinen in komplett nachgebauten Dorf- und Stadtszenerien ihren Geschäften nachzugehen, und Puppen, Masken, Spielzeug und Gewänder schmücken die Wände. Die wechselnden Ausstellungen in den anderen Flügeln sind folkloristischer Kunst und Kultur aus der ganzen Welt gewidmet.

Museum of Indian Arts & Culture (505-476-1269; www.indianartsandculture.org; 710 Camino Lejo; Erw./Kind 12 US$/frei; 10–17 Uhr, Sept.–Mai Mo geschl.; P) Das erstklassige Museum erläutert Ursprünge und Geschichte der verschiedenen indigenen Stämme des Südwestens, inklusive ihrer so unterschiedlichen kulturellen Traditionen. Angehörige der Pueblo-Indianer, der Navajo und der Apachen beschreiben ihre heutige Lebensrealität, daneben gibt es eine großartige Sammlung mit moderner und alter Keramik sowie fantasievolle zeitgenössische Ausstellungen.

Ausgehen & Unterhaltung

★**Kakawa Chocolate House** CAFÉ

(Karte S. 242; 505-982-0388; www.kakawachocolates.com; 1050 Paseo de Peralta; Mo–Sa 9.30–18, So ab 12 Uhr) Schokofans sollten sich diese Hommage an die Kakaobohne auf gar keinen Fall entgehen lassen. Hier gibt's nicht den vertrauten warmen Kakao mit Marshmallows, sondern Gebräue, die auf historischen Rezepten beruhen und in zwei Kategorien unterteilt sind: europäische (z. B. aus dem Frankreich des 17. Jhs.) und mesoamerikanische (Maya & Azteken) Getränke. Neben Trinkschokolade warten hier auch herrliche Schokopralinen (z. B. mit Kaktusfeige und Mescal) und pikante Chili-Karamellen.

★**Santa Fe Spirits** DESTILLERIE

(Karte S. 242; 505-780-5906; https://santafespirits.com; 308 Read St; So 15–20, Mo bis 21, Di–Do bis 21.30, Fr & Sa bis 22 Uhr) Die Probierpalette der lokalen Destillerie weist eine eindrucksvolle Reihe von Schnäpsen auf, darunter Colkegan Single Malt, Wheeler's Gin und Expedition Vodka. Die Probierstube in der Stadt ist dank Ledersesseln und Deckenbalken ein trauliches Plätzchen für einen Aperitif. Interessierte können eine Führung (stündl.) durch die Destillerie buchen.

★**Santa Fe Opera** OPER

(505-986-5900; www.santafeopera.org; Hwy 84/285, Tesuque; Führungen Erw./Kind 10 US$/frei; Juli–Aug., Führungen Juni–Aug. Mo–Fr 9 Uhr) Viele kommen nur wegen der Oper nach

Santa Fe: Sie begeistert mit Blick auf eine Sandsteinwildnis, gekrönt von Sonnenuntergangs- und Mondaufgängen. Auf der Bühne geben berühmte Talente Meisterwerke zum Besten. Dennoch ist dies immer noch der Wilde Westen: Zuschauer können problemlos Jeans tragen. Shuttles (Online-Reservierung erforderl.) verbinden das Theater mit Santa Fe (25 US$) und Albuquerque (40 US$).

Lensic Performing Arts Center DARSTELLENDE KUNST
(Karte S. 242; ☎ 505-988-7050; www.lensic.org; 211 W San Francisco St) Dieses Theater in einem wunderschön renovierten Kino von 1930 zeigt tourende Produktionen und Filmklassiker. Zudem treten sieben Ensembles auf, darunter das Aspen Santa Fe Ballet und das Santa Fe Symphony Orchestra & Chorus.

Jean Cocteau Cinema KINO
(Karte S. 242; ☎ 505-466-5528; www.jeancocteaucinema.com; 418 Montezuma Ave) Das von George R. R. Martin im Jahr 2013 wiederbelebte Kino ist die wichtigste Stätte vor Ort, um Indie-Filme zu gucken. Es gibt hier auch Signierstunden, Livekonzerte und eine Bar.

Shoppen

★ **Santa Fe Farmers Market** MARKT
(Karte S. 242; ☎ 505-983-4098; www.santafefarmersmarket.com; 1607 Paseo de Peralta auf Höhe Guadalupe St; ⏲ Juni–Sept. Sa 7–13 Uhr, Okt.–Mai Sa 8–13 Uhr, je nach Saison auch Di & Mi; 👪) Auf dem riesigen Markt mit Innen- und Außenbereich werden die Erzeugnisse aus der Region verkauft, darunter viele alte Obst- und Gemüsesorten und Bioprodukte. Außerdem gibt's hausgemachte Leckereien, preiswertes Essen, Naturkosmetikprodukte und Kunsthandwerk.

Blue Rain KUNST
(Karte S. 242; ☎ 505-954-9902; www.blueraingallery.com; 544 S Guadalupe St; ⏲ Mo–Fr 10–18, Sa bis 17 Uhr) Die große Galerie im Railyard District ist die Top-Adresse vor Ort für zeitgenössische indianische sowie regionale Kunst. In der Regel finden mehrere Ausstellungen gleichzeitig statt. Man findet hier alles von modernen Töpferwaren und Skulpturen bis hin zu beeindruckenden Landschaftsbildern und Porträts.

Kowboyz KLEIDUNG
(Karte S. 242; ☎ 505-984-1256; www.kowboyz.com; 345 W Manhattan Ave; ⏲ 10–17.30 Uhr) Dieser Secondhand-Laden verkauft alles, was man für einen echten Cowboy-Look braucht. Während die T-Shirts günstig sind, muss man für die tollen Stiefel tief in die Tasche greifen. Zur Kundschaft gehören auch Filmrequisiteure, die nach authentischen Western-Outfits suchen.

Praktische Informationen

NOTFALL & MEDIZINISCHE VERSORGUNG

Christus St Vincent Hospital (☎ 505-983-3361; www.stvin.org; 455 St Michaels Dr; ⏲ 24 Std. Notaufnahme)

Polizei (☎ 505-428-3710; 2515 Camino Entrada)

TOURISTENINFORMATION

New Mexico Visitor Information Center (Karte S. 242; ☎ 505-827-7336; www.newmexico.org; 491 Old Santa Fe Trail; ⏲ Mo–Fr 10–17 Uhr) Das Personal dieses Büros im Lamy-Gebäude von 1878 ist sehr freundlich und hält gute Tipps und kostenlosen Kaffee bereit.

Public Lands Information Center (☎ 505-954-2002; www.publiclands.org; 301 Dinosaur Trail; ⏲ Mo–Fr 8–16.30 Uhr) Bei den äußerst hilfsbereiten Mitarbeitern sind Karten und Infos über ganz New Mexico erhältlich. Außerdem informiert das Personal sehr ausführlich über die verschiedenen Wanderwege.

Santa Fe Plaza Visitor Center (Karte S. 242; ☎ 800-777-2489; www.santafe.org; 66 E San Francisco St, Suite 3, Plaza Galeria; ⏲ 10–18 Uhr) In dem Büro in der Plaza Galeria sind Karten und Broschüren erhältlich. Ein weiteres Büro des Besucherzentrums befindet sich in Railyard (410 S Guadalupe St).

Anreise & Unterwegs vor Ort

Der kleine **Santa Fe Municipal Airport** (SAF; ☎ 505-955-2900; www.santafenm.gov/airport; 121 Aviation Dr) bietet tägliche Verbindungen nach Denver, Dallas und Phoenix. Der Flughafen befindet sich 10 Meilen (16 km) südwestlich der Innenstadt.

Der **Sandia Shuttle Express** (☎ 888-775-5696; www.sandiashuttle.com; $33) verbindet Santa Fe mit dem Flughafen Albuquerque Sunport.

North Central Regional Transit (Karte S. 242; ☎ 505-629-4725; www.ncrtd.org) bietet an Werktagen einen kostenlosen Shuttle-Service von Santa Fes Innenstadt nach Española. Von dort fahren dann Shuttle-Busse nach Taos, Los Alamos, Ojo Caliente und in andere Orte im Norden. Abfahrt und Ankunft ist jeweils an der Bushaltestelle der Santa Fe Trails beim Sheridan Transit Center in der Sheridan St, einen Block nordwestlich der Plaza.

Am Wochenende fährt der **Taos Express** (☎866-206-0754; www.taosexpress.com; 5 US$; ⊙Sa & So) nordwärts nach Taos. Abfahrt ist an der Kreuzung der Guadalupe und der Montezuma St beim Railyard.

Der Pendlerzug **Rail Runner** (S. 240) bietet werktags acht und am Wochenende sieben Verbindungen nach Albuquerque; die Züge fahren vom Railyard und halten an der South Capitol Station, 1 Meile (1,6 km) südwestlich. Die Fahrt dauert rund eindreiviertel Stunden. Ankommende Fahrgäste können die kostenlosen Busse von Santa Fe Trails nutzen.

Die Züge von **Amtrak** (800-872-7245; www.amtrak.com) halten am Bahnhof Lamy, 17 Meilen (27,4 km) südöstlich der Stadt, von wo alle 30 Minuten Busse nach Santa Fe fahren.

Auf der Fahrt zwischen Santa Fe und Albuquerque sollte man möglichst den Hwy 14 (Turquoise Trail) nehmen, der durch die alte Bergwerkssiedlung (und heutige Künstlerkolonie) Madrid, 28 Meilen (45,1 km) südlich von Santa Fe, führt.

Der kostenlose **Santa Fe Pick-Up** wartet auf die Rail-Runner-Züge und fährt dann bis 17.30 Uhr durch die Innenstadt und nach Museum Hill. Unterwegs hält er etwa alle 15 Minuten an.

Die Busse von **Santa Fe Trails** (Karte S. 242; ☎505-955-2001; www.santafenm.gov/transit; Erw./Kind 1 US$/frei, Tageskarte 2 US$) fahren am Transit Center in der Innenstadt ab. Für Besucher der Stadt besonders praktisch sind die Linien M nach Museum Hill und 2 durch die Cerrillos Rd.

Rund um Santa Fe

Las Vegas

Las Vegas, nicht zu verwechseln mit dem schillernden Spielerparadies in Nevada, ist eine der hübschesten Kleinstädte in New Mexico und zugleich auch die größte und älteste Gemeinde östlich der Sangre de Cristo Mountains. In der gut zu Fuß erkundbaren Downtown gibt's eine hübsche Old Town Plaza und rund 900 Gebäude im Südwest- und viktorianischen Stil, die auch im National Register of Historic Places aufgeführt sind.

Das 1882 erbaute und ein Jahrhundert später sorgfältig renovierte **Plaza Hotel** (☎505-425-3591; http://plazahotellvnm.com; 230 Plaza St; Zi. 89–149 US$; ❄@🛜🐾) ist sehr elegant und die berühmteste Unterkunft in Las Vegas, nicht zuletzt wegen des Kinofilms *No Country For Old Men*. Das ebenfalls restaurierte Schwesterhotel **Castañeda Hotel** (☎505-425-3591; www.castanedahotel.org; 524 Railroad Ave; Zi. 89–149 US$, Suite 169 US$; P❄🛜🐾) war das erste einer Reihe von Hotels, die der legendäre Hotelier Fred Harvey entlang der Eisenbahnstrecke baute. 2019 wurde es wieder eröffnet.

Im **Traveler's Cafe** (☎505-426-8638; www.facebook.com/travelerscafenm; 1814 Plaza St; Gebäck 1–4 US$, Salate & Sandwiches 6–9 US$; ⊙Mo–Sa 7–19 Uhr; 🛜) direkt am zentralen Platz bekommt man Kaffee und Sandwiches.

Los Alamos

Das streng geheime Manhattan-Projekt nahm 1943 in Los Alamos seinen Anfang und verwandelte das verschlafene Nest auf dem Plateau einer Mesa in ein geschäftiges Labor, in dem Superhirne herumtüftelten. Hier, in der „Stadt, die nicht existierte", wurde die erste Atombombe entwickelt, und das unter absoluter Geheimhaltung. Heute versprüht die Stadt dynamisches Flair. Wer Lust auf eine Shoppingtour hat, findet hier T-Shirts mit aufgedrucktem Atompilz neben „La Bomba"-Wein und Büchern zur Pueblo-Geschichte und zu Wanderungen in der Wildnis.

Natürlich kann man das **Los Alamos National Laboratory** nicht besuchen, denn hier wird immer noch Forschung betrieben. Doch das interaktive **Bradbury Science Museum** (☎505-667-4444; www.lanl.gov/museum; 1350 Central Ave; ⊙Di–Sa 10–17, So & Mo 13–17 Uhr; P) GRATIS erzählt mit faszinierenden Ausstellungsstücken die Geschichte der Atomenergie. Im Besucherzentrum im Manhattan Project National Historic Park kann man noch mehr über die geheime Stadt erfahren und mithilfe einer Karte bedeutende Stätten in der Innenstadt und rund um die Mesa besuchen. Außerdem gibt's noch das kleine, sehr interessante **Los Alamos Historical Museum** (☎505-662-6272; www.losalamoshistory.org; 1050 Bathtub Row; 5 US$; ⊙Mo–Fr 9–17, Sa & So 10–16 Uhr) auf dem Gelände der ehemaligen Los Alamos Ranch School. Die Jungenschule mitten in der Natur wurde geschlossen, als Los Alamos zum atomaren Forschungszentrum wurde.

Im **Blue Window Bistro** (☎505-662-6305; www.labluewindowbistro.com; 1789 Central Ave; Mittagessen 9–13 US$, Abendessen 9–32 US$; ⊙Mo–Fr 11–14.30, Mo–Sa 17–20.30 Uhr) gibt es Burger und Enchiladas. Danach kann man in der städtischen **Bathtub Row Brewing** (☎505-500-8381; www.bathtubrowbrewing.coop; 163 Central Park Sq; ⊙So–Do 14–22, Fr & Sa 14–23 Uhr; 🐾) noch ein Bier trinken.

Bandelier National Monument

Die frühen Pueblo-Indianer lebten in den Felsen des schönen Frijoles Canyon, der heute im **Bandelier National Monument** (☎505-672-3861; www.nps.gov/band; Hwy 4; Einlass für eine Woche 20 US$/Fahrzeug; ⊙Sonnenaufgang–Sonnenuntergang; P 🚻) unter Schutz steht. Abenteuerlustige können auf Leitern in alte Höhlen und *kivas* (Kammern) klettern, die bis Mitte des 16. Jhs. bewohnt waren. Für das Campen auf freiem Gelände (das wegen Überflutungsgefahr von Juli bis Mitte September nur oben auf der Mesa gestattet ist) braucht man eine kostenlose Genehmigung. Rund 100 Stellplätze bietet der Juniper Campground unter den Bäumen ganz in der Nähe des Eingangs zum National Monument.

Von Mitte Mai bis Mitte Oktober kann man um 9 und 15 Uhr mit dem Shuttle-Bus vom **White Rock Visitor Center** (☎505-672-3193; www.nps.gov/band; 115 Hwy 4, White Rock; ⊙Mitte Mai–Mitte Okt. 8–18 Uhr, restliches Jahr 10–14 Uhr), 8,5 Meilen (13,6 km) weiter nördlich am Hwy 4, nach Bandelier fahren.

Abiquiu

Das spanisch geprägte Dorf Abiquiu (klingt wie „Barbecue") am Hwy 84 liegt eine rund 45-minütige Autofahrt nordwestlich von Santa Fe. Berühmt ist es für die Künstlerin Georgia O'Keeffe, die von 1949 bis zu ihrem Tod 1986 hier lebte und malte. Die traumhafte Landschaft – der Chama River windet sich an Ackerland und spektakulären Felsformationen vorbei – zieht nach wie vor Künstler an.

Als erstes sollte man im neuen **Georgia O'Keeffe Welcome Center** (☎505-946-1000; www.okeeffemuseum.org; 21220 Hwy 84; ⊙8.30–17 Uhr; P) vorbeischauen, um sich einen Überblick über die Sehenswürdigkeiten zu verschaffen, die im Zusammenhang mit der Künstlerin stehen. Das Zentrum bietet aber auch einstündige **Touren** (☎505-685-4539; www.okeeffemuseum.org; normale Tour 40 US$; ⊙Anfang März–Mitte Nov. Di–Sa) zum Adobe-Haus von Goergia O'Keeffe an. Die Touren sind jedoch oft schon Monate im Voraus ausgebucht.

15 Meilen (24 km) weiter nordwestlich liegt die 84 000 ha große **Ghost Ranch** (☎505-685-1000; www.ghostranch.org; Hwy 84; Tageskarte Erw./Kind 5/3 US$; ⊙Besucherzentrum 8–21 Uhr; P 🚻), auf die sich O'Keeffe häufig zurückgezogen hat. Neben fantastischen Wanderwegen gibt's hier auch noch ein **Dinosauriermuseum** und einfache **Unterkünfte** (☎505-685-1000; www.ghostranch.org; Stellplatz Zelt & Wohnmobil 35–45 US$, DZ 99 US$, Zi. mit/ohne Bad ab 169/159 US$; ❄@), und man kann reiten (95 US$) oder verschiedene Touren in Angriff nehmen. Vor dem Besuch sollte man sich unbedingt auf der Website informieren.

Das hübsche **Abiquiú Inn** (☎505-685-4378; www.abiquiuinn.com; 21120 Hwy 84; Zi. ab 170 US$, Casita 250 US$; P 📶) ist eine weitläufige Ansammlung von Pseudo-Adobe-Häusern im Schatten von Bäumen. Die geräumigen Casitas haben eine kleine Küche. Das hauseigene Restaurant **Cafe Abiquiú** (☎505-685-4378; www.abiquiuinn.com; Abiquiú Inn; Frühstück 6–12 US$, Mittag- & Abendessen 10–29 US$; ⊙7–21 Uhr; 📶) bietet die üblichen Spezialitäten aus New Mexico.

Ojo Caliente

Mit mehr als 150 Jahren ist das **Ojo Caliente Mineral Springs Resort & Spa** (☎505-583-2233; www.ojospa.com; 50 Los Baños Dr; Zi. 209 US$, Cottage 249 US$, Suite ab 319 US$, Stellplatz Zelt & Wohnmobil 40 US$; P ❄ 📶) eines der ältesten Kurbäder des Landes. Die Pueblo-Indianer nutzen die Thermalquellen noch viel länger. Das Resort liegt 50 Meilen (80 km) nördlich von Santa Fe am Hwy 285. Das Wasser in den elf Becken hat unterschiedliche mineralische Zusammensetzungen. Die Zimmer des historischen Hotels sind schön, aber nichts Besonderes. Daneben gibt es luxuriöse Suiten in kräftigen Farben und mit *kiva*-Kaminen und Whirlpool sowie Cottages im Stil von New Mexico. Im **Artesian Restaurant** (www.ojospa.com; 50 Los Baños Dr; Mittagessen 11–16 US$, Abendessen 16–38 US$; ⊙tgl. 7.30–11, 11.30–14.30 & 17–21 Uhr, Sommer Fr & Sa bis 21.30 Uhr; 📶 🖉) 🌿 werden Bio-Produkte aus der Region zu hervorragenden Gerichten verarbeitet.

Taos

Selbst im Land der Verzauberung sticht Taos mit seiner spektakulären Szenerie heraus: Schneebedeckte, 3750 m hohe Gipfel erheben sich hinter der Stadt, und nach Westen erstreckt sich eine mit Salbei bedeckte Hochebene, die dann plötzlich 244 m tief in die Rio Grande Gorge abfällt. Der Himmel präsentiert sich mal in strahlendem Saphirblau, mal mit riesigen Gewitterwolken, angesichts derer selbst die Berge klein wirken.

Und dann sind da auch noch die fantastischen Sonnenuntergänge!

Der Taos Pueblo, ein Juwel der Lehmziegelarchitektur, gehört zu den ältesten ununterbrochen bewohnten Siedlungen in den USA, und die lange Stadtgeschichte reicht von den Konquistadoren über Cowboys bis zu Künstlern. Die Stadt Taos wiederum ist ein entspannter, exzentrischer Ort mit typischen Adobe-Gebäuden, fabelhaften Museen, skurrilen Cafés und tollen Restaurants. Zu den 5000 Einwohnern zählen Bohemiens und Hippies, Fans alternativer Energien und alteingesessene, spanischstämmige Familien. Das Städtchen ist ländlich und weltzugewandt, aber auch ein bisschen abgedreht.

Sehenswertes

★Millicent Rogers Museum — MUSEUM

(☎575-758-2462; www.millicentrogers.org; 1504 Millicent Rogers Rd; Erw./Kind 6–16 Jahre 10/2 US$; ⏲10–17 Uhr; P) Das großartige Museum 4 Meilen (6,5 km) nordwestlich der Plaza beherbergt die Privatsammlung der Ölerbin und Modeikone Millicent Rogers, die 1947 nach Taos zog. Es zeigt hispanische Volkskunst, Webereien der Navajo und sogar von Rogers selbst entworfenen modernistischen Schmuck. Der Schwerpunkt liegt jedoch auf indianischen Keramiken, vor allem auf den wunderschönen komplett schwarzen Werken, die Maria Martínez aus San Ildefonso Pueblo im 20. Jh. anfertigte.

Rio Grande Gorge Bridge — BRÜCKE & CANYON

(P) Die schwindelerregende Stahlbrücke von 1965 führt den Hwy 64 rund 12 Meilen (19,2 km) nordwestlich von Taos über den Rio Grande. Manchen Quellen zufolge ist sie die siebthöchste Brücke der USA. Sie ist knapp 172 m hoch und 182 m lang. Von der Brücke kann man in die zerklüftete Schlucht und nach Westen über das Taos Plateau blicken. Auf der Ostseite verkaufen fliegende Händler Schmuck, Salbei und andere Souvenirs.

Der **West Rim Trail** führt vom Parkplatz auf der westlichen Seite über 9 Meilen (14,4 km) nach Süden. Unterwegs hat man einen tollen Blick auf das Plateau und die Sangre de Cristo Mountains.

Martínez Hacienda — MUSEUM

(☎575-758-1000; www.taoshistoricmuseums.org; 708 Hacienda Way, abseits der Lower Ranchitos Rd; Erw./Kind 8/4 US$, ⏲Mo 11–16, Di, Fr & Sa, So ab 12 Uhr; P) Das befestigte Gehöft aus Lehmziegeln wurde im Jahr 1804 errichtet und liegt 2 Meilen (3 km) südwestlich der Plaza mitten in den Feldern. Einst diente es als Handelsposten für Kaufleute, die zuerst von Mexiko-Stadt aus dem Camino Real Richtung Norden folgten und später dem Santa Fe Trail nach Westen. Die 21 Zimmer säumen einen Innenhof und sind mit den wenigen Besitztümern eingerichtet, die sich selbst eine wohlhabende Familie in der damaligen Zeit kaum leisten konnte. Vor Ort finden auch regelmäßig Kulturveranstaltungen statt.

Harwood Museum of Art — MUSEUM

(☎575-758-9826; www.harwoodmuseum.org; 238 Ledoux St; Erw./Kind 10 US$/frei; ⏲Di–Fr 10–17, Sa & So ab 12 Uhr; P) Ein großartiger, weitläufiger Adobe-Komplex aus der Mitte des 19. Jhs. beherbergt attraktiv präsentierte historische und zeitgenössische Gemälde, Zeichnungen, Drucke, Skulpturen und Foto-

STRASSENGALERIEN AM CANYON

Einst war die Canyon Rd ein Fußweg der Pueblo-Indianer und später die Hauptstraße einer spanischen Bauernsiedlung. Seit den 1920er-Jahren wandelte sie sich dann zu Santa Fes berühmtester Kunst-Avenue, als Künstler, unter ihnen die Los Cinco Pintores (fünf Maler mit einer Vorliebe für die Landschaften New Mexicos), wegen der günstigen Mieten hierher zogen.

Heute ist die Canyon Rd eine Top-Attraktion. Hier finden sich mehr als 100 der mehr als 300 Galerien der Stadt. Das Zentrum der munteren Kunstszene von Santa Fe bietet alles von indianischen Antiquitäten über Meisterwerke der Santa Fe School bis hin zu provokanten modernen Werken. Man sollte sich bei einem Galeriebummel nicht überwältigen lassen – einfach zwanglos umschauen!

Von Mai bis Oktober ist freitagabends hier richtig was los: Zwischen 17 und 19 Uhr veranstalten die Galerien glanzvolle Eröffnungen. Das sind gesellschaftliche Großereignisse, bei denen die Besucher in den Galerien stöbern und sich mit den Künstlern unterhalten können. Dazu gibt's Käse, Weißwein und Cidre.

grafien, die vor allem von Künstlern aus dem Norden New Mexicos stammen. Harwood wurde 1923 gegründet und ist somit das zweitälteste Museum des Bundestaats. Schwerpunkte sind hiesige hispanische Traditionen und die Taos-Schule des 20. Jhs.

San Francisco de Asís Church KIRCHE
(☎575-751-0518; St. Francis Plaza, Ranchos de Taos; ⏲9–16 Uhr, im Winter wechselnde Öffnungszeiten; P) Die hübsche Kirche in Ranchos de Taos 4 Meilen (6,4 km) südlich der Taos Plaza unweit des Hwy 68 wurde 1815 fertiggestellt. Die für ihre Rundungen und strengen Winkel bekannte Adobe-Kirche wurde immer wieder von Georgia O'Keeffe gemalt und von Ansel Adams fotografiert. Die Gottesdienste am Wochenende finden samstags um 8 (auf Spanisch) und 17 Uhr und sonntags um 10 Uhr statt.

Earthships ARCHITEKTUR
(☎575-613-4409; www.earthship.com; Hwy 64; Touren auf eigene Faust 8 US$; ⏲Juni–Aug. 9–17 Uhr, Sept.–Mai 10–16 Uhr; P) Die moderne Pioniergemeinde ist das geistige Kind des Architekten Michael Reynolds. Die 70 Earthships (Erdschiffe) bestehen aus recycelten Materialien wie gebrauchten Autoreifen oder Dosen. Sie sind auf drei Seiten mit Erde bedeckt und heizen bzw. kühlen sich selbst. Zudem produzieren sie ihren eigenen Strom und sammeln ihr eigenes Wasser, während die Bewohner Lebensmittel selbst anbauen. Das Gelände bietet noch Platz für 60 weitere Earthships. Falls möglich, sollte man sich für eine Nacht einquartieren, (☎575-751-0462; www.earthship.com; Hwy 64; Earthships 169–410 US$; P), denn die „Führung" ist enttäuschend. Das Visitor Center liegt 1,5 Meilen (ca. 2,5 km) westlich der Rio Grande Gorge Bridge am US Hwy 64.

Aktivitäten

Im Sommer sind Wildwasserfahrten durch die Taos Box, den von steilen Klippen umrahmten Lauf des Rio Grande, beliebt. Es gibt auch viele ausgezeichnete Wanderwege und Mountainbike-Trails. Mit einem 3602 m hohen Gipfel und einem Abhang mit 998 m Höhenunterschied bietet das **Taos Ski Valley** (☎866-968-7386; www.skitaos.org; Liftticket Erw./Jugendliche/Kind 98/81/61 US$; ⏲9–16 Uhr) Ski- und Snowboard-Möglichkeiten, die zu den anspruchsvollsten in den USA zählen, und trotzdem geht es hier immer noch lässig und entspannt zu.

CHIMAYÓ

Das „amerikanische Lourdes", die außerordentlich hübsche Lehmziegelkapelle **El Santuario de Chimayó** (☎505-351-4360; www.elsantuariodechimayo.us; 15 Santuario Dr; ⏲Mai–Sept. 9–18 Uhr, Okt.–April bis 17 Uhr; P) GRATIS mit zwei Türmen, steht mitten in den Bergen der sogenannten High Road östlich des Hwy 84, 28 Meilen (45 km) nördlich von Santa Fe. Sie wurde 1826 an einer Stelle errichtet, an der die Erde wundersame Heilkräfte besitzen soll. Bis heute kommen Gläubige, um *tierra bendita* (heilige Erde) aus einer kleinen Grube im Gebäudeinneren auf schmerzende Körperstellen zu reiben. Während der Karwoche wandern rund 30 000 Pilger von Santa Fe, Albuquerque und anderen Orten nach Chimayó. Das Ganze ist die größte Pilgerprozession der USA. Das Kunstwerk im *santuario* ist für sich genommen einen Besuch wert. Danach kann man sich im **Rancho de Chimayó** (☎505-351-4444; www.ranchodechimayo.com; County Rd 98; Mittagessen 9–11 US$, Abendessen 12–27 US$; ⏲Di–Fr 11.30–20.30, Sa & So ab 8.30 Uhr) ein deftiges Mittag- oder Abendessen schmecken lassen.

Los Rios River Runners RAFTING
(☎575-776-8854; www.losriosriverrunners.com; halber Tag Erw./Kind 54/44 $; ⏲Ende April–Sept.) Die Halbtagestouren – in Einer- oder Zweierkajaks – finden auf dem Racecourse statt, die Tagestouren in der Box (Mindestalter 12 Jahre). Außerdem werden Touren mit mehreren Übernachtungen auf dem wundervollen Chama angeboten. Beim „Native Cultures Feast and Float" werden die Touren von einem amerikanischen Ureinwohner geführt, und es gibt Mittagessen bei einer einheimischen Pueblo-Familie. Die Rafting-Touren finden nur bei ausreichendem Wasserstand statt.

Schlafen

Hotel Luna Mystica WOHNWAGENPARK $
(☎505-977-2424; www.hotellunamystica.com; 25 ABC Mesa Rd; Wohnmobil 95–195 US$, Baracke 25 US$; P) Der neue Wohnwagenpark auf der Taos Mesa zwischen den Sangre de Cristos Mountains und der Rio Grande

NICHT VERSÄUMEN

TAOS PUEBLO

Taos Pueblo (☎575-758-1028; www.taospueblo.com; Taos Pueblo Rd; Erw./Kind unter 11 Jahren 16 US$/frei; ⏲Mo–Sa 8–16.30, So 8.30–16.30 Uhr, Mitte Feb.–Mitte April geschl.) besteht aus zwei fünfstöckigen Adobe-Gebäuden. Sie stehen beiderseits des Río Pueblo de Taos vor dem Hintergrund der atemberaubenden Sangre de Cristos Mountains. Sie gelten als Paradebeispiel der alten Pueblo-Architektur und wurden vermutlich um 1450 fertiggestellt. Sie sind heute noch so erhalten, wie sie die ersten spanischen Entdecker vorfanden. Nur die hübsche, kleine katholische Missionskirche wurde nachträglich hinzugefügt.

Die Bewohner führen die Besucher (gegen eine Spende) durch das Pueblo und erklären seine Geschichte und Umgebung. Außerdem wird schöner Schmuck, Keramik und anderes Kunsthandwerk verkauft. Gelegentlich bäckt man auch immer noch Brot in den traditionellen runden Adobe-Öfen. Von Februar bis April ist das Pueblo zehn Wochen lang geschlossen, ebenso bei Zeremonien und besonderen Veranstaltungen. Die genauen Termine erfährt man telefonisch oder auf der Website.

Das Pueblo war in der Covid-19-Pandemie zeitweise geschlossen. Infos zum aktuellen Status gibt es online.

Gorge 8 Meilen (12,8 km) nordwestlich der Innenstadt bietet Oldtimer-Wohnmobile und eine grandiose Aussicht. Die schicken Wohnwagen sind jeweils mit Bad und Küche sowie einer Feuerstelle ausgestattet. Außer in der hostelähnlichen Baracke sind auch überall Duschen vorhanden.

★**Doña Luz Inn** B&B $$
(☎575-758-9000; www.stayintaos.com; 114 Kit Carson Rd; Zi. 119–209 US$; P ❄ @ 📶 🐾) Das lebhafte, zentral gelegene B&B ist eine Herzensangelegenheit seines Besitzers Paul Castillo. Die farbenfrohen Zimmer sind passend zu unterschiedlichen Themen gestaltet, etwa zur spanischen Kolonialzeit oder à la Indianer, und mit vielen Kunstwerken, Wandgemälden und Artefakten geschmückt. Außerdem haben sie einen Adobe-Kamin und eine Küchenzeile. Ganz oben (und über viele Treppen zu erreichen) ist der herrliche Rainbow Room mit Whirlpool und eigener Dachterrasse, von der man einen fantastischen Blick auf die Stadt hat.

★**Historic Taos Inn** HISTORISCHES HOTEL $$
(☎575-758-2233; www.taosinn.com; 125 Paseo del Pueblo Norte; Zi. ab 179 US$; P ❄ 📶) Die 45 Zimmer des charmanten, gut besuchten alten Gästehauses versprühen jede Menge Flair, dafür sorgt die Einrichtung im Südweststaatenstil mit massiven Holzelementen und Lehmziegelkaminen, die aber teilweise nur Dekozwecken dienen. In der berühmten Adobe Bar im gemütlichen zentralen Atrium wird jeden Abend Livemusik gespielt. Wer etwas ruhiger schlafen möchte, wählt besser ein Zimmer in einem der separaten Flügel. Es gibt außerdem ein gutes **Restaurant** (☎575-758-1977; www.taosinn.com; 125 Paseo del Pueblo Norte, Historic Taos Inn; Frühstück & Mittagessen 9–17 US$, Abendessen 17–28 US$; ⏲Mo–Fr 11–15 & 17–21, Sa & So 7.30–14.30 & 17–21 Uhr).

Essen

Taos Diner DINER $
(☎575-758-2374; 908 Paseo del Pueblo Norte; Hauptgerichte 4–14 US$; ⏲7–15 Uhr; 👪) Das hervorragende Diner-Essen wird durch den südwestlichen Bio-Touch noch besser. Der Diner ist ein beliebter Treffpunkt für Männer aus den Bergen, etwas heruntergekommene Typen, Singles und Touristen. Die Burritos zum Frühstück sind der Hit. Es gibt auch noch eine Filiale südlich der Plaza (216B Paseo del Pueblo Sur).

Love Apple NEW-MEXICO-KÜCHE $$
(☎575-751-0050; www.theloveapple.net; 803 Paseo del Pueblo Norte; Hauptgerichte 16–18 US$; ⏲Di–So 17–21 Uhr) So ein Restaurant gibt's wirklich nur in New Mexico! Von der rustikalen Ausstattung in einer umgebauten Adobe-Kapelle aus dem 19. Jh. bis zum leckeren Essen aus (meist) Bio-Zutaten aus der Region ist alles einzigartig. Bei den Gerichten handelt es sich um Hamburger mit rotem Chili, Blauschimmelkäse und Rindfleisch aus der Region, Tamales mit Mole-Sauce und Lendchen vom Wildschwein. Es wird nur Bargeld akzeptiert, und es gibt keinen Geldautomaten vor Ort.

★**Lambert's** MODERN-AMERIKANISCH $$$
(☎575-758-1009; www.lambertsoftaos.com; 123 Bent St; Mittagessen 10–15 US$, Abendessen 23–

38 US$; ⏲11.30–21 Uhr;) Das beständig als „bestes Restaurant in Taos" gelobte Lokal befindet sich in einem zauberhaften alten Adobe-Gebäude nördlich der Plaza. Es ist gemütlich und romantisch, die zeitgenössische Küche ist wunderbar und bietet mittags gegrillte Schweinesteaks und abends Gerichte wie Enchiladas mit Mango-Hühnchen oder Lammkeule aus Colorado.

Die berühmten frisch gepressten Margaritas kosten in der Happy Hour (14.30–18.30 Uhr) nur 6 US$..

Ausgehen & Unterhaltung

Adobe Bar BAR

(☎575-758-2233; 125 Paseo del Pueblo Norte; ⏲11–22 Uhr, Musik ab 18.30 Uhr) Die Adobe Bar hat das gewisse Etwas: Jeden Abend scheint hier irgendwann ganz Taos aufzutauchen, um bei Livemusik (Bluegrass, Jazz etc.; keine Cover-Versionen) und den berühmten Cowboy-Buddha-Margaritas in der gemütlichen Atmosphäre des überdachten Atriums zu entspannen. Wer länger bleibt, kann auch jederzeit Gerichte von der günstigen Barkarte bestellen.

Taos Mesa Brewery BRAUEREI

(☎575-753-1900; www.taosmesabrewing.com; 20 ABC Mesa Rd; ⏲12–23 Uhr) In dem Lokal in einem ehemaligen Hangar des Flughafens bekommt man tolles Bier zu Livemusik und Tacos à la carte. Den beliebten Treffpunkt von Wanderern und zum Après-Ski sollte man keinesfalls verpassen. Um genügend Raum für die Livemusik – meist Funk am Freitag, Bluegrass am Samstag und Two Step am Sonntag – zu lassen, ist die Zahl der Sitzplätze im Innenraum recht begrenzt. Es gibt auch noch eine weitere **Kneipe der Brauerei** (☎575-758-1900; www.taosmesabrewing.com; 201 Paseo del Pueblo Sur; ⏲12–23 Uhr) in der Stadt

Shoppen

Taos ist seit jeher ein Mekka für Künstler, davon zeugt eine große Zahl von Galerien und Ateliers in der und rund um die Stadt. Eigenständige Geschäfte und Galerien säumen die Fußgängerzone **John Dunn Shops** (www.johndunnshops.com) zwischen Bent St und Taos Plaza.

Östlich der Plaza ist der **El Rincón Trading Post** (☎575-758-9188; 114 Kit Carson Rd; ⏲Mo–Fr 9–17, Sa 10–17, So 11–17 Uhr), wo man jede Menge klassische Erinnerungsstücke an den Wilden Westen findet.

An- & Weiterreise

Von Santa Fe aus nimmt man entweder die landschaftlich reizvolle High Road über die Highways 76 und 518, an deren Rand lohnende Galerien, Dörfer und Stätten locken, oder fährt über den Hwy 68 durch die fantastische Landschaft am Rio Grande.

Die Busse von **North Central Regional Transit** (www.www.ncrtd.org) fahren durch den gesamten Norden des zentralen New Mexico, u. a. auch nach Santa Fe. Abfahrt und Ankunft ist bei den Büros von Taos County in der Nähe der Paseo del Pueblo Sur, 1,6 km südlich der Plaza.

Taos Express (S. 248) bietet samstags und sonntags einen Shuttle-Service nach Santa Fe (einfache Strecke Erw./Kind 5 US$/frei). Dort hat man Anschluss an die Züge von Rail Runner von und nach Albuquerque.

Nordwestliches New Mexico

New Mexicos wilder Nordwesten ist von weiten, menschenleeren Flächen geprägt. Das Gebiet heißt immer noch „Indian Country", denn große Teile gehören den Völkern der Navajo, Zuñi, Acoma, Apache und Laguna. Neben bemerkenswerten uralten Stätten gibt es in diesem Teil New Mexicos einsame indigene Siedlungen. Und nach dem Kulturerlebnis kann man mit einer historischen Schmalspurbahn durch die Berge fahren, über hinreißendes Ödland wandern oder die Angel nach großen Forellen auswerfen.

Farmington & Umgebung

Farmington ist die größte Stadt im Nordwesten New Mexicos und eignet sich gut als Basis für Entdeckungstouren ins Four-Corners-Gebiet (Vierländereck). Das **Visitors Bureau** (☎505-326-7602; www.farmingtonnm.org; 3041 E Main St; ⏲Mo–Sa 8–17 Uhr) hat genauere Infos. **Shiprock**, ein 518 m hoher Vulkanschlot, ragt über der Landschaft im Westen empor. Er diente den angelsächsischen Pionieren als Orientierungspunkt und ist den Navajo heilig.

14 Meilen (22,4 km) nordöstlich von Farmington befindet sich das 108 ha große **Aztec Ruins National Monument** (☎505-334-6174; www.nps.gov/azru; 725 Ruins Rd; ⏲Mitte Mai–Aug. 8–18 Uhr, Sept. & Okt. 8–16 Uhr, Nov.–Mitte Mai 9–16 Uhr; P) GRATIS. Mit einem Innendurchmesser von knapp 15 m ist es die größte wiederaufgebaute *kiva* des Landes. Ein paar Schritte weiter gelangt man durch

niedrige Türen in die dunklen Räume der West Ruin.

Rund 35 Meilen (56 km) südlich von Farmington erstreckt sich entlang des Hwy 371 die ursprüngliche **Bisti/De-Na-Zin Wilderness Area** (www.blm.gov/visit/bisti-de-na-zin-wilderness). Die surreale Landschaft ist voller bizarrer Felsformationen, die besonders bei Sonnenuntergang in allen Farben leuchten. Ein Paradies für Wüstenfans! Im **BLM-Büro** (☎505-564-7600; www.blm.gov/new-mexico; 6251 College Blvd; ⊙Mo–Fr 7.45–16.30 Uhr) in Farmington bekommt man Infos darüber.

Das hübsche **Silver River Adobe Inn B&B** (☎505-325-8219; www.silveradobe.com; 3151 W Main St; Zi. 115–205 US$;) mit drei Zimmern ist eine Oase der Ruhe und liegt zwischen Bäumen am San Juan River. Dem hippen **Three Rivers Eatery & Brewhouse** (☎505-324-2187; www.threeriversbrewery.com; 101 E Main St; Hauptgerichte 10–27 US$, Pizza 8–22 US$; ⊙11–22 Uhr;) gelingt es, trendy und kinderfreundlich zugleich zu sein. Neben guten Steaks gibt es Kneipenkost und Bier aus eigener Herstellung. Das mit Abstand beste Restaurant der Stadt!

Chaco Culture National Historical Park

Der faszinierende **Chaco National Park** (☎505-786-7014; www.nps.gov/chcu; 7-Tage-Pass 25 US$/Fahrzeug; ⊙7 Uhr–Sonnenuntergang; P) mitten in einer einsamen Hochwüste war schon vor 5000 Jahren besiedelt. Davon zeugen die uralten Gebäude der Pueblo.

Die Siedlung im Chaco Canyon war in erster Linie ein bedeutendes Zentrum des Handels und für Zeremonien. Sie war aber auch ein Meisterwerk der Stadtplanung. Das **Pueblo Bonito** ist vier Stockwerke hoch und könnte 600 bis 800 Räume und *kivas* enthalten haben. Man kann auf eigene Faust durch den Park fahren oder Wanderungen ins Hinterland unternehmen. Der 3,2 km lange **Rundwanderweg** (Canyon Loop Rd) führt zum Pueblo Bonito Overlook, wo man einen tollen Blick auf das Pueblo und den Canyon hat. Im Sommer werden auch Himmelsbeobachtungen angeboten. Der abgelegene Park liegt etwa 80 Meilen (128 km) südlich von Farmington und ist mit öffentlichen Verkehrsmitteln nicht zu erreichen. Die Fahrt über zumeist unbefestigte Straßen ist extrem holprig. Der **Gallo Campground** (☎877-444-6777; www.recreation.gov; Stellplatz Zelt & Wohnmobil 15 US$) liegt 1 Meile (1,6 km) östlich des Besucherzentrums. Es gibt keine Anschlüsse fürs Wohnmobil.

Nordöstliches New Mexico

Östlich von Santa Fe gehen die grünen Sangre de Cristo Mountains in eine riesige Hochebene über. Staubiges Grasland erstreckt sich bis zum Horizont – oder zumindest bis Texas. Die von Vulkanen übersäte Landschaft ist von Rinderherden und Dinosaurierfossilien geprägt. Die Viehwirtschaft ist hier der größte Wirtschaftsfaktor, und in vielen Gegenden sieht man mehr Rinder als Autos – und manchmal auch Bisons. Auf der Philmont Ranch in Cimarron treffen sich jeden Sommer die Pfadfinder der ganzen USA, doch seit der Eröffnung ihres National Scouting Museum könnte in der Stadt künftig das ganze Jahr über etwas los sein.

Der Santa Fe Trail, auf dem die frühen Händler mit Planwagen reisten, verlief von Missouri nach New Mexico. An manchen Stellen abseits der I-25 zwischen Santa Fe und Raton kann man immer noch die Spurrillen sehen. Die Gegend ist genau das Richtige, wenn man den Alten Westen ohne Konsum-Hype erleben will.

Cimarron

Cimarron gehörte einst zu den gefährlichsten Pflastern im Wilden Westen; der spanische Name bedeutet zu deutsch „wild“. Es heißt, dass Mord in den 1870er-Jahren an der Tagesordnung war und es eine Schlagzeile wert war, wenn mal zur Abwechslung nichts geschehen war. Eine Zeitung titelte z. B.: „Alles ruhig in Cimarron. Seit drei Tagen wurde niemand ermordet.“

Die einfache Stadt lockt vor allem Naturliebhaber, die die großartige Umgebung genießen möchten. Wer von oder nach Taos fährt, kommt durch den grandiosen **Cimarron Canyon State Park**. Der Canyon mit den steil aufragenden Felswänden ist ideal zum Wandern, Forellenangeln und Campen. Hier befindet sich auch die **Philmont Scout Ranch** (☎575-376-1136; www.philmontscoutranch.org; 17 Deer Run Rd; ⊙Juni–Aug. 8–17.30 Uhr, restliches Jahr kürzere Öffnungszeiten; P) GRATIS, ein knapp 555 km² großes Feldlager für Pfadfinder aus ganz Amerika. Seit Kurzem gehören zu der Ranch auch das kleine, faszinierende **National Scouting Museum** (☎575-376-1136; www.philmontscoutranch.org; Hwy 21; ⊙8–17 Uhr; P) GRATIS und ein paar andere Museen.

Wer will, kann sogar in einem der gruseligsten Spukhotels der USA, dem **St. James** (☎575-376-2664; www.exstjames.com; 617 Collison St; Zi. 85–135 US$; ❄📶) von 1872, essen oder übernachten. In einem Zimmer soll es so sehr spuken, dass es niemals vermietet wird. Hier schlugen sich schon viele Legenden des Wilden Westens die Nächte um die Ohren, darunter Buffalo Bill, Annie Oakley, Wyatt Earp und Jesse James. An der Rezeption hängt eine Liste, wer wen in der Hotelbar erschossen hat. Eine Alternative ist das **Blu Dragonfly Brewing** (☎575-376-1110; www.bludragonflybrewing.com; 301 E 9th St; ⌚Mo–Do 11–21, Fr & Sa 11–22 Uhr) in derselben Straße. Hier bekommt man nur Bier und Grillgerichte.

Capulin Volcano National Monument

Der 395 m hohe **Capulin** (☎575-278-2201; www.nps.gov/cavo; 7-Tage-Karte 20 US$/Fahrzeug; ⌚8–16.30 Uhr; P) ist der am einfachsten zu besteigende Vulkan der Gegend. Eine 2 Meilen (3,2 km) lange Straße windet sich zum Parkplatz am Kraterrand (2487 m) hoch. Von dort führen Wege um und in den Krater. Der Parkeingang liegt 3 Meilen (4,8 km) nördlich des Dorfes Capulin und 30 Meilen (48 km) östlich von Raton am Hwy 87.

Südwestliches New Mexico

Das Tal des Rio Grande erstreckt sich von Albuquerque über die sprudelnden Thermalquellen von Truth or Consequences bis nach Mexiko und Texas. Irgendwo dazwischen liegt der größte landwirtschaftliche Schatz von New Mexico: Hatch, die sogenannte Chili-Hauptstadt der Welt. Östlich des Flusses ist das Land so trocken, dass es seit den Zeiten der spanischen Eroberer als „Jornada del Muerto" bezeichnet wird. Der in etwa mit „Reise des toten Mannes" zu übersetzende Landstrich ist ein gefürchteter Abschnitt der El Camino Real de Tierra Adentro, einer spanischen Handelsroute seit 1598. Nach der Zündung der ersten Atombombe wurde die Gegend in „Trinity Site" umbenannt.

Abgesehen von Las Cruces, der zweitgrößten Stadt im Bundesstaat, ist diese Gegend sehr dünn besiedelt. Im Westen verspricht der raue Gila National Forest Backcountry-Abenteuer, und im Mimbres Valley lassen sich archäologische Schätze entdecken.

Truth or Consequences & Umgebung

In der schrägen, kleinen Stadt Truth or Consequences („T or C") ist eine unbändige Lebenslust zu spüren. Sie wurde in den 1880er-Jahren bei den Thermalquellen gegründet. Ursprünglich hieß sie einfach nur Hot Springs (Heiße Quellen), doch 1950 wurde sie nach dem damals populären Radioquiz in Truth or Consequences (Wahrheit oder Pflicht) umbenannt. Heutzutage ist sie eher bekannt für den **Spaceport America** (☎844-727-7223; www.spaceportamerica.com; County Rd A021; Erw./Kind 45/30 US$), wo Richard Branson von Virgin Galactic und andere Weltraumpioniere wohlhabenden Touristen den Flug ins Weltall ermöglichen wollen. Die nicht ganz so Wohlhabenden können an einer Führung durch die Anlage teilnehmen und sich in einen Fliehkraftbeschleuniger setzen.

Rund 60 Meilen (96 km) weiter nördlich erstreckt sich das 233 km² große Sumpf- und Weideland des **Bosque del Apache National Wildlife Refuge** (☎575-835-1828; www.fws.gov/refuge/bosque_del_apache; Hwy 1; Fahrzeug 5 US$; ⌚Sonnenaufgang–Sonnenuntergang P). Hier überwintern Kanadakraniche und Schneegänse.

Schlafen

★Riverbend Hot Springs BOUTIQUEHOTEL **$$**
(☎575-894-7625; www.riverbendhotsprings.com; 100 Austin St; Zi. 99–259 US$, Stellplatz Wohnmobil 75 US$; P❄📶🐾) Das charmante Hotel wartet mit einer tollen Lage neben dem Rio Grande auf und ist das einzige vor Ort mit Außen-Whirlpools am Fluss; diese sind gefliest, überdacht und einfach traumhaft. Einheimische Künstler haben die Zimmer farbenfroh dekoriert, wobei die Auswahl von motelartigen Quartieren bis zu einer Suite mit drei Schlafzimmern reicht. Gäste können die Gemeinschaftsbecken gratis benutzen, für Privatbecken werden hingegen 10 US$ fällig. Keine Kinder unter zwölf Jahren!

Blackstone Hotsprings BOUTIQUEHOTEL **$$**
(☎575-894-0894; www.blackstonehotsprings.com; 410 Austin St; Zi. 90–175 US$; P❄📶🐾) Das Hotel ist ganz im Geist von T or C gehalten, hat aber auch einen noblen Touch. Die zwölf Zimmer sind jeweils im Stil einer klassischen TV-Serie gestaltet, von *Die Jetsons*

EL CAMINO REAL

El Camino Real de Tierra Adentro – die königliche Straße im Landesinneren – war die spanische Kolonialversion einer Autobahn, die Mexico City mit der ursprünglichen Kolonialhauptstadt von New Mexico in Ohkay Owingeh Pueblo und dann mit Santa Fe, der späteren Hauptstadt, verband. Später wurde der Weg bis nach Taos verlängert. Bereits um 1600, zwei Jahrzehnte vor der Ankunft der Mayflower am Plymouth Rock, wurde die Route durch das Rio Grande Valley von Europäern stark befahren. Die ersten Pferde, Schafe, Hühner und Kühe, die den Westen der USA erreichten, kamen über diesen Weg. Händler, Soldaten, Missionare und Einwanderer legten in der Regel etwa 20 Meilen (32 km) pro Tag zurück und übernachteten in einem *paraje* (Gasthaus oder Campingplatz). Über 200 Jahre lang, bis der Santa Fe Trail 1821 das Gebiet erreichte, war der Camino Real die einzige Straße nach New Mexico, also die einzige wirtschaftliche und kulturelle Verbindung zum kolonialen Spanien.

Der ursprüngliche Weg verlief über weite Strecken entlang des Rio Grande. Zwischen Socorro und den nördlichen Ausläufern von Las Cruces folgte er einer 90 Meilen (145 km) langen wasserlosen Abzweigung, die als Jornada del Muerto bekannt ist, zum Teil um mögliche Angriffe der indigenen Bevölkerung entlang des Flusses zu vermeiden. Für die Karawanen war es außerdem einfacher, die relativ ebene Wüste zu durchqueren als das zerklüftete Gelände am Fluss. Obwohl der Name wörtlich übersetzt die „Tagesreise des toten Mannes" bedeutet, konnte es Wochen dauern, bis die Karawanen diese trostlose und noch immer unbewohnte Region durchquert hatten.

Wenn man von Norden kommt, kann man in der Nähe dieses Abschnitts entlangfahren, indem man die I-25 am Exit 139 oder 124 verlässt. Aus dem Süden kommenden ist es Exit 32. Für einen kurzen Einblick in die raue Wirklichkeit des Trekkings steuert man den abgelegenen **Point of Rocks** und den **Yost Escarpment Trails** an. Der Point of Rocks Trail bietet einen Blick auf die rotglühende Wüste, während der Yost Escarpment Trail zu einem echten Abschnitt der alten Straße führt.

über *Golden Girls* bis zu *Alle lieben Lucy*. Welches das beste ist, muss jeder selbst beurteilen. Die zehn Zimmer im Hauptgebäude haben eine übergroße Badewanne oder einen Wasserfall, die beide von den Thermalquellen gespeist werden.

Ausgehen & Nachtleben

Passion Pie Cafe CAFÉ $

(☎575-894-0008; www.facebook.com/passionpiecafe; 406 Main St; Frühstück & Hauptgerichte mittags 6–10 US$; ⏰7–15 Uhr; 📶) Durch die Fenster des Espressocafés kann man beobachten, wie T or C in den Morgen startet. Dabei empfehlen sich Frühstückswaffeln wie die Varianten „Elvis" mit Erdnussbutter oder „Fat Elvis" mit Erdnussbutter und Speck. Später kommen dann viele gesunde Salate und Sandwiches auf den Tisch.

Truth or Consequences Brewing Co KLEINBRAUEREI

(☎575-297-0289; www.torcbeer.com; 410 N Broadway; ⏰Mo–Mi 15–21.30, Do 12–22, Fr & Sa 12–23, So 12–21.30 Uhr) In der großen, freundlichen Bar fühlt man sich an wie in einer alteingesessenen Stammkneipe – und doch wurde sie erst 2017 eröffnet. Im schönen Innenhof schmecken die süffigen Ales und Lagers noch besser. Besonders zu empfehlen ist das Cosmic Blonde. Auch wer allein kommt, fühlt sich hier wohl.

Las Cruces & Umgebung

Las Cruces und die ältere, kleinere Schwesterstadt Mesilla liegen am Rand eines großen Beckens unterhalb der geriffelten Organ Mountains an der Kreuzung zweier wichtiger Autobahnen, der I-10 und der I-25. Ein bunter Mix aus Jung und Alt prägt Las Cruces. Die 14 000 Studierenden der New Mexico State University (NMSU) sorgen für jugendliche Lebendigkeit, und dank der 350 Sonnentage im Jahr und der vielen Golfplätze wird der Ort auch zu einem beliebten Domizil für Rentner.

Sehenswertes

Für viele ist der Besuch des benachbarten **Mesilla** (auch als Old Mesilla bekannt) das Highlight eines Aufenthalts in Las Cruces. Wenn man sich ein paar Querstraßen von der Plaza in Old Mesilla entfernt, kann man sich einen Eindruck von der Essenz einer typischen Südwest-Stadt aus dem 19. Jh. mit hispanischer Tradition verschaffen.

★ **New Mexico Farm & Ranch Heritage Museum** MUSEUM
(☎575-522-4100; www.nmfarmandranchmuseum.org; 4100 Dripping Springs Rd; Erw./Kind 4–17 Jahre 5/3 US$; ⌚Mo–Sa 9–17, So ab 12 Uhr; P) Das großartige Museum zeigt nicht nur interessante Ausstellungen zu New Mexicos Landwirtschaftsgeschichte, sondern auch lebendes Nutzvieh. Auf den Koppeln der bewirtschafteten Farm tummeln sich neben verschiedenen Rinderrassen auch Pferde, Esel, Schafe und Ziegen. Um die Tiere kümmern sich wortkarge Cowboys, die Besuchern kaum mehr Infos geben, aber dem Ganzen Authentizität verleihen. Für 450 US$ kann man sich hier sogar ein Pony kaufen. Einmal täglich gibt es Melkvorführungen, einmal pro Woche werden zudem Schmiedehandwerk, Wollspinnen, Weben und traditionelles Kochen gezeigt.

White Sands Missile Test Center Museum MUSEUM
(☎575-678-3358; www.wsmr.army.mil/PAO/Pages/RangeMuseum.aspx; abseits des Hwy 70; ⌚Museum Mo–Fr 8–16.30, Sa & So 10–15 Uhr, Freigelände Sonnenaufgang–Sonnenuntergang; P) GRATIS Das Museum 25 Meilen (40 km) östlich von Las Cruces am Hwy 70 erzählt die Geschichte der Militärtechnik in New Mexico. Es gehört zur White Sands Missile Range, einem wichtigen Testgelände seit 1945. Zu sehen sind ein Raketengarten, eine echte V2-Rakete und das Museum mit jeder Menge Abwehrtechnik. Besucher müssen vor dem Tor zum Test Center parken und sich am Eingang ausweisen.

Schlafen

Best Western Mission Inn MOTEL $
(☎575-524-8591; www.bwmissioninn.com; 1765 S Main St; Zi. Ab 85 US$; P) Dies ist die perfekte Unterkunft: Es handelt sich zwar um ein Kettenmotel an der Straße, doch die Zimmer sind sehr schön ausgestattet mit hübschen Fliesen, Steinzeug und farbenfrohem Design. Zudem sind sie groß und gemütlich. Und der Preis ist unschlagbar! Jedes Zimmer ist mit einer Mikrowelle und einem Kühlschrank ausgestattet. Frühstück ist im Preis inbegriffen.

Hotel Encanto de Las Cruces HOTEL $$
(☎505-522-4300; www.hotelencanto.com; 705 S Telshor Blvd; Zi./Suite ab 149/209 US$; P@) Das Resort im spanischen Kolonialstil ist das beste der großen Hotels in der Stadt. Die 200 großen Zimmer sind in den warmen Tönen des Südwestens gehalten, der Swimmingpool ist von Palmen gesäumt, es gibt einen Fitnessraum, ein Lokal und eine Bar mit Terrasse. Vierbeiner dürfen auch hier übernachten; das kostet allerdings 25 US$ pro Tag.

Essen & Ausgehen

Chala's Wood-Fired Grill NEW-MEXICO-KÜCHE $
(☎575-652-4143; 2790 Ave de Mesilla, Mesilla; Hauptgerichte 4–12 US$; ⌚Mo–Do 8–21, Fr & Sa bis 22, So bis 20 Uhr) Mit im Haus geräucherten Carnitas und Truthähnen, hausgemachtem Schinken und Chili-Schweinefleisch-Würstchen, außerdem *calabacitas* (mit Kürbis und Mais), Quinoa-Salat und Bio-Grüngemüse hat dieses entspannte Lokal deutlich mehr zu bieten als die übliche Diner-Kost in New Mexico. Es befindet sich am südlichen Ende von Mesilla und hat Essen zu günstigen Preisen.

Double Eagle BAR
(☎575-523-6700; www.double-eagle-mesilla.com; 308 Calle de Guadalupe, Mesilla; ⌚Mo–Sa 11–22, So 11–21 Uhr) Mit dunklem Holz und Samtvorhängen ist die fantastische, alte Bar an der Plaza ein Paradebeispiel für die Üppigkeit des Wilden Westens. Die Stimmung ist ebenso gut wie die Cocktails. Zu essen gibt's kontinentale und südwestliche Küche, vor allem aber Steaks. Das Ganze steht unter Denkmalschutz – und natürlich spukt es hier auch.

ABSTECHER

EINBLICK IN DEN KOSMOS

Hinter der Stadt Magdalena am Hwy 60, 130 Meilen (208 km) südwestlich von Albuquerque, befindet sich das faszinierende **Very Large Array** (VLA; ☎505-835-7410; https://public.nrao.edu/visit/very-large-array; Kreuzung US 60 & Hwy 52, Magdalena; Erw./Kind unter 17 Jahren 6 US$/frei; ⌚8.30 Uhr–Sonnenuntergang P). Das Radioteleskop im Hochland besteht aus 27 riesigen Parabolantennen. Im Besucherzentrum kann man sich einen kurzen Film ansehen und dann das Gelände auf eigene Faust besichtigen. Durch ein Fenster kann man auch einen Blick ins Kontrollgebäude werfen.

Auf der Karte stehen mehr als 40 Margarita-Variationen.

Praktische Informationen

Las Cruces Visitors Center (575-541-2444; www.lascrucescvb.org; 336 S Main St; Mo–Fr 8–17 Uhr;)

Mesilla Visitor Center (575-524-3262; www.oldmesilla.org; 2231 Ave de Mesilla, Mesilla; Mo–Fr 8–17 Uhr)

An- & Weiterreise

Busse von **Greyhound** (575-523-1824; www.greyhound.com; 800 E Thorpe Rd, Chucky's Convenience Store) fahren zu allen größeren Zielen in der Region, darunter El Paso, Albuquerque und Tucson. Die Bushaltestelle befindet sich rund 7 Meilen (11,3 km) nördlich der Stadt.

Der **Las Cruces Shuttle Service** (575-525-1784; www.lascrucesshuttle.com) lässt acht bis zehn Kleinbusse täglich zum El Paso Airport (einfache Strecke 50 US$, pro weitere Pers. 35 US$) sowie auf Anfrage Shuttles nach Deming, Silver City und zu weiteren Zielen fahren.

Silver City & Umgebung

In Silver City, 113 Meilen (182 km) nordwestlich von Las Cruces, ist der Geist des Wilden Westens noch lebendig, und es würde einen nicht groß wundern, wenn plötzlich Billy the Kid höchstpersönlich (er wuchs hier auf) vorbeispazieren würde. Die Zeiten haben sich dennoch geändert: Das Cowboy-und-Trapper-Flair wird mehr und mehr durch Kunstgalerien und Cafés verfälscht.

Silver City ist außerdem der Ausgangspunkt für Outdoor-Aktivitäten im **Gila National Forest**, dessen wildes abgeschiedenes Terrain sich für Skilanglauf, Wandern, Campen und Angeln anbietet. Eine kurvige, 42 Meilen (68 km) lange Straße führt binnen zweier Stunden Fahrt nach Norden zum **Gila Cliff Dwellings National Monument** (575-536-9461; www.nps.gov/gicl; Hwy 15; Erw./Kind unter 16 Jahren 10 US$/frei; Rundweg 9–16 Uhr, Visitor Center 8–16.30 Uhr), das im 13. Jh. von den Mogollon bewohnt wurde. Die rätselhaften und relativ abgeschieden gelegenen Felsbehausungen sind über einen 1,5 km langen Rundweg zu erreichen und sehen noch genauso aus wie zur ersten Jahrtausendwende. Wer sich für Piktogramme interessiert, sollte am **Lower Scorpion Campground** anhalten und dem kurzen markierten Pfad folgen.

Eigentümlich abgerundete Monolithen machen den **City of Rocks State Park** zu einer faszinierenden Spielwiese. Zwischen den Gesteinsformationen kann man wunderbar **zelten** (575-536-2800; www.emnrd.state.nm.us/SPD; 327 Hwy 61; Stellplatz Zelt/Wohnmobil 10/14 US$); Tische und Feuerstellen sind vorhanden. Besonders tolle Felsen stehen am Stellplatz 43 („The Lynx" – der Luchs). Um hierher zu kommen, folgt man 33 Meilen (53 km) südöstlich von Silver City dem Hwy 180 und dann dem Hwy 61.

Für einen ersten Einblick in die Geschichte von Silver City sollte man im **Palace Hotel** (575-388-1811; www.silvercitypalacehotel.com; 106 W Broadway; Zi./Suite ab 62/98 US$;) übernachten. Das einfache Hotel mit 22 Zimmern und dem Charme des frühen 19. Jhs. (kein Aufzug, alte Armaturen) ist ideal für alle, die die ewig gleichen Kettenhotels satthaben.

Die Restaurants in der Innenstadt reichen vom gemütlichen, lässigen Café **Javalina** (575-388-1350; www.javalinacoffeehouse.com; 117 W Market St; 6–18 Uhr;) bis zum äußerst empfehlenswerten gastronomischen Abenteuer **Revel** (575-388-4920; www.eatdrinkrevel.com; 304 N Bullard St; Hauptgerichte mittags 10–23 US$, abends 17–40 US$; Mo & Di, Do & Fr 11–21, Sa & So 9–21 Uhr). Wer die örtliche Kultur kennenlernen will, muss 7 Meilen (11 km) weiter nördlich nach Pinos Altos fahren und dort den stimmungsvollen **Buckhorn Saloon** (575-538-9911; www.buckhornsaloonandoperahouse.com; 32 Main St, Pinos Altos; Hauptgerichte 11–56 US$; Mo–Sa 16–22 Uhr) besuchen. Spezialität des Hauses sind Steaks, und fast jeden Abend gibt's Livemusik. Unbedingt vorab reservieren!

Praktische Informationen

Gila National Forest Ranger Station (575-388-8201; www.fs.fed.us/r3/gila; 3005 E Camino del Bosque; Mo–Fr 8–16.30 Uhr)

Besucherzentrum (575-538-5555; www.silvercitytourism.org; 201 N Hudson St; Mo–Sa 9–17, So 10–14 Uhr) In dem Büro mit hilfsbereiten Mitarbeitern erfährt man alles, was man über Silver City wissen muss.

Südöstliches New Mexico

Im trockenen Südosten von New Mexico sind zwei außergewöhnliche Naturwunder versteckt: das bezaubernde White Sands National Monument und der wunderbare Carlsbad Caverns National Park. Ebenso beeindruckend, wenn auch weit weniger bekannt, sind die Tausenden Felszeichnungen der Three

Rivers Petroglyph Site und die Lavalandschaft der Valley of Fires Recreation Area. Diese Region ist auch die Heimat unzähliger Legenden des Staates: der Aliens von Roswell, von Billy the Kid aus Lincoln und von Smokey Bear in Capitan. Die weite Ebene gehört zum größten Teil zur heißen, wilden Chihuahua-Wüste, die einst komplett unter Wasser lag. Dagegen ist es in den beliebten Orten Cloudcroft und Ruidoso wesentlich kühler.

White Sands National Monument

Hier kann man zwischen blendenden, hoch aufragenden weißen Sandhügeln umherrutschen, -rollen und -schlittern. 16 Meilen (25,7 km) südwestlich von Alamogordo (15 Meilen/24,1 km südwestlich vom Hwy 82/70) bedeckt Gips ein mehr als 710 km² großes Gebiet und schafft eine hell leuchtende Mondlandschaft, das **White Sands National Monument** (575-479-6124; www.nps.gov/whsa; pro Fahrzeug/Motorrad 20/10 US$ oder Erw./Kind unter 16 Jahren 10 US$/frei (je nachdem, was günstiger ist); Juni–Aug. 7–21 Uhr, Sept.–Mai bis Sonnenuntergang; P). Die faszinierenden, windverwehten Dünen, die auch als Kulisse für den Heimatplaneten des von David Bowie verkörperten Außerirdischen aus dem Film *Der Mann, der vom Himmel fiel* dienten, sind ein Highlight jeder New-Mexico-Reise. Auf keinen Fall die Sonnenbrille vergessen – der Sand ist so blendend hell wie Schnee!

Für 19 US$ kann man einen Plastikuntersatz im Souvenirladen des Besucherzentrums kaufen und damit die Dünen hinunterrodeln. Das macht Spaß, und man kann den Untersatz anschließend für 5 US$ an den Laden zurückverkaufen. Im Parkkalender finden sich zudem Spaziergänge bei Sonnenuntergang. Stellplätze im Hinterland ohne Wasser, Toiletten und Reservierungsmöglichkeiten sind 1 Meile (1,6 km) von der Panoramastraße entfernt. Man muss sich die Genehmigung zum Campen (3 US$) persönlich im Besucherzentrum holen, spätestens eine Stunde vor Sonnenuntergang.

Alamogordo & Umgebung

Der Wüstenort Alamogordo ist vor allem bekannt für seine Weltraum- und Atomforschung. Das vierstöckige **New Mexico Museum of Space History** (575-437-2840; www.nmspacemuseum.org; 3198 Hwy 2001; Erw./Kind 4–12 Jahre 8/6 US$; Mi–Sa & Mo 10–17, So 12–17 Uhr; P) zeigt eine ausgezeichnete Ausstellung über die Weltraumforschung und die einzelnen Raumfahrtprogramme. Im dazu gehörenden **New Horizons Dome Theater** (Erw./Kind 8/6 US$) werden hervorragende Filme zu dem Thema gezeigt.

Der White Sands Blvd ist von Motels gesäumt, darunter auch das gute Kettenmotel **Super 8** (575-434-4205; www.wyndhamhotels.com; 3204 N White Sands Blvd; Zi. ab 73 US$; P). Ein guter Campingplatz ist der **Oliver Lee State Park** (575-437-8284; www.nmparks.com; 409 Dog Canyon Rd; Stellplatz Zelt/Wohnmobil 10/14 US$), 12 Meilen (19 km) südlich von Alamogordo. Das lebhafte **Rizo's** (575-434-2607; www.facebook.com/rizosmexicanrestaurant; 1480 N White Sands Blvd; Hauptgerichte 6–17 US$; Di–Sa 9–21, So 9–18 Uhr) serviert gutes mexikanisches Essen.

Cloudcroft

Das kleine Dorf in den Bergen ist eine tolle Abwechslung von der heißen Ebene. Die Gebäude stammen vom Anfang des 19. Jhs., es gibt jede Menge Outdoor-Aktivitäten, und der Ort ist eine gute, entspannte Basis für Erkundungstouren. **High Altitude** (575-682-1229; www.highaltitudenm.com; 310 Burro Ave; Mountainbike ab 35 US$/Tag; Mo–Do 10–17.30, Fr & Sa 10–18, So 10–17 Uhr) verleiht Mountainbikes und gibt Tipps für Trips.

Das **Lodge Resort & Spa** (800-395-6343; www.thelodgeresort.com; 601 Corona Pl; Zi./Suite ab 135/195 US$; P) ist eines der schönsten historischen Hotels im Südwesten. Die Zimmer im Haupthotel im bayrischen Stil sind mit alten Möbeln aus der viktorianischen Zeit ausgestattet. Das recht preiswerte **Cloudcroft Mountain Park Hostel** (575-682-0555; www.cloudcrofthostel.com; 1049 Hwy 82; B 19 US$, Zi. ohne Bad 37–64 US$; P) befindet sich auf einem 112 ha großen, bewaldeten Gelände westlich der Stadt. **Rebecca's** (575-682-3131; www.thelodgeresort.com; Lodge Resort, 601 Corona Pl; Hauptgerichte mittags 9–20 US$, abends 24–40 US$; Mo–Do 11.30–15 & 17.30–20, Fr & Sa 11.30–15 & 17.30–21, So 7–10.30 & 11–14 Uhr) serviert das beste Essen des Ortes. Gutes Bier bekommt man in der **Cloudcroft Brewing Co** (575-682-2337; www.facebook.com/cloudcroftbrewingcompany; 1301 Burro Ave; So & Mo, Mi & Do 11–21, Fr & Sa 11–22 Uhr).

Ruidoso

Der Ferienort klebt am Osthang des Sierra Blanca Peak (3642 m). Hier ist das ganze

ABSTECHER

ORGAN MOUNTAINS-DESERT PEAKS NATIONAL MONUMENT

Der knapp 1295 km² große neueste **Nationalpark** (575-522-1219; www.blm.gov/visit/omp; 5 US$/Fahrzeug; 8–17 Uhr; P) New Mexicos besteht aus mehreren Teilen, die sich in einem Radius von 80 km rund um Las Cruces erstrecken. Der größte Teil ist für Besucher nicht zugänglich, doch die Erkundung der bis zu 2736 m hohen Organ Mountains westlich der Stadt ist möglich. Beim **Dripping Springs Visitor Center** beginnen mehrere Wanderwege, darunter der schöne 4,8 km lange Rundweg Dripping Springs Trail, der an den 100 Jahre alten Überresten eines Sanatoriums und Hotels vorbeiführt.

Jahr über etwas los, vor allem aber im Sommer, wenn es viel Kunst zu bestaunen gibt. Im Winter ist die Region ein attraktives Skigebiet mit einer bekannten Rennstrecke. Durch die Stadt fließt der hübsche Rio Ruidoso, in dem man gut angeln kann.

Sehenswertes & Aktivitäten

Wer sich die Beine vertreten möchte, kann die einfach zugänglichen Waldwege an der Cedar Creek Rd westlich der Smokey Bear Ranger Station ablaufen, z. B. den USFS Fitness Trail oder die mäandernden Wege der Cedar Creek Picnic Area. Zu kurz? Für längere Tages- oder mehrtägige Touren bieten sich die zahlreichen Treks in der White Mountain Wilderness nördlich der Stadt an. In dieser Gegend muss man immer auf dem Laufenden sein, was die Bestimmungen zu offenen Feuern betrifft. Wenn es sehr trocken ist, wird der Wald manchmal gesperrt.

Ski Apache SKIFAHREN
(575-464-3600; www.skiapache.com; 1286 Ski Run Rd, Alto; Liftpass Erw./Teenager/Kind 74/65/54 US$; 9–16 Uhr) Das Skigebiet am Sierra Blanca Peak 18 Meilen (28,8 km) nordwestlich von Ruidoso gehört tatsächlich den Apachen. Es ist wohl das beste Skigebiet südlich von Albuquerque und dazu recht preiswert. Allerdings ist es nicht sehr schneesicher. Deshalb sollte man sich vorher über die aktuellen Bedingungen informieren. Im Sommer kann man mit der Seilbahn fahren (Erw./Kind 35/25 US$), wandern, mountainbiken und sich im Seilrutschen versuchen (ab 95 US$).

Schlafen & Essen

Das Vermieten von Hütten ist in Ruidoso sehr beliebt. Die meisten haben Küchen und Grills, viele auch Kamine und Terrassen. Einige Hütten im Dorf sind beengt; die neueren befinden sich konzentriert im Upper Canyon. An den Forststraßen auf dem Weg ins Skigebiet gibt's kostenlose einfache Stellplätze. Wer genauere Details zu den Campingplätzen braucht, fragt in der **Ranger Station** (575-257-4095; www.fs.usda.gov/lincoln; 901 Mechem Dr; Mo–Fr 8–16 Uhr, Ende Mai–Anfang Sept. auch Sa) nach.

Sitzmark Chalet HOTEL $
(575-257-4140; www.sitzmark-chalet.com; 627 Sudderth Dr; Zi. ab 83 US$; P) Die skihüttenartige Unterkunft bietet 17 einfache, aber nette Zimmer. Pluspunkte gibt's für die Picknicktische, Grillstellen und einen Whirlpool für bis zu acht Personen.

Upper Canyon Inn LODGE $$
(575-214-7170; www.uppercanyoninn.com; 215 Main Rd; Zi./Hütte 149/169 US$; P) Das Angebot reicht hier von einfach und preiswert bis zu rustikal-schick und luxuriös. Die größeren Einheiten sind nicht automatisch teurer. Deshalb sollte man sich einige ansehen, bevor man sich entscheidet. Die teureren Hütten haben eine schöne Innenausstattung mit viel Holz und einen Whirlpool. Die Rezeption hat die Adresse 2959 Sudderth Dr.

★ **Cornerstone Bakery** CAFÉ $
(575-257-1842; www.cornerstonebakerycafe.com; 1712 Sudderth Dr; Hauptgerichte 7–12 US$; Mo & Di, Do & Fr 7–15, Sa & So bis 16 Uhr) Das absolut unwiderstehliche Bäckereicafé unter einheimischer Leitung ist extrem beliebt. Ob Brot, Backwaren, Espresso, Omeletts oder belegte Croissants: Hier schmeckt alles einfach lecker. Wer sich lange genug im Cornerstone aufhält, wird schnell süchtig!

Unterhaltung

Ruidoso Downs Racetrack SPORTPLATZ
(575-378-4431; www.raceruidoso.com; 26225 Hwy 70; Sitzplatz Tribüne kostenlos; Mitte Mai–Anfang Sept. Fr–Mo; P) GRATIS Am Labor Day richtet sich die Aufmerksamkeit der Nation auf den Ruidoso Downs Racetrack, denn dann beginnt hier das All American Futurity, das Quarter-Horse-Pferderennen mit den weltweit höchsten Wettbeträgen (rund

3 Mio. US$). Zum Komplex gehört auch die Racehorse Hall of Fame.

Flying J Ranch LIVEMUSIK
(☎575-336-4330; www.flyingjranch.com; 1028 Hwy 48N, Alto; Erw./Kind 28/16 US$; ⊙Ende Mai–Anfang Sept. Mo–Sa ab 17.30 Uhr, Sa nur bis Mitte Okt.;) Familien mit Kindern werden dieses „Westerndorf" lieben: 1,5 Meilen (2,4 km) nördlich von Alto finden hier lange Unterhaltungsabende mit Schießereien, Ponyreiten und Westernmusik statt. Das cowboymäßige Essen wird in Planwagen aufgetischt.

ℹ Praktische Informationen

Visitor Center (☎575-257-7395; www.ruidosonow.com; 720 Sudderth Dr; ⊙Mo–Fr 8–17, Sa 9–15 Uhr) Hier gibt's Infos über mögliche Aktivitäten im Ruidoso-Tal und Lincoln County.

Lincoln & Capitan

Fans des Wilden Westens dürfen keinesfalls das kleine Lincoln auslassen. 12 Meilen (19 km) östlich von Capitan verläuft der **Billy the Kid National Scenic Byway** (www.billybyway.com). Hier fanden die Schießereien des Lincoln County War statt, durch die Billy the Kid zur Legende wurde. Die ganze Stadt ist fast vollständig im Originalzustand erhalten. Die sehr ursprüngliche Hauptstraße wurde zur **Lincoln Historic Site** (☎575-653-4082; www.nmmonuments.org/lincoln; US 380; Erw./Kind 5 US$/frei; ⊙Visitor Center & Gericht 9–17 Uhr, sonstige Gebäude 9–16.30 Uhr; P).

Eintrittskarten für die historischen Gebäude sind im **Anderson-Freeman Visitors Center** (http://oldlincolntown.org; US 380; ⊙9–17 Uhr) erhältlich. Dort gibt es auch eine Ausstellung zu den Buffalo Soldiers, Apachen und dem Lincoln County War. Danach sollte man unbedingt das faszinierende **Courthouse Museum** besuchen. Aus diesem Gerichtsgebäude gelang Billy the Kid seine gewagteste – und gewalttätigste – Flucht. In der **Bonito Valley Brewing Co** (☎575-653-4810; www.facebook.com/bonitovalleybrewing; 692 Calle La Placita; ⊙Do–Mo 12–21 Uhr) in der Hauptstraße kann man ein gutes Bier trinken.

Genau wie Lincoln ist auch das gemütliche Capitan von den herrlichen Bergen des Lincoln National Forest umgeben. Die Hauptattraktion für Kinder ist der **Smokey Bear Historical Park** (☎575-354-2748; www.emnrd.state.nm.us; 118 W Smokey Bear Blvd, Capitan; Erw./Kind 7–12 Jahre 2/1 US$; ⊙9–16.30 Uhr), wo auch der Namensgeber des Maskottchens begraben ist.

Roswell

1947 schlug ein geheimnisvolles Flugobjekt auf dem Gelände einer Ranch bei Roswell ein. Das Ereignis hätte weiter kein Aufsehen erregt, hätte das Militär nicht alles versucht, um es zu vertuschen. Das wiederum konnte für viele nur eines bedeuten: Das Flugobjekt war ein Raumschiff der Aliens! Durch die weltweite Aufmerksamkeit und Erfindungsgabe der Einheimischen wurde die Stadt danach zur „extraterrestrischen Zone". Auf die Straßenlaternen wurden weiße Kugeln montiert, und die Touristen reisten in Bussen an, um ein Souvenir zu ergattern.

Glaubende und Kitschfans müssen sich unbedingt das **International UFO Museum & Research Center** (☎575-625-9495; www.roswellufomuseum.com; 114 N Main St; Erw./Kind 5–15 Jahre 5/2 US$; ⊙9–17 Uhr) ansehen. Anfang Juli findet zudem das **Roswell UFO Festival** (www.roswellufofestival.com) statt.

Seitdem reiht sich in der N Main St ein Kettenmotel ans andere. Wesentlich schöner ist das **Heritage Inn** (☎575-748-2552; www.artesiaheritageinn.com; 209 W Main St, Artesia; Zi./Suite 109/119 US$; P❄@🛜) in Artesia, rund 36 Meilen (57,6 km) südlich von Roswell.

Im **Los Cerritos** (☎575-622-4919; www.loscerritosmk.com; 2103 N Main St; Hauptgerichte 7–15 US$; ⊙Mo–Sa 7–21, So 7–17 Uhr) gibt's einfaches, gutes mexikanisches Essen. Auch das **Adobe Rose** (☎575-476-6157; www.adoberoserestaurant.com; 1614 N 13th St, Artesia; Hauptgerichte mittags 10–23 US$, abends 12–32 US$; ⊙Mo & Mi 11–21, Do 10.30–21, Fr 11–23, Sa 17–23, So 9–15 Uhr) in Artesia bietet leckere Gerichte aus New Mexico und tolle Margaritas, die zu Recht gelobt werden.

Ausführliche Infos über die Gegend bekommt man im **Visitors Bureau** (☎575-623-3442; http://roswell-nm.gov/749/Visitors-Center; 426 N Main St; ⊙So & Mo 10–15, Di–Fr 9–17, Sa 9–16 Uhr; 🛜). **Greyhound** (☎575-622-2510; www.greyhound.com; 515 N Main St, Pecos Trails Transit) fährt nach Las Cruces.

Carlsbad

Carlsbad ist die Stadt, die dem Carlsbad Caverns National Park und den Guadalupe Mountains am nächsten liegt. Der nordwestliche **Living Desert State Park** (☎575-887-5516; www.emnrd.state.nm.us; 1504 Miehls Dr N, beim Hwy 285; Erw./Kind 7–12 Jahre 5/3 US$; ⊙Juni–Aug. 8–17 Uhr, Sept.–Mai 9 Uhr, Einlass in den Zoo bis 15.30 Uhr) ist ein toller Ort, wenn man mehr über die Wüstenflora und -fauna

NICHT VERSÄUMEN

CARLSBAD CAVERNS NATIONAL PARK

Eine Höhle ist vielleicht nicht so interessant wie Mammutbäume, Geysire oder der Grand Canyon, doch für den **Carlsbad Caverns National Park** (☎575-785-2232, Infos zu Fledermäusen 575-236-1374; www.nps.gov/cave; 727 Carlsbad Cavern Hwy; 3-Tage-Pass Erw./Kind unter 16 Jahren 15 US/frei; ⏲Höhlen Ende Mai–Anfang Sept. 8.30–17 Uhr, Anfang Sept.–Ende Mai 8.30–15.30 Uhr; P 🚻) gilt das eindeutig nicht: Um in die Hauptkammer des riesigen Höhlensystems zu gelangen, muss man entweder mit einem Aufzug so weit unter die Erde fahren, wie das Empire State Building hoch ist, oder einen gruseligen 2 km langen unterirdischen Spaziergang unternehmen, bei dem es ständig auf und ab geht.

lernen möchte. Auf einem netten, ca. 2 km langen Pfad werden verschiedene Lebensräume in der Chihuahua-Wüste erläutert, mit lebenden Antilopen, Wölfen, Rennkuckucken und mehr.

Die seit Kurzem boomende Ölindustrie sorgt jedoch dafür, dass selbst ein einfaches Motelzimmer hier wesentlich mehr kostet als anderswo im Staat. Deshalb ist es sinnvoller, Carlsbad in einem längeren Tagesausflug von Roswell oder Alamogordo aus zu besuchen. Das einzig schöne, wenn auch überteuerte Hotel ist das **Trinity Hotel** (☎575-234-9891; www.thetrinityhotel.com; 201 S Canal St; Zi. 239–269 US$; ❄📶) im ehemaligen Gebäude der First National Bank. Das Wohnzimmer einer Suite befindet sich direkt im früheren Tresorraum. Das hauseigene Restaurant ist das nobelste in Carlsbad.

Das fröhliche **Blue House Bakery & Cafe** (☎575-628-0555; www.facebook.com/BlueHouseBakeryAndCafe; 609 N Canyon St; Gebäck 3–6 US$, Hauptgerichte 4–6 US$; ⏲Mo–Sa 6–12 Uhr) hat den besten Kaffee der ganzen Gegend. Die freundliche **Guadalupe Mountain Brewing Co** (☎575-887-8747; www.gmbrewingco.com; 3324 National Parks Hwy; ⏲Di–Fr 11–14, Di–Do 17–21, Fr 17–22, Sa 16–22 Uhr) zwischen dem Nationalpark und der Innenstadt von Carlsbad ist ideal für eine Pizza mit Bier nach der Wanderung.

Greyhound (☎575-628-3088; www.greyhound.com; 106 W Greene St/US 180) Die Busse nach El Paso, Texas, und Las Cruces fahren beim Road Runner Express ab, knapp 500 m südlich der Innenstadt.

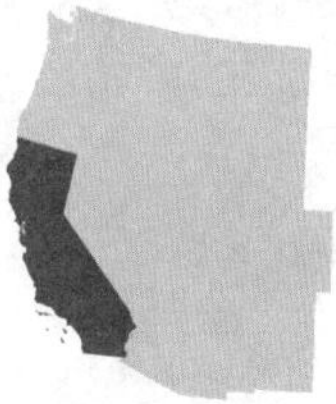

Kalifornien

Inhalt ➡

Gut essen

- ➡ Chez Panisse (S. 364)
- ➡ Grand Central Market (S. 286)
- ➡ June Bug Cafe (S. 382)
- ➡ Puesto at the Headquarters (S. 306)

Schön übernachten

- ➡ Arrive Hotel (S. 311)
- ➡ Auberge du Soleil (S. 366)
- ➡ McCloud River Mercantile Hotel (S. 378)

Auf nach Kalifornien!

Vom nebelverhangenen Norden Kaliforniens bis zu den sonnigen Stränden Südkaliforniens – verglichen mit dem traumhaft schönen Golden State wirkt Disneyland völlig normal. Gegensätze und Widersprüche sind hier Normalität, alternative Lebensstile und Hightech existieren Seite an Seite. Kalifornien lockt mit dynamischen Metropolen, aber auch mit rauer Wildnis, schneebedeckten Bergen, weiten Wüsten und einer schier endlosen, spektakulären Küste.

In Kalifornien begann Mitte des 19. Jhs. der große Goldrausch, hier besang der Naturforscher John Muir die „Berge des Lichts" der Sierra Nevada, hier definierten Jack Kerouac und die Beat Generation, was Unterwegssein wirklich bedeutet, und hier entstanden die großen Traumfabriken der IT-Branche und der Unterhaltung. Vor allem aber ist Kalifornien ein Bundesstaat, der das gute Leben feiert, ob nun beim Genuss einer Flasche edlen Rotweins, bei der Besteigung eines Viertausenders oder beim Surfen am Pazifik.

Reisezeit

Los Angeles

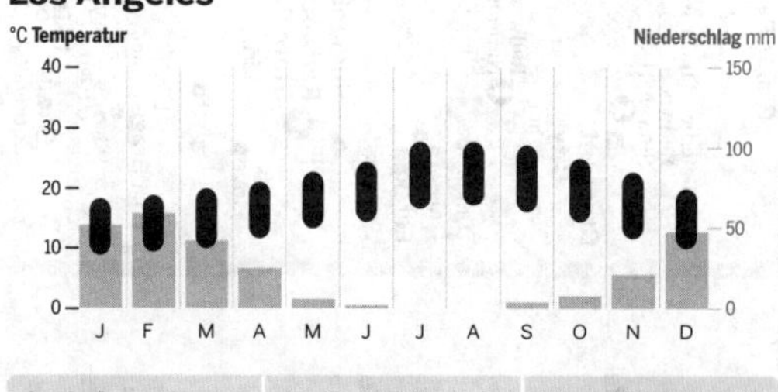

Juni–Aug. Meist sonnig, gelegentlich Küstennebel. In den Sommerferien strömen die Massen herbei.

April–Mai & Sept.–Okt. Nachts kühler, tagsüber nur selten Wolken. Zeit für Schnäppchen.

Nov.–März In den Skigebieten und in den warmen Wüstenregionen Südkaliforniens ist Hauptsaison.

Highlights

1 Yosemite National Park (S. 380) Wasserfälle bewundern und Granitgipfel besteigen

2 Los Angeles (S. 266) In die multikulturellen Stadtviertel, die Hollywood-Studios und das glamouröse Nachtleben eintauchen

3 Big Sur (S. 326) An der Bohème-Küste von Big Sur die Fahrt auf dem Highway 1 entlang bizarrer Meeresklippen genießen

4 San Francisco (S. 334) Mit der Seilbahn auf die grandiosen Hügel dieser oft nebelverhangenen, aber immer wunderbaren Stadt an der Bay fahren

5 Disneyland Resort® (S. 294) Sich im „Happiest

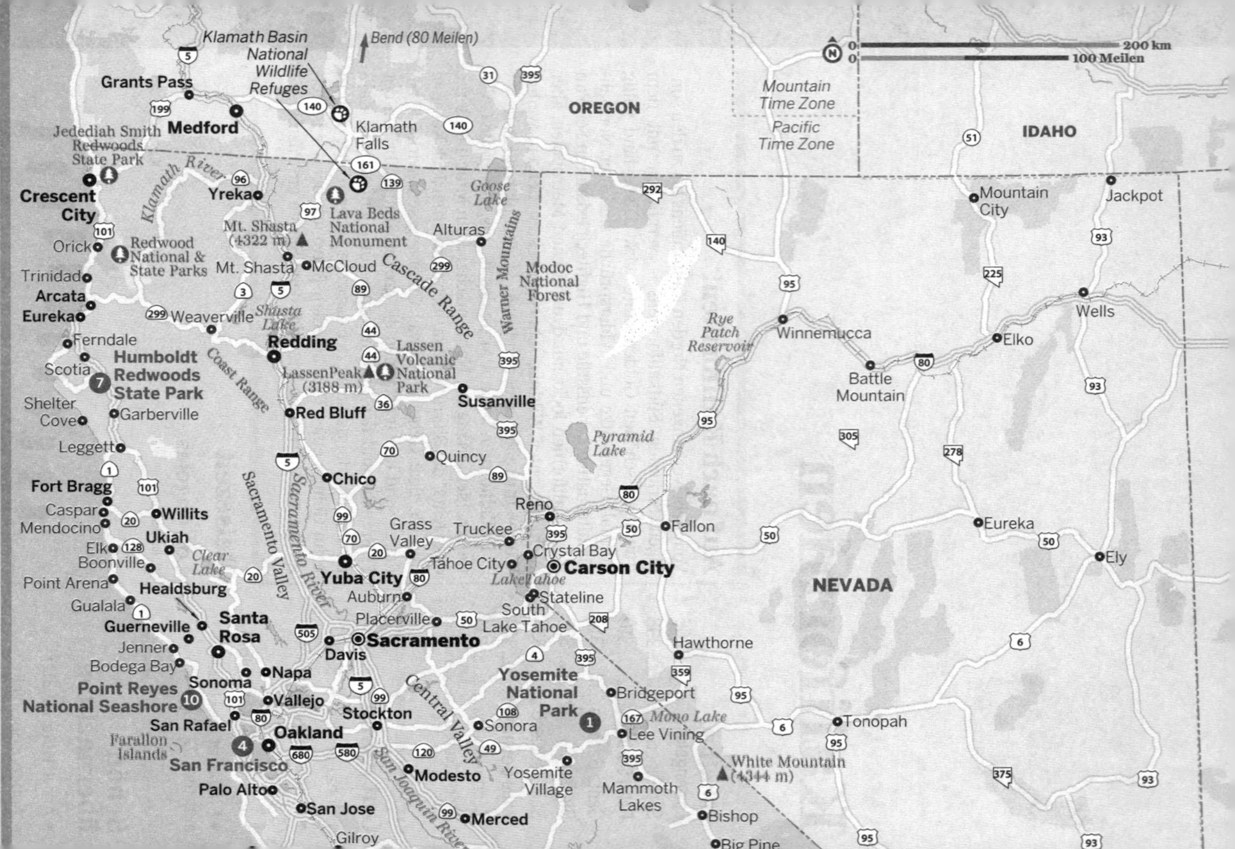

Place on Earth" Kindheitsträume erfüllen

6 San Diego (S. 311) An sonnigen Stränden auf perfekten Wellen surfen

7 Humboldt Redwoods State Park (S. 372) Entlang der Avenue of the Giants den Kopf in den Nacken legen und die höchsten Bäume der Welt bestaunen

8 Palm Springs (S. 310) Im steten Sonnenschein und im Glamour der Mitte des 20. Jhs. baden

9 Death Valley National Park (S. 317) Über Sanddünen wandern und Wildwest-Geisterstädte entdecken

10 Point Reyes National Seashore (S. 311) Auf einer windgepeitschten Halbinsel Wale, Seeelefanten und Tule-Wapitis erspähen

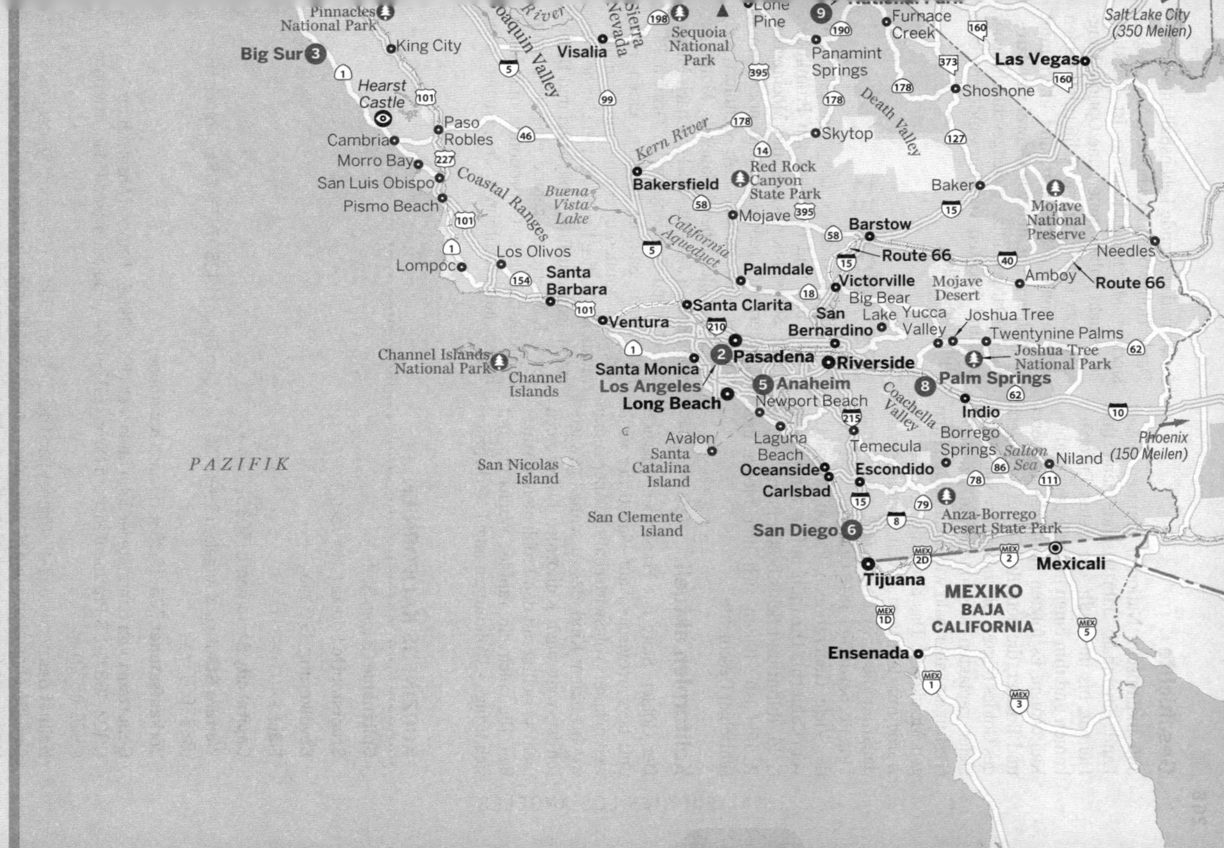

Geschichte

500 indianische Nationen nannten dieses Land eineinhalb Jahrtausende lang ihre Heimat, bis im 16. Jh. die ersten Europäer kamen und ihm einen neuen Namen gaben: Kalifornien. Es folgten spanische Eroberer und Priester, die dem Ruf Gottes bzw. dem des Goldes folgten. Sie gaben ihre von Ungeziefer geplagten Missionen und *presidios* (Festungen) aber bald wieder auf und zogen gen Mexiko ab. Das aufsässige Territorium wurde mit dem Vertrag von Guadalupe Hidalgo an die USA abgetreten, nur wenige Monate, bevor hier 1848 Gold entdeckt wurde. Viele Generationen kamen, angelockt vom California Dreamin', auf der Suche nach Gold, Ruhm und Selbstbestimmung an die Pazifikküste, ließen sich hier nieder und schrieben Geschichte.

Kalifornien aktuell

Der Golden State hat Frankreich überholt und liegt inzwischen auf Platz 6 der weltweit größten Volkswirtschaften. Aber genau wie bei einem Kind, das zu schnell gewachsen ist, weiß auch Kalifornien bisher noch nicht so richtig mit den Problemen umzugehen, die solch ein rapides Wachstum mit sich bringt – Wohnungsmangel, Verkehrsinfarkte und steigende Lebenshaltungskosten. Dank Hollywood-Blockbustern und legalisiertem Marihuana-Konsum ist Wirklichkeitsflucht dabei immer eine Option. Langsam, aber sicher nimmt Kalifornien seinen internationalen Status an und übernimmt bei globalen Themen wie Umweltstandards, Online-Datenschutz, gleichgeschlechtlicher Ehe und Rechten von Einwanderern eine führende Rolle.

LOS ANGELES

Wer glaubt, dass er Los Angeles durchschaut hat, und die Stadt auf Promiluder, Smog, Staus, Bikini-Girls und Möchtegern-Pop-Sternchen reduziert, sollte noch einmal genauer hinschauen. L.A. definiert sich durch simple, lebensbejahende Momente: einen coolen Jazz-Age-Cocktail nach Mitternacht, einen Spaziergang im Griffith Park mit seinen Salbeisträuchern, einen rosafarbenen Sonnenuntergang mit Trommelmusik am Venice Beach oder die Suche nach einem leckeren Taco. Hollywood und Downtown L.A. erleben gerade eine Renaissance, Kunst, Musik, Gastronomie und Mode laufen auf Hochtouren. Je genauer man

KURZINFOS KALIFORNIEN

Spitzname Golden State

Staatsmotto Eureka („Heureka")

Bevölkerung 39,5 Mio.

Fläche 403 468 km^2

Capital city Sacramento (508 529 Ew.)

Weitere Städte Los Angeles (3 990 456 Ew.), San Diego (1 425 976 Ew.), San Francisco (883 305 Ew.)

Verkaufssteuer 7,25–10,25 % (je nach Kommune)

Geburtsort von Schriftsteller John Steinbeck (1902–1968), Fotograf Ansel Adams (1902–1984), US-Präsident Richard Nixon (1913–1994), Popkultur-Ikone Marilyn Monroe (1926–1962)

Heimat des höchsten (Mt. Whitney) und des tiefsten Punktes (Death Valley) der Lower 48 (USA ohne Alaska und Hawaii) sowie der weltweit ältesten, höchsten und mächtigsten Bäume (Langlebige Kiefern, Küsten- bzw. Riesenmammutbäume)

Politische Ausrichtung Mehrheitlich demokratisch mit republikanischer Minderheit; jeder vierte kalifornische Wähler wählt unabhängig.

Berühmt für Disneyland, Erdbeben, Hollywood, Hippies, Silicon Valley, Surfen

Kitschigstes Souvenir „Mystery Spot"-Autoaufkleber

Entfernungen Los Angeles–San Francisco 380 Meilen (611 km), San Francisco–Yosemite Valley 190 Meilen (306 km)

KALIFORNIEN IN…

…einer Woche

Kalifornien kompakt: Los geht's im beachy **Los Angeles**, gefolgt von einem Abstecher nach **Disneyland**. Dann geht es die windige **Central Coast** hinauf, mit Zwischenstopps in **Santa Barbara** und **Big Sur**. In **San Francisco** steht eine ordentliche Prise Großstadtkultur an. Von dort geht's landeinwärts, um im **Yosemite National Park** die Natur zu bestaunen, und schließlich wieder zurück nach L.A.

…zwei Wochen

Grundsätzlich ist die Reiseroute die gleiche wie bei einer Woche, nur dass man sie deutlich entspannter angehen kann. Außerdem hat man Zeit für zusätzliche Abstecher, die beispielsweise ins nordkalifornische **Wine Country**, zum **Lake Tahoe** hoch oben in der Sierra Nevada, zu den tollen Stränden von Orange County oder ins entspannte **San Diego** führen könnten, aber auch in den **Joshua Tree National Park** nahe dem schicken Wüsten-Resort **Palm Springs**.

…einem Monat

Über die bereits angegebenen Ziele hinaus sind noch weitere Ausflüge möglich. Von San Francisco aus fährt man die neblige **North Coast** hinauf, angefangen mit der **Point Reyes National Seashore** in Marin County. Man schlendert durch die viktorianischen Städtchen **Mendocino** und **Eureka**, verliert sich an der **Lost Coast** und wandert durch die mit Farnen bewachsenen **Redwood National & State Parks**. Im Binnenland schießt man ein Erinnerungsfoto des **Mt. Shasta**, fährt durch den **Lassen Volcanic National Park** und zieht durch Kaliforniens historisches **Gold Country**. Man folgt dem Kamm der **Eastern Sierra** und fährt schließlich auf kurvenreicher Straße hinunter in den **Death Valley National Park**.

„La-La Land" erkundet, umso mehr wird man es lieben.

Sehenswertes

Downtown L.A. ist ca. 20 km vom Pazifik entfernt und hat Geschichte, intellektuelle Kunst und Kultur zu bieten. Nordwestlich von Downtown wartet das wieder hippe Hollywood auf Besucher, während urbaner Designerschick und eine schwul-lesbische Szene West Hollywood prägen. Südlich von WeHo ist die Museum Row der Hauptanziehungspunkt von Mid-City. Weiter westlich befinden sich das noble Beverly Hills, Westwood in der Nähe vom Campus der University of California, Los Angeles (UCLA), und West L.A. Zu den Orten mit Strandzugang gehören das kinderfreundliche Santa Monica, Venice mit seiner Schickimicki-Einwohnerschaft, Malibu mit seinen Stars und das pulsierende Long Beach. Pasadena mit seinem vielen Grün liegt nordöstlich von Downtown.

Downtown

Einige Ecken von Downtown L.A. (DTLA) sind zwar immer noch recht zwielichtig, doch der Aufschwung, der vor gut zehn Jahren begann, hält an. Downtown ist ein weitläufiges Gebiet mit verschiedenen eigenständigen Stadtvierteln, die ganz individuelle Identitäten und Attraktionen besitzen.

Im kompakten, bunten und autofreien historischen Viertel **El Pueblo de Los Angeles** kann man die spanisch-mexikanischen Wurzeln der Stadt erleben. Seine Hauptader ist die fröhliche **Olvera St** (Karte S. 274; www.calleolvera.com; 👪; Ⓜ Union Station, 🚇 Union Station), in der man handgearbeitete folkloristische Souvenirs kaufen und danach Tacos und mit Zucker bestreute Churros essen kann. Die **Union Station** (Karte S. 274; www.amtrak.com; 800 N Alameda St; Ⓟ) wurde an der Stelle von L.A.s ursprünglicher Chinatown gebaut und war bei der Eröffnung 1939 der prächtigste Bahnhof der USA. Das Bauwerk ist ein Musterbeispiel für den Mission-Revival-Stil, gepaart mit Art-déco- und indianischen Elementen. Die „neue" **Chinatown** (Karte S. 274; www.chinatownla.com) liegt etwa 800 m weiter nördlich um den Broadway und die Hill St. Hier wimmelt es nur so von Dim-Sum-Läden, Kräuterapotheken, Kuriositätenläden, hipsterfreundlichen Restaurants und progressiven Kunstgalerien.

Großraum Los Angeles

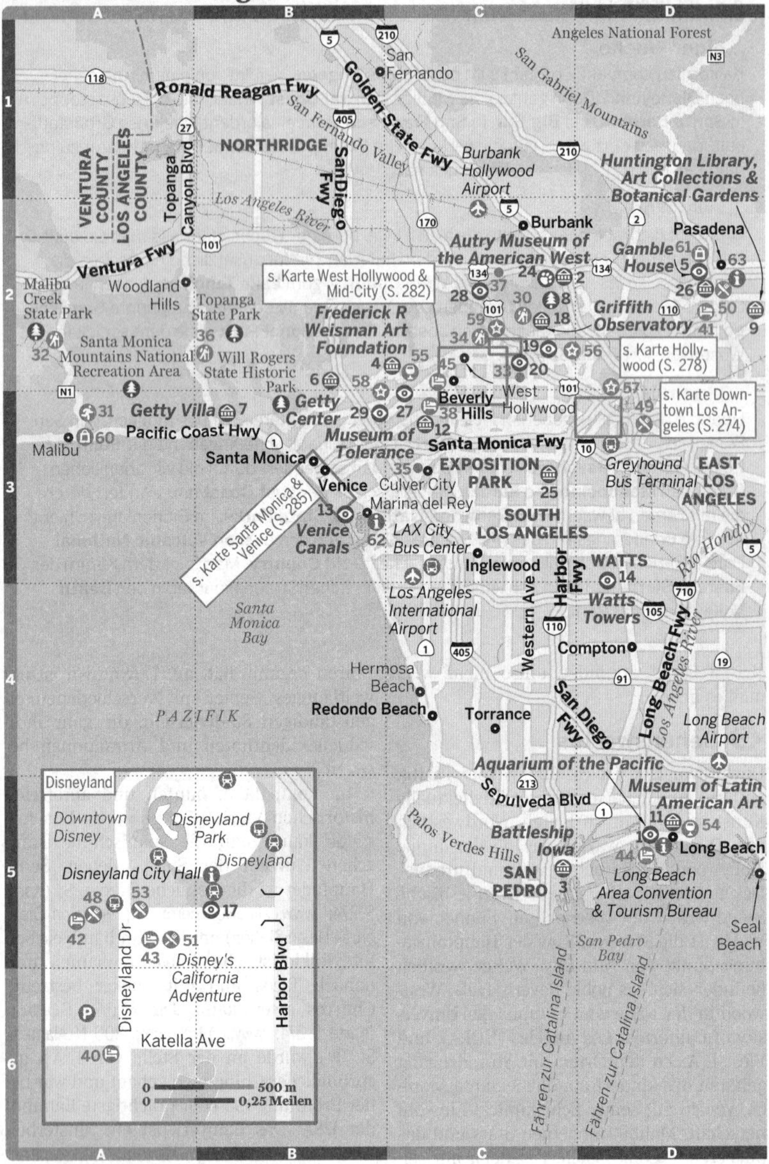

Südwestlich der Union Station erstreckt sich **Little Tokyo** mit Einkaufszentren, buddhistischen Tempeln, traditionellen Gärten, authentischen Sushi-Bars und Nudelläden. Östlich davon liegt der boomende **Arts District**, eine der kreativsten Ecken der Stadt mit den passenden Restaurants und Geschäften.

South Park ist ungeachtet seines Namens kein Park, sondern ein aufstrebendes Viertel rund um das Convention Center und den Restaurant- und Unterhaltungskomplex **LA Live** (Karte S. 274; ☎213-763-5483; www.lalive.com; 800 W Olympic Blvd; P 👪; M Blue/Expo Line bis Pico Station).

★**Broad** MUSEUM
(Karte S. 274; ☎213-232-6200; www.thebroad.org; 221 S Grand Ave; ⏲Di & Mi 11–17, Do & Fr bis 20, Sa 10–20, So bis 18 Uhr; P ♿; M Red/Purple Line bis Civic Center/Grand Park) GRATIS Seit dem Tag seiner Eröffnung im Jahr 2015 ist das Broad ein Muss für Fans zeitgenössischer Kunst. Hier ist die Weltklassesammlung des hiesigen Philanthropen, Immobilienmoguls und Milliardärs Eli Broad und seiner Frau Edythe untergebracht. Diese besteht aus über 2000 Kunstwerken aus der Nachkriegszeit von Größen wie Cindy Sherman, Jeff Koons, Andy Warhol, Roy Lichtenstein, Robert Rauschenberg, Keith Haring und Kara Walker.

★**Walt Disney Concert Hall** BEMERKENSWERTES GEBÄUDE
(Karte S. 274; ☎323-850-2000; www.laphil.org; 111 S Grand Ave; P; M Red/Purple Lines bis Civic Center/Grand Park) GRATIS Das berühmte Konzerthaus, in dem Stahl, Musik und psychedelische Architektur wunderbar miteinander verschmelzen, ist die Heimat des Los Angeles Philharmonic Orchestra. Hier treten aber auch moderne Bands wie Phoenix und traditionelle Jazzmusiker wie Sonny Rollins auf. Frank Gehry, der visionäre Architekt der 2003 eröffneten Halle, hat hier alle Register seines Könnens gezogen: Das Haus ist eine der Schwerkraft trotzende Edelstahlskulptur mit gebogenen, sich wie Segel blähenden Wänden.

★**MOCA Grand** MUSEUM
(Museum of Contemporary Art; Karte S. 274; ☎213-626-6222; www.moca.org; 250 S Grand Ave; Erw./Kind 15 US$/frei, Do 17–20 Uhr frei; ⏲Mo, Mi & Fr 11–18, Do bis 20, Sa & So bis 17 Uhr; M Red/Purple Line bis Civic Center/Grand Park) Die grandiose Kunstsammlung des MOCA konzentriert sich auf die Zeit von den 1940er-Jahren bis heute. Zu den vielen hier vertretenen berühmten Künstlern gehören Mark Rothko, Dan Flavin, Willem de Kooning, Joseph Cornell und David Hockney, deren Werke in der ständigen wie auch in Sonderausstellungen zu sehen sind. Das Museumsgebäude wurde 1986 vom japanischen Architekten Arata Isozaki geschaffen, der 2019 den renommierten Pritzker-Preis erhielt. Die Ausstellungsräume befinden sich unter der Erde, doch Oberlichter sorgen für Helligkeit.

Japanese American National Museum MUSEUM
(Karte S. 274; ☎213-625-0414; www.janm.org; 100 N Central Ave; Erw./Sen. & Kind 12/6 US$, Do 17–20 Uhr & jeden 3. Do im Monat ganzer Tag frei; ⏲Di, Mi & Fr–So 11–17, Do 12–20 Uhr; ♿; M Gold Line bis Little Tokyo/Arts District) Dieses Museum – das erste des Landes, das dem Leben der japanischen Einwanderer gewidmet ist

Großraum Los Angeles

Highlights
1 Aquarium of the Pacific D5
2 Autry Museum of the American West C2
3 Battleship Iowa C5
4 Frederick R Weisman Art Foundation C2
5 Gamble House D2
6 Getty Center B2
7 Getty Villa B3
8 Griffith Observatory C2
9 Huntington Library, Art Collections & Botanical Gardens D2
10 Knott's Berry Farm E4
11 Museum of Latin American Art D5
12 Museum of Tolerance C3
13 Venice Canals B3
14 Watts Towers D3

Sehenswertes
15 Anaheim Packing District F4
California Science Center .... (siehe 25)
Center Street Anaheim .... (siehe 15)
16 Crystal Cove State Park F6
17 Disneyland Resort B5
18 Griffith Park C2
19 Hollyhock House C2
20 Hollywood Forever Cemetery C2
21 Huntington City Beach E6
22 International Surfing Museum E6
23 Knott's Soak City E4
24 Los Angeles Zoo & Botanical Gardens C2
25 Natural History Museum of Los Angeles C3
26 Norton Simon Museum D2
27 Rodeo Drive C3
Rose Garden .... (siehe 25)
28 Universal Studios Hollywood C2
29 Westwood Village Memorial Park Cemetery B3

Aktivitäten, Kurse & Touren
30 Bronson Cave C2
31 Malibu Canyon A3
32 Malibu Creek State Park A2
33 Paramount Pictures C2
34 Runyon Canyon C2
35 Sony Pictures Studios C3
36 Topanga State Park B2
37 Warner Bros Studio Tour C2

Schlafen
38 Avalon Hotel C3
39 Ayres Hotel Anaheim F5
40 Best Western Plus Stovall's Inn A6
41 Bissell House B&B D2
42 Disneyland Hotel A5
43 Disney's Grand Californian Hotel & Spa A5
44 Hotel Maya D5
Knott's Berry Farm Hotel .... (siehe 10)
45 Montage C2
46 Paséa E6

Essen
47 Bear Flag Fish Company F6
48 Earl of Sandwich A5
49 Guisados D3
50 La Grande Orange D2
51 Napa Rose A5
52 Pour Vida F4
53 Ralph Brennan's New Orleans Jazz Kitchen A5

Ausgehen & Nachtleben
54 Pike D5
55 Polo Lounge C2

Unterhaltung
56 Cavern Club Theater C2
57 Dodger Stadium D2
58 Geffen Playhouse B3
59 Hollywood Bowl C2

Shoppen
60 Malibu Country Mart A3
Pacific City .... (siehe 46)
61 Rose Bowl Flea Market D2

Praktisches
62 Visit Marina Del Rey B3
63 Visit Pasadena D2

– eignet sich als gute erste Anlaufstelle in Little Tokyo. Der erste Stock ist der Dauerausstellung „Common Ground“ gewidmet, die die Entwicklung der japanisch-amerikanischen Kultur seit Ende des 19. Jhs. unter die Lupe nimmt und einen bewegenden Einblick in das schmerzliche Kapitel der Internierungslager im Zweiten Weltkrieg vermittelt. Danach kann man im ruhigen Garten über das Gesehene sinnieren oder im gut sortierten Andenkenladen stöbern.

★ **Grammy Museum** MUSEUM
(Karte S. 274; ☎213-765-6800; www.grammymuseum.org; 800 W Olympic Blvd; Erw./Kind, Senior & Student 15/13 US$; ⏲So, Mo, Mi & Do 10.30–18.30, Fr & Sa 10–20 Uhr; P ♿; M Blue/Expo Line bis Pico Station) Dieses Museum ist das Highlight von LA Live (S. 268). Auf drei Etagen werden in seinen interaktiven Ausstellungen unterschiedliche musikalische Genres erklärt, abgegrenzt und ihre Verbindungen aufgezeigt. Die Wechselausstellun-

gen zeigen z. B. Kleidungsstücken von Stars wie Michael Jackson, Whitney Houston und Beyoncé, handgeschriebene Notizen von Count Basie und Taylor Swift oder Musikinstrumente, auf denen einst Rocklegenden spielten. Lust auf mehr? Dann kann man sich in interaktiven Soundräumen selbst im Singen, Mixen und Remixen versuchen.

LA Plaza MUSEUM

(La Plaza de Cultura y Artes; Karte S. 274; ☎213-542-6259; www.lapca.org; 501 N Main St; ⊙Mo, Mi & Do 12–17, Fr–So bis 18 Uhr; ; Ⓜ Union Station) GRATIS In diesem Museum werden die Erfahrungen der aus Mexiko stammenden Einwohner von Los Angeles chronologisch geschildert: von der spanischen Kolonisation im späten 18. Jh. und dem Mexikanisch-Amerikanischen Krieg (als die Grenze durch das ursprüngliche Pueblo-Land verlief) über die Zoot Suit Riots bis zum Aktivisten César Chávez und dem Chicana Movement. Zu sehen sind etwa ein Nachbau der Main St der 1920er-Jahre und Wechselausstellungen moderner und zeitgenössischer Arbeiten von in L. A. lebenden Latino-Künstlern.

Exposition Park & Umgebung

Dieser Park gleich südlich des Campus der University of Southern California (USC) bietet so viele kinderfreundliche Museen, das man hier gut einen ganzen Tag verbringen kann. Zu den besonderen Sehenswürdigkeiten unter freiem Himmel zählen der **Rose Garden** (Karte S. 268; ☎213-763-0114; www.laparks.org/expo/garden; 701 State Dr, Exposition Park; ⊙16. März–31. Dez. 8.30 Uhr–Sonnenuntergang; Ⓟ; Ⓜ Expo Line to Exposition Park/USC) GRATIS und das **Los Angeles Memorial Coliseum**, in dem die Olympischen Sommerspiele 1932 und 1984 ausgetragen wurden. Parkplätze kosten um die 10 US$. Von Downtown aus die Metro Expo Line oder den DASH Minibus F nehmen.

★ **Watts Towers** WAHRZEICHEN

(Karte S. 268; ☎213-847-4646; www.wattstowers.org; 1761-1765 E 107th St, Watts; ⊙Führungen Do & Fr 11–15, Sa 10.30–15, So 12–15 Uhr; Ⓟ; Ⓜ Blue Line bis 103rd St) Die drei „gotischen" Türme der grandiosen Watts Towers gehören zu den größten Monumenten der Volkskunst weltweit. 1921 beschloss der italienische Einwanderer Simon Rodia, „etwas Großes zu schaffen." Die folgenden 33 Jahre verbrachte er damit, diese skurrile, abstrakte Skulptur aus einem bunt gemischten Sortiment von Fundstücken wie grünen 7-Up-Flaschen, Muscheln, Felsen und Tonscherben zusammenzuflicken.

California Science Center MUSEUM

(Karte S. 268; ☎Filmprogramm 213-744-2019, Info 323-724-3623; www.californiasciencecenter.org; 700

LOS ANGELES IN ...

Die Entfernungen in L. A. sind gigantisch. Angesichts des dichten Verkehrs sollte man viel Zeit einplanen und den Tag nicht allzu sehr vollstopfen.

... einem Tag

Zunächst sollte man sich auf dem **Original Farmers Market** für den Tag stärken. Danach kann man dann auf dem **Hollywood Walk of Fame** am Hollywood Blvd den Stern seines Lieblingsstars suchen. Echte Promis sieht man vielleicht in den trendigen Boutiquen auf dem paparazziverseuchten **Robertson Boulevard**, sofern man nicht ein Quäntchen Natur im **Griffith Park** vorziehen mag. Nun fährt man nach Westen zum tollen **Getty Center** oder hinaus zum **Venice Boardwalk**, um sich den Rummel an der Küste anzuschauen. Schließlich sieht man in **Santa Monica** zu, wie die Sonne im Pazifik versinkt.

... zwei Tagen

Nachdem man das sich rasant entwickelnde **Downtown L. A.** erkundet hat, geht's im **El Pueblo de Los Angeles** zurück zu den Wurzeln der Stadt. Anschließend katapultiert man sich dann mit der spektakulären **Walt Disney Concert Hall** und dem **Museum Broad**, das den Cultural Corridor in der Grand Ave krönt, in die Zukunft. Nach einem Snack im **Grand Central Market** vertritt man sich zwischen den historischen Gebäuden von Downtown, in den **Galerien im Arts District** und **Little Tokyo** die Beine. Im **LA Live**, dem schicken Entertainment-Center in South Park, besucht man das multimediale **Grammy Museum**. Abends geht's dann auf die Dancefloors der Clubs in **Hollywood**.

Exposition Park Dr, Exposition Park; Film im IMAX-Kino Erw./Stud. & Senior/Kind 8,95/7,95/6,75 US$; ⌚10–17 Uhr; 🚻) GRATIS Der größte Besuchermagnet des Science Center ist das Space Shuttle Endeavour, eine von gerade einmal vier Raumfähren im ganzen Land! Daneben gibt es in dem riesigen, mehrstöckigen Multimedia-Museum mit seinen Knöpfen, Schaltern und Hebeln jede Menge weitere Attraktionen, die das Kind in jedem wecken, etwa den Erdbebensimulator und die riesige Techno-Puppe Tess. Der Eintritt ist kostenlos, Sonderausstellungen, Aktivitäten und Filme im IMAX-Kino kosten aber extra.

Natural History Museum of Los Angeles MUSEUM

(Karte S. 268; ☎213-763-3466; www.nhm.org; 900 Exposition Blvd, Exposition Park; Erw./Student & Senior/Kind 15/12/7 US$, ⌚9.30–17 Uhr; P 🚻; M Expo Line bis Expo/Vermont) Von Dinos bis zu Diamanten, von Bären bis zu Käfern und von Fauchschaben bis zu afrikanischen Elefanten – ein Besuch in diesem Museum führt einen rund um den Globus und Millionen Jahre zurück in die Vergangenheit. Das Ganze befindet sich in einem wunderschönen, 1913 errichteten Gebäude im Spanish-Renaissance-Stil, das als Kulisse der Columbia University in Tobey McGuires erstem *Spider-Man*-Film diente – ja, genau hier wurde Peter Parker von der radioaktiven Spinne gebissen. Man kann hier gut und gerne mehrere Stunden verbringen.

Hollywood

So wie sich ein alternder Filmstar gelegentlich liften lässt, so unterzieht sich auch Hollywood einer Generalsanierung. Zwar ist der Glamour seines goldenen Zeitalters in der Mitte des 20. Jhs. noch nicht ganz wieder erreicht, doch es ist es nicht mehr so schäbig wie Ende des Jahrhunderts, wenngleich diese Erneuerung ihre Zeit braucht. Der **Hollywood Walk of Fame** (Karte S. 278; www.walkoffame.com; Hollywood Blvd; M Red Line bis Hollywood/Highland) ehrt über 2600 Persönlichkeiten mit Bronzesternen, die im Bürgersteig eingelassen sind.

Die Metro Red Line hält unter dem **Hollywood & Highland** (Karte S. 278; www.hollywoodandhighland.com; 6801 Hollywood Blvd; ⌚Mo–Sa 10–22, So 10–19 Uhr; 🚻; M Red Line bis Hollywood/Highland), einem mehrstöckigen Einkaufszentrum mit schönem Blick auf den berühmten Hollywood-Schriftzug, der 1923 als Werbung für eine neue Wohnsiedlung namens Hollywoodland angebracht wurde. Auf dem Parkplatz der Mall zahlt man (mit Einkaufsstempel) für zwei Stunden 3 US$ (max. 17 US$/Tag).

★TCL Chinese Theatre WAHRZEICHEN

(Grauman's Chinese Theatre; Karte S. 278; ☎323-461-3331; www.tclchinesetheatres.com; 6925 Hollywood Blvd; 🚻; M Red Line bis Hollywood/Highland) GRATIS Wer schon immer einmal in George Clooneys Fußstapfen treten wollte, kann dies hier tun: Seine Fuß- und Handabdrücke und die Dutzender weiterer Stars sind ein für allemal im Vorhof dieses weltberühmten Kinopalastes in Zement verewigt. Er wurde 1927 eröffnet und ist im Stil einer exotischen Pagode erbaut, komplett mit Tempelglocken und steinernen Himmelshunden aus China. Hier kann man herausfinden, wie groß Arnolds Schwarzeneggers Füße wirklich sind sowie Betty Grables Beine, Whoopi Goldbergs Zöpfe, Daniel Radcliffes Zauberstab oder die Räder von R2-D2 suchen.

★Hollywood Museum MUSEUM

(Karte S. 278; ☎323-464-7776; www.thehollywoodmuseum.com; 1660 N Highland Ave; Erw./Stud. & Senior/Kind 15/12/5 US$; ⌚Mi–So 10–17 Uhr; M Red Line bis Hollywood/Highland) Die vier mit Kostümen und Requisiten aus Film und Fernsehen vollgestopften Stockwerke sind unbedingt einen Besuch wert. Die etwas muffige Hommage an die Stars des alten Hollywood ist im 1914 erbauten Max Factor Building untergebracht. Dieses wurde 1935 als glamouröser Schönheitssalon unter der Leitung von Max Factor, einem polnisch-jüdischen Geschäftsmann und führenden Make-up-Künstler, wiedereröffnet. Hier verlieh er den Gesichtern der berühmtesten Schauspielerinnen die Magie, die sie so berühmt machte.

Hollywood Forever Cemetery FRIEDHOF

(Karte S. 268; ☎323-469-1181; www.hollywoodforever.com; 6000 Santa Monica Blvd; geführte Touren 20 US$; ⌚8.30–17 Uhr, geführte Touren an den meisten Samstag 10 Uhr; P) GRATIS Der Friedhof weist eine paradiesische Landschaftsgestaltung auf. Die prahlerischen Grabsteine und monumentalen Mausoleen liefern eine passende letzte Ruhestätte für einige der berühmtesten Stars Hollywoods. Hier liegen u. a. Cecil B. DeMille, Mickey Rooney, Jayne Mansfield sowie die Punk-Rock-Legenden Johnny und Dee Dee Ramone. Rudolph Valentino ruht im Cathedral Mausoleum (geöffnet 10–14 Uhr) und Judy Garland in der Abbey of the Psalms.

Griffith Park

Amerikas größter **Stadtpark** (Karte S. 268; ☎323-644-2050; www.laparks.org/griffithpark; 4730 Crystal Springs Dr; ⏲5–22.30 Uhr, Wanderwege Sonnenaufgang–Sonnenuntergang; P 👪) GRATIS ist fünfmal so groß wie der New Yorker Central Park. Im Park gibt's eine Freiluftbühne, einen **Zoo** (Karte S. 268; ☎323-644-4200; www.lazoo.org; 5333 Zoo Dr, Griffith Park; Erw./Senior/Kind 21/18/16 US$; ⏲10–17 Uhr, 25.12. geschl.; P 👪), ein Observatorium, ein Museum, ein Karussell, alte Kleinbahnen, Spielplätze, Golf- und Tennisplätze und mehr als 80 km Wanderwege, die auch zur aus der Fernsehserie *Batman* bekannten Höhle führen.

★ **Griffith Observatory** MUSEUM
(Karte S. 268; ☎213-473-0890; www.griffithobservatory.org; 2800 E Observatory Rd; Eintritt frei, Vorstellungen im Planetarium Erw./Stud. & Senior/Kind 7/5/3 US$; ⏲Di–Fr 12–22, Sa & So ab 10 Uhr; P 👪; 🚍DASH Observatory) GRATIS Die markante Sternwarte von 1935 bietet von ihrem Sitz hoch oben an den Südhängen des Mt. Hollywood einen tollen Blick ins All. Sie besitzt den fortschrittlichsten Sternenprojektor der Welt und mithilfe von Touchscreens werden irre astronomische Themen und Phänomene erklärt: von der Entwicklung des Teleskops über ultraviolette Röntgenstrahlung, mit der unser Sonnensystem vermessen wird, bis hin zum Kosmos selbst. Und dann ist da natürlich noch der Ausblick, der (an klaren Tagen) über das gesamte Becken von L.A., die umliegenden Berge und den Pazifik reicht.

★ **Autry Museum of the American West** MUSEUM
(Karte S. 268; ☎323-667-2000; http://theautry.org; 4700 Western Heritage Way, Griffith Park; Erw./Senior& Student/Kind 14/10/6 US$, 2. Di im Monat frei; ⏲Di–Fr 10–16, Sa & So bis 17 Uhr; P 👪) Der singende Cowboy Gene Autry schuf dieses großes, leider völlig unterschätzte Museum, das die Geschichte und die Menschen des amerikanischen Westens und ihre Verbindungen zur heutigen Kultur aus einer modernen Perspektive betrachtet. Die Themenpalette der Dauerausstellung reicht von den Traditionen der Ureinwohner über die Viehtriebe des 19. Jhs. und das Alltagsleben im Frontier-Gebiet (besonders sehenswert ist die schön geschnitzte alte Saloonbar) bis zu den Kostümen und Artefakten aus Hollywood-Western. Tolle Sonderausstellungen widmen sich Themen wie der Route 66, der Chicano-Tageszeitung *La Raza,* die in den 1960er- und 1970er-Jahren erschien, und dem von Ureinwohnern abstammenden Künstler Harry Fonseca.

West Hollywood & Mid-City

In WeHo flattern Regenbogenfahnen stolz über den Santa Monica Boulevard, während Promis die Klatschreporter mit ihren Eskapaden in den Clubs am legendenumwobenen Sunset Strip beglücken. Die Boutiquen auf dem **Robertson Boulevard** und an der **Melrose Avenue** versorgen Hollywood-Stars und -Sternchen mit fescher, ultraschicker Mode. WeHo ist außerdem ein Nährboden für avantgardistisches Wohndesign, Mode und Kunst, vor allem im **West Hollywood Design District** (http://westhollywooddesigndistrict.com). In der Mid-City weiter südlich säumen einige der besten Museen der Stadt die Museum Row, einen kurzen Abschnitt des Wilshire Blvd östlich der Fairfax Ave.

★ **Los Angeles County Museum of Art** MUSEUM
(LACMA; Karte S. 282; ☎323-857-6000; www.lacma.org; 5905 Wilshire Blvd, Mid-City; Erw./Stud. & Senior/Kind 25/21 US$/frei, 2. Di im Monat & an manchen Feiertagen frei; ⏲Mo, Di & Do 11–17, Fr bis 20, Sa & So 10–19 Uhr; P; 🚍Metro-Linien 20, 217, 720, 780 bis Wilshire & Fairfax) Das LACMA, das größte Museum im Westen der USA, beeindruckt mit einer tiefgründigen und reichen Sammlung. Hier sind Werke aller großen Künstler ausgestellt – Rembrandt, Cézanne, Magritte, Mary Cassatt, Ansel Adams – sowie Unmengen von Skulpturen aus China, Japan, dem präkolumbischen Amerika, dem alten Griechenland, Rom und Ägypten. Die neuesten Errungenschaften sind etwa riesige Freiluftinstallationen wie Chris Burdens *Urban Light* (ein surrealer Selfie-Hintergrund mit Hunderten alter Straßenlaternen aus L.A.) und Michael Heizers *Levitated Mass* (ein überraschend inspirierender, 340 t schwerer Felsbrocken, unter dem ein Fußweg hindurchführt).

La Brea Tar Pits & Museum MUSEUM
(Karte S. 282; www.tarpits.org; 5801 Wilshire Blvd, Mid-City; Erw./Student & Senior/Kind 15/12/7 US$, Sept.–Juni 1. Di im Monat frei; ⏲9.30–17 Uhr; P 👪) Mammuts, Säbelzahntiger und der *Canis dirus* (eine ausgestorbene Hundeart) zogen in prähistorischer Zeit durch die Savanne der Region L.A.s. Das alles weiß man, seitdem in den La Brea Tar Pits, einer der weltweit ergiebigsten und berühmtesten

Downtown Los Angeles

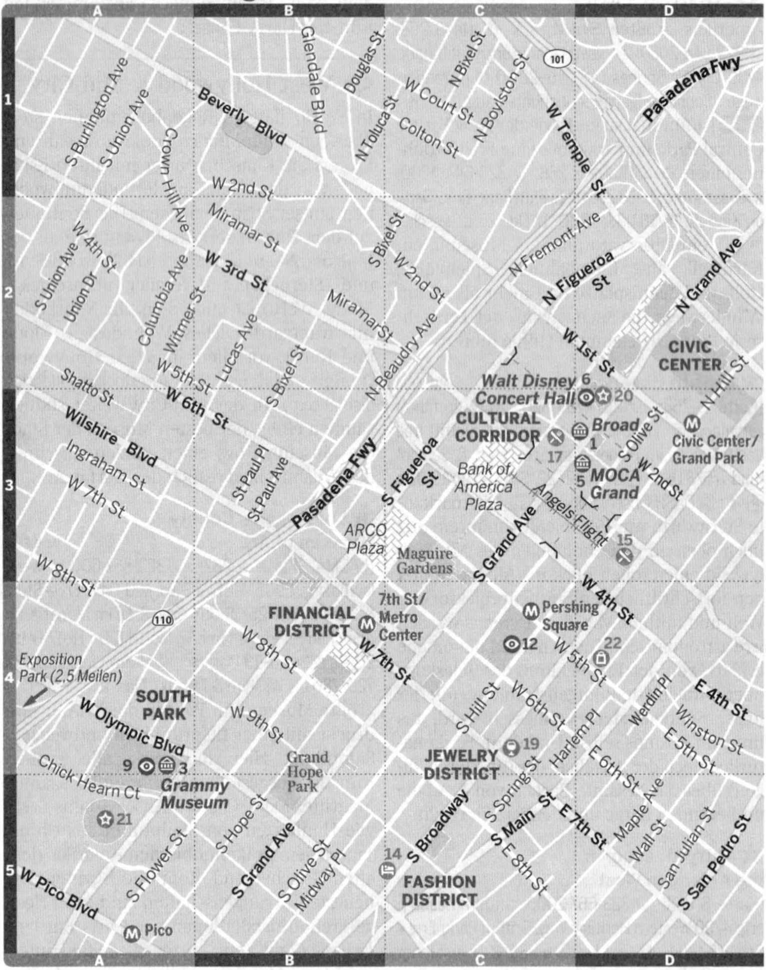

Fossilienfundstätten, ein archäologischer Schatz aus Schädeln und Knochen ausgebuddelt worden ist. In dem Museum können junge Dinojäger mehr über Fossilien erfahren und lernen bei den Führungen und Vorträgen in den Laboren die Welt der Paläontologie kennen.

Beverly Hills & The Westside

In Westwood befindet sich der gepflegte Campus der UCLA. Beverly Hills kann mit dem **Rodeo Drive** (Karte S. 268) aufwarten, einem erstklassigen Ort zum Sehen und Gesehenwerden -ein Bummel auf dem Rodeo Drive ist einfach ein Muss, wenn man L.A. besucht. In Hollywood starten geführte Touren zu den Häusern von Prominenten.

★ **Getty Center** MUSEUM

(Karte S. 268; ☎ 310-440-7300; www.getty.edu; 1200 Getty Center Dr, abseits des I-405 Fwy; ⊙ Di–Fr & So 10–17.30, Sa bis 21 Uhr; P 🚸; 🚌 734, 234)

GRATIS Das milliardenteure Getty Center hoch oben über der Stadt bietet gleich ein dreifaches Vergnügen: eine traumhafte Kunstsammlung mit Werken von mittelalterlichen Triptychen bis hin zu barocken Skulpturen und impressionistischen Gemälden, die avantgardistische Architektur von Richard

Downtown Los Angeles

Highlights

1 Broad ... D3
2 City Hall ... E3
3 Grammy Museum ... A4
4 Hauser & Wirth ... F4
5 MOCA Grand ... D3
6 Walt Disney Concert Hall ... D3

Sehenswertes

7 Chinatown ... E1
8 Japanese American National Museum ... E4
9 LA Live ... A4
10 LA Plaza ... E2
11 Olvera Street ... E2
12 Pershing Square ... C4
13 Union Station ... F3

Schlafen

14 Ace Hotel ... C5

Essen

15 Grand Central Market ... D3
16 Howlin' Ray's ... E1
Manuela ... (siehe 4)
17 Otium ... C3

Ausgehen & Nachtleben

18 Angel City Brewery ... E4
19 Clifton's Republic ... C4

Unterhaltung

LA Clippers ... (siehe 21)
LA Lakers ... (siehe 21)
20 Los Angeles Philharmonic ... D3
21 Staples Center ... A5

Shoppen

22 Last Bookstore in Los Angeles ... D4
23 Raggedy Threads ... E4

Meier und der je nach Jahreszeit unterschiedlich gestaltete wunderschöne Garten. Der Eintritt ist frei, der Parkplatz kostet jedoch 20 US$ (nach 15 Uhr 15 US$).

★ **Museum of Tolerance** MUSEUM

(Karte S. 268; ☎ Reservierungen 310-772-2505; www.museumoftolerance.com; 9786 W Pico Blvd; Erw./Senior/Student 15,50/12,50/11,50 US$, Anne-Frank-Ausstellung 15,50/13,50/12,50 US$; ⊙ So, Mi & Fr 10–17, Do bis 21.30 Uhr, Nov.–März Fr bis 15.30 Uhr; P) Das vom Simon Wiesenthal Center betriebene, kraftvolle und zutiefst bewegende Museum zieht seine Besucher mithilfe interaktiver Technologien in seinen Bann und will sie zu Diskussionen und zum Nachdenken über Rassismus und Bigotterie anstoßen. Besondere Aufmerksamkeit wird dem Holocaust gewidmet: Im Untergeschoss befasst sich eine große Ausstellung mit den sozialen, politischen und wirtschaftlichen Umständen, die zum Völkermord an den Juden geführt haben, sowie mit den Schicksalen Millionen verfolgter Juden. Das Museum in ersten Stock beherbergt eine weitere bemerkenswerte Ausstellung: ein sehr persönlicher Blick auf das Leben und das Wirken Anne Franks.

★ **Frederick R. Weisman Art Foundation** MUSEUM

(Karte S. 268; ☎ 310-277-5321; www.weismanfoundation.org; 265 N Carolwood Dr; ⊙ 90-minütige Führungen Mo–Fr 10.30 & 14 Uhr, nur nach Anmeldung) GRATIS Der verstorbene Unternehmer und Philanthrop Frederick R. Weisman hatte eine unersättliche Leidenschaft für die Kunst, was bei der Besichtigung seines ehemaligen Wohnhauses in Holmby Hills mehr als deutlich wird. Vom Keller bis ins Dachgeschoss lagern in dem Herrenhaus mit hübsch gepflegtem Anwesen außergewöhnliche Werke von Visionären wie Picasso, Kandinsky, Miró, Magritte, Rothko, Warhol, Rauschenberg und Ruscha. Es gibt sogar ein Motorrad, das von Keith Haring bemalt wurde. Führungen müssen mindestens ein paar Tage im Voraus reserviert werden.

Westwood Village Memorial Park Cemetery FRIEDHOF

(Karte S. 268; ☎310-474-1579; 1218 Glendon Ave, Westwood; ⌚8–18 Uhr; P) Auf diesem kleinen Friedhof hinter den Hochhäusern des Wilshire Blvd kann man eine ruhige Stunde mit den Größen der Unterhaltungsbranche verbringen. Im Mausoleum im Nordosten befindet sich die schlichte Grabstätte Marilyn Monroes, direkt südlich davon steht das Sanctuary of Love mit Dean Martins Grabstätte. Unter dem Rasen in der Mitte haben zahlreiche Berühmtheiten ihre letzte Ruhe gefunden, darunter die Schauspielerin Natalie Wood, das Pin-up-Girl Bettie Page und der Sänger Roy Orbinson (sein nicht gekennzeichnetes Grab befindet sich links von einer Markierung mit der Aufschrift „Grandma Martha Monroe").

Malibu

Hier dreht sich natürlich alles um den Strand, sei es am **El Matador** (☎818-880-0363; 32215 Pacific Coast Hwy; P), wo man sich sein Fleckchen Sand zwischen den Felstürmen und Oben-ohne-Sonnenanbeterinnen hart erkämpfen muss, oder an den breiten, gelben Sandstränden von Zuma und Westward. Viele Promis wohnen hier und werden manchmal beim Einkaufen im riesigen **Malibu Country Mart** (Karte S. 268; ☎310-456-7300; www.malibucountrymart.com; 3835 Cross Creek Rd; ⌚Mo–Sa 10–24, So bis 22 Uhr; 👪; 🚌MTA-Linie 534) gesichtet.

Der von Schluchten durchzogene **Malibu Creek State Park** (Karte S. 268; ☎818-880-0367; www.malibucreekstatepark.org; 1925 Las Virgenes Rd, Cornell; Parken 12 US$; ⌚Sonnenaufgang–Sonnenuntergang) ist einer von Malibus Naturattraktionen und ein beliebter Drehort für Film und Fernsehen. Er punktet aber vor allem mit unzähligen Wanderwegen (Parkplatz 12 US$) und einigen berühmten Stränden wie dem treffend benannten Surfrider in der Nähe vom Malibu Pier, dem geheimnisvollen El Matador, dem Familienliebling Zuma Beach und dem wilden Point Dume (Parken am Strand 3–12,50 US$).

★Getty Villa MUSEUM

(Karte S. 268; ☎310-430-7300; www.getty.edu; 17985 Pacific Coast Hwy, Pacific Palisades; ⌚Mi–Mo 10–17 Uhr; P 👪; 🚌Linie 534 bis Coastline Dr) GRATIS Der Nachbau einer römischen Villa aus dem 1. Jh. liegt grandios an einem Hang mit Blick aufs Meer. Das fast 26 ha große Anwesen bildet eine fantastische Kulisse für die exquisiten griechischen, römischen und etruskischen Antiquitäten, die von dem Ölmagnaten J. Paul Getty gesammelt wurden; einige Stücke sind bis zu 7000 Jahre alt. In den Galerien, Peristylen, Innenhöfen und üppigen, gepflegten Gärten verstecken sich jede Menge Friese, Büsten und Mosaike. Die Hall of Colored Marbles enthält jahrtausendealte geschliffene, geblasene und gefärbte Glaskunst und atemberaubende geometrische Muster. Weitere Highlights sind der Pompeji-Brunnen und der Heraklestempel.

Santa Monica

Die „Schönheit am Strand" verbindet urbane Coolness mit relaxter Atmosphäre. Traveller, Teenager und Straßenkünstler sorgen auf der autofreien, von Ladenketten gesäumten Third Street Promenade für Trubel. Mehr Lokalkolorit bieten die schicke Montana Ave oder die vielschichtige Main St, das Zentrum des Viertels, das früher den Spitznamen „Dogtown" trug und die Geburtsstätte des Skateboardens ist. In den meisten öffentlichen Parkhäusern im Zentrum kann man 90 Minuten lang kostenlos parken.

★Santa Monica Pier WAHRZEICHEN

(Karte S. 285; ☎310-458-8901; www.santamonicapier.org; 👪) Der oft fotografierte Pier bildete einst das Ende der legendären Route 66 und erfreut sich unter Touristen heute noch großer Beliebtheit. Er wurde 1908 errichtet und ist das reizvollste Wahrzeichen der Stadt. Sein Herzstück ist der Vergnügungspark **Pacific Park** (Karte S. 285; ☎310-260-8744; www.pacpark.com; 380 Santa Monica Pier; pro Fahrt 5–10 US$, Tageskarte Erw./Kind unter 8 Jahren 35/19 US$; ⌚tgl., Öffnungszeiten variieren saisonal; 👪; Ⓜ Expo Line bis Downtown Santa Monica) mit Spielhallen, Rummelattraktionen, einem Riesenrad und einer Achterbahn. In der Nähe befinden sich ein historisches **Karussell** (Karte S. 285; ☎310-394-8042; Erw./Kind 2/1 US$; ⊙ Öffnungszeiten variieren; 👪) und ein **Aquarium** (Karte S. 285; ☎310-393-6149; www.healthebay.org; 1600 Ocean Front Walk; Erw./Kind 5 US$/frei; ⊙Mo–Do 14–18, Fr–Sa 12.30–18 Uhr; 👪; Ⓜ Expo Line bis Downtown Santa Monica) 🍃. Am fotogensten ist der Pier vor der Kulisse des Sonnenuntergangs oder während der kostenlosen Konzerte und Open-Air-Filmvorführungen, die den ganzen Sommer über stattfinden.

Venice

Auf dem **Boardwalk** (Ocean Front Walk; Karte S. 285; Venice Pier bis Rose Ave), einem einzigartigen Erlebnis, werden alle Sinne mit Reizen bombardiert. Muskulöse Bodybuilder posen neben Straßenkünstlern und Verkäufern von Sonnenbrillen, String-Bikinis, mexikanischen Ponchos und Cannabis. Gleichzeitig düsen Radfahrer und Inlineskater über den Fahrradweg, während Skateboarder und Graffiti-Künstler ihre eigenen Bereiche bespielen. Ein paar Blocks weiter verläuft der **Abbot Kinney Blvd** (Karte S. 285; 🚌 Big Blue Bus Linie 18), das Zentrum des „neuen Venice" mit vielen trendigen Boutiquen, Restaurants und Cafés. Eine ruhige Pause versprechen die **Venice Canals** (Karte S. 268) mit ihren ausgefallenen und modernistischen Häusern entlang der Wasserwege, denen das Viertel seinen Namen verdankt.

Long Beach

Long Beach erstreckt sich entlang der Südseite des L.A. County. Hier befinden sich Amerikas größter Containerschiffhafen und – auf der anderen Seite eines Kanals – der Hafen von L.A. Im geschäftigen Zentrum

FÜHRUNGEN DURCH DIE FILM-UND FERNSEHSTUDIOS

Während einer Tour durch ein Filmstudio erfährt man viel Wissenswertes über die Scheinwelt des Films und Fernsehens, etwa dass es eine Woche dauert, um eine halbstündige Sitcom zu drehen. Oder dass man in den meisten Aufnahmen keine Decke sieht, da dort die zahllosen Lichter und Lampen hängen. Die Chancen, einen Star zu Gesicht zu bekommen, stehen hier besonders gut, sofern man nicht gerade während der Drehpausen von Mai bis August vorbeischaut – dann herrscht hier tote Hose. Wer an einer Führung teilnehmen möchte, muss eine Reservierung tätigen und außerdem seinen Ausweis mitführen.

Paramount (Karte S. 268; ☎323-956-1777; www.paramountstudiotour.com; 5555 Melrose Ave; normale/VIP Führung 60/189 US$, Führungen nach Einbruch der Dunkelheit 99 US$; ⊙Führung 9.30–17 Uhr, letzte Führung 15 Uhr) *Star Trek*, *Indiana Jones* und *Shrek* sind nur einige der Blockbuster, die auf Paramounts Konto gehen. Paramount ist das älteste Filmstudio und das einzige, das tatsächlich noch in Hollywood selbst angesiedelt ist. Zweistündige Führungen hinter die Kulissen und die Tonbühnen werden das ganze Jahr über täglich angeboten und von leidenschaftlichen, kenntnisreichen Guides geleitet.

Sony (Karte S. 268; ☎310-244-8687; www.sonypicturesstudiostours.com; 10202 W Washington Blvd; Führung 50 US$; ⊙Führung normalerweise Mo–Fr 9.30, 10.30, 13.30 & 14.30 Uhr; Ⓜ Expo Line to Culver City) Die zweistündigen Führungen werden nur unter der Woche angeboten und schließen eine Besichtigung der Tonbühnen mit ein, auf denen *Men in Black*, *Spiderman* und *3 Engel für Charlie* gefilmt wurden. Als dies noch das Gelände des ehrwürdigen MGM-Studios war, hoppelten hier bei den Dreharbeiten zu *Der Zauberer von Oz* die Munchkins über die gelbe Ziegelsteinstraße.

Warner Bros (Karte S. 268; ☎877-492-8687, 818-972-8687; www.wbstudiotour.com; 3400 Warner Blvd, Burbank; Führungen Erw./Kind 8–12 Jahre ab 72/62 US$; ⊙8.30–15.30 Uhr, Juni–Aug. länger; 🚌155, 222, 501 halten rund 350 m vom Tour Center entfernt) Den authentischsten und unterhaltsamsten Blick hinter die Kulissen eines großen Filmstudios erhält man bei dieser Tour. Sie besteht aus einer zweistündigen Führung und dem Zutritt zu Studio 48, wo man sich selbst umsehen kann. Ganz am Anfang wird ein Video mit den erfolgreichsten Filmen von WB gezeigt, darunter *...denn sie wissen nicht, was sie tun* und *La La Land*. Dann geht's mit einer kleinen Bahn zu den Tonbühnen, hinter die Kulissen und zu den technischen Abteilungen, etwa zu den Requisiten, dem Kostümfundus und der Malerwerkstatt. Die Touren werden täglich normalerweise jede halbe Stunde angeboten.

Hollywood

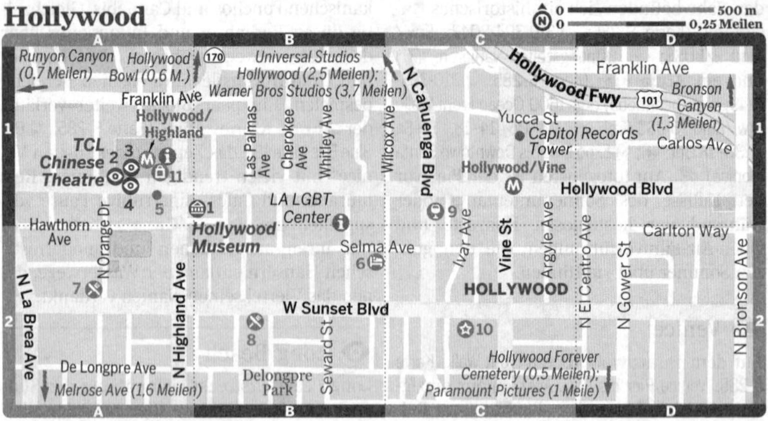

Hollywood

Highlights
1 Hollywood Museum ... B1
2 TCL Chinese Theatre ... A1

Sehenswertes
3 Dolby Theatre ... A1
4 Hollywood Walk of Fame ... A1

Aktivitäten, Kurse & Touren
5 TMZ Celebrity Tour ... A1

Schlafen
6 Mama Shelter ... B2

Essen
7 In & Out Burger ... A2
8 Luv2eat ... B2

Ausgehen & Nachtleben
Rooftop Bar at Mama Shelter ... (siehe 6)
9 Tramp Stamp Granny's ... C1

Unterhaltung
10 ArcLight Cinemas ... C2

Shoppen
11 Hollywood & Highland ... A1

von Long Beach rund um die Pine Ave, wo es von Restaurants und Bars nur so wimmelt, und in der sanierten Uferzone ist von diesen industriellen Aktivitäten allerdings wenig zu merken. Die Fahrt mit der Metro Blue Line von Downtown L.A. nach Long Beach dauert nicht einmal eine Stunde. Minibusse von Passport (www.lbtransit.com) pendeln kostenlos zu den wichtigen touristischen Attraktionen.

★ **Battleship Iowa** MUSEUM, DENKMAL
(Karte S. 268; ☎877-446-9261; www.pacificbattleship.com; 250 S Harbor Blvd, San Pedro; Erw./Senior/Kind 20/17/12 US$; ⏲10–17 Uhr, letzter Einlass 16 Uhr; P 👪; 🚌 Metro Silver Line) Das Schlachtschiff war im Zweiten Weltkrieg und im Kalten Krieg im Einsatz und ist nun dauerhaft in der San Pedro Bay vertäut. Das riesige Schiff – mit 270 m ist es 1,5 m länger als die Titanic – erreicht die Höhe eines 18-stöckigen Gebäudes und ist Besuchern heute als Museum zugänglich. Wer sich die zugehörige kostenlose App heruntergeladen hat, kann auf der Landungsbrücke eine selbst geführte Audiotour starten. Bei dieser sieht man die Kabine von Franklin D. Roosevelt, Geschütztürme und die Bordküche, die während des Zweiten Weltkriegs 8000 heiße Mahlzeiten am Tag zubereitete.

★ **Aquarium of the Pacific** AQUARIUM
(Karte S. 268; ☎Tickets 562-590-3100; www.aquariumofpacific.org; 100 Aquarium Way, Long Beach; Erw./Senior/Kind 30/27/19 US$; ⏲9–18 Uhr; P 👪) Das Aquarium of the Pacific gehört zu den faszinierendsten Erlebnissen in Long Beach. In dem großen Hightech-Aquarium kann man pfeilschnelle Haie, tanzende Quallen und spielende Seelöwen bewundern. Über 11 000 Tiere leben hier in vier der Natur nachempfundenen Habitaten: den Buchten und Lagunen von Baja California, dem eisig kalten Nordpazifik, tropischen Korallenriffen und heimischen Algenwäldern. Der großartige neue, 2700 m² große Pavillon Pacific Visions nutzt Geräusche und Berührungen, Kunst, hochmoderne Videotechno-

logie und natürliche Exponate, um die Beziehung zwischen Mensch und Ozean und das Thema Nachhaltigkeit zu beleuchten.

★**Museum of Latin American Art** MUSEUM
(Karte S. 268; ☎562-437-1689; www.molaa.org; 628 Alamitos Ave, Long Beach; Erw./Senior& Student/Kind Mi–Sa 10/7 US$/frei, So frei; ⌚Mi & Fr–So 11–17, Do bis 21 Uhr; Ⓟ) Dieses Kleinod zeigt als einziges Museum in den USA Kunstwerke, die nach 1945 in Lateinamerika und in den Latino-Gemeinschaften in den USA entstanden sind. Zu sehen sind sie in wichtigen Sonder- und Wanderausstellungen, die zum Nachdenken anregen. Zuletzt widmeten sich diese z. B. karibischer Kunst, Tattoo-Kunst und dem Werk des aus L.A. stammenden Künstlers Frank Romero.

Pasadena

Das reiche und vornehme Pasadena erstreckt sich unterhalb der hohen San Gabriel Mountains. Das urbane Los Angeles wirkt hier Lichtjahre entfernt. Pasadena ist berühmt für seine schönen Arts-&-Crafts-Bauten vom Anfang des 20. Jhs. und die Tournament of Roses Parade am Neujahrstag. Man kann zwischen den Läden, Cafés, Bars und Restaurants der Old Town Pasadena am Colorado Blvd östlich der Pasadena Ave flanieren. Die Züge der Metro Gold Line verbinden Pasadena mit Downtown L. A. (20 Min.).

★**Huntington Library, Art Collections & Botanical Gardens** MUSEUM, GARTEN
(Karte S. 268; ☎626-405-2100; www.huntington.org; 1151 Oxford Rd, San Marino; Erw. Mo–Fr/Sa, Sa & Feiertag 25/29 US$, Kind 13 US$, 1. Do im Monat frei; ⌚Mi–Mo 10–17 Uhr; Ⓟ) Huntington zählt zu den herrlichsten und inspirierendsten Orten von L.A. und ist zu Recht ein Highlight jeder Kalifornienreise. Dies beruht auf dem erstklassigen Mix aus Kunst, Literatur und Geschichte und seinen fast 50 ha großen Gärten, die verschiedene Themen aufgreifen und von denen jeder an sich schon einen Besuch wert wäre. Auf dem stattlichen Anwesen gibt es so viel zu sehen, dass man sich fragt, wo man beginnen soll. Selbst wenn man nur das Wichtigste sehen möchte, sollte man drei bis vier Stunden einplanen.

★**Gamble House** ARCHITEKTUR
(Karte S. 268; ☎ Buchladen 626-449-4178, Info 626-793-3334, Tickets 844-325-0812; https://gamblehouse.org; 4 Westmoreland Pl, Pasadena; Führung Erw./Stud. & Senior/Kind 15/12,50 US$/frei; ⌚Führungen Di 10.30, 11.30, 13.30, Do & Fr 11.30–15, Sa & So 12–15 Uhr, Ⓟ) Das Herrenhaus im Nordwesten von Pasadenas Zentrum wurde schon als eines der zehn architektonisch bedeutsamsten Wohnhäuser in Amerika tituliert. Das Meisterwerk kalifornischer Arts-&-Crafts-Architektur aus dem Jahr 1908 wurde von Charles und Henry Greene für den Procter-&-Gamble-Erben David Gamble geschaffen. Das ganze Gebäude ist ein einziges Kunstwerk: Sockel, Möbel und Ausstattung sind der südkalifornischen Landschaft und der japanischen und chinesischen Architektur nachempfunden.

Norton Simon Museum MUSEUM
(Karte S. 268; ☎626-449-6840; www.nortonsimon.org; 411 W Colorado Blvd, Pasadena; Erw./Stud. & Senior/Kind 15/12 US$/frei; ⌚Mo, Mi & Do 12–17, Fr & Sa 11–20, So 11–17 Uhr; Ⓟ) Rodins *Bürger von Calais* bewachen den Eingang, sind aber „nur" die Ouvertüre zu der umfangreichen Kunstsammlung dieses exquisiten Museums. Norton Simon (1907–1993), ein von Kunst besessener Industrieller mit Midas-Anwandlungen, steckte seine Millionen in eine ansehnliche Sammlung westlicher Arbeiten und asiatischer Skulpturen. Die ausführlichen Erklärungen helfen bestens dabei, die Geschichte hinter jedem Werk zu verstehen.

Aktivitäten

Obwohl die Bewohner von Los Angeles jede Menge Zeit im Stau verbringen, lieben sie es doch, Sport zu treiben. Und ihre Stadt ist wie gemacht für Adrenalin und Geschwindigkeit: Spektakuläre Wanderwege in den Bergen, eines der größten urbanen Naturschutzgebiete des Landes und traumhafte Surfstrände liegen direkt vor der Haustür. Hinzu kommen fast 300 Tage Sonnenschein im Jahr. Wie soll man es den Einheimischen da verübeln, dass sie so wahnsinnig gut aussehen?

Wandern

Wer meint, das Wandern nicht unbedingt eine für L.A. typische Freizeitbeschäftigung ist, der sollte sein Urteil noch einmal überdenken: Immerhin ist die Stadt von zwei Bergketten und zahlreichen Schluchten umgeben. Die Wege in den **San Gabriel Mountains** führen vom Mt. Wilson hinein in eine von Granitgipfeln geprägte Wildnis, die einst die Heimat der Gabrielino-Indianer war; hier wurde außerdem der letzte Grizzlybär in Kalifornien gesichtet. Die Chumash

INSIDERWISSEN

L.A. FÜR INSIDER

Filmklassiker an besonderen Orten Es ist immer etwas Besonders (und verblüffenderweise überhaupt nicht gespenstisch), wenn Cinespia (http://cinespia.org) im Sommer auf dem Hollywood Forever Cemetery (S. 272) einen Film zeigt. Die Wand eines gigantischen Mausoleums dient dabei als Leinwand. Ein völlig anderes Erlebnis bieten die gelegentlichen Filmvorführungen in historischen, ansonsten nicht für Besucher zugänglichen Kinos in Downtown.

Architektonische Streifzüge Bei einem zweieinhalbstündigen Stadtspaziergang der Los Angeles Conservancy (S. 281) entdeckt man die faszinierenden historischen und architektonischen Perlen in Downtown L.A., von Art-déco-Penthäusern bis zu einem Beaux-Arts-Ballsaal und einem faszinierenden Stummfilmkino. Die Organisation veranstaltet zudem in einigen der alten Kinos, die auch von Cinespia genutzt werden, die Filmreihe „Last Remaining Seats".

Mit den Köchen einkaufen Im ganzen County bieten Bauernmärkte Kaliforniens Erzeugnisse, gewürzt mit einer kräftigen Brise lokaler Kultur. Auf dem berühmten Farmers Market in Santa Monica (S. 288) kaufen mittwochs und freitags oft Spitzenköche ein. Und der Donnerstagsmarkt auf dem südlichen Rasen der **LA City Hall** (Karte S. 274; ☎ 213-485-2121; www.lacity.org; 200 N Spring St; ⏲ Mo–Fr 9–17 Uhr) GRATIS spendet 10 % seiner Einnahmen der Los Angeles River Artists and Business Association (LARABA).

Reizvolle Autotouren Ein paar wunderschöne Autorouten, die optisch viel zu bieten haben, liegen direkt vor der Tür. Der kurvenreiche Mulholland Drive bildet die Grenze zwischen dem Los Angeles Basin und dem San Fernando Valley und bietet auf beiden Seiten atemberaubende Ausblicke. Die fantastischen Aussichten aufs Meer während der 14 Meilen (22,5 km) langen Fahrt von San Pedro auf dem Palos Verdes Drive nach Westen lassen einen vergessen, dass man sich in der zweitgrößten Metropole der USA befindet.

durchstreiften die **Santa Monica Mountains** (www.nps.gov/samo/index.htm), die zwar kleiner sind, dennoch aber spektakuläre Ausblicke bieten auf die mit niedrigen Hartlaubgehölz (Chaparral) bewachsene Berge und steilen Abhänge zum Pazifik hin. Der **Backbone Trail** verläuft über die gesamte Bergkette, am schönsten ist jedoch die Wanderung zum Sandstone Peak. Auch Tagestouren im **Topanga Canyon State Park** (Karte S. 268; ☎ 310-455-2465; www.parks.ca.gov; 20828 Entrada Rd, Topanga; 10 US$/Fahrzeug; ⏲ 8 Uhr–Sonnenuntergang), im **Malibu Canyon** (Karte S. 268; Malibu Canyon Rd, Malibu) sowie in den State Parks Point Mugu und **Leo Carrillo** (☎ 310-457-8143; www.parks.ca.gov; 35000 W Pacific Coast Hwy, Malibu; 12 US$/Fahrzeug; ⏲ 8–22 Uhr; P 👪) sind großartig. Wer nur ein oder zwei Stunden Zeit im Gepäck hat, sollte sich am besten im **Runyon Canyon** (Karte S. 268; www.runyoncanyonhike.com; 2000 N Fuller Ave; ⏲ Sonnenaufgang–Sonnenuntergang) oder im **Bronson Canyon** (Karte S. 268; ☎ 818-243-1145; www.laparks.org; 3200 Canyon Dr; ⏲ 5–22.30 Uhr) in Hollywood umschauen. Ausführlichere Infos zu Wanderwegen in und um Südkalifornien findet man unter www.trails.com und www.modernhiker.com.

Yoga

Die in L.A. beliebteste Yogarichtung ist Hatha-Yoga. Doch es wäre natürlich nicht L.A., wenn es nicht auch etwas Ungewöhnliches zu bieten hätte. Zu den Highlights zählen das Vinyasa-Yoga zu Hip-Hop- und R&B-Musik im Studio Y7 (www.y7-studio.com) in West Hollywood und die sonntäglichen Bier-Yoga-Klassen in der nahe gelegene Angel City Brewery (S. 288).

Radfahren & Inlineskaten

Auf dem **South Bay Bicycle Trail** (Karte S. 285; ⏲ Sonnenaufgang–Sonnenuntergang; 👪), der auf dem größten Teil der 35 km zwischen Santa Monica und Pacific Palisades parallel zum Strand verläuft, kann man in herrlicher Umgebung Rad fahren oder skaten. In den geschäftigen Strandorten gibt's zahlreiche Verleihs. Am Wochenende wird es allerdings richtig voll.

Surfen & Schwimmen

Zu den besten Badespots zählen der Strand im **Leo Carrillo State Park** in Malibu, der **Santa Monica State Beach** und der **Hermosa Beach** in South Bay. Der **Surfrider Beach** in Malibu ist ein legendärer Surfertreff. Parkgebühren und Wasserqualität variieren je nach Jahreszeit – es empfiehlt sich vorab ein Blick auf die „Beach Report Card" unter http://brc.healthebay.org.

Geführte Touren

★Los Angeles Conservancy STADTSPAZIERGANG
(☎213-623-2489; www.laconservancy.org; Erw./Kind 15/10 US$) Beim zweieinhalbstündigen Stadtspaziergang dieser gemeinnützigen Gruppe erkundet man die beeindruckenden historischen und architektonischen Schmuckstücke von Downtown L.A.: vom Art-déco-Penthouse über Beaux-arts-Ballsäle bis hin zu glanzvollen Stummfilmtheatern. Um einige der großartigen historischen Kinos der Stadt in Aktion zu erleben, bietet das Conservancy die Filmserie „Last Remaining Seats" an, bei der in vergoldeten Theatern alte Klassiker gezeigt werden.

TMZ Celebrity Tour BUS
(Karte S. 278; ☎844-869-8687; www.tmz.com/tour; 6822 Hollywood Blvd; Erw./Kind 52/32 US$; ⏲Touren starten an den meisten Tagen von 10 bis 17 Uhr, zusätzliche Zeiten s. Website; Ⓜ Red Line bis Hollywood/Highland) Seien wir doch mal ehrlich: Na klar möchte man gern Promis sehen, einen Blick auf ihre Häuser erhaschen und sich über ihre Sorgen amüsieren. Die superlustigen Touren in offenen Bussen dauern zwei Stunden, und höchstwahrscheinlich begegnet man einigen der Stars, die regelmäßig auf der Boulevardwebsite TMZ auftauchen – und vielleicht fährt sogar ein Stargast im Bus mit.

Feste & Events

First Friday STRASSENKARNEVAL
(www.abbotkinneyfirstfridays.com; ⏲1. Fr im Monat 17–23 Uhr) Für das einmal im Monat stattfindende Straßenfest bleiben die Geschäfte entlang des Abbot Kinney Blvd länger geöffnet und überall stehen Food-Trucks.

Academy Awards FILM
(www.oscars.org; ⏲Ende Feb.) Beim größten Event Hollywoods können Besucher vor dem **Dolby Theatre** (Karte S. 278; ☎323-308-6300; www.dolbytheatre.com; 6801 Hollywood Blvd; Touren Erw./Kind, Senior & Student 25/19 US$; ⏲10.30–16 Uhr; P; Ⓜ Red Line bis Hollywood/Highland) ihre Lieblingsfilmstars auf dem roten Teppich von der Seite aus bewundern. Wer zu den etwa 700 Glücklichen gehören will, sollte sich schon im November oder Dezember bewerben – sonst muss man sich die Oscar-Verleihung im Fernsehen anschauen.

Día de los Muertos KULTUR
(Tag der Toten; ⏲Anfang Nov.) Die aus Mexiko stammenden Bewohner der Stadt ehren ihre Toten am und um den 2. November mit Kostümparaden, Totenschädeln aus Zucker, Picknicks an ihren Gräbern, Kerzenprozessionen und schönen Altären. Überall finden Veranstaltungen statt, u. a. in der Olvera St und auf dem Hollywood Forever Cemetery.

Schlafen

Von Rock'n' Roll-Hotels in Downtown bis zu berühmten Refugien in Hollywood und Unterkünften am Strand – die Palette an Übernachtungsmöglichkeiten in L.A. ist einfach überwältigend. Dennoch ist es wichtig, rechtzeitig im Voraus zu planen. Man sollte sich gut informieren, um herauszufinden, welches Quartier am besten zu den eigenen Besichtigungsplänen, zum persönlichen Stil und den eigenen Interessen passt. Dann gilt es, das Internet nach Sonderangeboten zu durchforsten. Wer es einrichten kann, sollte zwischen Januar und April kommen – dann sind die Zimmerpreise und die Auslastung in der Regel am niedrigsten (sofern man nicht in der Woche der Oscar-Verleihung hier ist).

Downtown

Ace Hotel HOTEL $$$
(Karte S. 274; ☎213-623-3233; www.acehotel.com/losangeles; 929 S Broadway; Zi./Loft-Wohnungen ab 300/450 US$; P ❄ 📶 🏊) Das nach wie vor absolut angesagte Hotel mit seinen 182 Zimmern wartet mit jeder Menge schrägen Details auf: Wandgemälde der Haas-Brüder in der Lobby und im Restaurant, winzige Themen-Cocktails in der Dachterrassenbar sowie Retro-Zimmer mit Bademänteln im Boxerstil, leeren Notenblättern und – in vielen, aber nicht allen Zimmern – einem Aufnahmegerät oder einer Gitarre. Die kleinen Zimmer können etwas beengend wirken, deshalb lieber die mittelgroße Option wählen. Der Parkservice kostet 40 US$ pro Nacht.

Hollywood

★Mama Shelter BOUTIQUEHOTEL $$
(Karte S. 278; ☎323-785-6666; www.mamashelter.com; 6500 Selma Ave; Zi. ab 189 US$; ❄ @ 📶; Ⓜ Red Line bis Hollywood/Vine) Das angesagte, erschwingliche Mama Shelter ist recht verspielt: mit einem Kaugummiautomaten in der Lobby, einem Tischkicker und einem Livestream der Selfies und Videos von Gästen. Die Standardzimmer sind klein, aber

West Hollywood & Mid-City

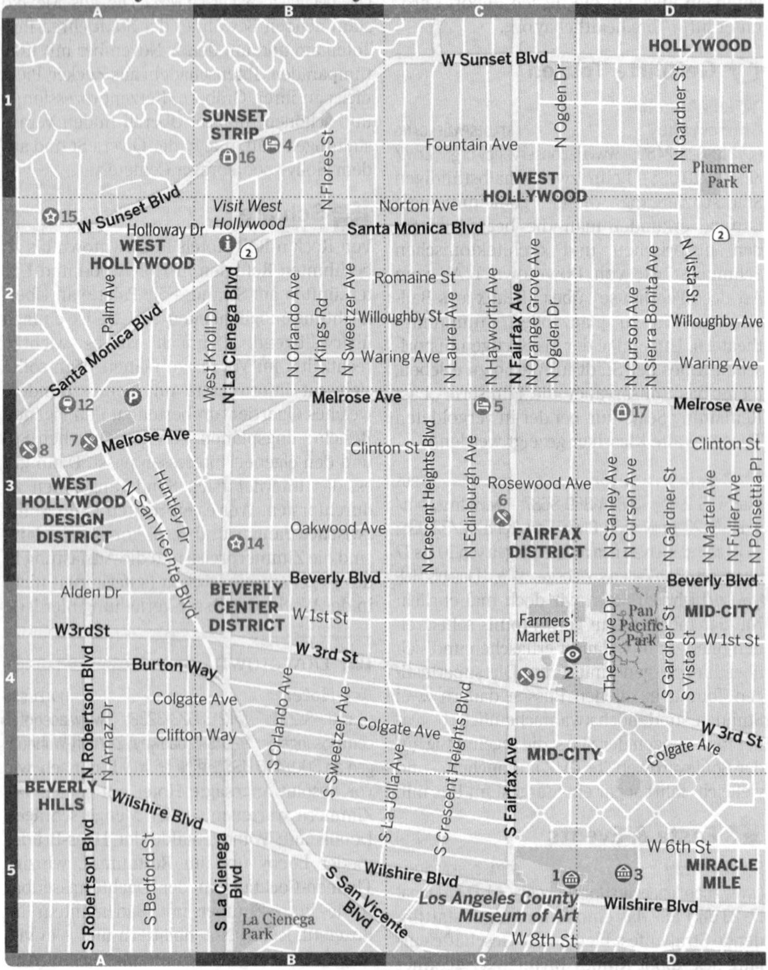

cool und ausgestattet mit hochwertigen Betten und Bettwäsche sowie Metro-Fliesen im Bad und relativ großen Duschen. Nette und verrückte Extras im Zimmer sind etwa Drehbücher, Masken und Apple TVs mit kostenlosem Netflix. Die Dachterrassenbar (S. 289) ist eine der besten der Stadt.

West Hollywood & Mid-City

Palihotel BOUTIQUEHOTEL **$$**
(Karte S. 282; ☎323-272-4588; www.pali-hotel.com; 7950 Melrose Ave, Mid-City; Zi. ab 175 US$; P@☜) Ein rustikales, mit Holz verkleidetes Äußere, glänzende Betonfußböden in der Lobby, Spa mit Thai-Massage und 32 moderne, in zwei Farbtönen gestaltete Zimmer mit Flatscreens an den Wänden und genügend Platz für ein Sofa – das Palihotel muss man einfach mögen. Einige Zimmer haben eine Terrasse. Alles in allem bekommt man fantastisch viel für sein Geld geboten.

★ **Mondrian** HOTEL **$$**
(Karte S. 282; ☎323-650-8999, Reservierungen 800-606-6090; www.mondrianhotel.com; 8440 Sunset Blvd, West Hollywood; Zi./Suite ab 329/369 US$; P@☜) Dieser schicke, elegante Turm ist seit den 1990er-Jahren ein Vorzeigestück von L. A. Den Eingang am Sun-

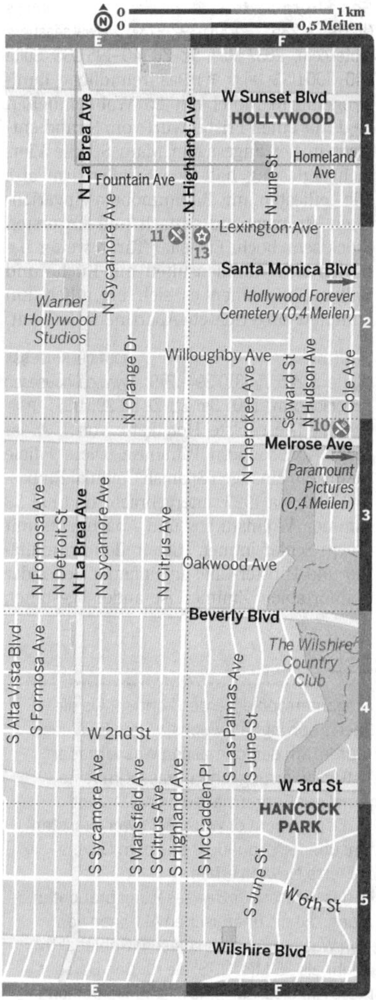

West Hollywood & Mid-City

Highlights

1 Los Angeles County Museum of Art C5

Sehenswertes

2 Grove C4
3 La Brea Tar Pits & Museum D5

Schlafen

4 Mondrian B1
5 Palihotel C3

Essen

6 Canter's C3
7 Catch LA A3
8 Gracias Madre A3
9 Original Farmers Market C4
10 Providence F3
11 Salt's Cure E2

Ausgehen & Nachtleben

12 Abbey A3

Unterhaltung

13 Celebration Theatre F2
14 Largo at the Coronet B3
15 Whisky-a-Go-Go A2

Shoppen

16 Fred Segal B1
17 Melrose Avenue D3

set Strip umrahmen riesige Türen, die sich auf eine mit minimalistischer Eleganz gestaltete Lobby öffnen: weiße Wände, helles Holz, wehende Vorhänge und Mitarbeiter, die wie Models aussehen. Oben führen die Flure, stimmungsvoll erhellt von winzigen Leuchtkästen des Lichtkünstlers James Turrell, zu unlängst renovierten Zimmern mit Kronleuchtern, Regenduschen und Daunenbetten.

Beverly Hills

Montage HOTEL $$$

(Karte S. 268; 310-860-7800; www.montagebeverlyhills.com; 225 N Canon Dr, Beverly Hills; Zi./Suite ab 695/1175 US$;) Das Montage mit seinen 201 Zimmern findet eine gute Balance zwischen Eleganz, Herzlichkeit und Freundlichkeit und zieht damit die Reichen und die Schönen an. Am wunderbaren Pool auf der Dachterrasse treffen sich Models und Multimillionäre zum Mittagessen, während das weitläufige Fünf-Sterne-Spa in marokkanisch inspiriertem Luxus gemischte, aber auch nach Geschlechtern getrennte Tauchbecken anbietet. Die Zimmer sind klassisch eingerichtet mit maßgearbeiteten Matratzen von Sealy, zwei Marmorwaschbecken, geräumigen Duschen und extratiefen Badewannen.

Avalon Hotel HOTEL $$$

(Karte S. 268; 844-328-2566, 310-277-5221; www.avalon-hotel.com/beverly-hills; 9400 W Olympic Blvd, Beverly Hills; Zi. ab 309 US$;) Hier trifft der Stil der Fifties auf den Chic des 21. Jhs. Im früheren Leben des Hotels als Mehrparteienhaus hatte Marilyn Monroe einst ein Apartment hier, vielleicht auch deswegen ist es bei Angehörigen des Mode-Business sehr beliebt. Die flippigen

Retro-Zimmer haben gewölbte Wände, Schreibtische und Nachttische mit Marmorplatten sowie verspielte Kunst und Skulpturen. Ein tolles Extra ist etwa der Pool in Form einer Acht. Alles in allem bekommt man hier erschwinglichen Luxus geboten.

Santa Monica

HI Los Angeles – Santa Monica HOSTEL $
(Karte S. 285; ☎310-393-9913; www.hilosangeles.org; 1436 2nd St; B 38–70 US$, Zi. mit Gemeinschaftsbad 130–150 US$, mit eigenem Bad 180–220 US$; Ⓜ Expo Line bis Downtown Santa Monica) In beneidenswerte Nähe zum Strand und zur Promenade bietet dieses Hostel renovierte Einrichtungen, für die anderswo deutlich höhere Preise aufgerufen werden. Es hat rund 275 Betten in sauberen, sicheren und nach Geschlechtern getrennten Schlafsälen sowie private Zimmer im Hipster-Chic. Die Gemeinschaftsbereiche (Hof, Bibliothek, TV-Zimmer, Esszimmer, Küche) laden zum Relaxen und Surfen im Internet ein.

Sea Shore Motel MOTEL $
(Karte S. 285; ☎310-392-2787; www.seashoremotel.com; 2637 Main St; Zi. 140–195 US$, Suite 240–300 US$; P) Das freundliche, familiengeführte Motel mit 25 Wohneinheiten liegt nur einen Frisbeewurf vom Strand entfernt in der angesagten Main St (die Vierfachverglasung hält den Straßenlärm ab). Die gefliesten, mit Rattanmöbeln eingerichteten Zimmer sind einfach und im ersten Stock sehr hoch. Ein paar Türen weiter befinden sich Familiensuiten mit Küche und Balkon, bei denen es sich eigentlich um komplett eingerichtete Apartments handelt.

Palihouse BOUTIQUEHOTEL $$$
(Karte S. 285; ☎310-394-1279; www.palihousesantamonica.com; 1001 3rd St; Zi. ab 295 US$; P @) Die coolste Hotelkette von L.A. ist nicht Ace, sondern Palihouse. Diese Filiale hier ist im einstigen Spanish Colonial Embassy Hotel von 1927 untergebracht und hat 38 Zimmer, Wohnstudios und Apartments mit einem Schlafzimmer. Hier treffen Antiquitäten und Hipster-Chic aufeinander. Jedes der komfortablen Zimmer ist anders gestaltet,

DIE KALIFORNISCHEN WASSERKRIEGE

Ohne Wasser hätte das aride L.A. nie zu einer Megametropole werden können. Als die Bevölkerung der Stadt Anfang des 20. Jahrhunderts sprunghaft wuchs, wurde klar, dass das Grundwasser bald nicht mehr ausreichen würde, um den damaligen Wasserbedarf zu decken, geschweige denn ein weiteres Wachstum zu ermöglichen. Wasser musste also importiert werden, und Fred Eaton, ein ehemaliger Bürgermeister von L.A., und William Mulholland, der mächtige Leiter des L.A. Department of Water & Power, wussten genau, wie und wo sie es herbekommen konnten: über ein Aquädukt aus dem Owens Valley, das sehr viel Wasser aus den Bergen der Sierra Nevada erhält.

Dass im Owens Valley aber Farmer lebten, die das Wasser zur Bewässerung brauchten, störte weder die beiden Männer noch die Regierung, die die unethischen Aktionen von L.A. beim Erwerb von Land und der Sicherung von Wasserrechten in diesem Gebiet aktiv unterstützte. Die Wähler gaben Mulholland die mehr als 25 Mio. US$, die für den Bau des Aquädukts benötigt wurden. Das Aquädukt von Los Angeles, das eine erstaunliche technische Leistung war – es durchquerte auf einer Länge von 375 km sowohl karge Wüstenböden als auch zerklüftetes Berggelände –, wurde 1913 mit großem Tamtam eröffnet.

Das Owens Valley jedoch sollte nie wieder dasselbe sein. Da die meisten Zuflüsse umgeleitet wurden, schrumpfte der Owens Lake schnell zusammen. Eine erbitterte Fehde zwischen Landwirten und Viehzüchtern aus L.A. und dem Owens Valley nahm an Heftigkeit zu, als einige Projektgegner versuchten, das Aquädukt zu sabotieren, indem sie einen Teil davon in die Luft sprengten. Alles vergeblich! 1928 besaß L.A. 90 % des Wassers im Owens Valley und die Landwirtschaft war praktisch tot. Diese frühen Wasserkriege bildeten die Grundlage für den Film Noir *Chinatown* (1974).

Auch heute bezieht L.A. noch immer mehr als die Hälfte seines Wassers aus diesem Aquädukt, das 1940 um weitere 169 km bis zum Mono Basin verlängert wurde. Der Rest des Wassers der Stadt stammt aus dem Colorado und dem Feather Rivers und nur etwa 15 % aus dem Grundwasser des San Fernando Valley. In Zeiten extremer Trockenheit gelten für die Einwohner und Unternehmen von L.A. Wasserbeschränkungen – deshalb muss man in Restaurants eventuell ausdrücklich um Trinkwasser bitten.

Santa Monica & Venice

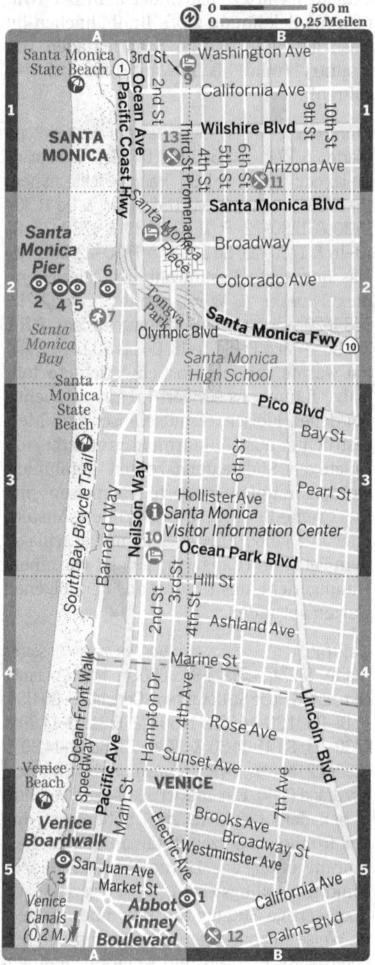

Santa Monica & Venice

Highlights

1 Abbot Kinney Boulevard B5
2 Santa Monica Pier A2
3 Venice Boardwalk A5

Sehenswertes

4 Pacific Park A2
5 Santa Monica Pier Aquarium A2
6 Santa Monica Pier Carousel A2

Aktivitäten, Kurse & Touren

7 South Bay Bicycle Trail A2

Schlafen

8 HI Los Angeles – Santa Monica A2
9 Palihouse A1
10 Sea Shore Motel A3

Essen

11 Cassia B1
12 Gjelina B5
13 Santa Monica Farmers Markets A1

besonders schön sind aber die mit Schreibtischen im Picknick-Look und Tapeten mit komplexen Tierzeichnungen. Die meisten Zimmer sind mit kompletter Küche ausgestattet. Ein toller Gag sind die Kaffeetassen mit täuschend echten Bildern von Fischen.

Long Beach

Hotel Maya BOUTIQUEHOTEL $

(Karte S. 268; ☎ 562-435-7676; https://hotelmayalongbeach.com; 700 Queensway Dr, Long Beach; Zi. ab 179 US$; P ❄ @ ≈ ☒ ✿) Westlich der *Queen Mary* begeistert dieses Boutiquehotel gleich beim Betreten der Lobby mit rostigem Stahl, Glas und magentafarbenen Wänden. Die 199 Zimmer halten mit Fliesen in Korallentönen, Kopfteilen aus Flusssteinen an den Betten und Maya-Dekoration, was der Eingangsbereich verspricht. Die vier sechseckigen Gebäuden aus den 1970er-Jahren stehen auf einem 2,4 ha großen Grundstück voller Palmen und bieten einen tollen Blick auf das Zentrum von Long Beach. Da stimmt das Preis-Leistungs-Verhältnis.

Pasadena

Bissell House B&B B&B $$

(Karte S. 268; ☎ 626-441-3535; www.bissellhouse.com; 201 S Orange Grove Ave, South Pasadena; Zi. ab 159 US$; P ≈ ☒) Antiquitäten, Holzböden und knisterndes Kaminfeuer machen dieses romantische viktorianische (1887) B & B in der Millionaire's Row zu einer Bastion der Wärme und Gastfreundlichkeit. Der von einer Hecke umgebene Garten mutet wie ein Heiligtum an. Es gibt einen Pool, in dem man sich an heißen Tagen wunderbar abkühlen kann. Das Prince-Albert-Zimmer hat eine tolle Tapete und eine Badewanne mit Krallenfüßen. Alle sieben Zimmer haben ein eigenes Bad.

Essen

Wer nach Los Angeles kommt, der sollte jede Menge Appetit mitbringen. Der Kulturenmix der Stadt spiegelt sich im gastronomischen Angebot wider, das ebenso global wie üppig ist. Neben vielen authentischen internationalen Gerichten – von kantonesischen *xiao long bao* bis hin zu ligurischer *farinata* – sind es aber vor allem die Fusion-Neuinterpretationen von traditionellen Speisen, die so besonders sind. Schon mal koreanisch-mexikanische Tacos probiert? Oder einen veganen Frischkäse-Donut mit Marmelade, Basilikum und Balsamicocreme? L. A. kann vieles sein, aber eine kulinarische Einöde ist es definitiv nicht!

Downtown

★Grand Central Market MARKT

(Karte S. 274; www.grandcentralmarket.com; 317 S Broadway; 8–22 Uhr; ; Red/Purple Line bis Pershing Sq) L.A.s Markthalle im Beaux-Arts-Stil wurde vom erfolgreichen Architekten John Parkinson entworfen, früher befand sich darin ein von Frank Lloyd Wright genutztes Büro. Seit 1917 befriedigt die Location kulinarische Bedürfnisse und ist inzwischen zum Gourmet-Mekka von DTLA aufgestiegen. Am besten stürzt man sich einfach ins Gewirr der mit Neonschildern versehenen Stände und Theken, die alles Erdenkliche von frischem Obst und Gemüse und Nüssen bis hin zu brutzelndem thailändischen Street Food, Hipster-Frühstück, moderner Feinkost, handgemachter Pasta und Kaffeespezialitäten anbieten.

Guisados TACOS $

(Karte S. 268; 323-264-7201; www.guisados.co; 2100 E Cesar Chavez Ave, Boyle Heights; Tacos ab 2,95 US$; Mo–Fr 9–20, Sa bis 21, So bis 17 Uhr; Gold Line bis Mariachi Plaza) Der Grund für die stadtweite Bekanntheit des Guisados sind seine *tacos de guisados:* dicke, warme, aus nixtamalisiertem Maismehl gebackene Tortillas mit langsam gegarten, heißen, rauchigen Füllungen, die auf Bestellung zubereitet werden. Man sollte sich etwas Gutes tun und den Probierteller (7,25 US$) mit sechs Mini-Tacos bestellen. Der Taco *chiles torreados* (blasige, angekohlte Chilis) ist ein Muss für alle, die gern würzig essen.

Howlin' Ray's HÄHNCHEN, SÜDSTAATENKÜCHE

(Karte S. 274; 213-935-8399; www.howlinrays.com; 727 N Broadway, Suite 128, Far East Plaza, Chinatown; Hauptgerichte 9–16 US$; Di–Fr 11–19, Sa & So 10–19 Uhr; P; Gold Line bis Chinatown) Das Howlin' Ray's ist ein Phänomen, bei dem man gar nicht übertreiben kann. An diesem lärmigen Take-away mit vielen Bierbänken und -tischen stellen sich die Kunden fürs Essen gern zwei Stunden oder länger an (die aktuellen Wartezeiten findet man bei Twitter). Als Belohnung gibt's Brathähnchen im Nashville Style und in Schärfegraden von „country“ (mild) bis „howlin“ (bloß nicht berühren!).

Manuela MODERN-AMERIKANISCH $

(Karte S. 274; 323-849-0480; www.manuela-la.com; 907 E 3rd St; Hauptgerichte mittags 16–21 US$, abends 22–48 US$; Mi & Do 11.30–15.30 & 17.30–22, Fr 11.30–15.30 & 17.30–22, Sa 10–16 & 17.30–23, So 10–16 & 17.30–22 Uhr;) Das angesagte Restaurant im Galeriekomplex **Hauser & Wirth** (Karte S. 274; 213-943-1620; www.hauserwirthlosangeles.com; 901 E 3rd St; Mi & Fr–So 11–18, Do bis 20 Uhr) GRATIS hat warme, mit viel Holz eingerichtete, loftartige Räume. Es serviert kreative Gerichte, bei denen Fleisch, Gemüse, Fisch und Meeresfrüchte aus Kalifornien großartig mit rauchigen Südstaatenakzenten kombiniert werden. Empfehlenswerte Vorspeisen sind die Creme-Biscuits, die gegrillten Austern oder der gelbe Pfirsichsalat mit geschlagenem Feta und Honigessig, gefolgt von einem Hauptgericht, das Kräuter aus dem eigenen Garten abrunden.

Otium MODERN-AMERIKANISCH $$

(Karte S. 274; 213-935-8500; http://otiumla.com; 222 S Hope St, Downtown; Gerichte 8–60 US$; Di–Do 11.30–14.30 & 17.30–22, Fr 11.30–14.30 & 17.30–23, Sa 11–14.30 & 17.30–23, So 11–14.30 & 17.30–22 Uhr; ; Red/Purple Line bis Civic Center/Grand Park) Ein modernistischer Pavillon neben dem Broad (S. 269) beherbergt dieses fröhliche, derzeit total angesagte Restaurant unter der Leitung des Chefkochs Timothy Hollingsworth. Dieser versteht es, hochwertige Zutaten auf sehr überraschende Weise zu kombinieren. So finden sich beispielsweise Wildreis und Amarant in einem wunderbar präsentierten Salat mit Avocado, Roter Bete und Granatapfel, und Oktopus wird mit grünem Knoblauch, Totentrompeten (Pilze) und *tom kha* (thailändische Kokosbrühe) serviert. Richtig satt machen die riesigen Steaks (bis 185 US$).

Hollywood

In & Out Burger BURGER

(Karte S. 278; 800-786-1000; www.in-n-out.com; 7009 Sunset Blvd; Burger ab 2,10 US$; So–Do 10.30–1, Fr & Sa bis 1.30 Uhr; ; Red Line bis Hollywood/Highland) Diese Burgerkette aus L.A. ist für Einheimische wie Besucher ein regelrechtes Pilgerziel. Es ist zwar Fast Food, doch das mit Stil! Seit 1949 bereitet das In & Out u. a. von Hand gefertigte Burger mit frischem (nicht gefrorenem) Rindfleisch oder handgeschnittene Pommes zu. Der schlichte Burger ist üppig mit Salat, Tomate, einem Überraschungsdressing (z. B. Thousand Island) und rohen oder sautierten Zwiebeln belegt.

Luv2eat THAILÄNDISCH

(Karte S. 278; ☎ 323-498-5835; www.luv2eatthai.com; 6660 W Sunset Blvd, Hollywood; Hauptgerichte 9–16 US$; ⌚ 11–15.30 & 16.30–23.30 Uhr; Ⓟ) Auf keinen Fall sollte man sich von dem sonderbaren Namen und der Lage in einem Einkaufskomplex abschrecken lassen: Das Luv2eat ist für Fans der thailändische Küche ein wahrer Tempel. Chefköche sind der in der Kochschule Cordon Bleu und in der Polo Lounge (S. 290) ausgebildete Fern und die in Thailand aufgewachsene Plaa. Sie servieren großzügige Portionen authentischer Spezialgerichte, die man selbst in dieser mit Thai-Restaurants reich bestückten Stadt normalerweise nicht bekommt. Dabei setzen sie durchaus Maßstäbe.

Salt's Cure MODERN-AMERIKANISCH $

(Karte S. 282; ☎ 323-465-7258; http://saltscure.com; 1155 N Highland Ave; Hauptgerichte mittags 12–24 US$, abends 18–36 US$; ⌚ Mo 11–15, Di–Fr bis 22, Sa 10–22, So 10–15 Uhr) Das mit Holztäfelung und Betonboden gestaltete Salt's Cure steht stolz für lokale Produkte. Die Speisekarte feiert kalifornische Lebensmittel aller Art, von saisonalem Gemüse bis zu vor Ort geräuchertem Fleisch aus Hausschlachtung. Rustikale Hausmannskost wird hier in anspruchsvollen Varianten serviert, etwa Capocollo mit Chilipaste oder zarte Entenbrust mit beeindruckend leichten Hafermehl-Pfannkuchen und Brombeerkompott.

★ Providence MODERN-AMERIKANISCH $$

(Karte S. 282; ☎ 323-460-4170; www.providencela.com; 5955 Melrose Ave; Hauptgerichte mittags 38–48 US$, Probiermenüs abends 120–240 US$; ⌚ Mo–Fr 12–14 & 18–22, Sa 17.30–22, So 17.30–21 Uhr; Ⓟ) Der mit dem James Beard Award ausgezeichnete Chefkoch Michael Cimarusti hat für das Providence zwei Michelin-Sternen erkocht. Seit Jahren gehört es beständig zu den besten Restaurants der Stadt. Auf den Tisch kommen faszinierende, nuancenreiche Gerichte mit exzellenten Meeresfrüchten, etwa Seeohren gepaart mit Aubergine, Rüben und Nori oder dekadent mit Macadamianüssen und erdigen schwarzen Trüffeln kombinierter Hummer. À la carte kann man nur mittags speisen.

West Hollywood & Mid-City

Original Farmers Market MARKT

(Karte S. 282; ☎ 323-933-9211; www.farmersmarketla.com; 6333 W 3rd St; ⌚ Mo–Fr 9–21, Sa bis 20, So 10–19 Uhr; Ⓟ) Auf dem Bauernmarkt bekommt man den ganzen Tag gutes, einfaches Essen, was besonders praktisch ist, wenn man mit Kindern unterwegs ist. Die Gänge säumen Stände aller Art, die Gumbo, typische Diner-Gerichte, französische Bistroküche, Nudeln à la Singapur oder Tacos anbieten. Man kann sich zum Essen hinsetzen oder das Bestellte mitnehmen. Vorher oder hinterher lohnt ein Besuch im benachbarten Einkaufszentrum **Grove** (Karte S. 282; www.thegrovela.com; 189 The Grove Dr; Ⓟ; MTA-Linien 16, 17, 780 bis Wilshire & Fairfax).

Gracias Madre VEGAN, MEXIKANISCH $

(Karte S. 282; ☎ 323-978-2170; www.graciasmadreweho.com; 8905 Melrose Ave, West Hollywood; Hauptgerichte mittags 12–17 US$, abends 12–18 US$; ⌚ Mo–Fr 11–23, Sa & So ab 10 Uhr;) Das Gracias Madre zeigt, wie geschmackvoll – und schick – mexikanische Veggie-Biokost sein kann. Man kann auf der eleganten Terrasse oder im gemütlichen Inneren sitzen und das gesunde Essen genießen: Süßkartoffel-*flautas*, Kokos-„Schinken", Kochbananen-„Quesadillas" und leckere Schüssel-Gerichte. Das Restaurant überrascht mit Innovationen wie Cashewnuss-„Käse", Pilz-„Chorizo" oder Palmherzen-„Krabbenkuchen".

Canter's FEINKOST $

(Karte S. 282; ☎ 323-651-2030; www.cantersdeli.com; 419 N Fairfax Ave, Mid-City; Hauptgerichte 8–29 US$; ⌚ 24 Std.; Ⓟ) Einen besseren traditionellen Diner als das Canter's wird man kaum finden. Seit 1931 ist er im traditionell jüdischen Viertel Fairfax eine Institution. Rund um die Uhr servieren abgeklärte Kellnerinnen in einem langen Raum mit Feinkost- und Backwarentheke am Eingang obligatorische Gerichte wie Pastrami, Corned Beef und Matzeknödelsuppe und Frühstück.

Catch LA FUSION $$

(Karte S. 282; ☎ 323-347-6060; http://catchrestaurants.com/catchla; 8715 Melrose Ave, West Hollywood; Gerichte zum Teilen 8–39 US$, Hauptgerichte abends 34–79 US$; ⌚ tgl. 17–2, Sa & So auch 11–15 Uhr; Ⓟ) Ein Liebling der Szene von L. A. Am Eingang lauern nicht selten Paparazzi prominenten Gästen auf, während der Türsteher die Reservierung prüft. Sobald man aber das Dachrestaurant mit Bar im zweiten Stock in West Hollywood betritt, ist das alles vergessen. Die von pazifisch inspirierte Küche bietet fantastische Cocktails und Gerichte zum Teilen, z. B. Trüffel-Sashimi oder Jakobsmuscheln und Blumenkohl mit brauner Tamarindenbutter.

Santa Monica

Santa Monica Farmers Markets MARKT $
(Karte S. 285; www.smgov.net/portals/farmersmarket; Arizona Ave, zw. 2nd St & 3rd St; Arizona Ave Mi 8.30–13.30, Sa 8–13 Uhr;) Zur echten Santa-Monica-Erfahrung gehört auch ein Besuch eines der Bauernmärkte im Freien, auf denen Bio-Obst und -Gemüse, Blumen, Gebäck und frische Austern angeboten werden. Am besten ist der Mittwochsmarkt an der Kreuzung 3rd St/Arizona. Hier ist die Auswahl am besten und die Erzeugnisse sind ausnehmend frisch. Auch die hiesigen Küchenchefs kaufen dort am liebsten ein.

★ **Cassia** SÜDOSTASIATISCH $$$
(Karte S. 285; 310-393-6699; www.cassiala.com; 1314 7th St; Vorspeisen 12–18 US$, Hauptgerichte 19–76 US$; So–Do 17–22, Fr & Sa bis 23 Uhr; P) Seit seiner Eröffnung 2015 hat es das offene, luftige Cassia auf so ziemlich jede Bestenliste in L. A. und im ganzen Land geschafft. Chefkoch Bryant Ng schöpft aus seinen chinesisch-singapurischen Wurzeln und zaubert Gerichte wie *kaya*-Toast (mit Kokosmarmelade, Butter und wachsweichem Ei), „sonnengebräunte" Garnelen und einen alles umfassenden vietnamesischen Pot-au-feu: Eintopf mit Rippchen, Gemüse, Knochenmark und köstlichen Beilagen.

Venice

★ **Gjelina** AMERIKANISCH $$$
(Karte S. 285; 310-450-1429; www.gjelina.com; 1429 Abbot Kinney Blvd, Venice; Vegetarisches, Salate & Pizzas 10–18 US$, große Portionen 15–45 US$; 8–24 Uhr; ; Big Blue Bus Linie 18) Wenn es ein Restaurant gibt, das das neue Venice treffend verkörpert, ist es dieses hier. Man sichert sich einen Platz zwischen den Hipstern und Yuppies am Gemeinschaftstisch oder ergattert seinen eigenen Holztisch auf der eleganten Steinterrasse und verspeist dann einfallsreiche kleine Gerichte (z. B. mit Chili und Minze gewürzte rohe Stachelmakrele mit Olivenöl-Blutorange-Dressing). Sensationell sind die Holzofenpizzas mit dünner Kruste.

Pasadena

La Grande Orange KALIFORNISCH $
(Karte S. 268; 626-356-4444; www.lgostationcafe.com; 260 S Raymond Ave, Pasadena; Pizzas 15–17 US$, Hauptgerichte 15–47 US$; Mo–Do 11–22, Fr bis 23, Sa 10–23, So 9–21 Uhr; M Gold Line bis Del Mar) Pasadenas alter Bahnhof von 1911 wurde schön renoviert und in dieses freundliche und beliebte Restaurant mit tollen alten Holzbalken verwandelt. Die Küche befindet sich im früheren Ticketschalter und bringt Neue Amerikanische Küche auf den Tisch: über Mesquiteholz gegrillte Burger und Meeresfrüchte, Salate und teurere Aged Steaks aus dem Mittleren Westen. An der großen Bar kann man die Züge der Gold Line vorbeifahren sehen.

Ausgehen & Nachtleben

Ob es nun ein Bio-CBD-Espresso, ein Craft-Cocktail mit Campari und Erdnussbutter nach der Fat-Washing-Methode oder ein saisonales Gebräu mit Oolong-Tee aus Chinatown sein soll, L. A. hält selbst für die höchsten und exzentrischsten Ansprüche etwas bereit. Ob in postindustriellen Kaffeeröstereien und Brauereien, Lounges aus den 1950er-Jahren, klassischen Martinibars in Hollywood oder Bowlingzentren mit Cocktailbar: In L. A. werden alle Drinks mit einem gewissen Etwas serviert. Da bleibt einem nichts anderes übrig, als sein Glas zu heben und auf die coolste Stadt der USA anzustoßen.

Downtown

Clifton's Republic COCKTAILBAR
(Karte S. 274; 213-627-1673; www.cliftonsla.com; 648 S Broadway; Di–Do 11–24, Fr bis 2, Sa 10–2.30, So 10–24 Uhr; ; M Red/Purple Line bis Pershing Sq) Das 1935 eröffnete und nach einer 10 Mio. US$ schweren Renovierung wiederauferstandene Clifton erstreckt sich über mehrere Etagen, zieht ein ganz gemischtes Publikum an und entzieht sich jeder Beschreibung. Die Getränke bestellt man inmitten von ausgestopften Waldtieren an einem gotischen Kirchenaltar, im Schatten von (falschen) 12 m hohen Mammutbäumen tanzen Burlesk-Darsteller den Shimmy und draußen auf der anderen Seite der Glastür lockt ein luxuriöses Südseeparadies mit einem umgebauten Schnellboot als DJ-Pult.

Angel City Brewery MIKROBRAUEREI
(Karte S. 274; 213-622-1261; www.angelcitybrewery.com; 216 S Alameda St; Mo–Do 16–1, Fr bis 2,

Sa 12–2, So 12–1 Uhr) Hier, wo einst die Seile für Hängebrücken und ähnliche Konstruktionen hergestellt wurden, werden heute Craft-Biere gebraut und ausgeschenkt. Das beliebte Lokal an der Grenze des Arts District ist perfekt, um sich ein India Pale Ale oder einen Imperial Stout mit Chaigewürzen zu gönnen, der Musik zu lauschen und nebenher ein paar Tacos aus einem Food Truck zu verdrücken.

Hollywood

Rooftop Bar at Mama Shelter BAR

(Karte S. 278; ☎ 323-785-6600; www.mamashelter.com/en/los-angeles/restaurants/rooftop; 6500 Selma Ave; ⏲ Mo–Do 12–1, Fr & Sa 11–2, So 11–1 Uhr; Ⓜ Red Line bis Hollywood/Vine) Weniger eine klassische Hoteldachbar als vielmehr eine üppige tropische Oase mit farbenfrohen Liegen und Blick auf die Neonschilder Hollywoods und die Skyline von L.A. Die Küche bietet witzige Barsnacks wie *boujee fries* und tolle Tacos. Ob Hotelgäste oder Einheimische von den nahen BuzzFeed-Büros – alle lieben die geruhsamen Cocktailstunden, den Blick auf die Wahrzeichen der Stadt und das übergroße Jenga-Spiel.

Tramp Stamp Granny's BAR

(Karte S. 278; ☎ 323-498-5626; www.trampstampgrannys.com; 1638 N Cahuenga Blvd; ⏲ Di & Mi 20–1, Do & Fr 18–1, Sa 20–2 Uhr; Ⓜ Red Line bis Hollywood/Vine) Mitten in Hollywood befindet sich diese Pianobar, die Darren Criss, dem Star aus *Glee* und *The Assassination of Gianni Versace*, gehört. Sie ist ein bisschen nobel, ein bisschen trashig und durch und durch amüsant. Die Hände der talentierten Pianisten gleiten über die Tasten und die Gäste singen bei ihren Lieblingssongs mit. Es gibt sogar Themenabende, z. B. Disney. Die Drinks sind stark und kreativ.

West Hollywood

Abbey SCHWULE & LESBEN

(Karte S. 282; ☎ 310-289-8410; www.theabbeyweho.com; 692 N Robertson Blvd, West Hollywood;

LGBTIQ+-SZENE IN L. A.

L. A. ist eine der tolerantesten Städte des gesamten Landes und hat maßgeblich zur Entwicklung einer schwul-lesbischen Kultur in den USA beigetragen. Auch im restlichen County gibt es natürlich LGBTIQ+-Communitys, die Regenbogenflagge wird aber mit besonderem Stolz in Boystown geschwenkt, entlang des Santa Monica Blvd in West Hollywood, der von Dutzenden dynamischen Bars, Cafés, Restaurants, Fitnessstudios und Clubs gesäumt ist. Die meisten sind auf eine schwule Klientel ausgerichtet, es gibt aber auch viele Lesben, Transsexuelle und gemischtes Publikum. Am meisten ist hier donnerstag- bis sonntagabends los.

Wer sich nicht ins Nachtleben stürzen möchte, findet in L. A. sicher auch viele andere Möglichkeiten, Gleichgesinnte zu treffen, mit ihnen ins Gespräch zu kommen und sie vielleicht sogar besser kennenzulernen. Wer das draußen an der frischen Luft tun möchte, ist beim Laufclub **Frontrunners** (www.lafrontrunners.com) und beim Wanderclub **Great Outdoors** (www.greatoutdoorsla.org) richtig. Letzterer bietet Wanderungen (tagsüber und auch abends) und Stadtspaziergänge durch verschiedene Viertel an. Einen Einblick in die faszinierende Geschichte der homosexuellen Szene bieten die Stadtspaziergänge von **Out & About Tours** (www.thelavendereffect.org/tours; Touren ab 30 US$).

Schwules Theater gibt's überall in der Stadt, doch das **Celebration Theatre** (Karte S. 282; ☎ 323-957-1884; www.celebrationtheatre.com; 6760 Lexington Ave, Hollywood) gehört zu den führenden Bühnen für LGBTIQ+-Theater in den USA. Das **Cavern Club Theater** (Karte S. 268; www.cavernclubtheater.com; 1920 Hyperion Ave, Silver Lake) überschreitet gerne auch mal Grenzen, besonders mit seinen auffälligen Drag-Künstlern. Es befindet sich unter dem Restaurant Casita del Campo. Wer das Glück hat, gerade in der Stadt zu sein, wenn die **Gay Men's Chorus of Los Angeles** (www.gmcla.org) auftreten, sollte sich das nicht entgehen lassen. Diese großartige Truppe gibt es schon seit 1979.

Die Festivalsaison beginnt zwischen Mitte und Ende Mai mit der **Long Beach Pride Celebration** (☎ 562-987-9191; www.longbeachpride.com; 450 E Shoreline Dr, Long Beach; Umzug frei, Eintritt Festival Erw./Kind & Senior 25 US$/frei; ⏲ Mitte Mai) und geht dann Mitte Juni beim dreitägigen **LA Pride** (www.lapride.org) mit einem Umzug auf dem Santa Monica Blvd weiter. Zu Halloween (31. Okt.) versammeln sich auf der gleichen Straße 500 000 ausgefallen kostümierte Partyfans aller Ausrichtungen.

Mo–Do 11–2, Fr ab 10, Sa & So ab 9 Uhr) Von manchen wird das Abbey als die beste Schwulenbar der Welt bezeichnet. Früher ein bescheidenes Kaffeehaus, hat es sich zu WeHos angesagtestem Bar-Club-Restaurant entwickelt. Es gibt Martinis und Mojitos in so vielen Varianten, dass man glauben könnte, die Drinks wären hier erfunden worden. Zudem wird hochwertiges Kneipenessens serviert (Hauptgerichte 14–21 US$).

Beverly Hills

Polo Lounge COCKTAILBAR

(Karte S. 268; 310-887-2777; www.dorchestercollection.com/en/los-angeles/the-beverly-hills-hotel; Beverly Hills Hotel, 9641 Sunset Blvd, Beverly Hills; 7–1.30 Uhr) Hier wartet die klassische L. A.-Erfahrung: Man mache sich schick und schlürfe an der legendären Bar dieses Hotels in Beverly Hills einen Cocktail. Charlie Chaplin hatte für die Sitznische eins eine dauerhafte Reservierung zum Mittagessen und H. R. Haldeman und John Ehrlichman erfuhren hier 1972 vom Watergate-Einbruch. Sonntags gibt's einen bekannten Jazz-Brunch (Erw./Kind 95/20 US$).

Long Beach

Pike BAR

(Karte S. 268; 562-437-4453; www.pikelongbeach.com; 1836 E 4th St, Long Beach; Mo–Fr 11–2, Sa & So ab 9 Uhr; Line 22) Neben dem Retro Row liegt diese Spelunke mit nautischem Motto, die Chris Reece gehört, einem Mitglied der Band Social Distortion. Hier treten jeden Abend coole junge Musiker auf (kein Eintritt!) und das Bier wird in Pitchern oder Flaschen serviert. Es gibt auch Cocktails wie Mezcarita und Greenchelada (eine *michelada* mit Gurke, Jalapeño und Limette).

Unterhaltung

Hollywood Bowl KONZERTE

(Karte S. 268; 323-850-2000; www.hollywoodbowl.com; 2301 N Highland Ave; Eintritt Proben frei, Eintritt Vorstellungen verschieden; Juni–Sept.) Was wäre ein Sommer in L.A. ohne einen Besuch dieses riesigen Freiluft-Amphitheaters in den Hollywood Hills? Von Juni bis September gibt's hier Musik unterm Sternenhimmel – von Sinfonieorchestern und Jazzbands bis hin zu großen Namen wie Blondie, Bryan Ferry und Angélique Kidjo. Pullover oder Decke nicht vergessen, denn abends wird es ganz schön kühl.

Geffen Playhouse THEATER

(Karte S. 268; 310-208-5454; www.geffenplayhouse.com; 10886 Le Conte Ave, Westwood) Der Entertainment-Mogul David Geffen investierte über 17 Mio. US$, um dieses Theater im mediterranen Stil zu sanieren. Während der Spielzeiten sind sowohl amerikanische Klassiker als auch neue Stücke zu sehen, und nicht selten stehen aus Film und TV bekannte Schauspieler auf der Bühne.

Los Angeles Philharmonic KLASSISCHE MUSIK

(Karte S. 274; 323-850-2000; www.laphil.org; 111 S Grand Ave) L. A.s erstklassige Philharmoniker führen ihre topaktuellen Stücke in der Walt Disney Concert Hall (S. 269) unter der Leitung des venezolanischen Maestros Gustavo Dudamel auf.

Dodger Stadium BASEBALL

(Karte S. 268; 866-363-4377; www.dodgers.com; 1000 Vin Scully Ave) Nur wenige Clubs können in puncto Geschichte – die Dodgers haben Jackie Robinson, Sandy Koufax, Kirk Gibson und den Sportkommentator Vin Scully vorzuweisen –, Erfolg und treuen Fans mit den Dodgers mithalten. Ihr von Palmen

L. A. FÜR KINDER

In L. A. ist es ein Kinderspiel, den Nachwuchs bei Laune zu halten. Der weitläufige Los Angeles Zoo (S. 273) im familienfreundlichen Griffith Park ist eine sichere Bank. Kleine Dinofans werden von den La Brea Tar Pits (S. 273) und dem Natural History Museum (S. 272) begeistert sein, angehende Naturforscher drängen sich im Griffith Observatory (S. 273) und im California Science Center (S. 271). Meereslebewesen locken ins Aquarium of the Pacific (S. 278) in Long Beach. Im Vergnügungspark auf dem Santa Monica Pier (S. 276) amüsieren sich Menschen jeden Alters. Eher etwas für Teens und Twens sind die Aktivitäten der **Universal Studios Hollywood** (Karte S. 268; 800-864-8377; www.universalstudioshollywood.com; 100 Universal City Plaza, Universal City; regulärer Eintritt für 1/2 Tage ab 109/149 US$, Kind unter 3 Jahren frei; Öffnungszeiten variieren; P; M Red Line bis Universal City). Disneyland (S. 294) und Knott's Berry Farm (S. 295) im benachbarten Orange County sind das Nonplusultra in Sachen Themenparks.

und den San Gabriel Mountains umrahmtes Stadion aus den 1950er-Jahren gilt noch immer als eine der schönsten Baseballarenen überhaupt. Die beste Sicht hat man von den Plätzen hinter dem Schlagmal, man kann es sich aber auch im „All you can eat"-Pavillon am Right Field gut gehen lassen.

Largo at the Coronet LIVEMUSIK, THEATER
(Karte S. 282; ☎ 310-855-0530; www.largo-la.com; 366 N La Cienega Blvd, Mid-City) Schon in den ersten Tagen der Fairfax Ave war das Largo ein Ort für anspruchsvolle Popkultur (hier wurde Zach Galifinakis zum Star). Das Largo ist jetzt Teil des Coronet Theatre Complex und bietet hochkarätige Comedy z.B. von Sarah Silverman und Jon Hodgman. Zudem wird regelmäßig Nachtmusik etwa von der Preservation Hall Jazz Band gespielt.

ArcLight Cinemas KINO
(Karte S. 278; ☎ 323-464-1478; www.arclightcinemas.com; 6360 W Sunset Blvd; Ⓜ Red Line bis Hollywood/Vine) Zugewiesene Sitzplätze, gute Chancen, Stars zu begegnen, und ein abwechslungsreiches Programm, das Mainstream- ebenso wie Arthouse-Filme umfasst – das Kino mit seinen 14 Sälen ist das beste der Stadt. Wem das Programm zusagt, der sollte unbedingt einen Film im großartigen Cinerama Dome von 1963 sehen. Weitere Pluspunkte sammeln die Vorstellungen für Besucher ab 21 Jahre, bei denen auch Alkohol gestattet ist, und die Gesprächsrunden mit Regisseuren, Autoren und Schauspielern. Vier Stunden Parken kostet 3 US$.

LA Lakers BASKETBALL
(Karte S. 274; ☎ 888-929-7849; www.nba.com/lakers; Tickets ab 65 US$) Das berühmtere der beiden NBA-Basketballteams aus L.A. – das zweite sind die **Clippers** (Karte S. 274; ☎ 213-204-2900; www.nba.com/clippers; Tickets ab 20 US$). Die Lakers spielen im **Staples Center** (Karte S. 274; ☎ 213-742-7100; www.staplescenter.com; 1111 S Figueroa St) in Downtown. Nur wenige Teams können mit den historischen Erfolgen des Clubs mithalten – viele Spieler sind so legendär, dass sie nur unter ihrem Vornamen bekannt sind: Kareem, Magic, Shaq, Kobe, LeBron. In den letzten paar Jahren waren die Ergebnisse aber enttäuschend.

Shoppen

Wer von sich selbst behauptet, ein Shopping-Muffel zu sein, wird dies nach einer Reise nach Los Angeles eventuell revidieren müssen. L.A. ist ein Profi, wenn es darum geht, Kreditkartenlimits auszureizen. Aber es wäre ja auch wirklich ein Jammer, wenn man das supersüße Kleid im Vintage-Look oder die Stofftasche mit dem coolen Spruch zurücklassen müsste. Und nur diese tolle Lampe im Fifties-Chic bietet die richtige Beleuchtung für das signierte Hollywood-Drehbuch, das man ergattern konnte. Die Stadt ist voller Kreativität und schrulliger Ideen – und das ist auch in den Schaufenstern und Regalen unverkennbar.

KEEP IT INDIE, KEEP IT LOCAL

Wer gern ethisch korrekt und nachhaltig shoppt, sollte die zahlreichen unabhängigen Boutiquen in L.A. aufsuchen. Im Arts District in Downtown findet man schicke kalifornische Klamotten und handgefertigte Turnschuhe, in Silver Lake und Echo Park Rocker-Outfits, Vintage-Sachen und Gläser mit hausgemachter Marmelade, in Highland Park Schreibwaren in kleinen Chargen und ausgefallene Jumpsuits sowie in Venice am Meer Strandtaschen aus fairem Handel. Auch in Museumsläden gibt's oft einzigartige, lokale Geschenke, von Schmuck bis Keramik.

Downtown

Raggedy Threads VINTAGE
(Karte S. 274; ☎ 213-620-1188; www.raggedythreads.com; 330 E 2nd St; ⌚ Mo–Sa 12–19, So bis 18 Uhr; Ⓜ Gold Line bis Little Tokyo/Arts District) Ein gigantischer Laden mit amerikanischen Vintage-Klamotten ganz in der Nähe der Haupteinkaufsmeile in Little Tokyo. Es gibt jede Menge schöne, ziemlich verschlissene Jeansteile sowie eine bemerkenswerte Auswahl an Overalls von vor 1950 aus den USA, Japan und Frankreich, weiche T-Shirts, ein paar viktorianische Kleider und eine schöne Türkis-Sammlung zu günstigen Preisen.

Last Bookstore in Los Angeles BÜCHER
(Karte S. 274; ☎ 213-488-0599; www.lastbookstorela.com; 453 S Spring St; ⌚ Mo–Do 10–22, Fr & Sa bis 23, Sa bis 21 Uhr) Alles begann mit einem nur vom Inhaber betriebenen Laden. Heute ist dies der größte kalifornische Buchladen für neue und gebrauchte Schmöker, der schon optisch ein Genuss ist. Er erstreckt sich auf zwei Etagen eines früheren Bankgebäudes. Im Erdgeschoss befinden sich Schränke mit Raritäten, oben gibt's eine Hor-

FASHION DISTRICT

Schnäppchenjäger lieben den hektischen, 100 Blocks großen Modedistrikt im Südwesten der Downtown. Hier kann man prima Beute machen, doch wer zum ersten Mal hier ist, fühlt sich oft von der schieren Größe und gewaltigen Auswahl schlichtweg überfordert. Zur Orientierung sollte man einen Blick auf www.fashiondistrict.org werfen.

ror- und Krimihöhle, einen Büchertunnel und ein paar Kunstgalerien. Außerdem gibt's ein fantastisches Schallplattensortiment.

West Hollywood

Melrose Avenue MODE & ACCESSOIRES

(Karte S. 282) Die legendäre und coole Shoppingmeile ist fürs Sehen und Gesehenwerden ebenso berühmt wie für ihre Geschäfte. Hier sieht man Haare (und Menschen) aller Farbschattierungen und Stile und bekommt alles von Gothic-Schmuck über großartige Vintage-Klamotten und maßgefertigte Sneakers bis zu Hanf und ausgestopften Stachelschweinen – sofern man das nötige Kleingeld hat. Die Einkaufsmeile erstreckt sich zwischen der Fairfax Ave und der La Brea Ave.

Fred Segal MODE & ACCESSOIRES

(Karte S. 282; ☎323-432-0560; www.fredsegal.com; 8500 Sunset Blvd, West Hollywood; ⊙Mo–Sa 10–21, So 11–18 Uhr) Ein Besuch im Fred Segal bei einer Shoppingtour in L.A. ist ein Muss. Das 1200 m² große Labyrinth aus Edelboutiquen ist unlängst von seinem langjährigen Standort in der Melrose Ave hierher umgezogen. Unter dem unglaublich schicken, leicht versnobten Dach suchen die Schönen und Berühmten nach der aktuellsten Couture im California-Casual-Stil. „Schnäppchen" gibt's hier nur beim Summer Sale und im Januar.

Pasadena

Rose Bowl Flea Market MARKT

(Karte S. 268; www.rgcshows.com; 1001 Rose Bowl Dr, Pasadena; Eintritt ab 9 US$; ⊙jeden 2. So im Monat 9–16.30 Uhr, letzter Einlass 15 Uhr, bevorzugter früher Einlass ab 5 Uhr) Seit den 1960er-Jahren findet auf dem Football-Feld am Rose Bowl Stadium jeden Monat, bei Regen wie bei Sonnenschein, der „Flea Market of the Stars" statt. Dann strömen scharenweise Kauflustige auf der Suche nach dem nächsten tollen Fundstück herbei – mehr als 2500 Verkäufer und etwa 20 000 Besucher tummeln sich hier. Ein Riesenspaß! Fürs leibliche Wohl sorgen Rummelplatzsnacks wie Burger, Hotdogs, Pommes, Würste, Sushi (schließlich ist das L.A.) sowie Limonade und Cocktails.

ℹ Praktische Informationen

GEFAHREN & ÄRGERNISSE

Trotz der geradezu apokalyptischen Gefahren, die die Unterhaltungsindustrie der Stadt zuschreibt – Waffen, Gewaltverbrechen, Erdbeben –, ist Los Angeles insgesamt eine recht sichere Stadt für Besucher. Die größte Gefahr sind wahrscheinlich Verkehrsunfälle (immer anschnallen, so ist es auch Gesetz!). Der Verkehr ist im Alltag auch das größte Ärgernis – auf mysteriöse Weise können sich Staus auch dann bilden, wenn man am wenigsten damit rechnet.

MEDIEN

Eater LA (http://la.eater.com) Aktuelle News aus der sich ständig verändernden Restaurantszene der Stadt und Restaurantkritiken.

KCRW 89.9 FM (www.kcrw.com) Der beste Radiosender der Stadt gehört zum Radionetzwerk National Public Radio (NPR) und ist ganz nah am kulturellen Puls von L.A. Er bietet vielseitige und unabhängige Musik und intelligente Gespräche und veranstaltet Shows und Events in ganz Südkalifornien.

LA Weekly (www.laweekly.com) Kostenlose alternative Wochenzeitung mit Nachrichten sowie Konzert- und Veranstaltungskalender.

LAist (http://laist.com) Kultur, Unterhaltung, Essen und Klatsch rund um die Popkultur.

Los Angeles Magazine (www.lamag.com) Lifestyle-Monatsmagazin mit nützlichem Restaurantführer und tollen Themenbeiträgen.

Los Angeles Times (www.latimes.com) Große Tageszeitung aus dem Mitte-Links-Spektrum.

MEDIZINISCHE VERSORGUNG

Cedars-Sinai Medical Center (☎310-423-3277; http://cedars-sinai.edu; 8700 Beverly Blvd) Rund um die Uhr geöffnete Notaufnahme am Rande von West Hollywood.

Keck Medicine of USC (☎323-226-2622; www.keckmedicine.org; 1500 San Pablo St) Rund um die Uhr geöffnete Notaufnahme gleich östlich der Downtown.

Ronald Reagan UCLA Medical Center (☎310-825-9111; www.uclahealth.org; 757 Westwood Plaza, Westwood) Rund um die Uhr geöffnete Notaufnahme auf dem Campus der UCLA.

TOURISTENINFORMATION

Downtown LA Visitor Center (Karte S. 274; www.discoverlosangeles.com; Union Station, 800 N Alameda St; ⊙9–17 Uhr; Ⓜ Red/Purple/

Gold Line bis Union Station) Karten und allgemeine touristische Auskünfte; in der Lobby der Union Station.

Los Angeles Visitor Information Center (Karte S. 278; ☎323-467-6412; www.discoverlosangeles.com; Hollywood & Highland, 6801 Hollywood Blvd; ⏲Mo–Sa 9–22, So 10–19 Uhr; Ⓜ Red Line bis Hollywood/Highland) Die Haupttouristeninformation von L. A. ist in Hollywood. Sie hält Karten, Broschüren und Auskünfte zu Unterkünften bereit und verkauft Tickets für Vergnügungsparks und andere Attraktionen.

Santa Monica Visitor Information Center (Karte S. 285; ☎800-544-5319; www.santamonica.com; 2427 Main St) Santa Monicas Haupttouristeninformation hat hilfsbereite Mitarbeiter sowie kostenlose Stadtführer und Karten.

ℹ An- & Weiterreise

AUTO

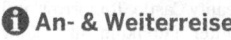

Die schnellste Route aus San Francisco und Nordkalifornien nach L. A. ist die I-5 durch das San Joaquin Valley. Auf dem Hwy 101 dauert die Fahrt länger, ist aber landschaftlich reizvoller. Die schönste, aber auch langsamste Route ist der Hwy 1 (Pacific Coast Hwy, abgekürzt PCH).

Von San Diego und anderen Orten im Süden nimmt man die I-5. Wer aus Las Vegas oder vom Grand Canyon kommt, fährt auf der I-15 nach Süden bis zur I-10 und auf dieser dann westwärts schnurstracks hinein nach Los Angeles.

BUS

Der Hauptbusterminal von **Greyhound** (Karte S. 268; ☎213-629-8401; www.greyhound.com; 1716 E 7th St) befindet sich in einem Industriegebiet von Downtown, daher sollte man nach Möglichkeit nicht nach Einbruch der Dunkelheit ankommen. Einige Greyhound-Busse fahren direkt zum Terminal in **North Hollywood** (11239 Magnolia Blvd), ein paar kommen auch durch **Long Beach** (1498 Long Beach Blvd).

FLUGZEUG

Das wichtigste Tor nach L. A. ist der **Los Angeles International Airport** (LAX; Karte S. 268; www.lawa.org/welcomeLAX.aspx; 1 World Way). Zwischen seinen neun Terminals pendelt der kostenlose LAX Shuttle A, der immer auf der unteren Ebene (Ankunft) der Terminals abfährt. Dort halten auch Taxis und die Shuttles von Hotels und Autovermietungen. Ticketschalter und Check-in-Schalter befinden sich immer auf der oberen (Abflug-)Ebene der Terminals.

Das Drehkreuz der meisten internationalen Fluggesellschaften ist das Tom Bradley International Terminal.

Einige Inlandsflüge landen auch auf dem **Burbank Hollywood Airport** (BUR, Bob Hope Airport; Karte S. 268; www.burbankairport.com; 2627 N Hollywood Way, Burbank), der sehr günstig liegt, wenn man nach Hollywood, Downtown oder Pasadena möchte. Im Süden liegt an der Grenze zum Orange County der kleine **Long Beach Airport** (Karte S. 268; www.lgb.org; 4100 Donald Douglas Dr, Long Beach), der von Alaska, JetBlue und Southwest angeflogen wird und besonders praktisch ist, wenn man nach Disneyland möchte.

ZUG

Die Züge von **Amtrak** (www.amtrak.com) nutzen die historische **Union Station** (☎800-872-7245; www.amtrak.com; 800 N Alameda St) in der Downtown. Folgende Fernzüge halten in L. A.: der *Coast Starlight* nach Seattle (tgl.), der *Southwest Chief* nach Chicago (tgl.) und der *Sunset Limited* nach New Orleans (3-mal wöchentl. Woche). Der *Pacific Surfliner* fährt mehrmals täglich nach San Diego, Santa Barbara und San Luis Obispo und kommt dabei auch durch L. A.

ℹ Unterwegs vor Ort

AUTO & MOTORRAD

Die üblichen internationalen Autovermietungen unterhalten am LAX-Flughafen und in der ganzen Stadt Filialen. Die Büros und Fahrzeugstellplätze befinden sich außerhalb des Flughafens, doch alle Firmen betreiben kostenlose Shuttlebusse, die von der unteren Ebene abfahren. Der Verkehr in L. A. gehört zum schlimmsten im gesamten Land. Fahrten in den Rushhours (7–9 & 15.30–18.30 Uhr) sollte man tunlichst vermeiden!

VOM/ZUM FLUGHAFEN

Busse von **LAX FlyAway** (☎866-435-9529; www.lawa.org/FlyAway) fahren für 9,75 US$ ohne Zwischenhalt nach Downtown zur Patsaouras Transit Plaza an der Union Station (45 Min.), nach Hollywood (8 US$, 1– 1½ Std.), nach Van Nuys (9 US$, 50 Min.) und nach Long Beach (9 US$, 50 Min.).

Um einen Linienbus zu nehmen, fährt man mit dem kostenlosen Shuttlebus vom Flughafen in Richtung Parkplatz C. Er hält am LAX City Bus Center, einem Knotenpunkt für Busse ins gesamte Los Angeles County.

Taxis sind jederzeit verfügbar und warten vor den Terminals. Der Festpreis nach Downtown L. A. beträgt 46,50 US$ plus 4 US$ LAX-Flughafensteuer; als Trinkgeld sind 15 bis 20 % üblich.

Fahrten mit Mitfahrdiensten wie Uber und Lyft können 30 bis 40 % günstiger sein als Taxis. Diese Firmen setzen ihre Fahrgäste auf der Abflugsebene (oben) ab und holen sie dort auch ab, und zwar an den mit den Buchstaben A bis G gekennzeichneten Schildern draußen vor den Terminals.

ÖFFENTLICHE VERKEHRSMITTEL

Den Großteil der öffentlichen Verkehrsmittel verwaltet **Metro** (☎323-466-3876; www.metro.

net), das auf seiner Website Streckenkarten, Fahrpläne und Hilfe bei der Fahrtenplanung anbietet.

Um mit den Metro-Zügen und -Bussen zu fahren, wird eine aufladbare TAP-Karte benötigt. Man kann sie für 1 US$ an den TAP-Automaten in allen Metro-Stationen kaufen und einen festen Bargeldbetrag oder ein Tagesticket aufladen. Ein normales Ticket kostet 1,75 US$ pro Einzelfahrt, ein Tageskarte/Wochenkarte mit unbegrenzten Fahrten 7/25 US$.

TAP-Karten gelten auch in den DASH-Bussen und den städtischen Bussen. Sie können an den Verkaufsautomaten oder online auf der TAP-Website (www.taptogo.net) aufgeladen werden.

TAXI

Weil sie (meistens) günstiger sind und besseren Service bieten, haben die Mitfahrdienste Uber und Lyft die klassischen Taxis stark verdrängt.

Beverly Hills Cab (☎800-273-6611; www.beverlyhillscabco.com) Solides, zuverlässiges Unternehmen mit guten Preisen für Fahrten zum Flughafen und einem großen Einsatzgebiet.

Taxi Taxi (☎310-444-4444; www.santamonicataxi.com) Die wohl beste und professionellste Taxiflotte der Stadt. Die Taxis bringen Fahrgäste überall hin, holen sie aber nur in Santa Monica ab.

SÜDKALIFORNISCHE KÜSTE

Disneyland & Anaheim

Micky ist einfach ein Glückspilz! Die unwiderstehliche, 1928 vom Trickfilmzeichner Walt Disney erfundene Maus löste einen unglaublichen Rummel aus, der sie in puncto Bekanntheit, Umsatz und Einfluss zu einem Megastar machte. Zudem lebt Micky in Disneyland, dem „Happiest Place on Earth", einer fantasievollen, technisch ausgeklügelten Hyperrealität, in der die Straßen immer sauber und die Angestellten, „Cast Members" (Mitwirkende) genannt, immer fröhlich sind und jeden Tag Paraden stattfinden.

Heute besteht das **Disneyland Resort®** (Karte S. 268; ☎714-781-4636; www.disneyland.com; 1313 Harbor Blvd; Tageskarte Erw. 104–149 US$, Kind 3–9 Jahre 96–141 US$, 2-Tagesticket Erw./Kind 3–9 Jahre 225/210 US$; ⊙tgl. geöffnet, Öffnungszeiten variieren saisonal) aus dem ursprünglichen Disneyland Park und dem neueren Freizeitpark Disney California Adventure. Den mehr als 14 Mio. Kindern, Großeltern, Flitterwöchnern und Touristen aus aller Welt, die jedes Jahr herkommen, verheißt es nach wie vor magische Erlebnisse.

Die ganz normale Stadt Anaheim, die rund um Disneyland gewachsen ist, wartet mit ein paar überraschend coolen Ecken auf, die nicht das Geringste mit dem Trubel rund um Micky Maus zu tun haben.

Sehenswertes & Aktivitäten

Der makellose und mustergültige **Disneyland Park®** entspricht immer noch Walt Disneys ursprünglichen Plänen. Hier finden sich unzählige Fahrgeschäfte und ein paar der Attraktionen, die am stärksten mit dem Namen Disney verknüpft sind: Main Street USA, Sleeping Beauty Castle, Tomorrowland und – als absoluter Publikumshit – Star Wars: Galaxy's Edge.

Der größere, aber nicht so überfüllte Park **Disney California Adventure®** feiert die natürlichen und kulturellen Schätze des „Golden State", kann aber hinsichtlich der Dichte und des Einfallsreichtums der Attraktionen nicht mit dem Originalpark mithalten – was man z.B. mit dem neuen Avengers Campus ausgleichen will. Die besten Fahrgeschäfte befinden sich auf dem altmodischen kalifornischen Vergnügungspier: Soarin' Around the World (ein virtueller Gleitschirmflug) und Guardians of the Galaxy – Mission: BREAKOUT!, bei dem man einen 56 m hohen Aufzugschacht hinunterrast.

Wer alle Rides (Fahrgeschäfte) in beiden Themenparks erleben will, benötigt mindestens zwei Tage, da die Wartezeiten vor den Top-Attraktionen (vor allem im Sommer) eine Stunde und mehr betragen können. Um die Wartezeit zu reduzieren, sollte man werktags noch vor der Öffnungszeit kommen, sein Ticket online kaufen und ausdrucken und das Fastpass-System nutzen, das einem für ausgewählte Rides und Attraktionen einen festen Zeitpunkt zuteilt. Die saisonalen Öffnungszeiten und die Termine von Paraden, Shows und Feuerwerk stehen auf der Website.

Während das Disneyland Resort den Tourismus der Stadt Anaheim natürlich fest im Griff hat, lohnt doch ein Besuch der sanierten Viertel rund ums Rathaus: des **Anaheim Packing District** (Karte S. 268; www.anaheimpackingdistrict.com; S Anaheim Bl) und der **Center Street** (Karte S. 268; www.centerstreetanaheim.com; W Center St). In dieser befindet sich auch das von Frank Gehry entworfene Eishockeystadion, in dem die Anaheim Ducks trainieren. Es ist öffentlich zugänglich.

Schlafen

Wer das komplette Disney-Erlebnis möchte, kann im Disneyland Resort in drei verschiedenen Hotels übernachten. Allerdings gibt's in Anaheim gleich hinter den Toren des Parks weniger teure Unterkünfte. Ein preiswerteres Vergnügungsparkhotel ist **Knott's Berry Farm** (Karte S. 268; 714-995-1111; www.knotts.com/stay/knotts-berry-farm-hotel; 7675 Crescent Ave, Buena Park; Zi. 79–169 US$;).

Disneyland Resort

★Disney's Grand Californian Hotel & Spa RESORT $$$
(Karte S. 268; Info 714-635-2300, Reservierungen 714-956-6425; https://disneyland.disney.go.com/grand-californian-hotel; 1600 S Disneyland Dr; Zi. ab 507 US$;) Über der kathedralenartigen Lobby des sechsstöckigen Grand Californian, Disneys Hommage an den Architekturstil des Arts and Crafts Movement, erheben sich mächtige Holzbalken. Die bequemen, kürzlich renovierten Zimmer bieten Betten mit dreifachen Laken, Daunenkissen, Bademäntel und maßgearbeitete Möbel. Draußen windet sich die Wasserrutsche um einen künstlichen Redwoodstamm. Und abends kommen die Kinder bei Gutenachtgeschichten vor dem riesigen Kamin in der Lobby zur Ruhe.

Disneyland Hotel HOTEL $$
(Karte S. 268; 714-778-6600; www.disneyland.com; 1150 Magic Way, Anaheim; Zi. ab 409 US$;) Das älteste Hotel des Parks entstand 1955, also im Jahr der Eröffnung Disneylands, wurde aber schwungvoll und mit einer kräftigen Prise Disney-Flair modernisiert. Es hat drei Türme mit jeweils einer eigenen Themenlobby (Abenteuer, Fantasie und Pioniere). Die 972 großen Zimmer haben Bäder mit Wandlampenhaltern in der Form von Micky-Maus-Händen und im Stil des Sleeping Beauty Castle verzierte Wände.

Anaheim

Best Western Plus Stovall's Inn MOTEL $$
(Karte S. 268; 714-778-1880; www.bestwestern.com; 1110 W Katella Ave; Zi. 99–175 US$;) Generationen von Gästen haben bereits in diesem Hotel mit seinen 289 Zimmern übernachtet, das nur 15 Gehminuten von Disneyland entfernt ist. Zum Haus gehören zwei Pools, zwei Whirlpools, ein Fitnessraum, ein Kinderbecken und ein Formschnittgarten. Die renovierten wie eleganten Zimmer in modernem Design sind makellos sauber. Alle verfügen über eine Klimaanlage, eine Mikrowelle und einen Minikühlschrank. Im Preis ist ein warmes Frühstück inbegriffen; Gäste können die Waschküche nutzen.

Ayres Hotel Anaheim HOTEL $
(Karte S. 268; 714-634-2106; www.ayreshotels.com/anaheim; 2550 E Katella Ave; Zi. 139–259 US$; ; ARTIC, Amtrak bis ARTIC) Die gut geführte kleine Businesshotelkette ist solide und ihr Geld wert. Die 133 Zimmer bieten Mikrowelle, Minikühlschrank, Safe, Bar und Pillow-Top-Matratzen. Das Design ist von der kalifornischen Arts and Craft Movement inspiriert. Die Zimmer in der vierten Etage haben besonders hohe Decken. Ein komplettes Frühstück und von Montag bis Donnerstag gesellige Stunden am Abend mit Bier, Wein und Snacks sind im Preis enthalten.

ABSTECHER

KNOTT'S BERRY FARM

Was, Disney hat nicht gereicht? Noch mehr Fahrgeschäfte und Zuckerwatte gibt's in **Knott's Berry Farm** (Karte S. 268; 714-220-5200; www.knotts.com; 8039 Beach Blvd, Buena Park; Erw./Kind 3–11 Jahre 84/54 US$; ab 10 Uhr, Schließzeiten variieren zw. 17–23 Uhr;). In diesem Old-West-Vergnügungspark mit seinen ziemlich heftigen Rides können jugendliche Tempofanatiker testen, wie mutig sie wirklich sind. Für Unbehagen im Magen sorgen u. a. die „Schreimaschine“ Boomerang, der hölzerne GhostRider und der Xcelerator im Stil der 1950er-Jahre. Kleine Kinder werden sich über die zahmere Action im Camp Snoopy freuen. Von Ende September bis Ende Oktober ist abends Halloween angesagt; dann verwandelt sich der Park in die „Knott's Scary Farm“.

Wem die Sommerhitze zu viel wird, der kann sich nebenan im Wasserpark **Knott's Soak City** (Karte S. 268; 714-220-5200; www.knotts.com/play/soak-city; 8039 Beach Blvd, Buena Park; Erw./Kind 3–11 Jahre 53/43 US$; Mitte Mai–Mitte Sept. 10–17, 18 od. 19 Uhr;) abkühlen. Zeit und Geld spart, wer sein Ticket für beide Parks online kauft und ausdruckt.

DOWNTOWN DISNEY

Downtown Disney ist ein Triumph des Marketings. In dieser Ladenstraße, die zwischen den beiden Parks und den Hotels liegt, kann man sich nur schwer zurückhalten. Es gibt jede Menge Gelegenheiten, in Geschäften (nicht nur für Disney-Sachen), in Restaurants und Unterhaltungseinrichtungen Geld auszugeben. Abgesehen von den Disney-Artikeln sind viele dieser Geschäfte auch anderswo zu finden, aber genau in diesem Moment ist es schwer, ihnen zu widerstehen. Die meisten Geschäfte hier öffnen und schließen mit den Parks.

Essen & Ausgehen

Von Brezeln in Micky-Maus-Form (4 US$) und Jumbo-Putenkeulen (10 US$) für unterwegs bis zu Gourmet-Mahlzeiten – preislich gibt's nach oben keine Grenze – herrscht kein Mangel an Essensoptionen. Die meisten sind allerdings teuer und auf den Massengeschmack zugeschnitten. Bei **Disney Dining** (☎714-781-3463; http://disneyland.disney.go.com/dining) kann man bis zu 60 Tage im Voraus telefonisch einen Tisch reservieren. Die Öffnungszeiten der Restaurants ändern sich saisonal und manchmal auch täglich. Die aktuellen Öffnungszeiten erfährt man in der Disneyland-App und auf der Website von Disney Dining.

Wer nicht unbedingt Lust auf Micky-Maus-Essen hat, fährt einfach zum Anaheim Packing District (3 Meilen/5 km nordöstlich), nach Old Towne Orange (7 Meilen/11 km südöstlich), Little Arabia (3 Meilen/5 km westlich) oder Little Saigon (8 Meilen/13 km südwestlich).

Disneyland Resort

Earl of Sandwich SANDWICHES $

(Karte S. 268; ☎714-817-7476; www.earlofsandwichusa.com; Downtown Disney; Hauptgerichte 6,50–9 US$; ⏲So–Do 8–23, Fr & Sa 8–24 Uhr; 👪) In diesem Sandwich-Lokal, das in der Nähe vom Disneyland Hotel (S. 295) zu finden ist, werden getoastete Sandwiches über den Tresen gereicht, die sowohl großen, als auch kleinen Gästen schmecken. Das Sandwich „Original 1762" ist mit Roastbeef, Cheddar und Meerrettich belegt. Sehr Lecker ist auch der „Chipotle-Chicken". Pizzas, Salate und Frühstücksgerichte sind ebenfalls im Programm.

Ralph Brennan's New Orleans Jazz Kitchen CAJUN $$

(Karte S. 268; ☎714-776-5200; http://rbjazzkitchen.com; Downtown Disney; Hauptgerichte mittags 15,50–25 US$, abends 26,50–39,50 US$; ⏲So–Do 8–22, Fr & Sa bis 23 Uhr; 👪) Am Wochenende spielen in dieser Restobar Jazzcombos und unter der Woche gibt's Pianoabende. Serviert werden Gerichte in New Orleans' Cajun-Stil und kreolische Küche: Okraschoten, Po' Boy Sandwiches und Jambalaya. Zudem gibt's einige (nicht allzu abenteuerliche) Kindergerichte und Cocktailspezialitäten. Wer nicht genügend Zeit mitbringt, um sich zu setzen, bekommt auf Wunsch auch ein schnelles Frühstück oder Mittagessen.

★**Napa Rose** KALIFORNISCH $$$

(Karte S. 268; ☎714-300-7170; https://disneyland.disney.go.com/dining; Grand Californian Hotel & Spa; Hauptgerichte 38–48 US$, ⏲17.30–22 Uhr; 👪) Das beste Restaurant im Disneyland Resort hat Stühle mit hohen Lehnen im Arts-&-Crafts-Stil und hohe Decken. Aus der Küche kommen saisonale „California Wine Country"-Speisen (d.h. aus NorCal) – fast wie im Schloss von Dornröschen. Kindermenüs gibt's ebenfalls. Reservierung erforderlich! Das Hotel betritt man vom Disney California Adventure oder von Downtown Disney.

Anaheim

★**Pour Vida** MEXIKANISCH $

(Karte S. 268; ☎657-208-3889; www.pourvidalatinflavor.com; 185 W Center St Promenade; Tacos 2–8 US$; ⏲Mo 10–19, Di–Do bis 21, Fr bis 22, Sa 9–22, So 9–20.30 Uhr) Küchenchef Jimmy hat schon in einigen der besten Restaurants von L.A. gearbeitet, hat sich nun aber seiner mexikanischen Wurzeln besonnen und legt sein Augenmerk auf Gourmet-Tacos: Steaks mit Ananaskrone, Tempura-Austern, Romanesco-Blumenkohl ... *caramba*! Selbst die Tortillas sind etwas Besonderes, nach einem geheimen Rezept mit Tinte vom Tintenfisch und Spinat zubereitet. Das Ambiente ist bewusst zwanglos mit Backsteinen, Zement und Kreidetafeln an den Wänden.

Praktische Informationen

Im Park kann man sich mit Fragen oder Problemen an alle „Cast Members" wenden oder die **City Hall** (Karte S. 268; ☎714-781-4565; Main Street USA) in Disneyland bzw. die Guest Relations Lobby im Disney California Adventure besuchen.

Dort kann man auch ausländische Währungen tauschen. In beiden Parks und in Downtown Disney gibt's außerdem mehrere Geldautomaten.

Anreise & Unterwegs vor Ort

Disneyland und Anaheim erreicht man mit dem Auto (über die I-5) und mit den Zügen von Amtrak und Metrolink, die zum Transitzentrum **ARTIC** (Anaheim Regional Transportation Intermodal Center; 2150 E Katella Ave, Anaheim) in Anaheim fahren. Von dort ist es noch eine kurze Fahrt mit dem Taxi, einem Mitfahrunternehmen oder dem Shuttle von **Anaheim Resort Transportation** (ART; ☎ 888-364-2787; www.rideart.org; Erw./Kind Einzelfahrt 3/1 US$, Tagsticket 6/2,50 US$, Mehrtagestickets sind ebenfalls erhältlich) bis nach Disneyland selbst. Der nächste Flughafen ist der **John Wayne Airport** (SNA; Karte S. 268; www.ocair.com; 18601 Airport Way, Santa Ana) in Orange County.

Die mit Biodiesel angetriebene Kleinbahn Disneyland Railroad tuckert im Uhrzeigersinn rund um Disneyland und hält an der Main Street USA, am New Orleans Square, bei Mickey's Toon Town und bei Tomorrowland. Für eine komplette Runde benötigt sie etwa 20 Minuten. Zwischen den Haltestellen Tomorrowland und Main Street USA kann man die Dioramen Grand Canyon und „Primeval World" im Stil von Jurassic Park sehen. Von Tomorrowland fährt eine emissionsfreie Monorail direkt nach Downtown Disney.

Orange County Beaches

Wer *O.C., California* oder *The Real Housewives* gesehen hat, glaubt vielleicht zu wissen, was man von der riesigen Vorstadtansammlung zwischen L.A. und San Diego mit der prächtigen 68 km langen Küstenlinie zu erwarten hat. In Wirklichkeit hat aber jeder Strandort im Orange County sein ganz eigenes Flair. Gut gebaute Typen mit einem fetten Hummer als fahrbarem Untersatz und Botox-Schönheiten leben hier Seite an Seite mit lässigen Surfern und freakigen Künstlern.

Seal Beach & Huntington Beach

Das altmodische **Seal Beach** gleich hinter der Grenze zwischen dem L.A. County und dem Orange County ist ein erfrischend unkommerzielles Städtchen mit einem malerischen, gut zu Fuß zu erkundenden Zentrum. Knapp 10 Meilen (16 km) weiter südlich auf dem Pacific Coast Hwy (Hwy 1) kommt **Huntington Beach** alias „Surf City, USA", der Inbegriff des südkalifornischen Surfer-Lifestyles. In den Bars und Cafés in HBs Main St gibt's Fischtacos und Happy-Hour-Specials zuhauf; und ganz in der Nähe befindet sich das winzige **Surfing Museum** (Karte S. 268; ☎ 714-960-3483; www.surfingmuseum.org; 411 Olive Ave; Eintritt 3 US$; ⏲ Di–So 12–17 Uhr).

In Huntington Beach befindet sich das elegante, friedliche Hotel **Paséa** (Karte S. 268; ☎ 855-622-2472; http://meritagecollection.com/paseahotel; 21080 Pacific Coast Hwy; Zi. Mai–Aug. ab 359 US$, Rest des Jahres ab 280 US$; P ⊖ ❄ @ ≋). Die Flure sind in unterschiedlichen Blauthemen gestaltet, von Jeansblau bis Himmelblau, und die 250 minimalistischen, hohen Zimmer haben alle Balkons mit Meerblick. Zudem bietet das Hotel einen umwerfenden Pool, einen Fitnessraum und ein Spa im balinesischen Stil. Und – als wäre das noch nicht genug – eine Verbindung zum **Pacific City** (Karte S. 268; www.gopacificcity.com; 21010 Pacific Coast Hwy; ⏲ Öffnungszeiten variieren) mit seinem einzigartigen tollen Food Court. Besonders zu empfehlen sind die Sandwiches von Burnt Crumbs – die Variante mit Spaghetti und gegrilltem Käse macht sich auf Instagram toll –, die australischen Fleischpasteten von Pie Not, der Kaffee von Portola und die Eiscreme von Han's. Man kann das Essen mit auf die Terrasse nehmen, wo die Aussicht am schönsten ist.

Newport Beach & Balboa Peninsula

Als nächstes kommt die schickste der Strandgemeinden von O.C.: **Newport Beach** mit seinen unzähligen Jachten. Familien und Teenager zieht es zur **Balboa Peninsula** mit ihren Stränden, dem alten Holzpier und dem witzigen Vergnügungszentrum. In der Nähe des 1906 errichteten Balboa Pavilion legt die **Balboa Island Ferry** (Karte S. 268; www.balboaislandferry.com; 410 S Bay Front; Erw./Kind 1/0,50 US$, Auto mit Fahrer 2 US$; ⏲ So–Do 6.30–24, Fr & Sa 6.30–2 Uhr) zur Balboa Island ab, wo man historische Strandhäuser bewundern und in der Marine Ave in Boutiquen stöbern kann.

Die **Bear Flag Fish Company** (Karte S. 268; ☎ 949-673-3474; www.bearflagfishco.com; 3421 Via Lido,; Hauptgerichte 10–16 US$; ⏲ Di–Sa 11–21, So & Mo 11–20 Uhr; 👪) ist *das* Lokal für riesige Fisch-Tacos, Ahi-Burritos, absolut frische Ceviche und Austern. Man nimmt sich die gewünschte Speise aus der Eistruhe und sucht sich einen Platz an einem der Picknicktische. Frischere Meeresfrüchte bekommt man nur, wenn man sie selbst fängt und gleich an Bord verputzt.

ABSTECHER

MISSION SAN JUAN CAPISTRANO

Ein Abstecher von den Stränden in Orange County führt landeinwärts zur **Mission San Juan Capistrano** (☎949-234-1300; www.missionsjc.com; 26801 Ortega Hwy; Erw./Kind 10/7 US$; ⏰9–17 Uhr; 👪), einer der am schönsten restaurierten kalifornischen Missionen aus der spanischen Kolonialzeit. Für einen Spaziergang auf dem Gelände sollte man sich mindestens eine Stunde Zeit lassen, zu sehen sind Ziegeldächer, Arkaden, blühende Gärten, Brunnen und Höfe, die Unterkünfte der Pater, die Kasernen und der Friedhof.

Die 1782 erbaute, weiß getünchte Serra Chapel, in deren Inneren sich restaurierte Fresken befinden, soll eines der ältesten erhaltenen Gebäude Kaliforniens sein. Auf jeden Fall ist sie das einzige noch existierende Bauwerk, in dem Junípero Serra, der Gründer der Mission, die Messe abhielt. Serra gründete die Mission am 1. November 1776 und kümmerte sich viele Jahre persönlich um diese.

Im Eintritt enthalten ist ein Audioguide mit vielen interessanten Geschichten, die von Einheimischen erzählt werden.

Laguna Beach

Auf der Fahrt weiter nach Süden führt der Hwy 1 vorbei an den wilden Stränden des **Crystal Cove State Park** (Karte S. 268; ☎949-494-3539; www.parks.ca.gov; 8471 N Coast Hwy; Auto 15 US$; ⏰6 Uhr–Sonnenuntergang; P 👪) 🍃 und schließlich hinunter zum **Laguna Beach**, O. C.s kultiviertester Küstengemeinde. Einsame Strände, spiegelglattes Wasser und mit Eukalyptusbäumen bewachsene Hügel sorgen für Riviera-Atmosphäre. Kunstgalerien säumen die engen Straßen des „Dorfs" und den Coastal Hwy mit dem **Laguna Art Museum** (☎949-494-8971; www.lagunaartmuseum.org; 307 Cliff Dr; Erw./Student & Senior/Kind unter 13 Jahren 7/5/frei US$, 1. Do im Monat 17–21 Uhr Eintritt frei; ⏰Fr–Di 11–17, Do 11–21 Uhr), in dem moderne und zeitgenössische kalifornische Werke bewundert werden können. Mitten im Ortszentrum am Main Beach kann man die Schönheit der Natur in sich aufsaugen.

Die Gäste würden schon allein wegen des Meerblicks und der unglaublichen Sonnenuntergänge herbeiströmen, doch das genügt dem Gourmet-Restaurant **Driftwood** (☎949-715-7700; www.driftwoodkitchen.com; 619 Sleepy Hollow Lane; Hauptgerichte mittags 15–37 US$, abends 25–44 US$; ⏰Mo–Fr 9–10.30 & 11–14.30, So–Do 17–21.30, Fr & Sa bis 22.30, Sa & So 9–14.30 Uhr) nicht: Im Mittelpunkt der saisonalen Speisekarten stehen gute, frische, nachhaltig produzierte Meeresfrüchte, es gibt aber auch Fleischgerichte.

Wer im Sommer hier ist, sollte auf keinen Fall das **Festival of Arts** (www.foapom.com; 650 Laguna Canyon Rd; Eintritt 7–10 US$; ⏰Juli & Aug. Mo–Fr 12–23.30, Sa & So 10–23.30 Uhr; 👪) verpassen, das zwei Monate lang Originalkunstwerke in jeder Gestalt würdigt. Etwa 140 Aussteller präsentieren ihre Werke, von Malerei und handgefertigten Möbeln bis zu Beinschnitzerei. Daneben gibt's kinderfreundliche Kunstworkshops und täglich Livemusik und Unterhaltung.

San Diego

San Diego bezeichnet sich selbst ganz schamlos als „America's Finest City". Diese kesse Selbstgefälligkeit und das sonnige Gemüt färben natürlich auch auf die Menschen ab, die hier wohnen. Die Stadt fühlt sich an wie ein Zusammenschluss aus kleinen Ortschaften, die jeweils ihre eigene Persönlichkeit besitzen, in Wirklichkeit ist San Diego aber die achtgrößte Stadt der USA – und vielleicht diejenige, mit dem entspanntesten Flair.

Diese Stadt muss man einfach lieben: Sie lockt mit vielen weltberühmten Attraktionen für die ganze Familie, darunter der Zoo und die Museen im Balboa Park, einer lebendigen Downtown, wunderbaren Wanderwegen für jedermann, über 60 Stränden und dem besten Wetter Amerikas.

Sehenswertes

Downtown & Embarcadero

San Diegos Downtown ist das wichtigste Geschäfts-, Finanz- und Tagungszentrum der Region. Das Stadtzentrum verströmt zwar nicht die intensive urbane Energie anderer Innenstädte, doch im historischen **Gaslamp Quarter** – einst eine berüchtigte Meile voller Saloons, Spielhöllen und Bordellen, die Stingaree genannt wurde – kann man prima shoppen, essen gehen und abends ausgehen; auch die Hipster-Hochburgen **East Village** und **North Park** lohnen einen Besuch. Der **Embarcadero** liegt am Wasser und lädt zu einem Spaziergang ein. In der nordwestlichsten Ecke Downtowns strotzt das dynamische **Little Italy** von ungewöhnlichen, trendigen Restaurants.

★ **Maritime Museum** MUSEUM
(Karte S. 302; ☎619-234-9153; www.sdmaritime.org; 1492 N Harbor Dr; Erw./Kind 18/8 US$; ⊙Ende Mai–Anfang Sept. 9–21 Uhr, Anfang Sept.–Ende Mai bis 20 Uhr;) Diese Sammlung von elf historischen Segelschiffen, Dampfern und U-Booten kann man gar nicht verfehlen: einfach nach dem 30 m hohen Mast des mit einem Eisenrumpf versehenen Rahseglers *Star of India* schauen. Der Windjammer wurde 1863 vom Stapel gelassen und fuhr auf der Handelsroute von England nach Indien. Auch ein Nachbau der *San Salvador*, mit der der Entdecker Juan Rodriguez Cabrillo 1542 die Küste San Diegos erreichte, liegt vor Anker. Man kann Stunden damit zubringen, sich die Exponate anzuschauen und auf den Schiffen umherzustreifen.

USS Midway Museum MUSEUM
(Karte S. 302; ☎619-544-9600; www.midway.org; 910 N Harbor Dr; Erw./Kind 22/9 US$; ⊙10–17 Uhr, letzter Einlass 16 Uhr; P) Der riesige Flugzeugträger USS *Midway* gehörte von 1945 bis 1991 zu den Flaggschiffen der Marine und kam zuletzt im ersten Golfkrieg bei Kampfhandlungen zum Einsatz. Auf dem Flugdeck kann man etwa zwei Dutzend restaurierte Flugzeuge besichtigen, darunter auch eine F-14 Tomcat und ein Kampfjet vom Typ F-4 Phantom. Eine im Eintrittspreis enthaltene Audiotour führt die Besucher über die Oberdecks zur Brücke, zur Einsatzzentrale des Admirals, zur Arrestzelle und in das „pri-Fly“ genannte Flugkontrollzentrum, das das Äquivalent zum Flughafen-Tower bildet.

Museum of Contemporary Art MUSEUM
(MCASD Downtown; Karte S. 302; ☎858-454-3541; www.mcasd.org; 1001 Kettner Blvd; Erw./Pers. unter 25 Jahren 10 US$/frei; ⊙Do–Di 11–17 Uhr) Das renommierte Museum befindet sich im modernisierten Gepäckgebäude des Santa Fe Depot und präsentiert Wechselausstellungen, die die ganze Bandbreite künstlerischen Ausdrucks von den 1950er-Jahren bis heute zeigen. Seine besonderen Stärken sind Minimalismus, Pop-Art, Konzeptkunst und Kunst aus Südkalifornien. Am dritten Donnerstag im Monat hat das Museum länger geöffnet, dann ist der Eintritt von 17 bis 20 Uhr frei.

⊙ Coronado

Eine 2,5 km lange Brücke verbindet Coronado Island, das eigentlich eine Halbinsel ist, mit dem Festland. Die Hauptattraktion der Halbinsel ist das **Hotel del Coronado** (Karte S. 300; ☎Führungen 619-522-8100, 619-435-6611; www.hoteldel.com; 1500 Orange Ave; Führungen 40 US$; ⊙Führungen tgl. 10 Uhr, Sa & So 14 Uhr; P) GRATIS. Berühmtheit erlangte dieses wegen seiner viktorianischen Architektur und seines illustren Gästebuchs, in dem Namen wie Thomas Edinson, Babe Ruth und Marilyn Monroe stehen.

Vom Cabrillo National Monument (S. 303) auf der Halbinsel **Point Loma** am Eingang der Bucht bietet sich ein weiter Blick aufs Meer und die Stadt. An der **Mission Bay** nordwestlich der Downtown gibt's Lagunen, einen Park und viele Freizeitmöglichkeiten, von Wasserski über Camping bis zur SeaWorld. Die nahe gelegenen Küstenviertel Ocean Beach, Mission Beach und Pacific Beach sind typisch für Südkaliforniens Strandszene.

Die **Coronado Ferry** (Karte S. 302; ☎800-442-7847; www.flagshipsd.com; 990 N Harbor Dr; einfache Fahrt 5 US$; ⊙So–Do 9–21.30, Fr & Sa bis 22.30 Uhr) pendelt stündlich zwischen dem **Broadway Pier** (1050 N Harbor Dr) am Embarcadero und dem Convention Center in Downtown. Alle Fähren legen in Coronado am Ende der 1st St an. Dort verleiht **Bikes & Beyond** (Karte S. 300; ☎619-435-7180; www.bikes-and-beyond.com; 1201 1st St; pro Std./Tag ab 8/30 Uhr; ⊙9 Uhr–Sonnenuntergang) Cruiser-Bikes und Tandems. Mit diesen kann man wunderbar über Coronados weiße Sandstrände radeln, die sich entlang des Silver Strand nach Süden ziehen.

⊙ Balboa Park

Der Balboa Park ist eine städtische Oase mit über einem Dutzend Museen, Gärten, schöner Architektur, Veranstaltungsstätten und einem Zoo. Gebäude im Beaux-Arts- und im spanischen Kolonialstil aus dem frühen 20. Jh. (ein Überbleibsel der Weltausstellungen) säumen die Plazas an der von Osten nach Westen führenden Promenade El Prado.

Der kostenlose Bus Balboa Park Tram dreht ununterbrochen eine Runde durch den Park. Noch schöner ist's aber, diesen zu Fuß zu erkunden, vorbei am 1915 erbauten **Spreckels Organ Pavilion** (Karte S. 306; ☎619-702-8138; http://spreckelsorgan.org) GRATIS, den Galerien und Geschäften des **Spanish Village Art Center** (Karte S. 306; ☎619-233-

Großraum San Diego

0 5 km
0 2,5 Meilen

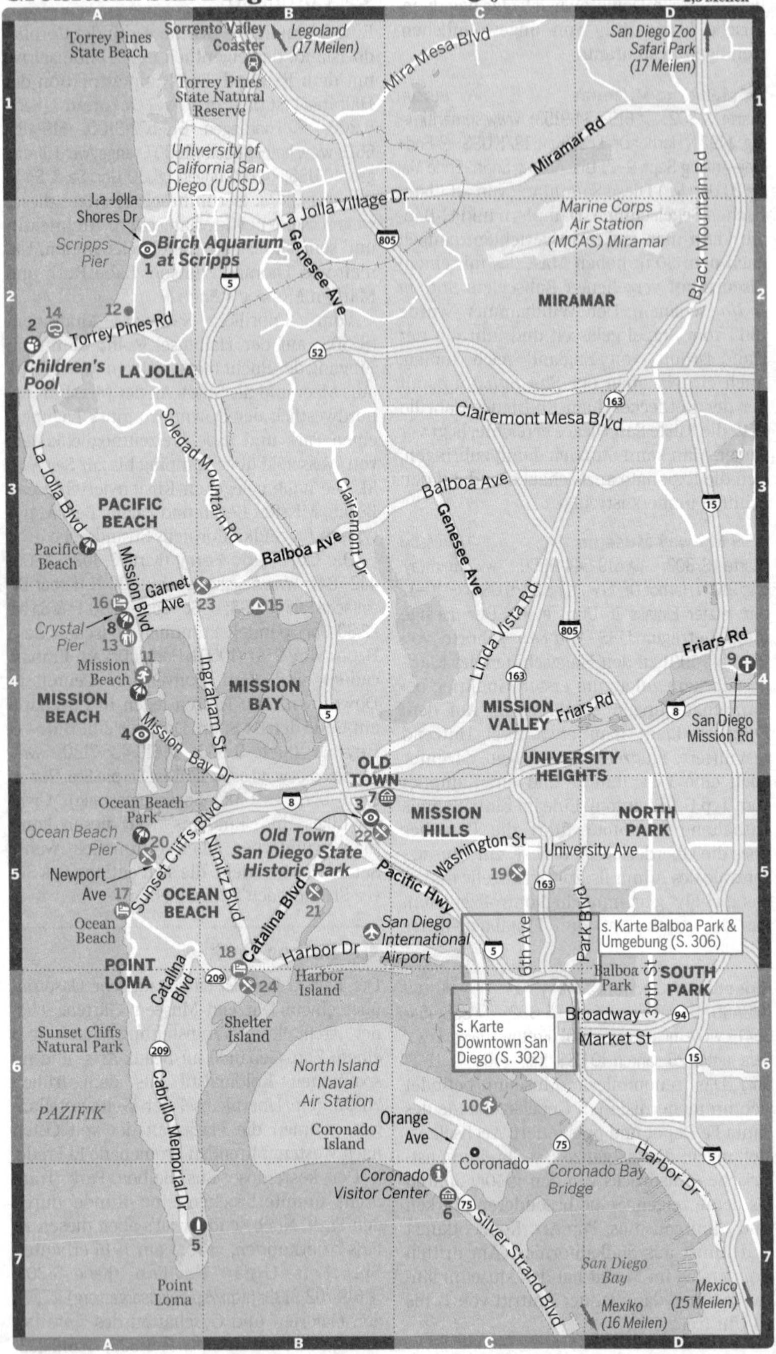
Torrey Pines State Beach
Sorrento Valley Coaster
Legoland (17 Meilen)
San Diego Zoo Safari Park (17 Meilen)
Mira Mesa Blvd
Torrey Pines State Natural Reserve
Miramar Rd
University of California San Diego (UCSD)
La Jolla Shores Dr
La Jolla Village Dr
Marine Corps Air Station (MCAS) Miramar
Black Mountain Rd
Scripps Pier
1 Birch Aquarium at Scripps
Genesee Ave
MIRAMAR
12
2
14
Torrey Pines Rd
Children's Pool
LA JOLLA
Clairemont Mesa Blvd
Soledad Mountain Rd
La Jolla Blvd
Clairemont Dr
Balboa Ave
PACIFIC BEACH
Genesee Ave
Pacific Beach
Balboa Ave
Mission Blvd
Garnet Ave
23
15
16
8
Crystal Pier
13
11
Mission Beach
Ingraham St
MISSION BAY
Linda Vista Rd
Friars Rd
9
MISSION BEACH
MISSION VALLEY
Friars Rd
San Diego Mission Rd
4
Mission Bay Dr
OLD TOWN
UNIVERSITY HEIGHTS
Ocean Beach Park
7
3
MISSION HILLS
NORTH PARK
Ocean Beach Pier
20
Sunset Cliffs Blvd
Nimitz Blvd
22
Old Town San Diego State Historic Park
Washington St
University Ave
Newport Ave
Pacific Hwy
19
17
OCEAN BEACH
Catalina Blvd
21
Ocean Beach
San Diego International Airport
6th Ave
Park Blvd
s. Karte Balboa Park & Umgebung (S. 306)
18
Harbor Dr
POINT LOMA
Catalina Blvd
Harbor Island
24
Balboa Park
30th St
SOUTH PARK
Broadway
Shelter Island
s. Karte Downtown San Diego (S. 302)
Market St
Sunset Cliffs Natural Park
North Island Naval Air Station
PAZIFIK
10
Cabrillo Memorial Dr
Coronado Island
Orange Ave
Coronado
Coronado Bay Bridge
Harbor Dr
Coronado Visitor Center
6
Silver Strand Blvd
5
San Diego Bay
Point Loma
Mexiko (16 Meilen)
Mexico (15 Meilen)

Großraum San Diego

Highlights
1 Birch Aquarium at Scripps A2
2 Children's Pool A2
3 Old Town San Diego State Historic Park B5

Sehenswertes
4 Belmont Park A4
5 Cabrillo National Monument A7
6 Hotel del Coronado C7
7 Junípero Serra Museum B5
8 Mission & Pacific Beaches Boardwalk A4
9 Mission Basilica San Diego de Alcalá ... D4

Aktivitäten, Kurse & Touren
10 Bikes & Beyond C6
11 Cheap Rentals A4
12 Hike Bike Kayak A2
13 Pacific Beach Surf Shop A4
14 San Diego-La Jolla Underwater Park A2

Schlafen
15 Campland on the Bay B4
16 Crystal Pier Hotel & Cottages A4
Hotel del Coronado .... (siehe 6)
17 Inn at Sunset Cliffs A5
18 Pearl Hotel B5

Essen
19 Hash House a Go Go C5
20 Hodad's A5
21 Liberty Public Market B5
22 Old Town Mexican Café B5
23 Pacific Beach Fish Shop B4
24 Point Loma Seafoods B6

9050; http://spanishvillageart.com; 1770 Village Pl; 11–16 Uhr) GRATIS und den Ausstellungshäusern am **United Nations Building** mit verschiedenen internationalen Themen.

San Diego Zoo ZOO
(Karte S. 306; 619-231-1515; https://zoo.sandiegozoo.org; 2920 Zoo Dr; Tagesticket Erw./Kind ab 56/46 US$; 2-Visit Pass für Zoo und/oder Safaripark Erw./Kind 90/80 US$; Mitte Juni–Anfang Sept. 9–21 Uhr, Anfang Sept.–Mitte Juni bis 17 oder 18 Uhr; pc) Der zu Recht berühmte Zoo ist eine der größten Attraktionen Südkaliforniens. In ihm leben 3000 Tiere aus mehr als 650 Arten in einer schön angelegten Umgebung, meist in Gehegen, die ihrem natürlichen Lebensraum nachempfunden sind. Der Schwesterpark **San Diego Zoo Safari Park** (760-747-8702; www.sdzsafaripark.org; 15500 San Pasqual Valley Rd, Escondido; Tagesticket Erw./Kind ab 56/46 US$, 2-Visit Pass für Safaripark und/oder Zoo Erw./Kind 90/80 US$; 9–18 Uhr; P) liegt im nördlichen San Diego County.

Es lohnt sich, gleich morgens zu kommen, wenn viele Tiere am aktivsten sind; manche werden aber auch nachmittags noch einmal munter. Am Eingang des Zoos gibt's einen Plan zum Mitnehmen, mit dem jeder seine Lieblingstiere auch ganz sicher findet.

Fleet Science Center MUSEUM
(Karte S. 306; 619-238-1233; www.rhfleet.org; 1875 El Prado; Erw./Kind 3–12 Jahre inkl. IMAX-Film 22/19 US$; Mo–Do 10–17, Fr–So bis 18 Uhr;) Dieses Mitmach-Wissenschaftsmuseum, eines der besten der Museen im Balboa Park, zeigt interaktive Ausstellungen, darunter ein Raum für kleine Kinder. Besucher können gigantische Strukturen errichten, zu einer menschlichen Batterie werden oder Vorführungen des mysteriösen Tesla Coil erleben. Das Highlight ist jedoch das **Giant Dome Theater**, das täglich verschiedene Filme und Planetarium-Shows zeigt.

San Diego Natural History Museum MUSEUM
(The Nat; Karte S. 306; 877-946-7797; www.sdnhm.org; 1788 El Prado; Erw./Kind 3–17 Jahre/unter 2 Jahren 29/12 US$/frei; 10–17 Uhr;) Das „Nat" beherbergt in wunderschönen Räumen 7,5 Mio. Ausstellungsstücke, u. a. Felsen, Fossilien und ausgestopfte Tiere, ein beeindruckendes Dinosaurierskelett und eine erhellende Ausstellung zu der Frage, wie der Klimawandel Kaliforniens Wasserversorgung beeinflusst. Kinder werden die 2-D- und 3-D-Filme über die Welt der Natur auf der Riesenleinwand im Kino und die an den meisten Wochenenden angebotenen unterhaltsamen Bildungsprogramme lieben.

San Diego Museum of Art MUSEUM
(SDMA; Karte S. 306; 619-232-7931; www.sdmart.org; 1450 El Prado; Erw./Student/Kind unter 17 Jahren 15/8 US$/frei; Mo, Di, Do & Sa 10–17, Fr bis 20, So 12–17 Uhr) Die alten spanischen Meister El Greco und Goya und eine respektable Auswahl an Werken anderer internationaler Schwergewichte – von Matisse bis Magritte und von Cassat bis Rivera – stehen im Rampenlicht der ständigen Sammlung des SMDA. Ein weiterer Schwerpunkt ist die amerikanische Landschaftsmalerei; und auch in der Asiatischen Galerie hängen ein paar echte Hingucker. Freitags zwischen 17 bis 20 Uhr kostet der Eintritt nur 5 US$.

Downtown San Diego

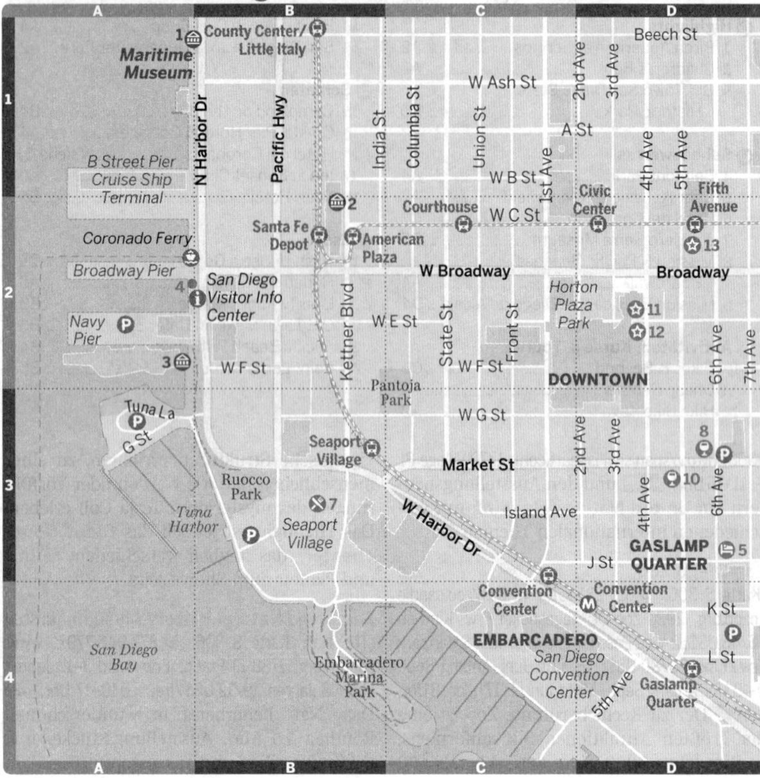

San Diego Air & Space Museum MUSEUM

(Karte S. 306; ☎619-234-8291; www.sandiegoairandspace.org; 2001 Pan American Plaza; Erw./Jugendlicher/Kind unter 2 Jahren 20/11 US$/frei; ⌚10–16.30 Uhr; 👪) Dieses runde Museum ist eine Ode an die Luftfahrt und zeigt eine große Ausstellung historischer Flugzeuge und -geräte sowohl als Originale wie auch als Nachbauten und Modelle, z. B. ein Heißluftballon von 1783, ein Kommandomodul aus dem Raumschiff Apollo und einen Kobra-Helikopter aus der Zeit des Vietnamkrieges. Zudem kann man Erinnerungsstücke von legendären Piloten wie Charles Lindbergh und dem Astronauten John Glenn bewundern und im Kino 3-D- und 4-D-Filme anschauen.

◉ Old Town & Mission Valley

★Old Town San Diego State Historic Park HISTORISCHE STÄTTE

(Karte S. 300; ☎619-220-5422; www.parks.ca.gov; 4002 Wallace St; ⌚Visitor Center & Museen Mai–Sept. 10–17 Uhr, Okt.–April Mo–Do 10–16, Fr–So bis 17 Uhr; 🅿 👪) GRATIS Die Altstadt befindet sich am Ort der ersten europäischen Siedlung in San Diego und besteht aus einer Gruppe restaurierter historischer Gebäude aus dem 19. Jh., die geschichtsträchtige Exponate, Souvenirläden und Cafés beherbergen. Einen Besuch beginnt man am besten im Visitor Center, das sich im **Robinson-Rose House** von 1853 befindet und ein schönes Modell des *pueblo* im Jahr 1872 zeigt; hier bekommt man auch die Broschüre (3 US$) für einen selbst geführten Rundgang. Täglich um 11 und 14 Uhr leiten die Mitarbeiter kostenlose Führungen.

Mission Basilica San Diego de Alcalá KIRCHE

(Karte S. 300; ☎619-281-8449; www.missionsandiego.org; 10818 San Diego Mission Rd; Erw./Kind/unter 5 Jahren 5/2 US$/frei; ⌚9–16.30 Uhr; 🅿) Padre Junípero Serra gründete 1769 auf dem Presidio Hill in der Nähe der heutigen Alt-

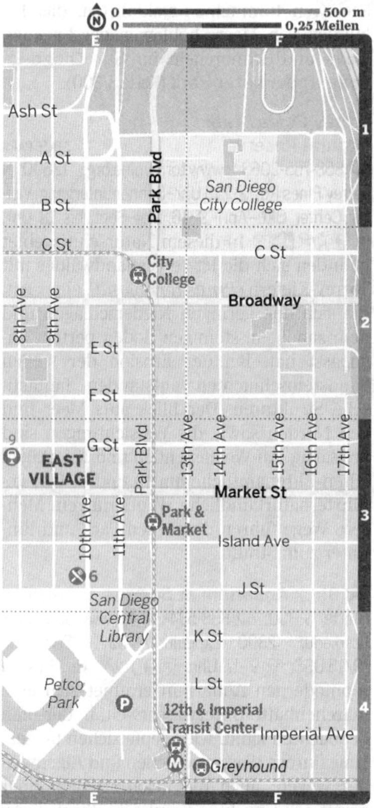

Downtown San Diego

stadt die erste seiner 21 kalifornischen Missionen. Fünf Jahre später wurde sie jedoch etwa 10 km flussaufwärts verlegt, näher ran ans Trinkwasser und die dortigen fruchtbaren Böden. Die Mission wurde mehrfach zerstört, wiederaufgebaut und erweitert; die heutige Mission ist das fünfte Bauwerk an dieser Stelle. Sie hat eine aktive Kirchengemeinde. Ihr Besuch lohnt nicht nur wegen ihrer historischen Bedeutung, im friedlichen Garten kann man auch umringt von Bougainvilleen und beim Klang vom Vogelgezwitscher herrlich entspannen.

Junípero Serra Museum MUSEUM
(Karte S. 300; ☎619-232-6203; www.sandiegohistory.org/serra_museum; 2727 Presidio Dr; Eintritt gegen Spende; ⏲Anfang Juni–Anfang Sept. Fr–So 10–16 Uhr, Anfang Sept.–Anfang Juni Sa & So bis 17 Uhr; P) Dieses Museum im spanischen Revival-Stil auf dem Presidio Hill markiert die Stelle, an der sich die Mission San Diego de Alcalá ursprünglich befand. Die kleine Sammlung von Objekten und Bildern gibt einen Einblick in die Anfangstage der Besiedlung Kaliforniens durch die Europäer.

Point Loma

Auf der Karte gleicht Point Loma einem Elefantenrüssel, der den Eingang in die San Diego Bay beschützt. Highlights hier sind das **Cabrillo National Monument** (Karte S. 300; ☎619-557-5450; www.nps.gov/cabr; 1800 Cabrillo Memorial Dr; Auto/Fußgänger 20/10 US$; ⏲9–17 Uhr, Gezeitenpools bis 16.30 Uhr; P) am Ende des Rüssels, die Geschäfte und Restaurants des **Liberty Public Market** (Karte S. 300; ☎619-487-9346; http://libertypublicmarket.com; 2820 Historic Decatur Rd; Gerichte 5–20 US$; ⏲11–19 Uhr P) an seinem Beginn und das Seafood auf **Shelter Island**.

Mission Bay & Strände

In den drei Strandorten San Diegos blüht der Hedonismus: Armeen gebräunter und straffer Körper tummeln sich im Sand. Westlich der amöbenförmigen Mission Bay sind das surferfreundliche **Mission Beach** und sein nördlicher Nachbar **Pacific Beach** (PB) durch den autofreien **Ocean Front Walk** (Karte S. 300) GRATIS verbunden, der von Skatern, Joggern und Radfahrern wimmelt.

Südlich von Mission Bay warten im bohemehaften **Ocean Beach** (OB) ein Angelpier, Beachvolleyballfelder und gute Surfbedingungen. An der Hauptstraße, der **Newport Ave**, finden sich jede Menge raubeinige Bars, lässige Restaurants, Tattoo-Shops und Läden, die Surfausrüstung, alte Klamotten und Trödel verkaufen.

Belmont Park VERGNÜGUNGSPARK

(Karte S. 300; ☎858-488-1549; www.belmontpark.com; 3146 Mission Blvd; pro Fahrgeschäft oder Attraktion 4–7 US$, Tagesticket für alle Fahrgeschäfte pro Pers. unter/über 1,22 m 34/24 US$, inkl. Attraktionen 56/46 US$; ⏲So–Do 11–22, Fr & Sa bis 23 Uhr, im Winter kürzere Öffnungszeiten; P 👪) Schon seit 1925 ist dieser traditionelle Vergnügungspark für Familien eine Institution am Mission Beach. Die Hauptattraktion ist der Giant Dipper, eine traditionelle Holzachterbahn mit einer Höchstgeschwindigkeit von 80 km/h. Kleine Kinder fahren dagegen begeistert mit dem liebevoll nachgebauten Liberty Carousel, das mit Szenen aus der Geschichte San Diegos bemalt ist. Neuere Attraktionen hier sind u. a. Escape Rooms, ein 7-D-Kino und eine Seilrutsche. Achtung: Für viele Fahrgeschäfte gilt eine Mindestkörpergröße.

La Jolla

Der Nobelvorort La Jolla (span. für „Juwel", la-*hoi*-jah ausgesprochen) besteht aus schimmernden Stränden und einem schicken Zentrum mit Boutiquen und Cafés und schmiegt sich an einen der schönsten Küstenstreifen von SoCal. Zu den Attraktionen am Meer gehören der **Children's Pool** (La Jolla Seals; Karte S. 300; 850 Coast Blvd; ⏲24hr; 👪), in dem sich jetzt keine Kinder mehr, sondern bellende Seelöwen tummeln, Kajakfahrten, das Erkunden von Meereshöhlen in der **La Jolla Cove** und Schnorcheln im **San Diego-La Jolla Underwater Park** (Karte S. 300).

Torrey Pines State Natural Reserve STATE PARK

(☎858-755-2063; www.torreypine.org; 12600 N Torrey Pines Rd; ⏲7.15 Uhr–Sonnenuntergang, Visitor Center Okt.–April 9–16, Mai–Sept. bis 18 Uhr; P 👪) GRATIS In diesem Naturschutzgebiet befinden sich die letzte Festlandwälder mit Torrey-Kiefern *(Pinus torreyana)*, einer Art, die sich den geringen Niederschlägen und dem sandigen, steinigen Boden perfekt angepasst hat. Bei der Erosion der steilen Sandsteinschluchten entstanden fantastische Strukturen. Der Blick aufs Meer und gen Norden sowie die Walsichtungen sind großartig. An Wochenenden und Feiertagen leiten Ehrenamtliche um 10 und 14 Uhr geführte naturkundliche Wanderungen. Mehrere Wege führen durch den Park und hinunter zum Strand.

★ **Birch Aquarium at Scripps** AQUARIUM

(Karte S. 300; ☎858-534-3474; www.aquarium.ucsd.edu; 2300 Expedition Way; Erw./Kind 19/15 US$; ⏲9–17 Uhr; P 👪) In diesem topmodernen Aquarium eröffnet sich eine märchenhafte Unterwasserwelt, in der man beobachten kann, wie Seepferdchen tanzen, Haie durchs Wasser schießen und Algenwälder wogen; auch die Bekanntschaft einer geretteten Unechten Karettschildkröte kann man machen. In der Hall of Fishes befinden sich über 60 Fischbecken, die Meereslebensräumen vom Pazifischen Nordwesten bis zu tropischen Meeren nachgestaltet sind. Auf der Tide Pool Plaza kann man nicht nur den

DOWNTOWN SAN DIEGO

Als Alonzo E. Horton 1867 die New Town San Diego gründete, war die Hauptstraße, die 5th Ave von Saloons, Spielhöllen, Bordellen und Opiumhöhlen gesäumt. Sie wurde als Stingaree berühmt-berüchtig – das Zuhause der unerwünschten Menschen der Stadt. In den 1960er-Jahren war das Viertel dann zu einer Reihe von Absteigequartieren und Bars verkommen. In den frühen 1980er-Jahren, als man über einen Abriss nachdachte, retteten Proteste von Denkmalschützern das Gebiet.

Und das war auch gut so. Der zentrale Bereich der Innenstadt, der heute als Gaslamp Quarter bekannt ist, beherbergt nun erstklassige Immobilien. In hübsch restaurierten Gebäuden aus den 1870er- bis 1920er-Jahren sind nun Restaurants, Bars, Galerien und Theater untergebracht – umgeben von schmiedeeisernen Straßenlaternen, Bäumen und Bürgersteigen aus Ziegeln. Das 16 Blocks umfassende Gebiet südlich des Broadway zwischen der 4th Ave und der 6th Ave ist als National Historic District ausgewiesen. Allerdings gibt es hier immer noch Schattenseiten. z. B. ein paar Geschäfte, die „Erwachsenenunterhaltung" anbieten und viele Obdachlosen.

herrlichen Meerblick genießen, sondern auch Seesterne, Einsiedlerkrebse, Seegurken, Hummer und andere kleine Tiere der Gezeitenzone hautnah erleben.

Aktivitäten

In und um San Diego gibt's viele Wanderwege, doch die meisten Aktivitäten unter freiem Himmel drehen sich ums Meer, auf dem sich Surfer und Stehpaddler, Kajaks und andere Boote tummeln.

Flagship Cruises BOOTSFAHRTEN
(Karte S. 302; ☎619-234-4111; www.flagshipsd.com; 990 N Harbor Dr; 2-stünd. Hafenrundfahrt Erw./Kind 32/16 US$) Dieser Veranstalter ist schon seit 1915 im Geschäft. Er veranstaltet Hafenrundfahrten, Dinnerfahrten und in der Saison Walbeobachtungstouren. Die Touren starten am Embarcadero.

Hike Bike Kayak ABENTEUERSPORT
(Karte S. 300; ☎858-551-9510; www.hikebikekayak.com; 2222 Avenida de la Playa; Kajakverleih ab 35 US$, geführte Touren 49–79 US$; ⏲9 Uhr–Sonnenuntergang) HBK bietet verschiedene Touren an, z. B. die beliebte Kajaktour zu den Buchten und Höhen von La Jolla und eine Fahrradtour, bei der es den Mt. Soldedaruns hinunter und an der Küste entlanggeht. HBK verleiht auch Kajaks, Bodyboards, Surfbretter und Ausrüstung zum Schnorcheln und Stehpaddeln.

Schlafen

Die San Diego Tourism Authority betreibt eine **Zimmerreservierungs-Hotline** (☎800-350-6205; www.sandiego.org).

Campland on the Bay (Karte S. 300; ☎858-581-4260; www.campland.com; 2211 Pacific Beach Dr, Mission Bay; Wohnmobil- & Zeltstellplätze Juni–Aug. 100–456 US$, Sept.–Mai 55–364 US$; P 📶 🏊 🐾) in Mission Bay und **KOA** (☎619-427-3601; www.sandiegokoa.com; 111 N 2nd Ave, Chula Vista; Wohnmobil- & Zeltstellplätze mit Versorgungsanschlüssen 60/90 US$, Standard-/Deluxe-Hütten ab 120/200 US$; P @ 📶 🏊 🐾) etwa 8 Meilen (13 km) weiter südlich sind voll ausgestattete Campingplätze, die vor allem auf Gruppen und Familien eingestellt sind.

Downtown & Umgebung

★**Kimpton Solamar** HOTEL $
(Karte S. 302; ☎619-819-9500; www.hotelsolamar.com; 435 6th Ave; Zi. 150–300 US$; P ❄ @ 📶 🏊 🐾) Die 235 Zimmer des Solamar sind hip, aber bezahlbar. Die Zimmereinrichtung ist bunt zusammengewürfelt: ausgefallene Lampen, gemusterte Teppiche, Yogamatten und tapezierte Bäder. Relaxen kann man am beheizten Pool, wo es auch Feuerstellen gibt, oder in der Bar, in der während der *social hour* kostenlose Drinks und Snacks serviert werden. Parken kostet 47 US$.

Strände

Inn at Sunset Cliffs HOTEL $
(Karte S. 300; ☎619-222-7901; www.innatsunsetcliffs.com; 1370 Sunset Cliffs Blvd; Zi./Suite ab 200/315 US$; P 🚭 ❄ @ 📶 🏊) In diesem charmanten Hotel aus den 1950er-Jahren, das einen privaten Besitzer hat, wird man morgens vom Donnern der Brandung an der felsigen Küste geweckt. Die 24 Zimmer und Suiten (teilweise mit komplett ausgestatteter Küche) verteilen sich rund um einem mit Blumen reichlich bedeckten Innenhof, in dessen Mitte sich ein beheizter Pool befindet. Sie wurden 2018 mit Laminatboden, hellen Möbeln und schönen Bädern versehen und strahlen nun in frischen Blau- und Weißtönen.

Pearl Hotel BOUTIQUEHOTEL $
(Karte S. 300; ☎619-226-6100; www.thepearlsd.com; 1410 Rosecrans St, Point Loma; Zi. 120–290 US$; P ❄ 📶 🏊) Diesem Kleinod von 1959 sieht man sein Alter an. Aus diesem Grund haben die neuen Besitzer es für viel Geld modernisiert, dabei aber die Grundstruktur des Gebäudes erhalten. Die 23 Zimmer verteilen sich um einen winzigen Pool, an dem sich mittwochabends Gäste und Einheimische zum „Dive-in"-Kino treffen.

Crystal Pier Hotel & Cottages COTTAGE $$
(Karte S. 300; ☎858-483-6983; www.crystalpier.com; 4500 Ocean Blvd, Pacific Beach; Einheiten Juni–Sept. 225–450 US$, Okt.–März 185–350 US$; P 🚭 📶) Das charmante Crystal Pier besteht aus 29 luftigen Cottages aus den 1930er-Jahren, die direkt auf einem hölzernen Pier errichtet wurden und große Terrassen mit traumhaftem Meerblick haben; 28 davon sind mit einer kleinen Küche ausgestattet. In den neuen größeren Cottages können bis zu sechs Personen übernachten. Wer im Sommer kommen will, muss gut und gern acht bis elf Monate im Voraus reservieren! Der Mindestaufenthalt variiert je nach Saison. Ein Parkplatz ist im Preis enthalten.

Hotel del Coronado LUXUSHOTEL $$
(Karte S. 300; ☎619-435-6611; www.hoteldel.com; 1500 Orange Ave; Zi. ab 319 US$; P 🚭 ❄ @ 📶

Balboa Park & Umgebung

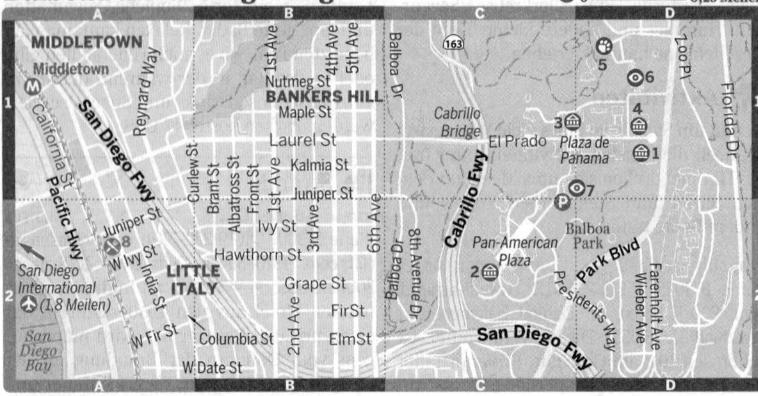

Balboa Park & Umgebung

Sehenswertes

1 Fleet Science Center D1
2 San Diego Air & Space Museum C2
3 San Diego Museum of Art C1
4 San Diego Natural History Museum D1
5 San Diego Zoo D1
6 Spanish Village Art Center D1
7 Spreckels Organ Pavilion D1

Essen

8 Juniper & Ivy A2

) San Diegos Hotelikone mit über 100-jähriger Geschichte wird heute von der Hilton-Kette gemanagt und bietet immer noch echtes Coronado-Flair. Der Pool, der Wellnessbereich, Boutiquen, Restaurants, schöne Grünanlagen und ein weißer Sandstrand lassen keine Wünsche offen. Selbst die einfachen Zimmer haben luxuriöse Marmorbäder. Man sollte darauf achten, dass man ein Zimmer im Haupthotel aus der viktorianischen Ära bucht und nicht im angrenzenden Zimmerturm aus den 1970er-Jahren.

Essen

San Diego hat eine florierende Restaurantszene, deren Schwerpunkt auf mexikanischer und kalifornischer Küche sowie auf Seafood liegt. Die Einheimischen essen gern früh, meist gegen 18 oder 19 Uhr, und viele Restaurants schließen bereits gegen 22 Uhr. Das Frühstück ist hier sehr üppig. Es gibt eine große Szene mit Gourmetrestaurants und Lokalen, die das Motto „Vom Hof auf den Tisch" pflegen, besonders in Little Italy und teilweise in North Park.

Downtown & Umgebung

★ Old Town Mexican Café MEXIKANISCH
(Karte S. 300; ☎619-297-4330; www.oldtownmexcafe.com; 2489 San Diego Ave; Hauptgerichte 5–7 US$; ⏲So–Do 19–23, Fr & Sa bis 24 Uhr;) Schon seit den 1970er-Jahren serviert dieses lebhafte mexikanische Restaurant ungeachtet seines klischeehaften, folkloristischen Ambientes authentische Küche aus dem Nachbarland im Süden. Es ist ein Genuss, zu beobachten, wie die Mitarbeiter im Blitztempo Tortillas servieren, während man an einer Margarita nippt und sich auf sein Essen freut. Wie wär's etwa mit knusprigen *carnitas* und saftigen Rippchen?

★ Puesto at the Headquarters MEXIKANISCH $
(Karte S. 302; ☎610-233-8880; www.eatpuesto.com; 789 W Harbor Dr; 3 Tacos 17 US$; ⏲11–22 Uhr) Das lebhafte Restaurant im alten Polizeihauptquartier serviert modernes mexikanisches Streetfood, das uns einfach umgehauen hat. Am besten beginnt man mit cremiger Guacamole und probiert dann die kreativen Tacos: Hühnchen in Hibiskus-Chipotle-Sauce mit Avocado und Ananas-Habanero-Salsa in einer Tortilla aus blauem Mais. Man kann sich das Essen draußen auf der Terrasse schmecken lassen oder drinnen umgeben von Wandbildern und üppigen Topfpflanzen.

Basic PIZZA $
(Karte S. 302; ☎619-531-8869; www.barbasic.com; 410 10th Ave; kleine/große Pizza ab 15/33 US$; ⏲11.30–2 Uhr;) Hipster aus dem East Village lieben die knusprigen Pizzas aus dem Steinofen, die in dem hohen Raum (es ist ein

ehemaliger Lagerraum) serviert werden. Als Belag gibt's das Übliche, aber auch Ungewöhnliches wie *pie and mash* mit Mozzarella, Kartoffelbrei und Schinkenspeck. Runtergespült wird das Ganze einem Craft-Bier oder einem Cocktail.

★Juniper & Ivy KALIFORNISCH $$
(Karte S. 306; ☎619-269-9036; www.juniperandivy.com; 2228 Kettner Blvd; kleine Teller 13–28 US$, Hauptgerichte 19-48; ⏲So–Do 17–22, Fr & Sa bis 23 Uhr) Dieses Projekt des Starkochs Richard Blais steht an der vordersten Front der neuen Gourmetrestaurants in Little Italy. Mit stets frischen und saisonalen Zutaten, die größtenteils aus der Region stammen, betreibt er wahre Hexenkunst. Die Karte befindet sich ständig im Wandel, doch Gerichte zum Teilen und die unwiderstehlichen Buttermilch-Biscuits stehen immer drauf. Das Essen wird wunderschön präsentiert, passend zum besonderen Ambiente des großen Speiseraums mit einer hohen Balkendecke in einem ehemaligen Lagerhaus.

Balboa Park & Umgebung

Waypoint Public GASTROPUB
(Karte S. 300; ☎619-255-8778; www.waypointpublic.com; 3794 30th St, North Park; Hauptgerichte 10–17 US$; ⏲Mo–Mi 11–22, Do bis 23, Fr bis 1, Sa 8–1, So bis 22 Uhr; 🐾) Die Klassiker des Waypoint sind darauf angelegt, dass sie zum Craft-Bier passen. Im Mittelpunkt stehen Burger und Sandwiches, darunter ein tolles Tri-Tip-Sandwich mit Whisky-Pfefferkorn-Sauce und Blauschimmelkäse. Als Dessert locken *beeramisu* und Crème brûlée mit Lavendel. Die tollen Wände bestehen aus recyceltem Holz und die gläsernen Garagentüren lassen sich hochziehen, sodass man prima die Hipster-Szene im lebhaften North Park beobachten kann.

★Hash House a Go Go AMERIKANISCH $
(Karte S. 300; ☎619-298-4646; www.hashhouseagogo.com; 3628 5th Ave, Hillcrest; Hauptgerichte Frühstück 12–22 US$, abends 15–29 US$; ⏲tgl. 7.30–14.30, Di–So auch 17.30–21 Uhr) In diesem immer gut besuchten Bungalow mit einem altmodischen Gastraum und einer luftigen Terrasse gibt's deftiges *twisted farm food* (abgewandelte Bauerngerichte) aus dem amerikanischen Mittleren Westen. Die Eier Benedict bilden kleine Türme, die Pfannkuchen sind riesig und die *hash browns* werden auf sieben Arten zubereitet – da ist man gut für den Tag gerüstet.

Strände

★Pacific Beach Fish Shop SEAFOOD
(Karte S. 300; ☎858-483-1008; www.thefishshoppb.com; 1775 Garnet Ave; Tacos/Fischteller ab 5/16 US$; ⏲11–22 Uhr) Das trendige Lokale kann man gar nicht verpassen – draußen hängt ein riesiger Schwertwisch. An der Theke kann man aus mehr als zehn Sorten frischen Fischs wählen, von Ahi-Thunfisch bis zu Gelbschwanzthunfisch, danach entscheidet man sich für die Marinade – die Auswahl reicht von Knoblauchbutter bis zu Chipotle-Glasur – und schließlich für die Zubereitungsart. Wir wär's z. B. mit einem Fischteller mit Reis und Salat, einem Taco oder einem Sandwich?

★Hodad's BURGER $
(Karte S. 300; ☎619-224-4623; www.hodadies.com; 5010 Newport Ave, Ocean Beach; Burger 5–15 US$; ⏲11–22 Uhr) Schon zu Flower-Power-Zeiten anno 1969 wurden in O.B.s legendärem Burgerlokal leckere Shakes, bergeweise Zwiebelringe und köstliche, in Papier eingewickelte Hamburger serviert. An den Wänden hängen kunterbunte Nummernschilder, aus den Lautsprechern dröhnt Grunge oder Surf-Rock und der bärtige, tätowierte Kellner macht es sich beim Aufnehmen der Bestellung schon mal neben den Gästen auf der Bank bequem. Kein Hemd? Keine Schuhe? Kein Problem, Kumpel!

★Point Loma Seafoods SEAFOOD
(Karte S. 300; ☎619-223-1109; www.pointlomaseafoods.com; 2805 Emerson St, Point Loma; Hauptgerichte 8–17 US$; ⏲ Mo–Sa 9–19, So 10–19 Uhr) Das fangfrische Seafood auf diesem Fischmarkt, den es schon ewig zu geben scheint, wird zu Sandwiches und Salaten, gebraten und als Sushi zubereitet. Man bestellt an der Theke und schnappt sich dann einen Platz an einem der Picknicktische oben auf der Terrasse mit Blick auf den Hafen. Fantastisches Preis-Leistungs-Verhältnis.

Ausgehen & Nachtleben

San Diegos Nachtleben ist so vielfältig, wie es sich für eine weltoffene Großstadt geziemt. Es reicht von Craft-Bier-Bars, Livemusik-Pubs und klassischen amerikanischen Billardbars bis hin zu Strandbars mit Südsee-Cocktails, Schwulenclubs mit Dragshows und sogar ein paar versteckten Flüsterkneipen. Oder man macht sich auf den Weg und erkundet die rund 100 Craft-Bier-Brauereien und Weingüter in Temecula.

SURFEN IN SAN DIEGO

Eine ganze Menge Einwohner San Diegos sind nur wegen der Surfspots in die Stadt gezogen – und die sind wirklich der Hammer. Selbst Anfänger werden verstehen, warum das Surfen hier so beliebt ist.

Der Herbst bringt eine starke Brandung und die Santa-Ana-Winde vor der Küste. Im Sommer kommen die Wellen aus südlicher und südwestlicher Richtung, im Winter aus dem Westen und Nordwesten. Im Frühling herrscht öfter auflandiger Wind, trotzdem können die Surfbedingungen immer noch gut sein. Die aktuellsten Strand-, Wetter- und Surfinformationen bekommt man telefonisch bei den **San Diego County Lifeguard Services** (☎ 619-221-8824; www.sandiego.gov/lifeguards).

Newbies sollten es am Mission Beach oder am Pacific Beach (S. 303) versuchen, wo es Beach Breaks (mit weichem Sandboden) gibt. Am **Tourmaline Surfing Park** rund 1,5 km weiter nördlich herrscht meistens viel Betrieb; Fortgeschrittene, die sich mit Reefbreaks auskennen, demonstrieren hier ihr Können.

Die Preise für Leihausrüstung hängen stark von deren Qualität ab. Soft Boards gibt es pro Tag/Stunde ab etwa 7/20 US$, inklusive Neoprenanzug ab 13/32 US$. **Cheap Rentals** (Karte S. 300; ☎ 858-488-9070; https://cheap-rentals.com; 3689 Mission Blvd, Pacific Beach; Fahrrad pro Tag ab 15 US$; ⏲ 10–18 Uhr) und der **Pacific Beach Surf Shop** (Karte S. 300; ☎ 858-373-1138; www.pbsurfshop.com; 4208 Oliver Ct; 90 Min. Privatunterricht 80–100 US$; ⏲ 8–18.30 Uhr) bieten auch Kombipakete an.

★ Bang Bang CLUB

(Karte S. 302; ☎ 619-677-2264; www.bangbangsd.com; 526 Market St; Eintritt 20–30 US$; ⏲ Mi, Do & Sa 17–23, Fr & Sa bis 2 Uhr) Dieser Hotspot im Gaslamp Quarter serviert an fünf Tagen pro Woche Sushi und asiatische Snacks und verwandelt sich freitags und samstags in einen feurigen Danceclub, aus dessen Boxen EDM, Minimal Music und Deep House dröhnen. Eine alte Treppe im Stil der Tokioer U-Bahn führt in den Club, wo man sich unter die schillernden, fröhlichen Gäste mischen kann, die sich unter der riesigen Discokugel tummeln, oder sich mit seinen Freunden eine riesige Schale Punch teilen kann. Cocktails kosten 15 US$.

Noble Experiment BAR

(Karte S. 302; ☎ 619-888-4713; http://nobleexperimentsd.com; 777 G St; ⏲ Di–So 18–2 Uhr) Die Tür, die in diese „Flüsterkneipe" im Restaurant Neighborhood führt, sieht auf den ersten Blick wie ein Stapel Fässer aus. Dennoch ist die Bar mit nur 30 Sitzplätzen so bekannt, dass man reservieren muss. Am besten bestellt man den „Dealer's Choice" und studiert die Bronzeschädel und Ölgemälde, während der Barkeeper einen maßgeschneiderten Cocktail nach Wunsch mixt.

Prohibition Lounge COCKTAILBAR

(Karte S. 302; http://prohibitionsd.com; 548 5th Ave; ⏲ Di–So 20–13.30 Uhr) Den unscheinbaren Eingang in der 5th Ave mit der Aufschrift „Eddie O'Hare's Law Office" muss man erst einmal finden. Erst dann kann man den Lichtschalter drücken, um die Mitarbeiter an der Tür auf sich aufmerksam zu machen. Diese bringen einen in den stimmungsvoll beleuchteten Keller mit dem Flair der Prohibition der 1920er-Jahre. Wenn es das Date nicht schafft, dass man sentimental wird, dann schaffen es die fantasievollen Craft-Cocktails. Schick anziehen und das Handy ausschalten!

☆ Unterhaltung

In den städtischen Zeitungen *CityBeat* und *San Diego Union Tribune* findet man die Termine der aktuellen Filme, Theatervorstellungen, Galerien und Konzert in der Stadt. **Arts Tix** (Karte S. 302; ☎ 858-437-9850; www.sdartstix.com; Horton Plaza Park, South Pavilion; ⏲ Di–Do 10–16, Fr & Sa bis 18, So bis 14 Uhr) verkauft in einem Kiosk an der Horton Plaza um bis zu 50 % reduzierte Tickets für Vorstellungen am selben Tag bzw. am nächsten Vormittag und bietet verbilligte Tickets für andere Events. Tickets für Konzerte in San Diego bekommt man auch bei Ticketmaster (www.ticketmaster.com).

Balboa Theatre DARSTELLENDE KÜNSTE

(Karte S. 302; ☎ 619-570-1100; http://sandiegotheatres.org; 868 4th Ave) Das elegante, 1924 erbaute Theater war ursprünglich ein Vaudeville- und Filmtheater, unterhielt dann in den 1930er-Jahren die wachsenden Latino-Bevölkerung mit mexikanischen Filmen und war im Zweiten Weltkriegs eine Unterkunft für unverheiratete Soldaten der US Navy. Heute präsentiert es ein breites Spektrum, von Broadway-Shows über Comedy bis zu Opern.

House of Blues LIVEMUSIK

(Karte S. 302; ☎619-299-2583; www.houseofblues.com/sandiego; 1055 5th Ave; ⌚Konzerte in der Regel 19 Uhr) In diesem Konzertsaal im Gaslamp Quarter finden ganz unterschiedliche Konzerte statt, teilweise mit freiem Eintritt, so z. B. ein sonntäglicher Gospel-Brunch, bei dem gute Laune garantiert ist, und wilde Partynächte. Am besten kommt man wegen der täglichen Happy Hour (16–18 Uhr) zeitig.

Praktische Informationen

MEDIEN

Die kostenlosen Zeitschriften *San Diego Citybeat* (http://sdcitybeat.com) und *San Diego Reader* (www.sdreader.com) informieren über die Musik-, Kunst- und Theaterszene der Stadt. Sie liegen in Geschäften und Cafés aus.

KPBS 89.5 FM (www.kpbs.org) Nationaler öffentlicher Radiosender.

San Diego Magazine (www.sandiegomagazine.com) Monatlich erscheinendes Hochglanzmagazin.

San Diego Union Tribune (www.sandiegouniontribune.com) Wichtigste Tageszeitung der Stadt.

MEDIZINISCHE VERSORGUNG

Scripps Mercy Hospital (☎619-294-8111; www.scripps.org; 4077 5th Ave; ⌚24 Std.) Hat eine rund um die Uhr geöffnete Notaufnahme. In der Stadt gibt es auch mehrere durchgehend geöffnete Apotheken, z. B. die CVS-Apotheken in der Garnet Ave in Pacific Beach, in der University Ave in North Park und in der Market St im Gaslamp Quarter.

TOURISTENINFORMATION

Coronado Visitor Center (Karte S. 300; ☎619-437-8788; www.coronadovisitorcenter.com; 1100 Orange Ave; ⌚Mo–Fr 9–17, Sa & So 10–17 Uhr)

San Diego Visitor Info Center (Karte S. 302; ☎619-236-1242; www.sandiegovisit.org; 996 N Harbor Dr; ⌚9–17 Uhr) Gegenüber vom B St Cruise Ship Terminal; die hilfsbereiten Mitarbeiter haben sehr detaillierte Karten der einzelnen Stadtviertel, verkaufen ermäßigte Tickets für Attraktionen und betreiben eine Hotline für Hotelreservierungen.

NÜTZLICHE WEBSITES

Gaslamp Quarter Association (http://gaslamp.org) Auf dieser Website erfährt man alles, was man über das lebhafte Gaslamp Quarter wissen muss, darunter auch Geheimtipps zur Parkplatzsuche.

San Diego Tourism Authority (www.sandiego.org) Hotels, Sehenswürdigkeiten, Restaurants, Autovermietungen und mehr; hier kann man auch Reservierungen vornehmen.

An- & Weiterreise

AUTO & MOTORRAD

Für die 125 Meilen (201 km) zwischen San Diego und Downtown L. A. sollte man außerhalb der Stoßzeiten zwei Stunden einplanen. Während der Rushhour muss man jedoch auf alles gefasst sein. Wenn das Auto mit mindestens zwei Personen besetzt ist, kann man allerdings die sogenannten „high-occupancy vehicle lanes" nutzen.

BUS

Busse von **Greyhound** (Karte S. 302; ☎619-515-1100; www.greyhound.com; 1313 National Ave; ⌚5–23.45 Uhr; 📶) fahren häufig nach Los Angeles (ab 12 US$, 3–3½ Std.), daneben gibt es pro Tag mehrere weitere Busse nach Anaheim (ab 14 US$, 2½ Std.). Wer mit dem Bus nach San Francisco (ab 49 US$, 11–13 Std., etwa 7-mal tgl.) will, muss in L. A. umsteigen.

Mehrmals täglich verkehren auch Busse von Flixbus (www.flixbus.com) nach L. A., wo man in andere Busse u. a. nach Las Vegas, Palm Springs und San Francisco umsteigen kann. Die Fahrpreise richten sich nach der Nachfrage, sind aber in der Regel sehr günstig.

FLUGZEUG

Am **San Diego International Airport** (SAN; Karte S. 300; ☎619-400-2400; www.san.org; 3325 N Harbor Dr; 📶), der nur 5 km westlich von Downtown liegt, kommen hauptsächlich Inlandsflüge an. Alle wichtigen US-Fluggesellschaften wie auch u. a. British Airways und Lufthansa fliegen San Diego an.

ZUG

Der *Pacific Surfliner* von Amtrak fährt mehrmals täglich vom historischen **Santa Fe Depot** (Amtrak Station; ☎800-872-7245; www.amtrak.com; 1050 Kettner Blvd) nach Anaheim (2 Std.), L. A. (3 Std.) und Santa Barbara (5¾ Std.); einige Züge fahren weiter Richtung Norden nach San Luis Obispo (8½ Std.). Im San Diego County, halten die Züge in Solana Beach, Oceanside, San Clemente und San Juan Capistrano. Tickets kosten ab ca. 35 US$. Unterwegs bieten sich wunderschöne Blicke auf die Küste.

Unterwegs vor Ort

Die meisten Leute fahren in San Diego zwar mit dem Auto, dabei kann man einen ganzen Urlaub zu Fuß und mit den städtischen Bussen und Straßenbahnen des Metropolitan Transit System (www.sdmts.com) verbringen. In den meisten Bussen und Straßenbahnen kostet ein Einzelfahrschein 2,25/2,50 US$, jedoch berechtigt dieser nicht zum Umsteigen. Wer mehr als zwei Fahrten am Tag plant, sollte daher eine Tageskarte kaufen (1/2/3/4 Tage 5/9/12/15 US$). Dafür wird eine aufladbare Compass Card (einmalig 2 US$) benötigt; erhältlich ist diese an den Ticketautomaten an den Straßenbahnhaltestellen und im **MTS Transit Store** (☎619-234-1060; www.sdmts.com; 1255 Imperial Ave; ⏲Mo–Fr 8–17 Uhr), der auch Streckenpläne hat. Im Bus kann man auch ohne Compass Card eine Tageskarte kaufen (7 US$; passend zahlen).

PALM SPRINGS & DIE WÜSTEN

Südkaliforniens Wüstengebiet erstreckt sich vom mondänen Palm Springs bis zum menschenleeren Death Valley und nimmt 25 % des Bundesstaates ein. Die auf den ersten Blick wie eine trostlose Einöde wirkende Landschaft offenbart bald ihre perfekte Schönheit: Verwitterte Vulkangipfel, hohe Sanddünen, violett getönte Berge, Kakteengärten, winzige Wildblumen, die im Frühling aus dem steinharten Boden sprießen, Eidechsen, die an riesigen Felsbrocken vorbeihuschen und unzählige Sterne am nächtlichen Himmel – Kaliforniens Wüsten verströmen eine spirituelle Ruhe, sind überraschend pittoresk und üben auf Künstler ebenso wie auf Filmstars, Kletterer und Offroad-Abenteurer einen unwiderstehlichen Reiz aus.

Palm Springs

Hey Baby, das Rat Pack ist zurück – oder zumindest sein Lieblingstreff. In den 1950er- und 1960er-Jahren war das rund 160 km östlich von L.A. gelegene Palm Springs der swingende Rückzugsort von Frank Sinatra, Elvis Presley und anderen Hollywood-Stars. Nachdem das Rat Pack seine Sachen gepackt hatte, hielten Rentner in Golfklamotten Einzug hier. Mitte der 1990er-Jahre entdeckten dann auch die jüngeren Generationen den charmanten Retro-Chic und die eleganten, modernen Gebäude der Stararchitekten aus der Mitte des 20. Jhs. für sich. Heute mischen sich in Palm Springs ganz gelassen Rentner und Urlauber mit Hipstern, Wanderern und einer stolzen LGBTIQ+-Gemeinde.

Sehenswertes & Aktivitäten

20 Meilen (32 km) westlich von Palm Springs kann man von der I-10 aus nördlich der Straße die **World's Biggest Dinosaurs** (☎951-922-8700; www.cabazondinosaurs.com; 50770 Seminole Dr, Cabazon; Erw./Kind 13/11 US$; ⏲Mo–Fr 9–18, Sa & So bis 19 Uhr; P 👪) sehen.

★Palm Springs Aerial Tramway SEILBAHN
(☎760-325-1391; www.pstramway.com; 1 Tram Way, Palm Springs; Erw./Kind 26/17 US$, Parken 8 US$; ⏲1. Bergfahrt Mo–Fr 10, Sa & So 8 Uhr, letzte Bergfahrt tgl. 20 Uhr, letzte Talfahrt tgl. 21.45 Uhr; je nach Saison unterschiedlich; P 👪) Die Seilbahn mit sich drehenden Gondeln klettert während ihres 4 km langen Aufstiegs in nur zehn Minuten über 1800 Höhenmeter nach oben und durchquert dabei fünf Vegetationszonen, von der Sonora-Wüste unten bis hinauf zum nach Kiefern duftenden Mt. San Jacinto State Park. An der Bergstation (2609 m) kann es bis zu 22 °C kühler sein als unten am Wüstenboden. Großartig ist der Ausblick von hier oben; außerdem kann man in zwei Restaurants essen, 80 km Wanderwege erkunden oder im Naturkundemuseum vorbeischauen.

★Sunnylands HISTORISCHES GEBÄUDE, GÄRTEN
(☎760-202-2222; www.sunnylands.org; 37977 Bob Hope Dr, Rancho Mirage; Visitor Center & Gärten frei, Führungen Haus 48 US$; ⏲Führungen Mi–So, Visitor Center & Gärten Mitte Sept.–Anfang Juni Do–So 8.30–16 Uhr; P) Auf diesem 81 ha großen Winteranwesen einer der einflussreichsten amerikanischen Familien des 20. Jhs., des Industriellen-, Diplomaten- und Philanthropen-Ehepaars Walter (1908–2002) und Leonore (1918–2009) Annenberg, waren früher US-Präsidenten, Hollywood-Stars und Staatschefs zu Gast. Das Haupthaus, ein mit Kunstwerken gefülltes Meisterstück der Mid-Century-Architektur von A. Quincy Jones, kann nur in einer 90-minütigen Führung besucht werden, die man lang im Voraus buchen sollte. Die Ausstellungen im 2012 erbauten Visitor Center und die prächtigen Wüstengärten stehen auch Besuchern ohne Voranmeldung offen.

★Palm Springs Art Museum MUSEUM
(☎760-322-4800; www.psmuseum.org; 101 Museum Dr, Palm Springs; Erw./Student 14/6 US$; ⏲Fr–Di 10–17, Do 12–20 Uhr; P) Ein Must see für Kunstfans. Die Wechselausstellungen zeigen Werke aus der fantastischen Sammlung internationaler moderner und zeitgenössischer Malerei, Bildhauerei, Fotografie und Glaskunst. Die Dauerausstellung präsentiert Arbeiten von Henry Moore, Ed Ruscha, Mark di Suvero, Frederic Remington und vielen

anderen bedeutenden Künstlern. Weitere Highlights sind die Glaskunst von Dale Chihuly und William Morris und eine Sammlung präkolumbischer Figurinen. Donnerstags von 16 bis 20 Uhr ist der Eintritt frei.

Living Desert Zoo & Gardens ZOO
(☎760-346-5694; www.livingdesert.org; 47900 Portola Ave, Palm Desert; Erw./Kind 20/10 US$; ⏲Okt.–Mai 9–17 Uhr, Juni–Sept. 8–13.30 Uhr; P 👪) In diesem beeindruckenden Tierpark kann man eine Vielzahl von Wüstenpflanzen und -tieren sowie Ausstellungen über die Geologie der Region und die Kultur der hiesigen Ureinwohner bewundern. Zu den Highlights gehören das öffentlich zugängliche Wildtier-Krankenhaus und das „afrikanische" Dorf mit Fairtrade-Markt und einem Geschichten-Hain. Kamelritte, Giraffenfüttern, eine Runde auf dem Karussell der bedrohten Tierarten und die Fahrt mit dem „Hop on, Hop off"-Shuttle kosten extra. Ein Besuch ist ebenso lehrreich wie unterhaltsam und die 15 Meilen (24 km) lange Fahrt hinunter ins Tal absolut wert. Für den Besuch sollte man zwei bis drei Stunden einplanen.

Indian Canyons WANDERN
(☎760-323-6018; www.indian-canyons.com; 38520 S Palm Canyon Dr, Palm Springs; Erw./Kind 9/5 US$; ⏲Okt.–Juni tgl. 8–17 Uhr, Juli–Sept. Fr–So) Die Bäche aus den San Jacinto Mountains versorgen die Pflanzenvielfalt in den Oasen rund um Palm Springs mit lebensnotwendigem Nass. Die Canyons, die seit Jahrhunderten das Zuhause amerikanischer Ureinwohner sind, präsentieren sich als ein Paradies für Wanderer. Der Palm Canyon Trail führt zur weltweit größten Oase mit Fächerpalmen, der Murray Canyon Trail zu einem saisonal Wasser führenden Wasserfall und der Andreas Canyon Trail zu Felsformationen, die einen ganzjährig Wasser führenden Bach säumen.

Schlafen

Palm Springs und die Wüstenstädte im Coachella Valley bieten eine bemerkenswerte Vielfalt an Unterkünften, darunter auch schöne Boutiquehotels mit Vintage-Flair, Luxusresorts und Häuser von Motelketten. Einige akzeptieren keine Kinder.

★ Arrive Hotel HOTEL $
(☎760-227-7037; www.arrivehotels.com; 1551 N Palm Canyon Dr, Palm Springs; Studios 190–390 US$; P) Das stilvolle Hotel, dessen Bar zugleich als Rezeption fungiert, besteht hauptsächlich aus rostigem Stahl, Holz und Beton. Die 32 geräumigen Zimmer ohne Telefon haben teilweise eine Terrasse und erfüllen viele Hipster-Wünsche: Regenduschen, Apple TV und schicke Badprodukte. Am Wochenende verwandeln sich der Pool, die Bar und das Restaurant in eine lebhafte Partyzone für Hotelgäste und Einheimische.

★ El Morocco Inn & Spa BOUTIQUEHOTEL $
(☎760-288-2527; http://elmoroccoinn.com; 66810 4th St, Desert Hot Springs; Zi. 150–230 US$; ⏲Check-in 8.30–19 Uhr oder nach Vereinbarung; P) In dem wunderschönen Refugium, in dem alle Zeichen auf Romantik stehen, folgt man dem Ruf der Kasbah. Zwölf exotisch eingerichtete Zimmer liegen rund um eine Poolterrasse, auf der die engagierten Gastgebern zur Happy Hour kostenlose „Moroccotinis" servieren. Im hauseigenen Spa werden verlockende Behandlungen angeboten, beispielsweise eine Massage namens „Marokkanischer Regen", bei der ätherische Öle zur Entgiftung eingesetzt werden. Das Frühstück ist im Preis enthalten.

Caliente Tropics MOTEL $
(☎760-327-1391; www.calientetropics.com; 411 E Palm Canyon Dr, Palm Springs; Zi. ab 170 US$; P) Am Pool dieser 1964 errichteten, modernisierten Motorlodge im Tiki-Stil amüsierten sich früher Frank Sinatra und das Rat Pack. Hier kann man den Tag mit einem tropischen Drink in der schummrig beleuchteten Reef Bar beschließen, ehe man

DIE CAHUILLA & DAS COACHELLA VALLEY

Das Volk der Cahuilla (kei-wi-jei) lebt seit über 1000 Jahren in den Canyons am südwestlichen Rand des Coachella Valley. Frühe spanische Entdecker nannten die heißen Quellen unterhalb von Palm Springs *agua caliente* (heißes Wasser), was später der Name des örtlichen Cahuilla-Stammes wurde.

Im Jahr 1876 teilte die Regierung das Tal in ein Schachbrett aus verschiedenen Interessen auf. Die Southern Pacific Railroad bekam ungerade Abschnitte, während die Agua Caliente Abschnitte mit geraden Zahlen als ihr Reservat erhielten. Die Casinos haben die Stämme heute recht wohlhabend gemacht.

in seinem geräumigen, mit Südsee-Postern dekorierten Zimmer auf der hochwertigen Matratze ins Land der Träume entschwebt.

★**L'Horizon** BOUTIQUEHOTEL $$
(760-323-1858; http://lhorizonpalmsprings.com; 1050 E Palm Canyon Dr, Palm Springs; Zi. ab 340 US$;) In dem anheimelnden, von William F. Cody entworfenen Hotel entspannten sich schon Marilyn Monroe und Ronald Reagan am Pool. Mittlerweile wurde das L'Horizon restauriert und in ein elegantes, schickes Wüstenresort nur für Erwachsene verwandelt, das Duschen im Freien, einen chemiefreien Pool und private Terrassen bietet.

Essen

Eine Reihe neuer Restaurants, die auf der Höhe des Zeitgeists sind, hat das Niveau der Restaurantszene der Stadt deutlich erhöht. Die aufregendsten von ihnen, die teils mit markantem Design herausragen, säumen den N Palm Canyon Dr im Designviertel Uptown.

★**Cheeky's** KALIFORNISCH
(760-327-7595; www.cheekysps.com; 622 N Palm Canyon Dr; Hauptgerichte 9–15 US$; 8–14 Uhr;) In diesem Frühstücks- und Mittagslokal wartet man zwar mitunter lange und auch der Service ist so lala, doch das Motto der Küche ist „Vom Hof auf den Tisch" und die Gerichte auf der Karte sprühen nur so vor witziger Kreativität. Die Speisekarte wechselt wöchentlich, beliebte Speisen wie die cremigen Rühreier und die Burger mit Fleisch von Weiderindern und Pesto-Pommes sind aber immer im Angebot.

Trio KALIFORNISCH $
(760-864-8746; www.triopalmsprings.com; 707 N Palm Canyon Dr; Hauptgerichte mittags 10–22 US$, abends 15–32 US$; Mo–Do 11–22, Fr bis 23, Sa 10–23, So 10–22 Uhr;) Das Erfolgsgeheimnis des modernistischen Restaurants aus den 1960er-Jahren: moderne Varianten amerikanischer Hausmannskost (grandioser Yankee-Schmorbraten!), auffällige Kunst und Panoramafenster. Das Drei-Gänge-Abendmenü zum Festpreis von 23 US$ (bis 18 Uhr) ist ein echtes Schnäppchen. Und die ganztägige Happy Hour mit Barsnacks und billigen Drinks zieht nach Feierabend eine muntere Gästeschar an.

★**Workshop Kitchen + Bar** AMERIKANISCH $$
(760-459-3451; www.workshoppalmsprings.com; 800 N Palm Canyon Dr; kleine Teller 16–21 US$, Hauptgerichte 28–38 US$; Mo–Do 17–22, Fr & Sa bis 23, So 10–14 Uhr;) Hinter einem prächtig verzierten Gebäude aus den 1920er-Jahren in El Paseo führt eine große, mit Olivenbäumen bepflanzte Terrasse zu diesem atemberaubend schönen Ort. In der Mitte steht ein langer Gemeinschaftstisch, der von stimmungsvoll beleuchteten Nischen gesäumt wird. Die Küche kreiert aus Marktzutaten im Stil des 21. Jhs. interpretierte amerikanische Klassiker, die Bar gehört zu den angesagtesten Adressen der Stadt.

Ausgehen & Nachtleben

Ausgehen war in Palm Springs schon immer eine stilvolle Angelegenheit. Viele Bars und Restaurants haben sehr beliebte Happy Hours, die manchmal den ganzen Tag dauern. Ein paar „Flüsterkneipen" bereichern die Cocktailszene und auch Craft-Bier lockt viele Gäste an. In der LGBTIQ+-Community ist der Freitagabend der große Ausgehabend.

Die Arenas Rd östlich des Indian Canyon Dr ist das Zentrum des schwul-lesbischen Nachtlebens.

★**Bootlegger Tiki** COCKTAILBAR
(760-318-4154; www.bootleggertiki.com; 1101 N Palm Canyon Dr; 16–2 Uhr) Das purpurrote Licht in der winzigen Tiki-Bar mit Kugelfischlampen und Rattanwänden zaubert selbst käsigen Hipstern einen gesunden Teint ins Gesicht. Und natürlich tun auch die kunstvoll gemixten Cocktails ihr Übriges.

Birba BAR
(760-327-5678; www.birbaps.com; 622 N Palm Canyon Dr; Nov.–Mai Di–So 17–23 Uhr, Juni–Okt. Mi, Do & So 18–22, Fr & Sa bis 23 Uhr;) An warmen Abenden verströmt die von Hecken gesäumte Terrasse des Birba mit ihren funkelnden Lichtern und den in den Boden eingelassenen Feuerstellen Dolce-Vita-Flair. Man kann bei einem Glas Frizzante oder einem süffigen Cocktail wie z. B. dem Heated Snake auf Tequilabasis entspannen und sich dazu eine Pizza oder einen Teller mit Käse und Prosciutto genehmigen.

Shoppen

Kunstgalerien, Design- und Modeboutiquen, darunter das fabelhafte **Trina Turk** (760-416-2856; www.trinaturk.com; 891 N Palm Canyon Dr; Mo–Sa 10–18, So 11–17 Uhr), konzentrieren sich in „Uptown" am North Palm Canyon Dr. Secondhand-, Vintage- und Kommissionsläden gibt's in Downtown Palm Springs und talabwärts am Hwy 111. Luxusmarken sind rund um El Paseo in Palm Desert beheimatet. Und Schnäppchenjäger sollten die Desert Hill Premium Outlets weiter westlich an der I-10 ansteuern.

Praktische Informationen

Palm Springs Historical Society (☎760-323-8297; www.pshistoricalsociety.org; 221 S Palm Canyon Dr; ⏰10–16 Uhr) Die gemeinnützige geführte Organisation, bei der Freiwillige tätig sind, betreibt zwei Museen und bietet geführte Touren mit Schwerpunkt Lokalgeschichte, Architektur und Promis an.

Palm Springs Modern App Die kostenlose App für iPhone und Android informiert über mehr als 80 berühmte Privathäuser und öffentliche Gebäude im Mid-Century-Stil. Videos, Fotos, Tondokumente und Fotos bereichern die dreistündigen Touren.

Palm Springs Visitors Center (☎760-778-8418; www.visitpalmsprings.com; 2901 N Palm Canyon Dr; ⏰9–17 Uhr) Das offizielle Visitor Centre bietet viel Infomaterial und ist gut besetzt. Es befindet sich 5 km nördlich des Zentrums an der Abzweigung zur Palm Springs Aerial Tram in einer von Albert Frey entworfenen Tankstelle von 1965.

Anreise & Unterwegs vor Ort

Der **Palm Springs International Airport** (PSP; ☎760-318-3800; www.palmspringsairport.com; 3400 E Tahquitz Canyon Way) ist ein regionaler Flughafen, der ganzjährig von zehn Fluggesellschaften angeflogen wird, darunter United, American, Virgin, Delta und Alaska. Von hier starten Flüge zu Zielen in ganz Nordamerika.

Palm Springs und das Coachella Valley sind so platt wie eine Flunder und ständig werden neue Radwege gebaut. Viele Hotels verleihen Fahrräder, ebenso wie **Bike Palm Springs** (☎760-832-8912; www.bikepsrentals.com; 194 S Indian Canyon Dr; Standardrad/Kinderrad/E-Bike/Tandem halber Tag ab 25/15/45/40 US$, ganzer Tag 35/20/60/50 US$; ⏰Okt.–Mai 8–17 Uhr, Juni–Sept. 8–10 Uhr) sowie **Funseekers** (☎760-647-6042, 760-340-3861; www.palmdesertbikerentals.com; 73-865 Hwy 111, Palm Desert; Fahrrad je 24 Std./3 Tage/Woche ab 25/60/95 US$; ⏰Mo–Fr 8.30–17, Sa & So bis 16 Uhr) in Palm Desert.

SunLine (☎760-343-3451; www.sunline.org; Tickets 1 US$) Die mit alternativen Kraftstoffen betriebenen, öffentlichen Busse verkehren ganzjährig im Tal, sind allerdings nicht sonderlich flott. Bus 111 fährt über den Hwy 111 von Palm Springs nach Palm Desert (1 Std.) und Indio (1½ Std.). Die Busse sind mit Klimaanlage, Rollstuhllift und einem Fahrradständer ausgerüstet. Nur Barzahlung (passend zahlen)!

Joshua Tree National Park

Die seltsamen Josua-Palmlilien – tatsächlich sind es baumhohe Yucca-Palmen –, die wie Kreaturen aus einem Buch von Dr. Seuss aussehen, begrüßen Besucher in diesem 3200 km² großen **Nationalpark** (☎760-367-5500; www.nps.gov/jotr; 7-Tage-Karte 30 US$/Auto; P 🚻) an der Übergangszone zweier Wüsten: der niedrigen und trockenen Colorado-Wüste und der höheren, feuchteren und etwas kühleren Mojave-Wüste.

Unter Sportkletterern gilt „JT" als einer der besten Spots Kaliforniens, Wanderer lieben die versteckten, schattigen, von natürlichen Quellen und kleinen Bächen gespeisten Fächerpalmenoasen und Mountainbiker sind von den Aussichten in der Wüste regelrecht hypnotisiert.

Im Frühling bilden die Josua-Palmlilien ganz oben eine riesige einzelne cremefarbene Blüte. Ihren Namen erhielt die Pflanze von mormonischen Siedlern – die nach oben gerichteten Äste erinnerten sie an den Anblick des Propheten Josua, der mit ausgebreiteten Armen den Weg ins Gelobte Land weist. Viele Künstler ließen sich von der Atmosphäre dieser bizarren, mit riesigen Felsen übersäten Landschaft inspirieren; das berühmteste Beispiel ist das Hit-Album *The Joshua Tree* von U2 aus dem Jahr 1987.

Sehenswertes & Aktivitäten

Wer wenig Zeit hat, sollte sich auf das nördliche Ende des Parks konzentrieren, wo Josua-Palmlilien und bizarre Felsformationen eine spektakuläre Landschaft bilden. Die Fahrt vom Westeingang in Joshua Tree zum Oasis Visitor Center in Twentynine Palms (oder umgekehrt) dauert etwa zwei Stunden und ist eine tolle Einführung. Am Straßenrand gibt es zahlreiche Parkbuchten, sodass man die Natur aus der Nähe betrachten kann – natürlich geht das auch auf den zahlreichen Wanderwegen.

Auf den jeweils rund 1,5 km langen Rundwegen **Barker Dam** und **Hidden Valley** gelangt man rasch ins Innere der bizarren Landschaft des Nationalparks. Zum Sonnenuntergang sollte man zum **Keys View** fahren, wo sich ein grandioser Blick auf den Park und das gesamte Coachella Valley bietet.

Wer sich für die Geschichte der Pioniere interessiert, kann an einer Führung in der **Keys Ranch** (☎Reservierungen 760-367-5522; www.nps.gov/jotr; Führungen Erw./Kind 6–11 Jahre 10/5 US$, zzgl. Nationalparkeintritt; ⏰Führungen

ABSTECHER

PIONEERTOWN

Pioneertown (Pioneertown Rd; 24 Std.;) GRATIS etwa 5 Meilen (8 km) nördlich vom 29 Palms Hwy/Hwy 62 gleicht einer Grenzstadt aus den 1870er-Jahren, wurde aber tatsächlich 1946 als Kulisse für Hollywood-Western errichtet. Zu den ersten Investoren gehörten Gene Autry und Roy Rogers. In den 1940er- und 1950er-Jahren wurden hier über 50 Filme und mehrere Fernsehserien gedreht. Nicht nur Kids werden ihren Spaß daran haben, zwischen den alten Gebäuden herumzuspazieren und sich in der Honky-Tonk-Kneipe zu stärken. In der „Mane St" finden von September bis Juni an jedem zweiten und vierten Samstag um 14.30 Uhr nachgestellte Schießereien statt.

Wer länger bleiben will, kann im **Pioneertown Motel** (760-365-7001; www.pioneertown-motel.com; 5040 Curtis Rd, Pioneertown; DZ ab 185 US$;) wohnen, in dem einst während der Dreharbeiten Filmstars übernachteten. Die neuen Besitzer haben die elegant-rustikalen Zimmer mit satteldachartigen Decken, indianischen Teppichen, dekorativen Western-Elementen und den unverzichtbaren modernen Annehmlichkeiten ausgestattet.

Okt.–Mai;) teilnehmen, die vorher gebucht werden muss.

Das südliche Ende des Parks bildet eine karge, windige Wüstenlandschaft. Eines der Highlights in diesem Teil des Parks ist der **Cholla Cactus Garden** (Rundweg 400 m). Wer Lust auf eine malerische Geländewagentour hat, kann die holprige, 18 Meilen (29 km) lange **Geology Tour Road** in Angriff nehmen, die übrigens auch für Mountainbikes geöffnet ist.

Schlafen

Im Park gibt's acht Campingplätze, von denen aber nur zwei über Trinkwasser, Spültoiletten und Entsorgungsstationen verfügen: **Cottonwood** (760-367-5500, Reservierungen 877-444-6777; www.nps.gov/jotr; Pinto Basin Rd; Stellplatz Wohnmobil & Zelt 20 US$;) und **Black Rock** (760-367-5500, Reservierungen 877-444-6777; www.nps.gov/jotr; Joshua Lane; Stellplatz Wohnmobil & Zelt 20 US$;). Beide Plätzen nehmen Reservierungen vor, ebenso wie **Indian Cove** (760-362-4367, Reservierungen 877-444-6777; www.nps.gov/jotr; Indian Cove Rd, Twentynine Palms; Stellplatz Wohnmobil & Zelt 20 US$;) und Jumbo Rocks. Auf allen anderen Plätzen gilt das Motto „Wer zuerst kommt, mahlt zuerst"; dort gibt es Plumpsklos, Picknicktische und Feuerkörbe. Duschen gibt's auf keinem Platz, dafür aber im **Coyote Corner** (760-366-9683; www.jtcoyotecorner.com; 6535 Park Blvd, Joshua Tree; 9–18 Uhr) in Joshua Tree. Nähere Infos unter www.nps.gov/jotr oder telefonisch unter 760-367-5500.

Zwischen Oktober und Mai sind spätestens donnerstagnachmittags alle Zeltplätze komplett belegt, besonders im Frühling zur Blütezeit. Wer zu spät kommt, kann auf den Ausweichcampingplätzen des Bureau of Land Management (BLM) nördlich und südlich vom Park oder auf privaten Parkplätzen übernachten; Einzelheiten siehe www.nps.gov/jotr/planyourvisit/camping-outside-of-the-park.htm.

Viele Budget- und Mittelklassemotels säumen den Hwy 62. In Twentynine Palms und Yucca Valley findet man hauptsächlich Filialen amerikanischer Hotelketten. Joshua Tree sowie Pioneertown und Landers nördlich vom Hwy 62 haben dagegen Unterkünfte mit viel mehr Charme und Charakter.

Harmony Motel MOTEL
(760-401-1309, 760-367-3351; www.harmonymotel.com; 71161 29 Palms Hwy/Hwy 62, Twentynine Palms; Zi. 90–95 US$;) In diesem Motel aus den 1950er-Jahren, das von der charmanten Ash tadellos in Schuss gehalten wird, übernachtete U2 während der Arbeit an ihrem Album *The Joshua Tree*. Es hat einen kleinen Pool und sieben große, fröhlich bemalte und hübsch dekorierte Zimmer (teils mit Miniküche), die um einen winzigen Wüstengarten mit spektakulärer Aussicht liegen. In der Gästeküche stehen kostenloser Kaffee und Tee bereit.

★ **Kate's Lazy Desert** HÜTTEN $
(845-688-7200; www.lazymeadow.com; 58380 Botkin Rd, Landers; Airstreams Mo–Do 175 US$, Fr & Sa 200 US$;) Kate Pierson von der Rockband B-52s ist die Besitzerin dieses Wüstencamps mit winzigem Pool (Mai–Okt.) und sechs von Künstlern gestalteten Airstream-Wohnwagen. Sie tragen Namen wie „Tinkerbell", „Planet Air" oder „Hot Lava" und sind mit passendem Fantasia-Popdesign, einem Doppelbett und einer Kochnische ausgestattet

★Sacred Sands PENSION $$
(☎760-974-2353, 760-424-6407; www.sacredsands.com; 63155 Quail Springs Rd, Joshua Tree; Studios/Suite 339/369 US$; P ⊖ ❄ ≋) Diese beiden Suiten im schicken Wüstendesign befinden sich sehr abgelegen in total ruhiger Umgebung und sind ein traumhaftes romantisches Refugium. Sie haben eine Küchenecke und eine private Terrasse mit Dusche im Freien, Whirlpool und Hängebett, in dem man unter dem Sternenhimmel übernachten kann. Der Blick über die Wüstenhügel hinüber zum Joshua Tree National Park ist großartig. Im Preis enthalten ist ein Kühlschrank mit den Zutaten fürs Frühstück. Der Mindestaufenthalt beträgt zwei Nächte.

Essen

Im Park selbst kann man kein Essen kaufen, doch in den Ortschaften am Hwy 62 – vor allem in Yucca Valley – gibt es Supermärkte und Minimärkte sowie Restaurants, deren Bandbreite von traditionellen, familiengeführten Restaurants mit sehr deftigem Essen bis zu Bio-Feinkostläden, coolen Diners und multikulturellen Lokalen reicht. Samstagvormittags treffen sich die Einheimischen zum Schwatzen und Einkaufen auf dem **Farmers Market** (www.joshuatreefarmersmarket.com; 61705 29 Palms Hwy/Hwy 62, Joshua Tree; ⌚Sa 8–13 Uhr) in Joshua Tree. Bevor man zum Wandern, Klettern oder einer Autotour aufbricht, kann man im **Crossroads Cafe** (☎760-366-5414; www.crossroadscafejtree.com; 61715 29 Palms Hwy/Hwy 62, Joshua Tree; Hauptgerichte 9–17 US$; ⌚7–21 Uhr; ≋ 👪), einer Institution der Stadt, Energie tanken.

★La Copine INTERNATIONAL $
(☎760-289-8537; www.lacopinekitchen.com; 848 Old Woman Springs Rd, Flamingo Heights; Gerichte 8–24 US$; ⌚Do–Sa 14–19 Uhr; ❄) Es ist ein langer Weg von Philadelphia bis in die Wüste, doch Nikki und Claire wagten es und zogen mit ihrem Pop-up-Restaurant in eine dauerhaftes Lokal aus Ziegeln und Mörtel. Ihr Bistro am Straßenrand serviert Gerichte, die den Zeitgeist widerspiegeln, z. B. Salat mit Räucherlachs und pochiertem Ei, Garnelen-Ceviche oder Banh-Mi-Sandwiches. Keine Reservierungen.

Praktische Informationen

Der Nationalparkpass kostet 30 US$ pro Fahrzeug und gilt für sieben Tage. Man bekommt ihn an den drei Parkeingängen sowie in den Besucherzentren des National Park Service (NPS) in **Joshua Tree** (www.nps.gov/jotr; 6554 Park Blvd, Joshua Tree; ⌚8–17 Uhr; ≋), **Oasis** (☎760-367-5522; www.nps.gov/jotr; 74485 National Park Dr, Twentynine Palms; ⌚8.30–17 Uhr) und **Cottonwood** (www.nps.gov/jotr; Cottonwood Springs; ⌚8.30–16 Uhr; 👪). Ein kostenloser Shuttlebus verkehrt von November bis Februar und im Mai am Wochenende (Fr–Sa), im März und April täglich. Er startet stündlich am Twentynine Palms Transit Center und am Oasis Visitor Center und hält an wichtigen Punkten im nördlichen Teil des Parks. Ein Nationalparkpass ist für die Benutzung nicht erforderlich.

Abgesehen von Toiletten gibt es im Park keinerlei Einrichtungen, daher muss man Trinkwasser und Essen selbst mitbringen. In den Städten am 29 Palms Hwy (Hwy 62) am Nordrand des Parks – Yucca Valley, Joshua Tree und Twentynine Palms – kann man tanken und einkaufen. Die nächste größere Stadt im Süden (an der I-10) ist Indio.

Anza-Borrego Desert State Park

Der von einem Urmeer und tektonischen Kräften geformte **Anza-Borrego Desert State Park** (☎760-767-4205; www.parks.ca.gov; P) ist riesig und besitzt kaum eine Infrastruktur. Mit einer Fläche von 2590 km² ist er der drittgrößte State Park Kaliforniens. Wie Piktogramme und Felszeichnungen beweisen, lebten hier schon vor über 10 000 Jahren Menschen. Der Park ist nach dem spanischen Entdecker Juan Bautista de Anza benannt, der 1774 auf der Suche nach einem Landweg von Mexiko an die kalifornische Küste hier vorbeikam. Unterwegs begegneten ihm zahllose *borregos,* die Wildschafe, deren Weidegebiete sich einst bis nach Baja California tief im Süden erstreckten. Aufgrund von Trockenheit, Krankheiten, Wilderei und Unfällen mit Offroad-Fahrern leben hier nur noch einige Hundert Tiere. In den 1850er-Jahren wurde Anza-Borrego eine Station auf der Butterfield Overland Route, auf der Postkutschen zwischen St. Louis und San Francisco verkehrten.

Sehenswertes & Aktivitäten

Das **Visitor Center** (☎760-767-4205; www.parks.ca.gov; 200 Palm Canyon Dr, Borrego Springs; ⌚Mitte Okt.–Mitte Mai tgl. 9–17 Uhr, Mitte Mai–Mitte Sept. nur Sa, So & Feiertage) des Parks liegt 2 Meilen westlich des Zentrums von Borrego Springs. Es zeigt naturgeschichtliche Ausstellungen, hat Infomaterial zum Mitnehmen und gibt aktuelle Auskünfte zu den Straßenbedingungen. Die Fahrt durch den

Park ist kostenlos; wer jedoch campen, wandern oder picknicken will, muss eine Tagesparkgebühr zahlen (10 US$ pro Fahrzeug). Es gibt fast 500 Meilen (800 km) unbefestigte Straßen, die sich nur mit einem geländetauglichen Fahrzeug mit Allradantrieb bewältigen lassen. Bei Wanderungen immer ausreichend Wasser mitnehmen!

Zu den Highlights des Parks, die man auch mit einem normalen PKW erreichen kann, gehören die sehr beliebte 5 km lange Rundwanderung **Borrego Palm Canyon Nature Trail** und die einfache, 3 km lange Rundwanderung **Pictograph Trail** im Blair Valley, wo Piktogrammen amerikanischer Ureinwohner und verschiedenen Spuren der Pioniere zu sehen sind. Die recht anstrengende, 14 km lange Rundwanderung **Maidenhair Falls Trail** führt in den Hellhole Canyon. Ehe man aufbricht, sollte man sich immer im Visitor Center über die Straßen- und Wegbedingungen informieren.

Weiter südlich kann man im **Agua Caliente Regional Park** (☎760-765-1188; www.sdparks.org; 39555 Great Southern Overland Stage Route of 1849/County Rte S2; 3 US$/Fahrzeug, Pool 3 US$/Pers.; ⏲Sept.–Mai 9.30 Uhr–Sonnenuntergang) in Thermalwasserbecken relaxen.

Über 500 Meilen (800 km) der befestigten und unbefestigten Straßen des Parks (niemals aber Wanderwege) sind für Mountainbiker geöffnet. Beliebte Routen sind der Grapevine Canyon Trail abseits des Hwy 78 und der Canyon Sin Nombre Trail in den Carrizo Badlands. Flachere Gebiete sind das Blair Valley und der Split Mountain, genauere Infos erhält man beim Visitor Center.

Schlafen

In und um Borrego Springs finden sich ein paar Motels und Hotels, die aber alle nur in der Saison geöffnet haben. Die einzige Alternative ist Campen. Es gibt Campingplätze mit Infrastruktur, aber das Zelten in der Wildnis im Hinterland ist überall erlaubt. Wichtig: Der Abstand geparkter Fahrzeuge zur Straße darf höchstens eine Fahrzeuglänge betragen und Campingfeuer dürfen nur in Metallbehältern angezündet werden. Das Sammeln von Pflanzen (auch von abgestorbenen) ist streng verboten.

Borrego Palm Canyon Campground CAMPING
(☎800-444-7275; www.reservecalifornia.com; 200 Palm Canyon Dr, Borrego Springs; Stellplatz Zelt/Wohnmobil 25/35 US$; P 🐾) Der Campingplatz in der Nähe des Visitor Center des Anza-Borrego Desert State Park ist ein toller Ausgangspunkt für die Erkundung des Parks. Er ist zwar groß, doch dank seiner modernen Annehmlichkeiten wie Trinkwasser, Spültoiletten und warmen Münzduschen füllt er sich am Wochenende immer schnell.

★ **La Casa del Zorro** RESORT $$
(☎760-767-0100; www.lacasadelzorro.com; 3845 Yaqui Pass Rd; Mitte Okt.–April Zi. ab240 US$, Mitte Okt.–Mai 90–160 US$; P ❄ 📶 🏊 🐾) Nach einer Rundumerneuerung ist das altehrwürdige, 1937 erbaute Resort nun wieder die prächtigste Unterkunft der Region. Die 67 elegant-rustikalen Zimmer mit Poolblick und die für Familien geeigneten Casitas mit Gewölbedecken und Marmorbädern verströmen Wüstenromantik. Auf dem 17 ha großen, gepflegten Gelände verteilen sich sage und schreibe 28 Pools und Whirlpools, ein Tennisplatz, eine fröhliche Bar und ein Gourmetrestaurant.

Essen

In Borrego Springs gibt's mehrere Restaurants, von schlichten mexikanischen Lokalen bis zu Nobelrestaurants. Der beste Supermarkt, der **Center Market** (☎760-767-3311; www.centermarket-borrego.com; 590 Palm Canyon Dr, Borrego Springs; ⏲Mo–Sa 8.30–18.30, So bis 17 Uhr; P), befindet sich ebenfalls in Borrego Springs. Im Sommer verkürzen viele Lokale ihre Öffnungszeiten oder legen Ruhetage ein.

★ **Red Ocotillo** INTERNATIONAL $
(☎760-767-7400; http://redocotillo.com; 721 Avenida Sureste, Borrego Springs; Hauptgerichte 11–20 US$; ⏲7–20.30 Uhr; 📶 👪 🐾) Freie Tische sind in diesem kunstvoll bemalten, charmanten Restaurant in einem Bungalow im Zentrum von Borrego Springs so selten wie Pfützen in der Wüste. Morgens versorgen die Frühstücksburritos die Gäste mit den nötigen Kohlenhydraten für eine lange Wanderung, mittags locken üppige Sandwiches und abends Rippchen und Linguine mit hausgemachten Pesto.

Praktische Informationen

Borrego Springs hat einen Geldautomaten, zwei Tankstellen, einen Supermarkt und eine Post, die alle am Palm Canyon Dr liegen. Öffentliches kostenloses WLAN gibt's rund um den Christmas Circle.

Bei der Wildflower Hotline (760-767-4684) erhält man Informationen zur Blütezeit der Wildblumen.

ABSEITS DER ÜBLICHEN PFADE

SALTON SEA & SALVATION MOUNTAIN

Östlich von Anza-Borrego und südlich von Joshua Tree bietet sich ein vollkommen unerwarteter Anblick: Mitten in der Wüste taucht der **Salton Sea** (☎760-393-3810; www.parks.ca.gov; 100-225 State Park Rd, North Shore; Tagesnutzung 7 US$/Auto; ⌚Park 24 Std., Visitor Center 10–16 Uhr; P) auf, der größte See Kaliforniens. Er wurde 1905 künstlich geschaffen: Eine Springflut zerstörte Bewässerungskanäle, die das Wasser des Colorado River zu den Farmen des Imperial Valley bringen sollten. Bis heute ist der See der Lebensraum von etwa 400 Zugvogelarten. Der steigende Salzgehalt – eine Folge von phosphor- und stickstoffhaltigen Abwässern aus der Landwirtschaft, die jahrzehntelang unkontrolliert eingeleitet wurden – bedroht jedoch ihr Überleben.

Es geht noch bizarrer: Der 30 m hohe **Salvation Mountain** (☎760-624-8754; www.salvationmountaininc.org; 603 E Beal Rd, Niland; Spenden erbeten; ⌚Morgendämmerung–Abenddämmerung; P) ist das Lebenswerk des Folk-Künstlers Leonard Knight (1931–2014). Er besteht aus per Hand angerührtem Lehm, ist kunterbunt bemalt und mit Blumen, Fundstücken und christlichen Botschaften geschmückt.

Mojave National Preserve

Wen es „mitten ins Nirgendwo" zieht, der ist in der Wildnis des **Mojave National Preserve** (☎760-252-6100; www.nps.gov/moja; zw. I-15 & I-40; P) GRATIS richtig. Das fast 6500 km² große Schutzgebiet wird von Sanddünen, Josua-Palmlilien und vulkanischen Schlackekegeln geprägt und ist der Lebensraum von Schafen, Hasen und Wüstenschildkröten. Achtung: Benzin bekommt man hier nirgendwo!

Südöstlich von Baker und der I-15 führt die Kelbaker Rd durch eine gespenstische Schlackekegel-Landschaft zum **Kelso Depot**, einem Bahnhof im Missionsstil aus den 1920er-Jahren. Heute beherbergt er das größte **Visitor Center** (☎760-252-6100; www.nps.gov/moja; Kelbaker Rd, Kelso; ⌚9–17 Uhr) des Parks, das ausgezeichnete historische und naturgeschichtliche Ausstellungen zeigt. Das Visitor Center ist aufgrund der Covid-19-Pandemie geschlossen, soll aber im Frühjahr 2023 wiedereröffnet werden. Den aktuellen Status erfährt man online.

Nach weiteren 12 Meilen (19 km) auf der Kelbaker Richtung Süden erreicht man die **Kelso Dunes**. Bei günstigen Bedingungen erzeugt der wandernde Sand ein tiefes Brummen – manchmal kann man dieses Geräusch auch auslösen, wenn man auf der Düne bergab rennt.

Am Kelso Depot zweigt die Kelso–Cima Rd Richtung Nordosten ab. Nach ca. 27 Meilen (43 km) erhebt sich an der Kelso–Cima Rd der **Cima Dome**, ein 451 m hoher Granitbrocken, der mit vulkanischen Schlackekegeln und verkrusteter Lava bedeckt ist. Auf seinen Hängen wachsen die größten **Josua-Palmlilienwälder** der Welt. Auf dem 5 km langen Rundwege **Teutonia Peak**, der 5 Meilen (8 km) nordwestlich der Cima Junction an der Cima Rd beginnt, kann man die Natur aus nächster Nähe erleben.

Im Mojave National Preserve gibt es keine Geschäfte oder Restaurants, weshalb man sich vor der Fahrt hierher in Baker am Nordwestrand des Parks an der I-15 mit allem Notwendigen eindecken sollte. Dort gibt's auch zahlreiche billige, langweilige Motels. Wenn man von Nordosten kommt, sind die Kasinohotel in Primm an der Grenze zu Nevada eine etwas bessere Option. An der I-40 ist der letzte Ort mit Unterkünften Needles. Im Schutzgebiet selbst kann man nur campen.

Death Valley National Park

Allein schon der Name beschwört Höllenbilder einer gnadenlosen, heißen, kahlen und lebensfeindlichen Einöde alttestamentarischen Ausmaßes herauf. Bei näherer Betrachtung entpuppen sich Natur und Landschaft des **Death Valley** (☎760-786-3200; www.nps.gov/deva; 7-Tage-Pass pro Auto 30 US$; P) aber als absolut spektakulär: Wer sich ins Tal des Todes aufmacht, darf singende Sanddünen sehen, vom Wasser geformte Canyons, Felsbrocken, die über den Wüstenboden wandern, erloschene Vulkankrater, von Palmen umgebene Oasen, schroffe Berge von über 3300 m Höhe und eine vielfältige endemische Tierwelt. Das Death Valley ist eine Gegend der Superlative, die einige US-Rekorde hält, nämlich den der höchsten gemessenen Temperatur (57 °C) und des tiefsten Punktes (Badwater, fast 86 m unter dem Meeresspiegel). Außerdem ist der Nationalpark mit über 13 628 km² der größte außerhalb Alaskas.

Furnace Creek ist mit dem Hauptbesucherzentrum des Parks, einem Gemischtwarenladen, einer Tankstelle, einer Post, Geldautomaten, WLAN, einem Golfplatz, Unterkünften und Restaurants das kommerzielle Zentrum des Death Valley.

Parkpässe kosten 30 US$ pro Fahrzeug und sind sieben Tage gültig; man erhält sie an Automaten an den Zugangsstraßen zum Park sowie im Besucherzentrum.

Sehenswertes & Aktivitäten

Im Sommer sollte man auf den befestigten Straßen bleiben, seine Aktivitäten im Freien auf die frühen Morgenstunden und den Abend legen und die höher gelegenen Regionen des Parks besuchen. Von **Furnace Creek** führt die Straße 5 Meilen (8 km) Richtung Südosten zum **Zabriskie Point**, wo sich eine spektakuläre Aussicht auf das Tal und das golden schimmernde Ödland mit seinen von der Erosion geformten Wellen, Falten und Rinnen bietet. Weitere 20 Meilen (32 km) südöstlich davon kann man von **Dante's View** an klaren Tagen gleichzeitig den höchsten Punkt (Mt. Whitney, 4421 m) und den tiefsten Punkt (Badwater) der kontinentalen USA sehen.

Badwater, 15 Meilen (24 km) von Furnace Creek entfernt, ist eine gespenstisch schöne Landschaft aus rissigen Salzebenen. Unterwegs kann man eine kurze Wanderung in den **Golden Canyon** unternehmen. Den 9 Meilen (14 km) langen Abstecher auf dem **Artists Drive** legt man am besten auf den späten Nachmittag, wenn die Mineralien und die Vulkanasche der Schlucht in einer prächtigen Farbpalette erstrahlen.

23 Meilen (37 km) nordwestlich von Furnace Creek kann man in der Nähe von Stovepipe Wells Village über die an die Sahara erinnernden Sanddünen von **Mesquite Flat** marschieren, die bei Sonnenaufgang und bei Vollmond wahrhaft magisch anmuten. Ein Erlebnis ist es auch, zwischen den in vielen Farbtönen schimmernden Wänden des **Mosaic Canyon** umherzuklettern.

Das skurrile **Scotty's Castle** (☎760-786-3200; www.nps.gov/deva; ⊙geschl.), ca. 55 Meilen (89 km) nordwestlich von Furnace Creek, war Walter E. Scotts Wohnhaus. „Death Valley Scotty" war ein begnadeter Märchenerzähler, der die Menschen mit seinen Geschichten über Gold hinters Licht führte. Wegen Überflutungsschäden ist Scotty's Castle derzeit geschlossen.

Schlafen & Essen

Campingoptionen gibt es im Park in Hülle und Fülle, wer aber ein solides Dach über dem Kopf möchte, findet nur eine begrenzte Anzahl teurer und im Frühling oft auch ausgebuchter Unterkünfte. Alternativ übernachtet man in den Orten Beatty (40 Meilen/65 km von Furnace Creek), Lone Pine (40 Meilen/65 km), Death Valley Junction (30 Meilen/48 km) oder Tecopa (70 Meilen/113 km). Etwas weiter weg liegen u. a. Ridgecrest (120 Meilen/193 km) und Las Vegas (140 Meilen/225 km).

Camper sollten Vorräte mitbringen, denn die Geschäfte in Stopepipe Wells, Furnace Creek und Panamint Springs sind außerordentlich teuer. Gleiches gilt meistens für die eher mittelmäßigen Restaurants.

Mesquite Spring Campground CAMPING
(☎760-786-3200; www.nps.gov/deva; Hwy 190; Stellplatz Wohnmobil & Zelt 14 US$) Ganz im Norden des Parks bietet dieser Campingplatz 430 Stellplätze, die nicht reserviert werden können. Er ist eine praktische Basis für den Ubehebe Crater und die Racetrack Rd. Auf einer Höhe von 550 m ist's hier zudem deutlich kühler als in den unteren Wüstenregionen. Die Stellplätze sind mit Feuerstellen und Tischen ausgestattet; es gibt Wasser und Spültoiletten. Keine Wohnmobil-Anschlüsse.

Ranch at Death Valley RESORT $
(☎760-786-2345; www.oasisatdeathvalley.com; Hwy 190, Furnace Creek; DZ ab 190 US$; P ❄ 🛜) Dieses weitläufige, auf Familien zugeschnittene Resort hat 224 Zimmer mit Terrasse oder Balkon in ein- oder zweistöckigen Gebäuden, die die Rasenflächen und Wege säumen. Es wurde unlängst modernisiert und hat nun eine hübsche Plaza im spanischen Kolonialstil. Auch der Gemischtwarenladen und die Saloon-Bar wurden verschönert. Außerdem gibt's einen Spielplatz, einen von Quellwasser gespeisten Pool, Tennisplätze, einen Golfplatz und das **Borax Museum** (☎760-786-2345; www.furnacecreekresort.com; abseits des Hwy 190, Furnace Creek; ⊙Okt.–März 9–21 Uhr, im Sommer wechselnde Öffnungszeiten; P) GRATIS.

★ **Inn at Death Valley** HOTEL $$
(☎760-786-2345, Reservierungen 800-236-7916; www.oasisatdeathvalley.com; Furnace Creek, Hwy

KALIFORNIEN PALM SPRINGS & DIE WÜSTEN

190; DZ ab 390 US$; P ⊖ ❄ @ ≋ ≈) In dem 1927 im spanischen Missionsstil erbauten Hotel rollt man morgens aus dem Bett, schiebt die Vorhänge zur Seite und kann schon die Farben der Wüste zählen. Nach einem schweißtreibenden Tag kann man dann am von Quellen gespeisten Pool mit Spa und Poolbar, in der gemütlich eingerichteten Lounge oder in der Bibliothek entspannen und die Aussicht auf das Valley genießen. Durch und durch stilvoll!

Praktische Informationen

Furnace Creek Visitor Center (☎760-786-3200; www.nps.gov/deva; Furnace Creek; ⊙8–17 Uhr; ≋) Das moderne Besucherzentrum zeigt fesselnde Ausstellungen über das Ökosystem des Parks und über die indigenen Stämme. Es hat einen Souvenirladen, saubere Toiletten, (lahmes) WLAN und freundliche Ranger, die Fragen beantworten und bei der Planung der Unternehmungen im Park helfen. Wer zum ersten Mal hier ist, sollte sich den tollen 20-minütigen Film ansehen. Auskünfte über das Programm der von Rangern geführten Aktivitäten sind ebenfalls hier zu bekommen.

CENTRAL COAST

Dieser märchenhafte Streifen an der kalifornischen Küste wird allzu oft vergessen oder auf der Fahrt zwischen San Francisco und L.A. nur schnell durchquert. Wer sich die Zeit nimmt, entdeckt wilde Strände, neblige Redwood-Wälder mit versteckten heißen Quellen und sanft gewellte goldene Hügeln mit fruchtbaren Rebgärten und Farmland.

Die Küstenstraße Hwy 1 spielt alle landschaftlichen Trümpfe aus. Die Hippie-Stadt Santa Cruz und die historische Hafenstadt Monterey sind die Tore zur rauen Wildnis der bei Künstlern und Aussteigern beliebten Küste von Big Sur. Die traumhafte Route führt hinunter zum pompösen Hearst Castle, vorbei an Leuchttürmen und steilen Klippen, über denen der gefährdete Kondor durch die Lüfte gleitet.

Der durchs Inland führende Hwy 101 folgt der Route des Camino Real (Königsstraße) der spanischen Konquistadoren und Franziskanermönche. Entlang der Strecke erlebt man das landwirtschaftliche Kernland Kaliforniens, man fährt durch die florierende Wein- und Craft-Bier-Region Paso Robles und vorbei an Missionen, die die Kolonialzeit überdauert haben. Danach kann man in der Universitätsstadt San Luis Obispo, die von sonnendurchfluteten Strandorten und Vulkangipfeln umringt ist, wieder in die friedliche Idylle der Natur eintauchen.

Santa Barbara

Perfektes Wetter, wunderschöne Architektur, exzellente Bars und Restaurants und Aktivitäten für jeden Geschmack und Geldbeutel machen Santa Barbara zu einem Muss für Traveller in Südkalifornien. Man beginnt den Tag am besten mit einem Besuch der Kirche im spanischen Missionsstil und lässt sich dann einfach treiben.

Sehenswertes

Der **Stearns Wharf** (www.stearnswharf.org; ⊙tgl. geöffnet; P 🚻) GRATIS von 1872 mit Blick auf die gut besuchten städtischen Strände ist der älteste ununterbrochen betriebene Holzpier an der Westküste. Heute ist er übersät von Touristenshops und Restaurants. Außerhalb der Stadt am Hwy 101 locken die größeren, von Palmen gesäumten **staatlichen Strände** von Carpinteria (12 Meilen/19 km östlich), sowie von El Capitan und Refugio (20 Meilen/32 km westlich).

★Old Mission Santa Barbara KIRCHE
(☎805-682-4713; www.santabarbaramission.org; 2201 Laguna St; Erw./Kind 5-17 Jahre 12/7 US$; ⊙Sept.–Juni 9–16.15, Juli & Aug. bis 17.15 Uhr; P 🚻) Kaliforniens „Königin der Missionen“ thront auf einem Hügel über der Stadt, rund 2 km nördlich des Zentrums. Die imposante Fassade, eine architektonische Hommage an eine altrömische Kapelle, wird von zwei ungewöhnlichen Glockentürmen flankiert. In der steinernen Kirche von 1820 ist umwerfende Chumash-Kunst zu bewundern. Auf dem Friedhof fallen die aufwendigen Mausoleen früher Siedler in Kalifornien auf, während die Gräber Tausender Chumash größtenteils in Vergessenheit geraten sind.

★MOXI MUSEUM
(Wolf Museum of Exploration & Innovation; ☎805-770-5000; www.moxi.org; 125 State St; Erw./Kind 15/10 US$; ⊙10–17 Uhr; 🚻) Dieses ultramoderne Wissenschaftsmuseum bietet interaktive Ausstellungen und Erlebnisse rund um die Themen Akustik, Technologie, Geschwindigkeit, Optik und Farben, die kleine Besucher garantiert begeistern und bereichern werden. Auf drei Etagen können sie etwas über Musik lernen (und dabei eine Riesengitarre betreten), ein Rennauto bau-

ABSTECHER

RHYOLITE

Unmittelbar östlich der östlichen Parkgrenze des Death Valley (etwa 35 Meilen bzw. 56 km von Furnace Creek) liegt die Geisterstadt **Rhyolite** (abseits des Hwy 374; 24 Std.; P) GRATIS, deren Geschichte typisch für den turbulenten Aufstieg, Boom und Niedergang der Goldgräberstädte im Westen im frühen 20. Jh. ist. Zu ihrer Blütezeit zwischen 1904 und 1916 hatte die Stadt 8000 Einwohner. Zu den interessantesten Häuserruinen gehören der Bahnhof im spanischen Missionsstil, ein dreistöckiges Bankgebäude und ein Haus, das aus 50 000 (!) Bierflaschen gebaut wurde.

Nicht weit von Rhyolite und gleich östlich des Death Valley National Park steht das **Goldwell Open Air Museum** (702-870-9946; www.goldwellmuseum.org; abseits des Hwy 374; Park 24 Std., Visitor Center Mo–Sa 10–16 Uhr, im Sommer bis 14 Uhr; P) GRATIS. Der inzwischen verstorbene belgische Künstler Albert Szukalski begann hier 1984, seine eigene, gespenstische Version von Da Vinci's *Abendmahl* zu schaffen. Bald kamen andere belgische Freunde dazu und steuerten weitere, oft bizarre Arbeiten bei. Heute gibt's hier sieben Skulpturen, ein Besucherzentrum und einen kleinen Laden.

en und Soundeffekte aus Filmen nachbilden. Toll ist auch der Blick von der Dachterrasse Sky Garden und der Gang über einen Glasboden – nichts für schwache Nerven!

★ **Santa Barbara County Courthouse** HISTORSCHES GEBÄUDE
(805-962-6464; http://sbcourthouse.org; 1100 Anacapa St; Mo–Fr 8–17, Sa & So 10–17 Uhr) GRATIS Das 1929 im spanisch-maurischen Revival-Stil erbaute Gerichtsgebäude hat handbemalte Decken und schmiedeeiserne Kronleuchter und ist mit Fliesen aus Tunesien und Spanien verziert. Im stillen Wandgemälderaum im ersten Stock warten Impressionen aus der spanischen Kolonialgeschichte. Danach kann man noch den 26 m hohen Glockenturm El Mirador hinaufklettern und durch die Bogen den Panoramablick auf die Stadt, das Meer und die Berge genießen. Wer das Gebäude nicht auf eigene Faust besichtigen will, hat die Möglichkeit, an einer der kostenlosen einstündigen Führungen teilzunehmen, die täglich um 14 Uhr und montags bis freitags auch um 10 Uhr im Mural Room in der zweiten Etage starten.

Aktivitäten

Santa Barbara Sailing Center BOOTSFAHRT
(805-962-2826; www.sbsail.com; Marina 4, abseits des Harbor Way; 9–18 Uhr, im Winter bis 17 Uhr;) An Bord der *Double Dolphin*, einem über 15 m langen Segelkatamaran, kann man eine zweistündige Bootstour entlang der Küste oder bei Sonnenuntergang (40 US$) erleben und von Mitte Februar bis Mitte Mai an einer Walbeobachtungstour (50 US$) teilnehmen. Außerdem sind einstündige Hafenrundfahrten im Programm, bei denen andere Meeresbewohner gesichtet werden (25 US$). Der Veranstalter bietet auch Kajak- und Stehpaddeltouren und den Verleih des entsprechenden Equipments an.

Condor Express BOOTSFAHRT
(805-882-0088; https://condorexpress.com; 301 W Cabrillo Blvd; Bootsfahrt 150/270 Min. Erw. ab 50/99 US$, Kind 5–12 Jahre ab 30/50 US$;) Die Walbeobachtungstouren finden an Bord des Hochgeschwindigkeitskatamarans *Condor Express* statt. Es wird versprochen, dass die Teilnehmer Wale sehen. Klappt dies im ersten Versuch nicht, bekommt man einen Gutschein und kann einen zweiten starten.

Schlafen

Gut festhalten: Selbst einfache Motelzimmer am Strand kosten im Sommer über 200 US$. Keinesfalls sollte man ohne Reservierung kommen und darauf vertrauen, noch etwas einigermaßen Günstiges zu ergattern, schon gar nicht am Wochenende. Einige gute renovierte Motels liegen zwischen dem Hafen und Hwy 101, von wo man praktisch überall leicht zu Fuß hinkommt. Im oberen Teil der State St und am Hwy 101 Richtung Goleta im Norden sowie Richtung Carpinteria, Ventura und Camarillo im Süden konzentrieren sich günstigere Motels.

★ **Santa Barbara Auto Camp** CAMPING $
(888-405-7553; http://autocamp.com/sb; 2717 De La Vina St; DZ 180–390 US$; P) Neben einem historischen Wohnmobilpark nördlich vom Zentrum nahe des oberen Endes der State St stehen die sechs silbern funkelnden Airstream-Wohnwagen, in denen man stilvoll im Vintage-Ambiente und Re-

tro-Chic übernachtet. Die im frischen Mid-Century-Stil gestalteten Wohnwagen sind mit TV, schicker Bettwäsche und Kosmetika sowie mit einer einfachen Küche, einer Terrasse mit Elektrogrill und zwei Cruiser-Bikes ausgestattet.

Harbor House Inn GASTHAUS $
(805-962-9745; www.harborhouseinn.com; 104 Bath St; Zi. ab190 US$;) Zwei Blocks nördlich vom Strand steht dieses tadellos geführte Gasthaus mit in Sandtönen dekorierten Studios, die Hartholzböden, kleine Küchen und solch moderne Annehmlichkeiten wie SmartTVs mit kostenlosem Netflix und Hulu bieten. Wer mindestens zwei Nächte bleibt, erhält einen im Preis enthaltenen Willkommens-Frühstückskorb. Zudem kann man kostenlos Strandtücher, Stühle, Sonnenschirme und Dreigangfahrräder leihen.

★ **Hotel Californian** BOUTIQUEHOTEL $$
(www.thehotelcalifornian.com; 36 State St; Zi. ab 400 US$;) Das Hotel Californian ist der Newcomer am einst heruntergekommenen unteren Ende der State St und ein Vorreiter bei der Erneuerung des Viertels. Schon wegen der fantastische Lage (neben dem Strand, dem Stearns Wharf und der Funk Zone) lohnt es sich, hier abzusteigen. Doch das ist noch nicht das Ende der Fahnenstange: Der bestechende architektonische Mix aus spanischem Kolonial- und nordafrikanisch-maurischem Stil sorgt für ein glamouröses Flair.

Essen

In der State St im Zentrum gibt's zahlreiche Restaurants und selbst am Sterns Wharf und am Pier finden sich unter den Touristenfallen einige echte Perlen. Kreativere Küchen konzentrieren sich in der Funk Zone. In der Milpas St östlich des Zentrums gibt's ein paar tolle Taco-Läden. Sehr beliebte Restaurants oder solche, in denen man unbedingt essen möchte, sollte man ein, zwei Wochen vorher reservieren, besonders an Sommerwochenenden.

La Super-Rica Taqueria MEXIKANISCH
(805-963-4940; 622 N Milpas St; Tacos 2,50 US$; Do–Di 11–21 Uhr;) Obwohl es in der Stadt viele gute mexikanische Restaurants gibt, strömen tagtäglich Einheimische wie Touristen ins La Super-Rica. Alle wollen unbedingt die Gerichte probieren, die Julia Child, die inzwischen verstorbene Ikone der Kulinarik, so liebte. Am besten reiht man sich einfach draußen vor der luftigen *casita* in die Schlange ein und bildet sich selbst ein Urteil über die berühmten Tacos, Tamales und anderen typisch mexikanischen Gerichte.

★ **Mesa Verde** VEGAN $
(805-963-4474; http://mesaverderestaurant.com; 1919 Cliff Dr; Teller zum Teilen 10–18 US$; Mo–Fr 11–21, Sa & So 11–15.30 & 17–21 Uhr;) Auf der Karte des Mesa Verde, einem der besten vegetarischen Restaurants der Stadt, stehen so viele köstliche, kreative, komplett vegane Gerichte zum Teilen, dass die Entscheidung schwer fallen dürfte. Um der Qual der Wahl zu entgehen, bestellt man einfach eine Auswahl von allem und macht sich auf aromatische Köstlichkeiten gefasst. Auch Fleischesser sind willkommen (und werden hier vielleicht sogar bekehrt). Nur Barzahlung.

★ **Lark** KALIFORNISCH $$
(805-284-0370; www.thelarksb.com; 131 Anacapa St; Teller zum Teilen 12–32 US$, Hauptgerichte 19–48; US$ Di–Sa 17–22 Uhr, Bar bis 24 Uhr;) Das vom Küchenchef geführte Lark eignet sich bestens, um die vielen Erzeugnisse probieren, die der Boden und das Meer Südkaliforniens hervorbringen. Das legere, lebhafte Restaurant ist nach einem historischen Pullman-Eisenbahnwaggon benannt und befindet sich in einem früheren Fischmarkt in der Funk Zone. Die saisonale Speisekarte präsentiert inspirierende Geschmackskombinationen, etwa Rosenkohl mit Datteln oder über Wacholderholz geräucherte Entenbrust. Reservierung empfohlen.

Ausgehen & Nachtleben

Viele der lebhaften Bars in der State St bieten eine Happy Hour, winzige Tanzflächen und ausgelassene Studentenabende. Eine trendigere, niveauvollere Alternative ist die Funk Zone mit ihrem breit gefächerten Angebot an Bars und Weinverkostungsräumen.

★ **Figueroa Mountain Brewing Co** CRAFT-BIER
(805-694-2252; www.figmtnbrew.com; 137 Anacapa St; 11–23 Uhr) Vater und Sohn – beide Brauer – sind mit ihrem hopfigen und mit einer Goldmedaille ausgezeichneten IPA, ihrem dänischen Red Lager und ihrem Double-IPA von Santa Barbaras Wine Country in die Funk Zone umgezogen. Die fachkundigen Angestellten beraten gern bei der Auswahl. Das Bier trinkt man entweder im Schankraum, der Surferstil und Wild-

west-Ambiente kombiniert und mit Postern im Vintage-Stil dekoriert ist, oder auf der Terrasse, wo Akustikmusiker spielen.

Praktische Information

Outdoors Santa Barbara Visitors Center (805-456-8752; http://outdoorsb.sbmm.org; 4. Stock, 113 Harbor Way; So–Fr 11–17, Sa bis 15 Uhr) Das mit Freiwilligen besetzte Besucherzentrum befindet sich im selben Gebäude wie das Santa Barbara Maritime Museum und bietet Infos über den Channel Islands National Park. Es hat eine Terrasse mit Hafenblick.

Santa Barbara Visitors Center (805-965-3021, 805-568-1811; www.santabarbaraca.com; 1 Garden St; Feb.–Okt. Mo–Sa 9–17, So 10–17 Uhr, Nov.–Jan. bis 16 Uhr). Hier gibt's Karten, Broschüren und Tipps der hilfsbereiten Mitarbeiter, wie man das Beste aus dem Aufenthalt in der Stadt macht. Auf der Website kann man nützliche Karten und Routen für individuelle Stadtbesichtigungen herunterladen, die Themen wie Essen und Trinken, Wein, Kunstgalerien oder Outdoor-Aktivitäten abdecken.

Anreise & Unterwegs vor Ort

Wer vom Hwy 101 kommt und ins Zentrum will, nimmt die Ausfahrten Garden St oder Carrillo St. **Greyhound** (805-965-7551; www.greyhound.com; 224 Chapala St;) bietet täglich ein paar Direktbusse nach L. A. (ab 14 US$, 3 Std.), Santa Cruz (ab 42 US$, 6 Std.) und San Francisco (ab 42 US$, 9 Std.). Züge von **Amtrak** (800-872-7245; www.amtrak.com; 209 State St) fahren Richtung Süden über Carpinteria, Ventura und den Flughafen Burbank nach L. A. (ab 31 US$, 2¾ Std.) und Richtung Norden nach San Luis Obispo (ab 34 US$, Std.) und Oakland (ab 54 US$, 8¾ Std.) mit Halt in Paso Robles, Salinas und San Jose.

Die Nahverkehrsbusse vom **Metropolitan Transit District** (MTD; 805-963-3366; www.sbmtd.gov) kosten pro Fahrt 1,75 US$ (nur Barzahlung, passend zahlen). Sie sind mit Fahrradständern ausgerüstet und kurven durch die ganze Stadt und in die angrenzenden Ortschaften. Nach einem kostenlosen Umstieg fragt man beim Einsteigen. Fahrräder verleiht **Wheel Fun Rentals** (805-966-2282; http://wheelfunrentalssb.com; 24 E Mason St; April–Mitte Okt. 8–20 Uhr, Mitte Okt.–März bis 18 Uhr;), das günstig in der Funk Zone in der Nähe des Stearns Wharf liegt.

Von Santa Barbara nach San Luis Obispo

Auf dem Hwy 101 kann man in weniger als zwei Stunden nach San Luis Obispo rasen … oder man macht aus der Fahrt eine Tagestour mit Abstechern zu Weingütern, historischen Missionen und versteckten Stränden.

Santa Ynez Valley & Santa Maria Valley

Eine malerische Autotour durchs Hinterland folgt nördlich von Santa Barbara dem Hwy 154 und führt durch die Weinregionen (www.sbcountywines.com) des Santa Ynez Valley und des Santa Maria Valley. Wer Weingüter mit Kultstatus entdecken will, kann sich einer Tour von **Sustainable Vine Wine Tours** (805-698-3911; www.sustainablevinewinetours.com; Touren ab 150 US$) anschließen oder dem ländlichen **Foxen Canyon Wine Trail** (www.foxencanyonwinetrail.com) Richtung Norden folgen. In der Stadt **Los Olivos** gibt's zwei Dutzend Weinverkostungsräume und das **Los Olivos Wine Merchant & Café** (805-688-7265; www.winemerchantcafe.com; 2879 Grand Ave; Hauptgerichte 15–28 US$; Mo–Do 11.30–20, Fr bis 20.30, Sa 11–20.30, So 11–20 Uhr), ein charmantes, kalifornisch-mediterranes Bistro mit Weinbar.

Solvang

Weiter südlich liegt das von dänischen Einwanderern gegründete Dorf Solvang (www.solvangusa.com) mit zahlreichen Windmühlen und märchenhaften Bäckereien. Im **Succulent Café** (805-691-9444; www.succulentcafe.com; 1555 Mission Dr; Hauptgerichte Frühstück & Mittagessen 5–15 US$, Abendessen 16–37 US$; Mo & Mi–Fr 10–15, Sa & So 8.30–15, So & Mo 17–21 Uhr & 17– Uhr;) kann man sich mit French Toast mit Vanille-Aroma oder Filet im Schinkenmantel stärken. Alles für ein Picknick und ein Barbecue bekommt man im **El Rancho Marketplace** (805-688-4300; http://elranchomarket.com; 2886 Mission Dr; 6–23 Uhr), östlich der im 19. Jh. erbauten spanischen **Mission** (805-688-4815; www.missionsantaines.org; 1760 Mission Dr; Erw./Kind unter 12 Jahren 5 US$/frei; 9–17 Uhr; P) der Stadt.

Lompoc & Umgebung

Von Solvang fährt man auf dem Hwy 246 weiter und erreicht etwa 15 Meilen (24 km) westlich der Kreuzung mit dem Hwy 101 den **La Purísima Mission State Historic Park** (805-733-3713; www.lapurisimamission.org; 2295 Purísima Rd, Lompoc; 6 US$/Fahrzeug; Park 9–17 Uhr, Visitor Center ganzjährig Di–So

ABSEITS DER ÜBLICHEN PFADE

CHANNEL ISLANDS NATIONAL PARK

Der **Channel Islands National Park** (☎805-658-5730; www.nps.gov/chis; 1901 Spinnaker Dr, Ventura; ⏲Visitor Center 8.30–17 Uhr) GRATIS besteht aus fünf unbewohnten Inseln vor der Küste von Ventura, auf denen über 150 endemische Tier- und Pflanzenarten leben. Er ist ein Paradies für Taucher, Wanderer, Kajakfahrer, Camper und Naturliebhaber.

Boote legen am Ventura Harbor ab, 32 Meilen (51 km) südlich von Santa Barbara am Hwy 101. Dort befindet sich auch das **Visitor Center** (Robert J Lagomarsino Visitor Center; ☎805-658-5730; www.nps.gov/chis; 1901 Spinnaker Dr, Ventura; ⏲8.30–17 Uhr; 👪), das Infos und Karten hat. Der größte Veranstalter von Bootstouren ist **Island Packers Cruises** (☎805-642-1393; http://islandpackers.com; 1691 Spinnaker Dr, Ventura; Channel-Island-Tagestour ab 59 US$, Tierbeobachtungstour 38 US$); im Voraus buchen! Wer hier zelten möchte, sollte zunächst den Transport organisieren und anschließend auf www.recreation.gov Stellplätze reservieren. Essen und Trinkwasser muss man mitbringen.

10–16, Juli & Aug. auch Mo 11–15 Uhr; P 👪). Die wunderbar restaurierte Mission ist mit ihren blühenden Gärten, Viehgehegen und Adobe-Gebäuden eine der stimmungsvollsten kalifornischen Missionen aus der spanischen Kolonialzeit. Südlich von Lompoc zweigt die kurvenreiche Jalama Rd vom Hwy 1 ab und erreicht nach 20 Meilen (32 km) den windgepeitschten **Jalama Beach County Park** (☎805-568-2461; www.countyofsb.org/parks/jalama; Jalama Beach Rd, Lompoc; 10 US$/Fahrzeug). Eine Übernachtung auf dem extrem beliebten **Campingplatz** (☎805-568-2460; www.countyofsb.org/parks/jalama.sbc; 9999 Jalama Rd, Lompoc; Stellplatz Zelt/Wohnmobil/Hütten ab 35/50/190 US$; P 🐾) sollte man im Voraus buchen; hier gibt es auch einfache Hütten mit Küchenecke.

Pismo Beach & Umgebung

Dort, wo der Hwy 1 wieder auf den Hwy 101 trifft, liegt **Pismo Beach** mit einem langen, friedlichen Sandstrand und einem **Schmetterlingshain** (☎805-773-5301; www.monarchbutterfly.org; Hwy 1; ⏲Ende Okt.–Feb. 10–16 Uhr; 👪) GRATIS, in dem wandernde Monarchfalter von Ende Oktober bis Februar in Eukalyptusbäumen überwintern. Der angrenzende **North Beach Campground** (☎805-473-7220, Reservierungen 800-444-7275; www.reservecalifornia.com; 399 S Dolliver St; Stellplatz Wohnmobil & Zelt 35 US$; 🐾) bietet einen Strandzugang und warme Duschen. Am Meer und am Hwy 101 stehen Dutzende Motels und Hotels, die aber im Sommer schnell ausgebucht sind, besonders an den Wochenenden.

Die **Pismo Lighthouse Suites** (☎805-773-2411; www.pismolighthousesuites.com; 2411 Price St; Suite 190–500 US$; P ⊖ @ 📶 🏊 🐾) bieten alles, was Familien im Urlaub brauchen, sogar ein riesiges Open-Air-Schachbrett. Bei **Old West Cinnamon Rolls** (☎805-773-1428; www.oldwestcinnamonrolls.com; 861 Dolliver St; Brötchen 3–4 US$; ⏲6.30–17.30 Uhr; 👪) im Zentrum von Pismo bekommt man klebrige Leckereien. Weiter oben im **Cracked Crab** (☎805-773-2722; www.crackedcrab.com; 751 Price St; Hauptgerichte 16–61 US$; ⏲So–Do 11–21, Fr & Sa bis 22 Uhr; 👪) sollte man sich auf jeden Fall ein Plastiklätzchen umbinden, ehe die frischen Meeresfrüchte eimerweise auf dem mit Fleischerpapier belegten Tisch landen.

Die nahe gelegene Stadt **Avila Beach** hat eine sonnige Uferpromenade, einen stimmungsvollen Angelpier aus knarzendem Holz und einen historischen **Leuchtturm** (☎805-773-2411; www.pismolighthousesuites.com; 2411 Price St; Suite 190–500 US$; P ⊖ @ 📶 🏊 🐾). Auf dem Weg zurück zum Hwy 101 kann man in der **Avila Valley Barn** (☎805-595-2816; www.avilavalleybarn.com; 560 Avila Beach Dr; ⏲ Mai–Sept. 9–18 Uhr, April, Okt. & Nov. 9–17 Uhr, Dez.–März Do–Mo 9–17 Uhr; 👪) Obst pflücken und Ziegen füttern und sich danach in einem privaten Redwood-Whirlpool in den **Sycamore Mineral Springs** (☎805-595-7302; www.sycamoresprings.com; 1215 Avila Beach Dr; 1 Std. 17,50–22,50 US$/Pers; ⏲8–24 Uhr, letzte Reservierung 22.30 Uhr) aalen und den Sternenhimmel bewundern.

San Luis Obispo

San Luis Obispo liegt fast auf halber Strecke zwischen L.A. und San Francisco an der Kreuzung des Hwy 101 und des Hwy 1, weshalb die Stadt ein beliebter Übernachtungsstopp bei Road Trippern ist. Außerdem eignet sie sich gut als Ausgangsort, um die Küstenstädte Pismo Beach, Avila Beach und

Morro Bay sowie das Hearst Castle zu besuchen. Viele eigene große Attraktionen hat das erfrischend ruhige San Luis Obispo nicht zu bieten, außer vielleicht der spanischen **Mission** (☎805-543-6850; www.missionsanluisobispo.org; 751 Palm St; empfohlene Spende 5 US$; ⏲Ende März–Okt. 9–17 Uhr, Nov.–Mitte März 9–16 Uhr;) und dem unkonventionelle Madonna Inn. Dafür besitzt es eine beneidenswert hohe Lebensqualität, zu der auch die Student der California Polytechnic State University (kurz Cal Poly) beitragen, die die Straßen, Bars und Cafés mit einer gesunden Prise Trubel füllen. Am besten versucht man, donnerstags nach SLO zu kommen, wenn der Farmers Market die Higuera St im Zentrum in eine Partymeile mit Livemusik und Grillständen verwandelt.

Schlafen

Viele Hotels ballen sich in der Nähe des Hwy 101, besonders abseits der Monterey St nordöstlich vom Stadtzentrum und rund um die Santa Rosa St (Hwy 1). In jüngster Zeit wurden einige neue Unterkünfte eröffnet, die das Übernachtungsangebot der Stadt bereichert haben.

Madonna Inn HOTEL $
(☎805-543-3000; www.madonnainn.com; 100 Madonna Rd; Zi. 209–329 US$, plus Resortgebühr 15 US$/Nacht;) Das fantastisch tuntige Madonna Inn ist eine knallige Praline, die schon vom Hwy 101 aus sichtbar ist. Neugierige Gäste aus aller Welt und ironieverliebte Hipster sind von den 110 Themenzimmern wie „Yosemite Rock", „Caveman" und dem schräg-rosafarbenen „Floral Fantasy" (Fotos findet man im Internet) begeistert. Kurzum: Hier wird garantiert jede Fantasie wahr. Auch wer nicht in dem Inn übernachtet, sollte eine die Sinne verwirrende Runde ums Hauptgebäude drehen. WLAN gibt's nur in den öffentlichen Bereichen.

Essen & Ausgehen

Im Zentrum von SLO gibt's einige hervorragende Restaurants, die den frischen regionalen Produkten, für die die Region steht, und dem Erbe als Weingebiet gerecht werden.

Bars voller College-Studenten säumen die Higuera St. Auch Craft-Bier-Fans sind hier richtig, und Weinliebhaber können vielerorts die regionalen Weine probieren.

Luna Red FUSION $
(☎805-540-5243; www.lunaredslo.com; 1023 Chorro St; kleine Teller 4–17 US$, Hauptgerichte 23–27 US$; ⏲Mo–Do 11.30–22, Fr bis 1, Sa 10–1, So bis 22 Uhr;) Lokale Produkte vom Land und aus dem Meer prägen die international inspirierte Speisekarte mit kleinen Gerichten, die ebenso wie die üppige Paella direkt aus der Pfanne zum Teilen gedacht sind. Innen sorgen Cocktails und Laternen für ein gehobenes Ambiente. Bei schönem Wetter ist aber die Terrasse draußen mit Blick auf die Mission der schönste Ort für einen geruhsamen Brunch am Wochenende oder einen Drink am späten Abend. Reservierung empfohlen.

Guiseppe's Cucina Rustica ITALIENISCH $
(☎805-541-9922; www.giuseppesrestaurant.com; 849 Monterey St; Pizzas ab 15 US$, Hauptgerichte 15–39 US$; ⏲tgl. 11.30–15, So–Do 16.30–21.30, Fr & Sa bis 22.30 Uhr;) Im nach Knoblauch duftenden Guiseppe's kann man ein entspanntes Mittagessen mit schmackhaften Salaten, Pizzas und Antipasti genießen, die mit Zutaten von der Farm des Besitzers zubereitet werden. Hinter dem Haus befindet sich ein schattiger Hof, der sich auch bestens für ein ausgiebiges Abendessen mit Hähnchen Parmigiana und einem Glas kräftigen Wein aus dem SLO County eignet. Von hier blickt man direkt auf die Fassade des historischen Sinsheimer-Brothers-Gebäudes.

Luis Wine Bar WEINBAR
(☎805-762-4747; www.luiswinebar.com; 1021 Higuera St; ⏲So–Do 15–23, Fr & Sa bis 24 Uhr) Diese Weinbar im Zentrum ist eine urbane, aber unprätentiöse Alternative zu den lauten Kneipen, in denen sich viele Studenten tummeln. Etwa die Hälfte der ca. 60 Weine auf der Karte werden auch offen ausgeschenkt. Eine gute Auswahl an Craft-Bieren, Käse- und Wurstplatten komplettiert das Angebot.

Praktische Informationen

San Luis Obispo Visitor Center (☎805-781-2777; www.visitslo.com; 895 Monterey St; ⏲So–Mi 9.30–17, Do–Sa bis 18 Uhr)

An- & Weiterreise

Amtrak (☎800-872-7245; www.amtrak.com; 1011 Railroad Ave) betreibt täglich den *Coast Starlight* zwischen Seattle und L. A. und zweimal am Tag den *Pacific Surfliner* zwischen SLO und San Diego. Beide Züge fahren nach Süden über Santa Barbara (ab 28 US$, 2½ Std.) und L. A. (ab 43 US$, 5½ Std.). Der *Coast Starlight* fährt über Paso Robles, Salinas (ab 29 US$, 3 Std.) und Oakland (ab 42 US$, 6 Std.). Mehrere Direktbusse haben Anschluss an Regionalzüge.

Unterwegs vor Ort

SLO Transit (805-541-2877; www.slocity.org; Einzelfahrschein 1,50 US$, Tagespass 3,25 US$) bietet täglich Busverbindungen auf acht festen Linien innerhalb des Stadtgebiets.

Die Busse der **SLO Regional Transit Authority** (RTA; 805-541-2228; www.slorta.org; Einzelfahrschein 1,75–3,25 US$) bedienen Ziele im gesamten County und fahren u. a. zum Hearst Castle Visitor Center (nur am Wochenende), nach Pismo Beach und nach Morro Bay. Alle Routen laufen im **Transit Center** (Ecke Palm St & Osos St) im Stadtzentrum zusammen.

Von Morro Bay zum Hearst Castle

Der berühmte Hwy 1 schlängelt sich auf dieser malerischen Route durch die Weinregion, an der Küste entlang und an Leuchttürmen vorbei und führt bis zum pompösen Hearst Castle.

Morro Bay & Umgebung

Etwa 12 Meilen (19 km) nordwestlich von San Luis Obispo liegt am Hwy 1 das Fischerstädtchen Morro Bay. Der vom Meeresboden aufsteigende vulkanische **Morro Rock** gibt einen Vorgeschmack auf die kommende spektakuläre Küstenlandschaft. (Die Kraftwerkschlote im Hintergrund ignoriert man am besten einfach.) Am mit Touristenläden vollgepackten Embarcadero kann man eine Bootstour beginnen oder ein Kajak ausleihen. Mittelklassehotels konzentrieren sich weiter oben rund um die Harbor St und die Main St und am Hwy 1. **Giovanni's Fish Market & Galley** (805-772-2123; www.giovannisfishmarket.com; 1001 Front St; Hauptgerichte 5–15 US$; Markt 9–18 Uhr, Restaurant 11–18 Uhr;) serviert fantastische Fisch'n'Chips mit Knoblauchpommes.

Südlich von Morro Bay kann man in zwei State Parks Küstenwanderungen unternehmen und **campen** (Reservierungen 800-444-7275; www.reservecalifornia.com; Stellplatz Zelt/Wohnmobil 35/50 US$;). Der erste ist der **Morro Bay State Park** (Museum 805-772-2694, Park 805-772-6101; www.parks.ca.gov; 60 State Park Rd; Parkeinritt frei, Museum Erw./Kind unter 17 Jahren 3 US$/frei; Park 6–22 Uhr, Museum 10–17 Uhr; P), der auch ein auf Kinder zugeschnittenes naturhistorisches Museum hat. Weiter südlich liegt der noch wildere **Montaña de Oro State Park** (805-772-6101; www.parks.ca.gov; 3550 Pecho Valley Rd, Los Osos; 6–22 Uhr; P) GRATIS mit seinen Küstenklippen, Gezeitenbecken, Sanddünen, Gipfelwanderungen und Mountainbike-Trails. Der spanische Name „Goldberg" rührt vom einheimischen kalifornischen Mohn her, der im Frühling die Hänge bedeckt.

Cayucos

Auf dem Hwy 1 vom Zentrum Morro Bays nordwärts erwartet der **Taco Temple** (805-772-4965; www.tacotemple.com; 2680 Main St; Hauptgerichte 8–17; 11–21 Uhr;), ein unscheinbares Lokal auf dem Parkplatz eines Supermarkts, seine Gäste mit köstlichem kalifornisch-mexikanischem Essen; die Portionen sind riesig und müssen bar bezahlt werden. Weiter nördlich im entspannten Cayucos gehört zu den Vintage-Motels in der Ocean Ave auch das niedliche familiengeführte **Seaside Motel** (805-995-3809; www.seasidemotel.com; 42 S Ocean Ave; DZ 110–180 US$; P). Wer mehr Komfort wünscht, kann sich im **Shoreline Inn on the Beach** (805-995-3681; www.cayucosshorelineinn.com; 1 N Ocean Ave; Zi. 200–250 US$; P) vom Geräusch der Brandung in den Schlaf säuseln lassen.

Paso Robles Wine Country

Nördlich vom nur 18 Einwohner zählenden Harmony führt der Hwy 46 Richtung Osten zu den Weingüter des Paso Robles Wine County (www.pasowine.com). Wer Lust auf eine hopfige Alternative hat, kann die **Firestone Walker Brewing Company** (805-225-5913; www.firestonebeer.com; 1400 Ramada Dr; Führungen ab 10 US$; Visitor Center Mo–Do 10–17, Fr–So bis 18 Uhr; P) abseits des Hwy 101 in Paso Robles besuchen, die täglich Brauereiführungen anbietet (Reservierung empfohlen). Man kann die hier gebrauten Biere aber auch einfach im Visitor Center probieren oder im Restaurant etwas essen.

Cambria & Hearst Castle

Im idyllischen Cambria, das nördlich von Harmony am Hwy 1 liegt, kann man am überirdisch schönen Moonstone Beach übernachten, z. B. im **Blue Dolphin Inn** (805-927-3300; www.cambriainns.com; 6470 Moonstone Beach Dr; Zi. 189–429 US$; P), in modernen Zimmern mit romantischen Kaminen. Landeinwärts im **Cambria Palms Motel** (805-927-4485; www.cambriapalmsmotel.com; 2662 Main St; Zi. 100–125 US$; Check-in 15–21 Uhr; P) schlafen die Gäste im Retro-Am-

ABSTECHER

PINNACLES NATIONAL PARK

Mit seinen zerklüfteten Monolithen, den nackten Felswänden der Schluchten und den verwinkelten Höhlen, die in Millionen von Jahren durch Erosion entstanden sind, ist der **Pinnacles National Park** (☎831-389-4486; www.nps.gov/pinn; 5000 Hwy 146, Paicines; 15 US$/Auto; ⊙Park 24 Std., Besucherzentrum Ost 9.30–17 Uhr, Besucherzentrum West 9–16.30 Uhr; P 👪) aus geologischer Sicht besonders spektakulär. Neben den Wanderwegen und Kletterrouten sind die beiden Talus-Höhlen die größte Attraktion des Parks. Die **Balconies Cave** ist immer geöffnet, die **Bear Gulch Cove** in der Regel von Mitte Mai bis Mitte Juli geschlossen, wenn die Townsend-Langohrfledermäuse der hier beheimateten Kolonie ihre Jungen aufziehen. Wer im Park unterwegs ist, sollte auch nach den vom Aussterben bedrohten Kalifornischen Kondoren Ausschau halten, die am Himmel ihre Kreise ziehen.

Am besten besucht man den Pinnacles National Park im Frühling oder Herbst – im Sommer ist's einfach zu heiß!

biente der 1950er-Jahre. Das **Indigo Moon** (☎805-927-2911; www.indigomooncafe.com; 1980 Main St; Hauptgerichte mittags 10–22 US$, abends 18–38 US$; ⊙11–15 & 17–21 Uhr; 🍷) ist ein traditioneller Käse- und Weinladen mit luftigem Bistro und serviert mittags Salate mit marktfrischen Zutaten und abends aufwendigere Cali-Gerichte. Das für seinen Olallieberry-Kuchen berühmt **Linn's Easy as Pie Cafe** (☎805-924-3050; www.linnsfruitbin.com; 4251 Bridge St; Gerichte 8–12 US$; ⊙Mo–Do 10–19, Fr & Sa bis 20 Uhr; 👪), hat eine sonnige Terrasse und eine Take-away-Theke.

Das **Hearst Castle** (☎Reservierungen 800-444-4445; www.hearstcastle.org; 750 Hearst Castle Rd; Führung Erw./Kind 5–12 Jahre ab 25/12 US$; ⊙ab 9 Uhr; P 👪), das etwa 10 Meilen (16 km) nördlich von Cambria auf einem Hügel thront, ist Kaliforniens berühmtestes Monument des Reichtums und des Ehrgeizes. Auf diesem fantastischen Anwesen mit funkelnden Pools, blühenden Gärten und zahlreichen europäischen Antiquitäten empfing der Zeitungsmagnat William Randolph Hearst Hollywood-Stars und Blaublüter. Besichtigen kann man es nur auf einer Führung – entweder bucht man vorher online oder man taucht einfach auf und vertraut seinem Glück. Zum Zeitpunkt der Recherche war das Hearst Castle vorübergehend geschlossen. Den aktuellen Status erfährt man auf der Website.

Auf der anderen Seite des Hwy 1 verkauft das **Sebastian's** (☎805-927-3307; www.facebook.com/SebastiansSanSimeon; 442 SLO-San Simeon Rd; Hauptgerichte 9–14 US$; ⊙Di–So 11–16 Uhr) mit Blick auf einen historischen Walfangpier Burger mit Rindfleisch von der Hearst Ranch und gigantische Sandwiches für ein spontanes Picknick am Strand. Fährt man auf dem Hwy 1 weitere 5 Meilen (8 km) südwärts, kommt man in San Simeon an einer Reihe blasser Budget- und Mittelklassemotels vorbei und erreicht schließlich den **Hearst San Simeon State Park** (☎805-772-6101; www.reservecalifornia.com; Hwy 1; Stellplatz Zelt/Wohnmobil 20/35 US$), auf dem sowohl ganz einfache als auch ausgebaute Stellplätze an einem Bach gibt.

Am Point Piedras Blancas lebt eine **riesige Seeelefantenkolonie**. Die Meeressäuger pflanzen sich hier fort, schlafen, tollen herum und werden am Strand gelegentlich auch mal aggressiv – man sollte ausreichend Abstand zu diesen Wildtieren halten, die sich trotz ihrer Masse im Sand wesentlich schneller bewegen können als Menschen. Am ausgeschilderten Aussichtspunkt, etwa 4,5 Meilen (7 km) nördlich von Hearst Castle, gibt's auch Infotafeln. Die Seeelefanten tummeln sich das ganze Jahr über hier, doch besonders spannend geht es während der Brunft- und Wurfzeit von Januar bis Ende März zu. Die nahe gelegene **Piedras Blancas Light Station** (☎805-927-7361; www.piedrasblancas.gov; Hwy 1, San Simeon; Führungen Erw./Kind 6–17 Jahre 10/5 US$; ⊙Führungen Mitte Juni–Aug. Mo, Di & Do–Sa 9.45 Uhr, Sept.–Mitte Juni Di, Do & Sa 9.45 Uhr) von 1875 erfreut sich einer außergewöhnlich malerischen Lage. Man kann sie nur im Rahmen einer Führung besichtigen, die man online buchen kann.

Big Sur

Viel ist schon geschrieben worden über die raue Schönheit und Kraft dieses 160 km langen, zerklüfteten Küstenabschnitts südlich von Monterey Bay. Big Sur bezeichnet mehr einen Gemütszustand denn einen Ort, den man auf einer Karte findet. Hier gibt es keine Ampeln, Banken oder Einkaufsmeilen. Wenn die Sonne untergegangen ist, sind der Mond und die Sterne die einzige Straßenbeleuchtung – sofern der Sommernebel die nicht auch noch verhüllt.

Unterkünfte, Verpflegung und Benzin sind hier teuer. Da die Zimmernachfrage das ganze Jahr über vor allem an den Wochenenden hoch ist, empfiehlt es sich, vorab zu buchen. Der kostenlose, informative *Big Sur Guide* (www.bigsurcalifornia.org) ist fast überall erhältlich. In den State Parks des Big Sur berechtigt die Parkquittung (10 US$/Auto) zum Eintritt am gleichen Tag in alle Parks.

Gorda & Umgebung

Etwa 25 Meilen (40 km) vom Hearst Castle entfernt liegt das winzige Gorda mit dem **Treebones Resort** (805-927-2390; www.treebonesresort.com; 71895 Hwy 1; Stellplätze 95 US$, Jurte mit Gemeinschaftsbad 320 US$;), wo man in einfachen Jurten auf den Klippen übernachtet. Der United States Forest Service (USFS) unterhält ganz in der Nähe vom Hwy 1 zwei einfache Campingplätze: den schattigen **Plaskett Creek Campground** (Reservierungen 877-477-6777; www.recreation.gov; Hwy 1; Zelt-& Wohnmobilstellplatz 35 US$) und den am Meer gelegenen **Kirk Creek Campground** (805-434-1996, Reservierungen 877-444-6777; www.recreation.gov; Hwy 1; Zelt-& Wohnmobilstellplatz 35 US$).

20 Meilen (32 km) nördlich von Gorda befinden sich die esoterisch angehauchten **Esalen Hot Springs** (831-667-3000; www.esalen.org; 55000 Hwy 1; pro Pers. 35 US$; 1–3 Uhr) des für seine New-Age-Workshops berühmten Esalen Institut. Die Thermalwasserpools sind 1 bis 3 Uhr geöffnet, wohlgemerkt nachts. Ab 9 Uhr kann man online für denselben Tag reservieren – und in der Regel ist nach ein paar Minuten alles ausgebucht. Einfach surreal!

Weitere 3 Meilen (4,8 km) nördlich verstecken sich im teilweise gesperrten **Julia Pfeiffer Burns State Park** (831-667-2315; www.parks.ca.gov; Hwy 1; Tagesnutzung 10 US$/Auto; 30 Min. vor Sonnenaufgang–30 Min. nach Sonnenuntergang;) die 24 m hohen **McWay Falls**, einer der wenigen Wasserfälle an der kalifornischen Küste. Vom Aussichtspunkt kann man prima Fotos davon knipsen, wie das Wasser über Granitfelsen – je nach Gezeiten – in den Ozean oder auf den Strand fällt.

Henry Miller Memorial Library & Umgebung

8 Meilen (13 km) nördlich vom Julia Pfeiffer Burns State Park erreicht man die unkonventionelle **Henry Miller Memorial Library** (831-667-2574; www.henrymiller.org; 48603 Hwy 1; Mi–Mo 11–17 Uhr) GRATIS, das Kunstzentrum und die Seele der Boheme-Szene Big Surs. Hier gibt's einen vollgepackten Buchladen und exzentrische Skulpturen im Freien, außerdem finden Veranstaltungen wie Konzerte statt. Ein Stück die Straße hoch thront oben auf den Klippen das **Nepenthe** (831-667-2345; www.nepenthebigsur.com; 48510 Hwy 1; Hauptgerichte mittags 18–24 US$, abends 18–52 US$; 11.30–22 Uhr;), dessen Name „Insel ohne Sorgen" bedeutet. Angesichts der fantastischen Aussicht spielt das Essen hier nur die zweite Geige.

Die meisten kommerziellen Einrichtungen Big Surs konzentrieren sich direkt nördlich vom Hwy 1, darunter private Campingplätze mit rustikalen Hütten, Motels, Restaurants, Tankstellen und Geschäfte. Im **Big Sur Deli & General Store** (831-667-2225; www.bigsurdeli.com; Big Sur Village; Sandwiches 4–9 US$; 7–20 Uhr;) direkt an der Post bekommt man alles für ein Picknick, im angeschlossenen legeren **Big Sur Taphouse** (831-667-2197; www.bigsurtaphouse.com; Big Sur Village; 12–22 Uhr;) gibt's Craft-Bier, mexikanische Kneipengerichte und Brettspiele.

Gleich nördlich zweigt die 2 Meilen (3,2 km) lange schmale wie kurvenreiche Sycamore Canyon Rd ab. Sie führt hinunter zum sichelförmigen **Pfeiffer Beach** (805-434-1996; www.campone.com; Sycamore Canyon Rd; Tagesnutzung 10 US$/Auto; 9–20 Uhr;), vor dem im Meer ein hoher Felsbogen aufragt. Wegen der starken Strömung ist das Schwimmen hier zu gefährlich, dafür kann man aber im violett schimmernden Sand entspannen.

Pfeiffer Big Sur State Park

Zurück auf dem Hwy 1 lohnt ein Stopp an der **Big Sur Station** (831-667-2315; 47555 Hwy 1; 9–16 Uhr;), wo es Infos zum Campen und Wandern gibt (und Toiletten und ein gutes Mobilfunknetz). Hinter der Station erstreckt sich der **Pfeiffer Big Sur State Park** (831-667-2315; www.parks.ca.gov; 47225 Hwy 1; 10 US$/Auto; 30 Min. vor Sonnenaufgang–30 Min. nach Sonnenuntergang;) mit Redwood-Wäldern, durch die sich viele sonnige Wanderwege ziehen. Für den **Campingplatz** (Reservierungen 800-444-7275; www.reservecalifornia.com; 47225 Hwy 1; Zelt-& Wohnmobilstellplatz 35–50 US$;) sollte man reservieren. Alternativ kann man sich etwas Luxus gönnen und im unglaublich romantischen **Post Ranch Inn** (☎831-667-2200; www.postranchinn.com; 47900 Hwy 1; DZ ab 995 US$;) von der privaten Terrasse die Brandung tief unten beobachten.

Ein weiteres Kleinod ist das **Glen Oaks** (☎831-667-2105; www.glenoaksbigsur.com; 47080 Hwy 1; DZ 300–650 US$;) , eine Redwood- und Adobe-Motorlodge aus den 1950er-Jahren, die in ein Luxusrefugium mit Holzhütten und -bungalows verwandelt wurde. Die Zimmer im nahe gelegenen **Big Sur River Inn** (☎831-667-2700; www.bigsurriverinn.com; 46840 Hwy 1; Hauptgerichte Frühstück & Mittagessen 12–27 US$, Abendessen 12–40 US$; ⏲8–21 Uhr;) sind ein bisschen langweiliger, doch das Restaurant an einem Bach serviert solide amerikanische Gerichte und tollen Apfelkuchen.

Andrew Molera State Park

Den etwa 5 Meilen (8 km) vom Big Sur River Inn entfernten **Andrew Molera State Park** (☎831-667-2315; www.parks.ca.gov; Hwy 1; Tagesnutzung 10 US$/Auto; ⏲30 Min. vor Sonnenaufgang–30 Min. nach Sonnenuntergang;) sollte man auf keinen Fall verpassen. Wiesen, Wasserfälle, Meeresklippen und raue Stränden prägen seine wunderschöne, von Wanderwegen durchzogene Landschaft. Im **Discovery Center** (☎831-620-0702; www.ventanaws.org/discovery_center; Andrew Molera State Park; ⏲Ende Mai–Anfang Sept. Sa & So 10–16 Uhr;) GRATIS erfährt man alles über den gefährdeten Kalifornischen Kondor. Vom unbefestigten Parkplatz führt ein 500 m langer Weg zu einem ganz einfachen **Campingplatz** (Trail Camp; www.parks.ca.gov; Hwy 1; Zeltstellplatz 25 US$), der keine Reservierungen annimmt.

UNTERWEGS AUF DEM HIGHWAY 1

Auf dem schmalen, zweispurigen Highway durch Big Sur und darüber hinaus geht es nur sehr langsam voran. Für die 140 Meilen (225 km) von der Monterey Peninsula bis nach San Luis Obispo sollte man mindestens drei Stunden einplanen – und wesentlich mehr, wenn man unterwegs anhalten und die Küste erkunden will. Nach Einbruch der Dunkelheit sollte man nicht mehr auf dem Highway 1 unterwegs sein: Dann ist die Fahrt riskant und obendrein vergebliche Liebesmüh, weil man von der grandiosen Küstenlandschaft nichts sieht. Auf Radfahrer achten und unbedingt die ausgeschilderten Ausweichstellen benutzen, um schnellere Fahrzeuge überholen zu lassen!

Point Sur State Historic Park

6 Meilen (knapp 10 km) vor der berühmten **Bixby Creek Bridge** kann man an einer Führung – je nach Jahreszeit auch im Mondschein – im 1889 erbauten Leuchtturm im **Point Sur State Historic Park** (☎831-625-4419; www.pointsur.org; abseits des Hwy 1; Erw./Kind 6–17 Jahre ab 15/5 US$; US$ ⏲Führungen April–Sept. Mi & Sa 10 & 14 Uhr, Okt.–März Mi 13, Sa & So 10 Uhr) GRATIS teilnehmen. Die Termine der Führungen und die Wegbeschreibung zum Treffpunkt erfährt man online oder telefonisch. Unbedingt früh kommen, denn die Teilnehmerzahl ist begrenzt und Reservierungen sind nicht möglich.

Carmel-by-the-Sea

Das idyllische Carmel verströmt die gediegene Atmosphäre eines Country Clubs. Seine Bewohner kümmern sich mit einer schon fast grenzwertigen Hingabe um ihre Hunde. Und in der Ocean Ave, der ruhigen Hauptstraße des Orts, schlendern Damen mit Hüten und Einkaufstüten schicker Labels zum Mittagessen und fahren adrette Herren ihre Cabrios aus.

Sehenswertes & Aktivitäten

Wer die hektischen Einkaufsstraßen im Zentrum von Carmel verlässt und durch die von Bäumen gesäumten Viertel streift, kann dort charmante und eigenwillige Domizile entdecken. Die Hänsel-und-Gretel-Häuser an der Torres St zwischen der 5th und der 6th Ave sehen aus, als seien sie aus einem Märchenbuch entsprungen. Ein weiteres augenfälliges Haus in der Guadalupe St nahe der 6th Ave ist schiffsförmig und wurde aus Flusssteinen und recycelten Schiffsteilen gebaut.

★ Point Lobos State Natural Reserve STATE PARK
(☎831-624-4909; www.pointlobos.org; Hwy 1; 10 US$/Auto; ⏲Mitte Mai–Anfang Nov. 8–19 Uhr, letzter Einlass 18.30 Uhr, Anfang Nov.–Mitte März bis 17 Uhr;) Sie bellen, sie faulenzen, sie baden – und es macht tierischen Spaß, sie zu beobachten: Die Seelöwen sind die Stars dieses State Parks, der etwa 4 Meilen (6,5 km)

südlich von Carmel aber auch eine spektakuläre Felsenküste und tolle Gezeitenbecken zu bieten hat. Selbst wer nur für eine kürzere Wanderungen durch die fantastische Landschaft vorbeischaut, wird den Abstecher nicht bereuen. Im Schutzgebiet stehen nur 150 Parkplätze zur Verfügung, die im Sommer schnell weg sind. Wer dem Gedränge aus dem Weg gehen möchte, sollte vor 9.30 oder nach 15 Uhr kommen. Alternativ parkt man am Hwy 1 und läuft in den State Park.

★Mission San Carlos Borromeo de Carmelo KIRCHE
(☎831-624-1271; www.carmelmission.org; 3080 Rio Rd; Erw./Kind 7–17 Jahre 9,50/5 US$; ⏲9.30–17 Uhr) Carmels wunderschöne Mission ist eine friedliche Oase mit blühenden Gärten und einer Basilika mit dicken Mauern und vielen Kunstwerken und Objekten aus der spanischen Kolonialzeit. Ursprünglich gründete der Franziskanermönch Junípero Serra die Mission 1770 im nahen Monterrey, doch wegen des kargen Bodens und des unsittlichen Einflusses der spanischen Soldaten musste sie zwei Jahre später nach Carmel verlegt werden. Sie wurde die Basis von Serra, der hier 1784 auch starb.

Schlafen

Im Sommer und an den Wochenenden sind die schockierend überteuerten Boutiquehotels, Inns und B&Bs ratzfatz ausgebucht. Im **Carmel Visitor Center** (☎831-624-2522; www.carmelcalifornia.org; Ocean Ave zw. Junipero & Mission, 2. OG, Carmel Plaza; ⏲10–17 Uhr) kann man sich nach Last-Minute-Angeboten erkundigen. Weiter nördlich in Monterey gibt's Unterkünfte mit besserem Preis-Leistungs-Verhältnis.

Essen & Ausgehen

Schummrige Beleuchtung und ein niedriger Geräuschpegel, der ruhige Gespräche ermöglicht, sind typisch für die traditionellen Restaurants Carmels, in einigen ist das Ambiente aber auch moderner und lebhafter. Wer spätabends etwas trinken gehen möchte, besucht am besten das coole, lebendige **Barmel** (☎831-626-2095; www.facebook.com/BarmelByTheSea; San Carlos St zw. Ocean Ave & 7th Ave; ⏲Mo–Sa 15–2, So bis 24 Uhr).

★Cultura Comida y Bebida MEXIKANISCH $
(☎831-250-7005; www.culturacarmel.com; Dolores St zw. 5th Ave & 6th Ave; Hauptgerichte 19–32 US$; ⏲tgl. 17.30–24, Sa & So auch 10.30–15.30 Uhr;) Das lebhafte, elegante Restaurant in einem von Mauern eingefassten Hof verbindet Kunst und Kerzenlicht mit von der Küche des mexikanischen Oaxas inspiriertem Essen und einer tollen Auswahl an Mezcals. Das gehobene und zugleich entspannte Ambiente eignet sich für einen romantischen Abend ebenso wie für ein Abendessen in einer größeren Gruppe.

La Bicyclette FRANZÖSISCH $
(☎831-622-9899; www.labicycletterestaurant.com; Ecke Dolores St & 7th Ave; Hauptgerichte mittags 19–29 US$, abends 20–44 US$; ⏲11–15.30 & 16.45–22 Uhr) Dieses Bistro serviert rustikale französische Hausmannskost aus saisonalen Zutaten und hat eine offene Küche mit Pizzaholzofen. Hervorragend sind die regionalen offenen Weine. Ein toller Ort für ein entspanntes Mittagessen.

Monterey

Im immer noch herrlich rauen Monterey dreht sich alles ums Meer. Viele Besucher kommen einzig wegen des Weltklasse-Aquariums an der Küste des Monterey Bay National Marine Sanctuary, das dichte Kelpwälder und eine herrlich vielfältige Meeresfauna mit Seehunden, Seelöwen, Delfinen und Walen schützt.

Sehenswertes

Das Aquarium befindet sich am Rande des Geländes der **Cannery Row** (), einer ehemaligen Fabrik für Sardinenkonserven, die Monterey in den 1930er-Jahren zur Sardinenhauptstadt der Welt machte. Heute ist es ein reiner Touri-Streifen mit Souvenirshops und gewöhnlichen Lokalen in gefakten Retrogebäuden. Mehr Authentizität findet man bei den restaurierten kolonialzeitlichen und mexikanischen Gebäuden im Zentrum.

★Monterey Bay Aquarium AQUARIUM
(☎Info 831-648-4800, Tickets 866-963-9645; www.montereybayaquarium.org; 886 Cannery Row; Erw./Kind 3–12 Jahre/13–17 Jahre 50/30/40 US$, Tour 15 US$; ⏲Mai–Aug. 9.30–18 Uhr, Sept.–April 10–17 Uhr;) Das faszinierendste Erlebnis in Monterey ist der Besuch des riesigen Aquariums, das auf dem Gelände einer großen Sardinenfabrik erbaut wurde. Hier werden alle Arten von Wasserlebewesen präsentiert, von Seesternen und schleimigen Seeschnecken bis zu munteren Seeottern und überraschend flinken, 360 kg schweren Thunfischen. Das Aquarium ist aber mehr als nur eine beeindruckende Ansammlung

von Glasbecken – gut durchdachte Schautafeln erklären den kulturellen und historischen Kontext der Bucht.

Monterey State Historic Park HISTORISCHE STÄTTE
(☎831-649-2907, 831-649-7118; www.parks.ca.gov/mshp; 20 Custom House Plaza; ⏲Pacific House Di–So 10–16 Uhr) GRATIS In Old Monterey steht eine außergewöhnliche Ansammlung von Backstein- und Lehmziegelbauten aus dem 19. Jh., die zu einem Staatspark zusammengefasst wurden. Die Gebäude kann man im Rahmen einer 3,2 km langen selbst geführten Tour namens „Path of History" besichtigen; Infos hierzu gibt's im Pacific House Museum, das auch als Hauptquartier des Parks fungiert. Die Highlights der Route sind das nahe Custom House und die Old Whaling Station. Wegen der Budgetkürzungen für Staatsparks wurde ein komplizierter Zeitplan aufgestellt, nach dem mal das eine, mal das andere Gebäude geöffnet ist.

Aktivitäten

Vor der Küste von Monterey Bay kann man das ganze Jahr über Wale beobachten. Die Saison für Blau- und Buckelwale dauert von April bis Anfang Dezember und zwischen Mitte Dezember und März ziehen hier Grauwale vorüber. Die Ausflugsboote von **Sanctuary Cruises** (☎Info 831-917-1042, Tickets 831-350-4090; www.sanctuarycruises.com; 7881 Sandholdt Rd; Tour 45–55 US$; 👪) legen am Fisherman's Wharf und bei Moss Landing ab. Die Touren sollten mindestens einen Tag im Voraus gebucht werden. Außerdem sollte man sich auf eine kalte Bootsfahrt auf einer kabbeligen bis rauen See gefasst machen.

Monterey Bay Whale Watch BOOTSFAHRT
(☎831-375-4658; www.gowhales.com; Fisherman's Wharf; 3-stündige Tour Erw./Kind 4–12 Jahre 49/39 US$; 👪🐾) Direkt am Fisherman's Wharf befindet sich einer der ältesten Anbieter von Walbeobachtungstouren von Monterey. Die Bootstouren finden morgens und nachmittags statt. Sachkundige Meeresbiologen bieten einen Extraeinblick in die Wasserbewohner und ihr Habitat. Bekommt man bei der Tour keinen Wal zu Gesicht, erhält man eine weitere Fahrt gratis.

Adventures by the Sea RADFAHREN, KAJAKFAHREN
(☎831-372-1807; www.adventuresbythesea.com; 299 Cannery Row; Radverleih 35 US$/Tag, SUP-Set 50 US$, 1-/2-Sitzer-Kajak 35/60 US$, Kajaktour ab 60 US$; ⏲9 Uhr–Sonnenuntergang; 👪) Dieser Anbieter kann einiges: Von Kajakfahrten mit Seeottern über Kajaktouren über den Kelpwäldern bis zu Paddelbrettkursen sowie Erkundungsfahrten auf Hybrid- oder E-Bikes. Es gibt insgesamt sechs Filialen, die größte und am zentralsten gelegene befindet sich in der Cannery Row.

Aquarius Dive Shop TAUCHEN
(☎831-375-1933; www.aquariusdivers.com; 2040 Del Monte Ave; Verleih von Schnorchel-/Tauchausrüstung 35/65 US$, geführte Tauchgänge ab 65 US$; ⏲Mo–Do 9–18, Fr bis 19, Sa 7–19, So 7–18 Uhr) Bei diesem 5-Sterne-PADI-Betrieb gibt es einen Ausrüstungsverleih, Kurse und geführte Tauchgänge in der Monterey Bay.

Schlafen

Bei besonderen Veranstaltungen, an Wochenenden und im Sommer sollte man vorab reservieren. Wer den Touristenmassen und den überhöhten Preisen der Cannery Row entgehen will, schaut sich in Pacific Grove um. Billigere Motels säumen die Munras Ave südlich der Downtown und die N Fremont St östlich des Hwy 1.

HI Monterey Hostel HOSTEL $
(☎831-649-0375; www.montereyhostel.org; 778 Hawthorne St; B 49–60 US$, 3BZ/4BZ mit Gemeinschaftsbad 129/149 US$; P⊜@📶) Das einfache, saubere Hostel liegt vier Blocks von der Cannery Row und dem Aquarium entfernt und bietet gleichgeschlechtliche und gemischte Schlafsäle sowie Privatzimmer für drei bis fünf Personen. Die Tage starten mit einem Frühstück aus selbst gemachten Pancakes und enden oft mit Grillpartys oder einem Erfahrungsaustausch in der Lounge mit Klavier. Check-in ist von 14 bis 22 Uhr.

Monterey Hotel HOTEL $$
(☎831-375-3184; www.montereyhotel.com; 407 Calle Principal; Zi. 210–450 US$; P⊜📶🐾) Einen Katzensprung vom Fisherman's Wharf entfernt bietet dieses Hotel in einem viktorianischen Gebäude von 1904 69 Zimmer, die mit historischem Charakter, antiken Möbeln, Deckenventilatoren, hübschen Fensterläden und mitunter auch Kaminen aufwarten. Die „historischen" Zimmer sind etwas winzig; wer mehr Bewegungsfreiheit wünscht, wählt die „Deluxe"-Kategorie. Das Frühstück ist im Preis inbegriffen.

★ Jabberwock B&B $$$
(☎831-372-4777; www.jabberwockinn.com; 598 Laine St; Zi. 240–400 US$; @📶) Das Arts-and-

Crafts-Gebäude von 1911 mit beigen Schindeln ist durch das dichte Blätterwerk kaum zu sehen. Durch die sieben makellosen Zimmer zieht sich das verspielte Motiv von *Alice im Wunderland*. Einige der Zimmer haben auch einen Kamin und einen Whirlpool. Bei Wein und Horsd'œuvre am Nachmittag kann man sich bei den freundlichen Gastgebern nach den vielen architektonischen Elementen erkundigen, die im Haus erhalten geblieben sind. Am Wochenende muss man mindestens zwei Nächte bleiben. Das Frühstück ist inklusive.

Essen

Abseits der Touristenzonen gibt es in Monterey einige kulinarische Schätze zu entdecken. Oberhalb der Cannery Row findet man an der Lighthouse Ave zwanglose, preiswerte Lokale – vom hawaiianischen Grill über Thai-Stuben bis zu Sushi- und Kebablokalen. In Downtown rund um die Alvarado St gibt's auch modernere und gehobenere Restaurants.

LouLou's Griddle in the Middle AMERIKANISCH **$**
(831-372-0568; www.loulousgriddle.com; Municipal Wharf 2; Hauptgerichte 9–15 US$; Mi–Mo 7.30–15 Uhr;) Das skurrile Diner am Municipal Wharf ist bekannt für seine riesigen Pancakes und Omelettes mit frischer Salsa und köstlichen frittierten Kartoffeln zum Frühstück und für Meeresfrüchte und Burger zum Mittagessen.

Zab Zab NORDTHAILÄNDISCH **$**
(831-747-2225; www.zabzabmonterey.com; 401 Lighthouse Ave; Hauptgerichte 11–19 US$; Di–Fr 11–14.30 & 17–21, Sa & So 12–21 Uhr;) Ein Favorit unter den entspannten Landesküchen an der Lighthouse Avenue ist das Zab Zab mit seinen robusten Aromen aus dem Nordosten Thailands. Der nette Innenraum im Landhausstil ist perfekt für kühlere Tage, aber im Sommer toppt nichts die von einem hübsch überwucherten Garten umgebene Terrasse.

★ **Montrio Bistro** KALIFORNISCH **$$$**
(831-648-8880; www.montrio.com; 414 Calle Principal; Teller zum Teilen 6,50–20 US$, Hauptgerichte 20–46 US$; So–Do 16.30–22, Fr & Sa bis 23 Uhr;) In dem Bollwerk der hiesigen Restaurantszene in einer Feuerwache von 1910 hängen „Wolken" von der Decke, zu denen sich Rohrskulpturen emporschlängeln – augenscheinlich wird hier viel Wert auf Design gelegt. Erfreulicherweise schneiden dennoch auch die modern-amerikanischen Gerichte aus lokal gejagten und gesammelten Zutaten gut ab. Preiswerte Getränke und Snacks während der Happy Hour (tgl. bis 18.30 Uhr) überzeugen auch den letzten Skeptiker.

Praktische Informationen

Monterey Visitors Center (831-657-6400; www.seemonterey.com; 401 Camino el Estero; Mai–Aug. 10–18 Uhr, Sept.–April bis 17 Uhr) Kostenlose Broschüren für Reisende und Buchung von Unterkünften im Monterey County.

An- & Weiterreise

Monterey-Salinas Transit (MST; 888-678-2871; www.mst.org; Jules Simoneau Plaza; einfache Strecke 1,50–3,50 US$, Tageskarte 10 US$) betreibt Orts- und Regionalbusse, darunter Routen nach Pacific Grove, Carmel, Big Sur (nur Wochenende, im Sommer tgl.) und Salinas. Die Linien laufen in Downtown an der **Transit Plaza** (Ecke Pearl & Alvarado Sts) zusammen.

Zwischen Ende Mai und Anfang September pendeln kostenlose Trolleybusse von MST täglich von 10 bis 19 oder 20 Uhr durch Downtown, Fisherman's Wharf und Cannery Row (Sept.–April nur am Wochenende).

Santa Cruz

Santa Cruz ist das Zentrum der Gegenkultur, eine gefühlsduselige New-Age-Stadt, bekannt für ihre linksliberale Politik und ihre unbeschwerte Lebenseinstellung – außer bei Hunden, die so gut wie nie von der Leine dürfen, und bei Parkuhren, die sieben Tage die Woche in Betrieb sind.

Santa Cruz ist eine Stadt mit ausgelassenem Spaß und einer munteren, aber chaotischen Downtown. Am Ufer liegt die berühmte Strandpromenade und in den Hügeln fassen Mammutbaumhaine den Campus der University of California Santa Cruz (UCSC) ein. Man sollte mindestens einen halben Tag einplanen. Wer aber die Leute in ihren mit Klimperkram behangenen Röcken, ihren Kristallanhängern und Rastafari-Locken näher kennenlernen will, sollte etwas länger bleiben und sich einfach kopfüber unter die Surfer, Studenten, Punks und exzentrischen Charaktere vor Ort mischen.

Sehenswertes & Aktivitäten

In Santa Cruz macht es viel Spaß, einfach umherzuschlendern, zu shoppen und den Leuten rund um die **Pacific Avenue** zuzuschauen. Den Strand und den **Santa Cruz Wharf** (www.santacruzwharf.com) erreicht man zu Fuß in 15 Minuten. Hier buhlen Seafood-Restaurants, Souvenirläden und bellende Seelöwen um Aufmerksamkeit.

Der **West Cliff Drive** mit Blick aufs Meer folgt dem Ufer entlang südwestlich vom Municipal Wharf und verläuft parallel zu einem gepflasterten, gemütlichen Weg. Der bei Familien beliebte, sandige **Natural Bridges State Beach** (☎831-423-4609; www.parks.ca.gov; 2531 W Cliff Dr; 10 $/Auto; ⌚Strand 8 Uhr–Sonnenuntergang, Besucherzentrum 10–16 Uhr; P 👪) mit tollen Sonnenuntergängen und einer natürlichen Sandsteinbrücke eignet sich hervorragend zum Beobachten von Wildtieren.

Die preisgekrönte **Richard Schmidt Surf School** (☎831-423-0928; www.richardschmidt.com; 849 Almar Ave; Gruppenunterricht 2 Std./Einzelunterricht 1 Std. 100/130 US$; 👪) bietet Unterricht in kleinen Gruppen am Cowell Beach oder am Pleasure Point in Capitola. Erfahrene Surfer können Boards und sonstiges Equipment im **O'Neill Surf Shop** (☎831-475-4151; www.oneill.com; 1115 41st Ave, Capitola; Wetsuit-/Surfboard-Verleih ab 20/30 US$; ⌚Mo–Fr 9–20, Sa & So ab 8 Uhr) leihen oder kaufen.

★Santa Cruz Beach Boardwalk VERGNÜGUNGSPARK
(☎831-423-5590; www.beachboardwalk.com; 400 Beach St; Bohlenweg frei, 4–7 US$/Fahrt, Tageskarte 40 US$; ⌚Ende Mai–Aug. tgl., Sept.–April an den meisten Wochenenden, wetterabhängig; P 👪) Der älteste Vergnügungspark an der Westküste wurde 1907 direkt am Strand gegründet und hat eine wunderbar amerikanische Old-School-Atmosphäre. Der Duft von Zuckerwatte vermischt sich mit der salzigen Seeluft, während jauchzende Kids kopfüber in den Karussells hängen. Zu den berühmten Fahrgeschäften mit Nervenkitzel gehören der **Giant Dipper**, eine Holzachterbahn von 1924, und das **Looff-Karussell** von 1911; sie stehen beide unter Denkmalschutz. Im Sommer werden mittwochs kostenlos Filme gezeigt und freitagabends gibt es Konzerte von Rock-Veteranen, von denen man eigentlich dachte, sie wären schon längst gestorben.

★Seymour Marine Discovery Center MUSEUM
(☎831-459-3800; http://seymourcenter.ucsc.edu; 100 McAllister Way; Erw./Kind 3–16 Jahre 9/7 US$; ⌚Sept.–Juni Di–So 10–17 Uhr, Juli & Aug. tgl.; P 👪) 🌿 Das Bildungszentrum gehört zum Long Marine Laboratory der UCSC. Zu den interaktiven naturkundlichen Ausstellungen gehören Gezeitentümpel und Aquarien. Draußen können die Besucher das größte Blauwalskelett der Welt bestaunen.

Santa Cruz Surfing Museum MUSEUM
(☎831-420-6289; 701 W Cliff Dr; Eintritt gegen Spende; ⌚4. Juli–Anfang Sept. Do–Di 10–17 Uhr, Anfang Sept.–3. Juli Do–Mo 12–16 Uhr; 👪) Rund 1,5 km südwestlich vom Municipal Wharf an der Küste entlang liegt dieses winzige Museum in einem alten Leuchtturm und zeigt Erinnerungsstücke wie alte Surfbretter aus Redwood-Holz. Passenderweise blickt der Lighthouse Point auf zwei beliebte Surfstrände.

★Santa Cruz Food Tour ESSEN
(☎866-736-6343; www.santacruzfoodtour.com; 69 US$/Pers.; ⌚April–Okt. Fr & So 14.30–18 Uhr) Die sehr empfehlenswerten kulinarischen Stadtführungen eignen sich perfekt, um in die progressive, globale und kultivierte Restaurantszene von Santa Cruz einzutauchen. Die Führer bieten zudem eine gesunde Portion Ortskenntnis und interessante Einblicke in die Geschichte, Kultur und Architektur von Santa Cruz. Der Spaziergang ist zwar nur gut 3 km lang, dennoch isst man unterwegs so viel, dass die meisten Teilnehmer danach kein Abendessen mehr benötigen.

Schlafen

Trotz einiger Neueröffnungen von Hotels hat Santa Cruz nicht genug Betten, um die Nachfrage zu befriedigen. Zu Spitzenzeiten zahlt man für ganz durchschnittliche Zimmer horrende Preise. Die Qualität der Unterkünfte nahe dem Boardwalk am Strand deckt die ganze Bandbreite von freundlich bis scheußlich ab. Ordentliche Motels findet man an der Ocean St. landeinwärts und an der Mission St. (Hwy 1). Es sind weitere Hotels in Planung, was das Angebot an Quartieren auf kurze bis mittlere Sicht verbessern sollte.

Wer an den State Beaches abseits des Hwy 1 südlich von Santa Cruz oder in den nebligen Santa Cruz Mountains abseits des Hwy 9 **campen** (☎800-444-7275; www.reservecalifornia.com; Stellplatz Zelt/Wohnmobil 35/65 US$) will, sollte früh buchen. Zu den familienfreundlichen Campingplätzen zählen der Cowell Redwoods State Park in Felton und der New Brighton State Beach in Capitola.

HI Santa Cruz Hostel HOSTEL $
(☎831-423-8304; www.hi-santacruz.org; 321 Main St; B 28–42 US$, Zi. mit Gemeinschaftsbad 85–

160 US$; ⌚Büro 8–11 & 15–21 Uhr; @📶) Dieses niedliche Hostel für Traveller mit kleinem Geldbeutel ist in fünf weitläufigen viktorianischen Cottages untergebracht und von blühenden Gärten umgeben. Die Anlage liegt nur zwei Blocks vom Strand entfernt. Kochen kann man in der Gemeinschaftsküche, DVD schauen (kostenloser Verleih) in der cool eingerichteten Lounge mit Kamin. Größter Haken: die Sperrstunde um Mitternacht.

Dream Inn HOTEL $$$

(☎831-740-8069; www.dreaminnsantacruz.com; 175 W Cliff Dr; Zi. 270–560 US$; P⊖❄@📶≋) Das Dream Inn ist stolz darauf, in Santa Cruz das einzige Hotel am Ozean zu sein. Zudem bietet es geräumige Zimmer mit Retrochic-Charme und türkisfarbenen Akzenten. Von den Privatbalkonen hat man einen spektakulären Blick auf die Bucht. Der schicke Pool vor dem sandigen Cowell Beach ist nur ein paar Schritte entfernt.

Babbling Brook Inn B&B $$$

(☎831-427-2437; www.babblingbrookinn.com; 1025 Laurel St; Zi. 280–370 US$; ⊖📶) Dieses B&B wurde rund um einen plätschernden Bach inmitten verschlungener Gärten mit alten Kiefern und Mammutbäumen errichtet. Die holzverkleidete Pension bietet 13 gemütliche Zimmer, die nach impressionistischen Malern benannt und mit einem französischen Touch eingerichtet sind. Die meisten haben Gaskamine, einige Whirlpools und alle Federbetten. Es gibt kostenlosen Wein und Horsd'oeuvres am Nachmittag sowie ein üppiges Frühstück.

Essen

In Santa Cruz kann man gut essen gehen, und das Angebot auf den Speisekarten hat sich in den letzten Jahren deutlich verbessert. Meeresfrüchte sind oft vertreten, meistens regional, saisonal und bio. In der Pacific Ave in Downtown gibt's einige ausgezeichnete mittlere bis gehobene Optionen, in der Mission St, nahe der UCSC, und in der 41st Ave in Capitola findet man günstigere Lokale.

★Soif KALIFORNISCH $$

(☎831-423-2020; www.soifwine.com; 105 Walnut Ave; Hauptgerichte 18–34 US$; ⌚So–Di 17–21, Mi & Do 12–21, Fr & Sa 12–22 Uhr; 🍷) 🌿 Seit Jahren ein Favorit der Einheimischen. Das schicke und kosmopolitische Lokal verarbeitet überwiegend einheimische Produkte und zaubert daraus hervorragende Kreationen gegensätzlicher Aromen: Japanische Teppichmuscheln kuscheln mit Chorizo und Fenchel, Entenbrust mit gerösteten Feigen. Für jedes Gericht gibt es den perfekten Wein, den man bei Gefallen im zugehörigen Weinladen kaufen kann.

> **ABSTECHER**
>
> **MYSTERY SPOT**
>
> Der **Mystery Spot** in Santa Cruz (☎831-423-8897; www.mysteryspot.com; 8 US$; ⌚Mo–Fr 10–16, Sa & So bis 17 Uhr) ist eine kitschige, altmodische Touristenfalle, die sich seit ihrer Eröffnung im Jahr 1940 kaum verändert hat. An einem steil abfallenden Hang scheinen Kompasse verrückt zu spielen, mysteriöse Kräfte schieben einen umher und Gebäude neigen sich in seltsamen Winkeln. Am besten reserviert man einen Termin, sonst riskiert man, auf eine Führung warten zu müssen. Der Spot liegt etwa 4 Meilen (6 km) nordöstlich der Innenstadt, in den Hügeln über den Branciforte Dr. Parken kostet 5 US$. Den Autoaufkleber nicht vergessen!

Akira Santa Cruz JAPANISCH $$

(☎831-600-7093; www.akirasantacruz.com; 1222 Soquel Ave; Nigiri 4–10 US$, Maki 7–17 US$; ⌚11–23 Uhr; 🍷) Neben Sake, Craft-Bieren und der Surferatmosphäre findet man im Akira eine Speisekarte mit einer großen Vielfalt an Sushi aus salzig-frischem Thunfisch, Lachs, Aal und Schalentieren und neue Variationen der japanischen Küche. Die Bentoboxen fürs Mittagessen (11,50–16 US$) haben ein gutes Preis-Leistungs-Verhältnis. Eine ganze Seite widmet sich klassischen und innovativen vegetarischen Optionen.

Ausgehen & Nachtleben

Downtown Santa Cruz ist voller Bars, Lounges und Cafés. Folgt man der Mission St (Hwy 1) nach Westen, findet man in den von einem unkonventionellen Industrial-Flair geprägten Höfen der Swift und der Ingalls St diverse Kleinbrauereien und Weinverkostungsstuben.

★515 COCKTAILBAR

(☎831-425-5051; www.515santacruz.com; 515 Cedar St; ⌚So–Di 17–24, Mi–Sa bis 1.30 Uhr) Dieser bei Einheimischen beliebte Cocktail-Salon ist perfekt für einen gepflegten Zechabend. Am besten lässt man sich in einen der riesigen Sessel mitten zwischen schickem Vintage-Dekor fallen und genießt die auf amerikanischen Klassikern basierenden und meisterhaft zubereiteten Drinks. Le Pamplemousse, ein köstlicher Mix aus Wodka, Aperol und Zitrone, wird allseits gerne getrunken.

Verve Coffee Roasters CAFÉ
(☎831-600-7784; www.vervecoffee.com; 1540 Pacific Ave; ⏲6.30–21 Uhr; 📶) In diesem Industrial-Zen-Café mit hohen Decken kann man den Surfern und Hipstern bei einem fein gerösteten und nach allen Regeln der Kunst zubereiteten Espresso oder einer Tasse starkem Filterkaffee Gesellschaft leisten. Sortenreiner Kaffee und selbst gemachte Mischungen sind hier an der Tagesordnung. Das moderne Design zeigt, was man aus Holz alles zaubern kann.

Lupulo Craft Beer House MIKROBRAUEREI
(☎831-454-8306; www.lupulosc.com; 233 Cathcart St; ⏲Mo–Do 11.30–22, Fr bis 23.30, Sa 10–23.30, So 11–22 Uhr) Die nach dem spanischen Wort für Hopfen benannte Bierstube in Downtown ist ein Muss für Bierfreunde. Neben modernem Dekor gibt's hier ständig wechselnde Fassbiere – darunter oft schwierig zu bekommende saisonale Biere aus lokalen Brauereien – und gute Snacks (4–15 US$) wie Empanadas, Tacos und Wurstplatten. Die fast 400 Flaschen- und Dosenbiere sorgen für Schnappatmung bei entscheidungsschwachen Zechern.

ℹ Praktische Informationen

Santa Cruz Visitor Center (☎831-425-1234; www.santacruz.org; 303 Water St; ⏲Mo–Fr 9–12 & 13–16, Sa & So 11–15 Uhr)

ℹ Anreise & Unterwegs vor Ort

Santa Cruz liegt 75 Meilen (121 km) südlich von San Francisco und ist über den Hwy 1 an der Küste oder den Hwy 17, eine fürchterlich schmale, kurvenreiche Bergstraße, zu erreichen. Monterey liegt etwa 45 Meilen (72 km) weiter südlich am Hwy 1.

Santa Cruz Shuttles (☎831-421-9883; www.santacruzshuttles.com) betreibt Shuttlebusse von/zu den Flughäfen in San Jose (55 US$), San Francisco (85 US$) und Oakland (85 US$).

Greyhound (☎831-423-4082; www.greyhound.com; 920 Pacific Ave; 📶) hat täglich ein paar Busse nach San Francisco (ab 16 US$, 3½ Std.), Salinas (ab 12 US$, 1 Std.), Santa Barbara (ab 39 US$, 5½ Std.) und Los Angeles (ab 22 US$, 9 Std.) im Fahrplan.

Santa Cruz Metro (☎831-425-8600; www.scmtd.com; 920 Pacific Ave; einfache Strecke/Tageskarte 2/6 US$) betreibt ein Stadt- und Regionalbusnetz, dessen Knotenpunkt das **Metro Center** (☎831-425-8600; www.scmtd.com; 920 Pacific Ave; einfache Strecke/Tageskarte 2/6 US$) in Downtown ist. Der Expressbus auf dem Hwy 17 verbindet Santa Cruz mit dem Amtrak/CalTrain-Bahnhof in San Jose (7 US$, 50 Min., stündl. 1- bis 2-mal).

SAN FRANCISCO & BAY AREA

San Francisco

Aufbrezeln, Jacke schnappen und rein in die fabelhafte, morgens oft in Nebel gehüllte Stadt. Bye-bye Hemmungen, Hello San Francisco!

Sehenswertes

Die meisten größeren Museen liegen in Downtown, das de Young Museum und die California Academy of Sciences aber im Golden Gate Park. Mission, Chinatown, North Beach und The Haight sind die geschichtsträchtigsten Viertel der Stadt. Galerien ballen sich in Downtown und North Beach, in Mission, Potrero Flats und Dogpatch. Parks auf den Hügeln gibt's stadtweit, aber die höchsten mit der besten Aussicht sind der Russian Hill, der Nob Hill und der Telegraph Hill.

Downtown, Civic Center & SoMa

Downtown bietet das Komplettpaket: Kunstgalerien, piekfeine Hotels, Theater mit Erstaufführungen, Malls und riesige Unterhaltungszentren. Der von Luxuswarenhäusern umgebene, immer belebte **Union Sq** (Karte S. 340; zw. Geary, Powell, Post & Stockton Sts; 🚋Powell-Mason, Powell-Hyde, Ⓜ Powell, Ⓑ Powell) war schon immer ein Schauplatz der Proteste, ob Demos zugunsten der Union zu Zeiten des Amerikanischen Bürgerkriegs oder AIDS-Mahnwachen.

Civic Center ist in unterschiedlichste Zonen aufgeteilt: tolle Darbietungen und asiatische Kunstschätze auf der einen Seite der City Hall, Kneipen und Suppenküchen auf der anderen. Und manche Reisende zieht es wegen der High-Tech-Schnäppchen nach South of Market (SoMa), andere wegen der hohen Kunst – aber fast jeder landet auf einer der Tanzflächen.

★ San Francisco Museum of Modern Art MUSEUM

(SFMOMA; Karte S. 340; ☎415-357-4000; www.sfmoma.org; 151 3rd St; Erw./19–24 Jahre/unter 18 Jahren 25/19 US$/frei; ⊙Fr–Di 10–17, Do bis 21 Uhr, Atrium Mo–Fr 8 Uhr; ♿; 🚌5, 6, 7, 14, 19, 21, 31, 38, Ⓜ Montgomery, Ⓑ Montgomery) Das aufs Dreifache erweiterte San Francisco Museum of Modern Art ist ein beeindruckendes Prachtexemplar, das auf sieben Galerieebenen eine riesige Sammlung moderner und zeitgenössischer Meisterwerke zeigt. Dabei hat es das SFMOMA seit seiner Gründung 1935 immer wieder verstanden, seine Grenzen neu zu definieren. Es war schon immer ein visionärer, früher Förderer von neu aufkeimenden Kunstformen wie die Fotografie, Installationen, Videos, Performance Art, digitale Kunst und Industriedesign. Selbst in der Weltwirtschaftskrise hatte das SFMOMA eine Welt unendlicher Möglichkeiten vor Augen, die in San Francisco ihren Anfang nahm.

Asian Art Museum MUSEUM

(Karte S. 340; ☎415-581-3500; www.asianart.org; 200 Larkin St; Erw./Student/Kind 15/10 US$/frei, 1. So im Monat frei; ⊙Di, Mi & Fr–So 10–17, Do bis 21 Uhr; ♿; Ⓜ Civic Center, Ⓑ Civic Center) Die drei Stockwerke hier umfassen 6000 Jahre asiatischer Kunst. Sie entführen die Besucher auf eine fantastische Reise, auf denen sie subtile chinesischen Tuschmalereien oder verführerische Schnitzereien aus Hindutempeln genau so entdecken können wie elegante islamische Kalligrafien und Werke des innovativen japanischen Minimalismus. Neben der größten Sammlung asiatischer Kunst außerhalb Asiens (18 000 Werke) hat das Museum ausgezeichnete Angebote für alle Altersgruppen, von Schattentheater und Teeverkostungen mit Sterneköchen bis zu interkulturellen DJ-Mashups.

Contemporary Jewish Museum MUSEUM

(Karte S. 340; ☎415-655-7856; www.thecjm.org; 736 Mission St; Erw./Student/Kind 14/12 US$/frei, Do nach 17 Uhr 8 US$; ⊙Mo, Di & Fr–So 11–17, Do bis 20 Uhr; ♿; 🚌14, 30, 45, Ⓑ Montgomery, Ⓜ Montgomery) Dieser blaue Stahlwürfel, der wie durch ein Wunder nur auf einer Ecke balanciert, passt zu der Institution, die konventionelle Vorstellungen von Kunst und Religion völlig auf den Kopf stellt. Der Architekt Daniel Libeskind erweiterte ein Backstein-Kraftwerk von 1907 zu diesem rationalen, mystischen und kraftvollen Museum auf und fügte stahlblaue Elemente hinzu, die das hebräische Wort *l'chaim* (Leben) formen. Doch es ist der Auftrag zeitgenössischer Kunstausstellungen, die das Gebäude wirklich zum Leben erwecken.

Museum of the African Diaspora MUSEUM

(MoAD; Karte S. 340; ☎415-358-7200; www.moadsf.org; 685 Mission St; Erw./Student/Kind 10/5 US$/frei; ⊙Mi–Sa 11–18, So 12–17 Uhr; Ⓟ♿; 🚌14, 30, 45, Ⓜ Montgomery, Ⓑ Montgomery) Das MoAD lässt Menschen aus aller Welt die epische Geschichte der Afrikanischen Diaspora

SAN FRANCISCO IN ...

... einem Tag

Einen Lederriemen in der Powell-Mason Cable Car schnappen und gut festhalten: Es geht auf und ab! Am Washington Square Park feuern einen die Papageien beim Aufstieg zum mit tollem Rundumblick lockenden **Coit Tower** an; geschmückt ist dieser mit Wandbildern aus den 1930er-Jahren, die den Arbeitern der Stadt huldigen. Danach geht's mit der vorab gebuchten Fähre nach **Alcatraz**, wo einem der D-Block Gänsehaut bereitet. Mit der Powell-Mason Cable Car fährt man nun nach North Beach mit der berühmten Buchhandlung **City Lights Books** – ein Wahrzeichen für die Redefreiheit. Die beste Pasta in North Beach gibt'szum Abschluss des Tages im **Cotogna**, auf die wildesten Nächte im Westen kann man mit kräftigen Pisco Sours im **Comstock Saloon** anstoßen.

... zwei Tagen

Tag zwei beginnt in **The Mission** mit den Wandbildern auf Garagentoren in der **Balmy Alley**, danach lädt die **Mission Dolores** zum Nachdenken ein. Nachdem man ein paar Burritos verputzt hat, geht's nach **The Haight**, wo man in Vintage-Boutiquen Flashbacks erlebt und sich *den* Schauplatz des Summer of Love anschauen kann: den **Golden Gate Park**. Vom Dach des **de Young Museum** genießt man den Blick über die Bucht, schlendert dann durch die **California Academy of Sciences** und bietet schließlich dem Wind auf der **Golden Gate Bridge** die Stirn.

San Francisco & Bay Area

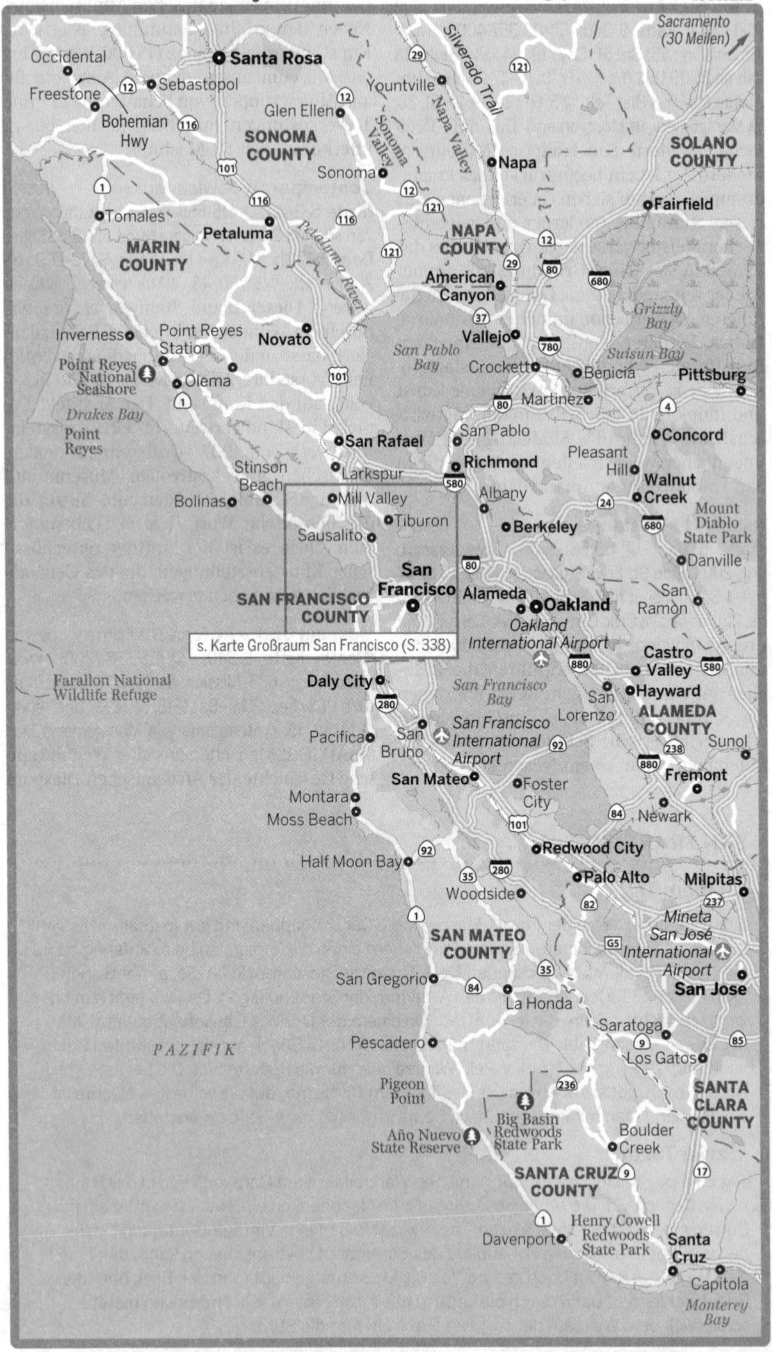
0 20 km
0 10 Meilen
Sacramento (30 Meilen)
Occidental
Santa Rosa
Freestone
Sebastopol
Bohemian Hwy
Yountville
Silverado Trail
Glen Ellen
SONOMA COUNTY
Sonoma Valley
Napa Valley
Napa
SOLANO COUNTY
Sonoma
Fairfield
Tomales
Petaluma
Petaluma River
NAPA COUNTY
MARIN COUNTY
American Canyon
Grizzly Bay
Inverness
Point Reyes Station
Novato
San Pablo Bay
Vallejo
Suisun Bay
Point Reyes National Seashore
Olema
Crockett
Benicia
Pittsburg
Martinez
Drakes Bay
Point Reyes
San Pablo
Concord
San Rafael
Richmond
Pleasant Hill
Stinson Beach
Larkspur
Walnut Creek
Bolinas
Mill Valley
Albany
Mount Diablo State Park
Tiburon
Berkeley
Sausalito
Danville
San Francisco
Alameda
SAN FRANCISCO COUNTY
Oakland
San Ramon
Oakland International Airport
s. Karte Großraum San Francisco (S. 338)
Castro Valley
Farallon National Wildlife Refuge
Daly City
San Francisco Bay
San Lorenzo
Hayward
ALAMEDA COUNTY
Pacifica
San Bruno
San Francisco International Airport
Sunol
San Mateo
Foster City
Fremont
Montara
Newark
Moss Beach
Redwood City
Half Moon Bay
Palo Alto
Milpitas
Woodside
Mineta San José International Airport
SAN MATEO COUNTY
San Jose
San Gregorio
La Honda
Saratoga
PAZIFIK
Pescadero
Los Gatos
Pigeon Point
SANTA CLARA COUNTY
Big Basin Redwoods State Park
Año Nuevo State Reserve
Boulder Creek
SANTA CRUZ COUNTY
Henry Cowell Redwoods State Park
Davenport
Santa Cruz
Capitola
Monterey Bay

erzählen. Sehenswert ist beispielsweise das bewegende Video von Erzählungen von Sklaven, die Maya Angelou vorträgt. Die Ausstellungen wechseln vierteljährlich, herausragend waren u.a. eine Hommage an Grace Jones, die New-Wave-Ikone der 1980er-Jahre, Fotografien von modernen afrikanischen Wahrzeichen des Architekten David Adjaye und Alison Saars Skulpturen von Gestalten, die von der Geschichte geprägt wurden. Zum Veranstaltungsprogramm gehören Poetry Slams, spirituelle Musik der Yoruba und Vorträge, die sich z.B. mit der Frage beschäftigen, was aus dem kostenlosen, einst von den Black Panthers eingerichteten Schulfrühstück wurde.

Glide Memorial United Methodist Church KIRCHE

(Karte S. 340; ☎415-674-6090; www.glide.org; 330 Ellis St; ⌚Gottesdienste So 9 & 11 Uhr; 👪; 🚌38, Ⓜ Powell, Ⓑ Powell) Wenn der Glide-Gospelchor in Regenbogengewändern eintritt und sich das Herz aus dem Leib singt, bricht die Gemeinde mit mehr als 2000 Mitgliedern in Jubel, Umarmungen und Tänze aus. Die ausgelassenen Gottesdienste am Sonntag präsentieren San Francisco von seiner offensten und positivsten Seite, da sie das ganze Spektrum von kultureller und sozialer Zugehörigkeit, Geschlecht, Orientierung und Befähigung umspannen. Nach den Gottesdiensten engagieren sich die Gemeindemitglieder auch weiter in diesem Sinne: Sie servieren pro Tag 2000 kostenlose Mahlzeiten und versorgen obdachlose Menschen mit Unterkünften und emotionaler Unterstützung. Freiwillige Helfer sind jederzeit willkommen.

Powell St Cable Car Turnaround WAHRZEICHEN

(Karte S. 340; www.sfmta.com; Ecke Powell & Market St; 🚋Powell-Mason, Mason-Hyde, Ⓜ Powell, Ⓑ Powell) Wer an der Ecke Powell und Market St durch die Schar der Fahrgäste späht, kann beobachten, wie der Fahrer aus der Straßenbahn springt und das Gefährt ganz langsam auf der hölzernen Drehscheibe in die entgegengesetzte Richtung wendet. Da die Cable Cars nur in eine Richtung verkehren können, müssen diese an der Endstation der Powell-St-Linien gewendet werden. Fahrgäste drängen sich hier vom Vormittag bis zum Abend, um einen Platz zu ergattern; drum herum sorgen lärmende Straßenkünstler und Weltuntergangspropheten für Unterhaltung.

Embarcadero

★ Ferry Building WAHRZEICHEN

(Karte S. 340; ☎415-983-8000; www.ferrybuildingmarketplace.com; Ecke Market St & Embarcadero; ⌚Mo–Fr 10–19, Sa 8–18, So 11–17 Uhr; 👪; 🚌2, 6, 9, 14, 21, 31, Ⓜ Embarcadero, Ⓑ Embarcadero) Das einstige Verkehrszentrum wurde zu einem Gourmetmekka umgewandelt: Hier blüht der Hedonismus und Feinschmecker verpassen bei Sonoma-Austern, Sekt, Craft-Bieren, Burgern mit Rindfleisch aus dem Marin County, vor Ort geröstetem Kaffee und frisch gebackenen Cupcakes gern ihre Fähre. Auch Starköche lassen sich oft auf dem Bauernmarkt (S. 352) blicken, der das ganze Jahr rund um das Gebäude stattfindet.

★ Exploratorium MUSEUM

(Karte S. 340; ☎415-528-4444; www.exploratorium.edu; Pier 15/17; Erw./Kind 29.95/19.95 US$, Do 18–22 Uhr 19.95 US$; ⌚Di–So 10–17 Uhr, Do 18–22 Uhr nur Pers. über 18 Jahre; Ⓟ👪; ⓂⒻ GRATIS) Steckt hinter Skateboarden eine Wissenschaft? Fließt in Australien das Wasser in Waschbecken wirklich gegen den Uhrzeigersinn ab? In San Franciscos interaktivem Wissenschaftsmuseum erfährt man Dinge, die man gern in der Schule gelernt hätte. Indem das Museum Wissenschaft mit Kunst und der Untersuchung der menschlichen Wahrnehmung verknüpft, regt es dazu an, vorgefasste Formen des Weltverständnisses in Frage zu stellen. Die Anlage ist faszinierend: Ein 3,6 ha großer, verglaster Pier ragt in die San Francisco Bay; die großen Bereiche unter freiem Himmel kann man kostenlos erkunden.

Transamerica Pyramid & Redwood Park BEMERKENSWERTES GEBÄUDE

(Karte S. 340; www.thepyramidcenter.com; 600 Montgomery St; ⌚Mo–Fr 10–15 Uhr; Ⓜ Embarcadero, Ⓑ Embarcadero) Die Pyramide von 1972 ist das prägende Kennzeichen der Skyline von San Francisco, erbaut wurde sie über einem während des Goldrauschs aufgegebenen Walfangschiff. Vor der Pyramide erstreckt sich auf 2000 m² ein Redwood-Wäldchen an der Stelle, wo Mark Twains Lieblingskneipe und die Zeitungsredaktion standen, in der Sun Yat-sen seine Proklamation der Republik China verfasste. Die hierher verpflanzten Redwoods haben zwar flache Wurzeln, doch deren in sich verflochtene Struktur ermöglicht es ihnen, unglaubliche Höhen zu erreichen – selbst Twain hätte keine passendere Metapher für San Francisco schreiben können.

Großraum San Francisco

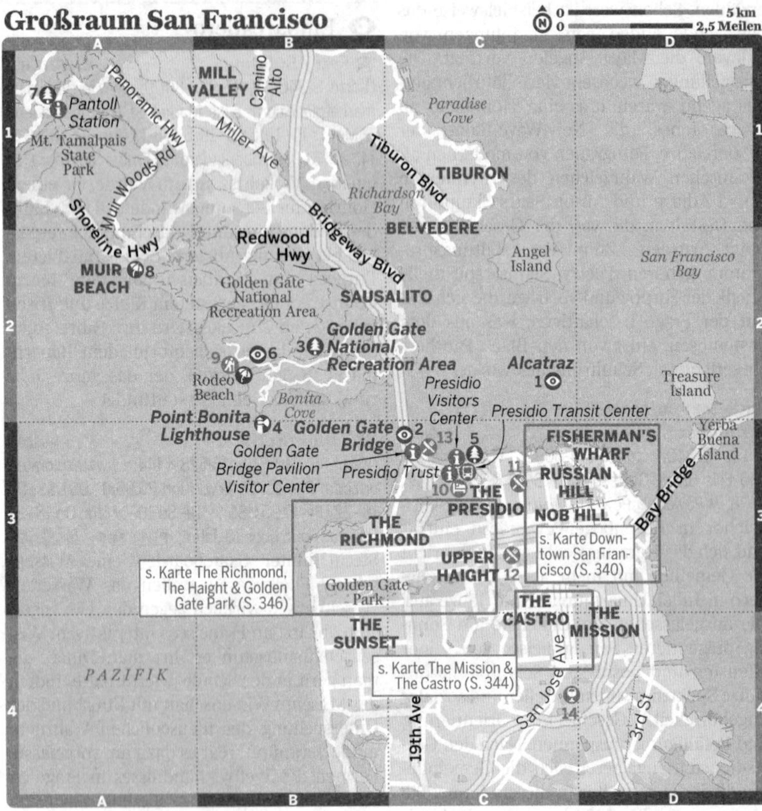

Chinatown & North Beach

Die Grant Ave mag vielleicht das wirtschaftliche Herz von Chinatown sein, seine Seele ist jedoch der **Waverly Place** (Karte S. 340; 🚌1, 30, 🚋California, Powell-Mason, Ⓜ T), der von historischen Klinkerbauten und mit Flaggen geschmückten Balkonen gesäumt wird. Chinatowns 41 historische **Gassen** (Karte S. 340; zw. Grant Ave, Stockton St, California St & Broadway; 🚌1, 30, 45, 🚋Powell-Hyde, Powell-Mason, California) haben seit 1849 vieles erlebt: Goldrausch und Revolution, Räucherstäbchen und Opium, Feuer und eiskalte Empfänge. **Chinatown Alleyway Tours** (Karte S. 340; ☎415-984-1478; www.chinatownalleywaytours.org; Portsmouth Sq; Erw./Student 26/16 US$; ⏲Tour Sa 11 Uhr; 👪; 🚌1, 8, 10, 12, 30, 41, 45, 🚋California, Powell-Mason, Powell-Hyde) und **Chinatown Heritage Walking Tours** (Karte S. 340; ☎415-986-1822; https://tour.cccsf.us; Chinese Culture Center, Hilton Hotel, 3. OG, 750 Kearny St; Erw. 30–40 US$, Student 20–30 US$; 👪; 🚌1, 8, 10, 12, 30, 41, 45, 🚋California, Powell-Mason, Powell-Hyde) bieten Stadtspaziergänge an, die sie auf eine Zeitreise zu bedeutsamen Momenten der US-amerikanischen Geschichte mitnehmen; die Anbieter unterstützen die hiesige Gemeinde.

Wilde Papageien kreisen über den italienischen Cafés und Künstlerbars von North Beach. Hier gibt's genug Espresso für ein eigenes Beatpoesie-Revival.

★ **Coit Tower** KUNST IM ÖFFENTLICHEN RAUM

(Karte S. 340; ☎415-249-0995; www.sfrecpark.org; Telegraph Hill Blvd; Fahrstuhlnutzung für Nichtanwohner Erw./Kind 9/6 US$, Wandgemäldetour komplett/nur 2. OG 9/6 US$; ⏲April–Okt. 10–18 Uhr, Nov.–März bis 17 Uhr; 🚌39) Der Coit Tower steht wie ein Ausrufezeichen in San Franciscos Stadtbild und bietet einen Rundumblick auf die Innenstadt. Zu sehen sind auch die in den 1930er-Jahren durch die Works Progress Administration (WPA) in Auftrag gegebenen Wandgemälde, die

Großraum San Francisco

den Arbeitern San Franciscos ein Denkmal setzen. Zu Beginn als kommunistische Propaganda verunglimpft, gelten sie heute als nationales Wahrzeichen. Für einen 360-Grad-Panoramablick auf die Stadt aus 64 m Höhe nimmt man den Aufzug zur Aussichtsplattform im Freien. Und um die Wandgemälde zu sehen, bucht man online die von Dozenten geführten, 30- bis 40-minütigen Touren – entweder zu allen Gemälden (9 US$) oder nur zu den sieben kürzlich restaurierten Wandgemälden entlang einer versteckten Wendeltreppe (6 US$).

★City Lights Books KULTURZENTRUM
(Karte S. 340; ☎415-362-8193; www.citylights.com; 261 Columbus Ave; ⊙10–24 Uhr; 🚹; 🚌8, 10, 12, 30, 41, 45, 🚋Powell-Mason, Powell-Hyde, Ⓜ T) Seit Gründer und Poet Lawrence Ferlinghetti und Geschäftsführer Shigeyoshi Murao 1957 vor Gericht ihr Recht durchsetzten, Allen Ginsbergs großartiges Gedicht *Howl* (deutsch: *Das Geheul*) zu veröffentlichen, herrschen hier freier Geist und freie Rede. Auf dem Poet's Chair im Obergeschoss mit Blick auf die Jack Kerouac Alley kann man sein Recht auf freie Lektüre wahrnehmen, im Zwischengeschoss sich mit Zeitschriften eindecken und im Erdgeschoss in der neuen Abteilung „Pedagogies of Resistance" radikalen Ideen nachhängen.

Beat Museum MUSEUM
(Karte S. 340; ☎800-537-6822; www.kerouac.com; 540 Broadway; Erw./Student 8/5 US$, Stadtspaziergang 30 US$; ⊙Museum 10–19 Uhr, Stadtspaziergänge Sa 14–16 Uhr; 🚌8, 10, 12, 30, 41, 45, 🚋Powell-Mason) Hier kommt man der Beatnik-Erfahrung so nahe, wie das möglich ist, ohne gegen ein Gesetz zu verstoßen. Die über 1000 Exponate in der wahrhaft bunten Sammlung umfassen Hervorragendes (die verbotene Ausgabe von Ginsbergs *Howl* mit den Anmerkungen des Autors) und Lächerliches (über die Kerouac-Wackelkopfpuppen kann man nur den Kopf schütteln). Im Erdgeschoss kann man in klapprigen Kinosesseln, die nach großen Dichtern, Haustieren und Haschisch duften, Filme der Beat-Ära schauen und im Obergeschoss an Schreinen für einzelne Protagonisten der Beat Generation seinen Respekt zollen. Geplante Arbeiten, die das Gebäude noch erdbebensicherer machen soll, könnten eine Schließung bedeuten: Also vorher anrufen!

Russian Hill & Nob Hill

Die Spitzkehren im 900er-Block der **Lombard Street** (Karte S. 340; 🚋Powell-Hyde) hat man auf Tausenden Fotos gesehen. Fälschlicherweise wurde sie als „kurvenreichste Straße der Welt" betitelt. Das ändert aber nichts daran, dass sie mit ihren liebevoll gepflegten Blumenbeeten und ihrem roten Ziegelpflaster zweifellos unglaublich malerisch ist. Hier sollte man sich San Franciscos Zwillingshügel ansehen – man hüpft von einer Cable Car, nutzt die Happy Hour in einer Tiki-Bar, lauscht dem Orgelspiel in der Kathedrale oder bewundert einfach das Funkeln der Lichter der Bay Bridge.

★Cable Car Museum HISTORISCHE STÄTTE
(Karte S. 340; ☎415-474-1887; www.cablecarmuseum.org; 1201 Mason St; Spende erbeten; ⊙April–Sept. 10–18 Uhr, Okt.–März bis 17 Uhr; 🚹; 🚋Powell-Mason, Powell-Hyde) GRATIS Das Summen, das man unter den Gleisen der Cable Cars vernimmt, ist der Klang von San Franciscos „Spitzen"-Technologie bei der Arbeit. Getriebe schnappen und Drahtseile surren, während die alten Maschinen über die Hügel gezogen werden, die einst für Pferde und Busse zu steil waren – in diesem funktionstüchtigen Seilschuppen kann man die Kabel

Downtown San Francisco

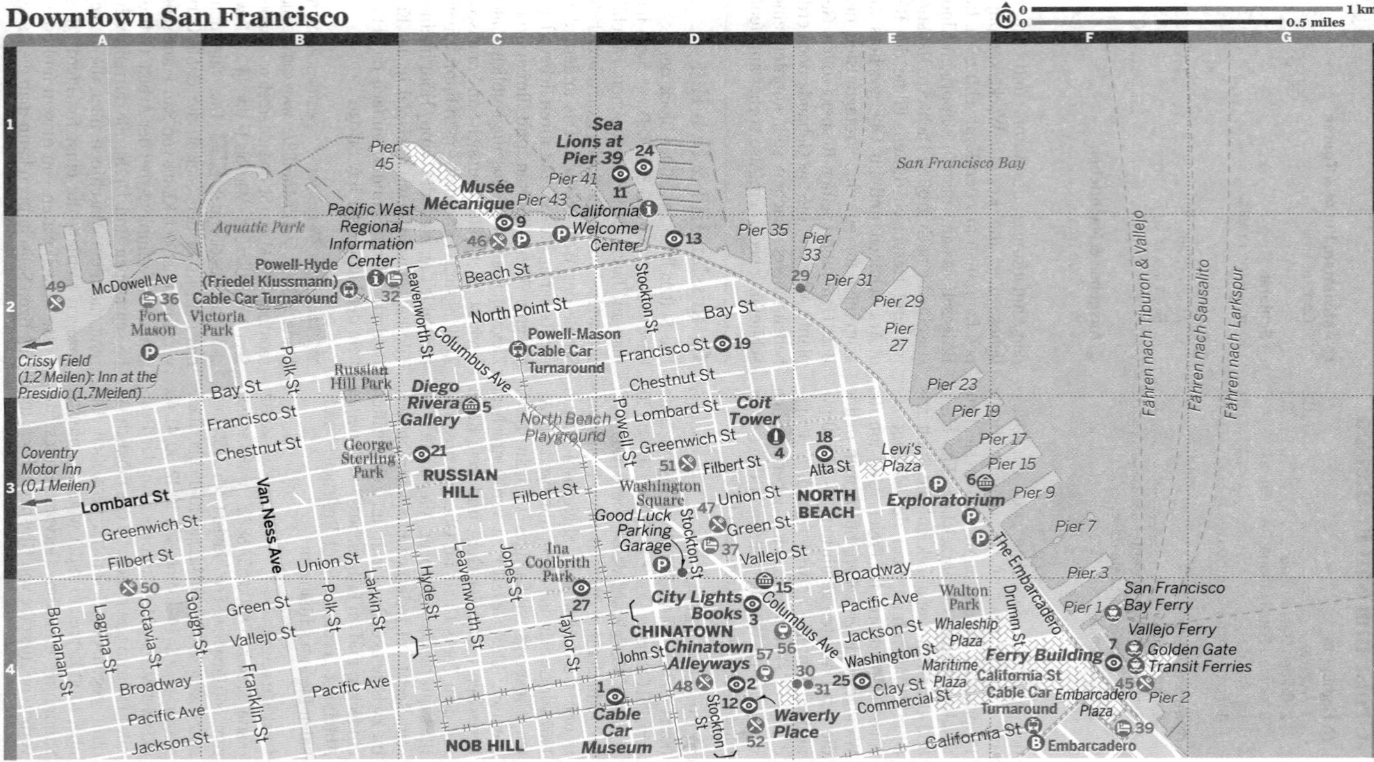

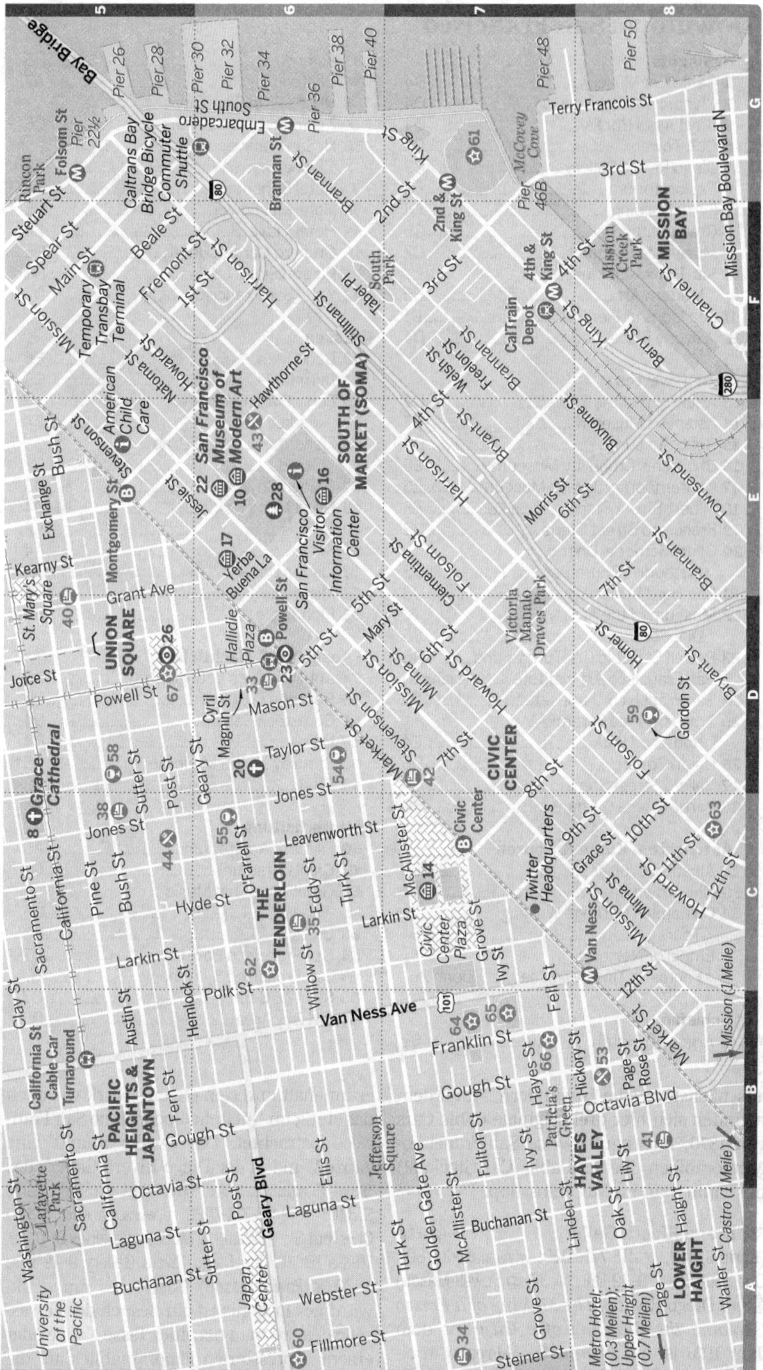
Bay Bridge
Pier 26
Pier 28
Pier 30
Pier 32
Pier 34
Pier 36
Pier 38
Pier 40
Pier 48
Pier 50
Pier 22½
Pier 46B
Embarcadero
South St
Terry Francois St
Rincon Park
Folsom St
Steuart St
Spear St
Main St
Beale St
Fremont St
1st St
Caltrans Bay Bridge Bicycle Commuter Shuttle
Brannan St
King St
2nd St
2nd & King St
3rd St
McCovey Cove
Mission Bay Boulevard N
MISSION BAY
Mission Creek Park
Channel St
4th & King St
4th St
CalTrain Depot
Berry St
Mission St
Temporary Transbay Terminal
Harrison St
Stillman St
Taber Pl
South Park
Howard St
Natoma St
American Child Care
San Francisco Museum of Modern Art
Hawthorne St
SOUTH OF MARKET (SOMA)
Welsh St
Freelon St
Bluxome St
Townsend St
Bush St
Stevenson St
Jessie St
Exchange St
Montgomery St
San Francisco Visitor Information Center
Morris St
6th St
Kearny St
St. Mary's Square
Grant Ave
Yerba Buena La
Powell St
Clementina St
Folsom St
7th St
UNION SQUARE
Hallidie Plaza
5th St
Mary St
Victoria Manalo Draves Park
Homer St
Joice St
Powell St
Cyril Magnin St
Mason St
Minna St
6th St
Howard St
Bryant St
Gordon St
Grace Cathedral
Taylor St
Stevenson St
Market St
CIVIC CENTER
Jones St
Sutter St
Post St
Geary St
O'Farrell St
Leavenworth St
McAllister St
Civic Center
8th St
9th St
10th St
11th St
12th St
Twitter Headquarters
Grace St
Sacramento St
California St
Pine St
Bush St
Hyde St
THE TENDERLOIN
Eddy St
Turk St
Larkin St
Civic Center Plaza
Grove St
Van Ness
Minna St
Mission St
Clay St
Larkin St
Polk St
Willow St
Ivy St
Fell St
Van Ness Ave
California St Cable Car Turnaround
Austin St
Hemlock St
Franklin St
Hickory St
Page St
Rose St
Market St
Mission (1 Meile)
PACIFIC HEIGHTS & JAPANTOWN
Fern St
Gough St
Hayes St
Octavia Blvd
Patricia's Green
Washington St
Lafayette Park
Sacramento St
California St
Octavia St
Post St
Geary Blvd
Ellis St
Jefferson Square
Golden Gate Ave
McAllister St
Fulton St
Ivy St
HAYES VALLEY
Lily St
Laguna St
Buchanan St
Linden St
Oak St
Haight St
Castro (1 Meile)
University of the Pacific
Sutter St
Japan Center
Webster St
Turk St
Grove St
LOWER HAIGHT
Waller St
Page St
Fillmore St
Steiner St
Metro Hotel (0,3 Meilen); Upper Haight (0,7 Meilen)

Downtown San Francisco

Highlights
1 Cable Car Museum D4
2 Chinatown Alleyways D4
3 City Lights Books D4
4 Coit Tower D3
5 Diego Rivera Gallery C3
6 Exploratorium E3
7 Ferry Building F4
8 Grace Cathedral C5
9 Musée Mécanique C2
10 San Francisco Museum of Modern Art E6
11 Sea Lions at Pier 39 D1
12 Waverly Place D4

Sehenswertes
13 Aquarium of the Bay D2
14 Asian Art Museum C7
15 Beat Museum D4
16 Children's Creativity Museum E6
17 Contemporary Jewish Museum E6
18 Filbert Street Steps E3
19 Francisco Street Steps D2
20 Glide Memorial United Methodist Church D6
21 Lombard Street C3
22 Museum of the African Diaspora E6
23 Powell St Cable Car Turnaround D6
San Francisco Art Institute (siehe 5)
24 San Francisco Carousel D1
25 Transamerica Pyramid & Redwood Park E4
26 Union Square D5
27 Vallejo Street Steps C4
28 Yerba Buena Gardens E6

Aktivitäten, Kurse & Touren
29 Alcatraz Cruises E2
30 Chinatown Alleyway Tours E4
31 Chinatown Heritage Walking Tours E4
Emperor Norton's Fantastic Time Machine (siehe 26)

Schlafen
32 Argonaut Hotel B2
33 Axiom D6
34 Chateau Tivoli A7
35 HI San Francisco City Center C6
36 HI San Francisco Fisherman's Wharf A2
37 Hotel Bohème D3
38 Hotel Mayflower C5
39 Hotel Vitale F4
40 Orchard Garden Hotel D5
41 Parsonage B8
42 Yotel San Francisco D7

Essen
43 Benu E6
44 farm:table C5
45 Ferry Plaza Farmers Market F4
46 Fisherman's Wharf Crab Stands C2
47 Golden Boy D3
48 Good Mong Kok D4
49 Greens A2
50 Kaiyo A4
51 Liguria Bakery D3
52 Mister Jiu's D4
53 Rich Table B8

Ausgehen & Nachtleben
54 Aunt Charlie's Lounge D6
55 Bourbon & Branch C6
56 Comstock Saloon D4
57 Li Po D4
58 Stookey's Club Moderne D5
59 Stud D8

Unterhaltung
60 Fillmore Auditorium A6
61 Giants Stadium G7
62 Great American Music Hall C6
63 Oasis C8
64 San Francisco Ballet B7
65 San Francisco Symphony B7
66 SFJAZZ Center B7
67 TIX Bay Area D5

aus nächster Nähe bewundern. Außerdem befinden sich hier drei originale Cable Cars von 1870; und haufenweise San-Francisco-Memorabilien (echte Cable Car-Glocken!) bekommt man im Museumsshop.

★**Diego Rivera Gallery** GALERIE
(Karte S. 340; ☎415-771-7020; www.sfai.edu; 800 Chestnut St; ⏲9–19 Uhr; 🚌30, 🚋Powell-Mason) GRATIS Diego Riveras *The Making of a Fresco Showing the Building of a City* aus dem Jahr 1931 ist ein *trompe l'oeil*-Fresko in einem Fresko. Das Bild zeigt den Künstler, wie er innehält und sein eigenes Werk wie auch das stetig im Entstehen begriffene San Francisco betrachtet. Das Fresko nimmt eine ganze Wand in der Diego Rivera Gallery des **San Francisco Art Institute** (SFAI; Karte S. 340; ☎415-771-7020; www.sfai.edu; 800 Chestnut St; ⏲Walter & McBean Galleries Di 11–19, Mi–Sa bis 18 Uhr, Diego Rivera Gallery 9–19 Uhr; 🚌30, 🚋Powell-Mason) GRATIS ein. Ein denkwürdiges Erlebnis ist ein Besuch des Terrassencafés, wo man bei einer Tasse Kaffee oder einem Espresso den Panoramablick auf die

von Diego bewunderte Stadt und die Bucht genießen kann.

★Grace Cathedral KIRCHE

(Karte S. 340; ☎415-749-6300; www.gracecathedral.org; 1100 California St; empfohlene Spende Erw./Kind 3/2 US$; ⌚Mo–Sa 8–18, So bis 19 Uhr, Gottesdienste So 8.30, 11 & 18 Uhr; 🚌1, 🚋California) San Franciscos Bischofskathedrale wurde seit dem Goldrausch dreimal umgebaut, der Bau des heutigen neugotischen Gotteshauses aus Stahlbeton dauerte 40 Jahre. Unter den spektakulären Buntglasfenstern befindet sich auch die Reihe „Human Endeavor", die menschlichen Errungenschaften gewidmet ist, darunter eines mit Albert Einstein, der von wirbelnden Kernteilchen emporgehoben wird. San Franciscos Geschichte zeigt sich auf Wandgemälden und reicht vom Erdbeben von 1906 bis zur Unterzeichnung der UN-Charta 1945. Menschen aller Glaubensrichtungen beschreiten die mit Intarsien geschmückten Labyrinthe drinnen und draußen, die ruhelose Seelen durch drei spirituelle Phasen geleiten sollen: Loslassen, Empfangen und Zurückgeben.

The Marina, Fisherman's Wharf & Presidio

Seit dem Goldrausch war diese Uferregion Ankunftspunkt für Neuankömmlinge – und ist noch heute Schauplatz für Seelöwen-Kapriolen und Abfahrten nach Alcatraz. Im Westen der Marina entstanden schicke Boutiquen auf ehemaligen Kuhweiden und Bio-Restaurants am Ufer. Im angrenzenden Presidio findet man Shakespeare in allen Facetten und öffentliche Nacktheit auf einem früheren Armeestützpunkt.

★Golden Gate Bridge BRÜCKE

(Karte S. 338; ☎Mautinformationen 877-229-8655; www.goldengatebridge.org/visitors; Hwy 101; nordwärts umsonst, südwärts 7–8 US$; 🚌28, alle Golden-Gate-Transit-Busse) Die Einwohner San Franciscos streiten gerne und leidenschaftlich über jedes Thema, vor allem wenn es um ihr Wahrzeichen geht. Einigkeit herrscht jedoch darüber, dass es ein Segen ist, dass sich die Navy bei dem Design der Brücke nicht durchsetzen konnte – die Verantwortlichen bevorzugten einen klotzigen Betonbogen mit signalgelben Streifen und lehnten den schwebenden Art-déco-Entwurf der Architekten Gertrude und Irving Murrow und des Ingenieurs Joseph B. Strauss ab, der sich glücklicherweise durchsetzte.

★Sea Lions at Pier 39 SEELÖWEN

(Karte S. 340; ☎415-623-4734; www.pier39.com; Pier 39, Ecke Beach St & Embarcadero; ⌚24 Std.; 👪; 🚌47, 🚋Powell-Mason, Ⓜ E, F) Seelöwen haben 1989 San Franciscos begehrtestes Ufergelände übernommen und lassen sich seither hier sehen. Natürlich wurden die speckigen Gesellen schnell zu San Franciscos Lieblingsmaskottchen. Da die kalifornischen Gesetze vorschreiben, dass Boote Meeressäugern den Vorrang lassen müssen, blieb den Jachteigentümern keine andere Wahl, als wertvolle Liegeplätze für die bis zu 1000 Seelöwen zu räumen. Zwischen Januar und Juli robben die riesigen Säuger auf die Docks… und auch zu anderen Zeiten, wann immer sie Lust auf ein Sonnenbad haben.

Crissy Field PARK

(Karte S. 306; www.nps.gov; 1199 East Beach; 🅿🐾; 🚌30, PresidiGo-Shuttle) Der ehemalige Militärflugplatz ist heute ein Naturschutzgebiet am Wasser mit grandiosem Blick auf die Golden Gate Bridge. Wo einst Militärflugzeuge zur Landung ansetzten, drängen sich jetzt Vogelbeobachter im ruhigen Schilf der Gezeitenmarsch. Jogger tummeln sich auf den Wegen am Strand und der einzige Sicherheitsalarm wird von jungen Hunden ausgelöst, die argwöhnisch die Surfer beschnüffeln. An nebligen Tagen kann man in der ökozertifizierten **Warming Hut** (Karte S. 338; ☎415-561-3042; www.parksconservancy.org/visit/eat/warming-hut.html; 983 Marine Dr; Artikel 4–9 US$; ⌚ 9–17 Uhr; 🅿👪; 🚌PresidiGo Shuttle) 🍃 in Naturführern blättern und einen Fair-Trade-Kaffee genießen.

The Mission & The Castro

Am besten erlebt man The Mission mit einem Buch in der einen und einem Burrito in der anderen Hand, mitten zwischen Wandgemälden, Sonnenschein und der üblichen Meute aus Filmemachern, Technikfreaks, Lebensmittelhändlern, Skatern und Schriftstellern. Die Calle 24 (24th St) ist das Zentrum lateinamerikanischer Kultur San Franciscos, The Mission ist zudem ein Magnet für aus Südostasien stammende Amerikaner, Lesben und Dandys. In The Castro heißen Regenbogenflaggen alle und jeden im weltweit führenden Reiseziel der LGBTQ-Szene willkommen.

★Clarion Alley KUNST IM ÖFFENTLICHEN RAUM

(Karte S. 344; https://clarionalleymuralproject.org; zw. 17th & 18th Sts; 🚌14, 22, 33, Ⓑ16th St Mis-

The Mission & The Castro

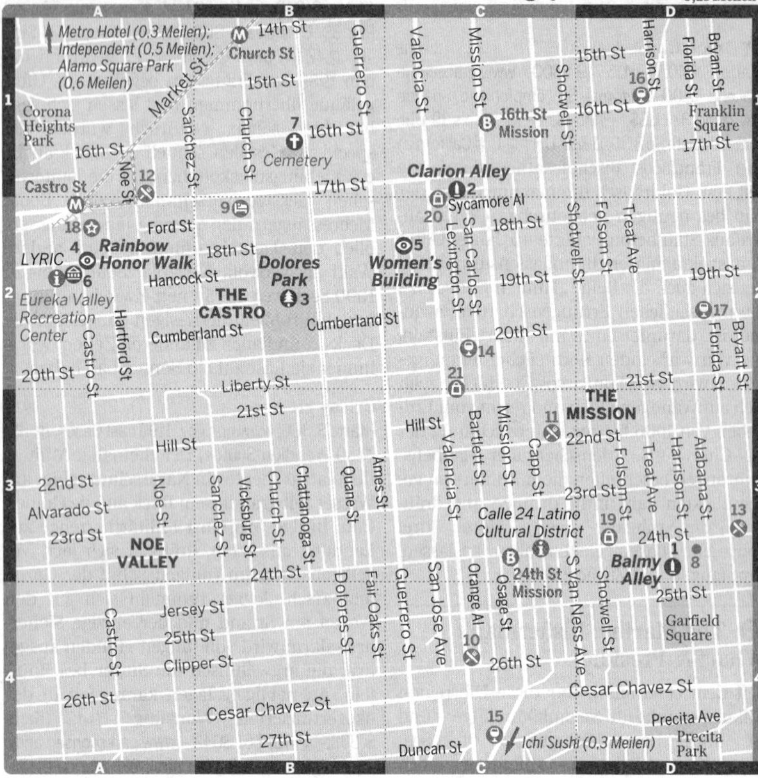

sion, Ⓜ16th St Mission) Auf San Franciscos herausragenden Open-Air-Bühne für Street-Art sieht man Künstler ihre alten Werke aufbessern oder neue gestalten – und das mit der uneingeschränkten Zustimmung der Anwohner und der Kuratoren des Clarion Alley Collective. Nur wenige der Arbeiten halten sich mehrere Jahre, so z. B. Megan Wilsons blütenreiches Werk *Tax the Rich* oder Jet Martinez' Phantasielandschaft, die einen Ausschnitt der Clarion Alley in den Umrissen eines Mannes widerspiegelt. Hemmungslose Kunstkritiker übernehmen häufig das Ostende der Straße – aktuelle Wandbilder entstehen also meistens am Westende.

★ Women's Building BEMERKENSWERTES GEBÄUDE
(Karte S. 344; ☎415-431-1180; www.womensbuilding.org; 3543 18th St; 🚌14, 22, 33, 49, Ⓑ16th St Mission, ⓂJ) Das erste Gemeindezentrum der USA, das Frauen gehört und von Frauen geführt wird, ist seit 1979 ein bekanntes und geliebtes Wahrzeichen in Mission. Geschmückt wird es von einem der beeindruckendsten Wandgemälde des Viertels: Das *Maestrapeace* von 1994 zeigt Bilder von äußerst einflussreichen Frauen wie der Nobelpreisträgerin Rigoberta Menchú, der Dichterin Audre Lorde, der Künstlerin Georgia O'Keeffe und der früheren US-Surgeon-Generalin Dr. Joycelyn Elders.

★ Balmy Alley KUNST IM ÖFFENTLICHEN RAUM
(Karte S. 344; ☎415-285-2287; www.precitaeyes.org; zw. 24th & 25th Sts; 🚌10, 12, 14, 27, 48, Ⓑ24th St Mission) Angeregt von Diego Riveras Wandbildern im San Francisco der 1930er-Jahre und provoziert von der US-amerikanischen Mittelamerikapolitik machten sich *muralistas* (Wandmaler) in den 1970er-Jahren daran, die politische Landschaft zu verändern. Angeführt von Mia Gonzalez fertigten sie ein Wandbild nach dem anderen an. Die ersten Arbeiten der Mujeres Muralistas

The Mission & The Castro

Highlights
1 Balmy Alley ... D3
2 Clarion Alley ... C1
3 Dolores Park ... B2
4 Rainbow Honor Walk ... A2
5 Women's Building ... C2

Sehenswertes
6 GLBT History Museum ... A2
7 Mission Dolores ... B1

Aktivitäten, Kurse & Touren
8 Precita Eyes Mission Mural Tours ... D3

Schlafen
9 Parker Guest House ... B2

Essen
10 Al's Place ... C4
11 Californios ... C3
12 Frances ... A1
13 La Palma Mexicatessen ... D3

Ausgehen & Nachtleben
14 20 Spot ... C2
15 El Rio ... C4
16 Jolene's ... D1
17 Trick Dog ... D2

Unterhaltung
18 Castro Theatre ... A2

Shoppen
19 Adobe Books & Backroom Gallery ... D3
20 Community Thrift ... C2
21 Gravel & Gold ... C2

(„Weibliche Wandmaler") und der Placa („Zeichensetzer") bildeten eine gemeinsame künstlerische Front. Seit über 30 Jahren können heute in der Balmy Alley Wandgemälde bewundert werden, von einem Gemälde zu Ehren des El-Salvador-Aktivisten Erzbischof Óscar Romero bis zu einer Hommage an Frida Kahlo, Georgia O'Keeffe und andere bahnbrechende Künstlerinnen.

Mission Dolores KIRCHE
(Misión San Francisco de Asís; Karte S. 344; 415-621-8203; www.missiondolores.org; 3321 16th St; Erw./Kind 7/5 US$; Mai–Okt. 9–16.30 Uhr, Nov.–April bis 16 Uhr; 22, 33, B 16th St Mission, M J) Dem ältesten Gebäude verdankt die Stadt ihren Namen: der weiß getünchten, aus Lehmziegeln erbauten Misión San Francisco de Asís. Die Mission wurde 1776 gegründet und ab 1782 neu aufgebaut. Heute steht das bescheidende Adobe-Bauwerk im Schatten der benachbarten prächtigen **Basilika** von 1913, die hochgezogen wurde, nachdem die neugotische Backstein-Kathedrale von 1876 beim Erdbeben von 1906 einstürzte. Ihre Buntglasfenster zeigen die 21 kalifornischen Missionen. Und dem Namen der Mission Dolores entsprechend bilden sieben Tafeln die Sieben Schmerzen Mariens ab.

The Haight

In Haight ist der Hippie-Idealismus zu Hause – Straßenmusiker, anarchistische Comics und psychedelische Wandgemälde noch und nöcher. Einheimisches Design und Gourmetlokale findet man in Hayes Valley, wo Zen-Mönche und Jazzlegenden umherwandeln.

★ **Haight Street** STRASSE
(Karte S. 346; zw. Central & Stanyan Sts; 7, 22, 33, 43, M N) War es nun im Herbst 1966 oder im Winter 1967? In Haight heißt es, dass man wohl nicht dabei gewesen ist, wenn man sich nicht an den Summer of Love erinnern kann. Der Nebel war durchsetzt mit dem Rauch von Marihuana, Sandelholz und verbrannten Einberufungsbefehlen, tagelang wurde über bizarre Plakate von Grateful Dead meditiert und die Kreuzung der **Haight und Ashbury Streets** (Karte S. 346; 6, 7, 33, 37, 43) wurde zum Wendepunkt einer ganzen Generation. Die Mitglieder der Gegenkultur von Haight nannten sich Freaks und Blumenkinder; der Kolumnist Herb Caen des *San Francisco Chronicle* taufte sie „Hippies".

Golden Gate & Umgebung

Hardcore-Surfer und Gourmet-Freunde treffen sich in den nebligen Avenues um den Golden Gate Park. In diesem absolut entspannten Weltdorf gibt's Bluegrass und koreanische Grilllokale, Discgolf und Tiki-Cocktails, französisches Gebäck und Nachmittagsvorstellungen von Kultfilmen. Jenseits des Parks erstrecken sich überwiegend Wohnstraßen in Richtung Ocean Beach und die Zeit scheint sich zu verlangsamen.

★ **Golden Gate Park** PARK
(Karte S. 346; https://goldengatepark.com; zw. Stanyan St & Great Hwy; P; 5, 7, 18, 21, 28, 29, 33, 44, M N) GRATIS Von Bonsais und Büffeln über Rotholzbäume und Proteste, von Blumen, Frisbees und Straßenmusik bis zu Freigeistern – im Golden Gate Park gibt's alles,

The Richmond, The Haight & Golden Gate Park

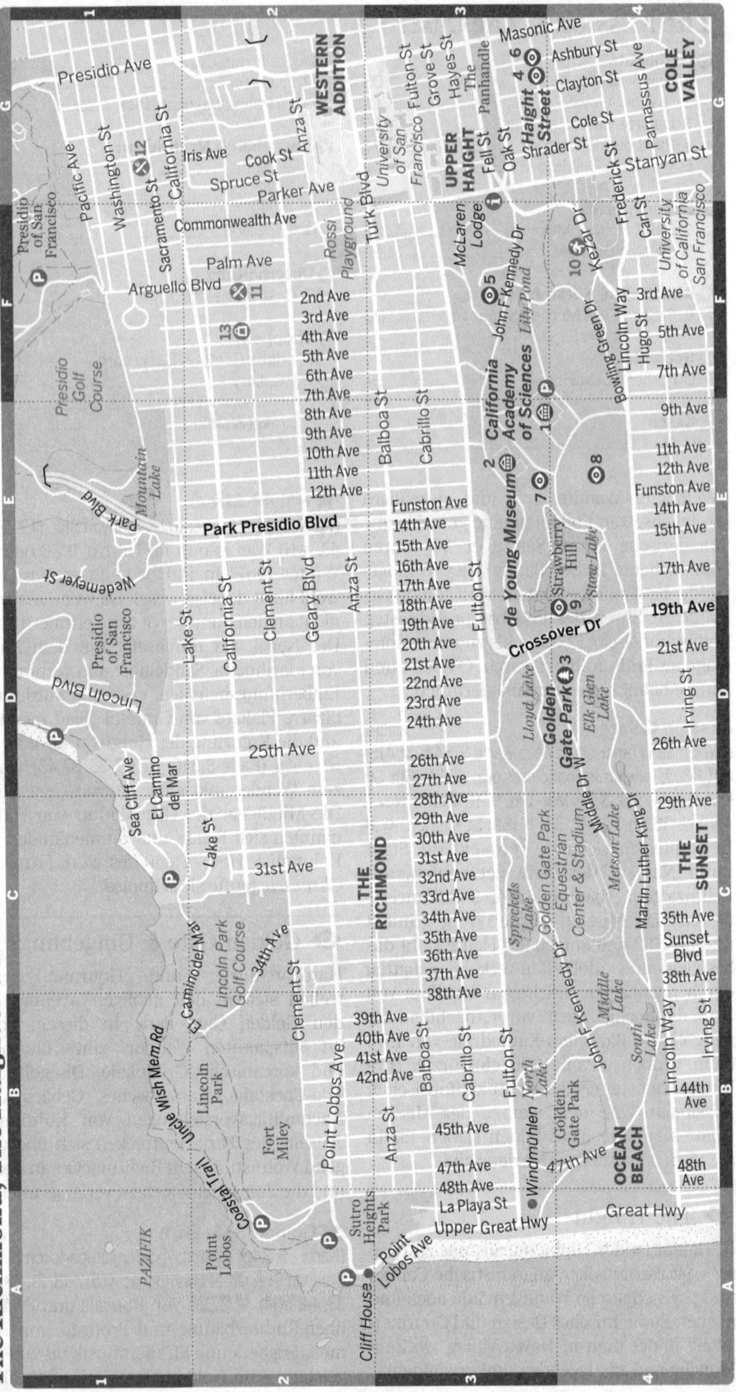

1 km
0,5 Meilen
PAZIFIK
Presidio Ave
Pacific Ave
Washington St
Sacramento St
California St
Iris Ave
Cook St
Spruce St
Parker Ave
Commonwealth Ave
Palm Ave
Arguello Blvd
Anza St
WESTERN ADDITION
Rossi Playground
Turk Blvd
University of San Francisco
Fulton St
Grove St
Hayes St
The Panhandle
Masonic Ave
Ashbury St
Clayton St
Cole St
Shrader St
Haight Street
UPPER HAIGHT
Fell St
Oak St
Stanyan St
Frederick St
Parnassus Ave
COLE VALLEY
Carl St
University of California San Francisco
McLaren Lodge
John F Kennedy Dr
Kezar Dr
Lily Pond
California Academy of Sciences
de Young Museum
Bowling Green Dr
Lincoln Way
Hugo St
Presidio of San Francisco
Presidio Golf Course
Mountain Lake
Park Blvd
Park Presidio Blvd
Wedemeyer St
Lincoln Blvd
Lake St
California St
Clement St
Geary Blvd
Anza St
Balboa St
Cabrillo St
Fulton St
Strawberry Hill
Stow Lake
Crossover Dr
19th Ave
Irving St
Lloyd Lake
Golden Gate Park
Elk Glen Lake
Middle Dr W
Metson Lake
Martin Luther King Dr
THE SUNSET
Sunset Blvd
Golden Gate Park Equestrian Center & Stadium
Spreckels Lake
THE RICHMOND
Sea Cliff Ave
El Camino del Mar
Lincoln Park Golf Course
34th Ave
Uncle Wish Mem Rd
Lincoln Park
Fort Miley
Point Lobos Ave
Coastal Trail
Point Lobos
Sutro Heights Park
Cliff House
Upper Great Hwy
Great Hwy
La Playa St
Windmühlen
North Lake
Middle Lake
South Lake
OCEAN BEACH
2nd Ave
3rd Ave
4th Ave
5th Ave
6th Ave
7th Ave
8th Ave
9th Ave
10th Ave
11th Ave
12th Ave
Funston Ave
14th Ave
15th Ave
16th Ave
17th Ave
18th Ave
19th Ave
20th Ave
21st Ave
22nd Ave
23rd Ave
24th Ave
25th Ave
26th Ave
27th Ave
28th Ave
29th Ave
30th Ave
31st Ave
32nd Ave
33rd Ave
34th Ave
35th Ave
36th Ave
37th Ave
38th Ave
39th Ave
40th Ave
41st Ave
42nd Ave
44th Ave
45th Ave
47th Ave
48th Ave

The Richmond, The Haight & Golden Gate Park

was die Bewohner San Franciscos an ihrer Stadt so lieben. Man könnte eine Woche lang herumlaufen und hätte nicht alles gesehen. Zu den wichtigsten Attraktionen gehören: das **de Young Museum** (Karte S. 346; ☎415-750-3600; http://deyoung.famsf.org; 50 Hagiwara Tea Garden Dr; Erw./Kind 15 US$/frei, 1. Di im Monat frei; ⌚Di–So 9.30–17.15 Uhr; 🚌5, 7, 44, Ⓜ N), die **California Academy of Sciences** (Karte S. 346; ☎415-379-8000; www.calacademy.org; 55 Music Concourse Dr; Erw./Student/Kind 35,95/30,95/25,95 US$; ⌚Mo–Sa 9.30–17, So ab 11 Uhr; Ⓟ 👪; 🚌5, 6, 7, 21, 31, 33, 44, Ⓜ N) 🌿, der **San Francisco Botanical Garden** (Strybing Arboretum; Karte S. 346; ☎415-661-1316; www.sfbg.org; 1199 9th Ave; Erw./Kind 9/2 US$, tgl. vor 9 Uhr morgens & am 2. Di des Monats frei; ⌚7.30–17 Uhr, Sommer & Frühling länger, letztmöglicher Eintritt 1 Std. vor Schließung, Buchladen 10–16 Uhr; 🚌6, 7, 44, Ⓜ N) 🌿, der **Japanese Tea Garden** (Karte S. 346; ☎415-752-1171; www.japaneseteagardensf.com; 75 Hagiwara Tea Garden Dr; Erw./Kind 8/2 US$, Mo, Mi & Fr vor 10 Uhr frei; ⌚März–Okt. 9–18 Uhr, Nov.–Feb. bis 16.45 Uhr; Ⓟ; 🚌5, 7, 44, Ⓜ N), das **Conservatory of Flowers** (Karte S. 346; ☎415-831-2090; www.conservatoryofflowers.org; 100 John F Kennedy Dr; Erw./Student/Kind 9/6/3 US$; ⌚Di–So 10–18 Uhr; 🚌5, 7, 21, 33, Ⓜ N) und der **Stow Lake** (Karte S. 346; www.sfrecpark.org; ⌚5–24 Uhr; 🚌7, 44, Ⓜ N).

Geführte Touren

★Precita Eyes Mission Mural Tours
STADTSPAZIERGANG

(Karte S. 344; ☎415-285-2287; www.precitaeyes.org; 2981 24th St; Erw./Kind 20/3 US$; 🚌12, 14, 48, 49, Z24th St Mission) Die diversen von Wandmalern geführten Spaziergänge am Wochenende beinhalten rund 60 bis 70 Wandgemälde in Mission in einem Umkreis von sechs bis zehn Blocks rund um die Balmy Alley (S. 344). Der kürzeste Spaziergang dauert eine Stunde, die längste (ins Detail gehenden, private) Tour, der Classic Mural Walk, zweieinviertel Stunden. Die Erlöse der gemeinnützigen Organisation fließen in den Erhalt der Arbeiten.

Emperor Norton's Fantastic Time Machine
STADTSPAZIERGANG

(Karte S. 340; ☎415-548-1710; www.sftimemachine.com; 30 US$; ⌚Do & Sa 11 Uhr, Ufertour So 11 Uhr; 🚌30, 38, Ⓑ Powell St, Ⓜ Powell St, 🚋Powell-Mason, Powell-Hyde) Hurra! In San Francisco wurde eine Zeitmaschine erfunden! Sie nennt sich Schuh und erlaubt es ihrem Träger, sich Norton, dem selbsternannten „Kaiser Amerikas" (in Form des Historikers Joseph Amster), auf seiner rund 3 km langen Tour anzuschließen. Dabei geht es um die heimtückischsten, durchtriebensten, erhebendsten und legendärsten Ecken der Welt – oder zumindest westlich von Berkeley. Am Sonntag werden Touren am Wasser angeboten, die am Ferry Building starten. Alle anderen Stadtspaziergänge beginnen am Dewey Monument am Union Sq.

Public Library City Guides
FÜHRUNGEN

(☎415-557-4266; www.sfcityguides.org) GRATIS Einheimische Historiker leiten ehrenamtlich gemeinnützige Viertel- und Motto-Führungen: Victorian San Francisco, Castro Tales, Alfred Hitchcock's San Francisco, Gold Rush City, Deco Downtown, Secrets of Fisherman's Wharf, Russian Hill Stairways und mehr. Für die begehrte Tour Diego Rivera Mural im Stock Exchange Luncheon Club sollte man reservieren. Trinkgeld ist willkommen.

Schlafen

Die Hotelpreise in San Francisco gehören zu den höchsten der Welt. Man sollte weit – sehr weit! – im Voraus planen und Schnäppchen mitnehmen, wenn man sie sieht. Wer die Wahl hat: San Franciscos Boutiqueunterkünfte sind den Ketten definitiv vorzuziehen

– aber man sollte nehmen, was man passend zum eigenen Geldbeutel bekommt.

Downtown, Civic Center & SoMa

★**HI San Francisco City Center** HOSTEL $
(Karte S. 340; ☎415-474-5721; www.sfhostels.org; 685 Ellis St; B 33–70 US$, Zi. 90–165 US$; @ 📶; 🚌19, 38, 47, 49) 🍃 Das siebenstöckige Atherton Hotel aus den 1920er-Jahren wurde 2001 zu einem überdurchschnittlich guten Hostel umgebaut, in dem alle Zimmer, auch die Schlafsäle, mit eigenen Bädern aufwarten. Bonuspunkte verdient sich das Hostel zusätzlich durch seine Umweltbewusstsein: So wird das Haus überwiegend mit Solarstrom versorgt und die Duschköpfe ändern die Farbe, je länger man duscht.

★**Yotel San Francisco** HOTEL $
(Karte S. 340; ☎415-829-0000; www.yotel.com/en/hotels/yotel-san-francisco; 1095 Market St; DZ 149–209 US$; ❄ 📶; 🚌6, 7, 9, 21, Ⓑ Civic Center, Ⓜ Civic Center) Das schicke Hotel in der Innenstadt, das kürzlich in das traditionsreiche Grant-Gebäude umgezogen ist, ist für Yotel, eine Kette mit kompakten, technisch fortschrittlichen Luxusunterkünften, das erste Haus an der Westküste. Das durchdachte Design spart überall Zeit und Platz: von Check-in-Automaten über verstellbare „Smartbeds" (die sich in Sofas verwandeln) bis zu verspielten „Himmelskabinen", gemütliche Hochbetten mit extralangen Matratzen und großen Flatscreen-TVs.

★**Axiom** BOUTIQUEHOTEL $$
(Karte S. 340; ☎415-392-9466; www.axiomhotel.com; 28 Cyril Magnin St; DZ 189–342 US$; @ 📶 🐾; 🚋Powell-Mason, Powell-Hyde, Ⓑ Powell, Ⓜ Powell) Viele Hotels in Downtown wollen High-Tech-Appeal ausstrahlen – diesem hier gelingt es auch. Die Lobby beeindruckt mit LED-Leuchten, Marmor und vernietetem Stahl, das Spielzimmer wirkt mit seinen Spielautomaten und Tischkickern wie die Zentrale eines Start-up-Unternehmens. Die Gästezimmer haben niedrige Sofas aus grauem Flanell, große Doppelbetten auf Plattformen, eigene Highspeed-WLAN-Router für Apple-, Google- und Samsung-Geräte und Bluetooth-Bedienelemente für dieses und jenes.

Hotel Vitale BOUTIQUEHOTEL $$$
(Karte S. 340; ☎415-278-3700; www.hotelvitale.com; 8 Mission St; Zi. 385–675 US$; ❄ @ 📶 🐾; Ⓜ Embarcadero, Ⓑ Embarcadero) Wem ein Verehrer oder ein Personalchef hier ein Zimmer gebucht hat, der weiß, dass es der andere ernst meint. Hinter dem Büroturmlook des direkt am Wasser gelegenen Vitale versteckt sich ein schickes Hotel mit elegantem und hochmodernem Luxusinventar. Die Betten haben seidenweiche, hochwertige Bettwäsche, es gibt ein großartiges Spa mit zwei Whirlpools auf dem Dach und die Zimmer zur Bucht hin bieten einen unglaublichen Blick auf die Bay Bridge. Gleich gegenüber kann man im Ferry Building toll essen.

Hotel Mayflower HISTORISCHES HOTEL $
(Karte S. 340; ☎415-673-7010; www.sfmayflowerhotel.com; 975 Bush St; DZ 130–190 US$; Ⓟ 🚭 ❄ 📶; 🚌2, 3, 27) Eine gute Lage, Komfort und Charakter – und das nur halb so teuer wie in den anderen Unterkünften den Block runter. Das 1926 erbaute Hotel Mayflower hat eine Lobby im Stil einer spanischen Mission und einen alten Gitterkorbaufzug direkt aus einem Hitchcock-Film. Die Gästezimmer sind gemütlich und schlicht, aber blitzblank sowie mit sepiabraunen Bildern von San Francisco und schmiedeeisernen Bettgestellen versehen. Im Preis inbegriffen ist ein Muffinfrühstück; Parken kostet nur 20 US$.

North Beach & Chinatown

★**Hotel Bohème** BOUTIQUEHOTEL $$
(Karte S. 340; ☎415-433-9111; www.hotelboheme.com; 444 Columbus Ave; Zi. 195–295 US$; 🚭 @ 📶; 🚌10, 12, 30, 41, 45, Ⓜ T) Das farbenfrohe, geschichtsträchtige und unverschämt romantische Boutiquehotel ist typisch für North Beach. Sein Erscheinungsbild ist geprägt von Farbschemas der Jazz-Ära, schmiedeeiserneren Bettgestellen, Lampen mit Papierschirmen sowie Gedichten und Kunstwerken der Beat-Ära an den Wänden. Die historischen Zimmer sind ziemlich klein und liegen mitunter an der lauten Columbus Ave (die Zimmer nach hinten sind ruhiger); außerdem sind die Badezimmer winzig. Aber vor allem nach einem Kneipenbummel könnte man hier gut einen Roman schreiben. Kein Aufzug, kein Parkplatz.

Orchard Garden Hotel BOUTIQUEHOTEL $$$
(Karte S. 340; ☎415-393-9917; www.theorchardgardenhotel.com; 466 Bush St; Zi. 278–332 US$; Ⓟ 🚭 ❄ @ 📶; 🚌2, 3, 30, 45, Ⓑ Montgomery) 🍃 San Franciscos erstes LEED-zertifiziertes Hotel tickt durch und durch grün: Es verwendet nachhaltig gewonnenes Holz, chemiefreie Reinigungsmittel und recycelte

NICHT VERSÄUMEN

ALCATRAZ

Über 150 Jahre lang ließ der Name **Alcatraz** (Karte S. 338; ☎ Alcatraz Cruises 415-981-7625; www.alcatrazcruises.com; Touren Erw./Kind 5–11 Jahre tagsüber 38,35/23,50 US$, abends 45,50/27,05 US$; ⏲ Callcenter 8–19 Uhr, Fähren von Pier 33 8.45–15.50 Uhr halbstündl., Abendtouren 17.55 & 18.30 Uhr; 👪) Unschuldige schaudern und sorgte bei Schuldigen für Schweißausbrüche. Im Verlauf der Jahrzehnte war die Insel ein Militärgefängnis, ein abschreckendes Hochsicherheitsgefängnis und ein umstrittenes Gelände zwischen indianischen Aktivisten und dem FBI. Schon der erste Schritt auf den „Felsen" scheint eine unheilvolle Melodie hervorzurufen.

Berichte aus erster Hand über das Alltagsleben im Hochsicherheitsgefängnis sind in der preisgekrönten Audiotour von **Alcatraz Cruises** (Karte S. 340; ☎ 415-981-7625; www.alcatrazcruises.com; Pier 33; Touren tagsüber Erw./Kind/Fam. 38,35/23,50/115,70 US$, abends Erw./Kind 45,50/27,05 US$; Ⓜ E, F) enthalten. Man sollte aber die Kopfhörer mal einen Augenblick abnehmen, um das Geräusch des sorglosen Stadtlebens zu hören, das übers Wasser herüberdringt: Das war die qualvolle Verlockung, die die Fluchtversuche trotz der geringen Erfolgsaussichten – die Strömung ist einfach zu heftig – lohnend erscheinen ließ. Alcatraz galt als ausbruchssicher, 1962 jedoch flohen die Brüder Anglin und Frank Morris auf einem improvisierten Floß und wurden nie wieder gesehen. Die Sicherheitsmaßnahmen und der Unterhalt der Anlage erwiesen sich als zu teuer und so wurde die Gefängnisinsel 1963 schließlich den Vögeln überlassen.

Stoffe. Dabei muss man sich nicht zwischen Komfort und gutem Gewissen entscheiden, denn die wohltuend ruhigen Zimmer sind überraschend luxuriös, etwa dank der hochwertigen Daunenkissen, der Decken aus ägyptischer Baumwolle oder der Bio-Badprodukten. Die sonnige Dachterrasse ist der perfekte Ort, um den Tag ausklingen zu lassen. Angebote gibt's bei Direktbuchung, Frühstück und Parken sind inklusive.

The Marina, Fisherman's Wharf & Presidio

★HI San Francisco Fisherman's Wharf HOSTEL $
(Karte S. 340; ☎ 415-771-7277; www.hiusa.org; Fort Mason, Bldg 240; B 40–64 US$, Zi. 116–160 US$; P @ 📶; 🚌 28, 30, 47, 49) Die praktische Innenstadtlage tauscht man hier gegen eine parkähnliche Umgebung mit Traumblick aufs Wasser ein. Das Hostel in einem ehemaligen Armeehospital hat sehr preiswerte Privatzimmer und (nicht ausschließlich nach Geschlechtern getrennte) Schlafsäle mit vier bis 22 Betten – die an der Tür stehenden Etagenbetten 1 und 2 sollte man meiden. Es gibt nur Gemeinschaftsbäder, aber eine riesige Küche sowie ein Café mit Blick auf die Bucht. Begrenzte Anzahl kostenloser Parkplätze.

★Inn at the Presidio HOTEL $$
(Karte S. 338; ☎ 415-800-7356; www.presidiolodging.com; 42 Moraga Ave; Zi. 310–495 US$; P 🚭 @ 📶 🐾; 🚌 43, PresidiGo-Shuttle) 🍃 Das dreistöckige, rote Backsteinhaus wurde 1903 als Junggesellenquartier für Armeeoffiziere in The Presidio errichtet und 2012 zu einer schicken Nationalpark-Lodge mit viel Leder, Leinen und Holz umgebaut. Es verfügt über große, vornehme Zimmer mit Federbetten und Laken aus ägyptischer Baumwolle. In den Suiten gibt's Kamine und rundherum viel Natur mit Wanderwegen. Ein Taxi ins Zentrum kostet 25 bis 30 US$.

★Argonaut Hotel BOUTIQUEHOTEL $$$
(Karte S. 340; ☎ 415-563-0800, 415-345-5519; www.argonauthotel.com; 495 Jefferson St; Zi. ab 389 US$; P 🚭 ❄ 📶 🐾; 🚌 19, 47, 49, 🚋 Powell-Hyde) 🍃 Das beste Hotel in Fisherman's Wharf, 1908 als Konservenfabrik erbaut, hat über 100 Jahre alte Holzbalken und unverputzte Backsteinwände. Die Zimmer sind in einem etwas übertriebenen nautischen Stil eingerichtet, z. B. mit Spiegeln in Bullaugenform und flauschigen, dunkelblauen Teppichen. Zwar verfügen alle Räume über die Annehmlichkeiten eines gehobenen Hotels (ultrabequeme Betten, iPod-Docks), manche sind aber winzig und bekommen wenig Sonnenlicht ab. Parken kostet ab 65 US$.

The Mission & The Castro

★Parker Guest House B&B $$$
(Karte S. 344; ☎ 415-621-3222; www.parkerguesthouse.com; 520 Church St; DZ 249–289 US$, mit

Alcatraz

HALBTAGESTOUR

Mit der Fähre fährt man von Pier 33 2,5 km durch die Bucht, um das ehemals berüchtigtste Gefängnis der USA zu erreichen. Sobald man am ❶ **Ferry Dock & Pier** gelandet ist, beginnt der gut 500 m lange Marsch zur Spitze der Insel und zum Gefängnis. Wer nicht laufen will, wartet auf die Tram, die zweimal stündlich fährt.

Beim Aufstieg zum ❷ **Wachgebäude** zeigt sich, wie steil die Insel ist: Ehe Alcatraz als Gefängnis diente, war es eine Festung. In den 1850er-Jahren trug das Militär die felsige Küste zu nahezu vertikalen Klippen ab. Schiffe konnten danach nur in einem einzigen Hafenbecken anlegen, das von den Hauptgebäuden durch eine Schleuse getrennt war. Drinnen kann man durch den Bodenrost einen Blick auf das ursprüngliche Gefängnis werfen.

Ehrenamtliche Helfer pflegen die ❸ **Officer's Row Gardens** – ein Kontrast zu den überwachsenen Rosenbüschen um die ausgebrannte Hülle des ❹ **Hauses des Direktors**. Auf dem Hügel, beim Eingangstor zum ❺ **Hauptzellenblock**, blitzt immer wieder Schönes auf, z. B. der Blick auf die ❻ **Golden Gate Bridge**. ❼ **Historische Zeichen und Graffiti** sind über dem Haupttor des Verwaltungsgebäudes zu erkennen. Nun geht es hinein in das Gefängnis, wo man u. a. die ehemalige ❽ **Zelle von Frank Morris**, dem berühmtesten Ausbrecher aus Alcatraz, besichtigt.

TOP-TIPPS

➡ Einen Besuch ohne Führung mindestens einen Monat im Voraus buchen, eine geführte Abendtour noch früher! Infos zu Führungen durch die Gartenanlagen gibt's unter www.alcatrazgardens.org.

➡ Auf der Insel muss man viel laufen, zwei bis drei Stunden sollte man für den Besuch daher schon einplanen! Für die Rückfahrt muss man nicht reservieren, man kann jede Fähre nehmen.

➡ Auf der Insel gibt es keine Verpflegung (nur Wasser), man kann aber nahe der Anlegestelle picknicken. Das Wetter ändert sich schnell – entsprechende Kleidung mitnehmen!

ADRIEN_G/SHUTTERSTOCK ©

Historische Zeichen & Graffiti
Die amerikanischen Ureinwohner, die die Insel von 1969 bis 1971 besetzt hielten, versahen den Wasserturm mit dem Graffiti „Home of the Free Indian Land". Über dem Tor zum Zellenblock kann man sehen, wie sie bei dem Wappen mit Adler und Fahne die roten und weißen Streifen veränderten, um damit das Wort „Free" zu schreiben.

DOPTIS/SHUTTERSTOCK ©

Warden's House
Ein Feuer zerstörte das Warden's House und andere Gebäude während der Besetzung durch die indigenen Amerikaner. Die Regierung beschuldigte die indigenen Amerikaner, die wiederum beschuldigten Agents Provocateurs, die im Auftrag der Nixon-Administration die öffentliche Sympathie für sie unterminieren sollten.

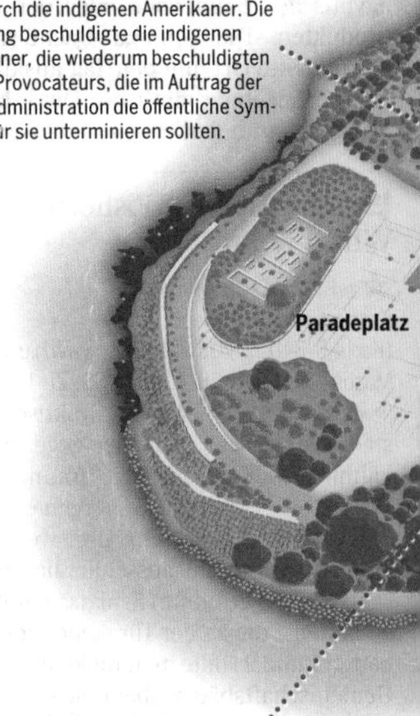

Officers' Row Gardens
Im 19. Jh. brachten Soldaten Muttererde auf die Insel, um s durch die Anlage von Gärten zu verschönern. Zuverlässige Gefängnisinsassen wurden später mit der Pflege betraut – Elliott Michener erzählte, dass ihn diese Arbeit bei Verstan hielt. Heute kümmern sich Historiker, Ornithologen und Archäologen um die Auswahl der Pflanzen.

Hauptzellenblock
In der Mitte des 20. Jhs. beherbergte das Hochsicherheitsgefängnis die berüchtigtsten Verbrecher jener Zeit, darunter Al Capone und Robert Stroud, den „Vogelmann von Alcatraz“ (der aber seine ornithologischen Studien tatsächlich in Leavenworth durchführte).

FRANCKREPORTER/GETTY IMAGES ©

Blick auf die Golden Gate Bridge
Die Golden Gate Bridge erstreckt sich am Horizont. Den besten Blick hat man vom Gipfel der Insel an der Eagle Plaza, nahe dem Eingang zum Zellenblock sowie am Ufer entlang des Agave Trail (nur Sept.–Jan.).

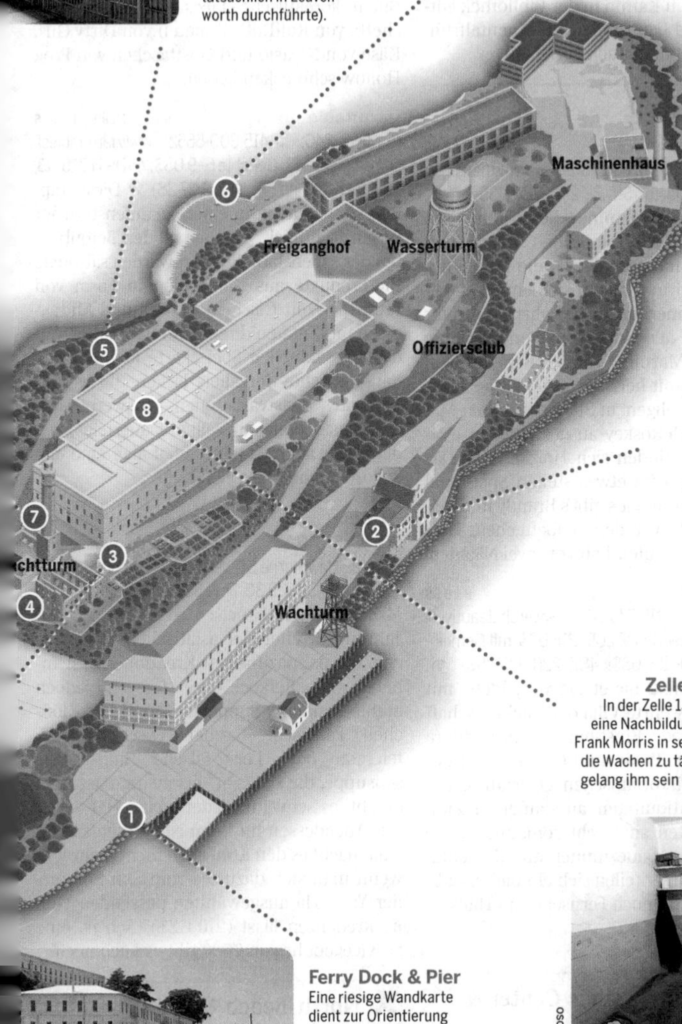

Wachgebäude
Das älteste Gebäude hier stammt von 1857. Man sieht noch Überreste der früheren Zugbrücke und des Grabens. Zur Zeit des Amerikanischen Bürgerkriegs wurde das Untergeschoss ein Militärverlies – der Anfang der Gefängnisinsel.

Zelle von Frank Morris
In der Zelle 138 von Block B sieht man eine Nachbildung der Kopfattrappe, die Frank Morris in seinem Bett hinterließ, um die Wachen zu täuschen. Mit Erfolg: 1962 gelang ihm sein berühmter Ausbruch aus Alcatraz.

Ferry Dock & Pier
Eine riesige Wandkarte dient zur Orientierung auf der Insel. Im Bldg 64 informieren Kurzfilme und Ausstellungen über die Geschichte des Gefängnisses und die Besetzung der Insel durch Ureinwohner.

OSCITY/SHUTTERSTOCK ©

Gemeinschaftsbad 209–249 US$; P @ ; 33, M J) Die stattlichste Schwulenunterkunft in Castro nimmt zwei sonnengelbe edwardianische Herrenhäuser ein, die durch geheime Gärten verbunden sind. Die Gästezimmer haben den modernen Twist: imposante, einladende Betten mit dicken Daunendecken und glänzende Bäder mit Retro-Fliesen. Wundervoll lässt es sich bei einem Wein in der verglasten Veranda oder mit einem Sherry vor dem Kamin in der Bibliothek entspannen. Und beim tollen Kontinentalfrühstück verweilt man auch gerne länger.

The Haight

★ Parsonage B&B $$

(Karte S. 340; 415-863-3699; www.theparsonage.com; 198 Haight St; Zi. 240–280 US$; @ ; 6, 71, M F) Die 23 Zimmer dieses italienisch angehauchten, viktorianischen Herrenhauses von 1883 sind nach den Grand Dames der Stadt benannt und haben sich einige herrliche Originalmerkmale bewahrt, darunter Kronleuchter aus Rotmessing und Kamine aus Carrara-Marmor. Die großen, luftigen Zimmer sind mit herrlich altmodischen Betten und kuscheligen, in SF hergestellten Matratzen von McRoskey ausgestattet. In einigen Zimmern finden sich Holzkamine. Das Frühstück wird im etwas steifen Speisesaal eingenommen, abends gibt's Brandy und heiße Schokolade vor dem Zubettgehen. Hier gilt ein Mindestaufenthalt von zwei Nächten.

Chateau Tivoli B&B $$

(Karte S. 340; 415-776-5462; www.chateautivoli.com; 1057 Steiner St; DZ 205–215 US$, mit Gemeinschaftsbad 160–185 US$, 4BZ 220-325 US$; ; 5, 22) Seit 1892 bietet die vergoldete, mit Türmchen bewehrte Villa der Nachbarschaft Anlass zu Gerede. Einst hausten hier Isadora Duncan, Mark Twain und (so heißt es) der Geist einer viktorianischen Operndiva. Die neun mit Antiquitäten ausstaffierten Zimmer und Suiten sind echt romantisch. Die meisten haben Badezimmer mit Klauenfüßen, zwei Zimmer teilen sich ein Bad. Es gibt weder Fahrstuhl noch Fernseher im Haus.

Essen

Downtown, Civic Center & SoMa

Ferry Plaza Farmers Market MARKT $

(Karte S. 340; 415-291-3276; www.cuesa.org; Ecke Market St & Embarcadero; Street Food 3–12 US$; Di & Do 10–14, Sa ab 8 Uhr; ; 2, 6, 9, 14, 21, 31, M Embarcadero, B Embarcadero) Der Markt im Ferry Building ist Stolz und Freude der hiesigen Gourmets: Hier verkaufen über 100 erstklassige Anbieter kalifornisches Bio-Obst und -Gemüse, Fleisch von Weidetieren und andere leckere Produkte zu fairen Preisen. An Samstagen kann man Spitzenköchen beim Einkaufen zuschauen und sich später bei einem Picknick an der Bucht koreanische Tacos von Namu, Porchetta von RoliRoti, Tomaten von Dirty Girl, Käse von Nicasio und Obsttaschen von Frog Hollow schmecken lassen.

farm:table AMERIKANISCH $

(Karte S. 340; 415-300-5652; www.farmtablesf.com; 754 Post St; Gerichte 6–9 US$; Di–Fr 7.15–13, Sa & So 8–14 Uhr; ; 2, 3, 27, 38) Dieser tapfere kleine Laden in einer Schaufensterfront ist ein Lichtblick zwischen all den Betonbauten der Innenstadt. Serviert werden saisonale Bio-Produkte aus Kalifornien in Form von Frühstück mit frischem Gebäck und Mittagessen mit Zutaten direkt vom Bauernhof. Auf der tagesaktuellen Speisekarte könnten z. B. hausgemachte Cerealien, leckere Tartes und innovative Toastvariationen – Ingwerpfirsich und Mascarpone auf Vollkornsauerteig! –stehen. Der Laden ist winzig, hat aber eine makellose Küche und tollen Kaffee.

★ Benu KALIFORNISCH, FUSION $$$

(Karte S. 340; 415-685-4860; www.benusf.com; 22 Hawthorne St; Verkostungsmenü 310 US$; Di–Do 17.30–20.30, Fr & Sa bis 21 Uhr; 10, 12, 14, 30, 45) San Francisco ist schon seit 150 Jahren Vorreiter der asiatischen Fusionküche, die panpazifischen Kreationen von Inhaber und Chefkoch Corey Lee sind jedoch atemberaubend: Suppe mit Stopfleber-Klößchen, Pazifische Taschenkrebse mit Trüffelcreme oder Lees falsche Haifischflossensuppe, die so „echt" erscheint, dass man glaubt, es schwämme der weiße Hai darin. Ein Abendessen im Benu ist sündhaft teuer – da macht es den Kohl auch nicht mehr fett, wenn man sich dazu die vom Star-Sommelier Yoon Ha ausgewählten passenden Weine kredenzen lässt (210 US$). Ach ja, eine Servicegebühr von 20 % gibt es auch noch.

North Beach & Chinatown

★ Liguria Bakery BÄCKEREI $

(Karte S. 340; 415-421-3786; 1700 Stockton St; Focaccia 4–6 US$; Di–Fr 8–14, Sa 7–14, So 7–12 Uhr; ; 8, 30, 39, 41, 45, Powell-Mason,

Ⓜ T) Kunststudenten mit trübem Blick und italienische Großmütter stellen sich hier Punkt 8 Uhr für eine Zimt-Rosinen-Focaccia an, die noch warm direkt aus dem 100 Jahre alten Ofen kommt. Wer etwas trödelt und erst um 9 Uhr aufläuft, kann noch zwischen Tomate und dem Klassiker mit Rosmarin und Knoblauch wählen. Nachzügler aufgepasst: Wenn es nichts mehr gibt, schließen sie. Man kann die Focaccia im Wachspapier oder eingepackt fürs Picknick mitnehmen, sollte sich jedoch nicht der Illusion hingeben, dass man es tatsächlich schafft, etwas für später aufzuheben. Nur Barzahlung.

★**Golden Boy** PIZZA $
(Karte S. 340; ☎ 415-982-9738; www.goldenboypizza.com; 542 Green St; Stück 3,25–4,25 US$; ⏲ So–Do 11.30–24, Fr & Sa bis 2 Uhr; 🚌 8, 30, 39, 41, 45, 🚋 Powell-Mason) Auf der Karte wird eine klare Ansage gemacht: „If you don't see it don't ask 4 it" – „Siehst du es nicht, frag nicht danach!" Das Golden Boy macht Punks glücklich. Die *pizzaioli* (Pizzabäcker) Sodini zaubern hier seit 1978 in zweiter Generation die perfekten genuesischen Pizzas mit Focaccia-Kruste, die genau richtig zäh, knusprig und heiß aus dem Ofen kommen. Oben drauf kommen Zutaten wie Pesto oder Muscheln und Knoblauch. Man nimmt sich ein rechteckiges Stück und ein Bier vom Fass und genießt alles an der Metalltheke.

★**Mister Jiu's** CHINESISCH, KALIFORNISCH $$
(Karte S. 340; ☎ 415-857-9688; http://misterjius.com; 28 Waverly Pl; Hauptgerichte 14–45 US$; ⏲ Di–Sa 17.30–22.30 Uhr; 🚌 30, 🚋 California, Ⓜ T) In dieser historischen Bankethalle in Chinatown werden schon seit den 1880er-Jahren Erfolge gefeiert – heute ist's allerdings schon ein Erfolg, einen Tisch im Mister Jiu's zu ergattern, ein Grund zu feiern. Man kann sich von Chefkoch Brandon Jew ein denkwürdiges Bankett aus chinesischen Klassikern mit kalifornischem Einschlag zusammenstellen lassen: Wachtel und Klebreis mit Feigen, heiße und säuerliche Taschenkrebssuppe, Wagyu-Rinderlende und gebratener Reis mit Thunfischherz. Und nicht den Nachtisch vergessen: Konditormeisterin Melissa Chous gesalzene Pflaumen-Sesambällchen sind Aromabomben.

★**Good Mong Kok** DIM SUM $
(Karte S. 340; ☎ 415-397-2688; 1039 Stockton St; Kloß 2–5 US$; ⏲ 7–18 Uhr; 🚌 30, 45, 🚋 Powell-Mason, California, Ⓜ T) Fragt man Einwohner von Chinatown, wo sie ihr Dim Sum essen, ist die Antwort entweder bei Oma oder bei Good Mong Kok. Vor der Tür dieser Bäckerei stehen die Leute Schlange für die Klößchen, die aus riesigen Dampfgarern in Mitnehmbehälter gefüllt werden, um diese dann auf dem Portsmouth Sq zu genießen. Die Karte ändert sich minütlich bis stündlich, aber es gibt auf jeden Fall Klassiker wie *siu mai, har gow* mit Shrimps und Grillfleischbrötchen. Chilisauce und Essig bringt man selbst mit.

The Marina, Fisherman's Wharf & Presidio

Fisherman's Wharf

Crab Stands MEERESFRÜCHTE $
(Karte S. 340; Taylor St; Hauptgerichte 5–22 US$; Ⓜ F) Am Ende der Taylor St, dem Epizentrum von Fisherman's Wharf, rühren Männer und Frauen mit hochgekrempelten Ärmeln an Krabbenimbissständen in großen, dampfenden Kesseln mit Kalifornischen Taschenkrebsen. Taschenkrebssaison ist normalerweise von Winter bis Frühling, Shrimps und andere Meeresfrüchte gibt's das ganze Jahr.

★**Kaiyo** FUSION $$
(Karte S. 340; ☎ 415-525-4804; https://kaiyosf.com; 1838 Union St; kleine Teller 12–28 US$, Teller zum Teilen 19–28 US$; ⏲ Di, Mi & So 17–22, Do & Sa bis 23, Sa & So 10.30–15 Uhr; 🚌 41, 45) Cow Hollows verspieltestes und einfallsreichstes neues Restaurant bietet einen köstlich intensiven Einblick in die Küche der japanisch-peruanischen Diaspora. Der Pisco und die Whiskeycocktails sind nach Animefiguren benannt und eine neongrüne moosbedeckte Wand verläuft über die gesamte Länge des Speisesaals im *izakaya*-Stil. Aber das wahre Erlebnis ist das Essen.

Greens VEGETARISCH, KALIFORNISCH $$
(Karte S. 340; ☎ 415-771-6222; www.greensrestaurant.com; 2 Marina Blvd, Bldg A, Fort Mason Center; Hauptgerichte 18–28 US$; ⏲ Mo 17.30–21, Di–Do 11.30–14.30 & 17.30–21, Fr 11.30–14.30 & 17–21, Sa & So 10.30–14.30 & 17–21 Uhr; 🖉 👪; 🚌 22, 28, 30, 43, 47, 49) 🌿 Nicht einmal Profi-Fleischesser würden bemerken, dass in dem herzhaften Chili mit schwarzen Bohnen oder den anderen geschmacksintensiven vegetarischen Gerichten des Greens kein Fleisch enthalten ist. Sie werden mit Zutaten zubereitet, die auf einer Zen-Farm im Marin County angebaut werden. Auch die Aussicht ist eine Wucht: Die Golden Gate Bridge erhebt sich unmittelbar vor den vielen Fenstern des Speiseraums. Das zugehörige Café

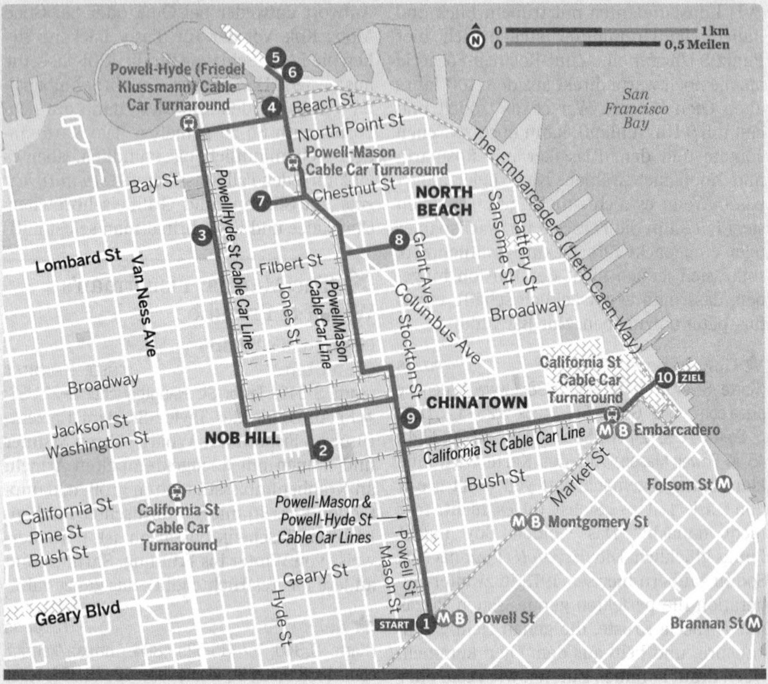

Spazierfahrt
San Francisco mit dem Cable Car

START POWELL ST CABLE CAR TURNAROUND
ZIEL FERRY BUILDING
LÄNGE 3,2 KM; 2 STD.

Die Fahrt mit einer Cable Car ist *die* Vergnügungstour. Am ❶ **Powell St Cable Car Turnaround** (S. 337) kann man zuschauen, wie die Fahrer die Wagen auf einer Holzplattform wenden, bevor man an dem altmodischen Kiosk eine Muni-Tageskarte (23 US$) kauft. An Bord der roten Powell-Hyde Cable Car beginnt die Fahrt auf den Nob Hill.

Die Stadtplaner im 19. Jh. waren skeptisch gegenüber den „Drahtseil-Bahnen" des Erfinders Andrew Hallidie – längst sind sie bereits im 21. Jh. angekommen und nur selten gab es Störungen. Hallidies Cable Cars überstanden sogar das Erdbeben und das Feuer von 1906, die Häuser des „Snob Hill" zerstörten, und brachten die Gläubigen zur wiederaufgebauten ❷ **Grace Cathedral** (S. 343).

Wieder in der Bahn genießt man den Ausblick auf die Bucht und fährt, vorbei an der kurvenreichen und blumengesäumten ❸ **Lombard Street** (S. 339), zum ❹ **Fisherman's Wharf**. Der Endbahnhof ist nach Friedel Klussmann benannt, die 1947 die Cable Cars vor Modernisierungsplänen bewahrte.

Am Kai kann man auf dem U-Boot ❺ **USS Pampanito** die Erleichterung nachempfinden, die die Matrosen im Zweiten Weltkrieg beim Anblick von San Francisco verspürt haben müssen. Bei den traditionellen Arkade-Spielen im ❻ **Musée Mécanique** (S. 1112) ist man hautnah bei Schlägereien in Westernsaloons dabei, bevor es mit der Powell-Mason Cable Car nach North Beach geht.

Am ❼ **San Francisco Art Institute** (S. 342) wartet Diego Riveras Stadtlandschaft von 1934, Hungrige zieht es zur ❽ **Liguria Bakery** (S. 352). Dann folgt ein Bummel durch North Beach und Chinatown. Oder man fährt mit der Powell-Mason-Linie auf einer Zeitreise durch die ❾ **Chinese Historical Society of America**. Unweit von hier wartet die älteste Cable-Car-Linie der Stadt, die California St Cable Car. Endstation ist in der Nähe des ❿ **Ferry Building** (S. 337), wo Happy Hours mit Champagner und Austern warten.

hat Mittagsgerichte zum Mitnehmen. Wer sein Essen oder auch den Brunch am Samstag und Sonntag jedoch hier genießen möchte, der sollte unbedingt reservieren.

★**Atelier Crenn** FRANZÖSISCH $$$

(Karte S. 338; ☎415-440-0460; www.ateliercrenn.com; 3127 Fillmore St; Verkostungsmenü 335 US$; ⏲Di–Sa 17–21 Uhr; 🚌22, 28, 30, 43) Die Karte ist als Gedicht verfasst, die typischen Kugeln aus weißer Schokolade sind mit einem Schuss Apfelwein gefüllt. Das mag ein ungewöhnlicher Anfang für ein Essen sein, aber dann geht's erst richtig los: Zum Reiskuchen mit Elefantenrüsselmuscheln in einer Glasglocke, die mit Flüssigstickstoff gefrostet wird, und etwa einem Dutzend mehr Gerichten ließ sich Chefkoch Dominique Crenn von seiner Kindheit in der Bretagne inspirieren.

The Mission & The Castro

★**La Palma Mexicatessen** MEXIKANISCH $

(Karte S. 344; ☎415-647-1500; www.lapalmasf.com; 2884 24th St; Tamales, Tacos & Huaraches 3–10 US$; ⏲Mo–Sa 8–18, So bis 17 Uhr; 🚌12, 14, 27, 48, Ⓑ24th St Mission) Einfach dem Applaus folgen: So hört sich im La Palma die Herstellung von Bio-Tortillas an. Im Mission District ist das La Palma die Mutter aller handgemachten Tamales und *pupusas* (Tortillataschen) mit Kartoffeln und *chicharones* (Schweinefleischkruste). Ebenfalls nicht von schlechten Eltern ist das *carnitas* (langsam gegartes Schweinefleisch), der *cotija* (Oaxaca-Käse) und die würzige Tomatillo-Sauce. Man nimmt sich was mit oder setzt sich mit einer kleinen Armee von Freunden, die einem beim Aufessen helfen, an die sonnigen Tische an der Straße.

★**Al's Place** KALIFORNISCH $$

(Karte S. 344; ☎415-416-6136; www.alsplacesf.com; 1499 Valencia St; Teller zum Teilen 15–21 US$; ⏲Mi–So 17.30–22 Uhr; 🚌12, 14, 49, ⓂJ, Ⓑ24th St Mission) Die Gerichte im Al's präsentieren angestammte heimische Zutaten, feine pazifische Meeresfrüchte und Fleisch von Weidetieren. Die sonnenverwöhnten Aromen und exquisiten Texturen kommen durch die sorgfältige Zubereitung richtig zur Geltung, beispielsweise beim knusprigen Kabeljau mit schaumigem Limettendip oder den gegrillten Pfirsichen mit samtiger Stopfleber. Die Gerichte hier sind nur halb so groß wie anderswo, aber dreimal so aromatisch – man bestellt also zwei oder drei und erlebt Kalifornien von seiner traumhaften Seite.

Frances KALIFORNISCH $$$

(Karte S. 344; ☎415-621-3870; www.frances-sf.com; 3870 17th St; Hauptgerichte 26–34 US$; ⏲So & Di–Do 17–22, Fr & Sa bis 22.30 Uhr; 🚌24, 33, ⓂF, K, L, M) Die rebellische Köchin und Besitzerin Melissa Perello hat für ihr gehobenes Essen einen Michelin-Stern erhalten, verließ dann aber Downtown, um dieses Nachbarschaftsbistro zu eröffnen, dessen Gerichte sich am Marktangebot orientieren. Auf der täglich wechselnden Speisekarte gehen rustikale Aromen und luxuriöse Texturen mit makelloser Umsetzung einher: Aus der Küche kommen z. B. selbst gemachte Schafsmilch-Ricotta-Pasta mit Butternut-Kürbis und knusprigen Kürbiskernen oder saftige Schweinekoteletts mit Blutorange und erdigen japanischen Süßkartoffeln. Dazu gibt's Kultweine direkt aus dem Wine Country, der glasweise serviert wird.

The Haight

★**Brenda's Meat & Three** SÜDSTAATEN $$

(Karte S. 338; ☎415-926-8657; http://brendasmeatandthree.com; 919 Divisadero St; Hauptgerichte 9–20 US$; ⏲Mi–Mo 8–22 Uhr; 🚌5, 21, 24, 38) Der Name sagt es schon: Hier gibt es einen fleischigen Hauptgang und drei Beilagen – obwohl nur Superhelden das Schinkensteak mit kreolischer Red-Eye-Bratensauce und Maisgrütze verdrücken können, ganz zu schweigen von den Keksen mit Sahnefüllung und den Eiern. Die Portionen, die Küchenchefin Brenda Buenviaje serviert, haben die typische Südstaatengröße. Das erklärt auch die langen Brunch-Schlangen mit Marathonläufern und Partylöwen, die am Vorabend vergessen haben zu essen. Früh kommen, Süßkartoffel-Pfannkuchen bestellen (und teilen) und hoffen, dass es Flusskrebs-Specials gibt.

Rich Table KALIFORNISCH $$

(Karte S. 340; ☎415-355-9085; http://richtablesf.com; 199 Gough St; Hauptgerichte 17–37 US$; ⏲So–Do 17.30–22, Fr & Sa bis 22.30 Uhr; 🚌5, 6, 7, 21, 47, 49, ⓂVan Ness) Hier werden die abgefahrensten Gelüste befriedigt. Überwältigende Gerichte wie Steinpilz-Donuts, Sardinenchips und Funnel Cakes mit *burrata* (Mozzarella-Frischkäse) sprengen jeden Abend die Instagram-Accounts. Sarah und Evan Rich sind nicht nur ein Ehepaar, sondern auch die Köche und Besitzer des Rich

Table. Mit ihren saisonalen kalifornischen Gerichten kitzeln sie die Seele von SFJAZZ-Stars und den Scharfsinn der Silicon-Valley-Gemeinde.

Golden Gate Park & Umgebung

★ Arsicault Bakery BÄCKEREI $
(Karte S. 346; ☎415-750-9460; 397 Arguello Blvd; Gebäck 3–7 US$; ⏰Mo–Fr 7–14.30, Sa & So bis 15.30 Uhr; 🚌1, 2, 33, 38, 44) Armando Lacayo gab seinen Job im Finanzwesen auf, weil er – wie seine Pariser Großeltern vor ihm – besessen davon ist, Croissants zu backen. Nachdem er seine Technik perfektioniert hatte, eröffnete Lacayo 2015 eine bescheidene Bäckerei in Inner Richmond. Binnen eines Jahres erklärte die Zeitschrift *Bon Appétit* seinen Laden zur besten neuen Bäckerei in Amerika – und die goldenen, fluffigen und buttrigen Croissants sind regelmäßig ausverkauft.

★ Spruce KALIFORNISCH $$$
(Karte S. 346; ☎415-931-5100; www.sprucesf.com; 3640 Sacramento St; Hauptgerichte 19–44 US$; ⏰Mo–Do 11.30–14 & 17–22, Fr 11.30–14 & 17–23, Sa 10–14 & 17–23, So 10–14 & 17–21 Uhr; 🚌1, 2, 33, 43) 🌿 VIP ohne Ende: Bakkarat-Kristallleuchter, hellbraune Lederstühle, wechselnde Kunstausstellungen und 2500 Weine. Ladys, die mittags bei höflicher Konversation speisen, genießen Burger mit Fleisch von Weidetieren auf hausgebackenen englischen Muffins voller Essigzwiebeln und alten Tomatensorten, die auf der restauranteigenen Biofarm wachsen. Pommes frites dazu? Oh ja, bitte: Hier wird alles in Entenfett zubereitet.

Ausgehen & Nachtleben

San Francisco setzte den goldenen Standard für Wild-West-Saloons, bis die Prohibition die Zecher in den 1920er-Jahren in den Untergrund trieb. Heute feiert die Stadt ihre historischen Saloons und Flüsterkneipen – und da das Wine Country und die lokalen Destillerien für stetigen Nachschub an Amerikas bestem Stoff sorgen, geht es im Westen nachts immer noch recht wild zu.

★ Bourbon & Branch BAR
(Karte S. 340; ☎415-346-1735; www.bourbonandbranch.com; 501 Jones St; ⏰18–2 Uhr; 🚌27, 38) In der Hausordnung dieser Flüsterkneipe aus der Zeit der Prohibition steht: Denken Sie nicht einmal daran, einen Cosmopolitan zu bestellen. Zu erkennen ist das Bourbon & Branch am wunderbar irreführenden Schild der Anti-Saloon League. Wer in der zweckentfremdeten Bibliothek einen der preisgekrönten Cocktails trinken möchte, flüstert das Passwort „books" am O'Farrell-Eingang. Eine Reservierung ist erforderlich, wenn man in einer der Nischen im vorderen Raum oder in der Wilson & Wilson Detective Agency sitzen möchte, einer Film-noir-Flüsterkneipe in der Flüsterkneipe (das Passwort hierzu bekommt man bei der Reservierung mitgeteilt).

★ Comstock Saloon BAR
(Karte S. 340; ☎415-617-0071; www.comstocksaloon.com; 155 Columbus Ave; ⏰Mo 16–24, Di–Do bis 2, Fr 12–2, Sa 11.30–2, So 11.30–16 Uhr; 🚌8, 10, 12, 30, 45, 🚋Powell-Mason, Ⓜ T) In der Glanzzeit dieses Saloons von 1907 erleichterten sich die Herren in die Marmorrinne unterhalb der Bar – das ist heute nicht mehr ratsam. Lieber genießt man dort Comstocks authentischen Pisco Punch und den Martini-Vorläufer Martinez (Gin, Wermut, Bitter und Maraschino-Likör). Zur Happy Hour (16–18 Uhr) prostet man der Statue von Kaiser Norton zu und bleibt für das Familienessen (alles, was das Küchenpersonal isst). Um den Auftritten der Ragtime-Jazzbands zu lauschen, sollte man eine Sitzecke reservieren.

★ Li Po BAR
(Karte S. 340; ☎415-982-0072; www.lipolounge.com; 916 Grant Ave; ⏰14–2 Uhr; 🚌8, 30, 45, 🚋Powell-Mason, Powell-Hyde, Ⓜ T) Hier kann man wunderbar in einer der Sitznischen aus rotem Vinyl entspannen, in denen schon Allen Ginsberg und Jack Kerouac unter einem goldenen Buddha über den Sinn des Lebens debattierten. Wenn man durch die nachgemachte Höhlentür von 1937 schreitet und den roten Laternen ausweicht, kann man sich ein Tsingtao-Bier oder einen süßen, aber hinterhältig starken Mai Tai bestellen, der mit *baijiu* (Reislikör) gemixt wird. Schroffe Barkeeper, Toiletten im Keller, nur Barzahlung – dies ist eine Bilderbuch-Spelunke.

Stookey's Club Moderne LOUNGE
(Karte S. 340; www.stookeysclubmoderne.com; 895 Bush St; ⏰Mo–Sa 16.30–2, So bis 24 Uhr; 🚌1, 🚋Powell-Hyde, Powell-Mason, California) In dieser Art-déco-Bar direkt aus einem Dashiell-Hammett-Thriller locken gefährliche Damen ahnungslose Seeleute mit starkem Fusel in nächtliche Abenteuer. Eine chromverkleidete Einrichtung der Streamline Moderne aus den 1930er-Jahren bestimmt das Ambiente, während flachsende Barkeeper in

LGBTIQ+-SZENE IN SAN FRANCISCO

Egal, woher man kommt, wen man liebt oder wer der Vater ist: Hier ist jeder willkommen und fühlt sich schnell zu Hause. In Castro schlägt das Herz der schwulen Szene, aber auch South of Market (SoMa) ist gut bestückt mit brodelnden Tanzclubs und Lederbars. Tenderloin bietet Transgender-Clubs und Queer-Kabarett, während es in The Mission vor allem Frauenbars, Kunstveranstaltungen und Community Spaces gibt.

Der wichtigste Monat im Veranstaltungskalender ist zweifellos der des **SF Pride** (⌚ Juni). Dann strömen mehr als 1,5 Mio. Besucher zu Paraden und Partys. Das erste Museum zur Geschichte der Homosexualität in den USA ist das **GLBT History Museum** (Karte S. 344; ☎ 415-621-1107; www.glbthistory.org/museum; 4127 18th St; 5 US$, 1. Mi im Monat frei; ⌚ Mo–Sa 11–18, So 12–17 Uhr, Herbst–Frühling Di geschl.; Ⓜ Castro St), das ein Jahrhundert von San Franciscos LGBTIQ+-Gemeinde umspannt, oder man lernt bei einem Bummel durch Castro auf den Spuren des **Rainbow Honor Walk** (Karte S. 344; http://rainbowhonorwalk.org; Castro St & Market St; Ⓜ Castro St) LGBT-Ikonen kennen.

Im jeden Mittwoch erscheinenden *Bay Area Reporter* (www.ebar.com) finden sich jede Menge News aus der Community und Veranstaltungstipps; auch eine Ausgabe der *San Francisco Bay Times* (http://sfbaytimes.com) ist da hilfreich. Das kostenlose *Gloss Magazine* (www.glossmagazine.net) gibt Auskünfte zum Nachtleben und zu Partys. Oder man steuert folgende Adressen an:

Aunt Charlie's Lounge (Karte S. 340; ☎ 415-441-2922; www.auntcharlieslounge.com; 133 Turk St; frei–5 US$; ⌚ Mo & Mi 12–24, Di & Do bis 2, Fr bis 00.30, Sa 10–0.30, So 10–24 Uhr; 🚌 27, 31, Ⓜ Powell, Ⓑ Powell) Absolut top für Gender übergreifende Shows und verrückten Tanz in einem winzigen Laden.

El Rio (Karte S. 344; ☎ 415-282-3325; www.elriosf.com; 3158 Mission St; frei–10 US$; ⌚ Mo–Sa 13–2, So bis 24 Uhr; 🚌 12, 14, 27, 49, Ⓑ 24th St Mission) Weltmusik, Salsa, House, Livebands und die sexyste Terrasse der Stadt.

Stud (Karte S. 340; ☎ 415-863-6623; www.studsf.com; 399 9th St; 5–8 US$; ⌚ Di–Do 17–2, Fr bis 4, Sa 19–4, So 19–2 Uhr; 🚌 12, 19, 27, 47) Jeden Abend Shows und DJs, dazu das verführerische Aroma von Bourbon, Eau de Cologne und Testosteron.

Oasis (Karte S. 340; ☎ 415-795-3180; www.sfoasis.com; 298 11th St; Karten 15–35 US$; 🚌 9, 12, 14, 47, Ⓜ Van Ness) San Franciscos hingebungsvolles Drag-Lokal der stadtbekannten Ikonen Heklinka und D'Arcy Drollinger.

Jolene's (Karte S. 344; ☎ 415-913-7948; http://jolenessf.com; 2700 16th St; ⌚ Do–Fr 16–2, Sa & So ab 11 Uhr; 🚌 12, 22, 55, Ⓑ 16th Mission St) Frauen auf der Tanzfläche, an der Bar, überall auf der Tapete, man ist gleich zu Hause.

Wild Side West (Karte S. 338; ☎ 415-647-3099; www.wildsidewest.com; 424 Cortland Ave; ⌚ 14–2 Uhr; 🚌 24) In dem Frauengeschichte machenden Skulpturengarten dreht sich alles um Queer und Bier.

weißen Jacketts die heftigsten Cocktails der Stadt mixen – die wecken Tote auf. Man sollte rechtzeitig kommen, um auf der Hutablage einen Platz für seinen Filzhut zu ergattern, vor allem bei Live-Jazzabenden.

Trick Dog BAR

(Karte S. 344; ☎ 415-471-2999; www.trickdogbar.com; 3010 20th St; ⌚ 15–2 Uhr; 🚌 12, 14, 49) Die Bar lässt sich von lokalen Phänomenen wie San Franciscos Wandbildern, chinesischen Imbissen und Verschwörungstheorien zu raffinierten Cocktails inspirieren. Alle sechs Monate wechselt das Motto und damit auch die gesamte Karte. Die abenteuerlichen Kreationen beweisen, dass man einem alten Hund neue Tricks beibringen und sich selbst Klassiker wie der Manhattan durchaus gekonnt steigern lassen. Um sich einen Barhocker zu sichern, muss man recht früh dran sein. Oder man setzt sich in das stimmungsvoll beleuchtete Loft und gönnt sich einen hochwertigen Kneipenhappen.

20 Spot WEINBAR

(Karte S. 344; ☎ 415-624-3140; www.20spot.com; 3565 20th St; ⌚ Mo–Do 17–23, Fr & Sa bis 00.30 Uhr; 🚌 14, 22, 33, Ⓑ 16th St Mission) In dieser Nachbarschafts-Weinlounge in einem viktorianischen Gebäude von 1885 entdeckt

SAN FRANCISCO MIT KINDERN

In San Francisco gibt's zwar pro Kopf die wenigsten Kinder aller US-Städte, doch viele Einwohner verdienen sich ihr Geld mit Kinderbelustigung, von Pixar-Animatoren bis zu Videospiel-Designern. Auch sonst strotzt die Stadt vor Attraktionen für den kleinen und großen Nachwuchs.

Da gibt es z. B. das preisgekrönte Exploratorium (S. 337) mit interaktiven Exponaten, u. a. zur Wissenschaft des Skateboardens und zu in der Dunkelheit leuchtenden Tieren. Im **Musée Mécanique** (Karte S. 340; ☎ 415-346-2000; www.museemecanique.com; Pier 45, Shed A; ⌚10–20 Uhr; 👪; 🚌47, 🚋Powell-Mason, Powell-Hyde, Ⓜ E, F) können die Kids die Welt vor Space Invaders retten. Anschließend können sie mutig die Seelöwen am Pier 39 (S. 343) anbellen und auf dem alten **San Francisco Carousel** (Karte S. 340; www.pier39.com; Pier 39; 1 Fahrt 5 US$, 3 Fahrten 10 US$; ⌚So–Do 10–21, Fr & Sa bis 22 Uhr; 👪; 🚌47, 🚋Powell-Mason, Ⓜ E, F) ein Einhorn besteigen.

In der Regenwaldkuppel jagt der Nachwuchs Schmetterlinge, im Streichelzoo berührt er Seesterne und im Eel Forest der California Academy of Sciences (S. 347) darf er herumkreischen. Im **Aquarium of the Bay** (Karte S. 340; ☎ 415-623-5300; www.aquariumofthebay.org; Pier 39; Erw./Kind/Familie 28/18/75 US$; ⌚Ende Mai–Anf. Sept. 10–20 Uhr, Rest des Jahres kürzere Öffnungszeiten; 👪; 🚌47, 🚋Powell-Mason, Ⓜ E, F) muss man sich durch den Haitunnel trauen. Im **Children's Creativity Museum** (Karte S. 340; ☎ 415-820-3320; http://creativity.org/; 221 4th St; 12,95 US$; ⌚Sommer Di–So 10–16 Uhr, Rest des Jahres Mi–So; 👪; 🚌14, Ⓜ Powell, Ⓑ Powell) dürfen zukünftige Technikbarone ihre eigenen Videospiele und Animationen kreieren. Dampf ablassen können sie schließlich auf den Spielplätzen im **Golden Gate Park** (Koret Children's Quarter; Karte S. 346; ☎ 415-831-2700; www.golden-gate-park.com/childrens-playground.html; Karussell pro Fahrt Erw./Kind 2/1 US$; ⌚Sonnenaufgang–Sonnenuntergang, Karussell 10–16.15 Uhr; 👪; 🚌7, 33, Ⓜ N), im **Dolores Park** (Karte S. 344; http://sfrecpark.org/destination/mission-dolores-park; Dolores St, zw. 18th & 20th Sts; ⌚6–22 Uhr; 👪🐾; 🚌14, 33, 49, Ⓑ 16th St Mission, Ⓜ J) oder in den **Yerba Buena Gardens** (Karte S. 340; ☎ 415-820-3550; www.yerbabuenagardens.com; Ecke 3rd & Mission Sts; ⌚6–22 Uhr; 👪; Ⓜ Montgomery, Ⓑ Montgomery).

man sein Herz für Kalifornien. Nachdem der Eckbau jahrzehntelang den Punk-Plattenladen Force of Habit beherbergte – davon zeugt noch das alte Schild –, darf er sich jetzt auch mal zurücklehnen und in Ruhe ein Glas Schaumwein aus dem Hause Donkey and Goat aus Berkeley genießen.

☆ Unterhaltung

Bei Gold Star Events (www.goldstarevents.com) gibt's Rabatte für Comedy-, Opern- und Theateraufführungen und Konzerte; am Union Square verkauft außerdem **TIX Bay Area** (Karte S. 340; ☎ 415-433-7827; http://tixbayarea.org; 350 Powell St; 🚋Powell-Mason, Powell-Hyde, Ⓑ Powell, Ⓜ Powell) vergünstigte Tickets für Shows, die am selben oder am nächsten Tag stattfinden.

★ San Francisco Symphony KLASSISCHE MUSIK
(Karte S. 340; ☎ Konzertkasse 415-864-6000, Hotline für Last-Minute-Tickets 415-503-5577; www.sfsymphony.org; Grove St, zw. Franklin St & Van Ness Ave; Tickets 20–150 US$; 🚌21, 45, 47, Ⓜ Van Ness, Ⓑ Civic Center) Von dem Augenblick an, wenn Chefdirigent Tilson Thomas auf die Zehenspitzen geht und den Taktstock hebt, spitzt das Publikum gespannt die Ohren, um das glanzvolle, mit einem Grammy ausgezeichnete Orchester zu erleben. Dieses ist berühmt für seine Beethoven- und Mahler-Interpretationen, es gibt aber auch Konzerte kombiniert mit Filmen wie *Star Trek* und kreative Zusammenarbeiten mit Künstlern von Elvis Costello bis Metallica.

★ SFJAZZ Center JAZZ
(Karte S. 340; ☎ 866-920-5299; www.sfjazz.org; 201 Franklin St; Tickets 25–120 US$; 👪; 🚌5, 6, 7, 21, 47, 49, Ⓜ Van Ness) 🍃 Jazzlegenden und Ausnahmetalente aus aller Welt werden in Nordamerikas neuestem und größtem Jazz-Zentrum vorgestellt. Unten im Joe Henderson Lab hört man frische Variationen klassischer Jazzalben und Poeten, die mit Jazzcombos auftreten. Auf der Hauptbühne kann man Zeuge außergewöhnlicher Joint Ventures werden – von afrokubanischen All-Star-Ensembles über die lautstarken Frauen-Mariachis Flor de Toluache bis zum

Balkan-Wandersänger Goran Bregović und seinem Wedding and Funeral Orchestra.

★Fillmore Auditorium LIVEMUSIK
(Karte S. 340; ☎415-346-6000; http://thefillmore.com; 1805 Geary Blvd; Karten ab 20 US$; ⏲Tageskasse So 10–15 Uhr, an Showabenden zusätzlich 30 Min. vor Einlass bis 22 Uhr; 🚌22, 38) Jimi Hendrix, Janis Joplin, Grateful Dead – sie alle sind schon im Fillmore aufgetreten. Zum Beweis ist die Bar oben mit alten psychedelischen Postern geschmückt. Auch heute spielen in dem historischen Theater mit einer Kapazität von 1250 Zuschauern Bands, die sonst Stadien füllen, bei größeren Shows werden immer noch Gratisposter verteilt. Wer höflich ist und sich den Hippen anschließt, schafft es vielleicht bis direkt vor die Bühne.

★Castro Theatre KINO
(Karte S. 344; ☎415-621-6120; www.castrotheatre.com; 429 Castro St; Erw./Kind, Senior & Matinee 13/10 US$; Ⓜ Castro St) Jeden Abend johlt das Publikum im Castro, wenn die gewaltige Orgel ertönt – und das ist kein Euphemismus. In diesem Art-déco-Filmpalast von 1922 wird die Showtime durch die Melodien einer Wurlitzer-Orgel verkündet. Am Schluss singen alle gemeinsam die Judy-Garland-Hymne *San Francisco*. Der spanisch-maurisch-asiatische Stil des Architekten Timothy Pflueger inspirierte die Sets vom *Zauberer von Oz*. Nichtsdestotrotz ist die Furcht vor einem Erdbeben bei vielen Einheimischen so groß, dass sie es vermeiden, unter seinem spitzen Metallkronleuchter zu sitzen.

★Giants Stadium BASEBALL
(AT&T Park; Karte S. 340; ☎415-972-2000, Führungen 415-972-2400; http://sanfrancisco.giants.mlb.com; 24 Willie Mays Plaza; Karten 14–349 US$, Stadionführungen Erw./Senior/Kind 22/17/12 US$; ⏲Führungen unterschiedl. Zeiten; 👪; Ⓜ N, T) Von April bis Oktober toben die Baseballfans hier während der 81 Heimspiele der Giants. Wie jeder eingefleischte Fan erzählen wird, haben die Giants seit 2010 dreimal die World Series gewonnen – und es wird klar, dass die Giants einfach eine weitere Erfolgsserie haben *müssen*, wenn abergläubische Einheimische die Teamfarben Orange und Schwarz sowie – sofern männlich – buschige Bärte tragen (der Kampfruf der Giants lautet nämlich „Fear the Beard" – Fürchtet den Bart!).

★Great American Music Hall LIVE MUSIC
(Karte S. 340; ☎415-885-0750; www.gamh.com; 859 O'Farrell St; Shows 20–45 US$; ⏲Konzertkasse Mo–Fr 12–18 Uhr, Veranstaltungstage 17–Ende; 👪; 🚌19, 38, 47, 49) In der opulenten Spielstätte für alle Altersgruppen, einem einstigen Bordell von 1907, gibt jeder sein Bestes: Acts wie The Band Perry legen sich ins Zeug, internationale Legenden wie Salif Keita zieren die Bühne und John Waters veranstaltet Weihnachtsspektakel. Ein Abendessen mit guten Plätzen auf dem Rang, von denen aus man die Show bequem sehen kann, kostet 25 US$. Man kann aber auch im Gedränge des Innenraums abrocken.

San Francisco Ballet TANZ
(Karte S. 340; ☎Karten 415-865-2000; www.sfballet.org; 301 Van Ness Ave, War Memorial Opera House; Karten 22–150 US$; ⏲Ticketverkauf per Telefon Mo–Fr 10–16 Uhr; 🚌5, 21, 47, 49, Ⓜ Van Ness, Ⓑ Civic Center) Das älteste Ballettensemble der USA führt jedes Jahr über 100 Bühnenshows auf, vom *Nussknacker* (die US-Premiere fand hier statt) bis zur Uraufführungen moderner Stücke. Die Aufführungen finden meistens von Januar bis Mai im War Memorial Opera House statt. An der Kasse gibt's am Aufführungstag Stehplatzkarten für 15 bis 20 US$ (ab 4 Std. vor Beginn).

Shoppen

★Park Life GESCHENKE & SOUVENIRS
(Karte S. 346; ☎415-386-7275; www.parklifestore.com; 220 Clement St; ⏲Mo–Sa 10–19, So bis 18 Uhr; 🚌1, 2, 33, 38, 44) Das Park Life ist gewissermaßen das Schweizer Taschenmesser unter den hippen Warenhäusern der Stadt. Es ist Designerladen, Indie-Verlag und Kunstgalerie in einem. Hier findet man Geschenke, die man lieber selber behalten würde, etwa Spielzeugsoldaten in Yogaposen, Park-Life-Kataloge mit Shaun O'Dells Darstellungen der natürlichen Unordnung der Dinge, düstere Fotos von Todd Hido, die zotteligen Katzen auf zotteligen Teppichen zeigen, oder eine Picasso-Bong.

★Community Thrift KLEIDUNG
(Karte S. 344; ☎415-861-4910; www.communitythriftsf.org; 623 Valencia St; ⏲10–18.30 Uhr; 🚌14, 22, 33, 49, Ⓑ 16th St Mission) 🍃 Wenn Sammler und Einzelhändler in Mission gute Sachen übrig haben, spenden sie sie gern diesem gemeinnützigen Trödelladen, dessen Erlöse an über 200 hiesige Wohltätigkeitsinitiativen fließen. Umso größer ist die Freude über Schnäppchen wie eine Teetasse mit Marterpfahl für 5 US$, eine Vintage-Windjacke für 10 US$ oder einen Disko-Glitteroverall für 14 US$. Seine eigene Ausschussware kann

DIE BESTEN EINKAUFSVIERTEL IN SAN FRANCISCO

Für all die toll eingerichteten Wohnungen, gut bestückten Gewürzregale und fabelhaften Klamotten klappern die Bewohner von San Francisco die ganze Stadt ab. Was man wo findet:

Polk Street Vintagelooks, einheimische Kunst, Independent-Designer und clevere Geschenke

Valencia Street Andenken made in San Francisco, Westküstenstil und -düfte, Piratenausstattung

Haight Street Vintage, Drag-Glamour, Steampunk-Klamotten und jede Menge Hüte, außerdem anarchistische Comics, Schallplatten und Skateboards für die komplette SF-Ausrüstung

Hayes Valley Hiesige Designer, Feinschmeckerläden, Wohnaccessoires

Union Square Kaufhäuser und großen Ketten wie Neiman Marcus, Macy's, Saks und Apple

man täglich bis 17 Uhr spenden und so der Gemeinde was Gutes tun.

Adobe Books & Backroom Gallery BÜCHEREI

(Karte S. 344; ☎ 415-864-3936; www.adobebooks.com; 3130 24th St; ⌚ Mo–Fr 12–20, Sa & So ab 11 Uhr; 🚌 12, 14, 48, 49, Ⓑ 24th St Mission) Inspiration, wo man nur hinsieht: eben erst veröffentlichte Fiction, Kunstbücher in streng limitierter Auflage, superseltene Kochbücher, zerlesene Gedichtbände sowie Launch-Partys für Magazine, Comedyabende und Vernissagen. Am besten mischt man sich einfach unter die Mission-Bewohner, die über die besten Pulp-Fiction-Cover aller Zeiten und die Geschichte von San Francisco diskutieren (der Gründer Andrew ist ein Genie). Auch der Weg in den hinteren Teil des Ladens lohnt sich: In der Backroom Gallery lernt man Künstler kennen, bevor sie auf der Whitney Biennal in New York landen.

Gravel & Gold HAUSHALTSWAREN

(Karte S. 344; ☎ 415-552-0112; www.gravelandgold.com; 3266 21st St; ⌚ Mo–Sa 12–19, So bis 17 Uhr; 🚌 12, 14, 49, Ⓑ 24th St Mission) Im Gravel & Gold geht's zurück in die Vergangenheit der Landkommunen Kaliforniens, ohne die Straßen von Mission zu verlassen. Der Laden feiert Kaliforniens Hippie-Aussteigerbewegung mit handbedruckten Kittelkleidern, den klassischen Boob-print Totes (Tüten mit vielen aufgedruckten Brüsten) und psychedelisch gestreiften Sofakissen. Hier gibt's außerdem kalifornische Haushaltswaren wie handgetöpferte Steingutbecher, Öko-Siebdruckposter und seltene Bücher über die Strandhüttenarchitektur der 1970er-Jahre.

ℹ Praktische Informationen

GEFAHREN & ÄRGERNISSE

Wie in jeder großen Stadt muss man auch hier wachsam sein, vor allem nachts in Tenderloin, South of Market (SoMa), Upper Haight und im Mission District. Wer sich in den Gegenden nachts alleine bewegt, sollte Ride-Sharings oder ein Taxi in Betracht ziehen, statt auf einen Bus zu warten.

MEDIZINISCHE VERSORGUNG

San Francisco City Clinic (☎ 415-487-5500; www.sfcityclinic.org; 356 7th St; ⌚ Mo, Mi & Fr 8–16, Di 13–18, Do 13–16 Uhr) Kostengünstige Behandlung.

San Francisco General Hospital (Zuckerberg San Franciso General Hospital and Trauma Center; ☎ Notfall 415-206-8111, Hauptkrankenhaus 415-206-8000; https://zuckerbergsanfranciscogeneral.org; 1001 Potrero Ave; ⌚ 24 Std.; 🚌 9, 10, 33, 48) Hier finden Travller die beste Notaufnahme bei schweren Verletzungen.

University of California San Francisco Medical Center (☎ 415-476-1000; www.ucsfhealth.org; 505 Parnassus Ave; ⌚ 24 Std.; 🚌 6, 7, 43, Ⓜ N) Notfallambulanz am führenden Universitätskrankenhaus.

TOURISTENINFORMATION

SF Visitor Information Center (www.sanfrancisco.travel/visitor-information-center) Muni-Fahrkarten, Angebote für Aktivitäten und Veranstaltungskalender.

ℹ An- & Weiterreise

BUS

Am **Temporary Transbay Terminal** (Karte S. 340; Ecke Howard & Main Sts; 🚌 5, 38, 41, 71) fahren folgende Busse:

AC Transit (☎ 510-891-4777; www.actransit.org; einfache Fahrt East Bay/Trans-Bay 2,35/5,50 US$) Busse zur East Bay.

Greyhound (☎ 800-231-2222; www.greyhound.com) Tägliche Busse nach Los Angeles (21–33 US$, 8–12 Std.), Truckee (32–40 US$, 5½ Std.) nahe dem Lake Tahoe und zu anderen größeren Zielen.

Megabus (☎ 877-462-6342; https://us.megabus.com) Preiswerte Busverbindungen zwischen San Francisco und Los Angeles, Sacramento und Anaheim.

SamTrans (☎800-660-4287; www.samtrans.com) Busse südwärts nach Palo Alto und zur Pazifikküste.

FLUGZEUG

Einer der geschäftigsten Flughäfen Amerikas, der **San Francisco International Airport** (www.flysfo.com; S McDonnell Rd), befindet sich 14 Meilen (22 km) südlich des Zentrums am Hwy 101 und ist mit dem BART zu erreichen (30 Min.). Wenn man am **Oakland International Airport** (OAK; ☎510-563-3300; www.oaklandairport.com; 1 Airport Dr; ; Ⓑ Oakland International Airport), 15 Meilen (24 km) östlich von Downtown, ankommt, dauert die Fahrt nach San Francisco hinein länger; dafür hat der OAK weniger wetterbedingte Flugverspätungen als der SFO.

ZUG

Die Züge der **Amtrak** (☎800-872-7245; www.amtrak.com) bedienen San Francisco über die Bahnhöfe Oakland und Emeryville (nahe Oakland). Vom Jack London Sq in Oakland bringen kostenlose Shuttlebusse die Passagiere zum Ferry Building und zum Caltrain-Bahnhof in San Francisco.

Caltrain (www.caltrain.com; Ecke 4th & King St) Verbindet San Francisco mit den Zentren im Silicon Valley sowie mit San Jose.

ℹ Unterwegs vor Ort

Die Einwohner San Franciscos gehen meist zu Fuß oder wählen das Fahrrad, die Muni oder einen Fahrdienst anstelle des Autos oder Taxis. Der Verkehr ist notorisch grauenhaft und Parken nahezu unmöglich. Am besten lässt man das Auto bis zur Weiterreise stehen. Auskünfte zu ÖPNV-Optionen in der Bay Area, zu Ankunfts- und Abfahrtszeiten erhält man unter 511 oder auf www.511.org. Online gibt's auch eine *Muni Street & Transit Map*.

Cable Cars SFs Kabelstraßenbahnen fahren häufig (tgl. 6–0.30 Uhr), wenn auch langsam, sind aber überaus idyllisch. Einzelfahrten kosten 7 US$. Wer viel damit fährt, holt sich am besten einen Muni Passport (23 US$/Tag).

Muni-Straßenbahnen und -Busse Relativ schnell, die verschiedenen Linien fahren aber unterschiedlich häufig; nach 21 Uhr gibt's nur noch wenige Verbindungen. Eine Fahrt kostet 2,75 US$ in bar oder 2,50 US$ mit einer wiederaufladbaren Clipper Card.

BART Hochgeschwindigkeitsverbindung nach East Bay, zur Mission St, zum Flughafen von SF und nach Millbrae, wo man Anschluss an Züge von Caltrain hat.

Taxi Pro Meile zahlt man etwa 3 US$; der Taxameter startet bei 3,50 US$.

Marin County

Auf der anderen Seite der Golden Gate Bridge von San Francisco aus liegt Marin County – eine Ansammlung wohlhabender, bewaldeter Dörfer, die noch zaghaft an ihren Hippie-Wurzeln festhalten, während sich langsam eine konservativere Generation der Tech-Ära breitmacht. Die sich nach Süden erstreckende Halbinsel berührt beinahe den nördlichsten Zipfel der Stadt und grenzt an den Pazifik und die Bucht. Aber Marin County ist wilder und gebirgiger als San Francisco: Auf der zur Küste hin gelegenen Seite der Hügellandschaft wachsen Redwoods, die Brandung kracht gegen die Klippen und überall verlaufen Wander- und Radwege kreuz und quer durch die großartige Landschaft von Point Reyes, Muir Woods und Mt. Tamalpais. Diese Natur ist es, die das Marin County zu einem tollen Ziel für einen Tages- oder Wochenendausflug von San Francisco aus macht.

Marin Headlands

Majestätisch ragen die Klippen und Hügellandschaften der Headlands am Nordende der Golden Gate Bridge aus dem Wasser. Ihre zerklüftete Schönheit ist umso bemerkenswerter, da sie nur ein paar Kilometer von Friscos Zentrum entfernt sind. Aus den 100 Jahren der militärischen Nutzung stehen hier noch ein paar Befestigungsanlagen und Bunker. Ironie des Schicksals: Gerade weil die Headlands Militärgelände waren, stehen die **Parkanlagen** (Karte S. 338; ☎415-561-4700; www.nps.gov/goga; Ⓟ) GRATIS heute unter Naturschutz und dürfen sich frei entwickeln. Kein Wunder, dass dieser Park zu den beliebtesten Revieren für Wanderer und Radler in der Bay Area zählt: Pfade schlängeln sich hier durch die Headlands, bieten atemberaubende Ausblicke auf das Meer, die Golden Gate Bridge und San Francisco und führen zu einsamen Stränden und abgelegenen Picknickplätzen.

Von einem kleinen Parkplatz abseits der Field Rd führt ein anstrengender Fußmarsch (ca. 800 m) zum historischen **Point Bonita Lighthouse** (Karte S. 338; ☎415-331-1540; www.nps.gov/goga/pobo.htm; ⏲Sa–Mo 12.30–15.30 Uhr; Ⓟ) GRATIS. Von der Spitze des Point Bonita bietet sich ein Blick auf die Golden Gate Bridge und die Skyline von San Francisco. Je nach Jahreszeit versammeln sich Gemeine Seehunde auf Felsen in der Nähe. Eine längere Wanderung kann man auf dem **Coastal Trail** (Karte S. 338; www.nps.gov/goga/planyourvisit/coastal-trail.htm) unternehmen, der sich vom **Rodeo Beach** (Karte S. 338; www.parksconservancy.org/visit/park-sites/rodeo-beach.html; abseits der Bunker Rd; P) über gut 5,5 km landeinwärts schlängelt, verlassene Militärbunker passiert und dann den Tennessee Valley Trail kreuzt. Die zweite, 5 km lange Etappe führt anschließend die Headlands entlang bis zum **Muir Beach** (Karte S. 338; www.nps.gov/goga/planyourvisit/muirbeach.htm; abseits des Pacific Way; P).

Oberhalb der Rodeo Lagoon kümmert sich das **Marine Mammal Center** (Karte S. 338; 415-289-7325; www.marinemammalcenter.org; 2000 Bunker Rd; Eintritt gegen Spende, Audiotour Erw./Kind 9/5 US$; 10–16 Uhr; P) um verletzte, kranke und verwaiste Meeressäuger, bevor sie wieder ausgewildert werden; es organisiert lehrreiche Ausstellungen über diese Tiere und die Gefahren, denen sie ausgesetzt sind.

Mt. Tamalpais State Park

Der majestätische Mt. Tamalpais (kurz Mt. Tam) erhebt sich über dem Marin County und umfasst ein Wander- und Radwegnetz von über 320 km Länge, Seen, Flüsse, Wasserfälle und eine beeindruckende Tiervielfalt – von massenhaft Molchen und Falken bis zu seltenen Füchsen und Berglöwen. Die Wege schlängeln sich über Wiesen vorbei an Eichen und Erdbeerbäumen hin zu atemberaubenden Blicken auf die San Francisco Bay, den Pazifik, Städte, Dörfer und bewaldete Hügel, die sich in der Ferne ausstrecken.

Der friedvolle, 784 m hohe Berg mit dem **Mt. Tamalpais State Park** (Karte S. 338; 415-388-2070; www.parks.ca.gov/mttamalpais; 8 US$/Auto; 7 Uhr–Sonnenuntergang; P), dem Marin Municipal Water District, dem **Muir Woods National Monument**, mehreren offenen Landflächen im Marin County und einem Teil der Golden Gate Recreation Area ist ein Paradies für Wanderer. Auf der Website von OneTam (www.onetam.org) kann man eine Karte der Bergwege herunterladen und viele Inspirationen für Wanderungen finden.

Eine der besten Touren am Berg ist der **Steep Ravine Trail**, der von der Parkzentrale an der **Pantoll Station** (Karte S. 338; 415-388-2070; www.parks.ca.gov; 801 Panoramic Hwy; Öffnungszeiten variieren;) einem bewaldeten Bach bis zur Küste folgt (ca. 3,4 km pro Strecke).

Point Reyes National Seashore

Die windumtoste Halbinsel Point Reyes ist eine raue Schönheit, die schon immer Meeressäuger und Zugvögel anlockte; außerdem beherbergt sie mehrere Schiffswracks. Die **Point Reyes National Seashore** (415-654-5100; www.nps.gov/pore; P) GRATIS schützt auf 285 km² unberührte Strände und Wildnis und bietet ausgezeichnete Wander- und Campingmöglichkeiten. Man sollte sich unbedingt warm anziehen, da auch die sonnigsten Tage schnell kalt und neblig werden können.

Auf dem westlichsten Zipfel der Halbinsel, in wildem und windumtostem Terrain, thront gefühlt am Ende der Welt das **Point Reyes Lighthouse** (415-669-1534; www.nps.gov/pore; am Ende des Sir Francis Drake Blvd; Fr–Mo 10–16.30 Uhr, Linsenraum Fr–Mo 14.30–16 Uhr; P) GRATIS – ein idealer Ort, um an der Küste Wale zu beobachten. Der Leuchtturm befindet sich unterhalb der Headlands; man erreicht ihn über eine Treppe mit mehr als 300 Stufen. Zahlreiche Strände zieren die Halbinsel und bieten reichlich Möglichkeiten zum Schwimmen und Beobachten von Wildtieren: **Drakes** und **Heart's Desire** sind bei Familien beliebt.

Im **Bear Valley Visitor Center** (415-464-5100; www.nps.gov/pore; 1 Bear Valley Rd, Point Reyes Station; Mo–Fr 10–17, Sa & So 9–17 Uhr), der Zentrale von Point Reyes National Seashore eine Meile (1,6 km) westlich von Olema, gibt's Landkarten, Infos und sehenswerte Exponate.

Berkeley

Die Stadt Berkeley steht für Protest, Aktivismus und linke Politik. Jenseits dieser Attribute ist es eine geschäftige, attraktive Stadt, in der ein Mix aus Yuppies, Hippies und Studenten friedlich nebeneinander leben. Es gibt tolle regionale asiatisch-pazifische Restaurants, zwei Spielzeugläden, lateinamerikanische Lebensmittelläden, hochwertige Bio-Lebensmittelabteilungen und den neblig grünen Campus der University of California, Berkeley („Cal").

Sehenswertes

Die Telegraph Ave ist seit jeher das pulsierende Herz von Berkeleys Akademikerleben: Auf den Bürgersteigen drängeln sich Scharen von Studenten, Post-Doktoranden und jungen Shoppingfreaks an zahllosen Verkaufsständen, Straßenkünstlern und Bettlern vorbei.

★ Tilden Regional Park PARK
(510-544-2747; www.ebparks.org/parks/tilden; 5–22 Uhr; ; AC Transit 67) GRATIS Östlich der Stadt wartet Berkeleys schönen Park (8,42 km²) oben in den Hügeln mit einem fast 64 km langen Netz von Wander- und Multifunktionspfaden auf. Das Spektrum der unterschiedlich anspruchsvollen Routen reicht von asphaltierten Spazierwegen bis hin zu hügeligen Kraxeltouren – hier verläuft u. a. ein Teil des herrlichen Bay Area Ridge Trail. Im Park gibt's zudem einen Miniaturdampfzug (3 US$), einen Kinderbauernhof mit Naturlehrzentrum, einen botanischen Garten mit wunderbar wildem Flair und einen Golfplatz mit 18 Löchern. Obendrein lädt der Lake Anza zum Picknicken und von Frühling bis Herbst auch zum Schwimmen (3,50 US$) ein.

University of California, Berkeley UNIVERSITÄT
(510-642-6000; www.berkeley.edu; Öffnungszeiten varriieren ; Downtown Berkeley) Die „Cal", die älteste Universität Kaliforniens (1866), ist eine der Spitzenuniversitäten des Landes mit 40 000 politisch wachsamen Studenten. Neben dem **California Memorial Stadium** (510-642-2730; www.californiamemorialstadium.com; 2227 Piedmont Ave; Öffnungszeiten varriieren; ; AC Transit 52) bietet das **Koret Visitor Center** (510-642-5215; http://visit.berkeley.edu; 2227 Piedmont Ave; Mo–Fr 8.30–16.30, Sa & So 9–13 Uhr; AC Transit 36) Infos und Lagepläne und veranstaltet kostenlose Campus-Führungen (Reservierung erforderlich). Das Wahrzeichen der Cal ist der 1914 erbaute **Campanile** (Sather Tower; 510-642-6000; http://campanile.berkeley.edu; Erw./Kind 4/3 US$; Mo–Fr 10–15.45, Sa 10–16.45, So bis 13.30 & 15–16.45 Uhr; ; Downtown Berkeley) mit seinem Glockenspiel. Ein Fahrstuhl (4 US$) bringt einen nach oben. In der **Bancroft Library** (510-642-3781; www.lib.berkeley.edu/libraries/bancroft-library; University Dr; Archive Mo–Fr 10–16 oder 17 Uhr; Downtown Berkeley) GRATIS ist das kleine Gold-Nugget ausgestellt, das 1848 den kalifornischen Goldrausch auslöste.

Schlafen

Graduate Berkeley BOUTIQUEHOTEL $$
(510-845-8981; www.graduatehotels.com/berkeley; 2600 Durant Ave; DZ 180–240 US$; ; AC Transit 51B) Einen Block vom Campus entfernt betont dieses klassische und nunmehr renovierte Hotel aus dem Jahr 1928 seine Verbindung zur Uni auf scherzhafte Weise: Die Lobby zieren peinliche Jahrbuchfotos und ein Deckenmobile aus Prüfungsbüchern. In den recht kleinen Zimmern gibt's Duschvorhänge mit Wörterbuchmotiven und Nachttischlampen aus umfunktionierten Wasserpfeifen.

★ Claremont Resort & Spa RESORT $$$
(510-843-3000; www.fairmont.com/claremont-berkeley; 41 Tunnel Rd; DZ ab 300 US$;) Das zu Fairmont gehörende historische Hotel ist das beste an der East Coast: Das glamouröse weiße Haus aus dem Jahr 1915 umfasst elegante Restaurants, ein Fitnesscenter, Swimmingpools, Tennisplätze und einem Spa mit allem Drum und Dran. Die Zimmer mit Blick auf die Bucht sind hervorragend. Das Hotel steht am Fuß der Berkeley Hills abseits des Hwy 13 (Tunnel Rd), nahe der Grenze zu Oakland. Parken kostet 30 US$.

Essen & Ausgehen

★ Cheese Board Collective PIZZA $
(510-549-3183; www.cheeseboardcollective.coop; 1504 & 1512 Shattuck Ave; Stück/halbe Pizza/ganze Pizza 2,75/12/24 US$; Di–Sa 11.30–15 & 16.30–20 Uhr; ; AC Transit 7) Diese Pizzeria, die seit 1971 als Mitarbeiter-Kooperative geführt wird, hat eine riesige Auswahl an Käsesorten, eine Bäckerei mit vielen verschiedenen Sorten an frischem Brot und jeden Tag neue vegetarische Salate und Pizzas, z. B. mit Spargel und Zwiebel oder gehackten Tomaten und Ziegenkäse. In der Institution der Stadt wird häufig Livemusik gespielt. Auf Warteschlangen einstellen!

★ Great China Restaurant CHINESISCH $$
(510-843-7996; www.greatchinaberkeley.com; 2190 Bancroft Way; Hauptgerichte 13–21 US$; Mi–Mo 11.30–14.30, Mo, Mi & Do 17.30–21, Fr bis 21.30, Sa & So 17–21.30 Uhr; Downtown Berkeley) In Berkeley mangelt es nicht an gutem chinesischem Essen, aber dieses riesige, gehobene Restaurant legt mit seinen nordchinesischen Spezialitäten noch eine Schippe drauf. Es gibt z. B. in Kreuzkümmel geschmortes Lamm, gedünsteter Fisch mit Ingwer und Frühlingszwiebeln oder dreifach gegarten Schweinebauch. Hier geht man mit Freunden hin und bestellt so viel, wie man kann – die Geschmacksknospen werden es nie vergessen.

Gather KALIFORNISCH $$
(☎ 510-809-0400; www.gatherrestaurant.com; 2200 Oxford St; Hauptgerichte abends 18–30 US$; ⊙ Mo–Do 11.30–14 & 17–21, Fr 11.30–14 & 17–22, Sa 10–14 & 17–22, So 10–14 & 17–21 Uhr; ; Ⓑ Downtown Berkeley) Im Gather essen sowohl vegane Gourmets als auch Feinschmecker, die auf Frisches vom Bauernhof stehen. Die Gerichte aus regionalen Zutaten (u.a. nachhaltig erzeugtes Fleisch) kommen aus einer offenen Küche, von deren Überdachung Schlingpflanzen herabhängen. Die Einrichtung des Lokals besteht aus Recyclingholz. Reservieren ist ratsam.

★ **Chez Panisse** KALIFORNISCH $$$
(☎ Café 510-548-5049, Restaurant 510-548-5525; www.chezpanisse.com; 1517 Shattuck Ave; Café Hauptgerichte abends 21–35 US$, Restaurant Festpreismenü abends 75–125 US$; ⊙ Café Mo–Do 11.30–14.45 & 17–22.30, Fr & Sa 11.30–15 & 17–23 Uhr, Restaurant Platzierung Mo–Sa 17.30 & 20 Uhr; ; AC Transit 7) Feinschmecker pilgern scharenweise in diesen Tempel von Alice Waters, Erfinderin der kalifornischen Cuisine. Das Restaurant befindet sich in einem schönen Arts-&-Crafts-Haus in Berkeleys „Gourmet Ghetto". Entweder man geht aufs Ganze und gönnt sich im Erdgeschoss ein Menü zum Festpreis oder man besucht das preiswertere und nicht ganz so formelle Café im Obergeschoss. Einen Monat im Voraus reservieren!

Fieldwork Brewing Company BRAUEREI
(☎ 510-898-1203; www.fieldworkbrewing.com; 1160 6th St; ⊙ So–Do 11–22, Fr & Sa bis 23 Uhr; AC Transit 12) In dieser Brauerei mit Schankraum im Industrial-Look sitzt man auf der Freiluftterrasse und testet Probiergedecke mit IPAs oder ein Glas mit reichhaltigem, scharfem Schokoladen-Stout auf mexikanische Art. Hunde sind willkommen; im Eingangsbereich gibt's Vorrichtungen, um sein Fahrrad aufzuhängen. Auf der kleinen Speisekarte stehen auch ein paar Gerichte im kalifornisch-mexikanischen Stil.

ℹ Anreise & Unterwegs vor Ort

Um nach Berkeley zu gelangen, nimmt man einen Zug Richtung Richmond und steigt an einem der folgenden drei BART-Bahnhöfe aus: Ashby, Downtown Berkeley oder North Berkeley. Oder man überquert von San Francisco aus die Bay Bridge und folgt entweder der I-80 (Richtung University Ave, Berkeley Marina, Downtown Berkeley und Uni-Campus) oder dem Hwy 24 (Richtung College Ave und Berkeley Hills).

Berkeley erkundet man am besten zu Fuß, mit dem Fahrrad oder den Stadtbussen.

NORDKALIFORNIEN

In Nordkalifornien (Northern California) präsentiert sich der Golden State mit riesigen, aus dem Küstennebel ragenden Redwoods, den Weingütern des Wine Country und den versteckten Thermalquellen von seiner wilden Seite. Der dramatischen Kulisse aus Land und Meer entspricht die unglaubliche Verschiedenheit der Einwohner: Man trifft hier Holzbarone und Bäume umarmende Hippies, Rastafaris mit Dreadlocks und Bio-Rancher, Cannabis-Farmer und Radikale jeder politischer Richtung. Zum Besuch der Region verlocken Spitzenweine, Restaurants mit einer Küche aus frischen, regionalen Zutaten, in Nebel gehüllte Wanderungen unter den größten Bäumen des Planeten und ausufernde Gespräche, die mit einem *Hey, dude!* beginnen.

Wine Country

Überraschend, lyrisch, elegant und kultiviert – Nordkaliforniens Wine Country vereinigt verschiedene Landschaften, Menschen und die diversen Aromen aus den Counties Napa und Sonoma.

Die Landschaft mit ihren Grashügeln, frischen Tälern, immergrünen Bergen und plätschernden Flüssen überrascht an jeder Ecke. Aber eigentlich ist es das Essen und der Wein, die die Besucher anlocken. Die Gegend ist das lukullische Zentrum der USA, und die Restaurants, Weingüter und Verkostungsräume müssen sich hinter der Konkurrenz in Europa nicht verstecken ... im Gegenteil.

Im Westen der Region liegt das Sonoma County. Hier fahren die Einwohner noch in Pickups durch die Gegend, kalte Nebelfinger kriechen vom Meer die Täler hinauf und erzeugen unglaubliche Cool-Climate-Weine.

Im Osten von Eden liegen die Weltklasse-Weingüter des Napa County mit wahrlich überirdisch gutem Essen und viel Platz für ein Nachmittagspicknick oder eine Wanderung.

Beide Täler erreicht man in einer 90-minütigen Fahrt von San Francisco und Oakland. Das weiter im Inland gelegene Napa verfügt über etwa 500 Weingüter und lockt die meisten Besucher an (an Sommerwochenenden ist mit hohem Verkehrsaufkommen zu rechnen). Aber auch das Sonoma County hat mehr als 425 Weingüter zu bieten, das Sonoma Valley um die 40, allerdings geht es hier nicht ganz so kommerziell zu und die Gegend ist weniger überlaufen als der Nachbar. Wer also nur Zeit für eine der beiden Weinregionen hat, ist mit Sonoma gut bedient.

Napa Valley

Napa Valley bietet exakt das, was man erwartet, wenn man ans Wine Country denkt: Schlosskellereien auf Hügeln, gewagte Cabernets, weite Flächen mit Rebstöcken in Reih und Glied, sonnenverwöhnte, grüne Hänge, stundenlange Feinschmeckermenüs und einige der schönsten und luxuriösesten Boutiquehotels in ganz Kalifornien.

Die meisten Reisen beginnen und enden in der Stadt Napa selbst. Im Zentrum gibt es Verkostungsräume, Livejazz, etliche Optionen zum feinen Speisen sowie bodenständige Kneipen und Lokale, in denen man mit einem jüngeren einheimischen Publikum bis in die Puppen Partys feiern kann.

Sehenswertes & Aktivitäten

★ **Hess Collection** WEINGUT, GALERIE
(☎707-255-1144; www.hesscollection.com; 4411 Redwood Rd, Napa; Museum Eintritt & Führungen frei, Verkostung 25–35 US$, Führungen frei; ⏲10–17 Uhr, letzte Verkostung 17 Uhr) Kunstliebhaber sollten sich die Hess Collection anschauen, in deren Sälen mannigfaltige und mitunter großformatige Kunstwerke zu sehen sind, darunter Arbeiten von Francis Bacon und Robert Motherwell. In dem eleganten Verkostungsraum mit Natursteinwänden gibt es bekannte Sorten wie Cabernet Sauvignon und Chardonnay, man sollte sich aber auch den Viognier nicht entgehen lassen. In den wärmeren Monaten wird auch im Garten mit schönem Blick hinunter ins Tal ausgeschenkt. Man sollte reservieren und sich auf eine kurvenreiche Anfahrt einstellen. Flaschenweine kosten zwischen 30 und 100 US$. Eine öffentliche Führung gibt's um 10.30 Uhr.

★ **Robert Sinskey Vineyards** WEINGUT
(☎707-944-9090; www.robertsinskey.com; 6320 Silverado Trail, Napa; Verkostung in der Bar 40 US$, Verkostung am Tisch mit Wein & Essen 70–175 US$; ⏲10–16.30 Uhr; P) Der wunderbare, auf einem Hügel thronende Verkostungsraum aus Stein, Redwood und Teakholz ähnelt einer kleinen Kathedrale – nicht unpassend angesichts des sakralen Status, den die Speisen und der Wein hier genießen. Das Gut ist auf einen fruchtigen Bio-Pinot-Noir sowie einige äußerst aromatische weiße Sorten, trockene Rosés und Bordeaux-Weine wie Merlot und Cabernet Franc spezialisiert, die zu guten Essensbegleitern ausgebaut wurden. Zu den Barverkostungen werden Häppchen gereicht, das Essen zu den Verkostungen am Tisch kreiert Chefköchin Maria Sinskey höchstpersönlich. Verkostung am Tisch und die kulinarischen Touren sollte man vorab reservieren.

★ **Frog's Leap** WEINGUT
(☎707-963-4704; www.frogsleap.com; 8815 Conn Creek Rd, Rutherford; Weinprobe inkl. Führung 25–35 US$; ⏲10–16 Uhr, nur nach Vereinbarung; P) Pfade winden sich hier durch zauberhafte Gärten und Obstplantagen – mittendrin liegt ein Gehöft von 1884 mit Scheune, Katzen und Hühnern. Die Atmosphäre ist locker, bodenständig und spaßbetont. Das Gut macht vor allem mit seinem Sauvignon Blanc von sich reden, aber auch der Merlot verdient Beachtung. Außerdem gibt's einen trockenen, dezenten und für Napa untypischen Cabernet.

★ **Tres Sabores** WEINGUT
(☎707-967-8027; www.tressabores.com; 1620 Sth Whitehall Lane, St Helena; Führung & Verkostung 40 US$; ⏲10.30–15 Uhr, nach Vereinbarung;) Am westlichsten Rand des Tals weichen die Weinberge bewaldeten Hügeln. Hier bildet Tres Sabores ein Tor zum alten Napa. Einen schicken Verkostungsraum und Snobismus sucht man vergeblich, stattdessen gibt es einfach nur einen wunderbaren Wein in spektakulärer Umgebung. Das Gut bricht mit der Vorliebe für Cabernet und produziert hingegen einen vollen, an Burgunder erinnernden Zinfandel und einen spritzigen Sauvignon Blanc, den die *New York Times* unter die zehn besten seiner Art in Kalifornien zählte. Reservierung erforderlich!

Schlafen

Teure wie fabelhafte Hotels verteilen sich über das Napa Valley; die opulentesten Häuser liegen in und rund um St. Helena und Yountville. Calistoga ist ein wenig legerer und günstiger. Die beste Budgetunterkunft ist ohne jeden Zweifel eine Jurte (oder ein Stellplatz) im **Bothe-Napa Valley State Park** (☎800-444-7275; www.parks.ca.gov; 3801 Hwy 128; Stellplatz Zelt & Wohnmobil 35 US$, Jurte 55–70 US$, Hütte 150–225 US$;).

Napa Winery Inn HOTEL $
(707-257-7220; www.napawineryinn.com; 1998 Trower Ave, Napa; Zi. ab 125 US$;) In diesem Hotel mit gutem Preis-Leistungs-Verhältnis sind die renovierten Zimmer mit typischen Kolonialstilmöbeln ausgestattet. Es gibt einen Whirlpool und guten Service. Jeden Abend werden kostenlose Weinempfänge veranstaltet: unter der Woche von 17.30 bis 18.30 Uhr, am Wochenende bis 19 Uhr.

★ **Auberge du Soleil** LUXUSHOTEL $$$
(707-963-1211; www.aubergedusoleil.com; 180 Rutherford Hill Rd, Rutherford; Zi. 1325–4025 US$;) Die Adresse für ein grenzenlos romantisches Wochenende – die am Berghang gelegenen Cottages des Auberge sind nicht zu toppen. Die Aussicht bestimmt die Wahl der Unterkunft, ein Zimmer mit Blick ins Tal durch Panoramafenster ist den Preis absolut wert.

★ **Carneros Resort & Spa** RESORT $$$
(707-299-4900; www.carnerosresort.com; 4048 Sonoma Hwy, Napa; Zi. ab 500 US$;) Mit zeitgemäßer Ästhetik und kleinstädtischem Retro-Farmdekor fällt das Carneros Resort & Spa aus dem üblichen Wine-Country-Raster. Die Doppelhaushälften aus Wellblech wirken von außen wie Quartiere für Wanderarbeiter, entpuppen sich aber innen als elegant und schick. Hierfür sorgen das Kirschholzparkett, die mit Kunstleder überzogenen Kopfenden der Betten, offene Kamine, geflieste Bäder mit Fußbodenheizung, große Badewannen und Duschen drinnen und draußen.

Essen

★ **Oxbow Public Market** MARKT
(707-226-6529; www.oxbowpublicmarket.com; 610 & 644 1st St, Napa; 7.30–21.30 Uhr;) Dieser Gourmettreffpunkt bemüht sich sehr um saisonale Lebensmittel und Nachhaltigkeit und dreht sich auch sonst ausschließlich um Kulinarik (Marktstände, Küchenläden und überall gibt's was zu probieren). Manche Stände und Restaurants öffnen früh oder schließen spät. Man sollte ordentlich Hunger mitbringen.

Farmstead MODERNAMERIKANISCH $$
(707-963-4555; www.longmeadowranch.com; 738 Main St, St Helena; Hauptgerichte 19–33 US$; Mo–Do 11.30–21.30, Fr & Sa bis 22, So 11–21.30 Uhr;) Der riesige Schuppen mit großen Ledernischen und Veranda mit Schaukelstühlen lockt Menschen jeden Alters an. Für die bodenständigen, meist über Holzfeuer zubereiteten Gerichte werden Zutaten aus eigenem Anbau und Fleisch von Weiderindern und -lämmern verarbeitet.

★ **French Laundry** KALIFORNISCH $$$
(707-944-2380; www.thomaskeller.com/tfl; 6640 Washington St, Yountville; Festpreismenü abends ab 325 US$; Platzierungen Fr–So 11–12.30, tgl. 17–21 Uhr) Thomas Kellers mit drei Michelin-Sternen ausgezeichnete Restaurant hat den Olymp der kalifornischen Küche erklommen, das dortige hochkarätige kulinarische Erlebnis muss den Vergleich mit der Weltspitze nicht scheuen. Man bucht einen Monat vorab auf der Online-App Tock, wo die Tickets gruppenweise freigegeben werden. Von einer Mahlzeit im French Laundry wird man sein restliches Leben lang schwärmen.

Sonoma Valley

Im reizend entspannten, ungezwungenen und lebenslustigen Sonoma Valley betreiben Winzer ihr Handwerk, Gourmets pilgern zu den erstklassigen Restaurants und in der 5260 ha großen Parklandschaft gibt es ausreichend Abenteuer zu erleben.

Das Tal hinauf liegt das winzige Dorf Glen Ellen mit ein paar kleinen Lokalen und Zugang zum schönsten Naturgebiet des Tals, dem **Jack London State Historic Park** (707-938-5216; www.jacklondonpark.com; 2400 London Ranch Rd, Glen Ellen; 10 US$/Auto, Cottage 3 US$; 9.30–17 Uhr;) , und zu den wunderbaren Weingütern und Sehenswürdigkeiten der Region Kenwood.

Sehenswertes & Aktivitäten

★ **Gundlach-Bundschu Winery** WEINGUT
(707-938-5277; www.gunbun.com; 2000 Denmark St, Sonoma; Verkostung 20–30 US$, inkl. Führung 30–60 US$; So–Fr 11–17.30 Uhr, April–Okt. bis 19 Uhr, Nov.–März bis 16.30 Uhr;) Kaliforniens ältestes Weingut in Familienhand sieht zwar aus wie ein Schloss, hat aber eine bodenständige Atmosphäre. Aushängeschilder des Guts, das 1858 von einem bayerischen Einwanderer gegründet wurde, sind der Gewürztraminer und der Pinot Noir; „Gun-Bun" war aber auch die erste US-amerikanische Winzerei, die einen unverschnittenen Merlot kelterte. Das Gut liegt am Ende einer kurvenreichen Nebenstraße, die sich auch perfekt zum Radeln eignet. Vor Ort kann man picknicken und wandern. Es gibt einen kleinen See und häufig Konzerte, dar-

unter ein zweitägiges Folk-Festival im Juni. Wer den Weinkeller mit seinen 1800 Fässern besichtigen will, muss reservieren. Flaschenpreise zwischen 20 und 50 US$.

Benziger WEINGUT
(☎707-935-3000; www.benziger.com; 1883 London Ranch Rd, Glen Ellen; Verkostung 20–50 US$, Führungen 25–50 US$; ⊙Mo-Fr 11–17, Sa & So 10–17 Uhr; P) Wein-Novizen besuchen in Sonoma am besten zuerst Benziger, wo sie einen Crashkurs in Weinherstellung erhalten. Die lohnende Führung (Reservierung empfohlen) beinhaltet eine Fahrt in einem offenen Wagen durch die biodynamisch bewirtschafteten Weinberge (bei geeignetem Wetter) und die Verkostung von fünf Weinen. Man kann hier wunderbar picknicken, sodass der Besuch auch für Familien ein schönes Erlebnis ist. Die in großen Chargen produzierten Weine sind ordentlich, die länger gelagerten Riserva aber hochwertiger – doch eigentlich kommt man wegen der Führung. Flaschenpreise zwischen 20 und 80 US$.

Bartholomew Estate Winery WEINGUT
(☎707-509-0450; www.bartholomewestate.com; 1000 Vineyard Lane, Sonoma; Verkostung 15 US$; ⊙11–16.30 Uhr; P) Die ehemalige Bartholomew Park Winery hat sich ins Bartholomew Estate verwandelt, bedingt durch den Wechsel der Besitzer und Winzer der geschichtsträchtigen Weinberge, die seit 1857 kultiviert werden. Hier lässt sich prima ein Nachmittag verbringen, während man Sauvignon Blanc, Rosé und Zinfandel-Vintages probiert, den 5 km langen Weg über die Anlage wandert und die Open-Air-Kunstwerke in der Galerie neben dem Verkostungsraum bewundert.

Schlafen

Die sinnvollsten Standorte zur Erkundung des Tals sind das historische Zentrum von Sonoma und das grüne, romantische Glen Ellen. Um ein paar Cent zu sparen, sieht man sich in Petaluma Richtung Süden um oder sucht sich einen Stellplatz auf dem Campingplatz **Sugarloaf Ridge State Park** (☎707-833-6084; www.reservecalifornia.com/CaliforniaWebHome/; 2605 Adobe Canyon Rd, Kenwood; Stellplatz Wohnmobil & Zelt 35 US$, Online-Reservierungsgebühr 7,99 US$;).

Beltane Ranch B&B $$
(☎707-833-4233; www.beltaneranch.com; 11775 Hwy 12, Glen Ellen; DZ 185–375 US$; P) Inmitten von Pferdekoppeln und Weinbergen fühlt man sich ins Sonoma des 19. Jhs. zurückversetzt. Die freundliche Ranch aus den 1890er-Jahren hat zweistöckige Veranden mit Schaukelstühlen und weißen Korbmöbeln. Obwohl die Unterkunft eigentlich als B&B firmiert, hat jedes Zimmer im amerikanischen Landhausstil wie auch das Cottage seinen eigenen Eingang – Ruhe ist also garantiert, zumal weder Telefon noch TV von der ländlichen Glückseligkeit ablenken.

Olea Hotel BOUTIQUEHOTEL $$$
(☎707-996-5131; www.oleahotel.com; 5131 Warm Springs Rd, Glen Ellen; Zi. ab 340 US$; P) Die hübsche Anlage zieht sich abseits der Nebenstraße von Glen Ellen einen Hang hinauf. Tadellos saniert nach den Bränden 2017 versprüht jedes Zimmer ein anderes Flair. Alle sind sie jedoch mit modernen Drucken geschmückt und hell und heiter eingerichtet; manche haben sogar private Balkone und Kamine. Zimmer 14, 15 und 16 haben Gewölbedecken und die beste Aussicht.

Essen

Im Zentrum von Sonoma und Glen Ellens Jack London Village gibt's einige sehr gute Restaurants. Außerdem unbedingt empfehlenswert ist das luxuriöse und hervorragende Essen mit passenden Weinen in der **St Francis Winery** (☎707-538-9463; www.stfranciswinery.com; 100 Pythian Rd at Hwy 12, Santa Rosa; Verkostung 15 US$, Wein & Käse 25 US$, Wein & Essen 68 US$; ⊙10–17 Uhr).

★**Cafe La Haye** KALIFORNISCH $$
(☎707-935-5994; www.cafelahaye.com; 140 E Napa St, Sonoma; Hauptgerichte 19–25 US$; ⊙Di–Sa 17.30–21 Uhr) Eine von Sonomas besten Adressen, wenn es um moderne amerikanische Küche. Das La Haye bezieht seine Zutaten aus einem Umkreis von maximal

> **VERKOSTUNGEN BUCHEN**
>
> Wegen strenger Bebauungsplänen im County fehlen vielen Weingütern in Napa einfach der Platz, um viele spontane Besucher zu empfangen; sofern man nicht ausschließlich zum Kaufen kommt, muss man vorher anrufen. Das gilt jedoch *nicht* für alle Weingüter. Empfehlenswert ist, eine Verkostung zu buchen sowie eine Reservierung für Mittag- oder Abendessen vorzunehmen und den Rest der Unternehmungen um diese Termine herum zu planen.

100 km. Der Speiseraum ist zwar stets rappelvoll und der Service mitunter fast schon nachlässig, doch das schlichte, schmackhafte Essen macht das La Haye für viele Feinschmecker dennoch zum Restaurant der ersten Wahl. Lange im Voraus reservieren!

Glen Ellen Star KALIFORNISCH, ITALIENISCH $$$
(☎ 707-343-1384; www.glenellenstar.com; 13648 Arnold Dr, Glen Ellen; Pizza 15–20 US$, Hauptgerichte 24–50 US$; ⏲ So–Do 17.30–21, Fr & Sa bis 21.30 Uhr;) Mit Chefkoch Ari Weiswasser am Ruder, der früher in Thomas Kellers French Laundry (S. *366*) gearbeitet hat, präsentiert das kleine Bistro das Beste, was die Farmen und Ranches von Sonoma zu bieten haben. Aus lokalen, saisonalen Bio-Zutaten werden hier Gerichte wie Milchlammragout, gebratener Fisch mit Broccoli Di Cicco oder Zuckerrüben mit Harissa-Crumble gezaubert. Reservierung empfohlen.

Healdsburg & Russian River Valley

„The River", wie die Gegend genannt wird, ist schon lange die Sommerfrische für Nordkalifornier, die hier vor allem an den Wochenenden einfallen, um Kanu zu fahren, durch die Landschaft zu streifen, Weine zu probieren, durch Redwood-Wälder zu wandern oder auch einfach nur um zu relaxen. Im Winter, wenn der Fluss Hochwasser führt, ist die Gegend wie ausgestorben.

Die Orte sind genauso unterschiedlich wie die Landschaft. Die hippste und kultivierteste Stadt ist zweifellos das einst verschlafene Bauerndorf Healdsburg, in dem fantastische Restaurants, wunderbare Läden und Verkostungsräume entstanden sind und heute viel Glitzer und Glamour zu finden ist. Die junge, hippe und wachsende Kreisstadt Santa Rosa bietet urbanen Chic, während weiter westlich Städte wie Sebastopol ihren bodenständigen Reiz bewahren.

Sehenswertes & Aktivitäten

★ **Macrostie** WEINGUT
(☎ 707-473-9303; www.macrostiewinery.com; 4605 Westside Rd, Healdsburg; Verkostung 25–35 US$, inkl. Führung 55 US$; ⏲ Mo–Do 11–17, Fr–So 10–17 Uhr) Sanfte und frische Chardonnays und erdige Pinots, ein erstklassiger Service und der elegante Verkostungsraum verhalfen Macrostie, im Wine Country in aller Munde zu sein. Die Verkostungen finden ganz entspannt und sehr persönlich an Tischen mit wunderschönen Blicken auf die Weinberge statt. Die visionäre Winzerin Heidi Bridenhagen ist die jüngste Frau in diesem Job im Sonoma Valley. Zu den Weinproben kann man sich eine köstliche Charcuterie-Platte mit drei lokalen Käsesorten, Prosciutto, Oliven, Mandeln und Trockenfrüchten gönnen.

Francis Ford Coppola Winery WEINGUT, MUSEUM
(☎ 707-857-1471; www.francisfordcoppolawinery.com; 300 Via Archimedes, Geyserville; Verkostung 15–30 US$; ⏲ 11–18 Uhr; P) Das berühmte Weingut des Filmregisseurs bezeichnet sich selbst als „Weinwunderland". In einem historischen Chateau Souverain bietet das am Hang gelegene Gut ein bisschen was von allem: Weinverkostungen, ein kostenloses Museum mit Film-Memorabilien, ein Geschenkeladen und zwei moderne italienisch-amerikanische Restaurants. Empfehlenswert ist die Privatprobe (25–30 US$) im oberen Stockwerk. Einzelflaschen kosten zwischen 12 und 90 US$. Draußen befinden sich Boccia-Plätze neben zwei **Swimmingpools** (Tageskarte Erw./Kind 35/15 US$; ⏲ Juni–Sept. tgl. 11–18 Uhr, April, Mai & Okt. Fr–So;).

Bella WEINGUT
(☎ 707-395-6136; www.bellawinery.com; 9711 W Dry Creek Rd, Healdsburg; Verkostung 20 US$; ⏲ 11–16.30 Uhr; P) Das stets fröhliche Weingut am oberen Nordende des Tals hat Keller, die direkt in den Berg hineingebaut wurden. Die hauseigenen Tropfen stammen z. B. von 112 Jahre alten Rebstöcken aus dem Alexander Valley. Der Fokus liegt auf großen Roten – Zinfandel und Syrah –, im Sortiment sind aber auch ein vorzüglicher Rosé (toll fürs Barbecue) und eine Zinfandel-Spätlese (perfekt zu Brownies). Die Atmosphäre und das dynamische Personal zeichnen das Bella aus. Einzelflaschen kosten zwischen 25 und 55 US$.

Schlafen

Russian River bietet ausgezeichnete Resorts, Pensionen und Cottages, vor allem im gehobenen Healdsburg und in und um Guerneville. In kleineren Städten wie Duncan Mills findet man schwerer eine Unterkunft, aber so gut wie überall ist ein Campingplatz in der Nähe. Im Gegensatz dazu hat Santa Rosa viele Optionen, darunter auch günstigere Häuser für Budgetreisende.

★ **Shanti Permaculture Farm** FARMUNTERKUNFT $
(☎ 707-874-2001; www.shantioccidental.com; 16715 Coleman Valley Rd, Occidental; Stellplatz

Wohnmobil & Zelt 55–80 US$, Cottage & Jurte 99–225 US$;) In den Mammutwäldern an der malerischen Coleman Valley Rd versteckt sich diese ultimative nordkalifornische Farmunterkunft. Die sachkundige Besitzerin aus Oregon informiert ihre Gäste über umweltfreundliche Landwirtschaftskonzepte wie Biokohle und Hügelkultur und stellt ihnen ihre Hühner, Enten, Ziegen und ein riesiges Lama vor. Die ganze Sache mag etwas rustikal wirken, aber die Unterkunft ist beeindruckend fantasievoll improvisiert und das Cottage mit einem Schlafzimmer ist überraschend schick.

Astro BOUTIQUEHOTEL $$
(707-200-4655; www.theastro.com; 323 Santa Rosa Ave; Zi. ab 170 US$;) Ein Designertraum! Das Retro-Motel wartet in jedem Zimmer mit wunderbaren, einzigartigen Details auf. Die meisten Möbel stammen noch aus den 1960er-Jahren. Wem eins der Stücke gefällt, kann es käuflich erwerben. In der Lounge und der Bar hinten versammelt man sich, nippt an Martinis oder genießt einfach den Kitsch der Sixties made in California.

★ **Hotel Healdsburg** HOTEL $$$
(707-431-2800; www.hotelhealdsburg.com; 25 Matheson St, Healdsburg; Zi. ab 314 US$;) Direkt an der Plaza hat das modebewusste HH coole, minimalistische Zimmer in Beton und Samt mit erstklassigen Extras wie wundervollen Betten und extratiefen Badewannen. Im Haus gibt's ein Spa mit allem Drum und Dran. Das Restaurant **Dry Creek Kitchen** (707-431-0330; www.drycreekkitchen.com; 317 Healdsburg Ave; Hauptgerichte 32–44 US$, Verkostungsmenü 29 US$, inkl. passendem Wein 48 US$; So–Do 17.30–21.30, Fr & Sa bis 22 Uhr) wird von Promikoch Charlie Palmer geführt.

★ **Applewood Inn** PENSION $$$
(707-869-9093; www.applewoodinn.com; 13555 Hwy 116, Guerneville; Zi. 275–500 US$;) Das gemütliche Refugium obenauf einem bewaldeten Hügel südlich der Stadt hat wunderschöne Einrichtungsdetails aus den 1920er-Jahren (dunkles Holz und schwere, den Wald widerspiegelnde Möbel). Manche Zimmer sind mit Whirlpool, einer Dusche für zwei und einem Kamin ausgestattet. Zu den weiteren Annehmlichkeiten gehören ein kleines Spa und zwei beheizte Pools. Das Highlight aber ist der Coupon für Gratis-Verkostungen bei mehr als 100 Weingütern.

Essen

Healdsburg ist die gastronomische Hauptstadt des County. Auf seinen Märkten am **Dienstag** (707-824-8717; www.healdsburgfarmersmarket.org; Plaza & Center Sts; 29. Mai–28. Aug. 9–13 Uhr) und **Samstag** (www.healdsburgfarmersmarket.org; North & Vine Sts; Mai–Nov. Sa 8.30–12 Uhr) gibt es viele Stände und kleine Verkostungen. Aber auch Santa Rosa, Sebastopol und Occidental müssen sich diesbezüglich nicht verstecken. Im Allgemeinen ist die Region ein Traum für Feinschmecker, zumal die Preise weitaus vernünftiger sind als drüben im Napa Valley.

Chalkboard KALIFORNISCH $$
(707-473-8030; www.chalkboardhealdsburg.com; 29 North St, Healdsburg; Hauptgerichte 20–27 US$; Mo–Fr 16.30–21, Sa & So 11.30–22 Uhr) Dieses erstklassige Restaurant konzentriert sich mit einer täglich wechselnden Speisekarte darauf, die frischesten Zutaten von lokalen Farmen zu verarbeiten. Die Gerichte, die unter den Gewölbedecken und im sonnigen Hinterhof serviert werden, eignen sich ideal zum Teilen. Als Entrée empfiehlt sich selbst gemachte Pasta oder frische Melonensuppe, gefolgt von einheimischen Jakobsmuscheln, knusprigem Grillhähnchen und Steak.

★ **Backyard** KALIFORNISCH $$$
(707-820-8445; www.backyardforestville.com; 6566 Front St, Forestville; Hauptgerichte mittags & Brunch 14–30 US$, Hauptgerichte abends 22–30 US$; Mo & Fr 11.30–21, Sa 9–21, So bis 20 Uhr) Das entspannte Lokal unter freiem Himmel bezieht Obst, Gemüse und Fleisch ausschließlich von ortsansässigen Bauern oder Fischern – und der Chefkoch verwandelt diese Zutaten meisterhaft in schlichte und köstliche, typisch kalifornische Gerichte. Steak, Piquillo-Paprika und Entenei-Haschee sind wahrscheinlich der beste Brunch der Welt. Der Kaffee und die künstlerischen Donuts sind spitze.

★ **SingleThread Farm-Restaurant-Inn** JAPANISCH $$$
(707-723-4646; www.singlethreadfarms.com; 131 North St, Healdsburg; Verkostungsmenü 293 US$/Pers.; tgl. abends ab 17.30 Uhr, mittags Sa & So ab 11.30 Uhr) Das ehrgeizigste Projekt in Nordkalifornien ist das SingleThread, ein Weltklasserestaurant und zugleich ein Inn, in dem *omotenashi* (herzliche Gastfreundschaft auf Japanisch) herrscht und Gerichte aus einem Elf-Gänge-Menü in handgemachten japanischen *donabe* (Tontöpfe) serviert werden.

Die Küche kocht kalifornisch-japanisch und die Gäste buchen ihr Ticket im Voraus unter Angabe ihrer Vorlieben und Diätvorschriften, an die sich der Koch dann auch hält.

North Coast

Das ist nicht das Kalifornien aus den Songs der Beach Boys – hier findet man nur sehr wenige Surfer und keine von Palmen gesäumte Strände. Der zerklüftete Rand des Kontinents ist wild, malerisch und sogar etwas unheimlich: In der mitunter geisterhaft nebligen Region gibt's die höchsten Bäume der Welt, das stärkste Marihuana und eine Reihe eigenwilliger kleiner Ortschaften. Man kann – mit einer Decke und einer Flasche regionalen Weins bewaffnet – Buchten erkunden, den Horizont nach Walen absuchen und abends am Kamin in einem der viktorianischen Häuser entspannen. Weiter nördlich stößt man auf Redwood-Täler, Flüsse und moosbedeckte Wälder. Hier ist das Wetter etwas kühler und klammer.

Auf dem Coastal Highway 1 nach Mendocino

Dieser stellenweise nicht ungefährliche Abschnitt des Hwy 1 führt in Serpentinen vorbei an Fischerdörfern und versteckten Stränden. Von Haltebuchten aus kann man den Horizont über dem Pazifik nach wandernden Walen absuchen und eine Küste bestaunen, deren Felsformationen ständig von einer starken Brandung umspült werden. Für die 110 Meilen (177 km) lange Strecke von Bodega Bay nach Fort Bragg braucht man ohne Zwischenstopp mindestens drei Stunden – nachts oder wenn Nebel aufzieht, stahlharte Nerven und sehr viel mehr Zeit.

BODEGA BAY

Bodega Bay ist die erste Perle einer Kette verschlafener Fischerdörfer an der North Coast. Hier spielt Hitchcocks 1963 gedrehter Psychothriller *Die Vögel*. Heute sind am Himmel zwar keine blutrünstigen Krähen mehr zu sehen, seinen Picknickkorb sollte man aber dennoch im Auge behalten, während man die Felsbogen, stürmischen Buchten und mit Wildblumen bedeckten Klippen im **Sonoma Coast State Park** (www.parks.ca.gov; 8 US$/Auto) erkundet. Dessen Strände ragen über das 16 km nördlich gelegene Jenner hinaus. Das **Bodega Bay Sportfishing Center** (☎707-875-3495; www.bodegabaysportfishing.com; 1410b Bay Flat Rd; Angelausflüge ab 130 US$, Walbeobachtung 60 US$; 👪) organisiert im Winter Walbeobachtungstouren. Landratten wandern zum Bodega Head oder schwingen sich auf der **Chanslor Ranch** (☎707-589-5040; https://chanslorstables.com; 2660 N Hwy 1; Ausritt ab 40 US$; ⏱9–17 Uhr) in den Sattel.

In der Tradition klassischer Krabbenbuden am Kai serviert das **Spud Point** (☎707-875-9472; www.spudpointcrab.com; 1910 Westshore Rd; Hauptgerichte 6,75–12 US$; ⏱9–17 Uhr; 🅿👪) salzig-süße Krabbensandwiches und echten Clam Chowder (der Muscheleintopf räumt regelmäßig Preise ab).

JENNER & UMGEBUNG

Wo der breite, träge Russian River in den Pazifik mündet, liegt **Jenner**, eine Ansammlung von Geschäften und Restaurants auf den Küstenhügeln. Freiwillige Helfer schützen die an der Flussmündung lebenden Seehunde in der Wurfzeit zwischen März und August und beantworten Fragen der Besucher. **Water Treks Ecotours** (☎707-865-2249; www.watertreks.com; 2 Std. Kajaks ab 50 US$, 4 Std. Führungen ab 120 US$; ⏱Zeiten variieren) am Hwy 1 verleiht Kajaks; Reservierung empfohlen.

12 Meilen (19 km) nördlich von Jenner liegt der **Fort Ross State Historic Park** (☎707-847-3437; www.fortross.org; 19005 Hwy 1; 8 US$/Auto; ⏱Park Sonnenaufgang–Sonnenuntergang, Besucherzentrum 10–16.30 Uhr) mit den vom Salz zerfressenen Gebäuden eines 1812 eingerichteten Handelspostens und einer russisch-orthodoxen Kirche. Der ruhige Ort hat eine fesselnde Geschichte: Er war einst der südlichste Punkt der Handelsexpeditionen des russischen Zarenreichs in Nordamerika. Das kleine, nach Holz duftende Museum beherbergt historische Exponate und bietet Schutz vor den an den Klippen wütenden Winden.

SALT POINT STATE PARK

Ein paar Kilometer weiter nördlich befindet sich der **Salt Point State Park** (☎707-847-3221; www.saltpoint.org; 25050 Hwy 1; 8 US$/Auto; ⏱Park Sonnenaufgang–Sonnenuntergang, Visitor Center April–Okt. Sa & So 10–15 Uhr; 🅿) mit unzähligen Wanderwegen, Gezeitenpools und zwei **Campingplätzen** (☎800-444-7275; www.reserveamerica.com; Stellplatz Wohnmobil & Zelt 35 US$; 🅿). Im benachbarten **Kruse Rhododendron State Natural Reserve** leuchten zwischen April und Juni rosa Blumen in den dunstig grünen Wäldern. Kühe grasen auf den Wiesen oben auf Klippen, die sich gen Norden bis zur **Sea Ranch** (www.tsra.org) erstrecken. Dort führen öffentlich zugängliche Wanderwege vom Parkplatz (7 US$/Auto) runter zu winzigen Stränden.

Auf dem Weg nach Point Arena gibt es zwei gute Übernachtungsmöglichkeiten: Camper wenden sich an den **Gualala Point Regional Park** (707-785-2377; http://parks.sonomacounty.ca.gov; 42401 Hwy 1, Gualala; Parken 7 US$, Stellplatz Wohnmobil & Zelt 35 US$; Sommer 6 Uhr–Sonnenuntergang, Winter 8 Uhr–Sonnenuntergang; P), den besten Drive-in-Campingplatz an diesem Küstenabschnitt. Und in Anchor Bay stehen die **Mar Vista Cottages** (707-884-3522; www.marvistamendocino.com; 35101 Hwy 1, Anchor Bay; Cottage 195–310 US$; P): Die elegant renovierten Fischerhütten aus den 1930er-Jahren bieten ein schlichtes, stylishes Refugium an der Küste mit fortschrittlichem Einsatz für Nachhaltigkeit.

POINT ARENA & UMGEBUNG

Die niedlichste Patisserie an diesem Küstenabschnitt wird an der Main St von Franny und ihrer Mutter Barbara geführt. Die frischen Beerentorten und die kreativen hausgemachten Schoko-Desserts von **Franny's Cup & Saucer** (707-882-2500; www.frannyscupandsaucer.com; 213 Main St; Kuchen ab 2 US$; Mi–Sa 8–16 Uhr) sehen so schön aus, dass man sie zuerst kaum antasten mag. Doch nach dem ersten Bissen legt man schnell jegliche Scheu ab und will noch mehr bestellen.

Zwei Meilen (3,2 km) nördlich des Ortes Point Arena lohnt sich ein Abstecher zum 1908 errichteten und vom Wind umtosten **Point Arena Lighthouse** (707-882-2809; www.pointarenalighthouse.com; 45500 Lighthouse Rd; Erw./Kind 8/1 US$; Mitte Sept.–Mitte Mai 10–15.30 Uhr, Mitte Mai–Mitte Sept. bis 16.30 Uhr; P). Wer die 145 Stufen hinaufsteigt, kann die blinkende Fresnel-Linse in Augenschein nehmen und kommt in den Genuss eines atemberaubenden Blicks über die Küste. Acht Meilen (13 km) nördlich der Stelle, an der der Hwy 128 den Little River überquert, liegt der **Van Damme State Park** (707-937-0851; www.parks.ca.gov; 8001 N Hwy 1, Little River; 8 US$/Auto; Öffnungszeiten variieren; P). Dort führt der beliebte Fern Canyon Trail (hin & zurück 8 km) durch einen saftig grünen Fluss-Canyon mit jungen Redwood-Bäumen. Wer noch gut 1,5 km in die eine oder die andere Richtung läuft, kommt in einen sogenannten Pygmäenwald.

Mendocino

In **Mendocino**, einem historischen Dorf auf einer spektakulären Landspitze, bummeln Baby-Boomer durch Straßen mit Giebelhäusern, die an New England erinnern – mit B&Bs in Wassertürmen, urigen Geschäften und Kunstgalerien. Im **Mendocino Headlands State Park** (www.parks.ca.gov) führen unbefestigte Wege vorbei an Brombeersträuchern, Wildblumen und Zypressen, die über den Felsklippen und der tosenden Brandung Wache stehen. Das **Ford House Museum & Visitor Center** (707-937-5397; www.mendoparks.org; 45035 Main St; 11–16 Uhr) befindet sich ganz in der Nähe.

Gleich südlich der Stadt kann man mit **Catch a Canoe & Bicycles, Too** (707-937-0273; www.catchacanoe.com; 10051 S Big River Rd, The Stanford Inn By The Sea; 3 Std. Kajak, Kanu oder Fahrrad Erw./Kind 35/15 US$; 9–17 Uhr) den Big River hinaufpaddeln. Die nördlich des Ortes gelegene **Point Cabrillo Light Station** (707-937-6123; www.pointcabrillo.org; 45300 Lighthouse Rd; Park Sonnenaufgang–Sonnenuntergang, Leuchtturm 11–16 Uhr) GRATIS aus dem Jahr 1909 eignet sich im Winter perfekt zur Walbeobachtung.

Im stilvollen Mendocino sind der Standard und die Preise der Unterkünfte gleichermaßen hoch; am Wochenende muss man zudem oft zwei Nächte buchen. Für eine Übersicht der Cottages und B&Bs wendet man sich an **Mendocino Coast Reservations** (707-937-5033; www.mendocinovacations.com; 45084 Little Lake St; 9–16 Uhr).

Das **Alegria** (707-937-5150; www.oceanfrontmagic.com; 44781 Main St; Zi. 239–309 US$;) ist perfekt für einen romantischen Aufenthalt: Vom Bett aus sieht man die Küste, von der Terrasse den Ozean, und alle Zimmer haben Holzkamine. Draußen führt ein herrlicher Pfad zu einem schönen bernsteinfarbenen Strand. Im **Andiron Seaside Inn & Cabins** (707-937-1543; http://theandiron.com; 6051 N Hwy 1, Little River; DZ 134–284 US$; P) sind die im hippen Retro-Design der 1950er-Jahre gestalteten Cottages am Straßenrand eine erfrischend verspielte Abwechslung zu Mendocinos ansonsten biederer Rosen- und Spitzendeckchenästhetik.

Raffinierte, kreative Gerichte serviert das **Café Beaujolais** (707-937-5614; www.cafebeaujolais.com; 961 Ukiah St; Hauptgerichte mittags 11–20 US$, abends 24–42 US$; Mi & Do 11.30–14.30, Fr–So bis 15, tgl. 17.30–21 Uhr; P),

Mendocinos beliebtes, kalifornisch-französisches Kultrestaurant in einem Bauernhaus von 1893. Die Speisekarte setzt auf regionale Zutaten und wechselt je nach Saison; die Entenbrust ist ein Gedicht. Folgt man den Lichterketten auf einem Holzsteg, gelangt man zu der gemütlichen, lässigen **Luna Trattoria** (☎707-962-3093; www.lunatrattoria.com; 955 Ukiah St; Hauptgerichte 12–29 US$; ⌚Di–Do & So 17–21, Fr & Sa bis 22 Uhr), wo es großzügige Portionen norditalienischen Essens gibt. Das Brot und die Pasta sind hausgemacht. Hinten ist ein schöner Garten.

Auf dem Highway 101 zur Avenue of the Giants

Um schnell in den abgelegensten und wildesten Teil der North Coast hinter dem „Redwood Curtain" zu gelangen, sollte man den kurvigen Hwy 1 gegen den im Landesinneren verlaufenden Hwy 101 eintauschen, der einen hier und da zwingt, in kleinen Orten an roten Ampeln anzuhalten. Abstecher an der Strecke sind die großen Redwood-Wälder hinter Leggett und die verlassene Wildnis der Lost Coast.

Ein kurzer Abstecher vom Hwy 101 kurz vor Ukiah führt einen nach **Boonville** mit der bayerisch anmutenden **Anderson Valley Brewing Company** (☎707-895-2337; www.avbc.com; 17700 Hwy 253, Boonville; Verkostung ab 10 US$, geführte Touren & Discgolfplatz frei; ⌚Sa–Do 11–18, Fr bis 19 Uhr; P) und dem beeindruckenden **Boonville Hotel** (☎707-895-2210; www.boonvillehotel.com; 14050 Hwy 128, Boonville; DZ 215–395 US$; P); das zugehörige **Restaurant** (Hauptgerichte mittags 10–15 US$, Verkostungsmenü abends ab 48 US$; ⌚April–Nov. Do–Sa 18–20, So ab 17.30 Uhr, Dez.–März Fr & Sa 18–20, So 13–14.30 Uhr; P) unter der Regie des renommierten Chefkochs Perry Hoffman bietet besondere Haute Cuisine aus saisonalen Produkten, einheimische Meeresfrüchte und Fleisch mit Kräutern und Pilzen.

UKIAH

Obwohl Ukiah vor allem ein Ort für einen Boxenstopp ist, so lohnt sich ein Halt doch für die kunstvoll zubereitete Pizza im **Cultivo** (☎707-462-7007; www.cultivorestaurant.com; 108 W Standley St; Pizza 14–19 US$, Hauptgerichte 19–24 US$; ⌚Mo–Do 11.30–21, Fr & Sa bis 22 Uhr).

LEGGETT

Gleich nördlich des winzigen Leggett am Hwy 101 kann man in der **Standish-Hickey State Recreation Area** (☎707-925-6482; www.parks.ca.gov; 69350 Hwy 101; pro Tag 8 US$/Auto, Camping inkl. 1 Auto 35 US$, weiteres Auto 8 US$;) im Eel River baden und auf Wanderwegen durch ursprüngliche und nachgewachsene Redwood-Wälder wandern. Südlich von Garberville am Hwy 101 befindet sich der **Richardson Grove State Park** (☎707-247-3318, 707-247-3378; www.parks.ca.gov; 1600 Hwy 101, Garberville; 8 US$/Auto) mit alten, geschützten Redwood-Bäumen am Flussufer. In beiden Parks gibt's erschlossene **Campingplätze** (☎Reservierungen 800-444-7275; www.reservecalifornia.com; 1600 Hwy 101; Stellplatz Wohnmobil & Zelt 35 US$, Hütte 80 US$; P).

LOST COAST

Die **Lost Coast** lockt Wanderer mit der rauesten Küstenlandschaft Kaliforniens. „Verloren" ging die Küste, als der Highway um die King Range herumgeführt wurde, die wenige Kilometer vom Ozean entfernt 1220 m hoch in den Himmel ragt. Von Garberville führt eine steile und kurvige, 23 Meilen (37 km) lange Asphaltstraße nach **Shelter Cove**. Das hiesige Hauptversorgungszentrum ist aber kaum mehr als ein kleiner Ort am Meer mit Gemischtwarenladen, Cafés und relativ teuren Unterkünften mit Meerblick.

HUMBOLDT REDWOODS STATE PARK

Der 212 km² große **Humboldt Redwoods State Park** (☎707-946-2409; www.parks.ca.gov; Hwy 101; P) GRATIS am Hwy 101 schützt einige der ältesten Redwood-Bäume Kaliforniens, u. a. mehr als die Hälfte der 100 größten Bäume der Welt. Die prächtigen Baumgruppen können mit denen im viel weiter nördlich gelegenen Redwood National Park durchaus mithalten. Wer keine Zeit für eine Wanderung hat, sollte doch zumindest die beeindruckende **Avenue of the Giants** entlangfahren. Die zweispurige, 32 Meilen (51,5 km) lange Straße verläuft parallel zum Hwy 101. Wer hier **campen** (☎Information 707-946-1811; Reservierungen 800-444-7275; www.reservecalifornia.com; Stellplatz Zelt & Wohnmobil 20–35 US$; P) will, muss reservieren.

Auf dem Highway 101 von Eureka nach Crescent City

An der südlichen Redwood-Küste, u. a. in Eureka, Arcata and Crescent City, gibt es eine solide Auswahl an Unterkünften. Enthusiastische Camper haben die Wahl zwischen Optionen in der Wildnis an der Lost

Coast oder bequemeres Campen in den Staatsparks.

An diesem Abschnitt des Highways findet man unzählige Naturkostläden und Märkte. Eureka und Arcata warten mit besonders guten Restaurants auf.

EUREKA

Hinter den ausufernden Einkaufszentren am Stadtrand präsentiert sich die Altstadt von Eureka mit hübschen viktorianischen Gebäuden, Antiquitätenläden und Restaurants. An Bord der 1910 gebauten blau-weißen **Madaket** (Madaket Cruises; ☎707-445-1910; www.humboldtbaymaritimemuseum.com; 1st St; Bootsfahrt mit Kommentar Erw./Kind 22/18 US$; ⏲Mitte Mai–Mitte Okt. Di–So 13, 14.30 & 16, Mo 13 & 14.30 Uhr; 👪) kann man eine Hafenrundfahrt machen. Die 75-minütige Tour (Erw. 22 US$) startet am Fuß der C St; bei der Cocktailfahrt zu Sonnenuntergang (10 US$) bekommt man seinen Drink an der kleinsten Bar mit Schanklizenz im ganzen Bundesstaat. Das **Visitor Center** (☎707-733-5406; www.fws.gov/refuge/Humboldt_Bay/visit/VisitorCenter.html; 1020 Ranch Rd, Loleta; ⏲8–17 Uhr) befindet sich am Hwy 101 südlich vom Zentrum.

Die Zimmer in dem im viktorianischen Stil geschmackvoll umgebauten Landgasthaus **Carter House Inns** (☎707-444-8062; www.carterhouse.com; 301 L St; Zi. 184–395 US$; P⊖📶🐾) haben alle modernen Annehmlichkeiten und hochwertige Bettwäsche, die Suiten Whirlpools und Marmorkamine. Hier befindet sich auch das gehobene **Restaurant 301** (☎707-444-8062; www.carterhouse.com; 301 L St; Hauptgerichte 22–38 US$; ⏲17–21 Uhr) 🌿, das moderne kalifornische Gerichte mit Zutaten aus dem eigenen Biogarten serviert.

Das seit eh und je beliebte **Cafe Nooner** (☎707-443-4663; www.cafenooner.com; 409 Opera Alley; Hauptgerichte 10–17 US$; ⏲11–16 Uhr; 👪) mit seinen gemusterten Tischdecken, den fröhlichen Wandgemälden und dem gemütlichen Bistro-Ambiente serviert natürliche, mediterran inspirierte Biokost, z. B. Meze griechischer Art, Kebab, Salate und Suppen. Knusprig dünne Pizza gibt's im immer vollen **Brick & Fire** (☎707-268-8959; www.brickandfirebistro.com; 1630 F St; Hauptgerichte abends 17–24 US$; ⏲Mo & Mi–Fr 11.30–21, Sa & So 17–21 Uhr; 📶).

ARCATA

An der Nordseite der Humboldt Bay liegt Arcata, eine links geprägte Hippie-Hochburg mit vielen Patchulisträuchern. Die Trucks fahren mit Biodiesel zum samstäglichen **Bauernmarkt** (www.humfarm.org; April–Nov. 9–14 Uhr, Dez.–März ab 10 Uhr) auf der zentralen Plaza, die von Kunstgalerien, Läden, Cafés und Bars umgeben ist. Wer im **Finnish Country Sauna & Tubs** (☎707-822-2228; http://cafemokkaarcata.com; 495 J St; 30 Min. Erw./Kind 10,25/2 US$; ⏲So–Do 12–23, Fr & Sa bis 24 Uhr; 👪) baden will, muss vorher reservieren. Nordöstlich der Downtown befindet sich die umweltbewusste, sozial engagierte **Humboldt State University** (HSU; ☎707-826-3011; www.humboldt.edu; 1 Harpst St; P) 🌿.

Bei einem Halt an Arcatas bestem Lebensmittelmarkt, dem **Wildberries Marketplace** (☎707-822-0095; www.wildberries.com; 747 13th St, Arcata; Sandwich 5–8 US$; ⏲6–24 Uhr; P✍), kann man seine Vorräte aufstocken und/oder in der **Six Rivers Brewery** (☎707-839-7580; www.sixriversbrewery.com; 1300 Central Ave, McKinleyville; ⏲So–Mi 11.30–23.30, Do–Sa bis 0.30 Uhr) ein Bier genießen. Die „Brauerei mit Weitsicht" ist eine der ersten von Frauen betriebenen Brauereien Kaliforniens.

TRINIDAD

16 Meilen (26 km) nördlich von Arcata thront das Städtchen **Trinidad** auf einer Klippe mit atemberaubend schönem Blick auf den Fischereihafen. Nachdem man den Bewohnern des Gezeitenbeckens im **HSU Telonicher Marine Laboratory** (☎707-826-3671; www.humboldt.edu/marinelab; 570 Ewing St; 1 US$; ⏲Mo–Fr 9–16.30 Uhr ganzjährig, Aug.–Mai Sa & So 10–17 Uhr; P👪)🌿 einen Besuch abgestattet hat, kann man an Sandstränden spazieren gehen oder kurze Wanderungen um Trinidad Head unternehmen. Am Patrick's Point Dr nördlich der Stadt gibt's bewaldete Campingplätze, Hütten und Lodges. Der **Patrick's Point State Park** (☎707-677-3570; www.parks.ca.gov; 4150 Patrick's Point Dr; 8 US$/Auto; ⏲Sonnenauf–Sonnenuntergang; P👪)🌿 hat eindrucksvolle felsige Landzungen zu bieten, Strände mit viel Treibgut, den authentischen Nachbau eines Dorfes der Yurok und einen **Campingplatz** (☎Information 707-677-3570; Reservierungen 800-444-7275; www.reservecalifornia.com; 4150 Patrick's Point Dr; Stellplatz Zelt & Wohnmobil 35 US$ plus 8 US$/zusätzlichem Fahrzeug; P🐾) mit warmen Münzduschen.

REDWOOD NATIONAL PARK

Auf der Fahrt nach Norden führt der Hwy 101 am **Thomas H. Kuchel Visitor Center** (☎707-465-7765; www.nps.gov/redw; Hwy 101, Orick; ⏲Apr.–Okt. 9–17 Uhr, Nov.–März 9–16 Uhr)

ABSTECHER

ORR HOT SPRINGS

Ein Sprung ins Thermalwasser der rustikalen **Orr Hot Springs** (☎707-462-6277; www.orrhotsprings.org; 13201 Orr Springs Rd; Tagesgebühr Erw./Kind 30/25 US$; ⊙nach Absprache 10–22 Uhr) ist einfach himmlisch. Prüde sollte man aber nicht sein: Das Resort, in dem Kleidung optional ist, ist vor allem bei Einheimischen, nostalgischen Hipstern, Backpackern und liberal eingestellten Travellern beliebt. Es gibt private Wannen, eine Sauna, einen Swimmingpool mit Quellwasser und Felsenboden, einen Dampfraum, Massagen und traumhafte Gärten. Unbedingt reservieren.

Es gibt außerdem sechs Jurten sowie **Zimmer** (☎707-462-6277; www.orrhotsprings.org; 13201 Orr Springs Rd; Stellplatz Zelt Erw./Kind 70/35 US$, Zi. & Jurte 220 US$, Cottage 297,60 US$; P), falls man hier länger verweilen möchte.

des Redwood National Parks vorbei. Dieser bildet zusammen mit den drei State Parks Prairie Creek, Del Norte und Jedediah Smith eine Weltnaturerbestätte. Sie umfasst mehr als 40 % aller alten, noch existierenden Redwood-Wälder. Der Besuch des Nationalparks ist kostenlos, in den State Parks muss man allerdings eine Tagesgebühr von 8 US$ zahlen. Dort befinden sich auch erschlossene Campingplätze (S. 372). Das Flickwerk aus National- und State Parks erstreckt sich nordwärts bis zur Grenze von Oregon. Mittendrin liegen vereinzelt ein paar Ortschaften. Im Süden erreicht man zunächst den **Redwood National Park** (☎707-464-6101, 707-465-7335; www.nps.gov/redw; Hwy 101, Orick; P) GRATIS, in dem sich ein 2,5 km langer Naturlehrpfad durch den **Lady Bird Johnson Grove** schlängelt.

PRAIRIE CREEK REDWOODS STATE PARK

6 Meilen (10 km) nördlich von Orick führt der zehn Meilen (16 km) lange Newton B Drury Scenic Parkway parallel zum Hwy 101 durch den **Prairie Creek Redwoods State Park** (☎707-465-7335; www.parks.ca.gov; Newton B Drury Scenic Pkwy; Parkgebühr 8 US$/Tag; P). Roosevelt-Wapitis grasen auf der Wiese vor dem **Visitor Center** (☎707-488-2039; www.parks.ca.gov; Newton B Drury Scenic Pkwy; ⊙Mai–Sept. 9–17 Uhr, Okt.–April bis 16 Uhr), an dem auch einige Wanderwege beginnen.

Drei Meilen (5 km) weiter südlich führt die vorwiegend unbefestigte Davison Rd nach Nordwesten zum Gold Bluffs Beach und endet schließlich am Ende des Wanderwegs zum üppig bewachsenen **Fern Canyon**.

Nördlich des winzigen Klamath passiert der Hwy 101 die kitschige Attraktion **Trees of Mystery** (☎707-482-2251; www.treesofmystery.net; 15500 Hwy 101; Museum frei, Gondel Erw./Kind 18/9 US$; ⊙9–16.30 Uhr; P).

DEL NORTE COAST REDWOODS STATE PARK

Als nächstes folgt der Del Norte Coast Redwoods State Park mit unberührten Redwood-Wäldern und Küstenabschnitten. Der **Damnation Creek Trail** (hin & zurück 7 km) führt an Redwood-Riesen vorbei etwa 300 m hinunter zu einem versteckten, felsigen Strand, den man am besten bei Ebbe besucht. Der Startpunkt liegt an einem Parkplatz am Hwy 101 beim Meilenmarker 16.

CRESCENT CITY & UMGEBUNG

Das öde Crescent City mit seinem Fischereihafen liegt an einer halbmondförmigen Bucht. 1964 wurde mehr als die Hälfte der Stadt von einer Flutwelle zerstört und danach mit hässlichen Zweckbauten wieder aufgebaut. Bei Ebbe kann man vom Südende der A St hinüber laufen zum 1856 errichteten **Battery Point Lighthouse** (☎707-464-3089; https://delnortehistory.org; South A St; Erw./Kind 5/1 US$; ⊙April–Sept. 10–16 Uhr, Okt.–März Sa & So 10–16 Uhr).

Der **Jedediah Smith Redwoods State Park** (☎707-465-7335; www.parks.ca.gov; Hwy 199, Hiouchi; Tagesparkticket 8 US$; ⊙Sonnenaufgang–Sonnenuntergang; P), der nördlichste Park dieser Gruppe, liegt nordöstlich von Crescent City. Die Redwood-Riesen stehen hier so dicht, dass nur wenige Wege durch den Park führen. Einige leichte Wanderwege beginnen nahe der Schwimmstellen am Fluss beim Hwy 199; auch die Fahrt über die holprige und unbefestigte, 10 Meilen (16 km) lange Panoramastraße Howland Hill Rd lohnt sich. Im **Crescent City Information Center** (☎707-465-7306; www.nps.gov/redw; 1111 2nd St; ⊙April–Okt. 9–17 Uhr, Nov.–März 9–16 Uhr) gibt's Karten und Infos über die Redwood National & State Parks.

Sacramento

Kaliforniens Hauptstadt ist ein Ort der Gegensätze. In der Heimat des **California State Capitol** (☎916-324-0333; http://capitolmuseum.ca.gov; 1315 10th St; ⌚ Mo–Fr 8–17, Sa & So ab 9 Uhr; 👪) GRATIS stehen während der Rush Hour die SUVs der Politiker Stoßstange an Stoßstange mit den verdreckten, schweren Pickups der Bauern. Die Bewohner von „Sac" sind ein einfallsreiches Völkchen und haben eine kleine, aber feine Restaurant- und Kunstszene sowie ein lebhaftes Nachtleben aufgebaut. Zu Recht rühmen sie den **Second Saturday**, den einmal im Monat stattfindenden Galeriebummel in Midtown, der zu einem Symbol für die kulturelle Erneuerung der Stadt geworden ist. Und auch auf die Bauernmärkte, Restaurants mit farmfrischen Gerichten und Craft-Biere ist man stolz.

Sehenswertes

★Golden 1 Center ARENA
(☎ Ticketschalter 916-840-5700; www.golden1center.com; 500 David J Stern Walk) Willkommen in der Arena der Zukunft. Das glänzende Heim der Sacramento Kings ist eine der fortschrittlichsten Sportstätten im Land. Das Stadion wurde nach den strengsten Normen für nachhaltiges Bauen aus lokalen Materialien errichtet. Es wird mit Solarstrom versorgt und mittels fünf Stockwerke hoher Flugzeughangar-Tore gekühlt – diese werden geöffnet und lassen die wohltuende Delta-Brise ins Innere.

★California Museum MUSEUM
(☎ 916-653-0650; www.californiamuseum.org; 1020 O St; Erw./Kind 9/6,50 US$; ⌚ Di–Sa 10–17, So 12–17 Uhr; 👪) In dem modernen Museum befindet sich die California Hall of Fame – wohl der einzige Ort, an dem man gleichzeitig César Chávez, Mark Zuckerberg und Amelia Earhart „treffen" kann. Die Ausstellung *California Indians* mit Artefakten und mündlich überlieferten Geschichten von mehr als zehn indigen Stämmen ist ein echtes Highlight.

Schlafen

Die Hauptstadt zieht vor allem Geschäftsreisende an, sodass in Sacramento kein Mangel an Hotels besteht. Viele Häuser bieten während der Sitzungspausen des Parlaments günstige Sonderrabatte an. Wenn man nicht gerade wegen einer Cal Expo in der Stadt ist, sollte man in Downtown oder Midtown absteigen, da dort viele Sehenswürdigkeiten in fußläufiger Entfernung liegen. Wer auf kitschige Motels aus den 1950er-Jahren steht, schaut sich am besten in West Sac jenseits des Flusses die letzten noch existierenden Unterkünfte der Motel Row an der Rte 40 an.

Greens Hotel BOUTIQUEHOTEL $
(☎ 916-921-1736; www.thegreenshotel.com; 1700 Del Paso Blvd; Zi. ab 109 US$; P ⊖ ❄ @ ᯤ 🏊) Dieses stilvoll renovierte Motel aus den 1950er-Jahren gehört zu den hippsten Unterkünften in Sacramento. Die Gegend ist charmant, es gibt ein süßes Café und eine Kunstgalerie direkt nebenan. Dank der sicheren Parkplätze, einem Pool und geräumigen Anlagen ist das Haus ein idealer Stopp für Familien auf dem Weg vom oder zum Lake Tahoe. Die schicken Zimmer haben auch genug Klasse für ein romantisches Wochenende.

★Citizen Hotel BOUTIQUEHOTEL $$
(☎ 916-442-2700; www.thecitizenhotel.com; 926 J St; Zi. ab 180 US$; P ⊖ ❄ @ ᯤ 🐾) Eine elegante, ultrahippe Renovierung hat den lange leer stehende Beaux-Arts-Turm von 1927 zur coolsten Unterkunft in Downtown verwandelt. Die Details sind beeindruckend: Luxus-Bettwäsche, gestreifte Tapeten und eine Dachterrasse mit tollem Blick auf die Stadt. Im Erdgeschoss befindet sich ein gehobenes **Restaurant** (☎ 916-492-4450; 926 J St; Hauptgerichte 29–55 US$; ⌚ Mo–Do 6.30–10.30, 11.30–14.30 & 17.30–22, Fr bis 23, Sa 8–14 & 17.30–23, So bis 21 Uhr; ᯤ), das farmfrische Gerichte serviert.

Essen & Ausgehen

Die überteuerten Restaurants in Old Sacramento oder beim Kapitol sollte man links liegen lassen und sich stattdessen in Midtown oder im Tower District umschauen. Bei einer Fahrt über die J St oder den Broadway kommt man an einigen angesagten, günstigen Restaurants vorbei, die im Sommer ihre Tische nach draußen stellen. Viele Köche nutzen erntefrisches Obst und Gemüse.

★Fieldwork Brewing Company BRAUEREI
(☎ 916-329-8367; www.fieldworkbrewing.com; 1805 Capitol Ave; ⌚ So–Do 11–22, Fr & Sa bis 23 Uhr) Der muntere und ultrahippe Brauereipub hat 22 wechselnde, ausgezeichnete Fassbiere. Verspielte, hopfenbetonte IPA-Variationen wie das beliebte Pulp IPA sind die Spezialität, es gibt aber auch leichtere Saisonbiere, etwa das Salted Watermelon Gose. Dank der kleinen Speisekarte und der Brettspiele kann man hier bei drückend heißem Wetter gut Zeit verbringen.

Anreise & Unterwegs vor Ort

Da Sacramento an der Kreuzung von größeren Highways liegt, ist die Wahrscheinlichkeit hoch, dass man auf dem Weg zu anderen Zielen in Kalifornien durch diese Stadt kommt. Der **Sacramento International Airport** (SMF; ☎916-929-5411; www.sacramento.aero/smf; 6900 Airport Blvd) liegt vor allem günstig für alle, die in den Yosemite National Park besuchen wollen.

Die Regionalroute 42B von **Yolobus** (☎530-666-2877; www.yolobus.com) pendelt stündlich zwischen Flughafen und Downtown (2 US$); der Bus fährt auch nach West Sacramento, Woodland und Davis. **Sacramento Regional Transit** (RT; ☎916-321-2877; www.sacrt.com; einfache Strecke 2,50 US$) betreibt die Stadtbusse, einen Trolley zwischen Old Sacramento und der Downtown sowie Sacramentos Stadtbahnnetz, das die abgelegenen Gemeinden anbindet.

Sacramento eignet sich prima zum Radfahren. Fahrräder verleiht **Trek Bicycles Sacramento** (☎916-447-2453; www.facebook.com/TrekBicycleSacramento; 2419 K St; 40–100 US$/Tag; ⊙Mo–Fr 10–19, Sa bis 18, So 11–17 Uhr).

Gold Country

Heute lockt Hollywood die Träumer an und das Silicon Valley die Glücksritter. Doch es ist nicht das erste Mal, dass Menschen auf der Suche nach ihrer Chance im Golden State landen. Nachdem James Marshall 1848 am American River ein verdächtiges Funkeln aufgefallen war, strömten mehr als 300 000 Goldsucher aus Amerika und dem Rest der Welt in die Ausläufer der Sierra. Bald darauf wurde Kalifornien zum Bundesstaat mit dem offiziellen Motto „Heureka“, womit es seinen Ruf als Land der unbegrenzten Möglichkeiten festigte.

Die 49er-Glücksritter sind zwar schon längst verschwunden, aber bei einer Fahrt auf dem Hwy 49 durch verschlafene Hügelortschaften, vorbei an aus Schindeln gezimmerten Saloons und von Eichen gesäumten Nebenstraßen, wird man in die Wild-West-Ära zurückversetzt, in der das moderne Kalifornien geboren wurde. Zahlreiche Hinweisschilder erzählen Geschichten von Gewalttaten und Banditenwesen rund um den Goldrausch.

Der Hwy 50 trennt die Northern von den Southern Mines. Bindeglied ist der kurvenreiche Hwy 49 mit vielen Aussichtspunkten auf die berühmten Hügel. Anregungen für Touren gibt's bei der Gold Country Visitors Association (https://visitgoldcountry.com).

Anreise & Unterwegs vor Ort

Man kann die Region mit einem Zug der Transkontinentallinie erreichen, die Sacramento mit Truckee/Reno verbindet und einen Haltepunkt in Auburn hat. Auburn ist das wichtigste Sprungbrett in die Region und liegt nur eine kurze Fahrt auf der I-80 von Sacramento entfernt. In Auburn gelangt man auf den Hwy 49, die klassische Route durchs Gold Country.

Northern Mines

Nevada City, die „Königin der Northern Mines“, hat schmale Straßen mit liebevoll restaurierten Gebäuden, winzigen Theatern, Kunstgalerien, Cafés und Geschäften. Im **Visitor Center** (☎530-265-2692; www.nevadacitychamber.com; 132 Main St; ⊙Mo–Fr 9–17, Sa 11–16, So 12–15 Uhr) sind Infos und Karten für selbst geführte Spaziergänge erhältlich. In den **Tahoe National Forest Headquarters** (☎530-265-4531; www.fs.usda.gov/tahoe; 631 Coyote St; ⊙Mo–Fr 8–16.30 Uhr) am Hwy 49 bekommt man Infos zu Campingplätzen und Wanderwegen.

Das Gästehaus **Broad Street Inn** (☎530-265-2239; www.broadstreetinn.com; 517 W Broad St; Zi. 119–134 US$; ❄📶) 🌿 im Herzen der Stadt ist so beliebt, weil es sich aufs Wesentliche konzentriert: Seine sechs preisgünstigen Zimmer sind modern und hell, aber angenehm möbliert und elegant. Das ungewöhnlich freundliche und heitere **Outside Inn** (☎530-265-2233; http://outsideinn.com; 575 E Broad St; DZ 94–230 US$; P⊖❄📶🏊🐾) ist die beste Option für aktive Entdecker.

Etwas mehr als eine Meile (1,6 km) östlich von **Grass Valley** und dem Hwy 49 kennzeichnet der **Empire Mine State Historic Park** (☎530-273-8522; www.empiremine.org; 10791 Empire St; Erw./Kind 6–16 Jahre 7/3 US$; ⊙10–17 Uhr; P👪) die Stelle einer der ergiebigsten Goldminen Kaliforniens. Zwischen 1850 und 1956 wurden hier ca. 180 t Gold gefördert, das heute einen Marktwert von 8 Mrd. US$ besitzt.

Eine der besten Badestellen für einen Sprung ins kühle Nass bei sommerlicher Hitze liegt in der **Auburn State Recreation Area** (☎530-885-4527; www.parks.ca.gov; 501 El Dorado St; 10 US$/Auto; ⊙7 Uhr–Sonnenuntergang). Das Erholungsgebiet liegt gleich östlich von Auburn, einem Boxenstopp an der I-80, rund 25 Meilen (40,2 km) südlich von Grass Valley.

In **Coloma** begann der kalifornische Goldrausch. Der am Fluss gelegene **Mar-**

shall Gold Discovery State Historic Park (☎530-622-3470; www.parks.ca.gov; Hwy 49, Coloma; 8 US$/Auto; ⌚Ende Mai–Anf. Sept. 8–20 Uhr, Anf. Sept.–Ende Mai bis 17 Uhr; P) ist eine Hommage an James Marshalls folgenschwere Entdeckung. Hier kann man Gold waschen und sich restaurierte Gebäude anschauen. Der Park beherbergt auch das Argonaut Farm to Fork Cafe (☎530-626-7345; www.argonautcafe.com; 331 Hwy 49, Coloma; Gerichte 8–12 US$; ⌚8–16 Uhr;), das wirklich leckere Suppen, Sandwiches, Backwaren und Kaffee serviert.

Southern Mines

In den Orten der Southern Mines zwischen Placerville und Sonora herrscht nur wenig Verkehr und die staubigen Straßen riechen noch immer nach Wildem Westen – auch dank der hier ansässigen kunterbunten Mischung aus Harley-Bikern und Goldsuchern (kein Witz). Einige der Orte wie Plymouth (Ol' Pokerville), Volcano und Mokelumne Hill sind echte Geisterstädte, die langsam in fotogene Zeugen der Vergangenheit zerfallen. Andere Orte wie Sutter Creek, Murphys und Angels Camp wurden als Vorzeigemodelle des viktorianischen Amerika herausgeputzt. Hier kann man sich wunderbar abseits der ausgetretenen Pfade bewegen und familienbetriebene Weingüter oder auch Höhlen entdecken, deren geologische Wunder für die darüber liegenden Souvenirläden entschädigen.

Nette B&Bs, Cafés und Eisdielen gibt's in fast jedem Ort. Wer etwas anderes sucht, testet das Imperial Hotel (☎209-267-9172; www.imperialamador.com; 14202 Old Hwy 49, Amador City; Zi. 110–155 US$, Suite 125–195 US$;) in Plymouth. 1879 erbaut, gehört das Haus zu den besonders innovativ renovierten Hotels der Gegend. Schicke Art-déco-Details bringen den warmen, roten Backstein zur Geltung; die vornehme Bar und ein sehr gutes, saisonal ausgerichtetes Restaurant (Hauptgerichte abends 16–38 US$) tun ihr Übriges.

Ein kurzer Abstecher vom Hwy 49 führt zum Columbia State Historic Park (☎209-588-9128; www.parks.ca.gov; 11255 Jackson St; ⌚Geschäfte meistens 10–17 Uhr; P) GRATIS. In den Blocks mit authentischen Gebäuden aus den 1850er-Jahren trifft man kostümierte Ladenbesitzer und Straßenmusikanten. In der Nähe von Sonora befindet sich der Railtown 1897 State Historic Park (☎209-984-3953; www.railtown1897.org; 10501 Reservoir Rd, Jamestown; Erw./Kind 5/3 US$, inkl. Zugfahrt 15/10 US$; ⌚April–Okt. 9.30–16.30 Uhr, Nov.–März 10–15 Uhr, Zugfahrten April–Okt. Sa & So 10.30–15 Uhr; P); hier werden Zugfahrten durch die umliegenden Hügel angeboten, in denen Hollywood-Western wie *Zwölf Uhr mittags* gedreht wurden.

Kaliforniens Northern Mountains

Die entlegenen, einsamen und unglaublich schönen Northern Mountains gehören zu den am wenigsten besuchten Ecken Kaliforniens. Wer sie erkundet, darf sich auf Wildnis und eine endlose Parade von Landschaftswundern, klaren Seen, rauschenden Flüssen und Wüsten freuen. Die höchsten Gipfel – Lassen, Shasta und die Trinity Alps – haben in geologischer Hinsicht nur wenig gemeinsam, überall aber kann man unter funkelnden Sternen wild campieren.

Von Redding zum Mt. Shasta

Nördlich von Redding schauen Autofahrer die meiste Zeit auf den Mt. Shasta, einen 4322 m hohen, schneebedeckten Goliath am Südende der vulkanischen Cascades Range. Der Anblick des dramatisch in den Himmel ragenden Berges lässt das Herz eines jeden Bergsteigers höher schlagen.

Motels gibt's überall, so auch in Mt. Shasta City. Die meisten Kettenunterkünfte befinden sich in Redding in der Nähe der großen Highways. Campingplätze gibt's en masse, vor allem auf öffentlichem Land.

Die Busse von Greyhound (www.greyhound.com), die nach Norden und Süden auf der I-5 unterwegs sind, halten im Depot (628 S Weed Blvd) in Weed, 8 Meilen (12,9 km) nördlich von Mt. Shasta City an der I-5. Busse fahren u. a. nach Redding (ab 22 US$, 80 Min., 4-mal tgl.), Sacramento (ab 40 US$, 5½ Std., 4-mal tgl.) und San Francisco (ab 55 US$, 7½ Std., 2- bis 3-mal tgl.).

REDDING & UMGEBUNG

Den Touristenbroschüren sollte man keinen Glauben schenken: Redding, der größte Ort der Region, ist ziemlich langweilig. Der beste Grund für einen Abstecher von der I-5 ist die Sundial Bridge, eine grandiose Fußgängerbrücke mit Glasboden, die von dem neofuturistischen spanischen Architekten Santiago Calatrava entworfen wurde. Sie führt über den Sacramento River zum Turtle Bay Exploration Park (☎530-243-8850; www.turt

lebay.org; 844 Sundial Bridge Dr; Erw./Kind 16/12 US$, nach 14.30 Uhr 11/7 US$; ⌚ Ende März–Okt. Mo–Sa 9–17, So ab 10 Uhr, Nov.–Mitte März Mi–Fr 9–16.30, Sa & So ab 10 Uhr; 👪), einem kinderfreundlichen Wissenschafts- und Naturzentrum mit botanischem Garten.

6 Meilen (10 km) westlich von Redding kann man im **Shasta State Historic Park** (☎ 520-243-8194; www.parks.ca.gov; 15312 CA 299; Museum Erw./Kind 3/2 US$; ⌚ Do–So 10–17 Uhr) am Hwy 299 eine echte Stadt aus der Goldrausch-Ära erkunden. Obwohl das verheerende Carr-Feuer 2018 in diesem Park wütete, konnten alle Hauptattraktionen gerettet werden. 3 Meilen (4,8 km) weiter westlich war die **Whiskeytown National Recreation Area** (☎ 530-246-1225; www.nps.gov/whis; 14412 Kennedy Memorial Dr, Whiskeytown; ⌚ 10–16 Uhr) der Brandherd des Feuers, das 93 % der 170 000 m² des Parks vernichtete, bevor es 1604 nahegelegene Gebäude zerstörte. Das Besucherzentrum des Parks wurde neu eröffnet und die Menschen kommen wieder zum **Whiskeytown Lake**, an dem es Sandstrände, Wassersportmöglichkeiten und Campingplätze gibt. Aber das Innere des Parks ist noch stark mitgenommen, viele Straßen und alle Wanderwege (u. a. zu Wasserfällen) und Mountainbikerouten sind noch gesperrt. Im verschlafenen **Weaverville**, 35 Meilen (56 km) weiter westlich, bewahrt der **Joss House State Historic Park** (☎ 530-623-5284; www.parks.ca.gov; 630 Main St; Führung Erw./Kind 4/2 US$; ⌚ Führungen stündl. Do–So 10–16 Uhr; P) einen 1874 erbauten, kunstvoll verzierten Tempel chinesischer Einwanderer.

SHASTA LAKE

Nördlich von Redding überquert die I-5 den tiefblauen Shasta Lake. Kaliforniens größten Stausee ist durch den riesigen, von Hausboothäfen und Wohnmobilparks gesäumten **Shasta Dam** (☎ 530-247-8555; www.usbr.gov/mp/ncao/shasta-dam.html; 16349 Shasta Dam Blvd; ⌚ Visitor Center 8–17 Uhr, Führungen Sept.–Mai 9, 11, 13 & 15 Uhr, Juni–Aug. 9, 10.15, 11.30, 13, 14.15, 15.30 Uhr; P 👪) GRATIS entstanden. Hoch oben in den Kalksteinmegalithen am Nordufer des Sees befinden sich die prähistorischen **Lake Shasta Caverns** (☎ 530-238-2341; www.lakeshastacaverns.com; 20359 Shasta Caverns Rd, Lakehead; 2-stündige Führung Erw./Kind 3–15 Jahre 30/18 US$; ⌚ Führungen Ende Mai–Anfang Sept. 9–16 Uhr alle 30 Min., April–Ende Mai & Anf.–Ende Sept. 9–15 Uhr stündl., Okt.–März 10, 12 & 14 Uhr; P 👪). Teil der Höhlenführungen ist auch eine Fahrt in einem Katamaran oder eine Bootsfahrt auf dem See mit Abendessen.

DUNSMUIR

Weitere 35 Meilen (56 km) nördlich liegt an der I-5 Dunsmuir, eine winzige historische Eisenbahnsiedlung mit dynamischen Kunstgalerien in einem malerischen Zentrum. Das schlichte, elegante **Café Maddalena** (☎ 530-235-2725; www.cafemaddalena.com; 5801 Sacramento Ave; Hauptgerichte 21–28 US$; ⌚ Feb.–Dez. Do–So 17–21 Uhr) hat Dunsmuir einen Platz auf der kulinarischen Landkarte verschafft. Die saisonal wechselnde Karte stammt aus der Feder von Chefkoch Brett LaMott (bekannt aus dem Trinity Cafe) und präsentiert Gerichte aus Südeuropa und Nordafrika. Danach geht's zur **Dunsmuir Brewery Works** (☎ 530-235-1900; www.dunsmuirbreweryworks.com; 5701 Dunsmuir Ave; Hauptgerichte 8–14 US$; ⌚ Okt.–März So 11–20, Di–Do bis 20.30, Fr & Sa bis 21 Uhr, April–Sept. längere Öffnungszeiten; 📶) auf ein frisches Ale oder ein wunderbar ausgewogenes Porter.

Im **Railroad Park Resort** (☎ 530-235-4440; www.rrpark.com; 100 Railroad Park Rd; Stellplatz Zelt/Wohnmobil ab 29/37 US$, DZ 135–200 US$; ❄📶🏊🐾), zwei Meilen (3,2 km) südlich der Stadt, können Besucher in umgerüsteten alten Eisenbahnwaggons und Güterwagen übernachten. Kids werden von dem Gelände begeistert sein, können sie doch hier zwischen Lokomotiven herumtoben und in den zentral gelegenen Pool springen, während ihre Eltern im Whirlpool relaxen.

Sechs Meilen (10 km) südlich der I-5 bietet der **Castle Crags State Park** (☎ 530-235-2684; www.parks.ca.gov; 20022 Castle Creek Rd; 8 US$/Auto; ⌚ Sonnenaufgang–Sonnenuntergang) **Stellplätze** im Wald (☎ Reservierungen 800-444-7275; www.reservecalifornia.com; Stellplatz Zelt & Wohnmobil 25 US$). Vom höchsten Punkt des 9 km langen **Crags Trail**, eines winterfesten Rundwanderwegs, hat man eine atemberaubende Sicht auf den Mt. Shasta.

Direkt nördlich von Dunsmuir lohnt das 1897 erbaute **McCloud River Mercantile Hotel** (☎ 530-964-2330; www.mccloudmercantile.com; 241 Main St; Zi. 139–275 US$; P 🚭 📶) den Abstecher zur Stadt McCloud. Der ehemalige Laden einer Holzfirma wurde ausgezeichnet restauriert und bietet eine altmodische Süßwarentheke und einen Springbrunnen aus den 1930er-Jahren im ersten Stock. Oh, und in der früheren Metzgerei befindet sich heute ein tolles neues Restaurant, das **McCloud Meat Market and Tavern**.

MT. SHASTA CITY

9 Meilen (14,5 km) nördlich von Dunsmuir lockt Mt. Shasta City Kletterer, Neu-Hippies und Naturfreaks an, die die Schönheit des majestätisch aufragenden Berges bewundern. Der **Everitt Memorial Hwy** oberhalb von Bunny Flat ist normalerweise von Juni bis Oktober schneefrei und geöffnet und führt hinauf auf fast 2500 m. Von dort oben kann man wunderbar den Sonnenuntergang genießen. Vom Ort aus fährt man einfach auf der Lake St gen Osten. Erfahrene Bergsteiger, die Höhen jenseits der 3000-m-Grenze erklimmen wollen, benötigen einen Summit Pass (25 US$), der in der **Mt. Shasta Ranger Station** (530-926-4511; www.fs.usda.gov/stnf; 204 W Alma St; Mo–Fr 8–16.30 Uhr) erhältlich ist. Dort gibt es auch Wetterberichte und topografische Karten. Ausrüstung vermietet der Outdoor-Laden **Fifth Season** (530-926-3606; http://thefifthseason.com; 300 N Mt. Shasta Blvd; April–Nov. Mo–Fr 9–18, Sa 8–18, So 10–17 Uhr, Dez.–März 8–18 Uhr) im Ortszentrum. **Shasta Mountain Guides** (530-926-3117; http://shastaguides.com; 230 N Mt Shasta Blvd; 2-tägige Klettertouren ab 795 US$/Pers.) veranstaltet mehrtägige Bergwanderungen.

Das helle viktorianische Farmhaus von 1904, das **Shasta MountInn** (530-261-1926; www.shastamountinn.com; 203 Birch St; Zi. 150–175 US$; P), wirkt nur von außen betagt, innen ist es locker minimalistisch, in kräftigen Farben und mit eleganter Dekoration gestaltet. Die luftigen Zimmer haben traumhafte Betten und bieten einen wundervollen Blick auf den leuchtenden Berg. Im **Seven Suns Coffee & Cafe** (530-926-9701; 1011 S Mt Shasta Blvd; 6–16 Uhr;) gibt's vor Ort gerösteten Bio-Kaffee, im Markt **Berryvale Grocery** (530-926-1576; www.berryvale.com; 305 S Mt Shasta Blvd; Cafégerichte ab 3 US$; Laden 8–20 Uhr, Café bis 19 Uhr;) Lebensmittel und Bio-Produkte.

Northeast Corner

LAVA BEDS NATIONAL MONUMENT

Das **Lava Beds National Monument** (530-667-8113; www.nps.gov/labe; 1 Indian Well HQ, Tulelake; 7-Tagekarte 25 US$/Auto; P) ist ein stiller Zeuge jahrhunderterlanger Unruhen. Dieser Park hat wirklich alles zu bieten: Lavaströme, Asche- und Schlackenkegel, Vulkankrater und erstaunliche Lavaröhren. Hier, wo einst der Modoc-Krieg tobte, kann man heute zudem in den Fels geritzte Zeichnungen und an Höhlenwände gemalte Piktogramme der amerikanischen Ureinwohner bewundern. Infos, Taschenlampen und Karten sind im **Visitor Center** (530-667-8113; www.nps.gov/labe; Tulelake; 10–16 Uhr, im Sommer, Frühling & Herbst längere, aber unterschiedliche Öffnungszeiten) erhältlich, in dem man sich auch Schutzhelme und Knieschoner kaufen kann. In der Nähe befindet sich der einfache **Campingplatz** (www.nps.gov/labe/planyourvisit/campgrounds.htm; Stellplatz Zelt & Wohnmobil 10 US$;) des Parks, wo es Trinkwasser gibt.

KLAMATH BASIN NATIONAL WILDLIFE REFUGE COMPLEX

In dem staubigen Ort **Tulelake**, 20 Meilen (32 km) nordöstlich des Parks am Hwy 139, gibt's einfache Motels, ein paar Diner und eine Tankstelle. Der aus sechs separaten Schutzgebieten in Kalifornien und Oregon bestehende **Klamath Basin National Wildlife Refuge Complex** ist eine wichtige Zwischenstation für Zugvögel auf der Pazifikroute und ein bedeutendes Winterquartier für Weißkopfseeadler. Wenn im Frühjahr und Herbst der Höhepunkte der Zugvogelsaison ansteht, sind über 1 Mio. Vögel am Himmel zu sehen. Das **Visitor Center** (530-667-2231; www.klamathbasinrefuges.fws.gov; 4009 Hill Rd, Tulelake; 9–16 Uhr) befindet sich am Hwy 161 etwa 4 Meilen (6,5 km) südlich der Grenze zu Oregon. Die 10 Meilen (16 km) langen Autotouren durch die Schutzgebiete Lower Klamath und Tule Lake bieten ausgezeichnete Möglichkeiten, Vögel zu beobachten. Im Schutzgebiet Upper Klamath gibt's eine 15 km lange Kanustrecke, die am **Rocky Point Resort** (541-356-2287; 28121 Rocky Point Rd, Klamath Falls, OR; Kanu & Kajak pro Stunde/½ Tag/ganzer Tag 20/45/60 US$; April–Okt.;) beginnt. Benzin, Essen und Unterkünfte bekommt man in Klamath Falls, OR, am Hwy 97.

LASSEN VOLCANIC NATIONAL PARK

Im eindrucksvollen **Lassen Volcanic National Park** (530-595-4480; www.nps.gov/lavo; 38050 Hwy 36 E, Mineral; 7-Tagekarte/Auto Mitte April–Nov. 30 US$, Dez.–Mitte Apr. 10 US$; P) lassen sich hydrothermale Schwefelteiche, brodelnde Schlammtöpfe und dampfende Becken betrachten, was wunderbar vom **Bumpass Hell Boardwalk** aus geht. Wer will, kann den **Lassen Peak** (3187 m), den weltweit größten bekannten Lavadom, in Angriff nehmen. Es ist ein anstrengender, aber nicht allzu schwieriger, 8 km langer Rundwanderweg. Der Park hat zwei Zugänge: Der eine befindet sich eine Autostunde östlich am Hwy 44 in der Nähe des beliebten **Manzanita Lake Campground** (Reservierungen 877-444-6777; www.recreation.gov; Stellplatz Zelt & Wohnmobil 15–26 US$;), der zweite liegt eine 40-minütige Autofahrt nordwestlich des Lake Almanor am Hwy 89 bei der **Kom Yah-mah-nee Visitor Facility** (530-595-4480; www.nps.gov/lavo; 21820 Lassen National Park Hwy, Mineral; 9–17 Uhr, Nov.–März Mo & Di geschl.;) . Der durch den Park führende Hwy 89 ist meistens schneefrei und von Juni bis Oktober für Autos geöffnet.

Sierra Nevada

Die mächtige Sierra Nevada, die der Schriftsteller und Naturforscher John Muir als „Range of Light" (Gebirge des Lichts) bezeichnete, bildet das Rückgrat Kaliforniens. Die 644 km lange Phalanx aus zerklüfteten, von Gletschern und Erosion geformten Gipfeln lockt Outdoor-Fans an und fordert sie zugleich heraus. Mit ihren drei Nationalparks (Yosemite, Sequoia und Kings Canyon) ist die Sierra ein faszinierendes und wildes Wunderland der Superlative: Hier finden sich der höchste Gipfel der kontinentalen USA (ohne Alaska), der Mt. Whitney, der mächtigste Wasserfall Nordamerikas (Yosemite Falls) sowie die ältesten und höchsten Bäume der Welt (uralte Grannenkiefer und riesige Mammutbäume).

Yosemite National Park

Der atemberaubende Superstar unter den amerikanischen Nationalparks wurde von der UNESCO zum Weltkulturerbe erklärt. Der **Yosemite National Park** (209-372-0200; www.nps.gov/yose/index.htm; 35 US$/Fahrzeug) -korrekt wird er „yo-*se*-mi-tie" ausgesprochen – lässt jeden Besucher andächtig staunen. Das smaragdgrüne Yosemite Valley ist von gewaltigen Granitwänden mit Wasserfällen umgeben. Beim Mariposa Grove ragen gewaltige Riesenmammutbäume in den Himmel. Dieser Anblick erfüllt jeden der rund 4 Mio. Besucher, die den ältesten Nationalpark des Landes jedes Jahr besuchen, mit Ehrfurcht. Doch über die Besucherströme sollte man hinwegsehen: Die Pracht dieses Fleckchens Erde offenbart sich im stolzen Profil des Half Dome, im trutzigen El Capitan, in den feuchten Nebeln der Yosemite Falls, den Gemstone Lakes in der subalpinen Wildnis und den unberührten Pfaden von Hetch Hetchy.

Sehenswertes

Es gibt vier Hauptzugänge zum Park (30 US$/Fahrzeug): South Entrance (Hwy 41), Arch Rock (Hwy 140), Big Oak Flat (Hwy 120 W) und Tioga Pass (Hwy 120 E). Der Hwy 120 durchquert den Park als Tioga Rd und verbindet das Yosemite Valley mit der Eastern Sierra.

Yosemite Valley

Dieses spektakuläre Tal wurde vom gewundenen Merced River gegraben. Wogendes Wiesengrün, stattliche Kiefer, tosende Wasserfälle und stille, kühle Wasserflächen, in denen sich gewaltige Granitmonolithen spiegeln – das Yosemite Valley ist durch und durch inspirierend. Im oft überlaufenen und im Verkehr erstickenden **Yosemite Village** befinden sich das größte **Visitor Center** (209-372-0200; www.nps.gov/yose; 9035 Village Dr; 9–17 Uhr) des Parks, ein **Museum** (www.nps.gov/yose; 9037 Village Dr; Sommer 9–17 Uhr, Rest des Jahres 10–16 Uhr, oft von 12–13 Uhr geschl.) GRATIS, eine Fotoausstellung, ein Filmtheater, ein Gemischtwarenladen und weitere Service-Einrichtungen. Das Half Dome Village (bzw. Curry Village) ist ein weiteres Zentrum. Hier gibt's öffentliche Duschen und Läden, die Outdoor- und Campingausrüstung vermieten und verkaufen. Einige Services waren zum Zeitpunkt der Recherche wegen der Covid-19-Pandemie geschlossen. Online gibt's den aktuellen Status.

Während der Schneeschmelze im Frühling werden die berühmten Wasserfälle des Tals zu donnernden Katarakten. Im Spätsommer sind die meisten dagegen nicht viel mehr als zahme Rinnsale. Als Nordamerikas höchste Wasserfälle stürzen die **Yosemite Falls** (740 m) über drei Stufen in die Tiefe. Zu ihrer Basis führt ein rollstuhlgerechter Weg. Mehr Einsamkeit und ein ganz neuer Blickwinkel belohnen für den strapaziösen Aufstieg über den Serpentinenweg bis zum oberen Rand (hin & zurück 11 km). Andere Wasserfälle im Tal sind ähnlich eindrucksvoll. Nach dem anstrengenden Erklimmen der Granitstufen am **Vernal Fall** erreicht man keuchend dessen obere Fallkante. Dort schweift der Blick über Regenbögen im Gischtnebel hinunter in die Tiefe.

Der gigantische **El Capitan** (2307 m) ist ein nicht zu übersehendes Paradies für Sportkletterer. Der prächtige **Half Dome** (2693 m) thront als Yosemites spirituelles

Herz über dem Tal. Beliebteste Foto-Location ist der Tunnel View oben am Hwy 41 bei der Einfahrt ins Tal.

Glacier Point

Der spektakuläre Glacier Point (2200 m) überragt die Talsole um 914 m. Hier oben befindet man sich praktisch auf Augenhöhe mit dem Half Dome. Vom Yosemite Valley aus ist diese Stelle in einer Autofahrt (ca. 1 Std.) auf der Glacier Point Rd erreichbar, die vom Hwy 41 abzweigt und normalerweise von Mai bis November geöffnet ist. Wer lieber wandert, absolviert den strapaziösen Four-Mile Trail (einfache Strecke ca. 8 km) oder den weniger frequentierten Panorama Trail (einfache Strecke 13,7 km) mit vielen Wasserfällen. Wer nur vom Glacier Point bergab laufen will, reserviert einen Platz im Glacier Point Hikers' Bus (☎888-413-8869; einfache Strecke/hin und zurück 26/52 US$; ⊙ Mitte Mai–Okt.).

Wawona

Eine Autostunde südlich des Yosemite Valley liegt Wawona. Dort befindet sich das Pioneer Yosemite History Center (www.nps.gov/yose/planyourvisit/upload/pyhc.pdf; Wawona; Kutschfahrt Erw./Kind 5/4 US$; ⊙ 24 Std., Kutschfahrten Mai–Sept. Mi–So 10–14 Uhr; P ♿) GRATIS mit einer überdachten Brücke, historischen Gebäuden und Fahrten in von Pferden gezogenen Kutschen. Weiter südlich liegt der in den Himmel ragende Mariposa Grove mit dem Grizzly Giant und 500 weiteren riesigen Sequoia-Bäumen. Von Frühjahr bis Herbst fahren normalerweise Shuttlebusse hierher.

Tuolumne Meadows

Nach etwa 90 Minuten Autofahrt vom Yosemite Valley aus kommen die Tuolumne Meadows (2621 m; *two*-lu-mi), die größte subalpine Wiese der Sierra Nevada, in Sicht, die Wanderer, Backpacker und Kletterer in die nördliche Wildnis des Parks locken. Mit Wildblumenfeldern, azurblauem Wasser, Granitgipfeln, blanken Felskuppeln und vergleichsweise niedrigeren Temperaturen bildet sie einen starken Gegenpol zum Tal. Die Seen dieses vielfältigen Wander- und Kletterparadieses sind beliebte Reviere zum Baden oder Picknicken. Hierher führt die malerische, nur saisonal befahrbare Tioga Rd. Westlich der Meadows und des Tenaya Lake liegt der Olmsted Point mit einem großartigen Panoramablick auf den Half Dome.

Hetch Hetchy

Ungefähr 40 Meilen (65 km) nordwestlich des Yosemite Valley befindet sich Hetch Hetchy, der wohl umstrittenste Staudamm in der Geschichte der USA. Obwohl das Hetch Hetchy Valley in seinem Ursprungszustand nicht mehr besteht, ist es doch noch immer sehr schön und nur selten überlaufen. Ein 8,5 km langer Weg (hin & zurück) führt über den Damm und durch einen Tunnel zum Becken der Wapama Falls. Dort steht man dann aufregend nah an einer Wasserwand, die hinunter in den glitzernden Stausee stürzt.

Aktivitäten

Bei insgesamt rund 1300 km langen Wanderwegen hat man die Qual der Wahl. Die leichten Wege auf dem Talboden sind oft überlaufen, weiter oben entgeht man dann aber den Massen. Zu den weiteren möglichen Aktivitäten gehören Klettern, Radfahren, Reiten, Schwimmen, Raften und Skilanglauf.

Für Rucksackwanderungen mit Übernachtung braucht man ganzjährig eine Wilderness Permit (ab 10 US$). Ein Quotensystem begrenzt die Zahl der Wanderer, die pro Tag an den verschiedenen Ausgangspunkten starten. Reservierungen sind bis zu 26 Wochen im Voraus möglich. Ansonsten versucht man sein Glück beim Yosemite Valley Wilderness Center (S. 383) oder bei einer anderen Permit-Ausgabestelle um 11 Uhr am Tag vor der geplanten Wanderung.

Schlafen

Beim Campen, selbst in einem Wohnmobil auf einem Campingplatz nahe dem geschäftigen Yosemite Village, fühlt man sich der Natur näher. Wer im Hinterland campen will, benötigt eine gute Vorbereitung und ein wenig Abenteuerlust. Die Buchung aller Unterkünfte im Park, die nichts mit Camping zu tun haben – dazu gehören auch die Einrichtungen im Housekeeping Camp und Half Dome Village –, nimmt Aramark/Yosemite Hospitality (☎888-413-8869; www.travelyosemite.com) vor. Reservierungen sind bis zu 366 Tage im Voraus möglich und zwischen April und Oktober unerlässlich. Von Dezember bis März sinken Preise und Nachfrage. Andere Parkbesucher übernachten in anliegenden Städten wie Fish Camp, Midpines, El Portal, Mariposa und Groveland, aber die Fahrtzeit zum Park kann sich hinziehen.

CAMPEN IM YOSEMITE NATIONAL PARK

Von März bis September kommt man auf den meisten Campingplätzen im Park schwer unter, zumal im Yosemite Valley keine Plätze nach dem Motto „Wer zuerst kommt, mahlt zuerst" vergeben werden. Außerhalb des Tals füllen sich die Campingplätze um die Mittagszeit, vor allem an Wochenenden und um Feiertage herum.

Fast alle Campingplätze verfügen über Spültoiletten, lediglich Tamarack Flat, Yosemite Creek und Porcupine Flat haben nur Donnerbalken und kein Trinkwasser. Auf den höher gelegenen Plätzen wird es selbst im Sommer nachts recht kühl, also dicke Sachen einpacken. Die **Yosemite Mountaineering School** (☎209-372-8344; www.travelyosemite.com; Half Dome Village; ⏲April–Okt. 8.30–17 Uhr) verleiht Campingausrüstung.

Wer im Besitz einer Wilderness Permit ist, kann die Nächte vor und nach dem Trip auf den Backpacker-Campingplätzen von Tuolumne Meadows, Hetch Hetchy, White Wolf und hinter North Pines im Yosemite Valley verbringen.

Die Öffnungszeiten der saisonalen Campingplätze hängen vom Wetter ab. Verlässliche Auskünfte rund ums Campen bekommt man direkt im Yosemite National Park oder auf www.nps.gov/yose/planyourvisit/campgrounds.htm.

★Majestic Yosemite Hotel HISTORISCHES HOTEL $$$
(☎Reservierungen 888-413-8869; www.travelyosemite.com; 1 Ahwahnee Dr; Zi./Suite ab 580/1400 US$; P ⊖ @ ≋ ≋) Dieses prächtige historische Haus (das frühere Ahwahnee) ist die Crème de la Crème der Unterkünfte im Yosemite. Es beeindruckt mit seinen hohen Decken und den stimmungsvollen Lounges, die riesige steinerne Kamine haben. Von den klassisch eingerichteten Zimmern bieten sich herrliche Blicke auf den Glacier Point, den Half Dome und die Yosemite Falls. Die Cottages stehen verstreut auf dem makellos gepflegten Rasen des Hotels. Für die Hauptsaison und für Feiertage muss man mindestens ein Jahr im Voraus buchen.

May Lake High Sierra Camp HÜTTEN $$$
(www.travelyosemite.com/lodging/high-sierra-camps; Stellplatz Zelt & Wohnmobil 155 US$/Pers.) Da das Camp die am leichtesten erreichbare Anlage in der High Sierra ist, ist es auch für Kinder am besten geeignet. Nichtsdestotrotz erfordert es immer noch einen kilometerlangen Anmarsch. Der Blick auf den Mt. Hoffman ist überwältigend. Frühstück und Abendessen sind im Preis inbegriffen; es gibt Duschen.

Yosemite Valley Lodge MOTEL $$$
(☎209-372-1001, Reservierungen 888-413-8869; www.travelyosemite.com; 9006 Yosemite Lodge Dr; Zi. ab 260 US$; P ⊖ @ ≋ ≋) 🍃 Zu diesem großen Komplex, der einen kurzen Fußweg von den Yosemite Falls entfernt liegt, gehören zahlreiche Restaurants, eine belebte Bar, ein großer Pool und viele andere praktische Einrichtungen. Die Zimmer verteilen sich auf 15 Gebäude und wirken mit ihren rustikalen Holzmöbeln und den markanten Naturfotografien wie eine Kreuzung aus Motel und Lodge. Alle sind mit Kabelfernsehen, Kühlschrank und Kaffeemaschine ausgestattet und bieten einen tollen Blick von den kleinen Terrassen oder Balkons.

Außerhalb von Yosemite

Zu den umliegenden Ortschaften mit einem gemischten Sortiment aus Motels, Hotels, Lodges und B&Bs gehören Fish Camp, Oakhurst, El Portal, Midpines, Mariposa, Groveland und Lee Vining in der Eastern Sierra.

★Yosemite Bug Rustic Mountain Resort HOSTEL $
(☎209-966-6666; www.yosemitebug.com; 6979 Hwy 140, Midpines; Stellplatz Zelt/B/Zelthütten ab 25/38/65 US$, Zi. ab 175 US$, mit Gemeinschaftsbad ab 139 US$; P ⊖ @ ≋) Die rustikale Oase versteckt sich an einem bewaldeten Hang rund 25 Meilen (40 km) westlich des Parks. Auf dem Areal verteilen sich viele, sehr unterschiedliche Unterkünfte (Hütten, Schlafsäle, Privatzimmer, feste Zelte). Das **June Bug Cafe** (☎206-966-6666; www.yosemitebug.com/cafe; Yosemite Bug Rustic Mountain Resort, 6979 Hwy 140, Midpines; Hauptgerichte 8–24 US$; ⏲7–10, 11–14 & 18–21 Uhr; P ≋ ✎) 🍃 ist sehr zu empfehlen und schon für sich einen Abstecher wert, genau wie die Massagen und das Spa mit Whirlpool und Yogastudio (12 US$/Tag).

★Evergreen Lodge HÜTTEN $$$
(☎209-379-2606; www.evergreenlodge.com; 33160 Evergreen Rd, Groveland; Zelte 110–145 US$,

Hütten 230–495 US$; ⌚Jan.–Mitte Feb. meist geschl.; P ⊖ ❄ @ ≋ ≋) Außerhalb des Yosemite National Park nahe dem Eingang zum Hetch Hetchy Valley bietet dieses klassische, nahezu 100 Jahre alte Resort liebevoll dekorierte, gemütliche Hütten, die sich unter den Bäumen verteilen (in jeder gibt's Brettspiele). Die Unterkünfte sind teils rustikal, teils luxuriös. Alle Hütten haben eigene Veranden – störende Telefone oder Fernseher sucht man vergeblich. Wer es einfacher liebt, übernachtet in den gemütlichen, eingerichteten Zelten.

Essen

Im Park gibt es Restaurants für jeden Geschmack und Geldbeutel, von fettigem Fast Food bis hin zu edlen Steaks. Alle Restaurants bieten auch gute vegetarische Gerichte. Die größte Auswahl gibt's im **Village Store** (Yosemite Village; ⌚8–20 Uhr, Sommer bis 22 Uhr), darunter auch Naturkost und einige Biozutaten. Im Half Dome Village, in Wawona, an den Tuolumne Meadows und in der Yosemite Valley Lodge ist das Angebot begrenzter.

Praktische Informationen

Der Eintritt in den Yosemite National Park kostet 35 US$ pro Fahrzeug, 30 US$ pro Motorrad und 20 US$ für Fahrradfahrer und Fußgänger und ist sieben aufeinanderfolgende Tage gültig. Die Tickets werden an den verschiedenen Parkeingängen verkauft, man kann in bar, mit Scheck, Travellerschecks sowie mit Kreditkarte bezahlen. Von Ende Mai bis Anfang Oktober erhält man die Tickets auch in den Besucherzentren in Oakhurst, Groveland, Mariposa und Lee Vining. Online gibt es sie unter https://yourpassnow.com/ParkPass/park/yose.

Beim Betreten des Parks bekommt man eine Karte des National Park Service (NPS) und ein Exemplar der saisonalen Zeitung *Yosemite Guide*, die ein Programm aller Aktivitäten sowie die aktuellen Öffnungszeiten aller Einrichtungen enthält. Die umfassendsten und aktuellsten Informationen findet man auf der offiziellen Website des NPS für den Yosemite National Park (www.nps.gov/yose).

Unter 209-372-0200 gibt es Bandansagen mit Informationen über den Park, über freie Stellplätze auf den Campingplätzen und über Straßen- und Wetterbedingungen.

Yosemite Valley Visitor Center (S. 380) Der am stärksten frequentierte Informationsschalter des Parks teilt sich das Gebäude im Zentrum des Yosemite Village mit einem von der Yosemite Conservancy geführten Buchladen und einem Teil des Museumskomplexes.

Yosemite Valley Wilderness Center (☎209-372-0308; Yosemite Village; ⌚Mai–Okt. 8–17 Uhr) Wilderness Permits, Karten und Tipps zum Aufenthalt im Hinterland. Die Öffnungszeiten sollte man vor dem Besuch sicherheitshalber telefonisch prüfen. Das Center war während der Covid-19-Pandemie zeitweise geschlossen.

Yosemite Medical Clinic (☎209-372-4637, Notfall 911; 9000 Ahwahnee Dr, Yosemite Village; ⌚Anf. Juni–Anf. Juli Mo–Fr 9–19 Uhr, Ende Juli–Mitte Sept. Mo–Sa 9–19 Uhr, Ende Sept.–Ende Mai Mo–Fr bis 17 Uhr) Ein Notdienst steht rund um die Uhr zur Verfügung.

Anreise & Unterwegs vor Ort

Ganzjährig erreicht man Yosemite mit dem Auto von Westen (über die Hwys 120 W & 140) und von Süden (über den Hwy 41) kommend, im Sommer auch von Osten (über den Hwy 120 E) kommend. Die Straßen werden im Winter von Schneepflügen geräumt, doch es kann jederzeit passieren, dass man Schneeketten benötigt. Tanken kann man im Park rund um Wawona oder Crane Flat (zu heftigen Preisen), bei El Portal am Hwy 140 gleich außerhalb der westlichen Parkgrenze und in Lee Vining an der Kreuzung der Hwys 120 und 395 östlich vom Park.

Straßenschilder mit roten Bären markieren die vielen Stellen, an denen Bären von Kraftfahrzeugen angefahren wurden (an die Tausend wurden verletzt und mehr als hundert seit 1995 getötet): also Fuß vom Gas und das ausgewiesene Tempolimit beachten! Besuchern des Valleys wird empfohlen, das Auto zu parken und den **Yosemite Valley Shuttle Bus** (www.nps.gov/yose/planyourvisit/publictransportation.htm; ⌚7–22 Uhr) zu nehmen. Dennoch gleicht der Verkehr im Tal manchmal dem Berufsverkehr in Los Angeles.

Yosemite gehört zu den wenigen Nationalparks, die gut mit öffentlichen Verkehrsmitteln zu erreichen sind. Busse von Greyhound und Züge von Amtrak fahren Merced im Westen des Parks an. Von dort geht es weiter mit Nahverkehrsbussen des **Yosemite Area Regional Transportation System** (YARTS; ☎877-989-2787; www.yarts.com). Es gibt auch Amtrak-Tickets, die den YARTS-Abschnitt beinhalten – so kommt man mit einem einzigen Fahrschein ganz in den Park. Die Busse fahren mit Zwischenstopps in Mariposa, Midpines und El Portal das ganze Jahr über mehrmals täglich über den Hwy 140 ins Yosemite Valley. Die einfache Fahrt kostet 16 US$ (Kind & Senior 9 US$, 3 Std.) ab Merced.

Am besten erkundet man das Yosemite Valley mit dem Rad. Bequeme Cruiser (pro Std./Tag 12/34 US$) oder ein Rad mit Kinderanhänger (pro Std./Tag 20,25/61 US$) bekommt man an der **Yosemite Valley Lodge** (⌚nur Sommer 8–18 Uhr, wetterabhängig) oder im **Half Dome**

Village (⌚ März–Okt. 10–16 Uhr). Hier kann man auch Kinderwagen und Rollstühle leihen.

Sequoia & Kings Canyon National Parks

Verbunden durch eine Höhenstraße, die einen Nationalwald durchschneidet und an mehrere Wildnisgebiete grenzt, bieten diese zwei Parks unendliche Weite alpinen Glücks. Haine von Riesenmammutbäumen, rauschende Wasserfälle, dramatische Schluchten und spektakuläre Aussichten tauchen nach fast jeder Kurve aus dem Nichts auf. Der General Grant Grove (S. 384) und der **Giant Forest** (abseits des Generals Hwy) in Kings Canyon bzw. Sequoia sind eindeutig Highlights.

Außerdem kann man hier Höhlen erforschen, klettern, durch die zerklüftete Granitlandschaft der Sierra wandern und sich dem Mt. Whitney (4420 m), dem höchsten Berg der „Lower 48"-Staaten, von seiner Rückseite aus nähern. Dies alles macht die beiden Nationalparks zu zwei der großartigsten der USA.

Die beiden **Parks** (☎ 559-565-3341; www.nps.gov/seki; 7-Tage-Eintritt 35 US$/Auto; Ⓟ 👪) 🌿 gehören zwar nicht zusammen, werden aber als eine Einheit verwaltet und haben eine gemeinsame Eintrittsgebühr; täglich aktualisierte Infos, u.a. zum Straßenzustand, erhält man per Bandansage unter der angegebenen Nummer oder auf der Website der Parks.

Sehenswertes

Sequoia National Park

Zur Einführung in die Ökologie und Geschichte der Riesenmammutbäume ist das winzige **Giant Forest Museum** (☎ 559-565-3341; www.nps.gov/seki; 47050 Generals Hwy, Ecke Crescent Meadow Rd; ⌚ Winter 9–16.30 Uhr, Sommer bis 18 Uhr; Ⓟ) 🌿 GRATIS bestens geeignet; es ist für große wie kleine Besucher interessant. Anhand interaktiver Exponate erfährt man alles über die einzelnen Lebensabschnitte der riesigen Bäume, die über 3000 Jahre alt werden können, und über die Brandzyklen, durch die Samen freigegeben werden, die dann auf dem kargen Boden sprießen.

Die einmalige **Crystal Cave** (www.recreation.gov; Crystal Cave Rd, abseits des Generals Hwy; Führungen Erw./Kind/Jugendliche ab 16/5/8 US$; ⌚ Ende Mai–Ende Sept.; Ⓟ), die 1918 zwei Parkmitarbeiter bei einem Angelausflug entdeckten, wurde von einem unterirdischen Fluss geschaffen und birgt Marmorformationen, die schätzungsweise bis zu 100 000 Jahre alt sind. Die Tickets für die 50-minütige Einführungstour sind nur online im Vorverkauf, im Giant Forest Museum oder im Foothills Visitor Center, aber nicht an der Höhle selbst erhältlich. Jacke mitbringen!

Lohnend ist auch ein Abstecher zum **Mineral King Valley** (Mineral King Rd), einem Goldgräber- und Holzfällercamp aus dem späten 19. Jh., das von zerklüfteten Gipfeln und Bergseen umgeben ist. Die 25 Meilen (40 km) lange Panoramafahrt mit fast 700 nervenaufreibenden Haarnadelkurven ist normalerweise von Ende Mai bis Ende Oktober möglich.

Kings Canyon National Park & Scenic Byway

Gleich nördlich vom Grant Grove Village strotzt der **General Grant Grove** (N Grove Trail, abseits des Hwy 180; Ⓟ 👪) nur so vor majestätischen Giganten. Jenseits davon führt der Hwy 180 über 30 Meilen (48 km) in Serpentinen hinunter in den Kings Canyon, vorbei an kantigen Felswänden mit Wasserfällen. Die Straße trifft auf den **Kings River**, dessen Donnern von den über 2400 m hohen Granitwänden widerhallt und der eine der tiefsten Schluchten Nordamerikas geschaffen hat.

Der **Cedar Grove** (abseits des Hwy 180) unten im Canyon ist der letzte Außenposten, bevor die raue Schönheit der Sierra Nevada beginnt. Eine beliebte Tageswanderung (einfache Strecke 7,5 km) führt von Roads End zu den tosenden **Mist Falls** (Road's End, Hwy 180). Bei Vogelfreunden beliebt ist der einfache Naturwanderweg (Rundweg 2,5 km) rund um die **Zumwalt Meadow** (abseits des Hwy 108; 👪) direkt westlich von Roads End. Ausschau halten sollte man nach durch die

> **DER TIOGA PASS**
>
> Der Hwy 120, die einzige Straßenverbindung zwischen dem Yosemite National Park und der Eastern Sierra, führt über den Tioga Pass (3031 m). Auf den meisten Karten wird diese Straße als „im Winter gesperrt" markiert, was zwar richtig, aber auch irreführend ist: In der Regel bleibt die Tioga Rd vom ersten starken Schneefall im Oktober oder November bis in den Mai oder Juni geschlossen. Aktuelle Infos zum Straßenzustand gibt's telefonisch unter ☎ 209-372-0200 oder online unter www.nps.gov/yose/planyourvisit/conditions.htm.

Gegenden tapsenden Schwarzbären und stolzierenden Maultierhirschen.

Die landschaftlich schöne Strecke vom Hume Lake nach Cedar Grove Village ist im Allgemeinen von Mitte November bis Ende April gesperrt.

Aktivitäten

Mit ihren markierten Wegen in einer Gesamtlänge von über 1370 km sind die Parks ein Traum für Wanderer. Die Trails sind für erfahrene Wanderer offiziell das ganze Jahr über freigegeben (man braucht im Winter vielleicht Schneeausrüstung, Schneeschuhe, Navigationsgeräte, Steigeisen und Eispickel). Die meisten kommen von Mitte Mai bis Oktober, wenn die Wege besser zu begehen sind.

Im Kings Canyon bietet der Cedar Grove den besten Zugang ins Hinterland, in Sequoia hält man sich an Mineral King und Lodgepole. Die Jennie Lakes Wilderness im Sequoia National Forest bietet unberührte Wiesen und Seen in tieferen Lagen.

In manchen Gebieten sind vom Park genehmigte bärensichere Kanister für mitgebrachtes Essen vorgeschrieben – die eigentlich immer empfehlenswert sind, vor allem bei Touren in die Wildnis (z. B. Rae Lakes Loop). Die Kanister kann man im Besucherzentrum des Parks, an den Rangerstationen am Anfang der Wege oder in den Märkten von Lodgepole, Grant Grove und Cedar Grove Village mieten (ab 5 US$ für 3 Tage). Um Waldbrände zu verhindern, sind in manchen Gebieten im Hinterland Lagerfeuer nur in dafür vorgesehenen Feuerstellen gestattet.

Schlafen

Campen ist die günstigste Art, die Parks zu erleben; in der Hauptsaison (Mai–Okt.) sind die Stellplätze aber natürlich schnell belegt. Es ist ratsam, sich früh einen Stellplatz zu sichern, statt bis abends zu warten. Campen in der Wildnis ist kostenlos (Genehmigungen werden im Sommer nach einem Quotensystem vergeben). Im Sequoia National Park gibt's nur eine offizielle Option zu übernachten. Die meisten Unterkünfte findet man in der Ortschaft Three Rivers, direkt vor dem **Parkeingang Ash Mountain** (Generals Hwy, über Sierra Dr; Auto/Fußgänger/Motorrad 35/20/30 US$).

DNC Parks & Resorts (☎801-559-4930; www.visitsequoia.com) bietet Unterkünfte in den Nationalparks Sequoia und Kings Canyon.

NPS & USFS Campgrounds (☎877-444-6777; www.recreation.gov) unterhält einen Reservierungsservice für viele Campingplätze in den Parks. Unterkünfte im Sequoia National Forest organisiert die **Sequoia-Kings Canyon Park Services Company** (☎559-565-3388; www.sequoia-kingscanyon.com).

Cedar Grove Lodge LODGE $
(☎559-565-3096; www.visitsequoia.com; 108260 West Side Dr, Cedar Grove Village; Zi. ab 151 US$; ⏲Mitte Mai–Mitte Okt.; P ❄) Die Lodge am Flussufer ist die einzige Möglichkeit, im Kings Canyon unter einem festen Dach zu übernachten. Es gibt 21 motelartige Zimmer; drei im Erdgeschoss haben Kochnischen und schattige möblierte Terrassen mit tollem Uferblick. In allen Zimmern sind Telefone vorhanden.

★ **Sequoia High Sierra Camp** HÜTTEN $$$
(☎866-654-2877; www.sequoiahighsierracamp.com; abseits der Forest Rte 13S12; Zelthütten mit Gemeinschaftsbad inkl. alle Mahlzeiten 500 US$; ⏲Anfang Juni–Mitte Sept.) Das abgelegene, über eine 1,6 km lange Wanderung erreichbare All-Inclusive-Resort im Sequoia National Forest ist ein Nirwana für alle, die Luxus und Camping nicht für einen Widerspruch halten. Die Leinwand-Bungalows sind mit Matratzen mit Kissenkopfteil, Federkissen und behaglichen Wollteppichen ausgestattet. Es gibt nur Gemeinschaftsbäder; die Duschen befinden sich in einem separaten Gebäude. Reservierung erforderlich; normalerweise muss man mindestens zwei Nächte bleiben. Die Preise gelten für zwei Personen pro Zelt.

Essen

Restaurants sind hier spärlich gesät. Die meisten Besucher bringen ihre Lebensmittel mit und kochen zusammen auf dem Campingplatz. Ihre Basis-Vorräte stocken sie in den kleinen Märkten in Lodgepole, Grant Grove und Cedar Grove auf (nicht ganzjährig geöffnet). Schlichte, saisonale Restaurants und Snackbars befinden sich in Wuksachi, John Muir, Cedar Grove, Lodgepole, Stoney Creek und Hume Lake. Three Rivers, gleich südlich von Sequoia, ist ein guter Ort, um sich mit Lebensmitteln einzudecken.

Die wenigen Lodges in den Parks – z. B. **John Muir** (☎877-436-9617; www.visitsequoiakingscanyon.com; 86728 Hwy 180, Grant Grove Village; Zi. ab 210 US$; P) und Cedar Grove (S. 384) – haben Restaurants. Gleiches gilt für ein paar Orte im angrenzenden Sequoia National Forest. In Three Rivers, gleich südlich von Sequoia, kann man sich mit Vorräten eindecken.

Praktische Informationen

Lodgepole Village und Grant Grove Village sind die wichtigsten Anlaufstellen in den Parks. In beiden Orten gibt's ein Visitor Center, eine Post, Märkte und Geldautomaten. In Lodgepole gibt es einen Münzwaschsalon und öffentliche Duschen (nur im Sommer). Benzin ist am Hume Lake (ganzjährig) und Stony Creek (Winter geschl.) auf dem Gelände des National Forest außerhalb des Parks zu stolzen Preisen erhältlich.

Kings Canyon Visitor Center (☎559-565-4307; www.nps.gov/seki; Hwy 180, Grant Grove Village; ⏲Sommer 8–17 Uhr, in der Nebensaison variierende Öffnungszeiten) Im Grant Grove Village des Kings Canyon.

Lodgepole Visitor Center (☎559-565-4436; 63100 Lodgepole Rd, Lodgepole Village; ⏲Ende Mai–Mitte Okt. 7–17 Uhr) Im Herzen des Sequoia National Park.

USFS Hume Lake District Office (☎559-338-2251; www.fs.fed.us/r5/sequoia; 35860 E Kings Canyon Rd/Hwy 180, Dunlap; ⏲Mo–Fr 8–16.30 Uhr) Hier bekommt man Freizeitinformationen und Karten sowie Wildernis Permits und Genehmigungen für Lagerfeuer im Sequoia National Forest. Das Büro liegt mehr als 20 Meilen (32 km) westlich vom Eingang Big Stump.

Anreise & Unterwegs vor Ort

Die Nationalparks Sequoia und Kings Canyon sind beide per Auto von Westen kommend über die am Hwy 99 gelegenen Städte Fresno oder Visalia zu erreichen. Von Visalia sind es 38 Meilen (61 km) auf dem Hwy 198 Richtung Osten in den Sequoia National Park – kurz bevor man in den Park gelangt, kommt man noch durch Three Rivers. Von Fresno sind es 47 Meilen (76 km) auf dem Hwy 180 Richtung Osten zum Kings Canyon. Die zwei Straßen sind im Sequoia National Park selbst durch den Generals Hwy verbunden. Von Osten gibt es keinen Zugang.

In den Parks kommt man per Auto, Motorrad, Shuttlebus, Fahrrad oder zu Fuß von A nach B. Die Shuttles im Sequoia National Park fahren nur im Sommer.

Eastern Sierra

In den leeren, majestätischen Weiten grenzen gezackte Gipfel an die Wüste – ein dramatischer Gegensatz, der für einen spektakulären Landschaftsmix sorgt. Der Hwy 395 folgt dem gesamten Verlauf des Ostrands der Sierra Nevada. An der Strecke gibt es Abzweigungen zu Kiefernwäldern, Wiesen voller Wildblumen, idyllischen Seen, Thermalquellen und von Gletschern ausgehöhlten Schluchten. Wanderer, Backpacker, Mountainbiker, Angler und Skifahrer ziehen sich gern hierher zurück.

Die meisten Motels finden sich in Bishop, Lone Pine und Bridgeport. Mammoth Lakes hat ein paar Motels, Hotels und Dutzende Gästehäuser, B&Bs, Apartments und Ferienwohnungen. Überall sollte man im Sommer unbedingt vorab reservieren.

Fürs Campen in der freien Natur braucht man eine Genehmigung, die in den Rangerstationen erhältlich ist.

BODIE STATE HISTORIC PARK

Im **Bodie State Historic Park** (☎760-616-5040; www.parks.ca.gov/bodie; Hwy 270; Erw./Kind 8/5 US$; ⏲April–Okt. 9–18 Uhr, Nov.–März bis 16 Uhr; Straße im Winter häufig gesperrt; 🅿🐾) stehen verwitterte Gebäude aus der Zeit des Goldrauschs auf einer staubigen, windigen Ebene und werden vor dem Verfall geschützt. Anfahrt: etwa sieben Meilen (11 km) südlich von Bridgeport den Hwy 270 nehmen und diesem 13 Meilen (21 km) ostwärts folgen (die letzten drei Meilen bzw. 5 km sind unbefestigt). Im Winter und zu Beginn des Frühjahrs ist die Zufahrtstraße meist wegen Schnees gesperrt.

MONO LAKE

Weiter südlich liegt der **Mono Lake** (www.monolake.org; abseits des Hwy 395). Hier ragen außerirdisch anmutende Tuffsteintürme wie hingetupfte Sandburgen aus dem alkalischen Wasser. Die besten Fotomotive gibt's am gut 1,5 km langen Naturlehrpfad an der **South Tufa Area** (Test Station Rd, bei Hwy 120; Erw./Kind 3 US$/frei; 🅿🚻). Vom nahe gelegenen Ort Lee Vining führt der Hwy 120 über den nur saisonal geöffneten Tioga Pass (S. 384) Richtung Westen in den Yosemite National Park.

Eine tolle regionale Attraktion ist der offene Verkostungsraum im **June Lake Brewing** (☎858-668-6340; www.junelakebrewing.com; 131 S Crawford Ave; ⏲Mo, Mi, Do, So 12–20, Fr & Sa bis 21 Uhr), in dem zehn Fassbiere probiert werden können, u.a. das Deer Beer Brown Ale und einige sehr gute IPAs. Die Braumeister schwören, dass das Wasser des June Lake den gewissen Unterschied ausmacht. Verkostungen gibt es für etwa 8 US$.

MAMMOTH LAKES & UMGEBUNG

Auf dem weiteren Weg nach Süden lohnt sich ein Abstecher vom Hwy 395 auf den malerischen 16 Meilen (25 km) langen **June Lake Loop**, wenn man nicht gleich bis

Mammoth Lakes durchfahren will. Das ganzjährig beliebte Resort mit seinen erstklassigen Skipisten liegt im Schatten des 3368 m hohen **Mammoth Mountain** (☎760-934-2571, 760-934-2571, Wetterbericht 24 Std. 888-766-9778; www.mammothmountain.com; Zugang über Minaret Rd; Erw./13–17 Jahre/5–12 Jahre /unter 5 Jahre ab 79/65/32 US$/frei). Im Sommer verwandeln sich die Hänge in einen Mountainbike-Park. Auf der Fahrt mit der Gondel kann man einen wunderbaren Blick genießen.

Warm und gemütlich, mit dem Flair einer traditionellen Ski-Lodge und nur einige Schritte von der Ausgangsstation der Panoramagondelbahn entfernt – die Lage des **Mammoth Mountain Inn** (☎760-934-2581; www.themammothmountaininn.com; 10400 Minaret Rd; Zi. ab 129–239 US$, Apt. ab 259–1199 US$;) ist zu jeder Jahreszeit spektakulär. Die charmante, ganzjährige **Tamarack Lodge** (☎760-934-2442; www.tamaracklodge.com; 163 Twin Lakes Rd; Zi. ab 129 US$, ohne Bad ab 99 US$, Hütte 255–425 US$; P) am Lower Twin Lake ist seit 1924 in Betrieb und hat eine gemütliche Lodge mit Kamin, eine Bar und ein ausgezeichnetes Restaurant sowie elf rustikale Zimmer und 35 Hütten.

In der Gegend rund um das Mammoth Lakes Basin und die Reds Meadow kann man campen und Tageswanderungen unternehmen. Nahe der Reds Meadow ragen die 18 m hohen Basaltsäulen des **Devils Postpile National Monument** (☎760-934-2289; www.nps.gov/depo; Zugang abseits der Minaret Summit Rd/Reds Meadow Rd; Shuttle Tageskarte Erw./Kind 8/4 US$; ⊙ Juni–Okt., wetterabhängig) in den Himmel.

Hilfreiche Karten und Informationen bekommt man in der Stadt in der **Mammoth Lakes Welcome Center & Ranger Station** (☎760-924-5500; www.visitmammoth.com; 2510 Hwy 203; ⊙ 8–17, Winter 8.30–16.30 Uhr). Die **Mammoth Tavern** (☎760-934-3902; www.mammothtavern.com; 587 Old Mammoth Rd; Hauptgerichte 14–35 US$; ⊙ Di–Do & So 16–21.30, Fr & Sa 17–22 Uhr) bietet Hausmannskost wie Shepherd's Pie, Fondue und Schweinefilet. Alternativ genießt man im **Skadi** (☎760-914-0962; www.skadirestaurant.com; 94 Berner St; Hauptgerichte 32–40 US$; ⊙ Mi–Mo 17 Uhr–open end) die innovativen, norwegisch inspirierten Kreationen von Chefkoch Ian Algerøen, beispielsweise kanadische Entenbrust mit Preiselbeeren und in der Pfanne gebratene fangfrische Jakobsmuscheln. Reservierung erforderlich.

NICHT VERSÄUMEN

XXL-WÄLDER

Für alle, die den mächtigsten Bäumen der Welt die Ehre erweisen wollen, gibt es keinen besseren Ort als den Sequoia National Park. Die riesigen Mammutbäume *(Sequoiadendron giganteum)* können bis zu 3000 Jahre alt werden – einige der ältesten Exmplare im Giant Forest standen schon, als das Römische Reich unterging. Der voluminöseste lebende Baum der Erde, der **General Sherman Tree**, ist größer als ein 27-stöckiger Wolkenkratzer, sein mächtiger Stamm hat einen Umfang von 30 m – man verrenkt sich den Hals, wenn man voller Ehrfurcht hoch zu seiner Blätterkrone blickt.

Liebhaber von Thermalquellen können an der Benton Crossing Rd in einfachen Becken baden oder das dampfende Wasser der Hot Creek Geological Site bestaunen – beide Stätten befinden sich am Hwy 395 südöstlich der Stadt. Bei einem Abstecher nach Benton taucht man in seinen eigenen Whirlpool ein und döst unter dem Mondlicht der **Benton Hot Springs** (☎760-933-2287; www.bentonhotsprings.org; Hwy 120, Benton; Stellplatz Zelt & Wohnmobil 60–70 US$/2 Pers., B&B Zi. ab 119 US$; P). Das kleine historische Resort in einer 150 Jahre alten ehemaligen Silberminenstadt ist in den White Mountains zu Hause. Man wählt zwischen elf geräumigen Stellplätzen mit privaten Whirlpools oder einem Zimmer in dem themenorientierten B&B voller Antiquitäten mit halb privaten Whirlpools.

BISHOP & UMGEBUNG

Weiter südlich führt der Hwy 395 hinunter ins Owens Valley. In Bishop, einem Städtchen mit Pionierflair, befindet sich das historische **Laws Railroad Museum** (☎760-873-5950; www.lawsmuseum.org; Silver Canyon Rd; empfohlene Spende 10 US$; ⊙ Sept.–Mai 10–16 Uhr, Juni–Aug. ab 9.30 Uhr;), eine kinderfreundliche Attraktion mit der Möglichkeit, in alten Zügen mitzufahren. Von Bishop aus kommt man zu den besten Angelgründen und Kletterrevieren in der Eastern Sierra; hier ist auch der Hauptausgangspunkt für Treks mit Packeseln. Einen halben Tag sollte man einplanen für die aufregende Fahrt zum **Ancient Bristlecone Pine Forest**. Die knorrigen, außerirdisch anmutenden Bäume – die ältesten der Welt – stehen in über 3000 m Höhe an den Hängen der White Mountains. Die Straße (im Winter und Frühjahr bei Schnee geschl.) ist bis zum **Schulman Grove Visitor Center** (☎760-873-2500; www.fs.usda.gov/inyo; White Mountain Rd; pro Pers./Auto 3/6 US$; ⏲Juni–Aug. 10–17 Uhr, Mai–Juni Fr–So bis 16 Uhr) befestigt, von dort geht's auf Wanderwegen weiter. Vom Hwy 395 in Big Pine fährt man zunächst auf dem Hwy 168 12 Meilen (19 km) Richtung Osten und folgt dann der White Mountain Rd weitere 10 Meilen (16 km) bergauf.

LONE PINE & UMGEBUNG

Richtung Süden führt der Hwy 395 zur **Manzanar National Historic Site** (☎760-878-2194; www.nps.gov/manz; 5001 Hwy 395; ⏲9–16.30 Uhr; P) GRATIS. Sie erinnert an das Lager, in dem während des Zweiten Weltkriegs 10 000 japanischstämmige Amerikaner ohne legale Grundlage interniert waren. Noch weiter südlich kann man in Lone Pine schließlich einen Blick auf den Mt. Whitney (4421 m), den höchsten Berg in den kontinentalen USA (ohne Alaska), werfen. Die 12 Meilen (19 km) lange Fahrt über die malerische **Whitney Portal Road** (Winter bis Frühjahrsanfang geschl.) ist durch und durch spektakulär. Für den äußerst beliebten Aufstieg zum Gipfel benötigt man eine Genehmigung (21 US$/Pers.), die man unter www.recreation.gov beantragen kann. Im **Eastern Sierra Interagency Visitor Center** (☎760-876-6222; www.fs.fed.us/r5/inyo; Ecke Hwys 395 & 136; ⏲8–17 Uhr, Winter 8.30–16.30 Uhr) direkt südlich der Stadt sind Wilderness Permits, Infos über Outdoor- und Freizeitaktivitäten sowie Bücher und Landkarten erhältlich.

Ein beliebter Ausgangspunkt für Ausflüge zum Mt. Whitney und eine Dusche nach der Wanderung (öffentliche Duschen sind vorhanden) ist das **Whitney Portal Hostel & Hotel** (☎760-876-0030; www.whitneyportalstore.com; 238 S Main St; B/DZ ab 32/92 US$; ❄📶🐾). Es hat die preiswertesten Betten im Ort – für Juli und August sollte man seinen Schlafplatz allerdings Monate im Voraus reservieren. Direkt an der Hauptstraße trifft man auf das allseits beliebte Frühstückslokal **Alabama Hills Cafe** (☎760-876-4675; www.alabamahillscafe.com; 111 W Post St; Frühstückartikel 9,50–14 US$; ⏲Fr–So 6–15, Mo–Do bis 14 Uhr; 📶🖉). Hier sind die Portionen groß, die Brote frisch gebacken und die Suppen herzhaft. Dank der Sandwiches und Obstkuchen ist auch das Mittagessen eine attraktive Option.

Die bizarren Felsen der Alabama Hills westlich von Lone Pine dienten als Kulisse für Hollywood Western. Alte Erinnerungsstücke und Filmplakate sind in der Stadt im **Museum of Western Film History** (☎760-876-9909; www.museumofwesternfilmhistory.org; 701 S Main St; Erw./unter 12 Jahre 5 US$/frei; ⏲Mo–Sa 10–17, So bis 16 Uhr; P 👪 🐾) zu bewundern.

Lake Tahoe

Der in unzähligen Grün- und Blautönen schimmernde Lake Tahoe an der Grenze zu Nevada ist der zweittiefste See in den USA und auf 1903 m Höhe auch einer der am höchsten gelegenen Seen im Land. Die Fahrt auf der 72 Meilen (116 km) langen Uferstraße rund um den See ist malerisch, aber auch ganz schön anstrengend. Generell ist das Nordufer ruhig und exklusiv, das Westufer zerklüftet und altmodisch, das Ostufer weitgehend unberührt und das Südufer hektisch und kitschig. Hier liegen ältliche Motels und schicke Kasinos.

ℹ Praktische Informationen

Lake Tahoe Visitors Authority (☎775-588-5900; www.tahoesouth.com; 169 Hwy 50, Stateline, NV; ⏲Mo–Fr 9–17 Uhr) Touristische Informationen, Karten, Broschüren und Rabattcoupons, Filiale in Stateline

Lake Tahoe Bicycle Coalition (www.tahoebike.org) Veröffentlicht eine sehr gute Radkarte der Gegend.

Desolation Wilderness Permits (☎877-444-6777; www.recreation.gov; 5–10 US$/Erw.)

ℹ Anreise & Unterwegs vor Ort

Greyhound-Busse und der tägliche **Zephyr**-Zug (☎800-872-7245; www.amtrak.com) fahren von Reno, Sacramento und San Francisco nach Truckee. Von dort bringen einen **Truckee Transit** (☎530-550-1212; www.laketahoetransit.com) zum Donner Lake und die Busse von **Tahoe Area Rapid Transit** (TART; ☎530-550-1212; https://tahoetruckeetransit.com; 10183 Truckee Airport Rd; einfache Strecke/Tageskarte 1,75/3,50 US$) zum Nord- oder Westufer des Sees.

Shuttles von **Tahoe Ski Trips** (☎925-680-4386; www.tahoeskitrips.net; Bus 89 US$) verbinden San Francisco und andere Abholorte in der Bay Area mit den Skihängen von Tahoe.

Von Spätherbst bis Frühlingsanfang sollten Autofahrer für den Fall eines Wetterumschwungs immer Schneeketten und Notvorräte (Decken, Wasser, Taschenlampen) im Kofferraum haben. Bevor es losgeht, Straßensperren und -bedingungen checken:

California Department of Transportation (Caltrans; ☎800-427-7623; www.dot.ca.gov)

Nevada Department of Transportation (NDOT; ☎877-687-6237, in Nevada 511; www.nevadadot.com)

Die verlässlichen Busse von Tahoe Area Rapid Transit mit der netten Abkürzung TART fahren ganzjährig am Nordufer entlang bis Incline Village, am Westufer hinunter zum **Ed Z'berg Sugar Pine Point State Park** (☎530-525-7982; www.parks.ca.gov; 10 US$/Auto) und nordwärts über den Hwy 89 nach Squaw Valley und Truckee. Die Fahrten auf den Hauptstrecken starten jeden Tag meistens stündlich zwischen 6 und 18 Uhr.

SOUTH LAKE TAHOE & WEST SHORE

Die altmodischen Motels und Lokale am stark befahrenen Hwy 50 in South Lake Tahoe sind immer gut besucht. Das Glücksspiel in den Casino-Hotels von Stateline, direkt hinter der Grenze in Nevada, lockt Tausende an, ebenso das erstklassige Skiresort **Heavenly** (☎775-586-7000; www.skiheavenly.com; 3860 Saddle Rd; Erw./Kind 5–12 Jahre/Jugendl. 13–18 Jahre 154/85/126 US$; ⊙Mo–Fr 9–16, Sa, So & feiertags ab 8.30 Uhr;). Im Sommer hat man bei einer Fahrt mit der Seilbahn des Resorts einen grandiosen Blick auf den See und die **Desolation Wilderness**. Diese kahle, wunderschöne Landschaft mit nackten Granitgipfeln, Gletschertälern und Bergseen ist bei Wanderern extrem beliebt. Karten, Infos und Wilderness Permits über Nacht (5 US$/Erw. od. Hund; Tagespermits frei) gibt's im **USFS Taylor Creek Visitor Center** (☎530-543-2674; www.fs.usda.gov/ltbmu; Visitor Center Rd am Hwy 89; ⊙Ende Mai–Okt.), das sich drei Meilen (4,8 km) nördlich der Gablung der Hwys 50 und 89 in der **Tallac Historic Site** (☎530-544-7383; www.tahoeheritage.org; Tallac Rd; optionale Führung Erw./Kind 10/5 US$; ⊙Ende Mai–Sept. tgl. 10–16 Uhr;) GRATIS befindet, einer schicken, geschützten Ferienanlage aus dem frühen 20. Jh.

Von der sandigen, zum Baden geeigneten **Zephyr Cove** (☎775-589-4901; www.zephyrcove.com; 760 Hwy 50; 10 US$/Auto; ⊙Sonnenaufgang–Sonnenuntergang) hinter der Grenze zu Nevada oder von der Ski Run Marina im Ort schippert **Lake Tahoe Cruises** (☎775-586-4906; www.zephyrcove.com; 760 Hwy 50; Erw./Kind ab 65/33 US$) ganzjährig über das „Große Blau". Wer selbst paddeln will, wendet sich an **Kayak Tahoe** (☎530-544-2011; www.kayaktahoe.com; 3411 Lake Tahoe Blvd; Einer-/Zweierkajak 1 Std. 25/35 US$, Tag 65/85 US$, Unterricht & Touren ab 50 US$; ⊙Juni–Sept. 9–17 Uhr). Wieder am Ufer gehören zu den schicken Boutiquemotels das **Alder Inn** (☎530-544-4485; www.alderinn.com; 1072 Ski Run Blvd; Zi. 89–149 US$;) und das hippe **Basecamp Hotel** (☎530-208-0180; www.basecamphotels.com; 4143 Cedar Ave; DZ 109–229 US$, Schlafsaal für 8 Pers. 209–299 US$, Haustiergebühr 40 US$;) mit Whirlpool auf dem Dach. Alternativ kann man sein Zelt auf dem **Fallen Leaf Campground** (☎Infos 530-544-0426, Reservierungen 877-444-6777; www.recreation.gov; 2165 Fallen Leaf Lake Rd; Stellplatz Zelt & Wohnmobil 33–35 US$, Jurte 86 US$; ⊙Mitte Mai–Mitte Okt.;) am See aufstellen. Zum Auffüllen der Energiereserven bieten sich die Bio-Gerichte im vegetarierfreundlichen **Sprouts** (☎530-541-6969; www.sproutscafetahoe.com; 3123 Harrison Ave; Hauptgerichte 7–10 US$; ⊙8–20 Uhr;) oder ein Burger mit Erdnussbutter und Knoblauchfritten in der **Burger Lounge** (☎530-542-2010; 717 Emerald Bay Rd; Gerichte 6–10 US$; ⊙Juni–Sept. 11–20 Uhr, Okt.–Mai Do–Mo bis 19 Uhr;) an.

Der Hwy 89 schlängelt sich nordwestwärts am dicht bewaldeten Westufer entlang zum **Emerald Bay State Park** (☎530-541-6498; www.parks.ca.gov; ⊙Sonnenaufgang–Sonnenuntergang), wo Granitfelsen und Kiefern eine fjordartige Bucht einfassen. Ein steiler, 1,6 km langer Weg führt hinunter zum **Vikingsholm Castle** (☎530-525-7232; http://vikingsholm.com; Tour Erw./Kind 7–17 Jahre 10/8 US$; ⊙Ende Mai–Sept. 10.30–15.30 oder 16 Uhr;), einer skandinavischen Villa aus den 1920er-Jahren. Von dort führt der 7,2 km lange **Rubicon Trail** nordwärts am Seeufer entlang und vorbei an kleinen Buchten zum **DL Bliss State Park** (☎530-525-7277; www.parks.ca.gov; 10 US$/Auto; ⊙Ende Mai–Sept.;) mit seinen Sandstränden. Weiter nördlich vermieten **Tahoma Meadows B&B Cottages** (☎530-525-1553; www.tahomameadows.com; 6821 W Lake Blvd; Cottage 169–339 US$, Haustiergebühr 20 US$;) Hütten im ländlichen Stil.

NORTH & EAST SHORES

Das Geschäftszentrum **Tahoe City** ist ideal, um Nahrungsmittel und Vorräte zu kaufen und Outdoor-Ausrüstung zu leihen. Von hier ist es nicht weit bis zu dem großen Skiresort **Squaw Valley Alpine Meadows** (☎800-403-0206; www.squawalpine.com; 1960 Squaw Valley Rd am Hwy 89, Olympic Valley; Erw./Kind 5–12 Jahre/Jugendl. 13–22 Jahre 169/109/139 US$; ⊙Mo–Fr 9–16, Sa, So & feiertags ab 8.30 Uhr;), in dem 1960 die Olympischen Winterspiele stattfanden. Zum Après-Ski geht's wieder nach Tahoe ins **Bridgetender Tavern & Grill** (☎530-583-3342; www.tahoebridgetender.

com; 65 W Lake Blvd; ⊙ Mo–Do 11–23, Fr bis 24, Sa 9–24, So bis 23 Uhr). Morgens lädt das bodenständige **Fire Sign Cafe** (www.firesigncafe.com; 1785 W Lake Blvd; Hauptgerichte 10–15 US$; ⊙ 7–15 Uhr;) 2 Meilen (3,2 km) weiter südlich zu Eggs Benedict mit hausgeräuchertem Lachs ein.

Im Sommer kann man in **Tahoe Vista** oder **Kings Beach** schwimmen oder Kajak fahren. Rustikal aufgemachte Cottages und Zimmer mit Kochnischen gibt's in der **Cedar Glen Lodge** (☎ 530-546-4281; www.tahoecedarglen.com; 6589 N Lake Blvd; Zi., Suite & Cottage 219–579 US$, Haustiergebühr 30 US$; @); klein und gepflegt ist das **Hostel Tahoe** (☎ 530-546-3266; www.hosteltahoe.com; 8931 N Lake Blvd; B/DZ/4BZ ab 35/85/100 US$; @). Östlich der entspannten Uferlokale von Kings Beach führt der Hwy 28 nach Nevada. In einem Casino gleich hinter der Grenze kann man sich eine Show mit Livemusik ansehen. Wer Bars und Bistros mit etwas mehr Action sucht, fährt weiter bis nach Incline Village.

Mit unberührten Stränden, Seen und kilometerlangen Wander- und Radwegen ist der **Lake Tahoe-Nevada State Park** (☎ 775-831-0494; www.parks.nv.gov; 10/2 US$ pro Auto/Fahrrad; ⊙ 8 Uhr–1 Std. nach Sonnenuntergang; P) der größte Anziehungspunkt am Ostufer. Im Sommer planschen die Massen im türkisgrünen Wasser von **Sand Harbor**. Der 21 km lange **Flume Trail**, ein heiliger Gral für Mountainbiker, endet weiter südlich beim **Spooner Lake**. In Incline Village vermietet **Flume Trail Bikes** (☎ 775-298-2501; http://flumetrailtahoe.com; 1115 Tunnel Creek Rd; Mountainbike-Verleih 35–67 US$/Tag, Shuttle 16 US$, Eintritt zum State Park 2 US$; ⊙ 8–18 Uhr, Winter geschl.) Fahrräder und bietet einen Shuttleservice an.

TRUCKEE & UMGEBUNG

Nördlich vom Lake Tahoe an der I-80 ist Truckee nicht etwa ein Rastplatz für Trucker, sondern ein blühendes Bergstädtchen mit einem historischen Viertel voller Cafés, trendiger Boutiquen und Restaurants. Skihasen können in der Gegend zwischen mehreren Resorts wählen. Dazu gehören z. B. das glamouröse **Northstar California** (☎ 530-562-1010; www.northstarcalifornia.com; 5001 Northstar Dr am Hwy 267; Erw./Kind 5–12 Jahre/Jugendl. 13–18 Jahre 160/94/131 US$; ⊙ 8–17 Uhr), das kinderfreundliche **Sugar Bowl** (☎ 530-426-9000; www.sugarbowl.com; 629 Sugar Bowl Rd, abseits der Donner Pass Rd, Norden; Erw./Kind 6–12 Jahre/Jugendl. 13–22 Jahre 118/69/97 US$; ⊙ 9–16 Uhr) und das Langläuferparadies **Royal Gorge** (☎ 530-426-3871; www.royalgorge.com; 9411 Pahatsi Rd, abseits der I-80, Ausfahrt Soda Springs/Norden, Soda Springs; Erw./Jugendl. 13–22 Jahre 35/20 US$; ⊙ 8.30–16 Uhr;).

Westlich vom Hwy 89 befindet sich der **Donner Summit**, wo im harten Winter von 1846/47 der berühmte Treck der Donner Party steckenblieb. Nur etwa die Hälfte der Menschen überlebte – einige nur, weil sie das Fleisch ihrer toten Freunde aßen. Die schauerliche Geschichte wird im Museum innerhalb des **Donner Memorial State Park** (☎ 530-582-7892; www.parks.ca.gov; Donner Pass Rd; 5–10 US$/Auto, saisonal unterschiedlich; ⊙ Besucherzentrum 10–17 Uhr; P) nacherzählt, in dem man auch **campen** (☎ 530-582-7894, Reservierungen 800-444-7275; www.reservecalifornia.com; Stellplatz Zelt & Wohnmobil 35 US$; ⊙ Ende Mai–Ende Sept.) kann. Der **Donner Lake** in der Nähe ist ein beliebtes Ziel von Badelustigen und Paddlern.

Am Stadtrand von Truckee bietet das mit Ökozertifikat ausgezeichnete **Cedar House Sport Hotel** (☎ 530-582-5655; www.cedarhousesporthotel.com; 10918 Brockway Rd; Zi. 180–345 US$, Haustiergebühr 50–100 US$; P@) stilvolle Boutiquezimmer und ein ausgezeichnetes Restaurant. Ein großes Glas Donner Party Porter kann man sich in der **Fifty Fifty Brewing Co** (www.fiftyfiftybrewing.com; 11197 Brockway Rd; ⊙ So–Do 11.30–21, Fr & Sa bis 21.30 Uhr) genehmigen.

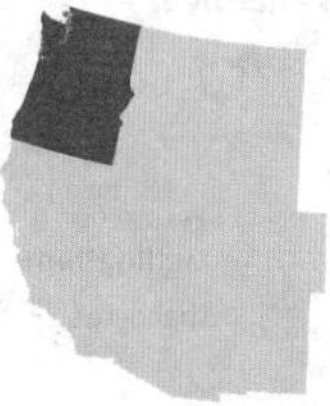

Der Nordwesten

Inhalt ➡

Gut essen

➡ Chow (S. 443)
➡ Ox (S. 434)
➡ Sitka & Spruce (S. 405)

Schön übernachten

➡ Timberline Lodge (S. 441)
➡ Crater Lake Lodge (S. 445)
➡ Hotel Monaco (S. 403)
➡ Historic Davenport Hotel (S. 421)

Auf in den Nordwesten!

Der Nordwesten der USA ist Ausdruck einer besonderen Geisteshaltung. Wo schneebedeckte Vulkane von immergrünen Bäumen umrahmt werden, gedeihen Subkulturen und entstehen neue Trends. Aus zündenden Ideen, hastig auf Servietten gekritzelt, werden die erfolgreichen Unternehmen von morgen. Historisch hat diese Region nicht viel zu bieten, dafür kann man in hochdynamischen Städten wie Seattle und Portland einen Blick in die Zukunft werfen. Bekannt sind diese beiden Städte auch für Food Carts und Straßenbahnen, Kleinbrauereien und Kaffeekultur, grüne Lungen am Stadtrand und Skulpturen in den Straßen.

Der Nordwesten lockt mit seiner unglaublich sauberen Luft, die man am liebsten in Flaschen mit nach Hause nehmen möchte, und mit der Küste am Westende des Kontinents, an der man die kraftvolle Weite des größten Ozeans der Welt erlebt und es Bäume gibt, die älter sind als die Renaissancepaläste in Italien.

Reisezeit

Seattle

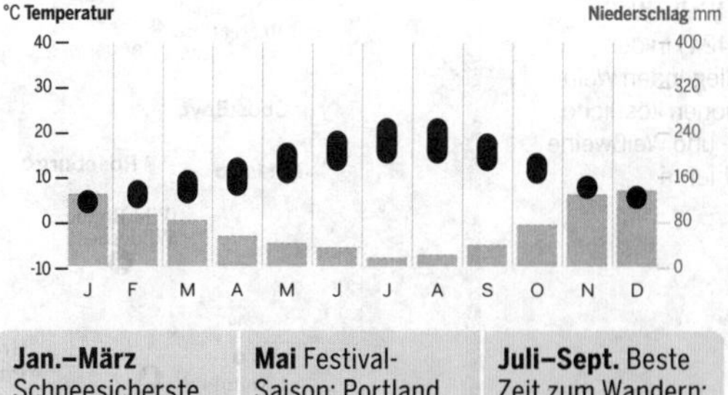

Jan.–März Schneesicherste Zeit zum Skifahren in den Cascades und deren Umgebung.

Mai Festival-Saison: Portland Rose, International Film Festival und Oregon Shakespeare Festival.

Juli–Sept. Beste Zeit zum Wandern: zwischen der Schneeschmelze und den ersten Herbststürmen.

Highlights

1 San Juan Islands (S. 416) In den ruhigeren Ecken Rad und Kajak fahren

2 Oregon Coast (S. 445) Die traumhafte Region vom malerischen Astoria bis zum entzückenden Port Orford erkunden

3 Olympic National Park (S. 411) Bäume bestaunen, die älter sind als die Renaissanceschlösser Europas

4 Pike Place Market (S. 396) Dem tollsten Freiluftspektakel im pazifischen Nordwesten beiwohnen

5 Portland (S. 425) Gestärkt mit Bier, Kaffee und Imbissleckereien durch die grünen, ruhigen Viertel schlendern

6 Crater Lake National Park (S. 445) Die unglaublich tiefblauen Gewässer und das malerische Panorama bewundern

7 Bend (S. 442) In diesem Outdoor-Mekka mountainbiken, klettern oder Ski fahren

8 Walla Walla (S. 424) In den umliegenden Weinregionen köstliche Rot- und Weißweine probieren

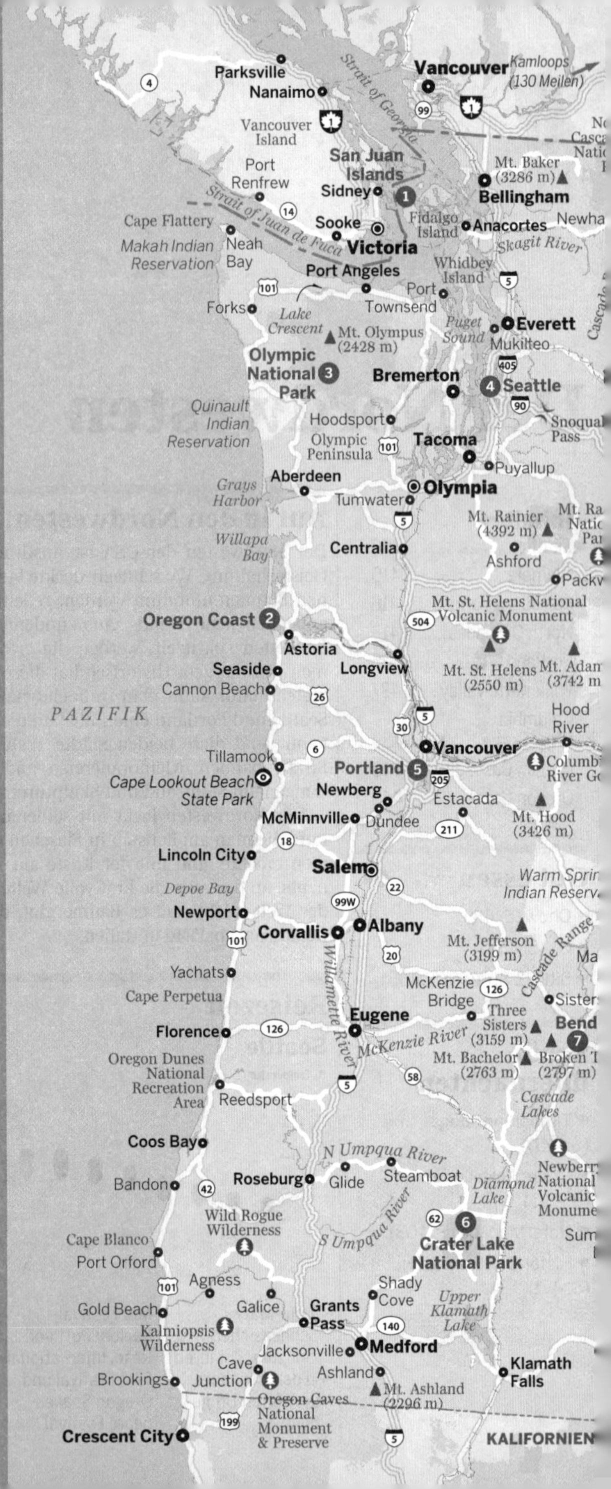

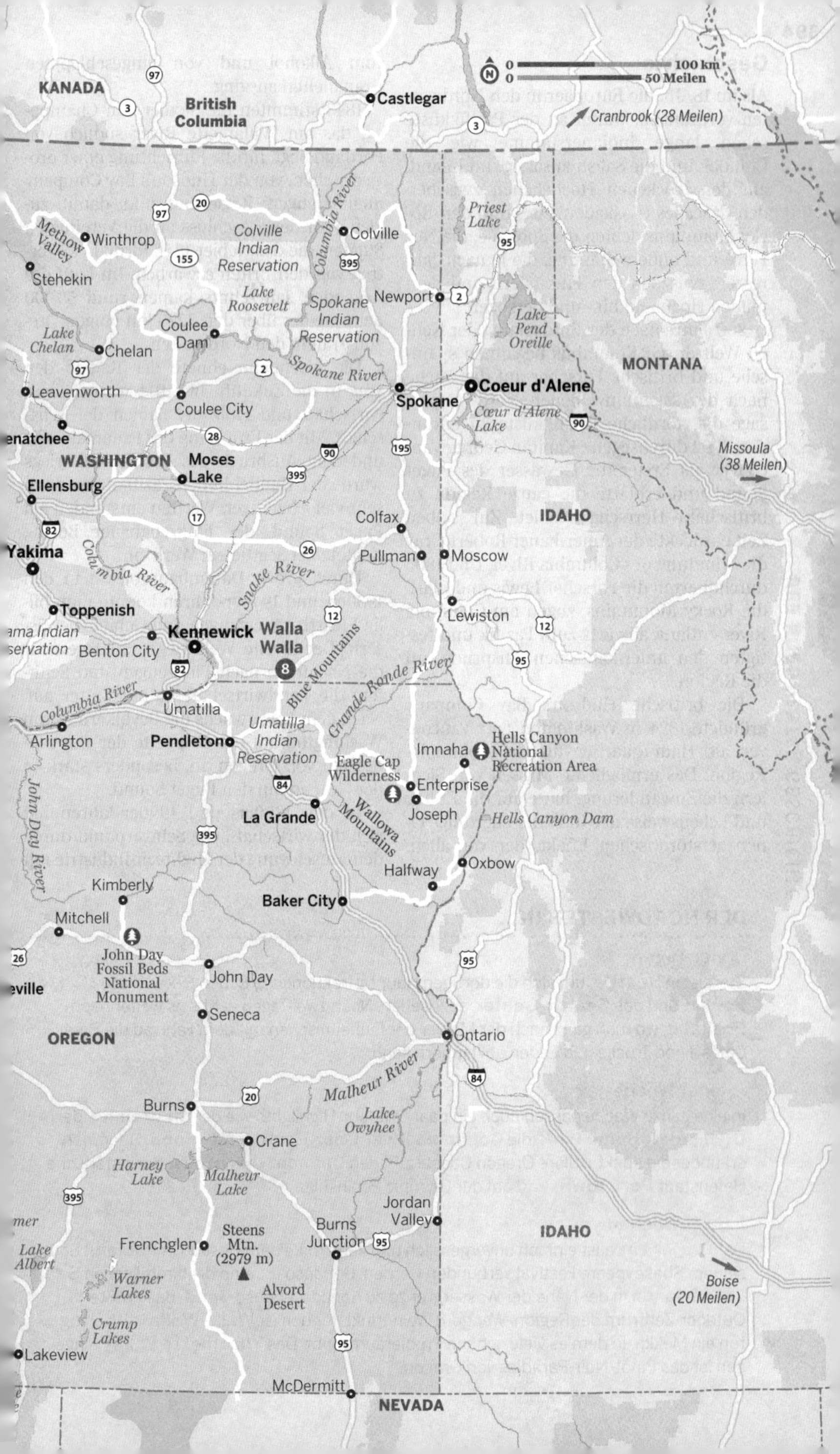

0 100 km
0 50 Meilen
KANADA
British Columbia
Castlegar
Cranbrook (28 Meilen)
97
3
20
Methow Valley
Winthrop
Colville Indian Reservation
Columbia River
Colville
395
155
Stehekin
Priest Lake
95
Lake Roosevelt
Spokane Indian Reservation
Newport
2
Lake Pend Oreille
Lake Chelan
Chelan
Coulee Dam
MONTANA
Spokane River
Leavenworth
Coulee City
Spokane
Coeur d'Alene
Cœur d'Alene Lake
90
enatchee
28
Missoula (38 Meilen)
WASHINGTON
Moses Lake
195
Ellensburg
17
Colfax
IDAHO
82
26
Yakima
Columbia River
Snake River
Pullman
Moscow
Toppenish
12
Lewiston
ama Indian servation
Kennewick
Walla Walla
Benton City
8
Blue Mountains
Grande Ronde River
Columbia River
Umatilla
Arlington
Pendleton
Umatilla Indian Reservation
Imnaha
Hells Canyon National Recreation Area
Eagle Cap Wilderness
Enterprise
84
Joseph
La Grande
Wallowa Mountains
Hells Canyon Dam
John Day River
Oxbow
Halfway
Kimberly
Baker City
Mitchell
John Day Fossil Beds National Monument
John Day
eville
Seneca
OREGON
Ontario
Malheur River
Burns
Lake Owyhee
Crane
Harney Lake
Malheur Lake
Jordan Valley
mer
Burns Junction
IDAHO
Lake Albert
Frenchglen
Steens Mtn. (2979 m)
Warner Lakes
Alvord Desert
Boise (20 Meilen)
Crump Lakes
Lakeview
McDermitt
NEVADA

Geschichte

Als im 18. Jh. die Europäer in den Nordwesten vordrangen, waren an der Pazifikküste schon lange Indianerstämme wie die Chinook und die Salish ansässig. Im Inland, auf den trockenen Hochebenen zwischen den Cascades (Kaskadenkette) und den Rocky Mountains, lebten die Spokane, die Nez Percé und andere Stämme, die je nach Jahreszeit zwischen den Flusstälern und dem milden Hochland hin- und herzogen.

300 Jahre nach der Entdeckung der Neuen Welt durch Kolumbus begannen spanische und britische Forscher auf der Suche nach der sagenumwobenen Nordwestpassage die nördliche Pazifikküste zu erkunden. 1792 durchsegelte Kapitän George Vancouver als Erster die Gewässer des Puget Sound und erklärte die ganze Region zu britischem Herrschaftsgebiet. Zur selben Zeit entdeckte der Amerikaner Robert Gray die Mündung des Columbia River. Und 1805 durchquerten die Forscher Lewis und Clark die Rocky Mountains, zogen am Columbia River entlang abwärts zum Pazifik und festigten den amerikanischen Anspruch auf die Region.

Die britische Hudson's Bay Company gründete 1824 in Washington Fort Vancouver als Hauptquartier für die Columbia-Region. Das ermöglichte Massen von Siedlern die Zuwanderung, hatte auf die Kultur und Lebensweise der Indianer allerdings einen zerstörerischen Effekt, der vor allem vom Alkohol und von eingeschleppten Krankheiten ausging.

1843 stimmten die Siedler von Champoeg, das am Willamette River südlich von Portland liegt, für die Einrichtung einer provisorischen, von der Hudson's Bay Company unabhängigen Regierung und damit zugleich für den Anschluss an die Vereinigten Staaten, die das Gebiet 1846 formal per Vertrag von den Briten erwarben. Im Lauf des folgenden Jahrzehnts kamen rund 53 000 neue Siedler über den 3220 km langen Oregon Trail in den Nordwesten.

Die Eisenbahn ebnete der Region den Weg in die Zukunft. Bis 1914 waren Landwirtschaft und Holz die Säulen der Wirtschaft. Mit der Eröffnung des Panamakanals und dem Ausbruch des Ersten Weltkriegs wurde der Handel in den Pazifikhäfen dann sehr viel lebendiger. Werften entstanden am Puget Sound, der Flugzeugbauer Boeing richtete bei Seattle ein Werk ein.

Durch große Dammbauprojekte in den 1930er- und 1940er-Jahren konnte man billig Elektrizität erzeugen und Gebiete bewässern. Der Zweite Weltkrieg erhöhte erneut die Nachfrage nach Flugzeugen und Schiffen, die Landwirtschaft blühte weiter auf. Nach dem Krieg wuchs die Bevölkerung von Washington auf das Doppelte der Einwohnerzahl von Oregon an, besonders stark in der Gegend um den Puget Sound.

In den 1980er- und 1990er-Jahren hat sich der wirtschaftliche Schwerpunkt durch den Aufschwung der Hightech-Industrie mit

DER NORDWESTEN IN ...

... vier Tagen

Start ist in **Seattle**, um sich die dortigen Hauptattraktionen, z. B. den **Pike Place Market** und das **Seattle Center**, anzusehen. Nach zwei Tagen geht's es weiter nach **Portland**, wo man ganz nach der Manier der Einheimischen mit dem Fahrrad die Bars, Cafés, Food Trucks und Läden abklappern kann.

... einer Woche

In eine ganze Woche passen noch ein paar Outdoor-Highlights wie der **Mt. Rainier**, der **Olympic National Park**, die **Columbia River Gorge** und der **Mt. Hood**. Oder man erkundet die spektakuläre Oregon Coast (z. B. den **Cannon Beach**) oder die historische Hafenstadt **Port Townsend** auf der Olympic Peninsula.

... zwei Wochen

Der **Crater Lake** ist einfach unvergesslich und kann mit einem Besuch in **Ashland** und seinem Shakespeare Festival verbunden werden. Genauso toll sind die himmlischen **San Juan Islands** in der Nähe der Wassergrenze zu Kanada, ebenso **Bend**, das größte Outdoor-Zentrum der Region. Wer gern Wein trinkt, für den ist **Walla Walla** in Washington ein Mekka, in dem es viele schöne Probieräume gibt. Das **Willamette Valley** hingegen ist das Pinot-Noir-Paradies von Oregon.

den Speerspitzen Microsoft in Seattle und Intel in Portland verlagert.

Produktionen mit Wasserkraft und Bewässerungsanlagen entlang des Columbia River haben in den letzten paar Jahrzehnten das Ökosystem des Flusses bedroht, und auch die Holzgewinnung hat ihre Spuren hinterlassen. Gleichwohl hat die Region ihre Umweltbilanz verbessert, indem sie ein paar der umweltfreundlichsten Firmen des Landes angelockt hat und ihre Großstädte zu den grünsten der USA gemacht hat. In puncto Umweltschutz gehören die beiden Nordweststaaten zu den engagiertesten Regionen der USA.

Einheimische Kultur

Das stereotype Bild des Bewohners des amerikanischen Nordwestens zeigt ihn als lässig gekleideten, Café Latte schlürfenden Städter, der einen Hybridwagen fährt, die Demokraten wählt und Kopfhörer trägt, aus denen unermüdlich Grunge- und Indie-Musik à la Nirvana ertönt. Aber wie bei den meisten kurzlebigen Verallgemeinerungen ist die Wirklichkeit sehr viel komplexer.

Gewiss, Seattle und Portland, die urbanen Zentren des Nordwestens, sind für ihre feine Kaffeekultur und unzähligen kleinen Brauereikneipen bekannt. Aber weiter im Osten, im trockenen und weitaus weniger grünen Landesinneren, verläuft das Leben viel traditioneller als in den Städten an der Küste. Hier im Südosten Washingtons finden in den Kleinstädten, die sich entlang des Columbia River Valley und in den trockenen Steppen verstecken, wilde Rodeos statt, die Touristenzentren locken mit Cowboy-Kultur und ein Pott Kaffee ist genau das – kein Latte, kein Matcha Tee.

Im Gegensatz zu der hart arbeitenden Ostküste der USA ist das Leben im Westen lockerer und weniger hektisch. Die Leute hier arbeiten um zu leben – und leben nicht um zu arbeiten. Nach einem verregneten Winter nutzen die Bewohner des pazifischen Nordwestens jede Entschuldigung, um aus dem Arbeitsalltag auszubrechen und einige Stunden (oder auch ganze Tage) im Freien zu verbringen. An den ersten Sommertagen Ende Mai oder Anfang Juni können Besucher einer wahren Völkerwanderung von enthusiastischen Wanderern und Radfahrern beiwohnen, die in die berühmten Nationalparks und in die Wildnis strömen, für die diese Region zu recht bekannt ist.

ℹ Anreise & Unterwegs vor Ort

AUTO

Am bequemsten kommt man mit dem Auto durch den Nordwesten. In der ganzen Region gibt es größere und kleinere Autovermietungen. Die I-5 ist die wichtigste Nord-Süd-Achse. In Washington führt die I-90 von Seattle ostwärts nach Spokane und Idaho. In Oregon zweigt die I-84 von Portland an der Columbia River Gorge gen Osten ab und führt nach Boise in Idaho.

BUS

Greyhound-Busse (www.greyhound.com) fahren entlang der I-5 von Bellingham im Norden Washingtons runter nach Medford im Süden Oregons. Es gibt auch Verbindungen zwischen den USA und Kanada. Ost-West-Verbindungen führen nach Spokane, Yakima, Tri-Cities (Kennewick, Pasco und Richland in Washington), Walla Walla und Pullman in Washington sowie nach Hood River und Pendleton in Oregon. Private Unternehmen fahren die meisten kleineren Dörfer und Städte in der Region an, oftmals mit Verbindungen zu Greyhound oder Amtrak.

FLUGZEUG

Der Seattle-Tacoma International Airport, kurz Sea-Tac genannt, und der Portland International Airport sind die größten Flughäfen der Gegend und bedienen viele nordamerikanische und einige internationale Reiseziele.

SCHIFF/FÄHRE

Die Washington State Ferries (www.wsdot.wa.gov/ferries) verbinden Seattle mit Bainbridge und den Vashon Islands. Weitere WSF-Routen führen von Whidbey Island nach Port Townsend auf der Olympic Peninsula und von Anacortes über die San Juan Islands nach Sidney in British Columbia (BC). Victoria Clipper (www.clippervacations.com) bietet Verbindungen von Seattle nach Victoria, BC, das auch von Port Angeles aus angesteuert wird. Fähren von Alaska Marine Highway (www.dot.state.ak.us/amhs) schippern von Bellingham, WA, nach Alaska.

ZUG

Amtrak (www.amtrak.com) bietet Verbindungen nach Vancouver, BC, und nach Kalifornien an und verbindet dabei Seattle, Portland und weitere große Stadtzentren mit den Cascades und den Coast-Starlight-Routen. Der *Empire Builder* fährt von Seattle und Portland (wird in Spokane zusammengeführt) ostwärts nach Chicago.

WASHINGTON

Der Bundesstaat Washington ist das Herz des pazifischen Nordwestens. Hier finden

Besucher alles, was das Herz begehrt – von der üppig grünen Olympic Peninsula bis hin zu den weißen Gipfeln der Cascade Mountains und den entspannten San Juan Islands, die sich gut mit dem Kajak erkunden lassen. Im Osten zeigt sich der Bundesstaat von einer ganz anderen Seite: Wasserarm, aber wunderschön, mit exklusiven Weingütern, Frühstück für echte Cowboys, Obstplantagen, Weizenfeldern und Pioniergeschichte.

Die größte Stadt ist Seattle, aber auch andere Städte wie Spokane, Bellingham und Olympia haben ihren Charme. Wer das Meiste aus einem Besuch in Washington machen will, sollte jedoch die Städte hinter sich lassen und die Berge und Wälder an der Küste oder auf den Inseln erkunden. Die besten Erlebnisse sind hier ganz unmittelbarer Natur.

Seattle

Man nehme die Intelligenz von Portland in Oregon und paare sie mit der Schönheit von Vancouver in Kanada – das Ergebnis dürfte in etwa so aussehen wie Seattle. Es ist kaum zu glauben, dass die größte Metropole des Nordwestens bis in die 1980er-Jahre nur als US-Stadt „zweiter Klasse" galt. Seitdem hat sie die Mischung aus wagemutiger Innovationsfreude und unerschrockenem Individualismus zu einem der größten Trendsetter der Dotcom-Ära gemacht, dessen Speerspitze aus dem unglaublichen Bündnis aus Café Latte schlürfenden Computerfreaks und selbstverliebten Musikern besteht.

Das mancherorts überraschend elegante, andernorts hypertrendige Seattle ist bekannt für den starken Zusammenhalt in den einzelnen Stadtvierteln, die erstklassige Universität, monströses Verkehrschaos und proaktive Bürgermeister, die sich als grüne Umweltpolitiker verdient machen. Auch wenn die Stadt in jüngster Zeit eine eigene Popkultur hervorgebracht hat, fehlt ihr noch der Mythos einer Metropole wie New York oder Paris. Immerhin hat es den „Berg". Der ist besser unter dem Namen Mt. Rainier bekannt und das alles und alle vereinende Symbol Seattles, ein 4392 m hohes Massiv aus Fels und Eis, das die Einwohner der Stadt permanent daran erinnert, dass die raue Wildnis und ein möglicherweise ausbrechender Vulkan direkt vor der Haustür liegen.

KURZINFOS WASHINGTON

Spitzname Evergreen State

Bevölkerung 7,3 Mio. Ew.

Fläche 184 775 km²

Hauptstadt Olympia (51 609 Ew.)

Weitere Städte Seattle (744 955 Ew.), Spokane (217 108 Ew.), Bellingham (89 045 Ew.)

Verkaufssteuer 6,5 %

Geburtsort von Sänger und Schauspieler Bing Crosby (1903–77), Gitarrist Jimi Hendrix (1942–70), Computer-Guru Bill Gates (geb. 1955), Politikkommentator Glen Beck (geb. 1964), Musikikone Kurt Cobain (1967–94)

Heimat des Mt. St. Helens, von Microsoft, Starbucks, Amazon und dem Evergreen State College

Politik Demokratische Gouverneure seit 1985

Berühmt für Grunge, Kaffee, *Grey's Anatomy*, *Twilight*, Vulkane, Äpfel, Wein, Niederschlag

Staatsgemüse Süßzwiebeln aus Walla Walla

Entfernungen Seattle–Portland 174 Meilen (280 km), Spokane–Port Angeles 365 Meilen (587 km)

Sehenswertes

Downtown

★ Pike Place Market MARKT

(Karte S. 398; ☎ 206-682-7453; www.pikeplacemarket.org; 85 Pike St, Pike Place; ⏲ Mo–Sa 9–18, So bis 17 Uhr; Westlake) Dieser Markt ist ein buntes Potpourri aus Geräuschen, Gerüchen, Persönlichkeiten, Geplänkel und städtischem Treiben in exponierter Uferlage – eine Art Seattle in klein. Der seit 1907 existierende Markt ist noch immer so stimmungsvoll wie eh und je. Hier lernt man die Stadt so kennen, wie sie wirklich ist: allumfassend, vielseitig und absolut einzigartig. Dank der Erweiterung im Jahr 2017 gibt es neuerdings mehr Verkaufsfläche, zusätzliche Parkplätze und Wohnungen für Senioren mit geringem Einkommen.

★ Seattle Art Museum MUSEUM

(SAM; Karte S. 398; ☎ 206-654-3210; www.seattleartmuseum.org; 1300 1st Ave, Downtown; Erw./Student 25/15 US$; ⏲ Mi & Fr–Mo 10–17, Do bis 21 Uhr; University St) Das Museum kann sich zwar nicht mit den ganz Großen in New York oder Chicago vergleichen, muss sich aber nicht verstecken. Die Kunstsammlung wird stetig mit Neuerwerbungen und Wanderausstellungen aufgefrischt. Das Museum ist vor allem für seine umfangreichen Artefakte amerikanischer Ureinwohner und die Arbeiten lokaler Künstler der Northwest School wie Mark Tobey (1890–1976) bekannt. Ebenfalls vertreten ist moderne amerikanische Kunst. Außerdem zeigt das Museum ein paar aufregende Wanderausstellungen (darunter auch Yayoi Kusamas „Infinity Mirrors").

★ Olympic Sculpture Park PARK

(Karte S. 398; 206-654-3100; 2901 Western Ave, Belltown; Sonnenaufgang–Sonnenuntergang; 33) GRATIS Diese Meisterleistung der Stadtplanung ist ein offizieller Außenposten des Seattle Art Museum und steht diesem hinsichtlich Design und Aufbereitung in nichts nach. Die grüne Oase, die sich auf einem rückgewonnenen urbanen Abbruchgelände erstreckt, beherbergt über 20 Skulpturen. Man kann sie bewundern, während man über die kurvigen Wege des Parks schlendert. Der Ausblick auf den Puget Sound und die Olympic Peninsula im Hintergrund wird all jene erfreuen, die nach ein paar großartigen Fotomotiven für die sozialen Medien Ausschau halten.

Pioneer Square & International District

Seattles Wiege hat sich die Rauheit ihrer „Skid Row"-Wurzeln erhalten. Das Straßenleben ist ausgelassen und in die roten Backsteingebäude sind Kunstgalerien und Restaurants mit regionaler Küche eingezogen. Das Erbe des International District – Heimat vieler der südostasiatischen Immigrantengemeinden – wartet mit einzigartigen Shopping- und Essensoptionen auf. SoDo („South of Downtown", also „Südlich von Downtown") ist hingegen ein nüchternes Viertel mit Lagerhäusern, das beständig neue Destillerien und Ausgabeapotheken anzieht.

★ Klondike Gold Rush National Historical Park MUSEUM

(Karte S. 398; 206-553-3000; www.nps.gov/klse; 319 2nd Ave S, Pioneer Sq; Juni–Aug. tgl. 9–17 Uhr, Sept.–Feb. Di–So 10–17 Uhr, März–Mai tgl. 10–17 Uhr; First Hill Streetcar) GRATIS Dieses wunderbare, vom National Park Service betriebene Museum beherbergt Ausstellungsgegenstände, Fotos und Zeitungsartikel aus der Zeit des Goldrauschs am Klondike River im Jahr 1897. Damals fungierte ein energiegeladenes Seattle als Vorratskammer für Goldschürfer, die auf dem Weg ins Yukon Territory in Kanada waren. Der Eintritt würde an jedem anderen Ort 20 US$ kosten – in Seattle ist er kostenlos!

Wing Luke Museum of the Asian Pacific American Experience MUSEUM

(Karte S. 398; 206-623-5124; www.wingluke.org; 719 S King St, International District; Erw./Kind 17/12 US$; Di–So 10–17 Uhr; First Hill Streetcar) Das schöne Wing Luke Museum dokumentiert die Kultur der Einwanderer aus Asien und dem Pazifikraum. Der Schwerpunkt liegt dabei auf so heiklen Themen wie der Ansiedlung chinesischer Einwanderer in den 1880er-Jahren und der Internierung japanischstämmiger Einwohner im Zweiten Weltkrieg. Gezeigt werden diverse Wechselausstellungen wie zuletzt „A Day in the Life of Bruce Lee". Es gibt auch Kunstausstellungen und eine original erhaltene Wohnung von Einwanderern. Die Teilnahme an Führungen ist ebenfalls möglich; am ersten Donnerstag im Monat ist der Eintritt frei (bei verlängerten Öffnungszeiten bis 20 Uhr).

Seattle Center

★ Space Needle WAHRZEICHEN

(Karte S. 398; 206-905-2100; www.spaceneedle.com; 400 Broad St, Seattle Center; Erw./Kind 37,50/32,50 US$, inkl. Chihuly Garden & Glass 49/39 US$; Mo–Do 9.30–23, Fr & Sa 9.30–23.30, So 9–23 Uhr; Seattle Center) Der schnittige Turm war bei seiner Erbauung seiner Zeit in puncto Modernität weit voraus. Er wurde für die Weltausstellung im Jahr 1962 erbaut und ist seit über 50 Jahren das Wahrzeichen der Stadt. Die Nadel bildet das Zentrum des Komplexes, der heute **Seattle Center** (Karte S. 398; 206-684-8582; www.seattlecenter.com; 400 Broad St, Seattle Center; Seattle Center) genannt wird. Mit seinem Aussichtsdeck in Form einer fliegenden Untertasse und dem teuren Drehrestaurant lockt er jedes Jahr mehr als 1 Mio. Besucher an.

★ Museum of Pop Culture MUSEUM

(Karte S. 398; 206-770-2700; www.mopop.org; 325 5th Ave N, Seattle Center; Erw./Kind 28/19 US$; Jan.–Ende Mai & Sept.–Dez. 10–17 Uhr, Ende Mai–Aug. 10–19 Uhr; Seattle Center) Das Muse-

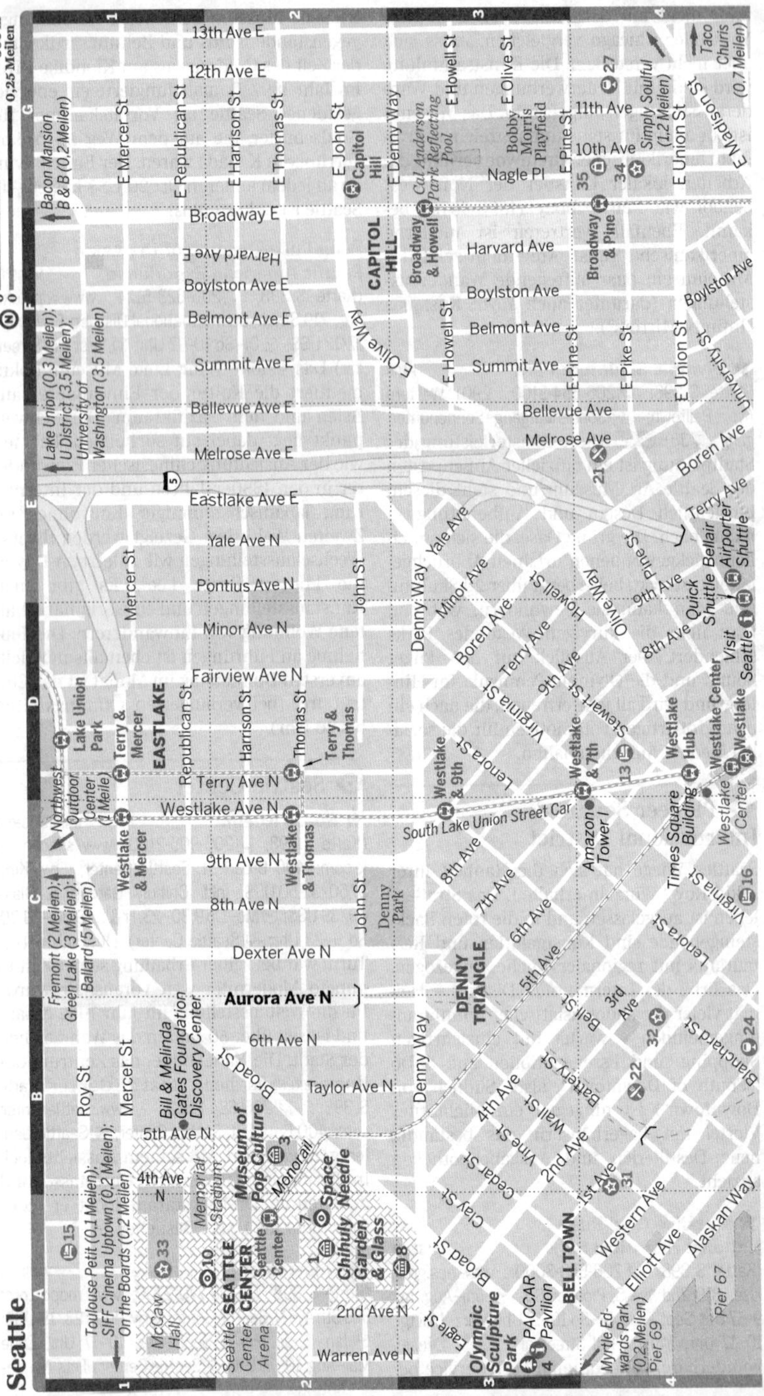
Seattle
500 m
0,25 Meilen
Bacon Mansion B & B (0,2 Meilen)
Lake Union (0,3 Meilen); U District (3,5 Meilen); University of Washington (3,5 Meilen)
Fremont (2 Meilen); Green Lake (3 Meilen); Ballard (5 Meilen)
Toulouse Petit (0,1 Meilen); SIFF Cinema Uptown (0,2 Meilen); On the Boards (0,2 Meilen)
Northwest Outdoor Center (1 Meile)
Simply Soulful (1,2 Meilen)
Taco Churis (0,7 Meilen)
Myrtle Edwards Park (0,2 Meilen)
13th Ave E
12th Ave E
E Mercer St
E Republican St
E Harrison St
E Thomas St
E John St
Capitol Hill
E Denny Way
Cal Anderson Park Reflecting Pool
E Howell St
E Olive St
Bobby Morris Playfield
Nagle Pl
E Pine St
11th Ave
10th Ave
E Union St
E Madison St
Broadway E
Harvard Ave E
Boylston Ave E
Belmont Ave E
Summit Ave E
Bellevue Ave E
Melrose Ave E
Eastlake Ave E
Yale Ave N
Pontius Ave N
Minor Ave N
Fairview Ave N
Terry Ave N
Westlake Ave N
9th Ave N
8th Ave N
Dexter Ave N
Aurora Ave N
6th Ave N
Taylor Ave N
5th Ave N
4th Ave N
2nd Ave N
Warren Ave N
CAPITOL HILL
Broadway & Howell
Broadway & Pine
E Olive Way
Harvard Ave
Boylston Ave
Belmont Ave
Summit Ave
Bellevue Ave
Melrose Ave
E Pike St
University St
Boylston Ave
Boren Ave
Terry Ave
Airporter Shuttle
Bellair
Quick Shuttle
Visit Seattle
Westlake Center
Westlake
Westlake Hub
Times Square Building
9th Ave
8th Ave
Olive Way
Pine St
Howell St
Mercer St
John St
Denny Way
Yale Ave
Minor Ave
Boren Ave
Terry Ave
9th Ave
Virginia St
Stewart St
Lenora St
Westlake & 9th
Westlake & 7th
Amazon Tower I
South Lake Union Street Car
Lake Union Park
Terry & Mercer
EASTLAKE
Republican St
Harrison St
Thomas St
Terry & Thomas
Westlake & Mercer
Westlake & Thomas
John St
Denny Park
8th Ave
7th Ave
6th Ave
5th Ave
DENNY TRIANGLE
Virginia St
Lenora St
Blanchard St
Bell St
3rd Ave
Battery St
Wall St
Vine St
Cedar St
Clay St
Broad St
Eagle St
4th Ave
2nd Ave
1st Ave
Western Ave
Elliott Ave
Alaskan Way
Pier 67
Pier 69
BELLTOWN
Olympic Sculpture Park
PACCAR Pavilion
Denny Way
Roy St
Mercer St
Broad St
Bill & Melinda Gates Foundation Discovery Center
Museum of Pop Culture
Monorail
Space Needle
Chihuly Garden & Glass
Memorial Stadium
SEATTLE CENTER
Seattle Center
Seattle Center Arena
McCaw Hall
1
3
4
7
8
10
13
15
16
21
22
24
27
31
32
33
34
35
A
B
C
D
E
F
G
1
2
3
4

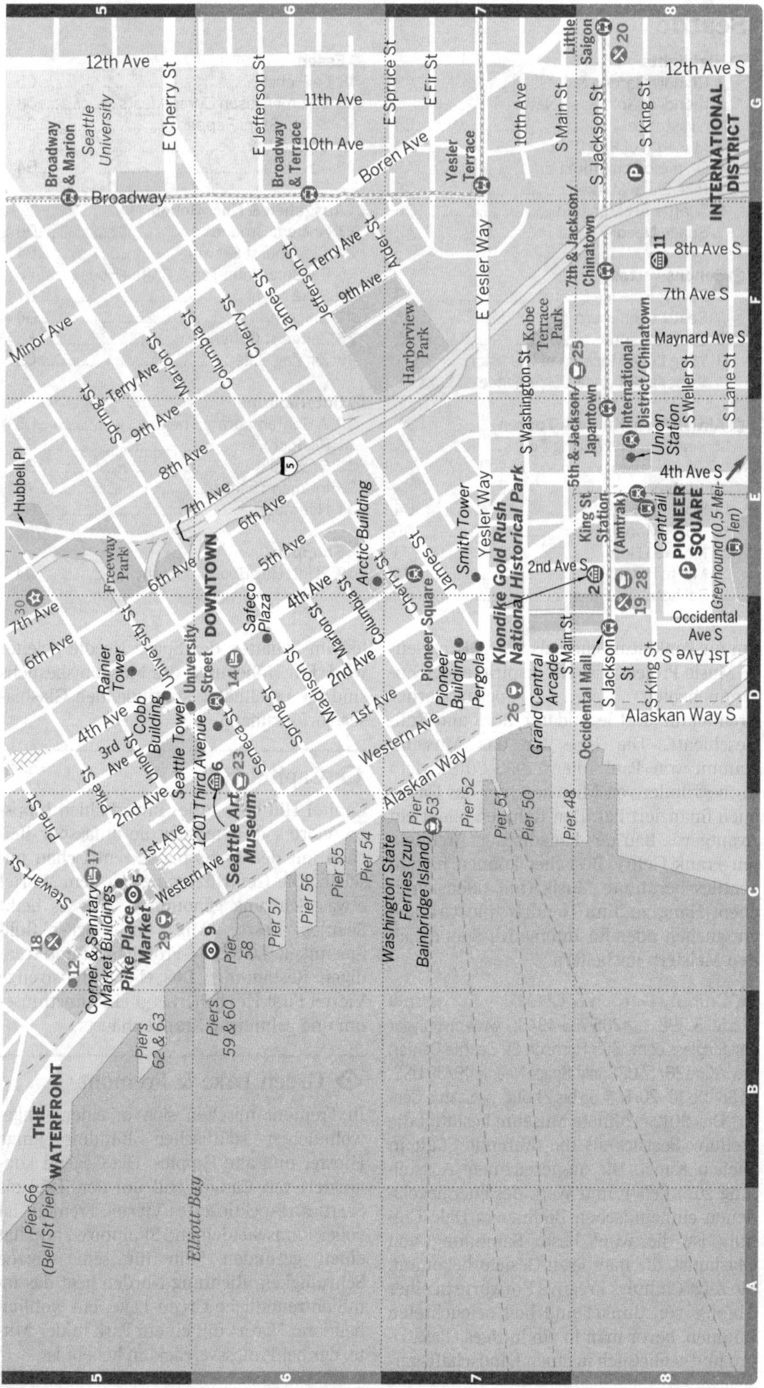
12th Ave
Seattle University
Broadway & Marion
Broadway
E Cherry St
E Jefferson St
11th Ave
10th Ave
Broadway & Terrace
Boren Ave
E Spruce St
E Fir St
Yesler Terrace
10th Ave
S Main St
Little Saigon
20
12th Ave S
S Jackson St
S King St
INTERNATIONAL DISTRICT
Minor Ave
Hubbell Pl
Spring St
Terry Ave
Marion St
Columbia St
Cherry St
James St
Jefferson St
Terry Ave
Alder St
9th Ave
Harborview Park
E Yesler Way
Kobe Terrace Park
7th & Jackson/ Chinatown
8th Ave S
11
7th Ave S
Maynard Ave S
25
5th & Jackson/ Japantown
International District/Chinatown
S Weller St
S Lane St
Union Station
4th Ave S
9th Ave
8th Ave
7th Ave
6th Ave
5th Ave
Freeway Park
DOWNTOWN
Arctic Building
Smith Tower
Yesler Way
S Washington St
Klondike Gold Rush National Historical Park
King St Station
(Amtrak)
2nd Ave S
2
19
28
Cantrail
PIONEER SQUARE
Greyhound (0,5 Meilen)
Occidental Ave S
1st Ave S
7th Ave
30
6th Ave
Rainier Tower
University St
6th Ave
University Street
14
Safeco Plaza
4th Ave
Columbia St
Marion St
Cherry St
James St
Pioneer Square
Pioneer Building
Pergola
2nd Ave
Madison St
Spring St
Seneca St
1st Ave
Western Ave
Grand Central Arcade
S Main St
26
Occidental Mall
S Jackson St
S King St
Alaskan Way S
4th Ave
3rd Ave
Union St
Cobb Building
Seattle Tower
1201 Third Avenue
6
23
Pike St
Pine St
2nd Ave
1st Ave
Seattle Art Museum
Alaskan Way
Pier 53
Pier 52
Pier 51
Pier 50
Pier 48
Stewart St
17
Corner & Sanitary Market Buildings
5
Pike Place Market
29
Western Ave
18
12
9
Pier 58
Pier 57
Pier 56
Pier 55
Pier 54
Washington State Ferries (zur Bainbridge Island)
Piers 62 & 63
Piers 59 & 60
THE WATERFRONT
Pier 66 (Bell St Pier)
Elliott Bay
A
B
C
D
E
F
G
5
6
7
8

Seattle

Highlights
1 Chihuly Garden & Glass A2
2 Klondike Gold Rush National Historical Park E8
3 Museum of Pop Culture B2
4 Olympic Sculpture Park A3
5 Pike Place Market C5
6 Seattle Art Museum D6
7 Space Needle A2

Sehenswertes
8 Pacific Science Center A3
9 Seattle Aquarium C6
10 Seattle Center A1
11 Wing Luke Museum of the Asian Pacific American Experience F8

Aktivitäten, Kurse & Touren
12 Seattle Free Walking Tours C5

Schlafen
13 Hotel Max D4
14 Hotel Monaco D6
15 Maxwell Hotel A1
16 Moore Hotel C4
17 Palihotel C5

Essen
18 Le Pichet C5
19 Salumi Artisan Cured Meats D8
20 Seven Stars Pepper G8
21 Sitka & Spruce E4
22 Tavolàta B4

Ausgehen & Nachtleben
23 Ancient Grounds D6
24 Cloudburst Brewing B4
25 Panama Hotel Tea & Coffee House F8
26 Saké Nomi D7
27 Unicorn G4
28 Zeitgeist Coffee E8
29 Zig Zag Café C5

Unterhaltung
30 A Contemporary Theatre D5
31 Big Picture B4
32 Crocodile B4
33 Intiman Theatre A1
34 Neumos G4

Shoppen
35 Elliott Bay Book Company G4

um für Popkultur (ehemals EMP, „Experience Music Project") ist ein inspirierendes Zusammenspiel aus super-moderner Architektur und legendärer Rock-and-Roll-Geschichte. Die Idee für das Museum stammt von Paul Allen (1953–2018), dem Mitbegründer von Microsoft, der das Ganze auch finanziert hat. Den Rahmen bildet ein Avantgarde-Bau des kanadischen Architekten Frank Gehry. Besucher können hier in Seattles berühmte Musik (mit offensichtlichem Hang zu Jimi Hendrix und Grunge) eintauchen oder im Interactive Sound Lab den Meistern nacheifern.

★ **Chihuly Garden & Glass** MUSEUM
(Karte S. 398; ☎ 206-753-4940; www.chihulygardenandglass.com; 305 Harrison St, Seattle Center; Erw./Kind 26/17 US$, inkl. Space Needle 49/39 US$; ⊙ So–Do 10–20, Fr & Sa bis 21 Uhr; 🚉 Seattle Center) Das 2012 eröffnete Museum bestätigt die Stellung Seattles als die führende Stadt in Sachen Kunst. Die ausgezeichnete Ausstellung zum Leben und Werk des energiegeladenen einheimischen Bildhauers Dale Chihuly ist die wohl beste Sammlung von Glaskunst, die man je zu Gesicht bekommt. Sie zeigt Chihulys kreative Entwürfe in einer Abfolge von dunkel und hell beleuchteten Räumen, bevor man in ein luftiges Glasatrium und schließlich in einen Landschaftsgarten im Schatten der Space Needle geleitet wird. Ein Höhepunkt des Museumsbesuchs sind die regelmäßig stattindenden Glasbläser-Vorführungen.

Capitol Hill

Capitol Hill ist Seattles unverhohlen hippstes Viertel, in dem sich die unfassbar Reichen mit den unfassbar Exzentrischen mischen. Die Gentrifizierung hat dem Viertel etwas Schwung genommen, aber es beibt Seattles bester Mix für Rock-'n'-Roll-Spelunken, LGBTIQ+-Fröhlichkeit und trendigen Restaurants. Das eher sittenstrenge Viertel First Hill beherbergt ein Kunstmuseum und zahlreiche Krankenhäuser.

Green Lake & Fremont

In Fremont mischen sich in einem ungewöhnlichen städtischen Bündnis junge Hipster und alte Hippies. Die Gegend konkurriert mit Capitol Hill um den Titel als Seattles respektlosestes Viertel. Fremont ist voller Ramschläden und Skulpturen und hat einen gesunden Sinn für seine eigene Schrulligkeit. Richtung Norden liegt das familienfreundliche Green Lake, ein wohlhabenderer Vorort mit einem Park in der Mitte, der bei Fitnessverrückten beliebt ist.

Fremont Troll SKULPTUREN

(N 36th St & Troll Ave, Fremont; 62) Die ausgefallene Plastik in Form eines Trolls lauert unterhalb des nördlichen Endes der Aurora Bridge an der N 36th St. Mit dem Troll gingen die Künstler Steve Badanes, Will Martin, Donna Walter und Ross Whitehead 1990 bei einem vom Fremont Arts Council gesponserten Kunstwettbewerb als Sieger hervor. Die 5,5 m große Zementfigur, die mit ihrer Hand einen VW-Käfer zerquetscht, ist mittlerweile ein beliebter Platz für nächtliche Biergelage.

Waiting for the Interurban DENKMAL

(N 34th St & Fremont Ave N, Fremont; 62) Seattles beliebtestes öffentliches Kunstwerk *Waiting for the Interurban* wurde aus recyceltem Aluminium gegossen. Es stellt eine Figurengruppe von sechs Menschen dar, die auf einen Zug warten, der niemals kommt. Hin und wieder kleiden die Einwohner die Menschengruppe liebevoll ein, je nach Anlass – dem Wetter, einem Geburtstag oder einem Sieg der Baseballmannschaft Mariners. Das eindeutig menschliche Antlitz des Hundes trägt die Gesichtszüge von Armen Stepanian, dem ehemaligen Bürgermeister von Fremont, der es gewagt hatte, die Skulptur abzulehnen.

Der U-District

Burke Museum MUSEUM

(206-543-5590; www.burkemuseum.org; 4300 15th Ave NE; Erw./Kind 22/14 US$; 10–17, 1. Do im Monat bis 20 Uhr; 70) Dieses Hybridmuseum widmet sich der Naturgeschichte und den indigenen Kulturen der Pazifikküste. Im Inneren befindet sich die wohl beste naturgeschichtliche Sammlung Washingtons mit Schwerpunkt auf der Geologie und der Evolution des Bundesstaates. Es zeigt eindrucksvolle Fossilien, darunter einen 20 000 Jahre alten Säbelzahntiger. Auf keinen Fall sollte man die hervorragende Sammlung von Kwakwaka'wakw-Masken aus British Columbia verpassen.

Ballard

Ballard ist eine ehemalige Seefahrergemeinschaft mit nordischem Erbe. Hier fühlt man sich noch immer wie in einer kleinen Stadt, die von einer größeren umschlossen wird. Das soll jedoch nicht heißen, dass es hier nichts zu sehen gibt. Das Viertel hat sich zu einer der besten Adressen der Stadt für aufregende Restaurants, belebte Bars und mörderisch gutes Shoppen entwickelt.

★ **Hiram M Chittenden Locks** KANAL

(3015 NW 54th St, Ballard; 7–21 Uhr; 44) GRATIS An sonnigen Tagen schimmert Seattle rund um diese Schleuse wie ein impressionistisches Gemälde. Hier stürzen die Süßwasser des Lake Washington und des Lake Union fast 7 m hinab ins Salzwasser des Puget Sound. Man kann quasi direkt danebenstehen und beobachten, wie die Boote hinauf oder hinab (je nach Richtung) gelassen werden. Der Bau des Kanals mit der Schleuse begann 1911; heute passieren jährlich rund 100 000 Boote die Schleuse. Besucher können an der Fischtreppe durch die Glasplatten einen Blick auf das Treiben unter Wasser werfen, durch den botanischen Garten schlendern und ein kleines Museum besuchen.

Aktivitäten

Radfahren

Trotz des häufigen Regens und des hügeligen Geländes ist in der Region Seattle Radfahren als Fortbewegungsart und Freizeitsport sehr beliebt. 2014 führte die Stadt endlich ein öffentliches Bike-Sharing-System ein, das jedoch im März 2017 aufgrund der geringen Inanspruchnahme wieder abgeschafft wurde. 2018 führten dann mehrere Privatunternehmen, z. B. Lyft und Lime, das System wieder ein.

In der Stadt gibt es auf vielen Straßen auch eine Spur für Fahrradfahrer, die grün markiert ist. Die Radwege sind gut instand gehalten, und die freundliche, enthusiastische Radfahrergemeinde teilt sich gern die Straße mit anderen Radlern. Der 32 km lange, gewundene Burke-Gilman Trail ist ein sehr beliebter Radweg, der von Ballard zum

SEATTLE CITYPASS

Wer eine Weile in Seattle bleibt und sich die Hauptsehenswürdigkeiten ansehen will, kann den **CityPASS** (www.citypass.com/seattle; Erw./Kind 5–12 Jahre 99/79 US$) in Betracht ziehen. Der Pass ist neun Tage gültig und gilt für fünf Attraktionen: die Space Needle, das Seattle Aquarium, die Argosy Cruises Seattle Harbor Tour, das Museum of Pop Culture *oder* den Woodland Park Zoo und für das Pacific Science Center *oder* den Chihuly Garden & Glass. Man spart so ca. 49 % der Eintrittskosten und muss nicht anstehen. Der Pass ist online und bei jeder dieser Sehenswürdigkeiten erhältlich.

Log Boom Park in Kenmore in Seattles Eastside führt. Dort geht er in den 18 km langen **Sammamish River Trail** über, der sich am Weingut Chateau Ste Michelle in Woodinville vorbeischlängelt, ehe er am Marymoor Park in Redmond endet.

Weitere gute Orte zum Radfahren gibt's um den **Green Lake** (☎206-684-4075; 7201 E Green Lake Dr N, Green Lake; ⊙24 Std.; 🚌62), der überlaufen, aber hübsch ist, am hervorragenden **Alki Beach** (☎206-684-4075; 1702 Alki Ave SW, West Seattle; ⊙4–23.30 Uhr; 🚌37) und näher an der Innenstadt im malerischen **Myrtle Edwards Park** (☎206-684-4075; 3130 Alaskan Way, Belltown; ⊙24 Std.; 🚌33). Der letzte Weg führt durch Interbay nach Ballard, wo er an den Burke-Gilman-Weg anschließt.

Wer in Seattle Rad fahren möchte, sollte sich die *Seattle Bicycling Guide Map* besorgen. Die Fahrradkarte wird vom City of Seattle's Transportation Bicycle & Pedestrian Program herausgegeben und ist online (www.cityofseattle.net/transportation/bikemaps.htm) und in Fahrradläden erhältlich.

Wassersport

Seattle ist von einer Vielzahl Wasserwege durchzogen, auf denen man prima paddeln kann. So verbindet der **Lakes to Locks Water Trail** den Lake Sammamish nicht nur mit dem Lake Washington und dem Lake Union, sondern über die Hiram M Chittenden Locks auch mit dem Puget Sound. Karten und Infos zu den Einstiegstellen gibt's auf der Website der Washington Water Trails Association (www.wwta.org).

Northwest Outdoor Center KAJAKFAHREN
(☎206-281-9694; www.nwoc.com; 2100 Westlake Ave N, Lake Union; Verleih Kajak/Stehpaddelbrett 18/20 US$/ Std.; ⊙April–Sept. Mo–Fr 10–20, Sa & So 9–18 Uhr, Okt.–März Mo & Di geschl.; 🚌62) Der am Westufer des Lake Union gelegene Anbieter verleiht Kajaks und Stehpaddelbretter. Außerdem bietet er auch Touren und Einführungen ins Meer- und Wildwasserkajakfahren.

Geführte Touren

★**Seattle Free Walking Tours** STADTSPAZIERGANG
(Karte S. 398; www.seattlefreewalkingtours.org; 2001 Western Ave, Pike Place) GRATIS Das gemeinnützige Unternehmen veranstaltet einen schönen zweistündigen Stadtspaziergang zum Pike Place, zur Uferpromenade und zum Pioneer Square sowie viele andere Touren. Teilnehmer bezahlen, was sie können – das Unternehmen weist jedoch darauf hin, dass vergleichbare Stadtspaziergänge anderer Veranstalter rund 20 US$ kosten. Reservierungen erfolgen online.

Feste & Events

Seafair VOLKSFEST
(www.seafair.com; ⊙Juni–Aug.) Dieses Fest am Wasser ist enorm beliebt und findet – auf die eine oder andere Art – von Juni bis August statt. Hier gibt's Musik, Piratenschiffe, Essensstände und eine Ausrede, bei gutem Wetter im Freien zu sein.

Bumbershoot DARSTELLENDE KUNST
(www.bumbershoot.com; Seattle Center; 3-Tages-Ticket ab 434 US$; ⊙Sept.) Viele Leute – nicht nur Einheimische – würden sagen, dass dies eines der besten Kunstfestivals in Seattle ist. Das Bumbershoot ist ein großes Kunst- und Kulturereignis im Seattle Center am La-

SEATTLE MIT KINDERN

Mit Kindern sollte man schnurstracks – und möglichst mit der Monorail – zum Seattle Center fahren. Hier lassen Food Carts, Straßenkünstler, Springbrunnen und Grünflächen keine Langeweile aufkommen. Ein absolutes Muss ist das **Pacific Science Center** (Karte S. 398; ☎206-443-2001; www.pacificsciencecenter.org; 200 2nd Ave N, Seattle Center; Erw./Kind 26/18 US$; ⊙Mo–Fr 10–17, Sa & So bis 18 Uhr; 👪; Ⓢ Seattle Center), das mit Virtual-Reality-Exponaten, Lasershows, Hologrammen, einem IMAX-Kino und einem Planetarium unterhält und bildet. Auch die Eltern langweilen sich hier nicht.

Downtown am Pier 59 erfährt man im **Seattle Aquarium** (Karte S. 398; ☎206-386-4300; www.seattleaquarium.org; 1483 Alaskan Way, Waterfront; Erw./Kind 35/25 US$; ⊙9.30–17 Uhr; 👪; 🚇University St) auf spielerische Art etwas über die Natur des pazifischen Nordwestens. Noch besser ist der **Woodland Park Zoo** (☎206-548-2500; www.zoo.org; 5500 Phinney Ave N, Green Lake; Erw./Kind Mai–Sept. 22,95/13,95 US$, Okt.–April 15,50/10,50 US$; ⊙Mai–Sept. 9.30–18 Uhr, Okt.–April bis 16 Uhr; 👪; 🚌5) im Viertel Green Lake, eine der größten Touristenattraktionen Seattles. Der Zoo gehört zu den zehn besten der USA.

bor-Day-Wochenende im September. Es gibt Livemusik, Comedy, Theater, bildende Kunst und Tanz, aber auch Menschenmassen und überfüllte Hotels. Rechtzeitig buchen!

Schlafen

Im Sommer, wenn die Hotels voll sind und die Preise durch die Decke schießen, unbedingt im Voraus buchen.

Moore Hotel HOTEL $

(Karte S. 398; ☎206-448-4851; www.moorehotel.com; 1926 2nd Ave, Belltown; DZ mit/ohne Bad ab 165/117 US$; ; 13) Es ist zwar altmodisch und angeblich spukt es hier auch, doch das hippe und skurrile Moore in zentraler Lage ist zweifellos die verlässlichste Bleibe, denn es bietet das ganze Jahr über viele schlichte, aber coole Zimmer zu gleichbleibenden Budgetpreisen. Neben der unschlagbaren Lage gibt's hier auch ein nettes Café im Erdgeschoss und Teppiche im Zebra- und Leopardenmuster.

Hotel Hotel Hostel HOTEL, HOSTEL $

(☎206-257-4543; www.hotelhotel.co; 3515 Fremont Ave N, Fremont; B 34–36 US$, DZ mit/ohne Bad 140/120 US$; ; 5) Fremonts einziges echtes Hotel ist gut. Es befindet sich in einem ehrwürdigen alten Gebäude mit freigelegten Backsteinmauern und sperrigen Heizungen. Nach Fremont-Art ist das Hotel Hotel eigentlich ein Hostel (mit Schlafsälen), aber es vermarktet sich selbst als preiswertes Hotel, da es auch einige Privatzimmer mit Gemeinschafts- und Privatbädern hat.

Die Einrichtung im Industrieschick sorgt für eine komfortable, wenn auch nicht luxuriöse Atmosphäre. Ein Buffet-Frühstück ist im Preis inbegriffen. Außerdem gibt es einen Gemeinschaftsraum und eine Küche.

★University Inn BOUTIQUEHOTEL $$

(☎206-632-5055; www.universityinnseattle.com; 4140 Roosevelt Way NE; Zi. ab 226 US$; P@; 74) Dieses makellos saubere, moderne, bequem gelegene Hotel ist gut – vor allem wenn man an die Waffeln denkt, die es zum Frühstück gibt (und das im Preis inbegriffen ist). Das Hotel befindet sich vier Blocks vom Campus und nur drei Blocks von der geschäftigen „Ave" entfernt. Die 102 Zimmer sind in drei schicke Kategorien aufgeteilt. Alle bieten als Grundausstattung Kaffeemaschinen, Haartrockner und WLAN; einige haben Balkons, Sofas und Bluetooth-Ladestationen.

PROGRESSIVE KÄMPFE

Obwohl Seattle seit Langem eine Bastion liberaler Politik ist, wurde die Stadt in den 2010er-Jahren zu einem echten Leuchtturm für fortschrittliches Handeln. In diesem Jahrzehnt legalisierte der Bundesstaat Washington sowohl die gleichgeschlechtliche Ehe als auch den Konsum von Marihuana.

2013 wählte Seattle mit Kshama Sawant das erste sozialistische Stadtratsmitglied seit einem Jahrhundert und 2014 hob der Stadtrat den Mindestlohn auf 15 US$ pro Stunde an – Seattle war hiermit die erste große Stadt in den USA. Während der Präsidentschaft von Donald Trump war die Stadt ein Brennpunkt für Proteste und Zusammenstöße zwischen rechts- und linksextremen Gruppen sowie für politische Aktionen, mit denen versucht wurde, hausgemachte Probleme wie Gentrifizierung, Obdachlosigkeit und steigende Lebenshaltungskosten anzugehen.

Graduate Seattle HOTEL $$

(☎206-634-2000; www.graduatehotels.com; 4507 Brooklyn Ave NE; Zi. ab 237 US$; P) Dieser Newcomer bringt hippe Kultiviertheit in die Hotelszene des U-District. Eklektische Möbel und Wände mit gerahmten Fotografien sorgen dafür, dass sich dieses Hotel mehr wie ein Ferienhaus als ein neues Hotel anfühlt, aber die Annehmlichkeiten – wie der rund um die Uhr geöffnete Fitnessraum und die unfassbare Dachterassenbar – belehren Gäste eines besseren.

★Palihotel BOUTIQUEHOTEL $$$

(Karte S. 398; ☎206-596-0600; www.palisociety.com; 107 Pine St, Downtown; Zi. ab 298 US$;) Dieses neue Hotel ist kein zweckdienlicher Büroturm, sondern ein gediegenes Boutique-Hotel, das Teil einer kleinen, aber schnell wachsenden Kette ist. Das Ambiente im Stil des frühen 20. Jhs. – mit waldgrünen Wänden und gepolsterten Ledersesseln – ist genauso schick wie gemütlich. Obwohl das Hotel auf alt gemacht ist, hat die Renovierung für alle Luxusgüter des 21. Jhs. gesorgt, einschließlich Klimaanlagen und Regenduschen.

★Hotel Monaco BOUTIQUEHOTEL $$$

(Karte S. 398; ☎206-621-1770; www.monaco-seattle.com; 1101 4th Ave, Downtown; DZ/Suite 293/

406 US$; P @ ; University St) Das markante, von europäischer Eleganz geprägte Monaco in Downtown ist ein typisches Kimpton Hotel. Das illustre Foyer verrät, was die Gäste in den Zimmern erwartet: ausdrucksstarkes, grafisches Dekor und viele Extras (kostenlose Fahrräder, ein Fitnesscenter, kostenlose Weinproben, Yogamatten in den Zimmern).

Maxwell Hotel BOUTIQUEHOTEL **$$$**
(Karte S. 398; 206-286-0629; 300 Roy St, Queen Anne; Zi./Suite ab 311/371 US$; P @ ; Rapid Ride D-Line) Das Maxwell im Viertel Lower Queen Anne hat eine riesige Designer-Lobby mit Bodenmosaik und bunter Möblierung, die die Gäste souverän willkommen heißt. Super-chic sind auch die 139 wunderbar modernen Zimmer mit Parkettböden und skandinavischen Betten. Es gibt auch einen kleinen Pool, einen Fitnessraum, kostenlose Leihfahrräder und Gratis-Cupcakes.

Hotel Max BOUTIQUEHOTEL **$$$**
(Karte S. 398; 206-441-4200; www.hotelmaxseattle.com; 620 Stewart St, Belltown; Zi. ab 263 US$; P @ ; South Lake Union Streetcar) Es ist schwer möglich, hipper zu sein als dieses Hotel, das eine ganze Etage dem Indie-Plattenlabel Sub Pop aus Seattle gewidmet hat (das u. a. dafür verantwortlich war, Nirvana auf eine unvorbereitete Welt loszulassen). Die 5. Etage ehrt die Musik der Band mit riesigen Fotos aus der Grunge-Ära sowie Plattenspielern und Schallplatten in jedem Zimmer. Das künstlerische Leitmotiv zieht sich durch das gesamte Hotel (in der Lobby gibt's z. B. einen Warhol).

Essen

Das beste Essen zum kleinen Preis gibt's auf dem Pike Place Market (S. 396). Hier kann man aus frischen Erzeugnissen, Backwaren, Feinkost und Gerichten aus aller Welt auswählen – und das alles zum Mitnehmen.

★ Taco Chukis TACOS **$**
(www.facebook.com/TacosChukis; 2215 E Union St, CD; Tacos 2,20–2,75 US$; 11–21 Uhr; 2) Derzeit gibt es in Seattle nur wenig, das besser schmeckt als die Tacos von Taco Chukis. Die Zutaten sind einfach – saftiges Schweinefleisch, Guacamole, geschmolzener Käse und würzige, gegrillte Ananas –, aber die Tacos sind so lecker, dass man sich wahrscheinlich gleich wieder zum Bestellen der nächsten Tacos anstellt, sobald man aufgegessen hat.

★ Salumi Artisan Cured Meats SANDWICHES **$**
(Karte S. 398; 206-621-8772; www.salumicuredmeats.com; 404 Occidental Ave S, Pioneer Sq; Sandwiches 10,50–12,50 US$; Mo–Sa 11–15 Uhr; International District/Chinatown) Dieser beliebte Feinkostladen war für die langen Schlangen vor seiner winzigen Fassade bekannt, und obwohl er nun in größere Räumlichkeiten umgezogen ist, muss man noch immer auf die legendären italienischen Salami- und Wurst-Sandwiches (z. B. mit gegrilltem Lamm, Schweineschulter oder Fleischbällchen) warten. Auf der Karte steht eine feste Auswahl an Sandwiches, die durch täglich wechselnde Sandwiches, Suppen und Nudelgerichte ergänzt wird.

Un Bien KUBANISCH **$**
(206-588-2040; www.unbienseattle.com; 7302 ½ 15th Ave NW, Ballard; Hauptgerichte 11–16 US$; Mi–Sa 11–21, So bis 20 Uhr; RapidRide D Line) Die Warteschlangen in diesem kubanischen Mitnahmelokal, das weit entfernt von Ballards Geschäftszentrum liegt, können lang sein. Aber das Warten lohnt sich, um dann in ein perfektes, saftiges, würziges Schweinefleisch-Sandwich zu beißen. Das Restaurant gehört Brüdern, die hier Familienrezepten Leben einhauchen – man schmeckt die Hingabe bei jedem Bissen.

★ Bitterroot BBQ **$$**
(206-588-1577; www.bitterrootbbq.com; 5239 Ballard Ave NW, Ballard; Hauptgerichte 11–19 US$; 11–2 Uhr; 40) Die Leute kommen wegen zweier Dinge ins Bitterroot: Rauchfleisch und Whiskey. Zum Glück kann dieses Restaurant mit dem angenehm modernen Gasthaus-Vibe beides ausgesprochen gut. Das Fleisch gibt es hier in Sandwichform oder auch allein mit Beilagen wie Maisbrot und geröstetem Blumenkohl. Den Whiskey gibt es ebenfalls pur oder in Form von fachmännisch gemixten frischen Cocktails.

★ Ma'Ono HAWAIIANISCH **$$**
(206-935-1075; www.maonoseattle.com; 4437 California Ave SW, West Seattle; Hauptgerichte 12–17 US$; Mi & Do 17–22, Fr 17–23, Sa 9–15 & 17–23, So 17–22 Uhr; 55) Das gebratene Hühnchen in diesem Lokal in West-Seattle wird auf einem King's-Hawaiian-Brötchen mit Kohl und einer fantastischen würzigen Sauce serviert und ist eines der besten Dinge zwischen zwei Scheiben Brot, die man momentan in Seattle kaufen kann. Die Sandwiches genießt man am besten bei einem der stets gut be-

suchten Brunches – z. B. mit einer Guaven-Mimosa und einer Beilage aus gerösteten Süßkartoffeln mit karamellisierter Limette.

★ **Seven Stars Pepper** SZECHUAN $$
(Karte S. 398; ☎ 206-568-6446; www.sevenstarpepper.com; 1207 S Jackson St, International District; Hauptgerichte 9–20 US$; ⏲ Mo–Mi 11–15 & 17–21.30, Do 11–21.30, Fr & Sa bis 22, So bis 21 Uhr; 🚊 First Hill Streetcar) Man sollte sich nicht von der wenig inspirierenden Lage im 2. Stock eines heruntergekommenen Einkaufszentrums abschrecken lassen: Dieses Szechuan-Restaurant ist eines der besten der Stadt. Alles auf der Karte ist außergewöhnlich, aber die handgeschnittenen *dan-dan*-Nudeln sind ein Muss: dick und schmackhaft, mit genau dem richtigen Biss.

Le Pichet FRANZÖSISCH $$
(Karte S. 398; ☎ 206-256-1499; www.lepichetseattle.com; 1933 1st Ave, Pike Place; Hauptgerichte abends 22–25 US$; ⏲ 8–24 Uhr; 🚊 Westlake) Gleich hügelaufwärts vom Pike Place Market kann man im Le Pichet *bonjour* sagen; es ist ein niedliches, französisches Bistro mit Pâtés, Käse, Wein, *chocolat* und kultiviertem Pariser Flair. Auf der Karte stehen abends Delikatessen wie Kichererbsen-Crêpe Niçoise und baskischer Meeresfrüchteeintopf. Die Spezialität ist das Brathühnchen (für Zwei, 45 US$) – dafür muss man allerdings eine Wartezeit von einer Stunde einplanen.

★ **Sitka & Spruce** MODERN-AMERIKANISCH $$$
(Karte S. 398; ☎ 206-324-0662; www.sitkaandspruce.com; 1531 Melrose Ave, Capitol Hill; Gerichte 16–35 US$; ⏲ Di–Do 11.30–14 & 17–22, Mo bis 21, Fr bis 23, Sa 10–14 & 17–23, So bis 21 Uhr; 🌱; 🚌 10) Der König aller Restaurants mit regionaler Küche begann als Pilotprojekt des gefeierten einheimischen Kochs Matt Dillon. Inzwischen ist das Sitka & Spruce mit seinem Landhausküchendekor und einer ständig wechselnden Karte mit Zutaten von Dillons eigener Farm auf Vashon Island eine Art Institution und Trendsetter geworden. Man kann sich auch diverse Kostproben, z. B. hausgemachte Wurstsorten und Parfait aus gerösteten Spargel und Leber, gönnen. Hier gibt es auch tolle Gerichte für Vegetarier.

★ **Tavolàta** ITALIENISCH $$$
(Karte S. 398; ☎ 206-838-8008; 2323 2nd Ave, Belltown; Hauptgerichte 18–32 US$; ⏲ 17–23 Uhr; 🚌 13) Die italienisch inspirierte Tavolàta gehört dem Starkoch Ethan Stowell, der in Seattle mehrere Restaurants betreibt. Das Lokal ist nur abends geöffnet und auf hausgemachte Pasta und herzhafte Gerichte spezialisiert, z. B. Wildschweinkarree mit Feigen-*mostarda* (ein süß-scharfer Senf und Fruchtsauce). Viele halten es für eines der besten italienischen Restaurants in der Stadt.

🍷 Ausgehen & Nachtleben

★ **Unicorn** BAR
(Karte S. 398; ☎ 206-325-6492; www.unicornseattle.com; 1118 E Pike St, Capitol Hill; ⏲ Mo–Fr 14–1.45 Uhr, Sa & So ab 11 Uhr; 🚌 11) Selbst wenn das Zirkus-Leitmotiv nicht jedermanns Sache ist, lohnt die Hingabe zum Thema dennoch einen Besuch im Unicorn. Cocktails wie der Cereal Killer (aus Wodka mit Fruit-Loop-Geschmack) erinnern an die Freuden eines Riesenlutschers oder an Zuckerwatte, während die farbenfrohe Explosion der Deko und die Flippersammlung selbst die hartgesottensten Zyniker zum Lächeln bringen werden.

★ **Ancient Grounds** CAFÉ
(Karte S. 398; ☎ 206-7749-0747; 1220 1st Ave, Downtown; ⏲ Mo–Fr 7.30–16.30, Sa 12–18 Uhr; 🚊 University St) Falls es noch nicht genug ist, dass dieses gemütliche Café einen der besten Espressi der Stadt serviert, fungiert das Ancient Grounds gleichzeitig auch noch als Ausstellungsraum für eine gute Auswahl an Antiquitäten. Während man auf seinen Latte wartet, kann man durch Vintage-Kimonos stöbern oder eine Ausstellung von Holzmasken von indigenen Völkern des pazifischen Nordwestens bewundern.

★ **Saké Nomi** SAKE
(Karte S. 398; ☎ 206-467-7253; www.sakenomi.us; 76 S Washington St, Pioneer Sq; 3 Stück 22 US$; ⏲ Di, Mi, Fr & Sa 14–22, Do ab 17, So 14–18 Uhr; 🚊 First Hill Streetcar) Unabhängig davon, ob man ein Kenner oder ein Gelegenheitstrinker des japanischen Reisweins ist, in diesem gemütlichen Laden und Probierraum am Pioneer Square kann man seinen Gaumen kultivieren und seinen kulturellen Horizont erweitern. Das japanisch-amerikanische Ehepaar, das den Laden betreibt, liebt ganz offenkundig, was es tut – das spiegelt sich in dem wunderbaren Probiermenü.

★ **Fremont Brewing Company** BRAUEREI
(☎ 206-420-2407; www.fremontbrewing.com; 1050 N 34th St, Freemont; ⏲ 11–21 Uhr; 👪🐾; 🚌 62) 🌿 Diese Kleinbrauerei hält sich an den derzeitigen Trend und verkauft ihre Waren lieber im angeschlossenen Verkostungsraum als in einer richtigen Kneipe. Nicht nur das Bier

BALLARDS BARS & BIERKULTUR

Ballards Bars, Brauereien und Kneipen bilden beinahe ein eigenständiges Viertel. Wer den einheimischen Tratsch hören und die einzigartigen Getränke jedes Bundesstaates kennenlernen möchte, sollte hierher kommen. Es gibt historische, jahrhundertealte Bars, moderne Cocktaillounges, innovative Brauereikneipen – von riesig bis winzig – und Gastropubs mit sorgfältig ausgewähltem Retrodekor.

ist himmlisch (sehr zu empfehlen ist das saisonale, im Bourbonfass gereifte Abominable), auch der schicke Verkostungsraum im Industriestil und der „urbane" Biergarten sind gesellige Räume, wo scheinbar das ganze Viertel an den Gemeinschaftstischen zusammenkommt.

★**Zeitgeist Coffee** CAFÉ
(Karte S. 398; ☎206-583-0497; www.zeitgeistcoffee.com; 171 S Jackson St, Pioneer Sq; ⏰Mo–Fr 6–19, Sa ab 7, So 8–18 Uhr; 📶; 🚋First Hill Street Car) Das wohl beste (und auch überlaufenste) Indie-Café in Seattle hat u. a. feine *doppio macchiatos*, die zu den süßen Mandel-Croissants und anderen köstlichen Backwaren passen. Das trendig industrielle Ambiente mit Ziegelwänden und großen Fenstern eignet sich prima zum Leutebeobachten. Es gibt auch Suppen, Salate und Sandwiches.

★**Blue Moon** BAR
(☎206-675-9116; www.bluemoonseattle.wordpress.com; 712 NE 45th St; ⏰Mo–Fr 16–2, Sa & So ab 14 Uhr; 🚌74) Der legendäre Alternativ-Schuppen wurde erstmalig 1934 eröffnet, um die Aufhebung der Prohibitionsgesetze zu feiern. Die Bar hält viel auf ihre literarischen Gäste wie Dylan Thomas und Allen Ginsberg. Es ist hier ziemlich düster und unvorhersehbar, mit in die Sitze eingeritzten Graffitis und Punk-Poeten, die jederzeit aufspringen und einen Vortrag halten können. Häufig gibt's auch Livemusik.

Zig Zag Café COCKTAILBAR
(Karte S. 398; ☎206-625-1146; www.zigzagseattle.com; 1501 Western Ave, Pike Place; ⏰17–2 Uhr; 🚋University St) Wer ein Buch über die kulinarische Geschichte von Seattle schreibt, muss ein Kapitel dem Zig Zag Café widmen. Diese Bar ist legendär: Hier wurde in den frühen 2000er-Jahren der während des Jazz Age beliebte, auf Gin basierende Cocktail „The Last Word" wieder populär gemacht. Der Cocktail wurde zur Mode, und die geschniegelten Barkeeper galten zu Recht als die besten Cocktail-Alchimisten der Stadt!

Cloudburst Brewing KLEINBRAUEREI
(Karte S. 398; ☎206-602-6061; www.cloudburstbrew.com; 2116 Western Ave, Belltown; ⏰Mi–Fr 14–22, Sa & So 12–22 Uhr) Das geistige Kind von Steve Luke, dem ehemaligen experimentellen Brauereimeister von Elysian Brewing, hat sich schnell zu einem Liebling von Seattle entwickelt. Anknüpfend an Lukes erfolgreiche frühere Bier-Kreationen bietet das Cloudburst hopfenreiche Biere mit frechen Namen, und der minimalistische Verkostungsraum ist immer vollgepackt mit Bierfans, die gern die Kleinbrauereien von Seattle unterstützen.

Panama Hotel Tea & Coffee House CAFÉ
(Karte S. 398; ☎206-515-4000; www.panamahotel.net; 607 S Main St, International District; Tee 3–6 US$; ⏰8–21 Uhr; 📶; 🚋First Hill Streetcar) Das sehr stimmungsvolle Teehaus im Panama Hotel hat eine dermaßen altmodische Atmosphäre, dass man versucht ist, seinen Laptop gleich wieder wegzupacken (obwohl es hier auch WLAN gibt). Das denkmalgeschützte Gebäude von 1910 beherbergt das einzige verbliebene japanische Badehaus in den USA und dient gleichzeitig als Gedenkstätte für die japanischstämmigen Einwohner des Viertels, die während des Zweiten Weltkrieges in Internierungslager gepfercht wurden.

☆ Unterhaltung

Im *Stranger*, in der *Seattle Weekly* und in den Tageszeitungen finden sich Veranstaltungstipps.

★**Crocodile** LIVEMUSIK
(Karte S. 398; ☎206-441-4618; www.thecrocodile.com; 2200 2nd Ave, Belltown; 🚌13) Das Crocodile ist fast schon so lange im Geschäft, um als eine Institution von Seattle durchzugehen. Die lärmige Halle mit Platz für 560 Leute eröffnete 1991 – gerade rechtzeitig, um die Grunge-Welle mitzunehmen. Seitdem hat hier schon jeder Musiker aus der Alternativeszene Seattles gespielt, der etwas auf sich hält – 1992 traten z. B. Nirvana unangekündigt als Vorband von Mudhoney auf.

★**A Contemporary Theatre** THEATER
(ACT; Karte S. 398; ☎206-292-7676; www.acttheatre.org; 700 Union St, Downtown; 🚋University St)

Dieses Theater beheimatet eines der drei großen Ensembles in der Stadt. Die 30 Mio. US$ teuren Räumlichkeiten am Kreielsheimer Pl werden für Vorführungen mit Seattles besten Schauspielern und gelegentlich für Shows von weltbekannten Theatergrößen genutzt. Die Sitzplätze verteilen sich terrassenförmig rund um die Bühne. Der Innenraum ist mit wunderschönen architektonischen Verzierungen geschmückt.

Big Picture KINO
(Karte S. 398; ☎ 206-256-0566; www.thebigpicture.net; 2505 1st Ave, Belltown; Tickets 14,50 US$) Bei einem Bummel durch Seattles Viertel Belltown könnte man das Big Picture leicht übersehen. Wer sich auskennt, weiß jedoch, dass man in dem „Untergrund"-Kino neue Filme zu erschwinglichen Preisen in intimem Ambiente sehen kann. An der Bar kann man vor Filmbeginn Coktails genießen. Wer einen zweiten gleich mitbezahlt, kann ihn sich während des Films an den Platz bringen lassen.

Neumos LIVEMUSIK
(Karte S. 398; ☎ 206-709-9442; www.neumos.com; 925 E Pike St, Capitol Hill; First Hill Streetcar) Dieser Schuppen für Punk, Hip-Hop und Alternative ist neben dem Crocodile (S. 406) in Belltown einer der angesagtesten kleinen Musiktreffs in Seattle. Die Liste der Musiker, die hier schon auf der Bühne standen, ist zu lang, um sie aufzuzählen, aber wer cool war und durch Seattle kam, spielte vermutlich auch hier. Im Publikum kann's heiß und schwitzig werden, aber hey, das ist Rock 'n' Roll!

Tractor Tavern LIVEMUSIK
(☎ 206-789-3599; www.tractortavern.com; 5213 Ballard Ave NW, Ballard; Tickets 8–20 US$; ⏰ 20–2 Uhr; 40) Eine der wichtigsten Bühnen für Folk und Acoustic in Seattle: Das Tractor bucht einheimische Songwriter, regionale Bands und gute Gruppen auf Tour. Bei der Musik handelt es sich tendenziell um Country, Rockabilly, Folk, Bluegrass und Oldies. Dies ist ein intimer Ort mit einer kleinen Bühne, tollem Sound und gelegentlichem Square Dance als Sahnehäubchen.

Intiman Theatre THEATER
(Karte S. 398; ☎ 206-441-7178; www.intiman.org; 201 Mercer St, Seattle Center; Tickets ab 25 US$; ; S Seattle Center) Das beliebte Theaterensemble hat seinen Sitz im Cornish Playhouse im Seattle Center. Die Intendantin Jennifer Zeyl bringt tolle Stücke von Shakespeare und Ibsen mit aufstrebenden Künstlern auf die Bühne.

Shoppen

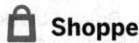

★ Elliott Bay Book Company BÜCHER
(Karte S. 398; ☎ 206-624-6600; www.elliottbaybook.com; 1521 10th Ave, Capitol Hill; ⏰ Mo–Do 10–22, Fr & Sa bis 23, So bis 21 Uhr; First Hill Streetcar) Seattles beliebtester Buchladen hat mehr als 150 000 Titel auf Lager, die in einem großen luftigen Raum mit Holzbalken stehen. Gemütliche Ecken laden zum stundenlangen Schmökern ein. Neben der Größe machen die fachkundigen Empfehlungen der Mitarbeiter und die Ausstellungen von Büchern einheimischer Autoren diesen Ort zu etwas ganz besonderem.

Lucca Great Finds GESCHENKE & SOUVENIRS
(☎ 206-782-7337; www.luccagreatfinds.com; 5332 Ballard Ave NW, Ballard; ⏰ Mo–Fr 11–18, Sa bis 19, So 10–17 Uhr) Das Beste an dieser Boutique in Ballard ist, dass sie zwei Shoppingmöglichkeiten bietet: Vorne befindet sich ein schicker Haushaltswarenladen – während man sich hier umschaut, ist man in Gedanken schon dabei, die heimische Wohnung neu einzurichten. Und hinten befindet sich ein Schreibwarenladen, wo es unzählige stylische Geschenkpapiere und reihenweise bezaubernde Grußkarten gibt.

Praktische Informationen

MEDIEN

KEXP 90.3 FM (http://kexp.org) Legendärer Musiksender mit Indie-Musik.

Seattle Magazine (www.seattlemag.com) Ein monatliches Hochglanz-Lifestylemagazin.

Seattle Times (www.seattletimes.com) Die größte Tageszeitung des Bundesstaates.

NOTFALL & MEDIZINISCHE VERSORGUNG

Harborview Medical Center (☎ 206-744-3000; www.uwmedicine.org/harborview; 325 9th Ave, First Hill; Broadway & Terrace) Komplette medizinische Versorgung mit Notaufnahme.

Seattle Police (☎ 206-625-5011; www.seattle.gov/police)

TOURISTENINFORMATION

Visit Seattle (Karte S. 398; ☎ 206-461-5800; www.visitseattle.org; 701 Pike St, Downtown; ⏰ Juni–Sept. tgl. 9–17 Uhr, Okt.–Mai Mo–Fr; Westlake) Infoschalter im 1. Stock des Washington State Convention Center. Wenn der Schalter geschlossen ist, kann man sich Broschüren mitnehmen.

GRUNGE – DER PUNK VON DER WESTKÜSTE

Die Musik, die allgemein als „Grunge" bezeichnet wird, paarte die Angst der Generation X mit einer fragwürdigen Einstellung zur Körperhygiene und schlug in den frühen 1990er-Jahren in Seattles Szene ein. Die Wut gärte schon seit Jahren – nicht nur in Seattle, sondern auch in den ausgedehnten Vorstädten und Satellitenstädten. Einige machten das Wetter dafür verantwortlich, andere die isolierte geografische Lage des Nordwestens. Wie dem auch sei: Mit dissonanten Tönen und düsteren, manchmal ironischen Texten stürmte eine ungleiche Reihe von Bands höhnisch ans Mikrofon, um in einer Stadt, die von allen bekannten tourenden Rockbands bis dato praktisch ignoriert worden war, eine neue Botschaft zu verkünden. Da waren die Screaming Trees aus dem akademischen Ellensburg, die Melvins aus dem verregneten Montesano und Nirvana aus der Holzfällerstadt Aberdeen. Die Frontfrau von Hole, Courtney Love, hatte Verbindungen nach Olympia, während die Mitglieder von Pearl Jam aus dem ganzen Land stammten.

Historisch gesehen liegen die Wurzeln des Grunge im Punk der Westküste, einem musikalischen Subgenre, das zuerst in Portland, Oregon, in den späten 1970er-Jahren in Erscheinung trat und zwar unter der Führung der Wipers, deren ledergekleidete Anhänger in legendären Spelunken wie dem Satyricon zusammenkamen. Eine weitere musikalische Blüte tauchte in Olympia, Washington, in den frühen 1980er-Jahren auf, wo autodidaktische Musiker wie Beat Happening die Lo-fi-Musik erfanden und schüchtern das Unternehmertum verhöhnten. Durch das Mischen von Heavy-Metal-Elementen und den Nebenerscheinungen einer rastlosen Jugendkultur wurde Seattle schnell zur Kanzel der Alternative Music. In den sich stetig vermehrenden, lärmenden kleinen Treffpunkten konnten sich die ausgelassenen jungen Bands, die mehr daran interessiert waren, Rockmusik zu spielen, als sich selbst zu inszenieren, in einer Mischung aus Aufregung und Lärm verlieren. Es war eine laute, energetische Szene, charakterisiert durch Stagediving, Crowdsurfing und ungestimmten Gitarren, aber getrieben von ungeschliffenem Talent und einigen überraschend eingehenden Melodien. Die Musik füllte ein Vakuum.

Ein wichtiger Faktor in der Erhebung des Grunge zum Superstar war Sub Pop Records, ein unabhängiges Label aus Seattle, das mit seinen Guerilla-Marketing-Taktiken viel Hype verursachte, um seinen Stall an zerlumpten, misstönenden Bands rauszubringen. Im August 1988 veröffentlichte Sub Pop die wegweisende Single „Touch Me I'm Sick" von Mudhoney – ein Wendepunkt. Der Lärm wurde gehört, vor allem von der britischen Musikpresse, deren punkerfahrene Journalisten schnell von der Geburt des „Seattle Sound" berichteten, der von den markenhungrigen Medien später „Grunge" getauft wurde. Die inspirierte Szene von Seattle wuchs rasch: Hunderte neue Bands traten in Erscheinung, alle pro Autodidaktik und Anti-Mode, mit Fokus auf dem Publikum. Bedeutend waren Soundgarden, die später zwei Grammys gewannen, die vom Metal inspirierte Band Alice in Chains und die baldigen Megastars Nirvana und Pearl Jam. Bis Anfang der 1990er-Jahre kam jeder rebellierende Nichtstuer mit genug Geld für Sprit nach Seattle, um sich in den Clubs zu tummeln. Das Ganze war eine mehr als nur aufregende Zeit.

Der Höhepunkt des Grunge kam im Oktober 1992, als Nirvana mit ihrem zweiten Album, dem gelungenen *Nevermind*, Michael Jackson von Platz eins der Charts verdrängten. Aber der Erfolg brachte den Untergang. Nach mehrjährigem Kampf gegen den Mainstream waren Nirvana und der Grunge schließlich ein Teil davon geworden. Die Medien stürzten sich darauf, Grunge-Mode-Seiten erschienen in der Vanity Fair, und Sänger aus Seattle, die noch grün hinter den Ohren waren, räusperten sich nur und bekamen schon einen Plattenvertrag. Viele schreckten zurück, am deutlichsten Nirvana-Sänger und -Songwriter Kurt Cobain, dessen Drogenexzesse 1994 mit seiner Selbsttötung in seinem neuen Haus in Madison Park endeten. Andere Bands kämpften weiter, aber der Funke, der so hell gelodert hatte, war erloschen. Mitte der 1990er-Jahre war der Grunge Geschichte.

An- & Weiterreise

BUS

Diverse Fernbusunternehmen bedienen Seattle; je nach Unternehmen gibt's verschiedene Endhaltestellen.

Bellair Airporter Shuttle (Karte S. 398; ☎866-235-5247; www.airporter.com; 705 Pike St, Downtown) Betreibt Busse nach Yakima, Bellingham und Anacortes; hält an der King Street Station (Richtung Yakima) und am Washington State Convention Center (Richtung Bellingham und Anacortes).

Cantrail (Karte S. 398; www.cantrail.com; Erw./Kind 45/23 US$) Amtraks Buszubringer fährt viermal täglich nach Vancouver (einfache Fahrt ab 42 US$) mit Abfahrt und Ankunft an der King Street Station.

Greyhound (☎206-628-5526; www.greyhound.com; 503 S Royal Brougham Way, SoDo; Stadium) Verbindet Seattle mit Städten im ganzen Land, z. B. Chicago (einfache Fahrt ab 157 US$, 2 Tage, 2-mal tgl.), San Francisco (91 US$, 20 Std., 2-mal tgl.) und Vancouver (Kanada; 18 US$, 4 Std., 3-mal tgl.). Das Unternehmen hat einen eigenen Busbahnhof gleich südlich der King Street Station in SoDo, der mit der Central-Link-Stadtbahn (Stadium Station) zu erreichen ist.

Quick Shuttle (Karte S. 398; ☎800-665-2122; www.quickcoach.com; Fahrkarten 29–59 US$;) Schnell und effizient. Quick Shuttle betreibt fünf bis sechs Busse täglich nach Vancouver (43 US$). Abfahrt ist am Best Western Executive Inn an der Taylor Ave N, nahe dem Seattle Center, erreichbar mit der Einspurbahn oder zu Fuß Richtung Downtown.

FLUGZEUG

Der **Sea-Tac International Airport** (SEA; ☎206-787-5388; www.portseattle.org/Sea-Tac; 17801 International Blvd;) liegt 13 Meilen (21 km) südlich des Zentrums von Seattle. Von hier aus gibt's Flüge in die gesamten USA und zu einigen Auslandszielen. Auf dem Gelände finden sich Restaurants, Wechselstuben, eine Gepäckaufbewahrung, Autovermietungen, ein Handy-Wartebereich (für Fahrer, die auf ankommende Fahrgäste warten) und gratis WLAN.

SCHIFF/FÄHRE

Die aus Victoria, British Colombia, kommende Fähre **Victoria Clipper** (☎206-448-5000; www.clippervacations.com; 2701 Alaskan Way, Belltown) hält am Pier 69, gleich südlich des Olympic Sculpture Park in Belltown. **Washington State Ferries** (Karte S. 398; www.bainbridgeisland.com; 801 Alaskan Way, Pier 52, Waterfront; Fußpassagier/Fahrrad/Auto 8,50/9,50/19,15 US$) mit Fähren zwischen Bremerton and Bainbridge Island nutzt den Pier 52.

ZUG

King Street Station (☎206-296-0100; www.amtrak.com; 303 S Jackson St, International District) Amtrak hält in Seattle an der King Street Station. Drei Hauptlinien führen durch die Stadt: der *Amtrak Cascades* (mit Verbindung nach Vancouver, Kanada, sowie Portland und Eugene, Oregon), der sehr malerische *Coast Starlight* (verbindet Seattle mit Oakland und Los Angeles, Kalifornien) und der *Empire Builder* (fährt quer über den Kontinent nach Chicago, Illinois).

Unterwegs vor Ort

VOM/ZUM FLUGHAFEN

Es gibt eine Reihe von Möglichkeiten, um vom Flughafen zur 13 Meilen (20,9 km) entfernten Innenstadt von Seattle zu kommen. Am effizientesten ist die von **Sound Transit** (www.soundtransit.org) betriebene Stadtbahn, die zwischen 5 und 24 Uhr alle 10 bis 15 Minuten fährt. Die Fahrt vom Sea-Tac Airport nach Downtown (Westlake Center) dauert 36 Minuten. Weitere Haltestellen sind Pioneer Sq und International District; die Strecke wurde 2016 bis Capitol Hill und U District erweitert.

Der **Shuttle Express** (☎425-981-7000; www.shuttleexpress.com) hat einen Schalter und einen Abhol- und Absetzpunkt im 3. Stock des Parkhauses am Flughafen. Die Mitfahrdienste sind bequemer als öffentliche Verkehrsmittel und nicht so teuer wie Taxis.

Taxis warten im 3. Stock des Flughafenparkhauses. Eine Fahrt in die Innenstadt kostet mindestens 55 US$.

ÖFFENTLICHE VERKEHRSMITTEL

Die Busse werden von **King County Metro Transit** (☎206-553-3000; http://kingcounty.gov/depts/transportation/metro.aspx), Teil des King County Department of Transportation, betrieben. Auf der Website gibt's Fahrpläne, Karten und einen Routenplaner.

Man zahlt beim Einsteigen in den Bus; der Pauschalpreis beträgt 2,75/1,50 US$ pro Erw./Kind; man bekommt einen Bon, der zum Transfer bis zu dem auf dem Bon angegebenen Zeitpunkt berechtigt.

Monorail (☎206-905-2620; www.seattlemonorail.com; Erw./Jugendliche 2,25/1,25 US$; ⏱Mo–Fr 7.30–23, Sa & So 8.30–23 Uhr) Diese coole, futuristische Bahn wurde für die Weltausstellung von 1962 gebaut und pendelt zwischen zwei Haltestellen: dem Seattle Center und dem Westlake Center. Die Fahrt kostet 2,25/1,25 US$ pro Erw./Kind. Die Fahrzeiten ändern sich während des Jahres, aktuelle Infos gibt's auf der Website.

Seattle Streetcar (www.seattlestreetcar.org; 2,25 US$) Es gibt zwei Straßenbahnlinien: eine von Downtown Seattle (Westlake) bis South Lake Union, die andere vom Pioneer Sq über International District, Central District und First Hill nach Capitol Hill. An den Haltestellen hat man Anschluss an viele Buslinien. Die Straßenbahnen fahren tagsüber etwa alle 15 Minuten.

TAXI

Alle Taxis in Seattle fahren zum gleichen Tarif, der vom King County festgelegt wird: 2,60 US$ für die Anfahrt plus 2,50 US$ pro Meile.

Seattle Orange Cab (☎206-522-8800; www.orangecab.net)

Seattle Yellow Cab (☎206-622-6500; www.seattleyellowcab.com)

STITA Taxi (☎206-246-9999; www.stitataxi.com)

Olympia

Klein, aber oho: Olympia, die Hauptstadt des Bundesstaates Washington, ist in puncto Politik, Musik und Freizeitangebot ein echter Kraftprotz. Das erkennt man schon an den Straßenkünstlern, die sich in der 4th Ave herumtreiben, den geschniegelten Anzugträgern, die über den Rasen des prächtigen Repräsentantenhauses stolzieren, und den Outdoor-Fans in Gore-Tex-Klamotten, die in Olympia übernachten, ehe sie in die schroffen Olympic Mountains aufbrechen. Das fortschrittliche Evergreen State College hat der Stadt längst einen künstlerischen Stempel aufgedrückt (hier studierte der Schöpfer der *Simpsons*, Matt Groening), während die Bars und Pfandleihgeschäfte in der Innenstadt Sprungbretter für die Riot-Grrrl-Musik und den Grunge darstellten.

Olympias Wirtschaft hatte nach dem Kollaps der Holzindustrie zu kämpfen; ein Anstieg der Obdachlosenzahlen war eine der Folgen. Aber auch wenn die Stadt einige raue Ecken hat, lohnt sich dennoch ein Besuch.

Sehenswertes

Washington State Capitol WAHRZEICHEN

(☎360-902-8880; www.olympiawa.gov/community/visiting-the-capitol.aspx; 416 Sid Snyder Ave SW; ⌚Mo–Fr 7–17.30, Sa & So 11–16 Uhr) GRATIS Die Anlage des Capitol befindet sich in einem 12 ha großen Park mit Blick auf den Capitol Lake im Vordergrund und die Olympic Mountains im Hintergrund. Das Highlight der Anlage ist das prächtige **Legislative Building** aus dem Jahr 1927. Der überwältigende Bau aus Säulen und Marmor wird von einer 87 m hohen Kuppel gekrönt, die nur ein bisschen kleiner ist als ihr Namensvetter in Washington, D.C. Kostenlose 50-minütige Führungen werden an Wochentagen stündlich zwischen 10 und 15 Uhr sowie an Wochenenden um 11 Uhr angeboten Sie starten gleich innen am Haupteingang.

Olympia Farmers Market MARKT

(☎360-352-9096; www.olympiafarmersmarket.com; 700 N Capitol Way; ⌚April–Okt. Do–So 10–15 Uhr, Nov. & Dez. Sa & So, Jan.–März Sa) Nur der Pike Place in Seattle ist größer und atmosphärischer als dieser Markt. Hier kann man Kräuter, Gemüse, Blumen, Backwaren und die berühmten Austern kaufen.

Schlafen & Essen

Die meisten von Olympias coolen und budgetfreundlichen Optionen wurden in dringend benötigten bezahlbaren Wohnraum verwandelt, aber es gibt viele Privatunterkünfte (Airbnb usw.) sowie die üblichen Kettenhotels (die hier allerdings nicht gerade günstig sind) und einige hübsche B&Bs.

Swantown Inn B&B $$

(☎360-753-9123; www.swantowninn.com; 1431 11th Ave; Zi. ab 159 US$; ❄📶) In der Tradition der B&Bs des Bundesstaates Washington wartet das Swantown Inn mit tollem Service und akribischer Detailtreue in einem denkmalgeschützten Herrenhaus im Königin-Anne-Stil von 1887 auf. In Sichtweite der imposanten Kuppel des Washington State Capitol beherbergt der historische Bau vier elegant möblierte Zimmer und bietet ein fantastisches hausgemachtes Frühstück.

★ **Traditions Cafe & World Folk Art** GESUNDE KOST $

(☎360-705-2819; www.traditionsfairtrade.com; 300 5th Ave SW; Hauptgerichte 6–12 US$; ⌚Mo–Sa 9–18, So 11–17 Uhr; 🖉) Die behagliche Hippie-Enklave am Rand des Heritage Park bietet frische Salate, leckere, gesunde Sandwiches (der Räucherlachs mit Zitronen-Tahini Dressing ist der Renner), Kaffeegetränke, Kräutertees, Eis aus der Region, Bier und Wein. Plakate weisen auf Gemeindeveranstaltungen hin, und es gibt eine Bücherecke, die sogenannte „Peace and Social Justice Lending Library". Das Café ist an einen bunt gemischten Folk-Art-Laden angeschlossen.

Praktische Informationen

Das **State Capitol Visitor Center** (☎360-902-8880; www.olympiawa.gov/community/visiting-the-capitol.aspx; 103 Sid Snyder Ave

SW; ⌚Mo–Fr 9–17 Uhr), das vom Olympia-Lacey-Tumwater Visitor & Convention Bureau betrieben wird, bietet Infos über das Washington-State-Capitol-Gelände, Olympia und das Umland sowie den Bundesstaat Washington. Gleich innen am Haupteingang des Legislative Building gibt es ein weiteres Besucherzentrum.

Olympic Peninsula

Die abgelegene, an drei Seiten vom Meer umspülte Olympic Peninsula ähnelt eher einer Insel als einer Halbinsel. Sie ist so *wild* und *western*, wie Amerika nur sein kann. Nur die Cowboys fehlen, doch das wird durch eine seltene, vom Aussterben bedrohte Tier- und Pflanzenwelt und dichten Urwald wettgemacht. Etwa die Hälfte der Halbinsel gehört zum bekanntermaßen feuchten Olympic National Park. Die Küstengebiete befinden sich größtenteils in den Händen der Holzindustrie und der amerikanischen Ureinwohner. Hier gibt's ein paar vereinzelte kleine, aber interessante Siedlungen wie Port Townsend. Im Westen, dem abgeschiedenen Ende der „Lower 48“, treffen der tosende Ozean und der Nebelwald mit seinen uralten Bäumen in feuchter Harmonie aufeinander.

Olympic National Park

Der 3641 km² große **Olympic National Park** (www.nps.gov/olym; 7-Tages-Karte 30 US$/Fahrzeug, Fußgänger/Radfahrer 15 US$, Jahreskarte 55 US$) wurde 1909 zum National Monument und 1938 zum Nationalpark erklärt. Er umfasst einen einzigartigen Regenwald, viele schneebedeckte Berge und einen 92 km langen, rauen Küstenstreifen, der 1953 dem Park hinzugefügt wurde. Dies ist eines der schönsten Wildnisgebiete Nordamerikas, das weitgehend auch von menschlicher Besiedelung unberührt geblieben ist. Die Möglichkeiten, die Gegend auf eigene Faust zu erkunden, sind nahezu unbegrenzt; natürlich kann man hier auch prima wandern, angeln und Kajak oder Ski fahren.

ÖSTLICHE ZUGÄNGE

Die unbefestigte Dosewallips River Rd folgt dem Fluss ab dem Hwy 101 (Abzweigung ca. 1 km nördlich des Dosewallips State Park); wegen einer Unterspülung endet die Straße nun bereits nach 8,5 Meilen (13,7 km), dort wo die Wander- und Fahrradwege beginnen. Selbst kürzere Wanderungen auf den beiden Fernwanderwegen, darunter der 14,9 Meilen (24 km) lange Dosewallips River Trail mit Blicken auf den vergletscherten **Mt. Anderson**, sind Grund genug, das Tal zu besuchen. Ein weiterer Parkzugang für Wanderer im Osten ist die **Staircase Ranger Station** (☎360-877-5569; ⌚Mai–Okt.) am Rand des Nationalparks. Von Hoodsport aus gelangt man nach 15 Meilen (24 km) auf dem Hwy 101 dorthin. Die beiden Campingplätze am Ostrand des Nationalparks sind sehr beliebt: der **Dosewallips State Park** (☎888-226-7688; www.parks.state.wa.us/499/dosewallips; 306996 Hwy 101; primitive Zeltstellplätze 12 US$, Standard-Zeltstellplätze 27–37 US$, Wohnmobilstellplätze 30–45 US$) und der **Skokomish Park Lake Cushman** (☎360-877-5760; www.skokomishpark.com; 7211 N Lake Cushman Rd, Hoodsport; Zelt-/Wohnmobilstellplätze ab 33/52 US$; ⌚Ende Mai–Anfang Sept.). Beide bieten fließendes Wasser, Toiletten und ein paar Stromanschlüsse. Reservierung ist möglich.

NÖRDLICHE ZUGÄNGE

Der am leichtesten zu erreichende und folglich beliebteste Zugang zum Park befindet sich beim **Hurricane Ridge**, 18 Meilen (29 km) südlich von Port Angeles. Am Straßenende steht ein Infozentrum, von dem aus sich ein atemberaubender Blick auf den Mt. Olympus (2428 m) und Dutzende anderer Berggipfel bietet. In einer Höhe von 1585 m muss man auf schlechtes Wetter und – wie der Name schon andeutet – starken Wind gefasst sein. Im Sommer bieten sich zahlreiche Trekking- und Wandermöglichkeiten, im Winter locken die Pisten der kleinen, familienfreundlichen **Hurricane Ridge Ski & Snowboard Area** (www.hurricaneridge.com; Tageskarte für alle Lifte 30–40 US$; ⌚Mitte Dez.–März Sa & So 10–16 Uhr).

Beliebtes Revier für Boots- und Angelausflüge ist der **Lake Crescent**, an dem auch die älteste und preiswerteste **Lodge** (☎888-896-3818; www.olympicnationalparks.com; 416 Lake Crescent Rd; Lodge Zi. ab 139 US$, Hütte ab 245 US$; ⌚Mai–Nov., im Winter begrenzte Verfügbarkeit; Ⓟ❄📶🐾) des Parks steht. Im Öko-Restaurant der Lodge werden opulente, köstliche Gerichte aus dem Nordwesten serviert. Von der am Südufer gelegenen **Storm King Ranger Station** (☎360-928-3380; 343 Barnes Point Rd; ⌚Mai–Sept.) führt ein 1,6 km langer Wanderweg durch den uralten Wald zu den Marymere Falls.

Das **Sol Duc Hot Springs Resort** (☎360-327-3583; www.olympicnationalparks.com; 12076 Sol Duc Hot Springs Rd, Port Angeles; Hütte ab 200 US$; ⌚März–Okt.; ❄🏊) 🍃 am Sol Duc

River bietet Kost und Logis, Massagen und natürlich auch ein Thermalbad. Von hier aus kann man auch tolle Tageswanderungen unternehmen.

WESTLICHE ZUGÄNGE

Die abgelegene, isolierte und weitaus rauere pazifische Seite der Olympic Mountains ist von einem der regnerischsten Mikroklimata des Landes geprägt. Nur über den US 101 erreicht man die hiesigen gemäßigten Regenwälder und die ungezähmte Küste. Der **Hoh River Rainforest** am Ende der 19 Meilen (30,6 km) langen Hoh River Rd ist ein Labyrinth aus tropfenden Farnen und moosbewachsenen Bäumen à la Tolkien. Infos zu Führungen und längeren Wanderungen im Hinterland bekommt man im **Hoh Rain Forest Visitor Center** (☎360-374-6925; ⊙Sept.–Juni 9–16.30 Uhr, Juli & Aug. bis 18 Uhr). Der angeschlossene **Campingplatz** (☎360-374-6925; www.nps.gov/olym/planyourvisit/camping.htm; Stellplatz 20 US$; ⊙ganzjährig) hat keinen Strom und keine Duschen; wer zuerst kommt, mahlt zuerst.

Ein Stück weiter südlich liegt der **Lake Quinault**, ein wunderschöner, von bewaldeten Gipfeln umgebener Gletschersee, der zum Angeln, Bootfahren und Schwimmen sehr beliebt ist. Ein paar der ältesten Bäume des Landes säumen seine Ufer. Die luxuriöse **Lake Quinault Lodge** (☎360-288-2900; www.olympicnationalparks.com; 345 S Shore Rd; Zi. 250–450 US$;), ein typisches Beispiel der „Parkitektur“ aus den 1920er-Jahren, verfügt über einen lodernden Kamin, einen perfekt getrimmten Rasen und ein gediegenes Restaurant mit Seeblick und gehobener amerikanischer Küche. Eine billigere Bleibe ist das ultrafreundliche **Quinault River Inn** (☎360-288-2237; www.quinaultriverinn.com; 8 River Dr; Zi. 175 US$, Wohnwagen-Stellplatz 50 US$;) in Amanda Park, das bei Anglern sehr beliebt ist.

Direkt vor der Lake Quinault Lodge beginnen ein paar kurze Wanderwege. Oder man versucht sich am längeren **Enchanted Valley Trail**, einer mittelschweren, knapp 21 km langen Wanderung, die an der Graves Creek Ranger Station am Ende der South Shore Rd beginnt und bis zu einer großen Wiese mit Wildblumen und zu Erlenwäldchen hinaufführt.

Praktische Informationen

Der Parkeintritt beträgt 10/25 US$ pro Person/Fahrzeug, ist eine Woche gültig und an den Parkeingängen zu entrichten. Viele Besucherzentren fungieren auch als Rangerstationen des United States Forestry Service (USFS), der Genehmigungen zum Wildcampen (8 US$) erteilt.

Forks Chamber of Commerce (☎360-374-2531; www.forkswa.com; 1411 S Forks Ave; ⊙Mo–Sa 10–17, So 11–16, Mo–Sa bis 16 Uhr, Winter So 11–16 Uhr;)

Olympic National Park Visitor Center (☎360-565-3130; www.nps.gov/olym; 3002 Mt Angeles Rd; ⊙Juli & Aug. 9–18 Uhr, Sept.–Juni bis 16 Uhr)

USFS Headquarters (☎360-956-2402; www.fs.fed.us/r6/olympic; 1835 Black Lake Blvd SW; ⊙Mo–Fr 8–16.30 Uhr)

Port Townsend

Originelle Restaurants, elegante *fin-de-siècle*-Hotels und schräge Festivals über das ganze Jahr hinweg machen Port Townsend zu einer Rarität auf der Olympic Peninsula: einem Wochenendziel, für das man keine Wanderstiefel braucht. Durch acht malerische Meilen (13 km) über einen zweispurigen Highway vom Rest der Gegend abgeschnitten, bietet sich Port Townsend nicht gerade als Basislager zur Erkundung des Nationalparks an, wenn man nicht unbedingt viel hin- und herfahren will. Stattdessen kann man hier absteigen und in Ruhe eines der hübschesten Städtchen im Bundesstaat genießen.

Sehenswertes

Fort Worden State Park STATE PARK

(☎360-344-4412; www.parks.state.wa.us/511/fort-worden; 200 Battery Way; ⊙April–Okt. 6.30 Uhr–Sonnenuntergang, Nov.–März 8 Uhr–Sonnenuntergang) GRATIS In dem interessanten Park innerhalb der Stadtgrenzen von Port Townsend sind die Überreste einer großen Befestigungsanlage zu sehen. Diese wurde in den 1890er-Jahren errichtet, um den strategisch wichtigen Puget Sound vor Angriffen zu schützen, die vor allem durch die Spanier im Krieg von 1898 drohten. Kinofans mit Kennerblick werden die Anlage aus dem Film *Ein Offizier und Gentleman* wiedererkennen.

Besucher können im Rahmen einer Führung die **Commanding Officer's Quarters** (☎360-385-1003; Fort Worden State Park, 200 Battery Way; Erw./Kind 6/1 US$; ⊙Führung nach Vereinbarung), ein Wohnhaus mit zwölf Schlafzimmern, besichtigen. Hier findet man auch das **Puget Sound Coast Artillery Museum** (www.coastartillerymuseum.org; Erw./Kind 4/2 US$; ⊙11–16 Uhr), das die Geschichte der ersten Befestigungsanlagen an der Pazifikküste erzählt. Im **Centrum** (www.centrum.org; Fort Worden State Park) finden ganzjährig Kultur- und Musikprogramme statt.

Wanderungen führen entlang der Landzunge zur **Point Wilson Lighthouse Station** und zu einigen wundervollen windumtosten Stränden. Auf dem Angelpier des Parks steht das **Port Townsend Marine Science Center** (☎360-385-5582; www.ptmsc.org; 532 Battery Way; Erw./Kind 5/3 US$; ⊙April–Okt. Fr–So 12–17 Uhr; 👪) mit seinen vier Streichelbecken und kinderfreundlichen Lernprogrammen. Hier gibt's auch einige Camping- und Übernachtungsmöglichkeiten.

Schlafen & Essen

Manresa Castle HISTORISCHES HOTEL **$**
(☎360-385-5750; www.manresacastle.com; Ecke 7th St & Sheridan St; DZ ab 75 US$, Suite 149–229 US$; 📶) Eines der charakteristischsten Gebäude von Port Townsend wurde in ein historisches Hotel mit Restaurant verwandelt, das nicht luxuriös ist, aber mit viel Dekor von damals aufwartet. Das Haus mit seinen 40 Zimmern wurde vom ersten Bürgermeister der Stadt erbaut. Es steht hoch oben auf einer Klippe über dem Hafen und ist eines der ersten Gebäude, das man sieht, wenn man mit der Fähre ankommt.

★**Palace Hotel** HISTORISCHES HOTEL **$$**
(☎360-385-0773; www.palacehotelpt.com; 1004 Water St; Zi. ab 150 US$; 📶🐾) Das wunderschöne viktorianische Gebäude aus dem Jahr 1889 war früher ein Bordell der berühmt-berüchtigten Madame Marie, die ihr Geschäft von der Ecksuite im 2. Stock aus führte. Im zweiten Leben ist es nun ein hübsches charaktervolles Hotel im Stil jener Zeit mit antiken Möbeln und allen modernen Annehmlichkeiten. Das Hotel bietet nette Gemeinschaftsbereiche und Zimmer mit Kochnischen. Bei den billigsten Zimmern muss man sich das Bad teilen. An Festivalwochenenden steigen die Preise.

Doc's Marina Grill AMERIKANISCH **$$**
(☎360-344-3627; www.docsgrill.com; 141 Hudson St; Hauptgerichte 13–28 US$; ⊙11–23 Uhr) In toller Lage an der Marina von Port Townsend bietet das Doc's etwas für jeden Geschmack: Burger, Sandwiches, Fish'n Chips, Salate, Pasta, Steaks, Meeresfrüchte und einige vegetarische Optionen. Es befindet sich in einem historischen Gebäude, das in den 1940er-Jahren als Baracke für Krankenschwestern diente.

★**Finistere** FRANZÖSISCH **$$$**
(☎360-344-8127; www.restaurantfinistere.com; 1025 Lawrence St; Hauptgerichte abends 24–34 US$, Probiermenü 50 US$; ⊙Mi–Fr 15–21, Sa & So 10–14 & 15–21 Uhr) Als das Sweet Laurette (das vorher hier war) schloss, brach Verzweiflung unter den einheimischen Feinschmeckern aus, aber das Finstere ist ein würdiger Ersatz. Die Mitarbeiter haben vorher Erfahrung gesammelt in Lokalitäten wie dem Per Se, dem Canlis und dem Tilth sowie in anderen zum Umfallen guten Restaurants und dementsprechend großartig sind auch das Essen und der Service hier. Auf der Karte stehen z. B. Safran-Risotto mit Meeresfrüchten, Hasenlasagne, Steaktartar, verschiedene Käseplatten und geräucherte Lachstartine.

Praktische Informationen

Visitor Center (☎360-385-2722; www.ptchamber.org; 2409 Jefferson St; ⊙Mo–Fr 9–17, Sa & So 10–16 Uhr) Hier kann man sich einen nützlichen Stadtplan für Erkundungstouren des historischen Zentrums holen.

An- & Weiterreise

Washington State Ferries (☎206-464-6400; www.wsdot.wa.gov/ferries/; Auto & Fahrer/Passagier 11,90/3,45 US$) Betreibt täglich Fähren, die alle 90 Minuten (öfter in der Hochsaison) vom Fährhafen in Downtown nach Coupeville auf Whidbey Island fahren (35 Min.).

Port Angeles

Man könnte meinen, Port Angeles müsse unter Verlustängsten leiden, denn die Leute kommen vor allem hierher, um gleich wieder zu gehen: entweder auf einer Fähre Richtung Victoria, Kanada, oder auf Ausflügen in den nördlichen Teil des Olympic National Park. Der Großteil der von der Holzindustrie lebenden Stadt, hinter der sich die steile Kulisse der Olympic Mountains erhebt, ist zweckorientiert, aber das Zentrum nahe des Fähranlegers bietet jede Menge Charme.

Aktivitäten

Der **Olympic Discovery Trail** (www.olympicdiscoverytrail.com) ist eine 48 km lange Wander- und Radstrecke zwischen Port Angeles und Sequim. Sie beginnt am Ende der Ediz Hook, der Sandbank rund um die Bucht. Mieträder gibt's bei **Sound Bikes & Kayaks** (☎360-457-1240; www.soundbikeskayaks.com; 120 Front St; Leihfahrrad pro Std./Tag 10/40 US$; ⊙Mo–Sa 10–18, So 11–16 Uhr).

Schlafen & Essen

Downtown Hotel HOTEL $
(☎360-565-1125; www.portangelesdowntownhotel.com; 101 E Front St; DZ mit/ohne Bad 80/60 US$;) Von außen nichts Besonderes, aber drinnen erstaunlich geräumig und ordentlich – das schnörkellose, familienbetriebene Hotel unten am Fährhafen ist ein gut gehütetes, preiswertes Schnäppchen in Port Angeles. Die altmodischen, aber gemütlichen Zimmer haben Korb- und Holzmöbel; einige blicken aufs Wasser. Die billigsten Zimmer teilen sich ein Bad im Flur. Die Geräuschisolierung lässt zu wünschen übrig, aber die Lage ist top.

Olympic Lodge HOTEL $$
(☎360-452-2993; www.olympiclodge.com; 140 Del Guzzi Dr; DZ ab 140 US$;) Die komfortabelste Unterkunft in Port Angeles hat herrliche Zimmer, ein Bistro, ein Schwimmbad mit Whirlpool sowie Gratiskekse und -suppen am Nachmittag. Die Preise variieren stark, je nach Tag und Monat.

★**Next Door Gastropub** AMERIKANISCH $$
(☎360-504-2613; www.nextdoorgastropub.com; 113 W First St; Burger 13–16 US$, Hauptgerichte 11–24 US$; Mo–Do 11–24, Fr & Sa 11–1, So 10–24 Uhr) Zweifelsohne der beste Ort auf der Halbinsel zum Essen und definitiv der beste für Burger (eine gute Wahl ist „Mrs. Newton" mit Speck, Feigenmarmelade und Brie-Käse). Der kleine lebhafte Pub fühlt sich an, als hätte jemand ein Stück Portland hierher verpflanzt. Der Pub ist aber längst kein Geheimtipp mehr, man wartet seeeeeehr lange Zeit auf einen Tisch. Toll ist auch die Bierauswahl.

Praktische Informationen

Port Angeles Visitor Center (☎360-452-2363; www.portangeles.org; 121 E Railroad Ave; Mai–Sept. Mo–Fr 9.30–17.30, Sa 10–17.30, So 12–15 Uhr, Okt.–April Mo–Sa 10–17, So 12–15 Uhr) Kleines Büro neben dem Fährterminal mit jeder Menge Broschüren und enthusiastischen Freiwilligen.

An- & Weiterreise

Clallam Transit (☎360-452-4511; www.clallamtransit.com; Fahrpreise pro Pers. 1–10 US$, Tageskarten ab 3 US$) Bietet Busse nach Forks und Sequim, wo man Anschluss an andere Transitbusse rund um die Olympic Peninsula hat.

Coho Vehicle Ferry (☎888-993-3779; www.cohoferry.com; Auto & Fahrer einfache Fahrt 66 US$, Fußpassagiere 19 US$) Bietet Fähren von/nach Victoria, Kanada (1½ Std., 2-mal tgl., im Sommer 4-mal tgl.).

Dungeness Line (☎360-417-0700; www.dungeness-line.com; Gateway Transit Center, 123 E Front St; einfache Fahrt nach Seattle ab 39 US$) Betreibt zweimal täglich Busse zwischen Port Angeles, Sequim, Port Townsend, dem Zentrum von Seattle und dem Seattle-Tacoma International Airport.

Nordwestliche Halbinsel

Verschiedene Reservate der amerikanischen Ureinwohner befinden sich ganz im Nordwesten des Kontinents und heißen Besucher willkommen. Die kleine, sturmerprobte Siedlung **Neah Bay** am Hwy 112 ist die Stätte der Makah Indian Reservation. In deren **Makah Museum** (☎360-645-2711; www.makahmuseum.com; 1880 Bayview Ave; Erw./Kind unter 5 Jahren 6/frei US$; 10–17 Uhr) sind Artefakte ausgestellt, die aus einem der bedeutendsten archäologischen Funde im 500 Jahre alten Makah-Dorf von Ozette stammen (da das Dorf aufgrund der Covid-19-Pandemie geschlossen war, sollte man den aktuellen Status online prüfen). Ein paar Meilen hinter dem Museum führt ein kurzer Fußweg zum spektakulären **Cape Flattery**, einem 91 m hohen Felssporn, der den nordwestlichsten Punkt der „Lower 48" markiert.

Nicht weit weg vom Hoh River Rainforest und der Küstenlinie liegt **Forks**, ein kleines Holzfällerdorf, das dank des *Twilight*-Hypes Berühmtheit erlangt hat. Der Ort ist ein Startpunkt für Ausflüge in den Olympic National Park. Das **Miller Tree Inn** (☎360-374-6806; www.millertreeinn.com; 654 E Division St; Zi. ab 175 US$;) ist eine gute Unterkunft.

Nordwest-Washington

Zwischen Seattle, den Cascades und Kanada eingeklemmt, wird der Nordwesten Washingtons von drei Seiten geprägt. Sein Zentrum ist das akademische Bellingham; Magneten für Outdoor-Enthusiasten sind die ländlichen San Juan Islands, ein großer Archipel, der wirkt wie ein sepiafarbener Schnappschuss aus vergangenen Zeiten. Hauptanleger für Fähren zu den Inseln sowie nach Victoria, Kanada, ist Anacortes.

Whidbey Island

Whidbey Island ist zwar nicht ganz so abgeschieden (eine Brücke verbindet die Insel an ihrem nördlichsten Punkt mit der angrenzenden Fidalgo Island) oder so nonkonformistisch wie die San Juans, doch das Leben hier ist fast genauso ruhig und ländlich. Außerdem kann die Insel mit sechs State Parks, jeder Menge B&Bs, zwei historischen Fischerdörfern (Langley und Coupeville), berühmten Muscheln und einer florierenden Künstlergemeinde aufwarten.

Der **Deception Pass State Park** (☎360-675-2417; www.parks.state.wa.us/497/deception-pass; 41229 N State Hwy 20; Tageskarte 10 US$; ⌚Sonnenaufgang–Sonnenuntergang) erstreckt sich beiderseits der gleichnamigen Wasserstraße, welche die Whidbey Island und die Fidalgo Island voneinander trennt; er umfasst Seen, Inseln, Campingplätze und 38 Meilen (61 km) lange Wanderwege.

Das **Ebey's Landing National Historical Reserve** (☎360-678-6084; www.nps.gov/ebla; 162 Cemetery Rd, Coupeville) GRATIS umfasst 7042 ha Land mit bewirtschafteten Höfen, geschützten Stränden, zwei State Parks und dem Ort **Coupeville**. Die kleine Siedlung ist eine der ältesten in Washington und bietet eine reizende Uferpromenade, Antiquitätenläden und einige alte Gasthäuser, z. B. das **Captain Whidbey Inn** (☎360-678-4097; www.captainwhidbey.com; 2072 W Captain Whidbey Inn Rd; Zi./Hütten ab 205/420 US$; 📶), eine frisch renovierte Blockhütte von 1907.

Anreise & Unterwegs vor Ort

Die **Washington State Ferries** (WSF; ☎888-808-7977; www.wsdot.wa.gov/ferries) fahren regelmäßig von Clinton nach Mukilteo und von Coupeville nach Port Townsend. Die kostenlosen Busse von **Island Transit** (☎360-678-7771; www.islandtransit.org) fahren täglich (außer So) einmal pro Stunde vom Fährhafen Clinton die gesamte Insel Whidbey hinauf.

Bellingham

Willkommen in einer politisch grünen, liberalen Stadt, die als eine der lebenswertesten Städte bekannt ist und in der ein auffälliger Freigeist, ein Gefühl von „nichts ist zu abgedreht", herrscht. Hier finden sich milde Manieren und ebensolches Wetter. Die Stadt ist eine ungleiche Allianz aus espressoschlürfenden Studenten, ehrwürdigen Rentner und Triathleten, die bei jedem Wetter unterwegs sind, mit Brauereikneipen an jeder Ecke. Das Zentrum wurde in den letzten Jahre wiederbelebt, mit städtischen Pfaden, stylisch renovierten Fabrikgebäuden, unabhängigen Lebensmittelkooperativen, leckeren Brunchlokalen und – im vornehmen Fairhaven – einem aufgehübschten historischen Bezirk.

Sehenswertes & Aktivitäten

Bellingham bietet Outdoor-Spaß in Hülle und Fülle. Der **Whatcom Falls Park** ist eine unverfälschte Wildnis, die die östlichen Vororte von Bellingham in zwei Teile teilt. Den Höhenunterschied markieren vier Wasserfälle, darunter die **Whirlpool Falls**, die im Sommer ein beliebtes Badeziel sind.

Fairhaven Bicycles RADFAHREN
(☎360-733-4433; www.fairhavenbicycles.com; 1108 11th St; Leihfahrrad ab 50 US$/Tag; ⌚Mo & Mi–Sa 10–18, So 11–17 Uhr) Bellingham ist eine der fahrradfreundlichsten Städte des Nordwestens, mit einem gut ausgebauten Fahrradnetz, das sich Richtung Süden bis zum **Larrabee State Park** (www.parks.state.wa.us/536/larrabee; Chuckanut Dr; ⌚Sonnenaufgang–Sonnenuntergang) erstreckt. Dieser Laden vermietet Fahrräder und hat lokale Radwegkarten.

Moondance Sea Kayak Adventures KAJAKFAHREN
(www.moondancekayak.com; 348 Cove Rd; Halbtagestour Erw./Kind 70/60 US$; ⌚April–Sept.) Wer hinaus aufs Wasser möchte, sollte sich diesen Veranstalter, der familienfreundliche Touren in der Chuckanut Bay anbietet, ansehen. Abfahrt ist vom Larrabee State Park (S. 415).

Schlafen & Essen

Larrabee State Park CAMPINGPLATZ $
(☎888-226-7688, 360-676-2093; www.parks.state.wa.us/536/larrabee; Chuckanut Dr; einfache Stellplätze 12 US$, Zelt-/Wohnmobilstellplätze ab 27/35 US$) 7 Meilen (11,3 km) südlich von Bellingham findet man am malerischen Chuckanut Dr, inmitten von Douglas-Tannen und Zedern, Stellplätze mit Zugang zur Chuckanut Bay und ihren über 20 Meilen (32 km) langen Wander- und Radwegen. Wer leicht schläft: Nachts fahren oft Züge am Campingplatz vorbei – Ohrstöpsel mitbringen!

Heliotrope Hotel MOTEL $
(☎360-201-2914; www.heliotropehotel.com; 2419 Elm St; Zi. mit Gemeinschaftsbad 99 US$, Zi./Suite ab 109/130 US$; 📶🐾) Das Motel aus den 1950er-Jahren wurde stylisch renoviert und bietet nun 17 verschiedene Zimmer im Erdgeschoss, einen uneinsehbaren begrünten Innenhof mit Feuerstelle und einen zentral gelegenen Eingangsbereich, in dem man wunderbar abhängen kann. Es gibt kein Frühstück, aber die Mitarbeiter können

Tipps zu vielen Restaurants und Ausgehmöglichkeiten in Laufnähe geben.

★**Hotel Bellwether** BOUTIQUEHOTEL $$$
(☎360-392-3100; www.hotelbellwether.com; 1 Bellwether Way; Zi. ab 250 US$;) Bellinghams schönstes und atmosphärischstes Hotel liegt direkt am Ufer mit Blick auf Lummi Island. Die Standardzimmer sind mit italienischen Möbeln und ungarischen Bettüberwürfen ausgestattet; einige punkten mit Blick aufs Wasser. Highlight ist aber die 84 m² große Leuchtturm-Suite (ab 599 US$), ein umgebauter dreistöckiger Leuchtturm mit einer herrlichen Aussicht, die man ganz für sich allein hat. Zum Komplex gehören auch ein Spa und ein Restaurant.

★**Pepper Sisters** MODERN-AMERIKANISCH $$
(☎360-671-3414; www.peppersisters.com; 1055 N State St; Hauptgerichte 11–17 US$; ⊙Di–Do & So 16.30–21, Fr & Sa bis 21.30 Uhr;) Dieses fröhliche, farbenfrohe Restaurant serviert innovatives Essen, das sich kaum kategorisieren lässt: Nennen wir es mal neumexikanisch mit nordamerikanischem Touch. Toll sind die Tostada mit gegrillter Aubergine, die Enchilada mit Chipotle- und rosa Pfefferkörnern und die Southwest-Pizza (mit grünen Chillis, Jack-Käse und Tomatillo-Sauce). Für Kinder gibt's eine extra Speisekarte, auf der zur Abwechslung keine Hühnchenstreifen stehen.

Colophon Café CAFÉ $
(1208 11th St, Fairhaven; Sandwiches 8–16 US$, Suppen 8–10 US$; ⊙Mo–Do 9–20, Fr & Sa 9–21, So 10–19 Uhr) Das Colophon, das mit Fairhavens berühmtem Buchmekka **Village Books** (www.villagebooks.com; 1210 11th St; ⊙Mo–Sa 9–21, So 10–19 Uhr) verbunden ist, ist ein multiethnisches Lokal für Leute, die beim Essen von Panini gern Proust lesen. Das für seine afrikanische Erdnusssuppe und Schokoladen-Brandy-Sahne-Pies bekannte Café bietet Sitze innen und einen mit Wein bewachsenen Garten und ist bei hiesigen Literaturfans beliebt.

ℹ Praktische Informationen

Downtown Info Center (☎360-671-3990; www.bellingham.org; 1306 Commercial St; ⊙Di–Sa 11–15 Uhr, Sommer bis 17 Uhr) Eine im Zentrum gelegene Filiale von Bellinghams Besucherinformationszentrum.

ℹ An- & Weiterreise

Bellingham ist die Endhaltestelle für Fähren von **Alaska Marine Highway** (AMHS; ☎800-642-0066; www.dot.state.ak.us/amhs; 355 Harris Ave; einfache Fahrt ab 460 US$/Pers.), die einmal pro Woche die Inside Passage hinauf nach Juneau, Skagway und zu anderen Häfen im Südosten Alaskas fahren.

Der **Bellair Airporter Shuttle** (www.airporter.com) fährt rund um die Uhr zum Sea-Tac Airport (hin & zurück 74 US$) und nach Anacortes (hin & zurück 35 US$).

San Juan Islands

Der riesige Archipel besteht aus 172 Inselchen. Wer es sich aber nicht leisten kann, eine Jacht oder ein Wasserflugzeug zu chartern, der wird nur in den Genuss der vier großen Inseln – San Juan, Orcas, Shaw und Lopez – kommen, die täglich von den Washington State Ferries angesteuert werden. Die Inseln sind bekannt für ihre Ruhe, die Möglichkeit, Wale zu beobachten oder im Kajak über die Gewässer zu gleiten, sowie für ihren generellen Nonkonformismus.

Großartig lassen sich die San Juan Islands mit einem seefähigen Kajak oder per Rad erkunden. Die flache, ländliche Lopez Island eignet sich ebenso wie San Juan gut für einen Tagesausflug mit dem Rad. Viel anspruchsvoller ist das hügelige Gelände von Orcas Island mit dem 8 km langen, steilen Anstieg zum Gipfel des Mt. Constitution.

ℹ Anreise & Unterwegs vor Ort

Zwei Fluglinien haben Linienflüge vom Festland zu den San Juans. **Kenmore Air** (☎866-435-9524; www.kenmoreair.com) fliegt täglich mit Wasserflugzeugen für drei bis zehn Personen von Lake Union und Lake Washington nach Lopez, Orcas und zu den San Juan Islands (einfacher Flug ab ungefähr 150 US$). **San Juan Airlines** (☎800-874-4434; www.sanjuanairlines.com) verkehrt von Anacortes und Bellingham zu den drei Hauptinseln.

Die Fähren von Washington State Ferries (S. 415) fahren von Anacortes zu den San Juans, einige auch bis nach Sidney in der Nähe von Victoria in Kanada. Angelegt wird auf Lopez Island (45 Min.), in Orcas Landing (60 Min.) und Friday Harbor auf San Juan (75 Min.). Der Fahrpreis ist saisonal unterschiedlich. Hin- und Rückfahrkarten werden nur auf den Fähren in Richtung Westen verkauft, ausgenommen sind die Fähren, die von Sidney zurück in die USA schippern.

Zwischen Mai und Oktober verkehren Shuttle-Busse auf den Inseln Orcas und San Juan.

San Juan Island

San Juan Island ist die inoffizielle Hauptinsel des Archipels. Sie präsentiert sich als harmonischer Mix aus niedrigen bewaldeten Hügeln und kleinen ländlichen Farmen und war im 19. Jh. Schauplatz eines merkwürdigen Konflikts. Die einzige wirkliche Siedlung ist Friday Harbor. Hier befinden sich das Besucherzentrum und die **Chamber of Commerce** (☎360-378-5240; www.sanjuanisland.org; 165 1st St S, Friday Harbor; ⏲10–17 Uhr).

Sehenswertes

San Juan Island National Historical Park HISTORISCHE STÄTTE
(☎360-378-2240; www.nps.gov/sajh; ⏲Besucherzentrum Juni–Aug. 8.30–17 Uhr, Sept.–Mai bis 16.30 Uhr) GRATIS Auch wenn die San Juans eher für ihre Landschaft und weniger für ihre Geschichte bekannt sind, trug sich hier dennoch einer der seltsamsten politischen Konflikte des 19. Jhs. zu: der um den Grenzverlauf entbrannte sogenannte „Schweinekonflikt" zwischen den USA und Großbritannien (so benannt, weil ein Schwein das einzige Opfer war). Dieser merkwürdigen Pattsituation wird in zwei historischen Parks jeweils am Ende der Insel gedacht, wo sich einst die gegnerischen **amerikanischen** (☎360-378-2240; www.nps.gov/sajh; 4668 Cattle Point Rd, Friday Harbor; ⏲Gelände 8.30–23 Uhr) GRATIS und **britischen** (☎360-378-2240; www.nps.gov/sajh; ⏲8.30–23 Uhr) GRATIS Militärlager befanden.

Lime Kiln Point State Park PARK
(☎360-902-8844; www.parks.state.wa.us/540/lime-kiln-point; 1567 Westside Rd; ⏲8 Uhr–Sonnenuntergang) Der schöne Park an der felsigen Westküste überblickt die tiefe Haro Strait und ist angeblich einer der besten Orte der Welt, um von der Küste aus Wale zu beobachten. Das hat sich mittlerweile allerdings herumgesprochen, weshalb die Aussichtsplattformen oft mit erwartungsfrohen Picknickern überfüllt sind. Im Park gibt's auch ein kleines **Infozentrum** (☎360-378-2044; ⏲Juni–Mitte Sept. 11–16 Uhr) GRATIS, Wanderwege, eine restaurierte Kalkbrennerei und das markante **Lime Kiln Lighthouse** von 1919.

Schlafen & Essen

San Juan County Park Campground CAMPINGPLATZ $
(☎360-378-1842; https://secure.itinio.com/sanjuan/island/campsites; 380 West Side Rd; Wanderer- & Radler-Stellplätze Pers. 10 US$/Pers., Zeltstellplätze ab 35 US$) San Juans schönster Campingplatz liegt wunderschön in einem Country Park an der malerischen Westküste. Der Platz umfasst einen Strand und eine Bootsanlegestelle sowie 20 Zeltstellplätze, Toiletten und Picknicktische. Nachts flackern die Lichter von Victoria, Kanada, dramatisch über die Haro Strait. In der Hochsaison ist im Voraus buchen Pflicht.

Market Chef DELI $
(☎360-378-4546; 225 A St, Friday Harbor; Sandwich ab 9 US$; ⏲Mo–Fr 10–16 Uhr) Der Deli ist sehr beliebt und berühmt für seine deliziösen Sandwiches, z. B. mit Roastbeef und Rucola oder – die Spezialität des Hauses – mit Curry-Eier-Salat, gerösteten Erdnüssen und Chutney. Es gibt auch Salate. Zum Einsatz kommen nur regionale Produkte. Wer an einem Samstag im Sommer hier ist, sollte dem Market Chef auf dem San Juan Island Farmers Market (10–13 Uhr) auf jeden Fall einen Besuch abstatten.

★**Duck Soup Inn** FUSION $$$
(☎360-378-4878; www.ducksoupsanjuans.com; 50 Duck Soup Lane; Hauptgerichte 21–39 US$; ⏲April–Okt. Mi–So 17–22 Uhr) Das Duck Soup Inn ist nicht billig, aber wirklich gut. Es befindet sich 4 Meilen (6,5 km) nordwestlich von Friday inmitten von Wald und Wasser und bietet die beste Küche auf der Insel. Zutaten aus dem eigenen Kräutergarten finden Verwendung in Gerichten wie Austern, Jakobsmuscheln und äthiopischem Linseneintopf. Auf der umfassenden Weinliste steht der auf der Insel hergestellte Chardonnay.

Orcas Island

Schroffer als Lopez Island, aber weniger bevölkert als San Juan Island: Orcas Island schafft – zumindest bislang – die Balance zwischen Freundlichkeit und Reserviertheit, baulicher Entwicklung und Umweltschutz sowie touristischen Einnahmen und unbezahlbarer Privatsphäre. Der Fährhafen befindet sich in Orcas Landing, 8 Meilen (13 km) südlich der größten Siedlung Eastsound.

Auf dem östlichen Zipfel der Insel erstreckt sich der **Moran State Park** (☎360-376-6173; 3572 Olga Rd; der Discover Pass wird an einigen Parkplätzen gefordert, pro Tag/Jahr 10/35 US$; ⏲April–Sept. 6.30 Uhr–Sonnenuntergang, Okt.–März 8 Uhr–Sonnenuntergang). Er wird vom 734 m hohen Mt. Constitution überragt, von dessen Gipfel man einen tollen Rundumblick hat. Für Wanderer gibt's ein 64 km langes Wegenetz. Außerdem kann man hier gut **campen** (☎360-376-2326; www.moranstatepark.com; Stellplatz ab 25 US$).

Schlafen

Doe Bay Village Resort & Retreat HOSTEL $
(360-376-2291; www.doebay.com; 107 Doe Bay Rd, Olga; Zeltplätze ab 60 US$, Hütten ab 100 US$, Jurten ab 80 US$;) Im mit Abstand günstigsten Resort der San Juan Islands herrscht eine Atmosphäre wie in einer Künstler-Hippie-Kommune. Es hat Zeltstellplätze mit Meerblick und mehrere Hütten und Jurten, einige ebenfalls mit Blick aufs Wasser.

Outlook Inn HOTEL $$
(360-376-2200; www.outlookinn.com; 171 Main St, Eastsound; Zi./Suite ab 109/250 US$; @) Das älteste (1888) und auffallendste Gebäude in Eastsound ist eine Institution. Die günstigen Zimmer sind gemütlich und sauber (Zimmer 30 ist super), die luxuriösen, mit Kaminen und Whirlpools ausgestatteten Suiten bieten von ihren Balkonen einen atemberaubenden Ausblick auf das Wasser. Zum Inn gehört ein hervorragendes Café.

Essen & Ausgehen

★**Brown Bear Baking** BÄCKEREI $
(Ecke Main St & North Beach Rd, Eastsound; Gebäck 7 US$; Do–Mo 8–16 Uhr) Niemand zahlt gern 7 US$ für Backwaren – außer man hat die von Brown Bear probiert. Zur Wahl stehen Croissants *aux amandes*, Quiche mit frischen Orcas-Island-Eiern und gebratenem Gemüse und Karamellbrötchen. Es gibt aber auch herzhafte Suppen und Sandwiches.

★**Inn at Ship Bay** MEERESFRÜCHTE $$$
(877-276-7296; www.innatshipbay.com; 326 Olga Rd; Hauptgerichte 27–36 US$; Di–Sa 17–22 Uhr) Den Einheimischen zufolge ist dies das feinste Restaurant auf der Insel. Die Leute in der Küche machen Überstunden, um alles von Grund auf nur mit den frischesten lokalen Zutaten selbst zuzubereiten. Meeresfrüchte sind die Spezialität des Hauses. Serviert wird alles in einem reizenden Gewächshaus aus den 1860er-Jahren, ein paar Kilometer südlich von Eastsound. Auf dem Gelände gibt's auch ein Hotel mit elf Zimmern (DZ ab 195 US$). Reservieren ist empfohlen.

Island Hoppin' Brewery BRAUEREI
(www.islandhoppinbrewery.com; 33 Hope Lane, Eastsound; 11–21 Uhr) Die Brauerei an der Mt Baker Rd unweit des Flughafens ist nicht einfach zu finden, aber die Einheimischen wissen auf jeden Fall, wo sie ist. Der Laden ist *der* Ort für lokale Fassbiere. Hierher sollte man nicht hungrig kommen, denn es gibt nur Snacks, dafür darf man aber sein eigenes Essen mitbringen. Wer möchte, liefert sich beim Tischtennis ein Duell.

Lopez Island

Wer nach Lopez – bzw. „Slow-pez", wie die Einheimischen es gern nennen – kommt, sollte das Rad dabeihaben. Mit seinem hügeligen Gelände und den freundlich grüßenden Einwohnern (die für ihren Dreifingerhandgruß, die sogenannte „Lopez-Welle", berühmt sind) eignet sich die Insel hervorragend für Radtouren. Eine gemütliche Spritztour durch die Landschaft kann an einem Tag bewältigt werden. Gut übernachten kann man neben dem Jachthafen im **Lopez Islander Resort** (360-468-2233; www.lopezfun.com; 2864 Fisherman Bay Rd; Zi. ab 159 US$;) oder etwas gehobener im **Edenwild Inn** (360-468-3238; www.edenwildinn.com; Lopez Rd, Lopez Village; Suite 218 US$;), einem viktorianischen Herrenhaus in einer hübschen, gepflegten Gartenanlage.

Wer kein eigenes Rad hat, kann bei **Village Cycles** (360-468-4013; www.villagecycles.net; 214 Lopez Rd; Fahrradverleih 7–13 US$/Std.) ein Fahrrad bestellen und an den Fährhafen liefern lassen.

North Cascades

Die vom Mt. Baker und – zu einem geringeren Teil – vom entfernteren Glacier Peak dominierten North Cascades bestehen aus einem großen Streifen geschützter Wald-, Park- und Wildnisgebieten, welche die weitläufigen Nationalparks Rainier and St. Helens im Süden winzig erscheinen lassen. Das Highlight ist der North Cascades National Park, ein urzeitliches Fleckchen Erde mit uraltem Regenwald, ächzenden Gletschern und ungezähmten Ökosystemen. Die wilde Schönheit des Nationalparks versetzt die gerade mal 2500 Besucher pro Jahr, die bis ins verregnete Innere des Gebiets vordringen, in Staunen. Übersät ist diese raue Landschaft von einer kleinen Handvoll winziger Siedlungen, von denen viele aus nicht mehr als einer Tankstelle, einem Café und einem Gemischtwarenladen bestehen.

Mt. Baker

Wie ein dämonischer Wächter der Geisterwelt erhebt sich der schneebedeckte Mt. Baker über dem glitzernden Wasser des oberen Puget Sound und zieht seit

Jahrhunderten Menschen in seinen Bann. Seit dem letzten Ausbruch in den 1850er-Jahren ruht der 3286 m hohe Vulkan, der von zwölf Gletschern umgeben ist. 1999 fiel hier die Rekordmenge von 29 m Schnee in einem Winter!

Der als Mt. Baker Scenic Byway bekannte, gut ausgebaute Hwy 542 windet sich zum 1550 m hoch gelegenen **Artist Point** hinauf, der 56 Meilen (90 km) entfernt von Bellingham liegt. Ganz in der Nähe ist das **Heather Meadows Visitor Center** (Mt. Baker Hwy, Mile 56; Mitte Juli–Ende Sept. 10–16 Uhr), wo viele Wanderwege beginnen. So führt der 12 km lange **Chain Lakes Loop** rund um mehrere eisige Seen, die von Wiesen voller Heidelbeersträucher gesäumt sind.

In der **Mt. Baker Ski Area** (360-734-6771; www.mtbaker.us; Lifttickets Erw./Kind 61/38 US$) gibt es Jahr für Jahr mehr Schnee als in jedem anderen Skigebiet in Nordamerika. Es umfasst 38 Pisten und acht Lifte, der Höhenunterschied beträgt 450 m. Das Gebiet hat unter Snowboardern Kultstatus: Seit 1985 kommen sie jeden Januar zum Legendary Baker Banked Slalom hierher.

Auf dem Weg den Berg hinauf sollte man auf einen Happen im **Graham's** (360-599-9883; 9989 Mt. Baker Hwy, Glacier; Hauptgerichte 9–14 US$; Mo–Fr 12–21, Sa & So 8–21 Uhr) vorbeischauen, einer authentischen Spelunke mit Restaurant. Oder man holt sich bei **Wake & Bakery** (360-599-1658; www.getsconed.com; Bourne St, Glacier; Snacks ab 4 US$; 7.30–17 Uhr) etwas für unterwegs. Beide befinden sich im Ort **Glacier**.

Leavenworth

Das gibt's doch nicht – ein Alpendorf mitten im amerikanischen Nordwesten? Tatsächlich wurde dem ehemaligen Holzfällerort Leavenworth in den 1960er-Jahren ein bayerisches Facelifting verpasst, um den drohenden Ruin nach der Verlegung der transkontinentalen Eisenbahnlinie zu verhindern. Das Holzgeschäft wurde kurzerhand durch den Tourismus ersetzt. Und Leavenworth hat sich sehr erfolgreich in ein typisches Alpendorf verwandelt. Überall gibt's Bier und Schnitzel, die Einwohner, von denen ein Viertel deutschstämmig sind, tragen Lederhosen und Dirndl. Zum Erfolg beigetragen haben natürlich das tolle Bergpanorama und die Tatsache, dass Leavenworth ein günstiges Basislager für Ausflüge in die nahe gelegene Alpine Lakes Wilderness darstellt.

Auskunft über die Outdoor-Angebote in der Gegend erteilt die **Leavenworth Chamber of Commerce** (509-548-5807; https://leavenworth.org; 9240 US 2; Mo–Do 8–17, Fr & Sa 8–18, So 10–16 Uhr): Zu den Highlights gehört der beste Klettersteig in ganz Washington, der sich am **Castle Rock** im Tumwater Canyon befindet, etwa 3 Meilen (4,8 km) nordwestlich an der US 2.

Der **Devil's Gulch** ist ein beliebter Mountainbike-Trail (25 Meilen bzw. 40 km, 4–6 Std.). Der einheimische Ausstatter **Der Sportsmann** (509-548-5623; www.dersportsmann.com; 837 Front St; Verleih Langlaufski/Schneeschuhe 18/16 US$; Mo–Do 10–18, Fr bis 19, Sa 9–19, So 9–18 Uhr) vermietet Mountainbikes.

Schlafen & Essen

Hotel Pension Anna HOTEL $$
(509-548-6273; www.pensionanna.com; 926 Commercial St; Zi. ab 240 US$;) Das authentischste bayrische Hotel hier ist blitzblank und unglaublich freundlich. Jedes Zimmer ist mit importiertem Dekor aus Österreich und Deutschland bestückt. Das europäisch inspirierte Frühstück ist im Preis inbegriffen und entlockt den Gästen so manchen fröhlichen Jauchzer. Sehr zu empfehlen ist das Doppelzimmer mit handbemalten Möbeln. Für Familien eignet sich die geräumige Suite in der St.-Joseph-Kapelle nebenan.

Enzian Inn HOTEL $$
(509-548-5269; www.enzianinn.com; 590 US 2; DZ ab 240 US$;) In diesem typischen Leavenworth-Hotel beginnt der Tag noch vor dem Frühstück mit dem Alpenhorn. Wer da nicht gleich in seine Lederhosen springt, der lässt sich vielleicht von einer kostenlosen Runde Golf auf dem (von den hauseigenen Ziegen getrimmten) Rasen, den Innen- und Außenpools oder dem Klavierspieler, der allabendlich in der bayrischen Lobby Musikwünsche erfüllt, überzeugen.

München Haus DEUTSCH $
(509-548-1158; www.munchenhaus.com; 709 Front St; Bratwurst 4–7 US$; 11–20, Sa & So bis 22 Uhr) Heiße deutsche Würstchen und warme Brezeln sind im Winter ein Muss, denn hier findet die ganze Action draußen statt. Im Sommer sorgt dagegen das bayrische Bier für Abkühlung. Die gemütliche Biergartenatmosphäre wird ergänzt durch die laute, schwungvolle Akkordeon-Hintergrundmusik, entspannte Kellner, einen ganzen Kessel mit Apfelkraut und eine gigantische Senfbar.

Lake Chelan

Der lange, schmale Lake Chelan ist der Wasserspielplatz im Zentrum des Bundesstaates. An der Südostspitze des Sees bietet das Städtchen Chelan die meisten Unterkünfte und Dienstleistungen. Außerdem gibt es hier eine **USFS Ranger Station** (☎509-682-4900; www.fs.usda.gov/detail/okawen/about-forest/offices; 428 W Woodin Ave; ⊙Mo–Fr 7.45–16.30 Uhr).

Im **Lake Chelan State Park** (☎509-687-3710; https://parks.state.wa.us/531/Lake-Chelan; 7544 S Lakeshore Rd; Stellplätze primitiv/Standard ab 12/27 US$) gibt es 144 Stellplätze, von denen einige am Seeufer nur mit dem Boot erreichbar sind. Wer lieber in einem richtigen Bett schlafen möchte, kann sich in der Stadt im preiswerten **Midtowner Motel** (☎800-572-0943; www.midtowner.com; 721 E Woodin Ave; Zi. ab 125 US$;) oder im tollen **Riverwalk Inn** (☎509-682-2627; www.riverwalkinnchelan.com; 205 E Wapato Ave; DZ 69–199 US$;) einquartieren.

In der Gegend haben auch mehrere Weingüter eröffnet, viele davon haben hervorragende Restaurants. Zu empfehlen sind die **Tsillan Cellars** (☎509-682-9463; www.tsillancellars.com; 3875 US 97A; ⊙12–18 Uhr) oder das piekfeine italienische **Sorrento's Ristorante** (☎509-682-9463; https://tsillancellars.com/dining; 3875 US 97A; Hauptgerichte 20–38 US$; ⊙tgl. 17 Uhr–spätabends, Sa auch 12–15, So 11–15 Uhr).

Die Busse von **Link Transit** (☎509-662-1155; www.linktransit.com) verbinden Chelan mit Wenatchee und Leavenworth (einfache Fahrt 2,50 US$).

Das schöne **Stehekin** am nördlichen Zipfel des Lake Chelan ist nur per **Boot** (☎509-682-4584; www.ladyofthelake.com; 1418 W Woodin Ave; einfache Fahrt 22–37 US$, hin & zurück 61 US$) oder über eine lange Wanderung über den 28 Meilen (45 km) vom See entfernten Cascade Pass zu erreichen. Jede Menge Informationen über Wanderungen, Campingplätze und Hütten zum Mieten findet man unter www.stehekin.com. Die meisten Einrichtungen sind von Mitte Juni bis Mitte September geöffnet.

Methow Valley

Die Kombination aus Pulverschnee im Winter und viel Sonnenschein im Sommer macht das Methow Valley zu einer der beliebtesten Urlaubsregionen Washingtons. Hier kann man im Sommer radeln, wandern und angeln und im Winter auf Langlauf brettern das zweitgrößte Loipennetz der USA erkunden.

Die insgesamt 200 km langen Loipen werden von der gemeinnützigen **Methow Valley Sport Trails Association** (MVSTA; ☎509-996-3287; www.methowtrails.org; 309 Riverside Ave, Winthrop; ⊙Mo–Fr 8.30–15.30 Uhr) verwaltet, die im Winter auch das größte zusammenhängende Netzwerk an Skirouten von Berghütte zu Berghütte (und von Hotel zu Hotel) in Nordamerika bietet. Das Gute daran ist, dass sich dies wohl noch nicht allzu sehr herumgesprochen hat. Klassische Unterkünfte und einen guten Zugang zu den Ski-, Wander- und Radtouren bietet die exquisite **Sun Mountain Lodge** (☎509-996-2211; www.sunmountainlodge.com; 604 Patterson Lake Rd; Zi. ab 285 US$, Hütte ab 415 US$;), 10 Meilen (16 km) westlich von Winthrop. In Winthrop gibt's auch die besten Restaurants, darunter das **Arrowleaf Bistro** (☎509-996-3920; www.arrowleafbistro.com; 253 Riverside Ave; Hauptgerichte 22–28 US$; ⊙Mi–So 16–22 Uhr).

North Cascades National Park

Sogar die Namen der wenig besuchten spektakulären Berge im **North Cascades National Park** (www.nps.gov/noca) klingen wild und ungezähmt: Desolation Peak, Jagged Ridge, Mt. Despair und Mt. Terror. So überrascht es kaum, dass die Gegend einige der besten Abenteuer außerhalb Alaskas bietet.

Die erste Anlaufstelle für Besucher ist das **North Cascades Visitor Center** (206-386-4495; 502 Newhalem St, Newhalem; ⊙Mitte Mai–Sept. tgl. 9–17 Uhr) in dem kleinen Ort Newhalem am Hwy 20. Die Mitarbeiter sind erfahrene Ranger, die Besucher gern ausführlich über die Highlights des Parks informieren.

Übernachten kann man in der außergewöhnlichsten Unterkunft Washingtons, dem **Ross Lake Resort** (☎206-486-3751; www.rosslakeresort.com; 503 Diablo St, Rockport; Hütte 205–385 US$; ⊙Mitte Juni–Ende Okt.;) am westlichen Ufer des gleichnamigen Sees. Die auf Stegen im Wasser stehenden Blockhütten wurden in den 1930er-Jahren für die Holzfäller errichtet, die beim Bau des Ross Dam mitarbeiteten, durch den bald darauf das ganze Tal im Wasser versank. Da zu dem Resort keine Straße führt, müssen Gäste entweder die 3,2 km vom Hwy 20 zu Fuß bewältigen oder das Auto auf dem Parkplatz beim Diablo Dam abstellen und das Shuttleboot des Hotels nutzen.

Nordost-Washington

Spokane

Washingtons zweitgrößte Metropole liegt am Ufer des Spokane River im Zentrum des sogenannten Inland Empire des pazifischen Nordwestens. Spokane beherbergt das beeindruckende Northwest Museum of Arts & Culture, die Gonzaga University, die Stätte der Weltausstellung von 1974 sowie einen dramatischen Wasserfall in der Mitte des gut erhaltenen historischen Stadtzentrums. Hier gibt es noch jede Menge raue Ecken, aber geduldige Besucher können in dieser häufig verschmähten Stadt viele schöne und charmante Orte entdecken.

Sehenswertes

★Northwest Museum of Arts & Culture MUSEUM
(MAC; ☎509-456-3931; www.northwestmuseum.org; 2316 W 1st Ave; Erw./Kind 10/5 US$; ⏲Di–So 10–17, jeder 3. Do im Monat bis 20 Uhr; 👪) Das Museum in einem imposanten ultramodernen Gebäude im schönen Viertel Browne's Addition lohnt einen Besuch. Es beherbergt eine der schönsten Sammlungen von Artefakten der indigenen Völker des Nordwestens. Das Museum präsentiert außerdem hervorragende Wechselausstellungen, die bedeutende regionale Künstler (z.B. den Glasmeister Dale Chihuly) und kulturelle Phänomene (Steppdecken aus der Pionierzeit, indigene Perlenarbeiten usw.) zeigen.

Riverfront Park PARK
(www.spokaneriverfrontpark.com; 👪) Der Park im Zentrum, Stätte der Weltausstellung von 1974, bietet viele Highlights, darunter den **Sculpture Walk** mit 17 Stationen und die malerischen **Spokane Falls**. Eine kurze Gondelfahrt mit dem **Spokane Falls SkyRide** (Erw./Kind 7,75/5,75 US$; ⏲11–19 Uhr) lässt Besucher direkt über den Wasserfall schweben. Ebenso sagenhafte Blicke hat man von der **Monroe Street Bridge**, die 1911 erbaut wurde und noch immer eine der größten Betonbrücken der USA ist. Aufgrund von Renovierungsarbeiten sind einige Teil des Parks derzeit nicht zugänglich.

Schlafen & Essen

Hotel Ruby MOTEL $
(☎509-747-1041; www.hotelrubyspokane.com; 901 W 1st Ave; Zi. ab 81 US$; P❄📶🐾) Das ehemals einfache Motel, das sich sein 70er-Jahre-Flair bewahren konnte, hat nach einer künstlerischen Neugestaltung coole Originalkunstwerke an den Wänden und eine schicke Cocktaillounge neben der Lobby. Die Zimmer sind mit einem kleinen Kühlschrank und einer Mikrowelle ausgestattet. Gäste können den Fitnessraum im nahen Schwesternhotel, dem Ruby 2, nutzen, das ebenfalls sehr cool ist (Zimmer ab 78 US$). Die Lage im Stadtzentrum ist unschlagbar.

★Historic Davenport Hotel HISTORISCHES HOTEL $$
(☎800-899-1482; www.thedavenporthotel.com; 10 S Post St; Zi. ab 200 US$; ❄📶🏊) Das historische Wahrzeichen öffnete 1914 und gilt als eines der besten Hotels im Land. Selbst wer nicht hier absteigt, sollte einen Blick in die exquisite Lobby werfen oder sich einen Drink in der Peacock Lounge genehmigen. Im angrenzenden modernen Davenport Tower gibt's eine Lobby und Bar im Safaristil.

★Ruins AMERIKANISCH, FUSION $$
(☎509-443-5606; 825 N Monroe St; kleine Gerichte 6–17 US$; ⏲Di–Fr 11–15 & 17–22, Sa 9.30–14 & 17–23, So 9.30–14 & 17–21, Mo 17–22 Uhr) Dieses elegante, kleine Restaurant hat eine ständig wechselnde Karte mit meist kleinen Gerichten, die perfekt zu den Cocktails passen. Hier gibt es Neuinterpretationen von vielen Klassikern, z.B. Pad Thai, Tacos, Banh Mi und Burger, sowie einige herzhaftere Gerichte (z.B. Carne Asada), die man teilen kann (oder auch nicht). Wer spät kommt, kann versuchen, einen Platz an der Bar zu ergattern.

★Wild Sage American Bistro NORDWESTEN $$$
(www.wildsagebistro.com; 916 W 2nd Ave; Hauptgerichte 18–42 US$; ⏲Mo–Do 16–21, Fr–So bis 22 Uhr) 🍃 Das heimelige und dennoch einfache Dekor und die frischen einheimischen Zutaten, die kreativ und elegant zubereitet werden, machen das Wild Sage zu einem der besten Restaurants von Spokane. Der Heilbutt aus Alaska, das Hühnchen mit Dijon-Senf und der Schichtkuchen mit Kokosnuss sind sehr zu empfehlen. Darüber hinaus gibt es eine Karte mit glutenfreien Gerichten und eine ausgezeichnete Auswahl an Weinen und frischen Cocktails.

Ausgehen & Unterhaltung

Atticus Coffee KAFFEE
(222 N Howard St; Tee/Espresso ab 2/3 US$; ⏲Mo–Sa 7.30–18, So 9–17 Uhr) Der Geschenkeladen mit gutem Sortiment fungiert zugleich

als Café; er ist hell und gesellig und lädt zum Lesen sein. Hier gibt es eine super Auswahl an Tees sowie den perfekten Kaffee. Der Versuchung, eine der handgefertigten Tassen, eine Seife oder einen Kannenhalter mit Kitty-Gesicht zu kaufen, kann man kaum widerstehen. Montags bis freitags gibt's WLAN.

No-Li Brewhouse BRAUEREI
(☎509-242-2739; www.nolibrewhouse.com; 1003 E Trent Ave; Hauptgerichte 12–18 US$; ⊙So–Do 11.30–22, Fr & Sa 11–23 Uhr) Ein beliebter Treffpunkt nahe der Gonzaga University. Spokanes beste Mikrobrauerei serviert einige abgedrehte und wunderbare Biere, z. B. ein Kirsch-Ale und ein Stout mit Noten von Kaffeeschokolade und braunem Zucker. Wer Hunger hat, sollte die Fish 'n' Chips probieren – die Panade wird mit dem hellen Ale der Brauerei zubereitet.

Praktische Informationen

Visitor Information Center (☎888-776-5263, 509-744-3341; www.visitspokane.com; 620 W Spokane Falls Blvd; ⊙Juni–Sept. 10–19 Uhr, restliches Jahr bis 18 Uhr) Nahe des Ufers. Bietet jede Menge Infos über Stadt und Region.

An- & Weiterreise

Spokane International Airport (www.spokaneairports.net) Alaska, American, Delta, Frontier, Southwest und United Airlines bieten Direktflüge zu 16 Städten, z. B. Seattle und Portland (Oregon), San Francisco (Kalifornien), Denver (Colorado), Minneapolis (Montana), Salt Lake City (Utah) und Phoenix (Arizona).

Spokane Intermodal Center (221 W 1st Ave) Von dieser Station fahren Busse und Züge ab.

South Cascades

Die South Cascades sind runder und weniger eingeklemmt als ihre spitzzackigen nördlichen Pendants, aber auch höher. Höhepunkt ist – in vielerlei Hinsicht – der 4392 m hohe Mt. Rainier, der fünfthöchste Berg in den Lower-48-Staaten und wohl einer der spektakulärsten alleinstehenden Berge der Welt. Der feuerspuckende Mt. St. Helens weiter südlich benötigt keine weitere Einführung, während der unbesungene Mt. Adams im Osten wie ein schmollendes Mittelkind finster dreinblickt.

Mt. Rainier National Park

Der fünfthöchste Berg der USA außerhalb Alaskas ist zugleich einer der betörendsten. Der majestätische Mt. Rainier liegt in einem 953 km² großen Nationalpark. Hinauf zum schneebedeckten Gipfel und in den bewaldeten Ausläufern des Berges gibt es zahlreiche Wanderwege und riesige blumenbedeckte Wiesen. Und der lockende, kegelförmige Gipfel selbst ist eine ausgezeichnete Herausforderung für ehrgeizige Kletterer.

Der **Mt. Rainier National Park** (www.nps.gov/mora; Auto 30 US$; Fußgänger & Fahrradfahrer 15 US$, unter 17 Jahre kostenlos, Jahrespass 55 US$) hat vier Zugänge. Infos zu den Straßenverhältnissen gibt's unter 800-695-7623. Auf der Website des National Park Service (NPS) können Karten und Beschreibungen von Dutzenden Wegen im Park heruntergeladen werden. Die bekannteste Strecke ist der knallharte 150 km lange Wonderland Trail, der den Mt. Rainier komplett umrundet und für den Wanderer zehn bis zwölf Tage einplanen sollten.

Die Campingplätze im Park haben fließendes Wasser und Toiletten, aber keine Duschen und Stromanschlüsse. Im Sommer sollte man die **Campingplätze im Park** (☎800-365-2267; www.nps.gov/mora; Campingplatz 20 US$) früh reservieren; dies ist bis zu zwei Monate im Voraus telefonisch oder online möglich. Wer im Hinterland übernachten möchte, braucht eine entsprechende Genehmigung. Infos gibt's auf der NPS-Website.

NISQUALLY ENTRANCE

Der Nisqually Entrance ist das beliebteste und praktischste Einfallstor zum Mt. Rainier National Park. Er liegt am Hwy 706 (via Ashford) nahe der südwestlichen Parkecke und ist ganzjährig geöffnet. In Longmire, 7 Meilen (11 km) hinter dem Nisqually Entrance, gibt's ein **Museum mit Informationszentrum** (☎360-569-6575; Hwy 706, Longmire; ⊙Museum ganzjährig 9–16.30 Uhr, Infozentrum Mai–Okt.) GRATIS, einige wichtige Ausgangspunkte für Wanderungen und das rustikale **National Park Inn** (☎360-569-2275; Hwy 706, Longmire; Zi. mit/ohne Bad ab 203/138 US$, ❄) mit seinem ausgezeichneten Restaurant.

Weitere Wanderwege und Lehrpfade warten beim 12 Meilen (19 km) weiter östlich gelegenen, vornehmeren **Paradise**, das vom informativen **Henry M Jackson Visitor Center** (☎360-569-6571; Paradise; ⊙Mai–Okt. tgl. 10–17 Uhr, Nov.–Apr. Sa & So) betrieben wird. Hier ist auch das traditionelle **Paradise Inn** (☎360-569-2275; Paradise; Zi. mit/ohne Bad ab 182/123 US$; ⊙Mitte Mai–Okt.; ⊖) angesiedelt, ein historisches „Parkitektur"-Gasthaus aus dem Jahre 1916. Vom Inn führen Kletterpfade zum Gipfel des Mt. Rainier. Ausgezeichnete viertägige Besteigungen werden von **Rainier Mountaineering Inc** (☎888-892-5462; www.rmiguides.com; 30027 Hwy 706 E, Ashford; 4-Tages-Klettertour 1163 US$) geleitet.

WEITERE ZUGÄNGE

Die drei anderen Zugänge zum Mt. Rainier National Park sind: **Ohanapecosh**, zu erreichen über den Hwy 123 und Packwood, wo es auch Unterkünfte gibt; **White River** am Hwy 410, zu erreichen über eine Höhenstraße (1950 m), die zu dem schönen Aussichtspunkt bei der **Sunrise Lodge Cafeteria** (Sunrise Park Rd, Sunrise; Hauptgerichte 6–12 US$; ⏲Juli & Aug. 10–19 Uhr, Sept. Sa & So 11–15 Uhr) führt; und der abgelegene **Carbon River** in der nordwestlichen Ecke, über den man zum Regenwald im Parkinneren gelangt.

Mt. St. Helens National Volcanic Monument

Was dem Mt. St. Helens an Höhe fehlt, macht er durch seine dunkle Geschichte wett: 57 Menschen starben, als der Vulkan am 18. Mai 1980 mit der Wucht von 1500 Atombomben ausbrach. Die Katastrophe begann mit einem Erdbeben der Stärke 5,1 auf der Richterskala, das den größten Erdrutsch seit Beginn der Geschichtsschreibung auslöste und 596 km² Waldfläche unter Millionen Tonnen Vulkangestein und Asche begrub. Heute findet man hier eine faszinierende Landschaft aus sich erholenden Wäldern, neuen Flusstälern und aschebedeckten Hängen. Erwachsene müssen 8 US$ für den Zugang zu diesem National Monument zahlen.

NORDÖSTLICHER ZUGANG

Beim Haupteingang am Hwy 504 im Nordosten schaut man zuerst im **Silver Lake Visitor Center** (☎360-274-0962; https://parks.state.wa.us/245/Mount-St-Helens; 3029 Spirit Lake Hwy; Erw./Kind 5 US$/kostenlos; ⏲März–Mitte Mai & Mitte Sept.–Okt. 9–16 Uhr, Mitte Mai–Mitte Sept. bis 17 Uhr, Nov.–Feb. Do–Mo 9–16 Uhr; 👪) vorbei, das Filme, Ausstellungen und kostenlose Infos (u. a. auch Wanderkarten) über den Berg bietet. Einen näheren Eindruck von der zerstörerischen Gewalt der Natur bekommt man im **Johnston Ridge Observatory** (☎360-274-2140; www.fs.usda.gov; 24000 Spirit Lake Hwy; Tageskarte 8 US$; ⏲Mitte Mai–Okt. 10–18 Uhr) am Ende des Hwy 504, von wo aus man direkt in den Krater schaut. In der mit nur wenigen Unterkünften gesegneten Gegend bietet das **Eco Park Resort** (☎360-274-7007; www.ecoparkresort.com; 14000 Spirit Lake Hwy, Toutle; Stellplätze 25 US$, Jurte für 6 Pers. 95 US$, Hütten 150 US$; 🐾) Stellplätze, Stromanschlüsse für Wohnmobile und einfache Hütten für zwei oder vier Personen.

SÜDÖSTLICHER & ÖSTLICHER ZUGANG

Wer über den Südost-Zugang beim Städtchen **Cougar** am Hwy 503 kommt, kann sich echten Lavaboden anschauen – u. a. die gut 3 km lange Lavaröhre Ape Cave, die ganzjährig zugänglich ist. Allerdings herrschen hier konstant frostige 5 °C. Jeder Erwachsene sollte zwei Lichtquellen mitbringen oder sich bei **Apes' Headquarters** (☎360-449-7800; Forest Rd, 8303 ⏲Mitte Juni–Anfang Sept. 10–17 Uhr) Laternen für je 5 US$ ausleihen.

Der östliche Zugang ist der abgelegenste, jedoch vermittelt der schwer zugängliche Aussichtspunkt **Windy Ridge** hier einen greifbaren und zugleich unheimlichen Eindruck von der Zerstörung, die der Ausbruch verursacht hat. Er ist oft bis Juni geschlossen. Ein paar Kilometer weiter kann man auf dem 1,5 km langen Harmony Trail (Wanderweg 224) 183 m zum **Spirit Lake** hinuntersteigen.

Zentral- & Südost-Washington

Die sonnigen, trockenen Gegenden in der Mitte und im Südosten Washingtons erinnern an Kalifornien und bieten eine nicht ganz so geheime Geheimwaffe: Wein. Das fruchtbare Land, das an die Flusstäler des Yakima und des Columbia River grenzt, wird von neuen Weingütern überflutet, deren hervorragende Tropfen mittlerweile mit denen aus dem Napa und dem Sonoma Valley um Anerkennung konkurrieren. Bisher waren Yakima und das noch attraktivere Ellensburg sehr angesagt, inzwischen aber heißt der echte Star Walla Walla.

Yakima & Ellensburg

Der Hauptgrund für einen Zwischenstopp in Yakima ist der Besuch eines der zahlreichen Weingüter zwischen hier und Benton City; Landkarten gibt's im **Visitor Center** (☎800-221-0751; www.visityakima.com; 101 N 8th St; ⏲Mo–Fr 8.30–17 Uhr).

Eine bessere Basis ist Ellensburg, eine winzige Siedlung 36 Meilen (58 km) nordwestlich von Yakima. Hier findet alljährlich am Labor

ABSTECHER

GRAND COULEE DAM

Den berühmteren Hoover Dam (in günstiger Lage zwischen Las Vegas und dem Grand Canyon) besuchen rund 1,6 Mio. Traveller pro Jahr, während der viermal größere und wohl auch bedeutendere **Grand Coulee Dam** (in unpraktischer Lage irgendwo im Nirgendwo) nur eine Handvoll Besucher sieht. Wer in der Gegend ist, sollte den Staudamm unbedingt besuchen: Er ist eine der größten Leistungen der Ingenieursbaukunst in den USA und man kann ihn ganz ohne Massenandrang bestaunen.

Das **Grand Coulee Dam Visitor Center** (☎509-633-9265; www.usbr.gov/pn/grandcoulee/visit; ⌚Mitte Mai–Juli 9–23 Uhr, Aug. bis 22.30 Uhr, Sept. bis 21.30 Uhr, Okt.–Mitte Mai bis 17 Uhr) informiert mit Filmen, Fotos und interaktiven Exponaten über die Geschichte des Staudamms und der umliegenden Gegend. Kostenlose Führungen durch die Anlage finden täglich um 10, 12, 14 und 15.30 Uhr statt. Dabei fährt man mit einem verglasten Aufzug 142 m hinunter in das Kraftwerk Nr. 3, wo man von der Beobachtungsterrasse aus einen Blick auf die Generatoren werfen kann.

Day das größte Rodeo des Bundesstaates statt. Im Zentrum gibt's einige gut erhaltene historische Gebäude. Einen Latte holt man sich am besten beim hiesigen Kaffeeröster **D&M Coffee** (☎509-925-5313; www.dmcoffee.com; 323 N Pearl St; ⌚7–20 Uhr; 📶) 🍃. Und das beste Essen gibt's im **Red Pickle** (☎509-367-0003; 301 N Pine St; Hauptgerichte ab 10 US$, Cocktails 8 US$; ⌚Mi–So 11–21, Di 16–21 Uhr).

Greyhound bedient beide Städte mit Bussen nach Seattle und Spokane.

Walla Walla

Walla Walla hat sich in das angesagteste Weinanbaugebiet außerhalb von Kalifornien verwandelt. Das ehrwürdige Marcus Whitman College ist das kulturelle Wahrzeichen der Stadt, in der es neben schicken Weinprobierstuben auch skurrile Cafés, herrliche Gebäude im Queen-Anne-Stil und einen der besten und lebhaftesten Bauernmärkte in Washington gibt.

Sehenswertes & Aktivitäten

Man muss nicht weinselig sein, um das historische und kulturelle Erbe von Walla Walla zu schätzen. Die Main St. hat jede Menge historische Auszeichnungen erhalten. Um die Geschichte zum Leben zu erwecken, bietet die **Chamber of Commerce** (☎509-525-0850; www.wwvchamber.com; 29 E Sumach St; ⌚Mo–Fr 8.30–17 Uhr) einige interessante Stadtspaziergänge sowie Broschüren und Stadtpläne. Rund um die Main St. gibt's auch Probierräume der Weingüter (Verkostung 5–10 US$).

Fort Walla Walla Museum MUSEUM
(☎509-525-7703; www.fwwm.org; 755 Myra Rd; Erw./Kind 9/4 US$; ⌚März–Okt. 10–17 Uhr, Nov.–Feb. bis 16 Uhr; 👪) Dieses Museum befindet sich in den alten Kavallerieställen des Forts. Davor gibt es ein wiederaufgebautes Dorf aus der Pionierzeit. Die Haupthalle beherbergt Ausstellungsstücke von der Lewis-und-Clark-Expedition und zur lokalen Landwirtschafts- und Militärgeschichte. Die vier großen Stallgebäude umfassen eine Gefängniszelle und Sammlungen landwirtschaftlicher Geräte, darunter eine Plastikreplik eines 33-teiligen Maultiergespanns, das in den 1920er-Jahren zur Weizenernte genutzt wurde.

Waterbrook Wine WEIN
(☎509-522-1262; www.waterbrook.com; 10518 W US 12; Verkostung 5–15 US$; ⌚So–Do 11–17, Fr & Sa bis 18 Uhr) 10 Meilen (16 km) westlich der Stadt liegt dieses große, extrem gepflegte, moderne Weingut. Es hat ein schickes und kommerzielles Flair, aber die Mitarbeiter sind aufmerksam und die Veranda am Teich ist ein toller Ort, um an einem sonnigen Tag die große Auswahl an Weinen zu verkosten. Von Donnerstag bis Sonntag gibt es Menüs.

Amavi Cellars WEINGUT
(509-525-3541; www.amavicellars.com; Peppers Bridge Rd; Verkostung 10 US$; ⌚10–16 Uhr) Südlich von Walla Walla kann man inmitten hübscher Weinberge und Apfelgärten einige der bekanntesten Weine des Tals probieren (nicht verpassen sollte man den Syrah und den Cabernet Sauvignon!). Die elegante, aber trotzdem gemütliche Veranda bietet Blicke auf die Blue Mountains.

Schlafen & Essen

Walla Walla Garden Motel MOTEL $
(☎509-529-1220; www.wallawallagardenmotel.com; 2279 Isaacs Ave; Zi./DZ ab 72/94 US$; 🅿❄📶)

Dieses schlichte, familienbetriebene Motel liegt auf halber Strecke zum Flughafen. Das einladende Garden Motel ist auf Radfahrer eingestellt und hat ein sicheres, großes Fahrradlager sowie viele Karten zur Gegend.

Marcus Whitman Hotel HOTEL $$

(☎509-525-2200; www.marcuswhitmanhotel.com; 6 W Rose St; Zi. ab 159 US$; P❄📶🐾) Walla Wallas bekanntestes Wahrzeichen ist auch das einzige hohe Gebäude im Ort – unverkennbar dank seines Dachturms. Im Einklang mit den Bemühungen, die historische Erscheinung der Siedlung zu erhalten, wurde der wunderschöne Ziegelbau von 1928 elegant restauriert und ausgestattet: Die vielen Zimmer und Suiten sind in Rost- und Brauntönen gehalten, mit italienischen Möbeln und riesigen Betten bestückt und punkten mit einem tollen Blick auf die nahe gelegenen Blue Mountains.

Graze CAFÉ $

(☎509-522-9991; www.grazeplaces.com; 5 S Colville St; Sandwiches 8–12 US$; ⏲Mo–Sa 10–19.30, So bis 15.30 Uhr; 🖉) Die wunderbaren Sandwiches kann man sich für ein Picknick einpacken lassen oder direkt in dem einfachen Café verzehren (falls man einen Tisch ergattert). Unser Tipp: das Puten-Birnen-Panino mit Provolone und Blauschimmelkäse oder Steak-Torta mit eingelegten Jalapeños, Avocado, Tomate, Koriander und Chipotle-Dressing. Es gibt auch viele vegetarische Optionen.

★Saffron Mediterranean Kitchen MEDITERRAN $$$

(☎509-525-2112; www.saffronmediterraneankitchen.com; 125 W Alder St; Fladenbrote 14–16 US$, Hauptgerichte 25–45 US$; ⏲Mo–Fr 14–21, Sa & So 12–21 Uhr) Hier geht's nicht ums Kochen, sondern um Alchemie: Der Koch nimmt saisonale Produkte und verwandet sie in pures Gold. Auf der mediterran inspirierten Karte stehen Gerichte wie Spargel-Fontina-Fladenbrot, gegrillte Wachteln mit Datteln, Oliven und Auberginen, Lamm und Schweinebauch-Lasagne. Und dann gibt es noch die zugehörigen Weine und eine fantastische Atmosphäre. Im Voraus reservieren.

ℹ An- & Weiterreise

Alaska Airlines bietet täglich zwei Flüge zum Seattle-Tacoma International Airport ab dem **Walla Walla Regional Airport** (www.wallawallaairport.com; 45 Terminal Loop) nordöstlich der Stadt an der US 12.

Greyhound hat täglich einen Bus nach Seattle (47 US$, 6 Std.) über Pasco, Yakima und Ellensburg. Nach Spokane steigt man in Pasco um.

OREGON

Es ist schwer, Oregons Landschaft und Einwohner mit wenigen Worten zu beschreiben. Die Landschaft reicht von zerklüfteten Küstenstreifen und üppigen, immergrünen Wäldern bis hin zu öden, fossilienübersäten Wüsten, Vulkanen und Gletschern. Und was die Bevölkerung betrifft – auch die ist bunt gemischt, von konservativen Holzfällern bis zu liberalen Umweltschützern. Aber etwas haben sie gemeinsam: den unabhängigen Geist, die Liebe zur Natur und die leidenschaftliche Begeisterung für ihre Heimat.

Es dauert meist nicht lange, bis auch Besucher die gleiche Begeisterung für Oregon fühlen. Wer würde sich denn nicht in den Anblick des Crater Lake, die Farben der Painted Hills in John Day oder die Wanderwege durch tiefe Wälder und über spektakuläre Gebirgspässe verlieben? Und dann gibt's da noch die Städte: Man kann im hippen Portland wie ein König speisen, in Ashland erstklassige Theaterproduktionen sehen und in Bend jede Menge Biere durchprobieren.

Portland

Der beste Kaffee. Die meisten Food Carts. Hervorragende Craft-Brauereien. Nr.-1-Hipster-Himmel. Portland ist eine Stadt der Indie-inspirierten Superlative und zugleich bescheidenem, unkonventionellem Charme.

Sehenswertes

Downtown

★Tom McCall Waterfront Park PARK

(Karte S. 428; Naito Pkwy) Der beliebte Park am Westufer des Willamette River wurde 1978 nach einer Bauzeit von vier Jahren fertiggestellt. Er ersetzte eine Schnellstraße mit rund 1,5 Meilen (2,5 km) langen gepflasterten Spazierwegen, die jede Menge Grünflächen einschließen und nun Jogger, Inlineskater, Spaziergänger und Radfahrer anziehen. Im Sommer eignet sich der Park hervorragend für große Outdoor-Events wie dem **Oregon Brewers Festival** (www.oregonbrewfest.com; Tom McCall Waterfront Park; Eintritt kostenlos, 10-er Probepaket 20 US$, zusätzliche Proben 1 US$; ⏲Ende Juli). Über die Steel

KURZINFOS OREGON

Spitzname Beaver State

Bevölkerung 4,25 Mio. Ew.

Fläche 248 633 km²

Hauptstadt Salem (169 800 Ew.)

Weitere Städte Portland (647 800 Ew.), Eugene (169 000 Ew.), Bend (94 520 Ew.)

Verkaufssteuer Keine

Geburtsort von Ex-US-Präsident Herbert Hoover (1874–1964), Schauspielerin und Tänzerin Ginger Rogers (1911–95), Autor und Witzbold Ken Kesey (1935–2001), Regisseur Gus Van Sant (geb. 1952), dem Erfinder der *Simpsons* Matt Groening (geb. 1954)

Heimat des Oregon Shakespeare Festival, von Nike und dem Crater Lake

Politik Demokratische Gouverneure seit 1987

Berühmt für Wälder, Regen, Mikrobrauereien, Kaffee, antifaschistische Demonstranten

Staatsgetränk Milch (Milchprodukte sind hier sehr wichtig)

Entfernungen Portland–Eugene 110 Meilen (177 km), Portland–Astoria 96 Meilen (154 km); in Oregon darf man zum Großteil nicht selbst tanken.

Bridge und die Hawthorne Bridge geht es hinüber zur **Eastbank Esplanade**, einem gut 2,6 Meilen (4 km) langen Rundweg.

★ Pioneer Courthouse Square WAHRZEICHEN
(Karte S. 428; www.thesquarepdx.org; 🚊Red, Blue, Green) Der mit Ziegelsteinen gepflasterte Platz ist das Herz von Portland, das auch als „Portlands Wohnzimmer" bezeichnet wird. Auf dem meistbesuchten öffentlichen Platz der Stadt tummeln sich nicht nur Sonnenanbeter oder Büroangestellte, die ihre Mittagspause genießen, sondern es finden hier auch Feste, Kundgebungen, Bauernmärkte und (im Sommer) freitagabends Kinoaufführungen statt, die **Flicks on the Bricks** (Karte S. 428; https://thesquarepdx.org/events; ⌚Juli & Aug. Fr 19 Uhr).

Oregon Historical Society MUSEUM
(Karte S. 428; ☎503-222-1741; www.ohs.org; 1200 SW Park Ave; Erw./Kind 10/5 US$; ⌚Mo–Sa 10–17, So 12–17 Uhr; 🚊Red, Blue) An den von Bäumen beschatteten **South Park Blocks** (Karte S. 428) liegt das bedeutendste Geschichtsmuseum des Bundesstaates, das im Jahr 2019 um eine 650 m² große interaktive Dauerausstellung ergänzt wurde, die Oregons Geschichte, Bevölkerungsgruppen und Landschaften gewidmet ist. Zu den Stationen gehören eine Kanu-Bauübung, der Nachbau eines Planenwagens, durch den man hindurchlaufen kann, und historische Rollenspiele. Es gibt interessante Abschnitte zu verschiedenen Immigrantengruppen, amerikanischen Ureinwohnerstämmen und den Mühen des Oregon Trail. Im Untergeschoss werden Wechselausstellungen gezeigt. Auf der Website sind die Tage aufgelistet, an denen der Eintritt kostenlos ist.

Portland Art Museum MUSEUM
(Karte S. 428; ☎503-226-2811; www.portlandartmuseum.org; 1219 SW Park Ave; Erw./Kind 20 US$/frei; ⌚Di, Mi, Sa & So 10–17, Do & Fr bis 20 Uhr; 🚌6, 38, 45, 55, 58, 68, 92, 96, 🚊NS Line, A-Loop) Das Portland Art Museum neben den South Park Blocks stellt hervorragende Exponate aus, u. a. Schnitzereien der amerikanischen Ureinwohner, asiatische und amerikanische Kunst, Fotografien und englisches Silber. Im Museum befindet sich auch das Whitsell Auditorium, ein erstklassiges Filmtheater, das häufig seltene oder internationale Filme zeigt und zum Northwest Film Center & School gehört.

Altstadt & Chinatown

Im Zentrum des ausgelassenen Portland aus den 1890er-Jahren – der einst zurecht berüchtigten **Altstadt** – trieben sich damals zwielichtige Gestalten herum. Heute findet man hier hübsche historische Gebäude, den Waterfront Park, den Saturday Market und ein paar gute Nachtclubs.

Der Altstadt wird meist auch die historische **Chinatown** zugeschrieben. Die ist zwar nicht mehr das Zentrum der chinesischen Gemeinde (diese ist an den südöstlichen Stadtrand gezogen), aber man kann hier das kunstvolle **Chinatown Gateway** (Karte S. 428; Ecke W Burnside St & NW 4th Ave; 🚌20), den stillen **Lan Su Chinese Garden** (Karte S. 428; ☎503-228-8131; www.lansugarden.org; 239 NW Everett St; Erw./Student 11/8 US$; ⌚Mitte Mai–Mitte Okt. 10–19 Uhr, Mitte Okt.–Mitte März bis 17 Uhr, Mitte März–Mitte Mai bis 18 Uhr; 🚌8, 77, 🚊Blue, Red) und die sogenannten **Shanghai Tunnels** (Karte S. 428; ☎503-622-4798; 120 NW 3rd Ave; Erw./Kind 13/8 US$; 🚌12, 19, 20, 🚊Blue,

Red) bewundern. Durch die Tunnel werden teilweise Führungen angeboten.

★ **Saturday Market** MARKT
(Karte S. 428; ☎503-222-6072; www.portlandsaturdaymarket.com; 2 SW Naito Pkwy; ⊙März–Dez. Sa 10–17, So 11–16.30 Uhr; 🚸; 🚌12, 16, 19, 20, 🚊Red, Blue) Die beste Zeit für einen Bummel am Ufer entlang ist das Wochenende. Samstags wird hier dieser berühmte Markt mit Handwerkskunst, Straßenkünstlern und Imbisswägen abgehalten.

Pearl District & Northwest

Das Viertel Northwest umfasst drei verschiedene Bezirke und hat einige der besten Kunstgalerien, trendige Restaurants sowie viele Shoppingmöglichkeiten, die alle durch wunderbar fußgängerfreundliche Straßen miteinander verbunden sind. Nob Hills handwerklich gestaltete Ladenfronten beherbergen gemütliche Nachbarschafts-Restaurants und Einzelhandelsläden zwischen jahrhundertealten viktorianischen Wohnhäusern. Angesichts Portlands schneller Entwicklung ist das industrielle Slabtown im Kommen, mit Apartmenthochhäusern und vielem mehr. Der ehemals industrielle Pearl District mit seinen kopfsteingepflasterten Straßen und alten Laderampen ist nun eines der schicksten Viertel des Bundestaates mit zahlreichen Galerien, Restaurants und Boutiquen.

West Hills

★ **Forest Park** PARK
(☎503-223-5449; www.forestparkconservancy.org) An den gepflegten Washington Park im Süden (mit dem er über zahlreiche Wege verbunden ist) grenzt der sehr viel wildere 20,6 km² große Forest Park, ein urbaner nordwestlicher Wald, der Pflanzen, Tieren und begeisterten Wanderern ein Zuhause bietet. Die **Portland Audubon Society** (☎503-292-6855; www.audubonportland.org; 5151 NW Cornell Rd; ⊙9–17 Uhr, Nature Store Mo–Sa 10–18 Uhr, So bis 17 Uhr; 🚌20) GRATIS betreibt einen Buchladen und ein Rehabilitationszentrum für Wildtiere und pflegt 6,5 km Wanderwege innerhalb des Forest-Park-Naturschutzgebietes.

Washington Park PARK
(www.washingtonparkpdx.org; 🚸; 🚌63, 🚊Blue, Red) Der kultivierte und gepflegte Washington Park beherbergt auf seinem 162 ha großen Gelände einige tolle Attraktionen. Der **International Rose Test Garden** (www.waparkrosefriends.org; 400 SW Kingston Ave; ⊙7.30–21 Uhr; 🚌63) GRATIS bildet das Herzstück von Portlands berühmter Rosenblüte. Hier gibt es über 700 verschiedene Rosenarten und eine tolle Aussicht auf die Stadt zu bewundern. Weiter hügelaufwärts liegt der **Japanese Garden** (☎503-223-1321; www.japanesegarden.org; 611 SW Kingston Ave; Erw./Kind 16,95/11,50; ⊙ Mitte März–Sept. Mo 12–19, Di–So 10–19 Uhr, Okt.–Mitte März Mo 12–16, Di–So 10–16 Uhr; 🚌63), eine weitere Oase der Stille. Wer Kinder dabei hat, sollte im **Oregon Zoo** (☎503-226-1561; www.oregonzoo.org; 4001 SW Canyon Rd; Erw./Kind 17,95/12,95 US$; ⊙Juni–Aug. 9.30–18 Uhr, Sept.–Mai bis 16 Uhr; 🚸; 🚌63, 🚊Blue, Red) und im **Portland Children's Museum** (☎503-233-6500; www.portlandcm.org; 4015 SW Canyon Rd; 11 US$, 2. So im Monat 9–12 Uhr 3 US$; ⊙9–17 Uhr; 🚸; 🚌63, 🚊Red, Blue) vorbeischauen.

Nordosten & Südosten

Vom Stadtzentrum aus betrachtet jenseits des Willamette River liegt das **Lloyd Center** (Karte S. 428; ☎503-282-2511; www.lloydcenter.com; 2201 Lloyd Center; ⊙Mo 10–19, Di–Sa bis 20, So 11–18 Uhr; 🚊Red, Blue, Green), Oregons größte Shopping-Mall. Hier befindet sich die Eislaufbahn, auf der die berühmte Eiskönigin Tonya Harding das Schlittschuhlaufen lernte. Ein paar Straßen weiter südwestlich stehen die unübersehbaren Glastürme des **Oregon Convention Center** (Karte S. 428; www.oregoncc.org; 777 NE Martin Luther King Jr Blvd; 🚊Red, Blue, Green, Yellow). Ganz in der Nähe befindet sich das **Moda Center** (Karte S. 428; ☎503-235-8771; www.rosequarter.com/venue/moda-center; 1 N Center Court St; 🚊Yellow), wo das Profi-Basketballteam der Trailblazers seine Spiele austrägt.

Ein Stückchen weiter den Willamette River hinauf liegt die **N Mississippi Ave**, die früher von heruntergekommenen Gebäuden gesäumt war, in der es aber heute jede Menge angesagte Läden und Lokale gibt. Im Nordosten liegt die künstlerisch angehauchte **NE Alberta St**, ein langer Streifen mit Kunstgalerien, Boutiquen und Cafés. Nicht verpassen sollte man das Straßenkunst-Event **Last Thursday** (☎503-823-1052; www.lastthurspdx.org; ⊙letzter Do im Monat 18–21 Uhr). Den **SE Hawthorne Blvd** (nahe der SE 39th Ave) haben Hippies voll im Griff: mit Souvenirshops, Cafés, Kaffeeläden und zwei Filialen der Buchladenkette Powell's. Eine begrünte Meile weiter südlich hat sich die **SE Division St** in

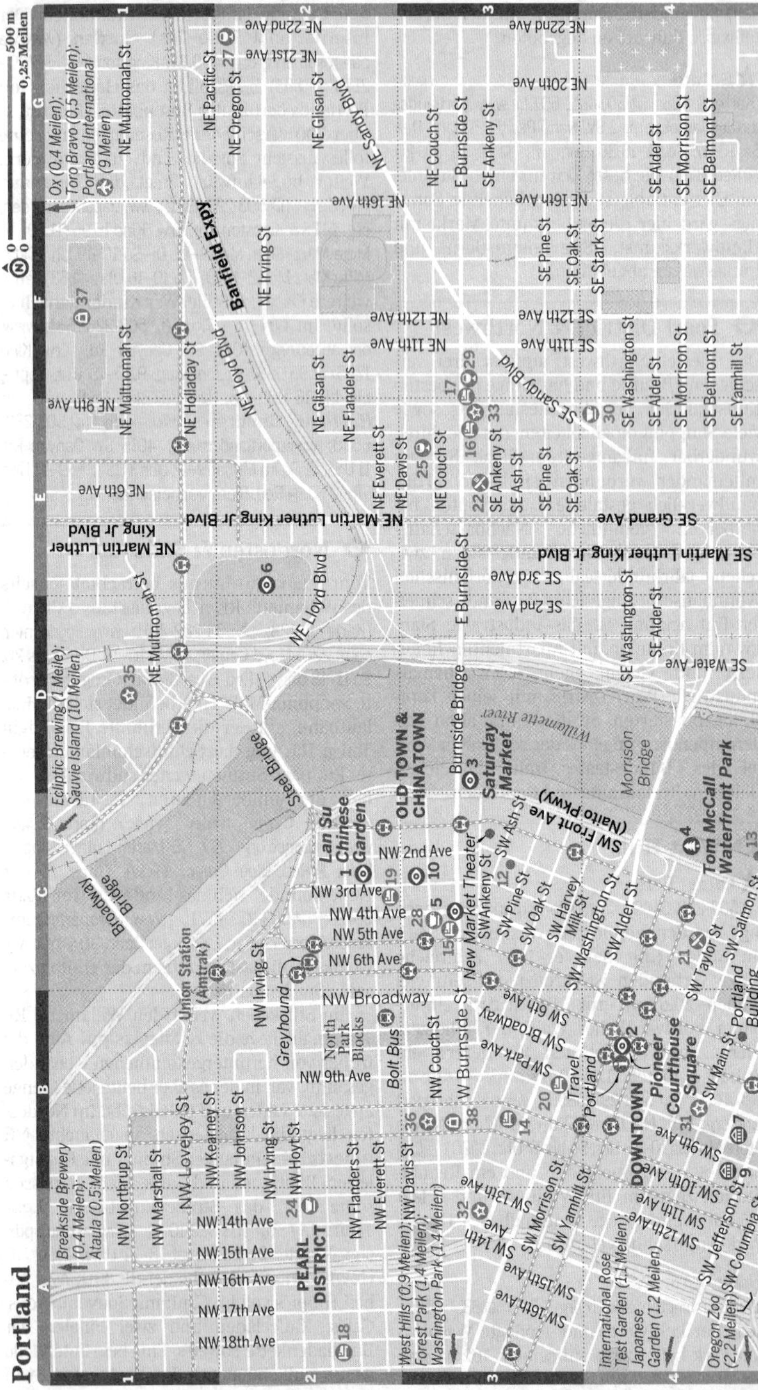
Portland
500 m
0,25 Meilen
Ox (0,4 Meilen); Toro Bravo (0,5 Meilen); Portland International (9 Meilen)
Breakside Brewery (0,4 Meilen); Ataula (0,5 Meilen)
Ecliptic Brewing (1 Meile); Sauvie Island (10 Meilen)
West Hills (0,9 Meilen); Forest Park (1,4 Meilen); Washington Park (1,4 Meilen)
International Rose Test Garden (1,1 Meilen); Japanese Garden (1,2 Meilen)
Oregon Zoo (2,2 Meilen)
PEARL DISTRICT
OLD TOWN & CHINATOWN
DOWNTOWN
Lan Su Chinese Garden
Saturday Market
Pioneer Courthouse Square
Tom McCall Waterfront Park
Union Station (Amtrak)
Greyhound
Bolt Bus
North Park Blocks
Travel Portland
Portland Building
New Market Theater
Willamette River
Broadway Bridge
Steel Bridge
Burnside Bridge
Morrison Bridge
Banfield Expy
NE Martin Luther King Jr Blvd
SE Martin Luther King Jr Blvd
SE Grand Ave
NE Lloyd Blvd
NE Sandy Blvd
SE Sandy Blvd
E Burnside St
W Burnside St
SW Front Ave (Naito Pkwy)
NW Broadway
SW Broadway
NW Northrup St
NW Marshall St
NW Lovejoy St
NW Kearney St
NW Johnson St
NW Irving St
NW Hoyt St
NW Flanders St
NW Everett St
NW Davis St
NW Couch St
NW 2nd Ave
NW 3rd Ave
NW 4th Ave
NW 5th Ave
NW 6th Ave
NW 9th Ave
NW 14th Ave
NW 15th Ave
NW 16th Ave
NW 17th Ave
NW 18th Ave
SW Ankeny St
SW Ash St
SW Pine St
SW Oak St
SW Harvey Milk St
SW Washington St
SW Alder St
SW Morrison St
SW Yamhill St
SW Taylor St
SW Salmon St
SW Main St
SW Jefferson St
SW Columbia St
SW Park Ave
SW 6th Ave
SW 9th Ave
SW 10th Ave
SW 11th Ave
SW 12th Ave
SW 13th Ave
SW 14th Ave
SW 15th Ave
SW 16th Ave
NE Multnomah St
NE Holladay St
NE Pacific St
NE Oregon St
NE Irving St
NE Glisan St
NE Flanders St
NE Everett St
NE Davis St
NE Couch St
NE 6th Ave
NE 9th Ave
NE 11th Ave
NE 12th Ave
NE 16th Ave
NE 20th Ave
NE 21st Ave
NE 22nd Ave
SE Ankeny St
SE Ash St
SE Pine St
SE Oak St
SE Stark St
SE Washington St
SE Alder St
SE Morrison St
SE Belmont St
SE Yamhill St
SE Water Ave
SE 2nd Ave
SE 3rd Ave
SE 11th Ave
SE 12th Ave
SE 16th Ave
SE 20th Ave
SE 22nd Ave

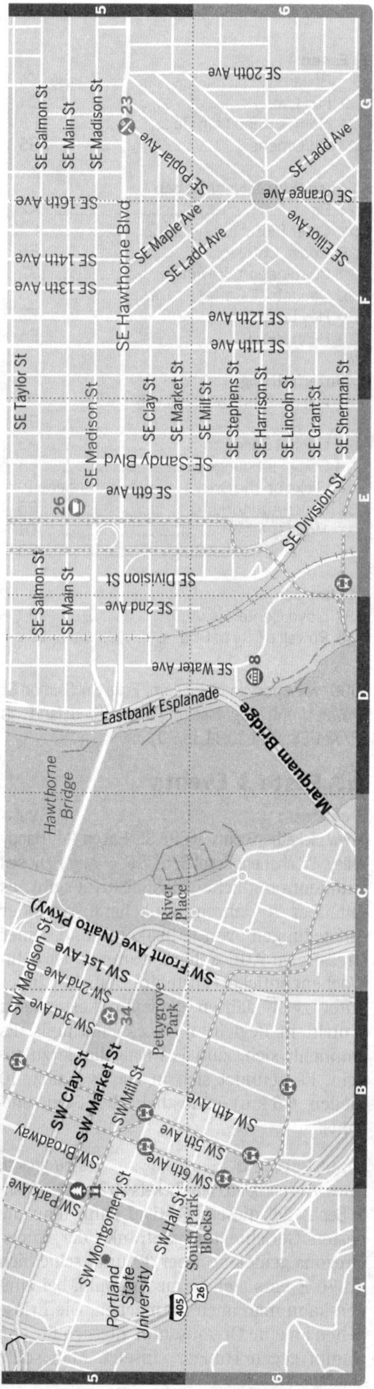

ein Paradies für Feinschmecker verwandelt. Hier gibt es zahllose ausgezeichnete Restaurants, Bars und Kneipen. Dasselbe gilt für die **E Burnside at NE 28th Ave**, nur das hier alles etwas beengter und schicker ist.

Aktivitäten

Wandern

Mit dem über 2000 ha großen Forest Park (S. 427) innerhalb der Stadtgrenzen hält Portland Wanderer gut auf Trab. In dem mit der Stadtbahn leicht erreichbaren **Hoyt Arboretum** (☎503-865-8733; www.hoytarboretum.org; 4000 Fairview Blvd; ⏲Wanderwege 5–22 Uhr, Besucherzentrum Mo–Fr 9–16, Sa & So ab 10 Uhr; Washington Park) GRATIS gibt es ein großes Netz an Wanderwegen, und noch mehr erkunden kann man im **Tryon Creek State Natural Area** (☎503-636-9886; www.oregonstateparks.org; 11321 SW Terwilliger Blvd).

Und wenn das noch nicht reichen sollte, gibt es ja auch noch das Wanderparadies Mt. Hood (S. 440) und die Columbia River Gorge (S. 439), die jeweils nur eine Stunde mit dem Auto entfernt sind.

Radfahren

Portland steht auf der Liste der fahrradfreundlichsten Städte der USA oft ganz oben.

Hübsche Radwege gibt's am **Willamette River** in Downtown. Zu empfehlen ist auch der im Vorort Boring beginnende, 34 km lange **Springwater Corridor**.

Mountainbiker können sich auf dem **Leif Erikson Dr** verausgaben. Hervorragende Single Trails und technisch anspruchsvolle Pisten gibt's am **Hood River** und am **Mt. Hood** (beide je eine Fahrtstunde entfernt).

Malerisches Farmland gibt's auf **Sauvie Island** (www.sauvieisland.org; Hwy 30; Parkschein 10 US$/Tag), 10 Meilen (16 km) nordwestlich von Downtown Portland.

Everybody's Bike Rentals & Tours RADFAHREN
(☎503-358-0152; www.pdxbikerentals.com; 305 NE Wygant St; Radverleih 8–25 US$/Std., Touren ab 39 US$/Pers.; ⏲10–17 Uhr; 6) Es stimmt, dass man Portland am besten mit dem Fahrrad erkunden kann, und dieser Anbieter veranstaltet entspannte, lustige Radtouren durch die Stadt und ihre Umgebung zu Themen wie Wasser und Farmen oder Bier und Parks. Die Tour „Beyond Portlandia" bietet einen „untouristischen" Blick auf die Stadt. Fahrräder kann man hier ebenfalls mieten, von Stadträdern bis hin zu Mountainbikes.

Portland

Highlights
1 Lan Su Chinese Garden ... C2
2 Pioneer Courthouse Square ... B4
3 Saturday Market ... D3
4 Tom McCall Waterfront Park ... C4

Sehenswertes
5 Chinatown Gateway ... C3
6 Oregon Convention Center ... E2
7 Oregon Historical Society ... B4
8 Oregon Museum of Science & Industry ... D6
9 Portland Art Museum ... B4
10 Shanghai Tunnels ... C3
11 South Park Blocks ... A5

Aktivitäten, Kurse & Touren
12 Pedal Bike Tours ... C3
13 Portland Spirit ... C4

Schlafen
14 Ace Hotel ... B3
15 Hoxton ... C3
16 Jupiter Hotel ... E3
17 Jupiter Next ... F3
18 Northwest Portland Hostel ... A2
19 Society Hotel ... C2
20 Woodlark ... B3

Essen
Bullard ... (siehe 20)
21 Luc Lac ... C4
22 Nong's Khao Man Gai ... E3
23 OK Omens ... G5

Ausgehen & Nachtleben
24 Barista ... A2
25 Cider Riot ... E3
26 Coava Coffee ... E5
27 Culmination Brewing ... G2
28 Deadstock Coffee ... C3
29 Hey Love ... F3
30 Push x Pull ... E4

Unterhaltung
31 Arlene Schnitzer Concert Hall ... B4
32 Crystal Ballroom ... A3
33 Doug Fir Lounge ... E3
Flicks on the Bricks ... (siehe 2)
34 Keller Auditorium ... B5
35 Moda Center ... D1
36 Portland Center Stage ... B3

Shoppen
37 Lloyd Center ... F1
38 Powell's City of Books ... B3

Kajakfahren

Da Portland nahe des Zusammenflusses des Columbia River und des Willamette River liegt, bietet es viele befahrbare Wasserwege.

Portland Kayak Company KAJAKFAHREN
(☎503-459-4050; www.portlandkayak.com; 6600 SW Macadam Ave; Verleih ab 14 US$/Std.; ⊙Mo–Fr 10–18, Sa ab 9, So bis 17 Uhr; 🚌43) Dieser Anbieter verleiht Kajaks (mind. 2 Std.) und veranstaltet neben Einführungen auch Kajaktouren, darunter eine dreistündige Umrundung von Ross Island auf dem Willamette River (49 US$). Diese Tour ist täglich um 10 und 14 Uhr sowie von Mai bis September bei Sonnenuntergang (ab 18 Uhr) möglich.

Geführte Touren

Pedal Bike Tours RADFAHREN
(Karte S. 428; ☎503-243-2453; www.pedalbiketours.com; 133 SW 2nd Ave; Touren ab 49 US$; ⊙10–18 Uhr; 🚌15, 16, 51, 🚊Blue, Red) Veranstaltet Radtouren zu allen möglichen Themen – Geschichte, Doughnuts, Bier – sowie Tagesausflüge zur Columbia Gorge. Die dreistündige Tour „Bike & Boat" beinhaltet eine historische Fahrradtour durchs Zentrum und einen Ausflug auf dem Wasser mit **Portland Spirit** (Karte S. 428; ☎503-224-3900; www.portlandspirit.com; Ecke SW Salmon St & Waterfront; Sightseeing-/Dinner-Kreuzfahrt ab 32/78 US$; 🚌4, 10, 14, 15, 30).

Feste & Events

Pickathon MUSIK
(www.pickathon.com; 16581 SE Hagen Rd, Happy Valley; Wochenendticket 325 US$; ⊙Aug.) Dieses familienfreundliche Musikfestival gibt es seit über 20 Jahren, dank herausragender Aufstellungen von Musikern und einer stressfreien Atmosphäre. Camping ist beim Wochenendticket kostenlos dabei; Kinder unter zwölf Jahren genießen kostenlosen Eintritt in Begleitung eines Elternteils. Es empfiehlt sich, zum Festivalgelände zu radeln. Es befindet sich in Happy Valley, 10 Meilen (16 km) südöstlich des Stadtzentrums.

Feast Portland ESSEN & TRIKEN
(www.feastportland.com; Tickets ab 25 US$; ⊙Mitte Sept.) Bei diesem Festival kann man die besten Gerichte und Getränke der Küche Oregons genießen. Über 30 unterschiedlich große Events stehen zur Auswahl, bei einigen kann man auch mitmachen. Die Erlöse gehen an eine Organisation, die sich für den Kampf gegen Hunger einsetzt. Man sollte

früh reservieren, da einige Events Monate im Voraus ausgebucht sind.

Schlafen

Die hier aufgeführten Preise beziehen sich auf die Sommersaison, in der man möglichst vorab reservieren sollte. Die Preise in Spitzenklassehotels hängen stark von der Dauer des Aufenthalts und dem Wochentag ab.

Hawthorne Portland Hostel HOSTEL $
(☎503-236-3380; www.portlandhostel.org; 3031 SE Hawthorne Blvd; B 35–39 US$, DZ mit Gemeinschaftsbad 77 US$; ❄@📶; 🚌14) Das umweltfreundliche Hostel mit zwei Privatzimmern und geräumigen Schlafsälen liegt hervorragend in Hawthorne. Im Sommer finden Open-Mic-Abende im grünen Hinterhof statt, und es gibt einen Fahrradverleih (samt Reparaturwerkstatt). Das Hostel kompostiert, recycelt, verwendet Regenwasser für die Toiletten und hat ein hübsches Öko-Dach. Für Radfahrer gibt's Rabatte.

Northwest Portland Hostel HOSTEL $
(Karte S. 428; ☎503-241-2783; www.nwportlandhostel.com; 425 NW 18th Ave; B 36–42 US$, DZ mit Gemeinschaftsbad ab 100 US$; ❄@📶; 🚌77) Das freundliche, saubere Hostel in perfekter Lage zwischen dem Pearl District, der NW 21st und der 23rd Ave verteilt sich über vier alte Gebäude mit vielen Gemeinschaftsbereichen (darunter einer kleinen Terrasse und einem Garten-Patio). Die Schlafsäle sind geräumig, und die privaten Zimmer sind so hübsch wie Hotelzimmer, teilen sich aber alle die Badezimmer draußen. Nicht-HI-Mitglieder zahlen 3 US$ zusätzlich.

★**Kennedy School** HOTEL $$
(☎503-249-3983; www.mcmenamins.com/kennedyschool; 5736 NE 33rd Ave; Zi. 135–235 US$; 📶; 🚌70) Die frühere Grundschule ist heute ein Hotel (man schläft in den alten Klassenzimmern) mit Restaurant, tollem Hofgarten, mehreren Bars, einer Kleinbrauerei und einem Kino. Gäste können den Pool kostenlos nutzen. Die ganze Schule ist im typischen McMenamins-Stil mit Mosaiken, Fantasiegemälden und alten Fotos dekoriert.

★**Ace Hotel** BOUTIQUEHOTEL $$
(Karte S. 428; ☎503-228-2277; www.acehotel.com; 1022 Harvey Milk St; EZ mit Gemeinschaftsbad ab 200 US$, DZ ab 285 US$; P ⊖ ❄@📶🐾) Das gut etablierte Hotel vereint erfolgreich Industrie-, Minimal- und Retro-Stile. Von der Fotobox im Foyer bis hin zu den recycelten Stoffen und den Möbeln aus wiederverwertetem Holz wirkt das Hotel sehr schick und typisch für Portland. Zur Anlage gehören ein Stumptown-Kaffeeladen und eine Untergrund-Bar. Die Lage ist unschlagbar.

★**Society Hotel** HOTEL $$
(Karte S. 428; ☎503-445-0444; www.thesocietyhotel.com; 203 NW 3rd Ave; B 55 US$, DZ ab 130 US$; 📶; 🚌8, 77, 🚋Red, Blue, Green, Orange) Dieses hübsche Hotel im historischen Mariners Building von 1881 – ursprünglich eine Herberge für Seeleute – hat einen tadellosen Sinn für Fashion. Hier gibt es Schlafsäle und Privatzimmer sowie eine belebte Bar und eine Dachterrasse. Mittwochs finden Weinproben statt und donnerstags ein Drag-Bingo.

Jupiter Next BOUTIQUEHOTEL $$
(Karte S. 428; ☎503-230-9200; https://jupiterhotel.com; 900 E Burnside St; DZ ab 180 US$) Dank des Jupiter Next, der gehobenen Schwester des nebenan gelegenen **Jupiter Hotel** (Karte S. 428; ☎503-230-9200; www.jupiterhotel.com; 800 E Burnside St; DZ ab 149 US$; ❄📶🐾; 🚌20)

PORTLAND MIT KINDERN

Der **Washington Park** hat Familien mit kleinen Kindern am meisten zu bieten. Hier befindet sich der tolle Oregon Zoo (S. 427) in einer schönen, natürlichen Umgebung, die auch Eltern genießen werden. Gleich daneben bietet das Portland Children's Museum (S. 427) sehr anregende und lehrreiche Aktivitäten und Ausstellungen.

Am anderen Ufer des **Willamette River** ist das **Oregon Museum of Science and Industry** (OMSI; Karte S. 428; ☎503-797-4000; www.omsi.edu; 1945 SE Water Ave; Erw./Kind 14,50/9,75 US$; ⊙Juni–Aug. 9.30–19 Uhr, Sept.–Mai Di–So bis 17.30 Uhr; 👪; 🚌9, 17, 🚋A Loop, B Loop, 🚋Orange) ein hervorragendes Ausflugsziel mit Kino, Planetarium und sogar einem U-Boot. Weiter südlich sorgt der **Oaks Amusement Park** (☎503-233-5777; www.oakspark.com; 7805 SE Oaks Park Way; Tagesticket 19–41 US$, einzelne Fahrgeschäfte 4,95 US$, Eislaufen 7–7,50 US$; ⊙Öffnungszeiten variieren; 👪; 🚌35, 99) mit Achterbahnen, Minigolf und Jahrmarktsspielen bei Kids für gute Laune.

im Retrostil der 1960er-Jahre, bietet Portlands zentraler Ostbezirk nun eine moderne Boutiqueoption. Die sechsstöckige geometrische Struktur ist komplett mit Dachziegeln bedeckt und die 67 Zimmer mit übergroßen Fenstern bieten postkartenartige Ausblicke auf die Stadt. Zu den Pluspunkten gehören digitale Concierges und CBD-Schokolade am Bett.

Hey Love (Karte S. 428; ☎503-206-6223; www.heylovepdx.com; 920 E Burnside St, Jupiter Next; ⌚7–2 Uhr), die Bar des Hotels, serviert mittags und abends leckere internationale Gerichte; am Wochenende gibt's auch Brunch.

★Hoxton BOUTIQUEHOTEL $$$

(Karte S. 428; ☎503-770-0500; https://thehoxton.com/oregon/portland/hotels; 15 NW 4th Ave; DZ ab 275 US$;) Von den Hoxton Hoteliers mit Sitz in London kommt diese US-Niederlassung direkt am Chinatown Gateway. Durch die weitläufigen Gemeinschaftsbereiche und 119 Zimmer, die es in den üblichen Hoxton-Größen (Shoebox, Snug, Cozy und Roomy) gibt, weht ein modernistischer, ästhetischer Flair, der typisch für den Nordwesten ist. Zu den Standards gehören Frühstücksbeutel, Bücher von Einheimischen und preiswerte Snacks an der Rezeption.

★Woodlark BOUTIQUEHOTEL $$$

(Karte S. 428; ☎503-548-2559; https://woodlarkhotel.com; 813 SW Alder St; DZ ab 275 US$;) Dieses neue Boutiquehotel besteht aus zwei sanierten denkmalgeschützten Gebäuden und bietet aufwendiges Design verbunden mit schicken Annehmlichkeiten. Zeitgenössisches Mobiliar aus den 1950er-Jahren, Tropenpflanzen und Naturelemente schmücken die prächtige Lobby, waldgrüne Polsterkopfteile und Tapeten mit verschiedenen Blattarten die 150 Zimmer. Luxuriöse pflanzenbasierte Pflegeartikel, Fitnessprogramme, die man auf dem eigenen TV ansehen kann, und eine Auswahl an Kopfkissen sowie spirituelle Texte gehören zum Standard.

Essen

Mit Dutzenden junger Spitzenköche, die die Grenzen der regionalen Küche und der anderer Länder überschreiten und zudem noch das Beste aus heimischen, nachhalti-

PORTLANDS CHINESISCHE EINWOHNER

Chinesische Einwanderer kamen in den 1850er-Jahren nach Oregon, angezogen von den Arbeitsmöglichkeiten in den Minen im Süden und Nordosten des Staates sowie von den Jobs in den Fischereibetrieben an der Küste, in den Holzlagern und bei der Eisenbahn. Diese Einwohner flohen vor den Entbehrungen in ihrer Heimat und waren in erster Linie Wanderarbeiter, die aufgrund der strengen Einwanderungsgesetze in den USA ihre Familien nicht mitnehmen konnten.

Nach einer großen Überschwemmung 1894 wurde Portland wieder aufgebaut, und viele chinesische Einwohner zogen aus dem ehemaligen Chinatown – dem Abschnitt der SW 2nd Ave zwischen Taylor St und Pine St – in das heutige Old Town Chinatown. Um 1900 waren 12 % der Bevölkerung Portlands Chinesen, und ihre Chinatown war die zweitgrößte an der Westküste. Das Gebiet florierte mit Restaurants, Lebensmittelgeschäften, Tempeln und Theatern, die auf die Einwohner ausgerichtet waren.

Trotz der florierenden Gemeinde sahen sich die Chinesen in Portland mit rassistischen Äußerungen und benachteiligenden Gesetzen konfrontiert. In den 1870er-Jahren forderten Gewerkschaftsführer und Politiker des Bundesstaates sowohl die Ausweisung der chinesischen Einwohner als auch den Ausschluss weiterer Chinesen aus Oregon. 1882 verabschiedete der US-Kongress das erste Bundesgesetz zum Ausschluss von Chinesen, das die Einwanderung von Chinesen bis 1943 untersagte.

In Oregon war es Chinesen nicht gestattet, außerhalb ihrer eigenen Gemeinde zu leben, es sei denn, sie waren als Hausangestellte tätig, die mit im Haushalt lebten. Sie durften nicht wählen, keine Schulen besuchen, keine öffentlichen Ämter bekleiden, nicht als Geschworene tätig sein und sich nicht einbürgern lassen. Bis Mitte der 1880er-Jahre kam es in Portland zu Vertreibungsversuchen wie Brandstiftungen an Gebäuden in Chinatown und Überfällen maskierter Männer auf chinesische Einrichtungen. Es gab sogar einen antichinesischen Club, der Kundgebungen mit Reden, Spendensammlungen, Blaskapellen und Tanzveranstaltungen organisierte.

gen Zutaten kreieren, macht sich Portlands Gastronomie mehr und mehr landesweit einen Namen.

★ **Luc Lac** VIETNAMESISCH **$**
(Karte S. 428; ☎ 503-222-0047; www.luclackitchen.com; 835 SW 2nd Ave; Hauptgerichte 9–13 US$; ⏲ So–Do 11–14.30 & 16–24, Fr & Sa 11–14.30 & 16–4 Uhr) Diese geschäftige vietnamesische Küche im Zentrum zieht mittags die Massen und spätabends die Bargänger an. Hier kommen hervorragende Klassiker wie *pho,* Vermicelli-Bowls und Banh Mi auf den Tisch. Man muss hier zu jeder Tages- und Nachtzeit damit rechnen, anzustehen, um einen Sitz in dem schicken Essraum zu ergattern, dessen Decken Papierschirme schmücken. Während der Happy Hour (16–19 Uhr) herrscht ein etwas entspannteres Ambiente und die kleinen Teller kosten dann nur 3 US$.

★ **Yonder** SÜDSTAATEN **$**
(☎ 503-444-7947; www.yonderpdx.com; 4636 NE 42nd Ave; Hauptgerichte 8–17 US$; ⏲ Mi–So 11–21 Uhr) Yonders ausgezeichnetes Brathühnchen gibt es „dusted" (d. h. bestreut mit Trockengewürzen), „dipped" (d. h. in eine scharfe Sauce getaucht) oder „hot" (also genauso scharf, dass man sich daran erinnert, aber nicht so scharf, dass es weh tut). Dazu wird Maisbrot oder ein Keks mit süßer Hirsebutter serviert. Wer möchte, bestellt dazu eine Beilage, beispielsweise Mac 'n' Cheese mit Piment oder mit Speck geschmorte Kohlblätter. Das alles kann man gut mit einem frisch gemixten Cocktail hinunterspülen. Bodenständig gut!

Nong's Khao Man Gai THAI **$**
(Karte S. 428; ☎ 503-740-2907; www.khaomangai.com; 609 SE Ankeny St; Hauptgerichte 11–16 US$; ⏲ 10.50–21 Uhr; 🚌 20) Das weithin beliebte Food Cart, mit dem alles begann, gibt es nicht mehr, aber in den konventionellen Lokalen von Nong's wird immer noch das charakteristische Gericht zubereitet: zartes pochiertes Hühnchen mit Reis in einer magischen Sauce. Außerdem finden sich eine Handvoll andere Optionen (darunter vegetarische) sowie Beilagen und hin und wieder Tagesgerichte. Eine weitere Filiale befindet sich in der 417 SW 13th Ave.

★ **Stammtisch** DEUTSCH **$$**
(☎ 503-206-7983; www.stammtischpdx.com; 401 NE 28th Ave; kleine Gerichte 5–9 US$, Hauptgerichte 14–24 US$; ⏲ Mo–Fr 15–1.30, Sa & So 11–1.30 Uhr; 👪; 🚌 19) In dieser dunkleren, gemütlichen Nachbarschaftskneipe kommen herzhafte deutsche Gerichte auf den Tisch – zusammen mit dem jeweils passenden Bier. Auf keinen Fall verpassen sollte man die Maultaschen mit Lauch und Käse in einer hellen Zitronen-Wein-Sauce, die Muscheln mit Landjäger-Würstchen in Weißweinbrühe und das Brathühnchen mit Paprika.

PORTLANDS FOOD CARTS

Manche der besten Gerichte Portlands kommen aus bescheidenen kleinen Küchen auf Rädern. Überall in der Stadt sammeln sich Food Carts auf Parkplätzen und anderen Freiflächen und bieten hungrigen Spaziergängern die Gelegenheit, ungewöhnliche Gerichte zu günstigen Preisen zu probieren. Viele von Portlands beliebtesten Restaurants begannen als Food Truck und zwar mit Spezialitäten, die so einschlugen, dass die Eigentümer „echte" Restaurants beziehen konnten, um die stetig wachsende Nachfrage zu bedienen.

★ **Bullard** SÜDSTAATEN **$$**
(Karte S. 428; ☎ 503-222-1670; www.bullardpdx.com; 813 SW Alder St; Hauptgerichte abends 16–32 US$; ⏲ Mo–Do 11–15 & 17–22, Fr 11–15 & 17–23, Sa 10–13, So 10–22 Uhr) Im Woodlark Hotel (S. 432) befindet sich diese Hommage an die Wurzeln und die Wahlheimat des Kochs Doug Adams. Die Gerichte auf der fleischlastigen Karte erinnern entschieden an „Texas-trifft-Oregon". Auf den Tisch kommen z. B. 12 Stunden lang geräucherte Painted-Hills-Rinderrippen mit frischen Mehltortilla, gegrillte Regenbogenforelle mit schwarzen Erbsenaugen und Selleriesalat und Schweinekotelett mit grobem Maismehl und lokalen Kohlblättern.

OK Omens AMERIKANISCH **$$**
(Karte S. 428; ☎ 503-231-9959; www.okomens.com; 1758 SE Hawthorne Blvd; Gerichte 8–18 US$; ⏲ 17–24 Uhr; 🚌 14) Das OK Omens ist ein Hit wegen seiner epischen Weinkarte und seiner abenteuerlichen Speisekarte mit Gerichten, die man gut teilen kann. Zu den Lieblingsspeisen gehören ein würziger Caesar-Salat mit in Buttermilch gebratenem Hühnchen, in Hoisin-Sauce geröstete Karotten, anbetungswürdige mit Cheddar gefüllte Beignets, Krabbenpasta mit dünn geschnitten Jalapeños und Burger. Am Sonntag dauert die Happy Hour den ganzen Tag.

★Ox STEAK $$$

(☎503-284-3366; www.oxpdx.com; 2225 NE Martin Luther King Jr Blvd; Hauptgerichte 14–56 US$; ⌚So–Do 17–22, Fr & Sa bis 23 Uhr; 🚌6) Das gehobene, argentinisch inspirierte Steakhaus ist eines der beliebtesten Restaurants von Portland. Am besten beginnt man mit der Suppe aus geräuchertem Muschelfleisch und macht mit dem genüsslichen Rib-Eye-Steak weiter, das von Rindern stammt, die nur frisches grünes Gras auf dem Speiseplan hatten. Für zwei Personen eignet sich das *asado* (94 US$), ein Grillteller mit verschiedenen Fleischsorten. Vorab reservieren!

Ausgehen & Nachtleben

Trinken – ob Kaffee, Craft-Bier, Cider oder Kombucha – ist praktisch eine Art Freizeitsport in Portland. Im Winter ist es ein guter Grund, um irgendwo einzukehren und dem Regen zu entrinnen, im Sommer eine Entschuldigung, in einem Hof oder auf einer Terrasse zu sitzen und die lang ersehnten Sonnenstrahlen zu genießen. Was auch immer man mag, auf jeden Fall gibt's in Portland eine handgemachte, künstlerische Version davon.

★Push x Pull KAFFEE

(Karte S. 428; https://pushxpullcoffee.com; 821 SE Stark St; ⌚Mo–Fr 7–17, Sa & So 8–16 Uhr) Ein Laden, in dem viel Liebe steckt, erschaffen von einer Gruppe aus Kaffee-besessenen Freunden. Diese Rösterei mit Café ist auf natürlich verarbeitete Kaffeesorten spezialisiert und bietet eine wechselnde Auswahl an sortenreinen Kaffees sowie lokal gebackene Backwaren. Die hellen Holzpanelen und türkisfarbenen Wände passen perfekt zu der industriellen Schulhauseinrichtung, und die Espressomaschinen sorgen für eine freundliche Atmosphäre – genau wie die wunderbaren herzlichen Besitzer und Mitarbeiter.

★Barista CAFÉ

(Karte S. 428; ☎503-274-1211; www.baristapdx.com; 539 NW 13th Ave; ⌚Mo–Fr 6–19, Sa & So ab 7 Uhr; 🚌77) Das winzige, schicke Café des preisgekrönten Baristas Billy Wilson ist eines der besten in Portland. Die Bohnen kommen von speziellen Kaffeeröstereien. Es gibt noch drei weitere Filialen in der Stadt.

Coava Coffee CAFÉ

(Karte S. 428; ☎503-894-8134; www.coavacoffee.com; 1300 SE Grand Ave; ⌚Mo–Fr 6–18, Sa & So 7–18 Uhr; 📶; 🚌6, 15, 🚋B Loop) Die Deko schöpft den neoindustriellen Look bis ins Extreme aus, doch das funktioniert ganz gut – und zudem liefert das Coava genau das, worauf es ankommt. Man bekommt hier fantastischen Java-Kaffee, und auch der Espresso ist außergewöhnlich gut. Eine zweite Filiale liegt am 2631 SE Hawthorne Blvd.

★Proud Mary CAFÉ

(☎503-208-3475; https://proudmarycoffee.com; 2012 NE Alberta St; ⌚Mo–Fr 7–16, Sa & So ab 8 Uhr) Aus dem Land der Avocado-Toasts und der Flat Whites (die australisch-neuseeländische Bezeichnung für Espresso Macchiato) kommt Proud Mary, die namhafte, in Melbourne beheimatete Kaffeerösterei, die passenderweise Portland als ihren ersten US-amerikanischen Außenposten wählte. Neben hervorragenden Kaffee gibt es hier köstliches Instagram-fähiges Frühstück, Brunch und Mittagessen, z. B. warmen Vanille-Ricotta-Kuchen, Sandwiches mit geräuchertem Schweinebauch und Erdnusssauce und australische Fleischpasteten sowie frische Säfte.

Deadstock Coffee KAFFEE

(Karte S. 428; ☎971-220-8727; www.deadstockcoffee.com; 408 NW Couch St; ⌚Mo–Fr 7.30–17, Sa 9–18, So 10–16 Uhr) Deadstocks Ethos, dass „Kaffee eine Droge sein sollte", bemerkt man an den hiesigen Getränken und Mischungen, z. B. dem LeBronald Palmer (eine Mischung aus Eiskaffee, süßem Tee und Limonade) und dem „Fresh Prince" (leicht geröstete äthiopische Kaffeebohnen). Der Besitzer Ian Williams arbeitete sich einst vom Hausmeister zum Schuhdesigner im Hauptsitz von Nike hoch und der Kaffeeladen ist der einzige weltweit, der sich der Turnschuh-Kultur verschrieben hat.

Stumptown Coffee Roasters CAFÉ

(☎503-230-7702; www.stumptowncoffee.com; 4525 SE Division St; ⌚Mo–Fr 6–19, Sa & So ab 7 Uhr; 📶; 🚌4) Mit dem kleinen, beengten Stumptown fing alles an: Es ist die erste Kleinrösterei, die Portland zu einer großen Nummer in der Kaffeeszene werden ließ.

★Breakside Brewery BRAUEREI

(☎503-444-7597; www.breakside.com; 1570 NW 22nd Ave; ⌚So–Do 11–22, Fr & Sa bis 23 Uhr; 🚌8) Die Breakside Brewery ist bekannt für ihre experimentellen Gebräue mit Frucht-, Gemüse- und Gewürznoten sowie für ihr landesweit gepriesenes IPA. 2017 zog die Brauerei aus ihrem ursprüngliche Gebäude in der 820 NE Dekum St im Nordosten von Portland in einen größeren Laden in Slabtown um. 16 Fassbiere, gute Kneipengerichte und zwei Ebenen mit Sitzgelegenheiten in einem luftigen Industriegebäude (sowie eine große Terrasse) machen das Breakside zu einer der besten Brauereikneipen in Portland.

★Culmination Brewing KLEINBRAUEREI
(Karte S. 428; ☎971-254-9114; www.culminationbrewing.com; 2117 NE Oregon St; Teller 5–16 US$; ⏲So–Do 12–21, Fr & Sa bis 22 Uhr; 🚌12) Die komfortable Probierstube in einem renovierten alten Lagerhaus hat ein paar der besten Biere der Stadt (u.a. das erstklassige Phaedrus IPA und eine ganze Palette an limitierten saisonalen Bieren) und eine kleine, aber ungewöhnliche Speisekarte. Falls vorhanden, sollte man unbedingt das *pêche* probieren, auch wenn man sonst eigentlich keine obstigen Biere mag.

Ecliptic Brewing BRAUEREI
(☎503-265-8002; www.eclipticbrewing.com; 825 N Cook St; ⏲So–Do 11–22, Fr & Sa bis 23 Uhr; 🚌4) Das Ambiente ist in kühlem Industrie-Stil gehalten, aber das Bier spricht für sich. Die Brauerei wurde von John Harris gegründet, der vorher für McMenamins, Deschutes und Full Sail gebraut hatte. Die Kreationen mit astronomischen Namen (z.B. das preisgekrönte Craft-Bier Spica Pilsner) sind anspruchsvoll und sehr erfolgreich. Für Hungrige gibt's Lamm-Picatta, Spargel-Tempura und ein Sandwich mit Ziegenkäse und Roter Beete.

Cider Riot BRAUEREI
(Karte S. 428; ☎503-662-8275; www.ciderriot.com; 807 NE Couch St; ⏲Mo–Fr 16–23, Sa 12–23, So 12–21 Uhr; 🚌12, 19, 20) Portlands bester Cider-Hersteller hat jetzt auch seinen eigenen Schankraum, wo man direkt an der Quelle Everybody Pogo, Never Give an Inch oder Plastic Paddy probieren kann. Die Ciders hier sind trocken und komplex und bestehen aus regionalen Äpfeln.

☆ Unterhaltung

Musik, insbesondere Indie-Rock, ist das Hauptaushängeschild von Portland, aber Jazz, Punk, Electronic, Blues, Metal, Hip-Hop und andere Genres haben ebenso ihren Platz in der Szene. Liveauftritte gibt's in bekannten lokalen Treffs, aber auch in unauffälligen Nachbarschaftsbars. Andere Unterhaltung gibt's natürlich in Hülle und Fülle, von Theater und Ballett zu Burlesque und Drag. Außerdem warten viele Kinos und Sportveranstaltungen.

Livemusik

Doug Fir Lounge LIVEMUSIK
(Karte S. 428; ☎503-231-9663; www.dougfirlounge.com; 830 E Burnside St; ⏲7–2.30 Uhr; 🚌20) Die Doug Fir Lounge verbindet futuristische Elemente mit rustikaler Blockhüttenästhetik und hat dazu beigetragen, dass sich das schäbige Lower Burnside (LoBu) in ein schickes Trendviertel verwandelt hat. Hier stehen großartige Bands auf der Bühne und auch die Soundqualität ist in der Regel hervorragend. Das angeschlossene Restaurant bietet mörderisch gutes Frühstück und Brunch (an den Wochenenden) sowie ein Barmenü (8–13 US$) bis Ladenschluss.

Crystal Ballroom LIVEMUSIK
(Karte S. 428; ☎503-225-0047; www.crystalballroompdx.com; 1332 W Burnside St; 🚌20) In dem großen historischen Ballsaal sind schon einige Größen aufgetreten, z.B. James Brown und Marvin Gaye in den frühen 1960er-Jahren und Devendra Banhart und Two Door Cinema Club in den letzten Jahren. Die federnde, „bewegliche" Tanzfläche macht das Tanzen fast mühelos.

Mississippi Studios LIVEMUSIK
(☎503-288-3895; www.mississippistudios.com; 3939 N Mississippi Ave; 🚌4) In der intimen Bar kann man gut musikalische Talente, aber

FRÜHE SIEDLER

John McLoughlin verließ Québec, um die Geschäfte der kanadischen Hudson's Bay Company im Nordwesten zu leiten, die damals hauptsächlich im Pelzhandel tätig war. 1825 gründete er Fort Vancouver am Ufer des Columbia River, nördlich des heutigen Portland..

1829 wandte McLoughlin seine Aufmerksamkeit nach Süden und gründete Oregon City am unteren Willamette River. Er wollte die Kraft der Willamette Falls für den Betrieb eines Sägewerks nutzen. In den 1840er- und 1850er-Jahren meldeten Siedler hier am Ende des Oregon Trail Landansprüche an.

Der zum Meer führende Columbia River und der Willamette River, der Oregon City und Fort Vancouver miteinander verband, sorgten dafür, dass die Entwicklung der Holzindustrie, der Schifffahrt, der Konservenindustrie und der Landwirtschaft in dieser Region einen Aufschwung erlebte.

NICHT VERSÄUMEN

POWELL'S CITY OF BOOKS

Powell's City of Books (Karte S. 428; ☎800-878-7323; www.powells.com; 1005 W Burnside St; ⊙9–23 Uhr; 🚌20) ist eine der größten unabhängigen Buchhandlungen der USA und nimmt einen ganzen Block mit neuen und gebrauchten Büchern ein. Hinzu kommen gut besuchte Lesungen.

Weitere Filialen befinden sich in 3723 SE Hawthorne Blvd (mit einem Buchladen für Heim und Garten nebenan) sowie am Flughafen.

auch etablierte Bands in Augenschein nehmen. Es gibt ein grandioses Soundsystem und nebenan ein gutes Restaurant mit Bar und Patio (sowie himmlischen Burgern).

Darstellende Kunst

Portland Center Stage THEATER
(Karte S. 428; ☎503-445-3700; www.pcs.org; 128 NW 11th Ave; Tickets ab 25 US$; 🚌4, 8, 44, 77) Das bedeutendste Theaterensemble der Stadt spielt in der Portland Armory, einem renovierten Wahrzeichen im Pearl District, das mit der neuesten Bühnentechnik ausgestattet ist.

Arlene Schnitzer Concert Hall KLASSIK
(Karte S. 428; ☎503-248-4335; www.portland5.com; 1037 SW Broadway; 🚌10, 14, 15, 35, 36, 44, 54, 56) In der schönen, wenn auch akustisch nicht überragenden Konzerthalle von 1928 in Downtown finden verschiedene Shows, Vorträge, Konzerte und andere Veranstaltungen statt.

Keller Auditorium DARSTELLENDE KUNST
(Karte S. 428; ☎503-248-4335; www.portland5.com; 222 SW Clay St; 🚌38, 45, 55, 92, 96) Im ehemaligen Civic Auditorium von 1917 findet eine Reihe von Veranstaltungen statt: von Konzerten großer Musiker (z. B. Sturgill Simpson) über Aufführungen der Portland Opera (www.portlandopera.org) und des Oregon Ballet Theatre (www.obt.org) bis hin zu einigen Broadway-Produktionen.

Shoppen

Portlands Shoppingzone in Downtown erstreckt sich vom Pioneer Courthouse Sq aus über zwei Blocks und beherbergt die üblichen Verdächtigen. Im Pearl District wimmelt es von teuren Galerien, Boutiquen und Inneneinrichtungsläden. Am Wochenende sollte man dem Saturday Market am Skidmore Fountain einen Besuch abstatten. Eine sehr angenehme und vornehme Einkaufsstraße ist die NW 23rd Ave.

In Eastside gibt es viele angesagte Einkaufsstraßen, wo auch Restaurants und Cafés sind. Der SE Hawthorne Blvd ist die größte, die N Mississippi Ave die neueste und die NE Alberta St die künstlerischste und flippigste der Shoppingmeilen.

Praktische Informationen

MEDIEN

KBOO 90.7 FM (www.kboo.fm) Progressiver Lokalsender, der von Freiwilligen betrieben wird; alternative Nachrichten und Ansichten.

Portland Mercury (www.portlandmercury.com) Kostenloses Pendant zu Seattles *The Stranger*.

Willamette Week (www.wweek.com) Kostenlose Wochenzeitung mit lokalen Nachrichten und Kultur.

NOTFALL & MEDIZINISCHE VERSORGUNG

Legacy Good Samaritan Medical Center (☎503-413-7711; www.legacyhealth.org; 1015 NW 22nd Ave) Nahe der Downtown.

Portland Police Bureau (☎503-823-0000; www.portlandoregon.gov/police; 1111 SW 2nd Ave) Polizei und Notdienst.

TOURISTENINFORMATION

Travel Portland (Karte S. 428; ☎503-275-8355; www.travelportland.com; 701 SW 6th Ave, Pioneer Courthouse Sq; ⊙Nov.–April Mo–Fr 8.30–17.30, Sa 10–16, So bis 16 Uhr, Mai–Okt. zusätzlich So 10–14 Uhr; 🚊Red, Blue, Green, Yellow) Superfreundliche Ehrenamtliche arbeiten in diesem Büro am Pioneer Courthouse Sq. Ein kleines Kino zeigt einen zwölfminütigen Film über die Stadt, ein Ticketschalter verkauft Fahrkarten für den TriMet-Bus und die Light Rail.

An- & Weiterreise

BUS

Bolt Bus (Karte S. 428; ☎877-265-8287; www.boltbus.com) Verbindet Portland u. a. mit Seattle (ab 25 US$), Bellingham (40 US$), Eugene (15 US$) und Vancouver (50 US$). Busse fahren an der Ecke NW 8th Ave und NW Everett St ab.

Greyhound (Karte S. 428; ☎503-243-2361; www.greyhound.com; 550 NW 6th Ave; 🚊Green, Orange, Yellow) Verbindet Portland mit Städten an der I-5 und der I-84. Zu den Zielen über Oregon hinaus gehören Chicago, Denver, San Francisco, Seattle und Vancouver.

FLUGZEUG

Portland International Airport (☎503-460-4234; www.flypdx.com; 7000 NE Airport Way; 📶; 🚇Red) Vom preisgekrönten Portland International Airport gehen täglich Flüge in die ganzen USA sowie zu mehreren internationalen Zielen. Der Flughafen liegt östlich der I-5 am Ufer des Columbia River und ist in einer 20-minütigen Fahrt vom Stadtzentrum aus zu erreichen.

ZUG

Union Station (☎800-872-7245; www.amtrak.com; 800 NW 6th Ave; 🚌17, 🚇Green, Yellow) Amtrak-Züge fahren von der Union Station nach Chicago, Oakland, Seattle und Vancouver.

ℹ Unterwegs vor Ort

AUTO

Parkplätze sind an der Ostseite der Stadt in der Regel einfach zu finden. Im Zentrum bieten SmartPark-Parkplätze, einige davon mit Ladestationen für Elektrofahrzeuge, günstige Parkoptionen (siehe www.portlandoregon.gov/transportation/35272). Im Zentrum Portlands, im Nordwesten und im Pearl District findet man Parkplätze mit Parkautomaten; hier ist es häufig schwieriger, einen Parkplatz zu finden. Car-Sharing-Programme sind in der Stadt ebenfalls beliebt.

In Oregon ist es erst seit dem Jahr 2019 erlaubt, selbst zu tanken. Die meisten Tankstellen haben Tankwärter, die sich kostenlos um alles kümmern.

CHARTER-SERVICE

Für auf Kundenwünsche zugeschnittene Touren mit einem Bus oder Kleinbus wendet man sich an **EcoShuttle** (☎503-548-4480; www.ecoshuttle.net; 3 Std. ab 500 US$). Alle Fahrzeuge werden zu 100 % mit Biodiesel betrieben.

FAHRRAD

Clever Cycles (☎503-334-1560; www.clevercycles.com; 900 SE Hawthorne Blvd; Ausleihe 30 US$/Tag, Lastenräder 60 US$; ⏰Mo–Fr 11–18, Sa & So bis 17 Uhr; 🚌10, 14) Verleiht Klapp-, Familien- und Lastenräder.

VOM/ZUM FLUGHAFEN

Die Red Line der von Tri-Met betriebenen MAX Light Rail fährt in rund 40 Minuten vom Zentrum zum Flughafen (Erw./Kind 2,50/1,25 US$). **Blue Star** (☎503-249-1837; www.bluestarbus.com; einfache Strecke ab 14 US$/Pers.) bietet Shuttlebusse, die zwischen dem Flughafen und mehreren Haltestellen im Zentrum verkehren.

Taxifahrer nehmen ca. 35–40 US$ (plus Trinkgeld) für eine Fahrt vom Flughafen ins Stadtzentrum.

ÖFFENTLICHE VERKEHRSMITTEL

Die MAX Light Rail verbindet die meisten großen Stadtbereiche (und Vororte) und ist leicht zu benutzen. Von vielen Haltestellen kann man mit dem Bus weiterfahren.

TAXI

Taxis kann man rund um die Uhr telefonisch bestellen; im Zentrum kann man sie manchmal auch heranwinken. Freundliche Barkeeper bestellen Gästen auf Wunsch auch ein Taxi. **Broadway Cab** (☎503-333-3333; www.broadwaycab.com) und **Radio Cab** (☎503-227-1212; www.radiocab.net) sind zwei verlässliche Anbieter. Mitfahrdienste gibt es jede Menge in Portland.

Willamette Valley

Das fruchtbare, 96 km breite Willamette Valley war für die Pioniere, die vor mehr als 170 Jahren auf dem Oregon Trail gen Westen zogen, der Heilige Gral. Für die Menschen von heute ist es der Gemüsegarten, in dem mehr als 100 verschiedene Produkte geerntet werden – u. a. gedeiht hier auch ein Pinot Noir. Salem, die Hauptstadt Oregons, liegt ca. eine Autostunde von Portland entfernt am nördlichen Talende. Die meisten anderen Sehenswürdigkeiten sind ebenfalls im Rahmen eines Tagesausflugs erreichbar. Weiter im Süden liegt Eugene, eine dynamische Universitätsstadt, in der man sich gut und gern ein, zwei Tage aufhalten kann.

Salem

Oregons Hauptstadt ist bekannt für ihre Kirschbäume, das Art-déco-Kapitol und die Willamette University.

Im **Hallie Ford Museum of Art** (☎503-370-6855; www.willamette.edu/arts/hfma; 700 State St; Erw./Kind 6 US$/frei; Di frei; ⏰Di–Sa 10–17, So 13–17 Uhr) der Willamette University ist die beste Sammlung von Kunst aus dem Nordwesten zu besichtigen, darunter eine beeindruckende Galerie der amerikanischen Ureinwohner.

Das **Oregon State Capitol** (☎503-986-1388; www.oregonlegislature.gov; 900 Court St NE; ⏰Mo–Fr 8–17 Uhr) GRATIS von 1938 wirkt wie eine Kulisse aus einem Film von Cecil B. DeMille. Es werden kostenlose Führungen angeboten. Das weitläufige **Bush House** (☎503-363-4714; www.salemart.org; 600 Mission St SE; Erw./Kind 6/3 US$; ⏰Führungen April–Sept. Do–So 13–16 Uhr, Okt.–März Fr–So), ein Herrenhaus im italienischen Stil aus dem 19. Jh., ist heute ein Museum mit historischen Akzenten wie Originaltapeten und Marmorkaminen.

Das **Visitors Information Center** (☎503-581-4325; www.travelsalem.com; 388 State St; ⏲Mo–Fr 9–17, Sa 10–16 Uhr; 📶) ist eine gute Orientierungshilfe. Salem wird täglich von Bussen von **Greyhound** (www.greyhound.com; 500 13th St SE) und Zügen von **Amtrak** (☎503-588-1551; www.amtrak.com; 500 13th St SE) angefahren.

Eugene

In „Track Town" gibt's eine großartige Kunstszene, gute Restaurants, ausgelassene Festivals, kilometerlange Uferwege und mehrere hübsche Parks. Die Lage am Zusammenfluss des Willamette River und des McKenzie River, gleich westlich der Cascades, sorgt für viele Möglichkeiten zur Outdoor-Erholung – insbesondere in der Gegend um den McKenzie River, in der Three Sisters Wilderness und am Willamette Pass.

Sehenswertes

Saturday Market MARKT

(☎541-686-8885; www.eugenesaturdaymarket.org; 8th Ave & Oak St; ⏲April–Mitte Nov. Sa 10–17 Uhr) Wer Spaß haben und eine Einführung in Eugenes seltsame Vitalität bekommen möchte, sollte den Samstagsmarkt nicht verpassen, der von April bis November stattfindet. Einheimische Kunsthandwerker verkaufen ihre Produkte und den ganzen Tag über gibt es Livemusik auf der Bühne im Food-Court. Zwischen Thanksgiving und Weihnachten wird der Markt in den **Holiday Market** (☎541-686-8885; www.holidaymarket.org; 796 W 13th Ave, Lane Events Center; ⏲Mitte Nov.–Dez. 10–18 Uhr) umbenannt und zieht nach innen in das Lane Events Center.

Alton Baker Park PARK

(100 Day Island Rd) Der beliebte 1,6 km² große Park am Fluss ist ein Paradies für Radfahrer und Jogger. Er bietet Zugang zum **Ruth Bascom Riverbank Trail System**, einem 19 km langen Radweg, der sich entlang des Willamette River erstreckt. Über die DeFazio Bike Bridge gelangt man leicht ins Stadtzentrum.

University of Oregon UNIVERSITÄT

(☎541-346-1000; www.uoregon.edu; 1585 E 13th Ave) Die Universität von Oregon wurde 1872 gegründet und ist die führende akademische Einrichtung des Bundesstaates. Ihre Schwerpunkte sind Kunst, Wissenschaft und Recht. Der Campus ist voller efeubewachsener historischer Gebäude. Zur Anlage gehört der **Pioneer Cemetry** mit Grabsteinen, die einen eindringlichen Eindruck in das Leben und Sterben in der frühen Siedlung vermitteln. Im Sommer werden Campusführungen angeboten.

Schlafen

Eugene bietet eine Handvoll von günstigen Kettenmotels und -hotels sowie einige hübsche Gasthäuser und ein Hostel. Die Preise steigen stark während der wichtigen Football-Spiele (Sept.–Nov.) und universitären Abschlussfeiern (Mitte Juni).

Eugene Whiteaker International Hostel HOSTEL $

(☎541-343-3335; www.eugenehostel.org; 970 W 3rd Ave; B/Zi. ab 35/50 US$; 🅿@📶) Das zwanglose Hostel in einem alten, weitläufigen Gebäude bietet künstlerisches Flair, hübsche Vorder- und Hinterhöfe zum Abhängen und ein kostenloses schlichtes Frühstück. Handtücher und Bettzeug sind im Preis inbegriffen.

Essen & Ausgehen

Krob Krua Thai Kitchen THAILÄNDISCH $

(☎541-636-6267; www.krobkrua.com; 254 Lincoln St; Hauptgerichte 7–9 US$; ⏲Di–So 11–21 Uhr) Hervorragende Thaicurrys, Nudelgerichte, Salate, Suppen und Wok-Gerichte kommen in diesem Lokal auf den Tisch, das sich in demselben Gebäude befindet wie das **WildCraft Cider Works** (☎541-735-3506; https://wildcraftciderworks.com; 232 Lincoln St; ⏲Di–Do 11.30–21, Fr & Sa bis 23, So bis 20 Uhr), wo man sein Essen im Probierraum genießen und mit einem Cider herunterspülen kann. Empfehlenswert sind die Dungeness-Krabben- und Shrimp-Teigtaschen, die namensgebenden *krob-krua*-Nudeln mit Rind und der gebratene Reis mit grünem Curry.

★**Izakaya Meiji Company** IZAKAYA $$

(☎541-505-8804; www.izakayameiji.com; 345 Van Buren St; kleine Gerichte 3–13 US$; ⏲17–1 Uhr) Diese hippe *izakaya* (japanische Kneipe, die kleine Gerichte serviert) liegt im Herzen des Whiteaker Bezirks und zieht abends die Massen mit fachmännischen Getränken, Sake, Shochu und über 100 verschiedenen Whiskeysorten sowie einer saisonal wechselnden Karte mit Gerichten zum Teilen an. Für Abenteuer aufgelegt? Unbedingt die *shiokara*, eine Delikatesse aus den gesalzenen, fermentierten Eingeweiden eines Tintenfisches, pro bieren – es ist garantiert gewöhnungsbedürftig. Ansonsten bleibt man einfach beim Curry Udon.

Beppe & Gianni's Trattoria ITALIENISCH $$
(☎541-683-6661; www.beppeandgiannis.net; 1646 E 19th Ave; Hauptgerichte 15–26 US$; ⏲So–Do 17–21, Fr & Sa bis 22 Uhr) Die Trattoria gehört zu den beliebtesten Restaurants in Eugene und tischt hausgemachte Pasta und ausgezeichnete Desserts auf. Warteschlangen sind die Regel, ganz besonders am Wochenende.

★ **Ninkasi Brewing Company** BRAUEREI
(☎541-344-2739; www.ninkasibrewing.com; 272 Van Buren St; ⏲So–Mi 12–21, Do–Sa bis 22 Uhr) Wer Hopfen mag, sollte in diesem Probierraum einige von Oregons charakteristischsten und innovativsten Craft-Biere an der Quelle anzapfen. Es gibt einen hübschen Innenhof und ein wechselndes Angebot von Food Carts (alternativ bringt man sich sein eigenes Essen mit). Brauereiführungen finden montags, mittwochs und freitags um 11 Uhr sowie dienstags, donnerstags und samstags um 16 Uhr statt.

ℹ Praktische Informationen

Visitor Center (☎541-484-5307; www.eugenecascadescoast.org; 754 Olive St; ⏲Di–Fr 8–17, Mo ab 9 Uhr) Dieses Besucherzentrum ist nur werktags geöffnet. An den Wochenenden kann man auf das Visitor Center in Springfield (☎541-484-5307; www.eugenecascadescoast.org; 3312 Gateway St, Springfield; ⏲9–18 Uhr) ausweichen.

ℹ Anreise & Unterwegs von Ort

Der **Eugene Airport** (☎541-682-5544; www.flyeug.com; 28801 Douglas Dr) liegt rund 7 Meilen (11,3 km) nordwestlich vom Stadtzentrum. Er bietet Inlandsflüge.

Greyhound (☎541-344-6265; www.greyhound.com; 987 Pearl St) betreibt Fernbusse nach Salem, Corvallis, Portland, Medford, Grants Pass, Hood River, Newport und Bend.

Züge fahren vom **Amtrak-Bahnhof** (☎541-687-1383; www.amtrak.com; 433 Willamette St) zu Portlands Union Station (28 US$, 3 Std., 9-mal tgl.), nach Seattle in Washington und nach Vancouver in Kanada sowie in weitere Städte.

Die Stadtbusse werden vom **Lane Transit District** (☎541-687-5555; www.ltd.org) betrieben. Leihfahrräder gibt's bei **Paul's Bicycle Way of Life** (☎541-344-4105; www.bicycleway.com; 556 Charnelton St; Verleih 24–48 US$/Tag; ⏲Mo–Fr 10–18, Sa & So bis 17 Uhr).

Columbia River Gorge

Der mächtige Columbia River – gemessen an den Wassermengen ist er der viertgrößte Fluss der USA – bahnt sich seinen 2000 km langen Weg von Alberta in Kanada bis zum Pazifik direkt westlich von Astoria. Auf den letzten 500 km bildet der stark gestaute Wasserweg die Grenze zwischen Washington und Oregon, schneidet sich tief in die Cascade Mountains und erzeugt die spektakuläre Columbia River Gorge. Der Uferstreifen mit seinen vielen Ökosystemen, Wasserfällen und grandiosen Aussichtspunkten ist als National Scenic Area eingestuft. Dieses Gebiet ist eine beliebte Spielwiese für Windsurfer, Radler, Angler und Wanderer.

Nicht weit von Portland entfernt ziehen die **Multnomah Falls** die Touristenmassen an, während das **Vista House** einen umwerfenden Blick auf die Schlucht gewährt. Für alle, die sich die Beine vertreten möchten – die Schlucht ist von Wanderwegen durchzogen.

Hood River & Umgebung

Die 63 Meilen (101,4 km) östlich von Portland an der I-84 gelegene Stadt Hood River ist bekannt für ihre Obstplantagen und Weinberge; zugleich ist sie aber auch ein echtes Mekka für Windsurfer und Kiteboarder. Die hervorragenden Weingüter in der Gegend sorgen für gute Gelegenheiten zu Verkostungen.

👁 Sehenswertes & Aktivitäten

Mt. Hood Railroad ZUGFAHRT
(☎800-872-4661; www.mthoodrr.com; 110 Railroad Ave; Erw./Kind ab 35/30 US$; 👪) Die 1906 gebaute Bahnstrecke diente einst dem Transport von Früchten und Bauholz aus dem oberen Hood River Valley zum Anschlussbahnhof in Hood River. Heute transportieren die Oldtimer-Züge Besucher unter dem schneebedeckten Gipfel des Mt. Hood und vorbei an duftenden Obstplantagen. Die Strecke ist rund 34 km lang und endet im hübschen Parkdale. Die Fahrpläne und Preise stehen auf der Website. Rechtzeitig reservieren!

Cathedral Ridge Winery WEIN
(☎800-516-8710; www.cathedralridgewinery.com; 4200 Post Canyon Dr; Verkostung ab 15 US$; ⏲11–17 Uhr) Rote Verschnitte und einige preisgekrönte Tropfen sind das Markenzeichen die-

ses attraktiven Weinguts in schönem Farmland am Stadtrand. Bei gutem Wetter kann man draußen sitzen und den herrlichen Blick auf den Mt. Hood genießen. Es werden unterschiedliche Führungen und Verkostungen angeboten.

Hood River Waterplay WASSERSPORT
(☎541-386-9463; www.hoodriverwaterplay.com; I-84 Ausfahrt 64; 2-stündiger Windsurf-Kurs 99 US$, Stehpaddel-Kurs ab 48 US$/Std.; ⊙Mai–Okt.) Interesse am Surfen, Segeln mit einem Katamaran, Stehpaddeln oder an etwas Ähnlichem? Dieser Veranstalter am Wasser bietet Kurse und verleiht auch die notwendige Ausrüstung.

Discover Bicycles RADFAHREN
(☎541-386-4820; www.discoverbicycles.com; 210 State St; Verleih 40–100 US$/Tag; ⊙Mo–Sa 10–18, So bis 17 Uhr) Dieser Laden vermietet Straßen- und Hybridräder, Mountainbikes, E-Bikes und Mountain-E-Bikes. Er bietet darüber hinaus Informationen zu Radwegen in der Gegend.

Schlafen & Essen

Hood River Hotel HISTORISCHES HOTEL $$
(☎541-386-1900; www.hoodriverhotel.com; 102 Oak St; DZ/Suite ab 110/152 US$;) Genau im Herzen des Zentrums bietet dieses im Jahr 2013 wunderschön sanierte Hotel komfortable, hippe und zugleich altmodische Zimmer. Die Betten sind bequem, aber einige Bäder sehr klein. Die Suiten haben die beste Ausstattung und Aussicht. Küchenecken gibt es ebenfalls und auf dem Gelände befinden sich ein ausgezeichnetes Restaurant und eine entspannende Sauna. Im Winter wird mit einer uralten Dampfheizung und Raumheizkörpern geheizt.

Columbia Gorge Hotel HOTEL $$$
(☎800-345-1921; www.columbiagorgehotel.com; 4000 Westcliff Dr; Zi. 149–439 US$; @) Hood Rivers berühmteste Unterkunft ist dieses historische Hotel in spanischem Stil auf einer Klippe hoch über dem Columbia River. Das Ambiente ist elegant, die Anlagen sind schön, und es gibt auf dem Gelände auch ein gutes Restaurant. Die Zimmer sind mit antiken Betten und Möbeln ausstaffiert. Die Zimmer mit Flussblick lohnen den Aufpreis.

★ **pFriem Tasting Room** GASTROPUB $$
(☎541-321-0490; www.pfriembeer.com; 707 Portway Ave; Hauptgerichte 13–18 US$; ⊙11.30–21 Uhr) Die hochgeschätzten Biere dieser Brauerei sind auf die herzhafte Speisekarte abgestimmt, die alles andere als durchschnittlich ist: Es gibt z. B. Muscheln mit Fritten, Rinderzunge, Schweinefleischpastete und ein Schmortopf mit Lamm und Entenconfit. Das Lokal befindet sich in Ufernähe in einem im Industrieschick erschlossenen Gebiet. Die Tische stehen direkt an den Braufässern.

Praktische Informationen

Chamber of Commerce (☎541-386-2000; www.hoodriver.org; 720 E Port Marina Dr; ⊙April–Okt. Mo–Fr 9–17, Sa & So 10–16 Uhr, Nov.–März Mo–Fr 9–17 Uhr) Touristeninformation für Hood River und die umliegende Gegend.

An- & Weiterreise

Greyhound (☎541-386-1212; www.greyhound.com; 110 Railroad Ave) Greyhound-Busse verbinden Hood River mit Portland (ab 21 US$, 1 Std., 3-mal tgl.).

Oregon Cascades

Die Oregon Cascades sind von unzähligen Vulkanen geprägt, die schon von fern zu sehen sind. Der Mt. Hood an der Columbia River Gorge ist der höchste Berg Oregons. Hier kann man das ganze Jahr über Ski fahren, auch die Wanderung zum Gipfel stellt kein größeres Problem dar. In Richtung Süden schließen sich der Mt. Jefferson und die Three Sisters an, bevor man den spektakulären Crater Lake erreicht. Der See entstand durch den Ausbruch des Mt. Mazama vor etwa 7000 Jahren, bei dem die gesamte Spitze des Vulkans weggesprengt wurde und der Berg in sich zusammenstürzte.

Mt. Hood

Der höchste Gipfel des Bundesstaates, der Mt. Hood (3426 m), ist an sonnigen Tagen von großen Teilen Nord-Oregons aus zu sehen. Auf Skifahrer, Wanderer und Traveller wirkt er unweigerlich wie ein Magnet. Im Sommer blühen auf den Berghängen Wildblumen und versteckte Teiche schimmern in blau – jede Wanderung wird zu einem unvergesslichen Erlebnis. Im Winter haben die Leute hier nur Skifahren und Langlaufen im Sinn.

Der Mt. Hood ist ganzjährig über den Hwy 26 von Portland (90 km) aus und über den Hwy 35 von Hood River (70 km) aus zu erreichen. Zusammen mit dem Columbia

River Hwy bilden diese Straßen den Mt. Hood Loop, eine beliebte, landschaftlich sehr reizvolle Strecke. **Government Camp**, das Zentrum der Action auf dem Berg, liegt am Pass über den Mt. Hood.

Aktivitäten

Skifahren

Der Mt. Hood wird zu Recht wegen seiner Skipisten geliebt. Auf dem Berg gibt es sechs Skigebiete, darunter **Timberline** (☎503-272-3158; www.timberlinelodge.com; Government Camp; Skipass Erw./Kind 73/63 US$), das Schneeliebhaber mit der längsten Skisaison der USA (fast ganzjährig) lockt. Nicht ganz so weit von Portland entfernt liegt die **Mt. Hood SkiBowl** (☎503-272-3206; www.skibowl.com; Hwy 26; Skipass 59 US$, Nachtskifahren 43 US$), die ebenfalls nicht von schlechten Eltern ist und sich das größte Nachtskigebiet des Landes nennt. Sie ist vor allem bei Großstädtern beliebt, die für ein abendliches Vergnügen im Pulverschnee hierher kommen. Das größte Skigebiet des Berges heißt **Mt. Hood Meadows** (☎503-337-2222; www.skihood.com; Skipass Erw./Kind bis zu 89/44 US$); hier herrschen normalerweise die besten Schneebedingungen.

Wandern & Trekken

Der Mt. Hood National Forest umfasst erstaunliche 1931 km Wanderwege. An den meisten Ausgangspunkten ist der Northwest Forest Pass (5 US$/Tag) zum Parken erforderlich.

Ein beliebter Rundwanderweg führt über 11 km von der Nähe des Dörfchens Zigzag zu den schönen **Ramona Falls**, die moosbedeckten Basalt hinunterstürzen. Ein weiterer Weg führt 2,4 km von der US 26 rauf zum **Mirror Lake**, 800 m rund um den See und nochmal 3,2 km weiter zu einem Bergkamm.

Der 66 km lange **Timberline Trail** umrundet den Mt. Hood und führt durch schöne Wildnis. Mögliche Abstecher sind die Wanderung zum McNeil Point und die kurze Klettertour zum Bald Mountain. Von der Timberline Lodge führt ein 7,2 km langer Rundweg zum Zigzag Canyon Overlook.

Klettertouren auf den Mt. Hood sind kein Kinderspiel – es ereigneten sich bereits tödliche Unfälle. Nichtsdestotrotz dürfen Hundebesitzer ihre vierbeinigen Freunde mitnehmen. Die Klettertour ist an einem (langen) Tag zu schaffen. **Timberline Mountain Guides** (☎541-312-9242; www.timberlinemtguides.com; 2-tägige Bergtour 780 US$/Pers.) bietet geführte Touren an.

Schlafen & Essen

Die meisten **Campingplätze** (☎877-444-6777; www.recreation.gov; Stellplatz für Zelt od. Wohnwagen 16–39 US$) in der Gegend verfügen über Trinkwasser und Komposttoiletten. Für Wochenenden mit großem Besucherandrang sollte man reservieren; allerdings werden in der Regel einige Stellplätze, die nur zu Fuß erreichbar sind, nicht vorab vergeben. Weitere Informationen bekommt man bei nahe gelegenen Rangerstationen.

★Timberline Lodge LODGE $$$
(☎800-547-1406; www.timberlinelodge.com; 27500 Timberline Rd; B 165–221 US$, DZ ab 180 US$;) Mehr Kleinod als Hotel: Die prächtige historische Timberline Lodge bietet eine große Palette an Zimmern, von Schlafsälen für bis zu zehn Personen bis hin zu luxuriösen Kaminzimmern. Es gibt einen ganzjährig beheizten Außenpool, und die Skilifte und Wanderwege sind nah. Im Haus warten zwei Bars und ein guter Speisesaal. Der Blick auf den Mt. Hood ist eindrucksvoll, die Preise variieren erheblich.

Huckleberry Inn INN $$
(☎503-272-3325; www.huckleberry-inn.com; 88611 E Government Camp Loop; Zi. 95–165 US$, 10-B-Schlafsaal 160 US$;) Die Unterkunft in toller zentraler Lage in Government Camp hat schlichte, gemütlich-rustikale Zimmer und Schlafsäle für bis zu zehn Personen. In dem zwanglosen Restaurant (das zugleich als Hotelrezeption dient) wird gutes Frühstück serviert. In der Ferienzeit sind die Preise höher.

Rendezvous Grill & Tap Room AMERIKANISCH $$
(☎503-622-6837; www.thevousgrill.com; 67149 E Hwy 26, Welches; Hauptgerichte 12–29 US$; ⊙Di–So 11.30–20, Fr & Sa bis 21 Uhr) Dieses ausgezeichnete Restaurant bietet hervorragende Gerichte, darunter Wildlachs mit karamellisierten Schalotten und Artischockenpüree oder Schweinekoteletts vom Holzkohlegrill mit Rhabarber-Chutney. Mittags gibt's auf der Terrasse Gourmet-Sandwiches, Burger und Salate. Ein weiterer Bonus sind die großartigen Cocktails.

Mt. Hood Brewing Co. PUBESSEN $$
(☎503-272-3172; www.mthoodbrewing.com; 87304 E Government Camp Loop, Government Camp; Hauptgerichte 12–24 US$; ⊙11–21 Uhr) Das einzige Brauereigasthaus in Government Camp bietet eine freundliche, familiäre Atmosphä-

re und Kneipenessen wie Pizzas, Sandwiches und Rippchen.

Praktische Informationen

Landkarten, Genehmigungen und Infos gibt's bei den regionalen Rangerstationen. Wer aus Hood River kommt, hält an der **Hood River Ranger Station** (☎541-352-6002; 6780 OR 35, Parkdale; ⊙Mo–Fr 8–16.30 Uhr). Für Ankömmlinge aus Portland liegt die **Zigzag Ranger Station** (☎503-622-3191; 70220 E Hwy 26; ⊙Mo–Sa 7.45–16.30 Uhr) praktischer. Das Mt. Hood **Information Center** (☎503-272-3301; 88900 E Hwy 26; ⊙9–17 Uhr) befindet sich in Government Camp. Das Wetter kann schnell umschlagen; im Winter sollte man Schneeketten dabei haben!

An- & Weiterreise

Mt. Hood ist von Portland über den Hwy 26 in einer Stunde per Auto nach 56 Meilen (90 km) zu erreichen. Die hübschere, aber längere Alternativroute führt über den Hwy 84 nach Hood River und dann über den Hwy 35 südwärts (1¾ Std., 95 Meilen/153 km).

Der Shuttlebus von **Central Oregon Breeze** (☎800-847-0157; www.cobreeze.com; Government Camp Rest Area, Government Camp Loop), der zwischen Bend und Portland pendelt, macht einen kurzen Zwischenstopp in Government Camp, 6 Meilen (9,7 km) von der Timberline Lodge entfernt. **Sea to Summit** (☎503-286-9333; www.seatosummit.net) bietet im Winter regelmäßig verkehrende Shuttles von Portland in die Skigebiete (hin & zurück ab 59 US$).

Sisters

Einst eine Postkutschenstation und ein Handelsposten für Holzfäller und Rancher, ist Sisters heute ein munteres Touristenziel. Die Hauptstraße ist von Läden, Kunstgalerien und Restaurants gesäumt, die in Gebäuden mit Western-Fassaden residieren. Die Besucher kommen wegen der Bergkulisse, der spektakulären Wanderwege, der interessanten Kultur-Events und wegen eines herrlichen Klimas mit viel Sonnenschein und wenig Niederschlägen.

Am südlichen Ende von Sisters gibt's im **City Park** (City Park Camping; ☎541-323-5220; www.ci.sisters.or.us/creekside-campground; S Locust St; Zelt-/Wohnmobilstellplätze 20/40 US$; ⊙April–Nov.) Stellplätze, aber keine Duschen. Besten Komfort bieten die Zimmer in der luxuriösen **Five Pine Lodge** (☎866-974-5900; www.fivepinelodge.com; 1021 Desperado Trail; DZ ab 242 US$, Hütten ab 265 US$;).

Raffinierte französische Gerichte, die man hier draußen gar nicht erwartet, werden im **Cottonwood Café** (☎541-549-2699; www.cottonwoodinsisters.com; 403 E Hood Ave; Frühstück 9–13 US$, Hauptgerichte mittags 11–13 US$; ⊙8–15 Uhr) aufgetischt. **Three Creeks Brewing** (☎541-549-1963; www.threecreeksbrewing.com; 721 Desperado Ct; Hauptgerichte 12–26 US$, Pizzas 10–14 US$; ⊙So–Do 11.30–21 Uhr, Fr & Sa bis 22 Uhr) serviert eigene Biere und Kneipengerichte.

Praktische Informationen

Chamber of Commerce (☎541-549-0251; www.sisterscountry.com; 291 E Main Ave; ⊙Mo–Fr 10–15 Uhr)

An- & Weiterreise

Cascades East Transit (☎541-385-8680; https://cascadeseasttransit.com; einfache Fahrt 1,50 US$) verbindet Sisters mit Bend (30 min., 3-mal tgl.) und Redmond (25 Min., 3-mal tgl.).

Bend

Bend ist ein absolutes Naturparadies. Hier kann man vormittags in feinem Pulverschnee Ski fahren, nachmittags eine Kajaktour unternehmen und abends Golf spielen. Genauso gut kann man auch mountainbiken, wandern, bergsteigen, fliegenfischen oder klettern – für all das gibt's in der Nähe großartige Möglichkeiten. Bei nahezu 300 Sonnentagen im Jahr ist prima Wetter dabei fast garantiert.

Sehenswertes

★**High Desert Museum** MUSEUM
(☎541-382-4754; www.highdesertmuseum.org; 59800 Hwy 97; Erw./Kind 12/7 US$; ⊙Mai–Okt. 9–17 Uhr, Nov.–April 10–16 Uhr;) Mit Nachbildungen eines Indianerlagers, einer Mine und einer alten Westernstadt erzählt das ausgezeichnete Museum, rund 3 Meilen (4,8 km) südlich von Bend, von der Erforschung und Besiedelung des amerikanischen Westens. Auch die Naturgeschichte der Region steht im Blickpunkt: Kinder lieben die Ausstellungen mit lebenden Schlangen, Schildkröten und Forellen; den Greifvögeln und Ottern zuzuschauen macht immer Spaß.

Darüber hinaus gibt's geführte Spaziergänge und andere Events – die Raubvogel-Vorführung ist sehenswert.

Aktivitäten

Bend ist ein Paradies für Mountainbiker mit Hunderten Kilometern von hervorragenden Trails. In der Touristeninformation Visit Bend und an anderen Stellen ist die ordentliche Bend Area Trail Map (12,99 US$; www.adventuremaps.net/shop/product/product/bend-area-trail-map) erhältlich.

Das Highlight unter den Mountainbike-Strecken ist das Wegenetz **Phil's Trail** (www.bendtrails.org/trail/phils-trail-complex). Es besteht aus verschiedenen, ausgezeichneten, schnellen Singletracks, die nur ein paar Minuten von der Stadt entfernt durch den Wald führen. Wer frische Luft schnappen will, sollte den Whoops Trail ausprobieren. Der auf Abenteuer ausgerichtete Veranstalter **Cog Wild** (☎541-385-7002; www.cogwild.com; 255 SW Century Dr, Suite 201; Halbtagestouren ab 60 US$, Verleih 35–80 US$; ⏲9–18 Uhr) vermietetet Fahrräder.

Bend ist auch der Ausgangspunkt zu einigen der besten Skigebiete Oregons, z. B. dem 22 Meilen (35,4 km) südwestlich von Bend gelegenen **Mt. Bachelor Ski Resort** (☎800-829-2442; www.mtbachelor.com; Skipass Erw./Kind 99/56 US$, Langlauf-Tagespass 21/14 US$; ⏲Nov.–Mai; 👪).

Schlafen

An der 3rd St (US 97) gibt's zahlreiche billige Motels, Hotels und Dienstleistungen. Aufgrund der Festivals und Events schießen die Unterkunftspreise an den meisten Wochenenden in die Höhe – am besten bucht man vorab.

Bunk + Brew Hostel HOSTEL $

(☎458-202-1090; www.bunkandbrew.com; 42 NW Hawthorne Ave; B 45 US$, DZ 109–139 US$; ❄@📶) Dieses supergemütliche, zentrale und gesellige Hostel beherbergt Betten im ältesten Backsteingebäude der Stadt. Alles ist zwar klein, aber es fühlt sich wie Zuhause an. Hier wartet eine Sauna, und ein neues Badehaus war beim letzten Besuch im Bau. Es gibt außerdem eine Küche und einen Film-/Video-Raum. Wer mag, kann zu Fuß oder mit dem Fahrrad zu einer Biertour durch die Stadt aufbrechen, die sich direkt vor der Tür befindet.

★**McMenamins Old St Francis School** HOTEL $$

(☎541-382-5174; www.mcmenamins.com; 700 NW Bond St; Zi. ab 189 US$; 🚭❄📶) Einer der besten McMenamins-Ableger ist dieses alte Schulhaus, das zu einem Hotel umgebaut wurde. Zwei Zimmer haben sogar nebeneinanderstehende Badewannen mit Klauenfüßen. Allein das fabelhafte geflieste Salzwasser-Dampfbad ist einen Besuch wert; Nicht-Gäste können es für 5 US$ nutzen. Ein Gastropub, drei Bars, ein Kino und viel Kunst vervollständigen das Bild.

★**Oxford Hotel** BOUTIQUEHOTEL $$$

(☎541-382-8436; www.oxfordhotelbend.com; 10 NW Minnesota Ave; Zi. ab 319 US$; 🚭❄📶🐾) 🍃 Bends bestes Boutiquehotel ist zu Recht beliebt. Noch die kleinsten Zimmer sind sehr groß (44 m²) und mit umweltfreundlichen Details wie Sojaschaummatratzen und Korkböden ausgestattet. High-Tech-Fans kommen dank iPod-Anschluss und Schreibtischen mit Smart Panel auf ihre Kosten. Die Suiten verfügen über Küchen und Dampfduschen; im Untergeschoss ist ein edles Restaurant.

Das moderne Design und die schicke, kühle, gedämpfte Farbpalette würden in jede Großstadt passen – hier in dem eher kleinen Bend sind sie ein echtes Highlight.

Essen

The Bite FOOD CART $

(☎541-610-6457; www.thebitetumalo.com; 19860 7th St, Tumalo; Hauptgerichte 8–16 US$; ⏲11–21 Uhr) In großartiger Lage in Tumalo (zwischen Bend und Sisters) gibt's Bier vom Fass in der Bite-Bar, danach holt man sich an einem der Food Carts etwas zu essen und setzt sich draußen an einen Picknicktisch oder drinnen an die Bar. Viele Leute fahren hier raus, nur um das köstliche, nachhaltige Sushi (mit wild gefangenem Fisch) am Food Cart Ronin Sushi zu kaufen.

★**El Sancho** MEXIKANISCH $

(☎458-206-5973; www.elsanchobend.com; 335 NE Dekalb Ave; Tacos 2,75–3,25 US$; ⏲11–22 Uhr) Das fantastische, preiswerte mexikanische Essen wird in einer coolen, atriumartigen Location serviert, die im Sommer geöffnet und im Winter beheizt wird. Jeder Taco – von Chipotle-Hühnchen bis zu Oaxacan-Käse und grünem Chili – ist besser als sonst irgendwo. Als Beilage gibt's gebratene Kochbananen, Tamale, Hühnchen-Tortilla-Suppe und umwerfende Margaritas und Pisco Sours.

★**Chow** AMERIKANISCH $

(☎541-728-0256; www.chowbend.com; 1110 NW Newport Ave; Hauptgerichte 10–17 US$; ⏲7–14 Uhr) 🍃 Die Gerichte mit pochierten Eiern,

NICHT VERSÄUMEN

SMITH ROCK STATE PARK

Der für seine tollen Klettermöglichkeiten bekannte **Smith Rock State Park** (☎800-551-6949; www.oregonstateparks.org; 9241 NE Crooked River Dr; Tagesgebühr 5 US$) punktet mit rostfarbenen, 240 m hohen Klippen über dem schönen Crooked River. Wer nicht klettern will, findet hier auch gute Wanderwege mit einer Gesamtlänge von mehreren Kilometern – auf einigen Wegen muss man dabei über ein paar Felsen steigen. Im nahe gelegenen Terrebonne gibt's einen Kletter-Shop, ein paar Restaurants und Lebensmittelgeschäfte. Die Felsformationen im Park sind einfach spektakulär.

Campen kann man gleich neben dem Park oder in Skull Hollow (kein Wasser, Stellplatz 5 US$), 8 Meilen (13 km) östlich. Die nächstgelegenen Motels befinden sich einige Kilometer weiter südlich in Redmond.

Smith Rock Climbing Guides Inc (☎541-788-6225; www.smithrockclimbingguides.com; Smith Rock State Park, Terrebonne; halber Tag ab 65 US$/Pers.) bietet diverse Kletterkurse (für Anfänger, mit Vorstiegs- und Eigensicherung, Mehrseillängen und Rettungsklettern, Selbstrettung) sowie geführte Klettertouren zu den berühmten Routen im Smith Rock State Park. Die Ausrüstung ist inbegriffen. Die Preise hängen von der Gruppengröße ab. Nach Vereinbarung geöffnet.

für die das Chow bekannt ist, sind spektakulär und bestehen aus Schichten köstlicher Dinge, z. B. Polentakuchen, gerösteten Gemüsesorten, mexikanischen Käsesorten und mit Maismehl panierten Tomaten. Keinesfalls sollte man die hausgemachten scharfen Saucen verpassen. Mittags gibt's Gourmet-Sandwiches mit Krabbenbuletten oder Corned Beef. Viele Zutaten stammen aus dem eigenen Garten. Hier gibt es außerdem gute Cocktails.

★ Sunriver Brewing Co GASTROPUB $$
(☎541-408-9377; www.sunriverbrewingcompany.com; 1005 NW Galveston Ave; Hauptgerichte 12–15 US$; ⊙So–Do 11–2, Fr & Sa bis 23 Uhr) In einer Stadt mit vielen, vielen Brauereien hebt sich das Sunriver ab, nicht nur wegen seiner köstlichen, preisgekrönten Biere (empfehlenswert ist das Vorzeigebier „Vicious Mosquito IPA"), sondern auch wegen seines großartigen Essens – von Bratwürstchen mit gebratenem Rosenkohl zu cremigen Mac 'n' Cheese mit Rotlachs. Die Kneipenfassade kann geöffnet werden, um an schönen Tagen die Sonne hineinzulassen.

★ Bos Taurus STEAK $$$
(☎541-241-2735; www.bostaurussteak.com; 163 NW Minnesota Ave; Hauptgerichte 20–79 US$; ⊙17–22 Uhr) Wie ein Museum des besten Rindfleischs ist das Bos Taurus ein Muss für Fleischliebhaber. Die Köche hier wählen das Rindfleisch in blinden Geschmackstests von den umliegenden Ranches aus und auch alles andere wurde mit viel Liebe zum Detail perfektioniert. Es gibt immer ein Fischgericht sowie Coq au Vin für alle, die kein Rindfleisch mögen. Der Service ist unfehlbar. Im Voraus reservieren.

Zydeco AMERIKANISCH $$$
(☎541-312-2899; www.zydecokitchen.com; 919 NW Bond St; Hauptgerichte abends 17–38 US$; ⊙Mo–Fr 11.30–14.30 & 17–21, Sa & So 17–21 Uhr) Das Zydeco gehört aus gutem Grund zu den am meisten gepriesenen Restaurants vor Ort. Zum Auftakt wählt man die in Entenschmalz frittierten Pommes oder den Rübchensalat mit Ziegenkäse, als Hauptgang bieten sich z. B. scharf angebratener Ahi-Thunfisch, Jambalaya mit Krebsen oder gebratene Ente mit Pilzsauce an. Vorab reservieren!

ℹ Praktische Informationen

Visit Bend (☎541-382-8048; www.visitbend.com; 750 NW Lava Rd; ⊙Mo–Fr 9–17, Sa & So 10–16 Uhr) Hier erhält man hervorragende Infos und kann Landkarten, Bücher und Freizeitpässe kaufen.

ℹ Anreise & Unterwegs vor Ort

Central Oregon Breeze (☎541-389-7469; www.cobreeze.com; 3405 N Hwy 97, Circle K) fährt täglich mindestens zweimal nach Portland (einfache Fahrt 52 US$, im Voraus buchen).

Busse von **High Desert Point** (☎541-382-4193; www.oregon-point.com/highdesert-point; Hawthorne Station) verbinden Bend mit Chemult, 65 Meilen (105 km) südlich, wo sich der nächste Bahnhof befindet. Weitere Busse fahren nach Eugene, Ontario und Burns.

Cascades East Transit (☎541-385-8680; www.cascadeseasttransit.com) ist das regionale Busunternehmen in Bend und deckt neben dem Stadtbusverkehr auch La Pine, Mt. Bachelor, Sisters, Prineville und Madras ab.

Newberry National Volcanic Monument

Was in 400 000 Jahren durch dramatische seismische Aktivitäten so alles passiert ist, zeigt das **Newberry National Volcanic Monument** (☎541-593-2421; www.fs.usda.gov/recarea/deschutes/recarea/?recid=66159; Hwy 97; Tagesgebühr 5 US$; ⏲Mai–Sept.). Der Besuch beginnt im **Lava Lands Visitor Center** (☎541-593-2421; www.fs.usda.gov; 58201 S Hwy 97; ⏲Ende Mai–Okt. 9–17 Uhr), 13 Meilen (21 km) südlich von Bend. Zu den nahe gelegenen Attraktionen gehören die **Lava Butte**, ein perfekter 152 m hoher Kegel, und die **Lava River Cave**, die längste Lavaröhre Oregons. 4 Meilen (6 km) westlich des Besucherzentrums liegen die **Benham Falls**, ein guter Picknickplatz am Deschutes River.

Der **Newberry Crater** war einst der aktivste Vulkan Nordamerikas, nach einer gewaltigen Eruption wurde er zur Caldera. Ganz in der Nähe liegen der **Paulina Lake** und der **East Lake**, tiefe Seen voller Forellen. Über ihnen ragt der 2434 m hohe **Paulina Peak** auf.

Crater Lake National Park

Der Crater Lake ist – ungelogen – so blau, dass einem der Atem stockt. Und wenn man an einem ruhigen Tag hierher kommt, spiegeln sich die umliegenden Klippen in dem tiefen Wasser – ein atemberaubend schönes Naturschauspiel. Der **Crater Lake** (☎541-594-3000; www.nps.gov/crla; 7-Tage Fahrzeugpass Winter/Sommer 15/25 US$) ist Oregons einziger Nationalpark.

Die klassische Tour ist die 33 Meilen (53 km) lange Strecke am Kraterrand entlang (geöffnet ca. Juni bis Mitte Okt.), aber es gibt auch tolle Wander- und Langlaufrouten. In der Gegend fällt oft der meiste Schnee in ganz Nordamerika, weshalb die Uferstraße sowie der Nordeingang mitunter bis Anfang Juli geschlossen sind.

Schlafen kann man in den **Hütten im Mazama Village** (☎888-774-2728; www.craterlakelodges.com; DZ 160 US$; ⏲Ende Mai–Sept.; ⊜) oder in der majestätischen **Crater Lake Lodge** (☎888-774-2728; www.craterlakelodges.com; Zi. ab 197 US$; ⏲Ende Mai–Mitte Okt.; ⊜📶) von 1915. Camper versuchen es am besten auf dem **Mazama Campground** (☎888-774-2728; www.craterlakelodges.com; Mazama Village; Zelt-/Wohnmobilstellplätze 22/32 US$; ⏲Juni–Mitte Okt.; 📶🐾). Weitere Infos gibt es beim **Steel Visitor Center** (☎541-594-3000; www.nps.gov/crla/planyourvisit/visitorcenters.htm; Parkverwaltung; ⏲Mai–Okt. 9–17 Uhr, Nov.–April 10–16 Uhr).

Oregon Coast

Dieser atemberaubende Küstenstreifen liegt am Hwy 101, einem malerischen Highway, der durch Dörfer, Resorts und staatliche Parks (davon gibt es über 70) und endlose Wildnis führt. Ob Camper oder Feinschmecker – diese außergewöhnliche Region hat für jeden etwas zu bieten. Die Gegend ist besonders im Sommer beliebt, Unterkünfte also rechtzeitig reservieren!

Astoria

Das nach John Jacob Astor, Amerikas erstem Millionär, benannte Astoria liegt an der 8 km breiten Mündung des Columbia River und war die erste dauerhafte US-amerikanische Siedlung westlich des Mississippi. Das Städtchen blickt auf eine lange Seefahrtsgeschichte zurück; an dem alten Hafen, wo einst arme Künstler und Schriftsteller wohnten, siedeln sich in den letzten Jahren schicke Hotels und Restaurants an. Landeinwärts finden sich viele historische Häuser, darunter liebevoll restaurierte viktorianische Gebäude – einige von ihnen wurden in romantische B&Bs umgewandelt. Die fehlende Strandatmosphäre hier sorgt für ein besonderes Ambiente an der Küste.

Sehenswertes

Zum Stadtbild gehört auch die 6,6 km lange **Astoria-Megler Bridge**, die längste durchgehende Fachwerk-Stahlbrücke Nordamerikas, die den Columbia River bis nach Washington überspannt. Sie ist vom **Astoria Riverwalk** aus zu sehen, der der Straßenbahnstrecke folgt. **Pier 39** ist ein interessanter überdachter Steg mit einem lockerem Konservenmuseum und netten Esslokalen.

Columbia River Maritime Museum MUSEUM
(☎503-325-2323; www.crmm.org; 1792 Marine Dr; Erw./Kind 14/5 US$; ⏲9.30–17 Uhr; 👪) Astorias Schifffahrtsvergangenheit wird in diesem wellenförmigen Museum interessant aufgearbeitet. Blickfang ist das ausgemusterte Boot der Küstenwache, das man durch ein großes Außenfenster auf einer künstlichen

Welle sieht. Weitere Exponate widmen sich der Lachsverpackungsindustrie und den chinesischen Einwanderern, die den Großteil ihrer Arbeiter stellten, der Geschichte des Handels auf dem Fluss und der Bedeutung der Seelotsen.

Man erhält einen deutlichen Einblick in die tückischen Bedingungen, die dem Gebiet den berechtigten Namen „Friedhof des Pazifiks" eintrugen.

Fort Stevens State Park PARK
(☎ Durchwahl 21 503-861-3170; www.oregonstateparks.org; 100 Peter Iredale Rd, Hammond; Eintritt 5 US$/Tag) Zehn Meilen (16 km) westlich von Astoria schützt dieser Park die historische Militäranlage, von der einst die Mündung des Columbia River überwacht wurde. In der Nähe des **Military Museum** (☎ 503-861-2000; http://visitftstevens.com; Tagesnutzungsgebühr 5 US$; ⌚ Mai–Sept. 10–18 Uhr, Okt.–April bis 16 Uhr) sind Kanonenreihen in die Sanddünen gegraben – interessante Überbleibsel der am stärksten zerstörten Militärgebäude des Forts (Führungen per Truck oder zu Fuß möglich).

Beim kleinen Wrack der *Peter Iredale*, die 1906 aufgelaufen ist, befinden sich ein beliebter Strand, ein Campingplatz und 19 km befestigte Radwege. Vom Parkplatz C hat man einen guten Blick auf das Meer.

Schlafen & Essen

Fort Stevens State Park CAMPING $
(☎ 503-861-1671; https://oregonstateparks.org; 100 Peter Iredale Rd, Hammond; Stellplatz Zelt/Wohnmobil 22/32 US$, Yurte/Hütte 46/90 US$) Rund 560 Stellplätze (meist für Wohnmobile) bietet dieser beliebte Campingplatz 10 Meilen (16 km) westlich von Astoria. Er ist hervorragend für Familien geeignet; im Sommer sollte man reservieren. Die Zufahrt geht vom Pacific Dr ab.

Commodore Hotel BOUTIQUEHOTEL $$
(☎ 503-325-4747; www.commodoreastoria.com; 258 14th St; DZ mit/ohne Bad ab 164/89 US$; ⊜ 📶) Hippe Traveller strömen in dieses aufgestylte Hotel mit attraktiven, aber kleinen, minimalistischen Zimmern. Zur Wahl stehen Zimmer mit Bad oder mit Waschbecken im Raum und Gemeinschaftsbad im Korridor; die „Deluxe"-Zimmer haben die bessere Aussicht. Es gibt ein Foyer im Wohnzimmer-Look mit Café, von 17 bis 19 Uhr kostenlose Proben örtlicher Craft-Biere, eine eindrucksvolle Videothek und Leih-Plattenspieler.

Bowpicker MEERESFRÜCHTE $
(☎ 503-791-2942; www.bowpicker.com; Ecke 17th St & Duane St; Gerichte 8–12 US$; ⌚ Mi–So 11–18 Uhr) Auf fast jeder Liste hervorragender Meeresfrüchtelokale steht dieses liebenswerte Restaurant in einem umgebauten Fischerboot aus dem Jahr 1932. Hier gibt's Weißen Thun im Bierteig und Steaks mit Fritten – mehr nicht. Einige behaupten, es sind die besten Fish'n Chips in den gesamten USA.

Fort George Brewery KNEIPENGERICHTE $
(☎ 503-325-7468; www.fortgeorgebrewery.com; 1483 Duane St; Hauptgerichte 7–17 US$, Pizzas 14–26 US$; ⌚ 11–23, So ab 12 Uhr) Dies ist inzwischen eine der besten und verlässlichsten Kleinbrauereien im Bundesstaat. Das stimmungsvolle Brauerei-Restaurant residiert in einem historischen Gebäude auf dem Gelände, das die Keimzelle der Siedlung Astoria war. Neben ausgezeichnetem Bier gibt's Gourmet-Burger, hausgemachte Würstchen, Salate und im Obergeschoß Holzofenpizzas. Im Lovell Taproom kann man die Produktionskette bestaunen.

Astoria Coffeehouse & Bistro AMERIKANISCH $$
(☎ 503-325-1787; www.astoriacoffeehouse.com; 243 11th St; Frühstück & Hauptgerichte mittags 6–18 US$, Hauptgerichte abends 15–32 US$; ⌚ Mo–Do 7–21, So bis 22, Fr & Sa bis 23 Uhr) Das kleine beliebte Café mit angeschlossenem Bistro bietet eine bunte Auswahl an Gerichten, z. B. Rotes Kokosnusscurry mit Hühnchen, Chilli-Relleno-Burger, Fisch-Tacos und Mac 'n' Cheese, das man selbst zusammenstellen kann. Alle Speisen werden vor Ort zubereitet, sogar das Ketchup. Man kann draußen auf dem Bürgersteig sitzen, und die Cocktails sind ausgezeichnet. Fürs Abendessen und für den Sonntagsbrunch wird man auf einen Tisch warten müssen. Täglich gibt's ausgezeichnetes und wechselndes Frühstück (5 US$) sowie Tagesgerichte.

An- & Weiterreise

Northwest Point (☎ 503-484-4100; http://oregon-point.com/northwest-point) Betreibt täglich Busse nach Seaside, Cannon Beach und Portland. Die Fahrpläne stehen auf der Website.

Pacific Transit (☎ 360-642-9418; www.pacifictransit.org) Die Busse fahren über die Grenze nach Washington.

Cannon Beach

Das bezaubernde Cannon Beach ist einer der beliebtesten Strandorte an der Küste von Oregon. Mehrere hervorragende Hotels sind auf ein gehobenes Klientel ausgerichtet; gleiches gilt für die vielen Boutiquen und Kunstgalerien vor Ort. Im Sommer sind die Straßen mit Blumen geschmückt. Die Unterkünfte sind teuer und die Straßen verstopft – an einem warmen, sonnigen Samstag muss man lange suchen, bis man einen Parkplatz findet.

Sehenswertes & Aktivitäten

Das spektakulärste Wahrzeichen an der Küste von Oregon ist der 90 m hohe **Haystack Rock**. Zu dem steinernen „Heuhaufen" am südlichen Ende von Cannon Beach kann man bei Ebbe zu Fuß hinüberlaufen. An den Klippen des Basaltfelsens nisten Seevögel, an der Basis ist er von einem Ring aus Gezeitentümpeln umgeben.

Im Naturschutzgebiet des **Ecola State Park** (☎503-436-2844; https://.oregonstateparks.org; Tageskarte 5 US$) im Norden von Cannon Beach präsentiert sich Oregon, wie es traumhafter nicht sein könnte: riesige Felsbrocken im Meer, schäumende Wellen, einsame Strände und ursprüngliche Wälder. Der Naturpark ist 1,5 Meilen (2,4 km) von Cannon Beach entfernt und von unzähligen Wanderwegen durchzogen, darunter auch ein Abschnitt des **Oregon Coast Trail**, der über Tillamook Head nach Seaside führt.

Vor Cannoch Beach selbst kann man nicht surfen, dafür aber sehr gut in der Umgebung. Zu den besten Surfstränden gehören der **Indian Beach** im Ecola State Park 3 Meilen (4,8 km) weiter nördlich und der Küstenabschnitt im **Oswald West State Park** 10 Meilen (16 km) weiter südlich.

Im Ort befindet sich der freundliche **Cleanline Surf Shop** (☎503-738-2061; www.cleanlinesurf.com; 171 Sunset Blvd; Surfbrett/Neoprenanzug ab 20/15 US$; ⌚So–Fr 10–18, Sa 9–18 Uhr), der Surfbretter und Neoprenanzüge verleiht.

Schlafen

Cannon Beach ist ziemlich exklusiv; günstigere Unterkünfte gibt's 7 Meilen (11,3 km) nördlich in Seaside.

★**Ocean Lodge** HOTEL $$$
(☎503-436-2241, 888-777-4047; www.theoceanlodge.com; 2864 S Pacific St; DZ 219–369 US$;) Das prächtige Hotel hat einige der luxuriösesten Zimmer in Cannon Beach; die meisten haben Meerblick und alle einen Kamin und eine Einbauküche. Für die Gäste gibt's ein kostenloses kontinentales Frühstück, eine DVD-Sammlung mit 800 Titeln und schöne Sitzbereiche. Die Lodge liegt am Strand am südlichen Ende des Orts.

Essen & Ausgehen

Hier findet man alles, von Kaffee-Läden bis hin zu einem Café, das gleichzeitig als edles Restaurant fungiert. Wer nur einfach eine Tasse warme, buttrige Muschelsuppe bei schöner Aussicht genießen möchte, geht zu **Mo's** (☎503-436-1111; www.moschowder.com; 195 W Warren Way; Muschelsuppe 4,25–10 US$; ⌚11–21 Uhr;).

★**Irish Table** IRISCH $$$
(☎503-436-0708; www.theirishtable.com; 1235 S Hemlock St; Hauptgerichte 26–30 US$; ⌚Fr–Di 17.30–21 Uhr) Das ausgezeichnete Restaurant versteckt sich hinten im Sleepy Monk Coffee und serviert einen Mix aus irischen Speisen und Gerichten des Nordwestens, für

LEWIS & CLARK: DAS ENDE DER REISE

Im November 1805 wankten William Clark und sein Forscherkollege Meriwether Lewis vom Corps of Discovery mit drei Dutzend Männern in eine geschützte Bucht am Columbia River, gut 3 km westlich der heutigen Astoria-Megler Bridge, und beendeten den unbestreitbar längsten Überlandmarsch der amerikanischen Geschichte.

Nach der ersten echten demokratischen Abstimmung in der amerikanischen Geschichte, bei der sowohl eine Frau als auch ein schwarzer Sklave wählen durften, entschied die Gruppe sich dafür, ihr Feldlager 8 km südlich von Astoria beim Fort Clatsop aufzuschlagen. Wo die Truppe 1805/06 einen schrecklichen Winter verbrachte, ist heute der **Lewis and Clark National & Historical Park** (☎503-861-2471; www.nps.gov/lewi; 92343 Fort Clatsop Rd; Erw./Kind 5 US$/frei; Mitte Juni–Aug. 9–18 Uhr, Sept.–Mitte Juni bis 17 Uhr) mit einem Nachbau des Fort Clatsop und einem Besucherzentrum. Im Sommer werden außerdem die historischen Ereignisse nachgestellt.

die lokale saisonale Zutaten verwendet werden. Die Karte ist kurz und schlicht, aber das Essen ist schmackhaft. Zu empfehlen sind der vegetarische Shepherd's Pie, die Lammkoteletts und das gebratene Piemonter Schultersteak. Wenn Muschelcurry auf der Karte steht, sollte man zuschlagen.

Sleepy Monk Coffee KAFFEE
(☎ 503-436-2796; www.sleepymonkcoffee.com; 1235 S Hemlock St; Getränke & Snacks 2–7 US$; ⏲ Mo, Di & Do 8–15, Fr–So bis 16 Uhr) Wer Bio-Fair-Trade-Kaffee möchte, sollte in dieses kleine Café an der Hauptstraße gehen. Gäste können in dem Adirondack-Stuhl im winzigen Hof sitzen, die köstlichen Kaffees kosten, die auf dem Anwesen geröstet werden, und sich eines der leckeren Gebäckstücke schmecken lassen.

Praktische Informationen

Chamber of Commerce (☎ 503-436-2623; www.cannonbeach.org; 207 N Spruce St; ⏲ 10–17 Uhr) Gute Infos, darunter Gezeitenpläne.

Anreise & Unterwegs or Ort

Northwest Point (☎ 541-484-4100; www.oregon-point.com/northwest-point) Busse fahren jeden Morgen von Astoria nach Portland und auch wieder zurück (einfache Fahrt 18 US$, 3 Std.), mit Halt in Cannon Beach (2 Std.). Fahrkarten gibt's online oder im Beach Store neben dem Cannon Beach Surf.

Sunset Empire Transit (☎ 503-861-7433; www.ridethebus.org; 900 Marine Dr; einfache Fahrt 3 US$) Busse fahren nach Seaside (1 US$, 13 Min.) oder Astoria (1 US$, 30 Min.) sowie zu anderen Küstenorten. Der Cannon-Beach-Bus fährt entlang der Hemlock St zum Ende des Tolovana Beach; die Fahrpläne ändern sich je nach Tag und Saison.

Tillamook County Transportation (The Wave; ☎ 503-815-8283; www.tillamookbus.com) Busse starten mehrmals täglich Richtung Süden nach Manzanita (3 US$, 30 Min.) und Lincoln City (9 US$, 2 Std.).

Newport

Zusammen mit Astoria ist Newport die Heimat von Oregons größter kommerzieller Fischereiflotte. Es ist eine lebhafte Touristenstadt mit einigen schönen Stränden und einem Aquarium von Weltklasse. Seit 2011 hat hier die Pazifikflotte der NOAA, der National Oceanic and Atmospheric Administration (Nationale Ozean- und Atmosphärenverwaltung), ihren Sitz. Gute Restaurants sowie ein paar kitschige Attraktionen, Souvenirshops und brüllende Seelöwen gibt es im historischen Buchtbereich. Das unkonventionelle Nye Beach wartet mit Kunstgalerien und einer freundlichen Dorfatmosphäre auf. Die Gegend wurde in den 1860er-Jahren von Fischern entdeckt, die am oberen Ende der Yaquina Bay Austern gefunden hatten.

Sehenswertes

Das großartige **Oregon Coast Aquarium** (☎ 541-867-3474; www.aquarium.org; 2820 SE Ferry Slip Rd; Erw./3–12 Jahre/13–17 Jahre 25/15/20 US$; ⏲ Juni–Aug. 10–18 Uhr, Sept.–Mai bis 17 Uhr; 👪) ist eine Attraktion, die man keinesfalls verpassen sollte. Es umfasst u.a. Seeotterbecken, surreale Quallenaquarien und Plexiglastunnel durch ein Haifischbecken. Das nahe **Hatfield Marine Science Center** (☎ 541-867-0100; www.hmsc.oregonstate.edu; 2030 SE Marine Science Dr; ⏲ Juni–Aug. 10–17 Uhr, Sept.–Mai Do–Mo 10–16 Uhr; 👪) GRATIS ist viel kleiner, aber dennoch einen Besuch wert.

Tolle Gezeitentümpel und Aussichten bietet die **Yaquina Head Outstanding Natural Area** (☎ 541-574-3100; www.blm.gov/learn/interpretive-centers/yaquina; 750 NW Lighthouse Dr; 7 US$/Fahrzeug; ⏲ 8 Uhr–Sonnenuntergang, Bildungszentrum 10–18 Uhr) GRATIS, zu der auch der höchste Leuchtturm der Küste und ein interessantes Bildungszentrum gehören.

Schlafen & Essen

Camper kommen im großen beliebten **South Beach State Park** (☎ 541-867-4715; https://oregonstateparks.org; Stellplatz Zelt/Wohnmobil 21/31 US$, Jurte 47 US$; 🐾), 2 Meilen (3,2 km) südlich am Hwy 101, unter. Bücherratten übernachten im **Sylvia Beach Hotel** (☎ 541-265-5428; www.sylviabeachhotel.com; 267 NW Cliff St; DZ 150–260 US$; 🚭) und Nautik- und Romantikfans in der **Newport Belle** (☎ 541-867-6290; http://newportbelle.com; 2126 SE Marine Science Dr, South Beach Marina, H Dock; DZ 165–175 US$; ⏲ Feb.–Okt.; 🚭📶), einem Schiff.

Po'boys mit Krebsfleisch, in der Pfanne gebratene Austern und andere schmackhafte Meeresfrüchte bietet **Local Ocean Seafoods** (☎ 541-574-7959; www.localocean.net; 213 SE Bay Blvd; Hauptgerichte 17–35 US$; ⏲ 11–21 Uhr, im Winter bis 20 Uhr). Besonders schön ist es an warmen Tagen, wenn die Glaswände zum Hafenbereich geöffnet werden.

Praktische Informationen

Visitor Center (☎ 541-265-8801; www.newportchamber.org; 555 SW Coast Hwy; ⏲ Mo–Fr 8.30–17 Uhr)

Yachats & Umgebung

Zu den bestgehüteten Geheimnissen an der Küste Oregons gehört das hübsche und freundliche Yachats („Ja-*hots*"). Der Ort unten am gewaltigen Cape Perpetua liegt in einer rauen, windigen Landschaft. Wer hierher kommt, möchte einmal allem entfliehen, was an diesem weitgehend unerschlossenen Küstenabschnitt auch ganz leicht ist.

Am Ort vorbei führt der 804 Coast Trail, ein schöner Spazierweg mit Zugang zu Gezeitenbecken und schönen Ausblicken aufs Meer. Der Weg hat im Süden Anschluss an den Amanda Trail, der zur Cape Perpetua Scenic Area führt.

Sehenswertes

★Cape Perpetua Scenic Area PARK

(www.fs.usda.gov; Hwy 101; Tagesgebühr 5 US$) Der 3 Meilen (4,8 km) südlich von Yachats gelegene Überrest eines Vulkans wurde 1778 von Captain James Cook gesichtet, der dem Kap auch seinen Namen gab. Das Gebiet ist für spektakuläre Felsformationen und eine raue Brandung bekannt und von zahlreichen Wegen durchzogen, die zu antiken Muschelhaufen, Gezeitenbecken und alten Wäldern führen. Die Aussicht vom Kap ist unglaublich – man erblickt die Vorgebirge von Cape Foulweather bis zum Cape Arago.

Um einen spektakulären Blick auf den Ozean zu werfen, fährt man auf der Overlook Rd bis zur **Cape Perpetua** Day-Use Area.

Tiefe Risse in dem alten Vulkan ermöglichten es den Wellen, durch Erosion schmale Kanäle in das Kap zu graben und faszinierende Monumente wie **Devil's Churn**, rund ½ Meile (800 m) nördlich des Besucherzentrums, hervorzubringen – hier brechen sich die Wellen tosend in einem 9 m langen Meeresarm. Der asphaltierte **Captain Cook Trail** (hin & zurück 1,9 km) ist eine leichte Wanderung zu Gezeitenbecken nahe **Cooks Chasm**, wo bei Flut das Wasser ähnlich wie bei einem Geysir aus einer Meereshöhle emporspritzt. (Bei Cooks Chasm gibt's auch Parkplätze am Hwy 101).

Der **Giant Spruce Trail** (hin & zurück 3,2 km) führt den Cape Creek hinauf zu einer 500 Jahre alten Sitka-Fichte mit einem Durchmesser von 4,5 m. Auf dem **Cook's Ridge–Gwynn Creek Loop Trail** (hin & zurück 10,5 km) gelangt man in tiefe alte Wälder am Gwynn Creek; man folgt dem Oregon Coast Trail nach Süden und wendet auf dem Gwynn Creek Trail, der über Cook's Ridge zum Ausgangspunkt zurückführt.

Das **Besucherzentrum** (☎541-547-3289; www.fs.usda.gov/siuslaw; 2400 Hwy 101; 5 US$/Fahrzeug; ⏲Juni–Aug. 9.30–16.30 Uhr, Sept.–Mai 10–16 Uhr) hat Infos zu den Menschen und der Natur sowie Exponate zum früheren indigenen Volk der Alsea.

Heceta Head Lighthouse LEUCHTTURM

(☎541-547-3416; www.hecetalighthouse.com; 5 US$/Tag; ⏲11–15 Uhr, Winter bis 14 Uhr) Der 1894 erbaute, halsbrecherisch über dem brodelnden Ozean thronende Leuchtturm 13 Meilen (20,9 km) südlich von Yachats am Hwy 101 ist höchst fotogen und immer noch in Betrieb. Führungen werden angeboten; die Besichtigungszeiten wechseln, vor allem im Winter, deswegen sollte man vorher anrufen. Der schönen Aussicht wegen sollte man im Heceta Head State Park einen Stopp einlegen.

Sea Lion Caves HÖHLE

(☎541-547-3111; www.sealioncaves.com; 91560 Hwy 101, Florence; Erw./Kind 14/8 US$; ⏲9–17 Uhr; 👪) In einer riesigen Meereshöhle 15 Meilen (24 km) südlich von Yachats hausen Hunderte Stellersche Seelöwen. Ein Aufzug fährt 63 m hinunter zu einem Informationszentrum. Von einem abgeschlossenen Beobachtungsbereich aus kann man den Seelöwen dabei zusehen, wie sie um den besten Platz auf den Felsen kämpfen (und man kann die Seelöwen auch riechen). Von Ende September bis November befinden sich keine Seelöwen in der Höhlen.

Kinder lieben diese Attraktion besonders. Hier gibt es außerdem jede Menge interessante Küstenvögel, nach denen man Ausschau halten kann.

Schlafen & Essen

Ya'Tel Motel MOTEL $

(☎541-547-3225; www.yatelmotel.com; Ecke Hwy 101 & 6th St; DZ 69–119 US$; ⊕@📶🐾) Das Motel hat Persönlichkeit und acht große, saubere Zimmer, die teilweise über Kochnischen verfügen. Es gibt auch ein großes Zimmer für sechs Personen (119 US$). Vorn steht ein (auswechselbares) Schild, auf dem Dinge stehen wie: „Immer sauber, meist freundlich".

Green Salmon Coffee House CAFÉ $

(☎541-547-3077; www.thegreensalmon.com; 220 Hwy 101; Kaffeegetränke 2–7 US$; ⏲7.30–14.30 Uhr; 🅥) 🌿 „Bio" und „Fair-Trade" sind die

Schlagworte in diesem eklektischen Café, in dem die Einheimischen bei leckeren Frühstücksgerichten (Gebäck, Bagels mit Räucherlachs, hausgemachtem Haferbrei) zusammensitzen. Die einfallsreiche Liste der warmen Getränke reicht vom üblichem Filterkaffee über Lavendel-Rosmarin-Kakao zu CBD-Tee. Es gibt auch Gerichte für Veganer und einen Büchertausch.

Oregon Dunes National Recreation Area

Die Oregon Dunes erstrecken sich über 80 km zwischen Florence und Coos Bay und sind damit das größte Areal mit Küstendünen in den USA. Die Dünen sind bis zu 150 m hoch und ragen knapp 5 km ins Landesinnere, wo sie auf Küstenwälder mit sonderbaren Ökosystemen und einer artenreichen Tierwelt, insbesondere Vögel, treffen. Das Gebiet inspirierte den Schriftsteller Frank Herbert zu seinem epischen Sci-Fi-Romanzyklus *Dune*. In der Gegend gibt's Wander- und Reitwege sowie Gelegenheiten zum Bootfahren und Schwimmen. Den Abschnitt südlich von Reedsport sollte man meiden, da hier viele lärmige Strandbuggys das Erlebnis trüben. Touristeninfos gibt's im **Oregon Dunes National Recreation Area Visitor Center** (☎541-271-6000; www.fs.usda.gov/siuslaw; 855 Hwy 101; ⏲Juni–Aug. Mo–Sa 8–16.30 Uhr, Sept.–Mai Mo–Fr) in Reedsport.

Zu den State Parks, in denen man campen kann, gehören der beliebte **Jessie M Honeyman** (☎800-452-5687, 541-997-3641; https://oregonstateparks.org; 84505 Hwy 101 S; Stellplatz Zelt/Wohnmobil 21/31 US$, Jurte 46 US$; 🐾), 3 Meilen (4,8 km) südlich von Florence, und der hübsche, bewaldete **Umpqua Lighthouse** (☎541-271-4118; https://oregonstateparks.org; 460 Lighthouse Rd; Stellplatz Zelt/Wohnmobil 19/29 US$, Jurte/Delux-Jurte 43/92 US$; 🐾), 4 Meilen (6,4 km) südlich von Reedsport. Es gibt aber noch viele weitere Camping-Gelegenheiten in der Gegend.

Port Orford

Der malerische Weiler Port Orford liegt an einem eher seltenen natürlichen Hafen auf einer Landzunge zwischen zwei prächtigen State Parks und bietet viele spektakuläre Ausblicke. Der **Cape Blanco State Park** (☎541-332-2973; https://oregonstateparks.org; Cape Blanco Rd) GRATIS, 9 Meilen (14,5 km) nördlich des Ortes, ist der zweitwestlichste Punkt der kontinentalen USA; die Landspitze wird oft von starken Winden mit Geschwindigkeiten von bis zu 160 km/h heimgesucht. Besucher können hier wandern und das **Cape Blanco Lighthouse** (☎541-332-2207; https://oregonstateparks.org; 91814 Cape Blanco Rd; Eintritt gegen Spende; ⏲April–Okt. Mi–Mo 10–15.15 Uhr) besichtigen. Der im Jahr 1870 erbaute Leuchtturm ist der älteste und höchste noch aktive Leuchtturm in Oregon.

Im **Humbug Mountain State Park** (☎541-332-6774; https://oregonstateparkes.org; Hwy 101), 6 Meilen (9,7 km) südlich von Port Orford, treffen Berge und Meer in feuchter Disharmonie (samt starker Brandung) aufeinander. Den 533 m hohen Gipfel kann man über einen 4,8 km langen Wanderweg durch alte Zedernwälder erklimmen.

Eine günstige Unterkunft bietet das **Castaway-by-the-Sea Motel** (☎541-332-4502; www.castawaybythesea.com; 545 W 5th St; DZ 110–140 US$, Suite 140–185 US$; 🚭@📶🐾), luxuriösere Hütten das **Wildspring Guest Habitat** (☎866-333-9453; www.wildspring.com; 92978 Cemetery Loop Rd; DZ 298–328 US$; 🚭@📶). Wer in dem Fischerdorf gut essen will, lässt sich im schicken **Redfish** (☎541-366-2200; www.redfishportorford.com; Hawthorne Gallery, 517 Jefferson St; Hauptgerichte 10–32 US$; ⏲Mo–Fr 11–21, Sa & So 10–21 Uhr) 🌿 die frischesten Meeresfrüchte vor Ort schmecken.

Süd-Oregon

Mit seinem warmen, sonnigen und trockenen Klima, das dem im nahen Kalifornien entspricht, ist das südliche Oregon der „Bananengürtel" des Bundesstaats und ein lohnendes Ziel für einen Besuch. Eine Reihe ausgewiesener „wilder und malerischer" Flüsse ziehen sich durch die zerklüftete, abgelegene Landschaft, die bekannt ist für anspruchsvolles Wildwasserrafting, erstklassige Stellen zum Fliegenfischen und ausgezeichnete Wanderungen.

Ashland

Die hübsche Stadt ist dank des international renommierten Oregon Shakespeare Festival (OSF), das neun Monate im Jahr läuft und Hunderttausende Theatergänger aus aller Welt anlockt, das kulturelle Zentrum im südlichen Oregon. Das Festival ist Ashlands Hauptattraktion und sorgt im Sommer für Betrieb und für einen ständigen Geldsegen in den vielen schicken Hotels, gehobenen B&Bs und feinen Restaurants der Stadt.

Aber auch ohne das Festival ist Ashland immer noch ein angenehmer Ort, in dessen trendigen Downtown-Straßen sich gut betuchte Kauflustige und jugendliche Bohemiens tummeln. Im Spätherbst und Frühwinter – den wenigen festivalfreien Monaten – kommen die Besucher zum Skifahren auf den nahe gelegenen Mt. Ashland. In der Gegend gibt's außerdem mehrere gute Weingüter, die einen Besuch lohnen.

Sehenswertes & Aktivitäten

Lithia Park PARK

(59 Winburn Way) Neben den drei prächtigen Theatern von Ashland liegt der wohl schönste Stadtpark Oregons, der sich auf 38 ha längs des Ashland Creeks oberhalb des Stadtzentrums erstreckt. Der Park hat sogar einen Platz im National Register of Historic Places erhalten. Er ist mit Springbrunnen, Blumen und Pavillons verziert; es gibt einen Spielplatz, Waldwege und im Winter eine Eislaufbahn.

Schneider Museum of Art MUSEUM

(☎541-552-6245; http://sma.sou.edu; 1250 Siskiyou Blvd; empfohlene Spende 5 US$; ⌚Mo–Sa 10–16 Uhr) Freunde zeitgenössischer Kunst sollten dem Museum der Southern Oregon University einen Besuch abstatten, das ungefähr jeden Monat neue Ausstellungen zeigt. Die Universität veranstaltet auch Theatervorstellungen, Opernaufführungen und klassische Konzerte.

Momentum River Expeditions RAFTEN

(☎541-488-2525; www.momentumriverexpeditions.com; 3195 East Main St 2; 1-tägige Raftingtouren 185 US$; ⌚April–Sept.) Dieser Veranstalter bietet ein- bis dreitägige Raftingtouren auf dem Upper Klamath River. Im Gegensatz zu vielen Flüssen in Oregon, die im Sommer nur wenig Wasser führen, wartet der Upper Klamath mit schnellfließenden Stromschnellen bis weit in den Sommer hinein auf. Der Veranstalter hat auch Multisport-Touren, die eine Raftingtour mit Mountainbiken, Laufen und Zelten im Hinterland verbinden, im Programm.

Schlafen

Zwischen Mai und Oktober sollte man unbedingt reservieren. Günstigere Zimmer findet man in Medford, 12 Meilen (19,3 km) nördlich von Ashland.

Ashland Hostel HOSTEL $

(☎541-482-9217; www.theashlandhostel.com; 150 N Main St; B 30 US$, Zi. 50–139 US$; ⊖❄@☎) Das zentrale, recht vornehme Hostel (Straßenschuhe sind drinnen unerwünscht) residiert in einem denkmalgeschützten Bungalow. Die meisten Privatzimmer teilen sich die Bäder; einige können zu Schlafsälen zusammengeschlossen werden. Platz zum Entspannen bieten der gemütliche Wohnbereich im Untergeschoss und die schattige Veranda vorne. Haustiere, Alkohol und Nikotin sind auf dem Gelände verboten. Vorher anrufen – die Rezeption ist nicht immer besetzt. Alle Altersgruppen sind willkommen.

Palm BOUTIQUEHOTEL $$

(☎541-482-2636; www.palmcottages.com; 1065 Siskiyou Blvd; DZ 141–289 US$; ⊖❄☎≋🐾) 🍃 Das fabelhafte kleine Motel wurde zu einer Anlage mit 16 bezaubernden Gartenhauszimmern und Suiten (teilweise mit Einbauküchen) umgestaltet. Die grüne Oase an einer belebten Straße hat Rasenflächen und einen Salzwasserpool. In einem nahe gelegenen Haus stehen noch drei weitere große Suiten (ab 249 US$) zur Verfügung. Hier gibt's jede Menge umweltfreundliche Praktiken, z. B. kein Benzin, dafür aber Ladestationen für Elektrofahrzeuge.

Essen & Ausgehen

Morning Glory CAFÉ $

(☎541-488-8636; 1149 Siskiyou Blvd; Hauptgerichte 10–17 US$; ⌚8–13.15 Uhr) Dieses farbenfrohe, gemütliche Café ist eines der besten Frühstückslokale Ashlands. Zu den kreativen Gerichten, die den Gästen hier serviert werden, gehören Alaska-Krabben-Omelette, vegetarisches Haschee mit gerösteten Chilis und Shrimpskuchen mit pochierten Eiern. Mittags gibt es leckere Salate und Sandwiches. Am besten sehr zeitig oder eher spät kommen, um lange Wartezeiten zu vermeiden!

Agave MEXIKANISCH $

(☎541-488-1770; www.agavetaco.net; 5 Granite St; Tacos 3,75–6 US$; ⌚Di–So 11.30–20 Uhr, im Sommer länger) Das beliebte Restaurant verwöhnt seine Gäste mit schmackhaften, einfallsreichen Tacos. Neben traditionellen Speisen wie *carnitas* und Grillhühnchen gibt's auch exotischere Gerichte, z. B. Entengeschnetzeltes oder sautierten Hummer. Außerdem kann man hier Ceviches, Salate und Tamales essen.

Caldera Brewery & Restaurant BRAUEREIKNEIPE $$
(☎541-482-4677; www.calderabrewing.com; 590 Clover Lane; Hauptgerichte 10–23 US$; ⏲11–22 Uhr;) Dieses helle, luftige Brauereirestaurant gleich abseits der I-5 bietet einen hübschen Sitzbereich im Freien mit schönen Ausblicken auf die umliegende Landschaft. Bis 22 Uhr geht's kinderfreundlich zu. Zu essen gibt's Pizza, einfallsreiche Pastagerichte, Burger und gute Salate. Das Ganze spült man mit einem der 40 Fassbiere hinunter. Eine zweite Filiale mit einer eher gemütlichen Kneipenatmosphäre befindet sich in der 31 Water St.

Greenleaf DINER $$
(☎541-482-2808; www.greenleafrestaurant.com; 49 N Main St; Hauptgerichte 10–16 US$; ⏲8–10 Uhr;) Der zwanglose Diner mit Sitzecken und Plätzen am Tresen verwendet nachhaltige Zutaten in innovativen Kombinationen. Es gibt viele vegetarische Optionen, und die Tafel mit den Tagesspezialitäten ist immer einen Blick wert, auch wenn die reguläre Speisekarte so umfangreich ist, dass man sich bereits damit begnügt. Es gibt sogar eine Karte, auf der nur glutenfreie Speisen stehen.

Praktische Informationen

Ashland Chamber of Commerce (☎541-482-3486; www.ashlandchamber.com; 110 E Main St; ⏲Mo–Fr 9–17 Uhr)

Jacksonville

Dieser kleine, aber reizende ehemalige Goldgräberort ist die älteste Siedlung in Süd-Oregon und wurde als National Historic Landmark eingestuft. Die Hauptstraße ist gesäumt von gut erhaltenen Gebäuden aus den 1880er-Jahren, die heute Boutiquen und Galerien beherbergen. Musikfans sollten auf keinen Fall das **Britt Festival** (☎541-773-6077; www.brittfest.org; Ecke 1st St & Fir St; Tickets rund 42 US$; ⏲Juni–Sept.) verpassen, ein Musikevent von Weltklasse, bei dem Top-Künstler auftreten. Weitere Infos gibt's bei der **Chamber of Commerce** (☎541-899-8118; www.jacksonvilleoregon.org; 185 N Oregon St; ⏲Mai–Okt. tgl. 10–15 Uhr, Nov.–April Mo–Sa bis 14 Uhr).

In Jacksonville warten jede Menge schicke B&Bs; Budgetmotels finden sich eher 6 Meilen (9,6 km) weiter östlich in Medford. Das **Jacksonville Inn** (☎541-899-1900; www.jacksonvilleinn.com; 175 E California St; Zi. 159–325 US$;) ist die schönste Unterkunft. Sie befindet sich in einem kleinen Gebäude aus dem Jahr 1863 und königliche Zimmer mit Antiquitäten werden hier vermietet. Vor Ort gibt's obendrein ein gutes Restaurant.

Oregon Caves National Monument & Preserve

Die sehr beliebte Höhle (es gibt nur eine) liegt 19 Meilen (30,6 km) östlich von Cave Junction am Hwy 46. Im Rahmen der 90-minütigen Führung werden Gänge in einer Länge von knapp 5 km erkundet – es geht über 520 Steinstufen und durch tropfende Kammern am River Styx entlang. Warm anziehen, rutschfestes Schuhwerk tragen und darauf gefasst sein, nass zu werden!

In **Cave Junction**, 28 Meilen (45 km) südlich von Grants Pass an der US 199 (Redwood Hwy), gibt's die meisten Serviceeinrichtungen. Zu den besten Unterkünften in der Gegend gehört aber das **Out 'n' About Treesort** (☎541-592-2208; www.treehouses.com; 300 Page Creek Rd, Takilma; Baumhäuser 150–330 US$;) mit supercoolen Baumhäusern im 12 Meilen (19,3 km) südlich gelegenen Katilma. Eine schicke Unterkunft direkt bei der Höhle ist das beeindruckende **Oregon Caves Chateau** (☎541-592-3400; www.oregoncaveschateau.com; 20000 Caves Hwy; Zi. 117–212 US$; ⏲Mai–Okt.;) – am altmodischen Getränkespender sollte man sich unbedingt einen Milchshake holen.

Ost-Oregon

Östlich der Cascades ähnelt der Bundesstaat – geografisch wie kulturell – nur wenig den feuchteren Landstrichen im Westen Oregons. Die Gegend ist nur dünn besiedelt, die größte Stadt Pendleton hat gerade einmal 17000 Einwohner. Stattdessen findet man hier wüstenähnliche Hochebenen vor, in allen Farben leuchtende Felsformationen, Natronseen und den tiefsten Canyon der USA.

John Day Fossil Beds National Monument

Inmitten des weichen Gesteins und des bröckligen Erdreichs des John Day Country befindet sich eine der tollsten Fossiliensammlungen der Welt; die Fossilien sind zwischen 6 und 50 Mio. Jahre alt. Das National Mo-

NICHT VERSÄUMEN

OREGON SHAKESPEARE FESTIVAL

Als junge Stadt kam Ashland in den Genuss kultureller Bildungsprogramme der Methodistenkirche, der sogenannten „Chautauqua-Serie". In den 1930er-Jahren war einer der dafür gebauten Veranstaltungsorte, die Chautauqua Hall, bis auf eine baufällige Hülle aus Holz verfallen. Angus Bowmer, ein Theaterprofessor am örtlichen College, erkannte die Ähnlichkeit der dachlosen Konstruktion mit Shakespeares Globe Theatre in London. Er überredete die Stadt, zwei Aufführungen von Shakespeare-Stücken und einen Boxkampf (das hätte Shakespeare gefallen) im Rahmen der Feiern zum 4. Juli 1935 zu finanzieren. Die Aufführungen wurden ein großer Erfolg und damit war das **OSF** (OSF; ☎541-482-4331; www.osfashland.org; Ecke Main & Pioneer Sts; Tickets 30–136 US$; ⊙Feb.–Okt. Di–So) geboren.

Obwohl der Fokus auf den Werken von Shakespeare sowie auf Elisabethanischen Stücken liegt, zeigt das OSF ebenso viele Neuinszenierungen und zeitgenössische Stücke. Elf Produktionen laufen in drei Theatern: dem **Elizabethan Theatre** (Juni– Okt.) im Freien, dem **Angus Bowmer Theatre** und dem intimen **Thomas Theatre**. Kinder unter 6 Jahre haben keinen Zutritt. Die Karten für die Aufführungen sind schnell ausverkauft, aber manchmal gibt's eine Stunde vor Vorstellungsbeginn noch (in der Regel günstigere) Last-Minute-Karten an der Theaterkasse.

Im **OSF Welcome Center** (☎541-482-2111; 76 N Main St; ⊙Di–So 11–17 Uhr) gibt's Infos zu anderen Events, z. B. akademischen Vorträgen, Lesungen von Theaterstücken, Konzerten und Gesprächen vor Vorstellungsbeginn. Angeboten werden auch Backstage-Führungen (Erw./Kind 20/14 US$), die man mindestens eine Woche im Voraus buchen sollte.

nument erstreckt sich auf 57 km² über drei verschiedene Zonen: die Sheep Rock Unit, die Painted Hills Unit und die Clarno Unit. Jede bietet Wanderwege und lehrreiche Ausstellungen.

Das ausgezeichnete **Thomas Condon Paleontology Center** (☎541-987-2333; www.nps.gov/joda; 32651 Hwy 19, Kimberly; ⊙März–Mai und Sept. & Okt. tgl. 10–17 Uhr, Nov.–Feb. Di–Sa 10–17 Uhr) GRATIS liegt 2 Meilen (3,2 km) nördlich der US 26 bei der **Sheep Rock Unit**. Ausgestellt sind u. a. ein Dreizehen-Pferd und versteinerte Mistkäfereier sowie viele andere Fossilien und geologisch-geschichtliche Exponate. Wer gern wandert, kann den kurzen Blue Basin Trail ablaufen.

Die **Painted Hills Unit** in der Nähe von Mitchell besteht aus flachen, bunt gestreiften Hügeln, die sich vor über 30 Mio. Jahren formten. Noch einmal 10 Mio. Jahre älter ist die **Clarno Unit** mit freigelegten Schlammläufen, die über einen Wald aus der Eozän-Ära geschwemmt wurden und markante weiße Klippen mit Steinspitzen und Türmchen geformt haben.

Rafting ist beliebt auf dem John Day River, dem längsten frei fließenden Fluss des Bundesstaates. **Oregon River Experiences** (☎800-827-1358; www.oregonriver.com; 4-/5-/9-tägige Touren pro Pers. 675/795/1365 US$; ⊙Mai–Juni) veranstaltet Touren von bis zu neun Tagen. Außerdem gibt's gute Möglichkeiten zum Angeln von Schwarzbarschen und Regenbogenforellen. Weitere Infos erhalten Besucher beim Oregon Department of Fish & Wildlife (www.dfw.state.or.us).

In den meisten Städten der Gegend gibt es mindestens ein Hotel, darunter das stimmungsvolle **Historic Oregon Hotel** (☎541-462-3027; www.theoregonhotel.net; 104 E Main St, Mitchell; DZ mit/ohne Bad ab 65/55 US$; 📶) in Mitchell. In John Day finden sich die meisten Einrichtungen des Bezirks und in der Region liegen auch mehrere Campingplätze (Stellplätze 5 US$), z. B. Lone Pine und Big Bend, beide am Hwy 402.

Wallowa Mountains Area

Die Wallowa Mountains gehören mit ihren gletscherbedeckten Gipfeln und den kristallklaren Seen zu den schönsten Naturgebieten in Oregon. Der einzige Nachteil sind die Unmengen Besucher, die im Sommer hierher kommen, vor allem in die hübsche Gegend um den Wallowa Lake.

Aber man kann den Menschenmassen auf einer langen Wanderung in die nahe gelegene **Eagle Cap Wilderness** entkommen – z. B. im Rahmen der 9,6 km langen Tour zum **Aneroid Lake** oder dem 12,8 km langen Marsch auf dem **Ice Lake Trail**.

Gleich nördlich der Berge im Wallowa Valley liegt **Enterprise**, ein gemütliches Provinznest mit einigen Motels, z. B. dem **Ponderosa** (☎541-426-3186; www.thepondero

samotel.com; 102 E Greenwood St; Zi. ab 90 US$;). Wer Lust auf Bier und gutes Essen hat, darf auf keinen Fall die Mikrobrauerei der Stadt, **Terminal Gravity Brewing** (541-426-3000; www.terminalgravitybrewing.com; 803 SE School St; Hauptgerichte 9–17 US$; 11–21, So & Mo bis 20 Uhr), verpassen. Nur 6 Meilen (9,6 km) weiter südlich liegt der schicke Nachbar von Enterprise, die vornehme Ortschaft **Joseph**. Die Hauptstraße ist gesäumt von teuren Galerien, künstlerisch angehauchten Boutiquen und einigen guten Esslokalen.

Hells Canyon

Der mächtige Snake River brauchte 13 Mio. Jahre, um seinen Lauf 2438 m tief in das Hochplateau des östlichen Oregon zu graben und damit die tiefste Schlucht Nordamerikas zu schaffen.

Für eine tolle Aussicht sollte man von Joseph 30 Meilen (48,3 km) nordostwärts nach Imnaha fahren, wo eine langsam zu befahrende, 24 Meilen (38,6 km) lange Schotterpiste hinauf zum **Hat Point** führt. Von hier überblickt man die Wallowa Mountains, die Idaho Seven Devils, den Imnaha River und die Wildnis des Canyons. Die Straße ist von Ende Mai bis zum ersten Schneefall für den Verkehr freigegeben; für die Hin- und Rückfahrt sollte man jeweils zwei Stunden einplanen.

Wildwasser-Action und spektakuläre Landschaft gibt's am **Hells Canyon Dam**, 25 Meilen (40,2 km) nördlich der kleinen Gemeinde Oxbow. Einige Meilen hinter dem Damm endet die Straße am **Hells Canyon Visitors Center** (www.fs.usda.gov; Hells Canyon Rd, Hells Canyon Dam; Mai–Okt. 8–16 Uhr), wo man gute Infos zu den Campingplätzen und Wanderwegen der Gegend erhält. Dahinter bewältigt der Snake River mit wilden Stromschnellen einen Höhenunterschied von fast 400 m. Der Fluss ist nur mit einem Jetboot oder Rafting-Floß befahrbar. **Hells Canyon Adventures** (800-422-3568; www.hellscanyonadventures.com; 4200 Hells Canyon Dam Rd; Jetboot-Touren Erw./Kind ab 100/70 US$; Mai–Sept.) ist der Hauptveranstalter für Rafting-Ausflüge und Jetboot-Touren (Reservierung erforderlich).

In der Gegend finden sich viele Campingplätze und feste Unterkünfte. Gleich außerhalb von Imnaha liegt beispielsweise das wunderschöne **Imnaha River Inn** (541-577-6002; www.imnahariverinn.com; 73946 Rimrock Rd; EZ/DZ ohne Bad ab 75/135 US$), ein B&B mit Tiertrophäen wie zu Hemingways Zeiten. Mehr Einrichtungen befinden sich in den Orten Enterprise, Joseph und Halfway.

Steens Mountain & Alvord Desert

Der höchste Gipfel im südöstlichen Oregon, der 2979 m hohe Steens Mountain, ist Teil eines massiven, knapp 50 km langen Bruchschollengebirges, das vor rund 15 Mio. Jahren entstand.

In Frenchglen beginnt Oregons höchstgelegene Straße, die **Steens Mountain Loop Rd**, eine 59 Meilen (95 km) lange Schotterpiste. Hier hat man den besten Blick auf den Gebirgszug und Zugang zu Campingplätzen und Wanderwegen. Entlang der Piste wachsen Salbeisträucher, Wacholder und Espenwälder, bis man ganz oben schließlich auf spärliche, steinige Tundra stößt. Der 25 Meilen (40,2 km) oberhalb von Frenchglen gelegene **Kiger Gorge Viewpoint** bietet einen überwältigenden Ausblick. Für die gesamte Strecke braucht man ohne anzuhalten rund drei Stunden. Wer die Attraktionen aber gebührend würdigen will, sollte deutlich mehr Zeit einplanen. Die Ostseite des Steens Mountain ist auch von der **Fields-Denio Rd** aus zu sehen, die durch die Alvord Desert zwischen den Hwys 205 und 78 führt. Unbedingt volltanken, viel Wasser mitnehmen und zu jeder Jahreszeit mit Wetterumschwüngen rechnen!

Frenchglen hat zwar nur zwölf Einwohner, aber trotzdem steht hier das historische **Frenchglen Hotel** (541-493-2825; www.frenchglenhotel.com; 39184 Hwy 205; DZ/3BZ ohne Bad 79/87 US$, Drovers' Inn DZ/4BZ 125/145 US$; Mitte-März–Anfang Nov.;) mit acht kleinen Zimmern, riesigen Mahlzeiten (fürs Abendessen reservieren) und einem kleinen Laden mit einer saisonal betriebenen Zapfsäule – das war es dann aber auch. Campingmöglichkeiten finden sich an der Steens Mountain Loop Rd, darunter auch der hübsche Campingplatz **Page Springs** (8 US$/Fahrzeug, ganzjährig geöffnet). Einige weitere Campingplätze liegen weiter längs der Rundstraße, sind aber nur im Sommer zugänglich. Auf allen diesen Campinglätzen gibt es Wasser. Das Campen im Hinterland ist in den Steens erlaubt und kostenlos.

Den Westen der USA verstehen

Geschichte

Seit jeher ist der Westen ein Ort für alle, die ihr Schicksal in die eigenen Hände nehmen wollen. Seine ersten Bewohner überquerten die Beringstraße zwischen dem heutigen Russland und Alaska und zogen nach Süden, wo sie sich in verschiedenen Volksgruppen zusammenfanden, die sich dem Wetter und den landschaftlichen Gegebenheiten anpassten und komplexe und erfolgreiche Gesellschaften schufen. Ihnen folgten die Spanier, Forscher wie Lewis und Clark, dann dem Goldrausch Verfallene und schließlich die heutigen Einwanderer und der Technologiesektor. Was auch immer als nächstes kommt – es wird stark vom Geist jener beeinflusst sein, die einst den Westen zu ihrer Heimat gemacht haben.

Die ersten Amerikaner

Die ersten Einwohner Westamerikas gelangten vor mehr als 20 000 Jahren über die Beringstraße auf den amerikanischen Kontinent. Bei der Ankunft der Europäer lebten zwischen 2 und 18 Mio. Ureinwohner nördlich des heutigen Mexikos, die insgesamt mehr als 300 Sprachen hatten.

Paul Andrew Huttons äußerst lesenswertes Werk *The Apache Wars: The Hunt for Geronimo, the Apache Kid, and the Captive Boy Who Started the Longest War in American History* (2016) zeichnet die Geschichte der Grenzkriege im Südwesten nach.

Nordwesten

Die frühen Küstenbewohner des Nordwestens jagten Wale oder Seelöwen auf dem offenen Meer, sie lebten vom Lachs-, Kabeljau- und Schalentierfang. Zu Lande stellten die Menschen Hirschen und Elchen nach und sammelten Beeren oder Wurzeln. Nahrungsmittel wurden für die langen Winter eingelagert. In den kalten Monaten blieb auch Zeit für künstlerische, religiöse und kulturelle Tätigkeiten. Der Bau aufwendig geschnitzter Zedernholzkanus führte zu ausgedehnten Handelsnetzen entlang der Küste.

Landeinwärts entwickelte sich unter den Stämmen mit saisonalen nomadischen Perioden eine räumlich begrenzte Kultur. So versammelten sich die Stämme während der Lachswanderungen an Flüssen, um an Stromschnellen und Wasserfällen mit Netzen oder Harpunen Fische zu erbeuten. Die Indianerstämme in der rauen Wüstenlandschaft des südlichen Oregon waren Nomadenvölker, die in den nördlichen Ausläufern des Great Basin Tiere jagten bzw. nach Nahrung suchten.

ZEITLEISTE

40 000–20 000 v. Chr.

Die ersten Menschen erreichen den amerikanischen Doppelkontinent von Ostasien aus über eine breite Landbrücke, die zwischen Sibirien und Alaska existierte, da der Meeresspiegel damals niedriger war.

8000 v. Chr.

Eiszeitliche Säugetiere sterben verbreitet aus, u. a. das Wollhaarmammut, weil sie immer stärker bejagt werden und das Klima sich erwärmt. Die Menschen fangen an, Kleinwild zu jagen und einheimische Pflanzen zu sammeln.

1300

Die gesamte Zivilisation der frühen Pueblo-Völker, die in Mesa Verde, CO, leben, verlassen die Region, wahrscheinlich wegen einer Dürre. Sie hinterlässt eine komplexe Stadt aus Klippenhäusern.

Kalifornien

Um 1500 n.Chr. lebten in dieser Region über 300000 indigene Amerikaner mit rund 100 verschiedenen Sprachen. Die Fischergemeinden am mittleren Küstenabschnitt bauten unterirdische Rundhäuser und Saunen, wo sie Rituale abhielten, erzählten und zockten. Während die Jäger im Nordwesten Kaliforniens Häuser und Einbaumkanus aus Rotholz konstruierten, entstanden im Südwesten Töpferarbeiten und Bewässerungssysteme, die Landwirtschaft in der Wüste ermöglichten. Die Ureinwohner hatten keine Schrift, hielten sich aber an mündliche Verträge und vereinbarte Grenzen.

Nach der Ankunft spanischer Kolonisten (1769) dezimierten aus Europa eingeschleppte Krankheiten, Zwangsarbeit und Hungersnöte die indigene Bevölkerung innerhalb von nur 100 Jahren auf 20000 Einwohner.

Cattle Kingdom: The Hidden History of the Cowboy West (Christopher Knowlton; 2017) gehört zum Besten, was man zur Geschichten der Region, ihren Viehbaronen, Cowboys bis über Teddy Roosevelt lesen kann.

Südwesten & südliches Colorado

Archäologen vermuten, dass die ersten Bewohner hier Jäger waren. Als die Bevölkerung wuchs, starben die Wildtiere aus, und die Jäger mussten Samen, Wurzeln und Früchte essen. Nach 3000 v.Chr. blühte die Landwirtschaft nach Kontakten zu Bauern im heutigen Zentralmexiko auf.

Dort entstanden um ca. 100 n.Chr. drei Hauptkulturen: die Hohokam in der Wüste, die Mogollon in den zentralen Bergen bzw. Tälern und die Stämme der frühen Pueblo-Indianer (früher als Anasazi bekannt; in den USA werden sie heute Ancestral Puebloans genannt).

Die Hohokam passten sich den Bedingungen in der Wüste Arizonas an, indem sie ein unglaubliches, von Flüssen gespeistes Bewässerungssystem bauten. Zudem entwickelten sie Erdpyramiden und Ballspielplätze mit Erdwänden. Um 1400 verließen sie ihre Dörfer. Zum Verschwinden des Volkes gibt es viele Theorien. Am wahrscheinlichsten ist eine Kombination aus Überjagung, Krankheiten und Stammesfehden.

Zwischen 200 v.Chr. und 1400 n.Chr. siedelten die Mogollon nahe der heutigen mexikanischen Grenze. Die einfachen Grubenhäuser ihrer kleinen Gemeinschaften standen oft auf Mesas (Tafelbergen) oder Bergrücken. Obwohl die Mogollon auch Landwirtschaft betrieben, waren sie vorrangig Jäger und Sammler. Im 13. oder 14. Jh. wurden sie wohl auf friedliche Weise in die frühen Pueblo-Indianerstämme aus dem Norden integriert.

Die Bezeichnung „Anasazi", die auf Navajo „alte Feinde" bedeutet, wird von vielen heutigen Pueblo-Indianern abgelehnt und deshalb kaum mehr verwendet.

Die frühen Pueblo-Indianer besiedelten das Colorado-Plateau zwischen den „Four Corners", dem Vier-Staaten-Eck zwischen Utah, Colorado, New Mexico und Arizona. Auf sie gehen uralte (teils noch heute bewohnte) Siedlungen und die reichsten Ausgrabungsstätten des Südwestens zurück. Ihre Nachkommen sind die heutigen Pueblo-Indianergemeinden in New Mexico. Die ältesten Verbindungen zu den frühen Pueblo-Indianern weist der Hopi-Stamm im Norden Arizonas auf: Das

1492

Christoph Columbus „entdeckt" bei seinen insgesamt drei Karibikreisen Amerika. Er nennt die Ureinwohner „Indianer", da er fälschlicherweise glaubt, Indien erreicht zu haben.

1598

Nahe dem heutigen El Paso, TX, nimmt eine große spanische Forschungsexpedition unter Don Juan de Onate das nördlich liegende Land als Neumexiko für Spanien in Besitz.

1600

Gründung von Santa Fe, der ältesten Hauptstadt eines US-Staates. Der Gouverneurspalast ist heute der einzige Bau aus dem 17. Jh., der bis ins 21. Jh. überdauert hat ; die restliche Stadt brannte 1914 nieder.

1787–1791

In Philadelphia formuliert die verfassungsgebende Versammlung die Verfassung der USA. Die zehn Zusatzartikel der Bill of Rights, die unveräußerlichen Grundrechte, werden später ratifiziert.

Dorf Old Oraibiauf einem Tafelberg, nun von den Hopi bewohnt, ist seit den 1100er-Jahren bewohnt und damit die älteste durchgängig genutzte Siedlung Nordamerikas.

Great Plains

Die scheinbar endlosen Ebenen, die östlich der Rocky Mountains beginnen und sich durch Montana, Wyoming und darüber hinaus gen Osten erstrecken, spielen eine wichtige Rolle in der Geschichte des amerikanischen Westens. Zahlreiche Indianerstämme bevölkerten diese Ebenen, darunter u. a. die Lakota-Sioux, Shoshonen, Crow und die Cheyenne. Vor der Ankunft der Europäer und vor deren Vorstoß, den Westen zu kolonisieren, waren die Great Plains von wechselnden Allianzen und territorialen Grenzen geprägt. Alle indigenen Völker, die in der Region lebten, jagten riesige Bisonherden, auch unter Anwendung ausgefeilter Strategien, bei der ganze Herden über Klippen getrieben wurden. Ein Ort, an dem diese Jagdtradition umgesetzt wurde und den man besuchen kann, ist der **First Peoples Buffalo Jump State Park** (☎406-866-2217; http://stateparks.mt.gov/first-peoples-buffalo-jump; 342 Ulm-Vaughn Rd; ⏲Mitte April–Mitte Sept. 8–18 Uhr, Mi–Sa 10–16 Uhr, Mitte Sept.–Mitte April So 12–16 Uhr) im Norden von Montana.

Während des Pueblo-Aufstands schlossen sich die Pueblos des nördlichen New Mexico 1680 zusammen, um die Spanier zu vertreiben. Letztere hatten zuvor einen blutigen Feldzug durchgeführt, um Zeremonienobjekte der Pueblo-Indianer zu zerstören. Die Spanier wurden in die Gegend südlich des Rio Grande gedrängt; die Pueblo-Indianer hielten Santa Fe bis 1682.

Die Europäer kommen

In den 1540er-Jahren erreichten die Spanier auf ihrer Suche nach den Sieben Goldenen Städten den Südwesten der heutigen USA. Im 18. Jh. kamen dann Missionare, die ihr Territorium entlang der kalifornischen Küste ausdehnten.

Spaniens unmögliche Mission

Vásquez de Coronado leitete 1540 die erste große Expedition vom Süden aus durch Nordamerika. Mit dabei waren 300 Soldaten, Hunderte indigener Führer und Fährtenleser sowie Nutzviehherden. Die Expedition markierte auch den ersten gewaltsamen Großkonflikt zwischen spanischen Eroberern und Ureinwohnern.

Ziel der Expedition waren die sagenhaften, unermesslich reichen Sieben Städte von Cibola. Zwei Jahre lang zogen die Spanier durch das heutige Arizona und New Mexico ostwärts bis nach Kansas. Statt Gold und Edelsteinen fanden sie jedoch nur Pueblos vor, indianische Siedlungen aus Lehmziegeln, die sie gewaltsam beschlagnahmten. Während ihrer ersten Jahre im Norden New Mexicos versuchten die Spanier, die Pueblos mit großem Blutvergießen zu unterwerfen.

Als russische und britische Pelzjäger im 18. Jh. ankamen und mit wertvollen Otterfellen aus Alta California handelten, entwarf Spanien einen Kolonisationsplan. Zum Ruhm Gottes und für Spaniens Staatssäckel

1803

Napoleon verkauft das Louisiana Territory für 15 Mio. US$ an die USA. Dies dehnt das Territorium der jungen Nation vom Mississippi bis hin zu den Rocky Mountains aus.

1803–1806

Präsident Jefferson schickt Meriwether Lewis und William Clark gen Westen. Geführt von der Shoshonen-Squaw Sacagawea reisen sie von St. Louis, MO, zum Pazifik und zurück.

1811

John Jacob Astor gründet Fort Astoria, die erste dauerhafte US-Siedlung an der Pazifikküste. Der mächtige Chef der Pacific Fur Company wird später der erste Millionär des Landes.

1841

Die ersten Planwagentreks fahren auf dem Oregon Trail nach Westen. 1847 ziehen über 6500 Auswanderer in Richtung Oregon, Kalifornien und ins mormonisch geprägte Utah.

wurden Missionsstationen erbaut. Und jene entwickelten sich innerhalb von zehn Jahren unter Leitung örtlicher Konvertiten zu florierenden Betrieben.

Spaniens Missionierungsplan wurde 1769 genehmigt. Der Franziskanerpater Junípero Serra sicherte sich Unterstützung, um während der 1770er- und 1780er-Jahre neben den Missionsstationen *presidios* (Militärposten) zu errichten. Der Klerus verließ sich auf das Militär, um Zwangsarbeiter für den Missionsbau zu rekrutieren. Als Gegenleistung für ihre Schufterei erhielten die Indianer gnädigerweise eine Mahlzeit pro Tag (falls verfügbar) und einen Platz in Gottes Reich – und Letzteren früher als erwartet, da die Spanier auch diverse Krankheiten mitgebracht hatten. Im Südwesten starben über 50 % der Pueblo-Bevölkerung an Pocken, Masern und Typhus.

Die Spanier gründeten Santa Fe um 1610 als Hauptstadt der Provinz Neuspanien. Die Stadt ist bis heute die Hauptstadt New Mexicos und die älteste Landeshauptstadt der USA.

Auf nach Westen!

Als die junge Nation ins 19. Jh. startete, herrschte überall Optimismus. Auf den 1793 erfundenen automatischen Baumwollentkörner folgten Dresch-, Ernte- und Mähmaschinen, später auch Mähdrescher. So wurde die Landwirtschaft industrialisiert, während der US-Handel kräftig zunahm. Der Louisiana Purchase (1803) verdoppelte das US-Territorium; danach begann die Expansion westlich der Appalachen.

In den 1840er-Jahren wurde die Ausbeutung der Ressourcen des Westens zur patriotischen Pflicht – ein Schlüsselelement von Amerikas Glauben an seine Manifest Destiny, seine „offensichtliche Bestimmung". Während der frühen Expansion gelangten Güter und Menschen noch langsam von Osten nach Westen: Pferde, Maultierkarawanen und Postkutschen waren die modernsten Transportmittel der damaligen Zeit.

Angelockt von Geschichten über Gold, verheißener Religionsfreiheit und Hoffnungen auf fruchtbares Ackerland zogen zwischen 1840 und 1860 schätzungsweise 400 000 Menschen quer durch Amerika gen Westen. Es folgte die „Wildwestära" mit Ranchern, Cowboys, Bergmännern und Unternehmern, die Claims absteckten und für viel Unruhe sorgten. Erst danach hielten Recht, Ordnung und Zivilisation Einzug – beschleunigt vom Telegrafen, der transkontinentalen Eisenbahn und einem konstanten Strom von Neuankömmlingen, die sich einfach nur in Frieden niederlassen und ihr Stück vom amerikanischen Kuchen genießen wollten.

Die außergewöhnliche Lewis-und-Clark-Expedition nach Westen zum Pazifik und wieder zurück lässt sich online unter www.pbs.org/lewisandclark anhand historischer Karten, Fotoalben und Tagebuchausschnitte nachvollziehen.

Als eine der Hauptrouten durchquerte der Oregon Trail sechs Bundesstaaten – er stellte eine harte Probe für jene Familien dar, die sich auf die gefährliche, bis zu acht Monate lange Reise wagten. Die Siedler verstauten ihre Besitztümer in Planwagen, hinter denen das Nutzvieh herlief. Als sie schließlich den Osten Oregons erreichten, waren ihre Lebensmittelvorräte fast aufgebraucht. Zu den anderen Hauptrouten zähl-

1844

Die erste Telegrafenlinie wird mit der Frage „Was hat Gott geschaffen?" eingeweiht. 1845 wird die transkontinentale Bahnstrecke genehmigt und 1869 fertiggestellt. Die Wildnis wird erschlossen.

1846–1848

Mit dem Mexikanisch-Amerikanischen Krieg tobt die Schlacht um den Westen. Der Krieg endet mit dem Vertrag von Guadalupe Hidalgo, der den Großteil des heutigen Arizona und New Mexicos den USA zuschreibt.

1847

Die ersten Mormonen fliehen vor religiöser Verfolgung in Illinois nach Salt Lake City. In den nächsten 20 Jahren ziehen über 70 000 Mormonen auf dem Mormon Pioneer Trail nach Utah.

1849

Der Goldfund bei Sacramento von 1848 löst landesweit einen sagenhaften Goldrausch aus. 60 000 „Forty-Niners" strömen zu Kaliforniens Hauptader; San Franciscos Bevölkerung steigt auf 25 000 Köpfe.

LEWIS & CLARK

Nachdem US-Präsident Thomas Jefferson Louisiana 1803 für 15 Mio. US$ von Napoléon erworben hatte (Louisiana Purchase), schickte er seinen Sekretär Meriwether Lewis aus, um den Westen Nordamerikas zu vermessen. Ziel der Expedition war es, einen Wasserweg zum Pazifik zu finden, das Territorium zu erkunden und eine Basis zur Durchsetzung amerikanischer Interessen zu schaffen. Da Lewis nicht für Forschungsreisen ausgebildet war, überredete er seinen Freund William Clark, Armeeveteran und erfahrener Grenzbewohner, ihn zu begleiten. 1804 brach das 40 Mann starke Corps of Discovery in St. Louis auf.

Die Expedition verlief relativ gut – auch dank der jungen Shoshonen-Squaw Sacagawea, die mit einem frankokanadischen Pelzjäger aus der Begleitgruppe zwangsverheiratet war. Denn Sacagawea erwies sich als unschätzbar wertvolle Führerin, Dolmetscherin und Botschafterin gegenüber der indigenen Bevölkerung der Region (unterwegs brachte sie einen Jungen zur Welt). Auch Clarks afroamerikanischer Sklave York milderte Spannungen im Verhältnis zu den Ureinwohnern, die ihnen bei der Expedition begegneten.

In rund zwei Jahren absolvierte die Gruppe knapp 12 900 km, sämtliche Beobachtungen hielt man unterwegs in Tagebüchern fest. So wurden rund 120 Tier- und 180 Pflanzenarten akribisch dokumentiert – u. a. einige Neuentdeckungen. 1805 erreichte die Gruppe die Mündung des Columbia River in den Pazifik am Cape Disappointment. In der Nähe richtete sie sich für den Winter ein und gründete zu diesem Zweck Fort Clatsop.

Bei ihrer Rückkehr nach St. Louis (1806) wurde Lewis und Clark ein Heldenempfang zuteil.

ten der Santa Fe Trail und der Old Spanish Trail, der von Santa Fe aus ins zentrale Utah und durch Nevada nach L. A. in Kalifornien führte. Ab 1849 verkehrten Postkutschenlinien auf dem Santa Fe Trail; der Mormon Trail erreichte Salt Lake City 1847.

Die Ankunft von immer mehr Menschen und Ressourcen per Eisenbahn forcierte die Landerkundung, regelmäßig wurden neue Mineralvorkommen entdeckt. Viele Bergbaustädte des Westens wurden in den 1870er- und 1880er-Jahren gegründet. Manche davon (z. B. Santa Rita) sind heute Geisterstädte, andere wie Tombstone oder Silver City werden immer noch bewohnt.

Zu den empfohlenen Reisevorräten für den Oregon Trail gehörten Kaffee (6,8 kg/Pers.), Speck (11,3 kg/Pers.), Olivenölseife (0,45 kg), Zitronensäure gegen Skorbut sowie eine Kuh als Milchquelle und Fleischlieferant für den Notfall.

Langer Marsch & Apachenkriege

Jahrzehntelang stieß die US-Armee über den Kontinent nach Westen vor und tötete oder deportierte einfach ganze Indianerstämme, die ihr im Weg waren. Der bekannteste Vorfall dieser Art ist die Zwangsumsiedlung vieler Navajo im Jahre 1864: US-Truppen unter Kit Carson zerstörten Felder, Obstplantagen und Häuser der Navajo. Diese waren gezwungen, sich zu ergeben oder sich in entlegene Teile des Canyon de Chelly zurückzuziehen. Schließlich wurden sie ausgehungert. Die US-Soldaten trieben

1861–1865
Der US-Bürgerkrieg zwischen den Nord- und den Südstaaten tobt; die Feier zum Kriegsende am 9. April 1865 wird von der Ermordung von Präsident Lincoln fünf Tage später überschattet.

1864
Kit Carson zwingt 9000 Navajo zum „Langen Marsch" (644 km) nach Fort Sumner. Unterwegs sterben Hunderte Indianer an Krankheit, Hunger und Schusswunden.

1876
In der Schlacht am Little Bighorn im heutigen Südosten von Montana besiegt eine indianische Streitmacht aus Sioux, Arapaho und Cheyenne, angeführt von Crazy Horse, die von General Custer geleitete US-Armee.

1881
Die Brüder Wyatt, Virgil und Morgan Earp töten zusammen mit Doc Holliday die McLaury-Brüder und Billy Clanton bei der berühmten Schießerei am O. K. Corral in Tombstone, AZ.

rund 10000 Navajo zusammen und ließen sie einen 643 km langen Marsch zu einem Lager bei Bosque Redondo nahe Fort Sumner (NM) antreten. Hunderte indigener Amerikaner starben unterwegs an Krankheiten, Hunger oder Schusswunden. Die Navajo nennen dieses Ereignis den „Langen Marsch", der bis heute wichtiger Teil der Stammesgeschichte der Navajo ist.

Weiter nördlich in den Great Plains kam es 1863 am Bear River (Idaho) zu einem Massaker an den Shoshonen und ein Jahr später in Sand Creek (Colorado) zu einem weiteren an den Cheyenne und den Arapaho. 1876 zog ein Zusammenschluss mehrerer Stämme – Sioux, Nördliche Cheyenne und Arapaho – unter Crazy Horse (inspiriert von Sitting Bull) in die Schlacht am Little Bighorn, die als Custers letztes Gefecht in die Geschichte einging. Es sollte der letzte Sieg der Plains-Indianer über die europäischen Eindringlinge sein. Deren Vergeltungskampagnen waren verheerend und entscheidend, und das Massaker an den Lakota (Sioux) am Wounded Knee (im heutigen South Dakota) im Jahr 1890 besiegelte das Ende des Widerstands der amerikanischen Ureinwohner in den Great Plains.

Die letzten ernsthaften Auseinandersetzungen fanden zwischen US- Truppen und Apachen statt – auch deshalb, weil Raubzüge für die Apachen ein unerlässliches Element auf ihrem Weg zur Männlichkeit waren. Als Soldaten und Siedler ins Apachen-Gebiet vordrangen, wurden sie zum Ziel jener Überfälle, die Teil der Lebensart des Stammes waren. So ging es unter Führung der Häuptlinge Mangas Coloradas, Cochise, Victorio und schlussendlich Geronimo weiter. Letzterer kapitulierte 1886, nachdem man ihm versprochen hatte, dass er und die Apachen nach zweijähriger Haft in ihr Heimatgebiet zurückkehren dürften. Doch wie viele Versprechen in jener Zeit wurde auch dieses schlussendlich gebrochen.

Noch nach dem Ende der Kriege wurden Ureinwohner jahrzehntelang wie Bürger zweiter Klasse behandelt. Nicht-indigene Amerikaner nutzten Gesetzeslücken, um sich Reservatsgebiete anzueignen. Bis in die 1930er-Jahre hinein wurden Kinder von Indianern in Internate gesteckt, in denen sie Englisch lernen mussten und für „indianisches Verhalten" oder das Benutzen ihrer Stammessprache bestraft wurden.

Junípero Serra wurde 2015 von Papst Franziskus heiliggesprochen. Der Prozess war nicht unumstritten. Historiker und amerikanische Ureinwohner wiesen auf die Misshandlung indigener Völker während seines Wirkens in der Region hin.

Die anrührende Ausstellung „Boarding School Experience" im Heard Museum in Phoenix zeichnet die erzwungene Entwurzelung indianischer Kinder nach, die im 19. und 20. Jh. in von der Bundesregierung betriebene Internate verbracht wurden, um sie dort zu „amerikanisieren".

Reformen im Wilden Westen

Das San-Francisco-Erdbeben (1906) und der folgende Großbrand zeigten, dass sich Kalifornien im Wandel befand. San Francisco besaß nur eine einzige intakte Wasserquelle. Die Hauptwasserleitungen der Stadt wurden durch staatliche Mittel finanziert, was korrupte Bosse zum Anzapfen der Feuerlöschhydranten animierte. Als sich der Rauch verzog, war eines klar: Der Wilde Westen war reif für einen Wandel.

1882

Seit 1848 sind über 50 000 Chinesen in Kalifornien eingewandert, das von Rassismus geprägt ist. Folge ist das einzige US-Einwanderungsgesetz, das eine Ethnie gezielt ausgrenzt (Chinese Exclusion Act).

1919

Der Grand Canyon wird zum 15. Nationalpark der USA; von Kanab wird eine unbefestigte Straße zum North Rim gebaut. Im Jahr 2013 besuchen 4,5 Mio. Personen den Park.

1938

Als erster nationaler Highway erhält die Route 66 eine Asphaltdecke – darunter auch mehr als 1200 km in Arizona und New Mexico. Die Mutter aller Straßen wird 1984 offiziell stillgelegt.

1945

Die erste Atombombe detoniert ironischerweise im Jornada del Muerto Valley („Tal der Reise des Todes"; heute Teil der White Sands Missile Range) im Süden New Mexicos.

DER WILDE WESTEN

Romantisch verbrämte Geschichten von Revolverhelden, Viehdieben, Gesetzlosen und Zugräubern nähren die Wildwest-Legenden. Gut und Böse waren damals durchaus dehnbare Begriffe: Wer in einem Staat als brutaler Gesetzloser gesucht wurde, konnte anderswo ein beliebter Sheriff werden. Schießereien waren häufiger das Resultat politischer Alltagsquerelen in den noch jungen Städten als das Ergebnis sagenumwobener Blutfehden. Praktisch über Nacht entstanden neue Bergwerksstädte mit rüden Saloons und Bordellen, in denen die Bergarbeiter becherten, zockten und Schlägereien vom Zaun brachen. Reiter und schnelle Pferde bildeten das Rückgrat des kurzlebigen, aber legendären Pony Express (1860/61), mit dem in der erstaunlich kurzen Zeit von zehn Tagen Briefe von Missouri nach Kalifornien zugestellt wurden.

Billy the Kid und Sheriff Pat Garrett waren in den späten 1870er-Jahren aktiv. Die beiden legendären Männer nahmen auch am berühmt-berüchtigten Lincoln-County-Rinderkrieg teil. In seiner kurzen Karriere als Revolverheld soll Billy the Kid angeblich über 20 Männer erschossen haben. Er selbst starb mit 21 Jahren durch Garretts Kugeln. 1881 kam es am O.K. Corral in Tombstone zu einer wilden Schießerei. Dabei töteten die Brüder Wyatt, Virgil und Morgan Earp zusammen mit Doc Holliday die McLaury-Brüder (Frank und Tom) und Billy Clanton in nicht einmal einer Minute. Zuvor hatten beide Parteien einander des Viehdiebstahls bezichtigt – und die Wahrheit wird wohl nie ans Licht kommen.

Während San Franciscos Wiederaufbau mit 15 Gebäuden pro Tag voranschritt, nahmen Kaliforniens Reformer die städtische, bundesstaatliche und nationale Ebene in Angriff. Bürger, denen öffentliche Gesundheit und Frauenhandel Sorgen bereiteten, drängten auf Verabschiedung des Antiprostitutionsgesetzes (Red Light Abatement Act; 1914). Die Mexikanische Revolution (1910–1920) brachte eine neue Einwanderungswelle und revolutionäre Ideen wie ethnisches Selbstbewusstsein oder Arbeitersolidarität mit sich. Als Kaliforniens Häfen wuchsen, organisierten Gewerkschaften an der Westküste einen historischen Streik (83 Tage; 1934), der Zugeständnisse in puncto Arbeitssicherheit und eine gerechtere Bezahlung erzwang.

Auf dem Höhepunkt der Weltwirtschaftskrise (1935) verließen rund 200 000 Farmerfamilien die dürregeplagte Dust Bowl (Staubschüssel) in Texas und Oklahoma und zogen in Richtung Kalifornien. Dort schufteten sie unter erbärmlichen Bedingungen für Landwirtschaftskonzerne. Kaliforniens Künstler machten Amerikas Mittelschicht auf das Elend der Wanderarbeiter aufmerksam. So stellte sich die Nation hinter Dorothea Langes eindringliche Doku-Fotos von hungernden Familien und h inter John Steinbecks fiktionalisierte Romandarstellung *Früchte des Zorns* (1939).

1947

In der Wüste bei Roswell stürzt ein unbekanntes Objekt ab. Die US-Regierung spricht erst von einer havarierten Scheibe, einen Tag darauf von einem Wetterballon. Rätselhafterweise sperrt sie das Gebiet.

1964

Der Kongress verabschiedet den Civil Rights Act, der eine Diskriminierung aufgrund von Rasse, Hautfarbe, Religion, Geschlecht oder nationaler Herkunft verbietet.

1973

Die Eröffnung des MGM Grand signalisiert den Beginn von „Megaresorts" großer Konzerne und löst einen Bau-Boom entlang des Las Vegas Strip aus, der bis heute anhält.

1976

Der von Steve Wozniak entwickelte erste Apple-Rechner kommt auf den Markt. Mit 4 KB Speicher kostet er 666 US$. Apple wird wesentlicher Teil der Identität des Silicon Valley.

Zweiter Weltkrieg & Atomzeitalter

Während des Zweiten Weltkriegs gewann der Westen an wirtschaftlicher und technologischer Bedeutung. Im wie ein Staatsgeheimnis gehüteten Los Alamos entwickelten Wissenschaftler die Atombombe. Kriegsrelevante Industriezweige wie die Holzwirtschaft, der Schiff- und der Flugzeugbau florierten in Kalifornien und im Nordwesten.

Los Alamos

Was bis 1943 eine Knabenschule auf einem 2255 m hohen Tafelberg war, wurde danach zur Geheimzentrale des Manhattan Project, des Forschungsprojekts zum Bau der amerikanischen Atombombe. Das 312 ha große Gelände von Los Alamos (NM) lag inmitten von Wäldern und war über unbefestigte Pisten erreichbar. Weder Öl- noch Gasleitungen und nur ein einziger Telegrafendraht erreichten den Ort.

Sicherheitsmaßnahmen prägten alle Lebensbereiche auf dem „Hügel": Die Bewohner konnten sich nur begrenzt bewegen, Post wurde zensiert, es gab kein Radio oder Telefon. Und vielleicht noch beunruhigender war der Fakt, dass die meisten Bewohner nicht einmal wussten, warum sie eigentlich in Los Alamos lebten. Ihr Wissen war auf das „Notwendigste" beschränkt – alle wussten nur so viel, wie für ihre jeweilige Arbeit erforderlich war.

Nach knapp zwei Jahren zündeten die Wissenschaftler die erste Atombombe auf dem Trinity-Testgelände (heute White Sands Missile Range).

Der 20-jährige Künstler und Vagabund Everett Ruess erkundete Anfang der 1930er-Jahre die Region Four Corners. Im November 1934 verschwand er unter mysteriösen Umständen außerhalb von Escalante, UT. Seine eindrucksvollen Briefe sind in dem Band *Everett Ruess: A Vagabond for Beauty* (mit einem Nachwort von Edward Abbey) erschienen.

DER GOLDRAUSCH

Als der Immobilienspekulant, Ex-Mormone und Boulevardverleger Sam Brannan 1848 kalifornisches Sumpfland zum Kauf anbot, hörte er Gerüchte über Goldnuggets, die 193 km von San Francisco entfernt beim Sägewerk Sutter's Mill gefunden worden seien. Da er sich von dieser Nachricht steigende Zeitungsauflagen und Grundstückspreise erhoffte, veröffentlichte Brannan das Gerücht als Tatsache. Anfänglich erregte der Artikel kaum Aufsehen. So brachte Brannan eine zweite Story heraus – bezeugt von mormonischen Angestellten der Sutter's Mill, die ihn zur Geheimhaltung verpflichtet hatten. Brannan aber rannte mit dem Ruf „Gold am American River!" durch San Franciscos Straßen und schwenkte Gold umher, das ihm als Zehnt für die mormonische Kirche anvertraut worden war.

Andere Zeitungen druckten hastig Artikel über „Goldberge" bei San Francisco. Als Kalifornien den USA auf der Überholspur als 31. Bundesstaat beitrat (1850), war seine nicht-indigene Bevölkerung von 15 000 auf 93 000 Köpfe angestiegen. Die meisten Neuankömmlinge waren Peruaner, Australier, Chilenen und Mexikaner. Einige Goldsucher stammten auch aus China, Irland, Hawaii oder Frankreich.

1994

Mit Amazon geht in Seattle einer der ersten Online-Großhändler an den Start. Die Firma ist ursprünglich ein reiner Buchversand und wirft bis ins Jahr 2003 keinen Jahresgewinn ab.

1999

Vom 30. November bis zum 1. Dezember demonstrieren während einer Konferenz der Welthandelsorganisation 40 000 Menschen in Seattle gegen die Globalisierung.

2002

Salt Lake City ist Ausrichter der Olympischen Winterspiele. Niemals zuvor fanden die Spiele an einem bevölkerungsreicheren Ort statt. Erstmals treten Frauen auch im Bobrennen an.

2008

Barack Obama wird als erster Afroamerikaner zum Präsidenten der USA gewählt.

Nach den Atombombenangriffen auf Japan erfuhr die Öffentlichkeit von Los Alamos, aber bis zum Wegfall der Besuchsbeschränkung (1957) umgab die Stadt ein Geheimnis.

Neue Arbeiterschaft & Industriezweige

Im Zweiten Weltkrieg veränderte sich Kaliforniens Arbeiterschaft ständig: Die Kriegsindustrie rekrutierte Frauen und Afroamerikaner, mexikanische Gastarbeiter schlossen Personallücken. Der Kommunikations- und Luftfahrtsektor lockte Elite-Ingenieure aus aller Welt an, die später Kaliforniens Hightech-Industrie gründeten. Innerhalb der ersten zehn Nachkriegsjahre wuchs Kaliforniens Bevölkerung um 40% auf 13 Mio.

Der Zweite Weltkrieg kurbelte auch die Wirtschaft des Nordwestens an: Dieser wurde zum größten US-Holzlieferanten, die Marinewerften von Oregon und Washington brummten, ebenso William Boeings Flugzeugfabrik. Der Boom setzte sich bis zum Ende des 20. Jhs. fort und zog Wellen qualifizierter Zuwanderer aus dem Osten oder Süden der USA an.

Nach dem Krieg entstanden dort neue Industrien. In den 1990er-Jahren zog die „Dotcom"-Branche des Silicon Valley talentierte Unternehmer in die Bay Area, während L.A. noch immer eine Bastion der Kinoindustrie ist (wegen steuerlicher Anreize bevorzugen manche Filmemacher aber inzwischen andere Ecken im Westen, vor allem New Mexico).

Am 7. November 1893 führte Colorado als erster US-Bundesstaat und als eine der ersten Regionen weltweit das Frauenwahlrecht ein.

Kaliforniens Bürgerrechtsbewegung

Nachdem Präsident Roosevelt 1942 angeordnet hatte, 117000 Amerikaner mit japanischen Wurzeln entlang der Westküste in Internierungslager zu verbringen, reichte die in San Francisco ansässige Japanese American Citizens League umgehend Klagen ein, die schließlich vor dem Obersten Gerichtshof landeten. Diese Klagen mündeten in bahnbrechenden Präzedenzfällen für Bürgerrechte. 1992 erhielten die seinerzeit Internierten eine Wiedergutmachung sowie ein offizielles Entschuldigungsschreiben im Namen der Vereinigten Staaten von Präsident George H.W. Bush.

Die Arbeiterführer César Chávez und Dolores Huerta übernahmen die gewaltfreien Widerstandspraktiken von Mahatma Gandhi und Martin Luther King Jr. und gründeten 1962 United Farm Workers, um sich für die Rechte von Einwanderern einzusetzen, die bis zu jenem Zeitpunkt nicht organisiert gewesen waren. Während Bürgerrechtler nach Washington marschierten, zogen Chávez und kalifornische Weinleser nach Sacramento, um die Nation auf das Thema faire Löhne und die Gesundheitsrisiken durch Pestizide aufmerksam zu machen. Nachdem Bobby Kennedy geschickt worden war, um die Anschuldigungen vor Ort zu überprüfen, stellte er sich auf die Seite von Chávez, was schließlich dazu führte, dass nun auch Latinos und ihre Anliegen Teil des politischen Diskurses der USA wurden.

2010

Arizona verabschiedet ein umstrittenes Gesetz: Polizisten müssen auch ohne konkreten Verdacht Personen auf ihren Aufenhaltsstatus hin überprüfen. Aktivisten rufen zum Boykott auf.

2012

Colorado und Washington legalisieren als erste US-Staaten Marihuana zum persönlichen Gebrauch für Erwachsene ab 21 Jahren.

2015

In einer Grundsatzentscheidung urteilt das Oberste Gericht mit fünf zu vier Stimmen, dass das Recht auf eine gleichgeschlechtliche Ehe von der Verfassung geschützt ist. 13 andersdenkende Staaten müssen sich fügen.

2016

Eine geteilte Nation wählt über die Stimmen der Wahlmänner und -frauen Donald Trump zum 45. Präsidenten der Vereinigten Staaten – obwohl Hillary Clinton an den Wahlurnen als Siegerin hervorgeht.

Hollywood & Gegenkultur

Dank beständigen Sonnenscheins und vielfältiger Drehorte galt Kalifornien ab 1908 als Revier für Filmproduktionen. Dennoch beschränkte sich seine Rolle zunächst auf das Imitieren exotischerer Orte und die Bereitstellung von Kulissen für Historienstreifen. Aber mit der Zeit dominierten Kaliforniens wehende Palmen Spielfilme und TV-Kultserien.

Nicht alle Kalifornier identifizierten sich mit diesen Filmen. Matrosen des Zweiten Weltkriegs, die wegen Ungehorsams oder Homosexualität entlassen wurden, fühlten sich in Bebop-Jazzclubs, Künstlercafés und später in den City Lights Bookstore zu Hause. San Francisco wurde Heimat der freien Rede und des freien Geists. Doch bald wurden bekannte Gesichter verhaftet, so etwa Beatpoet Lawrence Ferlinghetti wegen Veröffentlichung von Allen Ginsbergs Gedicht *Das Geheul* (1955), Komiker Lenny Bruce wegen Benutzung des F-Worts auf der Bühne oder Carol Doda wegen Herumlaufens mit entblößter Brust. Als Flower Power verblasste, traten Bay-Area-Rebellionen wie Black Power, Gay Pride oder Marihuanaclubs in Aktion.

Doch während Nordkaliforniens Gegenkultur zwischen den 1940er- und 1960er-Jahren die meiste Aufmerksamkeit erregte, erschütterte der Nonkonformismus im sonnigen Südkalifornien die USA bis ins Mark. 1947 versuchte Senator Joseph McCarthy, vermeintliche Kommunisten aus der Filmindustrie zu entfernen. Zehn Drehbuchautoren und Regisseure weigerten sich, kommunistische Verbindungen zuzugeben oder Namen zu nennen. Sie wurden wegen Missachtung des Kongresses verurteilt und erhielten Arbeitsverbot in Hollywood. Die Berufung der „Hollywood Ten" auf den ersten Zusatzartikel der US-Verfassung fand landesweit Gehör. Große Hollywood-Mogule äußerten kühn ihren Unmut und engagierten Talente von der Schwarzen Liste, bis kalifornische Klagen der McCarthy-Ära im Jahre 1962 schließlich ein gerichtliches Ende setzten.

Sieben Jahre später, am 28. Januar 1969, kippte eine Bohrinsel mehr als 757 000 l Öl in den Santa-Barbara-Kanal und tötete Delfine, Robben sowie ca. 3600 Küstenvögel. Die Strandgemeinschaft organisierte eine höchst effektive Protestaktion, die zur Gründung der Environmental Protection Agency (1970) führte.

Computer-Boom

Als das Silicon Valley den ersten PC vorstellte (1968), mochte kaum jemand glauben, dass derartige Maschinen – der erste Hewlett-Packard-Computer wog 18,1 kg und kostete 4900 US$ (heute ca. 29 000 US$) – einmal die Wohnungen der Durchschnittsamerikaner erobern würden. In der Hoffnung, jedem das Potenzial des Computers zugänglich zu machen, präsentierten Steve Wozniak (Alter 26) und Steve Jobs (Alter 22) auf der West

Hintergrundgeschichten zu Wildwest-Legenden samt ihren Fotos finden sich im Monatsmagazin *True West* (www.truewestmagazine.com); auf der Website erfährt man, wer aktuell im Rampenlicht steht.

2014 feierte die Comedy-Serie *Silicon Valley* auf HBO Premiere. Die u. a. von Mike Judge entwickelte Sitcom erzählt vom Auf und Ab eines Internet-Start-up-Unternehmens und von dessen amüsant-schrulligen Gründern.

2017
Eine halbe Millionen Menschen gehen am 21. Januar zum Women's March in Washington auf die Straße, unterstützt von 5 Mio. Menschen weltweit.

2017
Die USA erklären ihren Austritt aus dem Pariser Klimaabkommen und gehören somit wie Nicaragua und Syrien zu den einzigen Staaten, die sich nicht daran beteiligen.

2018
Senator John McCain, Vietnamkriegsheld, Senator für Arizona von 1987 bis zu seinem Tod, und einst republikanischer Präsidentschaftskandidat, stirbt. Demokraten wie Republikaner kondolieren.

2019
Präsident Trump ruft den nationalen Notstand aus, damit er ohne Zustimmung des Kongresses Mittel von anderen Behörden umverteilen kann, um eine Grenzmauer zwischen den USA und Mexiko zu finanzieren.

Coast Computer Faire 1977 den Apple II. Der hatte eine gigantische Speicherkapazität (4 KB RAM) und Mikroprozessor-Geschwindigkeit (1 MHz).

Doch bereits Mitte der 1990er-Jahre ließen neu gegründete Internetfirmen im Silicon Valley eine ganze „Dotcom"-Industrie florieren. Plötzlich flatterten Post, Nachrichten, Politisches und, jawohl, Sex online ins eigene Heim. Als aber die „Dotcom"-Profite ausblieben, verebbte auch die Risikokapitalfinanzierung. Am 11. März 2000 vernichtete ein extremer Nasdaq-Absturz viele Aktienvermögen im Handumdrehen. Sowohl 26-jährige VIPs als auch das Dienstleistungspersonal in der Bay Area wurden über Nacht arbeitslos. Doch da User auf Websites weiterhin Infos und Kontakte suchten, trat schon bald ein neuer Boom bei Suchmaschinen und sozialen Netzwerken ein. Zwischen 2011 und 2015 stieg die Zahl der Mitarbeiter beim Mediengiganten Facebook von 2000 auf 6800.

Inzwischen ist Kaliforniens Biotech-Industrie auf dem Vormarsch. 1976 klonte das neue Unternehmen Genentech erstmals menschliches Insulin und führte einen Impfstoff gegen Hepatitis B ein. 2004 stimmten Kaliforniens Wähler einem 3 Mrd. US$ schweren Anleihegeschäft zugunsten der Stammzellenforschung zu. Nur vier Jahre später hatte Kalifornien sich zum größten Finanzierer dieses Forschungssektors und zum Rückgrat des neuen Nasdaq-Biotech-Indexes gemausert.

Das wunderbare Buch *Cowgirls: Women of the American West* (Teresa Jordan; 1992) widmet sich den Geschichten der Cowgirls der Vergangenheit und der Gegenwart, die Ranches betreiben und die an Rodeos im Westen teilnehmen.

Eine gespaltene Nation

Nach einem heftig umstrittenen Wahlkampf gelang es Donald Trump am 8. November 2016 entgegen aller Prognosen die Präsidentschaftswahl zu gewinnen – die Überraschung des Jahrhunderts. Sein „America First" wurde zum Ausgangspunkt der nächsten Phase der US-Politik. Mit prekären Beziehungen zur NATO und neuen Bedingungen für viele internationale Allianzen leitete er eine neue Ära ein. Mit der Kürzung (oder Streichung) von Mitteln für internationale Entwicklungshilfeprogramme und für Institutionen wie das Außenministerium drängte der 45. Präsident der USA, Trump, globale Probleme in den Hintergrund. Das bedeutet allerdings nicht, dass ganz Amerika zurück zu den „guten alten Zeiten" wollte – kurz nach Trumps Amtsübernahme erhoben sich am 21. März 2017 beim Frauenmarsch in Washington 0,5 Mio. Menschen gegen die Regierung und fanden bei weiteren 5 Mio. Demonstranten weltweit Unterstützung. Auf diese Aufbruchstimmung des Protestes folgten weitere Demonstrationen gegen die Ablehnung von Wissenschaft und die Leugnung des Klimawandels. Schließlich wäre da noch das Thema der Migration aus Mittelamerika, das im Westen von besonderer Bedeutung ist und ein Kernpunkt der Politik von Donald Trumps Präsidentschaft bildete.

Trotz des Widerstands gegen Präsident Trump, genoß er nach wie vor breite Unterstützung unter den republikanischen Wählern. Anfang 2020

2019

Der von den Demokraten geführte Kongress in Oregon versucht, wie Kalifornien Gesetze zur Bekämpfung des Klimawandels einzuführen. Republikanische Senatoren flüchten aus dem Staat, um die Abstimmung zu vereiteln.

2020

Joe Biden wird neuer Präsident und beruft Kamala Harris zur Vizepräsidentin. Trump bestreitet das Ergebnis und wird beschuldigt, die Demonstranten zum Sturm auf das US-Kapitol ermutigt zu haben.

2021

Der kalifornische Gouverneur Gavin Newsom gewinnt mit 61 % der Stimmen eine hart umkämpfte Abberufungswahl.

2022

Zwei Jahre Pandemie: Kalifornien hatte die meisten COVID-19-Fälle (über 8,8 Millionen) und Todesfälle (82 558) aller US-Bundesstaaten, Arizona die zweithöchste Pro-Kopf-Rate (373 pro 100 000 Einwohner).

deuteten die Prognosen für die folgenden Präsidentschaftswahlen im November darauf hin, dass es ein sehr knappes Kopf-an-Kopf-Rennen werden würde.

Dann brach COVID-19 aus. Was mit ein paar Fällen im Februar und März 2020 begann, entwickelte sich zu einer globalen Pandemie, die die USA veranlasste, ihre Grenzen zur Außenwelt zu schließen. Nach einer anfänglichen Phase mit weit verbreiteten Lockdowns, Maskenpflicht und anderen Einschränkungen fielen die Reaktionen der Menschen auf die Pandemie sehr unterschiedlich aus. Hinzu kam, dass über weite Strecken der Jahre 2020 und 2021 die Krankenhäuser überlastet waren, die Zahl der Todesfälle war erschreckend hoch und das Wirtschaftswachstum kam zum Stillstand.

Wie so vieles in Amerika in den letzten Jahren entzweite die Pandemie eine bereits gespaltene Nation noch weiter, und die Einschränkungen wurden zu heiß umkämpften Schlachtfeldern. Zwei einfache Statistiken erzählen die Geschichte der ersten beiden Pandemiejahre sehr nüchtern und dennoch erschreckend: Mehr als 78 Millionen Menschen in Amerika erkrankten am Coronavirus, und über 925 000 starben daran (mehr als in jedem anderen Land).

Nach vier turbulenten Jahren unter Präsident Trump gewann Joe Biden die Präsidentschaftswahlen 2020 und wurde der 46. Präsident der USA. Auf Bidens Siegerliste stand auch Kamala Harris, eine ehemalige Senatorin aus Kalifornien und Präsidentschaftskandidatin. Mit ihrem Amtsantritt wurde sie die ranghöchste weibliche Beamtin in der Geschichte der USA sowie die erste afroamerikanische und die erste asiatisch-amerikanische Vizepräsidentin.

Bidens Demokratische Partei sicherte sich die Kontrolle über das Repräsentantenhaus, während der Senat mit jeweils 50 Sitzen gleichmäßig besetzt ist. Die Staaten an der Pazifikküste (Kalifornien, Washington und Oregon) und im Südwesten (Nevada, New Mexico und Colorado) sind nach wie vor stark demokratisch geprägt, während die Prärie-Staaten Utah, Montana, Idaho und Wyoming weiterhin stark republikanisch sind. Bei all den Umwälzungen der letzten Jahre wechselte nur Arizona den „Besitzer": In dem zuvor republikanisch geprägten Staat übernahmen die Demokraten.

Bevor der angehende Präsident Biden vereidigt werden konnte, focht Präsident Trump das Ergebnis an und erhob unbegründete Behauptungen über einen weit verbreiteten Wahlbetrug. Tausende von Demonstranten stürmten das US-Kapitol, als der Kongress die Wahlergebnisse bestätigte, was von den meisten Kommentatoren als eine der größten Bedrohungen für die demokratischen Institutionen der USA in der jüngeren Geschichte bezeichnet wurde. Die Demonstranten wurden abgeführt, die Ergebnisse nochmal bestätigt und Präsident Biden zwei Wochen später als Präsident vereidigt. Doch vielen kam es so vor, als sei die Zukunft des Landes ungewisser denn je.

Lebensart

Glaubt man den Schlagzeilen, sind die Leute im Westen der USA komische Käuze: in Arizona bewaffneten sie sich wütend gegen illegale Einwanderer, im Orange County gäbe es Hausfrauen, die sich die Haare raufen, und in Colorado Hasch rauchende Gammler. Schaut man sich die Comedy-Sketche der TV-Serie *Portlandia* an, dann meint man, ganz Portland sei von radfahrenden, hippen Ökofreaks bevölkert, die einfach allem ihren Vogel verpassen wollen. Doch stimmt das alles? Ja und nein. Die Klischees spiegeln durchaus bestimmte regionale Eigenheiten wider, aber die meisten Leute versuchen einfach nur, so undramatisch wie möglich mit ihrem Alltag klarzukommen.

Regionale Identität

Bestsellerautor Jon Krakauer, (*In die Wildnis*, 1996; *In eisigen Höhen*, 1997) schrieb auch zwei Westernromane: *Mord im Auftrag Gottes* (2003) sowie *Die Schande von Missoula* (2015).

Der Cowboy ist seit Langem ein Symbol des Westens und steht für Tapferkeit und Eigenverantwortung – sowie die einsame Suche nach Wahrheit, Gerechtigkeit und einem anständigen Schluck Whiskey. Was stimmt daran? Nun, viele Elemente der Cowboy-Kultur hatten ihren Ursprung nicht in den USA, sondern in den Traditionen mexikanischer Viehzüchter. Aber: Die Menschen, die den Westen besiedelten, waren tatsächlich tapfer und handelten eigenverantwortlich – weil es nicht anders ging! In der rauen Umwelt lauerten hinter jeder Chance auch Gefahren. Als die Gefahren schwanden und die Siedler zur Ruhe kamen, wurde der Cowboy dann immer mehr und mehr zu einem der Wirklichkeit nicht länger entsprechenden Klischee. So wie die roten Sandstein-Mesas im Verlauf der Jahre zu immer neuen, vielfältigen Formen verwitterten, entwickelten sich auch die Eigentümlichkeiten der Bevölkerung weiter. Die heutigen typischen Charakterstereotypen haben sich, ob sie nun zutreffen oder nicht, regional verankert, und die Einwohner von Portland, San Diego, Santa Fe, Cheyenne und Phoenix nehmen sich wechselseitig als sehr unterschiedlich wahr.

Kalifornien

2017 gab es 202 700 erwachsene Gefängnisinsassen in Kalifornien. Damit lag der Bundesstaat an zweiter Stelle hinter Texas (218 505 Häftlinge).

Hey, Dude, steck' mich nicht in eine Schublade – das ist so uncool! Aber welche Schublade eigentlich? Glaubt man den Klischees, sind die Kalifornier entspannt, von sich eingenommen, weltoffen und umweltbewusst. Die statistischen Fakten dahinter? Nach den Zahlen der National Oceanic and Atmospheric Administration (NOAA) lebten 2010 über 25,5 Mio. Kalifornier in einem an der Küste gelegenen County – das ergibt den höchsten Prozentsatz unter allen US-Staaten an Atlantik oder Pazifik. Die Strände im Süden sind am sonnigsten und am besten zum Baden geeignet, weshalb Südkalifornien unweigerlich mit Surfen, Sonne und typischen Primetime-Seifenopern wie *Baywatch* oder *O. C. California* assoziiert wird.

Do-It-Yourself, Fitness und Schönheitsoperationen sind seit den 1970er-Jahren wichtige Branchen im ganzen Bundesstaat und dank Ausgleichssport und gesunder Ernährung gehören die Kalifornier durchschnittlich zu den fittesten US-Amerikanern. Politisch haben die Republikaner nicht viel zu melden. 2018 waren nur 25 % der registrierten Wähler im Bundesstaat Republikaner, 44% betrachteten sich als Demokraten und 27% als neutral.

In puncto Umweltschutz marschiert der Golden State landesweit voraus, abgasreduzierte Autos liegen hier voll im Trend. So werden in Kalifornien mehr Autos mit Hybridantrieb verkauft als in irgendeinem anderen Bundesstaat. Und auch selbstfahrende Autos könnten in einer nicht allzu fernen Zukunft Realität auf kalifornischen Straßen werden.

Jeden September versammeln sich rund 70 000 euphorische Menschen in der Wüste Nevadas zum Burning Man, einem jährlichen Camping-Spektakel – zugleich Kunstfestival und Tanzorgie –, das zu ungezügelter Selbstdarstellung, Kostümierungen und Libido ermuntert. Es gibt (umstrittene) Pläne, die Zahl der angebotenen Tickets auf 100 000 zu erhöhen.

Der Nordwesten

Und wie steht's mit den Leuten in Washington und Oregon? Sind das tatsächlich Bäume umarmende Hipster mit politisch progressiver Einstellung und einer Vorliebe für Milchkaffee? Im Großen und Ganzen ja. Viele Einwohner sind stolz auf ihre unabhängige Gesinnung, geben sich naturverbunden und trennen ihren Müll. Insgesamt sind die Einwohner freundlich und stammen – trotz ihrer Neigung, über die Kalifornier herzuziehen – vielfach selbst aus dem südlichen Nachbarstaat. Und warum zogen sie in den Norden? Beispielsweise wegen der üppigen Landschaft, der hohen Lebensqualität und dem weniger affektierten Gehabe, das sich in größeren, bekannteren Städten nur zu gern einstellt. Anzugeben und sich in Schale zu werfen, gehört nicht zum alltäglichen Lebensstil im Nordwesten. Wer in Restaurants, bei Konzerten oder gesellschaftlichen Veranstaltungen in Gore-Tex-Klamotten auftaucht, wird hier kaum ein Naserümpfen ernten.

Die Rocky Mountain States

Der typische Cowboy? Man findet ihn vermutlich hier. Die Ranches sind in diesen Regionen ein großer Wirtschaftsfaktor, und der einsame Cowboy – auf den Nummernschildern Wyomings dargestellt auf einem bockenden Wildpferd – ist ein passendes Symbol für die Region. Man muss schon ein abgehärteter Individualist sein, um sich in den einsamen, windigen Ebenen, in denen Großstädter sich leicht verloren vorkommen, seinen Lebensunterhalt zu verdienen.

SPORT

Im Westen der USA liebt man den Sport, gleichgültig ob man selbst eine Sportart aktiv ausübt oder nur seiner Lieblingsmannschaft zujubelt. Hier eine Übersicht der Teams in den wichtigsten Profisportarten im Westen der USA:

National Basketball Association (www.nba.com) Western Conference Pacific: Golden State Warriors, Los Angeles Clippers, Los Angeles Lakers, Phoenix Suns, Sacramento Kings; Northwest: Denver Nuggets, Portland Trail Blazers, Utah Jazz

Women's National Basketball Association (www.wnba.com) Los Angeles Sparks, Las Vegas Aces, Phoenix Mercury, Seattle Storm

Major League Baseball (www.mlb.com) American League West: Los Angeles Angels, Oakland Athletics, Seattle Mariners; National League West: Arizona Diamondbacks, Colorado Rockies, Los Angeles Dodgers, San Diego Padres, San Francisco Giants

National Football League (www.nfl.com) AFC West: Denver Broncos, Las Vegas Raiders, Los Angeles Chargers; NFC West: Arizona Cardinals, Los Angeles Rams, San Francisco 49ers, Seattle Seahawks

National Women's Soccer League (nwslsoccer.com) Angel City (Los Angeles), OL Reign (Seattle), Portland Thorns, San Diego Wave

Major League Soccer (www.mlssoccer.com) Seattle Sounders, Portland Timbers, San Jose Earthquakes, Los Angeles FC, Los Angeles Galaxy, Real Salt Lake, Colorado Rapids

National Hockey League (wwww.nhl.com) Pacific: Anaheim Ducks, Los Angeles Kings, San Jose Sharks, Seattle Kraken, Vegas Golden Knights; Central: Arizona Coyotes, Colorado Avalanche,

In politischer Hinsicht sind die Staaten in den nördlichen Rocky Mountains – Wyoming, Montana und Idaho – recht konservativ, auch wenn es in den College- und Resortstädten einige liberale Enklaven gibt. Wyoming führte zwar als erster US-amerikanischer Bundesstaat das Frauenwahlrecht ein (1869), aber dieser liberale Anflug ist lange her. Heute denkt man bei Wyoming eher an den umstrittenen ehemaligen US-Vizepräsidenten Dick Cheney, der Wyoming sechsmal als gewählter republikanischer Abgeordneter im Kongress vertrat. Neben der Viehzucht ist die Energiebranche die andere große Industrie in Wyoming. Kohle, die hier abgebaut wird, ist Grundlage für fast ein Fünftel des Stroms, der in den USA produziert wird. Gleichzeitig entwickelt sich der Staat inzwischen aber auch zu einem der größten Erzeuger von Windenergie.

Aus der Feder von Alexandra Fuller, die heute in Wyoming lebt, und die eigentlich für ihre Afrika-Bücher bekannt ist, stammt das wunderbare *The Legend of Colton H. Bryant* (2008) – die wahre Geschichte eines Cowboys im heutigen Wyoming.

Colorado ist der Swing State (Wechselwählerstaat) schlechthin im Westen. Jeder liberalen Hochburg wie Boulder steht eine gleichermaßen entschieden konservative wie Colorado Springs gegenüber. Andererseits wächst die Stadtbevölkerung stetig – und die tendiert eher zu den Demokraten: Bei den Präsidentschaftswahlen 2016 erhielt Clinton landesweit fast 3,5 Mio. Stimmen mehr als Trump. 2018 gewannen die Demokraten das Rennen um die meisten Sitze im US-Kongress – vier gegenüber drei, die an Republikaner gingen, und das Amt des Gouverneurs von Colorado ist seit 2006 in demokratischer Hand.

Der Südwesten

Der Südwesten hat lange Zeit beherzte Siedler angezogen – Mormonen, Viehbarone, Goldgräber –, die etwas andere Lebenspläne verfolgten als die Durchschnittsamerikaner. Wissenschaftler kamen in die menschenleere Region, um Atombomben und Raketen zu entwickeln und zu testen, und Astronomen bauten auf verlassenen Hügeln und Bergen Sternwarten, weil sie hier den Nachthimmel ungehindert beobachten und den freien Blick optimal nutzen konnten. Eine neue Generation idealistischer Unternehmer hat die früheren Bergbaustädte in New-Age-Kunst-Enklaven und Wildwest-Touristenattraktionen verwandelt.

In den zurückliegenden Jahren haben starke Bestrebungen der Regierung, die illegale Einwanderung zu stoppen, der relaxten Atmosphäre gemeinsamen Zusammenlebens einen starken Dämpfer verpasst, vor allem im südlichen Teil Arizonas – obwohl der Bundesstaat politisch gesehen generell zwischen Konservativen und Liberalen gespalten ist. Der Plan von Präsident Trump, eine Grenzmauer zu errichten (bei geschätzten Kosten von bis zu 70 Mrd. US-Dollar) ist in dieser Region am umstrittensten, schließlich wissen die Menschen hier genau, wie eine 3050 km lange Grenze aussieht. Die Konservativen hoffen immer noch auf eine Ausweitung der Grenzpatrouillen, während andere lieber eine Einwanderungsreform sehen würden.

Der einzige US-Präsident, der westlich der Rocky Mountains (oder überhaupt in einem westlichen Bundesstaat) das Licht der Welt erblickte, war Richard Nixon, der in Kalifornien geboren wurde und von 1969 bis 1974 Präsident war.

Bevölkerung & Multikulturismus

Mit 39,5 Mio. Einwohnern ist Kalifornien der bevölkerungsreichste Bundesstaat der USA. Auch leben in Kalifornien laut einer Volkszählung aus dem Jahre 2010 mehr Einwohner asiatischer (5,7 Mio.) und lateinamerikanischer Abstammung (15,5 Mio.) als in irgendeinem anderen Bundesstaat. 2014 wurden die Latinos zur größten ethnischen Gruppe im Bundesstaat. Ohnehin ist die lateinamerikanische Kultur eng mit der Kaliforniens verwoben; und die meisten Einwohner betrachten ihren Staat als eine gut funktionierende multikulturelle Gesellschaft, die allen die Chance gibt, den amerikanischen Traum zu leben.

Der große Streit über illegale Einwanderung ist im Südwesten keine Debatte über ein abstraktes Problem. So hielten sich 2017 allein in Kalifornien geschätzt 1,5 bis 2,2 Mio. Einwanderer illegal auf, was rund 4–5 % der Gesamtbevölkerung entspricht.

GLEICHE EHERECHTE FÜR ALLE

40 000 Kalifornier waren bereits als Lebenspartner registriert, als Gavin Newsom, der damalige Bürgermeister von San Francisco, im Jahr 2004 Heiratslizenzen für gleichgeschlechtliche Paare ausstellte, obwohl dies nach kalifornischem Recht verboten war. 4000 gleichgeschlechtliche Paare ließen sich umgehend trauen. Das Verbot wurde im Juni 2008 von kalifornischen Gerichten für ungültig erklärt, doch bereits im November des gleichen Jahres stimmten die Wähler für den Änderungsantrag 8 zur kalifornischen Verfassung, der die gleichgeschlechtliche Ehe verbot. Eine Änderung, deren Verfassungsmäßigkeit von Bürgerrechtlern in Frage gestellt wurde. Und tatsächlich urteilten Gerichte, dass das Gesetz gegen das Gleichbehandlungsgebot und die Rechtsstaatsgarantie der US-Verfassung verstieße. Im Jahr 2013 legte das Oberste Gerichte der USA keine Berufung gegen diese Entscheidung ein, womit gleichgeschlechtliche Ehen im Golden State wieder ermöglicht wurden. Im Juni 2015 klärte der Oberste Gerichtshof der USA die Frage schließlich landesweit. In seinem Urteil entschied er, dass die US-amerikanische Verfassung das Recht auf gleichgeschlechtliche Eheschließungen garantiert. Die US-Staaten wurden aufgefordert, entsprechende Verbote aufzuheben.

In Colorado, Arizona und New Mexico leben jeweils große Gruppen von Latinos und Amerikanern mit indigenen Wurzeln, die stolz darauf sind, ihre kulturellen Identitäten durch die Pflege ihrer Traditionen, Sprache und die mündliche Weitergabe von Überlieferungen zu erhalten.

Religion

Die Kalifornier sind weniger fleißige Kirchgänger als die Durchschnittsamerikaner und einer von fünf Kaliforniern gehört keiner Religionsgemeinschaft an. Gleichwohl ist die religiöse Landschaft hier besonders vielfältig. Rund ein Drittel der Kalifornier sind Katholiken, was zum Teil eine Folge des starken lateinamerikanischen Bevölkerungsanteil ist. Ein weiteres Drittel der Einwohner sind Protestanten und es gibt rund 1% Muslime. Los Angeles besitzt die drittgrößte jüdische Gemeinde in den USA nach New York City und dem südlichen Florida. Rund 2% der Kalifornier bezeichnen sich als Buddhisten und weitere 2% als Hindus.

Rund ein Drittel der Einwohner in den beiden Nordweststaaten Oregon und Washington sind an keine Religionsgemeinschaft gebunden. Die meisten Menschen, die sich zu einer Religion bekennen, sind Christen oder Juden. Die Menschen asiatischer Abkunft brachten Buddhismus und Hinduismus in diese Region, in der auch die New-Age-Esoterik vergleichsweise weit verbreitet ist.

In religiöser Hinsicht der größte Sonderling ist wohl der Südwesten der USA. In Utah gehören 67% der Einwohner der mormonischen Kirche Jesu Christi der Heiligen der Letzten Tage an, mit kleineren Populationen in Idaho (21%), Nevada (9%) und Wyoming (9%). Diese Glaubensgemeinschaft betont traditionelle Familienwerte und verpönt Alkohol, Zigaretten und vorehelichen Sex. Auch für die Latinos und amerikanische Ureinwohner im Südwesten sind Familie und Religion Schlüsselwerte. Beim Volk der Hopi sind Tänze sakrale Veranstaltungen, zu denen Außenstehende in der Regel keinen Zugang haben. Obwohl viele Menschen mit indianischen oder lateinamerikanischen Wurzeln nun in den Städten leben und dort ihren Berufen nachgehen, bilden große Familienzusammenkünfte und traditionelle Bräuche immer noch einen wichtigen Bestandteil ihres Alltags.

Amerikanische Ureinwohner

Laut der Volkszählung im Jahr 2010 leben im Bundesstaat Kalifornien die meisten Ureinwohner des Landes, auch Arizona und New Mexico liegen in dieser Statistik noch unter den Top Ten. Die Navajo Nation ist das größte indigene Volk im Westen, landesweit liegt es nach der Cherokee Nation auf dem zweiten Platz.

Heute sehen sich die Völker mit der Frage konfrontiert, wie sie sich im heutigen Amerika behaupten und gleichzeitig ihre Traditionen vor dem Verfall, ihr Land vor weiterer Ausbeutung und ihre Menschen von der Armut befreien bzw. schützen können, ohne dass dabei die eigene kulturelle und religiöse Identität verloren geht.

Die Völker

Jahrzehntelang haben die traditionellen Navajo und Hopi die Versuche der US-Industrie unterbunden, Bergbau in ihrem heiligen Big Mountain zu betreiben. Nachlesen kann man die Geschichte auf der Website von Black Mesa Indigenous Support (www.supportblackmesa.org).

Apachen

Im Südwesten gibt es eine Reihe großer Apachen-Reservate, darunter die **Jicarilla Apache Indian Reservation** und die **Mescalero Apache Indian Reservation** (http://mescaleroapachetribe.com) in New Mexico sowie in Arizona die San Carlos Apache Reservation und die White Mountain Apache Reservation, wozu auch Fort Apache zählt. All diese Völker sind Nachkommen der Athapasken, die um 1400 aus Kanada in diese Region kamen und nomadische Jäger und Sammler waren. Später wurden sie zu Kriegern, die Raubzüge vor allem gegen die Pueblo-Indianer und gegen europäische Siedlungen durchführten und sich der Vertreibung in Reservate widersetzten.

Der berühmteste Apache ist Geronimo, ein Chiricahua-Apache, der gegen die US-amerikanische Annexion des Landes der Ureinwohner kämpfte. Erst mithilfe von White-Mountain-Apache-Spähern im Dienst der US-Armee konnte er besiegt werden.

Havasupai

Die Havasupai Indian Reservation (www.havasupaireservations.com) grenzt an den Grand Canyon National Park in Arizona und liegt unterhalb des Südrands des Canyons. Das einzige Dorf der Nation trägt den Namen Supai und ist mit dem Auto nicht zu erreichen. Die Straße endet am Hualapai Hilltop; von dort muss man noch rund 13 km wandern oder auf einem Maulesel reiten. Wer will, kann aber auch mit dem Hubschrauber fliegen.

Havasupai bedeutet „Volk vom blaugrünen Wasser“. Das Leben war hier immer geprägt vom Havasu Creek, einem Nebenfluss des Colorado. Der gesicherte Zugang zum Wasser ermöglichte die Bewässerung der Felder, durch den Ackerbau war das Leben im Dorf von den Jahreszeiten bestimmt. Der tiefe Havasu Canyon schützte das friedfertige Volk vor dem Kontakt mit der Außenwelt, und bis ins 19. Jh. mied dieses jegliche Berührungspunkte mit der westlichen Zivilisation. Heute setzen die Havasupai auf Tourismus, und die Wasserfälle des Havasu Canyon locken einen steten Strom von Besuchern an. Das Volk ist verwandt mit den Walapai (S. 474).

Hopi

Umgeben von der Navajo Reservation im Nordosten Arizonas erstreckt sich die Hopi Reservation (S. 202) über eine Gesamtfläche von 6070 km². Die meisten Hopi leben in den zwölf Dörfern am Fuß und auf dem Gipfel der drei Mesas, die aus der Haupt-Mesa, der Black Mesa, hervorragen. Old Oraibi auf der Third Mesa gilt (neben Acoma Pueblo) als die älteste ununterbrochen bewohnte Siedlung des Kontinents. Wie alle Pueblo-Völker stammen die Hopi von den frühen Pueblo-Indianern ab.

Hopi bedeutet „die Friedlichen" oder „der Friedfertige". Es gibt wohl kein anderes Volk, das für seine bescheidene, traditionelle und zutiefst spirituelle Lebensweise bekannter wäre. Die Hopi verwenden eine ungewöhnliche Technik beim Trockenfeldbau. Der Erde ist ungepflügt, stattdessen pflanzen sie die Samen in windgeschützte, wasserspeichernde Böden. Ihre wichtigste Anbaupflanze war schon immer Mais, der auch in ihrer Schöpfungsgeschichte eine zentrale Rolle spielt.

Das zeremonielle Leben der Hopi ist komplex und äußerst privat. Ihr Glauben beeinflusst alle Aspekte des Alltags. Nur wenn sie dem „Weg der

Der Hopi Arts Trail präsentiert Kunstwerke auf den drei Hochebenen im Herzen des Hopi-Reservats. Eine Landkarte sowie Listen der Künstler und Galerien gibt's unter https://hopiartstrail.com.

ETIKETTE

Wer ein Reservat besuchen will, sollte sich informieren, ob dort bestimmte Verhaltensregeln zu beachten sind. In fast allen Reservaten sind alkoholische Getränke tabu, manchmal auch Haustiere. Fotografieren ist manchmal nur eingeschränkt erlaubt. Wer campen, angeln oder anderen Aktivitäten nachgehen will, braucht in jedem Fall eine Genehmigung. Die Regeln sind zuweilen am Eingang des Reservats angeschlagen; auf jeden Fall erfährt man sie bei der Stammesverwaltung oder auf der Website des Reservats.

Wer ein Reservat besucht, lernt eine einzigartige Kultur mit vielleicht ungewohnten Bräuchen kennen. Besucher sollten immer höflich, respektvoll und offen sein und nicht erwarten, dass die Einheimischen sie an allen Einzelheiten ihres Lebens teilhaben lassen.

Erst fragen, dann knipsen In den Gebieten mancher Völker ist das Fotografieren oder Zeichnen gänzlich verboten, in anderen nur gegen eine Gebühr oder nur bei Zeremonien und in bestimmten Bereichen eingeschränkt möglich. *Immer zuerst fragen, ob man ein Foto oder eine Zeichnung machen darf!* Wer eine Person ablichten möchte, sollte zuerst um deren Erlaubnis bitten; ein Trinkgeld gilt als höflich und wird oft auch erwartet.

Pueblos sind keine Museen Die unglaublichen Lehmziegelbauten sind Wohnhäuser. Öffentliche Gebäude sind beschildert; bei Häusern ohne Beschilderung kann man davon ausgehen, dass sie privat sind. Nicht herumklettern! *Kivas* (heilige Gebäude) sind fast immer tabu.

Zeremonien sind keine Theateraufführungen Bei Zeremonien sollte man sich wie beim Gottesdienst verhalten: leise und respektvoll zuschauen, nicht reden oder anderweitig lärmen, keine Fotos machen und angemessene Kleidung tragen! Bei den Powwows geht es nicht ganz so formell zu, aber auch hier gilt: Sofern diese Versammlungen nicht extra für Zuschauer inszeniert sind, dienen sie nur dem Indianervolk und nicht den Gästen.

Privatsphäre & Kommunikation Viele amerikanischen Ureinwohner haben nichts dagegen, die Glaubensüberzeugungen ihres Volkes zu beschreiben. Aber das ist nicht immer und schon gar nicht immer im gleichen Ausmaß der Fall. Einzelheiten über Rituale und Zeremonien sind oft geheim. Wer also über Religion sprechen will, sollte immer erst nachfragen, ob das o. k. ist, und es stets respektieren, wenn Grenzen gezogen werden. Außerdem gilt es bei amerikanischen Ureinwohnern als höflich, seinem Gegenüber kommentarlos zuzuhören. Das wechselseitige stille Zuhören ist ein Zeichen des Respekts.

Hopi" folgen, wird ihnen Leben spendender Regen geschenkt. Die Hopi sind davon überzeugt, dass dies der ganzen Menschheit zugute kommt. Die Rolle jedes Einzelnen ist vom Clan vorbestimmt; die Zugehörigkeit ergibt sich aus der matrilinearen Erbfolge. Selbst untereinander halten die Hopi die besonderen Traditionen ihres jeweiligen Clans geheim.

Die Hopi sind begnadete Künstler: Berühmt sind ihre Ton-, Korb- und Silberwaren sowie ihre zeremoniellen Kachina-Figuren (spirituelle Holzpuppen).

Im Jahr 2017 gab es die größten indianischen Gemeinden in Kalifornien (648172). In New Mexico lebte hingegen die höchste Anzahl amerikanischer Ureinwohner im Verhältnis zur Gesamtbevölkerung (10,7 %) aller Staaten in den kontinentalen Vereinigten Staaten. Montana stand mit 5,67 % an vierter Stelle.

Hualapai (Walapai)

Die Hualapai Reservation (http://hualapai-nsn.gov) umfasst ein rund 4047 km² großes Gebiet, das sich über eine Länge von 174 km am Südrand des Grand Canyon erstreckt. Hualapai bedeutet „Volk der hohen Kiefern". Aufgrund der geringen Fruchtbarkeit dieser Gegend am Grand Canyon, die sich nur bedingt zur Landwirtschaft eignet, lebten die Hualapai ursprünglich halbnomadisch, sammelten Wildpflanzen und jagten Kleinwild.

Heute bilden Forstwirtschaft, Rinderzucht, Landwirtschaft und Tourismus die wichtigsten Einnahmequellen. Der Regierungssitz des Volkes befindet sich in Peach Springs, Arizona, das die Vorlage für „Radiator Springs" in dem Animationsfilm *Cars* war. Hauptattraktionen für Touristen sind die Möglichkeiten zum Jagen, Angeln und Raften sowie der atemberaubende Skywalk über dem Grand Canyon.

Navajo

Landesweit gehören ca. 300 000 Menschen den Navajo an, die damit den zweitgrößten Volksstamm nach den Cherokee bilden. Die Navajo Reservation (www.discovernavajo.com) ist das bei Weitem größte und bevölkerungsreichste Reservat in den USA. Es wird auch Navajo Nation oder Navajoland genannt und nimmt ein 70 822 km² großes Areal in Arizona und in Teilen von New Mexico und Utah ein.

Die Navajo waren Nomaden und gefürchtete Krieger, die mit den Pueblo-Völkern Handel trieben, sie aber auch überfielen und gleichermaßen gegen Siedler und die US-Truppen kämpften. Sie haben zudem von anderen Völkern zahlreiche Traditionen übernommen: von den Spaniern die Schaf- und Pferdezucht, von den Pueblo-Völkern das Töpfern und Weben und von den Mexikanern das Silberschmieden. Heute sind die Navajo für Teppiche, Tonwaren und Silberschmuck mit Intarsien bekannt, aber auch für die Sandmalerei, die bei Heilungszeremonien zum Einsatz kommt.

Eine hilfreiche Einführung in die Kultur der Navajo bietet das Explore Navajo Interactive Museum (www.explorenavajo.com) in Tuba City, AZ, das auf dem Weg vom Grand Canyon National Park zum Monument Valley liegt.

Pueblo-Völker

In New Mexico gibt es 19 Pueblo-Reservate; das Indian Pueblo Cultural Center bietet Links und Einführungen hierzu (www.indianpueblo.org). Vier Reservate liegen westlich von Albuquerque: Isleta, Laguna, Acoma und Zuñi. 15 Pueblos liegen im Rio Grande Valley zwischen Albuquerque und Taos: Sandia, San Felipe, Santa Ana, Zia, Jemez, Santo Domingo, Cochiti, San Ildefonso, Pojoaque, Nambé, Tesuque, Santa Clara, Ohkay Owingeh (oder San Juan), Picuris und Taos.

Diese Völker sind sich ähnlich und auch wieder nicht. Der Begriff „Pueblo" (spanisch für „Dorf") ist einfach nur eine bequeme Bezeichnung für alles, was sie miteinander verbindet: Alle halten sich für Nachkommen der frühen Pueblo-Indianer (Ancestral Puebloans; die frühere, als abwertend aufgefasste Bezeichnung Anasazi wird nicht mehr verwendet) und haben sich ihre Bauweise sowie ihre auf Ackerbau basierende dörfliche Lebensweise – oft oben auf Mesas – erhalten.

Die Pueblos sind einzigartig unter den Ureinwohnern Amerikas. Ihre Lehmziegelbauten können bis zu fünf Stockwerke hoch sein, die mit Leitern miteinander verbunden werden. Beim Bau kommen Lehmziegel,

Steine, Holzbalken und Verputz zum Einsatz. Auf der zentralen Plaza eines jeden Pueblos befindet sich eine *kiva*, ein kreisrunder, unterirdisch angelegter Zeremonien- und Versammlungsraum, der die Verbindung mit der Geisterwelt schafft. In den Pueblos gibt es oft auch katholische Kirchen – ein Erbe der Missionare. Viele Pueblos verbinden heute christliche und indigene religiöse Bräuche.

Sioux

Die Sioux sind kein Stamm, sondern eine Sprachfamilie, die aus drei Indianervölkern besteht: Östliche Dakota, Westliche Dakota und Lakota. Diese unterscheiden sich im Dialekt, teilen sich aber eine gemeinsame Kultur. Zu jedem dieser Völker gehören zudem diverse weitere Untergruppierungen.

Vor der Ankunft der Europäer lebten die Sioux im Südosten, wurden aber von den weißen Eindringlingen zuerst im heutigen Minnesota, Iowa und Wisconsin angetroffen. Ihr Siedlungsgebiet breitete sich um 1800 langsam gen Westen bis in die heutigen Dakotas und nach Nebraska und Montana aus.

Die Sioux verteidigten ihr Land mit Leidenschaft und schlugen viele Schlachten, um es zu bewahren. Dazu gehörte die Schlacht am Little Bighorn im Jahr 1876 im heutigen Montana, auch bekannt als Custers Letztes Gefecht, wo eine Armee aus Lakota Sioux, Northern Cheyenne und Arapaho die US-Armee besiegte. Crazy Horse und Sitting Bull waren beide Lakota Sioux. Die Sioux führten auch die Schlacht in den Black Hills und durchlitten 1890 das berüchtigte Massaker am Wounded Knee (beide Örtlichkeiten befinden sich im benachbarten South Dakota), obwohl die Vernichtung der Büffelbestände (eine wichtige Lebensgrundlage der Sioux) mindestens ebenso viel dazu beitrug, sie schließlich von ihrem Land zu vertreiben. Der Geist des Protests hält bis heute an: Die Sioux gehörten 1968 zu den Gründern der American Indian Movement.

Heute leben die Sioux in Minnesota, Nebraska, Montana, North Dakota und South Dakota – in Letzterem befindet sich auch das 11 000 km² große Pine Ridge Reservat, das zweitgrößte der USA.

Die meisten (78 %) der amerikanischen Ureinwohner leben außerhalb von Reservaten, 72 % wohnen in urbanen Regionen. In der Bay Area von San Francisco gibt es schätzungsweise 140 000 amerikanische Ureinwohner.

Shoshoni

Die Shoshoni überquerten um 1500 die Rockies und wurden zu einem der bedeutendsten indianischen Völker (mit vier großen Sprachgruppen) der Great Plains. Ihre traditionellen Gebiete erstreckten sich über Wyoming, Süd-Idaho, Nevada und Utah.

Unter dem Druck ihrer traditionellen Feinde, der Cheyenne und Lakota Sioux, verteilten sich die Shoshoni im 17. und 18. Jh. über weite Gebiete. Einige erreichten sogar Texas, wo sie zu Comanchen wurden. Diejenigen, die blieben, standen der unaufhaltsamen Expansion weißer Siedler im Weg. Ihr Widerstand wurde schließlich im Jahr 1863 beim Gefecht am Bear River (im heutigen Idaho) gebrochen, bei dem über 400 Männer, Frauen und Kinder der Shoshoni von US-Soldaten getötet wurden. Obwohl Shoshoni-Übergriffe in den folgenden Jahrzehnten die Verlegung der Postroute durch Wyoming erzwangen, wurde der Stamm, wie so viele andere Völker in der Region, stark dezimiert und zunehmend in Reservate gedrängt.

Obwohl heutzutage nur rund 1000 Menschen die Shoshoni-Sprache sprechen, werden Sprachkurse über die Idaho State University angeboten, und die Shoshoni-Gemeinschaft arbeitet aktiv am Aufbau von Partnerschaften für erneuerbare Energien.

Kunst

Indem Reisende Kunstwerke direkt bei den Ureinwohnern kaufen, tragen sie unmittelbar zur Wirtschaft der Gemeinden bei, die teilweise auf die Dollar der Touristen angewiesen sind. Viele Völker betreiben Kunsthandwerksläden und Galerien, meistens in den Hauptstädten ihrer Reservate. Das Indian Arts and Crafts Board (www.doi.gov/iacb) bietet auf seiner Website eine nach Bundesstaaten sortierte Liste mit Galerien und Läden im Besitz indigener Amerikaner – einfach auf „Source Directory" und dann auf „State and Country Listings" klicken!

Die Schlacht am Little Bighorn am 25. und 26. Juni 1876 wurde unter den amerikanischen Ureinwohnern als „Battle of the Greasy Grass" bekannt. Es war ein überwältigender Sieg der Lakota Sioux, Northern Cheyenne und Arapaho mit 274 US-Opfern. Unter den amerikanischen Ureinwohnern gab es Schätzungen zufolge zwischen 36 und 300 Opfer.

Töpfer- & Korbwaren

Die Pueblo-Töpferwaren sind die wohl begehrtesten unter den Töpferwaren der amerikanischen Ureinwohnern. Der vor Ort gewonnene Ton war ausschlaggebend für die Farbe. Dementsprechend waren die Töpferwaren der Zia rot, die der Acoma weiß, die der Hopi gelb, die der Cochiti schwarz usw. Die Santa Clara sind berühmt für ihre Gravur-Töpferwaren und die San Ildefonso für ihren Schwarz-auf-Schwarz-Stil, dessen Wiederbelebung der weltberühmten Töpferin Maria Martinez zu verdanken ist. Auch die Töpferwaren der Navajo und der Ute Mountain Ute sind sehr geschätzt.

Die Herstellung von Töpferwaren ist nahezu immer mit dem dörflichen Leben verbunden. Nomadenvölker ziehen eher die Kunst des Korbflechtens vor. Für ihre ausgezeichneten Korbwaren sind beispielsweise die Jicarilla-Apachen (Jicarilla bedeutet „Korbmacher"), die Kaibab-Paiute, die Walapai (Hualapai) und die Tohono O'Odham bekannt. Bemerkenswert sind auch die gewickelten Korbwaren der Hopi mit ihren lebhaften Mustern und Kachina-Figuren.

Webkunst der Navajos

Eine Legende der Navajo besagt, dass die Spinnenfrau den Menschen das Weben beigebracht hätte. Und tatsächlich ist es, als schiene sie heute in den Navajo-Frauen wieder auf, wenn diese geduldig die handgesponnene Wolle netzartig auf Webstühlen hin- und herführen und so die legendären, ursprünglich als Decken verwendeten Navajo-Teppiche herstellen, die so fest geknüpft sind, dass sie kein Wasser durchlassen. Die Wolle wird noch immer per Hand hergestellt, selbst das Färben geschieht manchmal noch manuell. Bis ein Teppich fertig ist, vergehen Monate (wenn nicht sogar Jahre).

Echte Navajo-Teppiche sind teuer – für einen Teppich muss man Hunderte bis Tausende Dollar hinblättern. Dies sind keine einfachen Souvenirs, sondern echte Kunstwerke, an denen man sich ein Leben lang erfreuen kann, ob man sie nun an die Wand hängt oder auf den Boden legt. Man sollte sich die Zeit nehmen und sich zumindest ein wenig schlaumachen – dann wird man verstehen, dass die Qualität den Preis rechtfertigt.

Das mit dem Pulitzer-Preis ausgezeichnete *Haus aus Morgendämmerung* (N. Scott Momaday; 1968) über einen Pueblo-Jugendlichen löste eine Welle indianischer Literatur aus.

Silber- & Türkisschmuck

Die Verwendung von Steinen und Muscheln als Verzierung für Schmuck war schon immer eine indianische Tradition. Silberschmiede gibt es bei ihnen aber erst seit dem Kontakt mit Angloamerikanern und Mexikanern im 19. Jh. Vor allem die Navajo, Hopi und Zuñi machten sich einen Namen, indem sie diese Materialien mit türkisbesetztem Silberschmuck kombinierten. Außer mit Türkisen sind die Schmuckstücke oft auch mit Lapislazuli, Onyx, Korallen, Karneolen und Muscheln besetzt.

Echter Schmuck ist oft mit einem Stempel oder dem Zeichen des Künstlers versehen. Manchmal beweisen auch Zertifikate des Indian Arts and Crafts Board die Echtheit der Stücke – daher immer danach fragen! Der Preis kann ebenfalls ein Indikator sein: Ein hoher Preis garantiert zwar nicht die Echtheit, wenn der Schmuck jedoch spottbillig ist, sollten gleich die Alarmglocken schrillen. Wer sich für einen Crashkurs interessiert, sollte sich an den Santa Fe Indian Market (S. 244) im August halten.

Kunst & Architektur

Kunst aus dem US-amerikanischen Westen ist häufig von einer markanten Mischung aus Individualität, Attitüden und Landschaften geprägt. Beispiele hierfür sind die provokanten Kuhschädel-Bildern von Georgia O'Keeffe, den von viel Schatten geprägten Fotos des Half Dome im Yosemite National Park von Ansel Adams oder der Gonzo-Journalismus von Hunter S. Thompson im ausgedörrten Südwesten; selbst der Grunge von Nirvana scheint letztlich untrennbar mit dem regnerischen Seattle verknüpft. Die schöne, aber mitleidlose Landschaft tut sich immer kund. Die Resultate, ob Hollywood-Mainstream oder aufgewühlte Indie-Produktion, sind immer einen Versuch wert.

Literatur

Social Realism

Der 1902 in Salinas geborene Nobelpreisträger John Steinbeck ist der wohl bedeutendste Autor Kaliforniens aller Zeiten. Sein Meisterwerk des Social Realism, *Früchte des Zorns*, erzählt von den Problemen der Wanderarbeiter. *Von Mäusen und Menschen* (1937) ist ein weiteres literarisches Meisterwerk aus seiner Feder und bietet einen Blick vornehmlich auf Kalifornien während der Weltwirtschaftskrise. *Die Reise mit Charley. Auf der Suche nach Amerika* (1962) hingegen ist ein Bericht über die Reisen des Autors entlang der Grenzen der USA, einschließlich der Westküste, Montana und anderer westlicher US-Bundesstaaten.

Jack London (1876–1916), der in Nordkalifornien aufgewachsene Teufelskerl aus Berufung, verdiente sich seine ersten Meriten in Oakland. Er schuf eine gewaltige Menge einflussreicher Werke, darunter Geschichten über den Klondike-Goldrausch des späten 19. Jahrhunderts sowie den wunderbaren Roman *Ruf der Wildnis* (1903).

Pulp Noir & Krimis

In den 1930er-Jahren entwickelten sich San Francisco und Los Angeles zu Zentren des Kriminalromans. Durch Dashiell Hammett *(Der Malteser Falke; 1929–1930)* wurde San Franciscos Nebel zu einer düsteren Kulisse. Und der König der hartgesottenen Krimis, Raymond Chandler, seine tarnte Heimatstadt Santa Monica oberflächlich als Bay City.

Seit den 1990er-Jahren erlebt Kaliforniens Kriminalliteratur eine Renaissance. Ihre Protagonisten sind z. B. James Ellroy (*L.A. Confidential*; 1990), Elmore Leonard (*Rum Punch*; 1992) und Walter Mosley (*Teufel in Blau*; 1990), dessen Easy-Rawlins-Detektivromane in den Armenvierteln in South Central L.A. spielen. Für den Thriller *Furie* von Chealsea Cain dient Portland, Oregon, als Schauplatz.

Doch nicht alle Detektive arbeiten in Städten. Tony Hillerman, ein äußerst beliebter Autor aus Albuquerque, New Mexico, schrieb *Tod der Maulwürfe* (1980), *Die Nacht der Skinwalkers* (1986), *Dunkle Kanäle* (2003) und *Der Skelett-Mann* (2004). Seine preisgekrönten Kriminalromane spielen in den Reservaten der Navajo, Hopi und Zuni.

Kreativ & provokativ

Nach den Schrecken des Zweiten Weltkriegs entwickelte die Beat Generation eine neue provokante Art des Schreibens: kurz, scharfsinnig, spontan und lebendig. Bedeutende Vertreter der in San Francisco ansässigen Bewegung waren Jack Kerouac *(Unterwegs, 1957)*, Allen Ginsberg *(Das Geheul, 1956)* und Lawrence Ferlinghetti, Unterstützer und Autor der Beat Generation.

In *Stunde der Bestie* (1968) setzte sich Joan Didion mit Kaliforniens Kultur auseinander; die Essay-Sammlung wirft einen sarkastischen Blick auf die Flower-Power-Bewegung der 1960er-Jahre und den Stadtteil Haight-Ashbury. Auch *Unter Strom. Die legendäre Reise von Ken Kesey und den Pranksters* (1968) von Tom Wolfe setzt das San Francisco der 1960er-Jahre in Szene.

In den 1970er-Jahren zeichnete Charles Bukowski in dem autobiografischen Roman *Der Mann mit der Ledertasche* (1971) ein düsteres Bild von Downtown L.A., während Richard Vásquez in *Chicano* (1970) einen dramatischen Blick auf das Latino-Viertel der Stadt warf.

Hunter S. Thompson, der Anfang 2005 Selbstmord beging, verfasste *Angst und Schrecken in Las Vegas* (1971). Der ultimative hyperdynamische Road-Trip-Roman spielt in der Wüstenhochburg der amerikanischen Exzesse.

Umweltaktivisten, Gesellschaftskritiker & neue Stimmen

Edward Abbey, bekannt für seine radikalen Ansichten zu Umwelt und Politik, schrieb die inspirierenden und einflussreichen Werke *Die Einsamkeit der Wüste* (1968) und *The Journey Home: Some Words in Defense of the American West* (1977; dt.: Die Heimreise. Einige Gedanken zur Verteidigung des amerikanischen Westens). Sein Klassiker *Die Monkey-Wrench-Gang* (1975) erzählt auf witzige Art die Geschichte einer Gruppe von Menschen, die vor der Flutung des Glen Canyons den Glen Canyon Damm in die Luft sprengen will.

Rebecca Solnit übernimmt mit fein abgestimmter lyrischer Prosa die Zügel des Umweltschutzes, was vor allem in ihrer Essaysammlung *Die Kunst, sich zu verlieren: Ein Führer durch den Irrgarten des Lebens* (2005) zum Ausdruck kommt. Umweltschützerin und Dichterin Terry Tempest Williams befasst sich mit der Beziehung des Menschen zur Wildnis und blickt dabei auf ihre Heimat Utah. Im Jahr 2016 erschien ihr neuestes Werk *The Hour of Land. A Personal Topography of America's National Parks* (dt.: Die Stunde des Landes. Eine persönliche Topografie von Amerikas Nationalparks).

Der große Trip (2012), Cheryl Strayeds Memoiren über den Umgang mit Verlusten während einer Wanderung auf dem Pacific Coast Trail haben einen Boom für längere Wanderrouten ausgelöst. Wallace Stegners Western-Roman *Angle of Repose* (dt.: Engel der Ruhe) wurde 1972 mit dem Pulitzer-Preis ausgezeichnet. In seiner Essaysammlung *Where the Bluebird Sings to the Lemonade Springs* (1992; dt.: Wo der Bluebird zur Limonadenquelle singt) setzt er sich mit den schädlichen Folgen der Mythologisierung des Westens auseinander.

Der Bestseller *Wo steckst du, Bernadette?* von Maria Semple (2012) macht sich über Seattle-Klischees lustig, während dem Verschwinden der Hauptfigur, einer streitlustigen, aber einsiedlerisch lebenden berühmten Architektin nachgegangen wird.

Barbara Kingsolver, die früher in Tucson lebte, veröffentlichte zwei im Südwesten spielende Romane, *Das Bohnenbaumglück* (1988) und *Die Pfauenschwestern* (1990). In ihrer Essaysammlung *High Tide in Tucson* (1995; dt.: Flut in Tuscon) schreibt sie über das Leben im Südwesten. *Mink River* (2010) von Brian Doyle spielt an der Küste von Oregon und ist ein Werk voller Mythen und Erzählungen.

Auch Annie Proulx, eine der beliebtesten modernen Schriftstellerinnen Amerikas, ist ihrer Leidenschaft gefolgt und hat sich im Westen niedergelassen. Geboren wurde sie in Connecticut, anschließend lebte sie einige Zeit in Saratoga, Wyoming, und heute ist sie in Port Townsend, Washington, zu Hause. Zu ihren Kurzgeschichtensammlungen gehören *Weit draußen: Geschichten aus Wyoming* (1999), *Hinterland* (2004) sowie der dritten Band der Reihe, *Hier hat's mir schon immer gefallen* (2008). Sie schrieb auch das autobiografische *Ein Haus in der Wildnis* (2011) über ihre Erfahrungen im Westen.

Louise Erdrich ist eine weitere produktive und hoch angesehene Schriftstellerin, die sich dem Westen widmet. Ihre Werke handeln von Erzählungen über amerikanische Ureinwohner– ihr herausragendes *Das Haus des Windes* (2012) wurde mit dem National Book Award für Belletristik ausgezeichnet.

David Barons *The Beast in the Garden* (2004; dt.: Die Bestie im Garten) ist eine spannende Erzählung darüber, was passiert, wenn Menschen in die Domäne wilder Tiere ziehen, in diesem Fall in die von Berglöwen um Boulder, Colorado. *The Solace of Open Spaces* (Gretel Ehrlich; 1985; dt.: Der Trost offener Flächen) ist eine Ode in Prosa an die Ebenen unter dem weiten Himmel von Wyoming.

Mit ihrem Buch *Educated. A Memoir* (dt.: Gebildet. Eine Denkschrift) aus dem Jahr 2018 belegt Tara Westover eindrucksvoll, weswegen sie zu den aufregendsten neuen Stimmen Amerikas gezählt wird. Sie beschreibt ihre von Missbrauch und Fundamentalismus geprägte Kindheit im ländlichen Idaho und ihre anschließende bemerkenswerte Reise durch einige der angesehensten Bildungseinrichtungen der Welt – eine echte Tour de Force!

Musik

Let's rock

Das erste einheimische Rock'n' Roll-Talent der USA war Ritchie Valens in den 1950er-Jahren, der dem mexikanischen Volkslied *La Bamba* eine rockige Note verlieh. Anfang der 1960er-Jahre fanden Joan Baez und Bob Dylan in Nordkalifornien zueinander, wobei Dylan seine E-Gitarre einstöpselte und Folk Rock spielte. Als Janis Joplin und die Big Brother and the Holding Company ihren ganz eigenen Musikstil in San Francisco entwickelten, spaltete sich der Psychedelic Rock vom Folk Rock ab. Währenddessen rockten sowohl Jim Morrison als auch The Doors und The Byrds in L.A. den berühmten Sunset Strip. Das Epizentrum der Psychedelic-Rock-Szene war der Stadtteil Laurel Canyon oberhalb vom Sunset Strip und der legendäre Nachtclub **Whisky a Go Go** (Karte S. 282; ☎310-652-4202; www.whiskyagogo.com; 8901 W Sunset Blvd, West Hollywood).

Rap & Hip-Hop

Seit den 1980er-Jahren ist L.A. die Talentschmiede für Rapper und Hip-Hopper der Westküste. Eazy-E, Ice Cube und Dr. Dre veröffentlichten 1989 das N.W.A. (Niggaz Wit Attitude)-Album *Straight Outta Compton*. Das von Dr. Dre mitbegründete Label Death Row Records nahm Rap-Talente erster Klasse unter Vertrag, darunter Snoop Dog, der Badboy aus Long Beach, und Tupac Shakur, der seine Karriere in Marin County startete und 1996 in Las Vegas, angeblich wegen einer Fehde zwischen den Raperszenen der Ost- und Westküste, erschossen wurde.

In den 1980er- und 1990er-Jahren blieb Kalifornien bedeutendes Zentrum einer Hip-Hop-Szene, die von Los Angeles' Straßen und der Black-Power-Bewegung in Oakland geprägt war. Ende der 1990er-Jahre brachte die Bay Area Underground-Künstler wie E-40 und das Hyphy Movement hervor, das sich gegen die zunehmende Kommerzialisierung des Hip-Hop richtete.

Michael Franti & Spearhead, die ebenfall aus Oakland stammen, verbinden Hip-Hop mit Funk, Reggae, Folk, Jazz und Rock zu Botschaften über soziale Gerechtigkeit und Frieden.

In den späten 1990er- und frühen 2000er-Jahren kombinierten Korn aus Bakersfield und Linkin Park aus dem L.A. County Hip-Hop mit Rap und Metal und machten damit das Genre Nu Metal populär. Der in Compton geborene Kendrick Lamar zählt zu den aktuellen Lieblingen des Raps, was sieben Grammys durchaus deutlich belegen.

Das Musical Instrument Museum (www.mim.org) in Phoenix, AZ, sorgt mit mehr als 7000 Instrumente aus etwa 200 Ländern und Regionen für eine faszinierende Einführung in die Welt der Musikinstrumente.

Grunge & Indie

Grunge hat seinen Ursprung in der Mitte der 1980er-Jahre und wurde stark von der Kultband Melvins geprägt. Verzerrte Gitarrenklänge, starke Riffs, intensives Schlagzeug und ein düsterer Stil prägten den ungeschliffenen Musikstil. Seinen Durchbruch hatte er indes erst, als das Plattenlabel DGC Records 1991 Nirvanas Album *Nevermind* veröffentlichte, das den „Seattle Sound" zur Mainstream-Musik machte. Puristen kritisierten Nirvana gleichwohl dafür, sich der Kommerzialisierung hingegeben und ebenbürtige Bands wie Soundgarden und Alice in Chains verdrängt zu haben. Die Beliebtheit des Grunge hielt einige Jahre an, bevor dessen ureigene Kultur für den Niedergang des Genres sorgte. Die Bands lebten ein schnelles, intensives Leben, ohne sich wirklich ernst zu nehmen. Viele lösten sich aufgrund von internen Streitigkeiten und Drogenproblemen auf. Der letzte Vorhang fiel schließlich 1994, als Kurt Cobain, Sänger, Gitarrist und Seele Nirvanas, sich das Leben nahm.

Im Museum für Popkultur (www.mopop.org) im Seattle Center zeichnet die Ausstellung „Nirvana: Punk to the Masses" den Aufstieg der Grunge-Band Nirvana rund um Frontman Kurt Cobain nach.

Courtney Love war nicht nur Cobains Frau, sie ist vor allem auch eine eigenständige Künstlerin, die von 1989 bis zu deren Auflösung im Jahr 2002 der alternative Rockband Hole vorstand. Deren Punkrock-Sound wurde im Laufe der Jahre etwas milder – dem Debüt *Pretty on the Inside* (1991) folgte *Live Through This* (1994) und *Celebrity Skin* (1998). Die Band fand 2010 kurzzeitig wieder zusammen, um *Nobody's Daughter* zu produzieren.

Ein paar Städte im Westen sind ganz besonders mit Indie-Musik verbunden. Seattle war der ursprüngliche Tummelplatz von Modest Mouse, Death Cab for Cutie und The Postal Service. Olympia, WA, war ein Nährboden für Indie-Rock und die Riot-Grrl-Bewegung. Portland, OR, brachte so unterschiedliche Gruppen hervor wie die Folktronic-Hip-Hop-Band Talkdemonic, die Alternative-Band The Decemberists und die genreübergreifenden Pink Martini, nicht zu vergessen The Shins (ursprünglich aus Albuquerque, NM), The Dandy Warhols, Blind Pilot und Elliott Smith. Die aus Olympia, WA, stammende Band Sleater-Kinney mit Carrie Brownstein, Corin Tucker und Janet Weiss ließ 2015 nach fast zehnjähriger Unterbrechung wieder von sich hören und veröffentlichte 2019 *The Center Won't Hold*.

Bei der Band Beirut aus New Mexico vereint der in Sanat Fe geborene Zach Condon gekonnt Indie Rock mit Weltmusik. Für deutlich andere Töne stehen die Rocker Meat Puppets aus Phoenix, die für ihren genreverbindenden, psychedelischen Punk-Sound bekannt sind.

Top Musik-Festivals

- *Telluride Bluegrass Festival, CO*
- *Grand Teton Music Festival, WY*
- *Grand Targhee Bluegrass Music Festival, WY*
- *M3F (McDowell Mountain Music Festival), AZ*
- *Aspen Music Festival, CO*

Film

Die Filmindustrie

Die Filmindustrie entstand in den bescheidenen Obstgärten von Hollywoodland, einem Wohnbezirk von Los Angeles. Geschäftstüchtige Filmemacher, viele davon europäische Einwanderer, gründeten Anfang des 20. Jhs. ihre Studios. Der in Deutschland geborene Carl Laemmle baute 1915 die Universal Studios auf und verkaufte neugierigen Besuchern, die sich für die magische Welt der Filmproduktion interessierten, auch gleich noch ein Mittagessen. Der polnische Einwanderer Samuel Goldwyn gründete gemeinsam mit Cecil B. DeMille und anderen Paramount. Ein paar Jahre später folgte der aus Kanada eingewanderte, polnischstämmige Jack Warner mit seinen Brüdern ihrem Beispiel.

Im ganzjährig milden Klima von L. A. konnten die meisten Außenaufnahmen problemlos gedreht werden. Die frühen Stummfilmstars wie Charlie Chaplin, Buster Keaton und Harold Lloyd waren beim Publikum äußerst beliebt. 1920 wurde die erste große Hollywood-Ehe zwischen Douglas Fairbanks und Mary Pickford geschlossen – das erste Hollywood-Traumpaar war geboren. 1927 wurden dann mit der Premiere von *Der Jazzsänger*, einem Musical von Warner Bros mit Al Jolson, in

Downtown L.A. die Ära des Tonfilms und das glamouröse Golden Age Hollywoods eingeläutet.

Hollywood & darüber hinaus

Ab den 1920er-Jahren mauserte sich Hollywood zum gesellschaftlichen und finanziellen Zentrum der Filmindustrie, obwohl sich nur ein großes Studio, Paramount Pictures, tatsächlich dort befand. Die meisten Filme wurden in der Gegend um L.A. gedreht, sei es in Culver City (MGM, heute Sony Pictures), Studio City (Universal Studios) oder in Burbank (Warner Bros. sowie später Disney).

Heute werden Filmset-Scouts aufgrund der hohen Drehkosten auf die Suche nach anderen Locations geschickt. Während seiner zwei Amtszeiten als Gouverneur von New Mexico (2003–2011) lockte Bill Richardson mit einem Steuererlass von 25 % Produktionsteams in seinen Staat. So flossen über 3 Mrd. US$ in die Staatskasse.

Las Vegas, NV, spielte im Jahre 2009 eine Hauptrolle in der Blockbuster-Komödie *Hangover*, einem Buddy-Film für Erwachsene, der weltweit mehr als 467 Mio. US-Dollar einspielte (die bislang drei Filme der Reihe – die Fortsetzungen kamen 2011 und 2013 in die Kinos – brachten es gar auf ein Gesamteinspielergebnis von 1,4 Mrd. US$).

In einer der berühmtesten Szenen des modernen Kinos stoppte Forrest Gump im gleichnamigen Film (1994) seinen Cross-Country-Lauf im Monument Valley, das sich über die Grenze zwischen Utah und Arizona erstreckt.

Western & darüber hinaus

Viele Western wurden zwar in Südkalifornien gedreht, doch einige Orte in Utah und Arizona kamen so oft als Film- und Fernsehkulisse zum Einsatz, dass sie zum Inbegriff des amerikanischen Westens wurden. Neben dem Monument Valley in Utah, das der Regisseur John Ford mit *Ringo* als erster in Szene setzte, gehören dazu Moab, UT, in *Thelma & Louise* (1991) und der Dead Horse Point State Park (*Mission Impossible II*; 2000), der Lake Powell, UT/AZ (*Planet der Affen*; 1968), und Tombstone, AZ (*Tombstone*; 1993). *127 Hours* (2010) erzählt die grauenvollen Stunden nach, in denen Aron Ralston im Bluejohn Canyon im Canyonlands National Park, UT, festsaß; gedreht wurden einzelne Szenen im Canyon und in dessen Umgebung.

Im Jahre 2007 drehten Joel und Ethan Coen den Oscar-Gewinner *No Country für Old Men* rund um Las Vegas, NM. Drei Jahre später kamen die Coen-Brüder zurück in den Westen, um hier *True Grit (2010)*, ihr Remake von *Der Marshal* (1969), zu drehen. Das Hauptquartier ließ sich in Santa Fe nieder, gedreht wurde auf mehreren Ranches in New Mexico. 2015 erhielt Reese Witherspoon die Oscar-Nominierung als beste Schauspielerin für ihre Rolle in Jean-Marc Vallées Film *Der große Trip – Wild*, der auf den Memoiren von Cheryl Strayed (*Der große Trip: Tausend Meilen durch die Wildnis zu mir selbst*; 2012) basiert und im Wesentlichen entlang des Pacific Crest Trail (S. 54) spielt.

Sicario (2015), besetzt mit Emily Blunt, Benicio del Toro und Josh Brolin und unter der Regie von Denis Villeneuve entstanden, handelt von der kriminellen Drogenszene Arizonas, während die Sexkapaden von *Fifty Shades of Grey* (2011, Regie: Sam Taylor-Johnson) aus dem selben Jahr in Seattle, WA, angesiedelt sind.

In Albuquerque, NM, können *Breaking-Bad*-Fans eine selbst geführte Tour zu den Schauplätzen der Serie unternehmen: Eine interaktive Karte und Details zu den Drehorten findet man unter www.visitalbuquerque.org/albuquerque/film-tourism.

Fernsehen

Der erste Fernsehsender wurde 1931 in Los Angeles gegründet. In den folgenden Jahrzehnten wurden in Wohnzimmern in ganz Amerika kultige Bilder von Los Angeles ausgestrahlt, beliebte Formate waren *Polizeibericht* (*Dragnet*; 1950er-Jahre), *The Beverly Hillbillies* (1960er-Jahre), *Drei Mädchen und drei Jungen* (*The Brady Bunch*; 1970er-Jahre), *L.A. Law* (1980er- bis 1990er-Jahre), *Baywatch*, *Melrose Place* und *Der Prinz von Bel-Air* (1990er-Jahre). Auch Teenager-Dramedys wie *Beverly Hills 90210* (1990er-Jahre) und *O.C., California*

(2000er-Jahre) waren dabei; letztgenannte Serie spielte in Newport Beach im Orange County. Reality-TV-Fans können Südkalifornien in Serien wie *Top Chef* (2006/2007) oder *Real Housewives of Orange County* (2006–2019) kennenlernen.

Der Süden Kaliforniens bot aber auch Dramen im Kabelfernsehen eine vielseitige Kulisse. Hohe Einschaltquoten erzielten beispielsweise *Weeds – Kleine Deals unter Nachbarn* (2005–2012) über eine Hanf anbauende Witwe, die Polizeiserie *The Closer* (2005–2012) über Mordkommissare in Los Angeles und *The Shield – Gesetz der Gewalt* (2002–2008), das die Polizeikorruption in der Stadt der Engel in einer fiktiven Story thematisiert.

Aber Südkalifornien ist keineswegs die einzige Fernsehkulisse. Der frühere *Akte-X*-Autor Vince Gilligan stellte einmal mehr seine außergewöhnliche Brillanz unter Beweis, als *Breaking Bad* (2008–2013), gedreht im ausgedörrten Albuquerque, zum neuen Serienerfolg wurde. Das Prequel *Better Call Saul* kam 2015 ins Fernsehen. *Portlandia*, eine Sketch-Comedy-Serie (2011–2018) des Senders IFC, macht sich über die kulturellen Eigenheiten junger Stadtbewohner lustig; wer sie gesehen hat, betrachtet Portland mit ganz anderen Augen.

Top Film-Festivals

AFI Fest (www.afi.com/afifest)

Outfest (www.outfest.org)

San Francisco International Film Festival (https://sffilm.org/sffilm-festival)

Sundance Film Festival (www.sundance.org/festivals/sundance-film-festival)

Telluride Film Festival (www.telluridefilmfestival.org)

Seattle International Film Festival (www.siff.net/festival)

Architektur

Den Westen prägen importierte Stilrichtungen, die dem Klima und den verfügbaren Baumaterialien angepasst sind. Die Bandbreite reicht von kühlen, von Adobehäusern inspirierten Gebäuden in Tucson, AZ, bis zu nebelbeständigen, roten Schindelbauten in Mendocino, CA.

Stile des Südwestens

Regionale Einflüsse beherrschen den Südwesten. In erster Linie sind dies die Ruinen der frühen Pueblo-Indianer – insbesondere deren majestätischen Felsbehausungen – und das Taos Pueblo. Diese traditionellen Designs und deren Vorbilder finden sich im Pueblo-Revival-Stil des New Mexico Museum of Art (S. 246) in Santa Fe wieder und sind heute allenthalben in der Stadt und in der Region zu finden. Der Adobe-Stil dominiert viele Städte und Landschaften New Mexicos, während die Missionsarchitektur des 17. und 18. Jhs. in religiösen und kommunalen Gebäuden wie dem **State Capitol** (Karte S. 242; ☎505-986-4589; www.nmlegis.gov/visitors; Eccke Paseo de Peralta & Old Santa Fe Trail; ⏰7Mo–Fr 7–18 Uhr, Juni–Ende Aug. zusätzl. Sa 9–17 Uhr) von Santa Fe erkennbar ist.

Der Meisterarchitekt Frank Lloyd Wright hat ebenfalls seine Spuren im Südwesten hinterlassen, insbesondere in Form des Taliesin West (S. 176) in Scottsdale, AZ. Aus jüngerer Zeit stammen die kitschigen Motels und Leuchtreklamen entlang der Route 66, die zum Symbol des amerikanischen Roadtrips geworden sind.

Spanish Missionen & viktorianische Königinnen

Die ersten spanischen Missionen wurden rund um Innenhöfe gebaut. Zum Einsatz kamen Materialien, die Ureinwohner und Kolonisten vor Ort vorfanden: Lehmziegel, Kalkstein und Gras. Viele Missionen verfielen mit dem schwindenden Einfluss der Kirche, doch der ans Klima angepasste Stil blieb erhalten. Frühe kalifornische Siedler entwickelten daraus später Lehmziegelhäuser im Rancho-Stil, die z. B. in El Pueblo de Los Angeles und in der Altstadt San Diegos (S. 302), zu sehen sind.

Während des Goldrauschs Mitte des 19. Jhs. importierten Kaliforniens Neureiche Materialien, um Villen nach europäischem Vorbild zu bauen, die sich durch üppiges Dekor auszeichneten. Viele zogen den Queen Anne Style vor. Herausragende Beispiele viktorianischer Architektur, u. a. die „Painted Ladies"- und „Gingerbread"-Häuser, sind in nordkalifornischen Städten wie San Francisco, **Ferndale** (☎707-786-4000; www.gingerbread-mansion.com; 400 Berding Str; 175-495 US$; P⊜☏) und Eureka (S. 373) zu finden.

Einige Architekten lehnten viktorianische Zierfreude zugunsten der einfachen, klassischen Linien der spanischen Kolonialarchitektur ab. Details zur Wiederbelebung des reinen Missionstils sind zurückhaltend und funktional: gewölbte Türen und Fenster, lange, überdachte Veranden, Springbrunnen, Innenhöfe, dicke Wände und rot gedeckte Dächer.

Das von Michael Reynolds in New Mexico gegründete Earthship (www.earthshipglobal.com) ist ein brillantes Architekturmodell, das auf Nachhaltigkeit, der Verwendung von recycelten Materialien beim Bauen und der Harmonie mit der Umgebung basiert. Die Ergebnisse sind atemberaubend und finden weltweit Verbreitung.

Arts & Crafts & Art déco

Typisch für den Arts and Crafts Style ist seine Schlichtheit. Von japanischen Elementen und Englands Arts and Crafts Movement geprägt, läutete er mit Holzelementen und handgearbeiteten Details eine bewusste Abkehr von der Industriellen Revolution ein. Die südkalifornischen Architekten Charles und Henry Greene (Greene & Greene) sowie Bernard Maybeck in Nordkalifornien verhalfen den vielseitigen einstöckigen Bungalows um die Jahrhundertwende zu Popularität. Diese zeichnen sich durch ausladende Dachvorsprünge, Terrassen und Schlafterrassen aus, die Außen- und Innenbereiche harmonisch miteinander verbinden, und sind heute in Pasadena und Berkeley zu finden.

In den 1920er-Jahren machte sich der internationale Art-déco-Stil Elemente aus der Antike wie Maya-Glyphen, ägyptische Säulen und babylonische Tempeltürme zu eigen und verarbeitete sie zu modernen Motiven, mit denen besonders in L.A. und Downtown Oakland einfache Fassaden und moderne Wolkenkratzer geschmückt wurden. Die schlichte Moderne reduzierte Dekorationselemente auf ein Minimum und imitierte das aerodynamische Äußere von Ozeandampfern und Flugzeugen; ein gutes Beispiel ist die Union Station in L.A. (S. 267).

Ein paar Jahre später entwarf Meisterarchitekt Frank Lloyd Wright Häuser im Romanza-Stil. Dieser folgte der Maxime, dass jeder Innen- einem Außenbereich entspricht. Das fließende Design ist am besten am Beispiel des **Hollyhock House** (Karte S. 268; ☎323-913-4031; www.barnsdall.org/hollyhock-house/about; Barnsdall Art Park, 4800 Hollywood Blvd, Los Feliz; Erw./Student/Kind 7/3 US$/frei; ⌚Geführte Touren Do–So 11–16 Uhr; Ⓟ; Ⓜ Red Line bis Vermont/Sunset) in L.A. zu bewundern, das für die Millionenerbin Aline Barnsdale errichtet wurde. Taliesin West (S. 176), das Zweithaus und Atelier des Architekten in Scottsdale, AZ, fügt sich wunderbar in die Wüstenlandschaft ein und setzt diese gekonnt in Szene.

Postmoderne Entwicklungen

Der Architekturstil entfernte sich von der strikten Moderne und neuartige postmoderne Elemente hielten Einzug. Richard Meier machte sich einen Namen mit dem Getty Center (S. 274), einer Ansammlung weißer Gebäude mit geschwungenen Fassaden auf einem ausgedörrten Berg in West L.A. Der in Kanada geborene Frank Gehry zog nach Santa Monica und entwarf die wogende, einer Skulptur ähnelnde Walt Disney Concert Hall in L.A. (S. 269), die mit den klaren Linien der kalifornischen Streamline-Moderne spielt. Renzo Pianos unverkennbarer Industrial-Stil spiegelt sich in dem Sheddach und den roten Stahlträgern des Broad Contemporary Art Museum wider, des Erweiterungsbaus des Los Angeles County Museum of Art (S. 273).

California Crazy and Beyond: Roadside Vernacular Architecture (1980) von Jim Heimann ist eine Tollerei durch die verrückte, skurrile Welt von Kalifornien, wo Limonadenstände wie riesige Limoflaschen aussehen und Motels wie Tipis.

In San Francisco ist der postmoderne Stil von Architekten auf dem Vormarsch, die mit dem Pritzker-Preis ausgezeichnet wurden. Dieser nimmt Kaliforniens wunderbare Natur zum Vorbild und ahmt sie nach; ein gutes Beispiel dafür ist der Golden Gate Park (S. 345). Die Schweizer Architekten Herzog & de Meuron verkleideten das de Young Museum (S. 347) mit Kupfer, das sich mit der Zeit grün verfärben und in die Parklandschaft einfügen wird. Ganz in der Nähe ist Renzo Piano für die nachhaltige Architektur der mit dem LEED-Platin-Zertifikat ausgezeichneten California Academy of Sciences (S. 347) verantwortlich, auf deren Dach sich eine riesige Grünfläche befindet.

Natur & Umwelt

Kollidierende tektonische Platten, mächtige Fluten, speiende Vulkane, Eisfelder: Viele Millionen Jahre lang war der amerikanische Westen eine ziemlich ungemütliche Region. Aber aus Feuer und Eis entsprang eine kaleidoskopische Vielfalt an faszinierenden Landschaften – das Spektakel der Rocky Mountains, die außergewöhnlichen Küste, die grandiose Weite der Great Plains –, die unbestreitbar eines gemeinsam haben: Sie ziehen Entdecker, Naturfreunde, Künstler und Outdoor-Abenteurer gleichermaßen an.

In Kalifornien liegen sowohl der höchste Punkt der kontinentalen USA außerhalb Alaskas (der Mt. Whitney; 4421 m) als auch die tiefste Senke Nordamerikas (Badwater Basin, Death Valley; 86 m u. d. M.). Beide Stellen sind in Luftlinie gerade einmal 145 km voneinander entfernt.

Geografie

Wie der aus dem Westen stammende Romancier und Essayist Wallace Stegner in seinem Buch *Where the Bluebird Sings to the Lemonade Springs* (1992) bemerkte, besteht der Westen aus rund einem Dutzend unterschiedlicher und einzigartiger Subregionen. Das einzige gemeinsame Merkmal ist seiner Ansicht nach die Trockenheit, die, so Stegner, in den meisten Teilen des Westens die Leuchtkraft des Lichts und die Klarheit der Luft erhöhe. Sie führte und führt bis heute aber auch zu einem Kampf um Wasser und die Rechte an dessen Nutzung.

Kalifornien

Geologie & Erdbeben

In geologischer Hinsicht ist Kalifornien eine sehr komplexe Landschaft, die sich aus Gestein und Erdkruste bildete, als im Verlauf Hunderter Millionen Jahre der nordamerikanische Kontinent nach Westen driftete. Die verwitterten Küstengebirge, das tiefe Central Valley und die stetig wachsende Sierra Nevada sind Zeugnisse der gigantischen Kräfte beim Zusammenstoß der Kontinental- und der Pazifischen Platten.

Vor ca. 25 Mio. Jahren endete dieser Aufprall; seither driften die beiden Platten seitlich aneinander vorbei. So entstand die gewaltige San-Andreas-Verwerfung. Und da sich die Platten in dieser Kontaktzone nicht mit gleichmäßiger Geschwindigkeit, sondern ruckweise verschieben, bebt in Kalifornien immer wieder die Erde. Das berühmteste Erdbeben ereignete sich 1906. Es erreichte die Stärke 7,9 auf der Richter-Skala und zerstörte San Francisco, wobei mehr als 3000 Menschen starben und 250 000 ihr Zuhause verloren. Die Bay Area machte auch 1989 wieder Schlagzeilen, als beim Loma-Prieta-Erdbeben (Stärke 7,1) ein 15 m langer Abschnitt der Bay Bridge zusammenbrach. Das letzte größere Beben in Los Angeles war 1994 das Northridge-Erdbeben (Stärke 6,7), bei dem Teile des Santa Monica Fwy einstürzten. Mit einem Gesamtschaden in Höhe von 44 Mrd. US$ war es das bislang kostspieligste Beben der US-Geschichte.

Von der Küste zum Central Valley

Großen Teilen der kalifornischen Küste sind zerklüftete Küstengebirge vorgelagert, die die feuchten Stürme des Winters abfangen. San Francisco teilt die kalifornischen Küstengebirge etwa in ihrer Mitte. Die nebelreiche Nordküste ist nach wie vor dünn besiedelt, während im milderen Klima der Küsten Zentral- und Südkaliforniens wesentlich mehr Menschen.

In den nördlichsten Regionen der Küstengebirge begünstigen nährstoffreiche Böden und feuchtes Klima Wälder, in denen Baumriesen wachsen. An der Ostflanke gehen die Küstengebirge nach und nach in sanfte Hügel über, die zu dem 724 km langen Central Valley überleiten. Hier liegt das landwirtschaftliche Zentrum Kaliforniens, in dem mehr als 230 verschiedene Obst-, Gemüse- und Nusssorten angebaut werden. Die Region produziert rund ein Drittel dessen, was in den USA insgesamt angebaut wird.

Hochgebirge

An der Ostseite des Central Valley ragt die berühmte Sierra Nevada auf. Mit einer Länge von 644 km und einer Breite von 80–130 km ist sie einer der größten Gebirgszüge der Welt; zu ihr gehören 13 Berggipfel mit einer Höhe von mehr als 4200 m. Die ausgedehnte Wildnis der High Sierra in einer Höhe von meist über 2700 m besteht aus Gletschern, wie gemeißelt wirkenden Granitgipfeln und einsamen Canyons. Die hoch aufragende Sierra Nevada hält die Niederschlagsfronten auf, wobei die Niederschläge ab rund 900 m Höhe überwiegend als Schnee fallen. Die Niederschläge speisen ein halbes Dutzend größerer Flusssysteme, die den größten Anteil des in San Francisco und L.A. benötigten Wassers stellen und die Farmen im Central Valley mit kostbarem Nass versorgen.

Am Abend des 5. Juli 2011 raste ein gewaltiger Staubsturm mit mehr als 80 km/h auf einer Breite von etwa 160 km auf Phoenix zu und schloss die Stadt ein. Die Sicht fiel auf null bis 400 m. Der internationale Flughafen Phoenix musste vorübergehend geschlossen werden. Am 9. Juli 2018 kam es in Phoenix zu einer Wiederholung dieses Ereignisses.

Die Wüsten

Da der Westhang der Sierra Nevada den Löwenanteil der Niederschläge empfängt, präsentieren sich alle Gebiete östlich des Gebirgskamms der Sierra arid und wüstenartig; die Niederschlagsmenge liegt hier unter 250 mm pro Jahr. Einige Täler am östlichen Fuß der Sierra Nevada sind jedoch durch Bäche gut bewässert und dadurch bestens für Land- und Viehwirtschaft geeignet.

Die Gebiete in der Nordhälfte Kaliforniens und vor allem auf dem hoch gelegenen Modoc-Plateau im Nordosten bilden eine Kältewüste am westlichen Rand des Great Basin, wo robuste Beifußsträucher und kleine Wacholderhaine den unwirtlichen Bedingungen trotzen. Die Temperaturen steigen, je weiter man nach Süden kommt – besonders auffällig ist dies beim Abstieg vom Mono Lake hinunter in das Owens Valley östlich der Sierra Nevada. Zu dieser südlichen Hitzewüste (einem Teil der Mohave-Wüste) gehört auch das Death Valley, einer der heißesten Orte auf dem gesamten Planeten.

Der Südwesten

In der Tiefe des Grand Canyon (S. 192) liegen extrem alte Felsen, die zu den ältesten der Erde zählen. Sie bezeugen, dass das Gebiet vor 2 Mrd. Jahren unter Wasser lag. Jüngere Felsschichten im südlichen Utah verraten zudem, dass die Region einst ständig oder zumindest periodisch unter Wasser stand. Am Ende des Paläozoikums vor rund 286 Mio. Jahren stießen die Kontinente aufeinander und bildeten die Landmasse Pangaea; dabei wurde die Erdkruste verformt und unter dem Druck erhoben sich die sogenannten „Ancestral Rocky Mountains“. Obwohl diese frühe Gebirgskette im Osten lag, formte sie Flüsse und Sedimentablagerungen, mit denen der Südwesten seine heutige Gestalt anzunehmen begann.

Auf www.publiclands.org sind die Freizeitmöglichkeiten auf staatlichen Ländereien im Westen zusammengefasst. Die Website enthält Links zu relevanten Büchern und Karten im Handel sowie Aktualisierungen zu aktuellen Feuerbeschränkungen und Parkschließungen.

Der Vorgang endete vor rund 60 Mio. Jahren, als sich Nordamerika von Europa abtrennte, über den als Ostpazifische Platte bekannten Teil der Erdkruste nach Westen glitt und dabei einen immer breiter werdenden Golf hinterließ, der schließlich zum Atlantik wurde. Die Ostpazifische Platte kollidierte dann mit der Nordamerikanischen. Bei diesem Zusammenstoß, der sogenannten Laramischen Orogenese, entstanden die modernen Rocky Mountains; ein altes Becken wurde angehoben und

LANDSCHAFTLICHE BESONDERHEITEN DES SÜDWESTENS

Badlands Brüchiges, an Mineralien reiches, weiches Gestein; zu sehen in der Painted Desert im Petrified Forest National Park (S. 204), im Capitol Reef National Park (S. 231) und in den Bisti/De-Na-Zin Wilderness Area (S. 254).

Hoodoos Turmartige und verwitterte Sedimentgesteine; zu sehen im Bryce Canyon National Park (S. 232) und im Arches National Park (S. 228).

Natural Bridges Sie entstehen, wenn Bäche Sandsteinschichten aushöhlen; im Natural Bridges National Monument (S. 230) sind drei solche „Brücken" zu sehen.

Goosenecks Das Frühstadium von Natural Bridges entsteht, wenn sich ein Wasserlauf durch eine Landschaft schlängelt; zu sehen vom Gooseneck Outlook im Capitol Reef National Park (S. 231).

Mesas Formationen aus geschichtetem Sandstein, deren Umgebung von Wind und Wetter abgetragen wurde; klassische Beispiele hierfür finden sich im Monument Valley (S. 204) und im Grenzgebiet zwischen Arizona und Utah.

zum heutigen Colorado-Plateau. Fragmente der Ostpazifischen Platte lagerten sich an die Nordamerikanische Platte an, sodass der Südwesten, einst eine Küstenregion, zu einem Binnenland in immer größerer Entfernung zum Ozean wurde.

Während bis zu diesem Zeitpunkt Kompression und Kollisionen die Entwicklung bestimmten, begann sich die Erdkruste vor rund 30 Mio. Jahren in Ost-West-Richtung zu strecken. Die dünnere, gestreckte Kruste in New Mexico und Texas riss in Schwächezonen sogenannte Verwerfungen auf, und es bildete sich ein Grabenbruch, in dem heute der Rio Grande durch New Mexico fließt. Die gleichen Kräfte schufen die Stufenplateaus im nördlichen Arizona und südlichen Utah.

Von Wüstenpflanzen und -tieren über Revolverhelden und Indianer bis hin zu Wander- und Fahrradrouten ... unter www.desertusa.com wird alles behandelt, was den Reiz der Wüste in den Südweststaaten ausmacht.

Während der Eiszeiten im Pleistozän bildeten sich überall im Südwesten große Gewässer. Utahs Great Salt Lake ist das berühmteste Überbleibsel dieser einst mächtigen eiszeitlichen Seen. Vollständig ausgetrocknete ehemalige Seebecken mit Salzkruste fallen besonders zahlreich bei einer Fahrt durch Nevada ins Auge.

In den letzten Jahrmillionen war wohl die Erosion die vorherrschende Kraft. Starke Stürme und Regenfälle zersetzten das weiche Sedimentgestein, während die Auffaltung der Rocky Mountains dafür sorgte, dass die Flüsse, die sich durch den Südwesten wanden, größer und reißender wurden und tiefe Canyons in die Landschaft gruben. Fast alle jüngeren geologischen Merkmale im Südwesten sind das Resultat von Verwitterung und Erosion, von den Felsbogen – allein im Arches National Park (S. 228) gibt es davon mehr als 2000 aus Sandstein – bis hin zu den natürlichen Steinsäulen, den Hoodoos.

Geologie des Grand Canyon

Arizonas Grand Canyon (S. 192) ist das bekannteste geologische Merkmal im Südwesten der USA – und das aus gutem Grund: Er ist so riesig, dass die menschliche Vorstellungskraft ihm gegenüber winzig wirkt. Überdies sind in ihm 2 Mrd. Jahre der Erdgeschichte „aufgezeichnet" – eine gewaltige Zeitspanne, wenn man bedenkt, dass das Alter der Erde 4,6 Mrd. Jahre beträgt. Die 446 km lange Schlucht selbst ist demgegenüber jung, nämlich lediglich 5 bis 6 Mio. Jahre alt. Geformt wurde sie vom mächtigen Colorado, als sich das Land hob. Die Wände des Canyons spiegeln die unterschiedliche Härte der mehr als zehn Gesteinsschichten wider, aus denen sie bestehen. Schiefer beispielsweise zerbröselt leicht und bildet Schutthänge, während die robusteren Kalk- und Sandsteine markante Klippen ausbilden.

Die Schichten, die den Großteil der Wände des Canyons bilden, lagerten sich hier während des Paläozoikums an, also vor rund 542 bis 251 Mio. Jahren. Diese Formationen ruhen auf einer Reihe von 1 bis 2 Mrd. Jahre alter Gesteine auf dem Grund der inneren Schlucht des Canyons. Zwischen diesen beiden deutlich erkennbaren Gesteinssorten befindet sich die „Great Unconformity", eine mehrere Hundert Millionen Jahre umfassende Lücke in der geologischen Aufzeichnung, wo die Erosion über 3600 m Gestein abgetragen hat und damit ein großes Rätsel hinterließ.

John McPhee, einer der angesehensten Sachbuchautoren Amerikas, reiste entlang des 40. Breitengrads, um für ein Projekt namens *Annals of the Former World* (1998) über die Geologie der USA zu schreiben. Zu seinen Arbeiten zählen *Basin and Range* (1982; Utah und Kalifornien), *Rising from the Plains* (1986; Wyoming) und *Assembling California* (1993).

Der Nordwesten

Zwischen 16 und 13 Mio. Jahre vor unserer Zeit erlebten das heutige östliche Oregon und Washington eine der erdgeschichtlich frühesten Episoden vulkanischer Aktivität. Aufgrund sich verändernder Spannungen innerhalb der Erdkruste begannen große Teile des westlichen nordamerikanischen Binnenlands entlang Tausender Risse aufzubrechen, wobei riesige Mengen von Lava freigesetzt wurden und das Land überfluteten. Oft wurde so viel Lava frei, dass sie den Kanal des Columbia River ausfüllte und in Oregon die Küste erreichte, wo sie dann zu vorspringenden Landzungen wie dem Cape Lookout erstarrte. Heute sind diese erstarrten Lavaströme im östlichen Oregon und Washington noch leicht an den spektakulären, nackten Felskanten und abgeflachten Mesas erkennbar.

Außerdem bildete sich in den Eiszeiten der letzten 2 Mio. Jahre immer wieder ein zusammenhängender, massiver Eisschild, der von Washington bis nach British Columbia reichte – praktisch jeder Gebirgszug im Rest der Region war von Gletschern bedeckt.

Die Rockies & die Great Plains

Die Rockies

Die Rocky Mountains, Nordamerikas längste Gebirgskette, bestehen aus mehr als 100 verschiedenen Massiven und erstrecken sich über 4828 km vom Norden British Columbias in Kanada bis zum Rio Grande in New Mexico. Zu den wichtigsten Bergketten der Rockies zählen die Sangre de Cristo Mountains, die Front Range (Colorado), die Wind River Range und die Big Horn Mountains in Wyoming sowie die Absaroka Range und die Beartooth Mountains in Montana.

Die Gebirgszüge bildeten sich vor 80 bis 55 Millionen Jahren, als sich die ozeanische Farallon-Platte unter den Festlandsockel der heutigen kontinentalen USA drängte und die Erde nach oben drückte. Tektonische Instabilität und Gletschererosion, Prozesse, die bis heute andauern, prägten die Berge so, wie man sie heute zu sehen bekommt. Der **Mt. Elbert** (www.14ers.com; ⌚Juni–Sept.) in Colorado (4401 m) ist der höchste Berg in den Rocky Mountains.

Wer mehr über zwei der bekanntesten Arten des Westen der USA erfahren will, sollte sich *Path of the Puma: The Remarkable Resilience of the Mountain Lion* (Jim Williams; 2018) und *Down from the Mountain: The Life and Death of a Grizzly Bear* (Bryce Andrews; 2019) vornehmen.

Menschen siedelten nach dem Ende der letzten Eiszeit vor 12000 Jahren zum ersten Mal in den Rockies. In den folgenden Jahrtausenden wurden die Rocky Mountains von unterschiedlichen Indianerstämmen bewohnt, darunter Apachen, Arapaho, Cheyenne, Crow, Shoshone und Sioux. Aufgrund ihres halbnomadischen Daseins lebten sie im Frühjahr und Sommer in den Bergen, wo sie fischen, Hirsche und Elche jagen und Knollen und Beeren suchen konnten. Mit dem Rückgang der Temperaturen im Herbst und Winter zogen sie hinab in die weiten Ebenen, die von riesigen Bisonherden bevölkert waren.

Die Great Plains

Im Schatten der Rocky Mountains liegen die Great Plains. Sie erstrecken sich von deren Ostrand bis fast zum Westufer des Mississippi, über 800 km von Ost nach West und über 3200 km von Nord nach Süd. Mit ihrem Grasland, das oft als Prärie bezeichnet wird, dominieren sie das Innere der kontinentalen Vereinigten Staaten.

Ebenen wie diese entstehen im Verlaufe von Millionen von Jahren durch die Erosion von Hügeln und Bergen, wenn Eis und Wasser die Hänge hinunterdrücken und Sedimente in Schichten ablagern. Die Great Plains im Westen der USA sind da keine Ausnahme. Ihre Entstehung begann vor rund 1 Mrd. Jahren. Vor der Bildung der Rocky Mountains, die vor 80 Mio. Jahren begann, bedeuteten steigende Meeresspiegel, dass die Ebenen eine Zeit lang von flachen Binnenmeeren bedeckt waren. Mit dem Entstehen der Rocky Mountains zogen sich die Gewässer zurück (oder sickerten in die Erde ein und bildeten riesige unterirdische Grundwasserleiter). In der Folge beschleunigte sich der Prozess der Erosion und Bildung von Sedimentschichten, was wiederum die Ausdehnung der Ebenen erweiterte. Als während der Eiszeit massive Eisplatten oder Gletscher die Great Plains bedeckten und sie dadurch glätteten und abflachten, kam der Prozess ihrer Entstehung zu seinem (vorläufigen) Abschluss.

Die Great Plains bedecken North- und South Dakota, Nebraska und Kansas in Gänze sowie einen Großteil der Fläche der Bundesstaaten Wyoming, Montana, Colorado, New Mexico, Oklahoma und Texas.

Tiere & Pflanzen

Obwohl die überwältigenden Massen von Tieren, die es bei der Ankunft der ersten europäischen Siedler hier gab, längst der Vergangenheit angehören, kann man im Westen an den richtigen Stellen und zur richtigen Jahreszeit immer noch eine ganze Menge Wildtiere beobachten.

Bären

Der Schwarzbär gehört zu den bekanntesten Säugetieren in den Rocky Mountains. Erwachsene Männchen erreichen ein Gewicht von 125 bis 200 kg, Weibchen werden 80 bis 115 kg schwer. Auf allen Vieren sind sie bis zu 91 cm, auf die Hinterbeine aufgerichtet über 1,50 m groß.

Das California Department of Fish and Wildlife schätzt, dass in den Gebirgswäldern Kaliforniens etwa 30 000 bis 40 000 Schwarzbären leben. Deren Fell muss aber nicht unbedingt schwarz sein, sondern kann auch ins Dunkelbraune, Zimtfarbene oder sogar Hellbraune spielen.

Schwarzbären leben auch im Nordwesten, im Südwesten sowie in Kalifornien. Sie ernähren sich von Beeren, Nüssen, Wurzeln, Insekten, Eiern, kleinen Säugetieren und Fischen. Rund um Campingplätze und Berghütten können sie lästig werden, wenn dort Nahrungsmittel unachtsam gelagert worden sind.

Der Grizzlybär, das Wappentier auf der Flagge Kaliforniens, war einst zahlreich an den kalifornischen Küsten und auf Wiesen zu finden und fraß einfach alles – von Walkadavern bis hin zu Eicheln. Besonders viele Grizzlys lebten im Central Valley. Doch nach gnadenloser Jagd wurde der Grizzlybär Anfang des 20. Jhs. dort ausgerottet. In Colorado gelten Grizzlys als gefährdete Spezies, sind aber de facto nahezu sicher aus dem Staat verschwunden; der letzte dokumentierte Grizzly in Colorado wurde 1979 getötet. Im Jahr 2016 schätzten Wissenschaftler, dass zwischen 674 und 839 Grizzlys im Yellowstone National Park leben. Eine aktuelle Studie legt nahe, dass die Einführung von Wölfen in Yellowstone der Grizzly-Population helfen könnte – Wölfe fressen Rothirsche, wodurch mehr Beeren für die Grizzlys übrig bleiben könnten.

Die größten Chancen, Bären zu sehen, bieten sich im Yellowstone National Park (S. 128) und im Glacier National Park (S. 145).

Wölfe

Der Wolf ist ein mächtiges Symbol für Amerikas Wildnis. Dieses intelligente, in Rudeln lebende Raubtier ist mit einem Durchschnittsgewicht von mehr als 45 kg und einer Schulterhöhe von rund 90 cm die größte Hundeart. Einst durchstreiften schätzungsweise 400 000 Wölfe den Kontinent von Küste zu Küste, von Alaska bis Mexiko.

Europäische Siedler gehörten nicht zu den Fans dieser Tiere. Die erste Wildtiergesetzgebung in den britischen Kolonien war eine Wolfsprämie. Als die Amerikaner des 19. Jhs. den Westen für sich eroberten, schlachteten sie die einst zahllosen Herden von Bisons, Elchen, Hirschen und Elche ab und ersetzten sie durch Rinder und Schafe. Den Wölfen war das einerlei, sie fanden die neu eingeführten Beutetiere ebenso lecker wie ihre bisherigen.

Um zu verhindern, dass Wölfe das Vieh erlegten, wurde die Ausrottung des Raubtiers bald zur offiziellen Regierungspolitik. Bis 1965 wurden Wölfe für eine Prämie von 20 bis 50 Dollar pro Tier erschossen, vergiftet, gefangen und aus ihren Bauten gezogen. In den USA waren schließlich nur noch im Norden von Minnesota und Michigan einige wenige Hundert Exemplare übrig.

1944 forderte der Naturforscher Aldo Leopold die Wiederansiedlung des Wolfes. Sein Argument hierfür war ökologischer und nicht nostalgischer Natur. Seine Studien hatten ergeben, dass natürliche Ökosysteme Raubtiere brauchen, um eine gesunde und ausgewogene Artenvielfalt zu erhalten. Wegen der komplexen gegenseitigen Abhängigkeit litten alle Tiere und Pflanzen unter der Abwesenheit von Gevatter Isegrim.

Trotz schrecklicher Vorhersagen von Viehzüchtern und Jägern wurden in den Jahren 1995 und 1996 in der Region Greater Yellowstone Wölfe und 1998 in Arizona Mexikanische Wölfe neu angesiedelt.

Seitdem haben sich die Wolfspopulationen erstaunlich gut erholt. In den kontinentalen USA gibt es inzwischen wieder mehr als 6000 Tiere, in Alaska leben weitere 8000. Eine kürzlich durchgeführte Studie legt zudem nahe, dass die Einführung von Wölfen im Yellowstone der Grizzlypopulation dort helfen könnte – Wölfe fressen Elche, die wiederum Beeren fressen, die auch von Grizzlybären geschätzt werden. 2019 schlug der US Fish and Wildlife Service vor, den Wolf von der Liste der gefährdeten Arten zu streichen. Eine abschließende Entscheidung steht noch aus.

Der Kojote ist ein äußerst anpassungsfähiges Geschöpf. Er ähnelt einem Wolf, ist aber nur etwa halb so groß und wiegt zwischen 6,5 und 20,5 kg. Als eines der tierischen Symbole des Südwestens ist der Kojote überall zu finden, sogar in Städten.

Bisons

Der amerikanische Bison ist inzwischen das Wappentier der USA und gleichzeitig sowohl Symbol für die Ausrottung der Tierwelt des amerikanischen Westens wie auch für seine teilweise Erneuerung. Vor 10 000 Jahren zogen riesige Bisonherden von Alaska nach New Mexico und sogar bis nach Florida im Osten. In der Mythologie vieler Indianerstämme, die den Bison wegen seines Fleischs und dem Fell jagten, nehmen sie eine wichtige Rolle ein. Es wird geschätzt, dass gegen Ende des 18. Jhs. rund 65 Mio. Bisons die USA durchzogen, in Herden, die so gewaltig waren, dass sie „die gesamte Ebene verdunkelten“, wie die Entdecker Lewis und Clark schrieben. Im Jahr 1889 gab es in Amerika lediglich noch 541 Bisons. Aus diesen letzten Überlebenden sind neue Herden hervorgegangen, sodass eines der edelsten Tiere Amerikas wieder in seiner ganzen Pracht bewundert werden kann. Man geht davon aus, dass heutzutage zwischen 15 000 und 30 000 Bisons frei umherstreifen und etwa 500 000 weitere Tiere auf eingezäunten und privaten Grundstücken leben. Am besten sind sie im Yellowstone National Park (S. 128), im Grand Teton National Park (S. 133) und in Teilen von Wyoming sowie in der National Bison Range in Montana (S. 145) zu beobachten.

Im Winter trägt der Bison ein langes und zotteliges braunes Winterfell, das zu dieser Jahreszeit auch heller ausfällt, als im Sommer. Kälber haben einen wesentlich helleren Braunton. Bisons werden bis zu 2,8 m lang und bis zu 1270 kg schwer. Sie sind Pflanzenfresser, die Prärie mit ihrem Gras ist ihr natürlicher Lebensraum. Normalerweise halten sie sich für ein paar Stunden in einem Gebiet auf, bevor sie weiterziehen. Im Laufe eines Tages legen sie Strecken von rund 3 km zurück. Dabei kön-

Ab 2020 werden vier Wasserkraftwerke am Klamath River zurückgebaut, um den Fischzug und die Wasserqualität dieses wichtigen Wasserlaufs von Oregon nach Kalifornien zu verbessern. Man hofft, dass der Klamath eines Tages seinen Status als eines der produktivsten Lachs- und Forellengewässer des Westens wiedererlangt.

nen sie überraschend schnell werden – sie erreichen Geschwindigkeiten von bis zu 60 km/h. In den letzten zwei Jahrzehnten des 20. Jhs. kamen im Yellowstone National Park mehr Menschen (79) durch Bisons zu Schaden als durch Bären (24).

Umweltfragen

Der Wachstum im Westen hat seinen Preis. Im Nordwesten haben die Erzeugung günstiger Wasserkraft sowie massive Bewässerungsprojekte entlang des Columbia River zu einer möglicherweise unwiderruflichen Zerstörung des Fluss-Ökosystems geführt. Zahlreiche Dämme haben den meisten Wanderrouten der einheimischen Lachse einen Riegel vorgeschoben und belasten zudem das Leben der verbliebenen amerikanischen Ureinwohner, die vom Fluss abhängig sind. Die Rodung der Altholzwälder hat hässliche Narben hinterlassen. Die Region am Puget Sound in Washington und die riesigen Vororte Portlands ächzen unter dem Gewicht einer rapide wachsenden Bevölkerung.

Marc Reisners Buch *Cadillac Desert: The American West and Its Disappearing Water* (aktualisierte Fassung von 1993) stellt ausführlich dar, wie die explosionsartig wachsende Bevölkerung im Westen Nordamerikas praktisch jeden verfügbaren Tropfen Wasser verbraucht.

Anhaltende Kontroversen im Südwesten sind etwa die Lage von Atomkraftwerken sowie der Transport und die Lagerung nuklearer Abfälle – besonders am Yucca Mountain, der nur 145 km von Las Vegas entfernt liegt. Inzwischen wird in weiten Teilen des Westens das umstrittene Fracking praktiziert, eine Form der Öl- und Erdgasförderung, bei der durch hohen Druck Spezialflüssigkeiten in die Risse des Lagerstättengesteins gepresst werden, um deren Durchlässigkeit zu erhöhen. Das führte zu Minibooms in ehemals wirtschaftlich eher schlecht aufgestellten Gebieten, brachte aber auch allerlei Umweltprobleme mit sich, von verschmutztem Grundwasser bis hin zu einem Todesfall in Colorado.

Klimawandel

Ein von der National Academy of Sciences im Jahr 2016 veröffentlichter Bericht besagt, dass der von Menschen verursachte Klimawandel hinter dem exponentiellen Anstieg der Waldbrände in den westlichen USA steht. Laut dem Bericht ist die Bedrohung im Nordwesten am höchsten, einschließlich Idaho, Wyoming, Montana, dem Osten von Oregon sowie dem Osten des Bundesstaates Washington.

Daten belegen einen Temperaturanstieg in der Region, während gleichzeitig die Schneedecke abgenommen hat. Steigende Meeresspiegel und trockenere Wälder bringen komplexe Auswirkungen für die Bevölkerung und ganze Ökosysteme mit sich. Mit dem Austritt der Vereinigten Staaten aus dem Pariser Klimaabkommen im Jahr 2017 unternehmen viele Bundestaaten (einschließlich Washington, Kalifornien und Oregon) sowie Städte (einschließlich L.A., Seattle und Denver) Anstrengungen, dennoch den Verpflichtungen des Abkommens zu entsprechen – schon der Sicherung ihrer eigenen Zukunft wegen.

Praktische Informationen

Allgemeine Informationen

Arbeiten in den USA

Mit einem normalen Besuchervisum darf man als Ausländer in den USA keiner bezahlten Arbeit nachgehen. Bei Nichteinhaltung wird man ausgewiesen. Um legal arbeiten zu können, ist ein Arbeitsvisum notwendig. Das muss vor Abreise beantragt werden.

Ein J-1-Visum für Austauschbesucher wird jungen Menschen (Altersgrenzen variieren) für Studium, Ferienbeschäftigung, Arbeit in Sommercamps und kurzfristige Praktika bei bestimmten Arbeitgeber ausgestellt. Eine Organisation, die bei der Vermittlung von internationalen Schüleraustauschen, Praktika und J-1-Visa behilflich sein kann, ist International Exchange Programs (IEP), die in Australien (www.iep.com.au) und Neuseeland (www.iep.co.nz) tätig ist.

Für eine befristete oder unbefristete Beschäftigung außerhalb des Studiums müssen Sie von einem US-Arbeitgeber gesponsert werden, der ein Visum der Kategorie H besorgen muss. Diese sind nicht leicht zu erhalten, da der Arbeitgeber nachweisen muss, dass kein US-Bürger oder ständiger Einwohner für die Stelle zur Verfügung steht. Saisonarbeit ist in Nationalparks, bei Touristenattraktionen und in Skigebieten möglich. Wenden Sie sich an Parkkonzessionäre, örtliche Handelskammern und Skigebietsverwaltungen.

Au Pair in Amerika (www.aupairinamerica.com) Finden Sie einen Job als Au Pair in den USA.

Camp Amerika (www.campamerica.co.uk) Bietet Möglichkeiten, in einem Jugend-Sommercamp zu arbeiten.

Council on International Educational Exchange (www.ciee.org) kurz CIEE, hilft internationalen Besuchern bei der Arbeitssuche durch vier Arbeits-Austauschprogramme, darunter Work & Travel USA, Internship USA, Professional Career Training USA und Camp Exchange USA.

InterExchange (www.interexchange.org) Vermittelt Camp-, Au-pair- und andere Arbeitsaustauschprogramme.

STAATLICHE REISEINFORMATIONEN

Staatliche Websites mit Reiseinformationen (teils inkl. Sicherheitshinweise und Gesundheitstipps):

Deutschland (www.auswaertiges-amt.de/de/ReiseUndSicherheit)

Kanada (www.voyage.gc.ca)

Mexiko (offizielles mexikanisches Fremdenverkehrsbüro in Deutschland; www.visitmexico.com/de/)

Österreich (www.bmeia.gv.at/reise-aufenthalt/)

Schweiz (www.eda.admin.ch/eda/de/home/vertretungen-und-reisehinweise.html)

USA (https://travel.state.gov/content/travel/en/traveladvisories/traveladvisories.html/)

Botschaften & Konsulate

Neben ihren Botschaften in Washington, D.C. (Komplettverzeichnis unter www.embassy.org) unterhalten einige Länder zusätzlich Konsulate in Los Angeles. Deren Adressen lassen sich online, per Yellow Pages (unter Consulates) oder über die örtliche Telefonauskunft ermitteln.

Deutschland (☎202-298-4000; www.germany.info; 4645 Reservoir Rd NW; ⏲Mo–Do 8–11.45 & 13–14.30, Fr 8–12 Uhr; 🚌D6)

Kanada (☎202-682-1740; www.can-am.gc.ca; 501 Pennsylvania Ave NW, Penn Quarter; ⏲Mo–Fr 9–12 Uhr; Ⓜ Green od. Yellow Line bis Archives)

Mexiko (☎202-728-1600; https://embamex.sre.gob.mx/eua; 1911 Pennsylvania Ave NW;

⌚Mo–Fr 9–18 Uhr; Ⓜ Orange, Silver od. Blue Line bis Farragut West)

Österreich (☎202-895-6700; https://botschaft.austria.org/; 3524 International Court NW)

Schweiz (☎202-745-7900; www.eda.admin.ch/washington; 2900 Cathedral Ave NW)

Ermäßigungen

America the Beautiful Interagency Annual Pass (www.nps.gov/planyourvisit/passes.htm; 80 US$) Beinhaltet den Zugang zu allen Nationalparks und Erholungsgebieten, die von Bundeseinrichtungen wie dem United States Forest Service (USFS) oder dem Bureau of Land Management (BLM) verwaltet werden. Ab Erwerbsdatum gilt der Pass ein Jahr lang für den Fahrer und alle Insassen eines Privatfahrzeugs bzw. für vier Erwachsene ab 16 Jahren (Kinder unter 15 Jahren jeweils gratis). Der Kauf ist online und an den Eingängen aller Nationalparks möglich.

American Automobile Association (AAA; www.aaa.com) Mitglieder der AAA und von deren internationalen Partnerorganisationen (z. B. ADAC; www.adac.de) erhalten kleine Rabatte (meist 5–15 %) auf Amtrak-Zugtickets, Mietwagen und Hotel- bzw. Motelzimmer – ebenso bei bestimmten Restaurantketten, Läden, Themenparks und geführten Touren.

Internationaler Studentenausweis (International Student Identity Card, ISIC; www.isic.de, www.isic.at, www.isic.ch; 20 US$) Bringt Vollzeit-Studierenden Ermäßigungen bei Fluglinien, Reiseversicherern und diversen Attraktionen. Ähnliche Vorteile bieten der Internationale Jugendreiseausweis (International Youth Travel Card, IYTC; 20 US$) für alle unter 31 Jahren sowie der Internationale Lehrerausweis (International Teacher Identity Card, ITIC; 20 US$) für hauptberufliche Lehrer. Die Ausweise sind online sowie bei Studentenwerken, Hostelverbänden und studentischen Reisebüros erhältlich.

PRAKTISCH & KONKRET

Maße & Gewichte Gewichte: Unze (ounce, oz; 28,35 gr), Pfund (pound, lb; 453 gr), Tonne (ton, t; 907,18 kg)

Volumen: Unze (ounce, oz; 30 ml), US-Pint (pint; 473 ml), US-Quart (quart; 0,95 l), US-Gallone (gallon, gal; 3,79 l)

Längenmaße: Zoll (inch, in; 2,54 cm), Fuß (foot, ft; 30,48 cm), Yard (yd; 91,44 cm), Meile (mile, mi; 1,609 km)

Radio & Fernsehen Öffentlich-rechtliches Radio: National Public Radio (NPR; unteres Ende der FM-Frequenzskala)

Öffentlich-rechtliches Fernsehen: ABC, CBS, NBC, FOX, PBS

Große Kabel-TV-Sender: CNN (Nachrichten), ESPN (Sport), HBO (Filme), Weather Channel (Wetter)

Rauchen In den meisten westlichen US-Bundesstaaten gilt komplettes Rauchverbot in Restaurants, Bars, auf Arbeitsplätzen und in öffentlichen Verkehrsmittel. Die offizielle Ausnahme ist Nevada, wo vor allem in den Kasinos bis heute viel gequalmt wird.

Die meisten Unterkünfte im Westen sind ebenfalls rauchfrei; jedoch erlauben regionale Kettenhotels und Billig-Bleiben mitunter noch blauen Dunst in ihren Lobbys.

Zeitungen & Zeitschriften Große nationale Zeitungen: *New York Times*, *Wall Street Journal*, *USA Today*

Landesweite Nachrichtenmagazine mit breiter Leserschaft: *Time*, *Newsweek*

Student Advantage Card (www.shopandtravelusa.com/sa-mobile) Bringt auch ausländischen Studierenden Rabatt bei der Amtrak (10 %) sowie bei Greyhound (20 %), manchen Ladenketten und einigen Autovermietern.

Feiertage & Ferien

An folgenden öffentlichen Feiertagen sind landesweit alle Banken, Schulen und Behörden (auch die Post) geschlossen; bei Verkehrsmitteln, Museen und anderen Einrichtungen gelten die Sonntagspläne. Feiertage, die aufs Wochenende fallen, werden meist am folgenden Montag nachgeholt.

Neujahr 1. Januar

Martin Luther King Jr. Day Dritter Montag im Januar

Presidents' Day Dritter Montag im Februar

Memorial Day letzter Montag im Mai

Independence Day 4. Juli

Labor Day Erster Montag im September

Columbus Day Zweiter Montag im Oktober

Veterans Day 11. November

Thanksgiving Vierter Donnerstag im November

Weihnachten 25. Dezember

Während des Spring Break (März & April) haben College- und Grundschüler eine Woche frei. Sommerferien sind von Juni bis August.

Fotografieren

➡ Speicherkarten für Digitalkameras sind häufig bei Kaufhausketten wie Best Buy und Target erhältlich.

➡ In einigen Stammesgebieten der amerikanischen

Ureinwohner ist das Fotografieren und Filmen streng verboten. Wenn es erlaubt ist, muss man eventuell eine Genehmigung erwerben. Man sollte vorher immer um Erlaubnis fragen, wenn man jemanden aus der Nähe knipsen will; wer einverstanden ist, könnte vielleicht ein kleines Trinkgeld erwarten.

➡ Für weitere Infos zum Fotografieren empfiehlt sich der Lonely Planet Band *Guide to Travel Photography*.

Frauen unterwegs

Ob allein oder in Gruppen reisend: Frauen bekommen im Westen der USA meist keine besonderen Probleme. Die Community-Website www.journeywoman.com ermöglicht Damen den direkten Austausch von Reisetipps und liefert Links zu weiteren Infoquellen.

Viele praktische allgemeine Infos für weibliche Traveller bietet auch die Broschüre *Her Own Way* (www.travel.gc.ca/travelling/publications/her-own-way), die von Kanadas Regierung herausgegeben wird und sich optional als PDF herunterladen lässt.

➡ Einige Frauen haben stets eine Trillerpfeife, Reizgas oder Pfefferspray zur Selbstverteidigung dabei. Wer Pfefferspray kaufen will, sollte sich bei der örtlichen Polizei nach den entsprechenden Bestimmungen erkundigen. Die Gesetze sind diesbezüglich von Bundesstaat zu Bundesstaat verschieden. Allerdings verbieten die US-Bundesgesetze deren Mitnahme in Flugzeugen.

➡ Opfer sexueller Übergriffe wenden sich am besten zuerst an die Hotline für Vergewaltigungsopfer und rufen danach die Polizei an. Wenn man in unmittelbarer Gefahr schwebt, sollte man aber die ☎911 anrufen. Achtung: Nicht alle Polizeibeamten besitzen genug Sensibilität oder Erfahrung im Umgang mit Opfern sexueller Gewalt. Die Angestellten der Krisenzentren hingegen setzen sich unermüdlich für solche Opfer ein und fungieren als Vermittler im Krankenhaus und bei der Polizei. In Telefonbüchern sind Anlaufstellen für Vergewaltigungsopfer aufgeführt. Zudem stehen die National Sexual Assault Hotline (☎800-656-4673) und die Notaufnahmen von Krankenhäusern rund um die Uhr zur Verfügung.

Frauenspezifische Hilfe und Tipps gibt's u. a. bei folgenden US-Organisationen (landesweit vertreten):

National Organization for Women (https://now.org/) Bewegung, die sich für Frauenrechte einsetzt.

Planned Parenthood (www.plannedparenthood.org) Empfiehlt Frauenärzte und -kliniken in ganz Amerika.

Freiwilligenarbeit

Möglichkeiten dafür gibt es in den USA in Hülle und Fülle, und vielleicht eine gute Idee, um eine lange Reise aufzulockern mit unvergessliche Erfahrungen: Man kommt mit den Menschen, der Gesellschaft und dem Land auf eine Weise in Kontakt, die man auf der Durchreise nie erfahren würde.

In Großstädten gibt es zahlreiche Gelegenheiten für freiwilliges Engagement, bei denen man mit Einheimischen in Kontakt kommen und gleichzeitig gemeinnützigen Organisationen helfen kann. Informationen gibt's in alternativen Wochenzeitungen über Kalendereinträge oder in den kostenlosen Online-Kleinanzeigen bei Craigs-list (www.craigslist.org). Die öffentliche Website Serve.gov und die privaten Websites Idealist.org und VolunteerMatch (www.volunteermatch.org) bieten kostenlos durchsuchbare Datenbanken mit kurz- und langfristigen Angeboten im ganzen Land.

Offiziellere Freiwilligen-Programme, insbesondere solche für internationale Reisende, verlangen in der Regel eine saftige Gebühr von 250 bis 1000 Dollar, je nach Dauer des Programms und den darin enthaltenen Leistungen (z. B. Unterkunft, Verpflegung). Keines dieser Programme deckt die Kosten für die Reise in die USA ab. Empfohlene Freiwilligenorganisationen:

Habitat for Humanity (www.habitat.org) konzentriert sich auf den Bau von erschwinglichen Wohnungen für Bedürftige.

Sierra Club (www.sierraclub.org) „Volunteer Vacations" restaurieren Wildnisgebiete und pflegen Wanderwege, auch in Nationalparks und Naturschutzgebieten.

Volunteers for Peace (www.vfp.org) Mehrwöchige Freiwilligenprojekte an der Basis mit Schwerpunkt auf Handarbeit und internationalem Austausch.

Wilderness Volunteers (www.wildernessvolunteers.org) Einwöchige Reisen zur Pflege von Nationalparks und Erholungsgebieten.

World Wide Opportunities on Organic Farms USA (www.wwoofusa.org) Vertritt mehr als 2000 Bio-Bauernhöfe in allen 50 Bundesstaaten, die freiwillige Helfer gegen Verpflegung und Unterkunft aufnehmen, wobei sowohl Kurz- als auch Langzeitaufenthalte möglich sind.

Gesundheit

Krankenversicherung

Die USA haben eines der weltbesten Gesundheitssysteme. Allerdings sind viele Behandlungen vor Ort ohne entsprechende Versicherung quasi unbezahlbar. Daher sollte man unbedingt eine entsprechende Reisekrankenversicherung abschließen bzw. einen bereits vorhandenen Schutz angemessen erweitern (jeweils inkl. stationärer Krankenhausaufenthalte, Notfallrettung bzw. -evakuierung, Rettungsflüge in die Heimat). Zudem gilt es herauszufinden, ob die eigene Versicherung direkt mit medizinischen Behandlungseinrichtungen im Ausland abrechnet. Andernfalls muss man nämlich zunächst selbst in Vorleistung gehen, bevor das Geld später zurückerstattet wird.

➡ Bei manchen Policen müssen Versicherungsnehmer vor Behandlungen im Ausland ein Callcenter kontaktieren, um sich die jeweiligen Maßnahmen nach Beurteilung der Situation genehmigen zu lassen.

➡ Wichtig: Zwecks reibungsloser Abwicklung mit dem jeweiligen Versicherer unbedingt alle medizinischen Dokumente (inkl. Rezepte) sorgfältig aufbewahren! Außerdem schließen manche Policen bestimmte „gefährliche Aktivitäten" (darunter fallen auch Tauchen, Skilaufen, Motorradfahren oder sogar Wandern) von vornherein komplett aus. Wer derlei plant, sollte seinen Vertrag daher ganz genau kennen!

Medizinische Versorgung & Kosten

➡ Die medizinische Versorgung in den USA ist von bester Qualität, aber immens teuer. Viele Mediziner bestehen auf sofortige Bezahlung, besonders bei der Behandlung von ausländischen Travellern und Leuten, die fremd in der Stadt sind.

➡ Bei medizinischen Notfällen die 911 anrufen oder zum nächsten Krankenhaus mit rund um die Uhr geöffneter Notaufnahme gehen. Ansonsten sollte man telefonisch nach einem Arzt suchen, der die Versicherung akzeptiert.

➡ Alle benötigten Medikamente sollten in deutlich beschrifteten Originalverpackungen transportiert werden. Gegebenenfalls sollte man auch eine ärztliche Bescheinigung auf die Reise mitnehmen, die detailliert Aufschluss über den Gesundheitszustand und alle verordneten Medikamente (inkl. internationaler Freinamen/Arzneimittelwirkstoffe) gibt.

Gesundheitsrisiken

DEHYDRATATION, HITZEERSCHÖPFUNG & HITZSCHLAG

➡ Man sollte es langsam angehen lassen, während man sich akklimatisiert – besonders an heißen Tagen und in der Wüste.

➡ Viel Wasser trinken! Bei körperlicher Anstrengung im Freien werden täglich etwa 3,5 l pro Person empfohlen.

➡ Dehydratation (Wassermangel) und Salzmangel können zur Hitzeerschöpfung führen, was sich oft durch starkes Schwitzen, Blässe, Müdigkeit, Kopfschmerzen, Übelkeit, Erbrechen, Schwindel, Muskelkrämpfe und Kurzatmigkeit zeigt.

➡ Wer sich über längere Zeit ununterbrochen hohen Temperaturen aussetzt, könnte einen schlimmstenfalls tödlichen Hitzschlag erleiden. Warnzeichen sind Bewusstseinstrübung, Hyperventilation sowie stark gerötete, heiße und trockene Haut (durch das Ausbleiben der Schweißabsonderung).

➡ Der Weg ins Krankenhaus ist unerlässlich. Sofortmaßnahmen: Aus der Sonne gehen, wärmespeichernde Kleidung ablegen (Baumwolle ist o.k.) und den überhitzten Körper kontinuierlich mit Wasser und/oder Luftzufuhr abkühlen. Hilfreich sind Eispackungen im Nacken, unter den Achseln und in der Leistengegend.

HÖHENKRANKHEIT

➡ Besucher aus tiefer gelegenen Gebieten erleben mitunter starke physiologische Veränderungen, wenn sich der Körper akklimatisiert.

➡ Zu den Symptomen, die am ersten Tag auftreten, zählen Kopfschmerzen, Müdigkeit, Appetitlosigkeit, Übelkeit, Schlaflosigkeit, verstärkter Harndrang und Hyperventilation aufgrund von Überanstrengung.

➡ Die Symptome klingen normalerweise innerhalb von 24 bis 48 Stunden ab.

➡ Eine Faustregel: Vor Abklingen der Symptome sollte man niemals noch weiter hinaufsteigen.

➡ In schweren Fällen können auch extreme Desorientierung, Ataxie (Störungen der Bewegungskoordination und des Gleichgewichts), Atemprobleme (vor allem hartnäckiger Husten) und Erbrechen auftreten. In so einem Fall sollte man sofort absteigen und ein Krankenhaus aufsuchen!

➡ Um die Beschwerden der oben genannten leichteren Symptome abzumildern, sollte man viel Wasser trinken und es langsam angehen lassen – in Santa Fe auf 2100 m Höhe setzt einem ein kleiner Spaziergang stärker zu als ein steiler Anstieg in tiefen Gefilden.

HYPOTHERMIE (UNTERKÜHLUNG)

➡ Skifahrer und Wanderer werden feststellen, dass die Temperaturen in den Bergen und Wüsten sehr schnell unter den Gefrierpunkt fallen können, besonders im Winter oder beim Canyoning. Selbst ein plötzlicher Frühlingsregen oder starke Winde

LEITUNGSWASSER

Sofern keine lokalen Warnungen bestehen, kann das Leitungswasser in den USA (inkl. Westen) bedenkenlos getrunken werden. Bei ungenießbarem kühlem Nass (z. B. in manchen Nationalparks oder State Parks) weisen Schilder mit Aufschrift Not Potable oder Not Safe to Drink (jeweils „Kein Trinkwasser") darauf hin.

können bedrohlich schnell eine Absenkung der Körpertemperatur verursachen.

➡ Statt Baumwollsachen sollte man Kleidung aus Synthetik oder Wolle anziehen, da diese auch bei Feuchtigkeit Wärme speichern. Auf jeden Fall auch wasserdichte Kleidung (z. B. Gore-Tex-Jacken, Regencapes, Regenhosen) und energiespendende, leicht verdauliche Snacks wie Schokolade, Nüsse und Dörrobst dabeihaben!

➡ Anzeichen einer Unterkühlung sind beispielsweise Erschöpfung, Benommenheit, Schüttelfrost, unsicherer Gang, Lallen, Schwindel, Muskelkrämpfe und Beeinträchtigung des Urteilsvermögens bis hin zur Gewalttätigkeit.

➡ Zur Behandlung von Hypothermie umgehend ins Warme und Trockene begeben und frische, warme Kleidung anziehen. Heiße Getränke (allerdings ohne Koffein und/oder Alkohol) und kalorienreiche Nahrung zu sich nehmen!

➡ Patienten in fortgeschrittenen Stadien der Hypothermie vorsichtig in einen warmen Schlafsack in einem wind- und wassergeschützten Bereich packen! Keinesfalls sollte man deren Körper warm reiben – die Betroffenen müssen behutsam behandelt werden.

Geld

Geldautomaten gibt es in den USA überall. Die meisten amerikanischen Hotels, Restaurants und Läden akzeptieren Kreditkarten (für Zimmerreservierungen und Mietwagen sind diese obligatorisch).

Bargeld

Die meisten Amerikaner tragen im Alltag keine großen Bargeldsummen bei sich. Sie verlassen sich auf Geldautomaten, Kredit- bzw. Lastschriftkarten oder Smartphones. Für Touristen empfiehlt sich dennoch stets ein gewisser Dollar-Vorrat in bar: Campingplätze, Cafés und Restaurants akzeptieren mitunter kein Plastikgeld.

Geldautomaten

➡ Geldautomaten sind in den meisten Banken, Einkaufszentren, Flughäfen und größeren Supermärkten zu finden.

➡ Pro Transaktion wird eine Gebühr von mindestens 2,50 US$ fällig; hinzu kommen die Gebühren der eigenen Bank. An Geldautomaten in Las Vegas werden mitunter 5 US$ fällig.

➡ Die meisten Geldautomaten sind an internationale Debitkartensysteme angeschlossen und haben ordentliche Wechselkurse.

➡ Wer mit der Kreditkarte Geld vom Automaten abhebt, muss mit heftigen Gebühren und Zinssätzen rechnen. Achtung: Es wird die PIN benötigt!

Geldwechsel

➡ Geld wechseln kann man an den großen Flughäfen, in einigen Banken und in Wechselstuben wie **American Express** oder **Travelex**. Immer zuerst nach den Wechselkursen und Gebühren fragen!

➡ Außerhalb der Großstädte könnte es schwierig werden, Geld umzutauschen. Deshalb sollte man immer eine Kreditkarte und ausreichend Dollars mit sich führen.

Kreditkarten

Bekannte Kreditkarten (Visa, MasterCard und American Express) werden fast überall akzeptiert. Tatsächlich ist es fast unmöglich, ohne eine Kreditkarte ein Auto zu mieten, ein Zimmer zu buchen oder telefonisch Tickets zu kaufen. Im Notfall können Kreditkarten sogar die Rettung sein.

Reiseschecks

➡ Reiseschecks werden heutzutage nur noch selten genutzt.

➡ Größere Restaurants, Hotels und Kaufhäuser nehmen sie oft noch an (nur in US-Dollar), kleinere Geschäfte, Märkte und Fastfood-Ketten lehnen sie sehr wahrscheinlich ab.

Steuern

➡ Die Verkaufssteuer variiert je nach Bundesstaat und County; sie reicht von 0 % in Montana bis 7,25 % in Kalifornien.

➡ Die Hotelsteuern fallen je nach Stadt unterschiedlich aus.

Trinkgeld

Trinkgelder sind in den USA als obligatorisch anzusehen. Nur wenn der Service wirklich außerordentlich schlecht ist, sollte man gar nichts geben.

Barkeeper 10–15 %/Runde, min. 1 US$/Getränk

Concierge Für einfache Infos nichts, doch bis zu 20 US$ für schwierige Reservierungen, Karten für ausverkaufte Shows etc.

Gepäckträger am Flughafen und Hotelpagen 2 US$/Gepäckstück, min. 5 US$/Gepäckwagen

PREISKATEGORIEN: ESSEN

Die folgenden Angaben gelten jeweils für ein normales Hauptgericht am Abend. Getränke, Vorspeisen, Desserts, Steuern und Trinkgelder kommen stets noch extra hinzu. Tipp: Dieselben Speisen sind mittags meist günstiger (teils um bis zu 50 %).

**$** unter 15 US$

**$$** 15–25 US$

**$$$** über 25 US$

Kellner und Zimmerservice 15–20 % (sofern nicht bereits in der Rechnung enthalten)

Parkservice Min. 2 US$ bei Rückgabe des Autoschlüssels

Taxifahrer 10–15 % des Fahrpreises (auf den nächsten vollen Dollarbetrag aufrunden)

Zimmermädchen 2–4 US$/Tag unter der vorgesehenen Karte; mehr bei großer Unordnung.

Gefahren & Ärgernisse

Der westliche Teil der USA ist ein recht sicheres Reiseziel: Die größte Gefahr sind hier Verkehrsunfälle (Risiko bei Dunkelheit steigend).

➡ Von den Großstädten im US-Westen hat L. A. die höchste Kriminalitätsrate. Aber auch dort werden Touristen generell nur sehr selten zu Opfern von Gewaltverbrechen.

➡ In manchen Nationalparks gibt's potenziell Probleme mit Wildtieren, wenn lokal angebrachte Vorsichtsmaßnahmen (z. B. in puncto Lebensmittellagerung) nicht beachtet werden.

Internetzugang

➡ In den technikbegeisterten USA kommt man größtenteils problemlos ins Netz. Die meisten amerikanischen Hotels, Motels, Hostels und Pensionen offerieren WLAN (meist gratis; eventuelle Gebühren beim Buchen erfragen).

➡ Gratis-WLAN gibt's landesweit auch in den meisten Cafés und manchen Restaurants. Zu den lokalen Drahtlos-Hotspots zählen zudem diverse großstädtische Parks und Plätze sowie öffentliche Bibliotheken. Letztere haben meist auch öffentliche Internetterminals (teils mit Zeitlimit) – gut für Traveller ohne onlinefähige Endgeräte.

➡ Wichtig: Für Laptops aus der Heimat wird – sofern sie keine Spannung mit 110 V vertragen – ein Wechselstromadapter benötigt. Problemlos erhältlich sind sie wie auch die generell erforderlichen Adapter für die amerikanischen Steckdosen in Elektronikläden wie beispielsweise Best Buy.

LGBTIQ+

LGBTIQ-Traveller finden eine Menge Orte, an denen sie ganz unbefangen sie selbst sein können. Strände und Großstädte sind in der Regel die schwulenfreundlichsten Ziele.

Akzeptanz

Die meisten größeren Städte in den USA haben eine deutlich wahrnehmbare, offene schwul-lesbische Gemeinde.

Die Akzeptanz schwul-lesbischer Partnerschaften unterscheidet sich im Westen der USA von Region zu Region. Mancherorts ist Toleranz ein absolutes Fremdwort, anderswo werden Schwule, Lesben, Bi- oder Transsexuelle geduldet, solange sie ihre sexuellen Neigungen nicht öffentlich zur Schau stellen. In ländlichen und extrem konservativen Gegenden ist davon abzuraten, sich offen zu outen, da hier Homosexuelle gelegentlich Beschimpfungen über sich ergehen lassen müssen oder gar körperlichen Übergriffen ausgesetzt sind. Im Zweifel sollte man davon ausgehen, dass die Leute einen nicht fragen, aber auch nicht mitgeteilt bekommen wollen, welche sexuelle Ausrichtung man hat.

Nach der 2015 gefällten Grundsatzentscheidung des Obersten Gerichtshofs der USA müssen alle US-Staaten eventuell bestehende Verbote gleichgeschlechtlicher Ehen aufheben.

Hotspots

San Francisco gilt weithin als Amerikas schwul-lesbische Hauptstadt. Lebendige und offen agierende LGBTIQ-Szenen bzw. -Gemeinden gibt's aber auch in L. A., Seattle, Las Vegas, Palm Springs und Denver.

Infos im Internet

Advocate (www.advocate.com) Schwulenorientierte Website mit News aus Business, Politik, Kunst, Unterhaltung und Tourismus.

Gay Travel (www.gaytravel.com) Online-Reiseführer für die kompletten USA.

GLBT National Help Center (www.glbthotline.org) Landesweite Hotline für Beratung, Informationen und Tipps.

National LGBTQ Task Force (www.thetaskforce.org) Website der landesweiten Aktivistengruppe mit News und Infos zu Politik und Aktuellem.

OutTraveler (www.outtraveler.com) Nützliche Online-Stadtführer sowie Artikel zu Zielen im In- und Ausland.

Purple Roofs (www.purpleroofs.com) Liste mit schwulenfreundlichen und von Schwulen betriebenen B & Bs und Hotels.

Öffnungszeiten

Banken Mo–Do 8.30–16.30, Fr bis 17.30 Uhr; teils auch Sa 9–12 Uhr

Bars So–Do 17–24, Fr & Sa bis 2 Uhr

Einkaufszentren 9–21 Uhr

Einzelhandel Mo–Sa 10–18, So 12–17 Uhr

Nachtclubs Do–Sa 22–2 Uhr

Postfilialen Mo–Fr 9–17 Uhr

Supermärkte 8–20 Uhr, teils auch 24 Std.

Post

➡ Die US-amerikanische Post arbeitet zuverlässig und ist günstig. Alle Informationen, z. B. Adressen und Öffnungszeiten von Postämtern, bekommt man rund um die Uhr telefonisch oder auf der Website des US Postal Service (www.usps.com).

➡ Für Eilsendungen, wichtige Briefe oder Pakete lohnen

sich Kurierdienste wie Federal Express (www.fedex.com) und United Parcel Service (www.ups.com), die zwar teurer sind, die Sendung aber im In- und Ausland direkt und schnell zustellen.

Rechtsfragen

Bußgelder für alltägliche Ordnungswidrigkeiten (z. B. im Straßenverkehr) sind von Sündern, die ertappt wurden, keineswegs an Ort und Stelle zu bezahlen: Wer Bußgelder direkt beim Polizisten begleichen möchte, wird bestenfalls schief angeguckt und schlimmstenfalls wegen eines Bestechungsversuchs angeklagt. Bei Verkehrsverstößen erklärt der jeweilige Ordnungshüter, welche Möglichkeiten man bei der Zahlung hat und wo man zahlen kann. Normalerweise muss man die Strafe innerhalb von den nächsten 30 Tagen bezahlen. Die meisten rechtlichen Angelegenheiten lassen sich dann auch postalisch regeln.

Wer festgenommen wird, hat das Recht zu schweigen und einen Anwalt zu verlangen. Es gibt also rechtlich gesehen keinen Grund, mit einem Polizisten zu sprechen, wenn man das nicht möchte. Aber man sollte sich nie ohne ausdrückliche Erlaubnis von ihm entfernen.

Allen Verhafteten ist grundsätzlich ein Telefonat gestattet. Wer sich keinen Anwalt leisten kann, dem wird kostenlos ein Pflichtverteidiger gestellt. Ausländer ohne anwaltliche, familiäre oder anderweitige Unterstützung sollten ihre Botschaft kontaktieren; die Nummer erhält man bei Bedarf von der Polizei.

Prinzipiell gilt im US-amerikanischen Rechtssystem die Unschuldsvermutung. Alle Bundesstaaten haben eigene Zivil- und Strafgesetze – was in dem einen Staat erlaubt ist, kann anderswo illegal sein.

Reisen mit Behinderung

➡ Für Touristen mit körperlichem Handicap sind die USA ein verhältnismäßig gut zu bereisendes Ziel: Dank des Americans with Disabilities Act (ADA) müssen öffentliche Verkehrsmittel, alle öffentlichen Gebäude und alle nach 1993 entstandenen Privatimmobilien (auch Hotels, Restaurants, Theater, Museen) barrierefrei zugänglich sein. Sicherheitshalber sollte man sich aber stets vorab per Telefon nach lokal vorhandenen Einrichtungen erkundigen. Diese werden auch detailliert von speziellen Broschüren einiger Visitor Centers aufgeführt.

➡ Ergänzend stellt Lonely Planet den englischsprachigen Führer Accessible Travel (http://lptravel.to/AccessibleTravel) gratis zum Download bereit.

➡ US-Telefongesellschaften offerieren über Fernschreibernummern (TTY) einen speziellen Service für Gehörlose. Die Geldautomaten der meisten Banken bieten Bedienungshinweise in Blindenschrift und Kopfhöreranschlüsse für hörgeschädigte Nutzer. Alle großen Fluglinien, Greyhound-Busse und Amtrak-Züge sind auf Passagiere mit Handicap eingestellt: Mindestens 48 Stunden im Voraus reservieren und seine Bedürfnisse anmelden, damit alles Nötige veranlasst wird! Blindenhunde dürfen gegen offiziellen Nachweis mit an Bord.

➡ Manche Autovermieter (z. B. Avis, Hertz) bieten handgesteuerte Fahrzeuge und Vans mit Rollstuhllift ohne Aufpreis an. Diese müssen aber lange im Voraus reserviert werden. Alternativ verleiht Accessible Vans of America (www.accessiblevans.com) landesweit behindertengerechte Vans. Viele Städte und Ortschaften betreiben barrierefreie bzw. absenkbare Nahverkehrsbusse – einfach dem Fahrer mitteilen, dass der Lift oder die Rampe benötigt wird!

➡ Viele National Parks, aber auch einige State Parks und Recreation Areas haben rollstuhlfreundliche Wege (asphaltiert, planiert oder aus Holzplanken). Auf der Website von Rails-to-Trails Conservancy (www.traillink.com/activity/wheelchair-accessible-trails) gibt's ein Verzeichnis, das nach Bundesstaaten geordnet ist.

Infos im Internet

Einige nützlicheAdressen für Traveller mit Behinderungen:

Access Northern California (http://accessnca.com) Umfangreiche Links zu Websites für Reisende mit Behinderungen zu Barrierefreiheit, Publikationen, Touren, Verkehr und Outdoor-Aktivitäten. Datenbank für Unterkünfte und Event-Kalender.

Arizona Raft Adventures (www.azraft.org) Vermittelt Reisenden mit Handicap Rafting-Touren durch den Grand Canyon.

Disabled Sports USA (☎301-217-0960; www.disabledsportsusa.org) Sport-, Abenteuer- und Freizeitaktivitäten für Menschen mit Behinderung. Veröffentlicht das Monatsmagazin *Challenge*.

Mobility International USA (☎541-343-1284; www.miusa.org; 132 E Broadway, No 343, Eugene; ⊙Mo–Fr 9–17 Uhr) Berät USA-Touristen mit Handicap in Mobilitätsfragen.

Splore (https://discovernac.org/programs/splore-outdoor-adventures) Organisiert barrierefreie Outdoor-Abenteuer in Utah.

Mobility International Schweiz (www.mis-ch.ch) Allgemeines.

MyHandicap Deutschland (www.myhandicap.de) Allgemeine Infos.

MyHandicap Schweiz (www.myhandicap.ch) Allgemeine Infos.

Nationale Koordinierungsstelle Tourismus für Alle e. V. (www.natko.de) Allgemeines.

Strom

Typ A
120V/60Hz

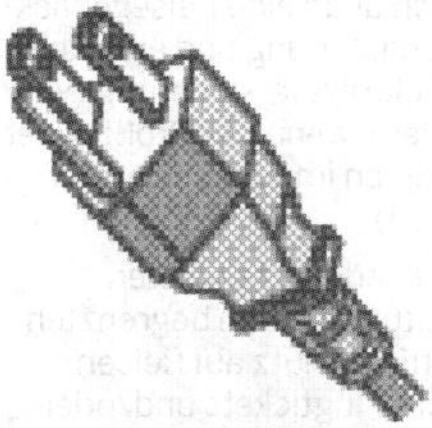

Typ B
120V/60Hz

Telefon

Handys

Ausländische Handys benötigen zwingend eine Tri- oder Quadband-Ausstattung, um in den USA funktionieren zu können. Besitzer solcher Geräte sollten sich vorab unbedingt beim jeweiligen Netzbetreiber nach den Nutzungsbedingungen bzw. anfallenden Roaming-Gebühren in Amerika erkundigen: Selbst Ortsgespräche per Handy werden hier potenziell zu teuren Auslandsverbindungen.

➡ Wer als günstigere Alternative eine US-Handynummer inklusive Mailbox haben möchte, kann sein Tri- oder Quadband-Gerät mit einer kompatiblen amerikanischen Prepaid-SIM-Karte (etwa von AT&T oder Verizon) versehen. Telestial (www.telestial.com) bietet solche Karten sogar inklusive Leihhandy an.

Traveller ohne kompatibles Mobiltelefon können sich ohne Vertrag ein günstiges Prepaid-Handy mit US-Nummer und bestimmtem Gesprächsguthaben zulegen. Das Guthaben lässt sich nach Bedarf aufladen. Über Elektronikläden (z. B. Radio Shack, Best Buy) bieten u. a. Virgin Mobile, T-Mobile, AT&T und Verizon solche Handys ab ca. 20 US$ an (zzgl. Gesprächsguthaben ab ca. 20 US$/400 Minuten, Flatrate ab ca. 30 US$/Monat).

Die Mobilfunknetze von Verizon und AT&T zählen zu den größten des Landes. Bei Verizon ist die Netzabdeckung in ländlichen Gebieten meist ein bisschen besser. Doch Vorsicht: In weiten Teilen der amerikanischen Wildnis (u. a. in Nationalparks, Freizeitgebieten) gibt's keinen Empfang. Daher vorab die Abdeckung beim jeweiligen Netzbetreiber ermitteln!

Münz- & Kartentelefone

➡ Dort, wo es noch Telefonzellen gibt, handelt es sich in der Regel um Münztelefone. Vereinzelt findet man auch noch Kartentelefone vor (z. B. in den National Parks).

➡ Ortsgespräche kosten normalerweise zwischen 0,35 und 0,50 US$.

➡ Wer ein Ferngespräch führen möchte, sollte sich besser eine Prepaid-Telefonkarte kaufen, die in Supermärkten, Elektronikläden und an Zeitungsständen erhältlich sind.

Vorwahlen

➡ Alle US-Telefonnummern bestehen aus einer dreistelligen Ortsvorwahl und einer siebenstelligen Anschlussnummer.

➡ Normalerweise müssen auch bei Ortsgesprächen alle zehn Ziffern gewählt werden.

➡ Für ein Ferngespräch muss man die ☎1 wählen, gefolgt von der Ortsvorwahl und der Telefonnummer.

➡ Gebührenfreie Nummern beginnen mit ☎800, 866, 877 oder 888, denen immer eine ☎1 vorangestellt wird.

➡ Wer ein Auslandsgespräch führen will, wählt zuerst die ☎011, dann die Ländervorwahl, darauf die Ortsvorwahl (dabei fällt die „0" normalerweise weg) und dann die Nummer des gewünschten Anschlusses.

➡ Die Vermittlung internationaler Gespräche erreicht man unter ☎00.

➡ Die internationale Vorwahl der USA ist ☎1 (die Vorwahl für Ferngespräche in die USA und nach Kanada ist identisch; dennoch handelt es sich zwischen beiden Ländern um Auslandsgespräche).

Toiletten

Sitz-WCs im westlichen Stil sind Standard in Amerika. An den großen Highways der meisten US-Bundesstaaten gibt's Rastplätze mit gebührenfreien Toilettenhäuschen. Ansonsten empfehlen sich die Örtchen von Tankstellen, Cafés und Kettenrestaurants. Diese sind eigentlich jeweils für zahlende Kunden gedacht, lassen sich bei höflicher Nachfrage aber manchmal gratis benutzen. Öffentliche Gebäude (z. B. Flughäfen, Bahnhöfe, Busbahnhöfe, Bibliotheken, Museen) haben meist kostenlose Besuchertoiletten.

Kommunale sanitäre Anlagen sind in den ganzen USA generell recht rar.

Touristeninformation

➡ Die meisten Touristeninformationen haben eine Website, auf der man sich kostenlos e-Guides herunterladen kann. Die Büros geben auch telefonisch Auskunft. Manche aktualisieren täglich ihr Verzeichnis der freien Hotelzimmer, aber nur wenige nehmen auch Reservierungen vor. Alle haben Auslagen mit kostenlosen Broschüren und Rabattgutscheinen; einige verkaufen auch Karten und Bücher.

➡ Die Welcome Center der verschiedenen Bundesstaaten befinden sich meistens an den Autobahnen. Sie bieten Infomaterial zu größeren Gebieten und haben in der Regel länger geöffnet – auch an Wochenenden und Feiertagen.

➡ Viele Städte unterhalten offizielle Convention & Visitor Bureaus (CVB), die zum Teil auch als Touristeninformation fungieren. Da ihr Hauptinteresse Geschäftsreisenden gilt, sind sie für Individualreisende möglicherweise weniger interessant.

➡ In kleineren Städten wird die Touristeninformation häufig von der örtlichen Handelskammer betrieben. In aller Regel führen sie in ihren Hotel-, Restaurant- und Dienstleistungsverzeichnissen nur Mitglieder der Kammer auf und unterschlagen vielleicht günstigere Alternativen.

➡ Auch versteckt sich in beliebten Touristenorten hinter einer privaten Touristeninformation manchmal eine Agentur, die gegen Provision Hotelzimmer und Touren bucht. Service und Angebote sind mitunter exzellent, doch bekommt man eben nur das, was sie verkaufen und nichts darüber hinaus.

Verantwortungsbewusstes Reisen

Die Staaten im Westen haben im Thema Nachhaltigkeit die unterschiedlichsten politischen Herangehensweisen: Washington, Oregon und Kalifornien haben z. B. die fortschrittlichsten Gesetze und Strategien zur Nachhaltigkeit. 2019 erließ zuerst Kalifornien und dann Oregon bahnbrechende Gesetze zur Bekämpfung des Klimawandels – ein deutliches Zeichen, denn allein Kalifornien hat die achtgrößte Volkswirtschaft der Welt.

Beeindruckend: Eine der nachhaltigsten Städte in den USA ist Portland, Oregon. Die Stadt verfügt über einen der landesweit stärksten und umfassendsten Pläne für intelligentes Wachstum und hat seit den 1970er-Jahren eine Vielzahl grüner Initiativen auf den Weg gebracht. Im Jahr 1993 war Portland die erste Stadt im Land, die Maßnahmen zur Verringerung des Kohlenstoffausstoßes einführte: Die gesamten Kohlendioxidemissionen sind seit 1990 um 21 % zurückgegangen, während die Bevölkerung um 33 % gewachsen ist und 90 000 neue Arbeitsplätze in der Stadt entstanden sind. Zudem ist Portland Vorreiter beim Verbot von Einwegplastik.

Die schrecklichen Waldbrände, die in den Jahren 2020 und 2021 in Kalifornien verheerend wüteten, haben die steigenden Temperaturen und andere mit dem Klimawandel zusammenhängende Veränderungen deutlich vor Augen geführt. Laut einem Bericht aus dem Jahr 2022 herrscht in weiten Teilen des Südwestens der USA seit mehr als zwei Jahrzehnten eine Dürre – die schlimmste der letzten 1200 Jahre! Wenn Seen und Flüsse austrocknen, werden sich die Folgen der Wassernutzung – vor allem in Orten wie Las Vegas – zwangsläufig auf viele Tourismusbetriebe und -attraktionen auswirken.

Im Westen der USA ist Nachhaltigkeit momentan aber immer noch eher ein Leitprinzip für zahlreiche Privatunternehmen als das Ergebnis staatlicher Maßnahmen. Deswegen sollte man am besten die Unternehmen unterstützen, die bereits nachhaltig produzieren bzw. Produkte aus der Region verwenden und auf saubere Energie setzen.

Die Unterstützung kleiner lokaler Unternehmen ist eine gute Möglichkeit, lokale Gemeinschaften zu fördern

Versicherung

Ein absolutes Muss ist eine angemessene Reiseversicherung, die neben Verlust und Diebstahl auch alle medizinischen Behandlungen in den USA abdeckt (s. „Krankenversicherung", S. 500). Gegebenenfalls empfehlen sich auch eine Reisegepäckversicherung und eine Reiserücktrittsversicherung (vor allem, wenn der Großteil der Kosten im Voraus bezahlt wird).

➡ Kreditkarten bieten mitunter einen begrenzten Unfallschutz auf Reisen, falls Flugtickets und/oder Mietwagen per Plastikgeld bezahlt werden (beim jeweiligen Kartenaussteller nachfragen!).

➡ Wichtig: Unbedingt rechtzeitig vor dem Start die jeweilige Auslandsdeckung bereits vorhandener Policen (Kranken- und Hausratsversicherung) ermitteln und den entsprechenden Schutz bei Bedarf ausreichend erweitern!

Visa

Zum Zeitpunkt der Recherche dieses Buches müssen Nicht-US-Bürger vor dem Flug in die USA eine vollständige Impfung (mit einem offiziell zugelassenen Impfstoff) gegen COVID-19 nachweisen. Alle Reisenden müssen sich außerdem spätestens 24 Stunden vor dem Flug in die USA einem COVID-Test unterziehen und ein negatives Ergebnis nachweisen oder den Nachweis erbringen, dass sie innerhalb der letzten drei Monate COVID hatten. Die neuesten Einreisebestimmungen finden Sie unter https://travel.state.gov und www.germany.info/us-de/service/corona/2313816

Im Rahmen des Visa Waiver Program (VWP) können sich Bürger bestimmter Staaten (u. a. EU-Bürger und Schweizer) maximal 90 Tage lang visumfrei in den USA aufhalten, sofern der Besuch rein touristischen Zwecken dient. Voraussetzungen hierfür sind ein gültiger Reisepass und die rechtzeitige Online-Registrierung beim Electronic System for Travel Authorization (ESTA).

Achtung: Die strengen offiziellen US-Einreisebestimmungen werden ständig überarbeitet und können sich daher jederzeit ändern. Daher den aktuellen Stand unbedingt rechtzeitig und vollständig vor dem Start ermitteln!

Die umfangreichsten Infos hierzu liefert die Website des amerikanischen Außenministeriums (US State Department; https://travel.state.gov). Dort findet man auch herunterladbare Formulare und Verzeichnisse mit US-Auslandsvertretungen. Hinzu kommen Richtwerte bezüglich der länderabhängigen Bearbeitungszeit von Visumanträgen.

Ergänzend lohnt sich stets ein Blick auf die Website des eigenen Außenministeriums.

Visa Waiver Program & ESTA

➡ Das Visa Waiver Program (VWP) ermöglicht momentan Staatsbürgern von 38 Ländern (u. a. Deutschland, Österreich, Schweiz) einen visumfreien Aufenthalt von bis zu 90 Tagen.

➡ Erste Voraussetzung für die Teilnahme am VWP ist ein maschinenlesbarer Reisepass, der nach dem Datum der geplanten Abreise noch mindestens sechs Monate lang gültig sein muss. Am oder nach dem 26. Oktober 2006 ausgestellte Pässe müssen elektronische Versionen mit Digitalfoto und biometrischen Daten auf einem internen Chip sein. Achtung: Wenn der Reisepass nicht komplett allen aktuellen US-Bestimmungen entspricht, wird die Einreise kategorisch verweigert!

➡ VWP-Besucher müssen glaubhaft nachweisen können, dass ihr Aufenthalt in den USA maximal 90 Tage dauern wird und einem rein touristischen Zweck dient. In diesem Zusammenhang ist ein Anschluss- bzw. Rückreiseticket vorzulegen.

➡ Eine Anreise auf dem Luft- oder Seeweg muss mit einer Flug- bzw. Schiffsgesellschaft erfolgen, die offiziell im Ramen des VWP-Programms anerkannt ist.

➡ VWP-Besucher brauchen eine bestätigte Registrierung beim ESTA (Electronic System for Travel Authorization). Diese ist spätestens 72 Stunden vor der Einreise durch Anmeldung auf dem ESTA-Portal der US-Heimatschutzbehörde (Department of Homeland Security; https://esta.cbp.dhs.gov/esta) zu erlangen sowie online zu bezahlen (14 US$ für Bearbeitung und Autorisierung). Nach der Bestätigung gilt die Registrierung zwei Jahre lang.

➡ Bei der Anmeldung sind personenspezifische Daten (u. a. Name, Adresse, Reisepassnummer) online auf der ESTA-Website einzugeben. Danach bekommt man eine von drei Antworten: In den meisten Fällen heißt's innerhalb von ein paar Minuten *Authorization Approved* (Einreisegenehmigung erteilt). Bei *Authorization Pending* (Einreisegenehmigung wird geprüft) muss der Status innerhalb von 72 Stunden erneut eingesehen werden. Und bei *Travel not Authorized* (Einreisegenehmigung verweigert) ist ein normales Visum persönlich bei einer US-Auslandsvertretung in der Heimat zu beantragen.

➡ Letzteres gilt auch grundsätzlich, wenn man länger als 90 Tage in Amerika bleiben und/oder dort einen nicht-touristischen Aufenthalt (z. B. zwecks Studieren oder Arbeiten) verbringen will. Entsprechende Anträge jeweils unbedingt rechtzeitig stellen! Vorab hilft hierbei der Visa Wizard auf der Website des amerikanischen Außenministeriums (US State Department; https://travel.state.gov).

Visumantrag

➡ Sofern sie nicht die Staatsbürgerschaft Kanadas oder eines am Visa Waiver Program (VWP) teilnehmenden Landes besitzen, brauchen Ausländer für den Besuch der USA ein Visum. Einzelheiten zu den Visabestimmungen erfährt man unter https://travel.state.gov.

➡ Antragsteller müssen meist einen persönlichen Termin vereinbaren, zu dem alle Dokumente und Quittungen für die bezahlten Gebühren mitzubringen sind. Die Wartezeiten für einen solchen Termin sind unterschiedlich, anschließend dauert die Ausstellung des Visums im Normalfall ein paar Tage bis einige Wochen.

➡ Man benötigt ein aktuelles Passbild (5,1 × 5,1 cm) und muss eine nicht erstattbare Bearbeitungsgebühr von 160 US$ bezahlen, in einigen wenigen Fällen noch eine Empfangsgebühr für das eigentliche Visum. Außerdem muss man noch online das Antragsformular DS-160 für Nicht-Immigranten ausfüllen.

➡ Je nach Typ des beantragten Visums müssen Antragsteller meist den Zweck ihrer Reise belegen und nachweisen, dass sie die USA nach der Reise wieder verlassen werden und die Möglichkeit besitzen, alle mit der Reise verbundenen Kosten abzudecken. Weitere Einzelheiten erfährt man auf der Website.

Kurzfristige Aus- & Wiedereinreise

➡ Ein kurzer Trip über die Grenze nach Kanada oder Mexiko ist verlockend einfach. Bei der Wiedereinreise in die USA werden Nicht-Amerikaner jedoch erneut der gesamten Einreiseprozedur unterzogen.

➡ Deshalb sollte man beim Überqueren der Grenze unbedingt immer den Reisepass dabeihaben.

➡ Wenn die Einreisebescheinigung noch lange gültig ist, ist eine Wiedereinreise unproblematisch möglich. Andernfalls aber werden die Grenzbeamten die gleichen Dokumente sehen wollen wie bei der ersten Einreise (Rück- oder Anschlussflugticket, Finanzierungsnachweis usw.).

➡ Bürger der meisten westlichen Länder benötigen kein Visum für Kanada.

➡ Wer per Bus aus Kanada in die USA einreist, könnte eingehend überprüft werden. Eine Rückfahrkarte dürfte die US-Beamten weniger misstrauisch machen.

➡ Zum Recherchezeitpunkt benötigten die meisten Ausländer für kurze Aufenthalte in Mexiko kein separates Visum (je nach Nationalität beschränkt auf 90–180 Tage).

Zeit

➡ Die größten Teile von Colorado, Wyoming, Montana, Idaho, Utah, New Mexico und Arizona folgen der Mountain Standard Time (MEZ –8 Std.), Kalifornien, Nevada, Oregon und Washington im Allgemeinen der Pacific Standard Time (MEZ –9 Std.). Es gibt innerhalb der Staaten einige regionale Abweichungen.

➡ Die Sommerzeit (+ 1 Std.) gilt vom zweiten Sonntag im März bis zum ersten Sonntag im November.

➡ Arizona wendet die Sommerzeit nicht an. Davon ausgenommen ist das Territorium der Navajo Nation, das in Arizona, New Mexico und Utah liegt. In der Hopi Reservation in Arizona wiederum, die gänzlich vom Territorium der Navajo Nation umschlossen ist, werden wie auch sonst in Arizona die Uhren nicht umgestellt.

Die US-amerikanische Datumsschreibweise ist Monat/Tag/Jahr. Aus dem 8. Juni 2020 z. B. wird also 6/8/20.

Zoll

Eine vollständige und aktuelle Liste der US-amerikanischen Zollbestimmungen enthält das offizielle Portal der Zoll- und Grenzschutzbehörde US Customs and Border Protection (www.cbp.gov).

Die folgenden Waren darf man in der Regel zollfrei einführen (Angaben jeweils pro Person):

➡ 1 l Spirituosen (Mindestalter 21 Jahre)

➡ 100 Zigarren und 200 Zigaretten (Mindestalter 18 Jahre)

➡ Geschenke und Einkäufe im Wert von 200 US$

➡ Geldbeträge ab 10 000 US$ (auch in Fremdwährungen) müssen bei der Einreise beim Zoll angeben werden.

Die Einfuhr jeglicher illegaler Drogen wird streng bestraft. Striktes Importverbot gilt auch für Drogenzubehör, Feuerwaffen (inkl. Munition), Lotteriescheine und gefälschte Markenartikel – ebenso für die meisten Produkte, die in Kuba, Myanmar (Burma), bestimmten Teilen des Sudans oder in Iran hergestellt wurden. Alle Lebensmittel und/oder Pflanzenprodukte (inkl. Obst, Gemüse) sind beim Zoll anzugeben, was eine sehr zeitaufwendige Gepäckdurchsuchung nach sich zieht. Ansonsten muss man entsprechende Waren vor der Zollkontrolle restlos in den dafür vorgesehenen Behältern in der Ankunftshalle entsorgen.

Verkehrsmittel & -wege

AN- & WEITERREISE

Einreise in den Westen der USA

Erfolgt die Einreise in die USA per Flugzeug, müssen am ersten Flughafen, auf dem man landet, die Einreise- und Zollformalitäten erledigt werden – auch wenn man anschließend zu einem anderen Ziel weiterfliegt. Bei der Einreise werden Fingerabdrücke abgenommen und die biometrischen Daten geprüft.

Reisepass

➡ Wer aus dem Ausland in die USA einreisen will, benötigt einen gültigen Reisepass, der den Bestimmungen der Western Hemisphere Travel Initiative (WHTI) entsprechen muss: Insbesondere die Teilnahme am Visa Waiver Program (VWP; u.a. für EU-Bürger und Schweizer möglich) erfordert einen maschinenlesbaren E-Reisepass (Machine-Readable Passport; MRP) mit Digitalfoto und biometrischen Daten auf einem integrierten RFID-Chip (Radio Frequency Identification).

➡ Bei Reisenden aus den meisten Ländern muss die Gültigkeit des Passes nur die geplante Aufenthaltsdauer in Amerika abdecken. Bei bestimmten Nationalitäten sowie längeren und/oder nicht-touristischen Aufenthalten hat das Dokument aber potenziell noch länger gültig zu sein. Die neuesten Details hierzu liefert jeweils das Six-Month Club Update der amerikanischen Zoll- und Grenzschutzbehörde (US Customs & Border Protection).

➡ Achtung: Die Einreise wird ausnahmslos verweigert,

REISEN & KLIMAWANDEL

Der Klimawandel stellt eine ernste Bedrohung für unsere Ökosysteme dar. Zu diesem Problem tragen Flugreisen immer stärker bei. Lonely Planet sieht im Reisen grundsätzlich einen Gewinn, ist sich aber der Tatsache bewusst, dass jeder seinen Teil dazu beitragen muss, die globale Erwärmung zu verringern.

Fast jede Art der motorisierten Fortbewegung erzeugt CO_2 (die Hauptursache für die globale Erwärmung), doch Flugzeuge sind mit Abstand die schlimmsten Klimakiller – nicht nur wegen der großen Entfernungen und der entsprechend großen CO_2-Mengen, sondern auch, weil sie diese Treibhausgase direkt in hohen Schichten der Atmosphäre freisetzen. Die Zahlen sind erschreckend: Zwei Personen, die von Europa in die USA und wieder zurück fliegen, erhöhen den Treibhauseffekt in demselben Maße wie ein durchschnittlicher Haushalt in einem ganzen Jahr.

Die englische Website www.climatecare.org und die deutsche Website www.atmosfair.de bieten sogenannte CO_2-Rechner. Damit kann jeder ermitteln, wie viele Treibhausgase seine Reise produziert. Das Programm errechnet den zum Ausgleich erforderlichen Betrag, mit dem der Reisende nachhaltige Projekte zur Reduzierung der globalen Erwärmung unterstützen kann, z.B. Projekte in Indien, Honduras, Kasachstan und Uganda.

Lonely Planet unterstützt gemeinsam mit Rough Guides und anderen Partnern aus der Reisebranche das CO_2-Ausgleichs-Programm von climatecare.org. Alle Reisen von Mitarbeitern und Autoren von Lonely Planet werden ausgeglichen. Weitere Informationen gibt's auf www.lonelyplanet.com.

AUSREISESTEUER

Die Steuer ist immer bereits im Ticketpreis enthalten.

falls der Reisepass nicht allen aktuellen US-Bestimmungen entspricht!

Flugzeug

Flughäfen

Die größten internationalen Flughäfen im Westen der USA sind:

Los Angeles International Airport (LAX; Karte S. 268; www.lawa.org/welcomeLAX.aspx; 1 World Way) Kaliforniens größter und geschäftigster Flughafen liegt 20 Meilen (32 km) südwestlich von Downtown L.A. in Küstennähe.

San Francisco International Airport (SFO; www.flysfo.com; S McDonnell Rd) Nordkaliforniens größter Flughafen befindet sich 14 Meilen (23 km) südlich von Downtown an der San Francisco Bay.

Seattle-Tacoma International (SEA; ☎206-787-5388; www.portseattle.org/Sea-Tac; 17801 International Blvd;) Lokal als „Sea-Tac" bekannt.

Große Regionalflughäfen mit begrenzten Auslandsverbindungen:

Albuquerque International Sunport (ABQ; ☎505-244-7700; www.abqsunport.com; 2200 Sunport Blvd SE;) Bedient Albuquerque und ganz New Mexico.

Denver International Airport (DEN; ☎303-342-2000; www.flydenver.com;) Bedient das südliche Colorado

LA/Ontario International Airport (ONT; ☎909-937-2700; www.flyontario.com; 2500 E Airport Dr;) Im Riverside County östlich von L.A.

McCarran International Airport (LAS; Karte S. 160; ☎702-261-5211; www.mccarran.com; 5757 Wayne Newton Blvd;) Bedient Las Vegas (NV) und Utahs Süden; ab Las Vegas sind es 290 Meilen (467 km) zum South Rim und 277 Meilen (446 km) zum North Rim des Grand Canyon National Park.

Mineta San Jose International Airport (SJC; ☎408-392-3600; www.flysanjose.com; 1701 Airport Blvd) In der südlichen Bay Area (South Bay).

Oakland International Airport (OAK; ☎510-563-3300; www.oaklandairport.com; 1 Airport Dr; ; B Oakland International Airport) In der östlichen San Francisco Bay Area (East Bay).

Palm Springs International Airport (PSP; ☎760-318-3800; www.palmspringsairport.com; 3400 E Tahquitz Canyon Way) In der Wüste östlich von Los Angeles.

Portland International Airport (PDX; ☎503-460-4234; www.flypdx.com; 7000 NE Airport Way; ; Red) Rund 12 Meilen (19 km) außerhalb von Downtown Portland (OR).

Salt Lake City International Airport (SLC; ☎801-575-2400; www.slcairport.com; 776 N Terminal Dr;) Bedient Salt Lake City und Utahs Norden; eine gute Wahl bei Trips zum Grand Canyon National Park (North Rim) und Arizona Strip.

San Diego International Airport (SAN; Karte S. 300; ☎619-400-2400; www.san.org; 3325 N Harbor Dr;) Etwa 4 Meilen (6,4 km) nordwestlich von Downtown San Diego.

Sky Harbor International Airport (PHX; Karte S. 178; ☎602-273-3300; www.skyharbor.com; 3400 E Sky Harbor Blvd;) Einer der zehn geschäftigsten US-Flughäfen; bedient Phoenix und den Grand Canyon. Ab Phoenix sind es 220 Meilen (354 km) zum South Rim und 335 Meilen (539 km) zum North Rim des Grand Canyon National Park.

Tucson International Airport (TUS; ☎520-573-8100; www.flytucson.com; 7250 S Tucson Blvd;) Bedient Tucson und Arizonas Süden.

Vancouver International Airport (YVR; ☎604-207-7077; www.yvr.ca; 3211 Grant McConachie Way, Richmond;) Liegt 6 Meilen (9,6 km) südlich von Vancouver auf Sea Island (zw. Vancouver und Richmond in British Columbia, Kanada).

Sicherheitsbestimmungen

➡ Um die Sicherheitskontrollen am Flughafen passieren zu können, sind eine Bordkarte und ein Lichtbildausweis erforderlich; die durchschnittliche Wartezeit beträgt 30 Minuten.

➡ Eventuell kommt es zu einer zweiten Kontrolle, bei der man u. a. abgetastet wird und sein Handgepäck durchsuchen lassen muss.

➡ Die Bestimmungen zur Flughafensicherheit verbieten derzeit das Mitführen vieler Alltagsgegenstände (z. B. Taschenmesser) in Flugzeugen. Der aktuelle Stand sollte rechtzeitig über die Website der Transportation Security Administration (TSA; www.tsa.gov) ermittelt werden.

➡ Gemäß der aktuellen TSA-Vorschriften müssen alle Flüssigkeiten und gelartigen Substanzen in Behältern von maximal 3,4 Unzen (85 ml) abgefüllt sein, die wiederum in einen durchsichtigen, vollständig verschließbaren Kunststoffbeutel (max. 1 Quart bzw. 950 ml) zu packen sind. Die wenigen Ausnahmen (z. B. Medikamente) haben Reisende grundsätzlich unaufgefordert bei den Kontrolleuren anzugeben.

➡ Sämtliches Bordgepäck wird auf Sprengstoffe untersucht. Die TSA unterzieht den Kofferinhalt eventuell einer Sichtprüfung und bricht nötigenfalls die Schlösser auf. Entweder schließt man sein Gepäck gar nicht erst ab oder man verwendet Schlösser mit offizieller TSA-Zulassung, die z. B. von Travel Sentry (www.travelsentry.org) hergestellt werden.

Auf dem Landweg

Grenzübergänge

➡ Von den USA aus kommt man verhältnismäßig einfach nach Kanada oder Mexiko. In Gegenrichtung gibt's schon eher Probleme, wenn erforderliche Papiere fehlen. Wer also Ausflüge über die Grenze plant, sollte unbedingt rechtzeitig die sich ständig verändernden Bestimmungen für Reisepass und Visum auf der Website des US-Außenministeriums (US State Department; www.state.gov/travel) überprüfen. Die amerikanische Zoll- & Grenzschutzbehörde (US Customs & Border Protection; https://bwt.cbp.gov) informiert online über die momentanen Wartezeiten an allen Grenzübergängen.

➡ Die Grenzübergänge in die USA sind nur selten rund um die Uhr offen.

➡ Bei jedem Grenzübertritt sollte man alle Papiere bereithalten und immer höflich zu den Beamten sein. Wichtig: Vor allem US-Grenzer mögen Witze, Smalltalk oder Ähnliches nicht!

➡ Die ganze amerikanisch-mexikanische Grenzregion ist von starker Drogen- und Gewaltkriminalität betroffen.

Auto & Motorrad

➡ Wer als Selbstfahrer von Kanada oder Mexiko aus in die USA einreisen will, benötigt neben allen Kfz-Papieren (inkl. Zulassung, Versicherung) auch einen gültigen nationalen Führerschein. Eine Internationale Fahrerlaubnis (International Driving Permit; IDP) ist eine sinnvolle Ergänzung, aber nicht offiziell vorgeschrieben.

➡ Nutzer von Mietwagen bzw. -motorrädern sollten unbedingt vorab ermitteln, ob die jeweilige Verleihfirma Trips nach Mexiko oder Kanada erlaubt. Höchstwahrscheinlich ist dies nicht der Fall – und wenn doch, grundsätzlich nur mit schriftlicher Genehmigung vorab.

NACH & AB KANADA

➡ Kanadische Autoversicherungen gelten normalerweise auch in den USA und umgekehrt.

➡ Mit allen erforderlichen Dokumenten lässt sich die amerikanisch-kanadische Grenze in der Regel recht zügig und problemlos überqueren.

➡ Vor allem im Sommer kann der starke Grenzverkehr an

ÜBERLANDFAHRTEN NACH MEXIKO

Gewaltverbrechen in Mexiko machen schon seit Jahren international Schlagzeilen. Ein Beispiel: Nogales in Arizona ist für Touristen sicher. Nogales in Mexiko gilt dagegen als eine Hauptdrehscheibe des Drogenhandels (inkl. entsprechender Gewalt). Solange sich die Situation nicht ändert, ist ein längerer Besuch der nordmexikanischen Grenzregion aufgrund der Gegebenheiten nicht ratsam – was über einen Tagesausflug hinausgeht, ist potenziell zu riskant.

Das US-Außenministerium (US State Department; https://travel.state.gov) empfiehlt Travellern vor einem Abstecher nach Mexiko den Besuch seiner Website: Dort gibt's neben aktuellen Hinweisen und Reisewarnungen (https://travel.state.gov/content/passports/en/alertswarnings/mexico-travel-warning.html) auch Infos zu den neuesten Regularien für den Grenzübertritt. Ergänzend macht es Sinn, beim eigenen Außenministerium vorbeizusurfen.

Die Bestimmungen für den Grenzübertritt können sich jederzeit ändern. Daher sollte der aktuelle Stand unbedingt rechtzeitig vor dem Start in Erfahrung gebracht werden.

EU-Bürger und Schweizer können visumsfrei nach Mexiko einreisen. Voraussetzung hierfür ist ein Reisepass, der noch mindestens sechs Monate lang gültig sein muss. Die bei der Einreise ausgestellte Touristenkarte (FMT) sollte stets sorgfältig aufbewahrt werden, da sie bei der Ausreise aus Mexiko wieder vorzulegen ist. Längere Aufenthalte in Mexiko und/oder die Wiedereinreise in die USA erfordern jedoch jeweils ein gültiges, separat zu beantragendes Visum. Aktuelle Informationen hierzu liefert auch die Website der amerikanischen Zoll- und Grenzschutzbehörde (US Customs & Border Protection, CBP; www.cbp.gov).

Die Fahrzeugeinfuhr nach Mexiko ist mit komplizierten Formalitäten verbunden. Zudem muss man sich direkt an der Grenze oder am Kontrollpunkt rund 13 Meilen (21 km) weiter südlich eine kostenlose Touristenkarte für Mexiko ausstellen lassen. US-amerikanische und andere ausländische Kfz-Versicherungen sind in Mexiko nicht gültig. Es ist jedoch höchst ratsam, eine mexikanische Kfz-Versicherung bereits auf der US-Seite der Grenze abzuschließen. Die Tarife richten sich dabei nach der Deckungssumme sowie nach Alter, Modell und Zeitwert des Fahrzeugs.

Wochenenden und Feiertagen lange Wartezeiten mit sich bringen.

➡ Mitunter durchsuchen die Beamten auf beiden Seiten manche Fahrzeuge *richtig* gründlich. Dann unbedingt ruhig und höflich bleiben!

NACH & AB MEXIKO

➡ Nur sehr wenige US-Autovermieter gestatten Mexikotouren mit ihren Fahrzeugen.

➡ Sofern kein längerer Aufenthalt in Tijuana geplant ist, bringt die Ausfuhr eines Fahrzeugs nach Mexiko mehr Ärger als Nutzen. Stattdessen lässt man das Auto besser auf US-Boden stehen und überquert die Grenze per pedes oder Shuttle-Service ab San Diego.

➡ Amerikanische Kfz-Versicherungen besitzen in Mexiko keine Gültigkeit. Selbst kurze Ausflüge ins mexikanische Grenzgebiet erfordern daher eine mexikanische Police, die an den meisten Grenzübergängen oder bei der American Automobile Association (www.aaa.com) für ca. 25 US$ pro Tag erhältlich ist.

➡ Für längere Autofahrten durch Mexiko, die über das Grenzgebiet oder die Baja California hinausführen, ist zudem eine mexikanische *permiso de importación temporal de vehículos* von Banjercito (Genehmigung zur zeitweiligen Kfz-Einfuhr; www.gob.mx/banjercito) vonnöten.

➡ Die Wartezeiten sind meist recht lang: Die Sicherheitsmaßnahmen wurden inzwischen verschärft, und der Grenzverkehr nimmt jährlich zu.

➡ Weitere Details liefert der Lonely Planet Band *Mexiko*.

Bus

➡ Greyhound (www.greyhound.com) unterhält auch Direktverbindungen zwischen Kanada und den nördlichen USA; eventuell muss man an der Grenze den Bus wechseln. Tickets können auch über Greyhound Canada (www.greyhound.ca) gebucht werden.

➡ Busse, die aus Mexiko gen Norden fahren, werden an der US-amerikanischen Grenze mitunter längere Zeit aufgehalten. Die US-amerikanische Einwanderungsbehörde besteht normalerweise darauf, alle Insassen gründlich zu überprüfen.

Zug

➡ Amtrak (www.amtrakcascades.com) Der *Cascades*-Zug verkehrt täglich zwischen Eugene (OR) und Vancouver (British Columbia, Kanada). Hierbei besteht Busanschluss zu regionalen Zielen ohne Bahnhof.

➡ **VIA Rail** (☎888-842-7245; www.viarail.ca) Bedient ebenfalls Vancouver (BC) mit Routen durch Kanadas Norden und Osten.

➡ Die Zoll- und Einreiseformalitäten werden jeweils direkt an der amerikanisch-kanadischen Grenze erledigt (also nicht schon beim Einsteigen).

➡ Ab Arizona oder Kalifornien fahren derzeit keine Züge nach Mexiko.

Übers Meer

Das spezialisierte Reisebüro **Cruise Web** (https://cruiseweb.com) ist eine gute Wahl für Kreuzfahrten nach Amerika und zu anderen interessanten Zielen.

Auch Frachter legen in den USA an und ab. Verglichen mit Kreuzfahrtschiffen sind sie wesentlich günstiger (teils bis zu 50 %), aber auch deutlich langsamer und weniger komfortabel. Dennoch ist der Bordstandard keinesfalls spartanisch und wird manchmal sogar mit „Kreuzfahrt-Niveau" beworben. Die einwöchige bis zweimonatige Überfahrt umfasst meist kurze Zwischenstopps in verschiedenen Häfen.

Weitere Informationen liefert die **Cruise & Freighter Travel Association** (www.travltips.com), die Verzeichnisse für Touren mit Frachtern und anderen Schiffen führt.

UNTERWEGS VOR ORT

Auto & Motorrad

Ein eigenes Fahrzeug bietet ein Maximum an Flexibilität und Komfort. Zudem können eigentlich nur Selbstfahrer die ländlichen Weiten des US-Westens richtig intensiv erkunden.

Automobilclubs

Bei folgenden Organisationen bekommen Mitglieder Pannenhilfe rund um die Uhr, kostenlose Straßenkarten und Ermäßigungen, beispielsweise bei Unterkünften, Sehenswürdigkeiten, Unterhaltungsangeboten und Autovermietungen:

American Automobile Association
(AAA; www.aaa.com) Partnerclub des ADAC.

Better World Club
(www.betterworldclub.com)

Benzin

Viele US-Tankstellen haben Zapfsäulen mit automatisierten Bezahlsystemen für Kreditkarten. Die meisten dieser Geräte fragen nach dem Durchziehen der Karte per Display nach dem Zip Code (US-Postleitzahl). Ausländer bzw. Inhaber ausländischer Kreditkarten müssen daher vor dem Tanken drinnen beim Personal bezahlen. Der Betrag für die gewünschte Spritmenge wird dann vom Kartenkonto abgebucht. Bei Überzahlung geht man einfach noch einmal in die Tankstelle hinein und lässt sich das verbliebene Guthaben auf die Karte zurückbuchen.

In einigen ländlichen Bezirken von Oregon sind SB-Tankstellen seit 2018 offiziell erlaubt. Ansonsten ist die Bedienung durch Tankwarte in diesem US-Bundesstaat immer noch gesetzlich vorgeschrieben.

Führerschein

➡ In einigen US-Bundesstaaten können sich Ausländer mit ihrem gültigen nationalen Führerschein hinters Steuer setzen (max. 12 Monate lang). Mancherorts ist jedoch zusätzlich eine internationale Fahrerlaubnis (International Driving Permit; IDP) vorgeschrieben – wo genau, erfährt man unter www.usa.gov/visitors-driving.

➡ Zudem erleichtert eine IDP die Kommunikation mit der US-Verkehrspolizei. Dies gilt vor allem, wenn der heimische Führerschein kein Foto hat und/oder keine englischsprachigen Angaben enthält. In Deutschland und der Schweiz werden internationale Führerscheine von den Straßenverkehrsbehörden (Führerscheinstelle) ausgestellt. Österreicher können sich hierzu an Automobilclubs (z. B. ÖAMTC) wenden. Deutsche und österreichische Antragssteller benötigen einen EU-Führerschein im Scheckkartenformat.

➡ Achtung: Die internationale Variante gilt grundsätzlich nur in Verbindung mit einem gültigen nationalen Führerschein und ist stets zusammen mit diesem mitzuführen bzw. bei Kontrollen vorzuzeigen!

➡ Analog dazu brauchen ausländische Biker in den USA einen gültigen nationalen Motorradführerschein und gegebenenfalls eine spezielle IDP für Feuerstühle.

Mieten

➡ In der Regel müssen Mietwagenkunden mindestens 25 Jahre alt sein, einen gültigen Führerschein haben und eine bekannte Kreditkarte besitzen (mit der meist auch die Kaution zu bezahlen ist). Eine Lastschrift- bzw. Bankkarte genügt generell nicht! Gegen Aufpreis (ca. 25–30 US$/Tag) akzeptieren manche Verleiher auch Fahrer zwischen 21 und 25 Jahren.

➡ Bei rechtzeitiger Reservierung erhält man einen Mittelklassewagen mit unbegrenzten Fahrtkilometern oft ab etwa 20 US$ pro Tag (zzgl. Versicherung, Steuern & Gebühren). An Flughäfen sind die Tarife vielleicht günstiger, dafür gibt es hier dann höhere Gebühren. Bei Pauschalangeboten mit Flug und Mietwagen sind mitunter lokale Steuern bei der Abholung des Autos extra zu entrichten. Filialen im Stadtzentrum bieten mitunter eine kostenlose Auslieferung und Abholung des Mietwagens an.

➡ Im Allgemeinen beinhaltet der Mietpreis unbegrenzte Fahrtkilometer (trotzdem auf Obergrenzen achten!). Wenn mehrere Leute das Auto fahren wollen oder das Auto an einem anderen Ort zurückgegeben werden soll, kostet das meist extra. Manche Verleiher lassen Kunden vorab die letzte Tankfüllung bezahlen, das rechnet sich aber selten.

➡ Über Reise-Websites wie Priceline (www.priceline.com) oder Hotwire (www.hotwire.com) oder über Online-Reisebüros wie Expedia (www.expedia.de), Orbitz (www.orbitz.com) oder Travelocity (www.travelocity.com) gibt's Mietwagen eventuell günstiger. Ein Blick lohnt sich. Auf Kayak (www.kayak.com) kann man Preisvergleiche zwischen verschiedenen Reise-Websites anstellen.

➡ Ein paar größere Autovermieter (z. B. Avis, Budget, Enterprise und Hertz) haben auch begrenzt Hybrid-, Diesel- oder Elektroautos im Angebot. Weit im Voraus reservieren! Ebenfalls einen Blick wert ist Carsharing-Anbieter **Zipcar** (☎866-494-7227; www.zipcar.com) ist in Kalifornien (Los Angeles, San Diego & San Francisco Bay Area) sowie Denver, Portland und Seattle vertreten; er erhebt Nutzungsgebühren (pro Std. oder Tag), in denen das Benzin, die Versicherung (mit Selbstbeteiligung von bis zu 1000 US$) und begrenzte Fahrtkilometer enthalten sind. Die Anmeldung erfolgt online, die Anmeldungsgebühr beträgt 30 US$; für die Monatsmitgliedschaft werden zwischen 8 und 55 US$ fällig. Für die Anmeldung werden Reisepass, Führerschein und eine Bescheinigung benötigt, ob man bislang Unfälle verursacht hat.

➡ Für Vergleiche zwischen eigenständigen Autovermietern empfehlen sich Websites wie Auto Europe (www.autoeurope.com) oder die Plattform Car Rental Express (www.carrentalexpress.com). Letztere ist besonders nützlich für die Suche nach Langzeit-Leihwagen.

➡ In L. A., in San Francisco und im Orange County ist Super Cheap Car Rental (www.supercheapcar.com) eine gute Option für Selbstfahrer unter 25 Jahren: Bei dieser Firma bezahlen Kunden zwischen 21 und 24 Jahren keinen Aufpreis. Gegen separate Tagesgebühr können hier sogar 18- bis 21-Jährige ein Fahrzeug mieten.

Mieten von Motorrädern & Wohnmobilen

Wer von einer Harley-Tour durch Amerika träumt, kann sich an EagleRider (www.eaglerider.com) wenden. Die Firma ist landesweit in größeren Städten vertreten und verleiht auch noch andere Bikes. Miete und Versicherung sind aber jeweils nicht gerade günstig.

Auf den Verleih von Wohnmobilen und Campervans sind beispielsweise die folgenden Unternehmen spezialisiert:

➡ **Adventures on Wheels** (www.adventuresonwheels.com)

➡ **Cruise America** (www.cruiseamerica.com)

➡ **Jucy Rentals** (☎800-650-4180; www.jucyusa.com)

Straßenzustand & Gefahren

➡ Zu den Gefahren auf der Straße gehören Schlaglöcher, starker Pendlerverkehr in den Metropolen, Wildwechsel und abgelenkte oder unbeherrschte Fahrer.

➡ Wo Schnee fällt, sind manche Autos mit Winterreifen ausgestattet. In Bergregionen werden mitunter Schneeketten benötigt. Fahren auf unbefestigten Pisten oder im Gelände wird von vielen Autovermietern untersagt. Und Vorsicht: bei feuchter Witterung kann dies zudem sehr gefährlich sein.

➡ In Wüsten- und Weidegebieten grast das Vieh manchmal uneingezäunt direkt am Straßenrand. Meist weisen Schilder mit der Aufschrift „Open Range" oder einem Rindersymbol auf diese Gefahr hin. An Strecken mit regelmäßigem Wildwechsel ist stattdessen die Silhouette eines springenden Hirsches abgebildet. Vor allem nachts sind solche Warnhinweise sehr ernst zu nehmen!

Landesweite Verkehrs- und Straßeninfos (inkl. Streckensperrungen) gibt's unter www.fhwa.dot.gov/trafficinfo.

Im gerade bereisten Bundesstaat erfährt man unter der Nummer 511 den aktuellen Straßenzustand. Von außerhalb bekommt man Infos unter diesen Nummern und Adressen:

Arizona (888-411-7623; www.az511.com)

Colorado (303-639-1111; www.codot.gov/travel)

Idaho (888-432-7623; https://511.idaho.gov)

Kalifornien (800-427-7623; www.dot.ca.gov)

Montana (800-226-7623)

Nevada (877-687-6237; www.safetravelusa.com/nv)

New Mexico (800-432-4269; https://nmroads.com)

Oregon (503-588-2941; www.tripcheck.com)

Utah (866-511-8824; www.udot.utah.gov)

Washington (800-695-7623; www.wsdot.wa.gov)

Wyoming (888-996-7623; www.wyoroad.info)

Verkehrsregeln

➡ In den ganzen USA herrschen Rechtsverkehr, Kindersitz- und Gurtpflicht.

➡ Kindersitze können bei den meisten Autovermietern ausgeliehen werden (ca. 13 US$/Tag), müssen aber beim Buchen extra reserviert werden.

➡ In manchen US-Bundesstaaten gilt Helmpflicht für Motorradfahrer, so u. a. auch in Kalifornien.

➡ Auf einigen Interstate-Highways ist eine Geschwindigkeit von 80 mph (130 km/h) erlaubt. Sofern nicht anderweitig durch Schilder angezeigt, beträgt das allgemeine Tempolimit jedoch 55 oder 65 mph (88 oder 105 km/h) auf Highways und 25 bis 35 mph (40–56 km/h) innerhalb geschlossener Ortschaften. Achtung: In der Nähe von Schulen sind teilweise nur 15 mph (24 km/h) erlaubt – während der Unterrichtszeit wird dies streng kontrolliert! Zudem ist es grundsätzlich verboten, Schulbusse (auch in die Gegenrichtung) mit blinkenden Warnlichtern zu passieren oder zu überholen.

➡ Wenn sich Notfall- oder Einsatzfahrzeuge (Polizei, Feuerwehr, Rettungsdienst) nähern, ist in Fahrt- und Gegenrichtung schnellstens, aber vorsichtig eine ausreichende Gasse zu bilden.

➡ In fast allen US-Bundesstaaten ist jegliches händische Benutzen bzw. Bedienen von Mobiltelefonen am Steuer verboten. Deshalb verwendet man beim Fahren am besten eine Freisprecheinrichtung oder stoppt vor dem Annehmen eingehender Anrufe verkehrsgerecht am Straßenrand (wie in der Heimat auch).

➡ Bei Verdacht auf Drogenkonsum bzw. zu viel Alkohol im Blut (Grenze 0,8 ‰) hat man zur Feststellung des Wertes einen Atem-, Urin- oder Bluttest zu absolvieren. Wird dieser verweigert, gilt er automatisch als nicht bestanden.

➡ In einigen US-Bundesstaaten dürfen geöffnete Behälter mit alkoholischen Getränken *(open containers)* nicht im Fahrzeuginnenraum mitgeführt werden – selbst wenn sie bereits leer sein sollten!

Versicherung

➡ Eine Haftpflichtversicherung *(liability insurance)* deckt Schäden an Menschen und Sachen ab, die man selbst verursacht hat.

➡ Die Collision Damage Waiver (CDW) deckt Schäden am eigenen Mietwagen ab und kostet rund 30 US$ pro Tag. Bevor man ein Auto mietet, sollte man prüfen, ob die Versicherungspolice ausreichend Schutz bietet. Diese enthält wahrscheinlich zumindest einen Haftpflichtschutz, doch sollte man dies unbedingt kontrollieren.

➡ Einige Kreditkartenunternehmen erstatten die Selbstbeteiligung bei einem Unfall, sofern man die Kreditkarte zum Bezahlen des Mietautos benutzt hat. Ausnahmen sind möglich, wenn das Auto länger als 15 Tage gemietet wurde oder es sich dabei um ein „exotisches" Fahrzeug (Jeep, Van oder Geländewagen) handelt. Manche Autovermietungen bestehen auf die sofortige Bezahlung des Schadens bei Unfällen, und das Kreditkartenunternehmen erstattet den Betrag erst später zurück. Vor dem Mieten eines Autos daher die Konditionen des Kreditkartenunternehmens genau prüfen!

➡ Viele Autovermieter nehmen Schäden am Auto, die bei der Fahrt auf einer unbefestigten Straße entstanden sind, von der Versicherung aus. Auch dies sollte man prüfen, bevor man den Mietvertrag unterschreibt.

Bus

➡ Als größte US-Fernbusfirma deckt Greyhound (www.greyhound.com) ganz Amerika und Kanada ab. Das Unternehmen steuert viele Kleinstädte nicht mehr an. Allgemein folgen die Busse den wichtigsten Highways und halten in größeren Ballungszentren. Um ländliche Städte über Nebenstrecken zu erreichen, muss man daher manchmal in Regional- oder Lokalbusse umsteigen. Greyhound hält normalerweise entsprechende Kontaktinfos bereit.

➡ Das meiste Gepäck ist aufzugeben; eine deutlich erkennbare Beschriftung verringert das Verlustrisiko. Größere Gegenstände wie Ski, Surfbretter oder Fahrräder werden ebenfalls mitgenommen – allerdings eventuell nur gegen Zuschlag (vorher anrufen!).

➡ Greyhound hat tolle Online-Preise – beim Online-Kauf kann man einen beträchtlichen Preisnachlass gegenüber dem Kauf am Ticketschalter erhalten.

➡ Die Häufigkeit der Verbindungen variiert gewaltig. Obwohl viele kleine Ziele vom Fahrplan gestrichen wurden, halten normale Greyhound-Busse immer noch alle 80 bis 160 km. Auf Fernstrecken gibt's Pausen zum Essen und zum Fahrerwechsel.

➡ Greyhound-Busse sind im Allgemeinen sauber, komfortabel und zuverlässig. Am besten wählt man einen der vorderen Sitze in ausreichendem Abstand zur Bordtoilette. Eine Klimaanlage (manchmal zu kalt eingestellt – Pulli mitbringen!) und ein wenig verstellbare Sitze sorgen für etwas mehr Komfort. Vereinzelt sind auch Bordsteckdosen und sogar WLAN vorhanden. In allen Bussen herrscht grundsätzlich Rauchverbot.

➡ US-Busbahnhöfe sind oft sicher und sauber, liegen aber teilweise in zwielichtigen Ecken. Im Zweifelsfall sollte man daher gleich nach der Ankunft ein Taxi nehmen bzw. zu seinem Anschlussbus laufen (und möglichst auch an Bord gehen).

Nützliche Fernbusse

STRECKE	PREIS (US$)	DAUER (STD.)
Las Vegas–Los Angeles	ab 28	5¼–7
Los Angeles–San Francisco	ab 32	7½–11½
Phoenix–Tucson	ab 12	2
Seattle–Portland	ab 17	4
Denver–Salt Lake City	ab 92	10½–12¼

Preise

➡ Die Ticket-Tarife variieren je nach Reisezeitpunkt und gewünschter Flexibilität. Online-Angebote sind generell am günstigsten und oft echte Schnäppchen.

➡ Rabatte gewährt Greyhound beispielsweise für Kinder (2–16 Jahre; 20 % in der Nebensaison), Senioren ab 62 Jahren (5 %) und Studenten (10 %) mit einer Student Advantage Discount Card (zzgl. 23 US$; www.studentadvantage.com) – allerdings jeweils nur auf Listenpreise.

➡ Die häufigen Werberabatte auf der Firmenwebsite (www.greyhound.com) sind teils mit Beschränkungen verbunden und/oder zeitlich begrenzt.

Reservierungen

➡ Bustickets für Greyhound können telefonisch oder online gekauft werden. Man kann die Fahrkarten zu Hause ausdrucken oder am Terminal abholen, indem man den *Will Call*-Service nutzt (hierzu wird ein Lichtbildausweis benötigt!).

➡ Es gibt keine Sitzplatzverteilung – wer zuerst kommt, mahlt zuerst. Greyhound empfiehlt, eine Stunde vor der Abfahrt vor Ort zu sein, um den gewünschten Sitzplatz zu bekommen.

➡ Reisende mit Behinderung, die spezielle Hilfe benötigen, sollten mindestens 48 Stunden vor der Abreise ☎800-752-4841 (TDD/TTY ☎800-345-3109) anrufen; Rollstühle werden als Gepäck akzeptiert, es gibt aber nur beschränkt Platz. Blindenhunde sind an Bord erlaubt.

Fahrrad

Fahrradtouren durch einzelne Regionen sind sehr beliebt. Man radelt auf kurvigen Nebenstraßen (Schnellstraßen sind meist motorisierten Fahrzeugen vorbehalten) – doch das Ziel ist ohnehin der Weg – nicht die Geschwindigkeit. Radfahrer müssen dieselben Regeln beachten wie Autofahrer, viele Radler missachten allerdings die Vorfahrtsregeln. Für Radler unter 18 Jahren besteht in Kalifornien und vielen Städten im Westen Helmpflicht.

Einige hilfreiche Informationsquellen für Radfahrer sind die folgenden:

Adventure Cycling Association (www.adventurecycling.org) Exzellente Online-Quelle für den Erwerb von für Radler geeigneten Landkarten und Reiseführern zu Langstreckenrouten.

Better World Club (www.betterworldclub.com) Wer eine Jahresmitgliedschaft (40 US$ zzgl. 15 US$ Anmeldegebühr) abschließt, kann sich in Notfällen zweimal auf der Straße aufgabeln lassen. Dieser Service gilt rund um die Uhr; man wird zum nächsten Fahrradshop innerhalb eines Radius von 48 km gebracht.

Bikepacking (www.bikepacking.com) Infos zu mehrtägigen MTB-Touren durch die Wildnis.

Fahrradtransport

➡ Manche Lokalbusse und -züge sind mit speziellen Fahrradständern ausgerüstet.

➡ Greyhound transportiert Fahrräder als Gepäck (Aufpreis 30–40 US$). Die Räder müssen in Holzkisten, Segeltuch oder einen größeren Behälter verpackt und angemessen gesichert werden.

➡ Die meisten *Cascades-*, *Pacific-Surfliner-*, *Capital-Corridor-* und *San-Joaquin-*Züge von Amtrak haben Radständer an Bord, an denen man sein Rad unverpackt anschließen kann; diese Option sollte man gleich mit der Fahrkarte zusammen reservieren (Aufpreis bis zu 10 US$).

➡ Für Amtrak-Züge ohne Radständer sind Fahrräder in Boxen zu verpacken (15 US$) und als Gepäck aufzugeben (Gebühr 10 US$). Aber nicht alle Bahnhöfe oder Züge haben eine Gepäckaufgabe.

➡ Vor einem Flug muss man sein Fahrrad auseinandermontieren und es in einer Box als Gepäck aufgeben; alle Einzelheiten, auch über den fälligen Aufpreis (ca. 150–200 US$), erfragt man direkt bei der Airline. Kleinere Räder (unter 22,5 kg und 1,57 m) werden mitunter auch kostenlos befördert.

Leihen & Kaufen

➡ In den meisten Großstädten und Regionalzentren kann man Fahrräder stunden-, tages- oder wochenweise ausleihen.

➡ Leihfahrräder gibt es ab 20 US$ pro Tag (für einen Beach Cruiser), für einfache Mountainbikes zahlt man ab 40 US$; wer werktags ein Fahrrad mieten oder mehrere Tage unterwegs sein will, sollte nach Rabatten fragen.

➡ Die meisten Fahrradverleiher verlangen von den Mietern eine Kreditkartenkaution von mehreren hundert Dollar.

➡ Spezialgeschäfte, Sportgeschäfte und Kaufhausketten verkaufen neue Fahrradmodelle. Gebrauchte Räder werden oft an den Schwarzen Brettern der Hostels, Cafés und Universitäten inseriert.

➡ Um gebrauchte Fahrräder zu kaufen oder zu verkaufen, nutzt man Schwarze Bretter im Internet, z. B. Craigslist (www.craigslist.com).

Flugzeug

Das US-Inlandsflugnetz ist groß und verlässlich. Hierfür sorgen viele konkurrierende Airlines, Hunderte Flughäfen und Tausende täglicher Verbindungen. Fliegen ist meist teurer als Reisen per Bus, Zug oder Auto, aber bei wenig Zeit die beste bzw. schnellste Option.

Inlandsfluglinien im Westen

Allgemein sind Inlandsflüge sehr sicher und weitaus weniger gefährlich als Fahrten auf amerikanischen Highways; www.airsafe.com liefert umfassende Sicherheitsbulletins zu einzelnen Gesellschaften.

Die größten Inlandsfluglinien im Westen der USA sind:

Alaska Airlines (☎800-252-7522; www.alaskaair.com) Bedient Alaska, Hawaii, die Ostküste und den Westen der USA.

American Airlines (☎800-433-7300; www.aa.com) Landesweites Streckennetz.

Delta (☎800-221-1212; www.delta.com) Landesweites Streckennetz.

Frontier Airlines (☎801-401-9000; www.frontierairlines.com) Drehscheibe Denver; Landesweites Streckennetz ohne Alaska und Hawaii.

JetBlue Airways (☎800-538-2583; www.jetblue.com) Sorgt für Direktverbindungen zwischen einigen Städten im Westen und Osten der USA; hat auch Flüge nach Florida, New Orleans und Texas.

Southwest Airlines (☎800-435-9792; www.southwest.com) Landesweites Streckennetz ohne Alaska und Hawaii.

Spirit Airlines (☎801-401-2222; www.spirit.com) Drehscheibe Florida; steuert große US-Verkehrsknotenpunkte an.

United Airlines (☎800-864-8331; www.united.com) Landesweites Streckennetz.

Virgin America (☎877-359-8474; www.virginamerica.com) Flüge zwischen Ost- und Westküste; auch Las Vegas, Austin und Dallas werden bedient.

Nahverkehr

Bus

Die meisten der größeren Städte haben zuverlässige lokale Busnetze, die allerdings oft auf Pendler zugeschnitten sind und deswegen abends sowie an den Wochenenden nur begrenzt bedient werden. Ein Fahrschein kostet rund 25 US$ pro Fahrt. Einige Strecken in Touristengebieten sind sogar kostenlos.

Fahrrad

Manche Großstädte sind radlerfreundlicher als andere. Meist gibt's aber zumindest ein paar ausgewiesene Fahrradspuren und -wege. Öffentliche Verkehrsmittel nehmen Drahtesel normalerweise problemlos mit.

Flughafen-Shuttles

In den meisten Großstädten stehen Reisenden günstige und praktische Shuttle-Services zwischen Innenstadt und Flughafen (ca. 15–22 US$/Pers.) zur Verfügung. Meistens handelt es sich dabei um zwölfsitzige Vans, die teilweise feste Routen und Ziele (u. a. die größten Hotels) bedienen. Innerhalb ihres jeweiligen Zuständigkeitsbereichs bringen manche Shuttle-Busse ihre Passagiere auch direkt vom Flughafen zur Unterkunft bzw. holen sie dort ab (*Door to Door-Service*).

Taxi

➡ Amerikanische Taxis verfügen über Gebührenzähler (Startpreis 2,50–3,75 US$, zzgl. 2–3 US$/weitere Meile). Eventuelles Gepäck, Wartezeiten und/oder Abholen am Flughafen kosten jeweils extra.

➡ Die Fahrer akzeptieren mitunter Kreditkarten und erwarten am Ziel stets ein Trinkgeld (10–15%; auf den nächsten vollen Dollarbetrag aufrunden!).

➡ Alternativ sind App-basierte Mitfahrdienste nun auch in den USA sehr beliebt.

U-Bahn & Zug

L.A. und die San Francisco Bay Area haben die größten Regionalzugnetze. Anderswo existieren teilweise kleinere Varianten mit ein bis zwei Linien, die vor allem das jeweilige Stadtzentrum abdecken.

Schiff/Fähre

Im Westen der USA gibt's leider keinen öffentlichen Schiffsverkehr auf den Flüssen oder den Kanälen. Nichtsdestotrotz existieren viele kleinere, oft sogar staatlich betriebene Küstenfähren.
Die größeren davon befördern meist auch Privatautos, -motorräder und -fahrräder. Die entsprechenden Regionenkapitel informieren über die Details.

Fähren schippern z.B. zu den malerischen San Juan Islands vor der bezaubernde Küste Washingtons. Mehrere der hübschen kalifornischen Channel Islands und Catalina Island vor L.A. sind ebenfalls mit Booten erreichbar. Ab San Francisco geht's per Schiff sogar regelmäßig über die gleichnamige Bucht nach Sausalito, Larkspur, Tiburon, Angel Island, Oakland, Alameda und Vallejo.

Zug

Die Amtrak (www.amtrak.com) betreibt landesweit ein ziemlich umfangreiches Streckennetz. Die Preise variieren je nach Zugtyp und -klasse (z.B. Großraumwagen, Business- oder Schlafwagenklasse, mit oder ohne Reservierung usw.). Auf Fernstrecken sind die komfortablen, wenn auch etwas lahmen Züge mit Lounge- und Speisewagen ausgestattet.

Amtrak-Routen im Westen der USA:

California Zephyr T
Tägliche Verbindung zwischen Chicago und Emeryville bei San Francisco (ab 138 US$, 52 Std.); über Denver, Salt Lake City, Reno, Sacramento.

Coast Starlight
Folgt der Westküste jeden Tag von Seattle über Portland, Sacramento, Oakland und Santa Barbara nach L.A. (ab 98 US$, 35½ Std.); manche Züge haben WLAN.

Southwest Chief
Fährt täglich von Chicago über Kansas City, Albuquerque, Flagstaff und Barstow nach L.A. (ab 143 US$, 43¼ Std.).

Sunset Limited
Pendelt zwischen New Orleans und L.A. (ab 173 US$, 46½ Std., 3-mal wöchentl.); über Houston, San Antonio, El Paso, Tucson, Palm Springs.

PANORAMAZÜGE

Im ganzen US-Westen führen Bahnstrecken durch malerische (Berg-)Landschaften. Diese Züge (größtenteils historisch mit Dampfloks) verkehren oft nur in den wärmeren Monaten und sind teilweise sehr beliebt – Tickets daher unbedingt rechtzeitig buchen!

Cumbres & Toltec Scenic Railway (☎888-286-2737; www.cumbrestoltec.com; Erw./Kind 2–12 Jahre ab 100/50 US$; ⊙Ende Mai–Mitte Okt.) Lebendiges Museum, das ab Chama (NM) in die Rocky Mountains (CO) hineinrollt.

Durango & Silverton Narrow Gauge Railroad (S. 118) Zwischen Durango und der historischen Bergbaustadt Silverton in den Rocky Mountains (CO).

Empire Builder (www.amtrak.com) Moderner Zug auf der herrlichen Route zwischen Whitefish und dem Glacier National Park (nördl. MT).

Grand Canyon Railway (S. 192) Alte Diesel- und Dampfzüge mit familienfreundlicher Bordunterhaltung, die zwischen Williams (AZ) und dem Grand Canyon National Park unterwegs sind.

Mount Hood Railroad (www.mthoodrr.com) Rollt durch die Columbia River Gorge südwärts in Richtung Mt. Hood.

Pikes Peak Cog Railway (www.cograilway.com) Tuckert außerhalb von Colorado Springs hinauf zum Gipfel des Pikes Peak (4302 m; einfache Strecke 14,3 km).

Skunk Train (www.skunktrain.com) Durchquert Kaliforniens Redwood-Wälder zwischen Fort Bragg an der Küste und dem weiter landeinwärts gelegenen Willits.

Nützliche Fernzüge

STRECKE	PREIS (US$)	DAUER (STD.)
Los Angeles–Flagstaff	ab 59	11½
Los Angeles–Oakland/San Francisco	ab 53	12
San Francisco/Emeryville–Salt Lake City	ab 102	18½
Seattle–Oakland/San Francisco	ab 89	22¼

Reservierungen

Reservierungen sind ab elf Monaten vor der Reise möglich. Die Sitzplätze der meisten Züge sind limitiert; bestimmte Züge können ausgebucht sein, besonders im Sommer und in der Urlaubszeit – daher so weit im Voraus buchen wie möglich!

Tickets

➡ Zugtickets lassen sich an den Bahnhöfen, telefonisch oder online kaufen. Der Preis hängt u. a. vom Reisetag, der Strecke und der Zugklasse ab. In Spitzenzeiten, z. B. im Sommer, können die Preise etwas höher ausfallen.

➡ In der Regel erhalten Senioren über 61 Jahren eine Ermäßigung von 15 %, Studenten mit internationalem Studentenausweis (ISIC) oder Student Advantage Card sowie Mitglieder der AAA eine Ermäßigung von 10 %. Bis zu zwei Kinder im Alter von 2 bis 12 Jahren erhalten in Begleitung eines Erwachsenen einen Rabatt von 50 %. Außerdem kann es jederzeit auch Sonderangebote geben, über die man sich online oder durch Nachfragen informieren kann.

Zugpässe

➡ Der USA Rail Pass (www.amtrak.com/rai-passes) der Amtrak gilt für Fahrten in Großraumwagen an 15/30/45 aufeinanderfolgenden Tagen (459/689/899 US$); Kinder zwischen zwei und zwölf Jahren zahlen die Hälfte. Die konkrete Reisestrecke beschränkt sich dabei auf 8/12/18 „Segmente" in einer Richtung (ein Segment ist nicht das Gleiche wie eine einfache Strecke – wenn zum Erreichen des Reiseziels ein Umsteigen erforderlich ist, verbraucht das jeweils ein weiteres Segment).

➡ Die Zugpässe können über die Website von Amtrak bezogen werden. Für jedes einzelne Segment sollte man außerdem rechtzeitig reservieren.

➡ Für Reisen innerhalb Kaliforniens kann sich der sieben Reisetage umfassende California Rail Pass (Erw./Kind 159/79,50 US$) rechnen, der ab der ersten Fahrt 21 Tage lang gültig ist.

Sprache

Briten, Amerikaner, Kanadier, Australier und Neuseeländer, deutsche Geschäftsleute und norwegische Wissenschaftler, der indische Verwaltungsbeamte und die Hausfrau in Kapstadt – fast jeder scheint Englisch zu sprechen. Und wirklich: Englisch ist die am weitesten verbreitete Sprache der Welt (wenn es auch nur den zweiten Platz für die am meisten gesprochene Muttersprache gibt – Chinesisch ist diesbezüglich die Nr. 1).

Logisch, dass es bei einer solchen Verbreitung nicht *das* Englische gibt, sondern vielmehr eine Unmenge von lokalen Eigenheiten in der Aussprache und im Wortschatz. Ein texanischer Ranger wird also wahrscheinlich seine Schwierigkeiten haben, einen australischen Jugendlichen aus Sydney zu verstehen.

Hier folgen nur die wichtigsten Begriffe und Wendungen, um sich bei einem Urlaub im Westen und dem Rest der USA durchschlagen zu können.

Konversation & Nützliches

Hallo.	*Hello.*
Guten …	*Good …*
Tag	*day*
Tag (nachmittags)	*afternoon*
Morgen	*morning*
Abend	*evening*
Auf Wiedersehen.	*Goodbye.*
Bis später.	*See you later.*
Tschüss.	*Bye.*
Wie geht es Ihnen/dir?	*How are you?*
Danke, gut.	*Fine. And you?*
Und Ihnen/dir?	*… and you?*
Wie ist Ihr Name?/ Wie heißt du?	*What's your name?*
Mein Name ist …	*My name is …*
Wo kommen Sie her?/ Wo kommst du her?	*Where do you come from?*
Ich komme aus …	*I'm from …*
Wie lange bleiben Sie/ bleibst du hier?	*How long do you stay here?*
Ja.	*Yes.*
Nein.	*No.*
Bitte.	*Please.*
Danke/ Vielen Dank.	*Thank you (very much).*
Bitte (sehr).	*You're welcome.*
Entschuldigen Sie, …	*Excuse me, …*
Entschuldigung.	*Sorry.*
Es tut mir leid.	*I'm sorry.*
Verstehen Sie (mich)?	*Do you understand (me)?*
Ich verstehe (nicht).	*I (don't) understand.*
Könnten Sie …?	*Could you please …?*
bitte langsamer sprechen	*speak more slowly*
das bitte wiederholen	*repeat that*
es bitte aufschreiben	*write it down*

NOCH MEHR GEFÄLLIG?

Noch besser kommt man mit dem *Sprachführer Englisch* von Lonely Planet durch den Westen der USA. Man findet den Titel im Buchhandel.

Fragewörter

Wer?	*Who?*
Was?	*What?*

NOTFALL

Hilfe!
Help!

Es ist ein Notfall!
It's an emergency!

Rufen Sie die Polizei!
Call the police!

Rufen Sie einen Arzt!
Call a doctor!

Rufen Sie einen Krankenwagen!
Call an ambulance!

Lassen Sie mich in Ruhe!
Leave me alone!

Gehen Sie weg!
Go away!

Wo?	*Where?*
Wann?	*When?*
Wie?	*How?*
Warum?	*Why?*
Welcher?	*Which?*
Wie viel/viele?	*How much/many?*

Gesundheit

Wo ist der/die/das nächste ...?
Where's the nearest ...?

Apotheke	*chemist*
Zahnarzt	*dentist*
Arzt	*doctor*
Krankenhaus	*hospital*

Ich brauche einen Arzt.
I need a doctor.

Gibt es in der Nähe eine (Nacht-)Apotheke?
Is there a (night) chemist nearby?

Ich bin krank.	*I'm sick.*
Es tut hier weh.	*It hurts here.*
Ich habe mich übergeben.	*I've been vomiting.*
Ich habe ...	*I have ...*
Durchfall	*diarrhoea*
Fieber	*fever*
Kopfschmerzen	*headache*
(Ich glaube,)	*(I think)*
Ich bin schwanger.	*I'm pregnant.*
Ich bin allergisch ...	*I'm allergic ...*
gegen Antibiotika	*to antibiotics*
gegen Aspirin	*to aspirin*
gegen Penizillin	*to penicillin*

Mit Kindern reisen

Ich brauche ...	*I need a/an ...*
Gibt es ...?	*Is there a/an ...?*
einen Wickelraum	*baby change room*
einen Babysitter	*babysitter*
einen Kindersitz	*booster seat*
eine Kinderkarte	*children's menu*
einen Kinderstuhl	*highchair*
(Einweg-)Windeln	*(disposable) nappies*
ein Töpfchen	*potty*
einen Kinderwagen	*stroller*

Stört es Sie, wenn ich mein Baby hier stille?
Do you mind if I breastfeed here?

Sind Kinder zugelassen?
Are children allowed?

Papierkram

Name	*name*
Staatsangehörigkeit	*nationality*
Geburtsdatum	*date of birth*
Geburtsort	*place of birth*
Geschlecht	*sex/gender*
(Reise-)Pass	*passport*
Visum	*visa*

Shoppen & Service

Ich suche ...
I'm looking for ...

Wo ist der/die/das (nächste) ...?
Where's the (nearest) ...?

Wo kann ich ... kaufen?
Where can I buy ...?

Ich möchte ... kaufen.
I'd like to buy ...

Wie viel (kostet das)?
How much (is this)?

Das ist zu viel/zu teuer.
That's too much/too expensive.

Können Sie mit dem Preis heruntergehen?
Can you lower the price?

Ich schaue mich nur um.
I'm just looking.

Haben Sie noch andere?
Do you have any others?

Können Sie ihn/sie/es mir zeigen?
Can I look at it?

mehr	*more*
weniger	*less*
kleiner	*smaller*
größer	*bigger*

Nehmen Sie ...?	*Do you accept ...?*
Kreditkarten	*credit cards*
Reiseschecks	*traveller's cheques*
Ich möchte ...	*I'd like to ...*
Geld umtauschen	*change money*
einen Scheck einlösen	*cash a cheque*
Reiseschecks einlösen	*change traveller's cheques*

Ich suche ...	*I'm looking for ...*
einen Arzt	*a doctor*
eine Bank	*a bank*
die ... Botschaft	*the ... embassy*
einen Geldautomaten	*an ATM*
das Krankenhaus	*the hospital*
den Markt	*the market*
ein öffentliches Telefon	*a public phone*
eine öffentliche Toilette	*a public toilet*
die Polizei	*the police*
das Postamt	*the post office*
die Touristeninformation	*the tourist information*
eine Wechselstube	*an exchange office*

Wann macht er/sie/es auf/zu?
What time does it open/close?

Ich möchte eine Telefonkarte kaufen.
I want to buy a phone card.

Wo ist hier ein Internetcafé?
Where's the local Internet cafe?

Ich möchte ...	*I'd like to ...*
ins Internet	*get Internet access*
meine E-Mails checken	*check my email*

Uhrzeit & Datum

Wie spät ist es?	*What time is it?*
Es ist (ein) Uhr.	*It's (one) o'clock.*
Zwanzig nach eins	*Twenty past one*
Halb zwei	*Half past one*
Viertel vor eins	*Quarter to one*

morgens/vormittags	*am*
nachmittags/abends	*pm*

jetzt	*now*
heute	*today*
heute Abend	*tonight*
morgen	*tomorrow*
gestern	*yesterday*
Morgen	*morning*
Nachmittag	*afternoon*
Abend	*evening*

Montag	*Monday*
Dienstag	*Tuesday*
Mittwoch	*Wednesday*
Donnerstag	*Thursday*
Freitag	*Friday*
Samstag	*Saturday*
Sonntag	*Sunday*

Januar	*January*
Februar	*February*
März	*March*
April	*April*
Mai	*May*
Juni	*June*
Juli	*July*
August	*August*
September	*September*
Oktober	*October*
November	*November*
Dezember	*December*

Unterkunft

Wo ist ...?	*Where's a ...?*
eine Pension	*bed and breakfast guesthouse*
ein Campingplatz	*camping ground*
ein Hotel/Gasthof	*hotel*
ein Privatzimmer	*room in a private home*
eine Jugendherberge	*youth hostel*

Wie ist die Adresse?
What's the address?

Ich möchte bitte ein Zimmer reservieren.
I'd like to book a room, please.

Für (drei) Nächte/Wochen.
For (three) nights/weeks.

EIN ZIMMER RESERVIEREN

(per Brief, Fax oder E-Mail)

An ...	*To ...*
Vom ...	*From ...*
Datum	*Date*

Ich möchte reservieren ...
I'd like to book ...

auf den Namen ...	*in the name of ...*
vom ... bis zum ...	*from ... to ...*

(Bett-/Zimmeroptionen s. Liste Unterkunft)

Kreditkarte	*credit card*
Nummer	*number*
gültig bis	*expiry date*

Bitte bestätigen Sie Verfügbarkeit und Preis.
Please confirm availability and price.

Haben Sie ein ...?	*Do you have a ... room?*
Einzelzimmer	*single*
Doppelzimmer	*double*
Zweibettzimmer	*twin*

Wieviel kostet es pro Nacht/Person?
How much is it per night/person?

Kann ich es sehen?
May I see it?

Kann ich ein anderes Zimmer bekommen?
Can I get another room?

Es ist gut, ich nehme es.
It's fine. I'll take it.

Ich reise jetzt ab.
I'm leaving now.

Verkehrsmittel & -Wege

Öffentliche Verkehrsmittel

Wann fährt ... ab?
What time does the ... leave?

das Boot/Schiff	*boat/ship*
die Fähre	*ferry*
der Bus	*bus*
der Zug	*train*

Wann fährt der ... Bus?
What time's the ... bus?

erste	*first*
letzte	*last*
nächste	*next*

Wo ist der nächste U-Bahnhof?
Where's the nearest metro station?

Welcher Bus fährt nach ...?
Which bus goes to ...?

U-Bahn	*metro*
(U-)Bahnhof	*(metro) station*
Straßenbahn	*tram*
Straßenbahnhaltestelle	*tram stop*
S-Bahn	*suburban (train) line*

Eine ... nach (Sydney).
A ... to (Sydney).

einfache Fahrkarte	*one-way ticket*
Rückfahrkarte	*return ticket*
Fahrkarte 1. Klasse	*1st-class ticket*
Fahrkarte 2. Klasse	*2nd-class ticket*

Der Zug wurde gestrichen.
The train is cancelled.

Der Zug hat Verspätung.
The train is delayed.

Ist dieser Platz frei?
Is this seat free?

Muss ich umsteigen?
Do I need to change trains?

Sind Sie frei?
Are you free?

Was kostet es bis ...?
How much is it to ...?

Bitte bringen Sie mich zu (dieser Adresse).
Please take me to (this address).

Private Transportmittel

Wo kann ich ein ... mieten?
Where can I hire a/an ...?

Ich möchte ein ... mieten.
I'd like to hire a/an ...

Allradfahrzeug	*4WD*
Auto	*car*
Fahrrad	*bicycle*
Fahrzeug mit Automatik	*automatic*
Fahrzeug mit Schaltung	*manual*
Motorrad	*motorbike*

VERKEHRSSCHILDER

Danger	*Gefahr*
No Entry	*Einfahrt verboten*
One-way	*Einbahnstraße*
Entrance	*Einfahrt*
Exit	*Ausfahrt*
Keep Clear	*Ausfahrt freihalten*
No Parking	*Parkverbot*
No Stopping	*Halteverbot*
Toll	*Mautstelle*
Cycle Path	*Radweg*
Detour	*Umleitung*
No Overtaking	*Überholverbot*

Wieviel kostet es pro Tag/Woche?
How much is it per day/week?

Wo ist eine Tankstelle?
Where's a petrol station?

Benzin	*petrol*
Diesel	*diesel*
Bleifreies Benzin	*unleaded*

Führt diese Straße nach ...?
Does this road go to ...?

Wo muss ich bezahlen?
Where do I pay?

Ich brauche einen Mechaniker.
I need a mechanic.

Das Auto hat eine Panne.
The car has broken down.

Ich habe einen Platten.
I have a flat tyre.

Das Auto/Motorrad springt nicht an.
The car/motorbike won't start.

Ich habe kein Benzin mehr.
I've run out of petrol.

Wegweiser

Können Sie mir bitte helfen?
Could you help me, please?

Ich habe mich verirrt.
I'm lost.

Wo ist (eine Bank)?
Where's (a bank)?

In welcher Richtung ist (eine öffentliche Toilette)?
Which way's (a public toilet)?

Wie kann ich da hinkommen?
How can I get there?

Wie weit ist es?
How far is it?

Können Sie es mir (auf der Karte) zeigen?
Can you show me (on the map)?

links	*left*
rechts	*right*
nahe	*near*
weit weg	*far away*
hier	*here*
dort	*there*
an der Ecke	*on the corner*
geradeaus	*straight ahead*
gegenüber ...	*opposite ...*
neben ...	*next to ...*
hinter ...	*behind ...*
vor ...	*in front of ...*

Norden	*north*
Süden	*south*
Osten	*east*
Westen	*west*

Biegen Sie ... ab.	*Turn ...*
links/rechts	*left/right*
an der nächsten Ecke	*at the next corner*
bei der Ampel	*at the traffic lights*

Zahlen

0	*zero*
1	*one*
2	*two*

SCHILDER

Police	*Polizei*
Police Station	*Polizeiwache*
Entrance	*Eingang*
Exit	*Ausgang*
Open	*Offen*
Closed	*Geschlossen*
No Entry	*Kein Zutritt*
No Smoking	*Rauchen verboten*
Prohibited	*Verboten*
Toilets	*Toiletten*
Men	*Herren*
Women	*Damen*

3	*three*
4	*four*
5	*five*
6	*six*
7	*seven*
8	*eight*
9	*nine*
10	*ten*
11	*eleven*
12	*twelve*
13	*thirteen*
14	*fourteen*
15	*fifteen*
16	*sixteen*
17	*seventeen*
18	*eighteen*
19	*nineteen*
20	*twenty*
21	*twentyone*
22	*twentytwo*
23	*twentythree*
24	*twentyfour*
25	*twentyfive*
30	*thirty*
40	*fourty*
50	*fifty*
60	*sixty*
70	*seventy*
80	*eigthy*
90	*ninety*
100	*hundred*
1000	*thousand*
2000	*two thousand*
100 000	*hundred thousand*

Hinter den Kulissen

WIR FREUEN UNS ÜBER EIN FEEDBACK

Post von Travellern zu bekommen ist für uns ungemein hilfreich – Kritik und Anregungen halten uns auf dem Laufenden und helfen, unsere Bücher zu verbessern. Unser reiseerfahrenes Team liest alle Zuschriften genau durch, um zu erfahren, was an unseren Reiseführern gut und was schlecht ist. Wir können solche Post zwar nicht individuell beantworten, aber jedes Feedback wird garantiert schnurstracks an die jeweiligen Autoren weitergeleitet, rechtzeitig vor der nächsten Auflage.

Wer Ideen, Erfahrungen und Korrekturhinweise zum Reiseführer mitteilen möchte, hat die Möglichkeit dazu auf **www.lonelyplanet.de/kontakt**.

Hinweis: Da wir Beiträge möglicherweise in Lonely Planet Produkten (Reiseführer, Websites, digitale Medien) veröffentlichen, ggf. auch in gekürzter Form, bitten wir um Mitteilung, falls ein Kommentar nicht veröffentlicht oder ein Name nicht genannt werden soll. Wer Näheres über unsere Datenschutzpolitik wissen will, erfährt das unter www.lonelyplanet.com/privacy.

DANK DER AUTOREN

Amy C. Balfour

Vielen Dank an Brandon Dekema und Christy Germscheid für die Tipps zum Enchanted Circle und die Angel-Fire-Gastfreundschaft! Großen Dank auch an Todd Norman, Matt Redington, John White, Marty Robertson, Elizabeth Edgren, Charise May und Ellen McBee. Danke an Michael Benanav für das Treffen und die Anregungen zu Central New Mexico – sie waren perfekt! Vielen Dank an meine talentierten Co-Autoren – danke Chris Pitts für die Hintergrundinfos zu New Mexico – und an die Redakteure sowie an Ben Buckner für diesen großartigen Auftrag.

Becky Ohlsen

Ich möchte mich bei meinem Redakteur Ben Buckner für den Auftrag, bei Celeste Brash für ihre Arbeit an der vorherigen Ausgabe, bei Paul Smith für die großartige Reisebegleitung und bei all den engagierten Freiwilligen in den vielen wunderschönen kleinen Museen, State Parks, Nationalparks und auf den Campingplätzen bedanken.

Robert Balkovich

Wie immer möchte ich mich bei meinen Freunden und bei meiner Familie für ihre fortwährende Unterstützung bedanken, während ich von A nach B nach C unterwegs bin. Ein besonderer Dank geht an Karin, die ihre Liebe zu Seattle mit mir geteilt und mir den richtigen Weg gewiesen hat. Schließlich ein Danke an Lynae für das wundervolle zweite Zuhause in der Ferne, in dem ich viele großartige Erinnerungen sammeln durfte.

Greg Benchwick

Dieses Buch wäre ohne meine Familie nicht möglich gewesen. Dad, Mom, Cara, Bry und kleine Violeta – ich liebe euch! Vielen Dank an die wunderbaren Redakteure, die Kartographen und das gesamte Team von Lonely Planet für diesen tollen Band. Und Danke auch all jenen vor Ort – wie Chris vom Pine Needles in Durango und der wunderbaren Sara –, die mich bei meiner Arbeit unterstützt haben.

Celeste Brash

Vielen Dank an meinen Ehemann Josh und an meine Kinder, die mich im Laufe der Jahre auf so vielen Reisen durch Oregon begleitet haben. Herzlichen Dank auch all den alten und neuen Freunden, die mich dieses Mal unterstützt haben, darunter Ticari, Chris und Ashley, Nathan, Dana, Jon und Kara, Ron und Nisa, Elizabeth, Pattye, Rachel Cabakoff, Amanda Castleman, Dave Nevins und Amy Hunter. Danke auch an meine Lonely Planet Co-Autoren und Ben Buckner – toll, wie ihr das durchgezogen habt!

Stephanie d'Arc Taylor

Wie immer mache ich nichts ohne die Unterstützung und die Inspiration von Queen Xtine. Meine Heimmannschaft: Maya G., A&E, Daniel und Danielle. Carlo, grazie! Die freundlichen Park Ranger im Great Basin und die Mitarbeiter bei Kerouac (ich werde euch nicht stalken – versprochen!). Dieser Typ bei Napa Auto Parts in Lone Pine. Bei Lonely Planet: Ben Buckner, Lauren Keith, Alicia Johnson, Martine Power und Sasha Drew für ihre Aufmerksamkeit. Vielen Dank an meinen verstorbenen Vater, weil er mir die ruhige Schönheit des Basin & Range gezeigt hat.

Michael Grosberg

Herzlichen Dank an alle, die ihre Erfahrungen, ihr Wissen und ihre tiefe Leidenschaft für Glacier, Whitefish und Waterton mit mir geteilt haben, einschließlich Brian Schott, Greg Fortin, Riley Polumbus, Rhonda Fitzgerald, Chris Schustrom, Cricket Butler, BJ Elzinga, Marc Ducharme, Michelle Gaudet, Kimmy Walt, Angel Esperanueva und Monica Jungster. Und danke an Carly, Rosie, Willa und Boone, die selbst dann mit mir in Kontakt blieben, als ich von Wildnis umgeben war.

Ashley Harrell

Vielen Dank an: meine Redakteurinnen Sarah Stocking und Martine Power sowie meine Co-Autoren für ihren Einsatz für dieses Buch; Freda Moon für den Rat zu Mendocino; Amy Benziger, weil sie meine Rechercheumwege in Tahoe (und manch anderes) ertragen hat; das nette norwegische Paar, das in Sequoia anhielt, um zwei verschmutzte Anhalter mitzunehmen, und Steven Sparapani und Osa Peligrosa für ihre Begleitung während des epischen Roadtrips über 4800 beeindruckende Kilometer durch Nordkalifornien.

John Hecht

Vielen Dank all den lieben, hilfsbereiten Menschen in Utah, sei es in den Braukneipen, sei es unterwegs oder wann und wo auch immer sich unsere Wege gekreuzt haben. Ich möchte mich auch bei dem für diesen Band verantwortlichen Redakteur Ben Buckner, bei meinen Co-Autoren und bei meiner wunderbaren Frau Lau für ihre Unterstützung bedanken.

Adam Karlin

Dankeschön an Ben Buckner für die Aufnahme ins Team und an Rachel, Sanda und Isaac für ihre grenzenlose Liebe und ihre Unterstützung.

Christopher Pitts

Vielen Dank an die außerordentlich freundlichen Menschen in Arizona, insbesondere bedanke ich mich bei meiner Mutter, bei Michael und Maddie in Scottsdale sowie bei Ellen und Norman für ihre tollen Tipps. Danke an Tolin in Cochise Stronghold für die Führung bei der Sheepshead-Tour. Schließlich ein Bussi meinen Partnern in allen Lebenslagen: Perrine, Elliot und Celeste.

QUELLENNACHWEIS

Die Daten der Klimakarten stammen von Peel MC, Finlayson BL & McMahon TA (2007) *Updated World Map of the Koppen-Geiger Climate Classification*, erschienen in der Zeitschrift *Hydrology and Earth System Sciences*, Ausgabe 11, 1633–44.

Abbildungen S. 350 und S. 351 von Michael Weldon.

Titelfoto: Sonnenuntergang im Valley of Fire State Park, Nevada; RomanSlavik.com/Shutterstock ©

ÜBER DIESES BUCH

Dies ist die 6. deutschsprachige Auflage von *USA Westen*, basierend auf der 6. englischsprachigen Auflage von *Western USA*, die von Anthony Ham, Amy C. Balfour, Becky Ohlsen und Lauren O'Connell betreut wurde. Das Buch wurde recherchiert und geschrieben von Anthony, Amy, Becky, Robert Balkovich, Greg Benchwick, Andrew Bender, Alison Bing, Celeste Brash, Stephanie d'Arc Taylor, Michael Grosberg, Ashley Harrell, John Hecht, Adam Karlin, MaSovaida Morgan, Christopher Pitts und Andrea Schulte-Peevers. Dieser Reiseführer wurde von den folgenden Personen produziert:

Projektredakteure
Ben Buckner, Sarah Stocking

Leitende Produktredakteure
Sasha Drew, Martine Power, Vicky Smith

Leitende Kartografin
Alison Lyall

Produktredakteur
Joel Cotterell, Pete Cruttenden

Layoutdesign
Fergal Condon,Gwen Cotter

Kartografie Hunor Csutoros, Valentina Kremenchutskaya

Redaktionsassistenz
Judith Bamber, Katie Connolly, Sam Cook, Melanie Dankel, Barbara Delissen, Andrea Dobbin, Carly Hall, Gabrielle Innes, Kellie Langdon, Jodie Martire, Lou McGregor, Rosie Nicholson, Lauren O'Connell, Kristin Odijk, Susan Paterson, Monique Perrin, Mani Ramaswamy, Sarah Reid, Monica Woods

Kartografieassistenz
Rachel Imeson

Umschlagrecherche
Meri Blazevski

Dank an Imogen Bannister, Megan Bell, Hannah Cartmel, Linda de Vos, Sasha Drew, Bailey Freeman, Andi Jones, Kate Kiely, Trisha Ping, Angela Tinson

Register

Verweise auf Karten **000**
Verweise auf Fotos **000**

Verweise auf Karten **000**
Verweise auf Fotos **000**

Verweise auf Karten **000**
Verweise auf Fotos **000**

Verweise auf Karten **000**
Verweise auf Fotos **000**

Kartenlegende

Sehenswertes
- Strand
- Vogelschutzgebiet
- buddhistisch
- Schloss/Palast
- christlich
- konfuzianisch
- hinduistisch
- islamisch
- jainistisch
- jüdisch
- Denkmal
- Museum/Galerie/historisches Gebäude
- Ruine
- schintoistisch
- sikhistisch
- taoistisch
- Weingut/Weinberg
- Zoo/Tierschutzgebiet
- andere Sehenswürdigkeit

Aktivitäten, Kurse & Touren
- bodysurfen
- tauchen
- Kanu/Kajak fahren
- Kurs/Tour
- Sento-Bad/Onsen
- Ski fahren
- schnorcheln
- surfen
- Schwimmbecken
- wandern
- windsurfen
- andere Aktivität

Schlafen
- Unterkunft
- Camping
- Hütte/Unterstand

Essen
- Lokal

Ausgehen & Nachtleben
- Bar/Kneipe
- Café

Unterhaltung
- Unterhaltung

Shoppen
- Shoppen

Praktisches
- Bank
- Botschaft/Konsulat
- Krankenhaus/Arzt
- Internetzugang
- Polizei
- Post
- Telefon
- Toilette
- Touristeninformation
- andere Einrichtung

Geografisches
- Strand
- Tor
- Hütte/Unterstand
- Leuchtturm
- Aussichtspunkt
- Berg/Vulkan
- Oase
- Park
- Pass
- Picknickplatz
- Wasserfall

Städte
- Hauptstadt (Staat)
- Hauptstadt (Bundesland/Provinz)
- Großstadt
- Kleinstadt/Ort

Verkehrsmittel
- Flughafen
- BART-Station
- Grenzübergang
- T-Station (Boston)
- Bus
- Seilbahn/Gondelbahn
- Fahrrad
- Fähre
- Metro/Muni-Station
- Einschienenbahn
- Parkplatz
- Tankstelle
- U-Bahn/SkyTrain-Station
- Taxi
- Bahnhof/Zug
- Straßenbahn
- U-Bahnhof
- anderes Verkehrsmittel

Achtung: Nicht alle der abgebildeten Symbole werden auf den Karten im Buch verwendet

Verkehrswege
- Mautstraße
- Autobahn
- Hauptstraße
- Landstraße
- Verbindungsstraße
- sonstige Straße
- unbefestigte Straße
- Straße im Bau
- Platz/Promenade
- Treppe
- Tunnel
- Fußgänger-Überführung
- Stadtspaziergang
- Abstecher (Stadtspaziergang)
- Pfad/Wanderweg

Grenzen
- Internationale Grenze
- Bundesstaat/Provinz
- umstrittene Grenze
- Region/Vorort
- Meerespark
- Klippen
- Mauer

Gewässer
- Fluss/Bach
- periodischer Fluss
- Kanal
- Wasser
- Trocken-/Salz-/periodischer See
- Riff

Gebietsformen
- Flughafen/Startbahn
- Strand/Wüste
- Friedhof (christlich)
- Friedhof
- Gletscher
- Watt
- Park/Wald
- Sehenswürdigkeit (Gebäude)
- Sportgelände
- Sumpf/Mangrove

DIE AUTOREN

Anthony Ham

Idaho, Montana, Wyoming Anthony ist ein freiberuflicher Schriftsteller, der auf der Suche nach Geschichten um die Welt reist. Seine besonderen Leidenschaften sind Tiere, wilde Orte und unberührte Weiten unter grenzenlosem Himmel – von den Great Plains der USA bis zum Amazonas, vom östlichen und südlichen Afrika bis zur Arktis. Er schreibt für Magazine und Zeitungen auf der ganzen Welt und 2020 wird sein Sachbuch über Afrikas Löwen veröffentlicht. Anthony recherchierte und verfasste auch die Kapitel *Reiseplanung*, *Den Westen verstehen* und *Praktische Informationen* dieses Bandes.

Amy C. Balfour

New Mexico Bevor Amy nach Los Angeles zog, um es als Drehbuchautorin zu versuchen, arbeitete sie in Virginia als Anwältin (wer genau hinhört, kann noch immer die entsetzten Schreie ihrer Eltern hören, die durch das Raum-Zeit-Kontinuum hallen). Nach ihrer Tätigkeit als Autorin für die TV-Show *Law & Order* begann sie freiberuflich zu schreiben, vor allem über Essen, das Reisen und die Natur.

Becky Ohlsen

Washington Becky lebt und arbeitet als freiberufliche Autorin, Redakteurin und Kritikerin in Portland, Oregon. Für Lonely Planet schreibt sie Reiseführer und Reiseberichte über Skandinavien, Portland und andere Orte.

Robert Balkovich

Washington Robert wurde in Oregon geboren, wo er auch aufwuchs. Seit fast einem Jahrzehnt ist er in New York zu Hause. Während andere Kinder seines Alters mit ihren Eltern in Freizeitparks gingen oder die Oma besuchten, zog es ihn nach Mexiko-Stadt und anschließend durch Osteuropa (mit dem Zug). Inzwischen arbeitet der Reisebegeisterte als Schriftsteller. Er sucht nach ungewöhnlichen Erfahrungen, die es wert sind, mit der Welt zu teilen. Auf Instagram ist er unter oh_balky zu finden.

Greg Benchwick

Colorado Greg, der schon seit vielen Jahren für Lonely Planet schreibt, hat sich durch den Urwald von Bolivien geschlagen, ist auf dem Jakobsweg durch Spanien gewandert, hat Präsidenten und Grammy-Preisträger interviewt, ist fliegenden Lachsen in Alaska ausgewichen und hat zwischendurch (große und kleine) Berge erklommen.

Andrew Bender

Kalifornien Der preisgekrönte Reise- und Food-Autor Andrew hat drei Dutzend Lonely Planet Reiseführer (von *Amsterdam* bis *Los Angeles*, von *Deutschland* bis *Taiwan*, sowie einige Bände über Japan) und zahlreiche Artikel für lonelyplanet.com verfasst.

Alison Bing

Kalifornien Im Laufe der 20 Jahre, die sie nun schon in San Francisco lebt, und wegen ihrer vielen Reiseführer hat Alison mehr Zeit auf Alcatraz verbracht als einige der Häftlinge seinerzeit. Nebenbei machte San Francisco sie zu einer Verehrerin des Drag und von Burritos. Sie ignoriert vorsätzlich die Hinweise im öffentlichen Nahverkehr, aus Sicherheitsgründen auf unnötige Konversationen mit den Mitreisenden zu verzichten.

Celeste Brash

Oregon Celeste schreibt seit 2005 für Lonely Planet und ihre Artikel zum Thema Reisen wurden u.a. im *BBC Travel* und *National Geographic* veröffentlicht. Derzeit schreibt sie ein Buch über ihre fünf Jahre auf einer Perlenfarm in den Tuamotu-Atollen.

Stephanie d'Arc Taylor
Nevada Stephanie hat in Los Angeles das Licht der Welt erblickt und u. a. für die *New York Times*, den *Guardian*, *Roads & Kingdoms* und das *Kinfolk Magazine* gearbeitet. Sie ist Mitbegründerin von Jaleesa, einem mit Risikokapital finanzierten Unternehmen mit Schwerpunkt auf sozial relevanten Projekten in Beirut.

Michael Grosberg
Glacier National Park Michael hat an mehr als 50 Lonely Planet Reiseführern mitgearbeitet. Darüber hinaus war er an der touristischen Entwicklung von Rota im westlichen Pazifik beteiligt, hat in Südafrika Recherchen zum Thema politische Gewalt durchgeführt und dort frisch gewählte Regierungsvertreter ausgebildet sowie in Quito, Ecuador, unterrichtet.

Ashley Harrell
Kalifornien Nachdem sie Journalistik studiert und als Reporterin gearbeitet hatte, ist Ashley viel in der Welt herumgekommen und hat häufig den Wohnort gewechselt – von einer winzigen Wohnung in New York über eine riesige kalifornische Ranch bis hin zu einer Urwaldhütte in Costa Rica, wo sie für Lonely Planet zu schreiben begann. Ihre Reisen wurden seitdem noch exotischer.

John Hecht
Utah John stammt aus Los Angeles und hat zu mehr als einem Dutzend Lonely Planet Reiseführern und Fachpublikationen beigetragen, mit Schwerpunkt auf Lateinamerika sowie den USA. Vor über zwei Jahrzehnten landete er das erste Mal in Mexiko, wo seitdem sein Zuhause ist.

Adam Karlin
Yellowstone, Grand Teton, Zion, Bryce Canyon und Grand Canyon National Parks
Adam hat zu Dutzenden von Lonely Planet Reiseführern beigetragen, die Regionen von den Andamanen bis zur Grenze zu Simbabwe abdecken. Als Journalist hat er Berichte von allen Kontinenten verschickt – außer von der Antarktis (was aber eines Tages nachgeholt wird!).

MaSovaida Morgan
Oregon MaSovaida ist eine Reisejournalistin, deren Fernweh sie in über 50 Länder auf allen sieben Kontinenten geführt hat. Als Autorin hat sie an Lonely Planet Reiseführern zu Zielen in ganz Südostasien, dem Nahen Osten, Europa und Amerika mitgewirkt.

Christopher Pitts
Arizona Chris' erste Expedition im Leben scheiterte, als er im Alter von sechs Jahren versuchte, sich von Pennsylvania nach China zu graben. Anschließend studierte er Chinesisch an der Uni, bevor es ihn für mehrere Jahre ins Reich der Mitte zog. Als Nächstes folgte mehr als ein Jahrzehnt in Paris. Schließlich erlag er aber den Reizen des sonnigen Himmels von Colorado und den vielen Abenteuern, die unter selbigem locken.

Andrea Schulte-Peevers
Kalifornien Andrea, die in Deutschland geboren und aufgewachsen ist und in London sowie an der UCLA studiert hat, hat bei ihren Reisen durch 75 Länder inzwischen einmal die Entfernung von der Erde zum Mond und zurück zurückgelegt. Seit nunmehr zwei Jahrzehnten verdient sie sich ihren Lebensunterhalt als professionelle Reiseschriftstellerin und hat fast 100 Lonely Planet Titel verfasst oder zu ihnen beigetragen.

DIE LONELY PLANET STORY

Ein ziemlich mitgenommenes, altes Auto, ein paar Dollar in der Tasche und eine Vorliebe für Abenteuer – 1972 war das alles, was Tony und Maureen Wheeler für die Reise ihres Lebens brauchten, die sie durch Europa und Asien bis nach Australien führte. Die Tour dauerte einige Monate, und am Ende saßen die beiden – pleite, aber voller Inspiration – an ihrem Küchentisch und schrieben ihren ersten Reiseführer *Across Asia on the Cheap*. Innerhalb einer Woche hatten sie 1500 Exemplare verkauft. Lonely Planet war geboren.

Heute hat der Verlag Büros in den USA, Irland und China mit mehr als 2000 Mitarbeitern in allen Ecken der Welt. Und alle teilen Tonys Überzeugung: „Ein guter Reiseführer sollte drei Dinge tun: informieren, bilden und unterhalten."

Lonely Planet Global Limited
Digital Depot
The Digital Hub
Dublin D08 TCV4
Ireland

Verlag der deutschen Ausgabe:
MAIRDUMONT, Marco-Polo-Str. 1, 73760 Ostfildern,
www.lonelyplanet.de, www.mairdumont.com
lonelyplanet-online@mairdumont.com

Redaktion: (red.sign, Stuttgart) Hannah Biller, Susanne Junker, Olaf Rappold, Christina Seibold, Lisa Spägele, Mira Uhde, Stephanie Ziegler

Übersetzung: Tobias Ewert, Derek Frey, Marion Gref-Timm, Stefanie Gross, Gabriela Huber Martins, Britt Maaß

An früheren Auflagen haben außerdem mitgewirkt: Julie Bacher, Dorothee Büttgen, Berna Ercan, Karen Gerwig, Joachim Henn, Jürgen Kucklinski, Laura Leibold, Dr. Alwin Letzkus, Marion Matthäus, Dr. Christian Rochow, Dr. Frauke Sonnabend, Erwin Tivig

USA Westen

6. deutsche Auflage Oktober 2022, übersetzt von *Western USA, 6th edition*, August 2022, Lonely Planet Global Limited

Printed in Poland